TECNOLOGIA DA INFORMAÇÃO PARA GESTÃO

T931t   Turban, Efraim.
        Tecnologia da informação para gestão : em busca do
        melhor desempenho estratégico e operacional / Efraim
        Turban, Linda Volonino ; tradução: Aline Evers ; revisão
        técnica: Ângela Freitag Brodbeck. – 8. ed. – Porto Alegre :
        Bookman, 2013.
        xii, 468 p. : il. color. ; 28 cm.

        ISBN 978-85-8260-014-6

        1. Administração. 2. Gestão da informação. 3. Tecnologia
        da informação – Aplicabilidade nas organizações. I. Volo-
        nino, Linda. II. Título.

                                                    CDU 658

Catalogação na publicação: Ana Paula M. Magnus – CRB 10/2052

EFRAIM TURBAN   **LINDA VOLONINO**
                                  Canisius College

Com contribuição de
JANICE C. SIPIOR, Villanova University
GREGORY R. WOOD, Canisius College

TECNOLOGIA DA INFORMAÇÃO PARA GESTÃO
EM BUSCA DO MELHOR DESEMPENHO ESTRATÉGICO E OPERACIONAL

8ª EDIÇÃO

Tradução
Aline Evers

Revisão técnica
Ângela Freitag Brodbeck
Doutora em Administração pela Universidade Federal do Rio Grande do Sul
Professora Associada da Universidade Federal do Rio Grande do Sul
Escola de Administração
Grupo de Pesquisa em Sistemas de Informação e Apoio à Decisão

bookman

2013

Obra originalmente publicada sob o título
Information Technology for Management: Improving Strategic and Operational Performance, 8th Edition
ISBN 047091680X / 9780470916803

Copyright ©2011 John Wiley & Sons,Inc. All rights reserved. This translation published under license with the original publisher John Wiley & Sons,Inc.

Gerente Editorial: *Arysinha Jacques Affonso*

Colaboraram nesta edição:

Editora: *Maria Eduarda Fett Tabajara*

Capa: *Márcio Monticelli da Silva*

Preparação de originais: *Alexandra Matzenbacher Duarte*

Leitura final: *Renata Ramisch*

Editoração: *Techbooks*

Reservados todos os direitos de publicação, em língua portuguesa, à
BOOKMAN EDITORA LTDA., uma empresa do GRUPO A EDUCAÇÃO S.A.
Av. Jerônimo de Ornelas, 670 – Santana
90040-340 – Porto Alegre – RS
Fone: (51) 3027-7000   Fax: (51) 3027-7070

É proibida a duplicação ou reprodução deste volume, no todo ou em parte, sob quaisquer formas ou por quaisquer meios (eletrônico, mecânico, gravação, fotocópia, distribuição na Web e outros), sem permissão expressa da Editora.

Unidade São Paulo
Av. Embaixador Macedo Soares, 10.735 – Pavilhão 5 – Cond. Espace Center
Vila Anastácio – 05095-035 – São Paulo – SP
Fone: (11) 3665-1100   Fax: (11) 3667-1333

SAC 0800 703-3444 – www.grupoa.com.br

IMPRESSO NO BRASIL
PRINTED IN BRAZIL

Os Autores

DR. EFRAIM TURBAN

Dr. Efraim Turban obteve os títulos de M.B.A. e Ph.D. na University of California, Berkeley. Sua experiência na área inclui oito anos como engenheiro industrial, três dos quais atuou na General Electric Transformers Plant em Oakland, Califórnia. Sua experiência é longa em consultorias a pequenas e grandes empresas, bem como a instituições governamentais. Em seus mais de 30 anos como docente, o professor Turban foi catedrático na Eastern Illinois University e professor visitante na City University of Hong Kong, na Nanyang Technological University, em Cingapura, na National Sun YatSen University, em Taiwan, e na University of Science and Technology, em Hong Kong. Ele também lecionou na UCLA, na USC, na Simon Fraser University, na Lehigh University, na California State University, em Long Beach, e na Florida International University.

O Dr. Turban foi coagraciado com o prêmio National Management Science 1984/85 (Inteligência Artificial na Gestão). Em 1997, recebeu o prêmio Distinguished Faculty Scholarly and Creative Achievement da California State University, Long Beach.

Publicou mais de 110 artigos em periódicos importantes, incluindo os seguintes: *Management Science, MIS Quarterly, Operations Research, Journal of MIS, Communications of the ACM, International Journal of Electronic Commerce, Information Systems Frontiers, Decision Support Systems, International Journal of Information Management, Heuristics,* e *Expert Systems with Applications.* Ele também publicou 23 livros, incluido *Decision Support Systems and Business Intelligence* (Prentice Hall); *Expert Systems and Applied Artificial Intelligence* (MacMillan Publishing Co.), *Electronic Commerce: A Managerial Approach* (Prentice Hall), *Introduction to Information Technology* (Wiley) e *Introduction to Electronic Commerce* (Prentice Hall).

DRA. LINDA VOLONINO

Dra. Linda Volonino obteve os títulos de M.B.A. e Ph.D. na State University of New York, Buffalo. Ela é editora sênior da *Information Systems Management* e editora associada do *Business Intelligence Journal.* Possui certificados profissionais como Certified Information Systems Security Professional (CISSP) e Associate Certified Fraud Examiner (ACFE). Ela é consultora da Receivable Management Services, parceira estratégica da Dun & Bradstreet, dando palestras para gerentes financeiros e seniores em grandes corporações dos Estados Unidos. Também é membro de organizações como a Teradata University Network (TUN), a Information Systems Audit and Control Association (ISACA), a Information Systems Security Association (ISSA), a FBI's Infragard e a Academy of Computing Machinery (ACM).

A professora Volonino desenvolveu e foi diretora do programa Master of Science em Telecommunications Management na Canisius College, Buffalo, Nova York, e foi chefe de departamento por seis anos. Lecionou como professora visitante na University of Southern California (no programa de intercâmbio na Alemanha), na University of Hawaii, em Manoa, na University of Virginia, na City University of Hong Kong, na University of Lyon (França), na University of Hamburg (Alemanha), em universidade federais (Brasil) e na Etisalat Academy (Dubai).

Foi ainda coautora de cinco livros relacionados a TI e publicou diversos artigos sobre TI em periódicos, incluindo *Journal of Data Warehousing, Journal of Management Information Systems, Erie County Bar Bulletin, Ohio Bar Bulletin, Communications of the Association for Information Systems* e *Information Systems Management*. Ela apresentou mais de 100 seminários e workshops sobre tópicos inovadores de TI.

Prefácio

Atualmente, recém-graduados enfrentam um duro mercado de trabalho; por isso, é importante que adquiram a experiência e o pensamento crítico que lhes proporcionem vantagem competitiva. Esta 8ª edição de *Tecnologia da Informação para Gestão* foi reformulada com o intuito de fornecer aos estudantes uma vantagem quando encontrarem desafios e oportunidades que a carreira de negócios apresenta. Este livro contempla o conteúdo que eles precisam aprender e usar para gerenciar suas carreiras de forma bem-sucedida e sustentável. Por exemplo, os estudantes aprendem sobre o valor dos negócios e o processo de realmente fazer comércio móvel, administrar o relacionamento com o cliente e com o fornecedor, usar business intelligence e computação em nuvem, e muitas outras funções de negócio centradas em TI.

Cada capítulo reforça importantes princípios de negócios: *o que as empresas podem fazer depende do que seus sistemas de informação podem fazer* – e o que sistemas de informação podem fazer depende do que os gerentes entendem sobre as últimas inovações de TI, como dispositivos móveis, redes sem fio, mídias sociais, sistemas de logística, interoperabilidade, colaboração e aplicativos de Internet. Conforme as tecnologias de informação amadurecem e se tornam mais populares, acrescentam infraestrutura de TI global que dá suporte à próxima geração de estratégias de negócio baseadas em TI.

Nesta obra, abordamos fundamentos e tendências significativos para sistemas de informação e tecnologia, de maneira aprofundada e contextualizada, fornecendo aos estudantes um portfólio de habilidades de TI que lhes proporcionará vantagem quando forem competir por empregos e promoções. Acreditamos que fornecer conteúdo contextualizado – por exemplo, dentro de um contexto de negócio – é essencial para a compreensão e a valorização de sistemas de informação tradicionais e emergentes. Nossa ênfase é no desempenho operacional e estratégico de todos os tipos de organizações – com e sem fins lucrativos, sistema de saúde e agências governamentais.

Organização do livro

O livro está dividido em cinco partes, compostas por 14 capítulos. No site da Bookman Editora

www.bookman.com.br

o leitor encontrará os Guias de Tecnologia (em português), planilhas de análise no Excel e 23 casos complementares (em inglês).

O que há de novo nesta edição

Nosso objetivo foi desenvolver um texto que prepare os estudantes da área de gestão para serem bem-sucedidos em suas carreiras. Alcançamos nosso objetivo com as seguintes mudanças no conteúdo, na organização e nos recursos pedagógicos:

- **Simplificamos e suavizamos o fluxo do texto**, diminuindo o tamanho da maioria dos capítulos, assim como a quantidade de capítulos e tópicos abordados.
- **Maior profundidade, apresentação mais simples de ideias**. Abordamos as questões de TI consideradas mais importantes para as operações e estratégias com maior profundidade, e eliminamos tópicos considerados menos importantes.
- **Nova ênfase em *como fazer as coisas*** e explicação dos níveis operacional e estratégico, de modo que os alunos são expostos às duas perspectivas. Discutimos TI em contexto; assim, os estudantes desenvolvem um portfólio de habilidades em TI.
- **Abordagem aprofundada de tópicos de ponta,** como governança de TI, conectividade nas vidas pública e privada, sustentabilidade, empresas e mídias sociais, e marketing viral e social.
- **Capítulo novo sobre redes sociais** e ambiente Web 2.0.
- **Substituímos os resumos dos capítulos por breves introduções**. Cada capítulo começa com uma *Breve introdução* para apresentar os alunos as questões de negócio, os desafios e soluções de TI discutidos no capítulo. Na verdade, em vez de um resumo do capítulo, trazemos uma preparação do capítulo com os tópicos mais importantes e interessantes, que são explicados em seguida.
- Substituímos os minicasos introdutórios por *Questões para discussão e debate em sala de aula*, que consistem em duas seções. A primeira, intitulada *Cenários para brainstorming e discussão*, envolve os alunos em exercícios de pensamento crítico. A segunda, *Debate*, apresenta dois cenários conflituosos para serem debatidos por grupos de alunos. Esses cenários fazem com que os alunos se envolvam com as discussões e os debates sobre questões de TI e suas implicações éticas, administrativas e/ou competitivas.
- Depois de cada capítulo é apresentado um *Caso de negócio* para uma empresa com fins lucrativos e uma **NOVIDADE**: um *Caso do setor público* ou um *Caso de empresa sem fins lucrativos*. Abordamos todos os setores em função do aumento significativo de agências governamentais e sem fins lucrativos.
- **NOVIDADE**: as atividades *Análise utilizando planilhas* ou *Simulação utilizando planilhas* em cada capítulo envolvem os alunos em pesquisas, pensamento crítico, análise, resolução de problemas e tomada de decisão.

Características deste livro

- *Fracassos e lições aprendidas.* Reconhecemos o fato de que vários sistemas falham. Muitos capítulos incluem discussões ou exemplos de falhas, os fatores que contribuíram para as falhas e as lições que foram aprendidas com elas.
- *Sólida fundamentação teórica.* Ao longo do livro, apresentamos a fundamentação teórica necessária para compreender a TI.
- *Informações atualizadas.* Cada tópico no livro foi pesquisado a fim de encontrarmos as informações e recursos mais atuais.
- *Justificativa econômica.* A TI está madura o suficiente para aguentar o difícil teste de se justificar economicamente. Nosso posicionamento é de que os investimentos em TI devem ser examinados como qualquer outro investimento, independentemente das dificuldades de se avaliar os benefícios que as tecnologias trazem.
- *Ética e responsabilidade social.* Damos a devida atenção ao aquecimento global, à ecologia e à responsabilidade dos gestores para com os indivíduos, a sociedade e o meio ambiente. Fizemos, por exemplo, uma longa pesquisa para compreender e explicar com clareza como a TI e seus usuários podem reduzir as emissões de carbono e o aquecimento global que prejudicam o planeta por meio de práticas de negócio verdes e data centers planejados para preservar os recursos naturais.

Recursos pedagógicos

Desenvolvemos uma série de recursos pedagógicos para ajudar os alunos a aprenderem e a relacionarem os temas deste livro.

- *Bibliotecas de links.* Cada capítulo começa com uma lista de links que serão mencionados no texto.
- *Breve introdução.* Uma apresentação dos principais tópicos e questões do capítulo.
- *Objetivos de aprendizagem.* Os objetivos de aprendizagem listados no começo de cada capítulo ajudam os alunos a focarem seus esforços e os alertam sobre conceitos importantes que serão discutidos.
- *Questões para discussão e debate em sala de aula.* Cada capítulo começa com cenários para discussão em sala de aula e debate em grupo.
- *Quadro TI em ação.* Os quadros de *TI em ação* mostram algumas inovações do mundo real e novas tecnologias que as empresas estão usando para resolver dilemas organizacionais ou criar novas oportunidades de negócio.
- *Ícones.* Os ícones aparecem no texto para relacionar os tópicos mencionados dentro de cada capítulo a alguns temas mais gerais abordados pelo livro. Os ícones apontam aos alunos as áreas funcionais relacionadas, os fracassos de TI e questões éticas e globais.

Tópico relacionado à ética

Questões e empreendimentos globais

Lições a serem aprendidas com as falhas de TI

Exemplo de contabilidade

Exemplo financeiro

Exemplo governamental

Exemplo de gestão de recursos humanos

Exemplo de marketing

Exemplo de gestão de produção/operações

Exemplo de prestação de serviço (por exemplo, serviços de saúde, educacionais e exemplos de empresas que não são fabricantes)

Exemplo relacionado a sistemas de informação

Material online disponível no site www.bookman.com.br

- *Questões para revisão.* As seções de cada capítulo terminam com questões detalhadas para revisão.
- *Glossário de termos-chave.* Os termos-chave e conceitos são destacados em negrito quando mencionados pela primeira vez no capítulo e são definidos ao final do livro.
- *Destaques do capítulo.* Conceitos importantes abordados no capítulo são listados ao final e relacionados por meio de números aos *Objetivos de aprendizagem*, apresentados no começo do capítulo, para reforçar as ideias importantes que foram discutidas.

- **Questões e exercícios ao final do capítulo.** Tipos diferentes de perguntas avaliam a compreensão do aluno e sua capacidade de aplicar o conhecimento adquirido. As *Questões para revisão* pedem que o aluno resuma conceitos que foram introduzidos. As *Questões para discussão* têm o objetivo de promover a discussão em sala de aula e de desenvolver a capacidade de pensamento crítico.
- **Exercícios e projetos.** Os exercícios são tarefas desafiadoras que requerem que o estudante aplique o que aprendeu em cada capítulo a uma situação. Isso inclui muitos exercícios práticos, como descrito anteriormente, incluindo o uso de ferramentas de busca e da Web.
- **Tarefas em grupo.** Tarefas em grupo detalhadas, que incluem pesquisa na Internet, apresentações orais para a turma e debates, são disponibilizadas em cada capítulo.
- **Exercícios na Internet.** Exercícios práticos encaminham alunos a sites interessantes para pesquisarem, encontrarem recursos, investigarem um aplicativo, compararem, analisarem e resumirem informações, ou aprenderem sobre o que há de mais recente sobre o assunto do capítulo.
- **Caso de negócio** de uma empresa com fins lucrativos.
- **Caso do setor público** ou **Caso de empresa sem fins lucrativos**.
- **Análise utilizando planilhas** ou **Simulação utilizando planilhas.** Esses exercícios envolvem ainda mais os alunos na pesquisa, pensamento crítico, análise, resolução de problemas e tomada de decisão.

Materiais complementares online

Para dar suporte a 8ª edição, estão disponíveis no site da Bookman Editora (www.bookman.com.br) os seguintes materiais de acesso livre:
- **Guias de tecnologia.** Apresentações condensadas e atualizadas para o entendimento das tecnologias de que tratam. Os Guias de tecnologia disponíveis no site são:
  1. Hardware
  2. Software
  3. Dados e Bancos de Dados
  4. Telecomunicações
  5. Visão Técnica de Projeto e de Análise de Sistemas
- **Estudos de caso** (em inglês)
- **Planilhas de análise no Excel** (em inglês)

Agradecimentos

Janice C. Sipior (Villanova University) e Gregory R. Wood (Canisius College) são autores colaboradores desta edição. Janice ajudou com seu conhecimento em planejamento estratégico de TI. Greg desenvolveu e escreveu o Capítulo 7, *Computação e Comércio Móveis*, e o Capítulo 8, *Web 2.0 e Mídia Social*, para mostrar as últimas estratégias e tendências sobre as questões-chave e válidas para várias funções de TI/marketing.

O feedback do corpo docente foi essencial para o desenvolvimento deste livro. Muitos participaram de grupos focais e/ou foram revisores. Muitos outros criaram partes de capítulos ou casos, especialmente os casos internacionais, presentes no livro e no site. Nosso sinceros agradecimentos vão para os seguintes revisores, que deram feedbacks valiosos, insights e sugestões que melhoraram a qualidade deste texto.

David Teneyuca, University of Texas San Antonio
Jerry Fjermestad, New Jersey Institute of Technology
David Bloomquist, Georgia State University
Kemal Altinkemer, Purdue University
Richard Segall, Arkansas State University
Eileen Griffin, Canisius College
Michael Mick, Purdue University Calumet
Beena George, University of St.Thomas Houston
Dan Humpert, University of Cincinnati
Greg Dawson, Arizona State University
Albert Lederer, University of Kentucky
Maureen Cass, Bellevue University
Mike Totaro, University of Southwestern Louisiana
Fiona Fui-Hoon Nah, University of Nebraska at Lincoln
Samuel Elko, Seton Hall University
Carol Jeffries-Horner, Our Lady of the Lake University
Melody N.White, University of North Texas
Susan Chinburg, Rogers State University
Barin Nag,Towson University
Jeff Miner, Rensselaer Polytechnic Institute
Werner Schenk, University of Rochester
Shimon Nof, Purdue University
Sung-Kwan Kim, University of Arkansas at Little Rock

Agradecemos à dedicada equipe da John Wiley & Sons: Chris Ruel e Mike Berlin, e aos serviços de gestão de produção da Suzanne Ingrao. Nosso agradecimento especial vai para Beth Lang Golub, que nos ajudou a chegar a esta 8ª edição "desenhada para aprender" e que apresentamos a vocês com muito orgulho.

Linda Volonino
Efraim Turban
Janice C. Sipior
Gregory R. Wood

Sumário Resumido

Parte I — Entendendo os Sistemas de Informação que dão Suporte ao Desempenho Organizacional

1. Sistemas de Informação nos Últimos Anos   1
2. Infraestrutura de TI e Sistemas de Suporte   30

Parte II — Infraestrutura de Dados e de Redes

3. Gerenciamento de Dados, Textos e Documentos   56
4. Gerenciamento e Mobilidade de Redes   91
5. Segurança em TI, Crimes, Conformidade e Continuidade   120

Parte III — Estratégias de Web, Tecnologia sem Fio e Mídias Sociais

6. E-business e Comércio Eletrônico   156
7. Computação e Comércio Móveis   189
8. Web 2.0 e Mídia Social   218

Parte IV — Sistemas e Processos Operacionais e Empresariais

9. Sistemas de Planejamento e Controle Operacionais   255
10. Sistemas de Informação Corporativos   284
11. Business Intelligence e Suporte à Decisão   322

Parte V — Gestão de TI, Processo de Negócio e Responsabilidade Social e Ecológica

12. Planejamento Estratégico de TI   359
13. Gestão de Processos de Negócio e Desenvolvimento de Sistemas   390
14. Ecologia Global, Ética e Responsabilidade Social   417

Glossário   439

Índice de Empresas   453

Índice de Nomes   457

Índice de Assuntos   459

Sumário

Parte I — Entendendo os Sistemas de Informação que dão Suporte ao Desempenho Organizacional

1 Sistemas de Informação nos Últimos Anos 1
Biblioteca de links 2
Breve introdução 2
Interagindo com clientes no momento certo 3
1.1 TI para otimizar o desempenho 4
1.2 Sistemas de informação e tecnologia da informação: conceitos fundamentais 8
1.3 Gestão e medição do desempenho do negócio 12
1.4 Planejamento estratégico e modelos competitivos 16
1.5 Por que TI é importante para a sua carreira e as carreiras de TI 22
CASO DE NEGÓCIO *CIO da BP Global ajuda a transformar o gigante da energia* 26
CASO DO SETOR PÚBLICO *Projeto UK National Offender Management Information System (NOMIS)* 27
ANÁLISE UTILIZANDO PLANILHAS *Estimando melhoria esperada na retenção de clientes* 27

2 Infraestrutura de TI e Sistemas de Suporte 30
Biblioteca de links 31
Breve introdução 31
Sistema de gerenciamento de dados de assinantes da Sprint Nextel 32
2.1 Conceitos de aplicativos de software e de dados 33
2.2 Tipos de sistema de informação e de suporte 35
2.3 Cadeia de suprimentos e suporte à logística 43
2.4 Infraestruturas de TI, computação em nuvem e serviços 46
CASO DE NEGÓCIO *Airbus melhora produtividade com RFID* 53
CASO DE EMPRESA SEM FINS LUCRATIVOS *Royal Shakespeare Company usa os dados de audiência para melhorar performance* 53
ANÁLISE UTILIZANDO PLANILHAS *Gestão de custos de gasolina* 54

Parte II — Infraestrutura de Dados e de Redes

3 Gerenciamento de Dados, Textos e Documentos 56
Biblioteca de links 57
Breve introdução 57
A Wendy's International usa a mineração de texto para gerenciar a experiência do cliente 57
3.1 Gerenciamento de dados, textos e documentos 59
3.2 Sistemas de gerenciamento de arquivo 69
3.3 Banco de dados e sistemas de gerenciamento de banco de dados 72
3.4 Data warehouses, data marts e data centers 76
3.5 Gerenciamento de conteúdo da empresa 82
CASO DE NEGÓCIO *Applebee's International aprende e fatura com seus dados* 87
CASO DO SETOR PÚBLICO *Polícia britânica investe em TI móvel para melhorar seu desempenho e cortar gastos* 88
ANÁLISE UTILIZANDO PLANILHAS *Calculando o custo de um gerenciamento de documentos malfeito* 89

4 Gerenciamento e Mobilidade de Redes 91
Biblioteca de links 92
Breve introdução 92
Primeira rede 4G WiMAX sobre trilhos do mundo 93
4.1 Redes empresariais 94
4.2 Redes banda larga sem fio 98
4.3 Gerenciamento de redes e portais 101
4.4 Colaboração 109
4.5 Questões éticas e legais 113
CASO DE NEGÓCIO *Redes móveis verdes para cortar as emissões de carbono em 42% até 2013* 117
CASO DE EMPRESA SEM FINS LUCRATIVOS *A rede Kaiser HealthConnect serve de exemplo para o futuro dos cuidados em saúde* 117
ANÁLISE UTILIZANDO PLANILHAS *Comparação de custos da colaboração Web* 118

5 Segurança em TI, Crimes, Conformidade e Continuidade 120
Biblioteca de links 121
Breve introdução 121
Dados de contas em banco suíço roubados do banco HSBC 121
5.1 Protegendo dados e operações do negócio 123
5.2 Ameaças e vulnerabilidades aos SIs 132
5.3 Fraudes, crimes e violações 136
5.4 Garantia de informações e gestão de risco 139
5.5 Segurança de rede 142
5.6 Controle interno e conformidade 145
5.7 Auditoria e continuidade dos negócios 147
CASO DE NEGÓCIO *Os controles deficitários da NEC contribuem para sua retirada da NASDAQ* 152
CASO DO SETOR PÚBLICO *Erro da Blue Cross expõe dados de 12 mil membros* 153
ANÁLISE UTILIZANDO PLANILHAS *Estimando investimentos em proteção antispam* 153

Parte III — Estratégias de Web, Tecnologia sem Fio e Mídias Sociais

6 E-business e Comércio Eletrônico 156
Biblioteca de links 157
Breve introdução 157
Revisão do modelo de e-business e do site da Rail Europe 158
6.1 Desafios e estratégias de e-business 160
6.2 Comércio eletrônico de empresa para consumidor (B2C) 167
6.3 Comércio eletrônico e aquisições online em negócios do tipo empresa para empresa (B2B) 171
6.4 Governo eletrônico 173
6.5 Serviços de suporte ao comércio eletrônico: pagamento e atendimento de pedidos 176
6.6 Questões éticas e legais em e-business 183
CASO DE NEGÓCIO *Stormhoek Vineyards se destaca com ferramentas da Web 2.0* 186
CASO DE EMPRESA SEM FINS LUCRATIVOS *A organização Canadian Food for the Hungry International melhora sua atuação em situações emergenciais* 187
ANÁLISE UTILIZANDO A VISUALIZAÇÃO *Como criar visualizações utilizando conjuntos de dados públicos online* 188

7 Computação e Comércio Móveis 189
Biblioteca de links 190
Breve introdução 190
Tecnologia móvel para salvar vidas 190
7.1 Tecnologia de computação móvel 192
7.2 Serviços financeiros móveis 197
7.3 Compras, entretenimento e publicidade móvel 200
7.4 Serviços e comércio baseados na localização 205
7.5 Aplicativos móveis empresariais 209
CASO DE NEGÓCIO *Comércio móvel da Starbucks* 214
CASO DE EMPRESA SEM FINS LUCRATIVOS *Caridade móvel via telefones celulares* 215
ANÁLISE UTILIZANDO PLANILHAS *Estimando os benefícios financeiros do aumento da fidelidade do cliente* 216

8 Web 2.0 e Mídia Social 218
Biblioteca de links 219
Breve introdução 219
"United Breaks Guitars" (A United quebra violões) – um fracasso épico de mídia social 219
8.1 Web 2.0 e mídias sociais 221
8.2 Comunidades virtuais e serviços de redes sociais 228
8.3 Ferramentas de Empresas 2.0 235
8.4 Métricas e objetivos de mídia social 239
8.5 O futuro das mídias sociais 244
CASO DE NEGÓCIO *Crowdsourcing da Starbucks: envolvendo os clientes* 250
CASO DE EMPRESA SEM FINS LUCRATIVOS *TechSoup Global e NetSquared: ajudando quem ajuda os outros* 250
ANÁLISE UTILIZANDO PLANILHAS *Estimativa de retorno sobre o investimento em mídias sociais* 251

Parte IV — Sistemas e Processos Operacionais e Empresariais

9 Sistemas de Planejamento e Controle Operacionais 255
Biblioteca de links 256
Breve introdução 256
Varejista escandinavo de alimentos Axfood integra as operações 257
9.1 Níveis de administração, funções e sistemas operacionais 258
9.2 Sistemas de manufatura e produção 265
9.3 Sistemas de vendas e de marketing 268
9.4 Sistemas de contabilidade e finanças 270
9.5 Sistemas de recursos humanos 275
CASO DE NEGÓCIO *SunWest Foods combina silos de dados com conhecimento de negócios em tempo real* 281
CASO DE EMPRESA SEM FINS LUCRATIVOS *Gestão de estoque sem fio no Dartmouth-Hitchcock Medical Center* 282
ANÁLISE UTILIZANDO PLANILHAS *Cálculo de economia de mão de obra na SunWest Foods* 283

10 Sistemas de Informação Corporativos 284
Biblioteca de links 285
Breve introdução 285
SIGE coloca a Under Armour em posição de vantagem com relação à Nike 286
10.1 Sistemas corporativos 287
10.2 Sistemas integrados de gestão empresarial 289
10.3 Sistemas de gestão da cadeia de suprimentos 297
10.4 Sistemas de planejamento, previsão e reabastecimento colaborativos 302
10.5 Sistemas de gestão de relacionamento com o cliente 306
10.6 Sistemas de gestão de conhecimento 311
CASO DE NEGÓCIO *SIGE melhora a produtividade da Northern Digital Inc.* 319
CASO DE EMPRESA SEM FINS LUCRATIVOS *A Arbor Day Foundation implementa sistema de gestão de relacionamento com os contribuintes* 319
ANÁLISE UTILIZANDO PLANILHAS *Avaliando o valor da gestão eletrônica de relacionamento com o cliente (e-CRM)* 320

11 Business Intelligence e Suporte à Decisão 322
Biblioteca de links 323
Breve introdução 323
DIRECTV alcança a Rave Reviews com BI operacional 324
11.1 Business intelligence (BI) com e sem fins lucrativos 325
11.2 Arquitetura, analítica, relatório e visualização de dados de BI 337
11.3 Mineração de dados, de texto e Web 343
11.4 Processos de tomada de decisão 347
11.5 Sistemas de suporte à decisão 349
11.6 Inteligência móvel: convergência da computação móvel e da BI 352

CASO DE NEGÓCIO *Orçamento, planejamento e controle suportados por BI na McNICHOLS* 356

CASO DE EMPRESA SEM FINS LUCRATIVOS *EuResist aplica SSD baseado em modelo para pesquisa em HIV* 356

ANÁLISE UTILIZANDO PLANILHAS *Fazendo caso de negócio para BI* 357

Parte V — Gestão de TI, Processo de Negócio e Responsabilidade Social e Ecológica

12 Planejamento Estratégico de TI 359

Biblioteca de links 360
Breve introdução 360
AstraZeneca terceiriza pesquisa e desenvolvimento (P&D), produção e TI 361
12.1 Estratégias de TI 362
12.2 Governança corporativa e governança de TI 365
12.3 Alinhando a TI à estratégia de negócios 368
12.4 Processo de planejamento estratégico de TI 372
12.5 Estratégias de terceirização de TI 379

CASO DE NEGÓCIO *A Kimberly-Clark mapeia TI para seu plano de negócios global* 386

CASO DE EMPRESA SEM FINS LUCRATIVOS *Troca de informação em saúde no Memorial UMass* 388

ANÁLISE UTILIZANDO PLANILHAS *Custo total da propriedade: Comparação de offshoring de terceirizadas com offshoring de empresas privadas* 388

13 Gestão de Processos de Negócio e Desenvolvimento de Sistemas 390

Biblioteca de links 391
Breve introdução 391
Equipe de RH da Microsoft International otimiza processos de negócios 392
13.1 Gestão de processos de negócio e arquitetura orientada a serviços 394
13.2 Arquitetura de software e projeto de SI 398
13.3 Gestão de projetos de TI 404
13.4 Desenvolvimento de sistemas 406

CASO DE NEGÓCIO *Pep Boys acelera seu processo de planejamento* 413

CASO DO SETOR PÚBLICO *Projeto de SOA da Financial Industry Regulatory Authority (FINRA)* 414

MODELAGEM UTILIZANDO ARIS EXPRESS E BLUEPRINT *Modelando um processo de negócio e brainstorming de uma estratégia de negócio* 415

14 Ecologia Global, Ética e Responsabilidade Social 417

Biblioteca de links 418
Breve introdução 418
Hotspots de carbono em TI 419
14.1 O papel da TI na redução da pegada de carbono global 420
14.2 Problemas éticos e responsabilidade em TI 427
14.3 Sobrecarga de conectividade e a cultura da distração 430
14.4 O futuro da TI nos negócios 432

CASO DE NEGÓCIO *Gestão do desempenho de energia pelos fabricantes de automóveis* 435

CASO DO SETOR PÚBLICO *Computação verde no centro de Argonne para materiais em nanoescala* 436

SIMULAÇÃO UTILIZANDO PLANILHAS *Calculadora de aquecimento global* 437

Glossário 439

Índice de Empresas 453

Índice de Nomes 457

Índice de Assuntos 459

Parte I | **Entendendo os Sistemas de Informação que dão Suporte ao Desempenho Organizacional**

Capítulo 1
Sistemas de Informação nos Últimos Anos

Biblioteca de links

Breve introdução

Interagindo com clientes no momento certo

1.1 TI para otimizar o desempenho

1.2 Sistemas de informação e tecnologia da informação: conceitos fundamentais

1.3 Gestão e medição do desempenho do negócio

1.4 Planejamento estratégico e modelos competitivos

1.5 Por que TI é importante para a sua carreira e as carreiras de TI

Caso de negócio CIO da BP Global ajuda a transformar o gigante da energia

Caso do setor público Projeto *UK National Offender Management Information System* (NOMIS)

Análise utilizando planilhas Estimando melhoria esperada na retenção de clientes

Referências

Objetivos de aprendizagem

1. Entender o papel da tecnologia da informação para a otimização de desempenho.

2. Explicar por que o valor que a TI agrega ao negócio é determinado pelos indivíduos, pelos processos de negócio e pela cultura organizacional.

3. Descrever o papel da TI na gestão de desempenho de negócio e no processo de avaliação de desempenho.

4. Entender o processo de planejamento estratégico, a análise SWOT e os modelos competitivos.

5. Discutir quais são os impactos da TI em sua carreira e as perspectivas positivas para carreiras em gestão de SI.

Integrando a *TI*

CON   FIN   MKT   GPO   GRH   SI

Biblioteca de links

Como criar etiquetas de código de barras com a Microsoft   microsoft.com/tag/
Como criar etiquetas de código de barras 2D customizados   mediadl.microsoft.com/mediadl/www/t/tag/CreatingCustomTags.wmv
Como fazer o download de um leitor de código de barras   gettag.mobi/
Apple iPad   apple.com/ipad/
iReport, uma seção criada pelo usuário da CNN.com   ireport.com/
Vídeo de revisão da Harvard Business School sobre Porter e o modelo das cinco forças competitivas   youtube.com/watch?v=mYF2_FBCvXw
U.S. Bureau of Labor Statistics   bls.gov/oco/ocos258.htm
Teradata University Network (TUN)   academicprograms.teradata.com/
Leadership in Energy and Environmental Design (LEED)   usgbc.org/leed
United States Central Intelligence Agency (CIA) World Factbook   cia.gov/library/publications/the-world-factbook/
Projeto United Kingdom (UK) National Offender Management Information System (NOMIS)   nao.org.uk/whats_new/0708-1/0809292.aspx

Breve introdução

Esta seção introduz as questões de negócio, os desafios e as soluções de TI deste capítulo. Tópicos e questões mencionados aqui são explicados ao longo do capítulo.

Uma tendência estrategicamente importante nas tecnologias ao redor do mundo é o crescimento dos **aplicativos interativos**. Os aplicativos interativos conectam, comunicam, colaboram e são comercializados sob demanda, em tempo real e à distância. A capacidade de "atingir e responder" sob demanda tornou-se tecnicamente possível graças à integração das telecomunicações, da Internet, das comunicações digitais em banda larga, do alto desempenho de dispositivos móveis e da digitalização de todos os conteúdos de mídia. A integração da tecnologia da informação (TI) forma uma *infraestrutura de base*, e essa infraestrutura desencadeia uma nova onda de desenvolvimentos e avanços em TI.

Qual é a importância da TI para os gestores? As novas capacidades da TI (por exemplo, o comércio eletrônico e as redes sociais) influenciam fortemente as estratégias competitivas e a eficácia das operações. Imagine a desvantagem de um varejista internacional tradicional, como a Walmart (walmart.com), com sua base nos Estados Unidos, ou as galerias Lafayette francesas (galerieslafayette.com), que não fizesse vendas em sites de comércio eletrônico. Qual seria o impacto sobre um serviço de notícias como o da Reuters que não fizesse uso de recursos multimídia ou sobre uma rede como a CNN que não oferecesse RSS feeds e podcast em seu mix de mídia? Não há dúvidas de que falhar ao investir em TI pode tirar uma empresa do mercado.

Os novos desenvolvimentos em TI são importantes para todas as disciplinas de negócios, porque elas desencadeiam mudanças no mercado, nas operações, no comércio eletrônico, na logística, nos recursos humanos, no setor financeiro, na contabilidade e no relacionamento com consumidores e parceiros de negócios. Nada que envolva negócios ou **estratégia corporativa** deixa de passar pela TI. A estratégia corporativa é um conjunto de atividades e ações que uma empresa escolhe para investir e realizar, e aquelas nas quais ela escolhe não investir e o que ela resolve não realizar.

No Capítulo 1, vamos apresentar brevemente alguns dos últimos desenvolvimentos em TI e como as empresas podem lançar mão deles para melhorar seu desempenho. Você irá conhecer aplicativos de sistema de informação (SI) que são fundamentais para os negócios e soluções de TI, a maioria dos quais integra redes sem fio e tecnologias sociais, como Facebook ou Twitter. Explicamos como as inovações em TI estão movimentando ou rompendo com a forma como as empresas fazem negócios, os trabalhos de gestores e colaboradores, o design dos processos de negócio e a estrutura dos mercados. A TI evoluiu de um simples processamento de dados e produção de relatórios de rotina, como era na metade dos anos 1970, para uma função que dá apoio aos processos de negócio, que administra o relacionamento entre clientes e fornecedores e que cria possibilidades ilimitadas nos anos 2010 – momento em que ficar fora de alcance significa ficar fora dos negócios.

Interagindo com clientes no momento certo

MKT GPO GLOBAL

Na metade dos anos 2010, mais de 500 milhões de usuários de celulares ao redor do mundo acessavam online, diariamente, conteúdo em seus navegadores móveis. Muitos usuários acessavam a Internet em suas mãos, somente a conectando em um iPhone, Palm Pre ou BlackBerry. Pense nas oportunidades de negócios que essa situação criou – ser capaz de interagir com pessoas que sabem e que gostam de tecnologia não apenas a qualquer hora ou em qualquer lugar, mas no lugar e no momento *certo*. O lugar e o momento certo, do ponto de vista do marketing, é quando o cliente tem maior probabilidade de responder a uma oferta ou de querer participar da interação. A tecnologia de etiquetas de código de barras 2D tem essa capacidade. As etiquetas de **código de barras 2D** tornam possível a interação com indivíduos por meio de aparelhos que estejam mais próximos a eles quando estiverem mais interessados ou dispostos a responder.

Entendendo as etiquetas de código de barras 2D e sua tecnologia

As etiquetas de **código de barras** que você normalmente encontra nos produtos possuem apenas uma série de tiras pretas e brancas em uma dimensão (1D). As informações sobre o produto e o preço estão armazenadas nas tiras, que podem ser lidas por um escâner feito especialmente para isso. As novas etiquetas de código de barras 2D são compostas por caixas e pontos que formam um padrão similar ao de uma matriz, como podemos ver na Figura 1.1. Cada caixa pequena ou ponto contém informações, que podem ser o endereço de um site, por exemplo. Quando o leitor faz a leitura do código de barras 2D, o aplicativo pode carregar um site, uma instrução ou uma experiência interativa, dependendo do que está gravado no código de barras.

(a) Código de barras 1D (b) Etiqueta 2D

Figura 1.1 Comparação entre código de barras 1D e etiqueta 2D. (*Wendell Franks/iStockphoto*), (*Martin McCarthy/iStockPhoto*)

Os benefícios desse tipo de etiquetas de código de barras são que elas têm uma capacidade maior do que aquelas de código de barras em tiras, podem ser planejadas para serem visualmente interessantes e podem ser lidas por câmeras digitais em smartphones. Para ler esses códigos de barras, precisa ser feito o download de um aplicativo no telefone inteligente (ou smartphone), o que transforma a câmera em um escâner. A câmera precisa ler uma imagem com resolução mínima para ter um desempenho confiável, o que não é um grande problema, porque os códigos de barras são projetados para serem lidos (escaneados) por câmeras de desempenho limitado. É relativamente simples para os usuários encontrar e instalar o software em um iPhone ou um BlackBerry, em geral disponível nas lojas de aplicativos.

Introdução às etiquetas de código de barras 2D

As etiquetas de código de barras 2D se tornaram populares no Japão no começo dos anos 2000, principalmente por causa das empresas de telefonia móvel que queriam tirar vantagem dos navegadores de Internet presentes nos smartphones. A tecnologia 2D se espalhou pelo Japão, Europa e Estados Unidos. As empresas estavam utilizando estas etiquetas de código de barras para carregar conteúdos nos dispositivos móveis e, assim, fazer propaganda, comércio eletrônico, oferecer atendimento ao cliente e outros serviços para gerar ganhos.

A Microsoft introduziu seu próprio formato de etiquetas de código de barras 2D em janeiro de 2009, com um nome simples: Tag. O software Microsoft Tag utiliza cores para aumentar a densidade de informações que podem ser armazenadas. A possibilidade de utilizar cores permite que designers possam criar códigos de barras artísticos – muitos dos quais já foram exibidos no Metropolitan Museum of Art (MoMA). Acesse moma.org/interactives/exhibitions/2008/elasticmind/#/154/ para vê-los.

Tipos de códigos 2D

Existem muitos tipos de códigos e de leitores 2D. Na Europa e na América, os tipos mais comuns de códigos de barras são os códigos QR (*quick response* – resposta rápida) e o Data Matrix. O sistema operacional (SO) Android, da Google, utilizado em dispositivos móveis, suporta códigos QR incluindo em alguns modelos o escâner Zxing. O SO Symbian, da Nokia, também tem um leitor de código de barras que suporta códigos QR. Veja essas informações na Figura 1.2. Os iPhones podem decodificar os formatos QR, Data Matrix e Aztec. O Microsoft Tag Reader é compatível com muitos ambientes de plataforma móveis, incluindo o iPhone, da Apple; o BlackBerry 81xx, 83xx e Bold; dispositivos manuais baseados em J2ME; o Symbian S60 3rd Edition; e Windows Mobile 5 e 6.

Figura 1.2 Etiqueta QR, código QR ou código de barras 2D, utilizado em sistemas de localização e por usuários de celular ou etiquetagem móvel. (*Max Delson Martins Santos/iStockphoto*)

Avaliando o valor comercial da interatividade

Para os gestores, o problema principal de qualquer nova TI é identificar e tirar proveito de seu potencial valor comercial. Para compreender o valor comercial potencial das etiquetas de código de barras 2D, considere a lista a seguir com as interatividades que podem ocorrer ao se fazer a leitura de uma etiqueta:

- Abrir um microsite em um navegador móvel
- Enviar um texto ou uma mensagem, com uma propaganda ou endereço, para um dispositivo de mão
- Começar a transmissão de um arquivo de vídeo ou áudio
- Fazer o download de uma imagem, documento ou outro tipo de arquivo
- Iniciar um e-mail, uma mensagem instantânea, uma ligação, um fax ou outra forma de comunicação

Os profissionais de marketing estão buscando maneiras de tornar seus produtos e mídias offline, bem como seus materiais impressos, interativos. Empresas podem atingir clientes em potencial e clientes atuais transformando suas propagandas impressas em anúncios acionáveis e animados. Outros benefícios da interatividade incluem ser capaz de rastrear as ações dos clientes. Tendo em vista os gastos imensos com campanhas de publicidade, conhecer o que funciona com o cliente pode aumentar a receita em vendas e diminuir as perdas. A seguir, apresentamos quatro exemplos que mostram as possibilidades de valor agregado da interatividade que é desencadeada por etiquetas de código de barras:

- A empresa de varejo britânica Marks and Spencer coloca etiquetas de código de barras Data Matrix 2D em sua marca de sucos feitos na hora, que direcionam o cliente para o site "Food to Go". A etiqueta de código de barras é impressa diretamente durante o processo de embalagem e, quando é lida, carrega um site com informações sobre o produto e com um cupom que dá desconto na próxima compra.
- Iniciando em junho de 2009, em Singapura, a Coca-Cola lançou uma campanha publicitária oferecendo conteúdo para ser baixado gratuitamente por clientes que acionassem os códigos de barras presentes nas latas do refrigerante. A tecnologia de código de barras permite identificar leituras repetidas e envia conteúdo novo para o cliente. O processo de unir objetos físicos a conteúdo digital é conhecido como **hardlink**.
- A Continental Airlines colocou códigos QR em seus serviços móveis de cartões de embarque no aeroporto Heathrow, de Londres. Foi a primeira companhia aérea a oferecer a conveniência de embarque sem cartões de papel em voos internacionais diretos do Reino Unido e dos Estados Unidos.
- A Nike lançou uma campanha publicitária envolvendo etiquetas de código de barras, colocando-as em pôsteres nos locais de competição de esportes radicais. A cada parada do tour de esportes radicais, os fãs podiam fazer a leitura dos códigos nos pôsteres estrategicamente posicionados. Ao fazer a leitura dos códigos, o fã tinha acesso a vídeos, fotos e informações sobre atletas patrocinados pela Nike.

Lições aprendidas

A introdução às etiquetas e aos leitores de código de barras 2D que funcionam em smartphones reforça um princípio importante de negócios: *o que as empresas podem fazer depende do que seus sistemas de informação podem fazer*. E o que os SI podem fazer depende cada vez mais dos dispositivos móveis (resumindo, dos celulares), redes sem fio e mídias sociais. Uma mudança evidente é o comércio eletrônico, que tem se dado de forma representativa por meio dos celulares. Conforme a TI amadurece e ganha terreno, a infraestrutura global de TI dá apoio à próxima geração de estratégias baseadas em TI.

Questões para discussão e debate em sala de aula

1. Cenário para brainstorming e discussão: os smartphones têm aplicativos e interfaces de usuários inovadores, assim como capacidade significativa de processamento e de armazenamento. A maioria dos usuários jamais estará longe de seus celulares. Tendo em vista esses fatores, considere que uma empresa da qual você compra produtos ou serviços possa se beneficiar utilizando etiquetas de código de barras 2D. Os benefícios poderiam ser o aumento de vendas ou o aumento da fidelidade do cliente.

a. Explique como a empresa poderia se beneficiar do "poder e presença" da interatividade em smartphones e etiquetas de código de barras 2D.

b. Descreva onde as etiquetas de código de barras 2D seriam posicionadas ou disponibilizadas para obter esse benefício.

c. Compare e avalie suas respostas com as dos seus colegas.

2. Debate: o paradoxo existente é que os avanços em TI criam muitas oportunidades novas e desequilibram a situação atual. Imagine que você trabalha para um banco, uma cooperativa de crédito ou outra instituição financeira que tenha problemas em atrair novos clientes. A empresa quer, especificamente, atrair recém-formados e pessoas que fazem MBA. A sua empresa quer colocar etiquetas de código de barras 2D em postais que estão sendo enviados a *prospects* (clientes em potencial) como parte de uma nova campanha publicitária. Quando as etiquetas de código de barras nos postais forem escaneadas, o código 2D direcionará a um link com uma oferta atrativa para clientes que abrirem uma nova conta.

O que fazer: *existem duas possíveis soluções;* a ação proposta poderá resolver o problema ou não. O resultado final poderá ser a perda da maior parte do orçamento disponível para publicidade. Sua posição, então, é que você é a favor dessa solução de TI ou contra ela. Escolha uma dessas duas posições e a defenda. Você precisa utilizar argumentos lógicos para defender sua posição.

1.1 TI para otimizar o desempenho

As condições de crescimento econômico normalmente oferecem às empresas muitas oportunidades para melhorar seu desempenho. No entanto, durante recessões e crises financeiras globais, as oportunidades ficam mais raras e o risco de fracassos aumenta. Enquanto os mercados se recuperam da crise econômica mundial dos anos 2010, gestores estão explorando novas estratégias para melhorar o desempenho dos negócios ou sua lucratividade. Uma abordagem possível para isso é desenvolver a agilidade necessária para identificar e aproveitar as oportunidades antes das empresas concorrentes.

AGILIDADE + MOBILIDADE

A importância de ser uma **empresa ágil**, aquela que tem capacidade de se adaptar rapidamente, nunca foi tão grande quanto agora em função da luta pela recuperação econômica e por causa dos avanços da tecnologia móvel. Dentro desse contexto econômico e tecnológico, discutimos como as organizações podem se beneficiar de oportunidades que surgem com os dispositivos móveis de alto desempenho e redes móveis de telecomunicação de alta velocidade. Exemplos disso são as redes de celular 3G (de terceira geração) e 4G (de quarta geração) que as empresas de telefonia oferecem.

A migração em massa de usuários de PCs para dispositivos móveis expandiu o escopo dos SI para além dos limites tradicionais das organizações – tornando a *localização* irrelevante para a maior parte deles. A tecnologia móvel derrubou os muros entre nossa vida nos negócios, e nossas vidas profissional e pessoal. Iremos examinar os impactos da mistura da vida profissional e pessoal nos capítulos finais deste livro. Por enquanto, daremos foco às oportunidades criadas pela agilidade e pela mobilidade.

TI nas mãos dos clientes. Organizações dependem da TI para poderem se adaptar às condições do mercado e ganhar uma vantagem competitiva. Essa vantagem competitiva tem vida curta se os concorrentes puderem reproduzi-la rapidamente. Nenhuma vantagem dura muito tempo. Assim, as empresas precisam atualizar-se, desenvolver-se e/ou implantar novos SI para se manterem na competição, como veremos neste livro.

Um papel lucrativo da TI é desenvolver maneiras de conectar e fornecer conteúdo nas redes sociais e nos dispositivos móveis. Na última década, empresas têm se adaptado às redes sociais. Facebook, LinkedIn, YouTube, Twitter e blogs tornaram-se extensões dos negócios para atingir os clientes, clientes em potencial e parceiros de negócios. No começo desta década, empresas estavam se adaptando à importância crescente de ser capaz de chamar a atenção de clientes atuais e potenciais em seus celulares, e também nos termos dos clientes, como veremos em *TI em ação 1.1*. Fazer com que vários elementos de TI trabalhem juntos é uma grande preocupação devido ao grande potencial de retorno estratégico existente.

Na próxima seção, revisitaremos esse desafio estratégico de TI. Você precisa entender por que, por exemplo, um site de comércio eletrônico desenvolvido para uma tela grande de laptop, que é encontrado por uma ferramenta de busca e transferido por cabos de fibra óptica, pode ser perigosamente inadequado para a era dos celulares 3G/4G/Wi-Fi e outros dispositivos móveis.

Oportunidades de mercado móvel. O iPad, assim como o iPhone, o BlackBerry, o Pre, o Nexus One e outros dispositivos móveis do tipo smart, rapidamente tornaram-se dispositivos

TI em ação 1.1

Difusão de dispositivos móveis cria oportunidades

A Apple vendeu o número recorde de 8,7 milhões de iPhones no quarto trimestre de 2009, em parte por causa de um aumento de vendas a partir da introdução do iPhone na China. Isso corresponde a 17,6% dos 7,4 milhões vendidos pela Apple no trimestre anterior e o dobro do que havia vendido durante o mesmo trimestre em 2008. Um aumento de 100% ao ano nas vendas do iPhone é um sinal de mudança e uma oportunidade que não deve ser ignorada.

Em abril de 2010, a Apple lançou o iPad (apple.com/ipad/), um dispositivo 3G/Wi-Fi multitouch que apresentou 12 novíssimos aplicativos e que poderia rodar a maior parte dos 140 mil aplicativos da Apple store. Naquele mesmo mês, a Plastic Logic apresentou o Que (quereader.com), o primeiro proReader do mundo: um e-reader (leitor eletrônico) para o trabalho e o dia a dia de profissionais de negócios. O Que é um dispositivo superfino de 8,5 polegadas projetado para a leitura de documentos nos formatos de que os usuários empresariais precisam, como PDF, Microsoft Excel, PowerPoint e documentos do Word.

As empresas de pesquisa Yankee Group e In-Stat estimam que quase 1 milhão de e-readers tenham sido vendidos em 2008; a previsão de vendas é de 28 milhões para 2013. Em termos de receita de vendas, as vendas de e-readers vão explodir de US$400 milhões em 2009 para US$2,5 bilhões em 2013.

Fontes: Elaborado a partir de apple.com (2010), quereader.com (2010) e Yankee Group (2009).

Questões para discussão: Que mudanças indicam essas vendas de iPhones e e-readers? Quais as oportunidades que elas apresentam?

TI em ação 1.2

Facebook muda de rede social para hub online

Em março de 2010, o Facebook teve mais tráfego do que o Google nos Estados Unidos. De acordo com a Experian Hitwise (hitwise.com), uma empresa de serviço de inteligência competitiva online internacional, o Facebook teve 7,07% de todas as atividades de Internet norte-americana durante a semana que acabou em 13 de março de 2010. Em comparação, o Google teve 7,03% do mercado. Comparado com 2009, a fatia de mercado do Facebook aumentou em 185% durante o ano.

O Facebook já não é simplesmente uma rede social. Ele tem se posicionado como um importante hub online, representando um desafio competitivo para o Google. O Facebook tem feito grandes progressos em pesquisa em tempo real, coisa que o Google dominou por muitos anos. O que o Facebook alcançou é mais bem compreendido e analisado quando em comparação ao Google. O Google é uma companhia pública gigante de U$130 bilhões, com um modelo de negócio imensamente lucrativo, capturando US$23 bilhões em vendas anuais. O Facebook é enorme, mas ainda é uma empresa start-up sem um modelo de negócios sustentável que possa justificar sua avaliação atual, que é estimada entre US$8 e US$15 bilhões. A classificação do Facebook como o n° 1 é um caso de negócios interessante, mostrando o poder da TI de perturbar o status quo e transformar indústrias.

Fonte: Elaborado a partir de Eaton (2010) e Weblogs.hitwise.com (2010).

Questões para discussão: Visite o facebook.com e avalie as características que atraem variados grupos etários. Por que o Facebook puxa tamanha quantidade de tráfego? Explique como ele pode estar perturbando o status quo e transformando indústrias.

---

dos quais os clientes dependem. Os dispositivos móveis estão substituindo computadores como a primeira forma de se conectar a redes públicas e privadas, para acessar conteúdo digital de qualquer lugar a qualquer hora e para trabalhar. Dispositivos de todos os tipos estão começando a parecer com computadores de mão, capazes de rodar todos os tipos de software. Computadores de mesa e laptops estão sendo utilizados cada vez mais para funções não tradicionais, como transmissão de mídias para a TV, aparelhos de som e outros eletrodomésticos. Profissionais de negócios usam seus dispositivos móveis para preencher as necessidades de negócios que mantêm suas empresas funcionando em níveis excelentes de produtividade, desempenho e lucratividade.

A adoção maciça de aparelhos smart criou uma grande base de usuários multitarefa e um mercado ao qual as empresas passaram a ter acesso, focando em novos alvos. Aparelhos de navegação pelo toque que funcionam com redes 3G e 4G, combinados com tecnologias inovadoras como as das etiquetas de código de barras 2D (como lemos no caso da introdução), criam oportunidades e ameaças de negócios. Isso quer dizer que eles criam oportunidades para vantagens competitivas, enquanto destroem as vantagens anteriores. Por exemplo, de acordo com a Pew Research, os anúncios de jornais caíram 26% em 2009 e 43% entre 2007-2010 (Pew Research, 2010).

Clientes querem estar o tempo inteiro informados – sobre trabalho, notícias, extratos de banco, faturas de cartão de crédito, tráfego, clima – independentemente de onde estiverem. Supervisores, subordinados, amigos e família enviam novidades por SMS (texto), tweets (microtextos) e outros meios móveis. Parte do crescimento astronômico do Facebook deve ser atribuído à mobilidade, já que 65 milhões de usuários acessam a rede por meio de seus dispositivos móveis. *TI em ação 1.2* descreve esse crescimento. O mesmo também aconteceu no Twitter, sendo que 80% das interações do microblog são estabelecidas via dispositivos móveis.

INOVAÇÃO DE NEGÓCIOS E PERTURBAÇÃO DO STATUS QUO

A adoção em massa de novas tecnologias irá perturbar a forma usual como os negócios são feitos. O Facebook superou o Google, como vemos em *TI em ação 1.2*. A Apple criou um mercado totalmente novo e transformou o mercado de jogos, que não era seu concorrente direto – além disso, afetou outros setores, como o da música, da mídia e de artigos eletrônicos. Com o iPod, iTouch, iTunes, iPhone e aplicativos Web, a Apple mexeu com a dinâmica de diversos segmentos, que eram movidos pela tecnologia e que passaram a ser movidos pelas experiências do cliente. A Apple desencadeou o modelo de negócios de *música móvel pessoal*, adaptou-o e aplicou a outros segmentos (mídia e artigos eletrônicos).

Eis três exemplos do terceiro setor e setor comercial de perturbações inovadoras desencadeadas pela TI.

1. Os Jogos Olímpicos de Inverno de 2010, em Vancouver, tornaram-se a primeira *competição olímpica de mídia social*. O Twitter e o Facebook eram plataformas utilizadas por

TABELA 1.1 Avaliando o valor da inovação

A inovação leva ao crescimento rentável caso:
- Gere novas fontes de lucro
- Aumente a demanda por produtos e serviços
- Atraia novos clientes
- Abra novos mercados
- Sustente o negócio pelos próximos anos

profissionais de marketing, atletas e fãs de esportes para compartilhar notícias, obter informações sobre os jogos e enviar e receber promoções de marketing.

2. O Facebook, o Skype e blogs confirmaram-se como SI fundamentais após os terremotos catastróficos do Haiti e do Chile. Depois que os terremotos atingiram esses países, em fevereiro de 2010, o Facebook, o Skype e diversos blogs passaram a ser utilizados para comunicar situações, encontrar pessoas desaparecidas e compartilhar pedidos de doações para a ajuda humanitária dos haitianos.
3. A Whole Foods Market atrai clientes e reforça relacionamentos por meio de aplicativos gratuitos para o iPhone. O aplicativo da Whole Foods atrai clientes oferecendo receitas saudáveis e específicas para feriados cujos ingredientes remetem a uma loja local da Whole Foods, encontrada por meio de um localizador, que dá as instruções de como chegar lá. Em vez de acompanhar os clientes utilizando apenas propagandas tradicionais, a Whole Foods atrai novos clientes e clientes atuais por meio de um aplicativo de baixo custo para o iPhone. No mercado fortemente competitivo da indústria de alimentos, a Whole Foods está usando uma *vantagem atrativa* para conectar-se e direcionar os clientes até suas lojas e superar seus competidores.

Nem todas as inovações agregam valor. Para melhorar o desempenho, a inovação precisa atingir um ou mais objetivos. Na Tabela 1.1 há uma lista de características para avaliar o valor agregado esperado de uma inovação.

Os esforços de marketing móvel podem ser invasivos. Como veremos com maiores detalhes na Parte III deste livro, o uso de mídias móveis requer que se entendam as melhores e piores práticas. Por exemplo, estratégias de marketing móvel precisam incluir respostas apropriadas para a localização de clientes a fim de garantir que os mesmos irão ter suas atenções voltadas, e não afastadas, para as mensagens móveis.

É importante reconhecer que alguns tipos de TI são **commodities** que não oferecem uma vantagem especial. As commodities são coisas básicas que empresas precisam para funcionar, como eletricidade e prédios. Computadores, bancos de dados e redes de serviço são exemplos de commodities. Por outro lado, a forma como os negócios aplicam a TI para dar suporte aos processos de negócio acaba transformando as commodities de TI em vantagens competitivas. Processos de negócio importantes são aqueles que melhoram o desempenho do funcionário e as margens de lucro. Como as empresas geram o lucro a partir de suas vantagens competitivas, o modelo de negócios precisa ser levado em consideração.

MODELOS DE NEGÓCIOS

Um **modelo de negócios** é um método de fazer negócios pelo qual a empresa pode gerar receita bruta e lucros para se sustentar. O modelo mostra como a empresa cria ou agrega valor em termos de produtos ou serviços por ela produzidos. Alguns modelos são muito simples. A Nokia, por exemplo, fabrica e vende celulares e gera lucro por meio dessas vendas. De outro lado, temos um canal de TV que oferece transmissão gratuita. Sua sobrevivência depende de um modelo complexo que envolve fatores como anunciantes e provedores de conteúdo. O Google e o Yahoo também utilizam um modelo complexo de negócios parecido com o de canais de TV.

De acordo com McKay e Marshall (2004), um modelo de negócios completo é composto por estes seis elementos:

1. Descrição de todos os *produtos* e *serviços* que o negócio irá oferecer
2. Descrição do *processo de negócio* necessário para fabricar e entregar os produtos e serviços
3. Descrição dos *clientes* que se beneficiarão e das relações da empresa com esses clientes, incluindo o que faz parte do valor, do ponto de vista do cliente (*proposição de valor do cliente*)

4. Lista de *recursos* necessários e identificação de quais estão disponíveis, quais serão desenvolvidos na empresa e quais precisarão ser adquiridos
5. Descrição da *cadeia de abastecimento* da empresa, incluindo *fornecedores* e *parceiros de negócios*
6. Descrição da receita esperada (*modelo de receita*), custos previstos, fontes de financiamento e rentabilidade esperada (*viabilidade financeira*)

Os modelos também incluem uma **proposição de valor**, que é uma análise dos benefícios encontrados ao se usar um modelo específico (tangível ou intangível), incluindo a proposição de valor do cliente. Examinamos as proposições de valor em detalhe na seção final, que trata da gestão de desempenho de negócio.

A próxima seção enfoca questões de tecnologia e oferece um panorama sobre os principais SI e os conceitos de TI.

Questões para revisão

1. Quais são as características de uma empresa ágil?
2. Quais oportunidades foram criadas pela migração em massa de usuários de PCs para dispositivos móveis?
3. Descreva como avaliar o valor de uma inovação.
4. O que é um modelo de negócios?

1.2 Sistemas de informação e tecnologia da informação: conceitos fundamentais

Um **sistema de informação (SI)** coleta, processa, armazena, analisa e dissemina informações para fins ou objetivos específicos. As funções básicas de um SI são mostradas na Figura 1.3 e descritas abaixo.

- **Entrada.** Dados e informações sobre as transações de negócios são capturados ou coletados por escâneres em pontos de venda e sites e são recebidos por dispositivos de entrada.
- **Processamento.** Os dados são transformados, convertidos e analisados para o armazenamento ou transferência para um dispositivo de saída.
- **Saída.** Dados, informações, relatórios e outros elementos são disseminados para telas digitais ou em papel, enviados como áudio ou transferidos para outros SIs por redes de comunicação.
- **Feedback.** Um mecanismo de retorno monitora e controla essas operações.

O conjunto de sistemas computacionais utilizados por uma organização recebe o nome de **tecnologia da informação (TI)**. A TI, em uma definição mais básica, refere-se ao lado tecnológico de um sistema de informação. Muitas vezes o termo *tecnologia da informação* é utilizado no lugar de *sistema de informação*. Neste livro, utilizamos o termo *TI* em um sentido mais amplo – para descrever uma série de sistemas de informação de uma empresa, seus usuários e a gestão que os supervisiona. Na maioria dos casos, os termos *TI* e *SI* são considerados sinônimos.

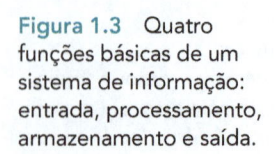

Figura 1.3 Quatro funções básicas de um sistema de informação: entrada, processamento, armazenamento e saída.

Entrada
- Interface de usuário
- Teclado
- Mouse
- Microfone
- Fontes de dados
- Rede
- CD-ROM

Processamento e armazenamento
- Processar
- Calcular
- Alterar
- Armazenar
- RAM
- Disco rígido

Saída
- Monitor
- Impressora
- Rede
- Alto-falantes

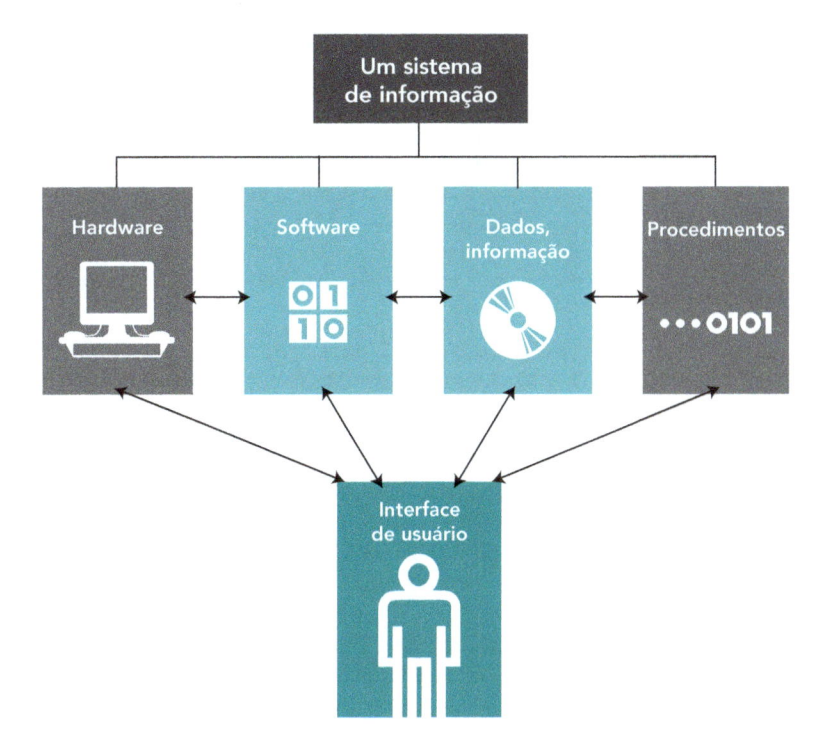

Figura 1.4 Componentes dos sistemas de informação.

COMPONENTES DE UM SISTEMA DE INFORMAÇÃO

Um sistema de informação utiliza tecnologia computacional e redes para desempenhar algumas ou todas suas tarefas. Como lemos na seção de abertura, um SI pode ser tão pequeno quanto um smartphone, por meio de um aplicativo que possa ler etiquetas de código de barras e carregar um site; ou pode incluir dezenas de milhares de equipamentos de vários tipos, escâneres, impressoras e outros aparelhos conectados a bases de dados por meio de cabos e redes de telecomunicação sem fio. Os componentes básicos de um SI estão listados a seguir e são mostrados na Figura 1.4. No site deste livro, você encontrará os Guias de Tecnologia 1, 2, 3, 4 e 5, que contêm descrições detalhadas de hardware, software, dados e banco de dados, redes de telecomunicações e projeto e análise de sistemas.

- *Hardware* é um conjunto de dispositivos como processador, monitor, teclado e impressora. As interfaces gráficas do usuário (IGU) – que são chamadas de *graphical user interfaces* (GUI) –, aceitam dados e informações que são então processados por *Central Processing Units* (CPU – unidades de processamento central), armazenados em bancos de dados e visualizados e apresentados nas telas.
- *Software* é um conjunto de aplicativos ou programas que instruem o hardware a processar os dados ou outros insumos, como comandos de voz.
- *Dados* são uma parte essencial processada pelo sistema e, se necessário, armazenados em um banco de dados ou outro sistema de armazenamento.
- *Rede* é um sistema de telecomunicação que conecta o hardware por fio, sem fio ou por uma combinação dos dois.
- *Procedimentos* são uma série de instruções sobre como combinar os componentes citados de modo a processar informação e gerar a saída desejada.
- *Pessoas* são os indivíduos que trabalham com o sistema, interagem com ele ou utilizam sua saída.

A Tabela 1.2 lista as principais capacidades dos SI e os objetivos de negócio que eles contemplam.

SI existe dentro de uma cultura. Os SIs não existem isoladamente. Os SIs têm um propósito e um contexto social (organizacional). Um *propósito* comum é fornecer uma solução a um problema de negócios. O *contexto social* de um sistema consiste em valores e crenças que determinam o que é admissível e possível dentro da cultura da organização e de acordo com as pessoas envolvidas. Por exemplo, uma empresa pode acreditar que um serviço de atendimento

TABELA 1.2	Principais recursos de SIs e objetivos de negócios suportados

- Realizar cálculos numéricos computacionais de grande volume em alta velocidade
- Proporcionar comunicação, rápida e precisa, e colaboração sem restrições de horário ou localidade
- Armazenar grandes quantidades de informação que sejam acessíveis pela Internet e redes privadas
- Automatizar processos semiautomáticos de negócios e tarefas feitas manualmente
- Permitir a automação de tomadas de decisão de rotina e facilitar as tomadas de decisão complexas

As capacidades do SI apoiam estes objetivos de negócio:
- Melhorar a produtividade (sendo esta uma medida ou o quociente entre entradas e saídas)
- Reduzir custos e desperdício
- Melhorar a capacidade de tomar decisões informadas
- Facilitar a colaboração
- Melhorar relações com clientes
- Desenvolver novas capacidades analíticas
- Fornecer feedback sobre desempenho.

ao consumidor excelente e entregas pontuais sejam fatores fundamentais para o sucesso. Essa crença no sistema influencia os investimentos em TI, entre outras coisas.

O valor do negócio em TI é determinado pelas pessoas que o usam, pelos processos de negócio que suporta e pela cultura da organização. Isso quer dizer que o valor do SI é determinado pelas relações entre SIs, pessoas e processos de negócio – que são todos influenciados fortemente pela cultura organizacional, conforme mostrado na Figura 1.5.

Os blocos de construção de SI que suportam processos de negócio são dispositivos de alto desempenho (hardware); seus aplicativos (software e processamento); conectividade (redes) com dados; conteúdo compartilhado, listas de contato e assim por diante (informação); e usuários (pessoas). Muitos dos SI de hoje funcionam em redes sem fio, mídias sociais e dispositivos de alto desempenho, tornando mais rápido e mais fácil alcançar os outros e fazer o trabalho usando pouco tempo e esforço. Do Capítulo 2 ao 16, você lerá sobre aplicações em grandes empresas e em negócios fundamentais e soluções de TI, muitas das quais são integradas por tecnologias sociais e móveis.

SIs estendem as organizações e rompem as formas de fazer negócios. A migração em massa de usuários de PCs para dispositivos móveis expandiu os SI pela organização e tornou a *localização* um fator praticamente irrelevante. Talvez tão significativo quanto isso, a tecnologia móvel derrubou paredes entre nossa vida profissional e pessoal.

As inovações em TI estão mexendo ou perturbando as formas como as empresas fazem seus negócios, assim como o trabalho dos gestores e funcionários, o desenho dos processos de negócio e a estrutura dos mercados. *TI em ação 1.3* descreve como os novos SI que dão retorno aos operadores de contatos 1-800-CONTACTS rompem o status quo com feedback do sistema, motivando melhorias de desempenho e aumentando com isso a receita bruta.

Figura 1.5 Sistemas de informação funcionam dentro de uma cultura.

TI em ação 1.3

Feedback e incentivos melhoram o desempenho na 1-800-CONTACTS
MKT   SI   GRH

A 1-800-CONTACTS é uma fornecedora, líder mundial, de lentes de contato para consumidores por meio de seu website e de seu call-center gratuito. A empresa mantém um estoque de 20 milhões de lentes de contato e vende, por dia, uma média de 150 mil lentes de contato. Manter um grande estoque é crucial para a estratégia de negócios da empresa, que é fornecer aos clientes uma maior seleção de lentes de contato a preços melhores do que nas ópticas de varejo.

No passado, os sistemas de informação e comunicação da companhia não conseguiam fornecer acesso rápido e fácil em tempo real (atualizado) sobre dados de vendas aos analistas de negócios e gestores do call-center. Por exemplo, quando os analistas de negócios queriam avaliar o número médio de caixas de lentes de contato vendidas por pedido, eles tiveram de obter os dados por meio do departamento de TI. O tempo de resposta foi de vários dias. Os gestores enfrentaram um gargalo de informações que criou pontos cegos (o que significa não saber o que está acontecendo enquanto algo está acontecendo) sobre vendas e níveis de estoque até que o departamento de TI fornecesse os relatórios. Para eliminar os problemas, a empresa investiu em tecnologia de data warehouse. (Data warehousing é discutido no Capítulo 10. Por enquanto estamos examinando o impacto de ter acesso a dados precisos.) Ferramentas de consultas em dashboard foram implementadas nos call-centers (veja o exemplo de painéis de dashboard na Figura 1.6). Os operadores de call-center monitoram seus desempenhos observando os dashboards em suas telas de computador.

Os dashboards dos operadores são atualizados a cada 15 minutos. Em resumo, eles sabem como estão indo em indicadores-chave (medidas) e como seu desempenho se compara ao desempenho de outros operadores. Instrumentos do dashboard com cores diferentes no canto esquerdo mostram o coeficiente de fechamento do operador, média de vendas e chamadas por hora ao dia. Os operadores foram avaliados também em termos de satisfação do cliente, o que foi considerado crucial em relação à fidelidade do cliente e, finalmente, o crescimento de vendas e a lucratividade. No fim do mês, os operadores são classificados com base em uma combinação de métricas que contribuíram para o lucro – na linha de base. Os operadores da faixa de 100 a 80% recebem bônus com base em seus resultados e no valor total dos bônus proporcional ao sucesso global do negócio. Um agente top pode ganhar um bônus mensal de US$1.000.

Ao vincular o pagamento dos operadores com as métricas exibidas em seus painéis e seus desempenhos em relação a outros operadores, a 1-800-CONTACTS melhorou as vendas em US$ 50.000 por mês, e a qualidade do call-center se manteve elevada. Uma vez que os operadores poderiam ver seu desempenho vinculado ao seu bônus, a sua qualidade global foi melhorada. Como resultado, todas as métricas de importância estratégica para a empresa também melhoraram.

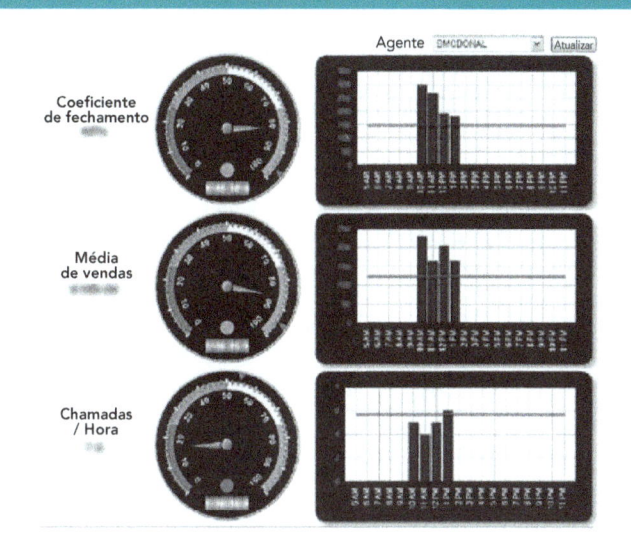

Figura 1.6 Exemplos de dashboards que relatam informações em telas gráficas conhecidas para manter os operadores informados sobre seu desempenho de vendas.

Fontes: Elaborado a partir do Microsoft SQL Server Case Study (Hill, 2005), e Watson & Jill (2009). O estudo de caso Watson & Hill está disponível na Teradata University Network (TUN). Visite: academicprograms.teradata.com/. A inscrição (gratuita) é necessária para acessar a TUN.

Questões para discussão: Quem está gerenciando o desempenho dos operadores? Como o feedback no nível dos operadores levou a um ganho de desempenho no nível organizacional? Por que os dashboards criaram um ambiente competitivo benéfico para os operadores? Por que você acha que as métricas são atualizadas a cada 15 minutos em vez de apenas no final do dia de trabalho ou turno do operador? Você acha que é possível monitorar tantas métricas? Por quê?

A TI desenvolveu-se de um foco pequeno no processamento de dados e relatórios de rotina, nos anos 1970, para uma função que cada vez mais dá apoio aos processos de negócio e gestão de relacionamento com o consumidor e o fornecedor, criando possibilidades ilimitadas nos anos 2010, década em que estar fora de alcance significa estar fora dos negócios.

Questões para revisão

1. Defina um sistema de informação.
2. Descreva os elementos que constroem um sistema de informação.
3. Quais objetivos de negócios são suportados por SIs?

1.3 Gestão e medição do desempenho do negócio

Organizações e gestores estabelecem metas e objetivos, por exemplo, aumentar o número de novas contas em 4,0% no próximo trimestre ou diminuir os custos com mão de obra em 7,0% nos próximos seis meses. O desempenho é medido pela forma como essas metas e objetivos são atingidos. Apesar de parecer muito simples, avaliar o desempenho do negócio (ou organizacional) é extremamente desafiador. Nesta seção, você aprenderá por que a medição de desempenho é tão desafiadora na prática, como o desempenho deve ser medido e como os SI podem ajudar ou atrapalhar a medição do desempenho.

O QUE É GESTÃO DE DESEMPENHO? POR QUE ISSO É UM DESAFIO?

O que significa *gestão de desempenho*? Como gerir desempenho? Imagine que os objetivos de uma empresa sejam aumentar as vendas e melhorar a fidelidade do cliente. A receita bruta é uma métrica quantitativa bastante fácil de calcular. Por outro lado, a fidelidade do cliente é uma métrica qualitativa e provavelmente possui uma dimensão de tempo mais longa. Você pode saber de imediato quanto os clientes compraram em um dia específico, mas não quantos clientes você perdeu nesse mesmo dia.

Para gerenciar o desempenho, dois requisitos fundamentais são:

- **Ser capaz de medir.** Você não pode gerenciar algo que não pode medir. Em outras palavras, se você não pode medir um processo, você não pode gerenciá-lo ou controlá-lo. Para ser confiável, a "medição" precisa estar baseada em fatos e/ou ser direcionada pelos dados. Porém, gestores estão tomando decisões baseadas em condições de incerteza. Quanto mais precisos e segmentados forem os dados, melhor será a capacidade de medir.
- **Saber que seu indicador está medindo a coisa certa.** Nem todas as métricas de desempenho estão claramente relacionadas ao resultado desejado. Pense nas diferenças em medir a receita bruta (uma métrica quantitativa) e a fidelidade do cliente (uma métrica qualitativa). Muitas vezes você precisa encontrar métricas quantitativas que substituam métricas qualitativas para que seja possível medir confiavelmente o que se quer avaliar. Mesmo para as métricas quantitativas, a medição é um desafio. Se o objetivo é o aumento das vendas, então mensurar a receita bruta faz sentido. Mas se o objetivo é aumentar o lucro total (lucro total = total da receita de vendas – total das despesas), então métricas múltiplas são necessárias.

Medir o desempenho requer:

- Identificar as medidas mais significativas do desempenho
- Ser capaz de medi-las corretamente
- Selecionar um conjunto de medidas que forneçam um indicador holístico do desempenho total do negócio
- Identificar quem deveria receber o relatório e quando

O desafio intensifica-se pelo fato de que raramente os gestores concordam com as perguntas sobre quais conjuntos de métricas são os adequados para serem rastreados. Como você pode ver, medir o desempenho requer muito tempo e esforço do gestor – e serve de exemplo claro do importante papel das pessoas para o sucesso de um SI. A seguir, examinamos o processo de medição de desempenho.

Processo de medição de desempenho. Medir o desempenho é um processo cíclico de vários passos. Os principais passos na medição do desempenho de negócio são:

Passo 1. Decidir os níveis desejados de desempenho. *O que uma empresa quer atingir?* Tais metas são decididas acima e expressas como metas e objetivos, baseadas na missão da organização. Além disso, métricas específicas devem ser estabelecidas para tópicos de desempenho desejáveis e mensuráveis de modo que a empresa possa avaliar seu sucesso.

Passo 2. Determinar como alcançar os níveis de desempenho. A questão é: *como chegar lá?* Isso é determinado pelas estratégias corporativas e planos de curto, médio e longo prazo.

Passo 3. Avaliar periodicamente onde a organização está com relação aos seus objetivos, metas e avaliações. A questão aqui é descobrir: *como estamos indo?* Isso é obtido pelo monitoramento do desempenho e pela comparação do resultado com os valores estabelecidos no Passo 1.

Passo 4. Ajustar o desempenho e/ou os objetivos. Se o desempenho estiver muito baixo – ou seja, há uma lacuna negativa entre aonde queremos chegar e onde estamos – ações corretivas precisam ser tomadas: *como reduzimos essa lacuna?*

Assim como muitos dos tópicos apresentados neste capítulo, a gestão do desempenho de negócio é discutida nos próximos capítulos.

No restante desta seção, examinamos mais detalhadamente dois componentes – as pressões do ambiente de negócio e as respostas organizacionais.

Pressões do ambiente de negócio. O ambiente de negócio consiste em uma variedade de fatores – sociais, legais, políticos, tecnológicos e econômicos. A Figura 1.7 mostra as maiores pressões e como elas podem afetar umas às outras. Veja também a Tabela 1.3.

Impacto dos fatores do ambiente de negócio. Os fatores do ambiente de negócio mostrados na Figura 1.7 podem causar impacto no desempenho dos indivíduos, dos departamentos e de toda a organização. Alguns fatores criam limitações, enquanto outros custam um bom dinheiro ou desviam esforços. Novas leis e regulamentações quase sempre envolvem a implementação de novos SIs para conformidade com elas, especialmente durante os primeiros anos após entrarem em vigor. Exemplos dessas leis e regulamentações são Sarbanes-Oxley Act (SOX), Foreign Corrupt Practices Act (FCPA), Basel II, Gramm-Leach-Bliley (GLB) Act, Environmental Protection Agency (EPA) requirements e Heath Information Portability and Accountability Act (HIPAA).

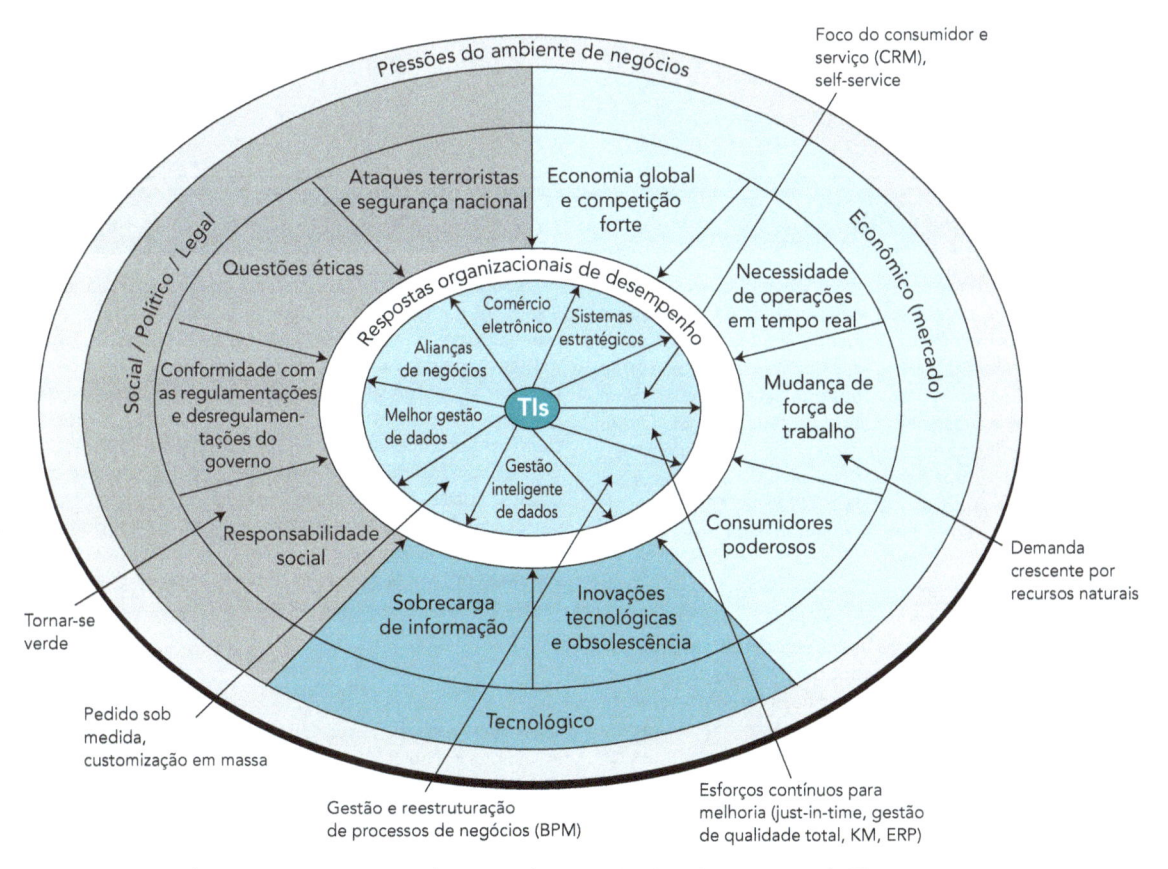

Figura 1.7 Pressões de negócio, respostas e desempenho organizacionais e suporte de TI.

Note que as pressões podem vir dos parceiros de negócios. A Walmart, por exemplo, exigiu que seus maiores fornecedores adotassem a tecnologia de RFID (*radio frequency identification* – identificação por radiofrequência). Solicitações parecidas são impostas por outros grandes compradores, incluindo os governos federal e estadual.

TI verde para redução de emissão de carbono e de gastos energéticos. A preocupação com os danos ao meio ambiente e com a redução de emissão de carbono e da pegada energética de uma empresa no planeta desencadearam esforços por uma **TI verde**. Essas pegadas são uma medida do impacto que as atividades de um negócio têm no ambiente – especificamente nas mudanças climáticas. Ela está relacionada a quantidades de gases de efeito estufa produzidos pela queima de combustíveis fósseis para a obtenção de energia e força. A energia utilizada em data centers (data center é um prédio utilizado para abrigar equipamentos de computação e sistemas de telecomunicação), por exemplo, é uma grande preocupação dos gestores. A TI toma decisões com relação ao consumo de força, refrigeração e espaço e como isso afeta o status verde da organização, como discutido em *TI em ação 1.4*.

Os servidores de data centers são conhecidos por requererem muita potência e gerarem muito calor. Os monitores dos PCs consomem entre 80 e 100 bilhões de quilowatts-hora de eletricidade por ano nos Estados Unidos. Tanto a Intel quanto a AMD estão produzindo novos processadores que reduzem o uso de energia. PCs e outros equipamentos computacionais que são descartados geram problemas de eliminação de resíduos. Um software verde é um produto que ajuda as empresas a economizarem energia ou satisfazer o que é requerido pela EPA (*Environmental Protection Agency* – agência de proteção ambiental norte-americana).

Diversas agências ao redor do mundo estão lutando para reduzir as pegadas de carbono. Entre elas, estão:

- Department for Environment, Food and Rural Affairs (DEFRA) – Reino Unido
- World Resource Institute (WRI) Greenhouse Gas (GHG) Protocol
- Vehicle Certification Agency (VCA) – Reino Unido
- Environmental Protection Agency (EPA) – Estados Unidos

TI em ação 1.4
Data centers verdes na Wells Fargo e Monsanto

A Wells Fargo é uma grande instituição financeira que queria minimizar o seu consumo de energia e as pegadas de carbono de seus centros de dados e infraestruturas de TI. Quando os custos de energia dispararam em 2007, a companhia decidiu se tornar "verde" em seus dois novos data centers. Data centers devem garantir a segurança e a disponibilidade de seus serviços. Quando construídos a partir do zero, eles podem ser significativamente mais eficientes em termos energéticos devido ao baixo consumo de energia. As duas novas instalações têm 8.000 servidores que consomem energia considerável e geram calor que deve ser resfriado.

Vários recursos de economia de energia foram introduzidos, incluindo economizadores a base de água que regulam o uso de energia e resfriam o ambiente físico; um sistema central de ventilação controlado por computador para resfriar os andares; direcionadores de ar para refrigerar espaços quentes específicos; e chips semicondutores que desligam automaticamente a energia quando necessário. Com o aumento dos volumes de dados, a Wells Fargo expande e renova constantemente seus centros de dados, levando em consideração as preocupações ambientais.

A Monstanto Inc., um grande fornecedor global de produtos agrícolas, construiu um centro de dados de eficiência energética para suportar a análise de duas operações internacionais. Como muitas empresas que voltam atrás e examinam seriamente seu futuro em TI, a Monsanto sentiu que a melhor maneira de avançar era parar de desperdiçar capital para manter seu desatualizado data center. Dois fatores que impulsionaram o investimento no novo centro foram o crescimento anual de 50% no uso de dados e os altos custos de resfriamento para o antigo data center. A novo centro com eficiência energética abriga 900 servidores e tem um escudo exterior de vidro que desvia 90% do aquecimento solar. Os data centers de ambas as empresas são certificados pela Leadership in Energy and Environmental Design (LEED) do U.S. Green Building Council.

Fontes: Elaborado a partir de Duvall (2007a) e Watson (2007).

Questões para discussão: Por que empresas estão dispostas a investir na construção de novos data centers? Quais são os incentivos ao respeitar o meio ambiente? Como se justifica a construção de data centers energeticamente eficientes? O que organizações como a LEED fazem (visite: usgbc.org/leed)?

TABELA 1.3 Respostas organizacionais às pressões e oportunidades

Resposta/ação	Descrição
Desenvolver sistemas estratégicos	Implementar sistemas que fornecem vantagem estratégica, por exemplo, novos recursos, preços baixos, superserviços e excelente qualidade.
Introduzir sistemas focados no cliente e programas de fidelidade	Atender às necessidades ou prioridades dos clientes.
Melhorar tomada de decisão e previsões	Usar métodos analíticos para otimizar operações, reduzir custos, agilizar tomada de decisões e previsões, apoiar a colaboração, automatizar decisões de rotina.
Reestruturar processos de negócios e a estrutura da organização	Reestruturar processos de negócios para torná-los mais eficientes e eficazes. Eliminar o desperdício.
Usar uma abordagem self-service	Fazer clientes, funcionários ou parceiros de negócios utilizarem self-service sempre que possível, por exemplo, track status, mudar um endereço ou gerenciar seu inventário.
Atender conforme a demanda	Atender às demandas de seus clientes por produtos/serviços padrões ou customizados de maneira eficiente e eficaz.
Promover alianças de negócios	Criar alianças de negócios, mesmo com seus competidores para reduzir riscos e custos.
Promover relações de parceria	Colaborar efetivamente; oferecer benefícios para seus parceiros de gestão.
Usar o e-commerce	Automatizar processos de negócios, procedimentos e operações de rotina. Usar novos modelos de negócios e mercados eletrônicos.
Compartilhar informação e conhecimento	Compartilhar informação e promover a criação de informação e conhecimento, armazenamento e reutilizar o conhecimento de gestão.
Usar empreendedorismo e sistemas integrados	Integrar sistemas de aplicações de informação interna com sistemas parceiros a fim de facilitar a colaboração, reduzir custos e erros, e proporcionar vantagem competitiva.
Tornar-se verde	Poupar energia e o meio ambiente.
Reduzir o tempo de ciclo	Aumentar a velocidade por meio da automação, colaboração e inovação.

- Department of Energy (DOE) – Estados Unidos
- Green House Office – Austrália
- Standards Association (CSA) GHG Registries – Canadá

Atividades políticas e econômicas juntam-se à complexidade e ao caos ambiental.

Questões éticas. A TI gera questões éticas desafiadoras que vão desde monitorar o e-mail dos funcionários até invadir a privacidade de clientes cujos dados foram armazenados em bancos de dados públicos e privados. Questões éticas criam pressões ou limitações para as operações de negócios. A **ética** está relacionada a padrões de certo e errado, e *ética das informações* está relacionada a padrões de certo e errado nas práticas de gestão de informação. As questões éticas são desafiadoras, em parte porque o que é considerado ético por uma pessoa pode parecer antiético para outra, bem como o que é considerado ético em um país pode ser considerado antiético em outros.

Questões para revisão

1. Defina gestão de desempenho de negócio e mostre seu ciclo.
2. Descreva o impacto do ambiente de negócios e liste alguns de seus componentes.
3. O que é TI verde e por que se tornou importante?
4. Liste algumas questões ambientais que envolvem os data centers.
5. Descreva as respostas organizacionais.
6. Defina ética.

1.4 Planejamento estratégico e modelos competitivos

O planejamento estratégico é fundamental para todas as organizações, incluindo as governamentais, as de saúde, educação e as militares, além de outras organizações com e sem fins lucrativos. Começaremos discutindo a análise estratégica e então explicaremos as atividades ou componentes que fazem parte do planejamento estratégico.

O QUE É ANÁLISE ESTRATÉGICA (SWOT)?

Existem muitas visões sobre a análise estratégica. Geralmente, a análise estratégica é um mapeamento e revisão do ambiente político, social, econômico e técnico da organização. Por exemplo, qualquer empresa procurando expandir suas operações de negócios para um país em desenvolvimento precisa estudar a estabilidade econômica e política desse país e sua infraestrutura básica. A análise estratégica incluiria revisar o World Factbook da CIA (cia.gov/library/publications/the-world-factbook/). O World Factbook fornece informações sobre a história, as pessoas, o governo, a economia, a geografia, as comunicações, o transporte, o exército e questões transnacionais de 266 entidades no mundo. Então, a empresa precisaria estudar os concorrentes e suas prováveis reações a uma nova entrada no mercado. Igualmente importante, a empresa precisaria avaliar sua capacidade de competir no mercado de forma lucrativa e avaliar os impactos da expansão em outras partes da empresa. Ter acesso à capacidade de produção, por exemplo, requereria menos capital do que construir uma nova fábrica.

O propósito dessa análise de ambiente, de competição e de capacidade é conhecer as forças, oportunidades, fraquezas e ameaças (SWOT) do plano de expansão que está sendo levado em consideração. A **análise SWOT**, como é chamada, envolve a avaliação das forças e fraquezas, que são fatores internos, e das oportunidades e ameaças, que são fatores externos. Exemplos disso são:

- Forças: processos confiáveis; agilidade; equipe motivada
- Fraquezas: falta de conhecimentos específicos; concorrentes com melhor infraestrutura de TI
- Oportunidades: um mercado em desenvolvimento; capacidade de criar um novo mercado ou produto
- Ameaças: guerra de preços ou outras reações agressivas dos concorrentes; obsolescência

A análise SWOT é apenas um guia e deve ser utilizada junto com outras ferramentas, tais como o modelo de análise de forças competitivas de Porter. O modelo de Porter é descrito na seção seguinte. O valor de uma análise SWOT depende de qual análise é realizada. Abaixo citamos diversas regras a serem seguidas:

- Seja realista sobre as forças e fraquezas de sua organização.
- Seja realista sobre o tamanho das oportunidades e das ameaças.
- Seja específico e mantenha a análise simples, ou o mais simples possível.
- Avalie as forças e fraquezas de sua empresa com relação àquelas dos concorrentes (concorrentes melhores e piores do que a sua empresa).
- Espere visões conflituosas, porque a análise SWOT é subjetiva, voltada para o futuro e baseada em pressuposições.

A análise SWOT é feita, muitas vezes, no início do processo de planejamento estratégico. Agora, você pode estar se perguntando "O que é planejamento estratégico?".

O QUE É PLANEJAMENTO ESTRATÉGICO?

Planejamento estratégico é uma série de processos nos quais a empresa seleciona e organiza seus serviços e negócios para manter a organização viável (saudável e funcional), mesmo quando eventos inesperados desestabilizam um ou mais de seus negócios, mercados, produtos ou serviços. O planejamento estratégico envolve análise de ambiente e predições, ou a análise SWOT, para cada negócio relacionado aos concorrentes no mercado do negócio ou linha de produtos. O próximo passo no processo de planejamento estratégico é a estratégia.

O QUE É ESTRATÉGIA?

Estratégia define o plano por meio do qual um negócio irá atingir sua missão, objetivos e metas. A estratégia especifica os requisitos financeiros necessários, os orçamentos e os recursos. A estratégia lida com questões fundamentais como a posição da empresa no setor em que atua, os recursos e opções disponíveis e as futuras direções que a empresa irá tomar. Uma estratégia responde às seguintes questões:

- Qual é o direcionamento de longo prazo do nosso negócio?
- Qual é o planejamento geral de aplicação dos nossos recursos?
- Quais são as concessões necessárias? Quais recursos precisaremos compartilhar?
- Qual é a nossa posição frente aos concorrentes?
- Como atingimos uma vantagem competitiva em relação à concorrência para obter ou maximizar a lucratividade?

Duas das mais conhecidas metodologias foram desenvolvidas por Porter. O que há de mais importante nelas está apresentado a seguir.

MODELO DE FORÇAS E ESTRATÉGIAS COMPETITIVAS DE PORTER

O **modelo de forças competitivas** de Michael Porter, também conhecido como modelo de cinco forças, foi utilizado para desenvolver estratégias para empresas identificarem sua vantagem competitiva. O modelo também demonstra como a TI pode aumentar a competitividade. O professor Porter discute este modelo em detalhes em um vídeo de 13 minutos disponível no YouTube (em inglês), feito para a Harvard Business School, que você pode conferir em youtube.com/watch?v=mYF2_FBCvXw.

O modelo reconhece as cinco maiores forças (pense nelas como orientações ou pressões) que poderiam influenciar a posição da empresa em um *determinado setor* e a estratégia que a gestão escolhe manter. Outras forças, como aquelas mencionadas anteriormente neste capítulo, incluindo novas regulamentações, afetam todas as empresas de um mesmo setor e, portanto, podem ter um impacto mais uniforme em cada empresa. Embora detalhes do modelo sejam diferentes de um setor a outro, sua estrutura geral é universal.

Base do modelo de forças competitivas. Antes de examinar o modelo, é bastante útil entender que ele está baseado no conceito fundamental de lucratividade e margem de lucro.

- **LUCRO** = TOTAL DAS RECEITAS – CUSTOS TOTAIS. O lucro aumenta com o aumento da receita total e/ou com a diminuição dos custos totais. O lucro diminui quando a receita total diminui e/ou quando os custos totais aumentam.
- **MARGEM DE LUCRO** = PREÇO DE VENDA – CUSTO DA UNIDADE. A margem de lucro mede a quantidade de *lucro por unidade de venda* e não leva em consideração todos os custos do negócio.

Cinco forças do mercado. De acordo com o modelo de forças competitivas de Porter, existem cinco forças principais em um setor que afetam o grau de competitividade e causam impacto nas margens de lucro e, por fim, na lucratividade. Essas forças interagem; dessa forma, embora você leia sobre elas individualmente, é a interação entre elas que determina o potencial de lucros de um setor. As margens de lucro de serviços de entrega, por exemplo, podem ser grandes, mas o custo de TI para dar suporte a esse serviço é uma barreira enorme no mercado.

Aqui apresentamos uma explicação das cinco forças do mercado (setor).

1. **Ameaça de entrada de novos concorrentes.** Os setores com alta margem de lucro atraem mais concorrentes (chamados de *entrantes*) no mercado do que setores com margens de lucro baixas. É o mesmo princípio aplicado aos empregos – pessoas são atraídas por oportunidades que pagam mais, desde que possam completar ou preencher os critérios para aquele emprego. Para ganhar uma fatia do mercado, os entrantes normalmente vendem com preços mais baixos ou oferecem algum incentivo. Aquelas empresas que já estão no setor podem ser forças que defendem sua fatia do mercado baixando os preços, o que reduz a margem de lucro. Dessa forma, essa ameaça exerce uma pressão nas margens de lucro por baixar os preços.

   Essa força também se refere à força das **barreiras de entrada** em um setor, que dizem respeito a quão fácil é entrar em um setor. A ameaça de entrada é mais baixa (poder menor) quando existem empresas que têm SI que são difíceis ou muito caros de se reproduzir. Esses SI criam barreiras de entrada e reduzem a ameaça de entrada.

2. **Poder de barganha dos fornecedores.** O poder de barganha é mais alto onde o fornecedor ou a marca são mais poderosos; por exemplo, a Apple, a Microsoft e fabricantes de automóveis. O poder é determinado por quanto a empresa compra de um fornecedor. Quanto mais poderosa, mais a empresa pode pedir melhores preços ou termos de serviços, o que aumenta sua margem de lucro. Por outro lado, os fornecedores com pouco poder de barganha tendem a ter margens de lucro mais baixas.
3. **Poder de barganha de clientes ou compradores.** Esta é a força contrária do poder de barganha dos fornecedores. Exemplos disso são a Dell, a Walmart e os governos. Esta força é forte onde existem pequenos e grandes clientes ou compradores.
4. **Ameaça de produtos ou serviços substitutos.** Onde existe a substituição produto por produto, como Nook por Kindle ou fax por e-mail, existe uma pressão de preços. Como a ameaça de substitutos aumenta, a margem de lucro cai, porque os vendedores precisam manter os preços competitivamente baixos.
5. **Rivalidade competitiva entre as empresas existentes dentro de um setor.** A competição agressiva envolve propaganda extensiva e promoções, investimentos intensos em pesquisa e desenvolvimento (P&D), ou outros esforços que diminuam as margens de lucro. Esta força tem uma tendência maior de ser grande quando as barreiras de entrada são pequenas, a ameaça de produtos substitutos é grande e os fornecedores e compradores tentam controlar o mercado. Essa é a razão para essa força estar no centro do modelo.

A força de cada uma das forças é determinada pela estrutura do setor. Empresas existentes em um setor precisam se proteger das forças. Elas podem ainda tirar vantagem dessas forças para melhorar sua posição ou para desafiar os líderes do setor. Essas relações são mostradas na Figura 1.8.

As empresas podem identificar as forças que influenciam uma vantagem competitiva em seus mercados e então desenvolver uma estratégia. Porter propõe três tipos de estratégias – liderança de custo, diferenciação e estratégias de nicho.

Na Tabela 1.4, as três estratégias clássicas de Porter são listadas, seguidas por uma lista de outras nove estratégias gerais para lidar com a vantagem competitiva. Cada uma dessas estratégias pode ser melhorada com a TI, como será mostrado ao longo deste livro. Outros capítulos mostrarão (1) como os impactos de TI são diferentes nas cinco forças e (2) como a TI facilita as doze estratégias.

MODELO DE CADEIA DE VALOR DE PORTER

De acordo com o **modelo de cadeia de valor** de Porter, as atividades conduzidas em diversas fábricas podem ser divididas em duas partes: atividades primárias e atividades de suporte.

As **atividades primárias** são aquelas atividades de negócios por meio das quais a empresa produz bens, criando, assim, um valor que os clientes estão dispostos a pagar. As atividades

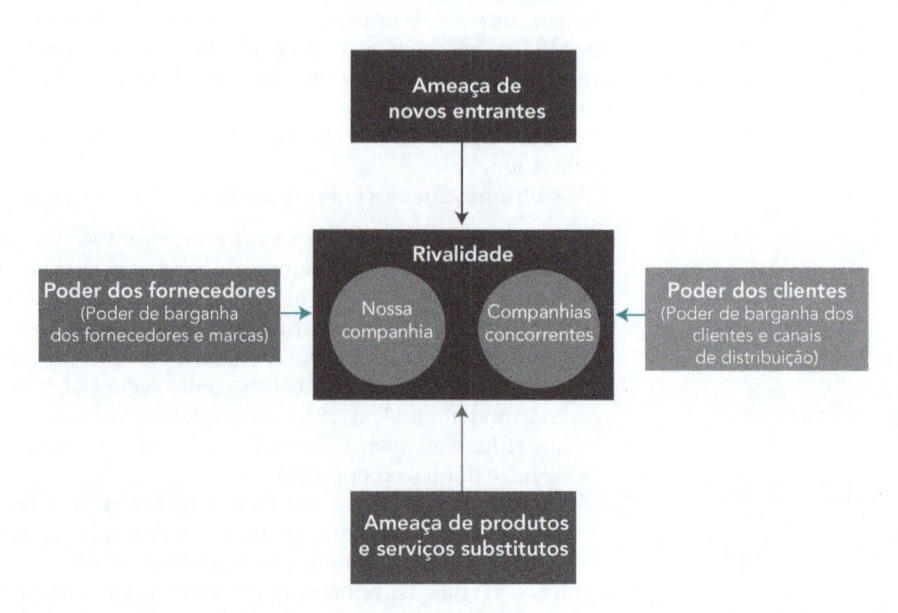

Figura 1.8 Modelo de forças competitivas de Porter.

TABELA 1.4 — Estratégias para vantagem competitiva

Estratégia	Descrição
Custo de liderança	Produza produtos/serviços pelo menor custo na indústria.
Diferenciação	Ofereça diferentes produtos, serviços ou recursos de produto.
Nicho	Selecione um segmento de escopo limitado (nicho de mercado) e seja o melhor em qualidade, velocidade ou custo nesse segmento.
Crescimento	Aumente a quota de mercado, conquiste mais clientes ou venda mais tipos de produto.
Aliança	Trabalhe com parceiros de negócios em parcerias, alianças, joint ventures ou empresas virtuais.
Inovação	Introduza novos produtos/serviços; coloque novos recursos em produtos/serviços existentes; desenvolva novos meios de produzir produtos/serviços.
Eficácia operacional	Melhore a maneira pela qual os processos de negócios internos são executados para que a empresa realize atividades semelhantes aos rivais de modo melhor.
Orientação para o consumidor	Concentre-se na satisfação do cliente.
Tempo	Trate o tempo como um recurso, para então controlá-lo e usá-lo em favor da empresa.
Barreiras de entrada	Crie barreiras para acesso. Ao introduzir produtos inovadores ou usar TI para fornecer serviço excepcional, as empresas podem criar barreiras de entrada para desencorajar novos entrantes.
Aprisionamento de cliente ou fornecedor	Incentive clientes ou fornecedores a ficarem com você em vez de irem para os concorrentes. Reduza o poder de barganha dos clientes, aprisionando-os com você.
Aumento de custos de mudança	Desestimule clientes e fornecedores a procurar seus concorrentes por razões econômicas.

primárias envolvem compra de materiais, processamento de materiais em produtos e entrega de produtos aos clientes. Normalmente, existem cinco atividades primárias:

1. Logística interna (de entrada de matéria-prima e outros insumos)
2. Operações (produção e testagem)
3. Logística externa (empacotamento, estocagem e distribuição)
4. Marketing e vendas (para compradores)
5. Serviços

As atividades primárias normalmente acontecem numa sequência de 1 a 5. Conforme o trabalho progride, o valor vai sendo agregado ao produto em cada uma das etapas. De modo mais específico, os materiais que entram (1) são processados (recebimento, estocagem, etc.) em atividades chamadas de **logística interna**. Depois, os materiais são utilizados nas *operações* (2), nas quais um valor significativo é agregado pelo processo de transformar matéria-prima em produto. Os produtos precisam ser preparados para a entrega (empacotamento, estocagem e envio) em atividades de **logística externa** (3). Então, a atividade de *marketing e vendas* (4) procura vender os produtos aos clientes, aumentando o valor do produto por meio da criação da demanda destes. O valor da unidade vendida é muito maior do que o valor de uma unidade não vendida. Por fim, o *serviço de pós-venda* (5), como serviço de garantia e notificação de atualização, é realizado para o cliente, acrescentando ainda mais valor. O objetivo dessas atividades que agregam valor é trazer lucro para a empresa.

As atividades primárias se apoiam nas seguintes atividades de suporte:

1. Infraestrutura da empresa (contabilidade, finanças e gestão)
2. Gestão de recursos humanos

Atividades de suporte	Infraestrutura de finanças e gestão	Gestão legal, de finanças e de contabilidade				
	Gestão de recursos humanos	Pessoal, recrutamento, treinamento, planejamento de pessoal, etc.				
	Desenvolvimento de tecnologia e produtos	Design de produto e processo, engenharia de produção, estudo de mercado, P&D				
	Compras	Gestão de fornecedores, financiamentos, subcontratação e especificação				
Atividades primárias		LOGÍSTICA INTERNA	OPERAÇÃO	LOGÍSTICA EXTERNA	MARKETING E VENDAS	SERVIÇOS
		Exemplos: Controle de qualidade, controle de recebimento de matéria-prima, agendas de fornecimento	Exemplos: Fabricação, embalagem, controle de produção, controle de qualidade, manutenção	Exemplos: Finalização de bens, gestão de mercadorias, expedição, entrega, faturamento	Exemplos: Gestão de cliente, recebimento de pedidos, promoções, análise de vendas, pesquisa de mercado	Exemplos: Garantia, manutenção, educação e treinamento, melhorias

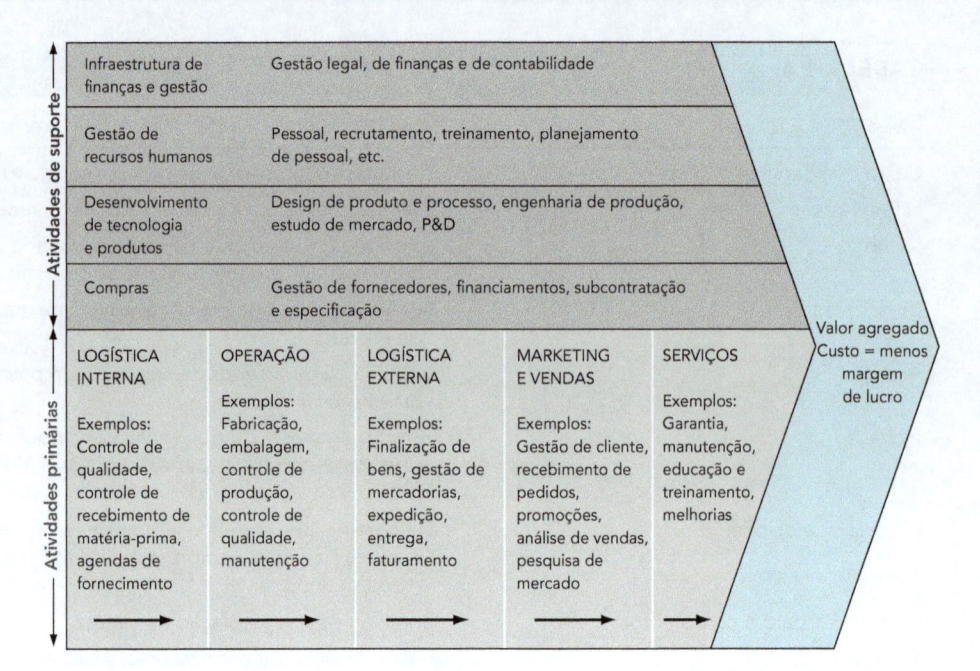

Valor agregado Custo = menos margem de lucro

Figura 1.9 A cadeia de valor da empresa. As setas ilustram o fluxo de bens e serviços.

3. Desenvolvimento de tecnologia (P&D)
4. Compras (aquisição)

Cada atividade de suporte pode ser aplicada a cada uma ou a todas as atividades primárias. As atividades de suporte podem também dar apoio umas às outras, conforme mostramos na Figura 1.9.

A inovação e a adaptabilidade são **fatores críticos de sucesso**, ou FCS, relacionados aos modelos de Porter. Os FCS são todas aquelas coisas que precisam funcionar para que uma empresa alcance sua missão. Os FCS devem ser quantitativos ou mensuráveis, por exemplo, medir o aumento do número de clientes em um período. Um exemplo de estratégia inovadora é dado em *TI em ação 1.5*.

Organizações adaptativas e inovadoras. Charles Darwin, o renomado cientista, disse: "Não é a espécie mais forte que sobrevive, nem a mais inteligente; a espécie que sobrevive é a que melhor reage à mudança". O que é verdade na natureza também é verdade nas organizações que funcionam em um ambiente de mudanças rápidas, como vimos anteriormente. A revolução digital e as mudanças rápidas no ambiente trazem oportunidades e riscos. Bill Gates sabe disso. A Microsoft está continuamente desenvolvendo novos produtos para a Internet e para a TI, além de serviços para se defender do Google. O Google, por sua vez, defende-se do Facebook.

A concorrência existe não apenas entre produtos e serviços, mas também entre modelos de negócios, operações de serviço ao consumidor e cadeias de suprimento. O conceito de cadeia de valor foi suplementado pelos conceitos de *sistema de valor* e *rede de valor*.

A cadeia de valor de uma empresa é parte de um fluxo maior de atividades, que Porter chama de sistema de valor. Um **sistema de valor** inclui os fornecedores que entregam os insumos necessários para a empresa e sua cadeia de valor. Uma vez criados os produtos da empresa, eles passam pela cadeia de valor dos distribuidores, até chegarem aos compradores (clientes). Todas as partes dessas cadeias estão dentro do sistema de valor. Ganhar e manter uma vantagem competitiva e suportar uma vantagem por meio da TI requer entender todo o sistema de valor.

Uma *rede de valor* é um conjunto complexo de recursos sociais e econômicos. As redes de valor funcionam juntas por meio de relações que criam bens sociais (bens públicos) ou valor econômico. Este valor toma a forma de conhecimento e outros valores intangíveis e/ou financeiros.

Suporte de TI em tempo real, por demanda. Eliminar pontos cegos requer sistemas em tempo real. Um **sistema em tempo real** é um SI que oferece acesso rápido o suficiente

TI em ação 1.5
Como a TI auxiliou o Boston Red Sox a vencer a World Series

O Boston Red Sox venceu o World Series em 2004 e 2007. Sua sofisticada estratégia de recrutamento e demissão, fortemente apoiada em TI, contribuiu para seu sucesso. Vencer depende de identificar jogadores com o talento certo, sabendo quanto tempo manter cada jogador e desenvolvendo a estratégia certa – tudo isso depende de informação, análise e inteligência.

Dados abrangentes e detalhados sobre cada jogador e sobre cada partida estão disponíveis. O desempenho dos jogadores é medido a cada *swing*, passo ou arremesso feito. As linhas de base são calculadas sobre cada faceta de um atleta – altura, peso, força do braço, alcance, disciplina e erros de estratégia. O Red Sox exige que os jogadores em seu time de juniores mantenham registro de suas atividades no jogo.

As equipes precisam desenvolver uma estratégia vencedora. Dados de esportes precisam ser analisados para comparar o desempenho real de cada jogador com o número médio de vitórias. Isso determina se se deve ou não pagar de 10 a 20 milhões de dólares por ano para o arremessador e também quando aposentar um jogador. Alguns times podem se dar ao luxo de pagar mais por jogadores e, assim, adquirir os melhores.

O sistema de **business intelligence (BI)** pode dar uma vantagem para os times. O BI é uma categoria ampla de aplicações, tecnologias e processos para coleta, armazenamento, acesso e análise de dados para ajudar usuários empresariais a tomar melhores decisões. O BI ajuda a identificar as características vencedoras de "capital humano" antes que a concorrência as encontre. O BI faz análise com sabermetrics. A sabermetrics é a análise matemática do desempenho de rebater e arremesar do jogador. O termo é derivado da Sociedade Americana para a Pesquisa em Baseball (SABR), uma comunidade de entusiastas de baseball, e difere das tradicionais métricas de jogador, como *home runs* e médias de rebatidas.

Sabermétricos usam medidas que refletem com precisão a contribuição de um jogador para alcançar uma vitória, como os *home runs* feitos. Essa estatística conta o número de vezes que um batedor chega na base e fatores em um dado valor para a força de um *hit* (*single* ou *home run*). O objetivo é determinar o que o batedor faz na base para criar uma oportunidade para seu time marcar um *home run*. A sabermetrics pode ajudar as equipes de forma mais precisa a encontrar jogadores de ligas menores que tenham probabilidade de sucesso nas grandes ligas.

Fontes: Elaborado a partir de Duvall (2004, 2007b).

Questões para discussão: A estratégia de gestão pode ser executada sem TI? Por que é difícil para competidores copiar essa estratégia? Essa é uma vantagem estratégica sustentável?

à informação ou a dados para que uma decisão apropriada possa ser tomada, normalmente antes de mudanças de dados ou de situação (prazos operacionais de registro de evento do sistema). Rápido o suficiente pode significar menos que um segundo se você estiver comprando uma ação ou pode significar antes que os negócios abram na manhã seguinte se você quer determinar um preço. Pode ser um dia ou dois em outras situações. Quando um paciente é internado em um hospital, os prontuários médicos precisam estar disponíveis imediatamente. Quanto maior a espera, maior o risco para o paciente. A empresa em tempo real é necessária, já que as bases para a competição normalmente são tempo e velocidade. Sistemas baseados na Web (como o controle de ações online) nos oferecem essas possibilidades. Alguns exemplos são:

- Vendedores podem verificar se um produto está no estoque, procurando-o diretamente no sistema de estoque.
- Fornecedores podem garantir um abastecimento adequado, fazendo buscas diretas no sistema de previsão e de estoque.
- Um extrato de cartão de crédito online é verificado, e a quantidade de compras é debitada em um segundo. Assim, a autorização é enviada rapidamente para o vendedor e o comprador.

Exemplo de suporte da TI em tempo real. A HyperActive Technologies (hyperactive technologies.com) desenvolveu um sistema com câmeras montadas no telhado de um restaurante de *fast-food* para acompanhar veículos que paravam no estacionamento ou entravam no *drive-through*. Outras câmeras acompanhavam o progresso dos clientes pelo movimento da fila de pedidos. Utilizando uma *análise preditiva*, o sistema prevê o que os clientes podem pedir. Além disso, a base de dados inclui um histórico de dados de pedidos feitos pelos carros e informa que 20% dos carros que entram no estacionamento normalmente pedem pelo menos um *cheeseburguer* na hora do almoço. Baseado nos insumos da câmera e do banco de dados, o sistema prevê o que o cliente irá pedir de 1,5 a 5 minutos antes que ele faça o pedido. Os cozinheiros são melhor informados, o que minimiza o tempo de espera dos clientes e o custo de comidas que são devolvidas por estarem superaquecidas ou sem sabor. Uma empresa em tempo real é também referida como uma empresa por demanda. Tal empresa precisa ser capaz de preencher os pedidos logo que são solicitados.

Inovação e criatividade. Respostas organizacionais normalmente surgem em reação à mudança no ambiente de negócios ou contra ações de concorrentes. Às vezes essa resposta pode vir tarde. Dessa forma, organizações podem desempenhar um papel proativo e fazer mudanças significativas no setor antes que qualquer outra empresa o faça. A estratégia de ser o primeiro a se mobilizar pode trazer muito retorno se for bem-sucedida.

Falhas nos sistemas de informação. Até agora, você leu muitas histórias de sucesso. Infelizmente, os projetos de TI nem sempre são bem-sucedidos, e as razões para o fracasso são muitas vezes a gestão inadequada do projeto, um assunto que você vai conhecer no Capítulo 14. Alguns projetos de TI estão condenados desde o princípio por causa de orçamentos e de outros recursos inadequados.

Mostraremos alguns deles (marcados com o ícone "Lições aprendidas em TI") neste livro. Podemos aprender com os fracassos tanto quanto podemos aprender com o sucesso.

Exemplos de três fracassos em TI em diferentes nações:

- Em 24 de fevereiro de 2008, cerca de dois terços do mundo ficou impossibilitado de acessar o YouTube por várias horas. Isso aconteceu quando a autoridade paquistanesa de telecomunicações decidiu bloquear conteúdos ofensivos em seu próprio país. Seu ISP, com o PCCW de Hong Kong, programou incorretamente o bloqueio de vídeos no YouTube, causando um bloqueio que atingiu o mundo inteiro (Claburn, 2008).
- No Reino Unido, a NOMIS fracassou por causa da má administração e por exceder em muito o orçamento. O projeto que entregaria um sistema de TI para dar apoio a uma nova forma de trabalhar com agressores deveria ter sido completado em janeiro de 2008. Em julho de 2007, 155 milhões de libras foram gastos no projeto, que estava atrasado dois anos, e os valores estimados de custo total do projeto aumentaram para 690 milhões de libras. Em janeiro de 2008, a NOMIS começou a trabalhar em um programa com escopo diferente com um custo total de 513 milhões de libras e um prazo de entrega em março de 2011 (Krigsman, 2009; NAO, 2009). O projeto é um excelente estudo de caso relacionando à falha diretamente à gestão inadequada e pouco controlada; isso é discutido no Caso de setor público ao final deste capítulo.
- A Agência de Censo dos Estados Unidos (US Census Bureau) enfrentou a perda de 2 bilhões de dólares em um projeto de TI para substituir métodos de coleta de dados em papel por dispositivos portáteis para o censo de 2010. A Agência de Censo não implementou em longo prazo as recomendações da GAO (Government Accountability Office), e teve de desfazer o programa.

Questões para revisão

1. Descreva planejamento estratégico.
2. Descreva a análise SWOT.
3. Explique o modelo de cinco forças de Porter e dê um exemplo de cada força.
4. Descreva uma organização adaptável.
5. Descreva sistemas de informação e de negócio em tempo real.

1.5 Por que TI é importante para a sua carreira e as carreiras de TI

Nesta parte do capítulo, descrevemos a importância da TI para o seu desempenho e o valor dela para a sua organização.

Neste capítulo, você leu que um negócio depende da TI. Na maioria das organizações, se sua rede de computadores parar de funcionar, o negócio também para. Imagine não ter acesso à Internet por 24 horas – sem poder enviar mensagens de texto, e-mails, Facebook, Twitter, sem poder acessar dados, status de relatórios, etc. Perceber o que você ainda poderia fazer sem TI dá uma clara ideia de sua importância e onipresença.

A TI DEFINE E CRIA NEGÓCIOS E MERCADOS

A TI cria mercados, negócios, produtos e empregos. Como você verá neste livro, desenvolvimentos motivadores de TI estão mudando a maneira como as organizações e indivíduos fazem as coisas. Novas tecnologias, como as redes 4G, os códigos de barra 2D, os escâneres móveis e os e-readers indicam mudanças inovadoras. A CNN.com, uma das agências de notícia mais respeitadas, criou um novo mercado cujo impacto ainda não pode ser visualizado. Visite iReport no ireport.com/ (em inglês), onde se lê um pop-up "iReport é a maneira como as pessoas como você contam notícias. As histórias nesta seção não são editadas, verificadas ou controladas antes de serem postadas". A CNN.com convida a todos a se tornarem repórteres e a "fazerem parte das notícias com a CNN. Sua voz, junto com a de outros iReporters, pode ajudar a modelar o que a CNN cobre e como ela faz isso. Na CNN, acreditamos que olhar para as notícias de diferentes ângulos nos dá um maior entendimento do que está acontecendo. Também sabemos que o mundo é um lugar maravilhoso, cheio de pessoas interessantes fazendo coisas interessantes que nem sempre aparecem nos noticiários" (ireport.com/about.jspa, 2010).

PERSPECTIVA OCUPACIONAL PARA GESTORES DE SI

De acordo com a edição 2010-11 do Occupational Outlook Handbook, publicado pelos U.S. Bureau of Labor Statistics, as perspectivas para gestores de sistemas de informação e de computação são as seguintes:

- Espera-se que as contratações aumentem mais rápido do que a média para todas as ocupações.
- Um diploma em um campo relacionado a computação normalmente será solicitado para posições de gestão, embora os empregadores prefiram muitas vezes a pós-graduação, especialmente um MBA que tenha tecnologia como tema principal.
- Muitos gestores possuem conhecimento avançado em tecnologia que adquiriram por trabalhar em uma posição que envolvia computadores.
- As previsões de emprego deverão ser excelentes (bls.gob/oco/ocos258.htm).

TI como carreira: a natureza do trabalho com SI e TI. No mercado de trabalho atual, é imperativo que SIs funcionem de forma eficaz e confiável. Os gestores de SI desempenham um papel vital na implementação e administração de tecnologia em suas organizações. Eles planejam, coordenam e dirigem pesquisas sobre atividades da empresa que estão relacionadas a computadores. Em consulta a outros gestores, eles ajudam a determinar as metas de uma organização e implementam tecnologia para atingir essas metas. Eles supervisionam todos os aspectos técnicos de uma organização, como desenvolvimento de software, segurança de rede e operações na Internet.

Os gestores de SI podem ter funções adicionais, dependendo de seu papel na organização. O **chief of technology officer (CTO)** avalia as tecnologias mais novas e mais inovadoras e determina como elas podem ser aplicadas para uma vantagem competitiva. O CTO desenvolve padrões técnicos, utiliza tecnologia e supervisiona trabalhadores que lidam diariamente com questões de TI da empresa. Quando TIs inovadoras e úteis são lançadas, o CTO determina a implementação de estratégias, faz a análise de custo-benefício ou a análise SWOT e relata as estratégias à alta administração, incluindo o chief information officer (CIO).

Os gestores de projeto de TI desenvolvem requisitos, orçamentos e agendas para os projetos de tecnologia da informação de suas empresas. Eles coordenam esses projetos do desenvolvimento à implementação, trabalhando com os funcionários de TI da empresa, assim como com clientes, vendedores e consultores. Esses gestores estão cada vez mais envolvidos em projetos que atualizam informações de segurança de uma organização.

Ganhos no campo de TI. De acordo com a análise do Bureau of Labor Statistics de 2010-11, os salários de gestores de sistemas de informação e de computação variam por especialidade e carga de responsabilidade. O salário médio anual para esses gestores, em maio de 2008, era de $112.210. A metade ganhava entre $88.240 e $141.890. O salário médio anual nas indústrias que empregam o maior número de gestores de sistemas de informação e de computação em maio de 2008 segue abaixo:

- Fornecedor de software, $126.840
- Planejamento de sistemas computacionais e serviços relacionados, $118.120
- Gestor de empresas e empreendimentos, $115.150

- Intermediação financeira, $113.380
- Corretor de seguros, $109.810

Além dos salários, gestores de sistemas de informação e de computação, especialmente aqueles nos cargos mais altos, muitas vezes recebem benefícios relacionados ao trabalho, como uma conta para despesas, planos de opção de compra de ações e bônus.

Oportunidades de trabalhos de TI. Como em 2010-11, as oportunidades para os gestores qualificados de SI devem ser excelentes. Trabalhadores com conhecimento técnico especializado e com fortes habilidades de comunicação e negócios, assim como aqueles com MBA cuja área de concentração são os SIs, terão as melhores oportunidades. A abertura de cargos irá resultar em um crescimento do número de contratados e a necessidade de realocar trabalhadores que vieram de outros cargos ou deixaram a força de trabalho (Bureau of Labor Statistics, 2010-2011).

Questões de gestão

1. **Reconhecendo oportunidades para usar TI e sistemas baseados na Web para vantagem estratégica e ameaças associadas a não usá-los.** Essas oportunidades e ameaças são destacadas e discutidas ao longo do livro.
2. **Quem constrói, opera e mantém os sistemas de informação?** Essa é uma questão central, porque a gestão quer minimizar o custo com TI ao mesmo tempo em que maximiza seus benefícios. Algumas alternativa são usar a computação de nuvem, usar modelos de software como serviço (software-as-a-service, SaaS), terceirizar atividades de TI e dividir o trabalho restante entre o departamento de SI e os usuários finais.
3. **Quanto de TI?** Essa é uma questão fundamental relacionada ao planejamento de TI. A TI não vem de graça, mas não tê-la pode ser muito custoso.
4. **Quais atividades em redes sociais devem ser procuradas?** Esse é um tópico explosivo, tratado extensivamente no Capítulo 8.
5. **Quão importante é a TI?** Em alguns casos, a TI é apenas uma abordagem que pode ajudar organizações. Conforme o tempo passa, a *vantagem corporativa* da TI aumenta.
6. **Globalização** A competição global tem impactos na maioria das empresas. Ao mesmo tempo, a globalização cria oportunidades, que vão desde vender e comprar produtos e serviços online em mercados estrangeiros até conduzir joint ventures ou investir nelas. A TI dá suporte a comunicações, colaboração e descoberta de informação relacionada a tudo o que está acima.
7. **Ética e questões sociais** A implementação de TI envolve questões éticas e sociais que mudam constantemente por causa de novos desenvolvimentos em tecnologias e ambientes. Esses tópicos deveriam ser examinados sempre que um projeto de TI é realizado.

Questões para revisão

1. Por que a TI é um dos principais elementos para o desempenho e o sucesso dos negócios?
2. Por que estudar TI hoje é algo positivo?
3. Por que as oportunidades de trabalhos em TI são tão fortes?

Termos-chave

análise SWOT 16
aplicativos interativos 2
atividades primárias 18
barreiras de entrada 17
business intelligence (BI) 21
chief of technology officer (CTO) 23
código de barras 2D 3
commodities 7

empresa ágil 5
estratégia 17
estratégia corporativa 2
ética 15
logística externa 19
logística interna 19
modelo de cadeia de valor 18
modelo de forças competitivas 17

modelo de negócios 7
planejamento estratégico 16
proposição de valor 8
sistema de informação (SI) 8
sistema em tempo real 20
tecnologia da informação (TI) 8
TI verde 14

Destaques do capítulo

(Os números estão relacionados aos Objetivos de aprendizagem)

❶ A importância de ser um empreendimento ágil, que tem a capacidade de se adaptar rapidamente, nunca foi maior por causa de recuperações econômicas e avanços da tecnologia móvel.

❶ A TI dá lucratividade, permitindo formas de conectar e entregar conteúdo a redes sociais e dispositivos móveis.

❷ Um sistema de informação coleta, processa, armazena e dissemina informação para fins específicos.

❷ O valor do negócio de TI é determinado pelas pessoas que o usam, pelos processos de negócio que suporta e pela cultura da organização. Em outras palavras, o valor do SI é determinado pelas relações entre os SIs, as pessoas, os processos de negócio e a cultura organizacional.

❸ A gestão de desempenho de negócios (GDN) é um processo cíclico que começa com o estabelecimento da missão, das metas e objetivos, e a estratégia e os planos de como atingir os objetivos. Depois de mensurar o desempenho real, é necessário compará-lo com o objetivo. Por fim, se existe uma lacuna negativa, ações corretivas devem ser tomadas.

❸ Muitos mercados, tecnologias e pressões do ambiente circundam uma organização moderna, que está respondendo com atividades de respostas críticas com suporte de tecnologia da informação.

❸ Preocupações com danos ambientais e redução das pegadas de carbono e energéticas da empresa no planeta desencadearam esforços para a TI verde.

❹ A análise estratégica é o mapeamento e a revisão do ambiente político, social, econômico e técnico da organização.

❹ A TI é o principal catalisador de sistemas estratégicos. Ela pode dar suporte à estratégia organizacional ou agir como uma arma estratégica direta.

❺ Aprender sobre TI é fundamental porque o papel da TI está aumentando rapidamente no suporte de organizações. Estamos ficando mais dependentes da TI conforme o tempo passa. Além disso, mais trabalhos relacionados a TI com altos salários estão surgindo.

Questões para discussão

1. Qual é o valor do negócio de aplicações sob demanda ou interativas?
2. Por que os desenvolvimentos em TI são importantes para os gestores?
3. Como as tecnologias móveis podem alterar a forma como os negócios normalmente são feitos?
4. Como a tecnologia móvel gerou oportunidades para novos empreendedores?
5. Explique como a inovação pode levar ao crescimento da lucratividade de um negócio.
6. Explique a importância da cultura e das pessoas para o sucesso de SI.
7. Como a TI verde causa impacto nos resultados?
8. Discuta as possibilidades de fracasso dos sistemas de informação.
9. Explique por que avaliar o desempenho de negócios para poder geri-lo é tão desafiador.

Exercícios e projetos

1. Revise os três exemplos de aplicações da TI no Capítulo 1 e identifique as pressões dos negócios em cada exemplo.
2. O mercado de copiadoras ópticas está diminuindo rapidamente. Espera-se que em 2012 cerca de 90% de todas as cópias serão feitas em impressoras de computador.
    a. Como uma empresa como a Xerox Corporation sobrevive? Acesse o site da Xerox para obter informações para responder esta questão.
    b. Identifique as pressões de negócios na Xerox.
    c. Encontre algumas estratégias de resposta da Xerox (acesse xerox.com, yahoo.com e google.com).
    d. Quais são os riscos emergentes que a Xerox pode enfrentar por causas das mudanças em TI?
3. Identifique um uso pessoal ou profissional para as etiquetas de código de barras 2D. Depois, crie ou gere uma etiqueta de código de barras 2D no site da Microsoft, microsoft.com/tag/. Veja a lista de links do Capítulo 1 para ajuda extra nos sites.

Tarefas em grupo e projetos

1. Identifique novos modelos de negócios relacionados ou desencadeados pelas capacidades de poder e desempenho de dispositivos móveis. Identifique modelos de negócios mais antigos que estão se deteriorando por causa dos novos modelos. Faça um relatório.
2. Acesse o Facebook. Encontre cinco tipos diferentes de organizações que estejam usando o Facebook. Identifique duas atividades de desempenho conduzidas por essas organizações (por exemplo, propaganda, vendas, recrutamento, colaboração).

Exercícios na Internet

1. Acesse o site da UPS (ups.com), Federal Express (fedex.com) ou uma empresa similar de logística e entrega. Selecione o seu país.
   a. Encontre informações disponíveis aos clientes antes de enviarem um pacote.
   b. Encontre informações sobre o sistema de rastreamento de entregas; seja específico.
   c. Calcule o custo de entrega de uma caixa 10" × 20" × 15", pesando 10 kg, de uma localidade a outra. Compare os meios de entrega mais rápidos com os de menor custo.
   d. Prepare uma planilha para dois tipos diferentes de cálculos disponíveis no site. Insira os dados e os resolva nos dois tipos de cálculos diferentes. Use Excel.
2. Acesse YouTube.com e procure dois vídeos sobre os modelos estratégicos de Porter. Apresente o que você aprendeu com cada um dos vídeos.
3. Acesse Dell.com e Apple.com para simular a compra de um laptop. Compare e contraste o processo de seleção, o nível de personalização e outras características de compra. Quais são as barreiras de entrada deste mercado e o que você aprendeu com este exercício?

CASO DE NEGÓCIO

CIO da BP Global ajuda a transformar o gigante da energia

ÉTICA   SI   CON   FIN

A BP Global (British Petroleum, BP.com) é uma das maiores companhias de energia do mundo. Ela oferece aos clientes o combustível para transporte, energia para aquecimento e iluminação, serviços de varejo e produtos petroquímicos para itens de uso diário. A BP Global passou de uma companhia de petróleo local a um grupo global de energia, empregando 80.000 pessoas e operando em mais de 100 países.

Alertas de desempenho fraco

Em uma reunião de março de 2008, o CEO Tony Hayward alertou 500 principais gerentes da BP que: "Apesar de ter receita anual de cerca de 300 bilhões de dólares, a BP se tornará uma companhia de baixo desempenho em série". Um analista da Morgan Stanley Oil and Gas alertou ainda que, enquanto o resto da indústria de energia estava empreendendo mudanças rápidas, "A BP não existirá dentro de quatro a cinco anos em sua forma atual". A companhia havia se tornado inchada, passiva, sem foco e despreocupada com desempenho. Ou o gigante da energia transformaria a si mesmo ou seria exterminado por concorrentes".

Os objetivos estratégicos eram restaurar o crescimento da receita em toda a empresa, reorientar o comportamento da empresa para alto desempenho e prestação de contas e reduzir a complexidade na organização que estava aumentando as despesas.

Papel do CIO e da TI na transformação

O CIO (Chief Information Officer) Dana Deasy e as equipes de TI ajudaram na transformação. Deasy entendeu que deveria fazer mudanças drásticas com pessoal, processos e objetivos por toda a organização de TI a fim de apoiar a transformação da BP como um todo. Os objetivos de Deasy eram cortar 800 milhões de dólares em despesas dos 3 bilhões do orçamento geral de TI, reduzir seus 2.000 fornecedores em 50%, reduzir as 8.500 aplicações em uso na BP internacionalmente e transformar a TI de uma unidade de serviços táticos em uma arma estratégica orientada para negócios. O CIO procurou simplificar a cadeia de abastecimento global e reduzir os gastos com TI em 20 milhões. Assim o fez, reduzindo seus 540 fornecedores de hardware e software, na Europa e nos Estados Unidos, para apenas dois revendedores: a Computacenter e a CompuCom. Essa consolidação não só reduziu significativamente os gastos, mas também eliminou a maior parte da complexidade das operações. Mais especificamente, a BP assinou um contrato de 150 milhões de dólares por cinco anos com a Computacenter e com a CompuCom, envolvendo-os como parceiros globais de revenda para a aquisição de licenças de software, servidores e de PCs (commodities), bem como para fornecer manutenção por toda a Europa e Estados Unidos. O contrato de cinco anos começou em 1º de fevereiro de 2010.

Fontes: Elaborado a partir de dados da BP.com, Evans (2010) e MicroScope.co.uk (2010).

Questões

1. Por que você acha que organizações gigantes como a BP Global, com enormes receitas, tornam-se empresas de baixo desempenho em série?
2. Como a complexidade nos processos de negócios, tais como contratos (compra), causa um aumento nos custos?
3. Explique como a mudança de negociar com 540 fornecedores para fazer parcerias com 2 revendedores reduziria significativamente os custos.
4. Como o CIO transformou o departamento de TI de uma unidade de serviços táticos em uma arma estratégica orientada para negócios?
5. Visite a BP.com. Leia a atualização de estratégia da BP e assista ao Webcast de estratégia. Quais foram as principais questões discutidas na atualização de estratégia?
6. Como a administração da BP explicou as causas da explosão que, por sua vez, causou o massivo derramamento de petróleo no Golfo do México em 2010? Que resposta ao derramamento de petróleo a BP postou em seu website ou mídia social? Em sua opinião, essas respostas ajudaram a restaurar a sua reputação?

CASO DO SETOR PÚBLICO

Projeto UK National Offender Management Information System (NOMIS)

No Reino Unido, o Serviço Nacional de Gestão de Infratores (NOMS; noms.justice.gov.uk/) é o sistema que concede e fornece intervenções e serviços prisionais de qualidade a fim de proteger o público e reduzir a reincidência.

Em junho de 2004, o projeto NOMIS foi estabelecido para criar um banco de dados integrado para todas as informações de infratores. Ao integrar os sistemas de informação entre 140 prisões e 42 áreas administrativas do Serviço Nacional de Liberdade Condicional, o NOMIS esperava redefinir o meio pelo qual as informações sobre os infratores eram gerenciadas. O objetivo era melhorar a continuidade, consistência e eficácia de gerenciamento de casos de infratores.

Uma prioridade estratégica chave do NOMIS era reduzir a taxa de reincidência no Reino Unido por meio da implementação de gestão de casos de infratores.

Isso implicaria relacionar um único gerente de caso para cada infrator e tornar a informação deste disponível para os indivíduos apropriados tanto na prisão quanto nos serviços prestados a comunidade.

O NOMIS visto como um projeto de TI e não como um projeto organizacional

Como tal, o NOMIS foi alinhado aos objetivos estratégicos da organização. Mas a falta de qualquer plano de projeto-programa e a falha para definir a ligação entre o projeto e o programa levou o NOMIS a ser considerado como um projeto de TI independente e não como uma parte de um programa de mudanças de negócio habilitado para TI. O projeto fracassou.

A ligação pobremente definida entre o projeto NOMIS e as prioridades estratégicas chave do NOMIS foi uma causa parcial do fracasso do projeto. Outras razões para o fracasso foram bastante comuns. Três razões comuns pelas quais os projetos fracassam são:

1. **Baixa qualidade de dados.** Os dados utilizados para avaliar o projeto são inadequados ou simplesmente errados. Uma equipe de projeto pode pegar uma ideia e praticá-la antes de avaliar criticamente os resultados desejados e as alternativas.
2. **Visão otimista.** As pessoas são muito otimistas sobre o que pode ser alcançado com os recursos e prazos disponíveis. O foco é sobre os benefícios que o projeto vai atingir e não sobre o que será preciso para entregar o projeto.
3. **Distorção estratégica (enganação).** Pode haver incentivos para fazer o projeto parecer bom no papel a fim de se obter a aprovação dele ou para ganhar o contrato. Assim, as pessoas podem deliberadamente fornecer estimativas de custos e prazos de entrega não realistas.

Sumário

O NOMIS fracassou devido à má gestão e a vastos estouros orçamentários. O projeto deveria ter sido introduzido em janeiro de 2008 e teve um custo total aprovado em 234 milhões de libras para 2020. Em julho de 2007, 155 milhões haviam sido gastos no projeto, que estava com dois anos de atraso, e os custos totais do projeto estimados haviam subido para 690 milhões. Em janeiro de 2008, o NOMIS começou a trabalhar em um programa com escopo diferente com um custo total estimado em 513 milhões de libras e com o prazo de entrega para março de 2011.

Fontes: Elaborado a partir da NAO (2009), Ministério da Justiça (noms.justice.gov.uk/), Krigsman (2009), Buering (2010) e World Finance (2009).

Questões

1. Por que o projeto NOMIS fracassou?
2. Considerando o que você leu, quando o projeto passou a estar fadado ao fracasso?
3. Quem era responsável pela governança (gestão e supervisão do projeto)? Quem deveria ter sido o responsável?
4. O Dr. Cliff Mitchell, pesquisador sênior e diretor-adjunto do Programa de Gerenciamento de Projetos da Escola de Negócios de Manchester, afirmou: "Nós acreditamos, naturalmente, que podemos alcançar mais, em menos tempo, do que demonstram dados históricos. Há também uma tendência ocidental para uma gestão máscula irrealista: nós podemos fazer – só precisamos dirigir com mais firmeza". Até que ponto, se possível, a dinâmica humana mencionada pelo Dr. Mitchell desempenha um papel no fracasso do projeto NOMIS? Explique a sua resposta.
5. Das três razões pelas quais projetos dão tão errado, qual razão você acha que é a mais difícil de se prevenir? Explique sua resposta.

ANÁLISE UTILIZANDO PLANILHAS

Estimando melhoria esperada na retenção de clientes

Notas: Para esta análise, vá para o site www.bookman.com.br para baixar o arquivo. Uma imagem desse arquivo, mostrado na Figura 1.10, é usada para explicar o cenário e a análise necessária.

O **índice de atrito com clientes** é o índice pelo qual uma empresa perde seus clientes. O **índice de retenção** é o oposto: é o percentual de clientes que permanecem com a empresa. Matematicamente, o índice de atrito com clientes = 100% – índice de retenção de clientes.

Cenário

A empresa InterMobile-2020 lhe pediu para preparar uma planilha que analisa uma melhoria esperada na retenção de clientes. A companhia está considerando a implementação de quatro novas campanhas de marketing baseadas em TI para reduzir o atrito com clientes.

A InterMobile-2020 estima que poderá controlar 6% do atrito com clientes com as estratégias de marketing corretas. Isto é,

Figura 1.10 Análise usando planilha do Capítulo 1.

Companhia InterMobile-2020

Número de clientes, janeiro de 2011	1.500.000
Índice controlável de atrito com clientes (índice médio por trimestre) [CCAR]	6%

Estratégia baseada em TI para reduzir o Índice controlável de atrito com clientes (CCAR)	Porcentagem de redução em CCAR
#1 – Lançar campanha usando etiquetas 2D	1,25%
#2 – Criar campanha no Facebook	0,50%
#3 – Lançar campanha de marketing viral	0,75%
#4 – Desenvolver um aplicativo para iPhone	1,50%
Redução total em CCAR	4,00%

	2012				Perda total de clientes
	T1	T2	T3	T4	
Perda esperada de clientes, nenhuma estratégia (6% em CCAR)	90.000	84.600	79.524	74.753	328.877
Número de clientes restantes no fim do trimestre	1.410.000	1.325.400	1.245.876	1.171.123	
Perda esperada de clientes, usando as quatro estratégias de marketing					
Número de clientes restantes no fim do trimestre					
Melhoria (número de clientes mantidos) devido às campanhas baseadas em TI					

com campanhas de marketing eficazes ela poderá prevenir os 6% de perda. Ela também tem um índice de atrito incontrolável com clientes, mas isso é irrelevante para esta análise.

Como mostrado na planilha, a empresa estima que as quatro novas campanhas reduziriam o seu índice controlável de atrito trimestral (CCAR) em 4%. A partir de 1° de janeiro de 2011, a empresa passou a ter 1,5 milhões de clientes. Pelo fim do quarto trimestre de 2011 (Q4), a empresa terá perdido cerca de 328.877 mil clientes se nenhuma ação for tomada.

Análise

Veja a planilha de exemplo. Baixe ou desenvolva essa planilha para calcular a melhoria de desempenho que a InterMobile-2020 pode esperar. Você precisa executar os cálculos para as células verdes em destaque. Parte da análise já foi concluída. Os resultados desta análise serão combinados com os custos das campanhas (quando os custos se tornarem conhecidos) para determinar o valor dessas estratégias de TI. Mantenha uma cópia de sua análise para utilizá-la nos capítulos seguintes.

Recursos online

Você encontrará os guias de tecnologia (em português), bem como outros recursos e ferramentas de estudo (em inglês), no site da Bookman Editora (www.bookman.com.br). Dentre eles:

Casos do Capítulo 1:

1.1 Diamonds Forever
1.2 A Digital Hospital Increases Performance and Saves Lives

Referências

Central Intelligence Agency (CIA). World Factbook, cia.gov/library/publications/the-world-factbook/
Conway, M., and G. Vasseur. "New Imperative for Business Schools," *The Business Intelligence Journal*, Third Quarter 2009. findarticles.com/p/ articles/mi_qa5525/is_200907/ai_n45878602/?tag=content;col1
Dresner, H. *The Performance Management Revolution: Business Results through Insight and Action*, John Wiley & Sons. 2007.
Duvall, M. "Boston Red Sox: Backstop Your Business," *Baseline*, May 14, 2004.
Duvall, M. "Monsanto Grows Green," *Baseline*, November 29, 2007a.
Duvall, M. "Playing By the Numbers:Baseball and BI," *Baseline*, October 29, 2007b.
Eaton, K. "Facebook More Popular Than Google? Let the Ad Wars Begin," *Fast Company*, March 16, 2010. fastcompany.com/1584920/facebook-nowmore-popular-than-google-let-the-ad-wars-begin
Evans, B. "Global CIO: BP's Extraordinary Transformation Led By CIO Dana Deasy," *InformationWeek*, March 6, 2010.
Experian Hitwise, weblogs.hitwise.com

Hill, J. "Contact Lens Provider Has Clearer Vision of Business with New Data Warehouse," *Microsoft SQL Server Case Study,* 2005.

HyperActive Technologies, hyperactivetechnologies.com

iReport, ireport.com/

Kinert, P. "BP to Streamline IT Supply Chain," *ComputerWeekly.com,* January 19, 2010.

Krigsman, M. "UK Prison IT: Massive and 'Spectacular' Failure," ZDNet Blog, March 14, 2009. blogs.zdnet.com/projectfailures/?p=2353

Leadership in Energy and Environmental Design (LEED), usgbc.org/leed

McKay, J., and P. Marshall, *Strategic Management of E-Business.* Milton Old, Australia, John Wiley & Sons, 2004.

Metropolitan Museum of Art (MoMA) moma.org/interactives/exhibitions/2008/elasticmind/#/154/

MicroScope.co.uk, "BP Signs Up Computacenter After Axing 540 Vendors," January 18, 2010.

Microsoft 2D Tags, microsoft.com/tag/

Microsoft Custom 2D Tags, mediadl.microsoft.com/mediadl/www/t/tag/CreatingCustomTags.wmv

Ministry of Justice, United Kingdom, noms.justice.gov.uk/

NAO (National Audit Office). "The National Offender Management Information System," Report by the Comptroller and Auditor General, March 12, 2009. nao.org.uk/whats_new/0708-1/0809292.aspx

Pew Research, 2010. stateofthemedia.org/2010/

Plastic Logic, Que Reader, quereader.com

United Kingdom National Offender Management Information System project (NOMIS). nao.org.uk/whats_new/0708-1/0809292.aspx

Watson, H.J., and J. Hill. "What Gets Watched Gets Done: How Metrics Can Motivate," *Business Intelligence Journal,* 3rd Quarter 2009. Accessible from academicprograms.teradata.com/

Watson, B. "Cool Cash," *Baseline,* October 29, 2007.

World Finance. "Managing Mega Projects," *WorldFinance.com,* December 17, 2009.

Yankee Group, 2009. yankeegroup.com/home.do

Capítulo 2
Infraestrutura de TI e Sistemas de Suporte

Biblioteca de links

Breve introdução

Sistema de gerenciamento de dados de assinantes da Sprint Nextel

2.1 Conceitos de aplicativos de software e de dados

2.2 Tipos de sistema de informação e de suporte

2.3 Cadeia de suprimentos e suporte à logística

2.4 Infraestruturas de TI, computação em nuvem e serviços

Caso de negócio Airbus melhora produtividade com RFID

Caso de empresa sem fins lucrativos Royal Shakespeare Company usa os dados de audiência para melhorar performance

Análise utilizando planilhas Gestão de custos de gasolina

Referências

Objetivos de aprendizagem

1. Compreender os tipos de sistema de informação e como eles processam dados.

2. Compreender os tipos de sistema de informação utilizados para dar apoio às operações de negócio e tomadas de decisão.

3. Descrever como a TI dá suporte aos processos existentes nas cadeias de suprimentos e de negócios.

4. Compreender os atributos, benefícios e riscos presentes nas infraestruturas baseadas em serviços e na computação em nuvem.

Integrando a *TI*

CON | FIN | MKT | GPO | GRH | SI

Biblioteca de links

Blog sobre computação em nuvem   infoworld.com/blogs/david-linthicum
Planners Lab, para a construção do SSD   plannerslab.com
Instituto de Logística e Cadeia de Suprimentos   SCL.gatech.edu/
Demonstração em nuvem da Salesforce.com   salesforce.com
U.S. Defense Information Systems Agency   disa.mil
Supply Chain, recurso estratégico para a gestão de cadeia de suprimentos europeu   supplychainstandard.com

Breve introdução

Esta seção introduz as questões de negócio, os desafios e as soluções de TI deste capítulo. Tópicos e questões mencionados aqui são explicados ao longo do capítulo.

Organizações têm diversos tipos de sistemas de informação que coletam e processam dados, distribuem relatórios e dão suporte a tomadas de decisão e processos de negócios. Começando pelas transações que acontecem em uma interface (tirar dinheiro de um caixa automático, por exemplo), um **sistema de processamento de transação (SPT)** processa os dados (por exemplo, verifica o fundo disponível, subtrai a quantidade de dinheiro retirada) e então armazena ou atualiza esses dados no banco de dados. Os dados são extraídos do banco de dados e organizados em relatórios utilizando um **sistema de informação gerencial (SIG)**. Os SIGs são os sistemas básicos de geração de relatório que convertem dados brutos em informação significativa, que é a informação utilizada de fato por gestores e funcionários. A informação é um dos ativos mais importantes de uma empresa, perdendo apenas para as pessoas.

Tomadas de decisão e resolução de problemas requerem dados e modelos a fim de realizar a análise; o que dá suporte a essas ações são os **sistemas de suporte à decisão (SSD)**. As corporações, os órgãos do governo, as forças armadas, a saúde, a pesquisa médica, as principais ligas de esporte e organizações sem fins lucrativos dependem de seus SSDs em todos os níveis. SSDs inovadores criam e ajudam a manter as vantagens competitivas das organizações, pois reduzem o desperdício nas operações de produção, melhoram o gerenciamento de estoque, dão apoio a decisões sobre investimentos e são capazes de predizer demandas. O **modelo** de um SSD consiste em um conjunto de fórmulas e funções, tais como estatística, finanças, otimização e/ou modelos de simulação.

A Figura 2.1 mostra como os tipos de SIs se relacionam uns com os outros e como os dados fluem entre eles. Neste exemplo, os dados de compras online são capturados e processados pelo SPT e então armazenados no banco de dados de transações. Os dados necessários para a produção do relatório são extraídos do banco de dados e

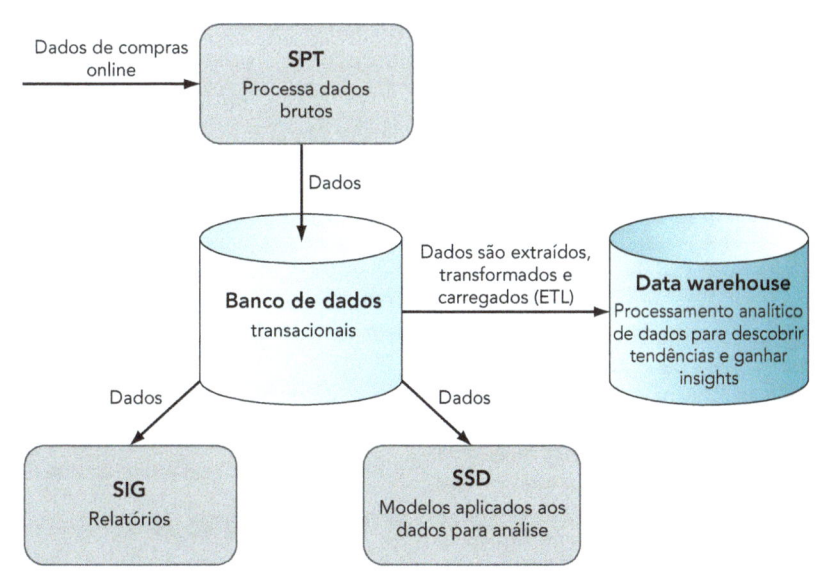

Figura 2.1   Diagrama mostrando as relações entre os tipos de sistemas de informação.

utilizados pelo SIG para criar relatórios periódicos, ad hoc ou outros tipos de relatórios. Os dados são gerados para o SSD que os analisa por meio de modelos decisórios. Na realidade, os dados coletados pelo SPT são convertidos em informações pelos sistemas SIG e SSD. Dados sobre clientes, vendas e outros elementos importantes são selecionados para análises extras, como a análise de tendências ou previsão de demanda. Os dados são extraídos do banco de dados, convertidos para um formato padrão e então carregados em um data warehouse. Tomadas de decisão complexas e tarefas de resolução de problemas não podem ser realizadas em um banco de dados por causa de sua volatilidade. Essas tarefas necessitam de sistemas mais sofisticados, plataformas de TI e repositórios de dados, como os data warehouses.

No Capítulo 2, aprenderemos como diversos tipos de sistemas e aplicativos dão apoio aos gestores, aos funcionários, ao fluxo de trabalho, aos processos de negócio e às transações com os parceiros da cadeia de suprimentos. O papel do departamento de TI (ou a função da TI, como dito algumas vezes) é assegurar a confiabilidade da infraestrutura de TI de uma empresa. A **infraestrutura de TI** é uma combinação de hardware, software, processos, redes de trabalho e usuários, e seu desenho determina a capacidade de armazenar, proteger e gerir dados de maneira eficiente a fim de que possam ser ao mesmo tempo acessíveis, pesquisáveis, compartilháveis e, em última análise, acionáveis. Neste capítulo, você aprenderá por que custos, complexidade e risco precisam ser considerados ao se configurar uma infraestrutura de TI. Você lerá sobre o crescimento do uso de softwares como um serviço (Software-as-a-Service – SaaS) e computação em nuvem.

No passado, os gestores de TI tinham apenas duas opções – desenvolver ou comprar tecnologia. Atualmente, eles também têm uma terceira opção, a de utilizar **computação em nuvem**, na qual a tecnologia é alugada ou disponibilizada em uma base permanente ou utilizada conforme a necessidade. A computação em nuvem teve seu nome retirado da Internet, que nós normalmente vemos representada como uma nuvem. Exemplos da computação em nuvem são armazenamento de dados e hardware de computação que são acessados via Internet em vez de estarem dentro da própria empresa, localizados em um data center. A computação em nuvem fornece muitas das capacidades de TI, como serviços na Internet, permitindo que eles sejam geridos e acessados pela Internet. Um relatório de 2009, produzido pela Universidade da Califórnia, em Berkeley, estimava que os serviços de computação em nuvem seriam de cinco a sete vezes mais economicamente viáveis do que em data centers tradicionais (Hasson, 2009). Entretanto, riscos de segurança tiveram um efeito atenuante na adoção das estratégias em nuvem. De acordo com a pesquisa IDC de 2010, 88% dos respondentes disseram que a segurança era sua maior preocupação ou desafio ao considerar a adoção da computação em nuvem.

Sistema de gerenciamento de dados de assinantes da Sprint Nextel

Em 2005, a Sprint e a Nextel Communications se uniram, tornando-se o terceiro maior provedor de serviços sem fio nos Estados Unidos. A nova empresa, Sprint Nextel, fornecia serviços de dados de telefonia fixa e móvel para 40 milhões de clientes ou assinantes. Como costuma acontecer após uma fusão, a empresa tinha uma visão fragmentada de seus clientes por causa dos diferentes e variados sistemas (antigos) legados. Os sistemas existentes armazenavam dados em diversos bancos de dados que não eram capazes de fazer compartilhamento. Devido a sua infraestrutura rígida, os sistemas dos bancos de dados precisaram ser consolidados em outra plataforma de TI para permitir uma visão mais precisa e completa dos dados dos assinantes. Até obter uma visão única dos assinantes, a gestão efetiva de clientes era impossível.

A consolidação de SIs não consiste em simplesmente trocar o SPT e o SIG de uma empresa para que se combine com os sistemas do outra empresa. Esse processo não é algo que se consiga movendo os dados de uma empresa para o banco de dados de outra. Por quê? Porque modificar os servidores, bancos de dados, aplicativos e sistemas de relatório antigos para torná-los compatíveis pode não ser viável. Os sistemas legados são menos flexíveis e mais caros de manter e operar. Ao reconhecer as limitações de seus SIs e suas incompatibilidades, a Sprint Nextel consolidou a maior parte de sua tecnologia de marketing em um novo sistema integrado e nova plataforma de TI. O departamento de TI, trabalhando de perto com o departamento de marketing, construiu um sistema integrado de banco de dados centralizado e uma plataforma para data warehousing.

Visão de 360 graus dos assinantes

Após a integração, o marketing obteve uma visão única e confiável dos dados dos assinantes dos serviços da empresa e uma gama de novas ferramentas de negócio e capacidades para ajudar a destacar novos objetivos de aumento de receita. Essa nova plataforma de TI reduziu os custos associados a manutenção, atualização e gerenciamento de dados. Outros benefícios foram a capacidade de fazer análise de dados avançada e de criar uma plataforma de TI para aplicações gerais da empresa, como a gestão de relacionamento com o cliente (utilizando sistemas CRM). Possuir dados centralizados significa ser capaz de fazer predições mais exatas – permitindo campanhas de marketing mais focadas e melhor compreensão da rentabilidade dos clientes.

Lição de negócios

Aprender é essencial para gestores. Os profissionais de marketing desejam aprender quais campanhas publicitárias deram certo, o quanto deram certo e por que deram certo – e se frustram quando não conseguem obter retorno sobre isso. Durante e depois de uma campanha de marketing cara, por exemplo, gestores se beneficiariam de respostas dadas às seguintes questões:

1. Quão bem-sucedida foi a campanha? O sucesso de uma campanha é julgado a partir da comparação de um objetivo, como o aumento de vendas em 10%. Uma questão intimamente relacionada a isso é: o quão efetiva foi a campanha quando comparada a campanhas anteriores?

2. O que aprendemos para melhorar nosso desempenho? Gestores não precisam apenas do retorno sobre investimento (*returns on investment* – ROIs); eles também desejam aprender o que funciona, o que não funciona e por que funciona ou não. A abordagem de "ganhar e aprender" melhora os resultados e enriquece o sucesso de carreira de uma equipe de gestão.

Questões para discussão e debate em sala de aula

1. Cenário para brainstorming e discussão: Para competir em uma escala global, as organizações têm aumentado sua fatia de mercado por meio de fusões e aquisições, tanto na esfera local quanto internacional. Atualmente, fusões e aquisições são uma estratégia comum de crescimento global. O processo de integração de sistemas e infraestruturas de informação de empresas que passaram por uma fusão pode ser bem mais complexo, demorado e caro do que um gestor experiente pode esperar. Na metade dos anos 1990, foram realizados estudos para descobrir os impactos de diversas fusões que ocorreram no final da década de 1980. As evidências sugeriram que uma das principais razões para o baixo desempenho pós-aquisição durante a onda de fusões daquela época foi o fracasso das organizações ao considerar, de forma integrada, as complicações da fusão de sistemas de informação e tecnologias (McKiernan e Merali, 1995). Em 2008, pesquisadores da Helsinki University of Technology e da Copenhagen Business School relataram que a integração de SIs está entre uma das tarefas mais complexas de fusão e aquisição corporativa (Alaranta e Henningsson, 2008).

Imagine que dois grandes bancos passaram pelo processo de fusão e que eles não foram capazes de integrar seus sistemas de informação de clientes. Como a falta de uma integração de SI pode impactar negativamente o desempenho dessa fusão entre bancos? Pense em termos de "desperdício". Desperdício significa esforço, tempo ou investimento que não surtiram efeito positivo, ou pior – que tiveram um retorno negativo sobre o investimento. Essa fusão saberá como descobrir quantos clientes possui e quais contas cada cliente possui? Explique sua resposta. Como o fato de não saber quais clientes são os mais lucrativos e quais são os menos lucrativos torna mais difícil a tarefa que os gestores têm de melhorar o desempenho da companhia?

2. Debate: Dados não precisos ou incompletos são chamados de dados sujos. O grau de imprecisão ou incompletude dos dados pode ser representado em um *continuum* que vai desde "sujos e não confiáveis" até "limpos e confiáveis". É claro que manter os dados de forma precisa e completos para que os gestores possam confiar neles custa caro. Todos os departamentos querem e precisam sempre de dados que sejam confiáveis. O marketing, por exemplo, sabe que os custos de uma campanha são mais baixos quando os dados são mais precisos. No entanto, o departamento de TI é limitado por um orçamento e explica que tal grau de precisão consumiria demais de seu orçamento.

Assuma a posição de gestor de marketing, de gestor de TI ou de diretor financeiro (*chief financial officer* – CFO) que decide os orçamentos de cada departamento. Aqueles estudantes que assumirem o papel de gestor de marketing ou de TI devem apresentar argumentos válidos e convincentes para que o diretor financeiro aumente o orçamento e melhore a qualidade dos dados. Aqueles que assumirem o papel de diretor financeiro devem tentar derrubar qualquer argumento pouco fundamentado, fazendo perguntas para, então, decidir o que fazer com o orçamento de TI.

Fontes: Compilado de Keefe (2010), Alaranta e Henningsson (2008), e McKiernan e Merali (1995).

2.1 Conceitos de aplicativos de software e de dados

Aplicativos de software para o negócio (ou **apps**) são programas de computador que dão apoio a uma tarefa específica ou a um processo de negócio. Os aplicativos podem dar apoio a apenas um funcionário, a um departamento ou divisão, a uma área funcional ou a uma empresa inteira. Conforme o que você leu no Capítulo 1, existem aplicativos específicos para iPhone e para BlackBerry. Como será possível ver em outros capítulos, perceberemos que os aplicativos podem dar suporte ao relacionamento com clientes, fornecedores e outros parceiros de negócios.

SISTEMAS DE INFORMAÇÃO DE NEGÓCIO

Múltiplos aplicativos de negócio formam um sistema que dá suporte a uma área – marketing, finanças, recursos humanos (RH), produção, operações, contabilidade e TI. Sistemas funcionais para planejamento e controle são discutidos no Capítulo 9. Um funcionário utilizando um aplicativo de finanças é mostrado na imagem a seguir.

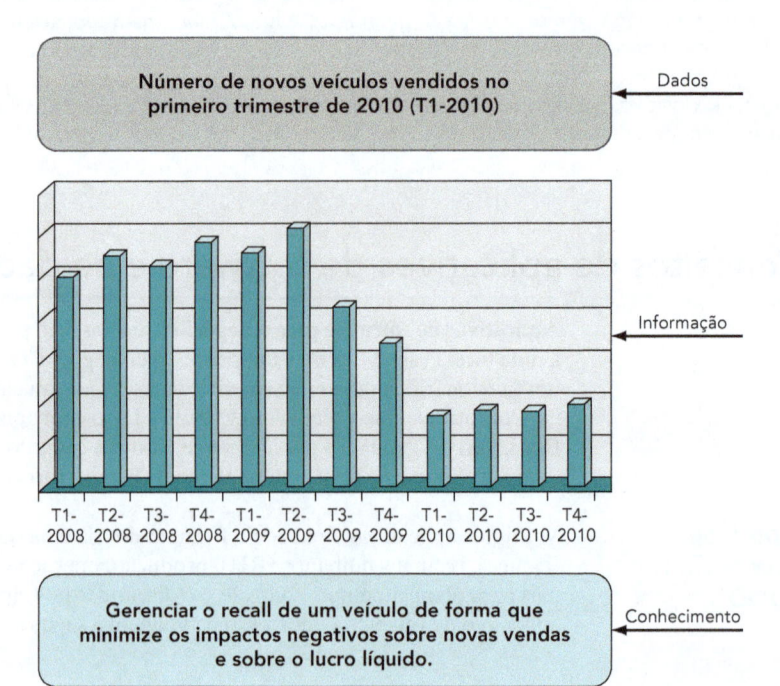

Fonte: istockphoto.com

DADOS, INFORMAÇÃO E CONHECIMENTO

Por exemplo, para dar apoio à função de RH, os sistemas de informação de recursos humanos (SIRH) normalmente consistem em uma suíte ou pacote de aplicativos que classificam candidatos a vagas de trabalho, que monitoram o desempenho e a movimentação dos funcionários, a fim de processar a folha de pagamento, documentar o cumprimento das regulamentações e acompanhar os benefícios do funcionário. Um SIRH coleta dados, a partir dos quais são gerados relatórios contendo informações significativas. Embora os termos *dados* e *informação* pareçam representar o mesmo conceito, suas diferenças são importantes, como veremos a seguir.

Os sistemas de informação são construídos para atingir diversos objetivos. Um dos principais objetivos de um sistema de informação é processar dados economicamente, transformando-os em informação e conhecimento.

Dados, ou dados brutos, são as descrições básicas de produtos, clientes, eventos, atividades e transações que são registradas, classificadas e armazenadas. Os dados são a matéria-prima a partir da qual as informações são produzidas; a qualidade, a confiabilidade e a integridade de dados precisam ser mantidas para que a informação seja útil. Exemplos disso são o número de horas que um funcionário trabalhou em determinada semana ou o número de novos veículos que a Toyota vendeu no primeiro trimestre de 2010. Um **banco de dados** é composto por dados armazenados e organizados que possam ser acessados, pesquisados, recuperados e atualizados.

Informação é um dado que já foi processado, organizado ou colocado em contexto de forma a ter significado e valor para a pessoa que o recebe. Por exemplo, o número de vendas trimestrais de novos veículos da Toyota de 2008 até 2010 é uma informação, porque dará a ideia de como os *recalls* dos veículos em 2009 e 2010 causaram impacto nas vendas.

Conhecimento é um dado e/ou uma informação que foi processado, organizado e colocado em contexto para ter significado, e transmite um conhecimento, experiência, aprendizado acumulado e especialização, já que se aplica a um problema ou atividade atual. Saber como gerir o *recall* de veículos para minimizar os impactos negativos nas vendas é um exemplo de conhecimento. A Figura 2.2 ilustra as diferenças existentes entre os termos dados, informação e conhecimento. O conhecimento da organização – e a especialização de seus funcionários – é valioso para todos os colaboradores e para os resultados.

Questões para revisão

1. Defina sistema de informação.
2. O que é um programa aplicativo?
3. Defina dados, informação e conhecimento.

Figura 2.2 Exemplos de dados, informação e conhecimento.

2.2 Tipos de sistema de informação e de suporte

Sistemas de informação podem ser classificados em duas categorias, com base no tipo genérico de suporte que eles oferecem: suporte de gestão ou suporte operacional. A Figura 2.3 representa essa classificação de sistemas e mostra dois exemplos de cada.

SISTEMAS DE PROCESSAMENTO DE TRANSAÇÃO (SPT)

Os sistemas de processamento de transação são planejados para processar tipos específicos de dados que entram nas transações. Os SPT podem ser manuais, quando os dados são digitados em um formulário em tela, ou automáticos, utilizando escâneres ou sensores de captura de dados. A Figura 2.4 ilustra a entrada de códigos de barras por meio de um escâner de mão.

Os dados organizacionais são processados por um SPT – pedidos de venda, folha de pagamento, contabilidade, financeiro, marketing, compra, controle de estoque e assim por diante. As transações podem ser:

- **Internas:** transações que se originam dentro da organização ou que ocorrem dentro da organização. Exemplos de transações internas são a folha de pagamento, a ordem de compra, a transferência de orçamento e os pagamentos (em termos da contabilidade, *contas a pagar*).
- **Externas:** transações que se originam fora da organização, por exemplo, a partir de clientes, fornecedores, órgãos reguladores, distribuidores e instituições financeiras.

Os SPTs são sistemas críticos e as transações que não são capturadas por eles podem resultar em perda de vendas, insatisfação dos clientes e muitos outros tipos de erros de dados. Por exemplo, se a contabilidade dá um cheque de pagamento por uma fatura e essa transação não é capturada, a quantidade de dinheiro nos demonstrações contábeis é ultrapassada e a fatura pode ser paga uma segunda vez. Outro exemplo seria o caso de os serviços fornecidos não serem registrados, em que a empresa perderia a receita do serviço.

Processamento em lotes *versus* processamento online em tempo real. Os dados capturados por um SPT são processados e armazenados em um banco de dados; eles são, então, disponibilizados para o uso de outros sistemas. O processamento das transações pode ser feito em um destes modos:

- **Processamento em lote:** um SPT processado em lotes coleta todas as transações de um dia, turno ou outro período e então processa e armazena os dados posteriormente. A folha de pagamentos é processada, em geral, semanalmente ou a cada duas semanas, e isso é feito por meio de lotes.
- **Processamento de transações online ou em tempo real (OLTP):** os SPTs processam cada transação conforme elas vão ocorrendo, por isso se usa o termo *processamento em tempo real*. Para que um processamento em tempo real online ocorra (OLTP), o dispositivo de entrada ou o site precisam estar diretamente ligados a uma rede junto ao SPT. As companhias aéreas precisam processar as reservas de voos em tempo real para verificar a disponibilidade de assentos. Da mesma forma, as transações de comércio eletrônico precisam ser processadas em tempo real.

O processamento em lotes custa menos do que o processamento em tempo real, com a desvantagem óbvia de os dados serem pouco precisos, porque não são atualizados imediatamente (em tempo real).

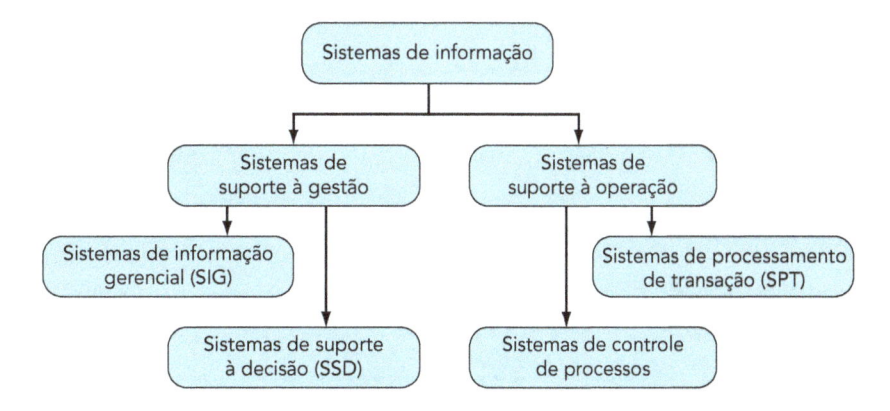

Figura 2.3 Sistemas de informação classificados de acordo com o tipo de suporte.

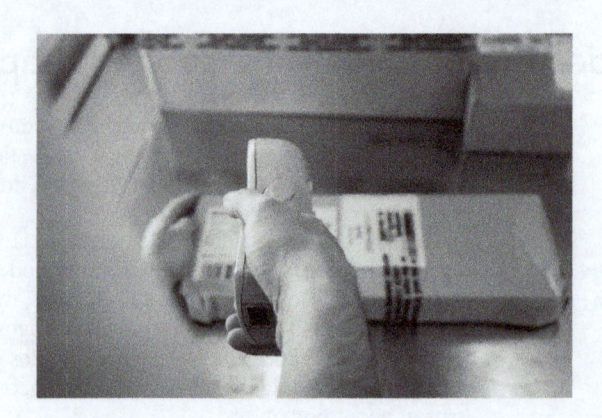

Figura 2.4 Os escâneres automatizam a entrada de dados no sistema de processamento de transação (SPT). *(Jan_Neville/iStockphoto)*

Qualidade dos dados. O processamento melhora a qualidade dos dados, o que é importante porque relatórios e decisões são tão bons quanto os dados em que se baseiam. Conforme os dados são coletados ou capturados, vão sendo validados a fim de se detectar e corrigir erros mais óbvios e omissões. Por exemplo, se um cliente inicia uma conta em uma empresa, como a Amazon.com, para comprar via site, o SPT verificará se seu endereço, cidade e código postal são consistentes e também se os itens correspondem aos dados de endereço, cidade e código postal do cartão de crédito. Se os campos requeridos no formulário online não forem completados ou contiverem erros visíveis, o cliente será solicitado a fazer as correções necessárias antes de os dados serem processados.

Os erros de dados detectados mais tarde poderão ser difíceis de corrigir, podem expor a empresa a um processo ou podem nunca ser detectados e corrigidos. Para que você entenda melhor a dificuldade de detectar e corrigir erros, pense nos ladrões de identidade. Vítimas de ladrões de identidade enfrentam grandes desafios e frustração ao tentarem corrigir dados armazenados em banco de dados.

Transações de negócios de rotina. Finanças, contabilidade e outras atividades de negócios repetitivas criam transações de negócios de rotina. Exemplos dessa rotina são funcionários que são pagos em intervalos regulares, clientes que fazem pedidos e são cobrados por eles e gastos que são monitorados e comparados ao orçamento. A Tabela 2.1 apresenta uma lista de rotinas representativas, transações de negócio repetitivas em uma empresa de manufatura.

TABELA 2.1	Transações de negócios de rotina em uma empresa de manufatura
Folha de pagamento e pessoal	Cartão de ponto Pagamento de funcionários e deduções Cheques de pagamento Benefícios
Compras	Pedidos de compras Entregas Pagamentos (contas a pagar)
Finanças e contabilidade	Declarações financeiras Registro de impostos Despesas Valores a receber Valores a pagar
Vendas	Registro de vendas Faturas e cobranças Retorno de vendas Envio
Produção	Relatórios de produção Relatórios de controle de qualidade
Gestão de estoque	Uso de materiais Níveis de estoque

Capítulo 2 Infraestrutura de TI e Sistemas de Suporte 37

SISTEMAS DE INFORMAÇÕES GERENCIAIS

As áreas funcionais ou departamentos – contabilidade, finanças, produção/operações, marketing e vendas, recursos humanos e engenharia e projeto – têm suporte de SI planejados e produção de relatórios para suas necessidades específicas. Sistemas que geram relatórios gerais são conhecidos como sistemas de informação gerencial (SIG). Seus objetivos são oferecer relatórios aos gestores para que eles possam acompanhar, monitorar e controlar as operações. Os sistemas funcionais servem a um departamento, como mostrado na Figura 2.5.

Normalmente, um sistema funcional fornece relatórios sobre tópicos específicos, tais como eficiência, efetividade e produtividade operacional para extrair informações de banco de dados e processá-los de acordo com as necessidades do usuário. Tipos de relatórios são:

- **Periódicos:** relatórios criados ou rodados de acordo com uma agenda preestabelecida (como diariamente, semanalmente ou trimestralmente). Os relatórios são facilmente distribuídos por e-mail, blogs, redes internas (*intranets*) ou outros meios eletrônicos. Os relatórios periódicos são facilmente ignorados se os funcionários não acharem que vale a pena revisá-los.
- **Exceção:** relatórios de exceção são gerados apenas quando algo sai da normalidade, tanto para mais quanto para menos do que o esperado. As vendas nas lojas de hardware antes de um tornado podem ser muito maiores do que o normal, ou as vendas de produtos frescos podem cair durante uma crise de contaminação de alimentos. Relatórios de exceção têm tendência maior de serem lidos pelos funcionários, já que eles sabem que eventos estranhos ou desvios de rotina ocorreram.
- **Ad hoc:** relatórios ad hoc são relatórios não planejados. São gerados na tela ou impressos conforme a *necessidade*. Esses relatórios são produzidos de acordo com a demanda para dar mais informação sobre uma situação, problema ou oportunidade.

Os relatórios podem incluir tabelas de dados ou gráficos, como mostramos na Figura 2.6. Com a tecnologia e as facilidades de multimídia, os relatórios também podem incluir vídeo, áudio e links para outros relatórios.

Sistemas de informação funcionais que dão suporte aos analistas de negócios e outros funcionários podem ser bastante complexos, dependendo para qual funcionário o suporte será dado. Os exemplos a seguir mostram o suporte que a TI oferece às principais áreas funcionais.

1. Análise computadorizada ajuda o Texas a coletar US$ 400 milhões de impostos adicionais. Existem lacunas entre os impostos devidos e a quantidade coletada de diversas entidades públicas.

O estado do Texas não é uma exceção. Para lidar com esses problemas, os coletores de impostos fazem auditorias, que são dispendiosas e caras de se conduzir manualmente. Além dis-

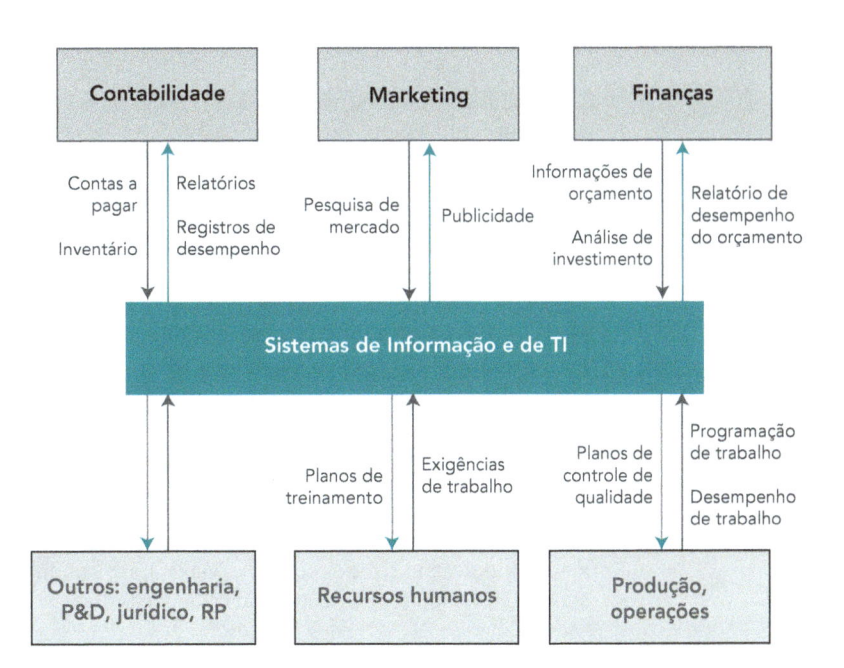

Figura 2.5 Sistemas de informação funcional.

Figura 2.6 Relatório de amostras produzido por um SIG. (*Damir Karan/iStockphoto*)

so, diversas auditorias são improdutivas, resultando em pouca ou nenhuma recuperação de impostos. Para tomar melhores decisões sobre quem auditar e aumentar a porcentagem de auditorias produtivas, o estado do Texas utiliza a análise preditiva.

Milhares de registros são armazenados no data warehouse do estado. Utilizando um software de mineração de dados oriundo do SPSS.com, a agência pode cruzar milhares de registros para identificar pontos promissores. Especificamente, o sistema ajuda a identificar milhares de negócios que estão em operação no estado sem cumprir com suas obrigações tributárias. Além disso, o sistema ajuda auditores de campo a adotar seleções melhores para suas auditorias. Uma vez que os funcionários ganham confiança com o programa, começam a usá-lo extensivamente, economizando US$ 150 milhões por ano.

2. Dallas Mavericks: usando TI para ter sucesso no jogo e nos negócios. O Dallas Mavericks da National Basketball Association (NBA) espera preencher cada um dos assentos em cada um de seus jogos no estádio e maximizar as vendas de concessões e souvenirs.

Para atrair o público, o Mavs foi o primeiro time da NBA a colocar código de barras nos ingressos e então escaneá-los. A informação dentro do código de barras permitia descobrir quais grupos de vendas e organizações da comunidade estavam preenchendo os assentos ou quais esforços de marketing estavam apenas servindo para perder dinheiro. Os gestores de negócios do time descobriram outros usos para a informação de público presente. Utilizando modelos de previsão do tempo em um SSD, eles puderam predizer com maior exatidão o público para jogos específicos e a demanda por bebidas, o que reduziu o estoque de bebidas em 50% – reduzindo os custos de armazenamento.

Cada uma das 144 suítes de luxo é equipada com um PC que administra pedidos de merchandise, comida e bebidas. O acesso sem fio a partir de todos os assentos na arena está disponível para que os fãs possam fazer pedidos diretamente de seus lugares. Todos os 840 registros de caixa nos estandes, restaurantes, lojas e bares que possuem concessão utilizam esse sistema sofisticado de ponto de venda (PDV). Na grande loja de varejo localizada no andar térreo, vendedores utilizando computadores de mão processam compras com cartão de crédito quando as filas ficam muito grandes. Durante o jogo, os gestores podem ver quais estandes concedidos estão mais ocupados e quais podem ser fechados mais cedo para cortar gastos com mão de obra.

A TI também dá suporte ao Mavs em quadra. A equipe tem 10 técnicos assistentes, e cada um tem um laptop e um dispositivo de mão. Os vídeos do jogo podem ser passados na Web para que os treinadores possam vê-los na estrada ou em casa. Outro sistema desenvolvido para assistir os jogos em casa uniu a exibição do jogo com estatísticas precisas, fornecidas na hora para cada jogo e cada partida da NBA. Os técnicos utilizam dados do banco de dados para analisar a efetividade de jogos específicos e a combinação de jogadores em diferentes situações de jogo.

Desde 2002, o Mavs vem usando dispositivos de mão para acompanhar o desempenho de cada árbitro em cada um dos seus jogos. Os técnicos observam padrões e tendências – por exemplo, verificar qual árbitro favorece determinado time ou qual apita mais violações à regra dos três segundos – e alertam seus jogadores. Outro sistema registra diferentes esquemas de ataque e defesa utilizados contra o Mavs. Esse sistema é utilizado pelos técnicos para fazer ajustes em tempo real baseados em estatísticas de jogos anteriores.

3. O exército treina soldados em realidades virtuais. As Forças Armadas dos Estados Unidos utilizam *videogames* e realidades virtuais para ensinar a seus soldados habilidades interpessoais e sensibilidade cultural para combate em ambientes como o Iraque e o Afeganistão. A TI dá suporte por meio de exercícios computadorizados que podem aperfeiçoar reflexos físicos e a mira dos soldados. Ela os prepara para a guerra e incute neles o desejo de vencer. Os novos sistemas treinam os soldados para situações de comunicação difícil no exterior (Gonsalves, 2008). Por exemplo, a capacidade de negociação depende muito da cultura; assim, os soldados aprendem a como pensar e se comunicar sob pressão e estresse. O sistema é um jogo de simulação *multiplayer* (até 64 jogadores podem estar no sistema em uma intranet). Os jogadores guiam seus avatares por uma zona de guerra realista no ciberespaço. Os participantes são tanto jogadores quanto avaliadores das tarefas e experiências, que variam de acordo com o papel a eles designado. Instrutores podem criar ou modificar cenários, monitorar o treinamento e entrar no jogo para mudar sua direção a qualquer hora. As interações praticadas no jogo ajudam os soldados a lidarem com costumes locais, estabelecer uma relação de confiança com os nativos em zonas de guerra no exterior e equipar e treinar a população local para ajudar com os esforços das forças armadas dos Estados Unidos.

Um sistema de gestão integrado de comércio exterior com componentes de SSD utilizados pela Western Petroleum (Western Preto) para controle de custos é discutido em *TI em ação 2.1*.

SISTEMAS DE SUPORTE À DECISÃO

Sistemas de suporte à decisão (SSD) são aplicativos interativos que dão suporte à tomada de decisão. As configurações de um SSD vão desde relativamente simples, para apoiar a apenas um usuário, a complexos sistemas de empresas, como na Western Petro (descrito na seção *TI em ação 2.1*). O SSD pode dar suporte à análise e resolução de um problema específico, avaliar a oportunidade estratégica ou dar suporte a operações em andamento. Esses sistemas dão suporte a decisões não estruturadas ou semiestruturadas, tais como fabricar ou comprar produtos e quais novos produtos desenvolver e introduzir em mercados existentes.

TI em ação 2.1

Controle de custos da Western Petro utiliza o sistema de gestão de comércio exterior

A Western Petroleum Company (WesternPetro.com/) é uma das maiores empresas de comercialização de petróleo independentes. Ela compra produtos petrolíferos em grande quantidade (por exemplo, 50.000 barris) e vende em quantidades menores (5.000 barris) para mais de 2.000 clientes. A Western Petro se certifica de que as empresas de produção petrolífera possuam combustível e lubrificantes necessários para garantir operações de forma ininterrupta. "Quando nossos clientes precisam de combustível, eles precisam imediatamente", diz Perry P. Taylor, presidente da Western Petro. "Eles não querem ouvir desculpas sobre entregas atrasadas. Se as plataformas de perfuração ficarem sem combustível, elas terão de ser desligadas e isso pode custar muito caro".

Estratégia de TI. A empresa opera numa margem de lucro extremamente apertada, então controlar os custos de compras determina a lucratividade. Os custos são controlados utilizando uma plataforma de software específica para esse setor que facilita a negociação e ajuda os funcionários a se organizarem.

A estratégia de TI tem sido automatizar os processos fundamentais do negócio e terceirizar todas as funções menos importantes. Uma peça essencial da estratégia de automatização é o PetroMan, do Sisu Group (sisugrp.com). O PetroMan é um sistema de negociação abrangente que desencadeia as atividades de compra e venda e integra a gestão de contratos, de risco, a contabilidade e o planejamento do gasoduto. Utilizando o PetroMan, a empresa pode fazer propostas e obter automaticamente um contrato para produtos refinados, bem como agendar e confirmar entregas nos gasodutos. O PetroMan também lida com revenda de combustíveis, incluindo faturas eletrônicas e um módulo de crédito que verifica e acompanha o risco de crédito do cliente. Esse acompanhamento é feito cobrindo grandes contratos de vendas pela venda de contratos futuros na Bolsa Mercantil de New York (Commodities). Por meio da cobertura de contratos, a empresa se protege dos riscos de grandes quedas no preço do petróleo. O software está conectado diretamente à bolsa de produtos primários, automatizando o processo.

Os dados financeiros/de contabilidade fluem automaticamente do PetroMan ao aplicativo financeiro da empresa, um pacote chamado de Global Financials (da Global Software). Como resultado disso, o processo inteiro de comprar e vender combustíveis e mover informações financeiras/contábeis é completamente automatizado.

Fontes: Compilado de Duvall (2005), westernpetro.com, e sisugrp.com/petroman.htm

Questões para discussão: Quais processos estão sendo automatizados e por quê? Por que o controle de riscos é importante? O PetroMan confere à Western Petro uma vantagem competitiva? Explique. Visite o sisugrp.com/petroman.htm. Por que o PetroMan é chamado de sistema de informação empresarial?

Grau de estrutura de decisões. As decisões variam entre estruturadas a não estruturadas. Decisões estruturadas são aquelas que têm um método bem definido de solução e os dados necessários para chegar a uma decisão. Um exemplo de decisão estruturada é determinar até que ponto um candidato se qualifica para um autoempréstimo ou até onde estender o crédito de um novo cliente – e os termos dessas opções de financiamento. **Decisões estruturadas** são relativamente simples e são tomadas regularmente; um SI pode garantir que elas sejam tomadas com consistência.

Do outro lado desse *continuum* estão as **decisões não estruturadas**, que dependem da inteligência, conhecimento e/ou experiência de pessoas – assim como de dados e de modelos de solução. Os exemplos incluem decidir qual novo produto desenvolver ou em quais novos mercados entrar. Decisões semiestruturadas ficam no meio desse *continuum*. Os SSDs são as melhores opções para dar suporte a esses tipos de decisão, mas também são utilizados para dar apoio a decisões não estruturadas. Para dar esse suporte, os SSDs possuem certas características de suporte ao tomador de decisão e ao processo de tomada de decisão.

Três características essenciais dos SSDs. As três características essenciais dos SSDs são:

- Interface interativa de fácil utilização
- Modelos que permitem análise de sensibilidade, análise *what-if*, busca de objetivo e análise de riscos
- Dados de banco de dados internos e externos, adicionados pelo tomador de decisão, que pode ter insights relevantes para a situação de decisão.

Ter modelos é o que distingue os SSDs dos SIGs. Alguns modelos são desenvolvidos pelos usuários finais por meio de processo interativo ou iterativo. Os tomadores de decisão podem manipular modelos para conduzir experimentos e análises de sensibilidade, de variáveis, de busca de objetivo. A análise *what-if* se refere a trocar suposições ou dados no modelo para ver os impactos dessas mudanças no resultado. Por exemplo, se a previsão de vendas está baseada em um aumento de 5% na demanda dos clientes, uma análise *what-if* poderia substituir os 5% com uma demanda estimada maior e/ou menor para determinar o que aconteceria com as vendas se as demandas fossem diferentes. Com a busca do objetivo, o tomador de decisão tem um resultado específico em mente e precisa descobrir como aquele resultado poderia ser atingido e até que ponto é possível atingi-lo. Um SSD pode também estimar o risco de estratégias ou ações alternativas.

A California Pizza Kitchen (CPK) utiliza SSD para dar suporte a decisões de estoque. A CPK possui 77 restaurantes localizados em vários estados dos Estados Unidos, e manter o estoque de todos os restaurantes em um nível excelente era um desafio. O SSD tornou mais fácil para os gestores manterem os registros atualizados e tomarem decisões. Muitos restaurantes CPK aumentaram suas vendas em 5% após implementar um SSD.

Construindo aplicativos SSD. O **Planners Lab** é um exemplo de software para construir um SSD. O software é livre para instituições acadêmicas e seu download pode ser feito em plannerslab.com. O Planners Lab inclui:

- Linguagem de construção de modelo fácil de utilizar
- Opção fácil para a visualização do resultado do modelo, como as respostas para as questões de variabilidade e de objetivo para analisar os impactos das diferentes suposições

Essas ferramentas permitem que gestores e analistas construam, revisem e desafiem as suposições nas quais suas decisões se baseiam. Com o Planners Lab, tomadores de decisão podem experimentar e jogar com suposições para avaliar múltiplas visões do futuro.

Alguns aplicativos SSD podem ser muito parecidos aos de business intelligence (BI), que são apresentados no Capítulo 11. Em *TI em ação 2.2*, você verá um panorama sobre BI e a semelhança entre esses aplicativos e os SSD. Você lerá sobre BI e SSD mais detalhadamente no Capítulo 11.

PRINCIPAIS TIPOS DE SISTEMAS DE SUPORTE

Os principais tipos de sistemas de suporte estão listados na Tabela 2.2, junto com os tipos de empregadores a quem eles dão apoio. Muitos desses sistemas de suporte são discutidos nos capítulos seguintes.

TI em ação 2.2
Business intelligence para uma vantagem competitiva

Business intelligence (BI) combina arquitetura de software, banco de dados, ferramentas analíticas, displays gráficos e metodologias de tomada de decisão. O principal objetivo do BI é permitir acesso em tempo hábil e interativo a dados e dar aos gestores de negócio e aos analistas a capacidade de conduzir análises apropriadas. Por meio da análise de dados históricos e atuais, situações e desempenhos, tomadores de decisão obtêm insights valiosos que permitem ter mais informações para tomadas de decisão melhores.

A arquitetura de um BI. Um sistema de BI é composto por quatro componentes principais:

1. Data warehouse ou um grande banco de dados com seus dados fonte

2. Visão analítica do negócio, um conjunto de ferramentas para manipulação, mineração e análise de dados no data warehouse

3. Ferramentas de gestão de desempenho do negócio para monitorar e analisar o desempenho

4. Interface de usuário e display, como um dashboard (painel de controle)

O principal componente em um BI na gestão de desempenho do negócio é o dashboard. Um dashboard é a apresentação visual de dados que são fundamentais para os usuários (por exemplo, resultados de um relatório ou análise), incluindo executivos. O painel permite que usuários vejam os pontos mais importantes em um relance de olhos, tais como desvios de alvo, desempenho excepcional ou resumos analíticos da Web. Um exemplo é dado na Figura 2.7, que mostra diversos indicadores-chaves de desempenho (KPI – *key performances indicators*) e dados fundamentais para uma empresa de software. A partir do dashboard, é fácil visualizar, por exemplo, que os KPIs estão todos bons (estão todos em verde), que em todos os estágios do gasoduto a entrada tende para cima (por exemplo, todos têm setas verdes apontando para cima) e que o aumento de receita está acima dos custos de marketing. Esse dashboard específico permite que os usuários finais vejam até onde existem diferenças por período ou por produto (as quedas na parte mais alta) e analisem com maior profundidade os custos de marketing.

Mineração de dados (data mining). Uma ferramenta de análise importante do BI é a **mineração de dados**. A mineração de dados é um processo computadorizado que conduz buscas em grandes quantidades de dados e informações para tentar descobrir relações desconhecidas e valiosas entre dados (por exemplo, entre variáveis). A mineração de dados ajuda a fazer predições e a tomar decisões.

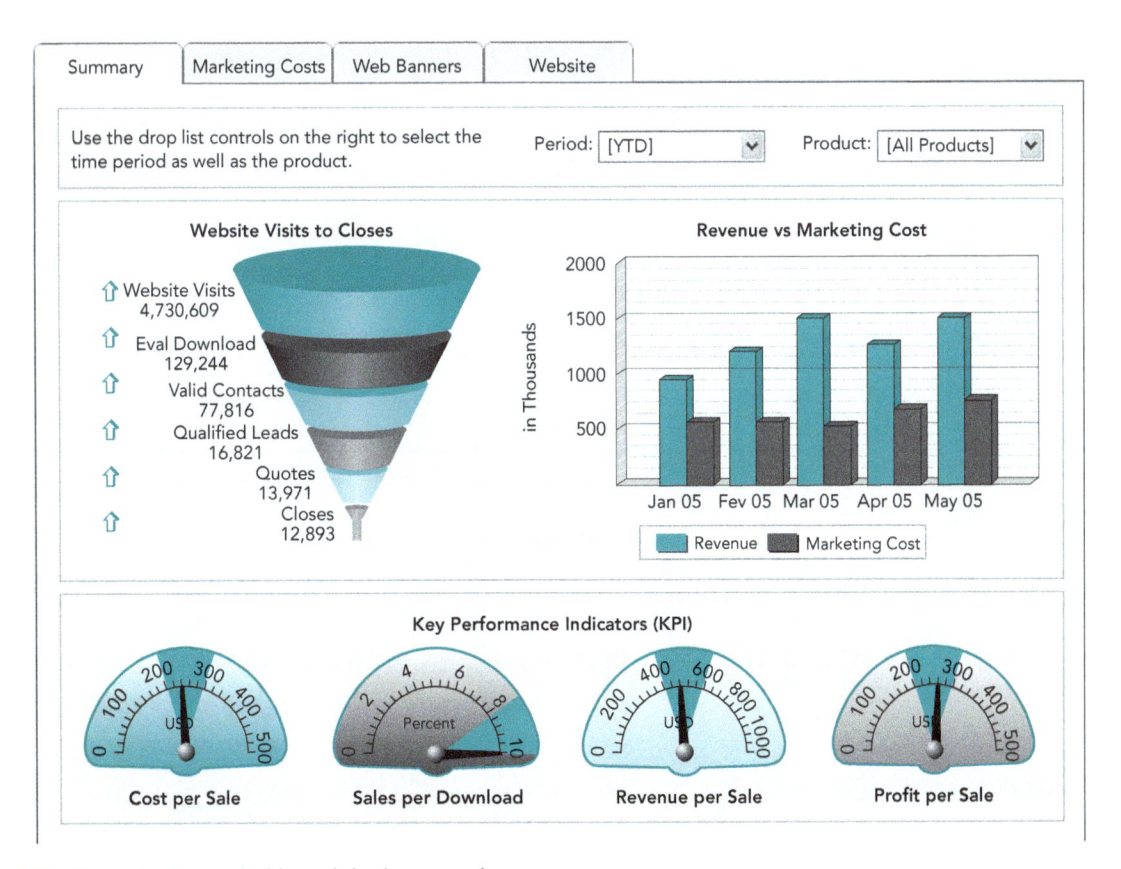

Figura 2.7 Exemplo de um dashboard de desempenho.

Exemplos de BI. Exemplos de como a mineração de dados funciona: dois exemplos de aplicações úteis que mostram como mineração de dados pode dar suporte às organizações são os seguintes:

Exemplo de BI 1. O National Australia Bank utiliza mineração de dados para ajudar em seu marketing preditivo. As ferramentas são usadas para extrair e analisar dados armazenados em um banco de dados da Oracle. O foco de aplicativos específicos é avaliar como as iniciativas dos concorrentes estão afetando os resultados do banco. As ferramentas de mineração de dados são utilizadas para gerar modelos de análise de mercado a partir de dados históricos. O banco considera o BI crucial para a manutenção de uma vantagem no mercado de serviços financeiros cada vez mais competitivo.

Exemplo de BI 2. O FAI Insurance Group utiliza mineração de dados para reavaliar a relação entre riscos históricos de políticas de seguros e a estrutura de pesos utilizada por seus avaliadores de risco. A capacidade de análise de dados permite que o FAI sirva melhor aos seus clientes por uma avaliação mais precisa dos riscos de seguros associados à solicitação do cliente.

TABELA 2.2 Principais tipos de sistemas de informação de suporte

Sistemas de informação	Trabalhadores suportado	Descrição
Sistema de informação gerencial (SIG)	Gestores intermediários	Fornece uma informação de rotina para organizar, planejar e controlar operações em áreas funcionais
Sistema de suporte à decisão (SSD)	Tomadores de decisão, gestores	Combina modelos e dados para resolução de problemas semiestruturados com a participação extensiva dos usuários
Business Intelligence (BI)	Tomadores de decisão, gestores, trabalhadores do conhecimento	Reúne e utiliza grandes quantidades de dados para análise por meio de visões analíticas do negócio e de business intelligence
CAD/CAM	Engenheiros, relatores	Permite que engenheiros façam o desenvolvimento e teste de protótipos; transferência de especificações para a instalação fabril
Sistema de gestão de registros eletrônicos	Funcionários administrativos	Automatiza a gestão, o arquivamento e o fluxo de documentos eletrônicos
Sistema de gestão de conhecimento (GC)	Gestores, trabalhadores do conhecimento	Dá apoio à coleta, organização e uso do conhecimento de uma organização
Mineração de dados e mineração de texto	Trabalhadores do conhecimento, profissionais	Permite a aprendizagem a partir de casos históricos, a partir de informações vagas ou incompletas
Automação da tomada de decisão (ATD)	Funcionários de linha de frente, gestores intermediários	Dá suporte aos funcionários que lidam com o cliente e que precisam tomar decisões rapidamente, em tempo real e envolvendo pouca quantidade de dinheiro

Questões para revisão

1. Defina STP e dê um exemplo.
2. O que é um sistema de informação funcional?
3. Explique por que os STPs precisam processar os dados de entrada antes de armazená-los em um banco de dados.
4. Defina SIG e dê um exemplo.
5. Defina SSD e dê um exemplo.

2.3 Cadeia de suprimentos e suporte à logística

A cadeia de suprimentos de uma empresa pode ser dividida em dois segmentos: logística de entrada e logística de saída, que são mostrados na Figura 2.8. Cada segmento consiste em diversos links, talvez centenas deles, para fornecedores/vendedores individuais e para múltiplos clientes. Cada link que uma organização possui para direcionar a fontes e/ou clientes diretos precisa ser gerida. Mas nem todos os links precisam ser geridos da mesma forma. A Walmart, por exemplo, coloca seus esforços na cadeia do montante, como veremos na próxima seção. Para o varejista, vendedores e fabricantes são a entrada; os clientes são a saída. Para fabricantes, sua cadeia de suprimentos vai desde a matéria-prima até a reciclagem do produto.

Juntamente com os fluxos físicos do produto e dos materiais está o fluxo de informações e o fluxo financeiro, que ligam as empresas da cadeia de suprimentos. A **logística** é a ciência preocupada com a gestão do fluxo de materiais e fluxo de informações para otimizar as operações da cadeia de suprimentos. A logística tem sido descrita como ter a coisa certa, no lugar certo e na hora certa.

A vantagem competitiva de uma empresa – por exemplo, baixo custo, confiabilidade, qualidade, velocidade de colocar o produto no mercado e/ou resposta rápida – depende de quão bem a cadeia de suprimentos está alinhada e é gerida. A importância da **gestão da cadeia de suprimentos** (*supply chain management* – SCM) é entendida por meio da observação da estratégia global de suprimentos da Walmart. O **fornecimento global** acontece quando a empresa compra bens e serviços de fornecedores que estão localizados em qualquer parte do mundo.

A estratégia de fornecimento global da Walmart se dá por meio de uma cadeia de suprimentos de entrada. Em março de 2010, a gigante varejista Walmart anunciou sua nova estratégia de gestão da cadeia de suprimentos. A Walmart tem milhares de fornecedores e está buscando constantemente por novos parceiros ao redor do mundo, então decidiu investir em uma nova *estratégia de fornecimento global*. Um fornecimento envolve identificar fornecedores (vendedores) que possam entregar à Walmart produtos ou serviços que sejam vendidos em suas lojas físicas e online. A **estratégia de fornecimento** é planejada para reduzir custos de produtos, aumentar a velocidade do mercado e melhorar a qualidade dos produtos.

A estratégia de fornecimento global da Walmart envolve três pontos: (1) a criação de centros de comercialização global (CCGs), (2) mudança de liderança e estrutura e (3) aliança estratégica com a Li & Fung, uma organização global de suprimentos. A Li & Fung está se capacitando para agir como *agente comprador* de bens avaliados em US$ 2 bilhões no primeiro ano. O vice-presidente da Walmart, Eduardo Castro-Wright, afirma: "Esses centros alinharão fornecimento e comercialização e direcionarão as eficiências das diversas categorias de comercialização. Nossa nova estratégia e estrutura direcionará quantias significativas na cadeia de suprimentos" ("Wal-Mart Unveils", 2010).

A Walmart tem sido líder na gestão de cadeias de suprimento já há muitos anos. Sua nova estratégia de fornecimento global mostra que esforços contínuos e investimentos para diminuir as ineficiências da cadeia de suprimentos são essenciais para a competitividade. Os executivos da Walmart reconhecem que manter o baixo custo e a grande variedade de produtos são vantagens que dependem do desempenho na gestão das numerosas cadeias de suprimentos. A gestão da cadeia de suprimentos é uma preocupação estratégica de quase todas as organizações. Para muitas delas, especialmente aquelas da indústria, distribuição e varejo, a gestão de cadeias de suprimentos é fundamental para a sobrevivência. *TI em ação 2.3* oferece um exemplo de empresa gerindo suas operações internas – operações também chamadas de **cadeia de suprimentos interna** – e cadeia de suprimentos externa.

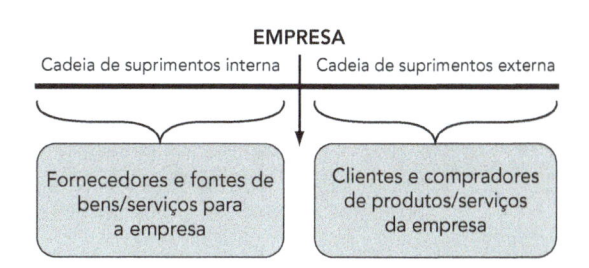

Figura 2.8 Componentes de entrada e saída de uma cadeia de suprimentos.

TI em ação 2.3

As indústrias Argos e VanDerLande automatizam o centro de distribuição do Reino Unido

A Argos é a maior varejista não alimentícia baseada no Reino Unido. A Argos vende mercadorias e produtos gerais para casa em 700 lojas espalhadas no Reino Unido e na Irlanda, online e pelo telefone. Ela atende mais de 130 milhões de clientes por ano em suas lojas e 26% de suas vendas são feitas pela Internet. Em 2009, suas vendas foram de 4,3 bilhões de libras e empregou 33.000 pessoas. O site da Argos foi o mais visitado entre os dos principais varejistas do Reino Unido em 2008. A Argos formou parceria com as indústrias VanDerLande na automação do centro de distribuição, o que diminuiu os custos operacionais, melhorou a eficiência e a produtividade, e aumentou a eficiência operacional.

Antecedentes. Ao deparar-se com um crescimento significativo, a Argos quis aumentar a disponibilidade de seus produtos e reduzir os custos. Para fazer isso, ela centralizou sua distribuição de itens menores para garantir a disponibilidade e melhorar a eficiência operacional. Um exemplo de automatização é dado na Figura 2.9. A Argos também queria melhorar o controle do suprimento de importações diretas, que configuram o crescimento proporcional de seus produtos.

O centro de distribuição automatizado inclui um armazém central para produtos importados. O sistema de palets é parte fundamental da produção da empresa e do processo de distribuição. O sistema de palets se estende por meio dos processos de negócio, desde a recepção de matéria-prima até o envio dos produtos finais e remessas variadas. Portanto, um sistema de palets rápido, regular e eficiente é essencial.

Todos os processos automatizados são geridos pelo VanDerLande Industries VISION Warehouse Control System (WCS), que está integrado ao sistema de gestão de armazéns da Argos. O centro de distribuição automatizado reduziu os custos operacionais da Argos por meio da liberação de recursos existentes nos centros de distribuição regionais. Gerir importações diretas em lotes rende grande economia e garante a continuidade do suprimento.

Figura 2.9 Sistema de gestão automatizada da Argos para produtos pequenos a fim de melhorar a eficiência de sua cadeia de suprimentos interna.

Fontes: Compilado de argos.co.uk/ (2010), vanderlande.com e supplychainstandard.com (2008).

Questões para discussão: Como a cadeia de suprimentos interna da Argos causa impacto em sua cadeia de suprimentos externa? Por que a Argos (assim como a Walmart) fez parceria com um vendedor em seu sistema de gestão de armazéns? Assista ao vídeo *A Major Advance in Logistics*, sobre o projeto da Argos, em yourlogisticstv.com. Explique por que o projeto da Argos foi um grande avanço em logística.

Cadeias de suprimentos criam extensões empresariais. A cadeia de suprimentos – por meio da ligação da empresa com seus fornecedores, vendedores e clientes – cria uma extensão da empresa. Essa extensão depende da TI e dos sistemas de informação para realizar o compartilhamento de dados e a colaboração, parecido com a forma como os diversos departamentos de uma empresa fazem. As cadeias de suprimentos podem ser muito ineficientes a menos que as empresas dentro da cadeia sejam capazes de compartilhar dados, de colaborar e de responder às mudanças na demanda de forma eficaz e rápida.

As TIs utilizadas para planejar, organizar, coordenar e controlar as atividades da cadeia de suprimentos incluem as seguintes:

- Software de sistemas integrados de gestão empresarial (*enterprise resource planning* – ERP): o ERP ajuda a gerir relações internas e externas estabelecidas entre os parceiros de negócios.
- Software de gestão de cadeia de suprimentos (*suply chain management* – SCM): o software de SCM ajuda na tomada de decisão relacionada aos segmentos internos e suas relações com os segmentos externos. Tanto o ERP quanto o SCM são descritos em detalhes no Capítulo 11.
- **Identificação por radiofrequência** (*radio frequency identification* – RFID): a RFID é uma tecnologia que utiliza etiquetas eletrônicas (chips) em vez de código de barras para identificar objetos ou itens. Essa tecnologia é parecida com a dos códigos de barras 2D discutidos no Capítulo 1. As etiquetas RFID podem ser anexadas ou incluídas em embalagens,

objetos físicos, animais ou seres humanos. Os leitores de RFID leem e identificam as informações de entrada a partir das etiquetas via ondas de rádio.

Sistemas de identificação por radiofrequência (RFID). Os sistemas RFID são essenciais para qualquer cadeia de suprimentos, mas sua capacidade de acompanhar e monitorar também confere benefícios adicionais às operações. Em 2010, por exemplo, a Gerry Weber International, uma fábrica de roupas femininas localizada na Alemanha, começou a aplicar etiquetas de RFID às 25 milhões de peças de vestuário que produz anualmente. A empresa implantou a tecnologia RFID em 150 das suas lojas de varejo na Alemanha e no exterior. O sistema RFID foi planejado para melhorar a eficácia de seus processos de entrada de mercadoria e de estoque, além de funcionar como um sistema de segurança eletrônico para evitar roubos. As etiquetas de RFID são inseridas nas etiquetas que informam os cuidados que se deve ter ao lavar a roupa. A empresa foi a primeira na Alemanha a costurar etiquetas de cuidado com a roupa contendo RFID, assim como a primeira a depender somente da RFID para a segurança (gerryweber-ag.de, 2010; Wessel, 2009).

Durante uma apresentação no *RFID Journal LIVE! Europe 2009*, Ralph Tröger, gestor de projetos de TI da Gerry Weber, disse que sua empresa aprendeu testando processos de logística que eles podem ganhar "valor real" com a RFID, especialmente utilizando a tecnologia para os processos de receber e enviar produtos. A empresa também aprendeu que alguns hardwares de RFID são muito grandes para a distribuição em centros de varejo e que leitores de mão requerem bateria com maior capacidade e precisam ser leves.

A Gerry Weber teve uma quantidade significativa de economia no processo de recebimento de produtos porque os funcionários não precisavam mais contar itens manualmente ou ler seus códigos de barras para descobrir se uma encomenda estava completa. Os entregadores simplesmente escaneavam os códigos de barras da nota de entrega e escaneavam as etiquetas RFID nas peças de vestuário para confirmar os formulários de entrega e os itens que seriam enviados. Além disso, os funcionários economizaram bastante tempo não tendo mais de anexar ou retirar etiquetas eletrônicas de segurança e fazer o balanço. Quando um item marcado é comprado, o vendedor faz a leitura dos códigos de barras na etiqueta com o preço. O sistema RFID lê o número de registro colocado na etiqueta RFID da peça e o remove da base de dados.

Costurar etiquetas RFID em todas as peças produzidas cria oportunidades para fornecedores e parceiros de negócios. A empresa estimula todas as outras empresas com as quais faz negócios a tirarem vantagem de suas etiquetas para melhorar o processo e os serviços implementando pontos de leitura RFID na cadeia de suprimentos ou em outros pontos. As melhoras de desempenho da Gerry Weber representam os maiores benefícios da RFID – acompanhamento eficaz dos itens em tempo real, acompanhamento automatizado do estoque e alinhamento de empresas dentro da cadeia de suprimentos.

A implementação de RFID tem sido lenta por causa dos custos, da privacidade e da segurança, especialmente quando envolve clientes. Por outro lado, um número cada vez maior de empresas utiliza a tecnologia internamente, muitas vezes em associação com outros sistemas de TI, como a Nokia faz, por exemplo. Os seguranças da Nokia carregam um dispositivo móvel de telefonia com uma etiqueta RFID anexada. As etiquetas RFID são também instaladas em diversos pontos ao redor da fábrica. No começo de um turno, os guardas utilizam o telefone para lerem as RFIDs presentes em seus crachás. Assim, guardas fazem seu turno, operando um dispositivo de mão que lê diversas etiquetas conforme vai passando por elas. Os supervisores recebem, então, informações exatas sobre quando um determinado guarda começou e terminou seu turno, se o guarda fez a patrulha em todos os locais solicitados e onde o guarda estava em um momento específico. Além disso, os supervisores podem utilizar as funções de mensagem de texto ou telefone para pedir aos guardas que verifiquem uma área novamente, modifiquem sua rotina, e assim por diante.

Para a implementação de RFID na Airbus Industries, veja o Caso de negócio ao final deste capítulo.

Questões para revisão

1. Descreva como a TI pode dar apoio à cadeia de suprimentos de um varejista.
2. O que significa ser uma extensão empresarial?
3. O que é uma cadeia de suprimentos interna?
4. O que é RFID? Quais são seus maiores benefícios?

2.4 Infraestruturas de TI, computação em nuvem e serviços

Quando funcionários se registram na rede ou nas contas de e-mail da empresa, ou acessam dados ou documentos para fazer seu trabalho, a velocidade de resposta e a confiabilidade do hardware são pontos importantes. Atrasos resultantes do tráfego pesado na rede ou de falhas no sistema causam perda de tempo e frustração. É claro que todos querem uma resposta rápida, um processamento rápido e acesso imediato a informações ou arquivos oriundos de vários sistemas de TI e dos bancos de dados. É a infraestrutura da empresa que determina a carga de trabalho que um SI, aplicativo ou dispositivo móvel pode receber, bem como sua velocidade. A infraestrutura de TI é um conjunto de hardware, software, processos, redes e usuários.

O projeto de uma infraestrutura de TI permite (ou limita) armazenar, proteger e gerir dados de modo que possam se tornar acessíveis, pesquisáveis, compartilháveis e acionáveis. Para melhorar o desempenho ou diminuir custos de menor relevância, as empresas estão se voltando para as opções existentes na computação em nuvem. A nuvem – que é o termo utilizado para referir-se à Internet – expandiu muito as opções empresariais em infraestruturas de TI. O nome geral dado às infraestruturas com base na Internet é computação em nuvem. A evolução da computação em nuvem está representada na Figura 2.10. As organizações podem utilizar qualquer um ou todos os três tipos de infraestrutura, dependendo de suas necessidades. Como leremos em *TI em ação 2.4*, o Departamento de Defesa dos Estados Unidos implementou uma nuvem privada para servir a diversas agências militares a fim de reduzir custos, mas não adotou computação em nuvem em função da natureza sensível de seus dados.

Primeiro, discutiremos as infraestruturas de TI, e então sua virtualização e a computação em nuvem.

INFRAESTRUTURA DE TI

O que a infraestrutura de TI de uma organização pode suportar é determinado por cinco componentes: (1) hardware, (2) software, (3) redes e dispositivos de comunicação, incluindo a Internet e intranets, (4) banco de dados e administradores de dados e (5) funcionários para gerir informação. Ao tomar decisões sobre como adquirir hardware, software ou qualquer um desses cinco componentes, as quatro características a seguir, presentes em uma infraestrutura de TI, precisam ser consideradas:

- **Dependência.** A dependência significa que a infraestrutura se combina com a disponibilidade, confiabilidade e escalabilidade requeridas pelo sistema de informação da empresa (STP, SIG, SSD, etc) e outros aplicativos. Os aplicativos herdam sua dependência de uma infraestrutura de TI. Em outras palavras, a dependência de aplicativos é limitada pela (é tão boa quanto) dependência da arquitetura de TI.
- **Gerenciabilidade.** A infraestrutura de TI determina a complexidade de gerenciamento do hardware e do software necessários para rodar aplicativos dependentes. Uma infraestrutura sem fio é necessária para a interatividade e para aplicativos de computação móvel.
- **Adaptabilidade.** Quando um aplicativo com capacidades extras é necessário, as empresas são capazes de ampliar a infraestrutura conforme essa nova necessidade.
- **Acessibilidade.** Na realidade atual de TI, dependência, gerenciabilidade e adaptabilidade não são tão significativos quanto acessibilidade. Por exemplo, infraestruturas mais antigas podem precisar de redundâncias que são caras ou sistemas de backup para garantir as características citadas.

Entendendo esses pontos sobre a infraestrutura de TI, podemos examinar as razões pelas quais as empresas estão investindo em novas arquiteturas de TI, especialmente aquelas baseadas em nuvem.

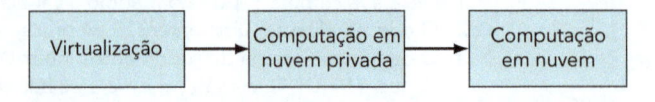

Figura 2.10 Evolução da computação em nuvem.

Virtualização → Computação em nuvem privada → Computação em nuvem

VIRTUALIZAÇÃO

A computação em nuvem evoluiu a partir da virtualização – uma abordagem que permitiu infraestruturas de TI mais flexíveis e de custos mais baixos. A **virtualização** é um conceito que possui diversos significados em TI e, portanto, muitas definições. O principal tipo de virtualização é a virtualização de hardware, que continua popular e é muito utilizada. A virtualização muitas vezes é peça chave no plano de recuperação de uma empresa. Normalmente, a virtualização separa as aplicações e os dados do negócio dos recursos de hardware. Essa separação permite que a empresa compartilhe os recursos de hardware – em vez de dedicar servidores para as aplicações – e direcione esses recursos às aplicações quando isso é necessário. Os principais tipos de virtualização são:

- *Virtualização de armazenamento*: é o compartilhamento de armazenamento físico de diversos dispositivos de armazenamento em várias redes através do que parece ser um único dispositivo de armazenamento, que é gerido a partir de um console central.
- *Virtualização de rede*: combina os recursos disponíveis em uma rede através da divisão de carga da rede em partes que possam ser gerenciadas, cada uma podendo ser designada (ou redesignada) a um servidor específico dentro da rede.
- *Virtualização de hardware*: é o uso de um software que simula um hardware ou todo um ambiente de computador que não seja aquele software que realmente está rodando. Essa virtualização permite que partes do hardware rodem diversas imagens de sistemas operacionais de uma só vez. Esse tipo de software às vezes é conhecido como máquina virtual.

A virtualização aumenta a flexibilidade de ativos de TI, permitindo que as empresas consolidem uma infraestrutura de TI, reduzam os custos de manutenção e administração e preparem-se para iniciativas estratégicas de TI. A virtualização não está preocupada principalmente com corte de gastos, o que é uma razão tática. Mais do que isso, por razões estratégicas, a virtualização é utilizada para permitir fornecimento flexível e computação em nuvem.

MOVENDO A EMPRESA PARA A NUVEM

A maioria das grandes organizações possui centenas ou milhares de licenças de software, como Microsoft Office ou softwares de gerenciamento de dados da Oracle, que são essenciais para a construção e o funcionamento de seus bancos de dados e aplicações que dão suporte aos processos de negócio. Programas de gerenciamento de software e suas licenças – incluindo implantação, provisionamento e atualização – são caros e demandam tempo. A produtividade sofre quando os profissionais de TI não conseguem acessar rapidamente as ferramentas de que precisam na hora em que precisam. Colocar software em um servidor sem possibilidade de gerenciamento ou de acompanhamento de uso pode custar ainda mais. A última tendência, a computação em nuvem, é capaz de solucionar diversos problemas e questões. A complexidade reduzida, o baixo custo e a escalabilidade melhorada viabilizada pelos empreendimentos em nuvem estão crescendo no interesse de muitas empresas. Ao oferecer a capacidade do computador na Internet, os provedores de computação em nuvem estão liberando seus clientes de ter de pagar por hardware, ambiente, manutenção e gerenciamento.

A ideia da computação em nuvem é armazenar aplicativos e informações nos centros de dados dos provedores e não nos servidores locais da empresa. Esse conceito de nuvem se refere a fontes de dados armazenados *fora da rede interna dos clientes*. No entanto, grandes empresas e agências do governo com diversas localizações podem estabelecer suas próprias nuvens, chamadas de **nuvens privadas**, em servidores dos quais são donos caso a confidencialidade dos dados seja um requisito chave, como agências de defesa e militares. Veja mais sobre isso em *TI em ação 2.4*.

A passagem para a computação em nuvem, especialmente a hospedagem em nuvem oferecida pelo provedor, está aumentando com a introdução de novos aplicativos. A Rackspace (rackspace.com/), por exemplo, lançou o Cloud Pro em abril de 2010. O Cloud Pro usa a interface touch-screen do iPad e permite que clientes gerenciem seus servidores. Utilizando o iPad, administradores de rede (admins) podem direcionar backups a um servidor; criar novos servidores a partir de backups; agendar o gerenciamento de backups; e reiniciar, renomear, redimensionar e deletar servidores. O aplicativo foi disponibilizado sem custo adicional na Apple Store. Esse acordo é de grande valia para empresas que estão recém começando. O iPad e os servidores da Rackspace Cloud diminuem as barreiras de entrada para iniciantes na Web porque grandes investimentos em hardware não são mais necessários para fazer com que seu negócio comece a funcionar.

COMPUTAÇÃO EM NUVEM

Uma definição para a computação em nuvem é que é uma computação com base na Internet na qual recursos compartilhados (como discos rígidos para armazenamento) e aplicativos são oferecidos ao computador ou a outros dispositivos por demanda, como uma utilidade pública (veja a Figura 2.11). Isso quer dizer que a computação em nuvem é parecida com a eletricidade – uma utilidade que as empresas têm disponível conforme a demanda e pagam com base no uso. As empresas não geram sua própria energia, mas a obtêm de um "fornecedor", que nesse caso é uma companhia de energia elétrica. Os principais provedores ou fornecedores de computação em nuvem são a Google, a Amazon, a Microsoft e a Cisco. O Google Apps, por exemplo, disponibiliza aplicativos comuns de negócios online, acessados via Web, enquanto software e dados são armazenados nos servidores.

Por que usar a nuvem? Otimizar a infraestrutura de TI se tornou especialmente importante em tempos difíceis da economia, quando o corte de gastos virou uma prioridade. Durante tempos desafiadores, fazer o máximo com os ativos de TI se tornou imperativo para se ter uma vantagem competitiva e, em último caso, para sobreviver. A nuvem normalmente causa uma queda nos custos com TI, porque os aplicativos são hospedados pelos fornecedores e provedores conforme a demanda, e não por meio de instalações físicas ou por licenças. Esse contrato de locação com os provedores é uma característica fundamental da computação em nuvem.

A computação em nuvem é muitas vezes utilizada para descrever serviços como os aplicativos de processamento de palavras online do Google e o software de serviço ao cliente da Salesforce.com, que são acessados online por um navegador em vez de serem instalados no computador. Outra opção é pagar para utilizar a infraestrutura computacional da Amazon.com – na verdade, alugá-la – em vez de comprar mais servidores. Em *TI em ação 2.4*, descrevemos o valor da computação em nuvem para a defesa nacional e para fins militares.

Esse conceito está entrando no mundo dos negócios. O *The New York Times* utiliza o serviço em nuvem da Amazon.com para fazer upload de imagens de jornais arquivados e convertê-las em um formato mais legível. A Nasdaq OMX Group Inc. utiliza os serviços da Amazon.com para fornecer informações históricas sobre negociações. Ambas empresas pagam apenas pelos recursos computacionais ou serviços que utilizam.

Quais serviços estão disponíveis na nuvem? A computação em nuvem torna mais fácil o uso de *serviços* que no passado teriam sido classificados como software e seria necessária a compra, instalação e manutenção em diversas máquinas individuais. O principal tipo

Figura 2.11 Computação em nuvem. (*Alex Slobodkin/iStockphoto*)

TI em ação 2.4

Departamento de Defesa dos Estados Unidos oferece serviços privados em nuvem

Quando John Garing, que coordena a infraestrutura de TI do Departamento de Defesa dos Estados Unidos, encontrou-se com os representantes da Microsoft Corp. e da Amazon.com para aprender sobre a computação em nuvem, reconheceu o potencial da tecnologia de modificar o modo como a TI do governo funcionava. Aqueles fornecedores, juntos com o Google e com a Salesforce.com Inc., estavam promovendo a computação em nuvem como uma forma de aumentar a eficiência e cortar gastos.

Garing utilizou a abordagem dos fornecedores, mas apenas internamente para o departamento de defesa, por meio do desenvolvimento de uma nuvem própria, que é compartilhada por diversas agências governamentais. Ir além do nível da computação em nuvem não seria uma opção para as agências de defesa, porque elas não podiam abrir mão do controle de informações sensíveis.

As agências do governo podem reduzir significativamente os custos e o consumo de energia utilizando sua estrutura em nuvem. O governo dos Estados Unidos gastou cerca de 68,1 bilhões de dólares com TI em 2008, sendo que 1/3 foram gastos apenas com infraestrutura de TI. A porcentagem gasta em serviços em nuvem é crescente. Para construir um negócio com clientes do governo, o Google abriu um escritório com 30 funcionários em 2008 perto de Washington D. C. As agências de governo usam seus produtos para permitir que pessoas façam buscas nos sites do governo.

A computação em nuvem é relativamente nova e as forças armadas ainda estão encontrando uma forma de utilizar essa nova abordagem. A marinha dos Estados Unidos esboçou alguns guias para solicitar serviços em nuvem, mas padrões e políticas de computação em nuvem ainda não foram estabelecidas.

No fim, as agências de governo irão depender do Office of Management and Budget e do National Institute of Standards and Technology (NIST) para orientá-las.

DISA se torna um provedor de nuvem internacional para outras agências do Departamento de Defesa norte-americano.
Garing, cuja agência de sistemas de informação de defesa (*Defense Information Systems Agency* – DISA) fornece a rede interna e o processamento de computadores para o exército, tirou sua inspiração do mundo corporativo, a partir do qual desenvolveu sua nuvem para o departamento. As agências do exército podem contratar a DISA para alugar espaço de armazenamento e para usar seus computadores para processamento de informação. Em um teste de desenvolvimento, um usuário em Falls Church, Virginia, fez login na rede, entrou em um site em sete minutos e pagou por isso com cartão de crédito. De acordo com Garing: "Isso mudou bastante a forma como fazemos negócios. Você praticamente não precisa comprar outro computador no departamento de defesa para usar nossos servidores". O site da DISA explica os serviços em nuvem que oferece em seu site:

> A DISA oferece serviços de computação de qualidade internacional que permite ao departamento de defesa executar suas missões de forma mais eficaz. A partir de nossos 13 centros de computação, fornecemos hospedagem e serviços de processamento de informação que permitem o compartilhamento de informações por meio de um ambiente de processamento e de armazenamento central que é acessível e seguro.
>
> Nossos serviços combinam pessoas, processos e metodologias para garantir que os sistemas do departamento de defesa estejam sempre prontos e disponíveis. Damos suporte a mais de 3 milhões de usuários por meio de mais de 2.800 aplicativos utilizando mais de 3,7 petabytes de armazenamento. O serviço de computação é o provedor nº 1 de pessoal, folha de pagamento, logística, contabilidade e processamento de prontuários médicos do departamento de defesa.

Fontes: Compilado de Harrison (2009), DISA (2010) e disa.mil/services/.

Questões para discussão: Descreva os serviços de computação em nuvem fornecidos pela DISA. Por que a DISA desenvolveu sua própria nuvem em vez de usar a nuvem do fornecedor? Por que Garing diz que agências não precisariam comprar outro computador no departamento de defesa? Quais ganhos em eficiência ele fornece para agências do governo?

---

de serviço disponível em nuvem é chamado de **software como um serviço** (*software-as-a-service* – **SaaS**).

O SaaS é um modelo de TI cada vez mais popular disponível para usuários de acordo com suas necessidades. Outros termos utilizados para os SaaSs são *computação sob demanda*, ***computação utilitária*** e *hospedagem de serviços*. A ideia é basicamente a mesma: em vez de comprar e instalar um pacote de aplicativos caro, os usuários podem acessar aplicativos por uma rede, sendo o navegador de Internet sua única necessidade. Normalmente não há hardware ou software para comprar, já que os aplicativos são utilizados na Internet e pagos por meio de uma taxa de assinatura fixa ou taxa de uso. O modelo SaaS foi desenvolvido para vencer o desafio de uma empresa de encontrar demandas eficientes dos recursos de TI.

Os serviços na nuvem estão se expandindo. O uso da computação em nuvem, por exemplo, para baixar os custos com a contabilidade, está se tornando popular, especialmente em empresas menores, porque há espaço praticamente ilimitado para o crescimento do serviço. Um programa líder em software em nuvem, por exemplo, e fornecedor de serviços é a salesforce.com. Para enfatizar sua abordagem, seu telefone é 1-800-No-Software. Duas nuvens oferecidas pela Salesforce.com são:

- **Nuvem de vendas.** A nuvem de vendas é utilizada por quase 80.000 empresas. Os representantes de vendas têm quase tudo de que precisam para fazer seu trabalho em apenas um lugar. Eles perdem menos tempo no serviço administrativo e têm mais tempo para ficar com os clientes e para fechar negócios. Para os gestores de vendas, a nuvem de vendas permite visualizar em tempo real as atividades de sua equipe.
- **Nuvem de serviço.** A nuvem de serviço é uma plataforma de suporte às atividades de serviço do cliente que vão desde call centers (contato) a sites sociais. As ferramentas oferecidas pela nuvem de serviço incluem conhecimento como um serviço, dando aos agentes e aos clientes a capacidade de encontrar respostas online, 24 horas; integração com o Twitter para serviços de conversa em tempo real; e, análise por meio de dashboards e relatórios em tempo real para monitorar o desempenho.

Questões a considerar ao mover cargas de trabalho da empresa para a nuvem. Com o EC2 da Amazon, o AppEngine do Google e o Azure da Microsoft, a computação em nuvem parece cada vez menos um conceito futurista e cada vez mais uma arquitetura de TI. Mas ainda existem muitas críticas e dúvidas sobre a nuvem. A capacidade variável da computação (de acordo com a demanda necessária), como o EC2 da Amazon, tem seu nicho, mas aplicações legadas (velhas) das empresas não estão permitindo deixar seus bancos de dados locais, impossibilitando o envio de dados importantes do negócio para a nuvem. Entretanto, os serviços oferecidos pela Amazon, pelo Google e pela Microsoft oferecem economia de escala, como você vê em *TI em ação 2.4*.

Colocar parte da carga de TI na nuvem requer diferentes abordagens de gestão e diferentes capacidades de TI. Essas capacidades incluem questões estratégicas, como decidir quais cargas de trabalho devem ser exportadas para a nuvem, qual conjunto de padrões seguir para a computação em nuvem e como resolver questões de privacidade e segurança conforme as coisas vão sendo movidas para a nuvem. Duas grandes questões são: como os departamentos ou unidades de negócios conseguem novos recursos de TI? Eles devem se ajudar, ou a TI deve se manter como uma guardiã?

Existem diferentes formas de gerenciar os provedores. As equipes experientes com a gestão de projetos terceirizados irão encontrar um paralelismo ao gerenciar o trabalho na nuvem, como definição e política de **contratos de nível de serviço** (*service-level agreement* – SLA) com os provedores. No entanto, existe uma grande diferença, porque a computação em nuvem funciona em uma infraestrutura compartilhada; assim, o contrato é menos customizado para as necessidades de uma empresa específica. Uma comparação para ajudar a entender os desafios é que a terceirização seria como alugar um apartamento enquanto a nuvem seria como alugar um quarto de hotel.

Com a computação em nuvem, pode ser mais difícil chegar à raiz das questões de desempenho, como interrupções não planejadas que ocorrem com o Gmail do Google e os aplicativos de recursos humanos da Workday. A relação é custo *versus* controle.

A demanda por computadores mais rápidos e com desempenho maior está aumentando, e o crescimento no número e na variedade de aplicativos está criando a necessidade de arquiteturas de TI com capacidades cada vez maiores.

Questões para revisão

1. Defina infraestrutura de informação.
2. Descreva virtualização.
3. Descreva computação em nuvem.
4. Quais são os benefícios da computação em nuvem?
5. Descreva o modelo de software como um serviço e seus benefícios. Por que ele é mencionado como sendo computação utilitária?

Termos-chave

aplicativos de software para o negócio 33
banco de dados 34
business intelligence (BI) 41
computação em nuvem 32
computação utilitária 49
conhecimento 34
dados 34
decisão estruturada 40
decisão não estruturada 40
estratégia de fornecimento 43
fornecimento global 43
gestão da cadeia de suprimentos 43
identificação por radiofrequência (RFID) 44
informação 34
infraestrutura de TI 32
logística 43
mineração de dados 41
modelo 31
nuvem privada 47
Planners Lab 40
processamento de transações online ou em tempo real (OLTP) 35
processamento em lote 35
relatório ad hoc 37
relatório de exceção 37
relatório periódico 37
sistema de informação gerencial (SIG) 31
sistema de processamento de transação (SPT) 31
sistema de suporte à decisão (SSD) 31
software como um serviço (SaaS) 49
virtualização 47

Destaques do capítulo

(Os números estão relacionados aos Objetivos de aprendizagem)

1 As organizações possuem diversos tipos de sistemas de informação que coletam e processam dados, distribuem relatórios e dão suporte à tomada de decisão e a outros processos de negócios.

1 Aplicativos de negócio múltiplos formam um sistema de informação que dá apoio a uma área funcional ou departamento – marketing, finanças, recursos humanos (RH), produção, operações, contabilidade e TI.

2 Os sistemas de informação podem ser classificados em duas categorias, baseadas no tipo de suporte que oferecem: de suporte gerencial ou de suporte operacional.

2 Os sistemas de processamento de transações cobrem transações de atividades meio das organizações, repetitivas, como compra, ordem de pagamento e folha de pagamento.

2 A coleta de dados em um sistema de processamento de transação é utilizada para construir outros sistemas de suporte, especialmente os sistemas de informações gerenciais e os sistemas de suporte à decisão.

2 O processamento aumenta a qualidade dos dados, o que é importante porque os relatórios e as decisões são tão bons quanto os dados nos quais se baseiam.

2 As áreas funcionais ou departamentos – contabilidade, finanças, produção/operação, marketing e vendas, recursos humanos e engenharia e projeto – recebem suporte de SIs projetados para informações e relatórios específicos para as necessidades dessas áreas.

2 Os sistemas de suporte à decisão (SSD) dão suporte à decisões estruturadas e não estruturadas, como quando produzir ou comprar produtos e quais novos produtos devem ser desenvolvidos e introduzidos em mercados existentes.

3 A vantagem competitiva de uma empresa – por exemplo, baixo custo, confiabilidade, qualidade, velocidade no mercado e resposta rápida – depende do quão bem a cadeia de suprimentos está alinhada e gerenciada.

3 A cadeia de suprimentos – por meio da ligação que estabelece entre fornecedores, vendedores e clientes – cria uma extensão da empresa.

3 Três das mais importantes atividades de gerenciamento que recebem apoio da TI são (1) a melhoria das operações da cadeia de suprimentos, (2) a integração dos sistemas departamentais com ERP e (3) a introdução de uma variedade de atividades de gestão de relacionamento com o cliente (CRM). A TI é a que mais propicia isso.

4 A infraestrutura de TI se refere ao compartilhamento de recursos de informação (como redes e banco de dados corporativos) e suas ligações, operações, manutenção e gestão.

4 A TI dá suporte a processos individuais de negócio em todas as áreas funcionais (com aplicativos de sistemas de informações gerenciais). Ela também dá apoio a atividades dentro da cadeia de suprimentos, como contratos públicos, relacionamento com fornecedores, gestão da cadeia de suprimentos, gestão de relacionamento com o cliente e encomendas.

4 O planejamento de uma infraestrutura de TI permite e limita a capacidade de armazenamento, de proteção e de gestão de dados de modo que possam se tornar acessíveis, pesquisáveis, compartilháveis e acionáveis.

4 A virtualização aumenta a flexibilidade dos ativos de TI, permitindo que empresas consolidem a infraestrutura de TI, reduzam os custos com manutenção e gestão e se preparem para iniciativas estratégicas de TI.

4 A computação em nuvem é a computação com base na Internet na qual recursos compartilhados (como discos rígidos para armazenamento) e aplicativos são fornecidos para computadores e outros dispositivos conforme a demanda, como uma utilidade pública.

4 As principais tecnologias emergentes incluem a computação em nuvem e o software como um serviço.

Questões para discussão

1. Explique a relação entre sistemas de informação e armazenamento de dados.

2. Descreva como dados brutos podem ser transformados em informação e como a informação pode ser transformada em conhecimento.

3. Quais funções fundamentais os SPTs desempenham?
4. Explique como o sistema de informação gerencial dá suporte às necessidades de gestores de nível médio.
5. Por que relatórios periódicos são frequentemente ignorados? Que tipos de relatórios são mais úteis aos gestores?
6. Discuta as diferenças entre decisões estruturadas e não estruturadas. Liste um exemplo de cada tipo de decisão que você tomou na última semana.
7. Explique por que a vantagem competitiva de uma empresa – como custo baixo, confiabilidade, qualidade, rapidez no mercado e/ou resposta rápida – depende de quão bem a cadeia de suprimentos está alinhada e é gerida.
8. Como os sistemas de informação que dão suporte às cadeias de suprimentos criam uma extensão empresarial?
9. Os RFID são considerados superiores aos códigos de barras. Explique o porquê disso.
10. Discuta os benefícios da computação em nuvem.

Exercícios e projetos

1. Classifique cada um dos sistemas abaixo como um (ou mais) sistemas de suporte de TI e projete a gestão de desempenho de negócio para cada um deles:
   a. Um sistema de registro de estudantes em uma universidade
   b. Um sistema que aconselha fazendeiros sobre quais fertilizantes utilizar
   c. Um sistema de internação hospitalar
   d. Um sistema que oferece gestão de marketing com relatórios sob demanda a respeito do volume de vendas de produtos específicos
   e. Um sistema robotizado que pinta carros em uma montadora
2. Visite o plannerslab.com. Clique em YouTube e em Comunidade. Assista ao vídeo mais recente da Planners Lab. Explique como a Planners Lab dá suporte a decisões semiestruturadas e não estruturadas. Como ela dá suporte à análise *what-if*?

Tarefas em grupo e projetos

1. Observe um caixa de supermercado que utilize escâner. Encontre alguns materiais que descrevam como o código escaneado é traduzido no preço que os clientes pagam.
   a. Identifique os seguintes componentes do sistema: entrada, processamento e saída.
   b. Que tipo de sistema o escâner representa (SPT, SSD, BI, ES, etc.)? Por que você o classifica dessa forma?
   c. Ter a informação eletrônica no sistema pode oferecer oportunidades de usos de gestão adicionais da informação. Identifique esses usos.
   d. Verifique os sistemas que estão sendo substituídos por quiosques de verificação de preço e escâneres. Compare-os.
2. Visite o site da Planners Lab. Registre-se e crie uma conta para fazer o download da versão demo do software. Clique em Models and Materials.
   a. Leia o tutorial Westlake *Lawn and Garden, Univerisity of Nebraska, Omaha*.
   b. Em Example Models, selecione *Westlake Lawn and Garden, University of Nebraska, Omaha*. Carregue o Westlake model no Planners Lab.
   c. Quais são as características de suporte mais válidas para a decisão que o Planners Lab oferece?
   d. Como o Planners Lab dá suporte à tomada de decisão de Westlake?

Exercícios na Internet

1. Visite o Rackspace em rackspace.com/ e veja os produtos da empresa CloudPro. Descreva o que a CloudPro faz. Explique como o Rackspace CloudPro aproveita a interface do iPad. Quais são os benefícios do aplicativo Cloud no iPad?
2. Visite o Supply Chain and Logistics Institute em SCL.gatech.edu/. Descreva duas tendências recentes ou questões atuais de interesse.
3. Visite a Teradata University Network (TUN). Procure e leia um artigo ou *white paper* sobre sistemas de suporte à decisão (SSD). Liste quatro pontos importantes do que você leu (lições específicas que você aprendeu) no artigo.
4. Visite a oracle.com. Descreva os tipos de serviços de virtualização oferecidos pela Oracle.
5. Visite o infoworld.com/blogs/david-linthicum. Descreve as questões chave discutidas nesse blog.

CASO DE NEGÓCIO

Airbus melhora produtividade com RFID

Por estar em constante competição com a Boeing, a fabricante europeia de aeronaves Airbus está procurando por qualquer oportunidade que aumente sua produtividade, reduza custos e faça com que seus produtos sejam processados de forma mais eficiente. Um de seus últimos esforços é usar a tecnologia RFID na fabricação e na manutenção de aeronaves. A ideia básica é usar RFID para localizar partes e ferramentas, que ficam espalhadas em uma grande área. A Airbus tem atrasos significativos na entrega de seus A380, de dois decks, com 525 assentos, agendada para conclusão em 2007 e 2008.

A Airbus espera que o RFID se torne "um código de barras do dia a dia". A empresa experimentou a tecnologia por três anos antes de assinar um contrato multimilionário com os fornecedores para começarem a implementá-la. Isso também criou uma valiosa cabine de visibilidade e uma unidade RFID para implementar o maior contrato envolvendo RFID do setor privado até então.

A Airbus implementou projetos de processo de melhoria envolvendo RFID para buscar partes dentro de galpões, já que eram movidas de uma região a outra conforme eram construídas na aeronave, assim como para acompanhar como e quando as ferramentas são usadas para fabricação e manutenção. A nova infraestrutura de software RFID permite que os funcionários da Airbus e sistemas troquem informações coletadas pelos leitores de RFID. A infraestrutura também integra dados RFID com sistemas do negócio como o sistema central ERP da Airbus.

O software também gerencia dados a partir de códigos de barras, que ainda são parte importante na cadeia de suprimentos da Airbus. As etiquetas RFID podem conter mais informação e necessitar de leitores na linha de visão, mas eles normalmente custam mais do que 1 dólar por etiqueta. Assim, a Airbus os utiliza apenas em esteiras, palets, caixas e partes de custo alto.

A Airbus espera que o RFID aumente o processo de melhorias já em andamento na cadeia de suprimentos, economizando dinheiro por meio da redução de tempo perdido na busca de partes, redução de estoque e melhoria na produtividade.

A Airbus está avaliando alguns projetos piloto nos quais os fornecedores etiquetam as peças antes de enviá-las, e o novo software torna possível estender o acompanhamento das peças desde o fornecedor até a Airbus. A Boeing, que tem seus próprios testes de extensão com RFID, disse que seu primeiro 787 Dreamliner seria lançado no terceiro trimestre de 2009, em vez do primeiro, em função de atrasos dos fornecedores, trabalhos que precisaram ser refeitos e testagem mais longa. As companhias aéreas que encomendaram o avião estão pressionando, pedindo por uma compensação por causa dos atrasos.

Para fechar seu contrato de RFID, a Airbus precisou caminhar por um setor ainda muito fragmentado da indústria de RFID. Existem centenas de fornecedores, cada um contando uma história diferente, com arquiteturas diferentes e vantagens diferentes. Para resolver a questão, a Airbus designou uma equipe de 25 pessoas de TI, analistas de negócio e de processo por cerca de dois anos para desenvolver uma abordagem RFID dentro da empresa. A Airbus está utilizando RFID em duas categorias principais: que podem ou não podem voar.

- A RFID que não pode voar consiste em processos com base no solo, como a cadeia de suprimentos, transporte, logística, fabricação e aplicações relacionadas à montagem.
- A RFID que pode voar se refere aos processos em serviço, incluindo aplicações operacionais, de manutenção e acompanhamento de carga.

Fonte: Compilado de Hayes-Weier (2008) e *RFID Journal* (2007).

Questões

1. Quais os direcionadores de um projeto RFID?
2. Quais tecnologias da informação são citadas aqui e estão relacionadas à implementação?
3. Que categorias de pessoas receberão suporte do RFID?
4. Quais níveis de gestão e tarefas receberão suporte do RFID?
5. Quais são as implicações da gestão de desempenho (relacionadas ao modelo do livro)?

CASO DE EMPRESA SEM FINS LUCRATIVOS

Royal Shakespeare Company usa os dados de audiência para melhorar performance

A Royal Shakespeare Company (RSC), uma empresa do Reino Unido com quase 100 anos, é uma das companhias teatrais mais respeitadas do mundo. A companhia se dedica a manter o espírito de William Shakespeare vivo, além de encenar outros clássicos e peças modernas. Durante a última década, a RSC encenou 171 novas produções, fez 19.000 performances artísticas e vendeu 11 milhões de ingressos, além de viajar de sua casa, em Stratford-upon-Avon (o local de nascimento de Shakespeare) para 150 cidades e municípios ao redor do mundo. No ano fiscal de 2006, a RSC possuía 700 funcionários e um rendimento total de 60 milhões de dólares (32 milhões de libras).

Fidelidade do cliente

As companhias de teatro, como outros negócios, dependem da fidelidade do cliente para obter um sucesso de longo prazo. A RSC se juntou com a Accenture Ltd. para conduzir uma pesquisa sobre as características presentes em negócios de alto desempenho. A Accenture (accenture.com) é uma consultoria global de gestão, serviços de tecnologia e terceirização.

Apesar de sua excelente reputação, garantir um futuro financeiro no século XXI depende de atingir uma audiência maior e mais diversificada, assim como aumentar a repetição de visitas de clientes fiéis. A RSC confiou na análise da audiência para desenvolver capacidades superiores de marketing e para conquistar novos clientes, reter os antigos e fazer vendas cruzadas (vender mais) a todos os clientes.

Aprendendo com dados sobre vendas

A RSC filtrou sete anos de dados de vendas para uma campanha de marketing que aumentou os visitantes regulares em 70%. Realizar análise estatística para prever e descobrir as correlações entre vendas e dados de clientes deu grande retorno. Examinando mais de 2 milhões de registros de transações, a RSC aprendeu coisas sobre seus melhores clientes – renda, ocupação e status familiar – o que melhorou sua capacidade de direcionar o marketing de forma mais precisa. Essa inteligência permitiu que a RSC aumentasse substancialmente o número de membros e a renda.

De acordo com Mary Butlin, a Diretora de Planejamento de Marketing da RSC, "Nossa estratégia de marketing com mala direta em Londres durante a última temporada levou apenas 45 minutos para ser planejada. As audiências que desejávamos estavam selecionadas de forma tão clara que pudemos até dizer, a partir da análise da Accenture, exatamente quando nos comunicarmos com diferentes grupos para maximizar as respostas. Assim, como o planejamento da campanha foi muito rápido e mais baseado em fatos, ficou fácil prever as respostas mais prováveis, mesmo em Londres, o que é bastante difícil".

Ganhando com os dados sobre vendas

Ao analisar seus dados de transações com análise avançada, a RSC obteve as seguintes melhoras:
- O número de compradores de ingressos da RSC de Stratford aumentou mais de 50%.
- O número de membros na audiência no segmento de Stratford é definido como "regular", o que teve a maior contribuição geral à RSC, com um aumento mais de 70%, passando de 40.000 para 68.000.
- O número de membros na audiência na família de Stratford aumentou mais de 20%.

Fonte: Compilado de Accenture (2008), rsc.org.uk/, e en.wikipedia.org/wiki/Royal_Shakespeare_Company

Questões

1. Por que a fidelidade do cliente é muito importante para organizações sem fins lucrativos?
2. Explique a importância da qualidade dos dados para o sucesso das campanhas de marketing da RSC.
3. Discuta os benefícios de previsões mais precisas para o teatro e outras companhias artísticas.
4. O que é análise de audiência?
5. O que podemos aprender com a análise de audiência a fim aumentar os ganhos?

ANÁLISE UTILIZANDO PLANILHAS

Gestão de custos de gasolina

Notas: Para esta análise, vá até o site www.bookman.com.br e faça o download do arquivo em Excel.

O preço da gasolina permanece alto e a demanda por energia está aumentando. Indivíduos, corporações e governo estão envolvidos buscando resolver esse problema. É muito provável que você também esteja envolvido. O que você pode fazer? Esta tarefa pode ajudá-lo a aprender como reduzir sua pegada de carbono no meio ambiente.

O que fazer

1. Utilizando a planilha que você baixou, calcule e compare os custos de dirigir um carro híbrido e um SUV não híbrido a partir da sua localização para uma localização 900 km distante.
2. Como você pode encontrar os preços de gasolina mais baixos no seu local de partida e de chegada? Automotive.com oferece um aplicativo gratuito (um widget), em tempo real, uma ferramenta que se atualiza continuamente e que monitora os preços de gasolina.
3. Você acabou de ser promovido a Diretor de Transporte de uma empresa de alimentos que utiliza 250 carros de tamanhos diferentes. Prepare um relatório para a administração geral sobre como economizar em gasolina se o preço for US$ 4, US$ 5, US$ 6 e US$ 7 por galão. Uma planilha ajudará a dar apoio ao seu relatório (utilize a opção de variáveis do Excel).

Recursos online

Você encontrará os guias de tecnologia (em português), bem como outros recursos e ferramentas de estudo (em inglês), no site da Bookman Editora (www.bookman.com.br). Dentre eles:

Casos do Capítulo 2

2.1 Mary Kay's IT Systems
2.2 Predictive Analysis Can Help You Avoid Traffic Jams

Referências

Accenture. "Helping the Royal Shakespeare Company Achieve High Performance through Audience Analytics, Segmentation and Targeted Marketing," April 2008.

Alaranta, M., and S.Henningsson."An Approach to Analyzing and Planning Post-Merger IS Integration: Insights from Two Field Studies," *Information Systems Frontiers,* Vol. 10, Issue 3, July 2008.

DISA Web site, disa.mil/services/

Duval, M., "Super charged," *Baseline,* October 2005.

"Gerry Weber International AG Is Awarded Coveted IT-Price for RFID Solution," press release, March 2010. gerryweber-ag.de/

Gonsalves, C. "Halo 3 Meets Second Life," *Baseline,* February 2008.

Harrison, C. "Defense Department Mimics Google in Cloud Computing," January 26, 2009. Bloomberg.com

Hasson,J."Will the Cloud Kill the Data Center?" *FierceCIO,* August 9, 2009. fiercecio.com/story/will-cloud-kill-data-center/2009-08-09

Hayes-Weier,M.,"Airbus' Sky Stakes on RFID," *InformationWeek,* April 18, 2008.

Keefe, P. "Smart Call," *Teradata Magazine,* Vol. 10, No. 1, Q1 2010. teradata.com/tdmo/Article.aspx?id=13384

McKiernan, P., and Y. Merali. "Integrating Information Systems after a Merger," *Long Range Planning,* Vol. 28, Issue 4, August 1995.

Rackspace, rackspace.com/

RFID Journal,"Airbus to Present Case Study at RFID Journal Live! Europe 2007," September 5, 2007. RFIDJournal.com

RFID Journal, "Airbus to Present Case Study at RFID Journal Live! Europe 2007," *RFID Journal.com,* September 5, 2007, rfidjournal.com/article/articleview/3596/1/definitions_off

Royal Shakespeare Company, rsc.org.uk

Wal-Mart Unveils Global Sourcing Strategy. *"SupplyChainStandard.com,* March 29, 2010. supplychainstandard.com/liChannelID/14/Articles/2840/Walmart+unveils+global+sourcing+strategy.html

Wessel, R. "Gerry Weber Sews in RFID's Benefits," *RFID Journal,* December 2009, rfidjournal.com/article/view/7252/

Royal Shakespeare Company, en.wikipedia.org/wiki/Royal_ Shakespeare_ Company

Parte II | Infraestrutura de Dados e de Redes

Capítulo 3 | Gerenciamento de Dados, Textos e Documentos

Biblioteca de links

Breve introdução

A Wendy's International usa a mineração de texto para gerenciar a experiência do cliente

- **3.1** Gerenciamento de dados, textos e documentos
- **3.2** Sistemas de gerenciamento de arquivo
- **3.3** Banco de dados e sistemas de gerenciamento de banco de dados
- **3.4** Data warehouses, data marts e data centers
- **3.5** Gerenciamento de conteúdo das empresas

Caso de negócio Applebee's International aprende e fatura com seus dados

Caso do setor público Polícia britânica investe em TI móvel para melhorar seu desempenho e cortar gastos

Análise utilizando planilhas Calculando o custo de um gerenciamento de documentos malfeito

Referências

Objetivos de aprendizagem

❶ Descrever o gerenciamento de dados, textos e documentos, bem como seus impactos no desempenho da empresa.

❷ Compreender sistemas de gestão de arquivos.

❸ Compreender as funções dos bancos de dados e dos sistemas de gestão de bancos de dados.

❹ Descrever benefícios táticos e estratégicos de data warehouses, data marts e data centers.

❺ Explicar como a gestão de conteúdo de uma empresa e a gestão de registros eletrônicos reduzem custos, dão suporte às operações de negócios e ajudam empresas a se ajustarem aos requerimentos legais.

Integrando a *TI*

CON | FIN | MKT | GPO | GRH | SI

Biblioteca de links

Soluções da Advizor, visão analítica e visualização dos dados advizorsolutions.com/
Clarabridge: como funciona a mineração de dados clarabridge.com/
Minerador de textos SAS sas.com/
Software de visualização de dados Tableau tableausoftware.com/data-visualization-software/
EMC Corp., gerenciamento de dados empresariais emc.com/
Oracle DBMS oracle.com/

Breve introdução

Esta seção introduz as questões de negócio, os desafios e as soluções de TI deste capítulo. Tópicos e questões mencionados aqui são explicados ao longo do capítulo.

Resultados da pesquisa *Information, Unplugged*, realizada na metade de 2010 e publicada pela Informatica Corporation, revelaram que empresas estão se afogando em seus próprios dados (Silva, 2010). O departamento de TI enfrenta grandes desafios por causa do aumento no fluxo de dados nos aplicativos e bancos de dados atualmente presentes nas empresas. Alguns aplicativos corporativos e bancos de dados aumentaram seu tamanho em mais de 50% por ano. Mais de 87% dos respondentes culparam problemas de desempenho de bancos de dados e das redes pelo crescimento da quantidade de dados. Ter mais dados torna mais difícil a tarefa de encontrar a informação de que você precisa ou o custo para gerir estes dados pode exceder o valor da informação.

A explosão de dados é, em parte, consequência dos muitos canais que trazem esses dados. Há sempre mais tipos de dados e dados mais completos. Neste capítulo, focamos somente no gerenciamento de dados e de textos, registros de negócio e infraestrutura de dados. A infraestrutura de dados refere-se à estrutura fundamental de um sistema de informação (SI), que determina como a infraestrutura funciona e quão flexível ela é para atingir as necessidades de dados que podem surgir no futuro. Este capítulo aborda como a eficácia do gerenciamento de dados melhora o desempenho e a produtividade das empresas, dos gestores e de quem trabalha com os dados. Você aprenderá a importância de se ter um gerenciamento de dados mestre, que melhora o compartilhamento de dados e o cumprimento com os requisitos legais e com regulamentações existentes para a gestão de registros eletrônicos que todos os tipos de organização atualmente utilizam.

O desempenho de todo o tipo de organização, incluindo departamentos de polícia (você lerá sobre isso no Caso do setor público ao final deste capítulo), depende do acesso em tempo hábil aos dados, que podem ser analisados rapidamente e utilizados para antecipar as necessidades de clientes, fornecedores e parceiros de negócios.

A Wendy's International usa a mineração de texto para gerenciar a experiência do cliente

Coletar e analisar o feedback dos clientes para identificar rapidamente problemas com o produto ou serviço faz parte da nova estratégia de gestão da experiência do cliente (GEC) da Wendy's International (wendys.com/), a conhecida rede de *fast-food* (Figura 3.1). A Wendy's investiu em tecnologia de mineração de texto, também conhecida como visão analítica de textos, da Clarabridge (clarabridge.com/), para melhorar seu programa de GEC. O **texto** é um dado não estruturado e um ativo que pode ser gerido. A **mineração de texto** consiste em poderosas ferramentas de software utilizadas para descobrir e extrair conhecimento de documentos de texto; essas ferramentas podem integrar informações baseadas em texto com dados estruturados e fazer a análise preditiva das melhores respostas para questões complexas. O software de mineração de texto da Wendy's analisa meio milhão de comentários de texto deixados por clientes no período de um ano. Anteriormente, a equipe de satisfação ao cliente utilizava métodos manuais para processar os textos. Essa equipe utilizava uma combinação de planilhas com busca de palavras-chave para revisar os comentários manualmente, um processo que era ao mesmo tempo demorado e limitado. Para competir com efetividade contra os fortes concorrentes McDonald's e Burger King, os gestores queriam uma solução que acelerasse a análise, detectasse problemas emergentes e apontasse áreas problemáticas do negócio no nível das lojas, no regional e no corporativo.

Figura 3.1 Restaurante de *fast-food* da Wendy's International Inc.

Obtendo insight pela gestão e mineração de texto

A Wendy's coleta informações de clientes por meio de múltiplos canais que incluem formulários de feedback na Web, notas de call centers, mensagens de e-mail, pesquisas com base em recibos e mídias sociais. A maioria dos feedbacks é um texto não estruturado, sem formato numérico estruturado. Por exemplo, comentários como "menu melhor do que McD & BK" ou "trocaram meu pedido" não podem ser colocados em um banco de dados e analisados como se fossem simples pontuações dadas pelos clientes, por exemplo 5 para "opções no menu" e 1 para "qualidade do serviço". O principal benefício do texto, no entanto, é que ele é mais robusto, ou seja, é mais completo e mais exato.

Com a mineração de texto, gestores recebem relatórios detalhados sobre as experiências dos clientes no nível da loja dentro de poucos minutos. Esse conhecimento permite que os gestores da corporação, regionais e de lojas, localizem e apontem problemas relacionados aos três fatores da experiência do cliente que causam impacto na lucratividade da empresa – limpeza, rapidez do serviço e qualidade das refeições.

Mineração de texto combinada com outras técnicas analíticas

Ao longo da última década, a visão analítica de texto passou de uma tecnologia misteriosa utilizada quase que exclusivamente pelas agências de inteligência do governo e grandes empresas financeiras a uma ferramenta que está sendo utilizada por organizações menores. As quantidades cada vez maiores de texto e a redução de custos de software são fatores que aumentaram o uso de mineração de texto. As redes Choice Hotels e Gaylord Hotels, por exemplo, utilizam técnicas analíticas de texto para compreender rapidamente as pesquisas de satisfação do cliente, que são feitas todos os dias. As empresas normalmente integram mineração de texto com business intelligence (BI) e soluções analíticas. Os principais fornecedores de mineração de texto e BI são a SAS, a IBM SPSS e a SAP Business Objects.

Fontes: Compilado de Henschen (2010), Business Wire (2010) e Clarabridge (2010).

Questões para discussão e debate em sala de aula

1. Cenário para brainstorming e discussão: Ao tomar decisões importantes para a sua empresa ou agência, existe um custo ("preço a pagar") para os erros e/ou desconhecimento. Para cada setor, a gestão de serviço ao cliente é fundamental para a produtividade e o crescimento. Selecione um segmento, uma empresa ou um setor público e identifique alguns dos custos que se tem por desconhecer as experiências dos clientes ou outros elementos. Explique como sua seleção poderia se beneficiar de visão analítica de texto, que ofereceria um feedback em 24 horas. Compare e avalie suas respostas com as respostas de outros colegas.

2. Debate: Para os provedores de serviços, o feedback mais preciso e significativo que um cliente pode dar ocorre o mais próximo possível do momento da prestação do serviço, o que se obtém perfeitamente por meio de uma mensagem de texto. Aproveitar o imediatismo das mensagens de texto poderia fornecer à empresa dados detalhados de forma rápida. A visão analítica de texto seria capaz de oferecer insights para melhorar a gestão de experiência do cliente (GEC). No entanto, afirma-se que empresas raramente falham por causa da falta de visão ou de insights. Em vez disso, elas fracassam por causa da má execução. A execução refere-se à ação tomada a partir desses insights. Para este debate, considere a seguinte situação: os departamentos de atendimento ao cliente e marketing provavelmente seriam a favor do investimento em mineração de texto para apontar problemas o mais rápido possível. Por outro lado, os departamentos financeiros e de contabilidade podem pensar que dar aos clientes uma forma mais fácil de reclamar aumentará o número de reclamações, e que clientes satisfeitos estarão menos propensos a comentar. Além disso, os departamentos financeiro/contabilidade podem argumentar que, mesmo que os problemas sejam localizados, o custo para resolvê-los pode não valer o esforço.

O que fazer: Escolha um lado para argumentar, conforme acabamos de descrever. Discuta quais investimentos na coleta de mensagens de texto e mineração devem ser feitos mesmo que o retorno sobre o investimento de uma execução melhor não possa ser determinado antecipadamente. Dê argumentos convincentes a favor ou contra o investimento.

3.1 Gerenciamento de dados, textos e documentos

A maioria dos ativos estratégicos de uma organização consiste em dados, textos e documentos. Os **ativos** são recursos com valor reconhecido e que estão sob o controle de um indivíduo ou organização.

Grandes quantidades de dados, textos e documentos são criados ou coletados e então armazenados por algum tipo de método de armazenamento. Muitas vezes dados e documentos são armazenados em diversos lugares, talvez cinco ou mais deles. O gerenciamento de dados, textos e documentos ajuda as empresas a melhorar sua produtividade, garantindo que possam encontrar o que precisam sem ter de conduzir uma pesquisa longa e difícil. Para simplificar, usamos o termo *gerenciamento de dados* quando falamos da administração de dados, textos e documentos, a menos que tenha sido indicado um uso diferente em uma situação específica.

A IMPORTÂNCIA DO GERENCIAMENTO DE DADOS

Qual é a importância do gerenciamento de dados? O quanto isso vale? Essas questões são fundamentais, porque nenhuma empresa pode ser eficaz sem dados de alta qualidade que estejam disponíveis quando são necessários. O objetivo do gerenciamento de dados é fornecer ferramentas e infraestrutura para transformar matéria-prima em informação corporativa utilizável, da mais alta qualidade. Os dados são um ativo informativo da organização e, assim como você estuda como gerir ativos financeiros (por exemplo, identificar, controlar, proteger, analisar e investir capital) para maximizar o seu valor em cursos de contabilidade e finanças, aqui você aprenderá como gerir ativos informativos. Você perceberá que os conceitos subjacentes à gestão de ativos financeiros e não financeiros são parecidos. A regra básica é que, para maximizar os ganhos, as empresas costumam investir em tecnologias de gerenciamento de dados para aumentar:

- a oportunidade de obter receitas (por exemplo, a gestão de relacionamento com o cliente)
- a capacidade de cortar despesas (por exemplo, a gestão de estoque)

Quando as organizações analisam dados, elas precisam levar em consideração todos os gastos relevantes, incluindo os custos esperados com perda e ganho de clientes, penalidades e multas resultantes do não cumprimento de regulamentações, e perdas decorrentes da falha ao proteger dados confidenciais dos ladrões de identidade. Esses custos são calculados multiplicando-se a probabilidade de um evento pelo custo de sua perda.

Gestores e outros tomadores de decisão precisam ter acesso rápido a dados completos, corretos e consistentes na empresa se desejam melhorar seu desempenho e seus processos de negócio. Eles tomam decisões sobre serviços aos clientes baseados em dados disponíveis e dependem da recuperação de dados feita de um repositório de dados, como um **banco de dados** ou um **data warehouse**. Os *bancos de dados* armazenam dados da empresa que os aplicativos de negócio criam ou geram, tais como dados sobre vendas, contabilidade e dados de funcionários. Os dados que entram nos bancos de dados a partir de pontos de venda, vendas online e outras fontes são armazenados em formato organizado, de modo que possam ser gerenciados e recuperados. Um *data warehouse* é um tipo especializado de banco de dados que reúne dados de um banco de dados de transações, de modo que possam ser analisados. Por exemplo, a gestão pode examinar esses dados para identificar e avaliar tendências de negócio, a fim de dar apoio ao planejamento e à tomada de decisão, como você lerá na Seção 3.3.

Incerteza: uma limitação para os gestores. A viabilidade de decisões de negócio depende do acesso a dados de alta qualidade, e a qualidade de dados depende de abordagens eficazes de gerenciamento de dados. Muitas vezes os gestores e trabalhadores de informação são limitados por dados que não são confiáveis, porque estão incompletos, fora de contexto, ultrapassados, imprecisos, inacessíveis ou são tão numerosos que levam semanas para serem analisados. Nessas situações, o tomador de decisão enfrenta incertezas demais para tomar decisões de negócios inteligentes.

Os erros em dados e suas inconsistências levam a erros e perda de oportunidades, como entregas erradas, erros em faturas e problemas de sincronização de dados a partir de localizações múltiplas. Além disso, erros de análise de dados que são resultado do uso errôneo de fórmulas ou de modelos não testados prejudicaram ganhos e carreiras. Aqui estão três exemplos de prejuízos causados por falhas na análise de dados:

- A TransAlta é uma empresa canadense de geração de energia. Um erro em uma planilha levou a empresa a comprar mais contratos de transmissão de energia dos Estados Unidos a preços mais altos do que se tivessem tomado a decisão com base em informações precisas. O erro nos dados custou à empresa 24 milhões de dólares (Wailgum, 2007).
- No setor de varejo, o custo de erros por causa de dados incorretos e não confiáveis, sozinho, é estimado em mais de 40 bilhões de dólares anualmente (Snow, 2008).
- No setor de saúde, um dos maiores setores nos Estados Unidos, os erros nos dados não apenas aumentam os custos com saúde em bilhões de dólares, como também custam milhares de vidas, conforme discutimos em *TI em ação 3.1*.

Infraestruturas de dados bem planejadas fornecem aos funcionários dados completos, em tempo real, precisos, acessíveis, compreensíveis e relevantes; o gerenciamento de dados trata exatamente disso. Decisões de gerenciamento de dados requerem compensações difíceis entre diversos fatores complexos, especialmente em tempos de recessão, quando o corte de gastos

TI em ação 3.1
Erros de dados custam bilhões de dólares e colocam vidas em perigo

Todos os dias, os gestores de saúde e outros que estão na cadeia de suprimentos da saúde perdem de 24 a 30% de seu tempo corrigindo erros de dados. Cada transação incorreta custa de 60 a 80 dólares para ser corrigida. Além disso, cerca de 60% de todas as faturas entre os parceiros da cadeia de suprimentos possui erros, e cada erro de fatura custa de 40 a 400 dólares para ser refeito. Ao todo, erros e dados conflituosos aumentam os custos de suprimentos de 3 a 5%. Em outras palavras, a cada ano, bilhões de dólares são perdidos na cadeia de suprimentos da saúde devido a dados desconectados, cada um correspondendo ao SI de sua organização, não compreendendo os dados de outro SI. A menos que o sistema de saúde desenvolva uma ferramenta de sincronização de dados para evitar desconexões de dados, qualquer tentativa de reduzir os custos na cadeia de suprimentos pela implementação de tecnologias, como a RFID, para coletar dados automaticamente, poderia ser sabotada por dados sujos. A RFID é a transmissão de dados utilizando ondas de rádio. Aos **dados sujos** – que são dados de baixa qualidade – falta integridade e eles não são confiáveis. Novos requerimentos regulatórios, como o Florida Pedigree Act, obrigam que informações importantes acompanhem cada droga presente na cadeia de suprimentos. Utilizando a RFID, as empresas de saúde podem capturar informações requeridas, tais como nome de um medicamento, dosagem, conteúdo, número de caixas, número de controle/do lote, e assim por diante. Pense nos problemas criados pela falta de consistência no processo de compra. Clientes do Defense Supply Center Philadelphia (DSCP), uma indústria de saúde que é operada pelo Departamento de Defesa, estava recebendo itens errados de saúde, quantidades erradas, ou itens de preço inferior ou de preço mais alto. Muitos erros ocorreram sempre que um fornecedor, o DSCP ou qualquer outro departamento se referia ao mesmo item (por exemplo, um instrumento cirúrgico) com nomes e números diferentes. Esses problemas ocorreram em grande parte por causa da imprecisão e da gestão dificultada de dados.

Por três anos, foram feitos esforços para sincronizar os dados do Departamento de Defesa com os dados médicos/cirúrgicos utilizados pela indústria médica por fabricantes e distribuidores. Primeiro, a indústria da saúde desenvolveu um conjunto padrão de dados universais ou códigos que identificavam cada um dos objetos. Esses códigos permitiriam que as organizações compartilhassem dados eletronicamente com precisão, porque todos se refeririam a um item específico exatamente da mesma forma. Uma ferramenta de sincronização de dados forneceu consistência de dados começando com o processo de catalogação e procedendo a operações de compra e de cobrança. Os resultados foram o esforço em melhorar a margem de lucro da operação do DSCP e liberar pessoas para cuidar de pacientes em vez de gastar seu tempo procurando por dados de produtos diferentes. Outras melhorias e benefícios do esforço em sincronização de dados são os seguintes:

- A informação precisa e consistente dos itens permite identificar a fonte do produto de maneira mais rápida e fácil. Conhecer a fonte do produto significa apenas saber de onde ele foi comprado.
- Combinar arquivos significa contratar preços mais baixos para permitir que a entrada do novo item seja feita de forma mais rápida e automatizada. Se o preço mais baixo contratado não pode ser identificado e verificado automaticamente, então a entrada deve ser feita manualmente.
- A redução significativa de quantidades de compras fraudulentas e não autorizadas e estoques desnecessários.
- Aumento do poder de compra pela obtenção de preços mais baixos, já que o volume de compras se tornou mais visível.
- Maior segurança ao paciente.
- Melhoria na eficácia da operação e redução de erros de fatura.

Fontes: Compilado de Barlow (2007), Chrisholm (2008) e Levine (2007).

Questões para discussão: Como os dados sujos geram desperdício? Por que a sincronização de dados em um empreendimento é um problema desafiador? Como dados precisos e sistemas de verificação detectam ou param uma fraude?

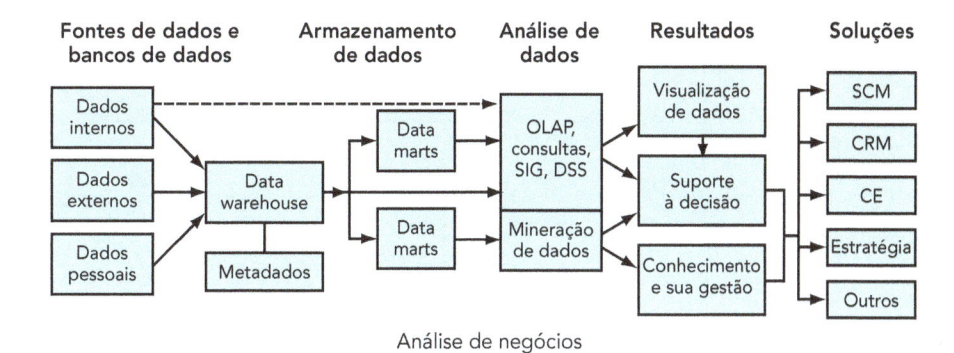

Figura 3.2 Ciclo de vida dos dados.

Fontes de dados e bancos de dados → Armazenamento de dados → Análise de dados → Resultados → Soluções

(Dados internos, Dados externos, Dados pessoais) → Data warehouse (Metadados) → Data marts → OLAP, consultas, SIG, DSS / Mineração de dados → Visualização de dados / Suporte à decisão / Conhecimento e sua gestão → SCM, CRM, CE, Estratégia, Outros

Análise de negócios

é uma força poderosa. Os esforços com cortes de gastos não devem tornar a geração de renda mais difícil, mas é isso que acontece nos negócios, na saúde e nos setores do governo. Em tempos de recessão, o retorno em se ter uma estratégia e planejamento de TI se torna mais evidente. Agora, daremos foco ao gerenciamento e à infraestrutura de dados.

Gerenciamento de dados. O **gerenciamento de dados** é uma abordagem estruturada focada na captura, armazenamento, processamento, integração, distribuição, segurança e arquivamento de dados de forma efetiva durante seu ciclo de vida, conforme mostrado na Figura 3.2. O ciclo de vida dos dados é o caminho que eles fazem dentro de uma organização, desde sua captura ou criação até seu uso no suporte a soluções, como a gestão da cadeia de suprimentos (SCM), o CRM e o comércio eletrônico (CE). SCM, CRM e CE são recursos da empresa que requerem dados acessíveis e atuais em seu funcionamento. Uma das estruturas fundamentais na solução de negócios é o data warehouse. Discutimos gerenciamento de dados e sua aplicação à solução de problemas de negócios neste capítulo.

Três princípios gerais de dados ilustram a importância de conhecer o ciclo de vida dos dados e guiam as decisões de investimentos em TI.

1. **Princípio da redução do valor de dados.** Ver os dados em seu ciclo de vida mantém a atenção em como o valor dos dados pode diminuir conforme eles envelhecem. Quanto mais recente for um dado, mais valor ele tem. Esse é um princípio simples, mas poderoso. A maioria das organizações não pode operar no máximo de seu desempenho tendo pontos cegos (falta de dados disponíveis) de 30 dias ou mais.
2. **Princípio do uso de dados 90/90.** Ser capaz de agir em tempo real ou quase em tempo real sobre dados operacionais pode ter vantagens significativas. De acordo com o princípio de uso de dados 90/90, a maioria dos dados armazenados, mais de 90%, raramente é acessada após 90 dias (exceto para fins de auditoria). Em outras palavras, os dados perdem grande parte de seu valor após três meses.
3. **Princípio de dados em contexto.** A capacidade de capturar, processar, formatar e distribuir dados quase em tempo real ou mais rápido requer um grande investimento em infraestrutura de gerenciamento de dados para fazer a ligação remota dos sistemas presentes nos pontos de venda (PDVs) para armazenamento de dados, sistemas de análise de dados e aplicativos que geram relatórios. O investimento pode ser justificado pelo princípio de que dados devem estar integrados, ser processados, analisados e formatados em "informação acessível". Usuários finais precisam visualizar os dados em um formato significativo e em contextos, já que eles irão guiar suas decisões e seus planejamentos.

Visualização de dados. Para formatar dados em contextos significativos aos usuários, as empresas usam a **visualização de dados** e ferramentas de suporte à tomada de decisão. A visualização de dados ou de informação, como o nome sugere, é a apresentação dos dados de forma mais rápida e mais fácil para a compreensão do usuário. Para compreender melhor esse processo, observe os dois dados apresentados na Figura 3.3. As visualizações em formato de tabela e em formato de gráfico mostram as mudanças no período de um dia da média da indústria na Dow Jones (DJIA). A tabela fornece dados mais precisos, enquanto o gráfico demanda menos tempo e esforço para ser compreendido. A apresentação de dados e as ferramentas de visualização geralmente possibilitam as duas formas de visualização.

Último: **11.893,690**		Variação líquida: **−146,700**%	Variação:**−1,22**%
Abertura	12.039,090	52-Semana alta	14.198,100
Alta	12.094,210	52-Semana baixa	11.634,820
Baixa	11.819,690	Volume	07.579,268

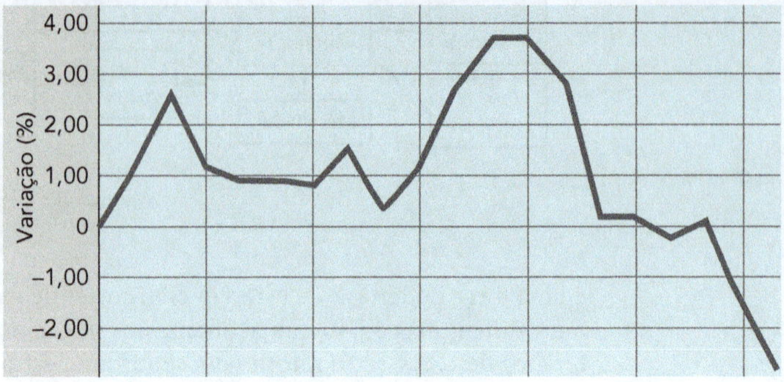

Figura 3.3 Um dia em visualização em tabela e em gráfico da média da indústria Dow Jones (DJIA).

As ferramentas e tecnologias de visualização de dados estão se tornando mais populares e são cada vez mais usadas conforme se tornam menos caras e mais amigáveis. Como exemplo disso, o Departamento de Desenvolvimento da Dartmouth University, responsável pelo levantamento de fundos para a instituição, percebeu que seus esforços em atingir alunos que contribuíssem com a campanha de levantamento de fundos não eram tão eficientes como poderiam ser. Para reduzir a perda de oportunidades, os coordenadores investiram em ferramentas de visualização de dados que eles mesmos fossem capazes de utilizar. Como descrito em *TI em ação 3.2*, essas ferramentas permitiram que o Departamento de Desenvolvimento superasse as limitações apresentadas pelos dados. Isso quer dizer que eles passaram a saber quando e onde investir seu tempo a fim de maximizar o retorno naquele momento específico. O valor das ferramentas de visualização de dados pode ser medido pelo tremendo sucesso da campanha de levantamento de fundos da Dartmouth.

Gerenciamento de dados: problemas e desafios. Em *TI em ação 3.1*, você leu sobre os problemas e os custos associados a dados não padronizados e não sincronizados nas organizações que fazem parte da cadeia de suprimentos da saúde. Um problema generalizado é que pessoas não obtêm os dados no formato de que precisam para realizar suas tarefas. Assim, mesmo que o dado seja preciso, atualizado e limpo, ainda não poderá ser utilizado. De acordo com a empresa

TI em ação 3.2

Encontrando doadores de milhões de dólares em três minutos

O Departamento de Desenvolvimento da Dartmouth University enfrentou problemas comuns envolvendo dados. Seu banco de dados armazenava milhões de listas de dados de alunos, mas dependia totalmente do departamento de TI para gerar os relatórios. Mais do que isso, esses relatórios não continham os tipos de informações necessárias para desenvolver o que eles planejavam. Especificamente, os dados não respondiam às questões mais básicas e fundamentais para o sucesso de uma campanha cujo capital era de 1,3 bilhão de dólares:

- Quais alunos possuem o maior potencial de doação?
- Quais segmentos de alunos demonstram maior probabilidade para doar, e de que forma doariam?
- Quais alunos não estão doando tanto quanto poderiam?

Para que os gestores pudessem explorar sozinhos e coletar dados que fossem significativos para a sua campanha, a universidade investiu em ferramentas de descoberta visual da Advizor Solutions (advizorsolutions.com). O Departamento de Desenvolvimento utilizou essas ferramentas para criar uma série de dashboards, que foram disponibilizados na Web. **Dashboards** são painéis de visualização de informações semelhantes aos painéis presentes em automóveis (a Figura 2.7 do Capítulo 2 é um exemplo desse tipo de painel). Uma vez criado, o painel permite que gestores respondam às perguntas listadas sem a ajuda do departamento de TI. Os gestores obtêm as respostas em 3 minutos, o que costumava levar 3 semanas em função do gargalo que representava o departamento de TI. Mais importante do que isso, mensagens melhor direcionadas aos prospects e viagens foram fundamentais para atingir o objetivo da campanha de levantamento de fundos.

Fontes: Compilado de Advizor Solutions (advizorsolutions.com) e Teradata (2007).

Questões para discussão: Por que os gestores estavam perdendo oportunidades de obter doações de doadores em potencial? Como as ferramentas de visualização disponíveis para o usuário final melhoraram o desempenho de seu trabalho?

de inteligência de mercado, a IDC (idc.com), as organizações com pelo menos 1.000 trabalhadores de conhecimento (trabalhadores que dependem dos dados para executar suas tarefas) perdem 5,7 milhões de dólares anualmente com tempo perdido pelos funcionários ao reformatarem dados conforme vão de um aplicativo a outro. Assim como perdem tempo buscando e corrigindo faturas ou erros de encomendas entre os fornecedores de saúde, eles também perdem um tempo considerável convertendo dados em formatos acessíveis. No Capítulo 4, você lerá sobre como os negócios solucionam algumas de suas deficiências de dados utilizando portais de informação ou portais corporativos. Os **portais corporativos** são um conjunto de aplicações que consolidam, gerem, analisam e transmitem dados a usuários por meio de interface com base na Web.

Gerir, procurar e recuperar dados localizados dentro da empresa é o principal desafio do gerenciamento de dados, por diversas razões:

- O volume de dados aumenta exponencialmente com o tempo. Novos dados são adicionados de maneira constante e rápida. Os registros de negócios precisam ser mantidos por um longo período para auditorias ou por razões legais, embora a organização não os acesse mais. Apenas uma pequena porcentagem de dados de uma organização é relevante para algum aplicativo ou período específico.
- Dados externos que precisam ser considerados ao tomar decisões organizacionais têm seu volume constantemente aumentado.
- Os dados estão espalhados pelas organizações e são coletados e criados por vários indivíduos utilizando diferentes métodos, dispositivos e canais. Os dados são muitas vezes armazenados em múltiplos servidores e locais, e também em diferentes sistemas de computador, banco de dados, formatos e linguagens humana e computacional.
- Segurança, qualidade e integridade dos dados são fundamentais, embora ainda sejam ameaçadas com facilidade. Além disso, requerimentos legais relacionados a dados são diferentes de país a país, e mudam com frequência.
- Os dados estão sendo criados e utilizados offline sem passar por um controle de qualidade; dessa forma, a validade dos dados se torna questionável.
- Os dados em uma organização podem ser redundantes ou desatualizados, criando um grande problema de manutenção para os administradores de dados.

Para lidar com essas dificuldades, as organizações investem em soluções de gerenciamento de dados. Historicamente, o gerenciamento de dados tem sido direcionado a dar suporte ao processamento de transações por meio da organização de dados em um único local. Essa abordagem dá suporte a um processamento mais seguro e eficiente de grandes volumes de dados. Em função do aumento considerável da quantidade de dados criada e armazenada nos computadores de usuários finais, no entanto, não é eficaz ou talvez seja até impossível fazer consultas e utilizar outros aplicativos ad hoc para utilizar métodos tradicionais de gerenciamento de dados. Assim, as organizações implementaram bancos de dados relacionais, nos quais os dados são organizados em colunas e linhas, para dar suporte computacional ao usuário final e à tomada de decisão. A organização de dados é abordada na Seção 3.3.

Com a prevalência de **redes cliente/servidor** (também chamadas de computação cliente/servidor) e tecnologias Web, diversos bancos de dados distintos foram criados e distribuídos pela organização, criando problemas na manutenção da consistência. Redes cliente/servidor são formadas por PCs de usuários, chamados de clientes, ligados a computadores de alto desempenho, chamados de servidores, que disponibilizam software, dados ou serviços computacionais em rede. Conforme os negócios se tornam mais complexos e seus volumes de dados explodem, cada vez mais o gerenciamento de dados mestre está se tornando uma forma de consolidar e gerenciar dados de maneira inteligente.

| GERENCIAMENTO DE DADOS MESTRE

Gerenciamentoo de dados mestre. O **gerenciamento de dados mestre (GDM)** (ou *master data management* – MDM) é um processo pelo qual empresas integram dados de diversas fontes ou aplicativos empresariais para fornecer uma visualização mais unificada dos dados. Embora fornecedores possam dizer que soluções de GDM criam "uma versão única da verdade", essa afirmação provavelmente não é verdadeira. Na verdade, o GDM não pode criar uma versão unificada dos dados, porque construir uma visão completamente unificada a partir de todos os dados simplesmente não é possível. Falando de modo mais realista, o GDM consolida os dados a partir de várias fontes em um **arquivo de referência mestre**, que alimenta os aplicativos, criando, assim, dados precisos e consistentes em toda a organização. Em *TI em ação 3.1*, participantes da cadeia de suprimentos da saúde estavam desenvolvendo, substancialmente, um arquivo de referência mestre para obter uma versão mais unificada dos dados. Um arquivo de referência mestre toma por base entidades de dados. Uma **entidade de dados** é composta por elementos reais ou abstratos sobre os quais a empresa quer coletar e armazenar dados. Entidades de dados comuns são o cliente, o fornecedor, o produto e os funcionários.

Entidades de dados mestre. As **entidades de dados mestre** são as principais entidades de uma empresa, como clientes, produtos, fornecedores, funcionários e ativos. Cada departamento organizacional necessita de diferentes dados mestre. O departamento de marketing, por exemplo, está preocupado com os custos dos produtos e com agendamentos. O arquivo de referência mestre de um cliente pode alimentar todos os sistemas da empresa com dados que possuem como componente o relacionamento com o cliente, gerando dessa forma uma imagem unificada dos clientes da empresa. De forma semelhante, um arquivo de referência mestre sobre um produto pode alimentar todos os sistemas de produção dentro de uma empresa. Os três benefícios de uma visão unificada são os seguintes:

- Dados mais precisos e melhores sobre os clientes dão suporte ao marketing, às vendas, ao suporte e às iniciativas de serviços
- Melhor capacidade de resposta para garantir que todos os funcionários que lidam com o cliente tenham uma informação atualizada e confiável sobre eles
- Melhor gestão de renda e melhor capacidade de resposta às decisões de negócios

O GDM inclui ferramentas para limpeza e auditoria de elementos de dados mestre, assim como ferramentas para a integração e sincronização de dados, a fim de torná-los mais acessíveis. O GDM oferece uma solução para gestores que estão frustrados com a fragmentação e dispersão de suas fontes de dados. De acordo com a Ventana Research (ventanaresearch.com), 4% dos 515 respondentes de uma pesquisa disseram que suas organizações implementaram um GDM, e 31% relataram que suas organizações tinham projetos em desenvolvimento.

Transformando dados em conhecimento. Nossa discussão até agora teve como foco as formas como os negócios acumulam e integram dados. No entanto, os negócios não funcionam com dados brutos. Eles funcionam com dados processados em informação e conhecimento, os quais os gestores aplicam aos problemas e oportunidades de negócio. Como os exemplos do mundo real presentes neste capítulo mostrarão, o conhecimento aprendido pelos dados fomenta as soluções de negócio. Tudo, desde projeto de produtos inovadores até movimentos competitivos brilhantes, depende de conhecimento. Entretanto, em função de dificuldades inerentes ao gerenciamento de dados, derivar conhecimento de dados coletados é um processo complicado.

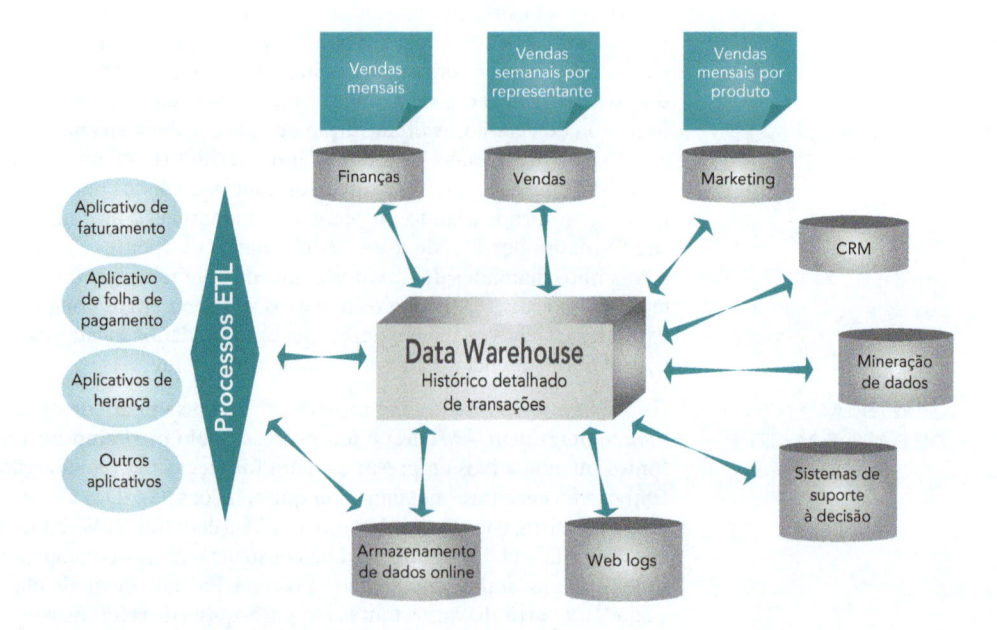

Figura 3.4 Modelo de um data warehouse empresarial. (*Fonte: Syncsort, syncsort.com. Utilizado com permissão.*)

As organizações transformam dados em conhecimento de várias formas. Normalmente, esse processo de transformação lembra o que é mostrado na Figura 3.4. Os dados desejados são extraídos de bancos de dados e pré-processados para se adequar ao formato de um data warehouse ou **data mart**, no qual são carregados. Um data mart é um data warehouse planejado para uma unidade estratégica de negócios ou um departamento. Essas séries de processos são chamadas de **ETL**, que significa extrair, transformar e carregar (*extract, transform, and load*). A Figura 3.4 mostra o modelo de transformação de dados da Syncsort Inc., que desenvolve, comercializa e presta serviços de software de alto desempenho para gestão e proteção de dados. Os processos ETL movem dados de múltiplas fontes, reformatam e limpam esses dados e os carregam em outro data warehouse ou data mart para análise, ou em outro sistema operacional para dar suporte ao processo de negócio.

Os usuários então acessam o data warehouse ou data mart e fazem uma cópia dos dados necessários para a análise. Eles examinam esse material utilizando ferramentas de análise de dados e de mineração de dados. As ferramentas de mineração de dados são softwares especializados utilizados para analisar dados e encontrar padrões, correlações, tendências ou outros relacionamentos significativos. A mineração de dados, que também pode ser chamada de descoberta de dados, é o processo de analisar dados a partir de diferentes perspectivas e resumi-los em informação que possa ser utilizada para aumentar os lucros, diminuir os custos, ou ambos. O software de mineração de dados permite que os usuários analisem dados a partir de diversas dimensões e ângulos, classifique-os e encontre correlações ou padrões entre os campos no data warehouse. Essas atividades, por fim, geram informações valiosas e conhecimento. Tanto os dados (em vários momentos do processo) quanto o conhecimento (que surge no final do processo) podem precisar ser enviados ou apresentados aos usuários por meio de ferramentas de visualização.

Integridade e qualidade de dados. Coletar dados é um processo altamente complexo que pode gerar problemas com relação à qualidade. Assim, independentemente de como os dados são coletados, é necessário que eles sejam validados pelos usuários de modo que possam se tornar confiáveis. Expressões clássicas como "entra lixo, sai lixo" e o mais arriscado "entra lixo, sai o que Deus quiser" resumem essa situação. No último caso, dados de baixa qualidade podem ser utilizados como base para o planejamento. Vimos que existem formas de proteger a qualidade dos dados, como a checagem de sua integridade, que ajudam a melhorar sua qualidade durante o preenchimento de um formulário online. Por exemplo, o formulário não irá aceitar um endereço de e-mail que não esteja no formato correto.

A **qualidade dos dados** é uma mensuração de sua utilidade e da qualidade das decisões que se basearem neles. A qualidade de dados possui cinco dimensões: precisão, acessibilidade, relevância, temporalidade e completude. Como já discutimos, os dados muitas vezes não são precisos, estão incompletos ou são ambíguos, especialmente quando são armazenados em grandes bancos de dados. Exemplos de problemas comuns com dados e possíveis soluções para eles estão listados na Tabela 3.1.

Embora ter dados de alta qualidade seja fundamental para o sucesso do negócio, muitos problemas organizacionais e técnicos tornam mais difícil atingir esse objetivo. Uma questão problemática é a questão da propriedade dos dados. Em outras palavras, quem é o dono ou quem é o responsável pelos dados? Problemas com propriedade de dados surgem com a falta de políticas que definam a responsabilidade e a cobrança pelo gerenciamento de dados. Dados inconsistentes de diversas aplicações autônomas, que possuem seus próprios padrões de

TABELA 3.1	Problemas e soluções de dados
Problemas	Soluções
Erros de dados	Utilizar entrada de dados automatizada, formulários Web para entrada de dados individuais, com checagem de integridade de dados e menus de localização e botões de opção.
Dados duplicados	Redesenhar o modelo de dados; normalizar o banco de dados relacional.
Dados comprometidos	Implementar uma abordagem de defesa profunda à segurança de dados.
Dados faltando	Tornar campos obrigatórios nos formulários de entrada de dados.

TI em ação 3.3

Segurança nacional depende da inteligência e da mineração de dados

Existem indivíduos e grupos direcionados por motivos ideológicos ou políticos ou que pretendem prejudicar alguém utilizando a Internet para planejar e coordenar suas atividades, como foi o caso dos ataques de 11 de setembro. Os terroristas utilizam diversas táticas e tecnologias para dar andamento aos seus planos de destruição – hackear, causar spam, phishing, roubar identidades e fazer propaganda e recrutamento pela Web. Computadores no Afeganistão revelaram que a al-Qaeda estava coletando inteligência sobre alvos e enviando mensagem codificadas pela Internet.

A segurança nacional depende de esforços em tempo real da inteligência para detectar essas atividades o mais rápido possível. As agências de inteligência, como o FBI (fbi.gov) e a CIA (cia.gov) nos Estados Unidos e o MI6 (intelligence.gov.uk/agencies/mi6.asp) e DIS (Defense Intelligence Staff – intelligence.gov.uk/agencies/dis.asp) no Reino Unido, precisam minerar grandes quantidades de dados para monitorar possíveis ameaças à segurança nacional. Alguns procedimentos de coleta de dados podem infringir os direitos de privacidade dos cidadãos. O DIS, por exemplo, conduz análises de inteligência de fontes abertas ou fechadas.

A mineração de dados para fins da inteligência combina modelos estatísticos, processadores poderosos e inteligência artificial (IA) para descobrir e recuperar informações importantes. Existem dois tipos de sistemas de mineração de dados: sistemas baseados no assunto que a recuperação de dados deve seguir e sistemas baseados em padrões, que buscam por comportamentos suspeitos. Um exemplo de técnica baseada em assunto é a análise de links, a qual utiliza dados para fazer conexões entre pessoas ou eventos aparentemente desconectados. Um software de análise de links identifica atividades suspeitas, como um número muito grande de trocas de e-mail entre duas partes (das quais uma é suspeita), cheques escritos por pessoas diferentes a um mesmo terceiro ou passagens de avião compradas para o mesmo destino na mesma data de partida. O pessoal da inteligência segue esses links para descobrir outras pessoas com as quais o suspeito esteja interagindo.

Especialistas consideram os esforços em inteligência, como esses mencionados, fundamentais para a segurança global. Alguns especialistas em forças armadas acreditam que a guerra entre as grandes nações está se tornando obsoleta e que nossa defesa no futuro dependerá muito mais dos oficiais de inteligência com seus bancos de dados do que de tanques e artilharia. Uma lição chave que aprendemos com o 11 de setembro é que as agências de inteligência da América precisam trabalhar juntas e compartilhar informações para agir como um empreendimento único e unificado para detectar riscos.

Fontes: Compilado de *Whitehouse.gov* (2004), Volonino et. al (2007) e Worthen (2006).

Questões para discussão: Como a mineração de dados confere inteligência aos tomadores de decisão? Quais são os dois tipos de sistemas de mineração de dados e como eles conferem valor à defesa das organizações?

---

qualidade, criam um conjunto extra de problemas conforme as organizações tentam combinar aplicações individuais com sistemas integrados de gestão empresarial.

Sistemas de informação interorganizacionais criam um novo nível de complexidade na gestão da qualidade dos dados. As empresas devem resolver os problemas de autoridade administrativa a fim de garantir que cada parceiro cumpra com os padrões de qualidade de dados exigidos. A tendência de delegar responsabilidades de qualidade de dados para equipes técnicas, que não possuem controle sobre a qualidade dos dados, em oposição aos usuários do negócio, que possuem esse controle, é outra barreira comum que surge no caminho para acumular dados de alta qualidade (Loshin, 2004).

Ética e privacidade de dados. Os negócios que coletam dados sobre funcionários, clientes e qualquer outra pessoa têm o dever de proteger esses dados. Os dados devem ser disponibilizados apenas a pessoas autorizadas. Garantir a segurança dos dados de acessos não autorizados e de abuso das partes que possuem essa autorização é uma tarefa dispendiosa e difícil. Para motivar as empresas a investirem na segurança de dados, o governo impôs multas e penalizações para violações de dados pessoais, como você lerá no Capítulo 5.

Além disso, fornecer a informação solicitada pelo governo e pelas agências reguladoras acrescenta mais custos aos gastos com gerenciamento de dados. Um exemplo dessa situação de segurança interna é descrito em *TI em ação 3.3*.

OBTENDO INSIGHT A PARTIR DE TEXTOS E DOCUMENTOS

Gestores comprometidos com tomadas de decisões baseadas em fatos e direcionadas pelos dados reconhecem o poder escondido em um texto que é capaz de desencadear um insight para o marketing, para o desenvolvimento de um novo produto, para um serviço ao cliente, para as relações públicas e para a competição. As técnicas para analisar textos, documentos e outros conteúdos não estruturados são disponibilizadas por diversos fornecedores.

Estima-se que mais de 75% dos dados de uma organização que são formados livremente ou de maneira não estruturada são compostos por documentos de processamento de texto, conteúdo de documentos da Web, de tweets e outras mídias sociais, de mensagens de e-mail e de texto, áudio, vídeo, imagens e diagramas, fax e memorandos, call centers ou notas de reclamação, e assim por diante. Cada vez mais os softwares de visão analítica de textos estão sendo utilizados para obter insights a partir de conteúdos de formato livre. Obter insights sobre o negócio é o valor da visão analítica de negócios em geral, independentemente da fonte dos dados – seja textual, numérica ou categorial. A mineração e a visão analítica de textos ajudam as organizações a gerenciar a sobrecarga de informações.

Dois aplicativos inovadores de visão analítica de textos das organizações são descritos abaixo:

- A Agata é uma empresa italiana que utiliza ferramentas de redes sociais para implementar sistemas de empréstimo online que encontre mutuários e investidores sem a intervenção de instituições tradicionais. Seu novo processo de avaliação de crédito não apenas inclui variáveis quantitativas de histórias passadas e categorias de risco bem definidas; ele também integra avaliações de qualidade coletadas de descrições escritas de projetos e planos de negócio para facilitar melhores decisões de risco de crédito.
- Um escritório do governo de Hong Kong enfrentou o desafio de processar grandes volumes de texto estruturado e não estruturado em chinês tradicional, chinês simplificado e inglês. O escritório implementou um software SAS para decodificar e analisar mensagens em qualquer uma dessas línguas, incluindo informações de call centers. O resultado é um serviço público melhor e o aumento da satisfação do povo com o governo.

Visão analítica e mineração de texto. A mineração de texto é uma categoria bem divulgada e normalmente envolve a interpretação de palavras e de conceitos em um contexto. Assim, o texto é organizado, explorado e analisado para fornecer insights que possam ser praticados pelos gestores. Com a visão analítica de textos, a informação é extraída de grandes quantidades de vários tipos de informações textuais. Isso pode ser combinado com dados estruturados em um processo automatizado.

A visão analítica de textos aborda dois desafios de negócio importantes. O primeiro é a organização da informação e a *facilidade* de encontrar informação sobre os conteúdos nos documentos. O segundo é a descoberta de tendências e de padrões que permitam fazer uma previsão a partir de informações textuais.

O processo de fazer a análise do texto para descobrir insights é parecido com a análise tradicional de categorias ou tipos de dados.

1. **Exploração.** Primeiro, os documentos são explorados. Isso pode significar fazer contagem simples de palavras em uma coleção de documentos ou criar manualmente áreas para categorizar os documentos pela leitura de uma amostra deles. Por exemplo, quais são os principais tipos de questões (falha do motor ou motor estragado) que foram identificadas recentemente em termos de garantia de automóveis? Um desafio dos esforços de exploração é a escrita errada ou palavras abreviadas, acrônimos ou gíria.
2. **Pré-processamento.** Antes da análise ou da categorização automática do conteúdo, o texto pode precisar ser pré-processado para que seja padronizado o máximo possível. Como na análise tradicional, mais de 80% do tempo pode ser gasto preparando e padronizando os dados. Palavras escritas de forma incorreta, abreviações e gíria podem precisar ser transformadas em termos consistentes. Por exemplo, "BTW", pode ser padronizado por "by the way" (em português, "a propósito", como ap) e "left voice message" pode ser marcada como "lvm" (em português, "mensagem de voz recebida", como mvr).
3. **Categorização e modelos.** O conteúdo está, então, pronto para ser classificado. As mensagens de classificação ou documentos nos quais a informação está contida podem ser alcançados pelo uso de modelos estatísticos e regras de negócio. Como no desenvolvimento do modelo tradicional, amostras de documentos são examinadas para testar os modelos. Documentos extras são processados para a validação da precisão e da acurácia do modelo, e finalmente novos documentos são avaliados utilizando o modelo final (estabelecido). Modelos podem, em seguida, ser colocados na produção para o processamento automatizado de novos documentos conforme vão chegando.

Existem sobreposições consideráveis entre gestão de texto e gerenciamento de documentos, mas o gerenciamento de documentos tem questões particulares, que serão discutidas a seguir.

Gerenciamento de documentos. Todas as empresas criam **registros de negócio**, que são documentos que registram transações de negócios como contratos, pesquisas e desenvolvimento, documentos de fonte da contabilidade, memorandos, comunicações com o cliente/consumidor e minutas de reunião. O **gerenciamento de documentos** é um controle automatizado de imagem e documentos eletrônicos, páginas de imagens, planilhas, mensagens de voz e de e-mail, documentos de processamento de palavras e outros documentos presentes no ciclo de vida de uma organização, desde a criação inicial ao arquivamento final ou destruição do documento.

Sistemas de gerenciamento de documentos (SGD) consistem em hardware e software que geram e arquivam documentos eletrônicos e também convertem documentos em papel para documentos eletrônicos, indexando-os e organizando-os de acordo com as políticas da empresa. Empresas, por exemplo, podem ser solicitadas a manter a documentação financeira por pelo menos sete anos, enquanto mensagens de e-mail sobre promoções de marketing deveriam ser mantidas por um ano no banco de dados e então descartadas. Esses sistemas variam desde aqueles planejados para dar suporte a um pequeno grupo de trabalho até aqueles muito completos, sistemas viabilizados pela Web para toda a empresa. Um sistema de gerenciamento de documentos pode fazer parte de um sistema integrado mais novo chamado de sistema de gerenciamento de conteúdo da empresa, o qual é discutido na Seção 3.5.

Departamentos e empresas cujos funcionários passam a maior parte do tempo arquivando ou recuperando documentos ou registrando papéis no data warehouse podem reduzir significativamente seus custos com um sistema de gerenciamento de documentos. Esses sistemas minimizam as ineficiências e a frustração associadas ao gerenciamento de documentos em papel ou fluxo de trabalho com papéis. De forma significativa, no entanto, isso não tem como consequência escritórios sem papel, como fora previsto anteriormente. Os escritórios ainda usam muito papel.

Um SGD pode ajudar um negócio a se tornar mais eficiente e produtivo:

- Permitindo que a empresa acesse e use o conteúdo encontrado em documentos
- Cortando custos de trabalho pela automatização de processos de negócios
- Reduzindo o tempo e o esforço requeridos para localizar informações de que o negócio precisa para dar suporte à tomada de decisão
- Melhorando a segurança do conteúdo, reduzindo dessa forma o risco de roubo de propriedade intelectual
- Minimizando os custos associados a impressão, armazenamento e busca de conteúdo

As principais ferramentas de gerenciamento de documentos são softwares de workflow, ferramentas de autoria, escâneres e bancos de dados. Quando o fluxo de trabalho é digital, a produtividade aumenta, os custos diminuem, as obrigações impostas são mais fáceis de se verificar e a **computação verde** se torna possível. A computação verde é uma iniciativa de conservar nossos recursos naturais por meio da redução dos efeitos do uso do computador no meio ambiente. Os negócios também utilizam sistemas de gerenciamento de documentos para a recuperação de desastres e para dar continuidade ao negócio, para a segurança, para o compartilhamento de conhecimento e colaboração, e para o acesso e controle remoto de documentos. Em função da capacidade multifacetada dos SGDs, os funcionários podem acessar e modificar apenas os documentos que eles são autorizados a modificar. Visite o altimate.ca/flash/viewer/html para ver como os arquivos podem ser abertos diretamente com um navegador sem que um aplicativo específico para o arquivo precise estar instalado no computador local do usuário. Quando as empresas selecionam um SGD, elas fazem as seguintes perguntas:

1. O software está disponível de forma que faça sentido para nossa organização, há necessidade de ter um SGD instalado na rede ou devemos comprar esse serviço?
2. O software é fácil de usar e pode ser acessado a partir de navegadores na Web, aplicativos do escritório e e-mail, e via Windows Explorer? (Caso contrário, pessoas não o usarão.)
3. O software tem uma interface gráfica de usuário leve e moderada que possa dar suporte remoto efetivo aos usuários via intranet, rede virtual privada (RVP ou VPN – *virtual private network* – será discutida no Capítulo 4) ou Internet? Uma rede virtual privada permite que o funcionário se conecte à rede da empresa remotamente via Internet. Ela é menos cara do que manter funcionários conectados via modem ou linha dedicada.

TI em ação 3.4 descreve como diversas empresas usam atualmente sistemas de gerenciamento de documentos.

TI em ação 3.4
Descreve como várias empresas utilizam SGDs atualmente   **GRH FIN GOV**

Abaixo estão alguns exemplos de como empresas na vida real utilizam um SGD.

- O Centro Cirúrgico de Baltimore (Surgery Center of Baltimore) armazena todos os prontuários em meio eletrônico, fornecendo informações dos pacientes instantaneamente aos médicos e enfermeiras em qualquer lugar e a qualquer hora. O sistema também direciona guias para o departamento de cobranças, que pode então escanear e enviar por e-mail qualquer informação relevante aos planos de saúde e aos pacientes. O sistema de gerenciamento de documentos pode ajudar a manter o controle, incluindo o fornecimento de registros quando são necessários para fins legais. Quão valiosos os sistemas de gerenciamento de documentos têm sido para o centro? Desde que foram implementados, os processos de negócio expedidos aumentaram mais de 50%; com o sistema, os custos desses processos foram reduzidos significativamente e a moral dos funcionários do centro melhorou.

- A American Express (AMEX) utiliza o TELEform, um sistema de gerenciamento de documentos desenvolvido pela Alchemy and Cardiff Software para coletar e processar mais de 1 milhão de pesquisas de satisfação de clientes todos os anos. Os dados são coletados em templates que consistem em mais de 600 formulários de pesquisa diferentes, em 12 idiomas e vindos de 11 países. A AMEX integrou o TELEform com o sistema existente da AMEX, que permite que os resultados processados sejam distribuídos entre muitos gestores. Por causa da acessibilidade rápida aos formulários de pesquisa, a AMEX foi capaz de reduzir o número de funcionários que processavam esses formulários de 17 para 1, economizando mais de 500.000 dólares a cada ano (visite cardiff.com/customers/index.html).

- Em Toronto, no Canadá, o Departamento do Trabalho e de Serviços Emergenciais (*Department of Works and Emergency Services*) utiliza uma solução de recuperação de documentos com base na Web. Esse sistema de gerenciamento de documentos dá aos funcionários do departamento acesso imediato aos desenhos e documentos criados para estradas, construções, vias públicas e outras estruturas. O departamento instalou laptops carregados com mapas, desenhos e dados com o histórico de reparos em cada veículo. O acesso rápido a esses documentos permite que equipes de emergência resolvam problemas e, mais do que isso, que salvem vidas (visite laserfiche.com/newsroom/torontoworks.html).

- A Universidade de Cincinnati fornece acesso autorizado a arquivos pessoais de 12.000 funcionários ativos e dezenas de milhares de funcionários aposentados. A universidade recebe mais de 75.000 perguntas sobre os registros pessoais todos os anos e precisa buscar mais de 3 milhões de registros para poder respondê-las. Utilizar um sistema de microfilme para procurar respostas leva dias. A solução foi um sistema de gerenciamento de documentos que digitalizasse todos os documentos em papel e em microfilme, sem a ajuda do departamento de TI, tornando-os disponíveis via Internet e pela intranet da universidade. Um funcionário autorizado agora pode utilizar um navegador e acessar um documento em segundos (visite captaris.com/alchemy).

- Finalmente, o Tribunal Europeu de Direitos Humanos (*European Court of Human Rights*) implementou um portal de conhecimento baseado na Web e sistemas de gerenciamento de casos e de documentos para dar suporte a mais de 700 usuários internos e milhões de usuários externos ao redor do mundo. O sistema de gerenciamento de documentos facilitou o processamento de casos, que por sua vez tornou as operações internas mais eficientes e melhorou significativamente os serviços que o tribunal oferece ao público. O projeto Human Rights Documents teve um retorno significativo com o investimento (visite opentext.com/customers/globalstar/awards/2007/winners-na-2007.html).

Questões para discussão: Que tipos de perda um sistema de gerenciamento de documentos pode reduzir? Qual é o valor de permitir acesso a documentos via Internet ou via intranet corporativa?

Questões para revisão

1. Qual é o objetivo do gerenciamento de dados?
2. Quais limitações os gestores encontram quando não conseguem obter dados confiáveis?
3. Por que é difícil gerenciar, buscar e recuperar dados localizados em várias partes de uma empresa?
4. Como as ferramentas e a tecnologia de visualização de dados podem melhorar a tomada de decisão?
5. O que é gerenciamento de dados mestre?
6. O que é gerenciamento de texto e de documento?
7. Quais são os três benefícios dos sistemas de gerenciamento de documentos?

3.2 Sistemas de gerenciamento de arquivo

A seção anterior discutiu como os negócios usam sistemas de computador, especificamente os sistemas de gerenciamento de documentos, para manipular muito mais dados de forma eficiente e produtiva. Nesta seção, exploramos como esses sistemas funcionam. Um sistema de computador, basicamente, organiza os dados em uma hierarquia que começa com bits e segue para bytes, campos, registros, arquivos e bancos de dados (veja a Figura 3.5). Um **bit** representa a menor unidade de um dado que o computador é capaz de processar, e que é ou um 0 ou um 1. Um grupo de oito bits, chamado de **byte**, representa um caractere, que pode ser uma letra, um número ou um símbolo. Caracteres que se combinam para formar uma palavra,

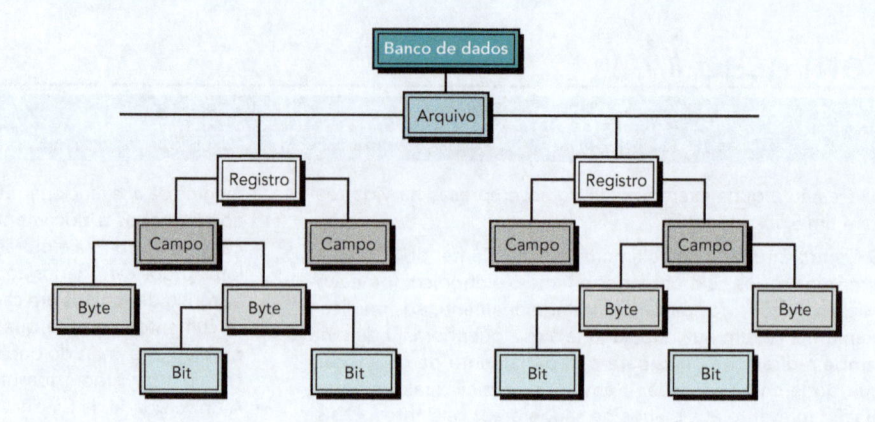

Figura 3.5 Hierarquia de dados para um arquivo baseado em computador.

um grupo de palavras ou um número completo constituem um **campo**. Uma característica essencial de um campo é que todas as entradas estão de alguma forma relacionadas. Um campo intitulado "Clientes_Nome", por exemplo, pode incluir os nomes dos clientes de uma empresa. Não incluirá, no entanto, seus números de telefone e endereços.

Assim como os caracteres relacionados podem ser combinados em um campo, campos relacionados – como nome, endereço e dados de contabilidade de um fornecedor – podem fazer parte de um **registro**. Subindo na hierarquia, uma coleção de registros relacionados é chamada de **arquivo** ou arquivo de dados. Os registros de todos os clientes pessoas físicas que possuem hipoteca em uma instituição financeira, por exemplo, constituiriam um arquivo. Por fim, como vimos em nossa discussão sobre gerenciamento de dados, um grupo lógico de arquivos relacionados constituiria um banco de dados. Todos os arquivos de clientes sobre financiamentos, tais como de uma casa ou carro, empréstimos pessoais ou hipotecas, podem ser agrupados para criar um banco de dados de empréstimos a pessoas físicas.

Outra forma de pensar nos componentes de um banco de dados é que o registro descreve uma *entidade*. Cada característica que descreve uma entidade é chamada de **atributo**. Um atributo corresponde a um campo do registro. Exemplos de atributos são os nomes dos clientes, número da fatura ou data do pedido.

Cada registro no banco de dados precisa de um atributo (campo) que o identifique unicamente, de modo que o registro possa ser recuperado, atualizado ou classificado (ordenado). Esse identificador único do campo é chamado de **chave primária**. As chaves primárias, normalmente, são numéricas porque são mais fáceis de criar. A chave primária do registro de um produto, por exemplo, seria o código identificador do produto. Encontrar um grupo de registros que tenham como base algum valor comum (localizar todos os produtos fabricados no México) requer o uso de chaves secundárias. As **chaves secundárias** são campos únicos que têm alguma informação para a identificação (por exemplo, país de fabricação). As **chaves estrangeiras** são chaves cujo objetivo é relacionar duas ou mais tabelas. A Figura 3.6 mostra chaves primárias e estrangeiras.

Nível 3 – Tabelas de dados dos clientes

Tabela de preferências de produto

Nome do campo	Tipo	Comprimento
Estoque do produto*	Número	12
Nome do produto	Texto	20
Tipo do produto	Texto	12
Características do produto	Número	30
ID do cliente**	Número	8

Tabela de locais de compra

Nome do campo	Tipo	Comprimento
Número da loja*	Número	8
Bairro da loja	Texto	20
Vendas da loja	Moeda	8
Clientes da loja	Número	5
Estoque do produto**	Número	12

Tabela de contatos do cliente

Nome do campo	Tipo	Comprimento
ID do cliente*	Número	8
Nome do cliente	Texto	20
Endereço do cliente	Texto	30
Telefone do cliente	Número	12

Tabela de vendas do produto

Nome do campo	Tipo	Comprimento
Estoque do produto*	Número	12
Nome do produto	Texto	20
Preço do produto	Moeda	8
Custo do produto	Moeda	8
ID do cliente**	Número	8

*Chave primária **Chave secundária

Figura 3.6 Exemplo de chaves primária e secundária.

Acesso aos registros dos arquivos no computador. Registros podem ser organizados de diversas formas em um meio de armazenamento. A organização determina como registros individuais podem ser acessados e quanto tempo irá levar para que possam ser acessados. Na **organização sequencial de arquivos**, que é a forma como os arquivos estão organizados, o registro dos dados deve ser recuperado na mesma sequência física na qual foi armazenado. A operação é como a gravação de uma fita. Na **organização direta de arquivo** ou **organização randômica de arquivo**, os registros podem ser acessados diretamente, independentemente de sua localização no meio de armazenamento. A operação funciona como um drive de DVD. A fita magnética utiliza a organização sequencial dos arquivos, enquanto os discos magnéticos utilizam a organização direta de arquivos.

O **método de acesso sequencial indexado** (ISAM) utiliza um índice dos campos chave para localizar registros individuais (veja a Figura 3.7). Um *índice* de um arquivo lista o campo chave de cada registro e onde esse registro está localizado fisicamente em um meio de armazenamento. Os registros são armazenados em discos na sua sequência chave. Para localizar um registro específico, o sistema procura no índice (chamado de índice de trilha) para encontrar a localização geral (identificada pelo cilindro e pelos números de trilhas) que contém o registro. Então, o sistema aponta o começo daquela trilha e lê os registros sequencialmente até encontrar a correta.

Limitações do ambiente de arquivos. Quando as organizações começam a utilizar computadores para automatizar processos, elas começam com uma aplicação de cada vez, normalmente para contabilidade, faturamento ou folha de pagamento. Cada uma destas aplicações foi planejada como um sistema independente que funciona sozinho, sem ajuda de outras aplicações. Para cada prazo de pagamento, por exemplo, a aplicação de folha de pagamento utilizará o seu próprio empregado e os dados salariais para calcular e processar a folha de

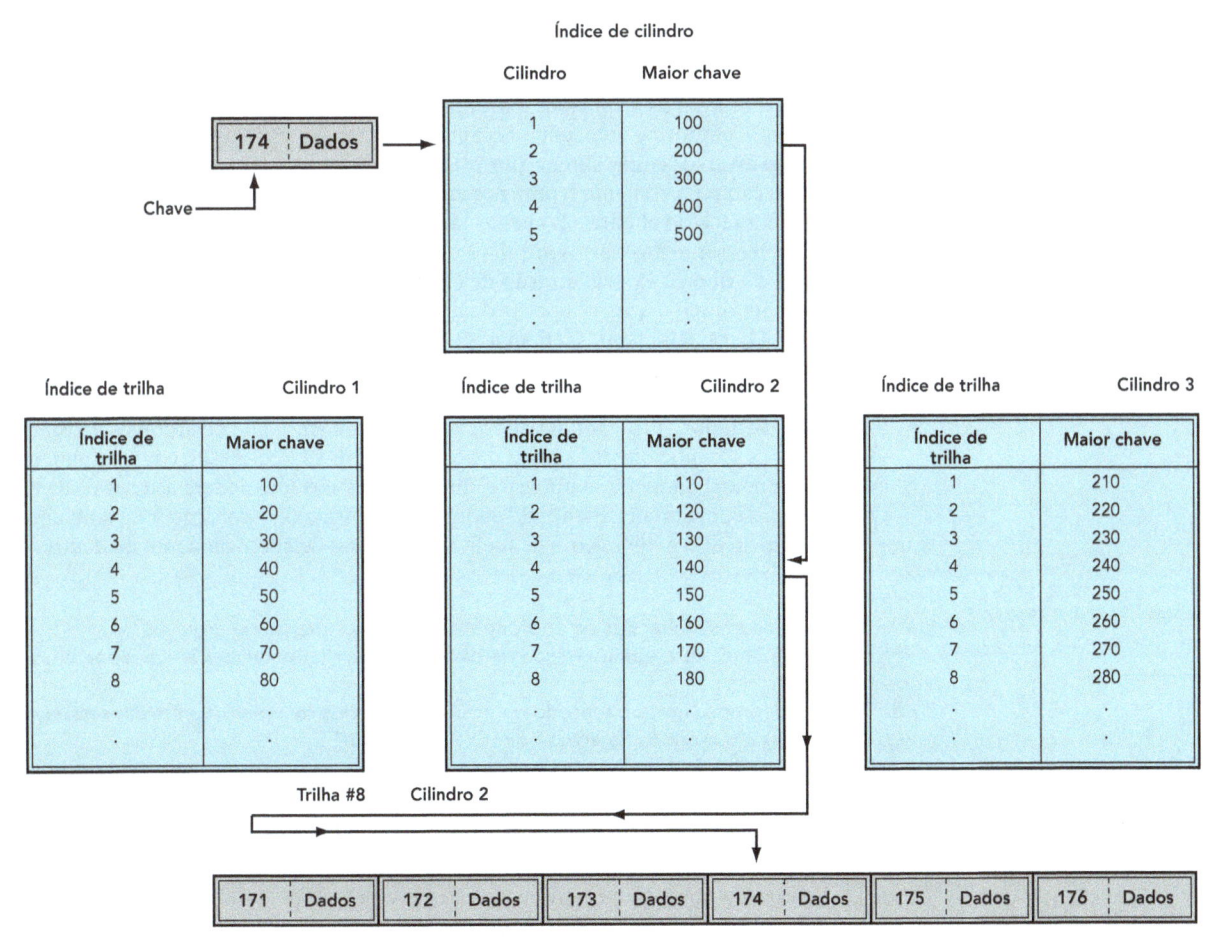

Figura 3.7 Método de acesso sequencial indexado.

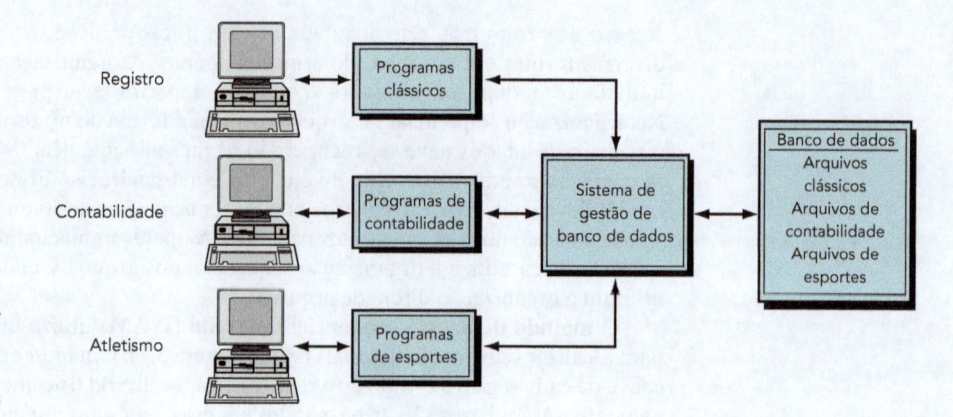

Figura 3.8 Sistema de gerenciamento de banco de dados fornece acesso a todos os dados armazenados.

pagamento. Nenhuma outra aplicação poderia usar esses dados sem alguma intervenção manual, porque, como acabamos de dizer, os aplicativos funcionam sozinhos. Essa abordagem de arquivos de dados leva a redundância, inconsistência, isolamento de dados, entre outros problemas. Examinamos esses problemas listados e os ilustramos mostrando um ambiente de arquivos em uma universidade na Figura 3.8.

- **Redundância de dados.** Diferentes programadores criam diferentes aplicativos para manipulação de dados e por causa disso os mesmos dados podem ser duplicados em diferentes arquivos. Em um aplicativo de empréstimos, por exemplo, cada arquivo de dados contém registros sobre os empréstimos dos clientes. Muitos desses clientes estarão representados em outros arquivos de dados. Essa redundância desperdiça meios físicos de armazenamento, torna mais difícil a obtenção de uma visão completa dos clientes e aumenta os custos de entrada e de manutenção de dados.
- **Inconsistência de dados.** A inconsistência de dados significa que o valor atual de um dado não está sincronizado em todas as cópias desses dados. Lembre que dados dessincronizados causaram os problemas enfrentados pelo Departamento de Desenvolvimento da Dartmouth, conforme mencionamos anteriormente. Se uma instituição financeira tem clientes com diversos empréstimos, por exemplo, e para cada empréstimo há um arquivo contendo os campos do cliente (como nome, endereço, e-mail e telefones), então uma mudança no endereço do cliente em apenas um dos arquivos gera inconsistências no campo de endereço presente nos outros arquivos.
- **Isolamento de dados.** A organização de arquivos cria isolamento de dados que tornam extremamente difícil o acesso a partir de diferentes aplicativos. Por exemplo, um gestor que queira saber quais clientes têm mais de 1.000 dólares provavelmente não conseguiria obter a resposta a partir do sistema de arquivos de dados. Para obter resultados, ele teria de filtrar e integrar os dados manualmente a partir de diversos arquivos.
- **Segurança de dados.** Proteger os dados é difícil em um ambiente de arquivos, porque novas aplicações são adicionadas ao sistema em uma base ad hoc. Assim como o número de arquivos aumenta, aumenta também o número de pessoas que podem acessar os dados.

Os problemas com gerenciamento de dados que surgiram da abordagem de ambiente de arquivos levaram ao desenvolvimento de melhores sistemas de gerenciamento de dados.

Questões para revisão

1. Quais são as três limitações da abordagem de gerenciamento de arquivos?
2. Por que cada registro em um banco de dados precisa de um único identificador (chave primária)?
3. Qual é a diferença entre o método de acesso aos dados de uma organização sequencial de arquivos e o método de acesso direto aos arquivos?

3.3 Banco de dados e sistemas de gerenciamento de banco de dados

Os dados fluem em uma empresa continuamente e partem de fontes diferentes: dados surgem de clicks na Web e de aplicativos de comércio eletrônico, dados detalhados de terminais de ponto de venda e dados filtrados de uma base do sistema CRM, de uma cadeia de suprimentos e de sistemas integrados de gestão empresarial. Os bancos de dados são a maneira otimizada para armazenar e acessar dados organizacionais.

BANCO DE DADOS

Programas de gerenciamento de bancos de dados podem garantir acesso a todos os dados, reduzindo muitos dos problemas associados aos ambientes de arquivos de dados. Assim, a redundância de dados, o isolamento de dados e a inconsistência de dados são minimizados, e os dados podem ser compartilhados entre outros usuários. Além disso, a segurança e a integridade dos dados são mais fáceis de controlar, e os aplicativos são independentes dos dados que eles processam. Existem dois tipos básicos de bancos de dados: centralizado e distribuído.

Banco de dados centralizados. Um banco de dados centralizado armazena todos os arquivos relacionados a ele em uma única localização física (veja a Figura 3.9). Durante décadas, a principal plataforma de banco de dados consistia em arquivos de bancos de dados centralizados em grandes computadores mainframe, primeiramente por causa do grande capital e dos custos operacionais associados a sistemas alternativos. Bancos de dados centralizados oferecem muitos benefícios às organizações. Arquivos podem em geral se tornar mais consistentes quando são mantidos fisicamente em um local específico, porque as alterações nos arquivos podem ser feitas de forma supervisionada e ordenada. Além disso, os arquivos não podem ser acessados a não ser pelo servidor central, onde podem ser protegidos mais facilmente de acessos ou modificações não autorizados.

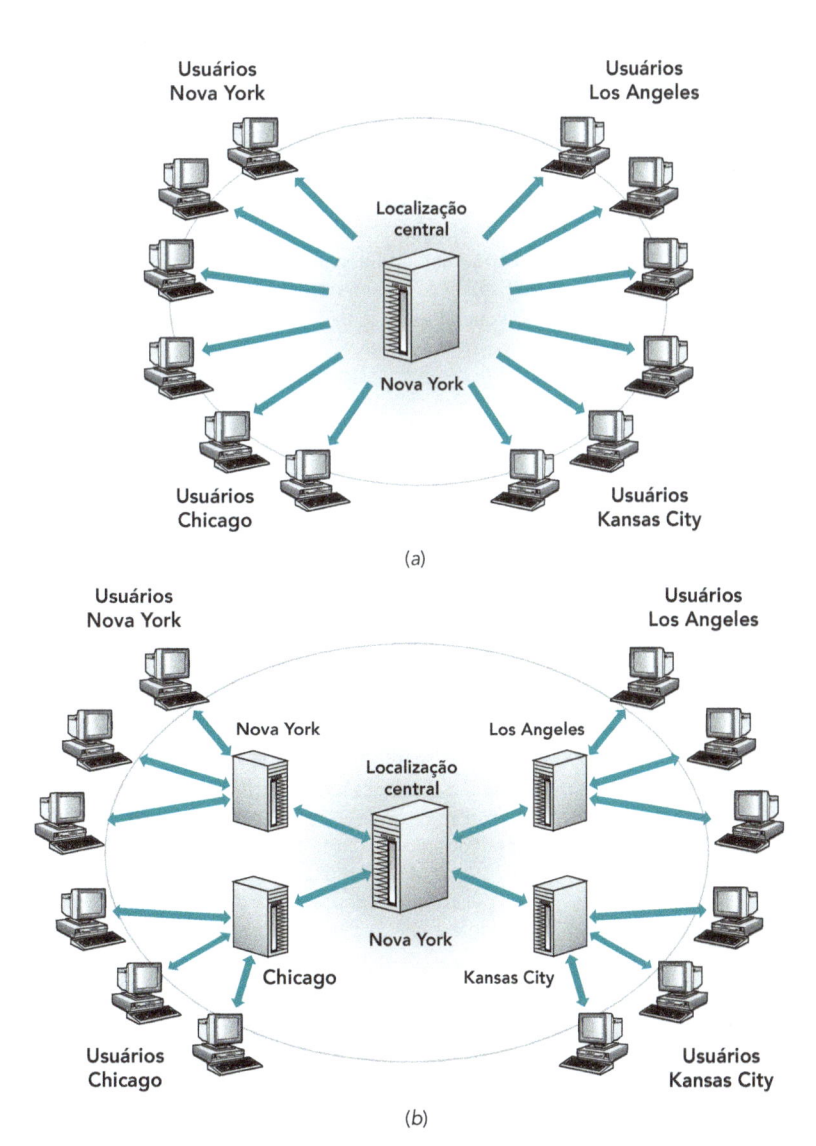

Figura 3.9 (a) Banco de dados centralizado. (b) Banco de dados distribuído com cópias parciais ou completas do banco de dados centralizado em mais de uma localização.

Ao mesmo tempo, entretanto, bancos de dados centralizados, como todos os sistemas centralizados, são vulneráveis a um único ponto de falha. Ou seja, quando o computador que possui o banco de dados centralizado falha, todos os usuários são afetados. Além disso, quando os usuários estão dispersos e precisam manipular dados a partir de grandes distâncias, frequentemente passam por atrasos na transmissão.

Banco de dados distribuídos. Um *banco de dados distribuídos* possui cópias completas de um banco de dados ou partes de um banco de dados (veja a Figura 3.9). Existem dois tipos de bancos de dados distribuídos: replicados e particionados.

Um *banco de dados replicados* armazena cópias completas (réplicas) de todo o banco de dados em mais de um local. Esse arranjo fornece um backup no caso de falha ou problemas com o banco de dados centralizado. O sistema também melhora o tempo de resposta, porque está no mesmo local (está muito perto) dos usuários. O lado negativo é que o sistema é muito mais caro de ser implementado e mantido, porque cada réplica precisa ser atualizada conforme os registros vão sendo adicionados, modificados e deletados de qualquer um dos bancos de dados. As atualizações podem ser feitas ao final do dia ou por agendamento determinado de acordo com as necessidades do negócio. Do contrário, os vários bancos de dados terão dados conflituosos.

Por outro lado, um *banco de dados particionados* é dividido de modo que cada local tenha uma parte do todo – normalmente, a parte tem relação com as necessidades locais do usuário. Os bancos de dados particionados fornecem a rapidez de resposta de arquivos locais sem a necessidade de replicar todas as alterações em múltiplos locais. Uma vantagem significativa de um banco de dados particionados é que os dados nos arquivos podem ser inseridos de modo mais rápido e mantidos de forma mais precisa pelos usuários imediatamente responsáveis pelos dados.

SISTEMAS DE GERENCIAMENTO DE BANCO DE DADOS (SGBD)

Um programa que oferece acesso a bancos de dados é conhecido como um **sistema de gerenciamento de banco de dados** (SGBD). Esse sistema permite que uma organização centralize os dados, gerencie-os de forma eficiente e ofereça acesso aos dados armazenados por meio de aplicações. Os SGBDs variam em tamanho e capacidade desde um simples programa como o Microsoft Access até um aplicativo da Oracle e uma solução DB2 da IBM. A Tabela 3.2 lista as principais capacidades e vantagens de um SGBD.

O SGBD funciona como uma interface entre o aplicativo e os arquivos físicos contendo dados (veja a Figura 3.10). O sistema oferece ao usuário ferramentas para acrescentar, deletar,

TABELA 3.2 Vantagens e capacidades de um SGBD

- **Permanência.** Dados são permanentemente armazenados em disco rígido ou outro meio rápido e confiável até que sejam explicitamente removidos ou modificados.
- **Consulta.** Consulta é um processo de solicitação de dados em várias perspectivas. Por exemplo: "Quantos caminhões no Texas são verdes?"
- **Concorrência.** Muitas pessoas podem tentar modificar ou ler os mesmos dados ao mesmo tempo. Sem regras para o compartilhamento de modificações, os dados podem se tornar inconsistentes ou enganosos. Por exemplo, se você modificar o atributo cor de um carro 7 para "azul" ao mesmo tempo em que alguém está mudando a cor para "vermelho", os resultados são imprevisíveis.
- **Backup e cópia.** Cópias de backup precisam ser feitas no caso de o equipamento (servidor ou outro) apresentar falha.
- **Execução de regras.** As regras são aplicadas para manter os dados limpos e confiáveis. Por exemplo, pode-se criar uma regra para que cada carro possa ter apenas um motor (identificado pelo número dele). Se alguém tenta associar a um segundo modo, o SGBD para e mostra uma mensagem de erro. No entanto, com os novos carros hídricos elétricos ou a gás, tais regras precisaram ser alteradas. As regras podem ser adicionadas ou removidas conforme a necessidade sem refazer o projeto significativamente.
- **Segurança.** Limites sobre quem pode ver ou modificar os atributos que são necessários.
- **Computação.** Em vez de cada computador ter um aplicativo que faz cálculos, o SGBD os faz.
- **Rastreabilidade de mudança e acesso.** O SGBD cria um registro e um rastro de auditoria de quem acessa os atributos, o que foi modificado e quando foi modificado.
- **Otimização automática.** Se existem padrões de uso frequentes ou solicitações, muitos SGBD podem se ajustar para melhorar o tempo de resposta.

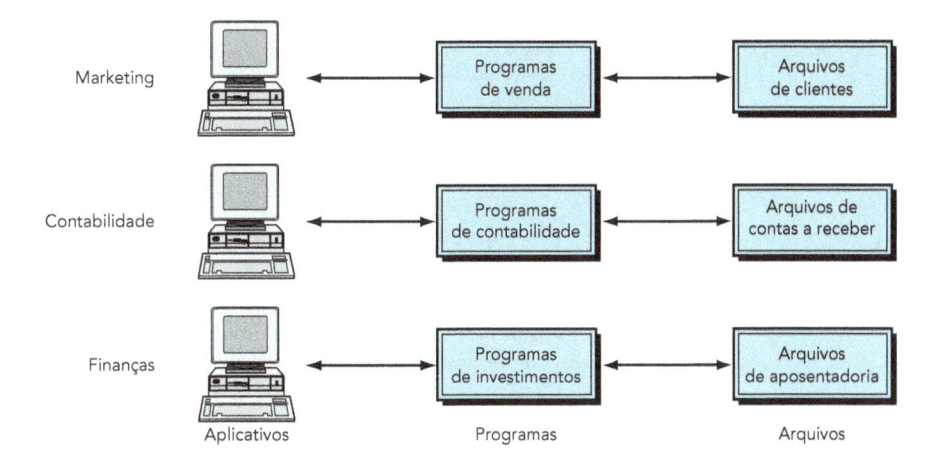

Figura 3.10 Arquivos baseados no computador desse tipo causam problemas como redundância, consistência e isolamento dos dados.

manter, visualizar, imprimir, buscar, selecionar, classificar e atualizar os dados. Essas ferramentas vão desde interfaces fáceis de usar em linguagem natural até linguagens de programação complexas utilizadas para desenvolver aplicativos de bancos de dados mais sofisticados. As principais funções de dados desempenhadas pelo SGBD são:

- **Filtragem e estabelecimento de perfil de dados:** inspeção dos dados buscando erros, inconsistências, redundâncias e informações incompletas.
- **Qualidade de dados:** correção, padronização e verificação da integridade dos dados.
- **Sincronização de dados:** integração, correspondência ou relação de dados de fontes diferentes.
- **Enriquecimento de dados:** enriquecimento de dados utilizando informações de fontes de dados internas e externas.
- **Manutenção de dados:** verificação e controle da integridade dos dados ao longo do tempo.

As empresas utilizam SGBDs em uma variada gama de sistemas de informação. Alguns sistemas, como o Microsoft Access, podem ser carregados no computador do usuário e acessados de modo ad hoc para dar suporte à tomada de decisão individual. Outros, como o DB2 da IBM, estão localizados em computadores interconectados para dar suporte aos sistemas de processamento de transações, tais como sistemas de pedidos e de controle de estoque. SGBDs como o Oracle 11g estão interconectados via redes locais (LANs), dando aos departamentos acesso a dados corporativos. As LANs são redes privadas que pertencem à e são gerenciadas pela organização; as LANs são discutidas em detalhe no Capítulo 4.

Um SGBD permite que diferentes usuários compartilhem dados e recursos de processamento. Como um único banco de dados pode servir a requisitos tão diferentes de tantos usuários? Por exemplo, como um único banco de dados pode ser estruturado de modo que o pessoal de vendas possa ver o cliente, o estoque e os dados de manutenção da produção enquanto o departamento de recursos humanos mantém acesso restrito aos dados pessoais privados?

A resposta é que um SGBD oferece duas visões dos dados: uma visão física e outra lógica. A visão física lida com a organização física atual e a localização de dados em dispositivos de armazenamento de acesso direto (*direct access storage device* – DASDs). Especialistas em bases de dados utilizam a visão física para configurar o armazenamento e os recursos de processamento.

Os usuários, por outro lado, precisam visualizar os dados de forma diferente da qual estão armazenados, e eles não querem saber de todos os detalhes técnicos do armazenamento físico. Afinal de contas, um usuário de negócios está interessado, em primeiro lugar, em utilizar a informação, não em saber como ela é armazenada. A visão lógica, ou a visão do usuário, dos dados é significativa para o usuário. O que é importante é que um SGBD oferece visões lógicas infinitas dos dados. Essa característica permite que o usuário veja os dados de uma perspectiva relacionada aos negócios em vez de um ponto de vista técnico. É evidente que os usuários precisam se adaptar aos requisitos técnicos dos sistemas de informação de bancos de dados em um certo nível, mas as visões lógicas permitem que o sistema se adapte às necessidades de negócio dos usuários. A forma como você vê os dados (*visão lógica* ou visão do usuário) pode variar; mas o armazenamento físico dos dados (*visão física*) é fixo.

Questões para revisão

1. O que é um banco de dados? O que é um sistema de gerenciamento de banco de dados (SGBD)?
2. Quais são as três funções dos dados em um SGBD?
3. Qual é a diferença entre a visão física e a visão lógica dos dados?

3.4 Data warehouses, data marts e data centers

Não é necessário que as empresas mais bem-sucedidas sejam as maiores empresas, mas as mais inteligentes. Ser uma empresa inteligente significa ter acesso em tempo real a dados relevantes, compreendê-los (normalmente com a ajuda de ferramentas de visualização de dados) e utilizar o conteúdo desses dados para aumentar a produtividade e/ou a lucratividade. Ter informações completas é fundamental para esse processo. O data warehouse permite que gestores e trabalhadores do conhecimento utilizem dados de toda a empresa, o que lhes dá vantagem, e, portanto, ajuda-os a tomar as decisões mais inteligentes.

Lembre-se de nossa discussão sobre gerenciamento de dados: um data warehouse é um repositório cujos dados estão organizados de modo que possam ser analisados prontamente com o uso de métodos como mineração de dados, suporte à tomada de decisão, consulta de base dados e outros aplicativos. Exemplos de usos de data warehouse são a gestão da receita, a gestão de relacionamento com o cliente, a detecção de fraudes e aplicações de gestão de folha de pagamento. Comparar o data warehouse a um banco de dados ajuda a compreendê-lo melhor.

COMPARANDO BANCOS DE DADOS AOS DATA WAREHOUSES

Um data warehouse e os bancos de dados comuns consistem em tabelas de dados (arquivos), chaves primárias e outras chaves e recursos de consulta. A grande diferença é que um banco de dados é desenhado e otimizado para armazenar dados, enquanto os data warehouses são desenhados e otimizados para responder a questões de análise essenciais ao negócio.

Os bancos de dados são **sistemas de processamento de transações online** (*online transaction processing* – OLTP) nos quais toda transação precisa ser registrada rapidamente. Pense, por exemplo, em transações financeiras, como retirar dinheiro de um caixa automático ou fazer débito em conta. Essas transações precisam ser registradas e processadas no momento em que ocorrem, ou seja, em tempo real. Consequentemente, os sistemas de bancos de dados e de cartões de débito são planejados para garantir que cada transação seja registrada imediatamente.

Os bancos de dados são voláteis, porque dados estão constantemente sendo adicionados, editados ou atualizados. Pense no banco de dados de um banco. A cada depósito, retirada, pagamento de empréstimo ou outra transação, novos dados são adicionados ou modificados. A volatilidade causada pelo processo de transações torna a análise de dados muito difícil. Para lidar com este problema, os dados são extraídos de determinado bancos de dados, transformados e carregados dentro de um data warehouse. De forma significativa, esses dados podem apenas ser lidos; isso quer dizer que não podem ser atualizados. Em vez disso, permanecem os mesmos até a próxima extração, transformação ou carregamento de dados agendado (ETL). Diferentemente dos bancos de dados, então, o data warehouse não é volátil. Assim, os data warehouses são projetados como **sistemas de processamento analítico online** (*online analytical processing* – OLAP), o que significa que os dados podem ser consultados e analisados de maneira muito mais eficiente do que com as aplicações OLTP dos bancos de dados.

SUPORTE EM TEMPO REAL DE UM DATA WAREHOUSE

O mundo moderno de negócios está passando por uma crescente tendência de armazenamento e análise dos dados em tempo real. No passado, os data warehouses davam suporte, primeiramente, às aplicações estratégicas, as quais não necessitavam de resposta em tempo real, interação direta com o cliente ou integração com sistemas da operação do negócio. Hoje os negócios cada vez mais usam informações no momento da interação com o cliente, dando suporte em tempo real. As empresas com um data warehouse ativo serão capazes de interagir de maneira apropriada com o cliente e dar um serviço de qualidade superior a ele, o que aumenta os lucros.

Empresas como a Capital One, de cartões de crédito, acompanham a lucratividade de cada cliente e utilizam essa pontuação para determinar o nível de serviço ao cliente. Por exemplo, quando um cliente liga para a Capital One, deve digitar o número de seu cartão de crédito, que está relacionado a uma pontuação de lucratividade. Clientes que dão pouco lucro obtêm apenas uma resposta de voz; clientes que trazem grandes lucros recebem uma resposta ao vivo – de um representante do serviço ao cliente.

Pense, por exemplo, no caso de Charles, que está ligando para o centro de atendimento ao cliente porque perde frequentemente ligações feitas para o seu celular. Por meio do aplicativo do centro de ligações (ligado ao data warehouse ativo), o representante do serviço ao cliente acessa não apenas o histórico completo das ligações de Charles para a empresa, mas também uma visualização completa de todos os serviços que ele assina – DSL, Internet e celular – junto com seu nível de lucratividade, que leva o representante a saber o quão lucrativo (valioso) ele é para a empresa. O serviço ao cliente inteligente e seletivo é possível porque todas as linhas e ligações de serviços ao cliente estão armazenadas em um data warehouse ativo. Os representantes utilizam os dados e as informações da empresa para determinar a melhor ação ou para oferecer a solução de problema para satisfação de Charles. Além disso, o representante terá um insight sobre venda cruzada ou venda de serviços adicionais, tendo como base os detalhes do perfil de Charles e a informação de interação com a empresa. Nesse exemplo, um data warehouse ativo oferece uma visão do cliente que indicou qual intervenção deveria ser tomada com base na lucratividade do cliente à empresa. Devido à assinatura de Charles aos serviços de grande margem de lucro da empresa, a empresa quer minimizar os riscos de perdê-lo como cliente.

A NECESSIDADE DE UM DATA WAREHOUSE

Muitas organizações constroem data warehouses porque estão frustradas com dados de suporte à decisão inconsistentes ou porque precisam melhorar os aplicativos de relatório ou compreender melhor o negócio. Por essa perspectiva, data warehouses são investimentos em infraestrutura que empresas fazem para dar suporte às tomadas de decisão atuais e futuras.

As empresas mais bem-sucedidas são aquelas que podem dar uma resposta rápida e flexível às mudanças do mercado e às oportunidades, e a chave para essa resposta é utilizar dados e informações de maneira efetiva e eficiente. As empresas desempenham essa tarefa não apenas pelo processamento de transações nas quais os funcionários da empresa – frequentemente, usuários finais – analisam os dados acumulados. O processamento analítico, também chamado de business intelligence (BI), inclui mineração de dados, sistemas de suporte à decisão (SSD), sistemas de gestão empresarial, aplicativos Web, consultas e outras atividades de usuário final.

BENEFÍCIOS DE UM DATA WAREHOUSE

De acordo com a Teradata Corp., os benefícios de um data warehouse estão relacionados tanto aos negócios quanto à TI. Do ponto de vista do negócio, as empresas podem tomar decisões melhores, porque possuem acesso a informações melhores. Do ponto de vista da TI, os data warehouses entregam informações de forma mais eficiente e eficaz. Diversas áreas de uma organização se beneficiam de um data warehouse, por exemplo:

- **Marketing e vendas.** O uso de data warehouse para introdução de produtos, acesso a informação de produtos, efetividade do programa de marketing e lucratividade da linha de um produto. O uso de dados para maximizar a lucratividade por cliente.
- **Preços e contratos.** O uso de dados para calcular custos de forma precisa para otimizar preços e contratos. Sem dados precisos sobre custos, os preços podem ficar abaixo ou próximos demais do custo ou os preços podem não ser competitivos porque estão muito altos.
- **Previsão.** O data warehouse presta assistência e visibilidade em tempo real, da demanda de um usuário final.
- **Desempenho de vendas.** O uso de dados para determinar a lucratividade das vendas e produtividade por todos os territórios e regiões; pode obter e analisar os resultados por geografia, produto, grupo de vendas ou individualmente.
- **Financeiro.** Utiliza os resultados por dia, semana ou mês para melhoria da gestão financeira.

A Figura 3.11 mostra um diagrama do processo de construção e uso de um data warehouse. Os dados da organização estão armazenados em sistemas da operação do negócio (lado esquerdo da figura). Nem todos os dados precisam ser transferidos para o data warehouse. Muitas vezes, apenas o resumo dos dados é transferido. Os dados que são transferidos são organizados em um data warehouse em um formato que é fácil de os usuários finais acessarem

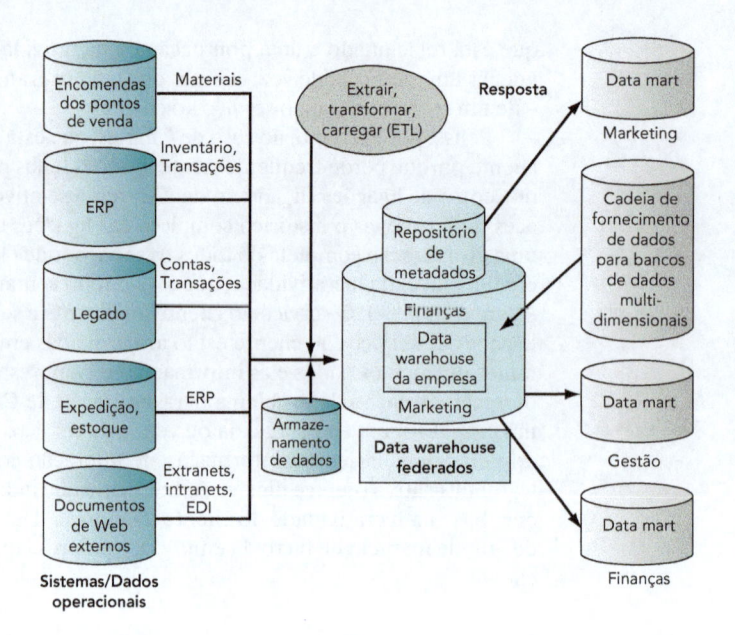

Figura 3.11 Framework e visões de um data warehouse.

e localizarem. Os dados também são padronizados e organizados por assunto, como a área funcional, o fornecedor ou o produto.

CARACTERÍSTICAS DE UM DATA WAREHOUSE

Todos os tipos de data warehouse têm nove características principais:

1. **Organização.** Dados são organizados por assunto (por exemplo, por cliente, fornecedor, produto, nível de preço e região) e contêm informações relevantes apenas para dar suporte à decisão.
2. **Consistência.** Dados em bancos de dados diferentes podem ser codificados de maneira diferente. Por exemplo, um dado sobre gênero pode ser codificado em 0 e 1 em um sistema da operação do negócio, e "m" e "f" em outro. No data warehouse, será codificado de forma consistente.
3. **Variante de tempo.** Dados são mantidos por muitos anos de modo que possam se utilizados para identificar tendências, previsões e fazer comparações ao longo do tempo.
4. **Não volátil.** Uma vez que os dados são colocados em um data warehouse, eles não são atualizados.
5. **Estrutura relacional.** Normalmente, os data warehouses utilizam uma estrutura relacional.
6. **Cliente/servidor.** O data warehouse utiliza uma arquitetura cliente/servidor, principalmente para fornecer ao usuário final um acesso fácil os seus dados.
7. **Baseado na Web.** Os data warehouses de hoje são planejados para fornecer um ambiente computacional eficiente para aplicações baseadas na Web.
8. **Integração.** Os dados de diversas fontes são integrados. Os Web services são utilizados para dar suporte à integração.
9. **Em tempo real.** Embora a maioria dos aplicativos de data warehouse não funcione em tempo real, é possível configurá-los para que tenham recursos em tempo real.

CONSTRUINDO UM DATA WAREHOUSE

A tarefa de construir e implementar um data warehouse pode apresentar problemas. Por ser um data warehouse muito grande e caro de construir, é importante compreender os fatores chave para o sucesso de sua implementação. Especificamente, uma empresa que esteja considerando construir um data warehouse primeiro precisa responder a uma série de questões básicas:

- A alta administração suporta o data warehouse?
- Os usuários suportam o data warehouse?
- Os usuários querem acessar uma grande variedade de dados? Se sim, o que é preferível: um repositório único ou um conjunto de data marts que funcionam independentemente?
- Os usuários querem acessar os dados e as ferramentas de análise?

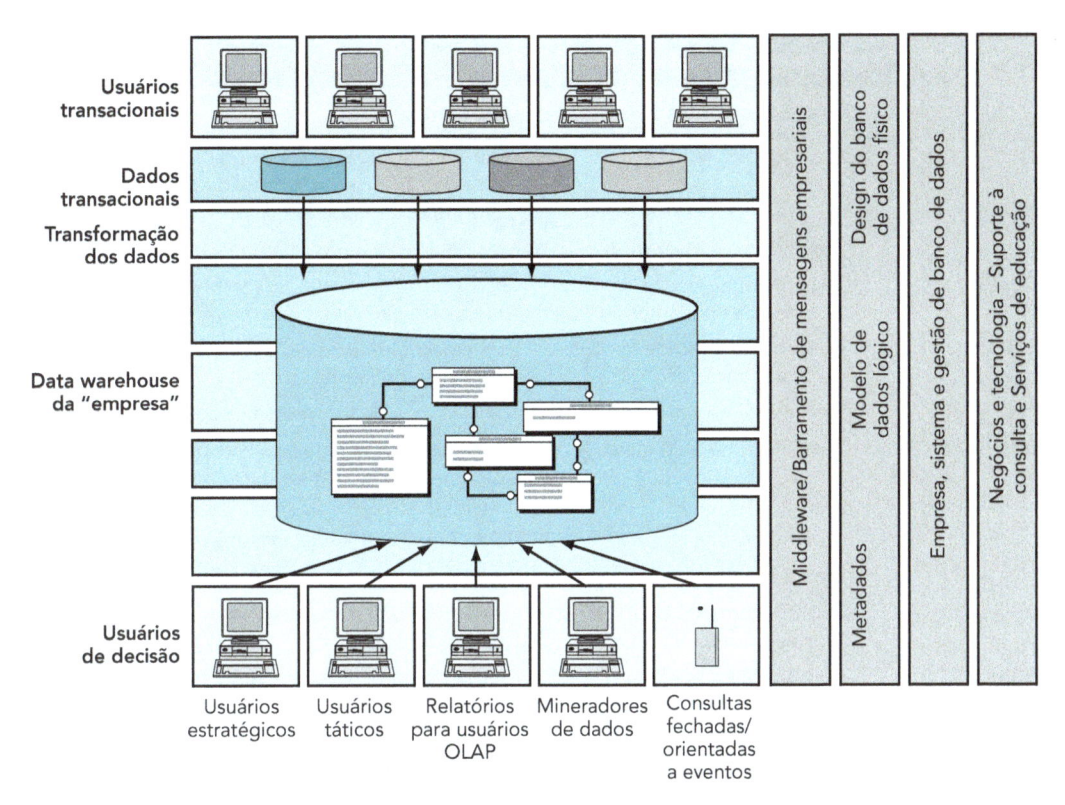

Figura 3.12 Data warehouse corporativo da Teradata Corp. (*Fonte: Teradata Corporation [teradata.com], reproduzido com permissão.*)

- Os usuários compreendem como usar um data warehouse para solucionar problemas de negócio?
- A unidade possui um ou mais usuários poderosos capazes de compreender tecnologias de data warehouse?

Arquitetura e ferramentas. Existem diversas arquiteturas básicas para data warehouses. As duas mais comuns são a arquitetura de dois níveis e de três níveis. Na arquitetura de três níveis, os dados do data warehouse são processados duas vezes e depositados em um banco de dados multidimensional extra, no qual eles podem ser organizados para uma fácil análise multidimensional e para a apresentação ou replicação em data marts.

Existem dois motivos principais para criar um data warehouse como um armazenamento de dados separado. Primeiro, o desempenho de um local onde os dados são armazenados separadamente é melhor, porque não está competindo (ou aguardando) pelo tempo de processamento. Segundo, modelar um banco de dados que possa ser utilizado para propósitos operacionais e analíticos pode ser uma tarefa difícil. A Figura 3.12 representa um data warehouse corporativo (DWC) desenvolvido pela Teradata Corp. Essa abordagem centralizada reduz a quantidade de dados que a equipe técnica precisa transferir, simplificando, dessa forma, a gestão e a administração de dados. Os usuários também recebem acesso a todos os dados no data warehouse em vez de serem limitados por data marts individuais.

Colocando o conteúdo do data warehouse na intranet. O conteúdo de um data warehouse pode ser entregue aos tomadores de decisão em toda a empresa via intranet. Os usuários podem visualizar, consultar e analisar os dados e gerar relatórios utilizando navegadores Web. Esse método é extremamente econômico e eficaz para entregar dados.

Adequação. O uso de um data warehouse é mais apropriado para organizações que possuem algumas das características listadas abaixo:

- Os usuários finais precisam acessar grandes quantidades de dados.
- Os dados operacionais são armazenados em sistemas diferentes.
- A organização aplica uma abordagem baseada na informação para a gestão.

TABELA 3.3 — Usos estratégicos do data warehouse

Setor	Áreas funcionais	Uso estratégico
Aviação	Operações e Marketing	Tarefas da equipe, implementação de aeronaves, tarifas variadas, análise de lucratividade de rota, promoções de programa de fidelidade
Vestuário	Distribuição e Marketing	Merchandising, renovação de estoque
Serviços bancários	Desenvolvimento de Produto, Operações e Marketing	Serviço ao cliente, análise de tendência, produtos e promoções, redução de gastos com SI
Cartão de crédito	Desenvolvimento de Produto e Marketing	Serviço ao cliente, serviço de novas informações de taxas, detecção de fraude
Contratos de defesa	Desenvolvimento de Produto	Transferência de tecnologia, produção de aplicações militares
Comércio eletrônico	Distribuição e Marketing	Data warehouses com recursos personalizados, preferências de marketing/compras permitindo up-selling e cross-selling
Governo	Operações	Relatórios sobre áreas de crime, segurança interna
Saúde	Operações	Redução de custos operacionais
Investimento e seguros	Desenvolvimento de Produto, Operações e Marketing	Gestão de risco, análise de movimentos do mercado, análise de tendências do consumidor, gestão de portfólio
Cadeia de varejo	Distribuição e Marketing	Análise de tendência, análise de padrões de compra, política de preços, controle de estoque, promoções de vendas, decisões otimizadas de canais de distribuição
Telecomunicações	Desenvolvimento de Produto, Operações e Marketing	Promoções de novos serviços e produtos, redução do orçamento com SI, análise da lucratividade

- A organização presta serviço a uma base de clientes grande e diversificada (como em uma empresa de abastecimento ou um banco; por exemplo, o data warehouse da AT&T de 26 terabytes é utilizado para a análise de marketing por 3.000 funcionários).
- Os mesmos dados são representados de maneira diferente em sistemas diferentes.
- Os dados são armazenados em formatos altamente técnicos que são difíceis de decifrar.
- A computação de usuário final é desempenhada extensivamente (muitos usuários finais desempenhando muitas atividades).

A Tabela 3.3 resume algumas das aplicações bem-sucedidas dos data warehouses. Centenas de outras aplicações foram relatadas (por exemplo, veja as histórias de sucesso de clientes e estudos de caso nos sites de fornecedores como a Hyperion Inc., Business Objects, Cognos Corp., Information Builders, NCR Corp., Oracle, Computer Associates e Software A&G). Para mais discussões sobre este tópico, visite o Data Warehouse Institute (tdwi.org/).

Muitas organizações, apoiadas no sucesso de seus esforços em data warehouse, estão tornando data warehouses públicos. Um exemplo é a Wells Fargo. Seu esforço de desenvolvimento utiliza recursos de uma Teradata warehouse para oferecer uma ferramenta online que coleta e resume transações para os clientes – cartão de crédito, de débito, pagamentos online, movimentação de conta bancária – e gera uma análise das sessões de operações bancárias online. Clientes são mais capazes de compreender seus padrões de gastos e relataram um grande índice de satisfação.

Outra empresa que continua a aumentar seus empreendimentos utilizando data warehouse público é a Travelocity. Parte do sucesso da empresa se dá em função do uso inovador que faz do seu DWC para o marketing e para CRM.

DATA MARTS, ARMAZENAMENTO DE DADOS OPERACIONAIS E BANCOS DE DADOS MULTIDIMENSIONAIS

As organizações muitas vezes implementam data marts, armazenamento de dados operacionais e bancos de dados multidimensionais tanto como suplementos quanto como substitutos para data warehouses. Nesta seção, observamos de perto esses sistemas, começando pelos data marts.

Data marts. Os custos altos de data warehouses podem torná-los caros demais para que uma empresa os implemente. Como alternativa, muitas empresas criam uma versão de baixo custo, mais reduzida de um data warehouse, chamada de data mart. Os data marts são projetados para uma unidade estratégica de negócios ou para um único departamento.

TABELA 3.4 — Razões de falhas de um data warehouse

Projeto do data warehouse

- Expectativas irreais
- Arquitetura inapropriada
- Fornecedores extrapolando sua capacidade
- Falta de experiência em desenvolvimento
- Falta de patrocínio efetivo ao projeto

Implementação do data warehouse

- Pouco treinamento de usuário
- Falha no alinhamento do data warehouse e do data mart
- Falta de atenção às questões culturais
- Políticas corporativas desatualizadas

Operação do data warehouse

- Baixa manutenção de tecnologia
- Falha em módulos de atualização
- Falta de integração
- Baixa qualidade dos dados

Além de baixar os custos (menos de 100.000 contra 1 milhão de dólares ou mais para um data warehouse), os data marts requerem um prazo menor para sua implementação, normalmente menos de 90 dias. Além disso, por permitir um controle local em vez de central, ele dá poder ao grupo usuário. Ele também contém menos informação do que um data warehouse. Assim, responde mais rapidamente, e é mais fácil de entender e de navegar. Por fim, eles permitem que uma unidade de negócio construa seu próprio sistema de suporte à decisão sem depender de um departamento SI centralizado.

Armazenamento de dados operacionais. O **armazenamento de dados operacionais** é um banco de dados para sistemas de processamento de transação que utilizam conceitos de data warehouse para fornecer dados limpos. Isso traz os conceitos e benefícios de data warehouse às porções operacionais do negócio a um custo menor. Assim, isso pode ser visto como estando situado entre os dados operacionais (nos sistemas legados) e no data warehouse. Um armazenamento de dados operacionais é utilizado para decisões de curto prazo envolvendo aplicações de missão críticas, em vez de decisões de médio e longo prazo que estão associadas ao data warehouse regular. Essas decisões requerem acesso a muito mais informações correntes. Por exemplo, o banco precisa saber sobre todas as contas para um cliente que está ligando.

Falhas do sistema. Infelizmente, apesar de seus benefícios em potencial, as implementações de grandes sistemas de informação muitas vezes falham. Exemplos e razões para essas falhas estão resumidos na Tabela 3.4. Sugestões sobre como evitar a falha do data warehouse foram fornecidas por datawarehouse.com, bitpipe.com e teradatauniversitynetwork.com.

DATA CENTERS

Data center é um nome dado aos prédios que contêm SIs de missão crítica e componentes que entregam dados e serviços de TI a toda a empresa. Os data centers armazenam e integram redes, sistemas de computador e dispositivos de armazenamento. Eles precisam garantir a disponibilidade de poder e fornecer segurança física dos dados. Os data centers mais novos são enormes e incluem controles de temperatura e de incêndio, segurança física e digital, sistema de alimentação redundante, tais como fontes ininterruptas de energia, e conexões de comunicação de dados redundantes. Por exemplo, em 2008, o Christus Health Medical Center no Texas construiu um data center de 23 milhões de dólares para armazenar os registros de seguro de seus pacientes, exames de tomografia computadorizada e outros dados e documentos. O tamanho do data center é de cerca de 4 mil metros quadrados, mais de 10 vezes o tamanho do primeiro data center do hospital. A demanda por dados fotométricos está crescendo rapidamente conforme mais tipos de prontuários e registros são digitalizados, armazenados e arquivados por décadas.

Muitas empresas estão construindo ou reconfigurando seus data centers para economizar dinheiro. Algumas não podem arcar com os custos de eletricidade e resfriamento. Outras precisam de mais capacidade computacional, de armazenamento ou de rede para lidar com as novas aplicações ou com as aquisições. Outras precisam ainda melhorar suas capacidades de recuperação de desastres. Criar – ou reduzir os custos de – um site de recuperação de desastres muitas vezes faz parte do plano de atualização do data center. A próxima geração de data centers será mais eficiente ao baixar os custos operacionais e o consumo de energia. Eles terão maior disponibilidade (tempo de funcionamento) para cumprir com as necessidades do negócio e irão ser mais fáceis de gerenciar. Uma empresa de networking, a Cisco (cisco.com), oferece diversos podcasts e vídeos demonstrativos de data centers.

Questões para revisão

1. Qual é a principal diferença no projeto de bancos de dados e de data warehouses?
2. Compare os bancos de dados e os data warehouses em termos de volatilidade de dados e de suporte à decisão.
3. Qual é a vantagem de um data warehouse ativo?
4. Quais são as funções dos dados desempenhadas pelo data warehouse?
5. Como um data warehouse pode dar suporte aos requisitos de conformidade da empresa e às iniciativas verdes?
6. Por que os data centers são importantes para o desempenho?

3.5 Gerenciamento de conteúdo da empresa

O **gerenciamento de conteúdo da empresa** (GCE) se tornou uma tecnologia de gerenciamento de dados importante, especialmente para organizações de grande e médio porte. O GCE inclui gerenciamento de documentos eletrônicos, de conteúdo Web, de ativos digitais e de registros eletrônicos. As infraestruturas de **gerenciamento de registros eletrônicos** (GRE) ajudam a reduzir custos, compartilhar facilmente o conteúdo dentro de uma empresa, minimizar riscos, automatizar processos extensivos em tempo intensivo e processos manuais, e a consolidar múltiplos sites em uma única plataforma.

Quatro forças essenciais estão levando as organizações a adotarem uma abordagem estratégica, em nível de empresa, para planejar e implantar sistemas de conteúdo:

- Composição do crescimento de conteúdo gerado pelas organizações
- Necessidade de integrar o conteúdo aos processos de negócio
- Necessidade de dar suporte à sofisticação crescente de usuários de negócio quanto ao acesso ao conteúdo e à interação
- Necessidade de manter a governança e o controle sobre o conteúdo para garantir a conformidade sobre a regulamentação e preparação para descobertas legais

Negócios modernos geram volumes de documentos, mensagens e memorandos que, por sua natureza, possuem conteúdo não estruturado (dados ou informação). Porém, os conteúdos de e-mail e de mensagens instantâneas, planilhas, faxes, relatórios, notas de caso, páginas Web, mensagens de voz, contratos e apresentações não podem ser colocados no banco de dados. Entretanto, muitos desses materiais são registros de negócios (conforme discutimos na Seção 3.1) que precisam ser mantidos. Como esses materiais não são necessários para operações ou decisões em andamento, eles são arquivados – movidos para um local de armazenamento de longo prazo. Como esses materiais são registros de negócios, precisam ser mantidos e estar disponíveis quando auditores, investigadores, a Secretaria da Fazenda, a Receita Federal ou outras autoridades os solicitarem. Para que sejam recuperados, os registros precisam ser organizados e classificados como dados estruturados em um banco de dados.

Os registros são diferentes dos documentos porque não podem ser modificados ou deletados, exceto sob circunstâncias controladas. Por outro lado, os documentos normalmente são remetidos à revisão. A Figura 3.13 mostra as diferenças entre documentos e registros, assim como a relação entre o gerenciamento de documento e de registros.

Gerenciamento de documentos e de registros eletrônicos. Na Seção 3.1, você leu que os sistemas de gerenciamento de documentos organizam e armazenam e-mails, mensagens instantâneas e outros tipos de conteúdo não estruturado. Nesta seção, examinaremos um tópico relacionado, o gerenciamento de registros eletrônicos (GRE).

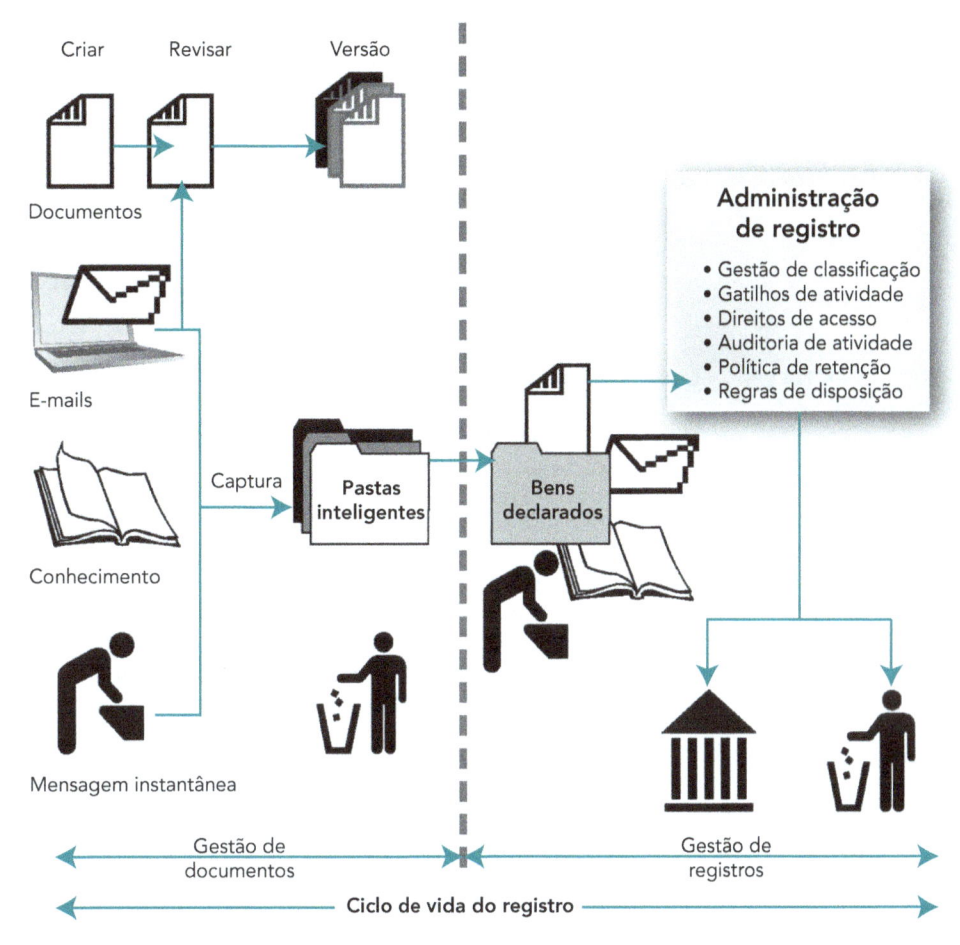

Figura 3.13 Gerenciamento de registros eletrônicos desde a criação até a retenção ou destruição.

Simplesmente criar backups de registros não é uma forma de GRE, porque o conteúdo não é organizado de modo que possa ser recuperado de maneira fácil e precisa. O GRE requer o envolvimento não somente de envolvidos chave em manutenção de registros, como gestores de registro ou registros de bibliotecários, como também pessoal de TI e administradores que compartilham a responsabilidade de estabelecer políticas de GRE. Essas políticas incluem agendar a manutenção e a eliminação de registro, o que deve estar de acordo com as regulamentações estaduais e federais.

O requisito para gerir registros – independentemente de eles estarem em papel ou serem eletrônicos – não é novidade. O que é novo é o volume de registros que precisam ser revisados para determinar se devem ser mantidos ou eliminados. Se geridos de maneira correta, os registros eletrônicos são ativos estratégicos. Se geridos de maneira incorreta ou se forem destruídos, eles se tornam passivos.

O VALOR DE NEGÓCIO DO GERENCIAMENTO DE REGISTROS ELETRÔNICOS

As empresas precisam estar preparadas para responder a uma auditoria, uma investigação federal, um processo ou qualquer outra ação legal. Tipos de processos contra empresas incluem violações de patente, negligência com a segurança do produto, roubo de propriedade intelectual, quebra de contrato, rescisão indevida, assédio, discriminação, entre muitos outros.

Cerca de 90% das corporações nos Estados Unidos se envolveram em processos; a todo o instante, uma empresa média de 1 bilhão de dólares nos Estados Unidos enfrenta 147 processos (Kish, 2006). Cada processo envolverá a descoberta, ou o pedido de informação (que quase sempre envolve o pedido de e-mails e outras formas de comunicação eletrônica). A **descoberta** é um processo de juntar informações para preparar um julgamento, uma investigação legal ou regulamentar, ou uma ação administrativa requerida pela lei. Quando uma informação eletrônica está envolvida, o processo é chamado de descoberta eletrônica, ou e-discovery.

Quando uma empresa recebe uma solicitação de descoberta eletrônica, ela precisa produzir o que lhe é solicitado – ou enfrentar as acusações de obstruir a justiça ou desobedecer o tribunal.

São diversos os casos em que uma empresa incorreu com grandes custos por não responder a uma descoberta eletrônica, como mostramos a seguir:

- Falha ao salvar e-mails resultou em multa de 2,75 milhões de dólares para a Phillip Morris.
- Falha ao responder aos requerimentos de descoberta eletrônica custaram ao Bank of America 10 milhões de dólares em multas.
- Falha ao fazer backups e recuperar e-mails deletados resultou em uma sentença de 29,3 milhões de dólares contra a USB Warburg, no que se tornou um caso histórico: Zubulake *versus* USB Warburg.

CRESCIMENTO DE GCE E GRE

No EMC World Conference em Las Vegas, em 2008, 9.000 participantes ouviram sobre o futuro do EMC para o gerenciamento de conteúdo, virtualização e armazenamento Web 2.0 – indicando a importância dessas tecnologias. Esperava-se que os dados armazenados atingissem 2 trilhões de gigabytes em 2011. Manter os dados corporativos a salvo será um desafio enorme, como você lerá no Capítulo 5.

Diferentemente de qualquer outro aspecto de negócio, o planejamento e o gerenciamento de documentos e de registros eletrônicos são elementos de cada processo de negócio. Essa situação tem aumentado tanto o número de fornecedores de GCE e GRE quanto os recursos que eles oferecem. Os fornecedores vendem pacotes de produtos, incluindo o gerenciamento de documentos, a colaboração, portais e business intelligence.

Muitas das principais empresas de TI se tornaram fornecedoras de GCE e GRE. Entre os fornecedores de GCE estão a IBM (ibm.com), a Oracle (oracle.com) e a EMC (emc.com).

Entre os principais fornecedores de GRE estão a Hummingbird (hummingbird.com), a Iron Mountain (ironmountain.com), a Oracle (oracle.com) e a AccuTrac (accutrac.com). Visite o site ironmountain.com/services/tours/records.asp ou o ironmountain.com/services/tours/dms.asp para assistir a vídeos sobre gerenciamento de registros eletrônicos e centro de gerenciamento de registros.

Questões para revisão

1. Defina GCE.
2. Qual é a diferença entre um documento e um registro?
3. Por que o GRE é importante para uma organização?
4. Defina descoberta e descoberta eletrônica.
5. Fazer backups de registros eletrônicos é diferente de um GRE? Por quê?

Termos-chave

armazenamento de dados operacionais 81
arquivo 70
arquivo de referência mestre 63
ativos 59
banco de dados 59
bit 69
byte 69
campo 70
chave primária 70
chave secundária 70
dados sujos 60
dashboard 62
data center 81
data mart 65
data warehouse 59

descoberta 83
entidade de dados 64
entidade de dados mestre 64
ETL 65
gerenciamento de conteúdo da empresa 82
gerenciamento de dados 61
gerenciamento de dados mestre (GDM) 63
gerenciamento de documentos 68
gerenciamento de registros eletrônicos 82
método de acesso sequencial indexado (ISAM) 71
mineração de texto 57
organização direta de arquivos 71
organização randômica de arquivos 71
organização sequencial de arquivos 71

portal corporativo 63
qualidade dos dados 65
redes cliente/servidor 63
registro 70
registro de negócio 68
sincronização de dados 75
sistema de gerenciamento de banco de dados 74
sistemas de gerenciamento de documentos (SGD) 68
sistemas de processamento analítico online 76
sistemas de processamento de transação online 76
texto 57
visualização de dados 61

Destaques do capítulo

(Os números estão relacionados aos Objetivos de aprendizagem)

① Dados são a base de qualquer sistema de informação e precisam ser gerenciados em seu ciclo de vida útil, o que converte os dados em informação útil, em conhecimento e em uma base para dar apoio às decisões. Visto a partir da lucratividade básica ou do modelo interno bruto (lucro = receita − despesas), o lucro aumenta quando os funcionários aprendem e utilizam os dados para aumentar os rendimentos, reduzir despesas ou ambos.

② Gestores e trabalhadores de informação podem ser limitados por dados que podem não ser confiáveis porque estão incompletos, descontextualizados, velhos, imprecisos, inacessíveis ou tão pesados que requerem tempo demais para serem analisados.

② Os erros e inconsistências nos dados levam a erros e perdas de oportunidades, como entregas erradas, erro de fatura e problemas com sincronização de dados a partir de múltiplos locais.

② Muitos fatores que causam impacto na qualidade dos dados devem ser localizados e controlados.

③ Programas que gerenciam dados e fornecem acesso ao banco de dados são chamados de sistemas de gerenciamento de banco de dados (SGBDs).

③ Dados e documentos são gerenciados eletronicamente. Eles são digitalizados, armazenados e utilizados em sistemas de gerenciamento eletrônicos.

③ Os benefícios de utilizar um SGBD incluem melhorar o uso estratégico de dados corporativos, reduzir a complexidade do ambiente dos dados, reduzir a redundância de dados e reforçar a integridade dos dados, aumentar a segurança, reduzir os custos de manutenção de dados e fornecer melhor acesso aos dados.

④ A visão lógica, ou a visão do usuário, dos dados é significativa para os usuários. Restringir o acesso aos dados com base nas responsabilidades de trabalho do usuário aumenta a segurança dos dados.

④ O modelo lógico é uma visão detalhada dos dados na qual as entidades de alto nível são quebradas em entidades de dados gerenciáveis (por exemplo, os dados dos clientes sobre preferências de produto, contato do cliente, locais de compra e vendas de produtos).

⑤ Os data warehouses e data marts dão suporte à demanda de necessidades de dados oriunda dos tomadores de decisão. Dados relevantes são classificados e organizados para o acesso facilitado dos usuários finais.

⑥ O gerenciamento eletrônico de documentos, o controle automático de documentos, é a chave para uma eficiência maior em lidar com documentos para conquistar uma vantagem competitiva.

⑥ Como uma organização gerencia seus registros eletrônicos pode afetar diretamente sua capacidade de competir de forma inteligente, de responder às leis e regulamentações, de responder a investigações e de se recuperar de um desastre. Os requisitos de regulamentação, como o Sarbanes-Oxley, requerimentos particulares e legislação antifraude tornaram a gestão de informação uma obrigação legal e uma prioridade de negócio.

Questões para discussão

1. Qual é o objetivo da mineração de texto?
2. Explique como ter dados detalhados em tempo real ou em tempo quase real melhora a produtividade e qualidade da decisão.
3. Qual é a importância do gerenciamento de dados e de textos?
4. Liste três tipos de perda ou dano que erros nos dados podem causar.
5. Explique o *princípio de uso de dados 90/90*.
6. Como a visualização de dados melhora a tomada de decisão?
7. Discuta os principais benefícios e vantagens de um data warehouse.
8. Por que o gerenciamento de dados mestres é importante em empresas com múltiplas fontes de dados?
9. Um data mart pode substituir um data warehouse ou complementá-lo. Compare e discuta essas opções.
10. Quais deveres éticos são impostos às empresas sobre o conjunto de dados de clientes?
11. Como as organizações estão usando seus data warehouses para melhorar a satisfação do cliente e a lucratividade da empresa?
12. Relacione o gerenciamento de documentos e os sistemas de imagem.
13. Discuta os fatores que tornam o gerenciamento de documentos tão valioso. Quais recursos são especificamente valiosos?
14. Faça a distinção entre bancos de dados operacionais, data warehouses e data marts.

Exercícios e projetos

1. Leia *TI em ação 3.1*, "Erros de dados custam bilhões de dólares e colocam vidas em perigo". Responda as questões ao final. Após, visite o site da SAS, sas.com, para procurar por seus dados de sincronização ou solução de dados integrados. Liste os principais benefícios de uma solução SAS.
2. Entreviste um gestor ou outro trabalhador do conhecimento na empresa em que você trabalha ou à qual tem acesso. Descubra os problemas nos dados que a pessoa encontrou e avalie o que ele ou ela fez para solucioná-los.
3. Leia *TI em ação 3.2*, "Encontrando doadores de milhões de dólares em três minutos". Responda as questões ao final. Depois, visite o site da Business Objects, businessobjects.com, e procure por "Xcelsius 2008 Demos and Sample Downloads". Clique em uma das imagens do painel ou modelo para rodar um demo interativo. Use a simulação de controles no demo para ver o Xcelsius 2008 em ação (ou visite o site businessobjects.com/product/catalog/xcelsius/demos.asp). Identifique o modelo ou o dashboard que você visualizou anteriormente. Explique os benefícios para os tomadores de decisão ao utilizar o dashboard ou o modelo.

4. Visite a Analysis Factory em analysisfactory.com. Clique para ver os painéis de solução de negócio interativo, chamados de Interactive Business Solution Dashboards. Selecione um tipo de dashboard e explique seus valores ou suas características.

5. Leia *TI em ação 3.3*, "Segurança nacional depende da inteligência e da mineração de dados". Respondas as perguntas ao final. Visite a oracle.com e faça uma busca por Oracle Data Mining (ODM). Identifique três funcionalidades do ODM.

Tarefas em grupo e projetos

1. Prepare um relatório sobre o assunto de gerenciamento de dados e intranet. Preste atenção, especialmente, ao papel de um data warehouse, o uso de browsers para pesquisas e mineração de dados. Cada grupo irá visitar um ou dois sites de fornecedores, ler os informes técnicos e examinar os produtos (Oracle, Red Bricks, Brio, Siemens Mixdorf IS, NCR, SAS e Information Advantage). Além disso, visite o site do Data Warehouse Institute (tdwi.org).

2. Utilizando a mineração de dados, é possível não apenas capturar informações que foram enterradas em tribunais distantes, mas também manipulá-las e cruzá-las. Essa capacidade pode beneficiar o poder jurídico, mas também pode resultar em invasão de privacidade. Em 1996, a Lexis-Nexis, um serviço de informação online, foi acusada de permitir o acesso a informações delicadas de alguns indivíduos. A empresa argumentou que foi acusada injustamente, porque forneceu apenas dados residenciais básicos para advogados e outros do poder executivo. A Lexis-Nexis deveria ser proibida de permitir acesso a tais informações? Discuta essa questão.

3. A Ocean Spray Cranberries Inc. é uma grande cooperativa de produtores e processadores de frutas. A Ocean Spray precisava de dados para determinar a eficiência de suas promoções e suas propagandas e responder estrategicamente às promoções de seus concorrentes. A empresa também queria identificar tendências nas preferências dos clientes por novos produtos e destacar os fatores de marketing que podiam estar causando mudanças nos índices de vendas de determinadas marcas e mercados.

A Ocean Spray compra dados de marketing da InfoScan (us.infores.com), uma empresa que coleta dados utilizando leitores de código de barras em uma amostra de 2.500 lojas por todo o país e pela A. C. Nielsen. Os dados para cada produto incluem volume de vendas, fatia do mercado, distribuição, informação de preço e informação sobre produtos (vendas, propagandas).

A quantidade de dados fornecidos à Ocean Spray diariamente é impressionante (cerca de 10 a 1.000 vezes mais itens do que a Ocean Spray utiliza para coletá-los). Todos os dados estão depositados em um data mart de marketing corporativo. Para analisar essa imensa quantidade de dados, a empresa utiliza um processo de mineração de dados chamado de CoverStory, que resume a informação de acordo com as preferências do usuário. O CoverStory interpreta os dados processados pelo SSD, identifica tendências, descobre relações de causa e efeito, apresenta centenas de visualizações e fornece qualquer informação solicitada pelos tomadores de decisão. Esse sistema alerta gestores para problemas chave e oportunidades.

a. Encontre informações sobre a Ocean Spray entrando no site da empresa (oceanspray.com).
b. A Ocean Spray disse que não pode administrar seu negócio sem um sistema. Por quê?
c. Que dados vindos do data mart são utilizados pelo SSD?
d. Entre no site scanmar.nl e clique em Marketing Dashboard. Como esse painel fornece inteligência de marketing e vendas?

Exercícios na Internet

1. Faça uma pesquisa sobre ferramentas e aplicações de gerenciamento de documentos.
2. Acesse sites na Internet de um ou dois dos mais importantes fornecedores de gerenciamento de dados, como a Oracle, a IBM e a Sybase, e cite os recursos de seus últimos lançamentos para business intelligence.
3. Acesse sites de um ou dois dos mais importantes fornecedores de data warehouse, como NCR ou a SAS; descubra como seus produtos estão relacionados à Web.
4. Acesse o site do GartnerGroup (gartnergroup.com). Examine algumas de suas notas de pesquisa que dizem respeito aos bancos de dados de marketing, data warehouse e gerenciamento de dados. Prepare um relatório mencionando o há de mais avançados na área.
5. Explore um site para aplicações de bancos de dado multimídia. Revise algumas das demonstrações e prepare um relatório de conclusão.
6. Entre em microsoft.com/solutions/BI/customer/biwithinreach_demo.asp e veja como a business intelligence recebe apoio das ferramentas da Microsoft. Escreva um relatório.
7. Visite o www-306.ibm.com/. Encontre serviços relacionados à dinâmica de um data warehouse e explique os ele faz.

CASO DE NEGÓCIO

Applebee's International aprende e fatura com seus dados

Nas últimas décadas, os negócios têm investido pesado em infraestruturas de TI (por exemplo, SIs) para capturar, armazenar, analisar e comunicar dados. Entretanto, a criação de um SI para gerir e processar dados e a implementação de redes de comunicação por eles mesmos não gerou valor, conforme o que foi medido por um aumento na lucratividade. Visto a partir de um modelo básico de lucratividade ou modelo de receita líquida bruta (lucro = receitas – despesas), o lucro aumenta quando os gestores aprendem com os dados e utilizam os dados para aumentar a receita, reduzir despesas, ou ambos. Nesse modelo de aprendizado e de ganhos, os gestores aprendem – ou seja, obtêm insights – a partir dos dados que preveem que ações levarão ao maior aumento na receita líquida. A receita líquida também é chamada de rendimento líquido ou de resultados. A busca por ganhos é a primeira razão de empresas existirem. Reduzir a incerteza pode melhorar os resultados, como os exemplos da Tabela 3.5 mostram.

A Applebee's International Inc. (applebees.com), localizada no Kansas, enfrentou essas e outras incertezas de negócio muito comuns, além de outras questões, mas a empresa deixa a desejar em termos de infraestrutura de dados. A Applebee's International desenvolve, concede franquias e opera restaurantes sob a marca Applebee's Neighborhood Grill & Bar, o maior empreendimento para refeições informais do mundo. Assim, em 2008 havia quase 2.000 Applebee's funcionando em 49 estados e 17 países, dos quais 510 pertenciam à empresa. Apesar de seu tamanho impressionante, a Applebee's enfrentou concorrência acirrada. Para diferenciar a Applebee's de outras cadeias de restaurante e construir a fidelidade do cliente (definida pelo retorno das visitas), os gestores queriam que os clientes passassem momentos agradáveis enquanto estavam fazendo suas refeições com preços atrativos. Para atingir seus objetivos estratégicos, a gestão tinha de ser capaz de prever a demanda de forma precisa e se familiarizar com as experiências dos clientes e com as preferências locais de comida. Saber, por exemplo, quais novos itens devem ser acrescentados ao menu baseado em preferências de comida no passado ajuda a motivar os clientes a retornarem. Entretanto, identificar as preferências locais, como uma forte demanda por bifes no Texas, mas não em New England, por meio da análise de dados relevantes tomou muito tempo quando a busca foi feita com o uso de planilhas eletrônicas da empresa.

O problema para muitas das empresas como a AppleBee's International é que é muito difícil juntar grandes quantidades de dados localizados em diferentes bancos de dados de modo a criar volume. Sem os processos necessários para gerenciar grandes quantidades de dados sobre os clientes e transformar isso em dados usáveis para obter conhecimento, as empresas podem perder oportunidades fundamentais para descobrir insights escondidos nesses dados.

Solução de data warehouse corporativo

A Applebee's International implementou um **data warehouse corporativo** (DWC) da Teradata com recursos de análise de dados que ajudam a gestão a obter uma compreensão precisa sobre vendas, demanda e custos. Esse DWC é um repositório cujos dados são analisados e utilizados por toda a organização para melhorar a resposta a várias questões e, em última análise, a receita líquida. A cada dia, a Applebee's coleta dados referentes às vendas do dia anterior de centenas de postos de venda localizados em todos os restaurantes da empresa. A empresa, então, organiza esses dados para que reportem cada item vendido em intervalos de 15 minutos. Por meio da redução de tempo necessário para coletar dados do ponto de vendas (PDVs) de semanas para um dia, o DWC permitiu que a gestão respondesse rapidamente às necessidades e mudanças de interesse dos clientes. Com um maior conhecimento sobre seus clientes, a empresa está mais equipada para o mercado e oferece serviços que atraem os clientes e constroem a fidelidade.

Melhorias no negócio

A gestão da Applebee's teve insights sobre o negócio mais claros por meio da coleta e análise detalhada de dados quase em tempo real utilizando um data warehouse corporativo. Os gestores regionais podem agora selecionar as melhores ofertas para os cardápios e operar de maneira mais eficiente. A empresa utiliza dados detalhados de vendas e dados sobre a satisfação do consumidor gerados em pesquisas para identificar as preferências regionais, prever a demanda do produto e construir modelos financeiros que indiquem quais produtos são fortes nos cardápios e quais não são. Relacionando a satisfação do cliente com itens específicos do cardápio, a Applebee's pode determinar quais itens estão vendendo bem, quais são saborosos e qual apresentação da comida no prato parece mais apetitosa.

Com dados detalhados fornecidos quase em tempo real, a Applebee's International melhorou a experiência de seus clientes, a satisfação e também a fidelidade – além de aumentar os ganhos da empresa. Para o terceiro trimestre de 2007, o total de vendas aumentou 3,9% com relação ao ano anterior, e a Applebee's abriu 16 novos restaurantes.

TABELA 3.5 Como os dados podem reduzir a incerteza e melhorar a precisão e o desempenho

Incerteza de negócio	Impacto e valor de negócio
Qual é a demanda mensal de um Produto X e qual é a demanda para os próximos três meses?	Conhecer a demanda para o Produto X significa conhecer quanto deve ser encomendado. A quantidade de vendas e a receita de vendas são maximizadas, porque não falta produto nos estoques e não há perda nas vendas. Os gastos são minimizados, porque não existem produtos não vendidos no estoque.
Que promoções de marketing do Produto Y recebem mais respostas dos clientes?	Conhecer qual promoção de marketing irá trazer mais respostas maximiza a receita de vendas enquanto evita grandes gastos com promoções inúteis.

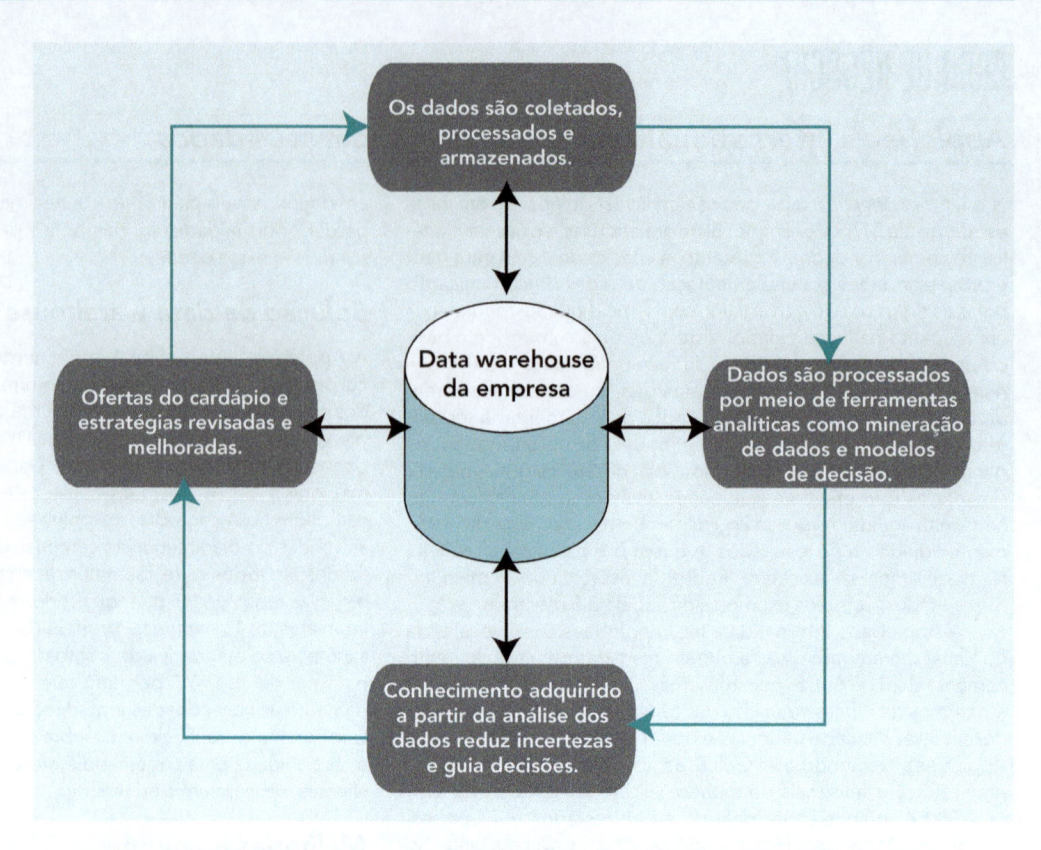

Figura 3.14 O data warehouse corporativo da Applebee's e o retorno de informação.

Lições aprendidas com este caso

Este caso mostra a importância da coleta de dados detalhada e rápida, da análise dos dados e de ações baseadas em insights que surgem com os dados. Isso demonstra que é necessário coletar grandes quantidades de dados, organizá-los e armazená-los adequadamente em um lugar, analisá-los e então utilizar os resultados das análises para tomar melhores decisões de marketing e estratégicas. As empresas raramente fracassam pela falta de talento ou de visão estratégica. Em vez disso, elas falham por causa da má execução.

O caso também mostra estágios dos dados, como na Figura 3.14. Primeiro, os dados são coletados, processados e armazenados em um data warehouse. Depois, eles são processados por ferramentas analíticas como as de mineração de dados e de modelos de decisão. O conhecimento adquirido dessa análise de dados direciona decisões promocionais e outras. Finalmente, pela coleta contínua e pela análise de dados novos, os gestores podem receber feedback referente ao sucesso das estratégias de gestão.

Fontes: Compilado de Applebees.com, Business Wire (2007) e Teradata (2007).

Questões

1. Por que aprender é importante para os gestores?
2. Como a aprendizagem influencia os ganhos totais de uma empresa?
3. Qual é o valor do retorno de informações na Applebee's?
4. Quão necessário é obter dados quase em tempo real?
5. É fácil para a TI dar suporte ao planejamento e à execução? Por quê?

CASO DO SETOR PÚBLICO

Polícia britânica investe em TI móvel para melhorar seu desempenho e cortar gastos

Na Inglaterra e no País de Gales, a National Policing Improvement Agency (NPIA) é responsável por trazer equipamentos de alta tecnologia para o serviço de polícia. A NPIA publicou em seu relatório *Science and Innovation in the Police Service 2010-2013*, uma estratégia para o serviço de polícia para os anos 2010-2013. Essa estratégia de três anos inclui uma série de novas TIs para a polícia, incluindo identificação digital móvel e checagem de identidade móvel, dispositivos de vídeo portáteis e perícia forense digital.

Dispositivos biométricos móveis economizam custos

A NPIA assinou um contrato com a Cogent Systems, uma empresa de biometria, para dispositivos móveis que verifiquem digitais daqueles que estejam no banco de dados nacional de digitais ao custo de 9 milhões de libras por três anos. O delegado de polícia Peter Goodman, que levou o sistema de identificação móvel para a Association of Chief Police Officers (ACPO), disse que os dispositivos MobileID trarão economia de custos equivalentes a retirar cerca de 360 policiais da linha de frente a cada ano. Ele afirma que "Em tempos de contenção ou redução de gastos, a inovação tecnológica promete economizar tempo e dinheiro do serviço policial, assim como ajudar a trazer os criminosos para a justiça mais rapidamente".

O MobileID é um dispositivo do tamanho de um BlackBerry que permite que policiais coletem as impressões digitais nas ruas e as verifiquem no banco de dados nacional sem precisar voltar à delegacia. O processo leva 2 minutos. O MobileID é parte de um projeto maior chamado Mobile Identification at Scene (Midas). Os dispositivos funcionam pelo escaneamento do dedo indicador do suspeito, que é comunicado via wireless para o banco de dados.

O NPIA também irá entregar os primeiros elementos do *Police National Database* e tornar as imagens dos suspeitos disponíveis nos dispositivos móveis dos policiais. Em 2012, a agência planeja implantar sistemas de reconhecimento facial não cooperativos.

Ser tecnologicamente inovador e responsivo ao público

O diretor da NPIA, Peter Neyrou, disse em uma declaração que "aplicar a ciência moderna na linha de frente fará com que os policiais detectem criminosos mais rapidamente, estando presentes por mais tempo e tomando decisões baseadas em evidências melhores sobre o que funciona". Ele também explicou que "a identificação é crucial para as investigações policiais, e dar aos policiais a possibilidade de fazer isso no local, em minutos, é dar a eles mais tempo para trabalhar em suas comunidades, ajudando o combate ao crime, trazendo mais criminosos à justiça e protegendo melhor a população".

Um objetivo geral é ajudar a garantir que o serviço policial na Inglaterra e no País de Gales continue a utilizar a tecnologia efetivamente e continue sendo um dos mais inovadores nesse setor no mundo. A NPIA reconhece a necessidade de fazer mais e de melhorar o kit de ferramentas disponível aos policiais. O sucesso de sua estratégica requer conquistar a confiança do público primeiro, por exemplo, pelo reconhecimento das preocupações da população sobre a privacidade pessoal.

Fontes: Compilado de NPIA (2010), Kable (2010) e Thurston (2010).

Questões

1. Quais foram algumas das formas pelas quais a NPIA justificou os custos do significativo investimento em inovações de TI para o serviço policial?
2. Como as novas TIs irão melhorar os serviços policiais na Inglaterra e no País de Gales?
3. Na sua opinião, por que o sucesso da estratégia da NPIA pode exigir que a população demonstre confiança primeiro – por exemplo, conhecendo as preocupações da população sobre invasão de privacidade – em vez de colocar a segurança da população em primeiro lugar?
4. Quais são alguns dos riscos potenciais de privacidade que o MobileID pode causar? A criptografia elimina esses riscos?
5. Faça download da publicação da NPIA no site do livro ou de npia.police.uk/en/docs/science_and_innovation.pdf. Quais são os objetivos principais desta estratégia de três anos? Por que as TIs são necessárias para atingir esses objetivos?

ANÁLISE UTILIZANDO PLANILHAS

Calculando o custo de um gerenciamento de documentos malfeito

A Spring Street Company (SSC, uma empresa fictícia) enfrenta o aumento de custos não apenas com preços exorbitantes da energia como também dos que são considerados custos escondidos, associados aos processos em papel intensivos. Os funcionários previram que, se as janelas dos escritórios ficassem abertas em um dia de muito vento, haveria um caos com os papéis que sairiam voando. As implicações financeiras foram que, se tal desastre tivesse ocorrido, o negócio deixaria de existir.

O contador da empresa, Sam Spring, decidiu calcular os custos dos processos realizados em papel e seu impacto nos gastos totais da empresa. Ele reconheceu que muitos funcionários passavam a maior parte do dia preenchendo ou recuperando documentos. Além disso, existia um custo mensal para armazenar registros antigos em papel. Sam observou e mediu as atividades relacionadas ao manuseio de relatórios impressos e de arquivos em papel. Sua média estima que:

• Um funcionário leva cinco minutos para ir até o arquivo, localizar um documento, fazer algo com ele, rearquivá-lo e retornar a sua mesa.
• Funcionários precisam localizar um arquivo, fazer algo com ele e assim por diante cinco vezes por dia.
• Existem 12 funcionários em tempo integral que desempenho essas funções.
• Uma vez por dia, um documento é perdido (destruído, colocado no local errado ou coberto por manchas de café) e precisa ser recriado. O custo total da substituição de cada documento perdido é de 220 dólares.
• Os custos de armazenamento atualmente para o volume atual de documentos armazenados é de 75 dólares por mês.

Sam prefere um sistema que permita que os funcionários encontrem e trabalhem com os documentos sem sair de suas mesas. Ele está mais preocupado com os departamentos de contabilidade e recursos humanos. Esses funcionários são usuários massivos de arquivos em papel e se beneficiariam muito com um sistema moderno de gerenciamento de documento. Ao mesmo tempo, no entanto, Sam tem aversão aos riscos. Ele prefere investir em soluções que reduziriam riscos de haver custos mais altos no futuro. Ele sabe que os requerimentos da U.S. Patriot Act são de que as organizações forneçam imediatamente acesso de seus registros ao governo, e que se aplicam a SSC. Sam leu que as organizações governamentais e as indústrias usam gerenciamento de documentos eficiente para cumprir com esses imperativos. Por fim, Sam quer implementar um sistema de recuperação de desastres.

Sua missão

Prepare um relatório que dê a Sam dados e informações de que ele precisa para selecionar e implementar uma alternativa que traga custo benefício aos gastos de sua empresa com papel, abordando o gerenciamento de documentos. Você precisará fazer uma pesquisa para obter dados que embasem seu relatório. Seu relatório deve incluir as seguintes informações:

1. Explique as semelhanças e diferenças entre sistemas de documento em imagem e sistemas de gerenciamento de documento (SGD). Liste os benefícios e os requisitos básicos de software e hardware para cada sistema. Coloque essa informação em uma tabela para ajudar Sam a compreender facilmente a comparação.
2. Discuta por que um SGD transforma a maneira como um negócio funciona. Como a SSC se prepararia para um SGD se decidir implementar um?
3. Colete estimativas de custos para a compra ou implementação de um SGD na SSC.
4. Utilizando os dados coletados por Sam, crie uma planilha que calcule os custos de manuseio de papel na SSC baseando-se em taxas de hora por funcionário de 16, 22 e 28 dólares.

Acrescente o custo de documentos perdidos a isso. Então, adicione os custos de armazenamento de papel, que aumenta 10% todos os meses por causa do aumento de volume. Apresente os resultados, mostrando os totais mensais e anuais. Prepare gráficos e ferramentas de visualização para que Sam possa perceber facilmente a projeção de crescimento dos custos em armazenamento pelos próximos três anos. Faça o download da planilha no site www.bookman.com.br para ajudá-lo.

5. Identifique pelo menos um fator de custo adicional (outro além de segurança) que possa ser reduzido ou eliminado com um SGD.
6. Como um SGD também pode servir como sistema de recuperação de desastre em caso de incêndio, enchente ou invasão?
7. Envie suas recomendações para a solução SGD. Identifique dois fornecedores em suas recomendações.

Recursos online

Você encontrará os guias de tecnologia (em português), bem como outros recursos e ferramentas de estudo (em inglês), no site da Bookman Editora (www.bookman.com.br).

Referências

Barlow, R. D., "Sync or Swim: Who Should Blink First and Why?" *Healthcare Purchasing News*, April 2007. hpnonline.com/inside/200704/0704-DataSynch1.html.

Business Wire, "Applebee's International Reports Third Quarter 2007 Results," October 29, 2007.

BusinessWire, "Wendy's Selects Clarabridge's Text Analytics Solution to Enhance Customer Feedback Program," March 22, 2010.

Chisholm, P., "Synchronizing the Supply Chain," *Military Medical Technology*, 12(2), March 7, 2008. military-medical-technology.com/article.cfm?DocID=1218

Clarabridge, Press Release, March 22, 2010. clarabridge.com/

Henschen, D., "Restaurant Chain Will Analyze Customer Comments to Quickly Spot Product and Service Problems," *Intelligent Enterprise*, March 2010. intelligententerprise.com/showArticle.jhtml?articleID= 224000398

Kable, B., "Police to Be Issued with Mobile Fingerprinting Devices," *ZDNet UK*, March 5, 2010. zdnet.co.uk/news/security-management/2010/03/05/ police-to-be-issued-with-mobile-fingerprinting-devices-40072975/

Kish,L.,"Most U.S.Companies Engaged in Lawsuits,"*E-Discovery Advisor*, May 2006.

Levine, L., "In Sync: Getting the Supply Chain Act Together," *Healthcare Purchasing News*, April 2007. hpnonline.com/inside/2007-04/0704DataSynch2.html.

Loshin, D., "Issues and Opportunities in Data Quality Management Coordination," *DM Review*, April 2004.

NPIA (National Improvement Policing Agency), "Science and Innovation in the Police Service, 2010-2013." 2010. npia.police.uk/en/docs/science_ and_innovation.pdf.

Silva, V., "Focus on Application Deployments Urgent: Informatica," *NetworkWorld*,April 8, 2010. networkworld.com/news/2010/040810-focuson-application-deployments-urgent.html

Snow, C., "Embrace the Role and Value of Master Data Management," *Manufacturing Business Technology*, 26(2), February 2008.

Teradata, "Applebee's International," Video, 2007. *Teradata.com*

Thurston,T.,"Police to Get Mobile Fingerprint-Checking Tech," *ZDNet UK*, March 25, 2010. zdnet.co.uk/news/mobile-working/2010/03/25/police-toget-mobile-fingerprint-checking-tech-40088449/

Volonino,L.,R.Anzaldua,and J.Godwin, *Computer Forensics: Principles and Practice*, Chapter 10. Upper Saddle River. NJ: Prentice-Hall, 2007.

Wailgum, T., "Eight of the Worst Spreadsheet Blunders,"*CIO.com*, August 17, 2007. cio.com/article/131500/Eight_of_the_Worst_Spreadsheet_ Blunders.

Whitehouse.gov, 2010.

Worthen, B., "IT versus Terror," *CIO*, August 1, 2006.

Capítulo 4
Gerenciamento e Mobilidade de Redes

Biblioteca de links

Breve introdução

Primeira rede 4G WiMAX sobre trilhos do mundo

- 4.1 Redes empresariais
- 4.2 Redes banda larga sem fio
- 4.3 Gerenciamento de redes e portais
- 4.4 Colaboração
- 4.5 Questões éticas e legais

Caso de negócio Redes móveis verdes para cortar as emissões de carbono em 42% até 2013

Caso de empresa sem fins lucrativos A rede Kaiser HealthConnect serve de exemplo para o futuro dos cuidados em saúde

Análise utilizando planilhas Comparação de custos da colaboração Web

Referências

Objetivos de aprendizagem

1. Entender os padrões da computação em rede e a mobilidade.

2. Compreender os benefícios comerciais de interoperabilidade e convergência de redes.

3. Descrever o papel dos portais de intranet e extranet, bem como de redes móveis, e como dão suporte à gestão da cadeia de suprimentos.

4. Entender o papel das capacidades de descoberta, comunicação e colaboração para as organizações.

5. Descrever como a colaboração e a comunicação baseadas em TI dão suporte a grupos de trabalho e à tomada de decisões.

Integrando a *TI*

CON | FIN | MKT | GPO | GRH | SI

Biblioteca de links

Google Wave wave.google.com/video: wave.google.com/about.html#video
Status da rede do Twitter status.twitter.com/
Azulstar azulstar.com/
Clear 4G WiMAX clear.com/
International CTIA Wireless Tradeshows ctiawireless.com/
Cisco cisco.com
Microsoft SharePoint 2010 sharepoint.microsoft.com/Pages/Default.aspx
Cellular Telecommunications Industry Association ctia.org/
WiMAX Forum wimaxforum.org/
Packet switching flash demo pbs.org/opb/nerds2.0.1/geek_glossary/packet_switching_flash.html
Níveis de radiação por telefone celular (*cell phone radiation levels* – SAR) reviews.cnet.com/2719-6602_7-291-2.html?tag=
Kaiser Permanente HealthConnect video youtube.com/kaiserpermanenteorg

Breve introdução

Esta seção introduz as questões de negócio, os desafios e as soluções de TI deste capítulo. Tópicos e questões mencionados aqui são explicados ao longo do capítulo.

Todo aspecto empresarial depende da conectividade, e praticamente todos desejam ter mobilidade. A conectividade e a mobilidade fazem parte das questões que envolvem redes e são discutidas neste capítulo.

Tanto no trabalho quanto em nossas vidas pessoais, precisamos ou esperamos ter acesso imediato a textos, tweets, mídias sociais, bancos de dados, notícias, aplicativos, etc. Esperamos que a Internet forneça-nos acesso rápido e fácil ao que precisamos, sem que tenhamos de fazer qualquer esforço. A mesma expectativa se aplica às redes. Para a maioria das pessoas, as redes são transparentes e invisíveis até que o serviço demonstre algum problema (fique lento), ou que o inesperado aconteça – a rede caia ou seja *desativada de modo inesperado*. O colapso das mídias sociais na metade de 2009 causado por ataques de hackers ao Twitter, ao Facebook, aos serviços de blog do LiveJournal e ao site de fofocas Gawker causou aflição a milhares de usuários no mundo todo.

Recentemente, foram implementadas as redes 4G – *redes exclusivamente digitais*. Os avanços nas bandas largas móveis 4G, as primeiras do tipo a WiMAX e a LTE, permitem acesso a tudo de qualquer lugar, como veremos no caso de abertura deste capítulo. A primeira rede partilhada (4G WiMAX e Wi-Fi) foi instalada em trens com banda larga livre, sem fio e disponível a todos os passageiros a bordo ou nas estações, além de dar suporte às operações do sistema ferroviário. Essa rede inovadora utiliza tecnologia WiMAX (802.16) para a conexão com o trem e tecnologia Wi-Fi (802.11) para que os passageiros tenham acesso à Internet nos trens e nas estações. A rede oferece velocidades de até 6 Mbps para download e de 4 Mbps para upload nos trens, que se movem a uma velocidade de até 145 km/h e acomodam mais de mil usuários simultâneos. Esse nível de desempenho é suficiente para aplicações sobre os trilhos que usam dados intensamente, como telefones de emergência, visualização de vídeos nos trens e nas estações e equipamentos de vigilância por vídeo. Assim como tudo em TI, o que agora é maravilhoso e inovador em termos de redes móveis em breve se tornará um nível de serviço esperado, como aconteceu com os serviços de rede 4G que se espalharam pelo mundo. A combinação de uma rede 4G com recursos impressionantes – gerenciamento de dispositivos, multitarefas, agregador de mídias sociais e/ou caixa de e-mail unificada – do iPhone OS 4.0 da Apple (sistema operacional móvel) ou o HTC EVO 4G da Sprint, lançados no verão de 2010, permitem que passageiros no Novo México comecem a trabalhar assim que chegam na estação de trem.

Desenvolvimentos e modificações animadores estão ocorrendo tanto nas redes quanto na colaboração. As novas redes 4G, os sistemas operacionais móveis multitarefa e as plataformas de colaboração estão revolucionando o trabalho, os processos empresariais e outras coisas que sequer imaginamos. Neste capítulo, damos atenção às redes, à colaboração e à mobilidade. Todo esse poder tem um custo ambiental e oferece riscos à saúde. Examinamos questões ambientais e éticas associadas ao enorme consumo de energia necessário para manter essas redes, bem como os impactos em nossas vidas e em nossa privacidade.

Primeira rede 4G WiMAX sobre trilhos do mundo

O trem de alta velocidade RailRunner é um novo serviço oferecido aos trabalhadores do Novo México. O trem percorre cerca de 150 km entre Belen e Santa Fe. Desde 2010, o Departamento de Transportes do Novo México (*New Mexico Department of Transportation* – NM-DOT) oferece aos seus passageiros Internet 4G WiMAX pública e gratuita em todos os trens ao longo de todo o percurso e em todas as 15 estações, a fim de cumprir com os objetivos do estado de diminuir os congestionamentos, tornando os serviços de transporte público mais atraentes aos trabalhadores. A rede WiMAX também suporta as operações da NM-DOT no trem – ou seja, comunicações de emergência, exibição de vídeos, controle de câmeras de segurança e processo de pagamento sobre os trilhos, que existe para a conveniência dos trabalhadores. Essa rede 4G é a primeira desse tipo em um sistema de transporte ferroviário e é também um dos sistemas de melhor desempenho no mundo.

O custo do desenvolvimento dessa rede foi de 2,7 milhões de dólares, por meio de um contrato concedido pela NM-DOT à equipe da INX e da AzulStar (Azulstar.com) em março de 2009.

Configuração da rede banda larga WiMAx/Wi-Fi

A rede utiliza as tecnologias WiMAX (802.16), para a conexão com o trem, e Wi-Fi (802.11n), para que os passageiros tenham acesso à rede de dentro dos trens e nas estações. A velocidade das redes é de até 6 Mbps para download e de 4 Mbps para upload nos trens que se deslocam a uma velocidade de até 145 km/h; a capacidade da rede permite que mais de mil usuários utilizem o serviço simultaneamente.

Detalhes técnicos: Chamada normalmente de WiMAX, a geração 802.16 é composta por um conjunto de padrões de banda larga sem fio utilizado nas áreas metropolitanas (*metropolitan area networks* – MANs). A WiMAX fornece conectividade sem linha a partir de uma base localizada a até 50 km de distância e possui taxa de compartilhamento de dados de até 70 Mbps (megabits por segundo, aproximadamente 1 milhão de bits por segundo). A geração mais atual de tecnologia Wi-Fi é a 802.11n, que suporta dispositivos com tecnologia de múltipla entrada múltipla saída (*multiple-input-multiple-output* – MIMO).

Figura 4.1   Torre WiMAX em uma das estações de base. (*elzeva/iStockphoto*)

Como parte do projeto, a AzulStar implementou 22 bases da WiMAX ao longo dos 150 km de percurso do trem para atingir um nível superior de performance e confiabilidade. A Figura 4.1 mostra uma torre WiMAX em uma das estações de base. Outras redes sobre trilhos utilizam banda reduzida (lenta) via satélite ou serviços de Internet para celular. Os equipamentos utilizados para o alto desempenho da rede foram fornecidos por líderes do setor, como a Alvarion, a Dragonwave e a Cisco Systems.

Outra rede móvel no Novo México é a rede de transporte inteligente WiMAX/Wi-Fi presente na autoestrada Highway 550. Essa rede coordena sinais e realiza contagens de tráfego em tempo real, envia vídeos ao vivo a partir de 25 câmeras de tráfego e fornece acesso móvel seguro à equipe de campo do Departamento de Trânsito (DOT) do Novo México.

Fontes: Azulstar.com (2010), MobileTechNews.com (2010) e AP (2010).

Questões para discussão e debate em sala de aula

1. Cenário para brainstorming e discussão: Sempre existem resultados esperados e *consequências indesejadas* (que podem ser negativas ou positivas) decorrentes do uso de qualquer tecnologia nova. Pense nos seguintes exemplos: um dos resultados da invenção e da propagação do uso de automóveis há 100 anos foi o crescimento dos subúrbios, já que as pessoas não precisavam mais morar perto de seus locais de trabalho; um dos resultados da invenção do elevador foi o surgimento de prédios cada vez mais altos, já que a altura das construções não era mais limitada pela capacidade das pessoas de subirem lances de escadas. Tanto os automóveis quanto os elevadores eliminaram limitações das pessoas e das construções.

a. Pense na rede WiMAX/Wi-Fi que o Novo México disponibilizou a seus trabalhadores. Discuta quais são as prováveis consequências da rede 4G WiMAX/Wi-Fi sobre os trilhos. Quais limitações foram excluídas da equação?

b. Imagine que outras cidades também implementaram sistemas parecidos e que os trabalhadores possuem celulares com o sistema operacional móvel mais moderno. Pense em alguns impactos difíceis de ocorrer em um sistema de transporte conectado por redes.

c. Identifique os diversos riscos ou consequências negativas indesejadas que podem surgir com essa implementação. Discuta a estimativa de custos – financeiros e não financeiros.

d. Que impactos essa rede pode ter em outros meios de transporte? Essas mudanças seriam benéficas ou prejudiciais ao meio ambiente?

e. O contribuinte paga pelo desenvolvimento e pela manutenção de redes, que são utilizadas gratuitamente pelos trabalhadores. Como todos os contribuintes se beneficiam de uma rede que é mantida pelos impostos?

2. Debate: Imagine que sua cidade/região tem uma rede WiMAX/Wi-Fi parecida com a que existe no Novo México. Imagine, também, que você terá de viajar em média uma hora de trem diariamente e que depende da rede do Departamento de Trânsito para fazer seu trabalho.

a. Identifique quatro riscos relacionados a seu trabalho que enfrentará por ser usuário da rede do Departamento de Trânsito e também de que forma esses riscos podem impactar você ou seu trabalho; por exemplo, imagine que você precisa completar uma tarefa importante e perdeu o prazo por causa de uma queda/descontinuidade inesperada da rede.

b. Pense que cada risco imaginado se concretizou. Discuta as seguintes questões: Há responsáveis pelas consequências? Quem é o responsável? Assuma que não existe um culpado ("problemas com tecnologia acontecem"), que a culpa é do Departamento de Trânsito como provedor ou que é culpa do usuário. Ou seja, quando as coisas dão errado na rede, quem leva a culpa e quem sofre as consequências?

4.1 Redes empresariais

As redes empresariais dão suporte a quatro funções ou necessidades básicas:

- **Mobilidade:** acesso seguro e confiável de qualquer lugar em velocidades aceitáveis.
- **Colaboração:** trabalhar em equipe ou com outras pessoas, com membros que possuem acesso e compartilham documentos ou outros tipos de arquivos.
- **Relacionamentos:** manter contato ou interagir com clientes, parceiros da cadeia de fornecedores, acionistas, funcionários, órgãos regulamentadores e assim por diante.
- **Pesquisa:** procurar e encontrar dados, documentos, planilhas, mensagens de e-mail e outras documentações de maneira fácil e eficiente.

O tráfego (sinais) e os circuitos que transmitem esse tráfego são comuns a todas as funções da rede. Os fundamentos de redes e compartilhamento de rede são discutidos a seguir.

NOÇÕES BÁSICAS DE REDE

As redes transmitem sinais entre um emissor (fonte) e um receptor (destino), conforme mostrado na Figura 4.2. Os sinais carregam a voz ou os dados a serem transmitidos.

Sinais de comutação no caminho entre o emissor e o receptor. As redes precisam estar conectadas a outras redes, incluindo a Internet. A transmissão de um sinal via uma série de redes é possível por meio de *comutadores* e *roteadores*, que são dispositivos de hardware e *nós* na rede. Os comutadores e roteadores tomam decisões sobre como lidar com pacotes e estruturas; os sinais perdem energia à medida que viajam pela rede e precisam ser reforçados; assim, os comutadores amplificam ou regeneram sinais a fim de mantê-los em movimento ao longo dos caminhos que percorrem.

A transmissão de um sinal por comutadores e roteadores é chamada de *comutação*. Existem dois tipos de comutação:

- **Comutação de circuitos:** Uma vez que a conexão entre a fonte e o destino esteja estabelecida, o caminho do sinal entre esses dois nós é dedicado e exclusivo. A comutação de circuitos é uma tecnologia mais antiga, utilizada para ligações telefônicas. Os serviços de telefonia analógica convencionais (*plain old telephone service* – POTS) e a maioria das ligações feitas de telefones fixos normais são transmitidos, pelo menos parcialmente, por um circuito dedicado que é utilizado apenas para aquela ligação. A característica distintiva é que o circuito não pode ser utilizado para qualquer outra ligação enquanto a sessão (conexão) não tiver terminado.
- **Comutação de pacotes:** O caminho do sinal é digital e não é dedicado nem exclusivo. Em outras palavras, as redes são compartilhadas. Por exemplo, um arquivo ou mensagem de e-mail é quebrado em pequenos blocos, chamados de **pacotes**. A rede quebra o arquivo

Figura 4.2 Visão geral da transmissão de um sinal partindo do emissor/fonte e chegando ao receptor/destino.

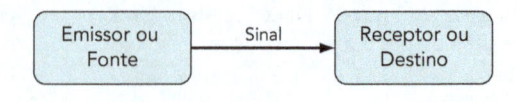

Emissor ou Fonte → Sinal → Receptor ou Destino

ou a mensagem de e-mail em blocos (pacotes) com um tamanho específico. Cada pacote carrega parte do arquivo ou da mensagem de e-mail, bem como as informações de rede, como o endereço de IP do emissor, o endereço de IP do receptor e as instruções que informam à rede em quantos pacotes o arquivo ou mensagem de e-mail foi quebrado. Quando os pacotes são transmitidos em uma rede compartilhada, como a Internet, eles seguem caminhos diferentes até o destino, onde são reorganizados no formato da mensagem original. Para uma demonstração em *flash* de comutação de pacotes, visite o site pbs.org/opb/nerds2.0.1/geek_glossary/packet_switching_flash.html.

As redes sem fio utilizam comutação de pacotes e roteadores sem fio. Os roteadores são dispositivos que enviam os pacotes de uma rede à outra e conectam redes que usam diferentes tecnologias. Os roteadores sem fio são, na verdade, roteadores com fio e com **pontos de acesso sem fio** (*wireless access points* – WAP) incluídos, que fornecem conexão com e sem fio ao mesmo tempo. A Figura 4.3 mostra roteadores sem fio que utilizam antena para transmitir e receber sinais.

Terminologia de rede. Para compreender as redes e os fatores que determinam sua funcionalidade, é preciso familiarizar-se com os seguintes termos básicos sobre redes.

- **Largura de banda:** É a capacidade de uma rede, medida pela velocidade com que os dados são transmitidos. A largura de banda depende do protocolo que é utilizado (802.11b, 802.11g, 802.11n, 802.16, etc.) e de quanto do sinal está disponível para o processamento. Quanto mais fraco for o sinal, menor será a largura de banda e mais lenta será a velocidade de transmissão. Como uma analogia, vale pensar em um cano utilizado para transportar a água: quanto maior for o diâmetro do cano, maior será o volume de água que passará por ele.
- **Protocolo:** São os padrões ou conjuntos de regras que governam como os dispositivos em uma rede trocam (comunicam) informação e como eles precisam funcionar para que "falem uns com os outros". Uma analogia seria as regras de trânsito de um país. Na Austrália, nas Bermudas e no Reino Unido, o protocolo é dirigir pela esquerda. Na China, na Rússia e nos países da América do Norte, o protocolo é dirigir pela direita.
- **TCP/IP:** TCP/IP (*transmission control protocol/internet protocol*) são os protocolos de Internet ou uma combinação de protocolos da Internet. A combinação TCP/IP foi criada pelos Estados Unidos, mais especificamente pelo Departamento de Defesa, a fim de garantir e preservar a integridade de dados, bem como manter as comunicações caso acontecesse uma guerra. Os protocolos TCP/IP são utilizados pela maioria das redes para garantir que todos os dispositivos de Internet possam se comunicar.
- **Banda larga:** Esse termo é um encurtamento para o termo *largura de banda larga* (*broad band-width*). É um termo geral que significa velocidade rápida de transmissão. O contrário desse termo é *banda estreita* (*narrowband*), que se refere à velocidade lenta.

Figura 4.3 Roteadores sem fio utilizam antenas para transmitir sinais. (*Joachim Wendler/iStockphoto*)

- **Velocidade de download:** A rapidez com que os dados podem ser recebidos da Internet ou de qualquer outra rede, ou a rapidez com a que a conexão pode entregar dados a um computador ou dispositivo móvel.
- **Velocidade de upload:** Velocidade com que os dados podem ser enviados a uma rede ou a velocidade com que a conexão pode transferir dados de um computador ou dispositivo móvel. Normalmente, as redes estão configuradas de modo que o download seja mais rápido que o upload.
- **Banda larga de linha fixa:** Descreve conexões de Internet via cabo ou DSL. Uma banda larga de linha fixa se diferencia de uma banda larga móvel, que funciona sem fio e que usa um sinal de rede móvel banda larga.
- **Banda larga móvel:** Descreve os diversos tipos de acesso à Internet em alta velocidade e sem fio por meio de um modem portátil, telefone ou outro dispositivo. Diversos padrões de rede podem ser utilizados, como GPRS, 3G, WiMAX, LTE UMTS/HSPA, EV-DO, e alguns sistemas portáteis com base em satélites. Esses padrões são discutidos ao longo do capítulo.
- **3G:** Abreviação para o termo *terceira geração* de tecnologia de telecomunicações via celular. As redes 3G suportam serviços de multimídia e banda larga, a uma grande distância e a velocidade mais rápidas do que as gerações anteriores – 1G e 2G. As redes 3G possuem espectros maiores, porque utilizam conexões largas via satélite que se conectam a torres de telecomunicação.
- **4G:** Abreviação para o termo *quarta geração*. Os padrões de rede móvel 4G permitem taxas de transferência de dados mais rápidas.

3G E 4G

As tecnologias 4G representam o último estágio na evolução das tecnologias de dados sem fio. A rede 4G tem uma velocidade média de download de 3 Mbps ou mais. Contrastando com ela, as redes 3G de hoje têm uma velocidade média de apenas um décimo desse valor. Mesmo que redes individuais, como a 2G e a 3G, tenham surgido separadamente, com seus próprios objetivos, em breve elas serão convertidas em redes 4G. O que é importante ressaltar sobre as redes 4G é que, diferentemente das redes 2G e 3G, elas não precisam de um subsistema de comutação de circuitos. Em vez disso, as redes 4G se baseiam unicamente em pacotes de IP.

Em geral, os usuários podem obter conexão 4G sem fio por meio de um dos dois padrões: WiMAX ou LTE (*long-term evolution* – evolução em longo prazo).

- A WiMAX se baseia no padrão IEEE 802.16 e está sendo implementada pela Clearwire para clientes como a Sprint, a Comcast e a Time-Warner Cable para fornecer banda larga sem fio.
- A LTE se baseia em tecnologia GSM que está sendo implementada pela Verizon, AT&T e T-Mobile.

Até o fim de 2010, a Clearwire havia construído sua rede 4G WiMAX para todos os principais mercados dos Estados Unidos, e a Verizon estava oferecendo seus serviços 4G LTE comercialmente a 25 dos 30 principais mercados dos Estados Unidos.

AS REDES IP

As **redes IP** formam a espinha dorsal da rede digital mundial. Elas incentivam a fusão de voz, dados, vídeo e ondas de rádio, que podem ser digitalizadas em pacotes ou enviadas por meio de qualquer rede digital. Essa convergência está acontecendo em escala global e está mudando a forma como as pessoas, os dispositivos e os aplicativos se comunicam. Como mostra a Tabela 4.1, o melhor desempenho da rede, medido por sua capacidade de transferência de dados, oferece oportunidades fantásticas de mobilidade, comércio móvel, colaboração, gestão da cadeia de fornecedores, trabalho à distância e outros ganhos em produtividade.

DISPOSITIVOS CONECTADOS À REDE

Os dispositivos devem ter a capacidade de se comunicar com a rede; eles o fazem tendo como base os protocolos. Dispositivos e tecnologias conectados à rede – incluindo laptops, PDAs, celulares e smartphones, wikis, intranets, extranets, GPSs, terminais de pontos de vendas e RFID – se comunicam utilizando redes para enviar/receber dados. Esses dados precisam ser rapidamente coletados, processados, compartilhados e manuseados. Novos dispositivos wireless tornam a colaboração mais fácil e mais rápida. Pense nestes desenvolvimentos em dispositivos conectados à rede e nos desenvolvimentos que apontam para um ambiente empresarial e um estilo de vida cada vez mais integrados e sempre conectados:

TABELA 4.1 Crescimento das redes de alta capacidade

Padrão da rede	Geração	Taxa de transferência de dados (Capacidade)	Utilizado por	Atualizações
GSM (Global System for Mobile Communications)	2G	9,6 Kbps	Cingular, T-Mobile, a maioria de transportadoras europeias	Atualizações incluem GPRS, EDGE, UMTS, HSDPA.
CDMA (Code Division Multiple Access)	2,5G	307 Kbps	Verizon, Sprint	Atualizações incluem 1xRTT, EV-DO, EV-DV.
EDGE (Enhanced Data for Global Evolution)	3G	474 Kbps	Cingular, T-Mobile	
EV-DO (Evolution, Data Only)	3G	2,4 Mbps	Verizon, Sprint	Terceira atualização para CDMA.
EV-DV (Evolution, Data and Voice)	3G	3,1 Mbps	Não nos Estados Unidos	Atualização mais avançada de CDMA.
HSDPA (High-Speed Data Packet Access)	3,5G	10 Mbps (6–7 Mbps é mais aproximado)	Cingular	Atualização mais avançada de GSM.
			Recursos e vantagens	
WiBro (Wireless Broadband)	4G	50 Mbps	Oferece a devolução de dados, portanto a conexão é onipresente. As redes 4G integrarão redes com e sem fio para permitir a oferta ininterrupta do serviço a qualquer hora e em qualquer lugar. Desenvolvido e lançado na Coreia do Sul.	
WiMAX (IEEE 802.16e) (Worldwide Interoperability for Microwave Access)	4G	70 Mbps	Permite a entrega em 1 km (a partir do usuário da rede) de acesso de banda larga sem fio, como uma alternativa ao cabo e DSL. A tecnologia possui liderança técnica sobre as concorrentes.	
LTE (Long-Term Evolution)	4G	277 Mbps	Este padrão é desenvolvido pelo Third Generation Partnership Projecto (3GPP), os mesmos padrões responsáveis por GSM, GPRS, UMTS e HSDPA.	

- Em 2007, cerca de 5 mil tweets eram enviados por dia. Na metade de 2010, mais de 50 milhões de tweets eram enviados por dia, ou 600 tweets por segundo.
- Em 2011, mais de 85% dos aparelhos vendidos mundialmente vinham com algum tipo de navegador. Nos mercados mais maduros, como a Europa Ocidental e o Japão, aproximadamente 60% dos aparelhos vendidos eram smartphones com recursos sofisticados de navegação.
- O primeiro telefone 4G da Sprint, o HTC EVO 4G, foi lançado no verão de 2010 com velocidade 10 vezes maior do que a de telefones 3G. O aparelho roda um combo de EV-DO Rev. A e WiMAX, com chamadas feitas ainda por CDMA e opções EV-DO/WiMAX para dados.
- Em seu primeiro dia de vendas, em abril de 2010, cerca de 300 mil iPads foram vendidos e os usuários do produto fizeram download de mais de 1 milhão de aplicativos e mais de 250 mil livros pela Apple Store.
- Em 30 horas de lançamento, em junho de 2007, a Apple vendeu 270 mil iPhones. Os iPhones combinam telefonia móvel, reprodução de mídias e acesso à Web por meio de uma rede AT&T sem fio. Em outubro de 2008, as vendas do iPhone chegaram a 10 milhões de unidades.
- Aparelhos móveis equipados com tecnologia de transferência de dados de alta velocidade (por exemplo, HSDPA) foram introduzidos no mercado em 2006. O pacote de acesso **HSDPA** (*high-speed downlink [or data] packet access* – acesso a pacotes [ou dados] em banda de alta velocidade) permite que a velocidade de dados chegue a 10 Mbps, conforme demonstrado na Tabela 4.1. Em janeiro de 2007, a Cingular lançou o Motorola V3xx, o primeiro telefone 3G da Cingular capaz de funcionar a 3.6 Mbps HSDPA. O V3xx possui

frequência de banda tripla GSM/EDGE/HSDPA, o que significa que ele pode funcionar utilizando qualquer uma dessas três redes, conforme listado na Tabela 4.1.
- Os avanços na localização de GPS e nas tecnologias sem fio de curto alcance, como o Bluetooth e a Wi-Fi, podem fornecer inteligência sem precedentes, por exemplo, revolucionar o trânsito e a segurança nas vias. Sistemas inteligentes de transporte desenvolvidos por fabricantes de automóveis permitem que carros se comuniquem entre si e que enviem alertas em caso de uma freada brusca. No caso de uma colisão, o sistema do carro pode ligar automaticamente para os serviços de emergência. A tecnologia também poderia frear automaticamente caso fosse determinado que dois carros estivessem se aproximando demais.

Os avanços nas redes, dispositivos e sensores RFID estão mudando radicalmente as infraestruturas de informação e os ambientes empresariais. Os exemplos anteriores e os padrões de rede mostram a necessidade cada vez menor de se ter um computador físico, uma vez que outros dispositivos oferecem acesso aos dados, às pessoas ou aos serviços a qualquer hora, de qualquer lugar do mundo, em redes de alta capacidade utilizando a tecnologia de IP. As velocidades baixas sem fio, comparadas às velocidades com fio, eram uma limitação. As redes 4G e os aparelhos avançados que funcionam com múltiplos padrões de rede oferecem uma conectividade/mobilidade universal.

Fatores de avaliação de redes móveis. As pressões para oferecer um serviço seguro ao cliente e aos parceiros de negócios a custos reduzidos, para ser responsável pelo meio ambiente e para atender 24 horas às necessidades de trabalhadores móveis e remotos aumentaram a demanda de redes empresariais. Ao avaliar uma solução de rede móvel, os fatores a seguir devem ser considerados:

1. **Simplicidade:** Fácil de implementar, gerenciar e utilizar
2. **Conexão:** Sempre possuir a melhor conexão possível
3. **Inteligência:** Funciona como pano de fundo, se integra facilmente a outros sistemas
4. **Confiabilidade:** Permite comunicações seguras e confiáveis

Questões para revisão

1. Qual é a diferença entre comutação de circuitos e de pacotes?
2. Qual é a diferença entre redes 3G e 4G?
3. O que é banda larga?
4. Quais são os padrões existentes de rede móvel?
5. Quais fatores deveriam ser levados em consideração ao escolher uma rede móvel?

4.2 Redes banda larga sem fio

As empresas estão passando de uma adoção assistemática de dispositivos móveis e infraestrutura para uma adoção de estratégias desenvolvidas a partir de recursos móveis. À medida que as tecnologias que fazem parte da infraestrutura móvel evoluem, fica difícil identificar tecnologias estratégicas e evitar o desperdício de investimentos. No entanto, o custo e as pressões da concorrência para que se faça isso continuam a se intensificar. Fatores que contribuem para o uso da mobilidade incluem:

- Novos padrões e tecnologias sem fio
- Redes sem fio de alta velocidade
- Dispositivos móveis multitarefa
- Sistemas operacionais e aplicações móveis mais robustos
- Aumento da pressão competitiva, uma vez que os outros passam a adotar a tecnologia móvel
- Aumento geral da velocidade dos negócios

Infraestrutura móvel. A infraestrutura móvel consiste na integração entre tecnologia, software, suporte, medidas de segurança e dispositivos para o gerenciamento e entrega de comunicações sem fio.

Figura 4.4 Como funciona o Wi-Fi.

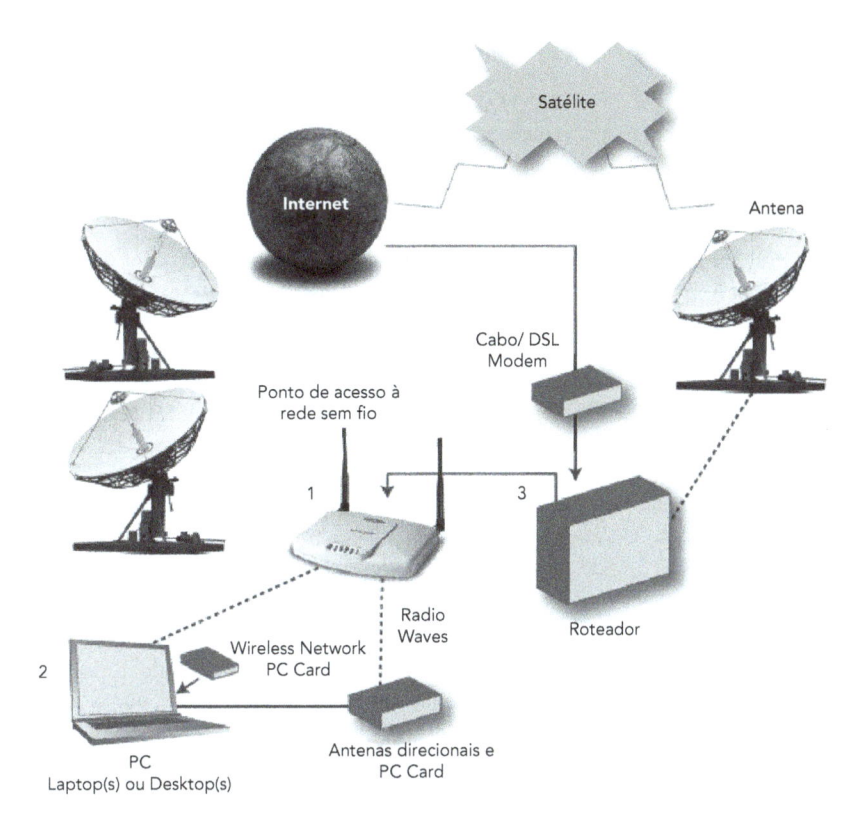

1. Ponto de acesso equipado por rádio conectado à Internet (ou via um roteador). Ele gera e recebe ondas de rádio (até 133 metros).
2. Diversos dispositivos clientes equipados com PC Card, gerando e recebendo ondas de rádio.
3. O roteador é conectado via Internet a um cabo ou modem DSL, ou é conectado via satélite.

PADRÕES DE REDE SEM FIO (WI-FI)

A tecnologia sem fio (**WI-FI**) permite que computadores compartilhem uma rede ou uma conexão com a Internet sem o uso de fios e sem a necessidade de se conectar a uma rede privada. As redes sem fio transferem grandes pacotes de dados em distâncias pequenas utilizando parte de um espectro de rádio ou podem abranger áreas maiores, como as redes sem fio municipais, que não são comuns por causa dos altos custos que demandam. A Filadélfia debateu se deveria ir em frente com seus planos de instalação de rede sem fio, que custariam à cidade, de 215 km^2, o valor de 10 milhões de dólares para instalação, ou cerca de 75 de dólares a cada 2 km^2. O custo para fazer a rede funcionar nos primeiros dois anos seria de 5 milhões de dólares.

As redes sem fio em geral são compostas por um roteador, que transmite o sinal, e um ou mais adaptadores, que recebem o sinal e normalmente estão conectados a um computador. Observe a Figura 4.4 para ter uma visão geral de como o sistema sem fio funciona. Transmissores com potência maior, que cobrem uma área mais extensa, são conhecidos como estações base. Os padrões de rede sem fio são:

- **802.11b.** Este padrão compartilha o espectro com telefones sem fio de 2,4 GHz, fornos de micro-ondas e muitos produtos com Bluetooth. Os dados são transferidos em distâncias de até 100 metros.
- **802.11a.** Este padrão funciona em 12 canais no espectro de 5 GHz na América do Norte, o que reduz problemas de interferência. Os dados são transferidos aproximadamente cinco vezes mais rápido do que no padrão 802.11b, aprimorando a qualidade do fluxo da mídia. Ele tem largura de banda extra para arquivos grandes. Como os padrões 802.11a e b não são interoperáveis, os dados enviados a partir de uma rede 802.11b não podem ser acessados por redes 802.11a.

- **802.11g.** Este padrão funciona em três canais no espectro de 2,4 GHz, mas com a mesma velocidade do padrão 802.11a. O padrão é compatível com o padrão 802.11b.
- **802.11n.** Este padrão apresenta melhorias com relação aos padrões 802.11 anteriores por causa da adição de tecnologia de múltipla entrada múltipla saída (*multiple-input-multiple--output*– MIMO), além de muitas outras características. A frequência varia de 2,4 GHz a 5 GHz com taxa de dados em cerca de 22 Mbps, mas talvez chegue a 100 Mbps.

REDES DE LONGA DISTÂNCIA SEM FIO (*WIRELESS WIDE AREA NETWORKS – WWANS*)

Existem três tipos gerais de redes móveis: redes de longa distância (WANS), WiMAX (*Worldwide Interoperability for Microwave Access*) e redes locais (*Local Area Networks* – LANs). As WANs, em computação móvel, são chamadas de **WWANs (wireless wide area networks**), ou de redes remotas sem fio. A cobertura de uma WWAN depende do meio de transmissão e da geração da rede sem fio, que afeta diretamente a disponibilidade dos serviços. Dois dos componentes de infraestruturas móveis e sem fio são LANs e WiMAX.

WLAN (Wireless Local Area Network). A WLAN é um tipo de rede local que utiliza ondas de rádio de alta frequência em vez de fios para se comunicar com computadores e outros dispositivos, como impressoras, que são chamados de nós da rede. Uma WLAN normalmente estende uma rede local com fio. As WLANs são construídas por meio da conexão de um ponto de acesso sem fio a uma rede com fio.

WiMAX. O Fórum do WiMAX (wimaxforum.org) o descreve como "uma tecnologia baseada em padrões que permite o acesso sem fio via banda larga de última milha como uma alternativa ao cabo e à DSL". O WiMAX é uma rede de área metropolitana (MAN) sem fio baseada no padrão 802.16, capaz de fornecer serviços de voz e de dados a distâncias de até 48 km, sem as despesas do cabo ou as limitações de distância da DSL. O WiMAX não requer uma linha de visão clara para funcionar. A Figura 4.5 mostra os componentes de uma rede WiMAX/sem fio.

Das empresas que responderam à pesquisa feita pela *Forrester's Enterprise Netbook and Telecommunications Survey of North America and Europe* em 2007, 32% citaram as "políticas e estratégias móveis e sem fio" como uma prioridade (Forrester, 2007). Outras 15% afirmaram que a mobilidade de um empreendimento é uma grande prioridade em seus negócios.

Questões para revisão

1. Que fatores contribuem para a mobilidade?
2. Como o sistema sem fio funciona?
3. O que é uma WLAN?
4. Por que o WiMAX é importante?
5. Quais são os principais provedores que estão ajudando a consolidar o empreendimento móvel?

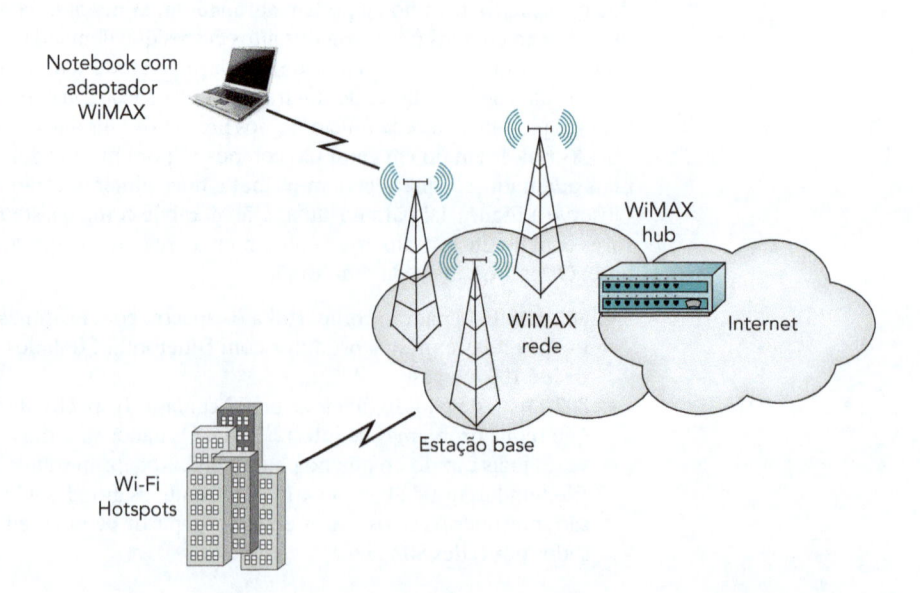

Figura 4.5 Rede WiMAX/Wi-Fi.

4.3 Gerenciamento de redes e portais

A comunicação efetiva é essencial para se obter sucesso em tudo, desde parcerias de negócio até relacionamentos pessoais e profissionais. Com poucas exceções, quando uma rede cai ou tem seu acesso bloqueado, o mesmo acontece com sua capacidade operacional ou função. Considere o colapso de uma rede que o impedisse de acessar Internet, e-mail, correio de voz, software e arquivos. Na maioria das empresas, os funcionários não poderiam fazer nada sem ter conectividade de rede. Entre os danos mais evidentes causados a uma empresa quando ela não consegue operar ou realizar as encomendas planejadas estão a perda de vendas e da produtividade, consequências financeiras, por não ser capaz de enviar e de receber pagamentos, e a incapacidade de processar ordens de pagamento e alterações no estoque.

MODELO DE REDE, COLABORAÇÃO E DESEMPENHO DAS RELAÇÕES

No século XXI, o desempenho depende dos recursos e das qualidades das tecnologias de rede e de colaboração. A Figura 4.6 mostra um modelo com fatores chave de rede e colaboração que influenciam a lucratividade, o crescimento de vendas e a capacidade de inovação empresariais.

Como ilustra a Figura 4.6, a capacidade de uma rede empresarial depende de planejamento apropriado, manutenção, gestão, atualizações e largura de banda da rede para garantir capacidade e conectividade suficientes para ligar pessoas, locais e dados. Isso também requer que aqueles que precisam de acesso à rede estejam equipados com dispositivos que tornem essa conexão possível. Podemos comparar isso a um sistema rodoviário, que precisa ser planejado cuidadosamente para poder suportar as demandas em períodos de tráfego intenso, ser monitorado para garantir o cumprimento das leis de trânsito, passar regularmente por limpeza e manutenção e ser expandido (atualizado) quando não atender mais às necessidades daqueles que dependem dele.

Quando problemas inevitáveis acontecem (por exemplo, o colapso da rede ou um acidente de carro), é necessário ter uma equipe treinada que seja capaz de restaurar a rede rapidamente ou trocar o sistema por um sistema de backup, a fim de minimizar a descontinuidade do serviço durante o período de restauração. *TI em ação* 4.1 mostra a importância desses fatores e as consequências de um planejamento e uma testagem fracos.

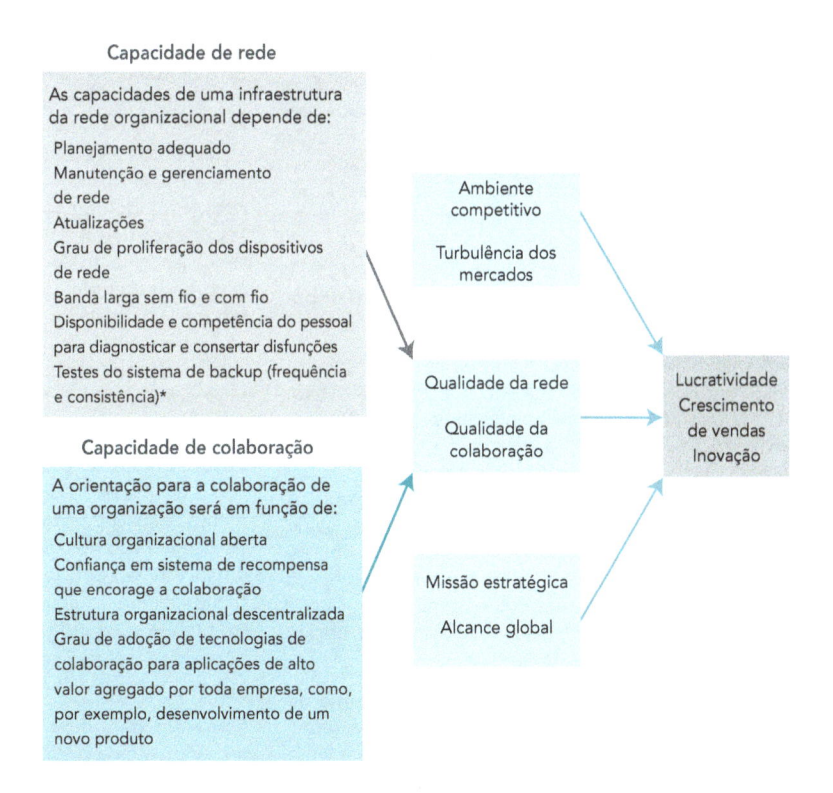

Figura 4.6 Modelo de rede, colaboração e desempenho das relações.

Capacidade de rede

As capacidades de uma infraestrutura da rede organizacional depende de:
- Planejamento adequado
- Manutenção e gerenciamento de rede
- Atualizações
- Grau de proliferação dos dispositivos de rede
- Banda larga sem fio e com fio
- Disponibilidade e competência do pessoal para diagnosticar e consertar disfunções
- Testes do sistema de backup (frequência e consistência)*

Capacidade de colaboração

A orientação para a colaboração de uma organização será em função de:
- Cultura organizacional aberta
- Confiança em sistema de recompensa que encorage a colaboração
- Estrutura organizacional descentralizada
- Grau de adoção de tecnologias de colaboração para aplicações de alto valor agregado por toda empresa, como, por exemplo, desenvolvimento de um novo produto

Ambiente competitivo
Turbulência dos mercados
Qualidade da rede
Qualidade da colaboração
Missão estratégica
Alcance global
Lucratividade / Crescimento de vendas / Inovação

---

* N. de R. T.: Pelos padrões de Governança de TI (Framework ITIL) é importante testar frequentemente os sistemas de backup de uma rede organizacional e verificar disfunções.

A arquitetura de rede é certamente fundamental porque é ela que fornece a infraestrutura de trabalho colaborativo para a empresa e para os parceiros e clientes externos, independentemente de sua localização. Muitas vezes é ignorado o fato de que a capacidade e a vontade de colaborar dependem de uma cultura empresarial na qual as pessoas confiem e que as forneça informações, ferramentas e autoridade para planejar e tomar decisões. Quando trabalhadores do conhecimento possuem essa autoridade, a organização tem uma estrutura organizacional descentralizada (também chamada de *plana*). Esse tipo de organização responde mais a oportunidades e problemas do que uma organização centralizada, em que os gestores em níveis mais altos, que estão normalmente menos envolvidos nas operações diárias da empresa, tomam as decisões.

O objetivo desse modelo é mostrar que apenas a infraestrutura da rede não melhora o desempenho do negócio. O que importa é como a rede combina seus recursos às tecnologias colaborativas para dar suporte aos funcionários e ao trabalho multifuncional, conectar locais remotos, fornecer serviços ao cliente e coordenar os parceiros da cadeia de fornecedores.

CONVERGÊNCIA E INTEROPERABILIDADE DE SERVIÇOS DE INFORMAÇÃO

Diversos serviços de informação – dados, documentos, voz e vídeo – têm funcionado de maneira independente uns dos outros. Tradicionalmente, eles eram transmitidos utilizando protocolos (padrões) diferentes e carregados até suas redes em pacotes ou circuitos, como mostrado na Tabela 4.2. Redes múltiplas eram necessárias em função da falta de **interoperabilidade** ou conectividade entre os dispositivos. A interoperabilidade se refere à capacidade de fornecer serviços para e aceitar serviços de outros sistemas ou dispositivos. A falta de interoperabilidade limitava o acesso a informações e a recursos computacionais e de comunicação – e, assim, aumentava os

TI em ação 4.1

Falha na rede do serviço aduaneiro dos Estados Unidos faz com que passageiros fiquem retidos no LAX

O aeroporto de Los Angeles (LAX) é o quinto aeroporto mais movimentado dos Estados Unidos. Em agosto de 2007, mais de 20 mil passageiros internacionais ficaram retidos no LAX por cerca de 11 horas em virtude da falha de processamento de passageiros causada pela U.S. Customs and Border Protection (CBP), que não pôde processar os dados dos passageiros devido a uma falha na rede. Uma falha na rede fez com que o serviço de imigração ficasse parado. A falha e a longa interrupção dos serviços foram explicadas pelo efeito cumulativo de um planejamento de rede fraco, de uma preparação insuficiente para lidar com desastres, do mau funcionamento do roteador e da placa de interface de rede (NIC), de erros ao diagnosticar a interrupção e da falta de pessoal disponível para fazer reparos na rede.

Causas imediatas da falha e a crise. A interrupção começou por causa do mau funcionamento de uma NIC em uma estação de trabalho na LAN da CBP. Em vez de simplesmente cair, a NIC começou a enviar pacotes pela rede causando uma tempestade de dados que fez com que a LAN parasse de funcionar. Mais tarde, uma mudança na rede também falhou, piorando o problema. A falha no diagnóstico do problema e o fato de colocar a culpa no roteador fizeram com que a Sprint perdesse cerca de seis horas. A Sprint testou as linhas remotamente, e então enviou um técnico ao local para realizar mais testes, até que se concluiu, após seis horas, que os roteadores estavam funcionando bem e que era um problema de LAN.

As políticas continuaram em vigor, mas não um sistema de backup. Devido à política de tolerância zero, todos os passageiros precisam ser processados e submetidos a um rastreamento pela lei que dá acesso aos bancos de dados localizados em Washington, D.C. Existia um sistema de backup, que consistia em uma cópia local do banco de dados em caso de perda de conectividade com Washington, mas o sistema de backup funcionava na mesma LAN e não havia sistema de backup para a falha da LAN.

Erro humano ou da máquina? Os erros humanos representaram um papel maior na falha do que os erros tecnológicos. Michael Krigsman, o Presidente da Brookline, uma empresa de software e consultoria localizada em Massachusetts, escreveu em seu blog que a causa foi uma falha comum ocorrida resultante da incompetência e de equipamentos de baixo custo. Alguns especialistas ficaram perplexos ao saberem que uma única NIC pudesse ter causado tantos problemas. Entretanto, uma única NIC pode derrubar uma rede mais antiga como a da CBP, mas não é capaz de derrubar as redes mais atualizadas. Além disso, se uma rede não é bem administrada, o número de horas offline aumenta enquanto o problema está sendo identificado e resolvido. As redes mais novas são muito mais inteligentes e capazes de realizar o autodiagnóstico.

Resposta da CBP para evitar uma nova falha. A CBP reconheceu a necessidade de melhorar sua equipe de TI, seus equipamentos e sua infraestrutura. Ela planejou melhorar as capacidades de diagnóstico nos níveis humano e tecnológico para evitar que um incidente confuso como esse acontecesse novamente. Também planejou obter a tecnologia certa e a equipe sempre a postos no LAX e em outros aeroportos.

Fontes: Compilado de Krigsman (2007) e Poeter (2007).

Questões para discussão: Como você avaliaria a qualidade de rede do sistema da CBP? Utilize as capacidades de rede mostradas na Figura 4.6 para dar embasamento a sua resposta. Quais são os fatores técnicos e de gestão que contribuíram para a falha do sistema de backup?

custos das operações. Detalhes técnicos sobre a interoperabilidade e sobre os protocolos de rede estão no Guia de Tecnologia 4, no site da Bookman (www.bookman.com.br).

Arquitetura TCP/IP. Esse é o conjunto de protocolos padrão para a Internet utilizado em quase todos os serviços de rede. O conjunto de protocolos para a Internet consiste no protocolo de Internet (*Internet Protocol* – IP) e no protocolo de controle de transmissão (*Transmission Control Protocol* – TCP) ou TCP/IP. O TCP/IP se refere a toda essa família de protocolos.

O IP é o protocolo de rede mais popular do mundo e possui uma arquitetura que torna a convergência possível. Na preparação para a transmissão, dados e documentos são digitalizados em pacotes que, com base no IP, são enviados por meio de redes locais de computador ou **LANs**. As LANs conectam os dispositivos de rede a uma distância relativamente curta e são capazes de transmitir dados a velocidades muito rápidas; porém, operam em áreas limitadas, como nos prédios de uma empresa, no *campus* de uma universidade ou em uma casa. Elas fornecem acesso compartilhado a impressoras e servidores de arquivos e conectam-se a redes maiores, como as **WANs** ou a Internet. As WANs recobrem uma área geográfica muito grande, como um estado, uma província ou um país.

Uma comparação entre os protocolos básicos de rede é apresentada na Tabela 4.2. Pacotes de dados são transmitidos utilizando TCP, que faz uma verificação de erros para garantir uma entrega confiável. Se algum pacote for deixado pelo caminho e nunca chegar ao destino, o TCP irá solicitar que os pacotes sejam reenviados. Para a entrega de dados e documentos, a verificação de erros é necessária a fim de garantir que todo o conteúdo seja entregue. Já que a verificação de erros pode causar atraso nas entregas, o TCP não é muito indicado para transmissões digitais de voz ou de vídeo. Para esses tipos de transmissão, um pacote que fique pelo caminho não é significativo.

A voz, que é enviada por sinais analógicos ou ondas de som, é enviada por circuitos em redes de telefone. Os *streamings* de vídeo (fluxos de mídia, uma forma de distribuir informação multimídia em uma rede utilizando pacotes) são comprimidos e enviados na forma de pacotes de IP utilizando o User Datagram Protocol – **UDP**. Esse conjunto de protocolos é chamado de modelo UDP/IP. O UDP não faz verificação de erros; como resultado disso, ele é menos pesado e mais rápido do que os protocolos guiados pela conexão, como é o caso do TCP. Com o UDP, a qualidade da transmissão (ausência de erros) é sacrificada em função da velocidade.

TABELA 4.2 Redes, protocolos e métodos de transferência de serviços de informação

Serviços de informação	Rede	Formato	Protocolo	Método de transferência
Dados e documentos	Pacote	Convertidos em pacotes baseados em protocolos de internet (IP)	TCP (*transmission control protocol*)	Cada pacote pode seguir um caminho diferente até o destino, onde os pacotes são reagrupados. Se um pacote não chega (é perdido), a transmissão inteira é refeita. Para dados que não são atualizados em tempo real, documentos ou e-mail, o TCP oferece correção de erros, sequenciamento de pacotes e retransmissão.
Voz	Circuito	Enviado como sinais analógicos entre o telefone e o escritório central da companhia telefônica (local loop). O tráfego entre as centrais é digital.		Sendo analógico ou digital, cada ligação cria um circuito que reserva um canal entre as duas partes para a sessão toda. A mensagem inteira segue o mesmo caminho.
Video streams	Pacote	Comprimido e convertido em pacotes IP	UDP (*user datagram protocol*)	Transferência de dados em tempo real sem conferência e busca de pacotes faltando. Pacotes ruins são deixados para trás.
Voz sobre IP, ou telefonia IP	Pacote	A comunicação de voz é digitalizada em pacotes de dados	Normalmente UDP, mas às vezes TCP	Em tempo real. A correção de erros TCP/IP é inadequada para voz. A requisição de retransmissão por falta de pacotes causaria atrasos e arruinaria a transmissão.

Comparado ao TCP, o UDP envia pacotes muito mais rapidamente, mas com menor confiabilidade.

A voz sobre **IP** (**VoIP**) ou **telefonia IP** envolve uma conversão do analógico para o digital. Com a tecnologia VoIP, transmissões de voz e de dados viajam pelas linhas de telefone, mas o conteúdo é enviado no formato de pacotes de dados. A tecnologia VoIP cresceu para se tornar uma das mais utilizadas e mais economicamente viáveis formas de comunicação. As soluções de telefonia IP usam conexões por meio de pacotes da Internet para troca de voz, fax e outros formatos de dados em vez de utilizar as conexões tradicionais, de circuito dedicado. Benefícios como economia, melhora da produtividade, flexibilidade e recursos avançados tornam a telefonia IP uma tecnologia atrativa.

A telefonia IP está evoluindo além dos avanços básicos em telefonia, já que as empresas buscam aumentar a flexibilidade e encontrar soluções móveis para seus funcionários e processos empresariais. É mais caro operar e gerir duas redes separadas. Uma **rede convergente**, que combina transmissão de voz e dados na mesma infraestrutura de IP, pode reduzir os custos administrativos ao mesmo tempo em que oferece um caminho mais fácil para o crescimento e para novas aplicações. *TI em ação 4.2* mostra o valor da convergência e da telefonia IP estudando o caso da Thrifty Car Rental.

BARREIRAS PARA A INTEGRAÇÃO PLENA DE SERVIÇOS DE INFORMAÇÃO

Os usuários terão cada vez mais a oportunidade de levar consigo conexões de banda larga por meio de um serviço de banda larga completo – a qualquer hora, de qualquer lugar, com acesso na tela ou no dispositivo que preferir. Enquanto o crescimento das telecomunicações com fio

TI em ação 4.2

Thrifty Car Rental utiliza telefonia IP para aumentar a eficiência e a qualidade do serviço ao consumidor

A Thrifty Car Rental opera em mais de 1.200 locais em 64 países, incluindo terminais operando em 86 aeroportos dos Estados Unidos, terminais operando em 57 outros aeroportos e serviços nos aeroportos mais importantes do Canadá. Mais de 30% dos clientes da Thrifty são compradores. Agentes eram subutilizados ao oferecer informações sobre preços que poderiam ser facilmente recuperadas de um sistema de autoatendimento automático ou de um site. A empresa queria utilizar seus agentes de forma mais lucrativa e reduzir a dependência operacional de talentos humanos para toda e qualquer interação com o cliente.

Pedidos de reserva online na thrifty.com estavam crescendo rapidamente. Enquanto o site da empresa tinha uma forte capacidade de fazer transações, faltava a ele a mesma qualidade no serviço ao cliente fornecido pela Thrifty no mundo de estabelecimentos tradicionais e baseado em telefonia. A empresa queria melhorar o serviço ao cliente baseado na Web e diferenciar-se de outras empresas de aluguel de carro do mercado.

Para que a Thrifty se mantivesse no ritmo do setor, sua nova solução de contato com o cliente misturava ajuda humana com ajuda automatizada, serviços de autoatendimento em todos os canais de interação – telefone, Web, chat e e-mail. Para integrar esses canais e fornecer uma gestão inteligente de contatos, a Thrifty investiu na Cisco IP Communications, que é uma solução empresarial de telefonia IP, unificada com comunicações, mensagens e contato com o cliente. Suas soluções baseadas em IP e no contato com o cliente resultaram em uma economia de custos substancial. O conceito de **mensagem unificada (MU)** aproxima todas as mensagens de mídia como e-mail, voz, textos móveis, SMS e fax a um meio de comunicações combinado. Minimamente, um MU pode envolver uma caixa de entrada unificada com um serviço de alerta. Ou pode dar aos usuários a capacidade de recuperar e enviar mensagens de voz, fax e e-mail a partir de uma única interface, como as de dispositivos de mão ou de PCs.

Para a colaboração Web, a Thrifty implementou o ICM (*Intelligent Contact Management* da Cisco), um sistema roteador inteligente que trabalha em múltiplos canais. O ICM interage com clientes via telefone, Web ou e-mail. O ICM está integrado ao ACD (*automatic call distributor* – distribuidor automático de chamadas), PBX (*private branch exchange* – troca de ramais privados), IVR (*interactive voice response* – resposta interativa de voz), banco de dados e aplicativos de desktop. A Thrifty também instalou a opção de colaboração via Web, que se centra na ferramenta de colaboração visual. Essas ferramentas permitem que o cliente interaja com agentes na Web enquanto conduz uma conversa utilizando a voz ou textos em um chat.

A Thrifty recebe 4 milhões de ligações por ano; a empresa necessitava 150 agentes em seus dois locais de atendimento ao cliente durante temporadas regulares e 180 durante a alta temporada do verão para lidar com todas as ligações. Com a solução para o contato com o cliente de telefonia IP, em torno de 35 a 40 agentes não precisam ser utilizados. A rotatividade de funcionários caiu para 20% de uma alta porcentagem (40%) desde que a solução da Cisco foi instalada.

Fontes: Compilado de Thrifty (thrifty.com) e Cisco Systems (Cisco.com).

Questões para discussão: Por que a Thrifty Car Rental precisou de uma telefonia IP? Que benefícios a Thrifty obteve com a implementação das comunicações unificadas da Cisco e da opção de colaboração Web?

e sem fio no mundo é tido como estável, a taxa de crescimento da tecnologia sem fio é oito vezes maior do que a taxa de crescimento da tecnologia com fio. O uso de tecnologias com fio ainda existirá, porque a tecnologia VoIP acabará diminuindo a migração de usuários para dispositivos sem fio.

O desenvolvimento de software para dispositivos sem fio era um desafio, pois não havia um padrão que fosse amplamente aceito. Assim, os aplicativos precisavam ser personalizados para cada tipo de dispositivo com o qual a aplicação desejasse se comunicar. Para manter os custos do serviço sem fio baixos, programadores têm desenvolvido códigos que otimizam o uso de recursos. Suportar diferentes tipos de visualização pode forçar mudanças minuciosas em diversos módulos de software e aplicativos. CPUs, sistemas operacionais, armazenamento de mídia e plataformas móveis diferentes criam problemas de portabilidade e de teste que consomem muito tempo.

A Internet e a WWW. Muitas pessoas acreditam que Web é sinônimo de Internet, mas não é bem assim. A Internet funciona como um mecanismo de transporte e a Web (WWW) é um aplicativo que roda na Internet, assim como e-mail, mensagens instantâneas e VoIP. A Web é um sistema com protocolos que são aceitos universalmente para armazenar, recuperar, formatar e mostrar informações por meio da arquitetura do cliente/servidor. O protocolo normal é o HTTP, que significa protocolo de transmissão de hipertexto (*hyper-text transport protocol*).

Categorias de aplicações da Internet. A Internet suporta aplicações nas seguintes categorias:

- **Descoberta ou busca.** Descoberta envolve carregar, encontrar e recuperar informação. Isso pode envolver consulta, download e processamento de informações a partir de bancos de dados. Os softwares que lidam com a enorme quantidade de informações presente na Internet e nas intranets podem automatizar essas descobertas.
- **Comunicação.** Desenvolvimentos com base na Internet e na comunicação sem fio, como podcasting, RSS e microblogs, estão transformando as comunicações empresariais, os canais de marketing e a gestão da cadeia de fornecedores – apenas para mencionar alguns elementos.
- **Colaboração.** A colaboração online entre indivíduos, grupos e organizações é comum. Diversas ferramentas e tecnologias estão disponíveis, variando desde reuniões online com compartilhamento de tela a videoconferências e sistemas de suporte a grupos. Produtos de software de colaboração, chamados de grupo de trabalho ou fluxo de trabalho, podem ser utilizados na Internet e em outras redes.

INFRAESTRUTURA DE REDES DE COMPUTADORES

Além da Internet e da Web, intranets, extranets, portais de informação e mecanismos de busca são as maiores infraestruturas de redes de computadores.

Intranets. Uma intranet é uma rede que serve às necessidades de informações internas de uma empresa, utilizando ferramentas da Internet. As intranets são portais (gateways) que oferecem navegação fácil e barata, além de recursos de busca. Os mecanismos de busca são discutidos mais adiante nesta seção. Com o uso do compartilhamento de tela e outras ferramentas de grupo, as intranets podem ser utilizadas para facilitar a colaboração entre pares. As empresas mostram suas políticas e também informações de rendimento sobre depósitos diretos, benefícios, materiais de treinamento e notícias para seus funcionários por meio de suas intranets.

Em *TI em ação 4.3*, descrevemos o uso que a Labatt Brewing faz de um portal de intranet, chamado de The Pub, para obter colaboração empresarial e oferecer recursos de busca. O The Pub foi criado utilizando o Microsoft Office SharePoint Server (MOSS) e o Microsoft SharePoint Services (MSS). O **SharePoint** é uma suíte de aplicativos integrada que fornece gerenciamento de conteúdo (informações não estruturadas) e **busca empresarial** para dar suporte à colaboração. Um sistema de busca empresarial oferece recursos extensivos para a busca de dados estruturados e não estruturados. O sistema de busca empresarial oferece respostas rápidas e consolidadas, bem como resultados classificados (como os resultados do Google) que ajudam os usuários a localizarem facilmente a informação de que precisam. Outros elementos do SharePoint são:

- Colaboração com base em navegadores e plataforma de gerenciamento de documentos.
- Sistema de gerenciamento de conteúdo que permite que grupos organizem um espaço centralizado, protegido por senha, para o compartilhamento de documentos. Os docu-

TI em ação 4.3

A empresa canadense Labatt Brewing cria "The Pub", uma intranet para colaboração e busca corporativa

Como uma empresa pode garantir que seus funcionários recebam as informações de que precisam no momento em que precisam delas? Para a Labatt Brewing Company, a solução foi aproveitar o poder da plataforma SharePoint e construir um portal de intranet de alto nível. A Labatt faz parte da Interbrew S.A., uma empresa localizada na Bélgica, um dos maiores grupos de produção de cerveja do mundo, com mais de 180 tipos de cerveja em 110 países ao redor do mundo. E a Labatt Blue é a cerveja canadense mais vendida no mundo.

Tradicionalmente, a empresa utilizava reuniões com os funcionários e postagens nos quadros de avisos para manter seus funcionários informados, mas com os funcionários da Labatt espalhados por todo o Canadá, a empresa enfrentou um desafio ao repassar informações para os funcionários de forma consistente e em tempo hábil. Muitas das informações empresariais da Labatt eram difíceis de compartilhar, porque estavam localizadas em segmentos que pertencem a várias unidades de negócio, o que significa que os funcionários tinham dificuldade de encontrar informações atualizadas e pertinentes.

Arquitetura da intranet da Labatt e seus benefícios. Depois de determinar as necessidades de negócio e de tecnologia da Labatt, a equipe de TI da empresa decidiu que uma intranet seria a maneira mais eficiente de levar informações em um ponto único de acesso aos funcionários. A intranet também possibilitaria o gerenciamento e a colaboração com documentos. A intranet, que foi chamada de "The Pub", foi construída utilizando o Microsoft Content Management Server, o Microsoft Office SharePoint Portal Server e o SharePoint Team Services.

Utilizando The Pub, a Labatt lançou novos programas para seus funcionários, como o banco de dados de inovação. A Labatt procurava formas inovadoras de melhorar cada aspecto de seu negócio, e o banco de dados de inovação fornece um fórum para os funcionários, que podem enviar ideias e ser reconhecidos e recompensados por aquelas que são implementadas. Por meio da aplicação adequada da tecnologia da Microsoft como infraestrutura de intranet da Labatt, The Pub, a empresa pode delegar poder aos seus funcionários, melhorar a comunicação entre eles e gerar eficiência no departamento de TI, tendo ao mesmo tempo um impacto significativo na produtividade e na colaboração dos funcionários. Cerca de 70% dos funcionários da Labatt utilizam o portal, que melhorou significativamente a produtividade e a colaboração do quadro de funcionários. Com a função de busca robusta no The Pub, os funcionários são capazes de encontrar rapidamente documentos necessários e obter a informação de que precisam para tomar melhores decisões de negócio.

Utilizando o serviço do Microsoft SharePoint, um site da equipe foi projetado para melhorar significativamente a forma como as equipes gerenciam informações e atividades. Os espaços de trabalho da equipe fornecem um ponto em comum de acesso ao projeto ou às informações do departamento, incluindo documentos, contatos, tarefas e discussões. Os benefícios do The Pub podem ser resumidos em:

- Delegar poder aos funcionários
- Ajudar a melhorar a comunicação dos funcionários
- Criar eficiência no departamento de TI
- Ajudar a causar um impacto significativo na produtividade e colaboração do funcionário

Fontes: Compilado de Labatt.com, Microsoft case study Labatt Breweries of Canada, e Imason (2010).

Questões para discussão: Como a informação segmentada pode bloquear a produtividade? Por que um ponto único de acesso é uma característica importante? Como o compartilhamento de informações via The Pub melhorou a colaboração na Labatt? Por que os trabalhadores podem não estar a favor da busca extensiva de documentos e do compartilhamento de dados?

---

mentos podem ser armazenados, salvos e editados, e então enviados para o compartilhamento continuado.
- Intranet com base na Web, capaz de melhorar a gestão e o acesso aos dados.
- Portal de informações da empresa, que pode ser configurado para rodar na intranet, na extranet e em sites da Internet.

Extranets. Uma extranet é uma rede privada que pertence à empresa que utiliza tecnologia de IP para compartilhar, de forma segura, parte das informações empresariais ou de operações com fornecedores, vendedores, parceiros, clientes ou outras empresas. Extranets podem utilizar VPNs (*virtual private networks*), que são criadas a partir do uso de um software especializado e de equipamentos para criptografar/enviar/descriptografar transmissões na Internet. Ao criptografar as transmissões, a VPN cria um túnel privado dentro da Internet ou de outra rede pública, conforme mostramos na Figura 4.7. A VPN conecta sites remotos ou usuários de forma privada. Em vez de utilizar uma conexão física, dedicada, como em serviços com linha, a VPN utiliza conexões virtuais direcionadas para a Internet a partir da rede privada de uma empresa para um site remoto ou para o funcionário.

Basicamente, uma extranet é uma rede que conecta duas ou mais empresas de forma que possam compartilhar informações de modo seguro. Em alguns casos, uma extranet é uma extensão da intranet da empresa que foi designada para se conectar ao cliente ou a um parceiro

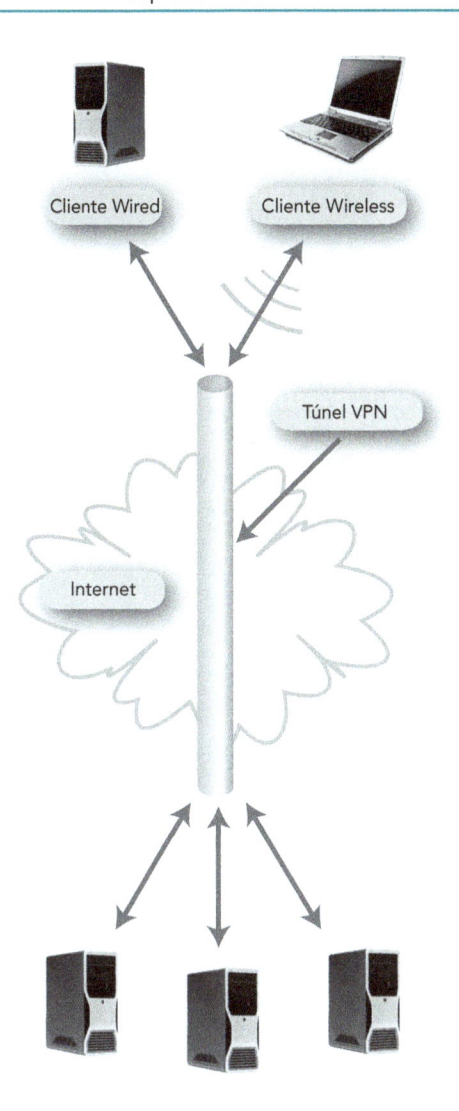

Capítulo 4 Gerenciamento e Mobilidade de Redes

Figura 4.7 Rede virtual privada (virtual private network – VPN) criada por criptografia.

comercial para o comércio B2B (*business-to-business* – empresa para empresa). Em outros casos, uma extranet é um portal restrito que, por exemplo, dá aos clientes acesso instantâneo aos detalhes de suas contas. Dessa forma, os clientes podem gerenciar suas próprias contas de modo rápido e fácil. O portal de extranet da United Rental (URdata.UR.com) torna conveniente aos clientes de todo o mundo a solicitação de equipamento, a administração do aluguel de equipamento por projetos, a visualização de faturas, o cálculo do custo de trabalhos, e assim por diante. Além disso, o portal permite fazer isso com baixo custo. A Figura 4.8 ilustra a interface de uma extranet, o uso de nomes de usuário e senhas para controlar o acesso e para fazer a autenticação, e os recursos de autoajuda disponíveis.

As extranets normalmente possuem um servidor central que armazena dados, documentos e aplicações. Os usuários autorizados podem acessar remotamente suas contas de qualquer dispositivo que tenha acesso à Internet, o que pode reduzir muito o espaço de armazenamento nos discos rígidos individuais. Para proteger a privacidade da informação que está sendo transmitida, as extranets precisam de linhas de comunicação seguras, tecnologias de criptografia e controle de acesso e de autenticação.

MECANISMOS DE BUSCA EMPRESARIAIS

As empresas produzem, armazenam e consomem mais e mais informações empresariais, fazendo o volume crescer e o custo de gerenciamento aumentar. A maior parte do conteúdo é difícil de gerenciar e acessar. A Fulcrum Research afirma que 80% do conteúdo que os empreendimentos mantêm não é estruturado – está armazenado em documentos do Word, em planilhas e em pdfs. A Forrester Research estima que o volume de conteúdo está crescendo

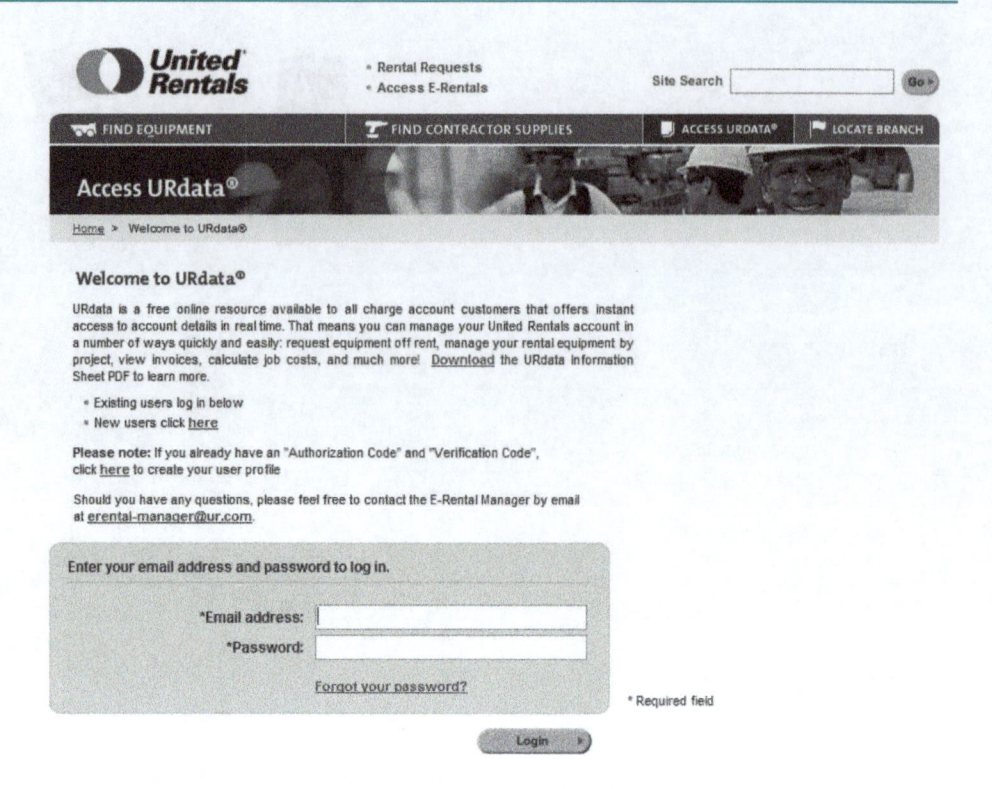

Figura 4.8 Portal extranet da United Rentals.

200% ao ano. Com essa porcentagem, o volume de dados armazenado em muitas organizações chega ao ponto de interferir na produtividade em vez de ajudar a melhorá-la.

O que está envolvido em um mecanismo de busca empresarial. Um mecanismo de busca empresarial (veja a Figura 4.9) começa com a **indexação de conteúdo**, que é normalmente realizada por um software que vasculha os diretórios e os sites para extrair conteúdo de bancos de dados e outros repositórios. A indexação de conteúdo termina em uma base que é regulada, de modo que, se um desses repositórios é atualizado, o mecanismo de busca terá um tipo de procedimento que permite que ele entre, busque a fonte e indexe o conteúdo atualizado.

Os conteúdos que foram coletados são *indexados*. Isso quer dizer que um índice, que possa ser pesquisado no futuro, é criado para cada conteúdo. Processamentos adicionais, como

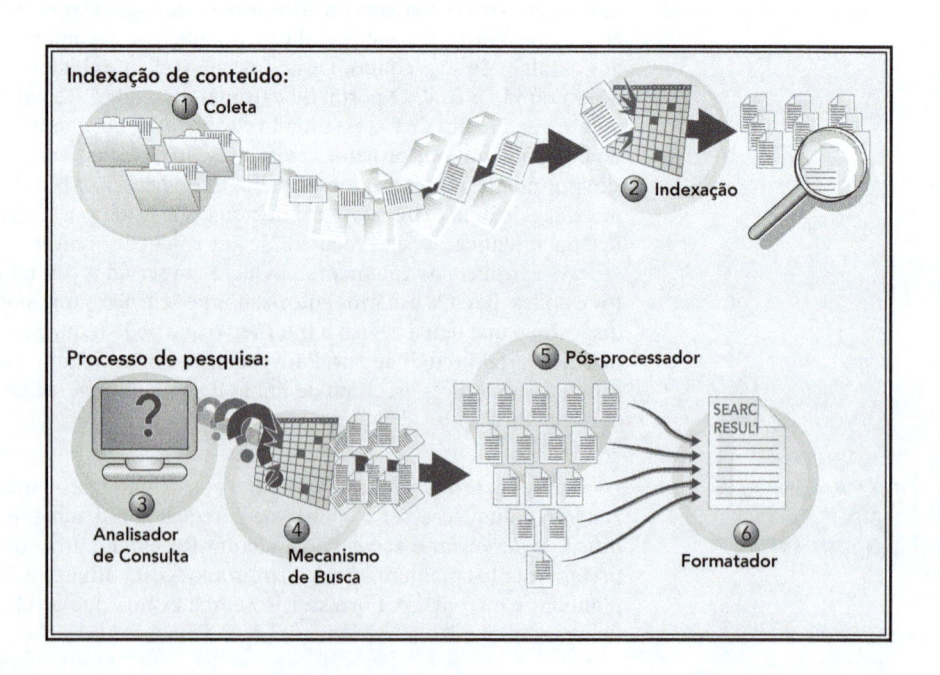

Figura 4.9 Visão geral de um mecanismo de busca empresarial.

extração de metadados e sumarização automática, podem ser feitos, dependendo do mecanismo de busca que é utilizado.

Uma vez que o índice é criado, pode passar a ser pesquisado – como fazem os usuários do Google em suas buscas na Internet. Para pesquisar uma empresa, por exemplo, um usuário digita os termos a serem pesquisados na caixa de busca visível na tela da intranet. É claro que o que importa não é quanto o conteúdo de uma empresa pode ser pesquisado, mas sim encontrar o conteúdo que é necessário.

PORTAIS DE INFORMAÇÃO

Alguns dos desafios que os funcionários de uma empresa enfrentam são o excesso de informações e as informações espalhadas em inúmeros documentos, mensagens de e-mail e bancos de dados em diferentes localizações e sistemas. Acessar informações relevantes, precisas e completas requer tempo e acesso a múltiplos sistemas. Para minimizar o desperdício de tempo do funcionário, as empresas utilizam portais. Um **portal** (ou portal de informação) é uma porta de acesso baseada na Web para o conteúdo em uma rede, como é possível ler em *TI em ação 4.3*, que trata do portal de intranet da Labatt. Os portais podem incluir fóruns de discussão, compartilhamento de documentos e espaços de trabalho. Os usuários podem fazer upload de apresentações ou de documentos para compartilhar com seus pares.

Estima-se que os mecanismos de busca na Internet são bem-sucedidos em encontrar o que se pesquisa em apenas 50% das vezes, ou menos. Sem muita surpresa, o mesmo problema acontece com as intranets. Como consequência, as empresas arcam com custos de perda de tempo na busca por informações que não puderam ser encontradas e na sua recriação – e os custos aumentam ainda mais por não ter sido possível utilizar as informações preexistentes no momento em que eram necessárias.

Questões para revisão

1. Como o desempenho dos negócios de uma empresa pode ser afetado pelos recursos de suas redes?
2. Quais são os benefícios de uma rede baseada em IP?
3. O que é uma VPN?
4. Qual é a diferença entre uma extranet e uma intranet?
5. O que é um mecanismo de busca empresarial?
6. O que é um portal de informação?

4.4 Colaboração

A colaboração é a chave do desempenho geral de empresas de todo o mundo, de acordo com o estudo *Meetings Around the World: The Impact of Collaboration on Business Performance*. A pesquisa foi conduzida pela Frost & Sullivan e patrocinada pela Verizon Business e pela Microsoft Corp (Frost and Sullivan, 2006). O impacto da colaboração no desempenho foi duas vezes mais significativo do que a agressividade de uma empresa buscando oportunidades em novos mercados (sua orientação estratégica) e cinco vezes mais significativo do que o ambiente externo ao mercado. O estudo também mostrou que, apesar de haver uma cultura global de colaboração, existem diferenças regionais referentes a como as pessoas em diversos países preferem se comunicar. De todas as tecnologias de colaboração que foram estudadas, a conferência via Web (também conhecida como conferência baseada na Web) foi utilizada de forma mais extensiva por empresas de alto desempenho do que por empresas que tiveram um desempenho mais baixo. Esses resultados fazem sentido quando os combinamos com as estimativas da *NetworkWorld* (networkworld.com), que mostram que 90% dos funcionários trabalham longe dos escritórios de suas empresas e que 40% trabalham em localizações remotas, longe de seus supervisores.

Diversos fatores levam à necessidade de enviar mensagens e de colaborar. As pessoas precisam trabalhar juntas e compartilhar documentos, e os grupos tomam a maioria das decisões complexas das organizações. Uma tomada de decisão organizacional é difícil quando os membros da equipe estão geograficamente espalhados e trabalhando em diferentes fusos horários. Cerca de 87% dos funcionários ao redor do mundo trabalham em escritórios longe da sede da empresa.

Ferramentas de envio de mensagem e de colaboração incluem meios de comunicação mais antigos, como e-mail, videoconferência, fax e mensagens instantâneas, e meios mais novos, como os blogs, podcasts, RSS, wikis, VoIP, encontros via Web e torrents (para compartilhar arquivos muito pesados). Conforme as mídias se movem em direção ao IP, não haverá muito mais que não possa ser convertido em redes de dados. Um dos maiores componentes de muitos sites e das tecnologias 2.0 é a colaboração. Grande parte do que chamamos de Web 2.0 envolve aproveitar o conhecimento e o trabalho de muitas pessoas.

COLABORAÇÃO VIRTUAL

Grandes empresas estão rapidamente percebendo os benefícios da colaboração eletrônica. Por exemplo, a grande franquia de imobiliárias RE/MAX utiliza uma plataforma de colaboração eletrônica para melhorar a comunicação e a colaboração entre suas redes ao redor do mundo, utilizadas independentemente por franquias, agentes de vendas e fornecedores. De forma parecida, a Marriott International, a maior rede hoteleira do mundo, começou com uma revista online e então desenvolveu um sistema de comércio eletrônico colaborativo que relaciona corporações, franquiados, parceiros e fornecedores, assim como clientes, que estão em todos os lugares do mundo. Existem muitos exemplos de colaboração.

A troca de informação entre varejistas e seus fornecedores: P&G e Walmart. Um dos exemplos mais divulgados de troca de informação é aquele existente entre a Procter & Gamble (P&G) e a Walmart. A Walmart dá acesso à P&G às suas informações de vendas sobre todos os itens comprados da P&G. As informações são coletadas pela P&G diariamente de todas as lojas Walmart, e a P&G utiliza essa informação para gerenciar a reposição de estoque.

Colaboração varejista-fornecedor: Asda Corporation. A rede de supermercados Asda (asda.com) começou a trabalhar com a transferência eletrônica de dados (*electronic data interchange* – EDI) com 650 fornecedores. A tecnologia Web-EDI é baseada no padrão AS2, um protocolo com base HTTP aceito internacionalmente e utilizado para enviar dados em tempo real em formatos múltiplos de forma segura na Internet. A tecnologia promete melhorar a eficiência e a velocidade das comunicações tradicionais em EDI, cujos dados são distribuídos em redes de terceiros com valor agregado (VANs).

Custos reduzidos com transporte e estoque e diminuição na falta de estoque: Unilever. As 30 transportadoras contratadas pela Unilever entregam 250 mil cargas de caminhão anualmente. O banco de dados baseado na Web da Unilever, chamado de Transportation Business Center (TBC), oferece a essas transportadoras as especificações necessárias do local para retirar um carregamento da fábrica ou do centro de distribuição ou quando entregam os produtos aos varejistas. O TBC dá às transportadoras contratadas todas as informações importantes das quais precisam: nomes para contato e números de telefones, horários de funcionamento, número dos galpões e sua localização, altura das portas dos galpões, como agendar a entregar e retirar carregamentos, configuração do *pallet* e outras informações específicas. Todas as informações essenciais para o cumprimento da tarefa que os transportadores da Unilever necessitam para retirar, fazer carregamentos e entregas estão disponíveis eletronicamente 24 horas.

Redução do tempo de desenvolvimento do produto: Caterpillar Inc. A Caterpillar Inc. (caterpillar.com) é uma multinacional que fabrica máquinas pesadas. Em seu modo tradicional de operação, o ciclo de tempo na cadeia de fornecedores era longo, porque o processo envolvia transferência de documentos em papel a todos os administradores, vendedores e equipe técnica. Para resolver esse problema, a Caterpillar conectou suas divisões de engenharia e manufatura aos seus fornecedores, distribuidores, fábricas no exterior e consumidores ativos por meio de um sistema global de colaboração baseado em uma extranet. Com esse sistema de colaboração, o pedido de um componente personalizado para um trator, por exemplo, pode ser transmitido do cliente ao revendedor da Caterpillar e aos projetistas e fornecedores, tudo isso em um curto espaço de tempo. Os clientes também podem utilizar a extranet para recuperar e modificar as informações detalhadas de um pedido enquanto o veículo ainda está na linha de montagem.

TRABALHO EM GRUPO E PROCESSO DE TOMADA DE DECISÃO

Administradores e equipe estão sempre tomando decisões. Eles projetam e fabricam produtos, planejam estratégias de marketing, desenvolvem políticas, preparam demonstrações contábeis, determinam como cumprir os objetivos solicitados, planejam softwares, entre outras tarefas. Seja por projeto ou não, os processos em grupo aparecem e podem ser produtivos ou podem não funcionar.

Processos de decisão em grupo. O trabalho em grupo envolve processos que podem ser bastante complexos, dependendo da tarefa, de fatores humanos e do suporte à decisão disponível. Algumas características de trabalho em grupo são:

- Os membros do grupo podem estar em diferentes lugares ou trabalhar em diferentes fusos horários.
- Os membros do grupo podem trabalhar para a mesma organização ou trabalhar em organizações diferentes.
- Um grupo pode estar em um único nível gerencial ou pode se expandir para diversos níveis.
- Pode haver sinergia (ganhos nos processos ou nas tarefas) ou conflito no trabalho em grupo.
- Pode haver perdas e/ou ganhos em produtividade com um trabalho em grupo.
- Alguns dos dados, informações ou conhecimento necessários podem estar em muitas fontes diferentes, muitas das quais são externas à organização.
- Especialistas que não fazem parte do grupo podem ser necessários.
- Os grupos realizam muitas tarefas; entretanto, grupos de administradores e de analistas se concentram, muitas vezes, nas tomadas de decisão.

Apesar da longa história e dos benefícios encontrados no trabalho colaborativo, nem sempre os grupos são bem-sucedidos. Perdas e ganhos em processos em um trabalho de grupo estão listados nas Tabelas 4.3 e 4.4.

TABELA 4.3 Benefícios de se trabalhar em grupos (ou ganhos do processo)

- Proporciona aprendizado. Os grupos se saem melhores do que indivíduos na compreensão de problemas.
- As pessoas participam tomando parte e responsabilidade nos problemas e em suas soluções.
- Os membros do grupo envolvem seus egos na decisão, então irão se comprometer com a solução.
- Os grupos são melhores do que os indivíduos para encontrar erros.
- Um grupo tem mais informações (conhecimento) do que qualquer pessoa sozinha. Os grupos podem utilizar esse conhecimento para criar um novo conhecimento. Alternativas mais criativas para resolver o problema podem ser criadas, e soluções melhores podem derivar disso (p. ex., por meio de estímulo).
- Um grupo pode produzir sinergia durante a resolução de um problema. A efetividade ou a qualidade de um trabalho em grupo pode ser maior do que a soma do que é produzido por indivíduos independentemente.
- Trabalhar em grupo pode estimular a criatividade dos participantes e o processo.
- Um grupo pode ser melhor e mais preciso ao se comunicar quando trabalha junto.

TABELA 4.4 Disfunções do processo em grupo (ou perdas do processo)

- Pressões sociais podem resultar em pensamento de grupo. O pensamento de grupo se refere aos membros de uma equipe pensando de forma parecida, sendo intolerantes com ideias novas ou diferentes, ou agindo de modo a pressionar pela conformidade.
- O trabalho em grupo é um processo que demanda muito tempo, já que apenas um membro pode falar de cada vez.
- Pode faltar às reuniões coordenação e planejamento.
- Os membros do grupo podem apresentar comportamentos inadequados, por exemplo, tomar conta de um tópico ou do tempo da reunião ou ainda temer contribuir devido ao que a equipe irá pensar.
- Os membros do grupo podem ter a tendência de dominar a pauta ou se aproveitar da situação deixando que os outros façam a maior parte do trabalho.
- Alguns membros podem ter medo de falar.
- Os grupos têm a tendência de produzir soluções comprometidas, com falta de qualidade.
- Os grupos podem ser não produtivos quando há socialização, espera por membros atrasados ou quebra da reunião.
- Os membros do grupo podem apresentar a tendência de repetir o que já foi dito.
- As reuniões podem ser caras em função de viagens, da participação, entre outros fatores.

Melhorando os processos nas reuniões e a dinâmica de pequenos grupos. As reuniões são uma parte universal – e também universalmente detestada – das operações empresariais. Cada vez mais empresas desenvolvem trabalho em equipes (por exemplo, equipes de gestão de projeto), e a maior parte do trabalho é realizada durante as reuniões. As reuniões podem ser mais produtivas se a equipe compreender o que pode dar errado e administrar, de forma inteligente, os processos de decisão e a dinâmica do grupo para evitar problemas. Por exemplo, grupos recém-formados cujos membros não se conhecem possuem dinâmicas muito diferentes daquelas praticadas por grupos que já possuem uma história e uma rotina estabelecidas; eles precisam de mais tempo de socialização antes que se tornem produtivos. Pesquisadores desenvolveram métodos para melhorar os processos de trabalho em grupo, aumentando os benefícios de reuniões e minimizando seus prejuízos. Alguns desses métodos são conhecidos como dinâmicas de grupo. Os desafios dos processos de trabalho em grupo são mais intensos em equipes virtuais, conforme descrevemos em *TI em ação 4.4*. As equipes virtuais são grupos

TI em ação 4.4
Equipes virtuais na Sabre, Inc.

A Sabre Inc. é uma das empresas líderes mundiais em prestação de serviços de reservas de viagem. Seis mil agentes de viagem em 114 países confiam à Sabre os acertos de viagem de seus clientes. O volume total de reservas processadas pelo sistema a cada ano ultrapassa os 400 milhões, o que representa 40% do total de reservas de viagens feitas no mundo. Os clientes podem estar familiarizados com o Travelocity.com, o site de viagens da Sabre voltado ao comércio da empresa para o consumidor (*business-to-consumer* – B2C); agentes de viagem corporativos reconhecem o Get-There, o sistema líder mundial em fornecimento online de reservas operado pela Sabre.

Com funcionários trabalhando nas sedes da empresa e em escritórios espalhados ao redor do globo, a Sabre tomou a decisão de utilizar equipes virtuais para melhorar o foco no cliente, enriquecer a produtividade e aumentar a fatia de mercado que possui, além da lucratividade. A empresa descobriu que equipes multifuncionais eram mais adequadas às demandas do mercado do que equipes que possuem só uma função e que tinham sido utilizadas no passado. Uma equipe virtual típica na Sabre inclui representantes de diversas áreas da empresa: gerentes de contas vendem sistemas de reserva, técnicos instalam e colocam os sistemas em serviço, instrutores ensinam aos agentes de viagem como utilizar os sistemas, especialistas em administração de contas lidam com o pagamento e as coletas e os representantes do serviço ao consumidor respondem a consultas diversas.

Seguindo a introdução de equipes virtuais, a Sabre encontrou diversos desafios relacionados à gestão e ao trabalho em equipes. Um dos primeiros desafios foi o de construir a confiança entre os membros da equipe. Gestores e funcionários logo reconheceram que construir a confiança requer um alto nível de resposta às comunicações eletrônicas feitas com outros membros da equipe, dependentes do desempenho, e uma abordagem proativa para completar as tarefas da equipe.

O segundo desafio envolveu gerar sinergia nas equipes virtuais – tornar o todo da equipe maior do que a soma de suas partes. Para resolver este desafio, a Sabre ofereceu atividades para a construção da equipe, assim como treinamento em sala de aula e com base no computador que precederam o lançamento de novas equipes virtuais.

O terceiro desafio foi o de que os membros da equipe precisavam lidar com o sentimento de isolamento e o distanciamento que é característico do trabalho virtual em equipe. A empresa descobriu que determinados funcionários preferiam trabalhar independentemente e desempenhavam melhor sua função sem muita interação social. Assim, a Sabre conduziu entrevistas com membros em potencial da equipe para determinar se estes se adequariam ao trabalho virtual em equipe. Além disso, as equipes são apenas parcialmente virtuais, porque ocasionalmente se envolvem em interações face a face durante determinadas reuniões e exercícios de construção de equipe. Ainda, os funcionários têm a opção de trabalhar de casa ou de um escritório onde possam interagir com outros funcionários, que podem ou não ser seus colegas de equipe.

O quarto desafio envolveu o balanço de habilidades técnicas e interpessoais entre os membros da equipe. A Sabre se surpreendeu ao descobrir que, apesar de comunicações face a face serem pouco frequentes, as habilidades interpessoais eram extremamente válidas e importantes para as equipes virtuais. Como resultado disso, a empresa fez uma mudança nas práticas de seleção de membros da equipe e de contratação dos membros, que mudou a ênfase nas habilidades técnicas para as habilidades interpessoais.

O quinto principal desafio foi a avaliação de funcionário e a avaliação de desempenho. Com o tempo, a empresa implementou um sistema de métricas para o nível da equipe e para o nível individual para mensurar o objetivo, as contribuições quantificáveis de cada membro da equipe e o desempenho da equipe virtual como um todo. Entretanto, a empresa admite que balancear corretamente as medidas das contribuições individuais e de grupo é uma tarefa difícil.

Os resultados da criação de equipes virtuais na Sabre foram positivos. A maioria dos gestores e dos funcionários da empresa concorda que a mudança de equipes funcionais face a face para equipes virtuais melhorou o atendimento ao cliente. As avaliações dadas pelos clientes embasam essas afirmações.

Fontes: Compilado de Kirkman et al. (2002) e sabre-holdings.com.

Questões para discussão: Os desafios enfrentados pelas equipes virtuais na Sabre são específicos dessa empresa ou eles são comuns no mundo dos negócios? Quais desafios adicionais as equipes virtuais podem oferecer à Sabre no futuro? Se você fosse um funcionário da Sabre, preferiria trabalhar em um ambiente físico face a face ou em uma equipe virtual?

de pessoas que trabalham de forma independente com objetivos compartilhados no tempo, espaço e nos limites da organização, utilizando tecnologia para a comunicação e a colaboração.

TECNOLOGIAS DE SUPORTE À COLABORAÇÃO

Ferramentas de colaboração para empresas se tornaram populares a cerca de uma década. Portais, intranets, extranets e espaços de trabalho compartilhados são alguns exemplos disso. O Lotus Notes, por exemplo, está no mercado há mais de 10 anos. As tecnologias mais recentes – como as tecnologias Web 2.0 ou Enterprise 2.0, como wikis, blogs e microblogs – oferecem mais opções para promover e dar suporte à colaboração empresarial. Essas ferramentas mais novas possuem inúmeros benefícios – como o paradigma orientado pela comunidade e ausência da necessidade de instalação de software. No entanto, ferramentas da Web 2.0 não lidam de forma significativa com e-mails ou mensagens de texto (MSN), que ainda são as ferramentas primárias de colaboração empresarial para profissionais da informação. Estudos mostram que mensagens de texto e e-mails ainda são utilizados com frequência.

Google Wave. O **Google Wave** é um novo tipo de plataforma que consiste em e-mail, mensagens instantâneas e documentos. O Google definiu o Google Wave como a forma como "um e-mail se pareceria caso fosse inventado hoje". O Google Wave pretende ser uma solução completa de colaboração para resolver esse paradoxo, mas sua resposta, atualmente, ainda é incompleta. Entre em wave.google.com para conhecer as últimas novidades do Google Wave.

O que é uma wave (onda)? De acordo com o Google, uma *wave* (onda) é parte documento e parte conversa. As pessoas podem se comunicar e trabalhar juntas com textos formatados, fotos, vídeos, mapas, entre outros. A onda é compartilhada e qualquer participante pode responder em qualquer parte da mensagem, editar o conteúdo e adicionar participantes em qualquer momento do processo. O playback é uma característica que permite que qualquer um volte o conteúdo da onda para ver quem disse o que e onde disse. E por fim, a onda é viva. Os participantes podem ver o que os outros estão escrevendo no momento em que estão digitando, tornando as conversas mais rápidas.

Contexto e conteúdo de informação. Armazenar conteúdo não é suficiente. O conteúdo precisa permanecer relacionado ao seu contexto. As ferramentas de gestão de conteúdo estão surgindo para administrar conteúdo em um contexto por questões legais, como permitir que uma auditoria seja feita e dar suporte à busca empresarial e aprendizagem organizacional.

Questões para revisão

1. O que é colaboração virtual?
2. Por que o trabalho em grupo é desafiador?
3. Quais são os benefícios encontrados no trabalho em grupo?
4. Quais são os processos que não funcionam em um grupo?
5. O que é o Google Wave?
6. Como o conteúdo das informações e o contexto se relacionam?

4.5 Questões éticas e legais

A gestão precisa levar em conta questões éticas e sociais, como a qualidade de vida profissional. Os trabalhadores sofrerão impactos positivos e negativos por estarem ligados a um ambiente de trabalho 24 horas, trabalhando em equipes reunidas virtualmente por computadores e por estarem conectados a dispositivos de mão cujos impactos podem prejudicar a saúde. Um estudo de 2008 feito pelo Solutions Research Group descobriu que estar sempre conectado se torna uma obsessão para muitas pessoas. De acordo com o estudo, 68% dos americanos podem sofrer de ansiedade por estarem desconectados – sentem-se desorientados ou nervosos quando não podem acessar a Internet ou quando não possuem acesso sem fio por um período. O estudo também descobriu que 63% dos usuários de BlackBerry admitem ter enviado uma mensagem do banheiro. O vício em tecnologia chegou tão longe que psiquiatras nos Estados Unidos estão pensando em incluir esse distúrbio "compulsivo-impulsivo" na próxima edição do DSM (Manual de Diagnóstico e Estatística dos Transtornos Mentais) em 2011. Cerca de 25% das pessoas estavam conectadas com o trabalho durante as férias de verão em 2008, o dobro do que foi relatado em 2006, de acordo com a pesquisa do site CareerBuilder.com (Perelman, 2008).

Considere os seguintes desenvolvimentos e suas consequentes implicações:

- **Debate acerca do conceito de DWY**. Muitos estudos mostram que o uso de celular é a maior causa de acidentes de carro. Dirigir "tagarelando", ou DWY (Driving While Yakking), não é ilegal em alguns lugares do mundo. Estima-se que motoristas distraídos por causa do celular estão quatro vezes mais propensos a se envolver em um acidente de carro. As leis têm desestimulado motoristas a utilizarem celulares enquanto deveriam estar prestando atenção à segurança. Não se espera que a lei hands-free ("mãos livres"), lançada em julho de 2008, na Califórnia, resolva o problema dos acidentes de carro causados por distrações com o telefone, especialmente tendo como exemplo a falta de melhorias encontradas na cidade de Nova York anos após a lei das hands-free ter sido implementada. A cada minuto, mais de 10 milhões de motoristas nos Estados Unidos estão falando em celulares, de acordo com dados da National Highway Traffic Safety Administration (NHTSA.dot.gov). Por que isso é um problema? Os telefones são uma reconhecida distração e a NHTSA determinou que a desatenção do motorista é a principal causa ou principal fator de acidentes de carro em 25% de todos os acidentes relatados à polícia. Isso sem incluir os milhares de acidentes que *não são* relatados às autoridades.
- **Riscos à saúde**. A U.S. Food and Drug Administration – FDA (agência norte-americana que regulamenta fármacos e alimentos) recomenda minimizar o potencial de risco utilizando aparelhos que tenham tecnologia viva-voz e utilizando minimamente o celular. Alguns estudos indicam que utilizar o celular uma hora por dia durante 10 anos aumenta o risco de desenvolver um tumor raro no cérebro, e esses tumores possuem maior probabilidade de aparecerem no lado da cabeça em que estamos acostumados a falar ao telefone. No entanto, mais pesquisas são necessárias nessa área.
- **Emissões de RF e SAR**. De acordo com a Cellular Telecommunications Industry Association (ctia.org/), a **taxa de absorção específica**, ou **SAR**, é "uma forma de medir a quantidade de energia de radiofrequência (RF) que é absorvida pelo corpo". Para que um telefone obtenha certificação da Federal Communications Commision – FCC (agência norte-americana que regula as comunicações interestaduais e internacionais por rádio, televisão, via cabo, satélite, etc.) e seja vendido nos Estados Unidos, o nível máximo de SAR deve ser menor do que 1,6 watts por quilo (1,6 w/kg). No Canadá, o padrão é o mesmo (1,6 w/kg) mantido nos Estados Unidos. Na Europa, o nível máximo é de 2 watts por quilo. O nível SAR relatado é uma amostra do nível mais alto SAR quando o telefone está perto da orelha, conforme testado pela FCC. É importante lembrar que os níveis SAR podem variar entre diferentes bandas de transmissão (o mesmo telefone pode utilizar diversas bandas durante uma mesma ligação) e testes em corpos diferentes podem apresentar resultados diferentes. Além disso, é possível que os resultados variem entre diferentes modelos do mesmo telefone, como aparelhos que são oferecidos por diversas operadoras. Em março de 2010, a Apple havia banido um aplicativo do iPhone que media a radiação do telefone (news.cnet.com/8301-17852_3-10464388-71.html), mas outros recursos online de SAR ainda estão disponíveis.

A importância de compreender questões éticas foi reconhecida pela Association to Advance Collegiate Schools of Business (AACSB International, aacsb.edu). Para a área de formação em administração, a AACSB International definiu requisitos que garantam o aprendizado de ética em cursos de graduação e pós-graduação. Em *Standard 15: Management of Curricula* (AACSB Accreditation Standards, 2006), a AACSB identifica diversos conhecimentos e habilidades nas experiências de aprendizagem que incluem "compreender ética e capacidades de lógica" no nível de graduação. No nível de pós-graduação, a *Standard 15* requer experiências de aprendizagem em gestão – conhecimento específico e áreas de habilidade devem incluir "responsabilidades legais e éticas na empresa e na sociedade" (AACSB International Ethics Education Resource Center, 2006).

Vida fora de controle. As tecnologias abordadas neste capítulo misturam trabalho, vida social e tempo para a vida pessoal. A TI mantém as pessoas conectadas sem um botão para desligar de verdade. Ferramentas que são desenvolvidas para melhorar a produtividade e a qualidade de vida em geral também interferem no tempo pessoal. Gestores precisam estar cientes do grande potencial de abuso existente ao se esperar que trabalhadores respondam 24 horas ao trabalho. Leia a seção *TI em ação 4.5* para entender a vida em um mundo conectado.

TI em ação 4.5
Vida conectada

As mudanças trazidas pela Internet são tão profundas quanto as que foram trazidas por outros marcos históricos, como a Renascença ou a Revolução Industrial. Cada pessoa pode ser um artista criativo e distribuir gratuitamente seu trabalho a milhões de pessoas – características da Renascença e da Revolução Industrial. A existência do Google é uma prova do poder que o indivíduo tem na era conectada – uma ferramenta de pesquisa melhor do que as existentes nas empresas durante os anos 1990. VoIP, wikis e WiMAX permitem que qualquer um ligue ou compartilhe arquivos gratuitamente.

As tecnologias de comunicação – escrita, impressão, conexão via cabo, telefone, rádio e televisão – sempre desempenharam um papel importante na história da humanidade. O custo de coletar, armazenar, acessar e transmitir informações está se aproximando de zero.

As principais empresas enfrentam pequenos, mas poderosos desafios e concorrentes que comprometem os modelos tradicionais de negócio. Clientes e funcionários podem contra-atacar as estratégias de marketing postando críticas duras em blogs. As compras no eBay podem ter seu preço reduzido. Intranets, extranets e redes sociais estão acabando com as fronteiras entre a vida das empresas e dos indivíduos – e tornando-as mais transparentes. As pessoas verificam fontes na Internet para obter avaliações e preços antes de comprar livros, sair de férias, comprar carros, entre outros produtos. De forma surpreendente, em lugares com a Tanzânia, por exemplo, ativistas políticos trabalharam em uma nova constituição utilizando um wiki. Ferramentas de comunicação e colaboração são capazes de criar coletivamente uma força persuasiva cujos impactos ainda são desconhecidos.

As empresas precisam aprender a lidar com um mundo que está muito mais competitivo, dinâmico e conectado.

Questões para discussão: Como o uso de ferramentas de comunicação causou impacto em sua capacidade de realizar uma tarefa? Que impactos isso teve em sua vida pessoal? Como a TI tem sido libertadora e arrebatadora? Que questões éticas são impostas aos gestores?

Termos-chave

- 3G 96
- 4G 96
- banda larga 95
- banda larga de linha fixa 96
- banda larga móvel 96
- busca empresarial 105
- comutação de circuitos 94
- comutação de pacotes 94
- EDGE 97
- EV-DO 97
- EV-DV 97
- extranet 106
- Google Wave 113
- GSM 97
- HSDPA 97
- indexação de conteúdo 108
- interoperabilidade 102
- intranet 105
- LANs 103
- largura de banda 96
- LTE 97
- mensagem unificada (MU) 104
- pacote 95
- ponto de acesso sem fio 95
- portal 109
- protocolo 95
- rede convergente 104
- redes IP 96
- SAR (taxa de absorção específica) 114
- SharePoint 105
- TCP/IP 95
- telefonia IP 104
- User Datagram Protocol (UDP) 104
- velocidade de download 96
- velocidade de upload 96
- voz sobre IP (VoIP) 104
- WAN (wide area network) 103
- Wi-Fi 99
- WiMAX 100
- WLAN (wireless local area network) 100
- WWWANs (wireless wide area networks) 100

Destaques do capítulo
(Os números estão relacionados aos Objetivos de aprendizagem)

❶ Ao serem preparados para a transmissão, dados e documentos são convertidos em pacotes digitais localizados em um endereço IP e são enviados por computador (comutação de pacotes) a redes ou LANs.

❶ Redes de dados, voz e vídeo estão convergindo para uma única rede com base na tecnologia de pacotes, como as redes IP e VoIP.

❷ O reconhecimento em tempo real, possibilitado pelas soluções de colaboração baseadas na Web, pode melhorar significativamente os resultados de operações complexas envolvendo muitos trabalhadores que estão atuando remotamente ou via dispositivo móvel.

❷ A convergência elimina a necessidade de redes separadas. Quando serviços de informação são operados da mesma forma por apenas uma rede de pacotes de alta velocidade, as barreiras técnicas existentes para o trabalho colaborativo são eliminadas. As aplicações multimídia se tornaram possíveis porque as redes não restringem mais os tipos de dispositivos computacionais que podem ser utilizados.

❷ A computação em rede banda larga sem fio permite que usuários colaborem via Internet a qualquer hora, compartilhem arquivos ou realizem funções de trabalho em grupo que anteriormente precisavam de infraestrutura de um PC e uma rede com fio.

❸ Os principais fatores da computação móvel são o grande número de usuários de dispositivos móveis, especialmente de celulares; o uso disseminado de celulares ao redor do mundo; novos fornecedores de produtos; queda de preços; aumento da largura de banda; e a explosão das ferramentas de colaboração.

❸ Muitas vezes as intranets distribuem materiais necessários como o manual do funcionário, formulários do governo, políticas e outros materiais para funcionários em toda a rede da empresa.

❸ Uma extranet conecta a empresa com seus clientes ou parceiros de negócios para o comércio B2B e para a gestão da cadeia de fornecedores em tempo real. As extranets dão acesso instantâneo para que os clientes entrem em suas contas e verifiquem detalhes.

❸ A tecnologia sem fio pode dar a uma empresa uma vantagem competitiva pelo aumento da produtividade, de melhores cuidados com o cliente e da troca mais frequente de comunicação e informações.

❸ A tecnologia VoIP pode ser personalizada como uma ferramenta estratégica em função da sua possibilidade de virtualização, customização e inteligência. São esperadas propagandas com base na localização via SMS em grande escala.

❸ Os portais móveis oferecem a difusão em multimídia e outros conteúdos (p. ex. notícias e esportes) a bilhões de pessoas.

❹ Ferramentas de envio de mensagem e de colaboração incluem meios de comunicação mais antigos, como e-mail, videoconferência, fax e mensagens instantâneas, e novos meios, como os blogs, podcasts, RSS, wikis, VoIP, Web meetings e torrents (para compartilhar arquivos muito pesados). Na medida em que as mídias migram para o IP, não haverá muito mais que não convirja para redes de dados.

❺ Administradores e equipe continuamente tomam decisões: eles projetam e fabricam produtos, desenvolvem políticas e estratégias, preparam demonstrações contábeis, determinam como cumprir os objetivos solicitados, planejam softwares, entre outras tarefas.

❺ As tecnologias de colaboração e de comunicação abordadas neste capítulo misturam trabalho, vida social e o tempo para a vida pessoal. A TI mantém as pessoas conectadas sem um botão para desligar de verdade. Ferramentas que são desenvolvidas para melhorar a produtividade e a qualidade de vida em geral também interferem no tempo pessoal. Gestores precisam estar cientes do grande potencial de abuso existente ao se esperar que trabalhadores respondam 24 horas ao trabalho.

Questões para discussão

1. Por que as redes sem fio 4G trarão à tona mudanças significativas na conectividade?
2. Existe uma demanda crescente por dispositivos de vídeo móveis. Explique pelo menos três fatores que disponibilizam ou que dão vazão a essa demanda.
3. Por que assistir às aulas se você pode ver ou ouvir um podcast?
4. Discuta algumas das aplicações potenciais da tecnologia sem fio no setor financeiro.
5. Discuta os componentes das redes móveis de comunicação.
6. Explique o papel dos protocolos na computação móvel, bem como suas limitações.
7. Discuta o impacto da computação sem fio em serviços de resposta de emergência.
8. Descreva de que forma o WiMAX está afetando o uso dos celulares para o comércio móvel (m-commerce).
9. Quais das limitações existentes atualmente na computação móvel você pensa que serão minimizadas dentro de dois anos? Quais não serão minimizadas?
10. Discuta questões éticas das redes sociais e da acessibilidade a qualquer hora e de qualquer lugar.
11. Quais questões de qualidade de vida e de saúde estão associadas às redes sociais e a um estilo de vida conectado 24 horas?

Exercícios e projetos

1. CALEA é a sigla para *Communications Assistance for Law Enforcement Act*, uma requisição federal que permite que agentes da lei instalem escutas eletrônicas em ligações telefônicas e outras comunicações. Que dilemas são causados pela convergência de voz, vídeo e dados e quais são as requisições do CALEA?
2. Compare as diversas características das redes sem fio de banda larga (p. ex., 3G, Wi-Fi e WiMAX). Visite pelo menos três operadoras de rede sem fio de banda larga.
   a. Prepare uma lista de recursos de cada rede.
   b. Prepare uma lista das verdadeiras aplicações que cada rede pode suportar.
   c. Comente sobre o valor de cada aplicação aos usuários. Como os benefícios podem ser avaliados?
3. Compare as características avançadas de três mecanismos de busca.
   a. Prepare uma tabela listando cinco vantagens de cada mecanismo de busca.
   b. Busque por "operadoras VoIP" em cada um desses mecanismos de busca.
   c. Compare os resultados.
   d. Na sua opinião, qual mecanismo de busca obteve os melhores resultados? Por quê?
4. Leia *TI em ação 4.2*, "Thrifty Car Rental utiliza telefonia IP para aumentar a eficiência e a qualidade do serviço ao consumidor" e responda às questões para discussão.

Tarefas em grupo e projetos

1. Cada grupo deve analisar um dos maiores fabricantes de dispositivos móveis (Nokia, Kyocera, Motorola, Palm, BlackBerry, etc.). Cada grupo irá pesquisar os recursos e os preços dos dispositivos oferecidos por empresa e então fazer uma apresentação para a turma, com o objetivo de convencer os colegas de que devem comprar os produtos daquela empresa.
2. Cada grupo deve explorar as aplicações comerciais da comunicação móvel em uma das seguintes áreas: serviços financeiros, incluindo atendimento bancário, ações e seguros; propaganda e marketing; manufatura; viagem e transportes; gestão de recursos humanos; serviços públicos ou saúde. Cada grupo deverá apresentar um relatório para a turma baseado em suas descobertas.

3. Cada grupo irá pesquisar uma suíte de software online para reuniões, como o GoToMeeting ou o Lotus Sametime. Baixe a versão de demonstração e/ou o vídeo demonstrativo. Os grupos irão estudar as características e os objetivos de negócio do software e então apresentarão um relatório para a turma baseado em suas descobertas.

Exercícios na Internet

1. Visite o Sprint.com. Quais são as características do telefone 4G da marca que o tornam apropriado para administradores ou para fins empresariais?

2. Visite o site do Google Apps. Que tipos de suporte à colaboração estão disponíveis?

CASO DE NEGÓCIO

Redes móveis verdes para cortar as emissões de carbono em 42% até 2013

Quatro incentivos estão levando as operadoras de redes móveis a desenvolverem redes mais verdes. Esses quatro incentivos são:

- **Reduzir os custos.** O consumo de energia é um dos maiores custos operacionais de redes fixas e móveis.
- **Superar a limitação da disponibilidade do fornecimento de energia.** Muitos países em desenvolvimento são mercados promissores para as telecomunicações, mas possuem acesso limitado à energia.
- **Ser mais responsável com a sociedade.** Muitas organizações adotaram iniciativas de responsabilidade social com o objetivo de reduzir as pegadas de carbono de suas redes.
- **Obter uma vantagem competitiva.** Os fornecedores de infraestruturas de rede estão lutando para obter uma vantagem competitiva por meio da redução de gasto de bateria em seus equipamentos.

Todos esses fatores irão continuar convergindo durante os próximos anos, criando um potencial de mercado significativo para redes de telecomunicação mais verdes.

As operadoras de redes móveis ao redor do mundo embarcaram em iniciativas corajosas para melhorar a eficiência energética de suas redes sem fio e para reduzir a pegada de carbono e a emissão de gases de efeito estufa associadas às operações da rede. De acordo com o relatório da Pike Research (pikeresearch.com), as iniciativas de redes verdes irão reduzir as emissões de carbono em 42% até 2013. As operações móveis na região do Pacífico são líderes na redução das emissões de carbono, seguidas pela Europa e pela América do Norte.

Em 2010, a Clearwire, maior provedora de serviços 4G dos Estados Unidos, anunciou que começou a testar em Chicago seus primeiros gabinetes de alta eficiência verde. Essa nova geração de gabinetes é capaz de alcançar até 90% de redução nos gastos energéticos operacionais e não irá necessitar do uso de equipamento HVAC instalados na maioria das instalações da empresa em todo o país. Após a finalização dos testes, espera-se que as novas bases sejam introduzidas em toda a rede da Clearwire.

Questões

1. Enumere os quatro incentivos de acordo com o modo que você acredita que eles motivam a empresa a investir em TI verde.
2. Explique as razões para a sua enumeração.
3. Revise as previsões de mudanças climáticas no mundo e questões relacionadas. Considere um aumento previsível no uso de redes 4G, o que aumentará o consumo de energia para dar força às redes e resfriar o equipamento. Com base em sua pesquisa, faça uma estimativa de impacto ao meio ambiente caso as operadoras de redes móveis não invistam em redes verdes.
4. Afinal de contas: é lucrativo para as operadoras se tornarem verdes? Explique.

CASO DE EMPRESA SEM FINS LUCRATIVOS

A rede Kaiser HealthConnect serve de exemplo para o futuro dos cuidados em saúde

Fundada em 1945, a Kaiser é uma provedora de saúde reconhecida na América do Norte e operadora de planos de saúde sem fins lucrativos. Sua missão é fornecer serviços de saúde de alta qualidade e acessíveis, além de melhorar a saúde de 8,6 milhões de membros em nove estados e no Distrito de Columbia. As equipes médicas têm o apoio dos avanços em tecnologia disponíveis e de ferramentas de promoção à saúde, de prevenção de doenças, dos mais recentes avanços em serviços de saúde e tratamento de doenças crônicas.

Na metade de 2010, cada clínica médica em seu sistema de saúde estava conectada à *Kaiser Permanente HealthConnect*, o maior sistema de prontuários médicos eletrônicos do setor privado (*electronic medical records* – EMR) do mundo. O desenvolvimento e a implementação do KP HealthConnect levou dez anos e representou um investimento estratégico de 4 bilhões de dólares à Kaiser.

KP HealthConnect: um investimento estratégico

O KP HealthConnect é um sistema de informações de saúde completo que conecta com segurança mais de 8,6 milhões de pessoas aos seus médicos, enfermeiros e farmacêuticos; suas informações pessoais; e os últimos avanços da medicina. O KP HealthConnect:

- Inclui prontuário médico, suporte à decisão clínica e código de barras para a administração de medicamentos
- Ajuda a facilitar a colaboração entre as equipes de tratamento primária e especializada
- Possibilita às equipes de saúde o acesso às informações do paciente e às mais recentes e melhores práticas em apenas um lugar

para melhorar ainda mais a segurança do paciente e a qualidade do cuidado, enquanto aumenta a conveniência e a coordenação.

O sistema está em todos os 431 ambulatórios desde 2008. Em 2009, mais de 3 milhões de pessoas fizeram *login*, totalizando 27 milhões de verificações de seus próprios prontuários.

O retorno: bom serviço de saúde e satisfação do cliente

Com ferramentas fáceis de usar e disponíveis na Web, todos os membros têm acesso aos prontuários e às ferramentas para se comunicar com os provedores de saúde. O site My Health Manager (kp.org/myhealthmanager) dá aos membros registrados a possibilidade de gerenciar sua saúde online, por meio de:

- Marcação de consultas
- Solicitação de novas receitas
- Envio e recebimento de mensagens para/do médico pela Internet
- Acesso 24 horas a resultados de testes laboratoriais, carências e informações sobre benefícios – até mesmo aos registros de vacina dos filhos

Além disso, todos os médicos da Kaiser utilizam o prontuário eletrônico em suas rotinas ao cuidar dos pacientes em seus consultórios e nos hospitais.

Em 2010, quatro regiões deram aos planos de saúde da Kaiser as mais altas notas na avaliação de satisfação do cliente no estudo *J.D. Power and Associates 2010 US Member Health Insurance Plan Study*. O estudo mede a satisfação dos membros examinando sete fatores chave que refletem a relação entre o plano de saúde e seus usuários: cobertura e benefícios, escolha de prestadores de serviço, informação e comunicação, processamento de pedidos, demonstrativos, serviço ao cliente e aprovação de processos.

De acordo com a Kaiser, o KP HealthConnect aumentou a qualidade do cuidado e do serviço aos usuários e a comunicação entre eles e os profissionais da Kaiser, o que tornou seus processos de cura e de manutenção da saúde ainda mais convenientes. Isso garante a segurança do paciente e a qualidade do cuidado ao fornecer acesso a informações completas dos pacientes e às últimas e melhores práticas em apenas um lugar. O KP HealthConnect também coordena o cuidado ao paciente entre o consultório do médico, o hospital, a radiologia, o laboratório e a farmácia, o que ajuda a eliminar os erros que surgem com tabelas incompletas, tabelas que estejam faltando ou ilegíveis. O sistema totalmente implementado permitiu que a Kaiser agilizasse e aposentasse muitos sistemas desatualizados. O KP HealthConnect dá suporte direto ou indireto à maioria de seus hospitais e operadoras de planos de saúde em todo o país.

Fontes: Compilado de Kaiser Permanente News Center (2010), Versel (2010a, 2010b).

Questões

1. Para ver os membros da Kaiser Permanente, e os médicos e funcionários falando sobre a KP HealthConnect, assista ao vídeo em www.youtube.com/kaiserpermanenteorg. O que você aprendeu?
2. Quais são os benefícios que o KP HealthConnect oferece aos provedores de saúde? Aos membros? Aos pacientes?
3. Faça uma pesquisa sobre o índice anual de erros médicos em um ou dois países. Quais são as razões para esses erros ocorrerem? Como o KP HealthConnect ajudaria a reduzir erros médicos?
4. Por que o KP HealthConnect é um investimento estratégico para a Kaiser?

ANÁLISE UTILIZANDO PLANILHAS

Comparação de custos da colaboração Web

A Dumbo Company (empresa fictícia) precisava cortar os custos com viagem e diminuir as perdas de produtividade (tempo desperdiçado), mas ainda assim manter os benefícios da colaboração entre pessoas. Uma opção seria fazer uma Web conferência, que seria utilizada internamente para a colaboração e externamente para demonstração de vendas a consumidores em áreas geograficamente distantes. A Diretora Financeira da empresa, Eileen Griffin, decidiu investir em um dos maiores softwares de reunião na Web, em um plano de licença de usuário pago pelo uso baseado no número de lugares ou de participantes. Griffin fez uma estimativa de que os custos com uma Web conferência deveriam se basear em:

- Cerca de 1.000 reuniões por ano (três reuniões por semana)
- Média de oito participantes por reunião
- Cada reunião tem duração de cerca de uma hora, levando em consideração a necessidade de se começar a reunião pelo menos 15 minutos antes e reuniões de 45 minutos
- 300 participantes, sendo 100 funcionários e 200 clientes

Eileen Griffin quer que você pesquise e desenvolva uma planilha comparando uma base por dia de uso *versus* lugares (licenças) para os softwares Microsoft LiveMeeting e Cisco WebEx. Comparações precisas de preço são difíceis de serem feitas, porque existem muitas variáveis, mas a análise básica de custos entre o LiveMeeting e o WebEx pode ser feita. Utilizando uma planilha, faça os cálculos abaixo. Visite o site do livro e faça download da planilha para ajudá-lo com a análise.

1. Calcule o total de minutos por ano para uma Web conferência na DUMBO.
2. Pesquise sobre o LiveMeeting e o WebEx para descobrir quais são os custos por dia de uso ou os custos para comprar o software.
3. Prepare a comparação de custos das opções dadas pelo distribuidor para a licença e para o uso por dia.
4. Identifique outros critérios que devem ser considerados ao tomar essa decisão (por exemplo, suporte do fornecedor ou capacidade de ser integrado ao Outlook).
5. Faça uma recomendação para a Diretora Financeira Eileen Griffin.

Recursos online

Você encontrará os guias de tecnologia (em português), bem como outros recursos e ferramentas de estudo (em inglês), no site da Bookman Editora (www.bookman.com.br). Dentre eles:

Casos do Capítulo 4

4.1 Handhelds and Portal Tackle Super Bowl Logistics
4.2 Social Media Collaboration at DrKW

Referências

AACSB Accreditation Standards, Management of Curricula, 2006. aacsb.edu/eerc/std-15.asp.

AACSB International, Ethics Education Resource Center, Accreditation Standards, 2006. aacsb.edu/resource_centers/EthicsEdu/standards.asp.

AP; "Azulstar Debuts WiMAX on 95 Mile New Mexico RailRunner Train System," *The Associated Press,* March 31, 2010.

Azulstar.com/

Careless, J., Convergence Communications E-SPONDER, *Law and Order,* March 2006.

Cisco.com/

Forrester, *Business Data Services, Enterprise Network and Telecommunications Survey,* Q1 2007.

Frommer, D., "Smartphone Sales Soar, iPhone Grabs 27% of Market," Silicon Alley Insider, November 20, 2007. alleyinsider.com/2007/11/smart-phone-sales-soar-iphone-grabs-27-percent-of-market.html

Frost and Sullivan, "Meetings Around the World: The Impact of Collaboration on Business Performance," 2006. newscenter.verizon.com/kit/collaboration/MAW_WP.pdf

Imason, Inc. How Imason Helped Labatt Build a World-Class Intranet with SharePoint," 2010. imason.com

Kaiser Permanente News Center, 2010. xnet.kp.org/newscenter/aboutkp/healthconnect/index.html.

Kirkman, B. et al., "Five Challenges to Virtual Team Success: Lessons from Sabre, Inc.," *Academy of Management Executive,* 16(3), August 2002.

Krigsman, M., "LAX IT Failure:Leaps of Faith Don't Work," *ZDNet,* August 15, 2007. blogs.zdnet.com/projectfailures/?p=346.

Labatt.com

MobileTechNews.com, "WiMAX on 95-Mile New Mexico RailRunner Train System," March 31, 2010. mobiletechnews.com/info/2010/03/31/150404.html

Perelman, D., "Has the Disconnected Vacation Become Extinct?" *eWeek.com,* May 5, 2008. eweek.com/c/a/Careers/Has-the-DisconnectedVacation-Become-Extinct/?kc=EWKNLCSM060308FEA

Poeter, D., "NIC Card Soup Gives LAX a Tummy-Ache," *ChannelWeb,* August 17, 2007.

Versel, N. "Kaiser Completes Systemwide EMR Rollout," *FierceEMR,* March 11, 2010a. fierceemr.com/story/kaiser-completes-systemwide-emrrollout/2010-03-11

Versel, N. "Spotlight: Kaiser Completes Largest Private-Sector EMR Rollout," *FierceEMR,* March 12, 2010b. fiercehealthcare.com/story/spotlight-va-preparing-re-start-health-data-exchange-dod/2010-03-12

Capítulo 5
Segurança em TI, Crimes, Conformidade e Continuidade

Biblioteca de links

Breve introdução

Dados de contas em banco suíço roubados do banco HSBC

5.1 Protegendo dados e operações do negócio

5.2 Ameaças e vulnerabilidades aos SIs

5.3 Fraudes, crimes e violações

5.4 Garantia de informações e gestão de riscos

5.5 Segurança de rede

5.6 Controle interno e conformidade

5.7 Auditoria e continuidade dos negócios

Caso de negócio Os controles deficitários da NEC contribuem para sua retirada da NASDAQ

Caso do setor público Erro da Blue Cross expõe dados de 12 mil membros

Análise utilizando planilhas Estimando investimentos em proteção antispam

Referências

Objetivos de aprendizagem

❶ Compreender os objetivos, funções e valores financeiros da segurança em TI.

❷ Reconhecer as vulnerabilidades, ameaças, métodos de ataque e sintomas de cibercrimes nos SI.

❸ Compreender os crimes cometidos contra computadores e crimes cometidos com o uso de computadores.

❹ Explicar os principais métodos para defender sistemas de informação, redes e dispositivos sem fio.

❺ Compreender os riscos e as defesas de segurança das redes.

❻ Descrever o controle interno, a fraude e as legislações relacionadas a eles.

❼ Compreender a continuidade dos negócios e os métodos de planejamento para a recuperação após desastres.

Integrando a TI

CON | FIN | MKT | GPO | GRH | SI

Biblioteca de links

Information Security Magazine searchsecurity.techtarget.com/
CIO Magazine, segurança em TI cio.com/topic/3089/Security
Segurança no computador e na Internet cnet.com/internet-security
IT Governance Institute itgi.org
U.S. Computer Emergency Readiness Team (US-CERT) us-cert.gov/cas/tips/
Sala de leitura sobre segurança de informações da SANS sans.org/reading_room/
Notícias sobre privacidade ao redor do mundo pogowasright.org/
Government Computer News (GCN) gcn.com/
CompTIA comptia.org/
F-Secure f-secure.com/en_US/security/security-center/
Engenharia social symantec.com/connect/articles/social-engineering

Breve introdução

Esta seção introduz as questões de negócio, os desafios e as soluções de TI deste capítulo. Tópicos e questões mencionados aqui são explicados ao longo do capítulo.

A segurança de informação (abreviado para *seginfo*) envolve os riscos aos dados, aos sistemas de informação e às redes. Esses incidentes geram riscos legais e à empresa, como quando as operações são interrompidas ou as leis de privacidade violadas.

A **gestão de risco em TI** inclui a defesa de sistemas empresariais e a garantia de sua disponibilidade; o planejamento para a recuperação de desastres e para continuidade dos negócios; a conformidade com as regulamentações governamentais e com os acordos de licença; a manutenção de controles internos; e a proteção da organização contra um número cada vez maior de ameaças como vírus, worms, spywares e outras formas de malware. Em geral, a gestão de risco é cara e inconveniente. Muitos usuários, por exemplo, reclamam por terem que utilizar senhas complexas (como aquelas com pelo menos 10 caracteres e que devem conter um dígito e um caractere especial), difíceis de memorizar.

Os gestores têm a **responsabilidade fiduciária** (obrigações éticas e legais) de proteger os dados confidenciais que coletam, armazenam e compartilham de pessoas e parceiros. Para atender às normas internacionais, federais, estaduais e estrangeiras, as empresas precisam investir em segurança em TI para proteger seus dados e outros ativos, sua capacidade operacional e seus rendimentos líquidos. As perdas e interrupções causadas pelas violações de segurança em TI podem ser extremamente prejudiciais e até mesmo destruir uma empresa, financeira ou operacionalmente. À medida que a eficiência da tecnologia e das táticas utilizadas por **cibercriminosos** – pessoas que cometem crimes utilizando a Internet – aumenta, crescem também os custos (e as inconveniências) para se estar à frente de ataques programados, de vírus e de outras infecções causadas por malware, além de erros não intencionais.

Iniciamos este capítulo com a exposição de um panorama sobre as questões de segurança que envolvem toda a empresa. Discutimos tecnologias, como os firewalls e os malwares, os controles internos, a garantia da informação, a gestão de riscos corporativos (GRC) e a estrutura COBIT. Baseamos a seginfo em um modelo de exposição ao risco para identificar o que deve ser protegido e quanto se deve investir nessa proteção.

Dados de contas em banco suíço roubados do banco HSBC

Em março de 2010, o HSBC admitiu que houve um roubo de dados confidenciais de 24 mil clientes, cerca de 15% do total, de seu banco na Suíça. As informações das contas estavam armazenadas de forma segura em arquivos encriptados; porém, esses arquivos foram retirados do banco em um laptop carregado por Herve Falciani, um especialista em TI que trabalhava na sucursal do HSBC em Genebra. Em abril de 2010, o procurador francês Eric de Montgolfier disse que quando os dados roubados foram descriptografados, os investigadores identificaram 127 mil contas pertencentes a 79 mil clientes – mais do que o triplo do estimado pelo HSBC. Ironicamente, presumiu-se que Falciani houvesse roubado os arquivos em 2007 durante um projeto que deveria transferir informações a um sistema mais seguro.

Impacto da exposição de dados para os clientes

O HSBC não tinha ideia de que seus dados haviam sido roubados até que Falciani tentou vendê-los às autoridades francesas, que o prenderam. A investigação de Falciani está sendo conduzida pela procuradoria geral da Suíça.

Em janeiro de 2009, a polícia francesa obteve evidências – os arquivos encriptados – ao entrar na casa de Falciani na França. Embora as informações não tenham sido vendidas para ladrões de identidade ou outros criminosos, os clientes cujos dados foram roubados podem estar enfrentando problemas legais em seus próprios países.

- **França:** Autoridades francesas estão tentando encontrar clientes que esconderam ativos no HSBC e pretendem investigar fraudes fiscais cometidas por ricos contribuintes franceses.
- **Itália:** As autoridades italianas estão interessadas nos dados para realizar investigações semelhantes sobre fraudes fiscais e lavagem de dinheiro.
- **Alemanha:** De acordo com o jornal alemão Der Spiegel, Falciani também tentou vender detalhes de 3 mil contas e 1.300 nomes de contribuintes alemães para as autoridades alemãs por 2,5 milhões de euros. A estimativa da recuperação de impostos estaria entre 100 e 200 milhões de euros. O Ministro das Finanças na Alemanha, Wolfgang Schaeuble, disse que compraria os dados, o que levaria a protestos da população, com gritos de "como a Alemanha ousa lucrar com um ato ilegal".

Impacto do roubo interno de dados no HSBC

O HSBC investiu 93 milhões de dólares adicionais para atualizar seus sistemas computacionais e os procedimentos de segurança de dados após a violação.

Entretanto, este é provavelmente o menor impacto nos custos. A invasão de privacidade e a exposição legal à qual os clientes foram submetidos por causa da violação dos dados podem ser devastadoras para a reputação do HSBC na Suíça (hsbcprivatebank.com/) – devido a diversas razões para a existência dessas contas privadas.

Alexandre Zeller, CEO do HSBC na Suíça, pediu desculpas aos clientes, dizendo que "estamos profundamente arrependidos com a situação e nos desculpamos com nossos clientes por essa ameaça a sua privacidade". Para ajudar a assegurar os clientes, o HSBC disse que iria se recusar a ajudar autoridades a utilizarem os dados roubados para investigações sobre sonegação de impostos.

Os controles inadequados de segurança custaram ao HSBC mais do que apenas sua reputação: o banco enfrentou enormes problemas legais. Oficiais suíços estavam investigando até que ponto o HSBC violou as rigorosas leis do país com relação à privacidade nos bancos, o que acarreta penalidades severas.

Fontes: Compilado de Barrett (2010), HSBC-RI (2010), Leyden (2010).

Questões para discussão e debate em sala de aula

1. Cenário para brainstorning e discussão: Obter segurança total (100%) é impossível. Dessa forma, as empresas precisam decidir quanto investir em políticas de seginfo, procedimentos e treinamento, bem como na fiscalização dessas políticas e procedimentos. Discuta por que o comprometimento de altos gestores e o suporte são importantes para a seginfo. Pense em maneiras de determinar o quanto se deve investir em seginfo. Imagine que o orçamento de uma empresa é fixo. Assim, o investimento em seginfo reduz os fundos disponíveis para outras funções, como marketing, desenvolvimento de novos produtos, entre outros.

2. Debate: Esse incidente levantou questões difíceis acerca de privacidade e ética, como até que ponto as autoridades ou a fiscalização legais podem ir para identificar fraudadores, pessoas que fazem lavagem de dinheiro ou outros tipos de criminosos. A lavagem de dinheiro é conhecida por ser muito utilizada para financiar ou dar apoio ao terrorismo. Assim, qualquer investigação sobre lavagem de dinheiro pode ser do melhor interesse público, mas representará sempre a invasão da privacidade de alguém. Outra perspectiva é melhor representada pela manifestação pública "Como a Alemanha ousa lucrar com um ato ilegal".

É ético que as autoridades utilizem dados privados roubados por Falciani como evidência para investigar sonegação de impostos e lavagem de dinheiro?

- Se sim, então deveria haver alguma restrição quanto ao uso desses dados?
- Se não, então, se a segurança e a proteção das pessoas estavam em risco potencial, a invasão da privacidade dos dados roubados dos clientes deveria ser permitida como evidência?

O que fazer: Escolha um dos lados da argumentação – a favor da privacidade ou a favor da segurança pública, como foi descrito anteriormente. Discuta as questões éticas associadas ao lado do debate que você escolheu.

5.1 Protegendo dados e operações do negócio

O que é segurança da informação e segurança da rede? A maioria das pessoas mencionaria hardware e software em suas respostas; por exemplo, firewalls, criptografia, antivírus, antispam, antispyware, antiphishing e assim por diante. Os firewalls e os sistemas de detecção de invasão são colocados na rede para monitorar e controlar o tráfego de informação de uma rede a outra, conforme mostrado na Figura 5.1.

Certamente, as defesas tecnológicas são necessárias, mas não são suficientes, porque proteger dados e operações de negócio envolve:

- Tornar dados e documentos disponíveis e acessíveis 24 horas, 7 dias da semana e, ao mesmo tempo, restringir o acesso a eles.
- Implementar e fiscalizar procedimentos e políticas de uso aceitável para os dados, hardware, software e redes pertencentes à empresa.
- Promover a segurança e o compartilhamento legal de informações entre pessoal autorizado e parceiros.
- Garantir o cumprimento de leis e regulamentações governamentais.
- Prevenir ataques tendo defesas à invasão da rede em funcionamento.
- Detectar, diagnosticar e reagir a incidentes e ataques em tempo real.
- Manter controles internos para prevenir a manipulação de dados e registros.
- Recuperar-se rapidamente de desastres de negócios e de interrupções

Conforme mostra a lista anterior, as políticas, os procedimentos, o treinamento e os planos de recuperação de desastres empresariais, juntamente com a tecnologia, desempenham um papel fundamental na segurança em TI. A **segurança em TI** envolve a proteção de informações, das redes de comunicação e das operações de comércio eletrônico tradicionais para garantir sua confidencialidade, integridade, disponibilidade e uso autorizado.

Até 2002, a seginfo era considerada apenas uma questão técnica atribuída ao departamento de TI. Incidentes eram resolvidos caso a caso, com consertos; não havia uma abordagem de prevenção para se proteger das ameaças. A seginfo era vista como um custo e não como um recurso para evitar a suspensão das atividades da empresa e cumprir com as responsabilidades administrativas. A visão de custo se mostrou perigosa e inadequada para fornecer segurança à empresa contra funcionários desonestos e a ameaça global de cibercrimes, malware, spyware e fraudes.

Durante o ano de 2010, criminosos hi-tech fizeram mais de 100 ataques por segundo a computadores ao redor do mundo, de acordo com um relatório da fornecedora de segurança em TI Symantec. Embora a maioria desses ataques não tenha causado problemas, um ataque a cada 4,5 segundos afetou um computador PC. A Symantec identificou quase 2,9 milhões de itens maliciosos durante um período de 12 meses. Esse crescimento acelerado de malwares ocorreu por causa da disponibilidade de ferramentas livres, de uso facilitado e/ou poderosas ferramentas que novos cibercriminosos estavam utilizando para desenvolver seus próprios malwares. Uma ferramenta de malware chamada Zeus, por exemplo, custa 700 dólares (458 libras), e muitas ferramentas se tornaram tão populares que seus criadores ofereciam suporte por telefone para aqueles que não conseguissem fazer seus vírus e worms funcionarem. Os custos com correções realizadas após um único incidente estão na casa das centenas de milhares de dólares.

CONHEÇA SEUS INIMIGOS E SEUS RISCOS

Toda empresa possui informações que criminosos motivados pelo dinheiro (que podem estar do outro lado do mundo ou ser funcionários em quem confiamos) querem roubar e/ou vender, e

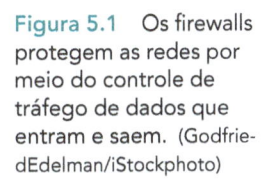

Figura 5.1 Os firewalls protegem as redes por meio do controle de tráfego de dados que entram e saem. (GodfriedEdelman/iStockphoto)

eles podem tentar fazer isso. O caso de abertura do capítulo que fala sobre o HSBC mostra por que os riscos em segurança em TI são riscos de negócios. Esses riscos podem partir de dentro da empresa, de fora da empresa, de organizações cibercriminosas ou de malware. O **malware** é a abreviação de *malicious software* (software malicioso), que se refere a vírus, worms, cavalos de Troia, spyware e todos os outros tipos de programas que interrompem o sistema, são destrutivos e indesejados. As ameaças vão desde explorações de alta tecnologia para obter acesso à rede de uma empresa e ao seu banco de dados até estratégias não tecnológicas, como roubar laptops e qualquer outro recurso disponível. Visto que termos de seginfo, como *ameaças* e *explorações*, possuem significados precisos, os termos-chave e seus significados estão listados na Tabela 5.1.

Em geral, medidas de segurança em TI têm focado em proteger a empresa de malwares e de pessoas de fora. Ainda que controlar o acesso físico e remoto aos bancos de dados e redes continue sendo um desafio, a maioria das violações de dados envolve algum tipo de erro ou ação interna – intencional ou não intencional. Isso quer dizer que os maiores riscos em seginfo são os funcionários e os gestores. As empresas sofrem perdas tremendas com fraudes cometidas por seus funcionários. É um problema geral que afeta todas as empresas, independentemente de seu tamanho, localização ou setor. Você lerá mais sobre fraudes na Seção 5.3.

A segurança em TI está tão integrada aos objetivos de negócio que não pode ser tratada como uma função isolada. As falhas causam impacto direto no desempenho dos negócios, nos clientes, nos parceiros e nos demais envolvidos – e podem levar a multas, ações legais e quedas acentuadas de preço na bolsa conforme os investidores reagem às crises.

Ameaças internas: funcionários Ameaças vindas de funcionários, denominadas **ameaças internas**, são um grande desafio, especialmente por causa das diversas maneiras que um funcionário tem de realizar uma atividade maliciosa. Quem está dentro da empresa pode atravessar a segurança física (por exemplo, portas trancadas) e a segurança técnica (por exemplo, preencher senhas), medidas que as organizações utilizam para evitar o acesso não autorizado. Por que isso acontece? Porque defesas como firewalls, sistemas de detecção de invasão (SDI) e portas trancadas protegem a empresa, em sua maioria, de ameaças externas. Como você leu, incidentes que causam os maiores estragos ou perdas são aqueles ocasionados por quem está dentro da empresa. Apesar dos desafios, os incidentes internos podem ser minimizados com uma estratégia de defesa em níveis, composta de procedimentos de segurança, políticas de uso aceitável e controles tecnológicos.

Os incidentes abaixo, todos causados por pessoas de dentro das empresas, poderiam ter sido evitados se a fiscalização de políticas rígidas de seginfo e de defesa tivesse sido realizada.

- Em abril de 2010, Thomas A. Drake, um ex-oficial de alto escalão da Agência Nacional de Segurança dos Estados Unidos, foi indiciado por ter utilizado uma conta de e-mail secreta e não governamental para enviar informações confidenciais às quais não possuía acesso autorizado ou permissão de uso. O indiciamento alegava que, no começo de 2006, Drake havia criado uma conta no Hushmail, que oferece e-mails encriptados. Ele tinha entrado em contato com o repórter de um jornal nacional, que também criou uma conta no Hushmail, o que permitiu que os dois trocassem documentos secretos do governo. O repórter publicou matérias sobre a Agência que continham informações confidenciais sobre a Signals Intelligence, que envolvia a coleta e análise de comunicações estrangeiras (Aftergood, 2010).
- Três unidades de negócio do HSBC foram multadas em mais de 3,2 milhões de dólares pela Financial Services Authority (FSA) por falhas de segurança que levaram a perdas de detalhes pessoais dos clientes, expondo-os ao risco de ladrões de identidade e de fraudes. A FSA disse que os dados de clientes do HSBC foram perdidos duas vezes pelo correio. Em 2007, os atuários do HSBC perderam um disco não encriptado no correio com detalhes pessoais de 2 mil pensionistas, incluindo suas datas de nascimento, endereços e detalhes de seguro social. Apesar das desculpas e de alertar sua equipe sobre a necessidade de procedimentos de segurança mais eficazes, outro disco não encriptado foi perdido no correio em 2009 pela HSBC Life, contendo detalhes pessoais de 180 mil titulares de apólices de seguro.
- Em maio de 2006, o roubo de um laptop durante uma invasão à casa de um funcionário do Departamento de Ex-Combatentes dos Estados Unidos (*Veterans Affairs* – VA) custou aos contribuintes 100 milhões de dólares para ser remediado. Veja *TI em ação 5.1* para a descrição do roubo de dados ocorrido no Departamento.
- Em 2007, as empresas TJX revelaram que dados de 100 milhões de cartões de crédito e de débito estavam sido roubados por hackers desde 2005. O golpe na TJX foi a maior invasão ocorrida até hoje, com base no número de registros envolvidos. Após a revelação, os ban-

TABELA 5.1 Termos de segurança em TI

Termo	Definição
Ameaça	Alguém ou algo que possa causar dano a um ativo
Risco	Probabilidade de uma ameaça explorar uma vulnerabilidade
Vulnerabilidade	Uma fraqueza que ameaça a confidencialidade, a integridade ou a disponibilidade (CID) de um ativo
CID (confidencialidade, integridade e disponibilidade)	Os três princípios da segurança em TI
Exploração	Utilizar uma ferramenta ou técnica para tirar vantagem de uma vulnerabilidade
Gestão de risco	Processo de identificação, avaliação e redução do risco a um nível aceitável
Exposição	Custo, perda ou dano estimado que pode resultar da exploração de uma vulnerabilidade realizada por uma ameaça
Controle de acesso	Elemento de segurança projetado para restringir quem tem acesso a uma rede, SI ou a determinados dados
Contramedida	Medida de segurança adotada para mitigar (diminuir) o risco
Auditoria	Processo de gerar, registrar e revisar os registros cronológicos dos eventos no sistema para determinar sua precisão
Encriptação	Transformação de dados em códigos misturados para protegê-los e evitar que sejam compreendidos por usuários não autorizados
Texto simples	Texto legível
Texto cifrado	Texto encriptado
Autenticação	Método (normalmente baseado em nome de usuário e senha) pelo qual um SI valida ou verifica se o usuário é realmente quem diz ser
Malware (abreviação para *malicious software* – software malicioso)	Termo genérico que se refere a um vírus, worm, cavalo de Troia, spyware ou adware
Scareware, também conhecido como rogueware ou antivírus falso	Programas que fingem fazer a varredura do computador em busca de vírus e então dizem ao usuário que o computador está infectado para convencê-lo a voluntariamente fornecer informações do cartão de crédito para pagar de 50,00 a 80,00 dólares para "limpar" o PC. Quando as vítimas pagam a taxa, o vírus parece ter desaparecido, mas a máquina é então infectada por outros programas maliciosos. É um dos tipos de fraude na Internet que está em rápido crescimento e que é cada vez mais frequente.
Biometria	Métodos para identificar uma pessoa de acordo com suas características biológicas, como impressão digital e retina
Segurança de perímetro	Medidas de segurança para garantir que apenas usuários autorizados obtenham acesso à rede
Segurança de ponto final	Medidas de segurança para proteger os pontos finais, por exemplo, desktops, laptops e dispositivos móveis
Firewall	Software ou dispositivo de hardware que controla o acesso a redes privadas a partir de redes públicas (Internet) pela análise de pacotes de dados que entram e saem da rede
Pacote	Uma unidade de dados para transmissão em uma rede com um título contendo a fonte o destino do pacote
Endereço de IP (endereço de protocolo na Internet)	Endereço que identifica unicamente um computador específico ou outro dispositivo em uma rede
Infraestrutura de chave pública (PKI)	Um sistema baseado na encriptação para identificar e autenticar quem envia e quem recebe uma mensagem ou uma transação na Internet
Sistema de detecção de intrusão (IDS)	Uma ferramenta de defesa utilizada para monitorar o tráfego (os pacotes) de uma rede e dar alertas quando há tráfego suspeito ou deixar em quarentena o tráfego suspeito
Roteador	Dispositivo que transfere pacotes entre duas ou mais redes
Tolerância a falhas	A capacidade de um SI de continuar operacional quando uma falha ocorre, mas normalmente possui tempo limitado ou opera a uma capacidade reduzida
Backup	Uma cópia duplicada de dados ou programas mantida em local seguro
Spoofing	Um ataque realizado por meio de um truque, dissimulação, engano ou dados falsificados
Negação de serviço (DoS) ou negação de serviço distribuída (DDoS)	Um ataque no qual um sistema é bombardeado com tantas solicitações (de serviço ou de acesso) que entra em colapso ou não consegue responder
Zumbi	Um computador infectado que é controlado remotamente via Internet por um usuário não autorizado, como um spammer, um fraudador ou um hacker
Spyware	Um software direcionado ao roubo que reúne informações sobre o usuário ou sobre suas atividades online
Botnet (abreviação de Bot network)	Uma rede de computadores que foram invadidos e que são controlados remotamente – normalmente para rodar um spam ou um spyware. Também são chamados de softwares robôs. As botnets estão ligadas a uma série de atividades maliciosas, incluindo roubo de identidade e spam.

cos disseram que dezenas de milhares de dólares de cobranças fraudulentas haviam sido feitas com os cartões. A Massachusetts Bankers Association processou a TJX por negligência. A FTC registrou uma reclamação, alegando que a TJX não possuía medidas apropriadas de segurança para evitar acesso não autorizado a informações sigilosas e pessoais dos clientes. O custo total da violação de dados foi estimado em 197 milhões de dólares.
- Em novembro de 2007, as autoridades fiscais do Reino Unido revelaram que haviam perdido discos não encriptados contendo dados pessoais, detalhes bancários e números de identidade de 25 milhões de jovens beneficiários. A empresa de análise Gartner Inc. estimou que encerrar as contas comprometidas e estabelecer novas custou aos bancos britânicos cerca de 500 milhões de dólares.

Esses incidentes mostram que as vítimas de violações frequentemente são terceiros, como clientes, pacientes, usuários de redes sociais, empresas de cartões de crédito e acionistas; os custos para reparar danos podem ser enormes.

Riscos da computação em nuvem e das redes sociais Com a popularidade de eReaders, netbooks, Google Chrome OS, Facebook, YouTube, Twitter, LinkedIn e outras redes sociais, os perigos para a segurança em TI estão ficando maiores. As redes sociais e a computação em nuvem aumentam a vulnerabilidade oferecendo um único ponto de falha e de ataque para redes de criminosos organizados. Informações fundamentais, sigilosas e privadas estão em risco e, assim como em tendências anteriores de TI, como redes sem fio, o objetivo é a conectividade, muitas vezes com pouca preocupação com a segurança. À medida que as redes sociais aumentam seus serviços, aumenta também a lacuna entre eles e a seginfo. Vírus e malwares em e-mails vêm diminuindo há anos, visto que a segurança dos e-mails aumentou. Essa tendência continua com a mudança da comunicação para as redes sociais e os novos smartphones. Infelizmente, os malwares encontram formas de chegar ao usuário por meio das vulnerabilidades da segurança existentes nesses novos serviços e dispositivos. O filtro da Web, a educação do usuário e políticas rígidas são a chave para evitar invasões generalizadas.

No Twitter e no Facebook, usuários convidam uns aos outros e constroem relacionamentos entre eles. Os cibercriminosos hackeiam essas relações de confiança utilizando logins

TI em ação 5.1

Violação de dados de 10 milhões de dólares no departamento de ex-combatentes dos Estados Unidos

Um dos maiores roubos de dados pessoais ocorreu em 3 de maio de 2006, quando um laptop e um HD externo pertencentes ao Departamento de Ex-Combatentes dos Estados Unidos (*Veterans Affairs* – VA) foram roubados durante o assalto a uma residência. O Departamento informou que dados de 26,5 milhões de veteranos e seus cônjuges foram armazenados em texto simples (não encriptado) no laptop roubado da casa de um especialista sênior em TI. Ele havia levado o laptop e os dados do escritório para trabalhar em casa depois do expediente. Os dados incluíam nomes, datas de nascimento e CPFs dos ex-combatentes. O secretário responsável pelo Departamento, Jim Nicholson, afirmou em testemunho ao Congresso que custaria pelo menos 10 milhões de dólares para informar aos veteranos sobre a violação de segurança.

O Departamento de Ex-combatentes ignorou os riscos e falhou na fiscalização de suas políticas de segurança. A política do Departamento solicitava que todos os funcionários encriptassem os dados sigilosos e proibia a remoção de dados do Departamento dos escritórios. No entanto, ou os funcionários não haviam sido informados sobre a política ou perceberam que ela não estava se fazendo cumprir. Na verdade, o especialista de TI, que teve acesso às informações sigilosas admitiu que levava dados para casa desde 2003.

Após a violação de segurança. Para amenizar seus riscos, Nicholson prometeu:

- Fazer com que todos os funcionários do departamento participassem de cursos de treinamento em cibersegurança e privacidade
- Aumentar a verificação dos antecedentes de funcionários que possuem acesso a informações sigilosas
- Revisar os controles de acesso a dados para minimizar o acesso de funcionários a dados sigilosos

Apesar dos custos enormes que a violação de dados do Departamento de Ex-combatentes causou, isso pode não assustar empresas de modo a fazê-las adotar políticas de segurança mais rigorosas de monitoramento e treinamento. Rick LeVine, gerente sênior em prática de segurança global na Accenture (uma empresa de consultoria; accenture.com), previu que "muitos incidentes de grande gravidade ainda precisariam acontecer às empresas do Fortune 500 para que as pessoas dissessem 'Meu Deus, o celular de uma pessoa pode nos fazer perder bilhões de dólares'" (Spangler, 2006).

Fontes: Resumido de Spangler (2006) e diversos outros artigos do *Washington Post* e *InformationWeek*, maio a junho de 2006.

Questões para discussão: Uma violação de segurança tão grande poderia acontecer em qualquer empresa? Por quê? Você concorda com a previsão de LeVine? Que previsão você faria?

roubados. Antivírus falsos e outros ataques que tiram vantagem da confiança do usuário são muito difíceis de serem detectados.

Uma razão importante para essas redes sociais e serviços terem aumentado sua exposição ao risco é o **tempo para exploração** que os spywares e vírus de celular sofisticados de hoje possuem. O tempo para exploração é o tempo decorrido entre o momento em que a vulnerabilidade é descoberta e o momento em que ela é explorada ou comprometida por um criminoso. Esse tempo passou de meses para minutos; dessa forma, a equipe de TI tem períodos ainda mais reduzidos para descobrir e contornar falhas antes que sejam utilizadas em um ataque. Alguns ataques existem por apenas duas horas, o que significa que os sistemas de segurança de TI de uma empresa precisam oferecer proteção em tempo real. Em 2011, serão buscados serviços em nuvem para reforçar a segurança.

Quando novas vulnerabilidades são descobertas em sistemas operacionais, aplicativos ou redes com e sem fio, são lançadas correções pelo fornecedor ou pela organização de segurança. As **correções** (*patches*) são programas que usuários baixam e instalam para corrigir uma vulnerabilidade. A Microsoft, por exemplo, lança correções chamadas de **service packs** (pacotes de serviço) para atualizar e corrigir vulnerabilidades em seus sistemas operacionais, incluindo Windows Vista, e outros aplicativos, como o Office 2007. Os service packs são disponibilizados no site da Microsoft.

Se as vulnerabilidades não forem detectadas ou protegidas, tornam-se uma porta aberta para ataques de TI, o que leva a interrupções de negócios e danos financeiros. Ainda que se tenham as melhores tecnologias de defesa, incidentes em seginfo ocorreram principalmente porque os usuários não seguem práticas e procedimentos computacionais seguros.

Ameaças de phishing e baseadas na Web As empresas adotam cada vez mais aplicações externas, com base na Web; e funcionários trazem aplicações de casa para a empresa. Empresas criminosas seguem o dinheiro na Internet, onde têm acesso ao mercado global de vítimas em potencial.

Desde 2007, as ameaças com base na Web têm sido a principal forma de roubo de dados confidenciais e de infecção de computadores. Em 2008, dois terços de todos os malwares conhecidos foram criados. Então, na primeira metade de 2009, o número de novos malwares ultrapassou aquele dos detectados em 2008, o phishing aumentou 585% e mais de 300 marcas empresariais se tornaram vítimas dessas ameaças. **Phishing** é uma tentativa de enganar para roubar as informações confidenciais de alguém fingindo ser uma organização legítima, como o PayPal, um banco, uma empresa de cartão de crédito ou um cassino. As mensagens de phishing incluem um link para um site fraudulento igual ao site real. Quando o usuário clica no link que leva ao site fraudulento, são solicitados dados como seu número de cartão de crédito, número do CPF, número da conta bancária ou senha. Em 2010 e 2011, o phishing aumentou exponencialmente por causa de usuários desavisados que ainda caem na armadilha.

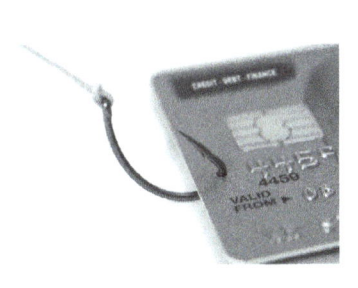

Os criminosos utilizam a Internet e as redes privadas para fazer uso de grandes números de PCs para espionar os usuários, enviar spams para eles, abalar negócios ou roubar identidades. Mas por que eles obtêm tanto sucesso? O Information Security Forum (securityforum.org), uma organização de autoajuda que inclui muitas das empresas da Fortune 100, compilou uma lista dos principais problemas de informação e descobriu que nove dos dez incidentes eram resultado de três fatores:

(Stuart Hickling/iStockphoto)

- Enganos ou falha humana
- Funcionamento inadequado dos sistemas
- Falta de compreensão dos efeitos de adicionar softwares incompatíveis em um sistema preexistente

Infelizmente, esses três fatores podem superar as tecnologias de segurança de TI que as empresas e os indivíduos utilizam para proteger suas informações. Um quarto fator identificado pelo Security Forum é a motivação, conforme descrevemos em *TI em ação 5.2*.

Manipulação de mecanismos de busca A manipulação de mecanismos de busca é um método utilizado por cibercriminosos para explorar os algoritmos dos mecanismos de busca no intuito de colocar os sites fraudulentos em posições mais altas do ranking de resultados. Essa manipulação faz com que usuários vão até sites maliciosos, como sites isca que oferecem antivírus falsos ou outros softwares pirateados (chamados de *warez* – softwares pirateados, jogos, música, etc.). Os malwares se espalharam pelas ferramentas de busca e também estão crescendo por causa do alto grau de confiança que os usuários dão às ferramentas de busca e da facilidade com que os rankings podem ser manipulados.

TI em ação 5.2

Lavagem de dinheiro, crime organizado e financiamento do terrorismo

De acordo como Departamento de Estado dos Estados Unidos (*state.gov*), grupos de crime organizado transnacionais por muito tempo dependeram da lavagem de dinheiro para financiar suas operações. Essa prática representa uma ameaça à segurança nacional e internacional. Ela prejudica a livre iniciativa excluindo o setor privado e ameaça a estabilidade financeira dos países.

Os fundos usados para financiar operações terroristas são muito difíceis de monitorar. Apesar dessa obscuridade, por meio da adaptação de métodos utilizados para combater a lavagem de dinheiro, como a análise e a investigação financeira, as autoridades são capazes de desarticular de forma significativa as redes financeiras de terroristas, reconstruir os rastros de documentos e encontrar evidências para identificar e localizar líderes de organizações e células terroristas.

Grupos de crime organizado internacionais, grupos do al--Qaeda e outros cibercriminosos roubam centenas de milhares de dólares por ano. Cometer cibercrime é mais fácil e seguro do que vender drogas, negociar no mercado negro de diamantes ou roubar bancos. Os jogos online são fontes fáceis de operações internacionais de lavagem de dinheiro.

Fontes: Compilado de U.S. Department of State (2008), Altman (2006) e Wolfe (2006).

Ataques Multi-Link Os ataques estão ficando mais complexos por estarem conectados uns aos outros. Os links de ferramentas de busca que são manipulados, por exemplo, podem levar a blogs hackeados que levam a malwares, que podem fazer download sem que o usuário tome conhecimento ou que concorde com isso. Esses ataques conectados são planejados para seguir um caminho específico; eles não funcionam se o usuário não seguir o caminho predeterminado. Essa *consciência do caminho* torna muito difícil a tarefa de tradicionais rastreadores da Web de encontrarem e identificarem ameaças. Ataques multi-link se tornarão parte de ameaças mais complexas e mais mescladas conforme os cibercriminosos aplicam mais abordagens em camadas para evitar serem pegos.

Discutiremos agora as regulamentações governamentais e os padrões da indústria criados para forçar as empresas a investirem em defesas seginfo.

REGULAMENTAÇÕES GOVERNAMENTAIS

Os dados precisam estar protegidos contra esquemas de ataque existentes e futuros, e as defesas de TI precisam preencher as regulamentações governamentais e internacionais cada vez mais restritas. As principais regulamentações são a lei Sarbanes-Oxley (SOX), a lei Gramm--Leach-Bliley (GLB), a Federal Information Security Management Act (FISMA) e a lei USA Patriot nos Estados Unidos; a lei japonesa de proteção a informações pessoais; a lei canadense de proteção a informações pessoais e documentos eletrônicos (*Canada's Personal Information Protection and Electronic Document Act* -PIPEDA); a lei federal australiana de privacidade; a lei de proteção aos dados do Reino Unido; e a Basel III (serviços financeiros globais). Todas regulamentam a proteção de dados pessoais. O diretor do Departamento de Proteção ao Consumidor da Federal Trade Comission (FTC) avisou que o departamento agiria para que fosse realizada a fiscalização de pequenos negócios que apresentassem ausência de políticas e procedimentos adequados para proteger dados do cliente.

Dois modelos aceitos para a governança em TI são a **gestão de riscos corporativos** (**GRC**) e a estrutura **COBIT** (*Control Objectives for Information and Related Technology*). A GRC é uma abordagem para administrar uma empresa que integra controles internos, encargos da lei de Sarbanes-Oxley e planejamento estratégico. A GRC pretende ser parte de uma rotina de processos de planejamento e não uma iniciativa separada. O ponto de partida ideal é assegurar um maior envolvimento e comprometimento do conselho e das lideranças.

O COBIT, descrito em *TI em ação 5.3*, é um framework de governança de TI e uma estrutura de controle aceita internacionalmente que visa alinhar a TI com os objetivos do negócio, agregando valor e administrando os riscos associados. Ela fornece uma referência para administradores, usuários e profissionais de auditoria, controle e segurança de SI.

PADRÕES DO SETOR

Os grupos de cada setor impõem seus próprios padrões para proteger clientes, imagens da marca e sua receita. Um exemplo é o **Payment Card Industry Data Security Standard** (PCI DSS), criado pela Visa, MasterCard, American Express e Discover.

Esse padrão de segurança de dados (PCI DSS) é exigido de todos os membros, comerciantes e provedores de serviço que armazenam, processam ou transmitem dados dos portadores

TI em ação 5.3
Melhores práticas de governança de TI e o COBIT

A **governança de TI** é a supervisão, o monitoramento e o controle dos ativos de TI das organizações. O Instituto de Governança de TI (*IT Governance Institute – itgi.org*) publicou o COBIT (*Control Objectives for Information and Related Technology* – Objetivos de Controle para Informação e Tecnologias Relacionadas), utilizado por muitas empresas como seu guia de governança de TI. A estrutura COBIT pode ser baixada de *isaca.org*. De acordo com uma pesquisa da PricewaterhouseCoopers, feita em 2008, a maioria dos executivos de TI conhece os modelos de melhores práticas, como o COBIT, mas poucos deles possuem equipes de TI suficientemente grandes para implementar todas as melhores práticas.

A lei Sarbanes-Oxley exige que as empresas forneçam provas de que suas aplicações e sistemas financeiros são controlados (assegurados) para verificar se os relatórios financeiros são confiáveis. Isso requer que gestores de segurança em TI trabalhem com gerentes comerciais para avaliar o risco e identificar quais sistemas dependem mais de controles técnicos do que de controles de processos empresariais. Para se adequar ao COBIT, os sistemas de TI devem se basear em três princípios:

- *Princípio do uso econômico de recursos*: Esse princípio reconhece que o custo de seginfo precisa ser balanceado com seus benefícios. É o princípio básico de custo-benefício com o qual você já está familiarizado. Por exemplo, você não gastaria para proteger o seu carro, casa ou outra propriedade mais do que eles realmente valem. Por ser possível, por exemplo, que empresas coloquem um valor muito baixo nos dados confidenciais dos clientes e funcionários e então não precisem de defesas de seginfo básicas, os próximos dois princípios tentam se certificar de que isso não ocorra.
- *Princípio da legalidade*: Esse princípio exige que empresas invistam em seginfo para cumprir com as solicitações legais mínimas. Esse princípio é um princípio básico de segurança, equivalente ao corrimão nas escadas, a existência de extintores de incêndio e sistemas de alarme.
- *Princípios de contabilidade*: Esses princípios requerem que a integridade, disponibilidade e confiabilidade dos dados e dos sistemas de informação sejam mantidos.

---

do cartão. A Seção 6.6 do padrão PCI DSS entrou em operação completa em junho de 2008. Em resumo, esta seção do padrão PCI DSS exige que comerciantes e outros que recebem pagamento no cartão tornem seus aplicativos Web seguros. Se isso for feito de forma correta, o número de falhas na segurança que estão relacionadas à Web pode diminuir.

A Seção 6.6 do padrão PCI DSS obriga que fabricantes garantam que os aplicativos de interface Web sejam protegidos contra ataques conhecidos por meio da aplicação de dois métodos.

1. A revisão completa do código do aplicativo padrão em busca de vulnerabilidades feita por uma empresa de segurança em aplicativos.
2. A instalação de um aplicativo firewall em frente aos aplicativos que utilizam a Web. Cada aplicativo terá seu próprio firewall para proteger-se contra invasões e malwares.

O objetivo do padrão PCI DSS é aumentar a confiança do cliente no comércio eletrônico, especialmente no que diz respeito aos pagamentos online e ao aumento da segurança Web de comerciantes online. Para motivar o seguimento desses padrões, as penalidades por não alcançar as metas são severas. As marcas de cartões podem facilmente multar o varejista e aumentar as taxas para cada transação de crédito ou de débito. A descoberta de não conformidades pode ser a base de um processo legal.

Pesquisa CompTIA Infosec Em sua pesquisa sobre segurança da informação, realizada em 2008, a Computing Technology Industry Association (CompTIA, comptia.org), um grupo de comércio exterior sem fins lucrativos, informou como as empresas nos Estados Unidos, Reino Unido, Canadá e China estão tentando melhorar seus padrões de seginfo. As principais descobertas dessa pesquisa foram:

- Quase 66% das empresas nos Estados Unidos, 50% no Reino Unido e na China e 40% no Canadá estabeleceram políticas de segurança em TI.
- A porcentagem do orçamento de TI que as empresas destinavam à segurança está crescendo ano após ano. Nos Estados Unidos, as empresas gastaram 12% de seus orçamentos de TI para 2007 em questões de segurança, 7% a mais do que em 2005. Grande parte do orçamento foi utilizado para comprar tecnologias relacionadas à segurança.
- Cerca de 33% das empresas nos Estados Unidos exigem que sua equipe de TI tenha qualificação em segurança de rede e de dados; na China, 78% das empresas exigem formação em segurança de TI.

A segurança em TI ainda é uma grande preocupação para os profissionais de TI ao redor do mundo de acordo com o estudo da *CompTIA's 7th Annual Trends in Information Security:*

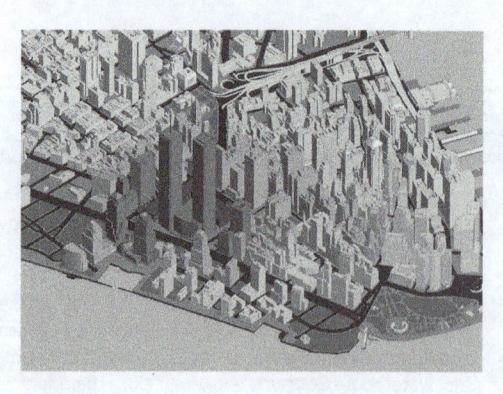

Figura 5.2 A parte sul de Manhattan (Baixa Manhattan), o centro imobiliário mais ativo em termos de comunicação do mundo.

An Analysis of IT Security and the Workforce. Já que o papel da TI dentro das organizações continua a crescer, o potencial das violações de segurança acompanha esse crescimento.

PANES NA SEGINFO QUE VÃO ALÉM DO CONTROLE DA EMPRESA

Alguns tipos de incidentes estão além do controle da empresa. As cinzas vulcânicas vindas da Islândia em 2010 criaram descontinuidade prolongada e crises que jamais haviam sido enfrentadas no mundo dos negócios. Acontecimentos incertos que podem causar panes no SI, como os incidentes mencionados a seguir, exigem planos de recuperação de desastres e de continuidade de negócio, que são abordados na Seção 5.6.

Incidente 1. Cibercriminosos lançaram um ataque para extorquir dinheiro da StormPay, uma empresa que processa pagamentos feitos online. O ataque derrubou os data centers da StormPay e seus negócios por dois dias, causando perdas financeiras e prejudicando 3 milhões de clientes.

Incidente 2. A parte Sul de Manhattan (Baixa Manhattan – ver Figura 5.2) é o centro imobiliário mais ativo em comunicações do mundo. Lá, muitas empresas não tinham planos de continuidade de negócio baseados fora de sua localização e perderam permanentemente dados fundamentais sobre seus funcionários, clientes e sobre as operações depois dos ataques de 11 de setembro. Sistemas essenciais e redes caíram. Elas também perderam conectividade de rede e de telefonia quando o 7 World Trade Center (WTC) entrou em colapso e o Verizon's Central Office (CO) – que estava localizado exatamente em frente ao WTC – sofreu um extenso dano estrutural. Ao todo, 300 mil linhas telefônicas e 3,6 milhões de circuitos de dados de alta capacidade servidos pelo CO saíram de serviço.

Esses incidentes ilustram a diversidade dos problemas de seginfo e os principais danos que podem ser causados nas organizações em qualquer lugar do mundo como resultado deles.

MODELO DE DEFESA EM PROFUNDIDADE NA SEGURANÇA EM TI

A defesa em profundidade é uma abordagem de múltiplos níveis à seginfo. O princípio básico é que, quando uma camada ou nível de defesa falha, outra camada ou nível dá a proteção. Por exemplo, se a segurança de uma rede sem fio está comprometida, então ter dados encriptados ainda os protegeria, já que os ladrões não poderiam descriptografá-los.

O sucesso de qualquer tipo de projeto de TI depende do comprometimento e do envolvimento da gerência executiva, também chamada de alta administração. O mesmo também é verdade para a segurança em TI. Quando um superior mostra seu comprometimento com a segurança em TI, ela também se torna importante para outros, alertando usuários para o fato de que práticas inseguras e erros não serão tolerados. Sendo assim, a segurança em TI e um modelo de controle interno começam com o comprometimento e o apoio dos superiores, como mostrado na Figura 5.3. O modelo vê a seginfo como uma combinação de pessoas, processos e tecnologia.

Passo 1: Comprometimento e suporte da alta administração. A influência dos superiores é necessária para implementar e manter a segurança, os padrões éticos, as práticas de privacidade e o controle interno. O *Committee of Sponsoring Organizations of the Treadway Commission* (COSO, coso.org/key.htm) define **controle interno** como um *processo* planejado para oferecer uma garantia razoável de operações efetivas e relatórios financeiros confiáveis. O controle interno é discutido na Seção 5.6.

Passo 2: Uso aceitável das políticas e treinamento de segurança em TI. O próximo passo na construção de um programa eficaz de segurança em TI é desenvolver políticas de segurança

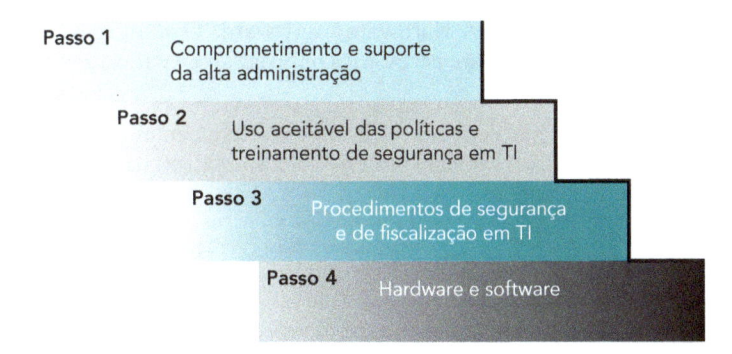

Figura 5.3 Modelo de defesa em profundidade de segurança em TI.

- **Passo 1**: Comprometimento e suporte da alta administração
- **Passo 2**: Uso aceitável das políticas e treinamento de segurança em TI
- **Passo 3**: Procedimentos de segurança e de fiscalização em TI
- **Passo 4**: Hardware e software

e fornecer treinamento para garantir que todos estejam cientes e compreendam essas políticas. Quanto maior for a compreensão de como a segurança afeta os níveis de produção, as relações com o cliente e o fornecedor, o fluxo de receita e a responsabilidade dos gestores, mais a segurança será incorporada aos projetos e propostas da empresa.

Mais importante é uma **política de uso aceitável** (PUA, ou *acceptable use policy* – AUP) que informa os usuários sobre suas responsabilidades. Uma PUA é necessária por duas razões: (1) evitar o mau uso da informação e de recursos computacionais e (2) reduzir a exposição a multas, sanções e responsabilidade civil. Para ser eficaz, a PUA precisa definir as responsabilidades do usuário, ações aceitáveis e inaceitáveis e as consequências de uma desconformidade. PUAs de e-mail, Internet e computador devem ser consideradas uma extensão de outras políticas corporativas, como aquelas que abordam segurança física, igualdade de oportunidades, assédio e discriminação.

Passo 3: Procedimentos de segurança e de fiscalização em TI. Se as atividades dos usuários não forem monitoradas para verificar o cumprimento das políticas estabelecidas, a PUA é inútil. Sendo assim, o próximo passo é implementar procedimentos de monitoramento, treinamento e fiscalização da PUA. Os negócios não podem arcar com os custos infinitos da segurança perfeita, então calculam qual o nível adequado de proteção. O cálculo se baseia na exposição ao risco dos ativos digitais. O modelo de exposição ao risco de ativos digitais é composto pelos cinco fatores mostrados na Tabela 5.2.

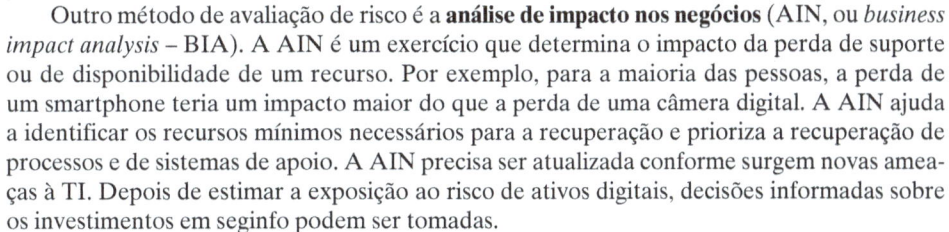

Outro método de avaliação de risco é a **análise de impacto nos negócios** (AIN, ou *business impact analysis* – BIA). A AIN é um exercício que determina o impacto da perda de suporte ou de disponibilidade de um recurso. Por exemplo, para a maioria das pessoas, a perda de um smartphone teria um impacto maior do que a perda de uma câmera digital. A AIN ajuda a identificar os recursos mínimos necessários para a recuperação e prioriza a recuperação de processos e de sistemas de apoio. A AIN precisa ser atualizada conforme surgem novas ameaças à TI. Depois de estimar a exposição ao risco de ativos digitais, decisões informadas sobre os investimentos em seginfo podem ser tomadas.

TABELA 5.2	Modelo de exposição ao risco para ativos digitais
Fator	**Considerações operacionais e de custo**
1. Valor do ativo para a empresa	Quais são os custos de substituição, recuperação ou restauração? Qual é o tempo de recuperabilidade?
2. Atratividade do ativo a um criminoso	Qual é o valor do ativo (em uma escala de baixo a alto) para identificar ladrões, espiões industriais, terroristas ou fraudadores?
3. Responsabilidade legal relacionada a perda ou roubo de ativos	Quais são os potenciais custos legais, multas e despesas com a restituição?
4. Consequências operacionais, de marketing, e financeiras	Quais são os custos da interrupção das atividades do negócio, do atraso nas entregas, da perda de clientes, da mídia negativa, da incapacidade de processar pagamentos e folha de pagamentos ou uma queda de preços das ações da empresa na bolsa?
5. Probabilidade de um ataque bem-sucedido contra o ativo	Tendo em vista as ameaças existentes e as emergentes, qual é a probabilidade de um ativo ser roubado ou comprometido?

Passo 4: Hardware e software. O último passo do modelo é a implementação de software e hardware necessários para dar apoio e fiscalizar a PUA e as práticas seguras.

Tenha em mente que a segurança é um processo contínuo e infinito, não um problema que pode ser resolvido com ferramentas de hardware ou software. As defesas de hardware e software não protegem contra práticas de negócio irresponsáveis.

Questões para revisão

1. Por que os custos com correções após um único vazamento de dados ou incidente em seginfo giram em torno de dezenas de milhões de dólares?
2. Quem são as vítimas em potencial da violação de dados de uma organização?
3. O que é *tempo para exploração*? Qual é a tendência em sua duração?
4. O que é um ataque multilink?
5. O que é um service pack?
6. Quais são as duas causas dos principais problemas com informação em uma organização?
7. O que é uma política de uso aceitável? Por que as empresas precisam de uma PUA?

5.2 Ameaças e vulnerabilidades aos SIs

Um dos maiores erros que gerentes cometem é subestimar as vulnerabilidades e ameaças de TI. A maioria dos funcionários utiliza seus laptops e celulares para o trabalho e o lazer, e, em uma era de multitarefas, eles muitas vezes fazem as duas coisas ao mesmo tempo. Ainda assim, o uso fora do horário ou do local de trabalho continuam sendo arriscados, porque, apesar das políticas, os funcionários mantêm hábitos de navegação e de comunicação perigosos, que podem fazer deles um ponto fraco em uma organização que faz sérios esforços visando à segurança. Essas ameaças podem ser classificadas como *não intencionais* ou *intencionais*.

AMEAÇAS NÃO INTENCIONAIS

As ameaças não intencionais podem ser divididas em três categorias principais: erro humano, risco ambiental e falhas no sistema do computador.

- **Erros humanos** podem ocorrer no planejamento de hardware ou no sistema de informação. Eles podem também ocorrer durante a programação, a testagem ou a entrada de dados. Não alterar as senhas em um firewall ou não gerenciar as correções cria furos na segurança. Os erros humanos também incluem usuários sem treinamento ou conhecimento, que caem em esquemas de phishing ou ignoram os procedimentos de segurança. Erros humanos contribuem para a maioria dos problemas relacionados ao controle interno e à seginfo.
- **Riscos ambientais** incluem vulcões, terremotos, nevascas, enchentes, quedas ou fortes oscilações de energia, incêndios (o risco mais comum), ar-condicionado defeituoso, explosões, poeira radioativa e falhas no sistema de refrigeração. Além dos danos primários, os recursos computacionais podem ser danificados por efeitos colaterais, como a fumaça e a água. Tais riscos podem prejudicar as operações normais do computador e resultar em períodos de longa espera e custos exorbitantes enquanto os programas e os arquivos de dados são recriados.
- **Falhas nos sistemas do computador** podem ocorrer em virtude da fabricação deficitária, de materiais precários e de redes desatualizadas ou mantidas de forma inadequada (lembre-se da queda de rede do aeroporto LAX discutida no Capítulo 4). O mau funcionamento não intencional também pode acontecer por outras razões, da falta de experiência a testes inadequados.

AMEAÇAS INTENCIONAIS

Exemplos de ameaças intencionais incluem roubo de dados; uso indevido de dados (p. ex., na manipulação de entradas); roubo de tempo de computador mainframe; roubo de equipamento e/ou de programas; manipulação deliberada do tratamento, na entrada, no processamento, na transferência ou na programação de dados; greves, protestos ou sabotagem; dano malicioso a recursos computacionais; destruição por vírus e ataques semelhantes; abusos diversos do computador e fraude na Internet. O escopo (alvo) das ameaças intencionais pode ser um país inteiro ou uma economia.

Os hackers procuram envolver em seus crimes pessoas de dentro das organizações, que não levantem suspeitas, utilizando táticas chamadas de **engenharia social**. Da perspectiva da seginfo, a engenharia social tem sido utilizada por criminosos ou espiões corporativos para enganar funcionários e fazê-los revelar informações ou códigos de acesso que pessoas de fora da organização não deveriam ter. Uma tática comum utilizada pelos hackers para obter acesso à rede é ligar para os funcionários fingindo ser o administrador da rede que quer resolver um problema grave. Para resolver o problema, o administrador precisa que o funcionário lhe dê sua senha. É claro que a tática não irá funcionar com aqueles funcionários que foram treinados a não repassarem senhas pelo telefone a ninguém.

Os criadores de malware também têm utilizado a engenharia social para maximizar o alcance e o impacto de seus vírus, worms e outros. Por exemplo, o worm *ILoveYou* usou engenharia social para levar pessoas a abrirem mensagens de e-mail infectadas pelo malware. O worm *ILoveYou* atacou dezenas de milhares de computadores que usavam o Windows em maio de 2000, quando foi enviado como anexo de um e-mail com o assunto: ILOVEYOU. Por curiosidade, as pessoas abriram o anexo chamado LOVE-LETTER-FOR-YOU. TXT.vbs – liberando o worm. Dentro de nove dias, o worm se espalhou pelo mundo, debilitando redes, destruindo arquivos e causando danos estimados em 5,5 bilhões de dólares. O conhecido Kevin Mitnick, que foi preso como hacker, utilizou a engenharia social como o principal método para obter acesso às redes de computadores. Na maioria dos casos, o criminoso nunca fica cara a cara com a vítima, mas se comunica com ela por telefone ou por e-mail.

Entretanto, nem todos os hackers são maliciosos. Os chamados *hackers bem-intencionados* realizam o hacking ético, por exemplo, fazendo testes de penetração nos sistemas de seus clientes ou buscando na Internet pontos fracos que possam ser consertados. O sistema de *hackeamento bem-intencionado* da Finjan, um provedor de segurança de informação, por exemplo, levou à descoberta de um **servidor criminoso** na Malásia em abril de 2008, como descrito em *TI em ação 5.4*. Um servidor criminoso é um servidor utilizado para armazenar dados roubados que serão usados para cometer crimes. A Finjan descobriu o servidor criminoso ao rodar sua tecnologia de inspeção de código em tempo real para diagnosticar o tráfego Web de seus clientes.

A engenharia social também é utilizada para fins (não criminosos) de negócios. Por exemplo, as propagandas utilizam a engenharia social (p. ex., promessas de riqueza ou felicidade) para convencer as pessoas a comprarem seus produtos ou serviços.

| ATAQUES A TI

Existem muitos tipos de ataque e regularmente aparecem novos. Os dois tipos básicos de ataque deliberado são adulteração de dados e ataques de programação.

A **adulteração de dados** é uma forma comum de ataque, ofuscada por outros tipos de ataque. Refere-se à inserção de dados falsos ou fraudulentos no computador ou à modificação ou exclusão de dados existentes. A adulteração de dados é extremamente séria, porque pode não ser detectada. É um método frequentemente utilizado por funcionários internos e por fraudadores.

Os **ataques de programação** são populares entre os criminosos que utilizam técnicas de programação para modificar um programa de outro computador. Para esse crime, a habilidade de programar e o conhecimento dos sistemas-alvo são essenciais. Exemplos de malware são vírus,

TI em ação 5.4

Encontrado em um servidor criminoso 1,4 gigabyte de dados e e-mails roubados

Em abril de 2008, os pesquisadores de software da Finjan descobriram dados comprometidos de pacientes, clientes bancários, mensagens de e-mails empresariais e contas no Outlook em um servidor na Malásia. Os dados incluíam nomes de usuários, senhas, números de contas, CPF, números de cartões de crédito, dados de pacientes, comunicações via e-mail sobre empresas e contas do Outlook capturadas contendo e-mails. Os dados roubados, todos com menos de um mês de existência, vinham de 5.388 arquivos de log únicos de lugares ao redor do mundo. O servidor havia rodado por três semanas antes de ser encontrado. Os dados haviam sido roubados de vítimas nos Estados Unidos, Alemanha, França, Índia, Inglaterra, Espanha, Canadá, Itália, Países Baixos e Turquia. Mais de 5 mil registros de clientes de 40 instituições financeiras internacionais haviam sido roubados.

O servidor criminoso abrigava mais de 1,4 gigabyte de dados pessoais e empresariais roubados de computadores infectados com cavalos de Troia. Enquanto o servidor reunia os dados, ia acionando um servidor comando e controle para que o malware (também chamado de crimeware) rodasse nos PCs infectados. Os aplicativos comando e controle permitem que o hacker administre as ações e o desempenho do crimeware, dando ao hacker todo o controle sobre os usos do crimeware e de suas vítimas. Visto que o servidor criminoso contendo dados roubados foi deixado sem qualquer restrição de acesso ou encriptação, os dados estavam livremente disponíveis a qualquer um na Web. Esse não foi um evento isolado. Outros dois servidores criminosos que mantinham informações parecidas foram descobertos e entregues aos fiscais da lei para investigação.

Fontes: Compilado de Higgins (2008) e McGlasson (2008).

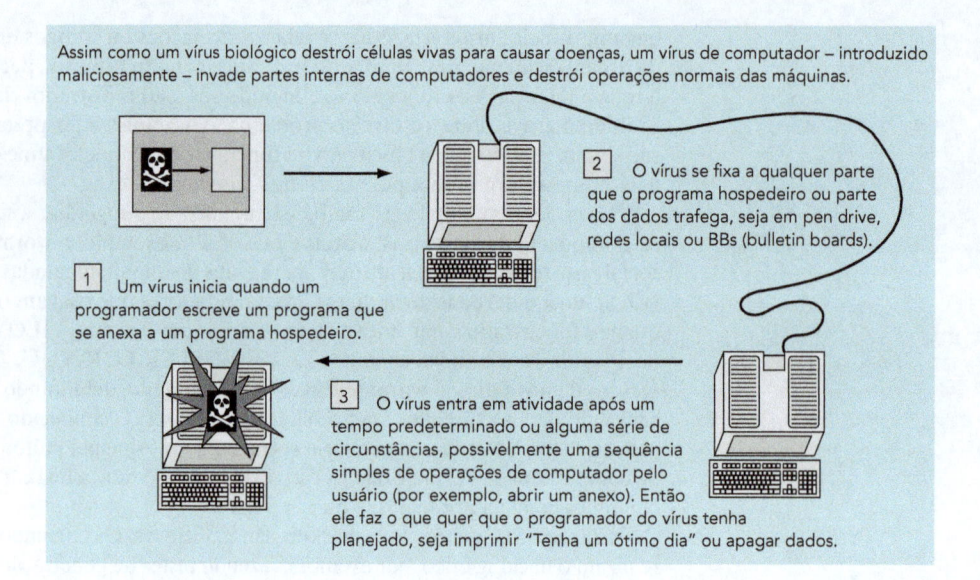

Figura 5.4 Como um vírus de computador pode se espalhar.

Assim como um vírus biológico destrói células vivas para causar doenças, um vírus de computador – introduzido maliciosamente – invade partes internas de computadores e destrói operações normais das máquinas.

1. Um vírus inicia quando um programador escreve um programa que se anexa a um programa hospedeiro.

2. O vírus se fixa a qualquer parte que o programa hospedeiro ou parte dos dados trafega, seja em pen drive, redes locais ou BBs (bulletin boards).

3. O vírus entra em atividade após um tempo predeterminado ou alguma série de circunstâncias, possivelmente uma sequência simples de operações de computador pelo usuário (por exemplo, abrir um anexo). Então ele faz o que quer que o programador do vírus tenha planejado, seja imprimir "Tenha um ótimo dia" ou apagar dados.

worms e cavalos de Troia. Muitos dos métodos foram elaborados para sistemas com base na Web. Um malware pode ser utilizado para rodar **ataques de negação de serviço** (*denial of service* – DoS). Um ataque DoS ocorre quando um servidor ou um site recebe uma sobrecarga de tráfego – muito mais tráfego ou solicitações do que o serviço é capaz atender, fazendo com que ele falhe.

Um método universal de ataque é o **vírus**, um código de computador (software). O vírus recebe esse nome devido a sua capacidade de se integrar e infectar outros programas, sem que o usuário esteja ciente da infecção, conforme mostrado na Figura 5.4. Quando o software infectado é utilizado, o vírus se espalha, causando danos ao programa e, possivelmente, a outros programas.

Diferentemente do vírus, um **worm**, ou verme de computador, se espalha sem qualquer intervenção humana, seja ao verificar o e-mail ou enviar arquivos. Os worms utilizam redes para se propagar e infectam qualquer lugar por onde passarem – incluindo computadores, dispositivos de mão, sites e servidores. Eles podem se espalhar por mensagens de texto ou mensagens instantâneas. Sua capacidade de autopropagação pode obstruir ou degradar o desempenho da rede, incluindo a Internet.

Os **cavalos de Troia** são encarados como a porta dos fundos, porque dão a quem ataca acesso ilegal a uma rede ou a uma conta via uma porta da rede. A porta de rede é uma interface física de comunicação entre o computador e outros dispositivos na rede. Os **Troianos de administração remota** (*remote administration Trojans* – RATs) são um tipo de porta dos fundos que permite o controle remoto de uma máquina comprometida (infectada). O servidor criminoso discutido em *TI em ação 5.4* envolvia computadores infectados por RATs utilizados para o roubo de dados. Os RATs abrem uma porta de rede no computador vítima, dando ao criminoso controle sobre a máquina. PCs infectados são também chamados de *zumbis* ou *bots*.

Um cavalo de Troia entra em um SO zumbi e sempre tem dois arquivos, o cliente e o servidor. O servidor, como o próprio nome indica, é instalado em uma máquina infectada, enquanto o cliente é usado pelo invasor para controlar o sistema comprometido. As funções do cavalo de Troia incluem administrar os arquivos do PC zumbi, administrar processos, ativar comandos remotamente, interceptar os toques no teclado, observar as imagens na tela e reiniciar e fechar clientes infectados. Cavalos de Troia comuns são o NetBus, o Back Orifice (BO) 2000, o SubSeven e o Hack'a'tack.

ATAQUES DIRECIONADOS A EMPRESAS

Os segredos corporativos e governamentais estão sendo roubados por uma grave ameaça chamada de **ameaça persistente avançada** (*advanced persistent threat* – **APT**). A maioria dos ataques APT é desencadeada pelo phishing. Normalmente, esse tipo de ataque começa com algum reconhecimento por parte dos criminosos. Isso pode incluir a pesquisa de informações disponíveis ao público sobre a empresa e seus funcionários, muitas vezes encontradas nas redes sociais. Essas informações são então utilizadas para criar mensagens de e-mail de phishing. Um ataque bem-sucedido pode dar ao criminoso acesso à rede da empresa.

As APTs são planejadas por meio de espionagem de longo prazo. Uma vez instalados na rede, APTs transmitem cópias de documentos, como arquivos do Microsoft Office e PDFs,

Capítulo 5 Segurança em TI, Crimes, Conformidade e Continuidade

secretamente. A APT coleta e armazena arquivos na rede da empresa, os encripta e então os envia fragmentados a servidores, normalmente localizados na China.

Uma APT conhecida é o Hydraq Trojan, ou o Aurora. Em janeiro de 2010, dezenas de grandes empresas foram infectadas pelo Hydraq. No ataque do Hydraq, uma vulnerabilidade antes desconhecida do Microsoft Internet Explorer e uma vulnerabilidade corrigida do Adobe Reader e do Flash Player foram exploradas para a instalação do cavalo de Troia. Uma vez instalado, os criminosos têm total acesso remoto ao que quer que desejem. Normalmente, assim que estabelecem acesso dentro da empresa, os criminosos utilizam seus privilégios de acesso para se conectarem a outros computadores e servidores e os infectam também. Eles podem fazer isso roubando credenciais no computador local ou capturando dados pela instalação de um software que registra o que é digitado no teclado.

Os ataques APT são planejados de modo a permanecer despercebidos e coletar informações por períodos prolongados. Esse tipo de ataque foi observado em outras grandes violações de dados que expuseram um grande número de identidades.

| BOTNETS

Uma **botnet** é uma coleção de bots (computadores infectados por softwares robôs). Os computadores infectados, chamados de **zumbis**, podem ser controlados e organizados em uma rede de zumbis pelo comando de um botmaster remoto (também chamado de *bot herder*). O Storm Worm (Tempestade), que é transmitido por spam, é um agente botnet incorporado a 25 milhões de computadores. O poder combinado do Tempestade já foi comparado ao poder de processamento de um supercomputador, e ataques organizados pelo Tempestade são capazes de debilitar qualquer site.

Os botnets expõem computadores infectados, assim como outras redes de computadores, às seguintes ameaças (Edwards, 2008):

- **Spyware:** Zumbis podem ser comandados para monitorar e roubar dados pessoais ou financeiros.
- **Adware:** Zumbis podem comandar downloads e mostrar propagandas. Alguns zumbis até forçam o browser de um sistema infectado a visitar um site específico.
- **Spam:** A maioria do lixo eletrônico é enviado por zumbis. Usuários de computadores infectados inocentemente desconhecem o fato de que suas máquinas estão sendo utilizadas para cometer um crime.
- **Phishing:** Zumbis podem buscar por servidores fracos que sejam propícios a armazenarem um site de phishing, que se parece com um site verdadeiro, mas engana os usuários e os leva a revelar dados confidenciais.
- **Ataques DoS:** Em um ataque DoS, a rede ou o site é bombardeado com tantas solicitações de serviço (ou seja, tráfego) que acaba travando.

Botnets são extremamente perigosos, porque fazem uma varredura em busca de outros computadores e os comprometem, de modo que podem ser utilizados para todo o tipo de crime e para atacar outros computadores, servidores e redes.

| DEFESAS CONTRA MALWARES E BOTNETS

Malwares e botnets utilizam muitos métodos e estratégias de ataque, então múltiplas ferramentas são necessárias para detectá-los e/ou neutralizar seus efeitos. As principais defesas contra esses tipos de ataque são:

1. **Software Antivírus**: Ferramentas contra malware são projetadas para detectar códigos maliciosos e evitar que os usuários façam download deles. Elas também podem varrer os sistemas em busca de worms, cavalos de Troia e outros tipos de ameaças. Essa tecnologia não oferece uma proteção completa porque não é capaz de defender os computadores dos *ataques do dia zero*. *Dia zero* se refere ao dia em que o ocorrido chegar na Internet. As ferramentas de controle de malwares podem não conseguir detectar uma fraqueza anteriormente desconhecida.
2. **Sistema de detecção de invasão** (*intrusion detection systems* – **IDSs**): Como o nome indica, um IDS varre o computador em busca de tráfegos suspeitos ou incomuns. Um IDS pode identificar o começo de um ataque DoS por meio do padrão de tráfego e alertar o administrador da rede para que tome alguma ação defensiva, como mudar para outro endereço de IP e desviar servidores importantes do caminho do ataque.
3. **Sistemas de prevenção de invasão** (*intrusion prevention systems* – **IPSs**): Um IPS é projetado para tomar uma ação imediata – como bloquear um endereço específico de IP – sempre que uma anomalia no fluxo do tráfego for detectada. IPSs baseados em ASICs (*application-specific integrated circuit* – circuito integrado de aplicação específica) têm o

poder e a capacidade de análise para detectar e bloquear ataques DoS, funcionado de certa forma como um disjuntor automático.

A Lavasoft (lavasoft.com/) oferece um software livre, chamado de Ad-Aware, para identificar e remover cavalos de Troia e outras infecções em lavasoft.com. Seu site também oferece notícias sobre as atuais ameaças de malware.

Na próxima seção, discutimos o crime – especificamente a fraude, ou crime do colarinho branco. As empresas sofrem grandes perdas com fraudes ocupacionais. Esse é um problema generalizado, que afeta todas as empresas, independentemente de seu tamanho, localização ou setor. O FBI apontou a fraude como um dos crimes que crescem mais rapidamente.

Questões para revisão

1. Defina e dê três exemplos de ameaças não intencionais.
2. Defina e dê três exemplos de ameaças intencionais.
3. O que é engenharia social? Dê um exemplo.
4. O que é um servidor criminoso?
5. Quais são os riscos da adulteração de dados?
6. Liste e defina três tipos de malware.
7. Defina *botnet* e explique o risco que representa.
8. Explique a diferença entre IDS e IPS.

5.3 Fraudes, crimes e violações

Os crimes podem ser divididos em duas categorias, dependendo das táticas utilizadas para sua realização: violentas e não violentas. Uma fraude é um crime não violento porque, em vez de uma arma ou uma faca, os fraudadores utilizam ilusão e truques. Os fraudadores realizam seus crimes abusando do poder de sua posição ou tirando vantagem da confiança, ignorância ou preguiça dos outros.

FRAUDE

A **fraude ocupacional** é o mau uso deliberado dos recursos e ativos da empresa para obter vantagens pessoais. Auditorias e controles internos são essenciais para a prevenção e detecção de fraudes ocupacionais. Diversos exemplos estão listados na Tabela 5.3.

Casos de alta visibilidade de fraude ocupacional cometidos por altos executivos, como Bernard Madoff, levaram ao aumento de regulamentações do governo norte-americano. Entretanto, a nova legislação não pôs fim às fraudes. *TI em ação 5.5* oferece alguns insights sobre a fraude de 50 bilhões de dólares cometida por Madoff, que também levou a uma investigação

TABELA 5.3 Tipos e características de fraude organizacional

Tipo de fraude	Essa fraude causa impacto nas demonstrações contábeis?	Características típicas
Corrupção da gestão operacional	Não	Ocorre sem registros. Perda média causada pela corrupção: seis vezes maior do que a perda média causada por apropriação indevida (US$ 530.000 vs. US$ 80.000).
Conflito de interesses	Não	Uma violação de confidencialidade, como revelar o orçamento de um concorrente; muitas vezes ocorre junto com suborno.
Suborno	Não	Utiliza a posição de poder ou o dinheiro para influenciar outras pessoas.
Desfalque ou "apropriação indevida"	Não	Roubo por parte dos funcionários – o acesso dos funcionários à propriedade da empresa cria oportunidade para o desfalque.
Fraude de relatórios de declarações financeiras por parte da diretoria executiva	Sim	Envolve uma grande violação de confiança e se vale do poder do cargo.
Fraude de ciclo contábil	Sim	Essa fraude é chamada de "gestão de lucros", que viola os princípios contábeis geralmente aceitos (*Generally Accepted Accounting Principles* – GAAP). Consulte aicpa.org.

TI em ação 5.5

Madoff se apropria de 64,8 bilhões de dólares de seus investidores

Bernard Madoff, o difamado executivo, está preso depois de confessar ser culpado, em 2009, da maior fraude da história de Wall Street.

Durante quatro décadas, Madoff cometeu uma fraude complexa e gigantesca. Antes de ser preso, em 11 de dezembro de 2008, Madoff era visto como um homem carismático e um fenômeno no mundo financeiro, com conexões favoráveis a poderosos em Wall Street e Washington. Desde sua prisão, promotores federais têm dito que Bernard Madoff dirigia um esquema que tirou de indivíduos ricos e grandes organizações sem fins lucrativos uma quantia estimada em 64,8 bilhões de dólares.

Engenharia social. Basicamente, Madoff utilizou a engenharia social e a previsibilidade da natureza humana para gerar renda para ele mesmo, e não foi a partir de sua especialidade em finanças. Madoff pedia às pessoas que investissem em seus fundos, o que só poderiam fazer se fossem convidadas, para criar a ilusão da exclusividade. Madoff utilizou essa tática para criar a ilusão de que apenas a elite poderia investir em função de ganhos consistentes e sua notável reputação em Wall Street. Como esperado, investidores ricos entenderam a *exclusividade* como uma fórmula secreta para o *retorno financeiro garantido*.

Retornos consistentes, como no exemplo mostrado na Figura 5.5, foram um dos muitos sinais de perigo indicando fraude que os investidores e os "cães de guarda" (pessoal que fica de olho nas análises financeiras) escolheram ignorar. Na verdade, ao olhar para trás, os investidores estão dizendo que perderam muitos sinais de perigo reluzentes.

Sinais de perigo de fraude. Os clássicos sinais de perigo que tornaram essa fraude detectável mais cedo (se os sinais não tivessem sido ignorados por tantas pessoas) incluem:

- Confiava-se em Madoff porque ele já era considerado parte integrante de Wall Street; assim, seu trabalho estava acima de suspeitas.
- Os retornos inacreditáveis desafiavam o mercado. Os retornos eram impossíveis, ainda assim esse fato foi ignorado.
- Madoff utilizou a exclusividade como argumento – uma forma de dizer "é difícil de conseguir fazer este investimento". Essa falsa noção de exclusividade é um sinal de um esquema Ponzi*.

---
* N. de R. T.: Técnica de investimento fraudulento utilizada notoriamente por Charles Ponzi em 1920, nos EUA.

- Houve retornos consistentes. Relatórios mostrando ganhos consistentes, mas jamais espetaculares, são capazes de tranquilizar todos os tipos de investidores, proporcionando a falsa sensação de segurança ao longo do tempo.

Madoff e SEC sob investigação. O escândalo desencadeou investigações não apenas sobre Madoff, mas também sobre a agência de fiscalização, a Comissão de Títulos e Câmbio (*Securities and Exchange Commission* – SEC). A SEC foi investigada pelo Congresso e pelo Inspetor Geral da agência por ter ignorado, diversas vezes, avisos que denunciavam as operações de Madoff. Criada pelo Congresso em 1934 durante a Grande Depressão, a SEC está encarregada de garantir que as empresas públicas entreguem de forma precisa seus riscos financeiros e empresariais aos investidores e que agentes que negociam a segurança para clientes mantenham o interesse do investidor primeiro.

Madoff não foi o único culpado. Ele trabalhou com dezenas de fundos e outros mediadores para trazer o dinheiro ao seu esquema Ponzi. As investigações envolveram contabilidade forense, assim como computação forense – a última para descobrir evidências em e-mails e outras mensagens digitais que revelaram *quem sabia o que* e *quem fez o quê*. Os peritos forenses estão indo a fundo nas evidências para determinar quem mais foi cúmplice na fraude.

Reação da regulamentação. Em janeiro de 2009, o Senate Banking Committee introduziu legislação para dar 110 milhões de dólares e contratar 500 novos agentes do FBI, 50 novos assistentes na procuradoria dos Estados Unidos e 100 novos oficiais de reforço na SEC para acabar com as fraudes.

Fontes: Compilado de Antilla (2008), Appelbaum and Hilzenrath (2008), Chew (2009), Gold (2008) e Quinn (2009).

Questões para discussão: Qual é a importância da confiança no esquema de Madoff? Com o que mais ele contou para prosseguir com a fraude? O que é um sinal de perigo? Em sua opinião, como tantos sinais de perigo podem ter sido ignorados tendo em vista o risco que os investidores enfrentaram? Uma grande fraude de investimentos poderia acontecer novamente – ou existem prevenções internas de fraude e medidas de detecção que evitariam que uma nova fraude acontecesse? Explique sua resposta.

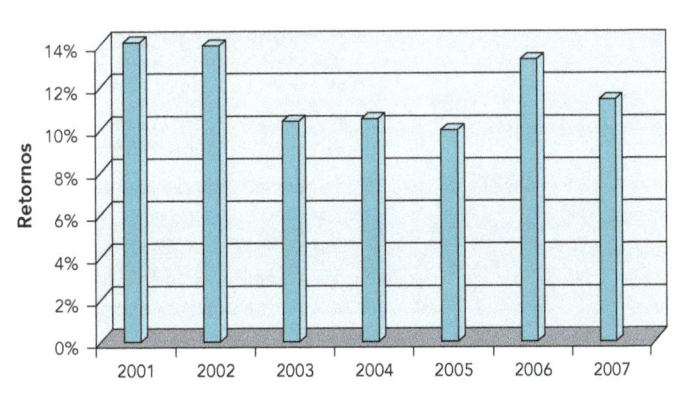

Figura 5.5 Retornos anuais da conta de investidores Madoff de 2001 até 2007.

da agência responsável pela prevenção de fraudes – a Comissão de Títulos e Câmbio (*Securities and Exchange Commission* – SEC), sec.gov/).

PREVENÇÃO E DETECÇÃO DE FRAUDE INTERNA

A TI tem um papel fundamental na demonstração da governança corporativa efetiva e na prevenção de fraudes. Os órgãos reguladores veem de forma favorável as empresas que demonstram boa governança corporativa e boas práticas de gestão de risco operacional. Os gestores e a equipe dessas empresas poderão passar menos tempo se preocupando com as regulamentações e mais tempo agregando valor a suas marcas e negócios.

Medidas internas de prevenção de fraude são baseadas nos mesmos controles utilizados para prevenir invasões externas – tecnologias de defesa de perímetro, como firewalls, scanners de e-mail e acesso biométrico. Elas também tomam por base procedimentos de recursos humanos, como triagem de recrutamento e treinamento.

ÉTICA

Grande parte da atividade de detecção pode ser desenvolvida por mecanismos de análise inteligentes usando data warehousing e técnicas analíticas avançadas. Esses sistemas tomam pistas de auditoria a partir de sistemas chave e registros pessoais obtidos nos departamentos de RH e financeiro. Os dados são armazenados em um data warehouse, onde são analisados a fim de detectar padrões anormais, como horas de trabalho excessivas, desvios de padrões de comportamento, cópia de grandes volumes de dados, tentativas de ultrapassar controles, transações incomuns e documentação inadequada sobre uma transação. As informações obtidas nas investigações retornam para o sistema de detecção, a fim de que ele aprenda a partir dos dados. Já que funcionários podem trabalhar em conluio com o crime organizado, o perfil dos funcionários é importante para encontrar padrões mais amplos de redes de criminosos.

Uma abordagem corporativa que combine risco, segurança, conformidade e especialistas em TI aumenta significativamente a prevenção e a detecção de fraudes. A prevenção é a abordagem mais efetiva economicamente, já que custos de detecção e ações judiciais são enormes, muito acima e além dos custos diretos com a perda. A prevenção começa com uma cultura de governança corporativa e com a ética nos cargos mais altos da organização.

Roubo de identidade Um dos piores e mais recorrentes crimes é o roubo de identidade. Esse tipo de roubo, em que os números do CPF e do cartão de crédito do indivíduo são roubados e utilizados pelos ladrões, não é novidade. Os criminosos sempre obtiveram informações sobre outras pessoas – pelo roubo de carteiras ou vasculhando lixeiras. Mas o compartilhamento eletrônico e os bancos de dados tornaram esse tipo de crime pior. Já que instituições financeiras, empresas de processamento de dados e o setor de varejo estão relutantes em revelar incidentes nos quais as informações financeiras pessoais de seus clientes podem ter sido roubadas, perdidas ou comprometidas, leis que forçam essas notificações continuam a ser aprovadas. Os exemplos na Tabela 5.4 mostram as diferentes formas de ocorrência de crimes de roubo de identidade.

TABELA 5.4 Exemplos de crimes de identidade que exigem notificação

Como aconteceu	Número de indivíduos notificados	Descrição
Computador roubado	3.623	O computador foi roubado do escritório de vendas regional, contendo dados que estavam protegidos por senha, mas não encriptados. Os ladrões roubaram números de CPF e outras informações da TransUnion LLC, que mantém históricos de crédito pessoal.
Um ex-funcionário, online	465.000	Um ex-funcionário copiou informações sobre os beneficiários do plano de saúde público do estado da Georgia.
Fitas de computador perdidas durante o deslocamento	3,9 milhões	O CitiFinancial, uma divisão de crédito ao consumidor do Citigroup Inc., perdeu fitas contendo informações sobre contas ativas e fechadas enquanto eram enviadas a uma instituição de crédito.
O "usuário malicioso" online utilizou informações de login do usuário legítimo	33.000	A Força Aérea dos Estados Unidos sofreu uma violação de segurança no sistema online contendo informações sobre oficiais e soldados e informações pessoais.
Extravio de backup	200.000	Uma unidade de timeshare da Marriott Internacional Inc. perdeu uma fita de backup contendo números de CPF de funcionários e proprietários e clientes de timeshare.

Questões para revisão

1. Quais são os dois tipos de crimes?
2. Defina *fraude* e *fraude ocupacional*. Identifique dois exemplos de cada.
3. Como a fraude interna pode ser prevenida? Como ela pode ser detectada?
4. Explique por que dados nos laptops e computadores devem ser encriptados.
5. Explique como um roubo de identidade pode ocorrer.

5.4 Garantia de informações e gestão de risco

O objetivo das práticas de gestão de segurança em TI é defender todos os componentes de um sistema de informações, especialmente dados, aplicações de software, hardware e redes. Antes de tomar qualquer decisão referente às defesas, as pessoas responsáveis pela segurança precisam compreender os requisitos e as operações do negócio, que formam a base de uma estratégia de defesa personalizada. Na próxima seção, descrevemos as principais estratégias de defesa.

ESTRATÉGIA DE DEFESA

A estratégia e os controles de defesa que devem ser utilizados dependem do que precisa ser protegido e da análise de custo-benefício. Isso quer dizer que as empresas não devem nem investir demais nem investir pouco. A SEC e a FTC impõem grandes multas por vazamento de dados para desestimular as empresas a investirem pouco em proteção de dados. A seguir apresentamos os principais objetivos das estratégias de defesa:

1. **Prevenção e desestímulo.** Controles projetados de forma apropriada podem evitar a ocorrência de erros, desestimulando criminosos a atacarem o sistema e, melhor ainda, negando acesso a pessoas não autorizadas. Esses são os controles mais desejáveis.
2. **Detecção.** Assim como em um incêndio, quanto antes o ataque é detectado, mais fácil será o combate e menores os danos causados. Em muitos casos, a detecção pode ser feita com o uso de um software específico para diagnóstico, com custo mínimo.
3. **Limitação de danos.** A contenção minimiza (limita) as perdas quando o mau funcionamento ocorreu. Também é chamada de controle de danos. A contenção pode ser realizada, por exemplo, pela inclusão de um *sistema tolerante a falhas* que permita a operação em um modo degradado até que a recuperação esteja completa. Se um sistema tolerante a falhas não existe, uma recuperação rápida e possivelmente cara precisará entrar em cena. Os usuários querem que seus sistemas estejam operantes o mais rápido possível.
4. **Recuperação.** Um plano de recuperação explica como consertar um sistema de informação danificado o mais rápido possível. Substituir em vez de reparar componentes é um caminho para a recuperação rápida.
5. **Correção.** Corrigir o que causou danos ao sistema pode evitar que o problema ocorra novamente.
6. **Consciência e conformidade.** Todos os membros da organização precisam saber dos riscos e devem seguir as regras e regulamentações de segurança.

Uma estratégia de defesa também requer diversos pontos de controle, conforme mostra a Figura 5.6. **Controles gerais** são estabelecidos para proteger o sistema independentemente de um aplicativo específico. Por exemplo, proteger hardware e controlar o acesso ao datacenter não depende de um aplicativo específico. **Controles de aplicativos** são salvaguardas que têm como objetivo proteger aplicativos específicos. Nas duas próximas seções, discutiremos os principais tipos desses dois grupos de controle de sistemas de informação.

CONTROLES GERAIS

As principais categorias de controles gerais são controles físicos, de acesso, biométricos, administrativos, de aplicativos e de ponto final.

Controles físicos A segurança física refere-se à proteção de instalações e recursos de informática. Isso inclui proteger a propriedade física como computadores, data centers, software,

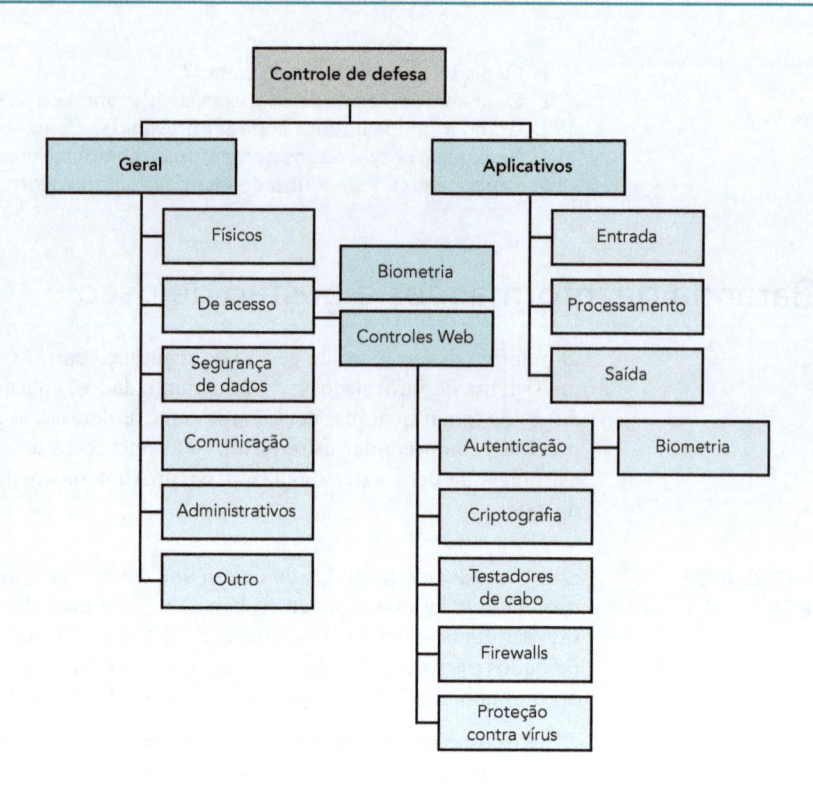

Figura 5.6 Principais controles de defesa.

manuais e redes. Ela fornece proteção contra a maioria dos perigos naturais, bem como contra alguns perigos humanos. A segurança física adequada pode incluir vários controles, como:

- Projeto apropriado do data center. Por exemplo, o local deve ser à prova de fogo e água.
- Blindagem contra campos eletromagnéticos.
- Bons sistemas de prevenção, detecção e extinção de incêndio, incluindo sistema de extinção de incêndio por aspersão, bombas de água e equipamentos adequados de drenagem.
- Interrupção de energia de emergência e baterias de backup, que devem ser mantidas em condição operacional.
- Sistemas de ar-condicionado projetados, mantidos e operados adequadamente.
- Alarmes com detetores de movimento, que informam invasão física.

Controles de acesso O controle de acesso é a administração de quem está ou não autorizado a utilizar equipamentos e software de uma empresa. Métodos de controle de acesso, como firewalls e listas de controle de acesso, restringem o uso de redes, bancos de dados, arquivos ou dados. São a principal linha de defesa contra funcionários que não possuem autorização, bem como pessoas de fora da organização que tentem utilizar os dados da empresa. O controle de acesso envolve a autorização (ter o direito de acessar aquela informação) e autenticação, que também é chamada de identificação de usuário (ou seja, comprovar que o usuário é quem ele diz ser).

Os métodos de autenticação incluem:

- Algo que apenas o usuário sabe, como uma senha.
- Algo que apenas o usuário tem, como um cartão inteligente ou uma chave eletrônica (*token*).
- Alguma característica singular do usuário, como assinatura, voz, impressão digital ou de retina (olho), implementada via controles biométricos, que podem ser físicos ou comportamentais.

Controles biométricos Um controle biométrico é um método automatizado de verificar a identidade de uma pessoa, com base em características físicas ou comportamentais. A maioria dos sistemas biométricos compara alguma característica pessoal com um perfil armazenado. Os controles biométricos mais comuns são:

- **Impressão digital.** Toda vez que um usuário quiser acesso, uma impressão digital é comparada com um modelo armazenado que contém a impressão digital da pessoa autorizada para identificá-la.
- **Varredura retinal.** Nesse sistema biométrico, faz-se uma comparação entre o padrão dos vasos sanguíneos da retina que está sendo analisado e uma foto armazenada da retina.
- **Reconhecimento de voz.** O sistema de reconhecimento de voz compara a voz do usuário com um padrão de voz armazenado em modelos.
- **Assinatura.** As assinaturas são comparadas com a assinatura autêntica armazenada em um modelo. Esse método pode complementar um sistema de cartão de ID baseado em foto.

Os controles biométricos são agora integrados em muitos equipamentos de hardware e pacotes de software de e-business. Os controles biométricos têm algumas limitações: eles não apresentam exatidão em certos casos e são considerados por algumas pessoas como invasão de privacidade.

Controles administrativos Enquanto os controles gerais anteriormente discutidos são técnicos por natureza, os controles administrativos lidam com a emissão de diretrizes e o monitoramento do cumprimento das diretrizes. Exemplos representativos desses controles são mostrados na Tabela 5.5.

Controles de aplicativos Ataques sofisticados visam a atingir os aplicativos e muitos deles não eram projetados para suportar tais ataques. Para melhor sobrevivência, metodologias de processamento de informações estão sendo substituídas pela tecnologia de agentes. **Agentes inteligentes**, também conhecidos como softbots ou knowbots, são aplicativos altamente adaptativos. Em geral, o termo refere-se a aplicativos que têm algum grau de reatividade, autonomia e adaptabilidade – como é necessário em situações imprevisíveis de ataque. Um agente é capaz de se adaptar com base em alterações que ocorrem em seu ambiente, conforme mostra a Figura 5.7.

Na próxima seção, o foco está no perímetro digital da empresa – a rede. Discutimos a segurança das redes com fio e sem fio e suas vulnerabilidades inerentes.

Controle e segurança de ponto final Muitos gestores subestimam o risco aos negócios imposto por dispositivos móveis de armazenamento que não são encriptados, que são exemplos de pontos finais. Dados da empresa muitas vezes são levados em pendrives, smartphones e cartões de memórias sem permissão, supervisão ou proteção suficiente da TI contra perda ou roubo. Dispositivos de mão e móveis de armazenamento colocam dados sigilosos em risco. De acordo com a empresa de pesquisa de mercado Applied Research-West, três em cada quatro funcionários salvam dados corporativos em pendrives. O estudo aponta que 25% salvam registros de clientes, 17% armazenam dados financeiros e 15% armazenam planos de negócios em pendrives, mas menos de 50% das empresas têm como hábito encriptar esses dispositivos e uma porcentagem ainda menor assegura os dados consistentemente ao copiá-los em smartphones.

TABELA 5.5 Controles administrativos representativos

- Selecionar, treinar e supervisionar adequadamente os funcionários, especialmente nas áreas de contabilidade e sistemas de informação.
- Promover a lealdade à empresa.
- Revogar imediatamente privilégios de acesso a funcionários que foram demitidos, pediram demissão ou foram transferidos.
- Solicitar modificação periódica de controles de acesso (como senhas).
- Desenvolver padrões de programação e de documentação (para facilitar a auditoria e para usar os padrões como guias para os funcionários).
- Insistir em contratos de segurança/confidencialidade ou seguro contra delitos para funcionários chave.
- Instituir a separação de deveres, em outras palavras, dividir as responsabilidades de sigilo na área de informática entre o maior número de funcionários da forma mais viável economicamente, a fim de diminuir a chance de dano intencional e não intencional.
- Realizar auditorias aleatórias e periódicas do sistema.

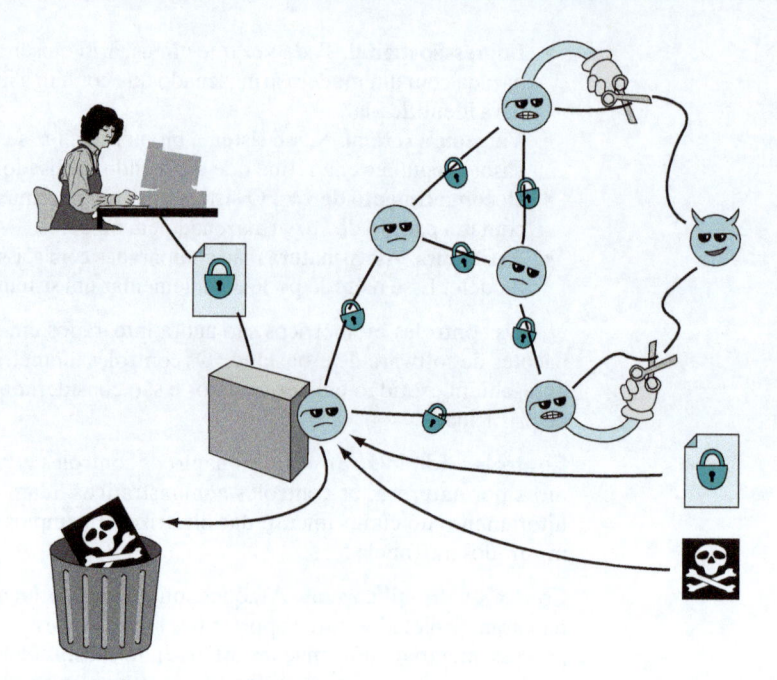

Figura 5.7 Agentes inteligentes. Agentes inseridos no grupo se comunicam por meio de links protegidos na Internet ou em uma intranet. Agentes maliciosos (com chifres) são detectados e cortados do grupo. Dados devidamente autenticados são permitidos no grupo, mas as informações inválidas são rejeitadas. (Fonte: Cortesia de Sandia National Laboratories.)

Dispositivos móveis que armazenam dados financeiros ou confidenciais do cliente precisam ser protegidos, não importando quem os possui – funcionários ou a empresa. Se não existem medidas de segurança para proteger dispositivos de mão ou outro tipo de dispositivo de armazenamento móvel/portátil, os dados não podem ser armazenados neles, porque isso expõe a empresa a responsabilidade civil, processos e multas. Para empresas menores, uma única violação de dados pode levar a empresa à falência.

Uma proteção forte hoje requer mais do que uma encriptação nativa. Por exemplo, o bloqueio de um BlackBerry não fornece uma proteção forte. A empresa de segurança IronKey relatou que o aplicativo Mantech Crowbar (cybersolutions.mantech.com/) pode copiar os conteúdos do cartão SD de um BlackBerry rapidamente e desvendar um PIN de 4 dígitos em 30 segundos. O Crowbar, que custa cerca de 2.300 dólares, é projetado para ser simples e rápido ao realizar uma tarefa – descobrir senhas em cartões MMC/SD. O Crowbar pode derrubar a segurança de um dispositivo de mão sem que o dono do aparelho perceba que a segurança do item foi comprometida. O Crowbar também armazena informações de login em dispositivos de mão que foram invadidos, permitindo que um hacker acesse o dispositivo novamente a menos que o usuário altere sua senha.

Questões para revisão

1. Quais são os principais objetivos de uma estratégia de defesa?
2. O que são controles gerais? O que são controles de aplicativos?
3. Defina *controle de acesso*.
4. O que são controles biométricos? Dê dois exemplos.
5. Qual é o significado geral de *agentes inteligentes*?
6. O que é segurança de ponto final?
7. Como o Mantech Crowbar aumenta o risco de ponto final?

5.5 Segurança de rede

Como defesa, as empresas precisam implementar produtos de controle de acesso à rede (NAC = *network access control*). As ferramentas NAC são diferentes das tecnologias e prá-

Figura 5.8 Três camadas de medidas de segurança em rede.

1ª camada	2ª camada	3ª camada
Segurança de perímetro	Autenticação	Autorização
Segurança de camada de rede	**Prova de identidade**	**Permissões baseadas em identidade**
• Varredura de vírus • Firewalls • IDS • Rede privada virtual • Proteção contra DoS	• Nome de usuário/senha • Sincronização de senha • PKI • Tokens • Biometria • Autenticação única (Single-sign-on)	• Permissões de usuário/grupo • Diretórios compartilhados da empresa • Administração de usuário da empresa • Controle de acesso baseado em regras

ticas tradicionais de segurança, que têm como foco o acesso aos arquivos. Enquanto a segurança aos arquivos é útil para proteger dados, ela não mantém usuários não autorizados fora da rede. A tecnologia NAC, por outro lado, ajuda empresas a bloquearem o acesso de criminosos a suas redes.

As medidas de segurança da rede envolvem três tipos de defesas, que são organizadas em camadas:

- **Primeira camada:** a **segurança de perímetro** controla o acesso à rede. Exemplos são antivírus e firewalls.
- **Segunda camada:** a **autenticação** verifica a identidade da pessoa que solicita acesso à rede. Exemplos disso são os nomes de usuário e senha.
- **Terceira camada:** a **autorização** controla o que usuários autenticados podem fazer quando lhes é dado acesso à rede. Exemplos disso são permissões e diretórios compartilhados.

Detalhes sobre esses três níveis de defesa são mostrados na Figura 5.8.

SEGURANÇA DE PERÍMETRO E FIREWALLS

O principal objetivo da segurança de perímetro é o controle de acesso. Tecnologias usadas para proteção contra malwares (por exemplo, firewalls, IDS e IDP) também protegem o perímetro. Um firewall é um sistema, ou um conjunto de sistemas, que reforça a política de controle de acesso entre duas redes. Esse sistema é utilizado, normalmente, como uma barreira entre uma intranet corporativa segura ou outras redes internas e a Internet, que é insegura. O firewall decide quais tráfegos devem ser permitidos para dentro e para fora da rede e quais devem ser bloqueados. Ele deve ser configurado para reforçar os procedimentos e políticas de segurança da empresa. Uma rede possui diversos firewalls, mas mesmo assim eles não são capazes de parar todos os malwares (veja a Figura 5.9). Por exemplo, cada vírus possui uma assinatura que o identifica. Os firewalls e antivírus atualizados – e que conheçam a assinatura do vírus – são capazes de bloqueá-lo, mas os vírus passam pelo firewall se ele for incapaz de identificá-lo. Por exemplo, um vírus recém-lançado cuja assinatura ainda não tenha sido identificada ou que esteja escondido em um anexo de e-mail pode entrar na rede. É por isso que firewalls e antivírus requerem atualizações constantes.

Todo o tráfego da Internet, que viaja em pacotes, deveria ser obrigado a passar por um firewall, mas isso raramente é o caso para mensagens instantâneas e tráfego sem fio, que, como resultado, "carregam" malwares para dentro da rede e dos aplicativos em servidores. Os firewalls não controlam o que acontece depois que um usuário legítimo (que pode ser um funcionário descontente ou cujo nome de usuário e senha foram comprometidos) foi autenticado e recebeu autorização para acessar aplicativos na rede. Por esses motivos, os firewalls são uma defesa necessária mas insuficiente.

AUTENTICAÇÃO E AUTORIZAÇÃO DE REDE

Como aplicado à Internet, um sistema de autenticação evita tentativas de acesso sem autorização. O principal objetivo da autenticação é a prova de identidade. A tentativa aqui é identificar o usuário legítimo e determinar as ações que ele possui permissão para realizar.

Como o phishing e o roubo de identidade se aproveitam da autenticação fraca e os nomes de usuário e senhas não conferem uma autenticação forte, outros métodos são necessários. Existe a **autenticação de dois fatores** (também chamada de autenticação multifator) e a autenticação de duas camadas. Com a autenticação de dois fatores, outras informações são utilizadas para verificar a identidade do usuário, como a biometria, por exemplo.

Existem três questões chave a serem feitas quando se planeja um sistema de autenticação:

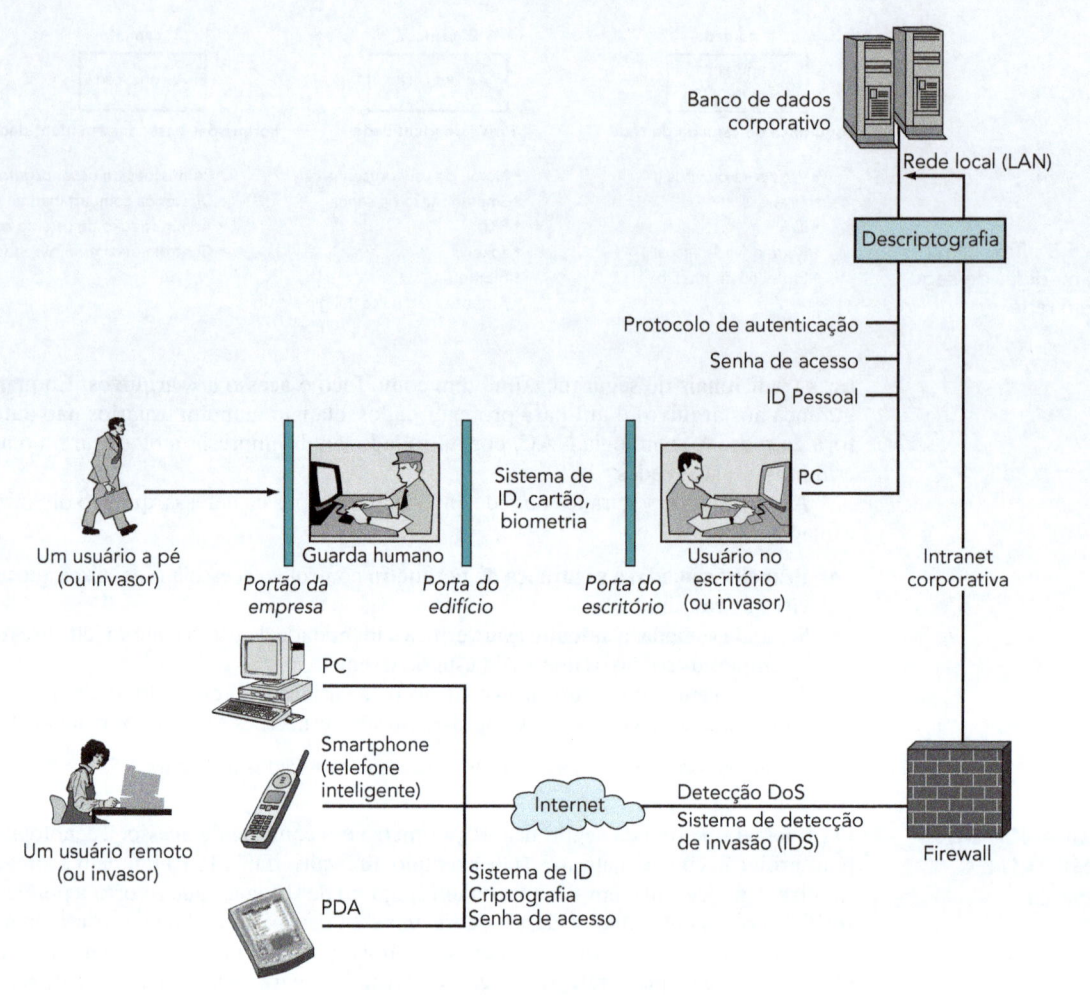

Figura 5.9 Onde os mecanismos de segurança em TI estão localizados.

1. **Quem é você?** A pessoa é um funcionário, um parceiro ou um cliente? Diferentes níveis de autenticação seriam programados para diferentes tipos de pessoa.
2. **Onde você está?** Por exemplo, um funcionário que já tenha utilizado um crachá para acessar a empresa representa um risco menor do que um funcionário ou parceiro que faz login remotamente. Alguém que se conecta a partir de um endereço de IP conhecido representa um risco menor do que aquele que se conecta a partir da Nigéria ou do Cazaquistão.
3. **O que você deseja?** A pessoa está acessando informações sigilosas ou de propriedade ou está simplesmente tendo acesso a dados seguros?

Ao lidar com aplicativos direcionados ao consumidor, como o *home banking* e o comércio eletrônico, autenticações fortes precisam ser equilibradas com a conveniência. Se a autenticação tornar muito difícil a compra ou o acesso ao banco, usuários voltarão ao atendimento tradicional. Existe uma relação inversa entre o aumento da proteção e o afastamento de clientes dos canais online. Além disso, a autenticação de um site para o cliente é igualmente crucial. Os clientes de comércio eletrônico precisam ser capazes de identificar se o site é falso e montado por fraudadores.

A autorização se refere à permissão conferida a indivíduos ou grupos para determinadas atividades com um computador, normalmente baseada na identidade verificada. O sistema de segurança, depois de autenticar o usuário, precisa assegurar-se de que ele irá operar dentro de suas atividades autorizadas.

PROTEGENDO REDES SEM FIO

As redes sem fio são mais difíceis de proteger do que as com fio. Todas as vulnerabilidades que existem em uma rede convencional com fio se aplicam às tecnologias sem fio. Pontos de acesso sem fio (PAs sem fio ou *wireless access points* – WAPs) atrás de um firewall e outras proteções podem ser a porta dos fundos de uma rede. Dados sigilosos não encriptados ou encriptados utilizando uma técnica criptográfica inferior para tecnologia sem fio, como a **privacidade equivalente à da rede com fio** (*wired equivalent privacy* – WEP), e transmitidos entre dois dispositivos sem fio podem ser interceptados e expostos. Os dispositivos sem fio são suscetíveis a ataques DoS, porque invasores podem obter acesso aos controles de gerenciamento de rede e então desativar ou interromper operações. Analisadores de pacotes sem fio, como o AirSnort e o WEPcrack, são ferramentas facilmente disponíveis que podem oferecer acesso não autorizado a redes, colocando-as em grande risco. PAs sem fio não autorizados poderiam ser implantados por usuários maliciosos – enganando usuários legítimos para se conectar a pontos de acesso falsos. Os usuários maliciosos, então, obtêm acesso a informações sigilosas armazenadas nas máquinas dos clientes, incluindo dados de login, senhas, informações de clientes e propriedade intelectual.

Embora a tecnologia WEP seja bem conhecida e muito utilizada, ela possui falhas inerentes de encriptação e é bastante simples de ser quebrada. Como resultado, esquemas de encriptação mais confiáveis foram desenvolvidos, por exemplo, a *Wi-Fi Protected Access* (WPA). A WPA é uma tecnologia de segurança para redes sem fio que melhora as características de autenticação e encriptação da tecnologia WEP. Na verdade, a tecnologia WPA foi desenvolvida pelo segmento de redes em resposta às deficiências da tecnologia WEP.

Questões para revisão

1. Quais são os produtos de controle de acesso à rede (NAC)?
2. Defina *autenticação* e dê um exemplo de um método de autenticação.
3. Defina *autorização*.
4. O que é firewall? Contra o que ele não consegue proteger?
5. Explique as vantagens da tecnologia WPA frente à tecnologia WEP.

5.6 Controle interno e conformidade

O **ambiente de controle interno** é a atmosfera de trabalho que uma empresa oferece a seus funcionários. O *controle interno* (CI) é um processo planejado para atingir:

- Confiabilidade de relatórios financeiros
- Eficiência operacional
- Conformidade com leis, regulamentações e políticas
- Proteção de ativos

CONTROLES INTERNOS NECESSÁRIOS À CONFORMIDADE

A lei Sarbanes-Oxley (SOX) é uma lei antifraude. Ela exige relatórios empresariais mais precisos e a revelação de violações ao GAAP (*generally accepted accounting principles*), portanto tornando necessário que se descubra e elimine a fraude.

A Seção 302 desestimula a fraude corporativa e executiva requerendo que o CEO e o CFO confirmem que revisaram o relatório financeiro e que, para seu melhor entendimento, o relatório não contém afirmações falsas ou omite qualquer fato material. Para incentivar a honestidade, a gestão executiva enfrenta penalizações criminais, incluindo longos períodos na cadeia pela emissão de relatórios falsos. A Tabela 5.6 lista os sintomas, ou os sinais de perigo, de fraude que os controles internos podem ser projetados para detectar.

A Seção 805 delega uma revisão das diretrizes em matéria de pronunciamento de sentenças, em que "as diretrizes que se aplicam às organizações [...] são suficientes para reprimir e punir condutas organizacionais criminosas". As diretrizes também focam no estabelecimento de programas de "conformidade efetiva e ética". Como indicado nas diretrizes, uma condição prévia para um programa de conformidade efetiva e ética é a promoção de "uma cultura organizacional que estimule a conduta ética e o comprometimento com a lei".

Entre outras medidas, a SOX exige que as empresas organizem controles internos abrangentes. Não há dúvidas de que a SOX e as provisões complexas e custosas que ela requer de

TABELA 5.6	Sintomas de fraude que podem ser detectados por controles internos

- Documentos faltando
- Depósitos bancários atrasados
- Lacunas nos registros de contabilidade
- Muitos cheques ou contas pendentes
- Disparidade entre contas a pagar e a receber
- Funcionários que não tiram férias ou que fazem de tudo para fazer hora extra
- Grande queda de lucros
- Grande aumento nos negócios com um cliente específico
- Reclamações de clientes sobre contas duplicadas
- Pagamentos repetidos de duplicatas
- Funcionários com o mesmo endereço ou telefone que o fornecedor

empresas públicas tenham exercido um grande impacto na contabilidade corporativa. Para começar, as empresas precisaram organizar controles internos abrangentes acerca dos relatórios financeiros para evitar fraudes e detectá-las quando ocorressem. Desde o colapso de Arthur Andersen, e em seguida da condenação criminal da empresa de contabilidade sob acusações relacionadas ao caso Enron, empresas externas de auditoria se posicionaram de maneira mais firme com clientes que estão auditando, especialmente no que diz respeito aos seus controles internos.

A SOX e a SEC estão deixando claro que se os controles podem ser ignorados, então não há controle. Assim, a prevenção e a detecção de fraude exigem um sistema eficaz de monitoramento. Se a empresa mostra a seus funcionários que pode descobrir tudo o que eles fazem e utilizar essa evidência para processar a pessoa com todo o rigor da lei, então o pensamento de que "eu posso me safar disso" diminui muito.

Aproximadamente 85% das fraudes ocupacionais poderiam ter sido evitadas se controles internos apropriados baseados em TI tivessem sido projetados, implementados e seguidos.

A SOX requer uma abordagem ampla que faça com que toda a empresa entre em conformidade com a lei, tenha controle interno e administre os riscos, porque esses assuntos não podem ser administrados de uma perspectiva departamental ou de unidade de negócio. No entanto, proteger-se contra a fraude também requer uma abordagem global, conforme muitos incidentes já indicaram, como o servidor criminoso na Malásia.

REGULAMENTAÇÃO GLOBAL ANTIFRAUDE

Fraudes internas bem executadas ou operações de lavagem de dinheiro podem prejudicar o setor financeiro, o mercado de capitais (dinheiro) e, como resultado, a economia de uma nação. O mercado de capitais é um mercado em que um governo ou empresa podem angariar fundos para financiar operações e investimentos de longo prazo. Exemplos disso são a bolsa de valores e os mercados emergentes.

Prevenir fraudes internas é uma prioridade política, e a Financial Services Authority (FSA) no Reino Unido e a SEC nos Estados Unidos, exigem que empresas lidem com essa questão. Em maio de 2007, a FSA multou o banco de investimentos francês BNP Paribas em 350.000 euros por falhas nos sistemas e no controle em sua unidade de Londres, que permitira que um gerente sênior roubasse 1,4 milhões de contas de clientes (Reuters RU, 2007). Foi a primeira vez que um banco privado foi multado pela FSA por uma fragilidade em seus sistemas antifraude, o que salientou que estava "pegando pesado" com empresas com controles vagos.

A gestão de risco se tornou a questão mais importante para os órgãos reguladores e as instituições financeiras. Ao longo dos anos, essas instituições pagaram caro por ignorar sua exposição ao risco. No entanto, o aumento de pesquisas e de aprimoramentos em TI fizeram a mensuração e a gestão de riscos melhorarem.

Questões para revisão

1. Defina controle interno.
2. Como a Seção 302 da SOX desestimula fraudes?
3. Liste três sintomas ou sinais de perigo que podem ser detectados por controles internos.

5.7 Auditoria e continuidade dos negócios

Incêndios, terremotos, enchentes, quedas de energia e outros tipos de desastres atingem os data centers. Ainda assim, é difícil convencer sobre a importância do plano de continuidade do negócio e da capacidade de recuperação de desastres, porque eles não contribuem para o resultado final. Compare-os a uma apólice de seguros: se, e apenas se, um desastre ocorrer, o dinheiro foi bem gasto. E gastar na preparação para a continuidade do negócio pode ser uma proposta em aberto – sempre se pode fazer mais para preparar melhor a organização.

Desastres podem ocorrer sem aviso, então a melhor defesa é estar preparado, conforme descrevemos em *TI em ação 5.6*. Um elemento importante em qualquer sistema de segurança é o **plano de continuidade do negócio**, também conhecido como plano de recuperação após desastres. Um plano desse tipo delineia o processo pelo qual a empresa deverá passar para se recuperar de um desastre significativo. A destruição de todas (ou da maioria) das instalações de computadores pode causar um dano significativo. É difícil para as organizações obterem seguro para seus computadores e sistemas de informação sem apresentar um plano satisfatório de prevenção e de recuperação de desastres.

Gestores de TI precisam estimar quanto é adequado gastar para o nível de risco que a organização está disposta a aceitar.

PLANO DE CONTINUIDADE DO NEGÓCIO

A recuperação após desastre é uma cadeia de eventos que vincula o plano de continuidade do negócio à proteção e à recuperação. A seguir, algumas considerações importantes sobre o processo:

- O propósito do plano de continuidade do negócio é manter o negócio em funcionamento depois da ocorrência de um desastre. Cada função no negócio deve ter um plano válido de capacidade de recuperação.
- O planejamento de recuperação faz parte da *proteção dos ativos*. Toda organização deveria delegar responsabilidade ao gestor de identificar e proteger ativos dentro de suas esferas de controle funcional.

TI em ação 5.6

Continuidade dos negócios e recuperação de desastre

Das empresas que sofrem uma perda de dados significativa, 93% saem do mercado em 5 anos. Mesmo que a continuidade dos negócios/recuperação de desastre seja uma questão de sobrevivência empresarial, muitos gestores a veem como uma questão de segurança em TI.

Os desastres ensinam as melhores lições tanto para gestores de TI quanto para executivos que não implementaram processos de continuidade dos negócios e de recuperação de catástrofe. O sucesso ou o fracasso desses processos depende da TI, como indica o caso a seguir.

A cidade de Houston, Texas, e o condado de Harris resolveram agir transformando o Reliant Park e o Houston Astrodome em uma "cidade temporária" com centro médico, farmácia, correio e uma praça central para receber mais de 250 mil desabrigados do furacão Katrina. O comandante da guarda costeira, Joseph J. Leonard, liderou a operação utilizando seus conhecimentos obtidos no *National Incident Command System* (Sistema de Controle de Incidentes Nacional). Como explicou Leonard, a comunicação ineficaz entre a equipe de comando e o pessoal de Nova Orleans, que poderiam ter informado as autoridades de Houston sobre o número e as necessidades específicas dos desabrigados, causou um grande problema. Além disso, as agências e as organizações com autoridades de fraca atuação na tomada de decisão dificultaram e atrasaram os esforços para que as coisas fossem resolvidas.

Agora as empresas localizadas em corredores de furacões, terremotos e grandes cidade estão aplicando planos de continuidade dos negócios e de recuperação de desastre com ferramentas de software que permitam replicar ou fazer backup de seus aplicativos fundamentais para sites em seus data centers primários. Em caso de desastre, as empresas podem transmitir sistemas de contabilidade, gestão de projetos ou transações importantes e registros às suas unidades de recuperação de desastre, limitando o tempo fora de atividade e a perda de dados, independentemente do que aconteça na localização primária.

Fontes: Compilado de Fagg (2006), Fiber Optics Weekly (2006) e Infragard (infragardconferences.com).

Questões para discussão: Por que uma empresa pode ter perda de dados significativa e não ser capaz de se recuperar? Por que os órgãos de regulamentação estão exigindo que empresas implementem planos de continuidade dos negócios e de recuperação de desastre?

- O planejamento deve focar primeiro na recuperação de uma perda de todas as capacidades da empresa.
- A prova de capacidade normalmente envolve algum tipo de análise *what if* que mostre que o plano de recuperação é atual.
- Todos os aplicativos essenciais precisam ser identificados e seus procedimentos de recuperação precisam ser apontados no plano.
- O plano deve ser escrito de modo que seja eficaz em caso de desastre, não apenas para cumprir com as solicitações dos auditores.
- O plano deve ser mantido em local seguro; cópias devem ser dadas aos principais gestores da empresa, ou disponibilizadas na intranet. O plano deve ser auditado periodicamente.

O planejamento de recuperação após desastre pode ser muito complexo e sua conclusão pode levar muitos meses. Utilizando um software especial, o trabalho de planejamento pode ser acelerado.

Evitar desastres é uma abordagem voltada à prevenção. A ideia é minimizar a probabilidade de desastres evitáveis (como incêndio ou outras ameaças causadas por humanos). Por exemplo, muitas empresas utilizam um dispositivo gerador chamado de fonte de alimentação de energia ininterrupta que fornece energia em caso de queda de energia.

SISTEMAS DE INFORMAÇÃO DE AUDITORIA

Uma **auditoria** é parte importante de qualquer sistema de controle. A auditoria pode ser vista como uma camada adicional dos controles ou salvaguardas. Ela é considerada como um obstáculo para as ações criminosas, especialmente para os funcionários internos. Os auditores procuram responder a questões como:

- Existem controles suficientes neste sistema? Quais áreas não estão cobertas pelos controles?
- Quais controles são desnecessários?
- Os controles foram implementados adequadamente?
- Os controles são eficazes? Ou seja, eles verificam a saída do sistema?
- Existe uma separação clara de responsabilidades dos funcionários?
- Existem procedimentos que assegurem a conformidade com os controles?
- Existem procedimentos que assegurem a comunicação e ações corretivas em caso de violações de controles?

Auditar um site é uma boa medida preventiva para gerenciar riscos legais. O risco legal é importante em qualquer sistema de TI, mas em sistemas Web ele se torna ainda mais importante por causa do conteúdo do site, que pode ofender pessoas ou violar leis de direitos autorais ou outras regulamentações (como a proteção de privacidade). Auditar o comércio eletrônico também é uma tarefa mais complexa, já que, além do site, é preciso auditar o recebimento de pedidos, o cumprimento de pedidos e todos os sistemas de suporte.

ANÁLISE DE CUSTO/BENEFÍCIO

Normalmente não é econômico preparar proteções contra todas as ameaças possíveis. Assim, um programa de segurança em TI deve viabilizar um processo que avalie as ameaças e que decida para quais delas a organização precisa se preparar e quais ignorar ou fornecer proteção reduzida.

Análise de gestão de risco A análise de gestão de risco pode ser enriquecida pelo uso de pacotes de software SSD. Um cálculo simplificado é mostrado aqui:

$$\text{Perda esperada} = P_1 \times P_2 \times L$$

onde:

P_1 = probabilidade do ataque (estimada, baseada em julgamento)
P_2 = probabilidade de o ataque ser bem-sucedido (estimada, baseada em julgamento)
L = perda em decorrência de um ataque bem-sucedido
Exemplo:

$$P_1 = 0{,}02,\ P_2 = 0{,}10,\ L = \text{US\$ 1.000.000}$$

então, a perda esperada desse ataque é:

$$P_1 \times P_2 \times L = 0{,}02 \times 0{,}1 \times \text{US\$ 1.000.000} = \text{US\$ 2.000}$$

O valor da perda pode depender do tempo em que um sistema fica inoperante. Assim, alguns acrescentam a duração à análise.

Questões éticas Implementar programas de segurança levanta muitas questões éticas. Primeiro, algumas pessoas são contra qualquer tipo de monitoramento de atividades individuais. Impor certos controles é visto por algumas pessoas como uma violação da liberdade de expressão ou outras liberdades civis. Um estudo do Gartner Group mostrou que, mesmo depois dos ataques de 11 de setembro, apenas 26% dos norte-americanos aprovavam um banco de dados de identidades nacional. O uso de sistemas biométricos é considerado por muitos uma violação de privacidade.

Lidar com a privacidade *versus* a segurança é um dilema complexo. Existem outras obrigações legais e éticas que podem exigir que as empresas "invadam a privacidade" de seus funcionários e monitorem suas ações. Em especial, medidas de segurança de TI são necessárias para proteger a empresa contra perdas, responsabilidades civis e litígios. As perdas não são apenas financeiras, mas também incluem perda de informações, de clientes, de parceiros comerciais, da imagem da marca e da capacidade de conduzir os negócios devido às ações de hackers, malwares ou funcionários. A responsabilidade civil decorre de duas doutrinas jurídicas: o princípio do *respondeat superior* e o do dever de diligência. O *respondeat superior* considera os empregadores responsáveis pela má conduta de seus funcionários que ocorre dentro do seu ambiente de trabalho. Com as tecnologias sem fio e a força de trabalho atuando remotamente, o ambiente de trabalho se expandiu para além dos perímetros da empresa.

Sob a doutrina do dever de diligência, gestores seniores e diretores têm a obrigação fiduciária de ter um cuidado razoável para proteger as operações comerciais da empresa. O litígio (ou processos) origina-se na falha em cumprir com os deveres legais e regulatórios. De acordo com a pesquisa *Workplace E-Mail and Instant Messaging* feita com 840 empresas norte-americanas, realizada pelo American Management Association and the ePolicy Institute (epolicyinstitute.com), mais de um em cada cinco empregadores haviam citado mensagens de e-mails e mensagens instantâneas de funcionários ao longo de processos e investigações reguladoras.

Questões para revisão

1. Por que as organizações precisam de um plano de continuidade do negócio?
2. Liste três questões que um plano de continuidade do negócio deve cobrir.
3. Identifique dois fatores que influenciam a capacidade de uma empresa de se recuperar de um desastre.
4. Que tipos de dispositivos são necessários para evitar um desastre?
5. Explique por que a recuperação de desastre/continuidade do negócio (RD/CN) não é simplesmente uma questão de segurança de TI.
6. Por que sites da Web devem ser auditados?
7. Como se faz o cálculo de perdas esperadas?
8. O que é a doutrina de dever de diligência?

Termos-chave

adulteração de dados 133
adware 135
agentes inteligentes 141
ameaças internas 124
análise de impacto nos negócios 131
assinatura 141
ataque de negação de serviço 134
ataques de programação 133
auditoria 148
autenticação de dois fatores 143
controle biométrico 140
controle interno 130
controles de aplicativos 139

controles gerais 139
engenharia social 132
erro humano 132
falhas nos sistemas do computador 132
fraude ocupacional 136
gestão de riscos corporativos (GRC) 128
impressão digital 141
malware 124
Payment Card Industry Data Security Standard 129
phishing 127
plano de continuidade do negócio 147
política de uso aceitável 131

privacidade equivalente à da rede com fio 145
riscos ambientais 132
segurança em TI 123
service packs 127
servidor criminoso 133
spam 135
spyware 135
tempo para exploração 127
Troianos de administração remota 134
varredura retinal 141
vírus 134
worm 134

Destaques do capítulo

(Os números estão relacionados aos Objetivos de aprendizagem)

❶ Negócios que falham ao considerar e implementar requisitos de privacidade estão sujeitos a ações de fiscalização, a grandes processos, penalidades e multas que aumentam significativamente as despesas.

❶ O crescimento bruto de uma empresa (vendas) sofre quando clientes descobrem que suas informações privadas foram expostas.

❶ Os criminosos investem esforços consideráveis no planejamento e na preparação de táticas para penetrar as medidas de segurança da empresa.

❷ A responsabilidade por controles internos e conformidade recai diretamente nos ombros da alta gerência e do conselho administrativo. A SOX e outras regulamentações antifraude fazem com que os relatórios empresariais e a comunicação de violações ao GAAP sejam melhores, tornando mais fácil descobrir e eliminar a fraude.

❷ Os cargos de diretor de privacidade e diretor de segurança demonstram a importância e as mudanças no papel da segurança em TI nas organizações.

❸ Dados, software, hardware e redes podem ser ameaçados por riscos internos e externos.

❸ Um dos maiores erros cometidos por gestores é subestimar as vulnerabilidades e as ameaças.

❸ Criminosos de computador estão cada vez mais voltados para o lucro.

❹ O modelo de exposição ao risco de ativos digitais possui cinco fatores: valor dos ativos para a empresa, atratividade para os criminosos, responsabilidade civil ligada a sua perda ou roubo, impacto no desempenho da empresa e probabilidade de um ataque bem-sucedido.

❹ As consequências de ataques sem fio incluem o roubo de dados, despesas legais e de recuperação, imagem manchada, perda de clientes e operações interrompidas pela perda do serviço de rede.

❺ Com a autenticação de dois fatores, dois tipos de informação são utilizados para verificar a identidade do usuário, como senhas e dados biométricos.

❺ Os controles biométricos são usados para identificar usuários por meio da verificação de características físicas como impressão digital e reconhecimento de voz.

❺ A encriptação é extremamente importante para dados confidenciais que são enviados ou armazenados.

❻ Segundo o COSO (*Committee of Sponsoring Organizations of the Treadway*), o controle interno representa uma garantia razoável de operações eficazes e relatórios financeiros confiáveis.

❻ Não existe fraude pequena, mas sim uma grande fraude que foi detectada e interrompida em seu estágio inicial.

❼ O plano de recuperação de desastre é parte integrante de um controle interno eficaz e da gestão de segurança.

❼ O plano de continuidade do negócio inclui backup de dados e um plano do que fazer quando há um desastre.

❼ Proteger infraestruturas importantes, incluindo a energia, a TI, as telecomunicações e os setores de transporte é uma etapa fundamental do plano de segurança nacional.

❼ Uma série de ferramentas de segurança em TI, incluindo os agentes inteligentes e as medidas antifraude, ajudam a defender contra atividades terroristas.

Questões para discussão

1. Muitas empresas se concentram nas questões erradas e acabam gastando muito tempo e dinheiro em riscos de segurança mínimos, enquanto ignoram as principais vulnerabilidades. Por que isso acontece?
2. Como é possível diminuir o risco de fraude ocupacional?
3. Por que o controle de informação e segurança deveriam ser as principais preocupações da gestão?
4. Compare a situação de assegurar um computador com a de assegurar uma casa.
5. Explique contra o que os firewalls protegem; contra o que eles não protegem. Por que isso acontece?
6. Por que o cibercrime está se expandindo rapidamente? Discuta algumas possíveis soluções para esse problema.
7. Por que a autenticação e a autorização são importantes no comércio eletrônico?
8. Algumas companhias de seguro não conferem seguro a negócios a menos que a empresa possua um plano de recuperação após desastres. Explique por que isso ocorre.
9. Explique por que a gestão de risco deveria envolver os seguintes elementos: ameaças, exposição associada a cada ameaça, risco de cada ameaça ocorrer, custo dos controles e avaliação de sua efetividade.
10. Discuta por que a lei Sarbanes-Oxley tem como foco o controle interno. Como esse foco influencia a seginfo?
11. Discuta a mudança na motivação dos criminosos.

Exercícios e projetos

1. Um problema importante é avaliar até onde uma empresa é legalmente obrigada a ir. Já que não existe segurança perfeita (ou seja, sempre há algo mais que possa ser feito), resolver essas questões pode afetar significativamente os custos.
    a. Quando as medidas de segurança de uma empresa são suficientes para cumprir com suas obrigações? Por exemplo, instalar um firewall e utilizar um software para a detecção de vírus é o suficiente para satisfazer as obrigações legais de uma empresa?
    b. É necessário que uma organização encripte todos os seus registros eletrônicos?
2. O SANS Institute publica as 20 principais vulnerabilidades de segurança na Internet (sans.org/top20).
    a. Quais dessas vulnerabilidades são mais perigosas para instituições financeiras?
    b. Quais delas são mais perigosas para as empresas de marketing?
    c. Explique as diferenças.
3. Acesse o site do Anti-Phishing Working Group (antiphishing.org) e faça o download do mais recente relatório de tendências de atividades de phishing.

a. Descreva as tendências nos ataques de phishing.
b. Explique os motivos dessas tendências.

4. Imagine que a probabilidade diária de haver um grande terremoto em Los Angeles seja de 0,07%. A chance de seu servidor ser danificado durante um terremoto desses é de 5%. Se o centro for danificado, a média estimada de prejuízos será de 1,6 milhão de dólares.
   a. Calcule a perda esperada (em dólares).
   b. Um agente de seguros quer assegurar sua empresa por um valor anual de 15.000 dólares. Analise a oferta e decida se deseja aceitá-la.

5. O roubo de laptops em convenções, hotéis e aeroportos está se tornando um grande problema. Existem as seguintes categorias de proteção: dispositivos físicos (por exemplo, targus.com), encriptação (networkassociates.com) e políticas de segurança (ebay.com). Encontre mais informações sobre o problema e sobre as soluções existentes para ele. Resuma as vantagens e as limitações de cada método.

6. Um empregador deveria notificar a seus funcionários que o uso que fazem dos computadores é monitorado? Por quê?

7. A cada ano, 25 mil mensagens chegam a uma organização. Atualmente, não há firewalls. Em média, ocorrem 1,2 invasões bem-sucedidas de hackers por ano. Cada ataque hacker bem-sucedido resulta em uma perda para a empresa de cerca de 130.000 dólares. Um bom firewall custa 66.000 dólares e sua manutenção custa 5.000. Seu tempo estimado de vida útil é de três anos. A chance de um invasor conseguir ultrapassar o firewall é de 0,0002. Em caso de invasão, o dano é de 100.000 (30%) ou 200.000 (50%) de dólares, ou não há dano. Existe um custo de manutenção anual de 20.000 dólares para o firewall.
   a. A gestão deve comprar o firewall?
   b. Um novo firewall, que é 99,9988% eficiente e que custa 84.000 dólares, com vida útil de três anos e manutenção anual de 16.000, está disponível. Esse novo firewall deve ser comprado em vez do primeiro?

Tarefas em grupo e projetos

1. Cada grupo deve ser dividido em duas partes. Uma parte irá entrevistar estudantes e homens de negócios e registrar as experiências que tiveram com problemas de segurança de computador. A outra parte do grupo deverá visitar uma loja de computadores (e/ou ler as indicações de leitura ou usar a Internet) para descobrir que softwares estão disponíveis no mercado para lidar com diferentes tipos de problemas de segurança em computadores. Depois, cada grupo irá preparar uma apresentação na qual descreverá os problemas e identificará quais deles poderiam ser evitados com o uso de um software disponível no mercado.

2. Crie grupos para investigar os últimos desenvolvimentos em segurança de TI e de comércio eletrônico. Pesquise em jornais como o cio.com (disponível online gratuitamente), fornecedores e sites de busca como o techdata.com e o google.com.

3. Pesquise sobre um ataque de botnet. Explique como um botnet funciona e quais danos pode causar. Ques métodos preventivos são oferecidos por provedores de segurança?

Exercícios na Internet

1. Visite o cert.org (centro especializado em segurança na Internet). Leia um dos recentes alertas de segurança ou CERT Spotlights e escreva um relatório.

2. Visite o cert.org/csirts/services.html. Descubra os serviços de segurança que um CSIRT pode oferecer ao lidar com a vulnerabilidade. Escreva um resumo sobre esses serviços.

3. Visite o dhs.gov/dhspublic (Departamento de Segurança Interna). Procure por um artigo sobre E-Verify (verificação eletrônica). Escreva um relatório sobre os benefícios desse tipo de programa de verificação e quem pode se beneficiar com ele.

4. Visite o first.org (um líder mundial em resposta a incidentes). Encontre um artigo atual sobre "Notícias de Segurança Mundial" e escreva um resumo.

5. Visite o issa.org (Associação de Segurança de Sistemas de Informação) e escolha um Webcast para escutar – um que envolva sistemas de segurança. Escreva um pequeno artigo de opinião.

6. Visite o wi-fi.org (Wi-Fi Alliance) e descubra qual é sua missão. Escreva sobre o que você acha da sua relevância na indústria de segurança sem fio.

7. Visite o securitytracker.com e escolha uma das vulnerabilidades. Descreva a vulnerabilidade, seus impactos, suas causas e o sistema operacional afetado.

8. Visite o cio.com e procure por um artigo recente sobre segurança, privacidade ou conformidade. Escreva um resumo curto sobre o artigo.

9. Entre em scambusters.org. Descubra o que essa organização faz. Aprenda sobre fraudes de e-mail e de sites. Relate suas descobertas.

10. Entre em epic.org/privacy/tools.html e examine um dos seguintes grupos de ferramentas: verificador de e-mail, encriptação ou firewalls. Discuta os benefícios de segurança.

11. Acesse os sites de três dos maiores provedores de segurança (p. ex. symantec.com, mcafee.com e antivirus.com). Descubra o que os centros de pesquisa desses provedores estão fazendo. Além disso, faça o download do VirusScan da McAfee e faça a varredura do seu HD com ele.

12. Busque por fornecedores de controles biométricos. Selecione um fornecedor e discuta três dos seus dispositivos ou tecnologias biométricos. Prepare uma lista com as principais capacidades que eles têm. Quais são as vantagens e desvantagens de sua biometria?

CASO DE NEGÓCIO

Os controles deficitários da NEC contribuem para sua retirada da NASDAQ

Em setembro de 2007, a empresa de eletrônicos NEC, localizada no Japão, anunciou que não poderia completar as análises financeiras que deveria enviar à SEC (Securities and Exchange Comission). Os envios à SEC são obrigatórios para toda empresa listada em qualquer bolsa de valores dos Estados Unidos. A principal razão para a NEC não conseguir preparar de forma adequada seus extratos financeiros eram as duas fraudes (no mínimo) que haviam sido cometidas por funcionários da NEC de 1999 até 2005. Os controles internos fracos permitiram que as fraudes continuassem por anos.

Controle interno fraco permite fraudes que não são controladas

Fraude n°1: Em 2006, a NEC teve de reformular a receita dos cinco anos anteriores depois de descobrir que um gerente/engenheiro de 50 anos vinha fabricando transações de negócios. Essas transações fraudulentas aumentaram as vendas em 36,3 milhões de ienes (311 milhões de dólares). As transações falsas permitiram que ele roubasse dezenas de milhões de ienes, que foram gastos em entretenimento. A NEC descobriu que ele havia feito uma série de transações falsas entre março de 2002 e dezembro de 2005 no departamento de produção de semicondutores na NEC Engineering (NECE) Ltd., uma subsidiária pertencente ao grupo. As transações fraudulentas representavam quase 10% das vendas da NECE entre 2001 e 2004.

O gerente da NECE, que em março de 2002 previu o baixo desempenho em seu departamento, convenceu um cliente a criar transações falsas. Ele fez cerca de 200 encomendas e pagamentos falsos forjando pedidos e orçamentos. O gerente permitiu que as empresas que fingiram ter recebido as entregas fizessem pagamentos à NECE por itens que nunca foram entregues.

A NEC entrou com ações criminais contra o gerente, revisou seu sistema de controle interno e reforçou a administração desses controles. A empresa não foi capaz de detectar a fraude porque o gerente envolvido estava em posição privilegiada, sendo capaz de preparar todos os documentos necessários para fazer com que as transações fictícias parecessem reais. Não havia separação de tarefas, supervisão, auditoria surpresa ou férias forçadas, que poderiam ter revelado a fraude. Para mais informações sobre como prevenir e detectar fraudes, entre em ACFE.com e AICPA.org. Apesar de ter havido uma investigação interna, não ficou claro como o gerente foi capaz de falsificar todos os dados e pagamentos.

"A NEC lamenta profundamente a ocorrência dessas transações fraudulentas no momento em que reforça sua conformidade corporativa e melhora seus controles internos, e se desculpa sinceramente por qualquer inconveniente causado", a empresa disse no processo. Um representante da NEC afirmou que "não esperava um grande impacto" da fraude na contabilidade. Ele estava enganado. Outra fraude foi descoberta logo em seguida.

Fraude n°2: A NEC descobriu uma fraude realizada por 10 funcionários durante 7 anos, que terminou em 31 de março de 2006.

As transações fraudulentas somavam aproximadamente 18 milhões de dólares. Os 10 funcionários da NEC convenceram prestadores de serviços a inflacionar ou criar pedidos fictícios para seus subcontratados, como pedidos de software, manutenção e instalação. Isso resultou em uma saída fraudulenta de recursos da NEC para esses prestadores. Os 10 funcionários receberam cerca de 500 milhões de ienes (4,1 milhões de dólares) em propinas recebidas dos subcontratados e utilizaram o dinheiro para fins pessoais, como entretenimento.

Controles internos implementados

A empresa explicou que a fraude não foi descoberta por tantos anos porque os sistemas de informação permitiam que a validação e a confirmação dos pedidos fossem feitas pelo mesmo funcionário que realizava os pedidos. Em resposta às deficiências dos controles internos, a NEC estabeleceu um sistema de controle interno pelo qual a confirmação é realizada por uma terceira divisão administrativa. Outros controles internos foram implementados para cumprir com os mandados da SOX.

Resultado

As fraudes tiveram um efeito real e duradouro sobre a NEC do ponto de vista dos órgãos reguladores. A NEC fez a seguinte declaração sobre suas previsões financeiras em 21 de abril de 2006: "Conforme anunciado em 22 de março de 2006, a NEC precisou reiterar seus resultados financeiros consolidados nos anos fiscais anteriores como resultado de uma fraude e outras revisões baseadas em princípios de contabilidade geralmente aceitos nos Estados Unidos (U.S. GAAP)".

Em maio de 2007, a NEC revelou que corria risco de perder seu registro na NASDAQ por causa de demora com os registros da SEC. Em setembro de 2007, após solicitar diversas extensões de prazo para a entrega dos registros financeiros à NASDAQ, a NEC finalmente admitiu sua derrota. Pedindo as mais sinceras desculpas aos investidores de todos os lugares do mundo, a NEC disse que suas demonstrações contábeis de 2000 a 2006 não eram confiáveis e que aceitaria sua exclusão de Nova York.

Fontes: Compilado de NEC (2006), Nakamoto (2006), Taylor (2007a, 2007b).

Questões

1. Quais podem ter sido alguns dos indicadores de que o gestor/engenheiro da NECE estava cometendo uma fraude? Que tipos de sistemas de informação poderiam ter ajudado a detectar a fraude?
2. Utilize um navegador de Internet para pesquisar o termo "restatement of earnings" (retificação de relatório de receitas/balanço patrimonial). Explique os resultados.
3. Que tipos de controles internos poderiam ter evitado ou detectado a fraude?

CASO DO SETOR PÚBLICO

Erro da Blue Cross expõe dados de 12 mil membros

Em abril de 2010, a Blue Cross e a Blue Shield de Rhode Island (BCBSRI) anunciaram que informações pessoais de cerca de 12 mil membros da BlueCHiP for Medicare foram inadvertidamente colocadas em um arquivo que foi doado juntamente com outros móveis de escritório sobressalentes a uma organização não governamental.

O arquivo continha pesquisas de saúde da BlueCHip for Medicare, que incluíam nomes, endereços, telefones, CPFs, números de identificação da Medicare e informações médicas.

O departamento responsável pela privacidade dos dados da BCBSRI recuperou imediatamente os documentos, iniciou uma investigação e notificou as autoridades federais e estaduais apropriadas sobre o incidente, incluindo o U.S. Centers for Medicare e Medicaid Services, o Departamento de Saúde e Serviços Humanosde Direitos Civis dos Estados Unidos, a Procuradoria Geral de Rhode Island e o Comissário de Serviços de Planos de Saúde de Rhode Island.

Em carta direcionada aos aproximadamente 12 mil membros da BlueCHiP for Medicare que foram afetados, a BCBSRI se desculpou pelo erro, notificou-os sobre uma linha de comunicação direta disponível e ofereceu a cada um dos membros prejudicados controle de crédito livre por um ano.

Devido à rápida ação da organização não governamental em notificar a BCBSRI, acreditava-se que as chances de as informações do membros terem sido mal utilizadas eram pequenas.

A investigação interna da BCBSRI revelou que a exposição dos dados foi resultado de uma falha de determinados funcionários ao aderirem às políticas e procedimentos rigorosos de tratamento de informações da empresa. Como resultado desse vazamento, os responsáveis pela ação foram disciplinados, e muitos deles foram demitidos.

Enquanto o vazamento parecia ter sido contido, como uma medida extrema de precaução, a BCBSRI ofereceu aos membros afetados da BlueCHiP for Medicare controle de crédito livre, assistência em todos os aspectos de proteção de roubo de identidade e um produto que garante a proteção de identidade por um ano, fornecido pela ConsumerInfo.com, Inc., uma empresa da Experian. Foi dado acesso direto aos membros para ativar imediatamente sua proteção. Entre outros serviços, os membros tiveram acesso livre:

- À cópia dos relatórios de crédito gerados pela Experian.
- Ao controle diário e alertas programados sobre mudanças importantes em seus relatórios de crédito.
- À varredura diária da Internet em busca de seu número de CPF, informações de cartão de crédito e débito para melhor protegê-los contra possíveis fraudes.
- À assistência ao cancelamento de seus cartões de crédito e de débito.
- A uma equipe dedicada que fornece serviços gratuitos sobre resolução de fraudes que ajudarão a investigar cada incidente, contatar credores para questionar cobranças, encerrar contas e, caso necessário, para compilar documentos e contatar todos os departamentos governamentais relevantes.
- À garantia de produto de 1 milhão de dólares para reembolsá-los de quaisquer perdas referentes ao roubo de identidade, como salários perdidos, honorários legais e fundos roubados caso a proteção falhe.

A gestão anunciou que iriam aprender com o incidente e seguir todos os passos apropriados para manter a confiança que os membros têm em seus padrões de segurança e privacidade.

Fontes: Compilado dePHIprivacy.net (2010),Databreaches.net (2010) eBSBCRI.com

Questões

1. Explique as razões para a violação de dados.
2. Com que tipos de custos a BSBCRI teve de arcar por causa da violação de dados?
3. Por que a BSBCRI notificou os departamentos governamentais imediatamente?
4. De que forma essa violação de dados poderia ter sido evitada?
5. Por que a BSBCRI tomou uma medida tão rápida e minuciosa para proteger seus membros?
6. Por que restaurar a confiança é algo tão importante para essa empresa?
7. O que você recomendaria à BSBCRI para evitar outro incidente de seginfo?

ANÁLISE UTILIZANDO PLANILHAS

Estimando investimentos em proteção antispam

É difícil para as empresas avaliarem os custos de não implementar defesas de segurança de informação. A maioria das empresas não faz uma inspeção posterior adequada ou, se faz, não tem a menor ideia do que incluir nessa análise. A estimativa de custos pode incluir custos invisíveis (aqueles difíceis de quantificar) que surgem ao desviar o departamento de TI de um projeto estratégico, perda de vendas e atrito com os clientes, ou optar por uma abordagem minimalista que inclui apenas os custos de recuperação. Em vez em uma estimativa em um único ponto, diversas estimativas podem ser feitas utilizando um sistema de suporte à decisa (SSD) para dar apoio à tomada de decisão referente aos investimentos de seginfo.

Usando o modelo para estimar o custo com spam mostrado na Figura 5.10, crie um SSD utilizando o Excel ou outro software editor de planilhas. Dê entrada nas fórmulas, como mostrado na figura. Então, dê entrada nos dados para calcular três cenários – otimista, realista e pessimista. Essa é sua análise de custos utilizando uma série de estimativas.

Escreva um relatório que inclua seu modelo (planilha), mostrando os resultados. Estime quanto a empresa deveria investir em software antispam. Explique sua resposta.

Modelo para estimar custos de spam (Estimativas Otimista, Pessimista e Realista)				
	Custo com mão de obra	**Otimista**	**Pessimista**	**Realista**
A	Número de funcionários	5	10	8
B	Média salarial anual dos funcionários	$ 50,000	$ 70,000	$ 60,000
C	Número médio de dias trabalhados por ano	245	250	248
D	Número média de e-mails enviados por dia por funcionário	25	50	38
E	Percentagem de e-mails que são spam	20%	40%	30%
F	Tempo médio de processamento de cada um (em segundos)	5	10	8
	Custos técnicos			
G	Custo de largura de banda por ano por site			–
H	Número de sites			–
I	Custo anual de largura de banda (G*H)			–
J	Porcentagem de largura de banda usada por email			–
K	Custo total anual de largura de banda usada por spam (I*J)			–
L	Custo de armazenagem por Gigabeite			–
M	Média do tamanho dos spam (em Kbayte)			–
N	Custo anual de armazenagem com spam (A*C*E*M*0,000008) (custo de armazenagem em Kbyte)			–
O	Custo de suporte por usuário por ano			–
P	Porcentual de spam atribuível			–
Q	Custo total de suporte com spam (O* P* A)			–
R	Número de servidores de e-mail			–
S	Custo de Hardware (R* $ 5.000 servidores)			–
T	% da capacidade do servidor de e-mail usada com spam			–
U	Custo do spam no hardware (S*T)			–
V	Média anual do custo do tempo perdido por funcionario (E*F)/(60*C) * (B/((C*8)(*60))			–
W	Custo total da produtividade com Spam (A*V)			–
	Custos de antispam			
X	Custo anual do software e limpeza			–
Y	Percentagem de spam bloqueado por filtros			–
Z	Custo total de spam (K+N+Q+U+W)			–
	Total			
AA	Custo total após filtragem (Z*(1-Y)+X)			–
BB	Economia total (Z-AA)			–
CC	Percentagem total de economia de custo (BBz)			–

Figura 5.10   Modelo para estimar custos de spam.

Recursos online

Você encontrará os guias de tecnologia (em português), bem como recursos e ferramentas de estudo (em inglês), no site da Bookman Editora (www.bookman.com.br). Dentre eles:

Caso do Capítulo 5

5.1 $55 Million Data Breach at ChoicePoint

Referências

Aftergood, S., "Former Official Indicted for Mishandling Classified Info," *FAS*, April 15, 2010. fas.org/blog/secrecy/2010/04/drake_indict.html

Altman, H., "Jihad Web Snares Online Shops, Buyers," *Tampa Tribune*, February 20, 2006.

Antilla, S., "Red Flags Were There All Along; Suspicious Activities Largely Unquestioned." *The Gazette* (Montreal), December 16, 2008.

Appelbaum, B., and D. S. Hilzenrath. "SEC Ignored Credible Tips About Madoff, Chief Says." *Washington Post*, December 17, 2008.

Barrett, L., "HSBC Confirms Massive Database Security Breach," eSecurityPlanett.com, March 11, 2010. esecurityplanet.com/features/article.php/3870071/HSBC-Confirms-Massive-Database-Security-Breach.htm

"Blue Cross Mistake Releases Personal Info of 12K Members," April 16, 2010. databreaches.net/

Chew, R., "A Madoff Whistle-Blower Tells His Story." *Time*. February 4, 2009. time.com/time/business/article/0,8599,1877181,00.html

Edwards, J., "The Rise of Botnet Infections," *Network Security Journal*, February 13, 2008. networksecurityjournal.com/features/botnets-rising-021308

Fagg, S., "Continuity for the People," *Risk Management Magazine*, March 2006.

Fiber Optics Weekly Update, "Telstra Uses NetEx Gear," January 13, 2006.

Gold, L., "Forensic Accounting: Finding the Smoking E-Mail; E-Discovery Is Now a Critical Part of Forensics—and of Firm Policy," *Accounting Today*, 22(8), May 5, 2008.

Higgins, K.J., "Crime Server Discovered Containing 1.4 Gigabytes of Stolen Data," *Dark Reading*, May 6, 2008. darkreading.com/document.asp? doc_id=153058

HSBC-RI (Blue Shield Blue Cross of Rhode Island), "Important Notice for BlueCHiP for Medicare Members," April 16, 2010. bcbsri.com/BCBSRIWeb/ about/newsroom/news_releases/2010/MemberInfoBreach.jsp

Kaplan, D., "ChoicePoint Settles Lawsuit over 2005 Breach," *SC Magazine*, January 28, 2008. scmagazineus.com/ChoicePoint-settles-lawsuit-over2005-breach/article/104649/

Leyden, J., "Swiss HSBC Data Breach Victim Count Trebles," *Enterprise Security*, April 15, 2010.

McGlasson, L., "'Crime Server' Found with Thousands of Bank Customer Records: FBI Investigating Breach Affecting 40 Global Institutions," *Bank Info Security,* May 7, 2008. bankinfosecurity.com/articles.php?art_ id=846

Nakamoto, M., "NEC to Restate Earnings After Fraud," *Financial Times*, March 23, 2006.

NEC, "Revision of NEC Corporation's Financial Forecast for Fiscal Year Ended March 31, 2006." nec.co.jp/press/en/0604/2101.html

PHIPrivacy.net, Blue Cross Mistake Releases Personal Info of 12K Members," April 16, 2010.

Quinn, J. "On the Trail of Madoff's Missing Billions." *Sunday Telegraph* (London), January 18, 2009.

Reuters UK, "BNP Paribas Fined for UK Anti-Fraud Failings," May 10, 2007. uk.reuters.com/article/UK_SMALLCAPSRPT/idUKWLA850120070510

Spangler, T., "What You Can Learn from the VA's Snafu," *Baseline*, May 24, 2006.

Taylor, C., "NEC Employees Behind $18M Fraud Scheme," *EDN*, May, 29, 2007a, dn.com/article/CA6447014.html

Taylor, C., "NEC Stock Faces Nasdaq Delisting," *EDN*, September 21, 2007b. edn.com/index.asp?layout=article&articleid=CA6480624

U.S. Department of State, state.gov, 2008.

Wolfe, D., "Security Watch," *American Banker*, June 2, 2006.

Parte III | **Estratégias de Web, Tecnologia sem Fio e Mídias Sociais**

Capítulo 6
E-business e Comércio Eletrônico

Biblioteca de links

Breve introdução

Revisão do modelo de e-business e do site da Rail Europe

6.1 Desafios e estratégias de e-business

6.2 Comércio eletrônico de empresa para consumidor (B2C)

6.3 Comércio eletrônico e aquisições online em negócios do tipo empresa para empresa (B2B)

6.4 Governo eletrônico

6.5 Serviços de suporte ao comércio eletrônico: pagamento e atendimento de pedidos

6.6 Questões éticas e legais em e-business

Caso de negócio Stormhoek Vineyards se destaca com ferramentas da Web 2.0

Caso de empresa sem fins lucrativos A organização Canadian Food for the Hungry International melhora sua atuação em situações emergenciais

Análise utilizando a visualização Como criar visualizações utilizando conjuntos de dados públicos online

Referências

Objetivos de aprendizagem

① Descrever as estratégias de e-business e as operações de comércio eletrônico.

② Compreender aplicações eficientes de comércio eletrônico da empresa para o cliente.

③ Compreender aplicações de empresa para empresa, logística, licitação, atendimento de pedidos e sistemas de pagamento.

④ Descrever as atividades de governo eletrônico e comércio eletrônico no setor público.

⑤ Compreender os serviços de suporte ao comércio eletrônico.

⑥ Identificar e descrever questões éticas e legais de e-business.

Integrando a *TI*

CON | FIN | MKT | GPO | GRH | SI

Biblioteca de links

Primeiro site da Amazon.com, agosto de 1995 digitalenterprise.org/images/amazon.gif
Fórum de e-Business ebusinessforum.com
Google Merchant Center google.com/merchants
Google Product Search google.com/products
Shopzilla shopzilla.com
Agência norte-americana de proteção ao consumidor U.S. Federal Trade Commission ftc.gov
PCI Security Standards Council pcisecuritystandards.org/index.shtml
Estatísticas da Internet internetworldstats.com
Ferramentas de visualização e grupos de dados Many Eyes (beta) manyeyes.alphaworks.ibm.com/manyeyes/
Catálogo de dados de Washington, D.C. data.octo.dc.gov/

Breve introdução

Esta seção introduz as questões de negócio, os desafios e as soluções de TI deste capítulo. Tópicos e questões mencionados aqui são explicados ao longo do capítulo.

Negócios eletrônicos (*e-business*) são aqueles que usam a Internet e redes como **canais** para atingir seus clientes, seus parceiros na cadeia de suprimentos, funcionários e assim por diante. No início da era da Web, o canal online funcionava sozinho. Normalmente, os comerciantes corriam para construir sites de empresa para cliente (B2C) e estabelecer unidades de negócio online que eram independentes e separadas de seus **canais tradicionais (offline)**. Essas unidades de negócio eram administradas e avaliadas de acordo com diferentes métricas de desempenho, incentivos e modelos operacionais. Por quê? Porque o comércio eletrônico era tratado como algo tão diferente, tão estranho ou tão tecnológico que as métricas financeiras tradicionais não se aplicavam. Quando os domínios ponto.com começaram a falhar massivamente em 2000, gestores descobriram que os princípios financeiros e conceitos de marketing se aplicavam também ao comércio eletrônico. Desde então, diversos outros modelos de comércio eletrônico surgiram, foram implementados e então substituídos por novos modelos, à medida que surgiam tecnologias e aplicativos sem fio e de Web.

Atualmente, como você deve saber por experiência própria, as empresas possuem **múltiplos canais** – que integram os canais online e offline para obter o maior alcance e efetividade possíveis. Conforme mostra a Figura 6.1, o eBay, que antes funcionava apenas online, abriu um canal de compras tradicional – uma loja chamada de eBay@57th – em Nova York, em novembro de 2009. Os códigos de barra 2D sobre os quais você leu no Capítulo 1 facilitaram que as empresas utilizassem múltiplos canais.

Na década de 2010, as organizações continuam a repensar radicalmente sua presença na Web, os modelos e estratégias de e-business, e os riscos. A seguir elencamos

Figura 6.1 O eBay adicionou um canal tradicional offline quando abriu uma loja física chamada de eBay@57th em Nova York, em novembro de 2009. A loja oferece pré-visualização dos itens selecionados e quiosques com Internet para clientes que querem comprar online. (Richard Levine/Alamy)

diversos tipos de mudanças que causam impacto direto ou indireto nas empresas:

- O comércio anuncia e vende seus produtos por meio de canais sociais, como o Facebook, o Twitter, os feeds RSS, os blogs, e de **mecanismos de comparação de compras**. Os consumidores utilizam o Google Product Search, o Shopzilla, o TheFind e o NexTag, mecanismos de comparação de compras, para comparar preços e encontrar as melhores ofertas para determinadas marcas e produtos.
- Os consumidores utilizam dispositivos de mão para buscar por marcas, produtos e serviços em diversas fontes.

O que importa é o quanto eles exploram e questionam as informações que encontram, como criam e postam suas próprias opiniões e experiências detalhadamente. O TripAdvisor.com é um exemplo disso.

- Era comum que sites de empresa para empresa (B2B) não apresentassem funcionalidades e recursos como os sites de empresa para cliente (B2C). Hoje, fabricantes e distribuidores estão revisando o que oferecem online em B2B para atender a demandas urgentes de seus compradores. Com o crescimento da produção otimizada e da administração de estoques just-in-time (JIT), compradores industriais precisam de acesso sob demanda aos suprimentos e exigem sites com design funcional, rápidos e repletos de recursos.
- Os governos e agências estão expandindo e refinando seus sites voltados ao cidadão (*government-to-citizen* – G2C) para melhorar os serviços e o alcance a custos reduzidos, conforme mostrado na Figura 6.2.

Figura 6.2 Serviços públicos são fornecidos pelo Directgov, o site do governo do Reino Unido. (Stuwdamdorp/Alamy)

- Os malvertisements são prejudiciais ao e-business e aumentam os custos. **Malvertisements** são anúncios que, quando clicados, redirecionam para um site malicioso e o carregam – uma réplica do site que o usuário esperava acessar. Fraudes desse tipo surgiram em 2010, quando hackers tentavam colocar as mãos em alguns dos 30 bilhões de dólares por ano que a indústria de comércio eletrônico movimenta. O The New York Times, o MySpace e outros sites populares que são confiáveis foram pegos mostrando mal-ads.
- Na metade de 2010, empresas que mantinham plataformas de e-business lutavam contra **ataques em massa na Web** que infectaram silenciosamente um número enorme de clientes de seus sites e blogs com códigos maliciosos. Muitos sites infectados incluíam JavaScritp encriptado que instalava secretamente o malware nos computadores dos visitantes. Um representante de uma empresa cujo comércio eletrônico foi impactado resumiu a frustração, os custos e as perdas de receita causados pelos ataques em massa na Web no seguinte comentário:

    Nós gastamos pelo menos 100 horas nas últimas semanas tentando reparar nosso site, alterando senhas pelo menos 15 ou 20 vezes, e só conseguimos fazê-lo funcionar pela metade. Quem irá nos compensar pela perda quase que completa de tráfego e parte das receitas que resultou desse problema?

- Cada vez mais os mecanismos de busca respondem a questões diretamente, em vez de apenas apontar para sites de dicionários e outras referências. O Google, por exemplo, reformulou seu site para que pudesse dar respostas diretas sobre determinadas questões econômicas. Os mecanismos de busca estão desviando o tráfego dos sites de referência.

Neste capítulo, você aprenderá sobre modelos de e-business B2C, B2B e G2C, e aplicações específicas para comércio eletrônico. O **comércio eletrônico (e-commerce)** é o processo de comprar, vender, transferir ou trocar produtos, serviços ou informações pela Internet ou por redes corporativas privadas. Cobrimos neste capítulo os principais avanços em comércio eletrônico, incluindo plataformas de TI, benefícios, limitações e riscos de segurança que existem para a reputação de uma empresa ou de uma marca. Você lerá sobre padrões de conformidade exigidos pelas empresas de cartão de crédito e órgãos regulamentadores para proteger contra fraudes e outros tipos de crimes relacionados às operações de e-business. Você ouve constantemente o termo *comércio eletrônico*, que se refere a uma subdivisão do e-business – utilizar sites para comprar e vender. Apesar de o *e-business* envolver bem mais processos e interações do que o *comércio eletrônico*, os termos são utilizados de forma intercambiável, a menos que se estabeleça o contrário.

Revisão do modelo de e-business e do site da Rail Europe

Para que se mantenham competitivos, modelos de e-business mudam conforme a tecnologia e os clientes. A manutenção da sobrevivência e do sucesso requerem uma revisão, ou uma reengenharia, do site da empresa, plataforma e capacidades. As tecnologias mais novas – por exemplo, códigos de barra 2D, redes 4G e mídias sociais – e mudanças no comportamento de compra do consumidor tornaram o comércio eletrônico tanto mais fácil quanto mais desafiador. O e-business facilita o acesso ao consumidor, mas o controle do e-business muitas vezes está nas mãos dele. As empresas, por exemplo, estão atuando em múltiplos canais para alcançar e manter contato com clientes atuais e potenciais. No entanto, para combater a sobrecarga de informações oriundas do marketing agressivo, as pessoas filtram o conteúdo e bloqueiam mensagens que consideram irrelevantes. As empresas mais espertas estão respondendo a isso pelo redesenho de seus modelos de negócio e pela produção de conteúdos que sejam significativos o suficiente para sobreviverem aos processos de filtragem e bloqueio – e para vencerem a concorrência (um **modelo de negócio** se refere à forma como uma empresa gera rendimentos e lucro). Essa é a abordagem da Rail Europe. O site RailEurope.com era basicamente uma ferramenta limitada de reservas para ajudar clientes a encontrarem assentos nos trens europeus. Em 2008, a administração da Rail Europe descobriu problemas em seu modelo de negócio e decidiu rever sua estratégia de e-business e do site.

O modelo ultrapassado da Rail Europe

O volume de vendas online da Rail Europe vinha caindo por muitos anos e por diversas razões. Seu modelo de negócio havia se tornado não competitivo, o site estava obsoleto e a recessão havia causado uma queda nas viagens pela Europa (veja a Figura 6.3). Outros sites de viagens europeus ofereciam mais informações e melhores recursos. Quem planejava viagens queria não apenas comprar a passagem, mas também aprender com boas e más experiências dos outros, saber que aquelas eram as melhores ofertas e ter a possibilidade de fazer planos mais flexíveis e mais bem informados. Consciente de suas deficiências, em 2009 a Rail Europe transformou seu modelo de e-business de um simples aplicativo de agendamento para um portal repleto de recursos para marcar viagens de trem pela Europa.

Figura 6.3 Estação de trem europeia. (ynamaku/iStockphoto)

A virada de e-business da Rail Europe

Como parte de seus esforços para reverter a queda nas vendas, a Rail Europe reformulou seu site. Blogs (blog.raileurope.com/) com avaliações de viajantes, fotos, mapas, garantia de reserva nos hotéis com melhores taxas e opções de atendimento ao cliente foram acrescentadas para fornecer conteúdo que manteria a atenção do visitante por mais tempo. Esses recursos de redes sociais melhoraram a posição estratégica da empresa, porque seu site se tornou um ponto de partida no processo de planejamento de viajantes. Em outras palavras, as pessoas estavam visitando a Rail Europe no começo do planejamento de suas viagens. Anteriormente, a Rail Europe captava clientes em uma etapa muito tardia do processo. O vice-presidente de e-business da Rail Europe, Frederick Buhr, explicou o desafio que teve para superar as dificuldades e a estratégia que utilizou: "Hoje você é ignorado pelo cliente, porque eles podem usar o Google para pesquisar tudo. Embora gostemos de ser encontrados por todas as ferramentas de busca, sabíamos que precisávamos captar clientes muito antes em seu ciclo de planejamento".

Desde a revisão, o número de visitas no raileurope.com aumentou em 30% durante abril e maio, meses em que muitas pessoas planejam suas férias de verão. As vendas online aumentaram 7% no mesmo período. Esses resultados são ainda mais impressionantes quando comparados às vendas de outros sites de viagem, que apresentaram queda de até 25% por causa da recessão.

Lançamento do novo site utilizando o software de gestão Web FatWire

A Rail Europe lançou seu novo site utilizando o servidor de conteúdo FatWire (fatwire.com/), que disponibiliza conteúdo multilíngue aos seus visitantes. O portfólio de gestão da experiência online do FatWire automatiza o processo administrativo, que inclui autoria de conteúdo, design do site, publicação e entrega de conteúdo, marketing direcionado, Web Analytics do site e participação do usuário.

Por meio da interface de um Servidor de Conteúdo, a Rail Europe organiza e administra campanhas online direcionadas, mantém conteúdo relevante e atualizado e conserva a integridade da marca. De acordo com o diretor de inovação da Rail Europe, "mais de 60% dos nossos clientes interagem conosco via Web, de forma que precisávamos de soluções de gestão de conteúdo que nos possibilitassem atualizar constantemente as informações para estimular o retorno de visitantes e recomendações". Muita informação, fotos, vídeos, planejamento interativo e mais de 500 páginas de conteúdo foram adicionados ao site.

Estatísticas do site e inteligência fornecidos pela Technology Leaders

O servidor de conteúdo permitiu que a Rail Europe organizasse campanhas, mas não forneceu inteligência Web suficiente para decidir quais campanhas seriam mais eficientes. Para desenvolver recursos de inteligência Web, a Rail Europe investiu em estatísticas do site por meio da Technology Leaders (technologyleaders.com/), uma empresa de consultoria. Por meio da análise de dados sobre comportamento online, por exemplo, administradores descobriram quais ofertas e promoções obtêm as melhores taxas de conversão. A Rail Europe contratou a Technology Leaders para desenvolver e manter (ou seja, contratou um serviço) a estrutura de análise estatística da Web. O processo de construção dessa estrutura envolveu as seguintes tarefas:

- Remarcar todo o site com código JavaScript e palavras-chave (tags) Webtrends.
- Estabelecer dashboards e indicadores-chave de desempenho (KPI) para monitorar o desempenho do site.

Os principais benefícios de uma estrutura de análise estatística da Web são:

- Fornecer informações mais detalhadas para campanhas de marketing online e relatórios de campanha mais qua-

lificados. A administração verifica quais palavras-chave e campanhas online levaram à venda de pacotes de viagem e de produtos específicos.
- Fornecer novas métricas de conversão, como o acompanhamento de assinaturas de newsletter para medir sua efetividade.

A administração da Rail Europe agora toma decisões baseadas em dados, suportadas por análises estatísticas de acesso a Web. O site do portal de viagens é mantido atualizado com as melhores e mais atualizadas ofertas com o objetivo de atrair visitantes em busca de bons negócios, o que estimula a fidelidade e o retorno ao site.

Fontes: Compilado de Wireless News (2009), McKay (2009a, 2009b), Fatwire.com, TechnologyLeader.com e RailEurope.com (2011).

Questões para discussão e debate em sala de aula

1. Cenário para brainstorming e discussão: Se uma empresa tivesse um site com as mesmas características de comércio eletrônico que possuía há cinco anos, ela teria perdido clientes. O mesmo aconteceria se, daqui a cinco anos, as empresas ainda estivessem utilizando sites de comércio eletrônico de hoje em vez de se expandirem para incluir os últimos aplicativos móveis e da Web.

a. Primeiro, discuta como os sites de comércio eletrônico mudaram nos últimos cinco anos.

b. Em seguida, selecione quatro tipos diferentes de empresas – por exemplo, um fabricante de carros, uma grande empresa de software, um vendedor online e um provedor de serviços – que existam desde 2000, pelo menos.

c. Depois, visite os arquivos da Internet no Wayback Machine em http://www.archive.org/web/web.php. Veja o último site arquivado de cada uma das empresas que você escolheu e também da Rail Europe, e o sites de cinco anos atrás de cada uma. Que mudanças importantes você percebe nos sites de comércio eletrônico das cinco empresas?

d. Na sua opinião, qual das empresas que você selecionou teria sofrido a maior perda de clientes se não tivesse atualizado seu site de comércio eletrônico? Por quê?

2. Debate: O site da Rail Europe foi redesenhado para atingir as novas estratégias de e-business. Esse replanejamento envolveu terceirizar algumas das plataformas do site de comércio eletrônico e as estatísticas Web à FatWire e à Technology Leaders. Parcerias terceirizadas requerem **acordos de nível de serviço (SLA)**[*]. Um SLA é um contrato firmado entre o provedor de serviços (um fornecedor ou uma empresa de consultoria) e um cliente (empresa) no qual o provedor de serviços garante um nível mínimo de serviço. Um desafio nesse acordo é especificar exatamente o que são os níveis mínimos de serviço e descobrir maneiras de mensurá-los adequadamente. Se o serviço mínimo não é prestado, o contrato é quebrado e o provedor de serviços precisa, normalmente, pagar uma multa. Para referência, você pode ver a síntese do SLA da FatWire no site http://www.fatwire.com/support#tab3.

Os SLAs são contratos legais que incluem um incentivo para que o provedor de serviços que resolva problemas rapidamente de modo que o cliente seja compensado por perdas causadas por falha ao cumprir com os termos do SLA. O incentivo do provedor de serviços normalmente vem na forma de uma multa por problemas que ele não é capaz de resolver em um tempo preestabelecido. Um especialista em terceirizações sugere (com algum senso de humor) que as multas sejam estabelecidas como algo entre a cadeira elétrica e um tapinha na mão. Geralmente, quanto mais estrito for o SLA, maiores serão os custos diretos, mais exato será o nível mínimo aceitável e mais precisa será a mensuração desses níveis. Quanto mais aberto for o SLA, menos tempo e esforço serão gastos para definir mensurações e níveis de monitoramento factíveis, mas maiores serão os riscos e custos no futuro, caso algo dê errado. É interessante observar que empresas podem terceirizar o monitoramento de SLA para outra empresa. A questão é que determinar o SLA com um fornecedor e monitorá-lo requer esforços que tomam muito tempo, têm alto custo e exigem compensações. SLAs muito estritos e muito abertos podem ser arriscados e custosos, mas o risco e os gastos podem ocorrer em diferentes momentos do ciclo de vida de um SLA.

O que fazer: Assuma o papel do provedor de serviços ou do cliente. Debata em que pontos os termos do SLA deveriam ser estritos ou mais abertos para minimizar o risco total e os custos de sua empresa. Considere todos os custos, incluindo, mas não se limitando a, perdas causadas por interrupção de serviços se o SLA for muito aberto, custos de um contrato SLA caso ele seja muito estrito e taxas legais no caso de os termos do SLA não serem cumpridos. Debata as compensações que você estaria disposto a aceitar ao negociar os termos do SLA.

---

[*] N. de R. T.: A sigla ANS é uma tradução e pode ser utilizada. No entanto, optou-se por SLA (Service Level Agreement) por ser mais conhecida e usada.

6.1 Desafios e estratégias de e-business

A explosão online deu ao cliente de hoje um controle maior sobre quando e como ele deseja interagir com uma empresa ou com uma marca por meio de um mix de meios e canais online. Para competir com sucesso nesse ambiente online, é preciso compreender e responder às mudanças de comportamento do consumidor ou às necessidades do clientes, e muitas vezes é preciso lidar com provedores de software de TI e empresas de consultoria.

O caso de abertura do capítulo descreve a revisão que a Rail Europe fez em seu modelo de e-business e a reengenharia de seu site de comércio eletrônico – mudanças que exigiram a ajuda de pelo menos dois fornecedores. Em função da complexidade de projetar e implementar canais de negócio online, as empresas podem decidir terceirizar o desenvolvimento ou a hospedagem do sistema, muitas vezes utilizando SaaS ou computação em nuvem, como você leu no Capítulo 2. Entretanto, desenvolver um modelo de e-business eficiente e uma estratégia competitiva são tarefas realizadas por gestores de dentro da empresa e de diversos departamentos – marketing, TI, operações, logística, contabilidade, entre muitos outros. Se o modelo de negócio e a estratégia estão errados, então a implementação não seria relevante no longo prazo.

Para compreender melhor a importância de modelos e estratégias competitivos, na próxima seção apresentaremos a era ponto.com.

A ERA PONTO.COM, 1995-2002

As empresas correram em direção ao comércio eletrônico nos anos 1990. Muitas previsões já ultrapassadas e suposições gerenciais que foram feitas levaram a más decisões e ao fracasso no comércio eletrônico. Ocorreram diversos debates, com um dos lados argumentando que os *negócios na Internet* tinham seu próprio conjunto de regras, que diferiam (misteriosamente) dos modelos tradicionais de negócio, que valorizavam os ganhos positivos e o fluxo de caixa. O lado oposto argumentava que a adição do prefixo "*e*" em *e-business* não acaba com a necessidade de obter lucros, mas os investidores que normalmente se arriscam ignoraram essa lógica por muitos anos.

Da metade dos anos 1990 até 2002, a mídia e os analistas de investimentos online supervalorizaram a *nova economia* e o crescimento de negócios ponto.com (alguns desses analistas da bolsa foram presos mais tarde e/ou multados por fraude e indução de investimentos). O conceito dessa nova economia ajudou a alimentar a teoria de que as empresas na Internet eram diferentes (ou seja, tinham novas regras). Nos termos do mercado de ações, as empresas que utilizavam a economia antiga, como a Proctor & Gamble, estavam fora do mercado. As empresas dentro desse novo perfil de economia, como o Yahoo.com (e muitas que faliram dentro de alguns anos) estavam dentro do mercado.

A bolha ponto.com aumenta. A chamada nova economia era a economia da **era ponto.com** (ou a **bolha ponto.com**), que se estendeu de 1995 a 2000. Em 1995, o número de usuários da Internet aumentou rapidamente. Empresas totalmente dedicadas, chamadas de ponto.com, existiam apenas na Internet, sem uma presença física. Essas empresas que atendiam via Internet foram criadas para capturar este novo mercado eletrônico. *Mercado eletrônico* era o termo utilizado, em vez do velho termo *mercado*, utilizado em economia (a nova economia tinha um novo vocabulário, dividindo ainda mais o e-business dos negócios tradicionais).

Não se restringindo pelos modelos de negócios, que exigiam lucro e grandes quantias de dinheiro de seus investidores (privados), muitas empresas ponto.com se engajaram com práticas de negócios ousadas e, por vezes, fraudulentas. Suas práticas tinham como objetivo conquistar uma fatia de mercado, que se acreditava ser o caminho para a lucratividade. De acordo com o modelo de negócios ponto.com, o objetivo das empresas era acumular uma base de clientes (fatia de mercado) mesmo que isso significasse vender com prejuízos no curto prazo (o que muitos fizeram), porque os negócios iriam se tornar rentáveis no longo prazo. Os investidores compraram a ideia desse modelo mágico de negócios, e os preços das ações de empresas ponto.com foram às alturas, atraindo ainda mais investidores. Na realidade, a bolha ponto.com era uma bolha no mercado de ações. Isso quer dizer que os preços das ações estavam significativamente altos e continuavam a crescer (veja a Figura 6.4), inflando a bolha até março de 2000.

O estouro da bolha ponto.com e a deflação. A maioria das empresas ponto.com estava listada na NASDAQ (*National Association of Securities Dealers Automated Quotation System* – nasdaq.com). Em 10 de março de 2000, a NASDAQ gerou um índice que atingiu o pico de 5.048,62 pontos. De 11 de março de 2000 a 9 de outubro de 2002, a NASDAQ perdeu 78% de seu valor, registrando queda de 5.046,86 para 1.114,11 pontos conforme os preços das ações das empresas ponto.com caíam ou perdiam completamente o seu valor de mercado. A Figura 6.4 mostra as mudanças ocorridas na NASDAQ desde o começo da bolha, até 2003. O dia 10 de março de 2000 é chamado de dia do estouro da bolha, porque se tornou um marco de mudança. O declínio constante acabou com a maior parte dos debates que discutiam se resultados positivos, fluxo de caixa e outras métricas financeiras utilizadas para avaliar negócios tradicionais (com loja física) se aplicavam ou não ao comércio eletrônico.

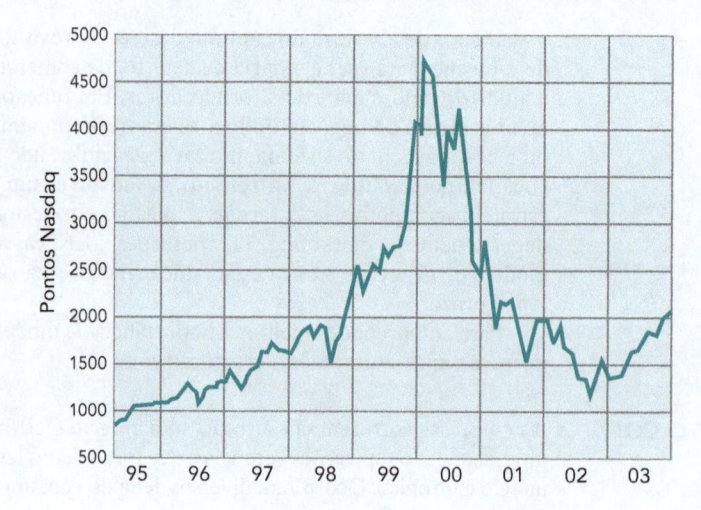

Figura 6.4 Mudanças na NASDAQ durante a era ponto.com, que explodiu (começou a decair) em 10 de março de 2000 e decaiu até outubro de 2002.

Muitas lições ainda são aprendidas sobre o comércio B2C e B2B, na medida em que as empresas realizam experiências com novidades para obter uma vantagem competitiva, ainda que seja pequena ou temporária. Como você viu na introdução deste capítulo, as novas tecnologias da Web e sem fio e os novos aplicativos criam outras oportunidades e recursos.

Recursos fundamentais e desafios presentes no comércio eletrônico são brevemente discutidos a seguir.

FUNDAMENTOS DE E-BUSINESS E COMÉRCIO ELETRÔNICO

Canais online e conectividade dão suporte ou habilitam as atividades de negócios expostas a seguir, criando os seguintes benefícios para o comércio eletrônico:

- **Processos de negócio.** Processos de negócio são realizados e gerenciados via redes por razões óbvias – ou seja, porque quase todos os documentos de negócios são digitais e porque conexões de banda larga sem fio e redes com fio, laptops e celulares/dispositivos de mão estão disponíveis.
- **Serviço.** Serviços de autoatendimento reduzem ineficiências e custos relativos ao atendimento ao clientes, consumidores, pacientes, cidadãos, entre outros. O site da Federal Express, por exemplo, permite que o cliente acompanhe suas encomendas, calcule os custos de envio, agende entregas e imprima seus próprios rótulos. Companhias aéreas incentivam viajantes a imprimir seus cartões de embarque antes de chegarem ao aeroporto.
- **Colaboração e treinamento.** A telepresença minimiza as limitações impostas pela necessidade de se estar fisicamente presente em um único lugar para dar colaborações ou receber/dar treinamento online ao vivo.
- **Comunidade.** Redes sociais como o Facebook e o Twitter são centros comunitários em uma dimensão possível somente via canais online. Você lerá mais sobre o comércio social no próximo capítulo.

Tipos de transações de e-business. Existem diversos tipos básicos de transações de e-business que já foram mencionadas em seções anteriores. A seguir, apresentamos suas definições.

- **Empresa para empresa (*business-to-business* – B2B).** Em transações do tipo B2B, tanto o fornecedor quanto o comprador são organizações empresariais. Mais de 85% do volume de comércio eletrônico é B2B – muito mais do que o comércio B2C.
- **Empresa para consumidor (*business-to-customer* – B2C).** No tipo B2C, os fornecedores são organizações e os compradores são indivíduos. O tipo B2C também é chamado de *venda eletrônica*.
- **Consumidores para empresas (*consumers-to-business* – C2B).** No C2B, os consumidores demonstram uma necessidade específica por um produto ou serviço e os fornecedores competem para fornecer esse produto ou serviço aos consumidores. Um exemplo é a Priceline.com, na qual o cliente aponta um produto ou serviço e o preço desejado e a Priceline tenta encontrar um fornecedor a fim de atender a necessidade declarada.

- **Governo para cidadãos (G2C) e para outros.** Nesse caso, uma entidade governamental fornece serviços aos seus cidadãos via tecnologias de comércio eletrônico. As unidades de governo podem fazer negócios com outras unidades de governo (**government-to-government – G2G**) ou com empresas (**government-to-business – G2B**).
- **Comércio móvel.** As transações e atividades são conduzidas por redes sem fio.

REQUISITOS E DESAFIOS EM SITES DE E-BUSINESS

Como um consumidor, você já experimentou em primeira mão sites de comércio eletrônico e provavelmente conhece a maioria das características ou requisitos de um site. Entretanto, o número de sistemas, redes e ferramentas de manutenção integrados utilizados para dar suporte às operações de comércio eletrônico, incluindo o atendimento de pedidos (entrega dos itens corretos ao cliente em um tempo razoável), são bem menos conhecidos. As seções a seguir discutem os requisitos e desafios que derivam do comércio eletrônico.

Disponibilidade. A disponibilidade está ligada ao servidor para e-business. É necessária uma estrutura "sempre ativa" para manter em funcionamento os aplicativos fundamentais para o negócio. Os sites precisam ser hospedados em servidores (discos rígidos especializados e de grande capacidade) que possam suportar o volume de pedidos de acesso (o tráfego) ao site. A Figura 6.5 mostra um exemplo de hospedagem em servidores na Web. Os servidores precisam estar conectados à Internet por linhas de grande capacidade de transmissão (telecomunicação). Quando servidores precisam ser desativados para conserto ou reposição de peças, a hospedagem é direcionada para outro servidor ou, se possível para aquela empresa, o site é tirado do ar durante a manutenção.

Lembre-se de que a Rail Europe hospedava seu site no servidor de conteúdo da FatWire e dependia de suas ferramentas de gestão de experiência (WEM – *Web Experience Management*). A hospedagem de servidores de terceiros é realizada se a empresa não possui infraestrutura para hospedar ela mesma o site ou se não possui os conhecimentos em TI para administrar a situação. Outra razão ou vantagem da hospedagem em terceiros é a **escalabilidade** – poder adicionar capacidade extras de forma gradual, rápida e de acordo com a demanda.

Resposta rápida e precisa. Não apenas os servidores Web precisam estar sempre disponíveis, mas também o software de comércio eletrônico e os bancos de dados devem responder rapidamente. O software Web precisa ser capaz de buscar; classificar; comparar características de produtos; verificar a disponibilidade, o saldo e/ou as entregas; processar as promoções e os pagamentos; verificar se o número do cartão de crédito realmente pertence à pessoa que está tentando usá-lo; e confirmar a compra em tempo real. Especialmente no comércio B2B, em que o tempo é fundamental nas compras, erros que causam atraso nas entregas são inadmissíveis.

Segurança e padrão PCI DSS. Todos os servidores, linhas de transmissão, softwares de aplicativos, bancos de dados e conexões precisam ser seguros; muitas vezes, dados confidenciais precisam ser protegidos com outros níveis de defesa, geralmente a criptografia.

Para que os sites aceitem pagamentos via cartões de crédito, padrões adicionais de segurança são impostos pelo setor de pagamentos de cartões de créditos (*payment card industry* – PCI).

Figura 6.5 Servidores de hospedagem Web. (Konstantnos Kokkinis/Alamy)

TABELA 6.1	Princípios e requisitos PCI DSS

O núcleo do PCI DSS é um grupo de princípios e requisitos que os acompanham, em torno dos quais os elementos específicos do DSS estão organizados:

Construa e mantenha uma rede segura

Requisito 1: Instalar e manter uma configuração de firewall para proteger os dados do usuário do cartão

Requisito 2: Não utilizar as configurações padrão fornecidas pelos prestadores de serviço e outros parâmetros de segurança

Proteja os dados do usuário do cartão

Requisito 3: Proteger os dados armazenados do usuário do cartão

Requisito 4: Encriptar a transmissão de dados do usuário do cartão que circule em redes abertas ou públicas

Mantenha um programa de gestão de vulnerabilidades

Requisito 5: Utilize e atualize regularmente um software antivírus

Requisito 6: Desenvolva e mantenha sistemas e aplicativos seguros

Implemente medidas fortes de controle de acesso

Requisito 7: Restrinja o acesso aos dados do usuário do cartão em função das necessidades de negócio

Requisito 8: Designe uma ID única para cada pessoa com acesso ao computador

Requisito 9: Restrinja acesso físico aos dados do usuário do cartão

Monitore e teste as redes regularmente

Requisito 10: Acompanhe e monitore todo acesso aos recursos da rede e aos dados do usuário do cartão

Requisito 11: Teste regularmente os sistemas e processos de segurança

Mantenha uma política de segurança de informação

Requisito 12: Mantenha uma política que aborde a segurança de informação

Todo o comércio, seja ele eletrônico ou físico, independentemente do tamanho e do volume de vendas, precisa cumprir com as imposições do padrão PCI DSS para aceitar, armazenar, processar, enviar ou receber dados de um usuário de cartão de crédito das principais bandeiras. O padrão PCI DSS é um conjunto de requisitos de segurança de informação utilizados para evitar fraudes com cartões de crédito. O padrão **PCI DSS** foi desenvolvido pelo Payment Card Industry Security Standards Council (**PCI SSC**), uma organização fundada por American Express, Discover Financial Services, JCB International, MasterCard Worldwide e Visa, Inc.

A Tabela 6.1 lista os princípios do padrão PCI DSS e doze requisitos que os acompanham, em torno dos quais elementos específicos de DSS estão organizados. A organização publica uma lista de aplicativos de pagamento validados em seu site pcisecuritystandards.org. Sites elaborados para o comércio eletrônico precisam ser hospedados em plataformas de software que tenham recebido certificação de segurança do PCI. A certificação para verificar se o processo de utilizar o cartão de crédito e os sistemas de Internet estão de acordo com o PCI DSS precisa ser feita anualmente.

Construindo vantagem competitiva. Nenhuma inovação competitiva se mantém única por muito tempo. Empresas líderes estão sempre buscando recursos da próxima geração para desenvolver novas vantagens competitivas. Uma abordagem para isso é integrar as mídias sociais. As empresas podem implementar suas próprias redes sociais e serviços ou utilizar o Facebook ou outras redes existentes. Uma preocupação estratégica é como controlar o conteúdo, especialmente porque aquele conteúdo não foi produzido para ser monitorado e controlado.

Integração de sistemas de comércio eletrônico com sistemas empresariais. Outro desafio enorme é integrar os sistemas de comércio eletrônico com legados e outros sistemas empresariais. Existe um interesse crescente em realizar uma integração mais qualificada en-

TABELA 6.2	Web Analytics e ferramentas e soluções de software de inteligência	
Software	Recursos e funções	URL
ClickTracks	Fornece produtos, ferramentas de visualização, e serviços hospedados para a análise de tráfego no site, incluindo o comportamento do visitante	clicktracks.com
Coremetrics	Uma plataforma que captura e armazena os cliques do cliente e do visitante para construir um perfil LIVE (Lifetime Individual Visitor Experience – Duração da experiência individual do visitante), que serve de base para iniciativas de comércio eletrônico	coremetrics.com
Google Analytics	Oferece Web analytics services gratuitos, com análises integradas de Adwords e outras formas de publicidade baseadas na busca por palavras-chave	google.com/analytics/
SAS Web Analytics	Transforma automaticamente dados brutos advindos da Web em informação de negócio	sas.com/solutions/web-analytics/
Webtrends	Avalia o desempenho de uma campanha, o marketing de mecanismo de busca, a conversão do sites e a retenção de clientes	webtrends.com

tre todos os pontos de interação com o consumidor. Esse desafio se intensifica quando as empresas passam pelo processo de fusão ou são compradas, porque nesse caso sites que foram construídos em diferentes plataformas tecnológicas precisam ser integrados.

Web Analytics e software de inteligência. Atividades em sites – como o que foi clicado, quanto tempo o visitante permaneceu na página, o endereço de IP do computador do visitante e itens colocados no carrinho de compras – são capturadas e armazenadas em um registro. Os dados presentes nesse registro são analisados para que a empresa possa aprender sobre como os visitantes navegam no site, avaliar campanhas de publicidade e determinar outros fatores relevantes. Muitos fornecedores oferecem análises estatísticas de acesso a Web e softwares de inteligência para que os gerentes possam analisar o tráfego na Web e outras atividades dos visitantes, conforme descrito na Tabela 6.2.

Comércio eletrônico internacional. Muitas vezes, compradores internacionais online precisam enfrentar vários obstáculos para comprar de empresas de comércio eletrônico norte-americanas. Esses compradores enfrentam o desafio de descobrir se o site envia os produtos para o seu país. Os custos de envio de produtos tende a ser mais alto do que o necessário, e a entrega pode ser demorada e imprevisível. Além disso, os preços não são convertidos para a moeda corrente do país do comprador. O custo total de entrega para clientes internacionais muitas vezes é vago e incorreto. Clientes podem descobrir que precisam pagar taxas aduaneiras adicionais e inesperadas, ou taxas para receber, devolver ou corrigir erros em suas encomendas.

MODELOS DE E-BUSINESS

Para compreender melhor como funciona o e-business, observe a Figura 6.6. Uma empresa como a Dell ("Nossa empresa", na Figura) fornece produtos e/ou serviços a seus clientes, como mostrado no lado direito. Para fazer isso, a empresa compra inputs, como matéria-prima, componentes, partes ou serviços de fornecedores e outros parceiros de negócio no processo de compras. O processamento desses inputs é feito no departamento de produção/operações. Os departamentos financeiro, de marketing, de TI e outros dão apoio à conversão de inputs em outputs e à venda aos clientes.

Um objetivo do e-business é *simplificar* e *automatizar* tantos processos quanto for possível. Alguns exemplos de processos são verificação do cartão de crédito, produção, venda, entrega, gestão de estoque ou oferecimento de gestão de relacionamento com o cliente. Isso é feito por

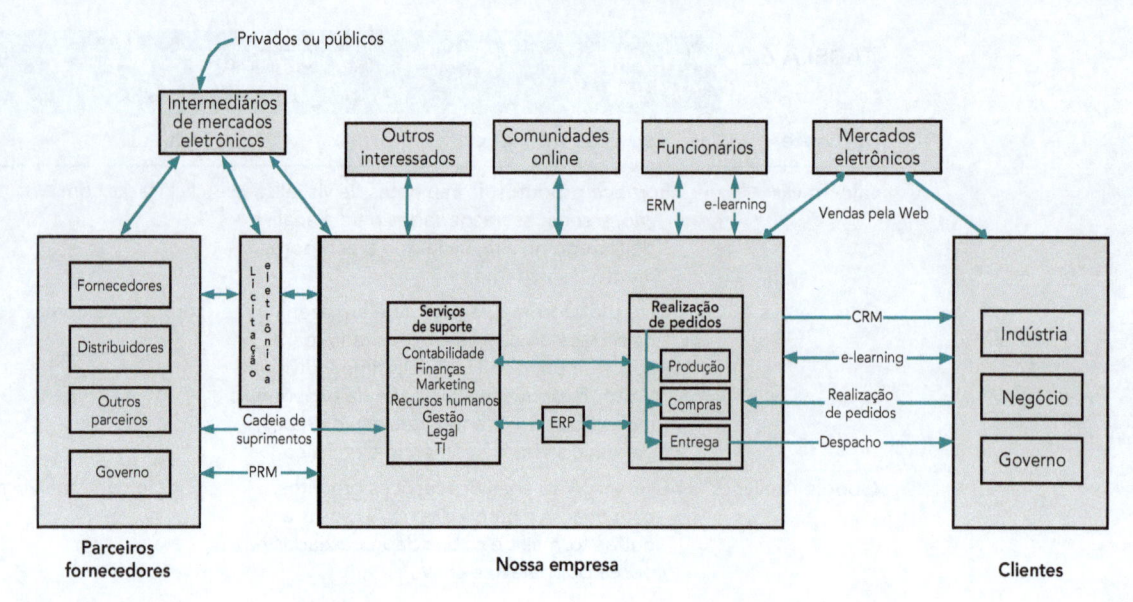

Figura 6.6 Modelo de comércio eletrônico.

meio de mecanismos presentes no comércio eletrônico, como mercados eletrônicos, licitações eletrônicas e gestão de relacionamento com o cliente eletrônica, conforme mostrado na Figura 6.6. Observe que os processos presentes na figura envolvem diversos tipos de transações.

Lembre-se de que modelos de negócio são os métodos pelos quais a empresa gera lucro. Por exemplo, no modelo B2B pode ser vendido via catálogos ou em leilões. Os principais modelos de e-business são resumidos na Tabela 6.3. Os tipos de leilão – tradicional e reverso – são explicados em *TI em ação 6.1*.

TABELA 6.3 — Modelos de negócios eletrônicos

Modelo de negócio eletrônico	Descrição
Serviços de comparação de preços	Ferramentas de busca (como o TheFind, NexTag e Google Product Search) encontram produtos, comparam preços e encontram ótimas ofertas – e recebem uma comissão.
Marketing afiliado	Vendedores pedem aos parceiros que coloquem anúncios como logos ou banners em seus sites. Se o cliente clicar no logo, que o direciona ao site do fornecedor, e comprar algo, o fornecedor paga uma comissão aos parceiros.
Mercados e bolsas eletrônicas	Transações são conduzidas eficientemente (mais informações aos compradores e vendedores, menos custos de transação e trocas) em mercados virtuais (públicos ou privados).
Corretores de informação e serviços de combinação	Corretores fornecem serviços relacionados às informações de comércio eletrônico, como conteúdo, combinar compradores e vendedores, avaliar vendedores e produtos.
Associação	Apenas membros associados podem utilizar os serviços fornecidos, incluindo acesso a determinadas informações, realização de negócios e assim por diante.
Leilões tradicionais	Os vendedores colocam itens à venda para muitos prováveis compradores e a proposta mais alta vence, como acontece no eBay.
Leilões reversos	Compradores colocam avisos sobre itens ou serviços que desejam comprar em um site de leilões. Esses avisos são chamados de **solicitação de cotação** (*request for quotes* – RFQ). A proposta mais barata e mais qualificada vence o leilão.
Dê seu próprio preço	Clientes decidem quanto desejam pagar pelo produto. Um intermediário (por exemplo, a Priceline.com) tenta encontrar um fornecedor.
Leilões online	Empresas ou indivíduos realizam leilões de vários tipos na Internet. Esta é a forma mais barata e rápida de vender ou liquidar produtos.
Marketing direto online	Fabricantes ou varejistas vendem os produtos diretamente online aos seus clientes. Isso é muito eficiente para o marketing digital de produtos e serviços.
Marketing Viral	Este modelo envolve deixar que os indivíduos espalhem a mensagem de marketing.

TI em ação 6.1

Leilões online para o comércio

Um **leilão** é um processo competitivo no qual um vendedor solicita propostas dos compradores ou um comprador solicita propostas dos vendedores. A característica básica dos leilões, sejam eles online ou offline, é que os preços são determinados dinamicamente em um processo de concorrência. Leilões são um método de comércio estabelecido há gerações, e se prestam para lidar com produtos e serviços para os quais os canais de marketing convencionais são ineficazes ou ineficientes. Leilões eletrônicos normalmente aumentam as receitas dos vendedores por meio da expansão da base de clientes e do encurtamento do ciclo do leilão. Os compradores normalmente se beneficiam de leilões online por causa da oportunidade de barganhar por preços mais baixos e da conveniência de não precisarem ir até o local do leilão para participar dele.

Os leilões são utilizados em transações comerciais B2C, B2B, C2B, governo eletrônico e C2C, e estão se tornando populares em diversos países. Eles podem ser conduzidos pelo site do vendedor, do comprador ou do site de terceiros. São divididos aqui em dois grandes tipos: leilões tradicionais e leilões reversos.

Leilões tradicionais. Aqueles que os vendedores utilizam como canal de vendas para muitos compradores em potencial. O site de leilões tradicionais mais popular é o eBay, que possui um aplicativo para iPhone, conforme mostrado na Figura 6.7. Normalmente, os itens são postos em sites de leilão e os compradores podem fazer propostas para a compra do item ou de serviços até o prazo final. A maior proposta compra o item. Vendedores e compradores podem ser indivíduos ou negócios. O site popular de leilões eBay.com conduz, em sua maioria, leilões tradicionais, mas existem muitos leilões online do tipo B2C e B2B. Leilões tradicionais online são utilizados para liquidar o excesso de estoque ou para aumentar o leque de clientes, especificamente para produtos e serviços especiais. A Sears, por exemplo, liquida o estoque em excesso ou descontinuado por meio de leilões e preços fixos em searsliquidations.com.

Leilões reversos. Nesse tipo de leilão, uma empresa ou agência do governo que deseja comprar itens faz uma solicitação de cotação em seu site ou em um mercado de leilões terceirizado. Após a solicitação de cotação, vendedores ou fornecedores pré-aprovados submetem propostas eletronicamente. Leilões reversos podem atrair um conjunto amplo de compradores interessados, que podem ser fabricantes, distribuidores ou varejistas. As propostas são destinadas via intranet do comprador para os departamentos de engenharia e finanças para avaliação. Esclarecimentos são feitos por e-mail e o vencedor é notificado eletronicamente.

O leilão reverso é o modelo mais comum de leilão para grandes quantidades de pedidos ou itens de custo alto. O menor lance único vence o leilão. Governos e grandes corporações muitas vezes exigem essa abordagem por meio da solicitação de orçamentos para licitações, porque a competição entre os vendedores leva a economias consideráveis.

Figura 6.7 Aplicativo da loja do eBay para iPhone. (ICP/Alamy)

Questões para discussão: Por que os leilões são um canal de vendas online eficiente? Visite o site searsliquidations.com/. Quais são os tipos de itens vendidos via leilão no site da Sears?

Questões para revisão

1. O que foi a bolha ponto.com? O que se aprendeu com esse evento?
2. Liste alguns benefícios do e-business.
3. Quais são os principais tipos de transações de e-business?
4. Quais são os requisitos e os desafios do e-business?
5. Qual é a importância de se cumprir com o padrão PCI DSS?
6. Defina modelo de negócios e liste cinco modelos de e-business.

6.2 Comércio eletrônico de empresa para consumidor (B2C)

Vendas de varejo via canais eletrônicos, serviços financeiros e serviços de viagem são formas muito populares de comércio B2C. O site mais conhecido que realiza B2C é o Amazon.com, cujos desenvolvimentos em TI receberam patentes nos Estados Unidos, o que os mantêm à frente da competição – detalhes são descritos em *TI em ação 6.2*.

TI em ação 6.2
Patentes de TI da Amazon.com criam vantagem competitiva

O empreendedor e pioneiro em e-tailing (varejo eletrônico) Jeff Bezos percebeu o imenso potencial de vendas por varejo online e selecionou livros para seu empreendimento de e-tailing. Em julho de 1995, Bezos fundou a Amazon.com, oferecendo livros por um catálogo eletrônico em seu site. As principais características do mega e-tailer Amazon.com eram uma grande variedade de títulos, preços baixos, sistema de busca e pedidos simplificado, informações úteis e personalização do produto, sistemas seguros de pagamento e eficiência no atendimento de pedidos. Ainda no início, a Amazon.com reconhecia a importância do atendimento aos pedidos e investiu milhões de dólares na construção de depósitos, projetados para enviar pequenas encomendas a milhares de clientes.

A Amazon revisa continuamente seu modelo de negócios, melhorando a experiência do cliente. Os clientes podem, por exemplo, personalizar suas contas na Amazon e gerenciar pedidos online com o recurso de pedidos patenteado "One-Click". Esse serviço personalizado inclui uma carteira eletrônica, que permite que compradores façam seu pedido de forma segura sem que seja necessário inserir endereço, número do cartão de crédito e demais dados toda vez que fazem uma compra. O One-Click também permite que os clientes vejam o status do pedido e façam alterações quando eles ainda não entraram no processo de envio. As marcas da Amazon são EARTH'S BIGGEST SELECTION (a maior seleção do planeta) e IF IT'S IN PRINT, IT'S IN STOCK (se foi impresso, temos em estoque).

Além disso, a Amazon incluiu serviços e fez alianças para atrair mais clientes e aumentar suas vendas. Em janeiro de 2002, a Amazon.com declarou que obteve lucro pela primeira vez no quarto trimestre de 2001; 2003 foi o primeiro ano em que obteve lucros em todos os trimestres.

A Amazon investiu muito em sua infraestrutura de TI, muitos dos componentes dessa infraestrutura foram patenteados. A lista de patentes da Amazon a seguir dá uma noção de como funciona o lado legal de um varejista eletrônico e explica por que muitos dos principais varejistas, como a Sears ou a Sony, utilizam a Amazon.com como seu portal de vendas.

- 6.525.747—Método e sistema de condução de discussão sobre um item
- 6.029.141—Sistema de indicação ao cliente online, também conhecido como *Affiliate program* (programa de afiliação)
- 5.999.924—Método para a produção de consultas em sequência
- 5.963.949—Método para coleta de dados em formulários e barreiras de busca
- 5.960.411—Método e sistema para que um pedido seja feito via comunicações em rede (pedido via One-Click)
- 5.826.258—Método e aparato para estruturar consultas e interpretação de informação semiestruturada
- 5.727.163—Método seguro para comunicação de dados de cartão de crédito ao fazer um pedido em rede não segura
- 5.715.399—Método e sistema seguros para comunicação de uma lista de números de cartão de crédito em uma rede não segura.

A Amazon lançou seu e-reader, o Kindle, em 2007. Seu sucesso provou a viabilidade do mercado de e-books e levou à entrada de muitos competidores no mercado, como o Nook da Barnes & Noble o iPad da Apple. Alguns analistas estimam que o Kindle foi responsável por cerca de 60% do mercado de e-readers em 2010.

Na metade de 2010, a Amazon desenvolveu um aprimoramento do software para o Kindle, possibilitando que usuários compartilhassem passagens de livros com outras pessoas via Facebook e Twitter. O novo recurso com rede social na versão 2.5 acrescenta outro link ao Kindle padrão e ao modelo maior, o Kindle DX, já que a Amazon está inserida em um mercado cada vez mais competitivo em função dos recursos do iPad. O iPad foi projetado para que o usuário possa ler livros digitais, assistir a vídeos online, ouvir música e navegar na Internet.

Fontes: Compilado de Gonsalves (2010), Rappa (2010) e amazon.com.

Questões para discussão: Por que o atendimento aos pedidos foi crucial para o sucesso da Amazon? Por que a Amazon patenteou o One-Click e outros desenvolvimentos em infraestrutura de TI? Como a Amazon adaptou o Kindle às novas tecnologias? Por que outros varejistas formariam alianças com a Amazon.com?

Muitos dos líderes em serviços online são do setor bancário, de transações financeiras (compra de ações, títulos), e de serviços de emprego, viagens e imóveis.

Operações bancárias online. As operações bancárias online incluem diversas atividades bancárias que são conduzidas pela Internet em vez de em um local físico. As operações bancárias online oferecem serviços que vão desde o pagamento de contas até o pedido de um empréstimo. Clientes podem verificar seu saldo e fazer transferências a qualquer hora do dia. Para os bancos, essa é uma alternativa econômica. Os custos de uma transação são de cerca de 2 centavos comparados a 1,07 dólar em um serviço físico.

A maioria dos bancos físicos fornece serviços bancários online e utiliza o comércio eletrônico como principal estratégia competitiva. Os clientes estão cientes de que, se lidam com o banco exclusivamente utilizando sua instituição física, podem estar perdendo grandes opções de investimentos ou taxas competitivas de crédito que facilmente se sobrepõem aos processos bancários tradicionais. Um dos bancos com altas taxas de juros que funcionam exclusivamente online é o ING Direct. Com um notório e sofisticado plano de marketing, o ING Direct se tornou um dos bancos diretos mais bem-sucedidos, conforme descrito em *TI em ação 6.3*.

Bancos internacionais que trabalham com múltiplos sistemas monetários. Bancos internacionais e a capacidade de lidar com transações em múltiplas moedas são fundamentais para

TI em ação 6.3

ING Direct, o maior banco online

O ING Direct, uma divisão dos serviços financeiros holandeses do gigante ING Group, ultrapassou o E*Trade Bank e tornou-se o maior banco online. O ING Direct abriu primeiramente no Canadá, em 1997. Em 2007, o ING Direct já tinha se tornado o mais bem-sucedido banco direto no mundo, com mais de 17 milhões de clientes em nove países. Em cinco anos de funcionamento nos Estados Unidos, o ING já havia conquistado 2,2 milhões de clientes norte-americanos e 29 bilhões de dólares em depósitos.

Rendimentos altos, grande volume, margem estreita e altos lucros. O ING pagou os maiores rendimentos em poupanças, 2,6% comparados à média de 0,56% pagos no mercado pelos bancos tradicionais. O banco investiu pesado em esforços de marketing online e offline para roubar clientes de outros bancos. A estratégia do ING Direct de usar produtos simples, rendimentos agressivos e campanhas de marketing (ver Figura 6.8) e distribuição direta criou uma clara diferenciação com relação a seus concorrentes. Uma de suas táticas de marketing bem-sucedidas foi enviar um cheque de 25 dólares para os clientes por terem se cadastrado no sistema.

Apesar dos altos rendimentos e gastos elevados com marketing, os lucros do ING Direct dispararam. A divisão dos Estados Unidos, por exemplo, obteve um lucro bruto de 250 milhões de dólares em 2004, mais do que o dobro de seu lucro bruto de 100 milhões em 2003.

Um negócio com elevado volume e margem comercial reduzida depende do uso de operações online que ofereçam serviços mais simples a clientes menos exigentes. Originalmente, o banco não oferecia contas correntes porque custavam muito, mas passou a oferecer poucos anos depois. O ING Direct quase não possui agências físicas além dos quatro cafés que promovem o banco em Nova York, Filadélfia, Los Angeles e Wilmington (Delaware). A sede da empresa é um depósito convertido de Wilmington e não um caríssimo edifício de escritórios.

A estratégia competitiva do ING Direct foi rapidamente copiada por seus concorrentes. O MetLife e o New York's Emigrant Savings Bank lançaram bancos na Internet oferecendo taxas de rendimentos elevadas.

Figura 6.8 Mulher em um banco em Paris, França, exposição do banco online ING Direct. (Directphoto.org/Alamy)

Fontes: Compilado de INGDirect.com (2010), Stone (2005) e Ensor (2007).

Questões para discussão: Como o ING Direct se tornou o maior banco online do mundo? Por que o ING Direct utilizou campanhas de marketing tanto online quanto offline? O que atraiu os clientes ao uso de banco online no ING Direct? O que atraiu bancos que possuíam apenas instalações físicas para o segmento de bancos online?

---

o comércio internacional. A transferência eletrônica de fundos e as cartas de crédito eletrônicas são serviços importantes nos sistemas bancários internacionais. Um exemplo de suporte ao comércio global eletrônico é o fornecido pela TradeCard (tradecard.com). A TradeCard oferece um modelo de software como serviço (*software-as-a-service* – SaaS) que fornece colaboração à cadeia de suprimentos e uma plataforma de conformidade financeira comercial.

Embora algumas encomendas internacionais possam ser feitas dando o número do cartão de crédito, outras transações podem requerer suporte bancário transfronteiriço. O Hong Kong and Shanghai Bank (hsbc.com.hk), por exemplo, desenvolveu um sistema especial, o HSBCnet, para poder oferecer serviços bancários online em 60 países. Por meio desse sistema, o banco melhorou sua reputação e infraestrutura em economias em desenvolvimento na Ásia, e tornou-se rapidamente um grande banco internacional sem precisar desenvolver uma nova e extensa rede de agências.

Mercado de trabalho online. A maioria das empresas e das agências governamentais anuncia vagas disponíveis, aceita currículos e recebe candidaturas pela Internet. O mercado de trabalho online é especialmente eficiente e ativo para as cargos voltados à área de tecnologia, por exemplo, dice.com e monster.com. Em muitos países, os governos precisam anunciar a abertura de vagas na Internet. Além disso, centenas de agentes de recrutamento e serviços relacionados estão ativos online. Para fazer um currículo, você pode obter ajuda em jobweb.com.

QUESTÕES EM VAREJO ELETRÔNICO (E-TAILING)

Apesar do crescimento contínuo do varejo eletrônico, muitos vendedores ainda encaram diversos desafios que podem interferir no crescimento de seus esforços em e-tailing. As principais questões relacionadas a isso são:

1. **Resolver o conflito de canal.** Se um dos vendedores for uma empresa mista, física e virtual, como na Levi's ou na GM, ele poderá enfrentar conflitos com seus distribuidores regulares ao vender online diretamente para os clientes. Essa situação é chamada de **conflito de canal**, porque é um conflito entre o canal de vendas online e o canal de vendas físico. O conflito de canal forçou empresas a limitar seus esforços de B2C ou a não vender diretamente online. Uma abordagem alternativa é tentar colaborar de alguma forma com os distribuidores existentes, cujos serviços poderiam ser reestruturados. Uma fábrica de automóveis, por exemplo, poderia permitir que clientes configurassem um carro online, mas exigir que o carro fosse retirado na concessionária, onde os clientes poderiam também combinar formas de financiamento, garantias e serviços.
2. **Resolver conflitos dentro de organizações mistas físicas e virtuais.** Quando uma empresa estabelecida vende online diretamente para o cliente, ela cria um conflito em suas próprias operações offline. Os conflitos podem surgir em áreas como estabelecimento de preços de produtos e serviços, alocação de recursos (por exemplo, orçamento de publicidade) e serviços de logística fornecidos por atividades offline para atividades online (lidar com as devoluções de itens comprados online, por exemplo). Para minimizar esse tipo de conflito, as empresas devem separar a divisão online da divisão tradicional. A desvantagem é que a separação pode aumentar os gastos e reduzir a sinergia entre as duas partes organizacionais.
3. **Organizar o atendimento de pedidos e a logística.** E-tailers enfrentam problemas difíceis de atendimento a pedidos e logística e quando vendem online. Isso ocorre porque é preciso projetar um sistema que aceite e processe um grande volume de pequenas encomendas, pegue fisicamente os itens nas prateleiras do depósito e coloque-os em caixas, certifique-se de que foram etiquetados corretamente, e aceite devoluções. O processo de devolução é chamado de **logística reversa**. Questões de logística são discutidas com maiores detalhes na Seção 6.4.
4. **Determinar a viabilidade e os riscos dos e-tailers online.** Muitos e-tailers que trabalhavam unicamente online faliram na era ponto.com, resultado de problemas com o fluxo de caixa, com as aquisições de clientes, com o atendimento a pedidos e com a projeção de demandas. A concorrência online, especialmente para produtos básicos como CDs, brinquedos, livros ou mantimentos, tornou-se muito agressiva em função da facilidade de entrada no mercado. Como explica o modelo de cinco forças de Porter, as barreiras de entrada fracas intensificam a competição em um setor. Assim, um problema que a maioria dos vendedores online enfrenta, sejam eles novos ou já estabelecidos, é determinar por quanto tempo devem ficar em operação enquanto ainda estão perdendo dinheiro e como devem financiar essas perdas.
5. **Identificar modelos apropriados de receitas.** Um modelo de negócio das primeiras ponto.com era gerar receitas suficientes a partir de anúncios publicitários para manter os negócios em evidência até que a base de clientes atingisse uma massa crítica. Esse modelo não funcionou. Um número excessivo de negócios ponto.com competia por alguns poucos dólares provenientes de anúncios, que iam parar principalmente em um pequeno número de sites bem conhecidos, como a AOL, o MSN, o Google e o Yahoo. Além disso, existia um dilema do tipo "o ovo ou a galinha": os sites não conseguiam anunciantes se não tinham visitantes suficientes. Para ter sucesso no comércio eletrônico, é necessário identificar os modelos de receitas adequados e modificá-los de acordo com as mudanças do mercado.

NEGÓCIOS ONLINE E PLANEJAMENTO DE MARKETING

O planejamento de marketing online é muito parecido com a criação de qualquer outro plano de marketing. É estranho ter de separar os planos para negócios online e offline, porque não é dessa forma que os clientes percebem um negócio. A seguir, apresentamos algumas recomendações para planejamento e para negócios online:

- Construa o plano de marketing pensando no cliente, não nos produtos.
- Acompanhe o progresso com uma visão de um ano de negócio, para ser capaz de identificar quando ajustes são necessários e então ser rápido o suficiente para responder a essas necessidades.
- Identifique todos os principais pressupostos do plano de marketing. Quando há evidência de que esses pressupostos estão errados, identifique novos pressupostos e ajuste o plano.
- Faça planos guiados por dados e baseados em fatos.

Questões para revisão

1. Descreva como conteúdo e serviços digitais podem levar a uma redução significativa de custos.
2. Que recursos gerais tornam a entrega de serviços online bem-sucedida para vendedores e compradores?
3. Como a Amazon manteve sua vantagem competitiva?
4. Como o ING Direct atraiu clientes para se tornar o maior banco online do mundo?
5. Liste as principais questões relacionada à venda eletrônica.
6. Liste três recomendações para o planejamento de marketing online.

6.3 Comércio eletrônico e aquisições online em negócios do tipo empresa para empresa (B2B)

Em *aplicações B2B*, os compradores, vendedores e as transações envolvem apenas organizações. O modelo B2B compreende cerca de 85% do volume de dólares presente no comércio eletrônico. Isso cobre as aplicações que permitem que uma empresa estabeleça relacionamentos eletrônicos com seus distribuidores, revendedores, fornecedores, consumidores e outros parceiros. Ao utilizar o modelo B2B, as organizações podem reestruturar sua cadeia de suprimentos e suas relações com parceiros.

Existem diversos modelos de negócios para aplicações B2B. Os principais são mercados eletrônicos do lado do vendedor e e-sourcing (do lado do comprador).

MERCADO ELETRÔNICO DO LADO DO VENDEDOR

No modelo de **mercado eletrônico do lado do vendedor**, as organizações vendem seus produtos ou serviços a outras organizações a partir de seu próprio mercado eletrônico ou a partir do site terceirizado. Esse é um modelo semelhante ao B2C, no qual se espera que o comprador vá até o site do vendedor, veja os catálogos e faça um pedido. No modelo B2B do mercado eletrônico de vendas, entretanto, o comprador é uma organização. Os dois principais mecanismos no modelo de vendas são leilões futuros e catálogos eletrônicos, que podem ser personalizados para cada comprador.

Empresas como a Dell Computer (dellauction.com) utilizam leilões extensamente. Além de leilões no próprio site da empresa, as organizações podem utilizar sites de leilões terceirizados, como o eBay, a fim de liquidar itens. Empresas como a Overstock.com ajudam as organizações a leiloar ativos e estoque antigo.

O modelo do lado do vendedor é utilizado por milhares de empresas e é especialmente poderoso para empresas de excelente reputação. O vendedor pode ser um fabricante (como a IBM), um distribuidor (como a avnet.com, uma grande distribuidora de TI) ou um varejista (como a Walmart.com). O vendedor utiliza o comércio eletrônico para aumentar as vendas, reduzir os gastos com vendas e publicidade, aumentar a velocidade de entrega e reduzir custos administrativos. O modelo de vendas é bastante adequado para a personalização. Clientes organizacionais, por exemplo, podem configurar seus pedidos online em cisco.com e outros sites. A autoconfiguração de pedidos resulta em menos desentendimentos sobre o que os clientes desejam e um atendimento de pedidos muito mais rápido.

E-SOURCING

O termo **e-sourcing** se refere a vários métodos de licitação. Os principais métodos são os leilões, solicitação de cotação (*request for quotes* – RFQ) e trocas privadas. Esse termo também se aplica a todas as outras atividades secundárias que foram adicionadas ao ciclo de tempo e custo das transações de licitação. Essas atividades incluem a colaboração de parceiros de transações, negociação de contratos e seleção de fornecedores.

Licitação eletrônica. A **licitação corporativa**, também chamada de **compra corporativa**, lida com a compra de produtos e serviços de uma organização para suas necessidades operacionais e de funcionamento. As organizações fazem licitação de matérias-primas para produzir produtos finais, que são chamadas de **licitações diretas**, e produtos para as necessidades operacionais diárias, que são chamadas de **licitações indiretas**. A licitação eletrônica (ou **e-procurement**) é a adaptação de processos de licitação tradicionais às tecnologias e estratégias de e-business. Estratégias e soluções relacionadas à licitação eletrônica possuem dois objetivos básicos.

- **Controlar custos:** o primeiro objetivo é controlar os gastos corporativos. As organizações querem gastar de forma inteligente em licitações a fim de valorizar seus investimentos, ou seja, garantir que o dinheiro gasto na licitação de itens resulte na obtenção dos produtos certos pelo melhor preço. Licitações eletrônicas corporativas são uma parte substancial dos gastos operacionais de uma organização. É comum, por exemplo, que uma grande fábrica gaste milhões de dólares na licitação de produtos e serviços. Dessa forma, as organizações criam sistemas de licitação eletrônica para facilitar e controlar os gastos gerais em licitações.

- **Simplificar processos:** o segundo objetivo é simplificar o processo de licitação para torná-lo eficiente. A falta de eficiência em processos de licitação tende a causar atrasos no pedido e recebimento de itens, bem como o taxamento de recursos internos.

Os dois objetivos, de controle de custos e de simplificação, podem ser atingidos de três formas:

1. Simplificando o processo de licitação eletrônica dentro da cadeia de valor da organização. Dessa forma, o número de funcionários necessários para processar a compra diminui, o tempo do ciclo de compras do pedido ao recebimento de itens diminui e dá poder à equipe, que, provida de informações suficientes sobre os produtos e serviços, pode tomar decisões inteligentes ao adquirir produtos.
2. Alinhando o processo de licitação de uma organização ao de outros parceiros que pertencem à cadeia de suprimentos virtual da organização. O alinhamento pode ser feito automatizando o processo de ponta a ponta, incluindo os sistemas de transação dos parceiros e simplificando o processo de compra. Essas estratégias permitem que os fornecedores reajam de forma eficiente às demandas dos compradores.
3. Utilizando estratégias e soluções apropriadas à licitação eletrônica. As organizações analisam padrões de gastos na tentativa de melhorar as decisões e os resultados de seus gastos.

Bolsas públicas e privadas. As bolsas são lugares onde muitos vendedores e compradores compram e vendem. Elas podem ser públicas ou privadas, dependendo se são ou não abertas ao público.

As *bolsas verticais* servem a um setor (por exemplo, automotivo, químico) ao longo de toda a cadeia de suprimentos. As *bolsas horizontais* servem a diversos setores que utilizam os mesmos produtos ou serviços (por exemplo, suprimentos de escritório, materiais de limpeza). Existem quatro tipos principais de bolsa:

1. **Bolsas verticais para matérias-primas diretas.** São mercados B2B em que *matérias-primas diretas* (matérias-primas que são insumos para a manufatura) – são negociadas, normalmente em grande quantidade em um ambiente de relacionamento de longo prazo, conhecido como **sourcing sistemático**. Um exemplo disso é o site PlasticsNet.com, um mercado vertical para profissionais do setor.
2. **Bolsas verticais para matérias-primas indiretas.** As matérias-primas indiretas de *um setor* normalmente são compradas conforme a demanda, e são chamadas de **spot sourcing**. Compradores e vendedores podem nem mesmo conhecer uns aos outros. Os sites ChemConnect.com e iSteelAsia.com são exemplos disso. Nas bolsas verticais, os preços mudam continuamente (como na bolsa de valores), baseados na relação entre oferta e demanda. Normalmente, leilões são utilizados neste tipo de mercado B2B. Algumas vezes, são realizados em salas de troca privadas, disponíveis em sites de troca como o ChemConnect.com. Em *TI em ação 6.4,* você lerá uma descrição sobre essa bolsa.
3. **Bolsas horizontais.** São mercados eletrônicos para matérias-primas indiretas, como material de escritório, lâmpadas e materiais de limpeza; usados por *qualquer indústria*. Como esses produtos são utilizados para manutenção, reparos e operações (e não vendidos para gerar receita), são chamados de suprimentos **MRO** (manutenção, reparos e operações). Os preços são fixados ou negociados em trocas sistemáticas. Exemplos desse tipo de site são o EcEurope.com, o Globalsources.com e o Alibaba.com.

A American Express colocou em prática sua própria experiência com compras indiretas para desenvolver ferramentas que melhoram a conformidade com regras estabelecidas de licitação de compras indiretas, ou suprimentos MRO. Em vez de uma pilha de catálogos ou de preferências pessoais de fornecedores, o sistema conta com um catálogo mestre que lista apenas produtos aprovados de fornecedores autorizados. Um dos grandes ganhos com esse sistema é a eliminação de **compras não planejadas** (*maverick buying*). As compras não planejadas são feitas fora do sistema estabelecido. Se o processo de licitação for muito complicado, as pessoas irão sair do sistema e comprar de um vendedor local. As compras não planejadas podem se mostrar

TI em ação 6.4

ChemConnect.com: um portal completo de serviços ao fornecedor

Compradores e vendedores de plásticos e químicos se encontram eletronicamente na bolsa de mercadorias vertical ChemConnect (chemconnect.com), formada em 1995. Utilizando essa bolsa, líderes mundiais na indústria de químicos, como a British Petroleum (BP), a Dow Chemical, a BASF e a Sumitomo reduzem o tempo do ciclo e os custos do comércio enquanto encontram novos mercados e parceiros de negócios ao redor do mundo.

A ChemConnect oferece aos seus clientes soluções sob medida para melhorar seu desempenho na cadeia de suprimentos. Suas soluções de negociações permitem eventos com lances dinâmicos, que são usados para comprar materiais a custo reduzido e vender produtos finais a preços altos. Os centros de colaboração são utilizados pelas empresas de químicos ao redor do mundo para compartilhar dados decisivos sobre demandas, estoque e pedidos com seus parceiros na cadeia de suprimentos.

Portal de fornecedores e Centros de colaboração. A ChemConnect oferece benefícios para fornecedores e compradores que investem em seus Centros de suprimentos, incluindo:

- Até 50% de reduções no estoque e na reserva de estoque
- 25% de redução no custo total do processamento e do atendimento de um pedido
- 20% menos de tempo gasto na conciliação do pedido com o recibo e os dados da fatura

A justificativa do custo de implementação de uma Central de Suprimentos vem da combinação da economia com mão de obra e um significativo ajuste de capital atribuído aos estoques menores. O ajuste de capital normalmente paga pelos custos de implementação diversas vezes com o tempo.

A central de colaboração privada da ChemConnect oferece aos parceiros da cadeia de suprimentos a capacidade de compartilhar em tempo real pedidos importantes, demanda e informações do estoque. Esse recurso utiliza aplicações integradas e baseadas na Web para reduzir custos administrativos e baixar os níveis de estoque.

Fontes: Compilado de chemconnect.com e Case Study: ChemConnect (2008).

Questões para discussão: Quais são as vantagens da bolsa ChemConnect? Como os investimentos no portal do fornecedor ou em centros de colaboração podem ser justificados? Qual é o período de reembolso? Quais são os benefícios da Central de Suprimentos?

---

dispendiosas não apenas porque os preços dos vendedores podem ser altos, mas também porque podem impedir a empresa de atingir volumes de compras que poderiam desencadear descontos.

Visto que compras por catálogo possuem altos custos de transação, a American Express agregou catálogos de diversos fornecedores e de categorias diferentes em seu catálogo mestre, o CatalogPro. Esse catálogo torna mais fácil para os usuários encontrar os itens corretos e adquiri-los a preços contratuais.

4. **Bolsas funcionais**. Aqui, os serviços necessários, como contratação temporária ou espaço extra, são negociados conforme a demanda. O site Employease.com, por exemplo, pode encontrar mão de obra temporária utilizando os funcionários que fazem parte da rede Employease. Os preços são dinâmicos e variam de acordo com a oferta e a procura.

Outra faceta importante da gestão de licitações é a **gestão por demanda** – saber ou prever o que, quando e quanto comprar. O melhor custo de licitação é zero, quando as pessoas não compram o que não precisam.

Questões para revisão

1. Diferencie em poucas palavras o mercado eletrônico do lado do vendedor e o e-sourcing.
2. Quais são os dois objetivos básicos da licitação eletrônica? Como esses dois objetivos podem ser atingidos?
3. Qual é o papel das bolsas no modelo B2B?
4. Explique por que as compras sem necessidade podem ocorrer e quais são seus impactos nos custos de licitação.

6.4 Governo eletrônico

Os modelos de comércio eletrônico se aplicam ao governo e ao setor público, como você leu em diversos casos dados como exemplos nos capítulos anteriores. Tecnologias da Web ajudam o setor público a lidar com desafios econômicos, sociais e ambientais e a administrar suas operações e crescimento da mesma forma que empresas que visam ao lucro fazem. Nesta seção, examinamos a aplicação das tecnologias da Web a organizações sem fins lucrativos.

O **governo eletrônico (e-government)** é o uso de tecnologia da Internet para disponibilizar informações e serviços públicos aos cidadãos, parceiros de negócios e fornecedores de entidades governamentais, e pessoas que trabalham no setor público. Os benefícios do governo eletrônico são:

- Melhora a eficiência e a efetividade das funções do governo, incluindo a realização de serviços públicos
- Permite que os governos sejam mais transparentes aos cidadãos e negócios dando acesso a mais informações geradas pelo governo
- Oferece melhores oportunidades para cidadãos darem feedback às agências governamentais e participarem em instituições e processos democráticos

Como resultado, o governo eletrônico pode facilitar mudanças fundamentais no relacionamento entre cidadãos e governos.

As transações do governo eletrônico podem ser divididas em três categorias principais: de governo para cidadãos (G2C), de governo para empresas (G2B) e de governo para governo (G2G). Na categoria G2C, agências governamentais utilizam cada vez mais a Internet para fornecer serviços aos cidadãos. Um exemplo disso é a *transferência eletrônica de benefícios* (TEB), em que o governo transfere benefícios como o pagamento de seguro social e de pensões diretamente às contas bancárias ou cartões inteligentes dos beneficiários.

Na G2B, governos utilizam a Internet para vender ou comprar de empresas. Por exemplo, *sistemas eletrônicos de propostas* que utilizam leilões reversos estão se tornando obrigatórios para assegurar o melhor preço de aquisição de mercadorias e serviços aos governos. A categoria G2G inclui comércio eletrônico intragovernamental (transações entre diferentes governos) e também serviços entre diferentes agências governamentais.

GOVERNO ELETRÔNICO EM NUVEM

Funcionários do governo, como gerentes corporativos, não aderiram facilmente à computação em nuvem. No entanto, suas preocupações sobre a computação em nuvem estão diminuindo, de acordo com uma pesquisa feita com decisores da área de TI lançada na metade de 2010. A pesquisa, conduzida pela empresa sem fins lucrativos Public Technology Institute (PTI), descobriu que 45% dos governantes locais estão utilizando alguma forma de computação em nuvem para aplicações ou serviços. Os resultados revelaram que outros 19% dos governos locais planejavam investir na implementação de algum tipo de computação em nuvem dentro de um ano, enquanto 35% não tinham intenção de fazer isso.

Governos locais têm diversas opções para a computação em nuvem – nuvem pública, privada, regional, operada pelo governo, ou nuvem operada por um fornecedor em nome do governo. Pressões orçamentárias são um fator cada vez mais importante que leva governos a considerarem soluções de computação em nuvem.

Dois casos de governo eletrônico são a cidade de Carlsbad (carlsbadca.gov), na Califórnia, que optou por uma solução em nuvem, e o uso de aplicativos para smartphones voltados ao governo eletrônico, que tem como objetivo controlar motoristas alcoolizados.

A CIDADE DE CARLSBAD OPTA PELA NUVEM

A cidade de Carlsbad emprega 1.100 pessoas e atende a mais de 100.000 cidadãos locais. A força de trabalho da cidade dedica boa parte do tempo a projetos em equipe que dependem de comunicação e colaboração. A cidade possuía um sistema obsoleto de e-mail e não tinha nenhum sistema de colaboração – além de orçamentos seriamente limitados. Carlsbad precisava substituir o antigo sistema de e-mail que era administrado internamente para aumentar a colaboração entre seus funcionários.

A cidade considerou primeiro o Microsoft Exchange Server 2007 e o Microsoft Office Outlook. Porém, o departamento de TI questionava se seria interessante em termos de custos investir um orçamento tão limitado na compra de hardware e na contratação e treinamento de pessoal para administrar o Exchange Server 2007. Assim, a cidade enviou um pedido de propostas (*request for proposal* – RFP) a diversos fornecedores para comparar os custos de de uma solução hospedada, gerenciada ou local. A equipe de TI estudou formas de adquirir e utilizar TI para obter economia em longo prazo. Eles trabalharam com a Gartner, uma empresa de consultoria, para compreender o valor, a segurança e as ramificações de confiabilidade de escolher uma solução hospedada e descobriram que a hospedagem era uma opção viável. Assim, considerando a limitação orçamentária e a experiência com servidores, a cidade optou por uma solução em computação em nuvem. Essa solução evitou investimentos locais com o uso do Business Productivity Online Standard Suite da Microsoft, software de colaboração hospedado nos centros de dados da Microsoft. Por um baixo valor de assinatura mensal por usuário, a suíte oferece serviços de comunicação e colaboração hospedados que incluem e--mail no desktop e móvel, organizador e contatos, mensagens instantâneas e presença, escritórios compartilhados e aplicativos de conferência audiovisual pela Web.

Em fevereiro de 2009, a cidade começou a trabalhar com o Microsoft Services para planejar a migração de 880 caixas de e-mail do GroupWise para o Exchange Online. Em todos os seus computadores, a cidade instalou o Microsoft Office 2007 e o cliente do Microsoft Online Services, que possibilita uma **autenticação única** para todos os serviços online da suíte de aplicativos. Com uma autenticação única, os usuários fazem login uma vez e têm acesso a todos os softwares e fontes de dados que estão autorizados a acessar. A cidade utilizou uma ferramenta de migração da Quest Software que facilitou a migração do governo municipal do GroupWise diretamente para o Exchange Online.

A cidade de Carlsbad é a primeira entidade do setor público a utilizar a suíte Microsoft Business Productivity Online Standard. A cidade está se beneficiando com alocação mais flexível de recursos, custos reduzidos, utilização rápida e melhoria da produtividade dos funcionários. Frente às dificuldades econômicas da época, a solução em nuvem permite que a cidade aloque seus recursos finitos onde poderão gerar os maiores retornos sobre o investimento (ROI).

GOVERNO ELETRÔNICO OFERECE AOS CIDADÃOS APLICATIVOS PARA INIBIR MOTORISTAS ALCOOLIZADOS

Com o uso popularizado de aplicativos em smartphones, muitas agências governamentais e programadores descobriram uma forma promissora de inibir motoristas de dirigirem alcoolizados. Em 2010, dois aplicativos para o iPhone foram lançados. Um deles chama-se *R-U--Buzzed* (algo como "Você está bêbado?"): lançado pelo Departamento de Transportes do Colorado, o aplicativo calcula o volume de álcool no sangue. O outro aplicativo chama-se *Stumble Safely* (algo como "Tropece com segurança") e mostra aos pedestres de Washington uma rota segura para suas casas depois de uma noite em um bar. O aplicativo foi submetido ao concurso Apps for Democracy, evento descrito em *TI em ação 6.5*.

O Departamento de Segurança no Trânsito da Califórnia firmou uma parceria com a equipe do popular aplicativo Taxi Magic a fim de promover motoristas sóbrios responsáveis (designated drivers)*, neste caso, um motorista de táxi. A parceria foi anunciada em maio de 2010. "O programa auxilia quem precisa chegar a algum lugar e bebeu demais", disse o porta-voz do Departamento de Segurança no Trânsito, Chris Cochran. "É mais uma ferramenta em nossa tática para combater a direção sob influência (de álcool e outras substâncias) que temos" (Wilkinson, 2010). O aplicativo gratuito Taxi Magic, lançado em janeiro de 2009, tornou-se um dos aplicativos mais baixados da loja da Apple. Os usuários que estão dentro da área metropolitana, onde

---

* N. de T.: O termo *designated driver* refere-se a uma pessoa escolhida para não consumir bebidas alcoólicas em uma ocasião social. Assim, os outros podem consumir e o *designated driver* os levará para casa em segurança.

TI em ação 6.5

Aplicativos para a iniciativa Comunidade Democrática

No outono de 2008, em Washington, D.C., o escritório do diretor de tecnologia perguntou à iStrategyLabs como poderia tornar o DC.gov's Data Catalog (catálogo de dados do governo de D.C., disponível em data.octo.dc.gov/) útil para cidadãos, visitantes, empresas e agências do governo. O Catálogo de Dados oferece aos cidadãos acesso a 431 conjuntos de dados oriundos de agências múltiplas, mostrando em tempo real *feeds* de dados sobre crimes, pontuação em testes escolares e indicadores de pobreza. O catálogo é a fonte de dados mais completa do mundo. A solução foi a criação do Apps for Democracy (appsfordemocracy.org/), um concurso que teve custo de 50 mil dólares e desenvolveu 47 aplicativos para iPhone, Facebook e Web com um valor estimado de 2,6 milhões de dólares para a cidade.

O concurso Apps for Democracy desafia cidadãos a criarem aplicativos de código aberto que possam acessar algum dos conjunto de dados mantido pelo governo. O vencedor de 2009 foi um programa para o iPhone no qual os usuários podiam submeter 311 pedidos de serviço ao governo do distrito. O aplicativo também pode ser utilizado via Facebook.

Fontes: Compilado de Data Catalog (data.octo.dc.gov/) e Apps for Democracy (appsfordemocracy.org).

Questões para discussão: Visite o catálogo de dados (data.octo.dc.gov). Que valor ele confere aos cidadãos?

o serviço está disponível, podem utilizar o recurso Magic Book do aplicativo para clicar em um botão que faz a ligação para a empresa de táxi e combinar o ponto de embarque.

A parceria da agência do estado com a Taxi Magic teve custo zero e cumpriu com a missão de incentivar motoristas sóbrios e a direção segura. O Departamento de Segurança no Trânsito da Califórnia é a primeira agência estatal com quem a empresa estabeleceu uma parceria, feita para promover a segurança.

Questões para revisão

1. Quais são os benefícios do governo eletrônico?
2. Qual é a vantagem de usar computação em nuvem como plataforma para o governo eletrônico?
3. Qual é o objetivo do concurso Apps for Democracy?
4. Como aplicativos de governo eletrônico ajudam a diminuir as incidências de pessoas dirigindo alcoolizadas?

6.5 Serviços de suporte ao comércio eletrônico: pagamento e atendimento de pedidos

A implementação de comércio eletrônico requer serviços de suporte. Aplicativos B2B e B2C exigem pagamento e atendimento de pedidos; portais requerem conteúdo. A Figura 6.9 mostra os principais serviços de comércio eletrônico, que incluem:

- **infraestrutura eletrônica:** consultores de tecnologia, desenvolvedores de sistema, integradores, hospedagem, segurança, tecnologia sem fio e redes

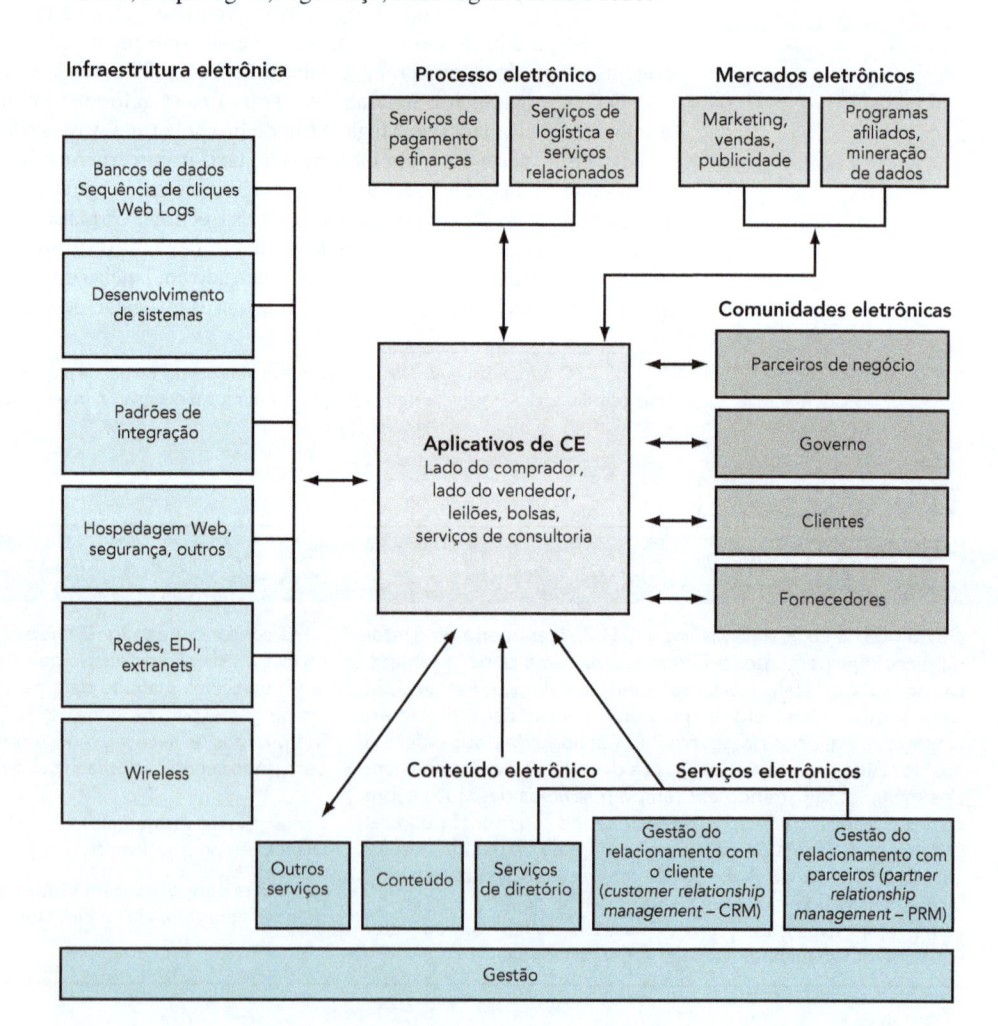

Figura 6.9 Serviços de suporte ao comércio eletrônico.

- **processo eletrônico:** pagamentos e logística
- **mercados eletrônicos:** marketing e publicidade
- **comunidades eletrônicas:** cidadãos, audiências e parceiros de negócio
- **serviços eletrônicos:** gestão de relacionamento com o cliente, gestão de relacionamento com parceiros e serviços de diretório
- **conteúdo eletrônico:** fornecido por provedores de conteúdo

Todos esses serviços dão suporte aos aplicativos de comércio eletrônico no centro da figura, e todos esses serviços precisam ser administrados.

PEQUISA DE MERCADO PARA COMÉRCIO ELETRÔNICO

O objetivo da pesquisa de mercado é obter informações e conhecimento que descrevam as relações entre consumidores, produtos, métodos e profissionais de marketing. Essas informações são utilizadas para descobrir oportunidades de marketing, estabelecer planos de marketing, compreender melhor o processo de compra e avaliar o desempenho de marketing. Na Web, o objetivo é transformar visitantes em compradores. A pesquisa de mercado inclui juntar informações sobre tópicos como economia, indústria, firmas, produtos, preços, distribuição, competição, promoção e comportamento de compra do consumidor.

PUBLICIDADE ONLINE

Um dos problemas com a publicidade por mala direta é que os anunciantes sabiam muito pouco sobre aqueles que recebiam a propaganda. Segmentar o mercado utilizando diversas características (como idade, renda, sexo) ajudou, mas não resolveu o problema. A Internet introduziu o conceito de **marketing interativo**, que permitiu que profissionais de marketing e anunciantes interagissem diretamente com seus consumidores. No marketing interativo, o cliente pode clicar em um anúncio para obter mais informações ou enviar um e-mail fazendo uma pergunta. Além da comunicação em duas vias e dos recursos de e-mail da Internet, comerciantes também podem se voltar a grupos e indivíduos específicos com os quais pretendem gastar sua verba de publicidade.

Empresas utilizam a Internet como um de seus canais de publicidade. Ao mesmo tempo, elas também podem utilizar a TV, os jornais e outros canais tradicionais. Assim, a Web compete no orçamento com outros canais. Os dois principais modelos de negócio para a publicidade online são (1) usar a Web como canal para anunciar produtos e serviços da própria empresa e (2) transformar o site da empresa em um portal público e usar visitantes fiéis como público para anúncios de produtos ofertados por outras empresas. Os visitantes, por exemplo, podem ir ao site da P&G e aprender sobre o Tide, mas podem também visualizar anúncios adicionais de produtos feitos por empresas que não a P&G.

ESTRATÉGIAS REPRESENTATIVAS DE PUBLICIDADE ONLINE

Muitas estratégias de propaganda podem ser utilizadas na Internet. Nesta seção, apresentaremos as principais.

Marketing afiliado e publicidade. O marketing afiliado é um modelo de receita adotado no qual os organizadores recomendam os clientes ao site de vendas de uma empresa. O marketing afiliado é utilizado principalmente como fonte de receita para a organização que recomenda e como uma ferramenta de marketing para os vendedores. Entretanto, o fato de o logo de uma empresa estar em muitos outros sites se configura, também, em publicidade gratuita. Pense na Amazon.com, cujo logo pode ser visto em cerca de 1 milhão de sites afiliados.

Marketing viral. O **marketing viral** é o marketing de boca a boca, no qual os clientes promovem um produto ou serviço falando para outras pessoas sobre ele. A promoção pode ocorrer via tweets, textos, entre outros meios. Pessoas que repassam mensagens para amigos, dizendo, por exemplo, que confiram determinado produto, é um exemplo de marketing viral. Essa abordagem de marketing tem sido usada por gerações, mas agora sua velocidade e alcance são multiplicados pela Internet. Tal modelo de anúncio pode ser utilizado para construir reconhecimento da marca a um custo mínimo, porque as pessoas que repassam mensagens recebem muito pouco ou nada por seus esforços.

Personalização de anúncios. A Internet contém informações demais para os clientes olharem. Filtrar informações irrelevantes, dando aos clientes anúncios customizados, pode reduzir esse excesso de informações. O núcleo do marketing eletrônico é um banco de dados de clientes, que inclui o registro de dados e informações coletadas em visitas ao site. As empresas que fazem anúncio do tipo um a um utilizam banco de dados para enviar anúncios personalizados

PAGAMENTOS ELETRÔNICOS

aos clientes. Utilizando esse recurso, o gerente de marketing pode personalizar a visualização de anúncios nos perfis dos usuários. Esse produto também fornece segmentação de mercado.

Os pagamentos são parte integrante dos negócios, seja na forma tradicional ou online. Infelizmente, em muitos casos os sistemas de pagamento tradicionais não são eficientes para o comércio eletrônico, especialmente para o tipo B2B. Diferentemente do que muitas pessoas podem acreditar, pode ser menos seguro para o comprador utilizar o telefone ou o correio para enviar um pagamento, especialmente em outro país, do que completar uma transação segura no computador. Por todas essas razões, pagar por produtos e serviços no ciberespaço requer melhores formas de pagamento. Essas formas são os *sistemas de pagamento eletrônico*, como o PayPal.

Existem diversas alternativas para fazer pagamentos de produtos e serviços na Internet. As principais estão listadas na Tabela 6.4.

Os métodos mais comuns, pagamento com cartão de crédito e pagamento eletrônico de contas, serão discutidos brevemente nesta seção.

Cartões de crédito eletrônicos. Os cartões de crédito eletrônicos possibilitam a cobrança online de pagamentos com cartão de crédito. Por questões de segurança, apenas cartões de crédito encriptados deveriam ser utilizados. Os detalhes do cartão de crédito podem ser encriptados usando o protocolo SSL no computador do comprador (disponível em navegadores padrão).

Os cartões de crédito eletrônicos funcionam desta forma: quando você compra um livro na Amazon, as informações do seu cartão de crédito e a quantidade de compras são encriptadas em seu navegador, assim a informação está segura durante a transmissão via Internet. Depois disso, quando essas informações chegam até a Amazon, não são abertas, porque são transferidas automaticamente ainda encriptadas a uma câmara de compensação, onde as informações são descriptografadas para verificação e autorização. O processo completo de como cartões de crédito eletrônicos funcionam é mostrado na Figura 6.10. Cartões de crédito eletrônicos são usados principalmente em negócios do tipo B2C e por empresas de pequeno e médio porte.

TABELA 6.4 Métodos de pagamento eletrônico

Método	Descrição
Transferência eletrônica de fundos	Popular para pagamento de contas online. O dinheiro é transferido eletronicamente da conta do pagador para a do beneficiário.
Cheques eletrônicos	Cheques eletrônicos assinados digitalmente são encriptados e enviados do comprador ao comerciante.
Cartões eletrônicos de compras	Cartões de crédito corporativos com limites. Funcionam como cartões de créditos comuns, mas precisam ser pagos mais rapidamente (p. ex., em uma semana).
Dinheiro eletrônico – cartões inteligentes	Cartões que possuem informações consideráveis e que podem ser manipulados conforme necessário. Utilizados para fins diversos, incluindo transferência de dinheiro.
Dinheiro eletrônico – de pessoa para pessoa	Criação de conta especial online a partir da qual fundos podem ser enviados para outros. O PayPal é a empresa mais conhecida (uma empresa da eBay). Você também pode pagar as empresas diretamente. Outro exemplo é o Yahoo Pay Direct.
Apresentação e pagamento eletrônicos de contas eletrônicas	As contas são apresentadas para a aprovação do pagador. O pagamento é feito online (p. ex., transferência de fundos). Exemplos: CheckFree.com, Yahoo Bill Pay.
Pagamento em caixas automáticos	Caixas automáticos permitem que você pague contas mensais (p. ex., para empresas de serviços públicos) transferindo o dinheiro de sua conta para a do cobrador.
Micropagamentos	Os micropagamentos são pequenos demais para serem pagos com cartão de crédito. Eles podem ser pagos com cartões com um valor armazenado ou com métodos especiais de pagamento, incluindo pagamentos por telefones celulares.
Métodos especiais de B2B	A apresentação e o pagamento de fatura, transferência eletrônica e carta eletrônica de crédito são métodos populares.

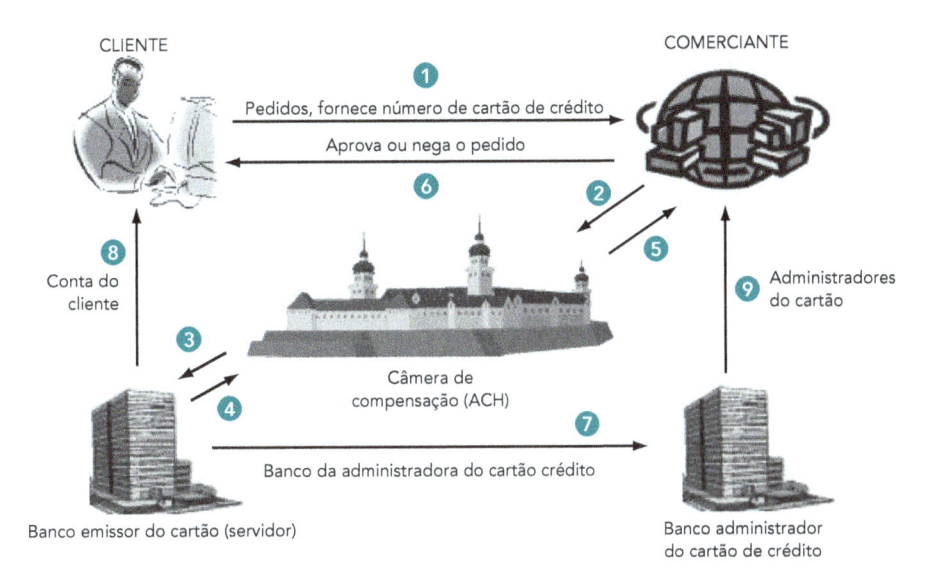

Figura 6.10 Sequência de atividades envolvidas no processamento de cartões de crédito eletrônicos.

Pagamento eletrônico de contas. Existem três maneiras principais de se pagar contas na Internet:

1. **Operações bancárias online.** O cliente cadastra-se em um serviço online de pagamento de contas e efetua todos os pagamentos a partir de um único site. Alguns bancos oferecem esse serviço gratuitamente vinculado a uma conta bancária ou caso o correntista mantenha um saldo mínimo em conta.
2. **Cobrança direta.** O cliente efetua pagamentos em cada um dos sites correspondentes às suas contas com um cartão de crédito ou repassando ao cobrador informações suficientes para completar um saque eletrônico diretamente da conta bancária do cliente. O cobrador disponibiliza as informações sobre a conta a ser paga ao cliente (apresentação) em seu site ou no site de um serviço de cobrança. Depois de visualizar a conta, o cliente autoriza e inicia o processo de pagamento no site. O pagamento pode ser feito via cartão de crédito/débito ou utilizando o sistema de transferência de uma câmara de compensação automatizada (*automated clearing house* – ACH). O cobrador, então, inicia a transação de pagamento que movimenta os fundos pelo sistema de pagamento, creditando o cobrador e debitando do cliente. Esse método é chamado de apresentação e pagamento eletrônico de contas (ou boletos bancários).
3. **Consolidador de contas.** O cliente se cadastra para receber extratos e pagar contas a vários cobradores com um consolidador de contas terceirizado (ou débito automático). As informações do cadastro do cliente são encaminhadas a cada cobrador que o cliente deseja ativar (iniciar o serviço). Para cada ciclo de cobrança, o cobrador envia um resumo ou detalhes da conta diretamente ao consolidador. O resumo da conta, que é vinculado aos detalhes da conta armazenados no cobrador ou consolidador, torna-se disponível para o cliente (apresentação). O cliente visualiza a conta e inicia as instruções de pagamento. O consolidador inicia uma transação de pagamento de crédito que transfere fundos por meio do sistema de pagamentos ao cobrador.

SEGURANÇA NOS PAGAMENTOS ELETRÔNICOS

Duas questões principais precisam ser consideradas quanto à segurança dos pagamentos: (1) o que é exigido a fim de manter pagamentos de comércio eletrônico seguros e (2) os métodos que podem ser utilizados para fazer isso.

Requisitos de segurança. Requisitos de segurança para conduzir o comércio eletrônico são:

- **Autenticação.** O comprador, o vendedor e as instituições pagadoras devem ser assegurados da identidade das partes com que eles estão negociando.
- **Integridade.** É necessário assegurar-se de que os dados e as informações transmitidas no e-commerce, como pedidos, respostas a consultas e autorizações de pagamento, não são acidental ou maliciosamente modificados ou destruídos durante a transmissão.

TI em ação 6.6
Dinheiro eletrônico: a moeda do futuro

Você entra em uma estação de trem lotada no centro de Tóquio e se dirige diretamente às catracas, ignorando as pessoas que estão na fila para comprar a passagem. Você tira seu telefone celular e o posiciona em frente ao leitor de cartão. Escuta-se um "beep" e sua passagem é liberada: você já pode ir para o trem.

O estilo de vida que usa dinheiro eletrônico no Japão está tornando a vida muito mais conveniente para consumidores, permitindo que uma série de transações sejam realizadas via telefones celulares, em vez das pelas tradicionais contas em papel e das moedas dadas ao caixa. O sistema, chamado de Mobile Suica, foi lançado para o público em janeiro de 2006, oferecido pela NTT DoCoMo, que é líder japonesa no fornecimento de telefonia móvel, e a East Japan Railway. O Mobile Suica é um smart card (cartão inteligente) de celular que pode ser utilizado para comprar passagens de trem ou liberar o acesso a prédios. Ele se baseia em RFID.

A Europa também está se atualizando em lugares como a França, em que a Societe Generale, em parceria com a Visa Europe e a Gemalto, introduziu em julho de 2007 o Visa Premier, um cartão de banco sem contato para clientes fazerem pequenas compras. Na Inglaterra, o Evening Standard, jornal popular, é vendido em quiosques especiais, onde o único contato feito é entre o cartão e o escâner.

O Bank of Japan ainda não liberou números com relação ao dinheiro eletrônico, mas analistas dizem que o dinheiro eletrônico representa cerca de 20% dos 300 trilhões de ienes (2,8 trilhões de dólares) gastos por consumidores japoneses. Especialistas dizem que a nova tecnologia promoverá o crescimento do dinheiro eletrônico. "Com o Contactless Mobile Suica no seu celular, você pode checar o extrato e colocar mais dinheiro em sua conta a qualquer momento, em qualquer lugar", disse um especialista (ver Figura 6.11).

No entanto, existem motivos para se preocupar, especialmente com relação à segurança. "Perder meu telefone seria o mesmo que perder meu dinheiro", disse um cliente. Para abordar essas questões, alguns fornecedores de celulares já introduziram medidas biométricas de segurança que incluem o reconhecimento digital, facial e de voz necessários para ativar telefones.

Fontes: Compilado de International Herald Tribune (2008), nttdocomo.com e slashphone.com.

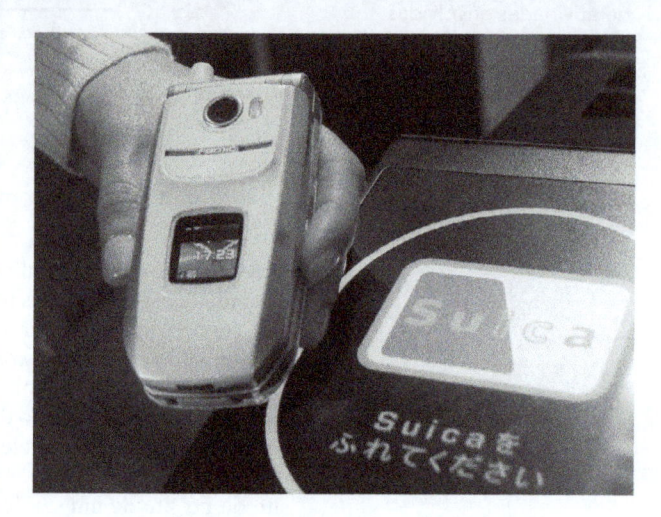

Figura 6.11 Contactless Mobile Suica no seu telefone celular. (Fonte: Kyodo/Landov LLc)

- **Não repúdio.** Comerciantes precisam de proteções contra a negação não justificada da realização de um pedido. Por outro lado, os clientes precisam de proteções contra a negação não justificada de pagamentos feitos aos comerciantes. (Essas negações, de ambos os tipos, são chamadas de repúdio.)
- **Privacidade.** Muitos clientes querem que suas identidades sejam mantidas seguras. Eles querem certificar-se de que outras partes não conheçam o que eles compram. Alguns preferem anonimato completo, o que é possível com pagamentos à vista.
- **Segurança.** Clientes querem certificar-se de que é seguro fornecer um número de cartão de crédito na Internet. Eles também querem proteção contra fraudes de vendedores ou criminosos que se passam por vendedores.

ATENDIMENTO A PEDIDOS

Toda vez que uma empresa vende diretamente a clientes e um produto é entregue fisicamente, há várias atividades envolvidas no atendimento ao pedido. Ela precisa realizar estas atividades: encontrar rapidamente os produtos a serem despachados; empacotá-los; fazer com que os pacotes sejam entregues rapidamente na porta do cliente; coletar o dinheiro de cada cliente, antecipadamente, por meio de COD (*cash on deliver*) ou por meio de fatura individual; e tratar o retorno dos produtos indesejáveis ou defeituosos.

É muito difícil realizar essas atividades com eficiência e eficácia no B2C, uma vez que uma empresa talvez precise despachar pequenos pacotes para muitos clientes e fazer isso rapidamente. Por essa razão, tanto empresas online como empresas físicas com frequência têm dificuldades na sua cadeia de suprimentos B2C e, por isso, elas terceirizam as entregas e, às vezes, o empacotamento também. Aqui, fornecemos uma breve visão geral do atendimento de pedidos.

O atendimento de pedidos inclui não apenas o fornecimento dentro do prazo daquilo que os clientes compraram, mas também o fornecimento de todos os serviços de atendimento ao cliente relacionados. Por exemplo, o cliente precisa receber instruções de montagem e funcionamento de um novo eletrodoméstico. Além disso, se o cliente não estiver satisfeito com um produto, a troca ou devolução deve ser providenciada. O atendimento de pedidos é basicamente uma parte daquilo que se costuma chamar de *operações administrativas* de uma empresa, que são controlar o estoque, o envio e o pagamento.

Processo de atendimento a pedidos. Um típico processo de atendimento a pedidos em comércio eletrônico é mostrado na Figura 6.12. O processo começa na esquerda, quando o pedido é recebido e é feita uma verificação para certificar que se trata de um pedido real. Uma série de atividades entra em ação, algumas que podem ocorrer simultaneamente e outras que ocorrem em sequência. Previsões de demanda e contabilidade são conduzidas em diversos pontos do processo.

- **Atividade 1:** Garantia de pagamento do cliente. Dependendo do método de pagamento e de ajustes anteriores, a validade de cada pagamento precisa ser determinada. Em B2B, o departamento financeiro da empresa ou a instituição financeira (por exemplo, um provedor de cartão de crédito ou um banco) pode fazer isso. Qualquer quebra de fluxo do processo pode causar atraso na entrega, resultando na perda da boa vontade ou do cliente.
- **Atividade 2:** Verificação da disponibilidade em estoque. Independentemente se o vendedor é um fabricante ou um varejista, assim que o pedido é recebido, é necessário consultar o estoque para verificar a disponibilidade do produto. Diversas situações são possíveis aqui, que podem envolver a gestão de material e os departamentos de produção, bem

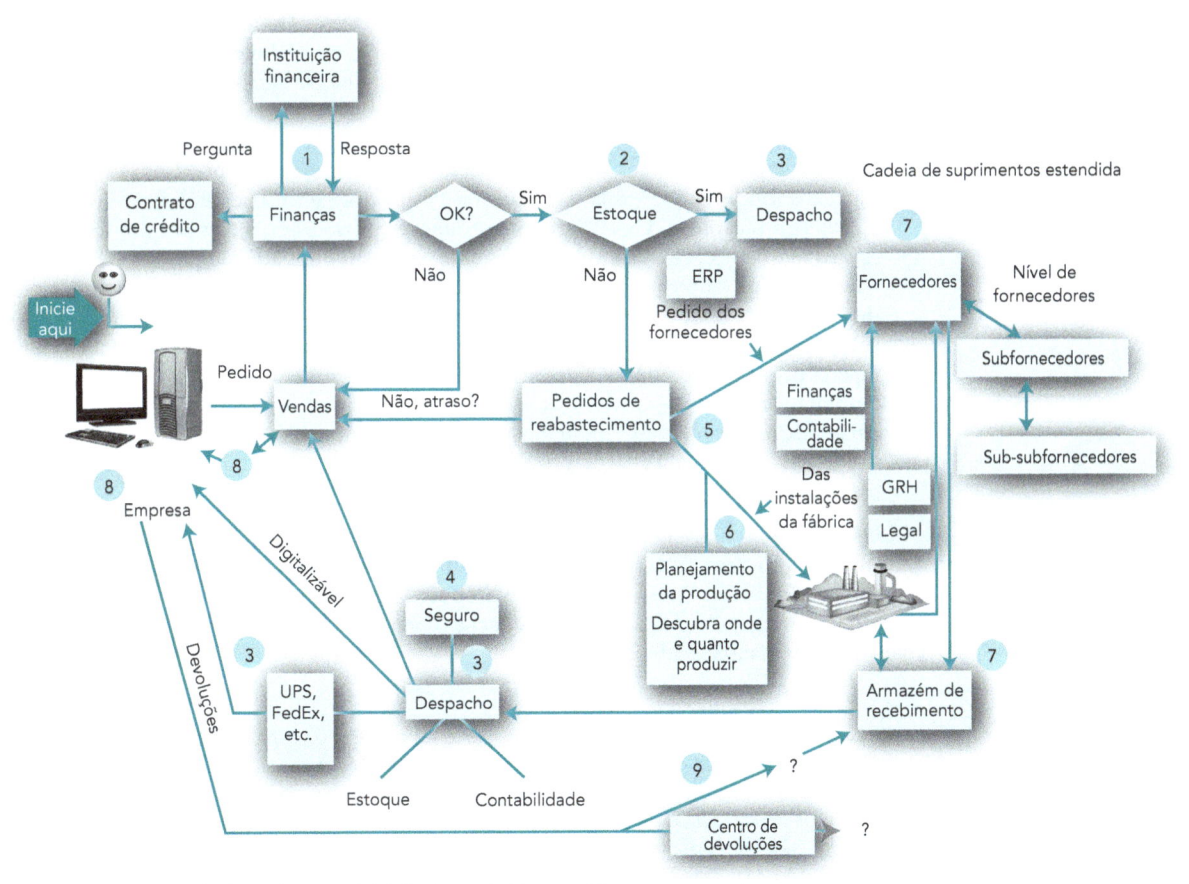

Nota: As previsões de demanda e contabilidade são conduzidas em vários pontos por todo o processo.

Figura 6.12 Sistema de atendimento a pedidos e logística.

como fornecedores externos ou depósitos. Nesse passo, as informações do pedido precisam estar conectadas às informações sobre a disponibilidade de itens no estoque.

- **Atividade 3:** Preparação do envio. Se o produto está disponível, ele pode ser enviado ao cliente imediatamente (caso o produto não esteja disponível, ir para o passo 5). Os produtos podem ser digitais ou físicos. Se o item é físico e está disponível, é necessário organizar seu empacotamento e envio. Essa etapa pode envolver os departamentos de embalagem ou de envio e carregadores internos ou transportadores externos.
- **Atividade 4:** Seguro. Algumas vezes, o conteúdo de uma entrega precisa ser assegurado. Essa questão pode envolver tanto o departamento financeiro quanto uma empresa de seguros e, novamente, as informações precisam circular não apenas dentro da empresa, mas também ir e vir do cliente e do agente de seguros.
- **Atividade 5:** Reposição de estoque. Pedidos personalizados sempre desencadearão a necessidade de alguma operação de fabricação ou montagem. De modo parecido, se os itens padrão estão esgotados, precisam ser produzidos ou procurados. A produção pode ser feita internamente ou por prestadores de serviços. Os fornecedores envolvidos podem ter seus próprios fornecedores (subfornecedores ou fornecedores de nível 2).
- **Atividade 6:** Produção interna. A produção interna precisa ser planejada. O planejamento de produção envolve pessoal, materiais, componentes, máquinas, recursos financeiros e, provavelmente, fornecedores e subcontratados. No caso da montagem, fabricação, ou ambos, diversos serviços industriais podem ser necessários, incluindo uma possível colaboração com parceiros de negócio. Os serviços podem incluir o agendamento de pessoas e equipamentos, a mudança de planos feitos para outros produtos, o trabalho com engenharia para realizar modificações, a obtenção de equipamentos e a preparação de conteúdo. O próprio local de produção pode ser em um país diferente daquele em que a sede da empresa ou os seus revendedores se encontram. Essas questões podem complicar ainda mais o fluxo de informações e a comunicação.
- **Atividade 7:** Uso de prestadores de serviços. Um fabricante pode optar por comprar produtos ou peças de montagem de prestadores de serviços. De forma parecida, se o vendedor é um varejista, como é o caso da Amazon.com e da Walmart.com, o varejista precisa adquirir os produtos de seus fabricantes. Existem diversas possibilidades. Depósitos podem armazenar itens adquiridos, que é o que a Amazon.com faz com seus livros, brinquedos e outros produtos mais vendidos. No entanto, a Amazon.com não estoca livros que vende pouco. Nesses casos, as editoras ou intermediários precisam fazer entregas especiais. Em qualquer uma das situações, é preciso garantir a qualidade dos materiais e produtos recebidos. Uma vez que a produção (passo 6) ou a compra dos fornecedores (passo 7) é completada, a entrega ao cliente (passo 3) é agendada.
- **Atividade 8:** Contato com o cliente. Representantes de vendas precisam manter o contato constante com os clientes, especialmente em B2B, começando pela notificação de recebimento do pedido e terminando com a notificação de envio ou mudança na data de entrega. Esses contatos são, em geral, feitos via e-mail e muitas vezes são gerados automaticamente.
- **Atividade 9:** Devolução. Em alguns casos, clientes desejam trocar ou devolver itens. Essas devoluções são um grande problema, já que mais de 100 bilhões de dólares em produtos norte-americanos são devolvidos a cada ano.

Os processos de atendimento de pedidos podem variar, dependendo do produto e do vendedor. O processo de atendimento de pedidos também difere dependendo se a atividade realizada é B2B ou B2C, se a entrega é de produtos ou serviços e se os produtos são pequenos ou grandes. Além disso, algumas circunstâncias, como no caso de materiais ou alimentos perecíveis, requerem passos adicionais.

Questões para revisão

1. Quais são os principais serviços de suporte ao comércio eletrônico?
2. Liste os requisitos de segurança do comércio eletrônico.
3. Descreva as dificuldades no atendimento de pedidos de comércio eletrônico.
4. Liste os nove passos para o processo de atendimento ao pedido.
5. O que significa pesquisa de mercado na Internet?
6. Quais são algumas das estratégias de publicidade online?

6.6 Questões éticas e legais em e-business

Leis e padrões éticos muitas vezes ficam para trás diante de inovações tecnológicas. O comércio eletrônico está assumindo novas formas e permitindo novas práticas de negócio que podem trazer inúmeros riscos – especialmente para os consumidores individuais – junto com suas vantagens. Começamos considerando questões éticas com relação ao e-business. Depois, examinamos o segmento legal em que o comércio eletrônico opera.

QUESTÕES ÉTICAS E DE IMPLEMENTAÇÃO

Muitas das questões éticas e de implementação relacionadas a TI normalmente se aplicam também ao e-business.

Privacidade. A maioria dos sistemas de pagamento eletrônico sabe quem são os compradores; assim, pode ser necessário proteger suas identidades. Uma questão de privacidade relacionada aos funcionários também envolve monitoramento: muitas empresas monitoram o e-mail de seus funcionários e instalam software que realiza o monitoramento interno de atividades na Web, a fim de descobrir se os funcionários utilizam muito seu tempo de trabalho na empresa para atividades não relacionadas ao negócio, incluindo molestar outros funcionários. Muitos funcionários não gostam de ser observados, mas as empresas podem ser obrigadas a fazer esse monitoramento.

Rastreamento Web. Arquivos de registro em log são as principais fontes das quais os negócios eletrônicos obtêm informações sobre como seus visitantes usam um site. A aplicação analítica aos arquivos de registro em log significa entregar os dados registrados a um provedor de serviços de aplicativos (*application service provider* – ASP) ou instalar um software capaz de extrair informações relevantes dos arquivos internos. Utilizando um software de rastreamento, as empresas podem seguir os movimentos dos indivíduos na Internet. Programas como cookies aumentam as preocupações com privacidade. O histórico de rastreamento é armazenado no disco rígido de um PC, e toda vez que você visita novamente um determinado site, o computador reconhece isso. Em resposta, alguns usuários instalam programas como o Cookie Cutter, o CookieCrusher e o Spam Butcher, que são criados para permitir que usuários tenham algum controle sobre os cookies. Ou eles deletam os arquivos de cookie.

Entretanto, a batalha entre os usuários finais de computador e os rastreadores Web apenas começou. Há cada vez mais "pesticidas" para matar esses "parasitas". Privacy Guardian, MyPrivacy e Tracks Eraser são exemplos de software que podem proteger a privacidade online do usuário, apagando o cache, os históricos e os cookies de um navegador. Programas como o Ad-Aware são especialmente projetados para detectar e remover programas espiões (*spyware*).

Perda de postos de trabalho. O uso do comércio eletrônico pode resultar na eliminação de alguns postos de trabalho da empresa, bem como de corretores e agentes. A maneira como são tratados esses trabalhadores não mais necessários pode levantar questões éticas, como por exemplo, como lidar com demissões e quando oferecer programas de retreinamento.

Desintermediação e reintermediação. Uma das questões mais interessantes em comércio eletrônico, relacionada à perda de postos de trabalho, é a intermediação. Os intermediários oferecem dois tipos de serviços: (1) relacionamento e fornecimento de informações e (2) serviços com valor agregado, como consultorias. O primeiro tipo de serviço (relacionamento e fornecimento de informações) pode ser totalmente automatizado e, assim, esses serviços provavelmente serão assumidos por mercados eletrônicos e portais que fornecem serviços gratuitos. O segundo tipo (serviços de valor agregado) exige experiência e pode ser apenas parcialmente automatizado. Intermediários que fornecem somente (ou principalmente) o primeiro tipo de serviço podem ser eliminados, um fenômeno chamado de **desintermediação** (eliminação de intermediários).

As companhias aéreas, por exemplo, vendem passagens diretamente aos seus clientes, eliminando alguns agentes de viagem. As vendas diretas dos fabricantes aos consumidores também podem eliminar varejistas. Por outro lado, os corretores que fornecem o segundo tipo de serviço ou que gerenciam a intermediação eletrônica não apenas sobrevivem, mas podem até prosperar. Esse fenômeno é chamado de **reintermediação**. Na reintermediação de agentes de viagens, por exemplo, novas atividades podem incluir organizar grupos para ir a lugares exóticos. Os intermediários podem, então, lutar com os fabricantes por causa do medo de que canais de venda tradicionais sejam afetados negativamente por canais online. A Walmart e a Home Depot, por exemplo, avisaram a Black & Decker que iriam tirar seus produtos das prateleiras se ela começasse a vendê-los diretamente aos clientes via Internet. Além disso, confrontados pelas reclamações das concessionárias, os executivos da Ford recentemente concordaram em descontinuar os planos futuros de vendas de carros online.

QUESTÕES LEGAIS ESPECÍFICAS AO COMÉRCIO ELETRÔNICO

Muitas questões legais estão relacionadas ao comércio eletrônico. Quando compradores e vendedores não se conhecem e não podem nem mesmo ver um ao outro (podem até estar em países diferentes), existe uma chance de fraude e outros crimes na Internet. Durante os primeiros anos de comércio eletrônico, o público testemunhou muitos desses casos, desde a criação de um banco virtual que desapareceu junto com os depósitos de investidores até a manipulação de preços de ações na Internet. Infelizmente, as fraudes na Internet estão aumentando.

Termos-chave

- acordo de nível de serviço (SLA) 160
- ataque em massa na Web 158
- autenticação única (*single sign-on*) 175
- canal 157
- comércio eletrônico (e-commerce) 158
- comércio móvel 163
- compra corporativa 171
- compra não planejada (*maverick buying*) 173
- conflito de canal 170
- consumidor para empresa (*consumer-to-business* – C2B) 162
- desintermediação 183
- e-sourcing 171
- empresa para consumidor (*business-to-consumers* – B2C) 162
- empresa para empresa (*business-to-business* – B2B) 162
- era ponto.com (bolha) 161
- escalabilidade 163
- gestão por demanda 173
- governo eletrônico (e-government) 174
- governo para cidadãos (*government-to-citizens* – G2C) 163
- governo para empresa (*government-to-business* – G2B) 163
- governo para governo (*government-to-government* – G2G) 163
- leilão 167
- licitação direta 171
- licitação eletrônica 171
- licitação indireta 171
- logística reversa 170
- malvertisement 158
- marketing interativo 177
- marketing viral 177
- mecanismos de comparação de compra 157
- mercado eletrônico do lado do vendedor 171
- modelo de negócio 159
- MRO 172
- múltiplos canais 157
- PCI SSC 164
- reintermediação 183
- solicitação de cotação 166
- sourcing sistemático 172
- spot sourcing 172

Destaques do capítulo

(Os números estão relacionados aos Objetivos de aprendizagem)

① O comércio eletrônico oferece muitos benefícios às organizações, consumidores e sociedade, mas também tem suas limitações (tecnológicas e não tecnológicas). Espera-se que as limitações tecnológicas atuais diminuam com o tempo.

② O principal mecanismo de comércio eletrônico é utilizar mercados eletrônicos, o que muitas vezes inclui catálogos online.

② Outro mecanismo de comércio eletrônico são os leilões. A Internet oferece uma infraestrutura para a execução de leilões a baixo custo, e com um número muito maior de vendedores e compradores envolvidos, incluindo clientes individuais e corporativos. Os dois principais tipos de leilões são: tradicional e reverso. Os leilões tradicionais são usados no processo tradicional de *vender* pelo maior lance. Os leilões reversos são utilizados para *comprar*, com um sistema de comprar pelo menor lance.

③ O varejo eletrônico no modelo B2C pode ser puro (como na Amazon.com) ou parte de uma organização física (como a Walmart). O marketing direto é feito na loja ou em shoppings. Pode ser feito via catálogo eletrônico ou utilizando leilões eletrônicos. Os líderes em serviços do tipo B2C são os setores bancário, de transações financeiras, mercado de trabalho, viagens e imóveis.

③ As principais questões enfrentadas pelos e-tailers são o conflito de canal, o conflito entre organizações eletrônicas e físicas, o atendimento ao pedido, a determinação da viabilidade e dos riscos e a identificação de modelos de receita apropriados.

③ As principais aplicações B2B são vender a partir de catálogos e em leilões tradicionais (mercado eletrônico do lado do vendedor); comprar em leilões reversos, em compras individuais e em grupo (mercado eletrônico do lado do comprador); e a bolsa eletrônica.

④ O comércio do governo eletrônico pode ocorrer entre governo e cidadãos, entre empresas e governos ou entre diferentes unidades do governo. Isso torna as operações do governo mais eficazes e eficientes.

⑤ Novos sistemas de pagamento eletrônico são necessários para completar transações na Internet. Pagamentos eletrônicos podem ser feitos por meio de cheques eletrônicos, cartões de crédito eletrônicos, cartões de compra, dinheiro eletrônico, cartões pré-pagos, cartões inteligentes, pagamento entre pessoas físicas via serviços como o PayPal, boleto bancário e carteiras eletrônicas.

⑤ O atendimento de pedido é especialmente caro e difícil em B2C por causa da necessidade de envio de pedidos relativamente pequenos para muitos clientes. Uma série de atividades entra em ação, algumas que podem ocorrer simultaneamente e outras que ocorrem em sequência. Essas atividades que entram em ação durante o atendimento a um pedido incluem (1) certificar-se de que o cliente irá pagar, (2) verificar a disponibilidade em estoque, (3) providenciar o envio, (4) assegurar o produto, (5) repor o estoque, (6) produzir internamente, (7) utilizar prestadores de serviços, (8) manter contato com o cliente e (9) fazer a devolução (caso necessário).

⑥ Questões éticas e legais são persistentes e devem ser constantemente abordados.

Questões para discussão

1. Discuta as razões para existirem múltiplos modelos de negócio para comércio eletrônico dentro de uma empresa.
2. Diferencie os leilões tradicionais em B2B e a solicitação de cotação (*request for quotes* – RFQ) dos compradores.
3. Discuta os benefícios para vendedores e compradores em uma troca do tipo B2B.
4. Quais são os principais benefícios oriundos do governo eletrônico? Como eles estão mudando?
5. Discuta as várias formas de fazer pagamento online no modelo B2C.
6. Por que o atendimento ao pedido, no modelo B2C, é difícil?
7. Discuta as razões para as falhas em comércio eletrônico.
8. Discuta o papel de agentes que fazem recomendações no comércio eletrônico.
9. Quais são os dois itens éticos de maior pressão relacionados ao comércio eletrônico?

Exercícios e projetos

1. Imagine que você quer comprar um carro. É possível encontrar informações sobre carros em autos.msn.com. Acesse os sites autoweb.com ou autobytel.com e busque informações sobre financiamentos e seguros. Decida qual carro deseja comprar. Configure o seu carro indo até o site do fabricante do automóvel. Finalmente, tente encontrar o carro no autobytel.com. Que informações lhe dão mais apoio no processo de tomada de decisão? Essas experiência foi prazerosa ou frustrante?
2. Visite a Amazon.com e identifique pelo menos três elementos específicos de seus recursos de customização e personalização. Pesquise livros específicos de uma área de interesse, deixe o site e depois volte. O que você viu? Esses recursos encorajam você a comprar mais livros da Amazon.com no futuro? Confira o recurso One-Click e outras dicas de compras que serão oferecidas. Liste os recursos e discuta como eles podem levar a um incremento nas vendas.
3. Compare os diversos métodos eletrônicos de pagamento. Colete informações específicas dos vendedores mencionados no capítulo e encontre mais informações em google.com. Preste atenção ao nível de segurança, velocidade, custo e conveniência.
4. Visite o site nacha.org. O que é a National Automated Clearing House Association (NACHA)? Qual é o seu papel? O que é ACH? Quem são os participantes chave no pagamento eletrônico ACH? Descreva os projetos piloto que atualmente estão sendo desenvolvidos em ACH.
5. Visite o site espn.com. Identifique pelo menos cinco formas diferentes que o site usa para gerar receita.
6. Visite o site manyeyes.alphaworks.ibm.com/manyeyes/. Selecione as visualizações na barra lateral esquerda. Gere duas visualizações. De que forma a visualização melhora a compreensão dos conjuntos de dados?

Tarefas em grupo e projetos

1. Cada grupo deve estudar um dos principais bancos que possuem ofertas de comércio eletrônico extensivas. Por exemplo, o Wells Fargo Bank é bem conhecido por sua forma de administrar o ciberbanco. Centenas de agências físicas estão sendo fechadas. Na primavera de 2003, o banco prestou serviço a mais de 1,2 milhões de cibercontas (veja mais em wellsfargo.com). Outros bancos que você pode procurar são o Citicorp, o Netbank e o HSBC (Hong Kong). Cada grupo deve tentar convencer a turma de que as atividades do seu banco eletrônico são as melhores.
2. Estabeleça um setor industrial para cada grupo. Cada grupo deverá encontrar cinco aplicações reais dos principais modelos de negócio B2B listados neste capítulo. (Tente histórias de sucesso de vendedores e revistas relacionadas ao comércio eletrônico.) Examine os problemas que os aplicativos resolvem e as oportunidades que exploram.
3. Peça aos grupos que investiguem como os pagamentos B2B são feitos em transações globais. Leve em consideração instrumentos como cartas de crédito e cheques eletrônicos. Visite o site tradecard.com e examine seus serviços para empresas de pequeno e médio porte. Além disso, investigue o que a Visa e a MasterCard estão oferecendo. Por fim, verifique o Citicorp e alguns bancos alemães e japoneses.
4. Conduza um estudo sobre vendas de diamantes e pedras preciosas online. Cada membro do grupo deverá investigar uma empresa, como bluenile.com, diamond.com, thaigem.com, tiffany.com ou jewelryexchange.com.

a. Que recursos são utilizados nesses sites para instruir compradores sobre pedras preciosas?
b. Como os sites atraem compradores?
c. Como os sites aumentam a confiança sobre as compras online?
d. Que recursos de atendimento ao cliente são oferecidos?
e. Você compraria um anel de diamantes por 5.000 dólares online? Por quê?

Exercícios na Internet

1. Utilize a Internet para planejar uma viagem à Paris. Visite os sites lonely-planet.com, yahoo.com e expedia.com.
    a. Encontre a passagem mais barata.
    b. Examine alguns hotéis por categoria.
    c. Anote sugestões sobre o que visitar.
    d. Descubra qual é a moeda local e converta 1.000 reais para essa moeda utilizando um conversor online.
    e. Junte dicas de viagem.
    f. Prepare um relatório.
2. Acesse o site realtor.com. Prepare uma lista de serviços disponíveis nesse site. Depois, prepare uma lista com vantagens para usuários e vantagens para os corretores. Existem desvantagens? Para quem?
3. Visite o site alibaba.com. Identifique os recursos disponibilizados pelo site. Observe a sala de trocas privadas do site. Escreva uma relatório. Como um site desses pode ajudar alguém que esteja fazendo uma compra?
4. Visite o site campusfood.com. Explore o site. Por que o site é tão bem-sucedido? Você poderia lançar um site competidor? Por quê?
5. Entre em housevalues.com e conheça os diversos serviços que o site oferece em diversas URLs. Qual é o modelo de receita?

CASO DE NEGÓCIO

Stormhoek Vineyards se destaca com ferramentas da Web 2.0

A Stormhoek Vineyards é uma pequena vinícola localizada na África do Sul (stormhoek.com). Suas vendas anuais em 2005 foram de apenas 3 milhões de dólares, mas, com as tecnologias de Web 2.0, pularam para 10 milhões em 2007 e foram projetadas para atingir 30 milhões em 2010. A empresa desenvolveu uma campanha de marketing chamada de "100 Geek Dinners in 100 Days" (algo como "100 jantares nutritivos em 100 dias"). Cada jantar deveria ser dado por uma pessoa e ser usado para a degustação de vinhos, feita por dezenas de convidados no Reino Unido e nos Estados Unidos. Como você consegue 100 pessoas que promovam uma degustação de vinhos e como encontrar de 40 a 60 convidados para cada evento? A resposta: tecnologias da Web 2.0. O plano da empresa consistia em:

- **Utilizar blogs.** O presidente da Orbital Wines, empresa da família Stormhoek, em colaboração com um blogueiro bastante conhecido, Hugh Macleod, escreveu dezenas de postagens sobre os eventos em seu blog, solicitando anfitriões voluntários, incluindo blogueiros (stormhoek.com/blog) e entusiastas do vinho.
- **Utilizar Wikis.** Cada voluntário recebia o contato e a localização via wiki. A tecnologia wiki foi muito utilizada para a gestão de relacionamento com o cliente. A wiki incluía desenhos relacionados ao vinho e outras opções de entretenimento e publicidade.
- **Utilizar podcasts.** Um feed de conteúdo Web por RSS foi utilizado para enviar informações às caixas de entrada dos participantes. As informações incluíam notícias sobre vinho, análises de vinhos e descrições dos 100 jantares.
- **Utilizar links com vídeos e fotos.** O blog corporativo tinha a capacidade de suportar links de vídeo. Os blogueiros podiam copiar e colar links integrados no YouTube diretamente em uma entrada. A empresa também postou vídeos no YouTube (youtube.com/stormhoekwines) e fotografias no flickr.com(flickr.com/search/?w=all&q=stormhoek&m=text).
- **Compras.** O blog atuou como um portal da Stormhoek e incluiu suporte para a realização de pedidos e carrinhos de compra para brindes promocionais, como pôsteres e camisetas.
- **Mashups.** Um mapa interativo foi integrado à wiki utilizando um software para combinações. Isso permitiu que os anfitriões dos jantares mostrassem o mapa com a localização do evento. Além disso, os convidados podiam clicar em um evento no mapa para fazer a reserva, verificar a confirmação de reserva, enviar o formulário ao anfitrião e receber fotos da casa e dos anfitriões. A wiki da empresa também tinha um link para a home page do blog do anfitrião.
- **Redes sociais.** A empresa tem uma página no Facebook com notícias, um grupo de discussão, informações, fotos, vídeos e um grupo dedicado.

Mais de 4.500 pessoas foram aos jantares, e a publicidade permitiu que a vinícola triplicasse suas vendas em dois anos, principalmente no Reino Unido. O único problema foi o spam no blog – comentários aleatórios que eram postados automaticamente para promoções. Isso fazia com que fosse necessária uma limpeza diária de posts indesejados.

A blogagem teve como resultado uma publicidade de boca a boca. O controle do blog estava nas mãos de um blogueiro profissional, Hugh Macleod, em gapingvoid.com. O blog oferecia uma garrafa de vinho de graça. Macleod também organizou os 100 jantares mencionados anteriormente. O pioneiro em RSS, Dave Winer, foi a um desses jantares. A palavra final: o vinho da Stormhoek é muito bom. Marketing viral não pode vender um vinho ruim.

Fontes: Compilado de Bennett (2007), McNichol (2007), stormhoek.com, e New Communications Review (2006).

Questões

1. Para que o blog corporativo foi utilizado?
2. Por que os blogs dos anfitriões foram utilizados?
3. Quais recursos foram introduzidos pelas combinações?
4. Como a wiki ajudou com a comunicação e a colaboração?
5. Por que você acha que as tecnologias de Web 2.0 foram bem-sucedidas no aumento de vendas?
6. O que é spam em um blog e por que isso é um problema?

CASO DE EMPRESA SEM FINS LUCRATIVOS

A organização Canadian Food for the Hungry International melhora sua atuação em situações emergenciais

A Canadian Food for the Hungry International (CFHI, fhcanada.org/) é uma agência sem fins lucrativos localizada em British Columbia, no Canadá. A agência envia suprimentos de emergência – comida, água, roupas de cama, medicamentos e outros bens essenciais – para zonas atacadas por desastres e regiões pobres ao redor do mundo.

A CFHI vem expandindo seu papel. Ela também é líder em desenvolvimento sustentável por trabalhar com comunidades e ensiná-las a desenvolver habilidades e recursos de que precisam para sobreviver. Como qualquer organização em crescimento, a CFHI descobriu que, conforme sua carga de trabalho aumenta, aumenta também a necessidade de operar eficientemente e de enriquecer suas capacidades de atingir doadores por meio de seu site. A plataforma de TI da CFHI não poderia suportar o crescimento e os recursos em tempo real de que a organização precisava para continuar com sua missão, que é tornar o mundo um pouco melhor.

A CFHI implementou o NetSuite (netsuite.com). De acordo com o gerente de TI da CFHI, Mark Petzold, a organização precisava integrar seus sistemas e melhorar sua capacidade de fazer atualizações imediatas em seu site a fim de mostrar um desastre natural que tivesse acabado de acontecer no mundo. O NetSuite foi selecionado devido a sua flexibilidade e recursos; por exemplo, ele pode colocar links no site para receber doações quase que imediatamente depois de um desastre natural. Depois do terremoto de 2008 na China e do ciclone em Myanmar, a CFHI estava recebendo doações no dia seguinte. Isso permitiu que a organização ajudasse aqueles que precisavam de ajudar mais rápidamente.

Velocidade e gerenciamento de estoque são cruciais para organizações sem fins lucrativos

Não é comum pensar que a velocidade seja fundamental para uma organização sem fins lucrativos, ou que as relações de marketing e atendimento ao cliente sejam cruciais, assim como é fundamental ter recursos de TI de última geração para fazer tudo isso acontecer. Na CFHI, todos esses recursos e ferramentas são fundamentais pelas seguintes razões.

- Comunidades em risco precisam de ajuda rapidamente – isso quer dizer que as doações precisam ser transmitidas com rapidez pelo site da CFHI.
- Inventários precisam ser monitorados e gerenciados com cuidado.
- Os doadores devem ser tratados como clientes – devem ser capazes de ver resultados, obter respostas e, de vez em quando, ser lembrados de que há ainda mais formas de ajudar.

A CFHI tem se beneficiado muito com sua nova plataforma de TI, que suporta comércio eletrônico, gestão de relacionamento com o cliente, gestão de estoque, relatórios, marketing e contabilidade.

Melhoria das relações com doadores e fidelização

Os doadores querem saber quais esforços em ajuda humanitária precisam de seu apoio financeiro. Atualmente, links no site da CFHI podem ser criados quase que instantaneamente com o NetSuite. Com o sistema anterior da organização, a reestruturação do mesmo site geralmente levava uma semana e precisava de ajuda externa. Com um software de comércio eletrônico de fácil configuração, as doações online chegam mais rapidamente após uma catástrofe – e chegam logo onde são necessárias. Os dois principais benefícios são:

- As doações online aumentaram quase 300%.
- Relatórios que costumavam demorar uma semana para serem feitos agora levam um minuto.

Reforço de negócio B2E – empresa para funcionário

Outro benefício com a arquitetura do NetSuite é que o pessoal da CFHI pode trabalhar de qualquer lugar. A possibilidade de acessar o sistema da CFHI via Web aumentou muito a produtividade dos funcionários.

Os dashboards fornecem aos funcionários dados em tempo real em seus dispositivos de mão. Os funcionários podem clicar e ver quantas crianças eles estão ajudando, ver quantos novos doadores e doações chegaram à instituição, e ver como esses números se comparam aos números anteriores. Eles podem obter uma visão instantânea de como estão indo e onde focar para atingir melhor os seus objetivos e missão.

Os funcionários do call center podem acessar um registro completo e atualizado do doador quando ele faz a ligação, mostrando o histórico de chamadas, e permitindo que eles ofereçam um serviço mais personalizado. Isso cria um senso de profissionalismo que ajuda a manter os doadores.

Fontes: Compilado de Canadian Food for the Hungry International (2009) e Netsuite (2010).

Questões

1. Explique as semelhanças entre os "negócios" da CFHI e as necessidades de uma organização com fins lucrativos.
2. Compare a fidelização do doador com a fidelização do cliente.
3. Por que dados em tempo real são tão importantes para os doadores?
4. Quais são os benefícios da arquitetura do NetSuite?
5. Por que os dashboards são importantes para o desempenho?
6. Que outros reforços poderiam melhorar a missão da CFHI?

ANÁLISE UTILIZANDO A VISUALIZAÇÃO

Como criar visualizações utilizando conjuntos de dados públicos online

Visite a ManyEyes e clique em conjuntos de dados, manyeyes.alphaworks.ibm.com/manyeyes/datasets. Clique em "create visualization" (criar visualização) e leia as instruções para criar uma visualização em três passos.

1. Depois, selecione um conjunto de dados recente que tenha sido enviado à Many Eyes. O link na coluna "data" (dados) leva você até a visualização dos dados. O botão azul em que diz "Visualize" permite que você visualize os dados.
2. Leia as outras seções em "Learn More" (saiba mais).
3. Crie quatro visualizações diferentes e salve cada uma delas em um arquivo ou imprima seus resultados. A Many Eyes utiliza tecnologia Java applet. Em alguns navegadores, você talvez precisará fazer o download do Java Plugin Sun para poder ver as visualizações.
4. Revise e compare seus resultados.
5. Qual é o valor da visualização?

Recursos online

Você encontrará os guias de tecnologia (em português), bem como outros recursos e ferramentas de estudo (em inglês), no site da Bookman Editora (www.bookman.com.br). Dentre eles:

Caso do Capítulo 6

6.1 A Decade of E-Government Development in Hong Kong (1998 to 2007)

Referências

Bennett, E., "Winery Blogs to Turn Browsers into Buyers," *Baseline*, June 2007.

Canadian *Food for the Hungry International*, 2009, cfhi.ca

Case Study: Chem Connect, 2008. digitalenterprise.org/cases

Ensor, B., "The Sources of ING Direct's Success," *Forrester*, April 25, 2007.

Flynn, L. J., "Like This? You'll Hate That. (Not All Web Recommendations Are Welcome)," *New York Times*, January 23, 2006.

Gonsalves, A. "Amazon Kindle 2.5 Adds Social Networking," *InformationWeek*, May 3, 2010.

International Herald Tribune, "Cellphones in Japan Make Wallets Obsolete," February 25, 2008.

McKay, L. "Analytics Are Just the Ticket," CRM *Magazine*. October 1, 2009a.

McKay, L. "Information Overload," *CRM Magazine*, December 2009b.

McNichol, T., "How a Small Winery Found Internet Fame," *Business 2.0*, August 8, 2007.

Netsuite, "Canadian Food for the Hungry International," 2010. netsuite.com/portal/industries/nonprofit.shtml

New Communications Review, "Award of Excellence–Business Category: Stormhoek Winery," October 31, 2006.

Rappa, M., Case Study: Amazon.com," DigitalEnterprise.com, 2010. digitalenterprise.org/cases/amazon.html

Stone, A., "ING Direct: Bare Bones, Plump Profits," *BusinessWeek*, March 14, 2005.

Wilkinson, K., "States Targeting Drunken Driving with Smartphone Apps," *Government Technology,* May 4, 2010. govtech.com/gt/759850?topic=117673/

Wireless News, "Rail Europe Launches Website Using FatWire Software," July 10, 2009.

Capítulo 7
Computação e Comércio Móveis

Biblioteca de links

Breve introdução ao Capítulo 7

Tecnologia móvel para salvar vidas

- 7.1 Tecnologia de computação móvel
- 7.2 Serviços financeiros móveis
- 7.3 Compras, entretenimento e publicidade móvel
- 7.4 Serviços e comércio baseados na localização
- 7.5 Aplicativos móveis empresariais

Caso de negócio Comércio móvel da Starbucks

Caso de empresa sem fins lucrativos Caridade móvel via telefones celulares

Análise utilizando planilhas Estimando os benefícios financeiros do aumento da fidelidade do cliente

Referências

Objetivos de aprendizagem

1. Compreender as tecnologias de computação móvel.

2. Descrever o crescimento do setor de serviços financeiros móveis.

3. Compreender o crescente papel da computação móvel em compras, entretenimento, jogos, serviços de hospedagem e viagens e publicidade.

4. Descrever o crescimento dos serviços e do comércio baseados na localização.

5. Identificar a expansão de dispositivos de mão empresariais que utilizam tecnologia de computação móvel.

Integrando a *TI*

CON | FIN | MKT | GPO | GRH | SI

Biblioteca de links

Ecommerce Times' M-Commerce ecommercetimes.com/perl/section/m-commerce/
Mobile Commerce Daily mobilecommercedaily.com
Storefront Backtalk storefrontbacktalk.com/
Lo-So (local e social: rede social baseada na localização) Foursquare.com
Realidade aumentada em Smartphones youtube.com/watch?v=b64_16K2e08
Pagamentos móveis ameaçam bancos e companhias de cartão de crédito youtube.com/watch?v=vpw9KcqgVvE
Computadores móveis da Motorola youtube.com/watch?v=zNYNZ03WH1E
Sistemas inovadores de pagamento móvel da Square youtube.com/watch?v=iBieYjxUj5Q
Gestão de estoque móvel youtube.com/watch?v=6ekR-CUDD9o

Breve introdução

Esta seção introduz as questões de negócio, os desafios e as soluções de TI deste capítulo. Tópicos e questões mencionados aqui são explicados ao longo do capítulo.

A computação móvel mudou radicalmente desde 2008. Dispositivos portáteis que se conectam sem fio à Internet são mais leves, menores, mais finos e muito mais potentes. Extremamente populares, os smartphones são capazes de desempenhar funções como reproduzir filmes longa-metragem, recurso que sequer estava disponível para desktops há alguns anos. Computadores capazes de acessar a Web para navegação e entretenimento já são comuns na maioria dos carros de luxo e estão se tornando uma opção em carros de preço médio.

Novas categorias de dispositivos móveis surgiram e foram rapidamente adotadas, como os e-readers – o Kindle, da Amazon, e o iPad, da Apple. Hotspots (zonas de ponto de acesso) com acesso sem fio à Internet estão disponíveis em áreas urbanas e em linhas de transporte, e o acesso a redes 3G e 4G de alta velocidade tornou a interoperabilidade um padrão, conforme você leu no Capítulo 1. Aplicativos para clientes e empresas voltados à computação e ao comércio móveis continuam ampliando os recursos dessa tecnologia sob demanda.

Neste capítulo, revisamos os fundamentos tecnológicos da computação e do comércio móveis e identificamos os fatores que causam impacto na usabilidade dessas ferramentas. Você verá como empresas estão conquistando a lealdade do cliente e outros benefícios competitivos por meio do comércio móvel e das redes sem fio, bem como de que forma os sistemas operacionais (SO) móveis e aplicativos estão acelerando o crescimento e a demanda por computação móvel.

Tecnologia móvel para salvar vidas

O Institute of Medicine lançou um relatório alarmante em 2000 sobre a segurança do sistema de saúde nacional. De acordo com o relatório, erros evitáveis no sistema de saúde são a principal causa de mortes nos Estados Unidos. O relatório cita estudos que sugerem que entre 44 e 95 mil pessoas morrem a cada ano como resultado de erros evitáveis cometidos por provedores de saúde. Erros relacionados especificamente à medicação ocorrem com frequência nos hospitais norte-americanos. Em comparação com esses dados, acidentes de trabalho causaram 6 mil mortes no país. Mesmo quando o erro com medicações não leva à morte, seu impacto pode ser significativo.

Prejuízos humanos e financeiros das informações de assistência à saúde de baixa qualidade

Outro estudo estima que os erros de medicação custem mais de 177 bilhões de dólares por ano aos cofres públicos em custos diretos. Ou seja, esse valor não inclui os gastos indiretos, como perda de produtividade e os salários perdidos pelos pacientes afetados. Para ficar ainda pior, os hospitais não são os únicos lugares em que as pessoas sofrem com erros de medicação. Esses problemas também acontecem com frequência considerável em casas de repouso e unidades de cuidados continuados. Fica claro que o custo financeiro desse problema é significativo em nível nacional e um problema agonizante para indivíduos e famílias em nível pessoal.

Uma solução: computação móvel em dispositivos de mão e prontuários eletrônicos

Para resolver esse problema desconcertante, especialistas recomendaram soluções de TI baseadas em tecnologia de computação móvel (ver Figura 7.1).

Uma série de estudos identificou pontos críticos do processo de distribuição de medicamentos nos quais a probabilidade da ocorrência de erros é maior. Esses pontos incluem (1) a prescrição, (2) a distribuição do medicamento pelo farmacêutico e (3) a administração do medicamento por profissionais de saúde ou pelo paciente.

Utilizando recursos de computação móvel em dispositivos de mão, os profissionais de saúde podem reduzir as chances de erro ao prescrever medicamentos (ver Figura 7.2). Os dispositivos de mão podem escanear códigos de barra nas pulseiras de identificação que os pacientes usam dentro do hospital a fim de identificá-los corretamente e ter acesso aos prontuários eletrônicos que contêm informações sobre suas condições, alergias e outras medicações que estejam tomando. O médico também pode verificar as informações sobre medicamentos que o paciente está utilizando, evitando qualquer interação perigosa que possa vir a ocorrer. Quando o médico determina a medicação adequada, as informações podem ser transmitidas diretamente para a farmácia, eliminando as chances de erro causadas por caligrafia ilegível, perda, roubo ou alteração fraudulenta do registro (ver Figura 7.3).

Na farmácia, os pedidos recebidos eletronicamente são lidos com acurácia. Os farmacêuticos escaneiam o código de barras dos frascos de medicamentos antes de distribuí-los – assim, certificam-se de que são os mesmos que foram solicitados pelo médico. O farmacêutico também pode verificar a precisão e acurácia dos níveis de dosagem solicitados pelo médico, o que constitui mais uma verificação contra erros. O farmacêutico pode ainda ter acesso aos registros dos pacientes para verificar prováveis conflitos com medicamentos que já estavam sendo administrados. Em grandes farmácias, o farmacêutico pode carregar um dispositivo de mão sem fio com escâner ao procurar por recipientes dos remédios prescritos. Escanear um grande frasco de medicação irá não apenas identificar a medicação como também informar ao farmacêutico quantas pílulas ou unidades restam no frasco.

Quando a equipe de enfermagem ou outros profissionais de saúde chegam ao leito do paciente para administrar o medicamento, o dispositivo de mão móvel é novamente utilizado para escanear o código de barra da pulseira do paciente, a fim de confirmar sua identidade. Os códigos de barra no medicamento são escaneados para confirmar que o remédio e a dose coincidem com o que o médico solicitou. Sistemas

Figura 7.2 Profissionais de saúde utilizam laptops, tablets, dispositivos de mão e outros dispositivos de computação móveis para melhorar os serviços de saúde. (Fonte: Cultura/Alamy)

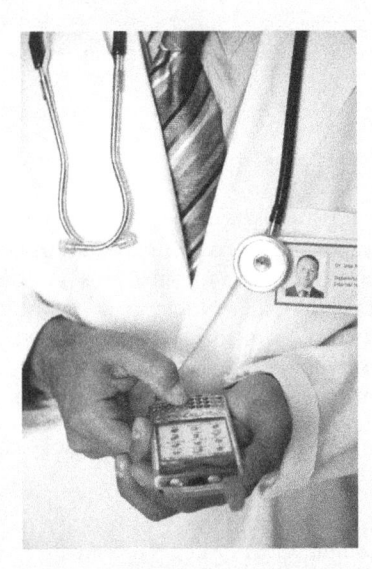

Figura 7.1 Médicos e outros profissionais de saúde estão adotando tecnologia móvel para tratar seus pacientes. (Fonte: © Corbis Premium RF/Alamy)

Figura 7.3 Erros de caligrafia podem levar a problemas médicos potencialmente perigosos. (Fonte: Sean Locke/iStockphoto)

de alerta avisam profissionais de saúde caso haja qualquer discrepância entre os pedidos do médico e o que foi distribuído. Uma vez administrada a medicação, essa informação é registrada para evitar que medicamentos adicionais sejam entregues até o momento adequado.

Os profissionais de saúde usam cada vez mais uma variada gama de dispositivos móveis para aparelhos de mão como o que foi descrito. Smartphones, PDAs, tablets e PCs tradicionais são comuns em cenários médicos. Esses dispositivos utilizam conexões de rede sem fio e 3G para se comunicar na Internet.

Frente a um problema tão significativo e a uma solução com benefícios tão evidentes, imagina-se que sistemas de prescrição eletrônica seriam rapidamente adotados pelo setor de saúde. Infelizmente, diversos obstáculos estão atrasando a adoção dessas soluções de computação móvel, incluindo (1) conhecimento insuficiente do conceito, (2) investimento financeiro inicial, (3) falta de padronização da tecnologia, (4) resistência dos fornecedores e (5) restrições ou indecisão de regulamentações (Papshev e Peterson, 2002).

Fontes: Compilado de Kohn, Corrigan e Donaldson (2000), AHRQ (2000), Joia and Magalhães (2009), Papshev e Peterson (2002), Federal Register (2001), Krizner (2008).

Questões para discussão e debate em sala de aula

O setor de saúde é um dos maiores em grande parte dos países e pode se beneficiar significativamente de dados de alta qualidade, em tempo real e independentes da localização. No entanto, muitos profissionais de saúde não estão familiarizados com as soluções de TI, negócios e informações ou estão relutantes em aplicá-los em sua área de trabalho.

1. **Cenário para brainstorming e discussão:**
   a. Análise de custo-benefício: Papshev e Peterson (2009) identificaram os custos iniciais como uma das razões pelas quais os provedores de saúde estão relutando em adotar sistemas de prescrição eletrônica. Utilizando as informações dadas no caso acima, explique por que um investimento neste SI seria uma decisão financeiramente coerente.
   b. Resistência dos provedores de saúde: Alguns enfermeiros e doutores têm resistido à adoção de sistemas de prescrição eletrônicos. Cite algumas das razões que esses profissionais podem ter para não querer utilizar sistemas de informação móveis. De que formas os gestores hospitalares podem fazer com que os profissionais de saúde se sintam mais confortáveis com as novas tecnologias de computação móvel?

2. **Debate:** Até recentemente, a Drug Enforcement Agency – DEA (agência americana de combate às drogas) dificultava o uso de sistemas de prescrição eletrônicos para substâncias controladas, como narcóticos. As regras existentes requeriam prescrições escritas em papel para esses tipos de medicamento. Recentemente, a DEA mudou suas regras e criou diretrizes para utilizar as novas tecnologias da informação. Entretanto, muitos na indústria farmacêutica pensam que as novas regulamentações ainda são muito onerosas.
   a. Um grupo desenvolve um argumento a favor da continuidade de regulamentações rigorosas relacionadas ao processo de prescrição desse tipo de medicamento. O outro grupo desenvolve um argumento para utilizar sistemas de prescrição eletrônicos para o uso dessas substâncias.
   b. Cada lado deverá preparar-se para demonstrar como sua abordagem irá equilibrar a necessidade dos pacientes e dos hospitais para reduzir os erros de medicação e reduzir o uso ilegal e abusivo de substâncias controladas.

7.1 Tecnologia de computação móvel

O panorama da computação móvel evoluiu rapidamente nas últimas duas décadas. A princípio, os computadores eram utilizados em locais fixos. Eram conectados por cabos a periféricos, outros computadores e redes. Essa falta de mobilidade restringia significativamente o desempenho das pessoas que trabalhavam fora do escritório, como vendedores, funcionários de manutenção, estudantes, fiscais de justiça, servidores públicos, etc.

A tecnologia sem fio torna a localização irrelevante, aumentando as oportunidades para negócios por meio da computação e do comércio móveis. Nesta seção, você lerá sobre os três fundamentos tecnológicos da computação móvel: dispositivos móveis, sistemas operacionais e softwares móveis e redes sem fio.

DISPOSITIVOS DE COMPUTAÇÃO MÓVEL

Para os clientes, a parte mais interessante da computação móvel é a recente explosão de novos dispositivos computacionais. Smartphones poderosos, tablets, e-readers e dispositivos computacionais que podemos levar conosco aonde quer que seja (vestíveis) têm chamado bastante atenção em mostras de eletrônicos ao redor do mundo. Para alguns clientes, dispositivos móveis se tornaram uma questão de moda. Para outros, o dispositivo que uma pessoa carrega pode definir o quão sofisticada ou descolada ela é. Empresas com marcas como BlackBerry, iPad e Android se tornaram experientes em lançar campanhas de marketing sofisticadas, planejadas para desenvolver a demanda do cliente e causar alvoroço antes do lançamento de novos produtos.

Inovações constantes no mercado de tecnologia móvel dificultam a classificação do usuário final desses dispositivos. À medida que recursos e funcionalidades são acrescentados aos dispositivos, as diferenças entre PC, e-reader, smartphone e PDA vão se tornando mais difusas. Para a discussão a seguir, nos baseamos nas tendências atuais em terminologia e categorização, mas reconhecemos que, conforme o hardware móvel se desenvolve, novas categorias surgirão e categorias tradicionais se tornarão irrelevantes.

Laptops, Notebooks, Netbooks e Tablets. A mobilidade começou quando os computadores se tornaram portáteis. Aqueles primeiros dispositivos eram apenas um pouco menores do que um desktop, mas tinham caixas externas que os tornavam de alguma forma mais fáceis de transportar. Eles ainda eram muito pesados e volumosos. Os computadores móveis evoluíram até computadores laptop. Atualmente existem diversas variações desse dispositivo:

- **Laptops padrão e substitutos de desktop.** Desempenham a maioria das funções de um desktop, com peso acima de 3,6 kg/8 lb.
- **Notebooks.** Menores, mas menos potentes do que os laptops padrão, com peso entre 2,7 e 3,6 kg/6 a 8 lb.
- **Netbooks** (mininotebook, extremamente portátil). Projetados para terem acesso à Internet e para a computação em nuvem. Boa parte de sua funcionalidade se baseia no pressuposto de que usuários terão acesso a uma rede. Sua RAM, capacidade de processamento e de armazenamento são limitadas. Pesam menos do que 1,8 Kg/4 lb.
- **Laptops ultrafinos.** Atendem às necessidades de usuários que precisam de computadores muito finos e muito leves. Assim como com notebooks, um pouco do nível de processamento e de funcionalidade é sacrificado para atingir o tamanho e o peso desejados, normalmente de 1,8 a 2,7 kg/4 a 6lb.
- **Tablets.** Possuem uma tela resistente que pode inclusive girar e ser utilizada como um notebook. Quando necessário, a tela pode ser posicionada sobre uma superfície plana e o tablet pode ser utilizado como um teclado. Outros tablets são chamados de *slate*, porque não possuem teclado e dependem basicamente do input de uma caneta stylus (caneta com ponta de borracha utilizada em dispositivos que possuem touchscreen). Os tablets são populares nas áreas de saúde, educação e hotelaria, e pesam de 1 a 1,8 kg/2 a 4 lb.

Outras variantes são os Ultra Mobile PCs (computadores pessoais ultramóveis), smartbooks (que combinam características de um netbook e de um smartphone), videogames portáteis e computadores robustos, projetados com configurações industriais ou para o uso em condições climáticas adversas.

Smartphones. O mercado de celulares é formado por pessoas que possuem celulares e smartphones (ver Figura 7.4). Os smartphones são telefones móveis capazes de se conectar à Internet e que possuem uma variedade de recursos de computação móvel. Celulares são aparelhos mais básicos, que oferecem pouco ou nenhum recurso de acesso à Internet ou computacional. Em 2010, havia mais de 4,6 bilhões de usuários de celulares no mundo, ou 60,6% da população mundial. As vendas de telefones celulares a usuários finais totalizaram 314 milhões ao redor do globo no primeiro trimestre de 2010. As vendas de smartphones totalizaram 54,3 milhões de unidades durante o mesmo período, um crescimento de 48,7% se comparado aos números de 2009 (Gartner, 2010).

A Nielsen Company (nielsen.com) estima que smartphones representem hoje 23% do mercado de celulares dos Estados Unidos, um acréscimo com relação aos 16% do ano anterior (Kellogg, 2000). Ainda que a tendência do mercado se volte definitivamente para o uso cada vez maior de smartphones, deveríamos lembrar que mesmo os telefones com recursos podem ser utilizados de forma limitada em comércio móvel.

Outros dispositivos de mão – PDAs, iPad, e-readers. Uma série de outros dispositivos de mão que surgiram recentemente utilizam redes móveis, telas LCD e tecnologia compacta de armazenamento e processamento de dados. Muitos desses dispositivos obtiveram publicidade significativa e atraíram bastante a atenção dos consumidores. Os **PDAs** (**personal data assistants** – assistentes pessoais digitais) estão no mercado há anos e se mostraram populares no mundo dos negócios. Esses dispositivos de mão inicialmente se focavam em aplicações para a

Figura 7.4 O Android do Google (foto) juntamente com o iPhone da Apple representam inovações populares no mercado de smartphones. (Fonte: © Hugh Threlfall/Alamy)

organização pessoal, como calendário, caderno de endereços, listas de tarefas e bloco de notas. Os usuários frequentemente sincronizam esses aplicativos com aplicativos presentes em seus computadores pessoais. Apesar de os PDAs terem se mostrado muito populares, é provável que essa categoria de dispositivo desapareça, pois diversos fabricantes de PDA estão integrando tecnologia de celular em seus dispositivos. Da mesma forma, a maioria dos smartphones contém aplicações que os transformam efetivamente em PDAs. A diferença entre um smartphone com aplicativos de PDA e um PDA com recursos de celular é praticamente zero.

Os **e-readers** são dispositivos que se parecem com os tablets, mas foram feitos basicamente para que os usuários lessem livros eletrônicos. Alguns dos líderes do mercado foram promovidos por livrarias, como a Amazon (o Kindle) e a Barnes and Noble (o Nook). Acredita-se que o iPad, da Apple, apresentará competição significativa frente a esses dois dispositivos. O iPad possui tamanho e aparência semelhantes aos de outros e-readers, mas oferece maior funcionalidade. Ele é mais um exemplo de um dispositivo que fica sobre as linhas que delimitam as categorias de dispositivos móveis. O iPad é semelhante aos tablets, aos e-readers e aos PDAs. Todos os dispositivos discutidos acima são capazes de estabelecer conexão com lojas online por meio de tecnologia Wi-Fi ou 3G (ver adiante) de modo que os usuários podem comprar livros, música e software que funcionarão no aparelho.

Dispositivos vestíveis. Pessoas que trabalham em prédios, redes elétricas ou outros lugares difíceis de se escalar podem estar equipados com um tipo especial de dispositivo computacional móvel e sem fio chamado de dispositivo vestível. Esses dispositivos vêm em uma variedade de formatos, incluindo dispositivos de pulso, pequenos visores usados próximo aos olhos, equipamentos ativados por voz e teclados construídos em luvas ou outras peças de roupa. Para uma descrição mais detalhada sobre esses dispositivos e a história de seu desenvolvimento, visite en.wikipedia.org/wiki/wearable_computing. A Glaciercomputer.com, a kopin.com e a Lxe.com fabricam uma série de dispositivos vestíveis. Pode-se ver exemplos nos sites das empresas.

SOFTWARE DE COMPUTAÇÃO MÓVEL

Existem três sistemas operacionais (SOs) para PC que dominam o mercado: Microsoft Windows, Apple e Linux. A maioria dos laptops e dispositivos semelhantes funcionam com um desses SOs. Programadores que criam aplicativos focam em uma ou mais dessas plataformas para seus softwares. Escrever aplicativos para dispositivos móveis é mais difícil, pois existem mais do que o dobro de sistemas para os quais escrever. Aqui apresentamos um breve resumo dos SOs mais populares em computação móvel:

- **BlackBerry OS** (RIM). Criado pela Research in Motion (RIM), é o SO para smartphone que domina o mercado dos Estados Unidos e o segundo em nível mundial. Está presente em diversos smartphones no estilo BlackBerry fabricados pela RIM.
- **iOS** (Apple, Inc.). Chamada antigamente de iPhone OS, essa inovadora plataforma muitas vezes recebe parte do crédito pelo crescimento no segmento de smartphones. O iOS é utilizado nos produtos da Apple, como o iPhone, iPod Touch e iPad. Um recurso distinto desses dispositivos é o touchscreen. A Apple estimula que terceiros desenvolvam aplicativos para o iOS, aumentando ainda mais a funcionalidade e o interesse em torno desses dispositivos.
- **Windows Mobile OS** (Microsoft). Esse SO criado pela gigante Microsoft foi precedido por uma versão anterior chamada de Pocket PC, pioneira no uso de múltiplos aplicativos computacionais em pequenos dispositivos de mão. Ainda que o Windows Mobile OS mantenha uma fatia considerável do mercado nos Estados Unidos, a empresa continua perdendo lugar no mundo para outras plataformas mais novas.
- **Android OS** (Google/Open Handset Alliance). Esse SO está recebendo reações muito favoráveis no mercado e alguns dizem que compete agressivamente com o popular iOS da Apple. Como o produto da Apple, seu uso não se limita a smartphones e pode ser encontrado em tablets, notebooks e e-readers.
- **Palm OS** (Palm, Inc.). Criado originalmente para os dispositivos de PDA da Palm, esse SO móvel foi enriquecido para ser usado em smartphones e PDAs.
- **Linux OS** (Linux). Os sistemas iOS, Android e Palm descritos anteriormente se baseiam em modificações do Linux Kernel (ver wikipedia.org/wiki/Linux_kernel). Outros fabricantes, como a Motorola e a Samsung, utilizaram o Linux em seus dispositivos móveis.
- **Symbian OS** (Symbian Foundation). Essa plataforma de código aberto ocupa apenas uma fração do mercado nos Estados Unidos, mas é o SO dominante em smartphones no mun-

Fatias de Mercado dos Smartphones, 1º Semestre 2010

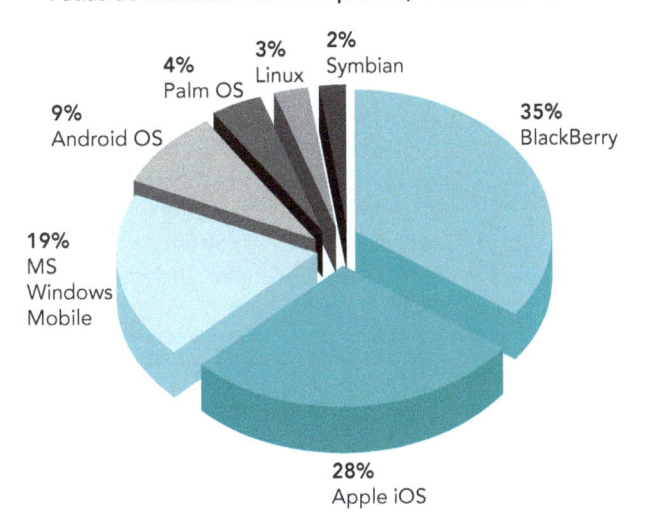

- 2% Symbian
- 3% Linux
- 4% Palm OS
- 9% Android OS
- 19% MS Windows Mobile
- 35% BlackBerry
- 28% Apple iOS

Figura 7.5 Fatias de mercado dos sistemas operacionais de smartphones nos Estados Unidos. (Fonte: Adaptado de The Nielsen Company)

do e está presente principalmente em telefones fabricados pela Nokia. A quarta geração desse SO foi lançada em 2011.

Os consumidores esperam ter acesso a sites a partir de seus smartphones e de outros dispositivos e ficam frustrados quando encontram empresas que não desenvolveram seus sites com esse propósito e para esse SO. Isso representa um desafio especial para os negócios e para os desenvolvedores de sites, porque agora precisam criar projetos que possam ser acessados de diversos navegadores de celular. Se a empresa é incapaz de desenvolver sites móveis para todos os dispositivos disponíveis, então é importante conhecer o mercado e as fatias que os SOs móveis ocupam para poder focar naquelas plataformas que são mais dominantes. As Figuras 7.5 e 7.6 ilustram a fatia relativa de mercado que essas plataformas ocupam nos Estados Unidos e no mundo.

CRESCIMENTO DAS REDES SEM FIO

Como você leu no Capítulo 4, os dispositivos móveis precisam ser capazes de se conectar em alta velocidade a redes sem fio. O ambiente de computação e comércio móveis depende de duas abordagens básicas à conectividade da Internet: tecnologias sem fio de curto alcance, como a tecnologia Wi-Fi, e tecnologias de telecomunicações de longo alcance, como as redes 3G e 4G, por exemplo a WiMAX. A maioria dos laptops hoje depende de tecnologia Wi-Fi e precisa estar ao alcance de um ponto de rede. Celulares utilizam uma rede 3G. Entretanto, é possível que laptops e outros dispositivos móveis se conectem a redes 3G com a utilização de periféricos.

Fatias de mercado globais dos SO móveis – 2009

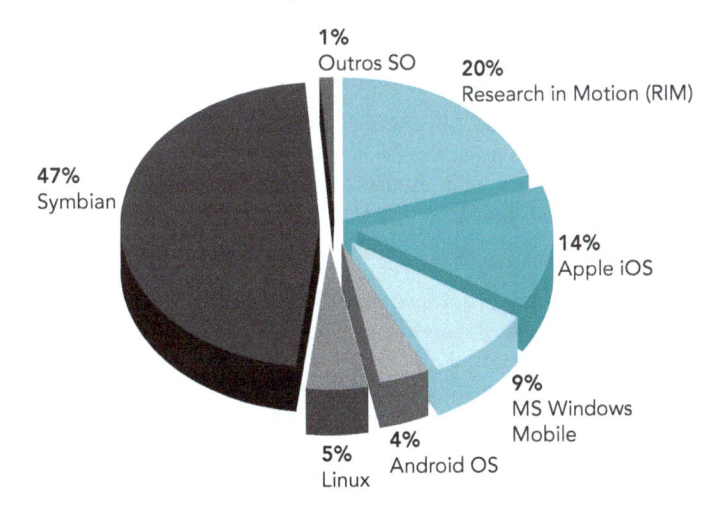

- 1% Outros SO
- 20% Research in Motion (RIM)
- 14% Apple iOS
- 9% MS Windows Mobile
- 4% Android OS
- 5% Linux
- 47% Symbian

Figura 7.6 Fatias de mercado globais para SOs de smartphones. (Fonte: Adaptado de Gartner, 2010)

TABELA 7.1	Localizações e aplicativos Wi-Fi

- O iWire possui um registro em que é possível encontrar 317.585 localizações Wi-Fi gratuitas e "à venda" em 144 países em v4.jiwire.com/search-hotspot-locations.htm.
- A maioria dos principais aeroportos hoje oferece acesso gratuito à Internet sem fio ou mediante o pagamento de uma taxa. A Lufthansa oferece serviço Wi-Fi em sua frota de voos longos. Os hotspots nos aviões se conectam à Internet via satélites. A American Airlines, a Alaska Airlines, a JetBlue e a Virgin America oferecem conexão à Web a viajantes desde 2008.
- O McDonald's oferece hotspots Wi-Fi gratuitos em mais de 11.500 restaurantes, e esse número cresce diariamente. Fornecedores de serviços locais oferecem serviço sem fio de alta qualidade.
- Utilizando um sistema de bilhetagem sem fio, a Universal Studios em Hollywood está diminuindo o tempo de espera em filas em seus portões de entrada. Vendedores de ingressos, munidos com dispositivos com Wi-Fi e impressoras em seu cintos, vendem os ingressos e dão informações aos visitantes.
- Muitas mineradoras na Europa instalaram centenas de pontos de acesso Wi-Fi em suas minas de carvão. Informações sobre perfuradores e caminhões, como suas posições e o peso de suas cargas, por exemplo, são transmitidas sem fio ao centro de controle. Isso aumenta tanto a produtividade quanto a segurança.

Redes sem fio locais e Wi-Fi. As redes sem fio locais vêm sendo a vanguarda em tecnologia sem fio (ver Tabela 7.1). Uma LAN sem fio (WLAN) funciona da mesma forma que uma LAN, mas sem os cabos. As WLANs transmitem e recebem dados por radiofrequência a curta distância no que conhecemos por Wi-Fi, que é a abreviatura de *Wireless Fidelity* (algo como fidelidade sem fio). A tecnologia Wi-Fi é descrita no Capítulo 4.

O crescimento global de redes Wi-Fi é um dos fatores que impulsionam o crescimento da computação móvel. Conforme o número de pontos de acesso, ou **hotspots**, aumenta, o uso de dispositivos móveis se torna mais fácil, conveniente e confiável, o que torna a tecnologia mais atraente para o usuário final. Em todo o mundo, empresas – especialmente restaurantes e hotéis – e prefeituras estão oferecendo cada vez mais acesso Wi-Fi como um benefício gratuito. Usuários comerciais e residenciais estão expandindo rapidamente suas redes Wi-Fi. Fabricantes de equipamentos Wi-Fi relataram um crescimento de dois dígitos em 2010 comparado ao ano anterior, o que indica que a cobertura de rede Wi-Fi continuará se expandindo.

As redes Wi-Fi são utilizadas para dar suporte a exigências da empresa e de conformidades. Atualmente estamos cientes dos terríveis acidentes em mineradoras que ocorrem de tempos em tempos em várias partes do mundo. Depois do incidente de janeiro de 2006 na mina Sago, em West Virginia, o Congresso dos Estados Unidos aprovou a Nova Lei de Melhoria das Minas e Resposta a Emergências (*Mine Improvement and New Emergency Response Act* – MINER), que exige que empresas de mineração de carvão subterrâneo melhorem seus procedimentos, equipamentos e tecnologia. Essas empresas devem fornecer comunicação bidirecional entre pessoal de superfície e subterrâneo, e um sistema de rastreamento eletrônico que permita ao pessoal de superfície determinar a localização dos funcionários que trabalham no subterrâneo. A solução é utilizar Wi-Fi para monitorar as condições subterrâneas.

Redes 3G e 4G As redes 3G e 4G evoluíram a partir das tecnologias de telecomunicação. As primeiras formas dessas redes eram utilizadas basicamente para comunicação por voz, mas agora a transmissão de dados representa a maior parte da informação que circula nessas redes. Essas tecnologias permitem maior onipresença do que a tecnologia Wi-Fi, com cobertura mais abrangente, ótimo acesso na maioria das áreas metropolitanas e, dependendo da operadora, em todo o país. O equilíbrio histórico entre as redes de telecomunicação e a tecnologia Wi-Fi era cobertura *versus* velocidade. A tecnologia Wi-Fi era mais rápida, mas era preciso que os usuários estivessem perto de um ponto aberto de acesso à rede. Com as redes 3G, o usuário poderia estar na estrada, dentro de um carro, e esperar que houvesse acesso à rede, mas em velocidades mais baixas do que as disponíveis via Wi-Fi. Com as tecnologias 4G, as redes de telecomunicação estão se tornando mais rápidas, aproximando-se das velocidades oferecidas pelo Wi-Fi.

O futuro das redes sem fio. Ainda veremos como o sistema global de redes sem fio irá evoluir. Em um futuro próximo, as tecnologias de telecomunicação e Wi-Fi irão coexistir. Com o crescimento de pontos de acesso sem fio públicos ou gratuitos, muitos usuários provavelmente verão essa tecnologia como adequada e de baixo custo para determinados tipos de computação móvel. Visto que o acesso às redes de telecomunicação esteja disponível somente para assinantes, outros usuários podem ver o custo como algo que valha a pena devido ao benefício da conectividade ininterrupta. Ainda é cedo demais para dizer se alguma dessas tecnologias irá finalmente se tornar dominante ou se as forças do mercado e o comportamento do consumidor continuarão sustentando uma abordagem dupla. Uma coisa é certa – uma vez que as tecnologias de telecomunicação e Wi-Fi estão se expandindo geograficamente, e a velocidade e funcionalidade também estão aumentando, a computação móvel em geral irá crescer muito num futuro próximo.

Questões para revisão

1. Quais são os três fundamentos tecnológicos da computação móvel?
2. Liste algumas das razões pelas quais pode ser difícil categorizar dispositivos de computação móvel.
3. Que fatores levaram ao recente crescimento do mercado de smartphones?
4. Do ponto de vista do usuário final, quais são as vantagens encontradas na tecnologia Wi-Fi e na de telecomunicações (p. ex., 3G e 4G)?

7.2 Serviços financeiros móveis

Os **serviços bancários móveis** são definidos, geralmente, como meios de realizar transações financeiras e outras atividades relacionadas por meio de um dispositivo móvel. Os serviços oferecidos incluem pagamento de contas e transferências monetárias, administração da conta corrente e solicitação de talões de cheque, extrato e saldo da conta, taxas de juros e de câmbio e assim por diante.

Bancos e outras instituições financeiras permitem que clientes utilizem dispositivos móveis para uma grande variedade de serviços. Os mais comuns são (Mobile Marketing Association, 2009):

- Alertas automáticos, alertas de segurança e lembretes
- Saldos, atualizações e histórico da conta
- Serviço de atendimento ao consumidor móvel
- Localização de agência ou de caixa automático
- Pagamento de contas (p. ex., faturas de serviços), realização de pagamentos online via agentes seguros e aplicativos para telefonia móvel
- Transferência de fundos
- Verificação de transações
- Alertas de empréstimos

As pessoas acessam esses serviços financeiros utilizando uma combinação de canais de mídia móvel, incluindo SMS, navegadores móveis e aplicativos customizados para smartphones. Os serviços bancários móveis são uma extensão natural dos serviços bancários online, cuja popularidade tem crescido na última década.

Códigos de acesso. Muitas transações de comércio móvel utilizam mensagens SMS juntamente com **códigos de acesso**. Isso também acontece nos serviços financeiros. Um código de acesso funciona como um número de telefone, exceto que possui apenas cinco ou seis caracteres e é mais fácil de lembrar. Por exemplo, clientes de serviços bancários móveis do banco PNC podem enviar mensagens de texto SMS para o código de acesso 762265 para recuperar informações sobre suas contas. No corpo da mensagem eles podem incluir outros textos como para verificar o saldo ou recuperar informações sobre transações recentes (BAL para *account balance* – verificar saldo – e LAST CHK1 para recuperar informações sobre transações recentes).

As empresas contratam a locação de códigos de acesso da Common Short Code Association (CSCA) por valores que variam entre 500 e 1.000 dólares por mês. O preço mais baixo é para códigos aleatórios, empresas que querem códigos específicos pagam a taxa mais alta. Uma vez que a empresa tenha locado seu código de acesso, pode começar a usá-lo em promoções e na interação com clientes.

Um exemplo de uso de código de acesso fora da esfera bancária é para votar no famoso programa de televisão *American Idol*. Cada participante recebe um código de acesso específico e os telespectadores são convidados a enviar mensagens de texto votando no candidato de sua preferência. A premiação anual *MTV Movie Awards* também utiliza votação por meio de códigos de acesso, o que permite aos telespectadores escolherem o vencedor em determinadas categorias do prêmio. Para outro exemplo relacionado, veja o Caso de negócio da Starbucks ao final deste capítulo. Em algumas redes de telecomunicação, ringtones são vendidos utilizando códigos de acesso e mensagens SMS.

SERVIÇOS BANCÁRIOS E BOLSA DE VALORES MÓVEIS

Na Europa, Estados Unidos e Ásia, uma crescente porcentagem de bancos oferece acesso móvel a informações financeiras e contábeis. Em 2009, a ABI Research avaliou a acessibilidade dos serviços bancários móveis de 29 bancos nos Estados Unidos. Seis dos bancos receberam as notas mais altas: BB&T, Eastern Bank, Fifth Third Bank, Northeast Bank, USAA e Wells Fargo. O Bank of America e o Chase também receberam avaliações positivas (ABI Research, 2009).

Na Suécia, o Merita Bank foi o pioneiro em diversos serviços, e o The Royal Bank of Scotland oferece serviços móveis para pagamento. O Banamex, um dos maiores bancos mexicanos, é um grande fornecedor de serviços sem fio aos seus clientes. Muitos bancos no Japão permitem que todas as transações bancárias sejam feitas via telefone celular. Especialistas preveem que o crescimento do setor de serviços bancários móveis poderá atingir entre 894 milhões e 1,5 bilhões de clientes globalmente até 2015. Espera-se que a região asiática emerja como mercado predominante para serviços bancários móveis. (Berg Insight, 2010; Global Industry Analysts, 2010.)

Conforme as velocidades de transmissão sem fio aumentam, a proporção de serviços bancários móveis também cresce. O mesmo acontece com o comércio de seguros móvel e de ações na bolsa (ver Figura 7.7).

Questões de segurança. Até agora, os benefícios associados aos serviços bancários móveis parecem compensar as ameaças à segurança. No entanto, enquanto o número de pessoas que passa a utilizar serviços bancários móveis aumenta, a probabilidade de criminosos voltarem seus olhos às atividades bancárias certamente crescerá também. Que tipos de ameaças existem aos serviços bancários móveis? A Tabela 7.2 lista diversos riscos para os serviços bancários móveis.

SISTEMAS MÓVEIS DE PAGAMENTO ELETRÔNICO

De acordo com a Mobile Marketing Association (2010), cerca de um quinto dos adultos norte-americanos usa **comércio móvel**. Conforme o interesse em comércio móvel cresce, aumenta a demanda por sistemas de pagamento inovadores que tornem as transações a partir de smartphones e outros dispositivos móveis convenientes e seguras. Diversas empresas tentaram atender a essa demanda com diferentes abordagens. Existem dois tipos básicos de transações: compra online de produtos e serviços utilizando um dispositivo móvel (p. ex., comprar um livro na Amazon.com) e o pagamento de produtos e serviços em uma loja física tradicional utilizando um dispositivo de mão. Estes são alguns exemplos de recentes abordagens inovadoras:

Cobrança em conta telefônica com confirmação via SMS (ver Boku.com). Utilizando essa abordagem, usuários de telefone celular enviam uma mensagem para um código de acesso especificado pelo vendedor. O valor cobrado é então adicionado à conta telefônica

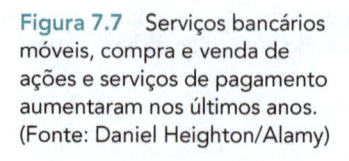

Figura 7.7 Serviços bancários móveis, compra e venda de ações e serviços de pagamento aumentaram nos últimos anos. (Fonte: Daniel Heighton/Alamy)

TABELA 7.2	**Riscos à segurança de serviços bancários móveis**

Clonagem. A duplicação do número serial eletrônico de um telefone e sua utilização em outro telefone – o clone. Isso permite que o autor do dano faça ligações ou transações que serão pagas pelo dono do telefone original.

Phishing. Utilização de uma comunicação fraudulenta, como um e-mail, para fazer com que o receptor dê informações importantes como números de contas bancárias, senhas e outras informações de identificação.

Smishing. Semelhante ao phishing, porém a comunicação fraudulenta vem em forma de SMS.

Vishing. Também semelhante ao phising, porém a comunicação fraudulenta vem em forma de mensagem de voz ou recado de voz incentivando a vítima a dar informações sigilosas.

Telefone perdido ou roubado. Celulares perdidos ou roubados podem ser utilizados para conduzir transações financeiras sem a permissão do dono.

Fontes: Compilado de Howard (2009), Mobile Marketing Association (2009) e McGee (2008).

do comprador e a operadora do telefone remete essa quantia ao vendedor. As empresas de telefonia podem incluir uma taxa de serviço ao valor pago.

Near Field Communication (NFC – *Comunicação de Campo Próximo*, em tradução livre) (ver Blingnation.com). Outra abordagem ao pagamento móvel é utilizar um pequeno microchip que contenha informações de uma conta que o usuário vincula a seu dispositivo móvel. O usuário do telefone celular simplesmente passa ou toca o telefone no terminal do comerciante e o pagamento é realizado. Usuários recebem um SMS confirmando o pagamento. Uma variação dessa abordagem envolve o uso de cartões inteligentes no celular do usuário.

Pagamento por cartão de crédito via número de telefone e SMS (ver Zong.com e Paypal.com). Compradores móveis criam uma conta em uma empresa como a zong.com. Essa conta relaciona o número do celular a um número de cartão de crédito. Ao fazer compras online, o comprador clica no botão de pagamento e insere seu número de telefone, que é mais fácil de lembrar do que o número do seu cartão de crédito. Um SMS é enviado ao comprador pedindo pela confirmação de pagamento. Quando o pagamento é confirmado, a cobrança é feita no cartão de crédito do comprador.

Cartão de crédito + formulário Web. Usando um navegador Web móvel, compradores fazem compras online colocando seu número de cartão de crédito e outras informações de identificação como fariam se estivessem usando um computador pessoal. Esse processo pode ser complexo em função do tamanho pequeno da tela e dos teclados dos dispositivos móveis, mas é uma opção.

Transferência de fundos a partir de uma conta de pagamento utilizando SMS (ver obopay.com e paypal.com). Utilizando esta abordagem, o usuário cria uma conta em uma empresa como a obopay.com e transfere seu dinheiro de um banco ou cartão de crédito para ela. Usando um telefone celular e SMS, o usuário pode então transferir o dinheiro para qualquer pessoa com um número de telefone celular. Quem recebe o dinheiro precisa criar uma conta na empresa de pagamento para recuperar os fundos.

Leitor de cartão em telefones móveis (ver square.com). Essa abordagem original requer que usuários de celular tenham pequenos leitores de cartão que podem ser conectados à entrada de áudio da maioria dos dispositivos. O leitor de cartão, que se parece com um pequeno cubo, permite que aqueles que possuem conta na square.com façam ou recebam pagamentos de cartão de crédito sem a conta do comerciante.

Etiquetas 2D (ver Cimbal.com). Esse sistema de pagamento utiliza códigos QR ou 2D para identificar o comerciante ou o beneficiário. O comprador escaneia a etiqueta do comerciante utilizando um aplicativo especial para smartphones e então aprova a transferência de fundos quando ela aparece no dispositivo. Transferências entre pessoas físicas também são possíveis, desde que o aplicativo possa gerar etiquetas QR personalizadas que indivíduos possam escanear de um dispositivo móvel para o outro.

Aplicativo "Bump" para iPhones com aplicações de pagamento (ver bumptechnologies.com). Usando um aplicativo para iPhone chamado de bump, dois indivíduos podem transferir dinheiro um ao outro simplesmente encostando seus telefones um no outro.

Telefones mostram código de barras que vendedores escaneiam (ver Facecash.com). Quando chega a hora de compradores pagarem por produtos e serviços, eles apresentam seu dispositivo móvel, que mostra sua fotografia para fins de identificação e um código de barras relacionado à conta para pagamento que eles designaram em facecash.com. O comerciante escaneia o código de barras com um leitor e completa a transação.

Quase todos os sistemas de pagamento recém-descritos são demonstrados em vídeo no YouTube.com. Leitores interessados são convidados a assistir a esses recursos em vídeo para explicações mais completas sobre como os sistemas funcionam.

Sistemas de pagamento sem fio transformam telefones celulares em ferramentas seguras e independentes, capazes de autorizar pagamentos instantaneamente via rede de celular. Muitos dos sistemas acima não envolvem operadoras tradicionais de cartão de crédito ou bancos, diminuindo os custos da transação para os comerciantes. Além disso, o pagamento de valores menores, chamados de **micropagamentos**, são menos problemáticos, já que muitos dos sistemas são especificamente projetados para acomodar transações menores. A capacidade de fazer micropagamentos permite que indivíduos utilizem seus aparelhos móveis para fazer coisas como comprar uma bebida de uma máquina ou fazer o pagamento do parquímetro municipal. Muitas cidades na Europa e um número crescente de cidades nos Estados Unidos que adotaram sistemas de pagamento por celular para o estacionamento relatam um aumento extraordinário nos ganhos resultante da redução de perdas causadas por furto, contadores quebrados e gastos reduzidos associados à coleta de dinheiro de contadores tradicionais.

Carteiras móveis (sem fio) são ainda outro sistema de pagamento. Uma *carteira eletrônica* (ou *e-wallet*) é um software que armazena números do cartão de crédito de um comprador online e outras informações pessoais de modo que ele não precise digitá-las novamente a cada compra online. Apesar de as carteiras eletrônicas móveis, chamadas de **carteiras móveis** (ou **m-wallets**) existirem já há alguns anos, sua adoção foi limitada, porque usuários as veem como tendo um valor limitado. Empresas que promovem as carteiras móveis estão tentando torná-las mais atraentes, expandido suas funcionalidades para além de um simples sistema de pagamento. Seu objetivo é tornar a carteira móvel um substituto atraente para a carteira física das pessoas. Novas carteiras móveis serão capazes de armazenar não apenas informações de cartão de crédito, mas também informações sobre a carteira de motorista, número do passaporte e dados sobre saúde (Swartz, 2010). Além disso, muitos dos produtos para as carteiras móveis são aplicativos do lado do servidor (*server-side*). Isso significa que informações importantes da carteira de um usuário não são armazenadas em seu dispositivo móvel. Em vez disso, as informações são armazenadas em servidores seguros e acessadas, quando requeridas, pelos telefone ou outros dispositivos. Isso aumenta a segurança de informações importantes, minimizando o risco associado à perda ou roubo de dispositivos móveis. Os criadores de aplicativos para carteiras móveis esperam que essas mudanças causem a adoção em larga escala desses sistemas.

Questões para revisão

1. Quais são os dois tipos básicos de transações que requerem sistemas de pagamento móvel?
2. O que são códigos de acesso e como eles são usados para conduzir transações?
3. Por que as carteiras eletrônicas não foram amplamente adotadas e o que seus criadores estão fazendo para torná-las aplicativos mais atraentes?
4. Quais são os riscos de segurança mais comuns associados às transações bancárias móveis?
5. Descreva alguns dos sistemas de pagamento móvel.

7.3 Compras, entretenimento e publicidade móvel

Os aplicativos de comércio móvel do tipo B2C estão se expandindo em diversas áreas – varejo para produtos e serviços, entretenimento móvel, jogos móveis, serviços de viagem e hospedagem e vendas de conteúdo digital (p. ex., músicas, notícias, vídeos, filmes ou jogos).

COMPRANDO A PARTIR DE DISPOSITIVOS SEM FIO

Um número crescente de vendedores online permite que clientes comprem a partir de dispositivos de mão. Os clientes utilizam, por exemplo, smartphones para comprar em sites como o target.com, amazon.com e buy.com. Os clientes utilizam dispositivos móveis para fazer pesquisas rápidas, comparar preços, utilizar o carrinho de compras, fazer pedidos, comprar e verificar o status do seu pedido. Dispositivos especializados como o e-reader Kindle, da Amazon, permitem que os usuários façam compras e download de livros a partir da loja. Utilizando o iPod touch da Apple, os usuários podem comprar e fazer download de músicas a partir do iTunes. Muitas cadeias nacionais de restaurante oferecem aos clientes a possibilidade de pesquisar em seus menus, fazer pedidos e pagar pela comida via dispositivos móveis.

Os usuários de dispositivos de mão também podem participar de leilões online. O eBay, por exemplo, oferece aplicativos móveis para uma série de smartphones. Eles também utilizam um serviço baseado em voz chamado de Unwired Buyer (Comprador sem fio) que pode contatar concorrentes minutos antes de o leilão ser encerrado para que eles saibam o status de sua oferta. O PayPal, subsidiário do eBay, permite que usuários paguem por suas mercadorias pelo telefone. Os consumidores utilizam cada vez mais seus telefones para obter informações sobre um produto e seu preço durante as compras em lojas tradicionais. O Pricegrabber.com, o slifter.com e o froogle.com são apenas alguns dos sites que fazem comparação de preço e que permitem que as pessoas busquem informações sobre um produto a partir de seus telefones celulares. Especialistas orientam varejistas para que levem em consideração esses compradores entendidos (*tech savvy*) ao desenvolver suas estratégias móveis. A capacidade de identificar os compradores móveis dentro da loja e dar a eles informações significativas e valor por meio de ofertas que igualem preços ou outros incentivos é de vital importância.

O volume de comércio móvel no Japão está crescendo exponencialmente e agora representa o maior volume de vendas móveis no mundo. Mais de 60 milhões de japoneses estão fazendo compras com seus celulares, por exemplo, comprando suas passagens de trem durante a viagem. As compras móveis são populares entre pais solteiros e ocupados, executivos e adolescentes, que estão fazendo mais de 80% de suas compras online a partir de telefones celulares.

No Japão, a maioria dos produtos alimentícios é etiquetada com códigos QR, o que permite que clientes encontrem rapidamente informações sobre produtos que desejam comprar (ver Figura 7.8). De acordo com o Daiwa Institute of Research, compras por impulso representam a maioria das compras que são feitas por telefones móveis, mas somente se os usuários estiverem utilizando serviços que não cobrem taxas extras.

Figura 7.8 Códigos QR relacionados a produtos e serviços específicos são utilizados por usuários de telefones móveis para recuperar as informações do produto. (Fonte: © jeremy sutton hibbert/ Alamy)

| ENTRETENIMENTO MÓVEL |

O entretenimento móvel está se expandindo em dispositivos sem fio. Os produtos mais notáveis são músicas, filmes, vídeos, jogos, entretenimento adulto, esportes e jogos de azar.

Entusiastas de esportes tiram proveito de um grande número de aplicativos e serviços em seus dispositivos móveis. Existem aplicativos para verificar os resultados de jogos; rastrear novas atualizações sobre atletas específicos, times ou esportes; participar de competições com times "fantasia", como o futebol de fantasia; e participar de serviços de rede social voltados ao esporte. Diversos jogos relacionados a esportes, como o golfe móvel e aplicativos com trívias sobre esportes estão disponíveis. Existem até mesmo dispositivos móveis desenvolvidos para dar dicas e informações para melhorar seu desempenho esportivo. Um aplicativo que analisa o balanço do golfe de uma pessoa e dá conselhos para melhorar o desempenho do jogador está disponível para o iPhone.

O Sport Center da ESPN, em parceria com a Sanyo, oferece um telefone celular que já vem pré-carregado com diversos aplicativos relacionados a esportes. Você pode ter acesso rápido a notícias de seus times favoritos. Videoclipes de até 30 segundos estão disponíveis, assim como uma câmera embutida. Para ocupar o dono do celular durante momentos de espera, trívias sobre esportes vêm instalados no telefone. Alertas relacionados a esportes são enviados ao telefone por mensagens de texto.

Analistas da indústria predizem que melhorias recentes em hardware de dispositivos computacionais móveis irão levar a um aumento ainda maior no número de pessoas que assistem a videoclipes, filmes e programas de televisão em seus dispositivos móveis. O tamanho da tela de dispositivos como o iPad da Apple fazem com que assistir vídeos seja mais interessante do que em um smartphone. Entretanto, o número de pessoas que assistem vídeos em smartphones também parece estar aumentando. Empresas como a theChanner.com e a FLO TV, entre outras, oferecem programas de televisão para usuários de dispositivos móveis. A Fox Mobile recentemente lançou um aplicativo móvel que permitirá que usuários de smartphones assistam a programas de televisão a partir de seu site Hulu.com.

A iTunes Store continua sendo líder em disponibilizar música, filmes e podcasts digitais para o cliente mediante o pagamento de um valor. Usuários móveis também podem acessar

TI em ação 7.1
Godiva Mobile

A chocolateria belga Godiva é reconhecida ao redor do mundo por ser líder em chocolates finos. De suas famosas trufas e chocolates em formato de conchas até seus biscoitos em estilo europeu, cafés gourmet e chocolates quentes, a marca Godiva tem se dedicado à excelência e inovação da tradição por 80 anos.

Quando chegou o momento de continuar a tradição da inovação e da excelência nos canais móveis, a Godiva lançou uma iniciativa. O Godiva Mobile foi planejado como uma forma de comprar produtos e construir um relacionamento mais próximo com o cliente. O Godiva Mobile, um aplicativo que pode ser baixado no dispositivo, inclui os produtos mais vendidos da Godiva e pode integrar-se a outros aplicativos do smartphone BlackBerry, incluindo aplicativos de endereços e de mapas. Os clientes compram produtos apenas selecionando-os e clicando.

O Godiva Mobile inclui:

- Acesso rápido aos produtos mais populares da Godiva
- Possibilidade de realizar uma compra em menos de 30 segundos
- Descrições completas de produtos e imagens totalmente coloridas
- Integração com aplicativos de endereços, permitindo que usuários enviem produtos com apenas alguns cliques
- O localizador de lojas "One-Touch Store-Locator", que utiliza GPS e torres de celular para identificar automaticamente lojas que estejam próximas da localização do usuário com apenas um toque
- Transações seguras e protegidas por senha

Questões para discussão: Por que o Godiva Mobile é um bom aplicativo para a Godiva? Em sua resposta, considere o fato de que chocolates e outros produtos da Godiva normalmente são comprados como presentes e não para consumo próprio.

---

música a partir de sites de streaming como o Pandora.com e o Grooveshark.com. Ambos oferecem música sem custo via streaming. Os usuários podem fazer o upgrade de suas contas pagando uma taxa de inscrição, que limita a quantidade de publicidade que aparece enquanto estão escutando suas músicas.

Embora ainda seja relativamente pequeno, espera-se que o ramo de jogos de azar cresça substancialmente nos próximos anos. Alguns preveem que esse tipo de comércio móvel poderia gerar até 20 milhões de dólares em um futuro próximo. Os primeiros sinais de crescimento nesse mercado são esperados no Japão e outros países asiáticos.

Muitos dispositivos de mão existem para reforçar as atividades de entretenimento em casa. A Food Network possui um aplicativo com dicas e receitas de alta gastronomia e entretenimento. A Mobilewinelist.com oferece uma forma de organizar sua coleção de vinhos, dar notas aos vinhos e compartilhar informações sobre vinhos com outros entusiastas pelo seu dispositivo móvel. A Mobatech é um marco nos aplicativos móveis para *bartenders*, com diversas receitas de coquetéis e drinks para festas. O Godiva Mobile é discutido em *TI em ação 7.1*.

JOGOS MÓVEIS

Com smartphones, o público potencial de jogos móveis é bem maior do que o mercado de outras plataformas, incluindo PlayStation e Xbox. Quase metade (45%) dos usuários de smartphone jogam e gastam, em média, 41 dólares em jogos disponíveis em dispositivos de mão. Especialistas esperam que esse mercado continue a crescer com o aumento na velocidade das redes e a maior potência dos dispositivos móveis, que enriqueçam a experiência com jogos. No Japão, onde milhões de trabalhadores "matam tempo" durante longas viagens de trem, jogos em celulares se tornaram um fenômeno cultural. Atualmente, jogos móveis estão muito populares em muitos países.

Em julho de 2001, a Ericsson, a Motorola, a Nokia e a Siemens estabeleceram o fórum Mobile Games Interoperability Forum (MGIF) (openmobilealliance.org) para definir diversos padrões técnicos que tornarão possível implementar jogos móveis entre servidores multijogos e redes sem fio, assim como entre diferentes dispositivos móveis.

SERVIÇOS HOTELEIROS E DE TURISMO ENTRAM NA ERA SEM FIO

Muitos hotéis hoje oferecem aos seus hóspedes conexão à Internet de alta velocidade com ou sem fio nos quartos. Alguns desses mesmos hotéis oferecem acesso Wi-Fi à Internet em áreas públicas como na recepção ou em salas de reunião. Um desses hotéis é o Marriott, que gerencia cerca de 3 mil hotéis ao redor do mundo. A maioria das outras grandes redes de hotéis (por exemplo, a Best Western), assim como hotéis menores, oferece conexão à Internet.

Os aeroportos e outros centros de trânsito cada vez mais oferecem acesso Wi-Fi à Internet para acomodar os viajantes. As principais companhias aéreas estão explorando a capacidade de oferecer acesso à Internet banda larga durante voos a usuários de laptops e outros dispositivos computacionais. Alguns serviços de trem também oferecem acesso à Internet para os passageiros durante a viagem.

Além de oferecer aos usuários acesso à Internet por meio de pontos de acesso Wi-Fi, um pequeno número de hotéis está explorando o uso de sites móveis para usuários fazerem *check- -in*, agendarem spa ou fazerem reservas em restaurantes e pedidos de serviço de quarto. Outras tecnologias, que irão permitir que usuários abram seus apartamentos no hotel utilizando mensagens de texto SMS ou passando seu celular habilitado à comunicação de campo próximo (*near field communications* – NFC) próximo à fechadura da porta, estão sendo desenvolvidas.

REDES SOCIAIS MÓVEIS	**Redes sociais móveis** são redes sociais nas quais dois ou mais indivíduos interagem e se conectam uns com os outros utilizando smartphones ou outros dispositivos móveis. Assim como redes sociais baseadas na Web, as redes sociais móveis ocorrem em comunidades virtuais. Os sites de redes sociais mais populares oferecem atualmente aplicativos que permitem que usuários acessem suas contas a partir de um smartphone ou outro dispositivo móvel. Alguns especialistas preveem que as mídias sociais móveis serão um dos aplicativos mais populares entre os consumidores e, juntamente com os aplicativos de jogos, serão uma força motriz no crescimento do mercado móvel.
OUTROS SERVIÇOS DE COMPUTAÇÃO MÓVEL PARA CONSUMIDORES	Existem diversos outros serviços de computação móvel para consumidores em uma série de categorias. Exemplos incluem serviços de informação sobre notícias, eventos na cidade, clima e esportes; tradução online; informações sobre atrações turísticas (p. ex., horas, preços); e serviços de emergência. Diversos outros serviços estão disponíveis para celulares com acesso à Internet. O Skype oferece, por exemplo, seus serviços de voz, texto e vídeo sem custo.
PUBLICIDADE DIRIGIDA	O crescimento da computação móvel e do comércio móvel é atrativo para os anunciantes. Smartphones com o recurso de GPS podem fornecer informações sobre a localização do usuário aos anunciantes. Essas informações podem ser utilizadas, juntamente com as preferências do usuário ou seus hábitos de navegação, para enviar mensagens publicitárias específicas para cada usuário para seus dispositivos móveis. A publicidade também pode ser sensível à localização, fornecendo informações sobre lojas, shoppings e restaurantes próximos a compradores potenciais. Mensagens de SMS e mensagens curtas podem ser usadas para enviar esse tipo de publicidade a telefones celulares e *pagers*, respectivamente. Muitas empresas estão se beneficiando com a publicidade dirigida. Veja *TI em ação 7.2*. Quanto mais a banda larga sem fio é disponibilizada, mais publicidade rica em conteúdo de áudio, imagens e vídeos será gerada para usuários individualmente com necessidades específicas. O desafio para os anunciantes será comunicar essa informação aos usuários de forma que eles a achem útil, e não irritante.
PORTAIS MÓVEIS	Um portal móvel é um canal do cliente, otimizado para a mobilidade, que agrega e oferece conteúdo e serviços a usuários móveis. Esses portais oferecem serviços semelhantes àqueles de portais de desktop como o AOL, o Yahoo! e o MSN. Muitas empresas hospedam portais móveis hoje, conforme mostrado na Tabela 7.3. Os serviços oferecidos por portais móveis incluem notícias, esportes, e-mail, entretenimento e informações de viagem; informações sobre restaurantes e eventos; serviços relacionados ao lazer (p. ex., jogos, programação de TV e cinema); serviços para a comunidade e informações sobre o mercado de ações. Uma grande porcentagem destes portais também oferece serviços relacionados a downloads, mensagens, música, saúde, relacionamentos e recrutamento. Os portais móveis frequentemente cobram por seus serviços. Por exemplo, podem pedir que você pague 0,50 centavos para receber um relatório sobre o clima no seu celular. Uma alternativa é pagar mensalmente para o portal de serviços e obter informações ilimitadas quando você desejar. No Japão, por exemplo, o i-mode gera lucros principalmente com as taxas de inscrição.

TI em ação 7.2
Marketing sem fio e publicidade em ação

Analistas do setor acreditam que haverá um aumento de publicidade em canais móveis. O número crescente de smartphones, a maior qualidade dos navegadores, os recursos de GPS melhorados e as formas mais eficientes de mensurar a efetividade da publicidade são fatores que reforçam esse crescimento. A seguir estão alguns exemplos de publicidade sem fio em ação.

O Foursquare.com é um dos exemplos mais recentes no campo da publicidade móvel, que está em crescimento. Estruturado como um tipo de jogo de mídia social móvel, os usuários fazem "check-in" com seus telefones ao visitarem lojas e restaurantes. Eles podem dar informações e avaliar os lugares a partir de suas opiniões. Essas informações são compartilhadas com anunciantes e seus amigos, que também fazem parte da rede Foursquare. Com o tempo, o Foursquare desenvolve um perfil de seus usuários com base nos tipos de estabelecimentos que eles frequentam e pode utilizar essas informações para atingir melhor os clientes com mensagens publicitárias. O Foursquare reforça o uso dos seus membros dando distintivos (*badges*) para diversos tipos e níveis de uso. Os membros que são o comprador mais frequente de um determinado local recebem o título de Prefeito (*Mayor*) e podem receber atenção e descontos especiais do local. O Foursquare dá informações aos seus anunciantes que eles normalmente não têm sobre seus clientes: a localização. Isso ajuda os anunciantes a enviar mensagens em momentos oportunos, quando elas podem ser mais relevantes e significativas para os clientes, aumentando as chances de reação aos anúncios.

Aplicativos de **realidade aumentada** (AR – augmented reality) são uma forma de tecnologia especial que se tornará comum no futuro. A realidade aumentada envolve imagens em gráfico geradas por computador sendo sobrepostas a imagens de coisas reais (p. ex., pessoas, salas, prédios, estradas, etc.). Essa tecnologia é utilizada por anunciantes de diversas formas. O usuário de um telefone celular, por exemplo, pode apontar sua câmera para um prédio e ativar o aplicativo de realidade aumentada, que gera logos de todos os serviços de alimentação (p. ex., Starbucks, Subway, McDonald's) disponíveis dentro do prédio. A loja de móveis IKEA, por exemplo, oferece aos seus compradores um aplicativo de realidade aumentada que permite a eles projetarem imagens de seus produtos dentro dos cômodos de suas próprias casas, de modo que possam "visualizar" como os produtos irão ficar naqueles lugares. Os especialistas do setor acreditam que a publicidade com realidade aumentada crescerá à medida que os usuários de smartphones se tornarem mais familiares com esse conceito. Você pode assistir a um vídeo muito interessante sobre um dispositivo criado para o iPhone desenvolvido pela Yellow Pages em youtube.com/watch?v=tOw8X78VTwg/.

Esperando se tornar o rei dos domínios baseados em localização, o Go2Online (go2.com) ajuda viajantes móveis a encontrar de tudo, desde acomodação a estações Jiffy Lube. Em parceria com a Sprint, a Nextel, a Verizon e a Boost, o Go2 está disponível em qualquer telefone com acesso à Web, Palm 705 e *pager* BlackBerry RIM na América. Ao digitar "JiffyLube" ou qualquer uma das centenas de marcas dentro do sistema Go2, a localização mais próxima onde é possível encontrar o produto ou serviço aparecerá.

Fontes: Compilado de Moore (2010) e Whitfield (2010).

Questões para discussão: Que benefício os anunciantes têm ao conhecer a localização do cliente? Quais são algumas semelhanças entre o Foursquare.com e outros serviços de redes sociais? Em sua opinião, que preocupações com a privacidade os usuários de serviços baseados em localização, como o Foursquare.com, devem ter? Como os aplicativos de realidade aumentada podem ser mais eficientes do que serviços tradicionais de listas e guias?

PORTAL DE VOZ

Um **portal de voz** é um site que pode ser acessado por voz. Os portais de voz não são exatamente sites no sentido normal, porque não são acessados via um navegador.

Além de fornecer informação, alguns sites oferecem interação verdadeira. O iPing.com é um serviço de lembrete e notificação que permite que o usuário coloque informações via Web e receba ligações de lembrete. Além disso, o iPing.com pode ligar para um grupo de pessoas

TABELA 7.3 Portais móveis

Nome	Endereço
iGoogle	google.com/m/ig
Yahoo Mobile	m.yahoo.com
MSN	mobile.msn.com
Windows Live	mobile.live.com
AOL	wap.aol.com/portal/
Redcliff (Índia)	mobile.rediff.com
Nokia Here and Now	nokia.mobi/hereandnow/

para notificá-lo sobre uma reunião ou teleconferência. O Tellme.com e o quack.com também oferecem serviços baseados em voz.

Os portais de voz são utilizados extensivamente por linhas aéreas, por exemplo, permitindo que clientes façam reservas, verifiquem o status do voo e mais. Muitas organizações utilizam portais de voz para substituir ou complementar serviços de assistência. A vantagem para a empresa é a redução de custos. Os usuários podem economizar tempo, já que não precisam esperar pela ajuda.

Um benefício para os profissionais de marketing da Internet é que os portais de voz podem ajudar empresas a encontrar novos clientes. Muitos desses sites recebem patrocínio de anúncios; assim, os dados sobre o perfil dos clientes que eles possuem ajudam a enviar materiais de marketing direcionado. Uma cadeia de loja de departamentos que já possua uma imagem de marca existente pode usar, por exemplo, breves comerciais de áudio nesses sites para passar uma mensagem relacionada ao tópico da chamada.

Questões para revisão

1. Descreva como compradores utilizam dispositivos móveis para melhorar suas experiências de compra.
2. Como é feita a propaganda direcionada sem fio?
3. Descreva um portal móvel.
4. O que é um portal de voz?
5. Liste tipos de entretenimento móvel disponíveis aos consumidores.
6. Como os hotéis estão utilizando tecnologias de computação móvel para aumentar a satisfação do hóspede?

7.4 Serviços e comércio baseados na localização

Comércio baseado na localização (l-commerce) se refere ao envio de anúncios, produtos ou serviços para clientes cuja localização é conhecida em um tempo determinado (também conhecido como serviços baseados na localização). Os serviços baseados na localização são benéficos tanto para consumidores quanto para empresas. Do ponto de vista do consumidor, o comércio baseado na localização oferece segurança. Você pode, por exemplo, conectar-se a um serviço de emergência com um dispositivo móvel e ele identifica sua localização exata. Os serviços oferecem conveniência, porque você pode conferir o que está próximo a você sem precisar consultar um guia, telefones pagos ou mapas. Os serviços aumentam a produtividade, pois é possível diminuir o tempo de viagem determinando pontos de interesse próximos. Do ponto de vista do prestador de serviço, o comércio baseado na localização representa uma oportunidade para vender mais. (Veja *TI em ação 7.3*.)

Os serviços básicos de comércio baseados na localização giram em torno de cinco conceitos chave:

1. **Localização.** Determinar a posição básica de uma pessoa ou de um objeto (p. ex., um ônibus, um carro ou um barco) a qualquer momento.
2. **Navegação.** Planejar uma rota de um local a outro.
3. **Acompanhamento.** Monitorar o movimento de uma pessoa ou objeto (p. ex., de um veículo ou pacote) ao longo da rota.
4. **Mapeamento.** Criar mapas digitais de localizações geográficas específicas.
5. **Tempo.** Determinar o tempo exato em uma localização específica.

TECNOLOGIAS DE COMÉRCIO BASEADO NA LOCALIZAÇÃO

Fornecer serviços baseados na localização requer as seguintes tecnologias de rede, mostradas na Figura 7.10:

- **Equipamento de determinação de posicionamento (PDE – Position-determining equipment).** Esse equipamento identifica a localização do dispositivo móvel por GPS ou pela localização da base mais próxima. A informação da posição é enviada ao centro de posicionamento móvel.
- **Centro de posicionamento móvel (MPC – Mobile positioning center).** O centro de posicionamento móvel é um servidor que administra a informação de localização enviada do equipamento de determinação de posicionamento.

TI em ação 7.3
O projeto Highway 91

A Route 91 é uma grande autoestrada nas proximidades de Los Angeles, com 8 pistas indo de leste a oeste. O tráfego é bastante intenso, especialmente em horários de pico. A California Private Transportation Company (CPT) construiu seis faixas expressas de pedágio em um raio de 16 km, na autoestrada 91. A faixa expressa possui apenas uma entrada e uma saída e é totalmente operada por tecnologias de comércio eletrônico. O sistema funciona como descrevemos a seguir (ver Figura 7.9).

Apenas assinantes pré-pagos podem dirigir nessa estrada. Os assinantes do serviço recebem um dispositivo de identificação automática para o veículo, que é colocado no espelho retrovisor do carro. O dispositivo, que faz uso de tecnologia RFID, é quase do tamanho de um cartão de crédito e inclui um microchip, uma antena e uma bateria. Uma grande placa na estrada avisa os motoristas sobre as taxas atuais de pedágios. No último ano, a taxa variou de 0,50 centavos em horários de pouco movimento de veículos a 3,25 dólares em horários de pico.

Sensores no asfalto notificam o computador que um carro passou; o carro não precisa reduzir a velocidade ou parar. O dispositivo de identificação do veículo faz contato via rádio com um transmissor instalado da praça de pedágio. O transmissor envia a identificação do carro através de cabos de fibra óptica para o centro de controle, onde o computador calcula a taxa para aquela viagem. O sistema acessa a conta do motorista e a tarifa é deduzida automaticamente da conta pré-paga do motorista. Um extrato mensal é enviado para a casa do assinante.

As câmeras de vigilância registram as placas dos carros sem o dispositivo de identificação. Esses carros podem ser parados pela polícia na saída ou podem ser multados pelo correio. Câmeras de vídeo ao longo da estrada permitem que administradores vigiem o tráfego, por exemplo, enviando um reboque para ajudar um carro com problemas. Além disso, conhecendo o volume de tráfego, podem ser tomadas decisões sobre preço. Aumentar o preço conforme o tráfego garante que a estrada não fique engarrafada. Em sistemas semelhantes, quem não é assinante pode passar por portões especiais, em que se paga com dinheiro.

O sistema economiza aos viajantes de 40 a 90 minutos por dia, então há uma grande demanda por ele. Uma extensão interessante do sistema é o uso do mesmo dispositivo de identificação para outros fins. Por exemplo, eles podem ser utilizados em estacionamentos pagos. Algum dia você poderá até mesmo ser reconhecido quando entrar em um *drive-through* do McDonald's e uma voz perguntará "O senhor gostaria de pedir o de sempre?".

Figura 7.9 Projeto Highway 91. (Fonte: UPI Photo/NewsCom)

Fontes: 91expresslanes.com e en.wikipedia.org/wiki/91_Express_Lanes.

Questões para discussão: Qual é o papel do componente sem fio desse sistema? Quais são as vantagens que o sistema oferece aos viajantes? Se uma grande porcentagem de motoristas utiliza pedágios expressos, o que acontece?

- **Tecnologia baseada na localização.** Essa tecnologia consiste em grupos de servidores que combinam a informação sobre a posição com conteúdo geográfico e específico de localização para fornecer um serviço de comércio baseado nesta localização. A tecnologia baseada na localização pode, por exemplo, apresentar uma lista de endereços com restaurantes próximos baseada na posição do dono do celular, em mapas locais das ruas e um diretório comercial. Essa lista é fornecida por meio de um centro de conteúdo, pela Internet.
- **Conteúdo geográfico.** O conteúdo geográfico consiste em mapas digitalizados de ruas, estradas, endereços, rotas, pontos de referência, uso de terras, códigos postais entre outros. Essa informação deve ser enviada de forma comprimida para uma rápida distribuição em redes sem fio.
- **Conteúdo específico de localização.** O conteúdo específico de localização é utilizado juntamente com conteúdo geográfico para fornecer a localização de serviços específicos. Guias de comércio e serviços que mostram a localização de empresas e serviços específicos são exemplos desse tipo de conteúdo.

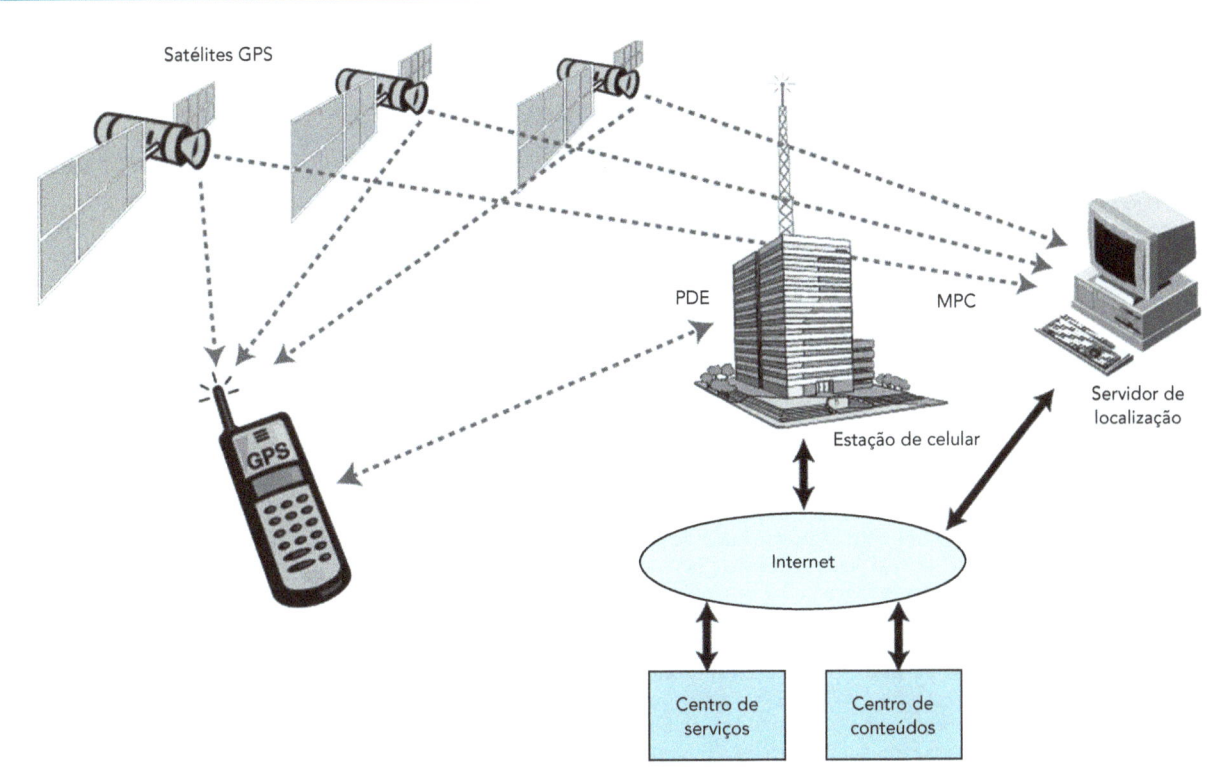

Figura 7.10 Smartphone com GPS em comércio baseado em localização.

A Figura 7.10 também mostra como essas tecnologias são utilizadas em conjunto para fornecer serviços baseados na localização que são administrados por um centro de serviços. Por trás dessas tecnologias estão sistemas de posicionamento e informação geográfica globais.

Sistema de posicionamento global. Um **sistema de posicionamento global** (*global positioning system* – **GPS**) é um sistema sem fio que utiliza satélites para determinar onde um dispositivo GPS está localizado em qualquer lugar do planeta. Equipamentos GPS têm sido utilizados extensivamente na navegação por companhias aéreas e embarcações comerciais e para localizar caminhões e ônibus.

O GPS recebe suporte de 24 satélites do governo dos Estados Unidos, mais três satélites de backup, que são compartilhados mundialmente. Cada satélite orbita a terra a cada 12 horas em uma trajetória precisa, a uma altitude de aproximadamente 17 km. A qualquer momento, o posicionamento exato de cada satélite é conhecido, porque eles transmitem sua posição e um sinal de tempo a partir de um relógio atômico a bordo, com precisão de um bilionésimo de segundo. Os receptores também possuem relógios precisos que estão sincronizados com os relógios dos satélites.

Os dispositivos GPS podem ser unidades isoladas ou estar conectadas ou inseridas em um dispositivo móvel. Eles calculam a posição dos dispositivos móveis ou enviam as informações para que sejam calculadas na central. Conhecendo a velocidade dos sinais de satélite, 186.272 milhas por segundo, engenheiros são capazes de encontrar a localização de qualquer estação receptora – sua latitude e longitude – dentro de uma *triangulação* de aproximadamente 15 metros, utilizando a distância entre o GPS e *três* satélites para fazer o cálculo. O software do GPS calcula a latitude e a longitude do receptor. Esse processo é chamado de **geocodificação**. (Veja *TI em ação 7.4*.)

Sistema de informação geográfica (GIS). A localização fornecida pelo GPS é expressa em termos de latitude e longitude. Para tornar esta informação mais útil a empresas e consumidores, em muitos casos é necessário relacionar essas medidas a um determinado lugar ou endereço. Isso é feito pela inserção da latitude e da longitude em um mapa digital, processo conhecido como **sistema de informação geográfica (GIS)**. A tecnologia de visualização de dados GIS integra os dados do GPS em um display de mapas digitais. Empresas como a mapinfo. com oferecem a tecnologia GIS, mapas e outros conteúdos de dados necessários para reforçar o poder dos serviços baseados na localização GIS/GPS.

TI em ação 7.4
NextBus: excelente atendimento ao cliente

Problema do serviço. Os ônibus em determinadas partes de São Francisco têm dificuldade em manter sua tabela de horários, especialmente em horários de pico. Normalmente, os ônibus devem chegar a cada 20 minutos, mas de vez em quando, os passageiros precisam esperar de 30 a 40 minutos. A tabela de horários perde sua validade e os passageiros ficam insatisfeitos porque perdem tempo.

Solução. Os motoristas de ônibus de São Francisco, levando consigo um smartphone ou dispositivo semelhante, podem rapidamente descobrir quando o ônibus tem maior probabilidade de chegar em um ponto de ônibus específico. O sistema rastreia os ônibus do transporte público em tempo real. Sabendo onde cada ônibus está e calculando os padrões do trânsito e a previsão do tempo, o NextBus (nextbus.com) calcula dinamicamente o horário de chegada estimado dos ônibus a cada ponto no caminho. Os horários de chegada também são disponibilizados na Internet e em visores públicos a cada ponto de ônibus.

O sistema NextBus tem sido utilizado com sucesso em diversas outras cidades nos Estados Unidos, na Finlândia e em vários outros países. A Figura 7.11 mostra como o sistema da NextBus funciona. O núcleo do sistema NextBus é um satélite GPS que pode dizer à central de informação do NextBus onde está o ônibus em determinado momento. Baseado na localização do ônibus, o horário de chegada em cada ponto pode ser calculado em tempo real. Os usuários podem acessar a informação em seus celulares ou em PCs a qualquer momento, de qualquer lugar. As tabelas horárias do NextBus também são postadas em tempo real nos abrigos reservados aos passageiros nos pontos de ônibus e em lugares públicos.

O NextBus é um serviço livre de anunciantes, mas em um futuro próximo os anúncios podem ser incluídos. Conforme o sistema descobre exatamente onde você está quando solicita informação e quanto tempo você tem de esperar até o próximo ônibus, o sistema pode mandá-lo à Starbucks mais próxima para uma xícara de café, dando a você um cupom de desconto eletrônico para cafés enquanto espera.

Fontes: Compilado de en.wikipedia.org/wiki/NextBus e nextbus.com.

Questões para discussão: Como a NextBus gera lucratividade? Quem pode ser um bom patrocinador desse serviço?

Figura 7.11 Modelo operacional da NextBus. (Fonte: nextbus.com/corporate/works/index.htm, 2008. Usado com a permissão da NextBus Information Systems.)

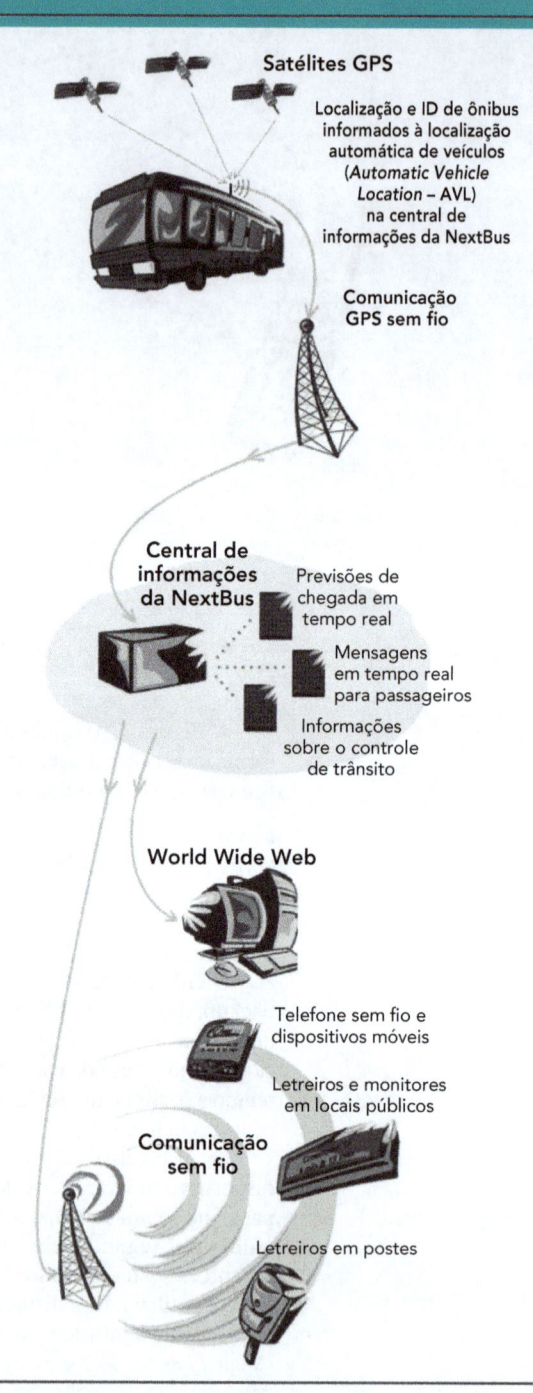

Questões para revisão

1. Defina serviços baseados na localização.
2. Como funciona o comércio eletrônico baseado na localização? Dê um exemplo.
3. Descreva o GPS. Para que ele é usado?
4. Descreva o GIS e suas vantagens.
5. Descreva algumas aplicações baseadas na localização, especialmente anúncios.

7.5 Aplicativos móveis empresariais

Mais organizações estão se preocupando em criar uma gama ampla de aplicativos móveis – de aplicativos para serviços administrativos aos focados no consumidor. Organizações líderes estão construindo uma estratégia de marketing e vendas que se baseia na conexão com clientes via dispositivos móveis. Essas conexões vão além do Facebook e do Twitter e incluem a possibilidade de estar informado sobre cupons móveis, anúncios ou ofertas de produtos, e então se relacionar com as empresas por meio de seus dispositivos móveis.

As limitações que vêm de telas de smartphone de 2' ou 4' estão sendo eliminadas pelo iPad e outros tablets móveis – e estão se expandindo as possibilidades da computação móvel e de aplicativos móveis empresariais.

Não importa se os aplicativos são para usuários internos ou externos, as organizações precisam desenvolver planos para administrar aplicativos e mantê-los atualizados. A mais ampla adoção de aplicativos móveis irá modificar a forma como as organizações lidam com serviços de atendimento e suporte aos clientes internos e externos. Entretanto, são poucas as organizações que já desenvolveram um plano para serviços de atendimento e suporte aos clientes.

A próxima seção se dedica a explicar como os dispositivos móveis e as tecnologias podem ser utilizados *dentro*, *fora* e *entre* as organizações.

APLICATIVOS MÓVEIS

Muitas empresas oferecem aplicativos móveis e sem fio inovadores em seus empreendimentos. Nesta seção, você verá exemplos de como as organizações estão implementando soluções móveis para conduzir seus negócios. Aplicativos móveis incluem o seguintes:

- Dar suporte aos vendedores enquanto aguardam para atender seus clientes
- Dar suporte aos funcionários de campo que fazem reparos ou serviços de manutenção em instalações corporativas ou para clientes
- Dar suporte aos executivos, gerentes ou outros funcionários quando estão viajando ou fora da empresa
- Dar suporte aos funcionários enquanto trabalham na empresa em lugares onde não há fácil acesso a computadores, por exemplo, em um depósito, em uma instalação ao ar livre ou em grandes lojas de varejo.
- Dar suporte aos funcionários que dirigem caminhões enquanto estão na estrada.

Investimentos em aplicativos móveis empresariais são feitos para fornecer aos funcionários ferramentas de comunicação e colaboração, assim como acesso a dados, informações e pessoas dentro das organizações.

Terminais de ponto de venda móveis (PDVs). A tecnologia de terminais de ponto de venda tradicionais envolve uma caixa registradora computadorizada conectada a um servidor por meio de uma LAN. Essas estações são fixas, exigindo que os clientes tragam suas mercadorias a um local específico da loja, em que irão aguardar em uma fila por sua vez de pagar. Filas longas frustram os consumidores. Alguns estudos mostram que pelo menos um em dez clientes irão abandonar uma fila longa, deixando a loja sem completar a compra.

As estações de ponto de venda móveis podem ser organizadas conforme a necessidade utilizando dispositivos de mão, escâneres e impressoras. Durante períodos de grande volume de vendas, os funcionários podem montar estações de pagamento móveis e temporárias, nas quais é possível escanear códigos de barra de mercadorias, processar pagamentos via cartões de crédito e imprimir recibos. Os funcionários podem até mesmo passar pela fila em uma estação fixa se oferecendo para agilizar o pagamento para os clientes que usarão o cartão de crédito.

Gestão de estoque. A gestão e o acompanhamento de estoque representam um gasto significativo para os varejistas. Utilizando códigos de barra e dispositivos de mão ou dispositivos de pulso, os varejistas são capazes de registrar quando uma mercadoria entra na loja, onde é armazenada e quando é movida para o chão da loja. Entregadores utilizam dispositivos móveis para incluir faturas e outros dados de entrega no banco de dados da loja no ponto de entrega, tornando mais fáceis os processos de cobrança e de contabilidade. Conforme as mercadorias são vendidas, os níveis do estoque são atualizados, desencadeando pedidos de reposicionamento e reduzindo as chances de surgirem situações em que não há produtos em estoque. Os benefícios são uma redução na perda de vendas devido a mercadorias faltando ou não disponíveis e a diminuição de roubos.

Se um cliente pede a um funcionário que o ajude a encontrar um produto específico, o funcionário pode verificar sua localização em um dispositivo de mão ou fazer um pedido do produto de modo que seja entregue diretamente na casa do cliente. Uma resposta imediata reduz a probabilidade de o cliente encomendar o produto de outra empresa.

Por fim, o árduo processo de alterar preços em mercadorias da loja é facilitado com o uso de dispositivos móveis. Os funcionários podem andar pelos corredores da loja, escanear mercadorias e comparar o preço marcado com os preços colocados no banco de dados de códigos de produtos universais (*universal product code* – UPC) da loja. Se o funcionário encontra uma discrepância, ele utilizará o dispositivo para imprimir uma nova etiqueta de preço.

Atendimento ao consumidor.
Visto que dispositivos sem fio podem ser rapidamente montados ou movidos dentro da loja, vendedores podem posicionar verificadores de preço móveis em locais convenientes. Assim, os clientes poderão conferir preços ou informações sobre o produto simplesmente escaneando seu código UPC. Esses dispositivos podem ser movidos sem o custo adicional de religá-los à rede. Quiosques sem fio de autoajuda podem ser posicionados em todos os departamentos, permitindo que clientes localizem produtos e que obtenham outras informações para facilitar suas compras. As lojas podem programar seus dispositivos para que identifiquem níveis de estoque de um produto em lojas da mesma cadeia nas proximidades, se necessário. Alguns dispositivos possuem um recurso de ativação por voz que permite que os clientes solicitem assistência de funcionários da empresa carregando dispositivos de mão capazes de realizar comunicação de voz. Isso evita que o consumidor tenha de procurar por alguém que o ajude quando precisar de auxílio – ou deixe a loja porque não conseguiu ajuda.

Despacho de trabalho.
Dispositivos móveis estão se tornando parte integral de dispositivos de mão de trabalho em equipe e no fluxo de trabalho. Por exemplo, serviços móveis sem voz podem ser utilizados para dar assistência em funções de despacho – para delegar trabalho a funcionários móveis, juntamente com informações detalhadas sobre as tarefas.

Um dispositivo de mão para despacho criado para dispositivos sem fio possibilita uma resposta melhor com recursos reduzidos, acompanhamento em tempo real de pedidos de trabalho, eficiência aumentada no despacho e redução do trabalho administrativo. A Michigan CAT (michigancat.com), por exemplo, uma grande vendedora de equipamentos pesados usados, oferece uma solução interessante. O sistema da Michigan CAT utiliza o Cloudberry da Air-Trak (air-traksoftware.com), que dá suporte a celular e redes de satélite. O sistema implica uma abordagem híbrida para o uso de rastreamento por GPS e um sistema de mensagens que permite que as informações e os formulários gerados pelo banco de dados da Caterpillar e o software Service Technician Workbench (STW) sejam transmitidos sem fio entre a equipe de operações de campo e os veículos de serviço equipados com um laptop. Os dados coletados em campo podem ser facilmente integrados em um sistema de gerenciamento de pacotes. Um programa simples de extração foi criado para mover dados, relatórios de serviços e de horas trabalhadas de um programa para outro, eliminando registros duplicados da mesma informação em sistemas separados. Outros despachantes podem acessar a informação para acrescentar comentários e notas. Os benefícios do sistema incluem o aumento da produtividade; a redução de tempo da equipe; a separação de pedidos em partes oportunas; a maior agilidade no processamento de faturas e informações de serviço seguras precisas com integração adequada entre os sistemas da empresa.

Falhas de aplicativos móveis.
Entretanto, nem todos os aplicativos móveis são bem-sucedidos. Um exemplo disso é o dispositivo móvel snafu da Agência de Censo dos Estados Unidos. Para o Censo de 2010, o governo disponibilizou 3 bilhões de dólares para dispositivos móveis a fim de melhorar o desempenho de campo dos entrevistadores. Infelizmente, por causa de falhas na administração do programa e nas estimativas do contrato, atrasos de hardware e software, o programa teve de ser postergado para o Censo de 2020. O custo da obtenção manual dos dados e de sua programação aumentou os gastos do projeto em 2,2 a 3 bilhões de dólares.

SUPORTE E GESTÃO MÓVEL DE RELACIONAMENTO COM O CLIENTE

O acesso móvel aumenta o alcance da gestão de relacionamento com o cliente – tanto interna quanto externamente – para funcionários e parceiros de negócios 24 horas, 7 dias, em qualquer lugar em que recipientes estejam localizados.

Em grandes suítes de softwares, como a suíte CRM da Siebel (uma empresa da Oracle), as duas funções que atraem maior interesse são a *automação da força de vendas* e o *serviço de campo*. Por exemplo, um vendedor pode estar em uma ligação de vendas e precisar saber o histórico recente de cobranças de um cliente específico. Ou um representante do serviço de campo em uma ligação de serviços pode precisar saber a atual disponibilidade de diversas peças para consertar uma máquina. É em situações desse tipo que o acesso móvel em tempo real aos dados de clientes e parceiros é valioso. Duas ofertas populares são o aplicativo Exchange Mobile da Salesforce.com (salesforce.com) e o CRM on Demand da Oracle (oracle.com/crmondemand/index.html).

GESTÃO MÓVEL DA CADEIA DE SUPRIMENTOS

Soluções em computação móvel também estão sendo aplicadas em B2B e em relacionamentos da cadeia de suprimentos. Essas soluções permitem que as organizações respondam mais rapidamente a falhas na cadeia de suprimentos, ajustando proativamente seus planos ou desviando recursos relacionados a eventos críticos na cadeia de suprimentos conforme eles ocorrem. Além disso, a computação móvel pode ter implicações estratégicas ligadas à cadeia de suprimentos, como o aumento da eficiência, a redução dos atrasos e a melhora nas relações entre fornecedores e consumidores.

Com o maior interesse pelo comércio colaborativo (c-commerce) vem a oportunidade de usar comunicação sem fio para a colaboração ao longo da cadeia de suprimentos. Não existe mais necessidade alguma de ligar para uma empresa parceira e pedir que alguém encontre determinados funcionários que trabalhem com a sua empresa. Em vez disso, você pode contatar esses funcionários diretamente ou acessar sistemas de pedido utilizando dispositivos móveis. Para que isso ocorra, é preciso que haja integração dos sistemas de informação interorganizacionais.

Ao permitir que os funcionários da força de vendas façam pedidos ou pesquisas diretamente no Sistema Integrado de Gestão Empresarial (SIGE) enquanto estão em visita ao cliente, empresas podem reduzir eventuais erros e melhorar as operações da cadeia de suprimentos. Se os vendedores podem verificar o cronograma de produção e os níveis de estoque e acessar as configurações de produto e disponibilidade, bem como a capacidade disponível para a produção, eles podem obter quantidades e prazos de entrega em tempo real. Assim, as empresas qualificam sua força de vendas para que faça propostas mais competitivas e realistas para os clientes. Os SIGEs atuais unem soluções para a gestão de cadeia de suprimento mais abertas que estendem sua visibilidade para múltiplas camadas na cadeia de suprimentos. A gestão móvel da cadeia de suprimentos dá poder à força de trabalho para alavancar esses sistemas mais amplos por meio da gestão de estoque e de funcionalidades de ATP/CTP (disponibilidade de estoque/capacidade de produção) que se estendem a diversos parceiros da cadeia de suprimentos e consideram questões logísticas.

Equipes de vendas, por exemplo, na Adidas America, utilizam o Enterprise Solution para BlackBerry e PDAs para verificar os níveis de estoque a partir de qualquer lugar em tempo real. Isso melhora o atendimento ao cliente e aumenta a produtividade de vendas. Para mais detalhes, visite na.blackberry.com/eng/ataglance/get_the_facts/rapid_roi.pdf.

Questões para revisão

1. Descreva os aplicativos móveis usados dentro das organizações.
2. Descreva os aplicativos sem fio para a força de vendas.
3. Descreva a gestão móvel de relacionamento com o cliente.
4. Descreva como a computação móvel é utilizada para melhorar a gestão da cadeia de suprimentos.

Termos-chave

Android OS 194
Blackberry OS 194
carteiras móveis (m-wallets) 200
código de acesso 197
comércio baseado na localização (l-commerce) 205
comércio móvel 198
e-readers 194
geocodificação 207
gestão móvel da cadeia de suprimentos 211

hotspots 196
iOS 194
Linux OS 194
micropagamentos 200
Palm OS 194
personal data assistant – PDA 193
portal de voz 204
realidade aumentada 204
redes sociais móveis 203

serviços bancários móveis 197
sistema de informação geográfica (GIS) 207
sistema de posicionamento global (GPS) 207
sistemas móveis de pagamento eletrônico 198
Symbian OS 194
Windows Mobile OS 194

Destaques do capítulo

(Os números estão relacionados aos Objetivos de aprendizagem)

❶ Computação e comércio móveis estão baseados em dispositivos móveis, softwares móveis (sistemas operacionais e dispositivos de mão) e redes sem fio.

❶ Dispositivos de computação móvel incluem laptops, dispositivos de mão como smartphones e PDAs, e-readers e tablets, bem como computadores vestíveis.

❶ Existe uma ampla variedade de sistemas operacionais móveis para smartphones e outros dispositivos. Isso representa um desafio para os programadores de sites e de dispositivos móveis.

❶ Redes sem fio baseadas em tecnologia de telecomunicações e Wi-Fi (p. ex., 3G e 4G) vêm se expandindo consideravelmente nos últimos anos, oferecendo cobertura em larga escala para usuários móveis.

❷ As pessoas usam dispositivos móveis cada vez mais, especialmente smartphones, para realizar transações financeiras, que incluem transações bancárias, transações de cartão de crédito e compras de ações.

❷ Foram desenvolvidos diversos sistemas móveis de pagamento eletrônico. Ainda é preciso verificar quais deles serão aceitos pelos comerciantes e consumidores.

❷ As pessoas acessam serviços financeiros utilizando uma combinação de canais de mídia social, incluindo serviços de SMS e códigos de acesso, navegadores móveis e aplicativos customizados para smartphones.

❸ O varejo móvel cresceu consideravelmente nos últimos anos. Consumidores japoneses adotaram o comércio móvel mais do que qualquer outro grupo, mas o interesse de norte-americanos pelo varejo móvel está crescendo.

❸ Compradores utilizam cada vez mais seus dispositivos móveis para encontrar informações sobre preços e produtos enquanto fazem suas compras em lojas tradicionais.

❸ Smartphones e outros dispositivos móveis estão se tornando um canal chave de entretenimento para música, filmes e jogos.

❸ Hotéis e outros no setor de hospedagem e viagens estão expandindo o uso que fazem de aplicativos móveis para oferecer um atendimento melhor e maior conveniência aos viajantes.

❸ Espera-se que as redes sociais móveis cresçam radicalmente na próxima década, e especialistas preveem que elas serão o carro chefe da tecnologia de computação móvel.

❸ A publicidade por meio de canais móveis é atraente aos negócios porque permite que mensagens sejam enviadas a clientes em potencial. Em alguns casos, essas mensagens podem ter como base a localização do usuário, que pode ser determinada via tecnologia GPS.

❸ Um portal móvel é um canal do consumidor, otimizado para mobilidade, que agrega e fornece conteúdos e serviços para usuários móveis.

❹ O comércio ou serviços baseados em localização se referem ao envio de anúncios, produtos, informações ou serviços a clientes cuja localização é conhecida em um determinado momento.

❹ Um número crescente de dispositivos móveis é evidente em diversos setores, em especial no setor de transportes. Esses dispositivos estão relacionados principalmente ao atendimento a clientes, à publicidade/marketing e às operações.

❺ Muitas organizações estão utilizando tecnologias de computação móvel para melhorar suas operações, automatizar sua força de vendas e melhorar as comunicações e interações de seus funcionários. Esses usos são chamados de aplicativos móveis empresariais.

❺ Varejistas estão usando cada vez mais a tecnologia móvel para melhorar as operações em suas lojas, o atendimento a seus clientes e a gestão de estoque.

❺ A gestão móvel da cadeia de suprimentos se refere ao uso da tecnologia de computação móvel para gerenciar o fluxo de produtos do ponto de fabricação até o consumidor final.

❺ As tecnologias de computação móvel permitem que diferentes organizações em uma cadeia de suprimentos se comuniquem e compartilhem informações para melhorar a eficiência de todo o sistema de distribuição.

❺ Os sistemas de gestão de relacionamento com o cliente (CRM) estão cada vez mais sendo reforçados pela tecnologia móvel, que permite que empresas e suas parceiras melhorem o atendimento e valorizem o usuário final.

Questões para discussão

1. Explique como a tecnologia de computação móvel está sendo utilizada para melhorar a segurança e a efetividade do setor de saúde.
2. Descreva alguns dos últimos avanços em dispositivos de computação móvel. Quais tendências você vê no desenvolvimento desses equipamentos? Especule sobre como os futuros dispositivos podem se parecer ou funcionar.
3. Baseado em como outros setores se desenvolveram ao longo do tempo, quais são suas previsões sobre o que irá ocorrer na área de sistemas operacionais para dispositivos móveis? (Dica: O que faz esse mercado se comparar ao mercado de sistemas operacionais para PCs?)
4. Descreva alguns dos desenvolvimentos fundamentais da tecnologia de redes sem fio que ocorreram nos últimos anos.
5. De que maneira as pessoas estão utilizando dispositivos móveis para conduzir transações bancárias e outros serviços financeiros?
6. Avalie os diversos processos móveis de pagamento eletrônico descritos neste capítulo. Quais você acha que têm a maior probabilidade de ser o método de pagamento móvel predominante? Explique sua resposta.
7. Quais são alguns dos riscos enfrentados pelos consumidores com relação a transações bancárias e financeiras que ocorrem ao utilizar dispositivos móveis?
8. Quais são os principais benefícios de usar uma carteira móvel? Você acha que novas melhorias em relação a esse dispositivo de mão irão torná-lo mais atraente a usuários finais?
9. Como a computação móvel mudou o comportamento de compra dos consumidores?
10. De que maneira as lojas podem utilizar tecnologia móvel para tornar as compras em estabelecimentos tradicionais mais atraentes?
11. Descreva o mercado do entretenimento móvel e as formas como as pessoas podem utilizar seus dispositivos móveis para se divertir.
12. Por que se espera que as mídias sociais móveis cresçam radicalmente nos próximos anos?

13. Como a computação móvel está criando uma oportunidade atraente para os anunciantes? Os clientes serão receptivos a esse tipo de comunicação? Por quê?
14. Liste alguns serviços baseados em localização e explique seu valor para os usuários de dispositivos móveis.
15. Como os negócios, governos e outras organizações utilizam computação móvel para melhorar sua produtividade, eficiência e lucratividade?

Exercícios e projetos

1. Faça uma pesquisa sobre vantagens/desvantagens relacionadas ao iOS da Apple e ao Android OS, desenvolvido pelo Google e pela Open Handset Alliance. Baseado na sua pesquisa, faça uma previsão de qual sistema se tornará mais popular entre os usuários de dispositivos móveis.
2. Faça uma pesquisa com seus colegas e amigos e veja quantos deles usam telefones com recursos e quantos usam smartphones. Faça uma breve entrevista com algumas pessoas de cada grupo e descubra suas razões para ter o tipo de celular que elas têm. Faça um relatório resumindo suas descobertas.
3. Descubra como sua faculdade ou universidade está utilizando tecnologias de computação móvel. (Nota: você pode precisar falar com diversas pessoas.) Você deve analisar as áreas de admissões, usos instrucionais, operações e serviços de informação. Faça a pesquisa para ver como outros *campi* implementam tecnologia móvel. Prepare um pequeno relatório comparando o seu *campus* com os outros.
4. Prepare um pequeno relatório comparando o iPad da Apple com várias cópias que estão disponíveis no mercado (por exemplo, o Apad, o LifePad e o iPed). Em que esses produtos se comparam ao iPad? Eles representam uma ameaça competitiva ao novo tablet da Apple?
5. Pesquise a forma como as empresas de telecomunicações estão cobrando pelo acesso móvel à Internet. Identifique provedores de serviço que oferecem taxas fixas ou únicas e aqueles que cobram pelo serviço com base no uso.

Tarefas em grupo e projetos

1. Quando o prontuário médico de um paciente é armazenado eletronicamente, fica mais fácil para pacientes, médicos e outros profissionais de saúde acessarem informações médicas durante o tratamento. Infelizmente, isso também aumenta a possibilidade de indivíduos sem autorização obterem acesso a informações sigilosas dos pacientes. Cada grupo deve fazer um brainstorm dos benefícios potenciais associados aos prontuários médicos eletrônicos (*electronic medical records – EMR*). Depois, os grupos devem criar uma lista de riscos em potencial associados a essa abordagem. Por fim, os grupos discutirão as vantagens associadas à mudança para o tipo de dispositivo de computação móvel discutido no caso de abertura. Compare as respostas dos grupos.
2. Juntamente com outros estudantes, faça uma conta no foursquare.com. Conecte-se aos membros do grupo que estão utilizando o serviço. Utilize o Foursquare por uma ou duas semanas e faça *check-in* nas lojas que você visitar. No final dessa experiência, encontre com seu grupo e compare as reações encontradas. Isso foi divertido? O seu grupo obteve informações interessantes uns com os outros? A experiência foi interessante o suficiente para fazê-lo manter a conta?
3. O Yelp.com é um serviço de diretório de redes sociais. Ele ajuda pessoas a encontrar empresas locais baseado na localização, avaliações e recomendações de amigos. Juntamente com outros estudantes de sua turma, faça uma conta no Yelp e faça download de seu dispositivo móvel. Conecte-se aos seus colegas (e a outros amigos) no serviço do Yelp. Utilize o Yelp por duas semanas e então prepare uma apresentação com o seu grupo sobre as vantagens e desvantagens desse novo serviço.
4. Peça que cada membro de seu grupo contate serviços bancários a fim de identificar quais serviços móveis o banco oferece (caso ofereça algum). Crie uma tabela que liste os serviços móveis bancários oferecidos por banco. Por fim, discuta com seus colegas sobre como vocês se sentem com relação à ideia de serviços bancários em dispositivos móveis. Identifique as razões pelas quais as pessoas querem utilizar os serviços móveis bancários e por que elas evitam esse uso.

Exercícios na Internet

1. Visite o ME, um site de notícias para o setor de entretenimento móvel (mobile-ent.biz/). Selecione uma categoria de entretenimento e estude os desenvolvimentos recentes nessa área. Prepare um relatório resumindo o status atual e faça uma previsão dos desenvolvimentos futuros nessa categoria.
2. Utilizando o YouTube.com ou qualquer outro site de compartilhamento de vídeos, assista a alguns exemplos de dispositivos de mão de realidade aumentada e campanhas promocionais. Escreva um pequeno relatório descrevendo sua reação a essa nova tecnologia e preveja se ela se tornará trivial no futuro.
3. Se você tiver um smartphone e um plano de acesso móvel, faça download de aplicativos para o Pandora.com e Grooveshark.com. Utilize esses dois serviços por alguns dias para escutar música. Prepare uma apresentação que compare os serviços, listando pontos fracos e fortes de cada um. (Atenção: esses serviços consomem muita banda, então você deve verificar como sua companhia de celular lida com esse tipo de serviço para que você não tenha gastos inesperados em sua conta de celular.)
4. Se você tiver um smartphone, faça download de um ou mais aplicativos para comparação de compras (por exemplo, o Citishopper, o Shopsavvy ou o Sidebar). Visite um shopping local ou uma loja e pratique com o seu dispositivo móvel.

Prepare um relatório ou apresentação sobre sua experiência, marcando os pontos fortes e fracos de cada dispositivo móvel. Explique por que você pensa ou não pensa em continuar usando um desses aplicativos.

5. Se você tiver uma conta no Facebook, faça download do aplicativo móvel do Facebook e use-o por aproximadamente uma semana. Prepare um relatório descrevendo como sua experiência móvel com o site de rede social se compara com a sua experiência utilizando um PC. Você acha que poderia utilizar um dispositivo de mão móvel como interface principal para o Facebook? Por quê?

CASO DE NEGÓCIO

Comércio móvel da Starbucks

A maioria das marcas de produtos de consumo assumiu uma postura de "esperar para ver" com relação ao comércio móvel, enquanto outras veem isso como uma fonte de vantagem competitiva e estão se desenvolvendo rapidamente na direção desse tipo de comércio. A Starbucks (starbucks.com/), marca global de varejo de café, abraçou diversas iniciativas de comércio móvel.

No México, envie uma mensagem de texto com a palavra "Venti" para ganhar brindes

No México, a Starbucks utilizou cartazes para incentivar clientes dentro da loja a enviarem um SMS com a palavra "Venti" para o código de acesso 80080 para receber ofertas de descontos e upgrades nas bebidas (ver Fig. 7.12). Essa campanha de comércio móvel também incluiu a distribuição de panfletos em shoppings, universidades e outros locais públicos que estimulam usuários de celular a enviar mensagens com o texto "Starbucks" para o mesmo código de acesso. Os clientes que enviavam uma mensagem de texto recebiam instruções para fazer o download de um código de barras 2D em seus telefones. (Você leu sobre os códigos 2D no Capítulo 1.)

Quando os clientes visitavam uma loja da Starbucks, os baristas escaneavam o código em seus telefones para determinar qual oferta o cliente poderia receber. Para fazer com que os clientes retornassem e a campanha continuasse interessante, a Starbucks modificava continuamente a oferta – por exemplo, oferecendo duas bebidas pelo preço de uma ou aumentando o tamanho da bebida pedida pelo cliente.

O resgate desses códigos de barra 2D foi de aproximadamente 60%, mais do que o dobro resgatado em outros tipos de promoções envolvendo cupons. A experiência demonstrou claramente a eficácia da campanha móvel. O comércio móvel permitiu que a Starbucks diferenciasse os clientes novos dos existentes e modificasse suas ofertas de acordo com o tipo de cliente.

Construindo fidelidade, tráfego e uma vantagem móvel

A Starbucks também possui um aplicativo que permite que usuários de iPhone transformem seu aparelho em um cartão de fidelidade da Starbucks. Os usuários registram o cartão, acompanham seu saldo e pagam por pedidos em quase mil lojas da Target ou da Starbucks. Um segundo aplicativo para iPhone ajuda usuários a localizarem lojas próximas com base em sua própria localização.

Em outra iniciativa móvel, a Starbucks investe em fidelidade e tráfego em suas lojas utilizando o aplicativo Foursquare. Os usuários do Foursquare que visitam e fazem *check-in* na Starbucks muitas vezes ganham um distintivo (*badge*) de barista no serviço da rede social. Por um tempo limitado, os membros do Foursquare que ganharam o status de Prefeito (Mayor) de uma

Figura 7.12 Café Venti da Starbucks. (Fonte: © Exotic eye/Alamy)

Figura 7.13 Filial da Starbuck no distrito de Polanco da Cidade do México. (Fonte: © Keith Dannemiller/Alamy)

loja específica se qualificam para receber descontos em bebidas durante a promoção.

A Starbucks se juntou com a MTV durante uma promoção envolvendo os Frappuccinos. Durante o MTV Movie Awards, a audiência era encorajada a enviar mensagens de texto e votar em seus filmes favoritos pelo código de acesso 66333. A audiência então recebia uma mensagem de agradecimento junto com uma mensagem promocional da Starbucks. Essa promoção conjunta com a MTV mostra como o comércio móvel pode ser utilizado em promoções interativas nas quais os clientes escolhem participar em comunicação de duas vias com empresas.

Controlando o comércio móvel

Enquanto as iniciativas em comércio móvel da Starbucks chamaram muita atenção (o que é um benefício de marketing importante), alguns críticos pensam que o esforço deixa a desejar. Schuman (2009) aponta que os aplicativos permitem que usuários selecionem suas lojas favoritas e bebidas preferidas, mas não há nada que o cliente possa fazer com essas informações. O autor aponta o medo da Starbucks de que os clientes incluam informações que possam interferir em seu sistema de pontos de venda (*POS system*). Outros sugerem que esse é um problema comum para as empresas que estão sondando o terreno do comércio móvel. Elas desenvolvem aplicativos atraentes que na verdade não fazem nada muito relevante pelo consumidor final. Mas nesse caso, eles obtêm descontos na Starbucks, o que os clientes parecem apreciar.

Fontes: Compilado de Butcher (2009), Roldan (2010), Tsirulnik (2010a, 2010b), Van Grove (2010) e Schuman (2009).

Questões

1. Quais são as vantagens dos cupons móveis para as empresas em comparação aos métodos tradicionais de promoções com cupons?
2. Quais são as vantagens dos cupons móveis para os clientes quando comparados aos cupons tradicionais?
3. Como a Starbucks utiliza promoções móveis para envolver seus clientes?
4. Por que você acha que a Starbucks fez uma parceria com a MTV para a promoção do Frappuccino? Quais os benefícios da promoção para as duas empresas?
5. Como a Starbucks pode avançar ainda mais com o comércio móvel? O que mais ela pode fazer para atrair o cliente para o comércio móvel?

CASO DE EMPRESA SEM FINS LUCRATIVOS

Caridade móvel via telefones celulares

Desde 2008, muitas instituições de caridade empregaram uma nova abordagem para levantar fundos em resposta a desastres naturais e outras situações de emergência. As doações móveis envolvem o uso de dispositivos móveis, normalmente telefones celulares, para fazer contribuições a organizações de caridade e assistenciais. As doações móveis foram parte importante no levantamento de fundos para atender às necessidades crescentes das pessoas afetadas por eventos como o furacão Katrina, os terremotos de 2010 no Haiti e no Chile e a devastação causada pelo derramamento de petróleo no Golfo causado pela British Petroleum (BP). Outras instituições de caridade e sem fins lucrativos desenvolveram campanhas integradas de levantamento de fundos que utilizaram as doações móveis como um canal de doações permanente.

Micropagamentos e microdoações

A maioria das doações móveis é feita utilizando SMS. Em uma abordagem, o doador envia uma mensagem simples predeterminada para o código de acesso especificado em um anúncio ou campanha pública. Uma segunda mensagem de texto é solicitada para confirmar a transação. A doação, normalmente de 5,00 ou 10,00 dólares, é então acrescentada à conta de celular do usuário. Uma variação dessa abordagem envolve o envio de SMS para um número de código de acesso. Em resposta, o usuário recebe um link para um site móvel em que ele pode especificar o valor que deseja doar. Assim como no método anterior, o valor é incluído na conta de celular do usuário. No final do mês, a companhia telefônica envia um pagamento à instituição de caridade por todas as doações que foram recebidas.

Alguns especialistas especularam que o formato de microdoação, combinado com o uso de tecnologias móveis comuns, torna esse tipo de filantropia especialmente atraente às novas gerações de doadores. Jovens estão confortáveis com celulares e a tecnologia móvel torna mais fácil a resposta a campanhas de caridade, especialmente quando se trata de uma boa causa. O processo de doação móvel estimula a doação espontânea, já que ela é menos complicada do que métodos de doação que envolvem o envio de cheques ou a inclusão de dados de cartão de crédito em uma página da Web.

Para que uma organização solicite doações de caridade via dispositivos móveis nos Estados Unidos, existem algumas regras que precisam ser seguidas. As organizações precisam estar organizadas sob a Seção 501(c)3 do código fiscal dos Estados Unidos e devem ser reconhecidas pelo Internal Revenue Service como uma organização sem fins lucrativos. A Mobile Giving Foundation (MGF) e a mGiving.com fornecem serviços de verificação para empresas de telecomunicações que coletam doações, garantindo que apenas organizações legítimas coletem dinheiro utilizando esse método.

Campanhas de doação móvel

As doações móveis para dar assistência às vítimas do furacão Katrina em 2005 chegaram a apenas 250 mil dólares. Alguns anos depois, houve um interesse muito maior em doações móveis. Em fevereiro de 2010, a Cruz Vermelha levantou mais de 31 milhões de dólares para vítimas do terremoto no Haiti por meio de doações móveis. A organização utilizou esses fundos juntamente com doações recebidas por meio de canais tradicionais para oferecer comida, água, abrigo e serviços médicos às vítimas do terremoto.

Campanhas bem-sucedidas normalmente integram outras mídias – anúncios impressos, televisão, rádio e mídias sociais (p. ex., o Twitter e o Facebook). A Capital Area United Way, localizada em Baton Rouge, Louisiana, utilizou mídia tradicional e distribuiu panfletos antes do jogo de futebol da LSU. Durante o primeiro intervalo do jogo, uma mensagem foi mostrada no estádio Jumbotron pedindo aos 90 mil fãs que enviassem uma mensagem com o texto "LSU" para o código de acesso 864833 para doar 5,00 dólares para a Capital Area United Way, resultando em mais de 9 mil dólares em doações (mGive.com, 2009). Outras instituições de caridade fizeram parcerias com celebridades, que anunciam oportunidades de fazer doações móveis durante concertos e shows.

Apesar de a natureza dramática dos desastres causados por furacões, terremotos e devastação ambiental ter uma probabilidade maior de receber visibilidade na mídia, muitas instituições de caridade não envolvidas com desastres estão explorando maneiras de gerar fundos a partir da filantropia móvel. O programa de rádio nacional This American Life, por exemplo, levantou mais de 140 mil dólares de sua audiência, que doou utilizando seus dispositivos móveis.

Muitas das empresas que fazem parcerias com organizações sem fins lucrativos fornecendo tecnologia de apoio para doações móveis afirmam que 100% das doações são repassadas à instituição de caridade. No entanto, isso não significa que o processo de doação móvel seja gratuito. Ainda que a maioria, se não todo o valor, das doações sejam entregues às instituições de caridade, as organizações parceiras cobram das instituições uma série de taxas associadas ao funcionamento de uma campanha de doação. Muitas cobram uma taxa de criação da campanha que varia de 350 a 500 dólares; taxas mensais que podem variar de centenas a milhares de dólares, e quase todas cobram algum tipo de taxa por transação. Uma taxa típica é de 0,35 centavos por transação mais 3% sobre o valor doado.

Fontes: Compilado de Strom (2010), Green (2010), Heatwole (2010), mGive.com (2009) e Fisher-Thompson (2010).

Questões

1. Que mudanças no comportamento dos usuários de dispositivos móveis levaram ao aumento das doações móveis entre o furacão Katrina, em 2005, e o terromoto no Haiti, em 2010?
2. Por que algumas pessoas acham mais fácil fazer doações móveis do que utilizar métodos tradicionais de doação?
3. Você acha justo que as organizações que facilitam doações móveis cobrem taxas pela criação da campanha e por transação das organizações de caridade? As taxas discutidas neste caso são razoáveis? Explique sua resposta.
4. Por que é importante que as organizações de caridade integrem suas campanhas de doação móvel com as mídias sociais e tradicionais?

ANÁLISE UTILIZANDO PLANILHAS

Estimando os benefícios financeiros do aumento da fidelidade do cliente

A fidelidade é um laço entre o cliente alvo e a organização em que o cliente sistematicamente gasta um valor significativo em produtos ou serviços desse fornecedor. Clientes fiéis agregam valor ao resultado final do fornecedor por meio de:

- Geração de novas vendas indicando novos clientes
- Pagamento de um valor especial
- Compra de um mix maior de produtos e serviços
- Redução dos custos de venda e de serviços da empresa

Reforçar a fidelidade de clientes-alvo pode levar a um crescimento de vendas sustentável e lucrativo. A estratégia de comércio móvel da Starbucks, como você leu no Caso de negócio, tem como objetivo aumentar a fidelidade do cliente.

Sua tarefa é completar a análise por meio de um software. Crie uma planilha com os dados mostrados na Figura 7.14. Depois, utilize fórmulas ou funções para calcular as células sombreadas. Os resultados representam o valor atual líquido e o retorno sobre o investimento de campanhas de comércio móvel.

Estimando os benefícios financeiros do aumento da fidelidade do cliente

		Ano 1	Ano 2	Ano 3	Total	Valor Presente (VP)
(a)	Benefício	$ 803.300	$ 722.970	$ 650.673		
(b)	Custo	317.060	301.207	286.147		
(a) – (b)	Fluxo de caixa proveniente da Internet (FCN)					
	Valor presente líquido (VPL)					
	ROI (retorno sobre o Investimento)					

Figura 7.14 Planilha para estimar os benefícios financeiros do aumento da fidelidade do cliente.

Recursos online

Você encontrará os guias de tecnologia (em português), bem como outros recursos e ferramentas de estudo (em inglês), no site da Bookman Editora (www.bookman.com.br).

Referências

"29 US Banks Receive Mobile Banking 'Report Card' from ABI Research," Press Release, ABI Research, September 2009. abiresearch.com/press/1488-29+US+Banks+Receive+Mobile+Banking+%93Report+Card%94+From++ABI+Research

AHRQ, "Agency for Healthcare: 20 Tips to Help Prevent Medical Errors," *AHRQ Publication No. 00-PO38.* February 2000. ahrq.gov/consumer/20tips.htm

Berg Insight, "Berg Insight Predicts 894 Million Mobile Banking Users by 2015," *Berginsight.com*, April 2010. berginsight.com/News.aspx?m_m=6&s_m=1

Butcher, D., "Starbucks Runs Mobile Coupon Loyalty Program," *Mobile Marketer*, April 22, 2009. mobilemarketer.com/cms/news/database-crm/3085.html

Fisher-Thompson, J., "Mobile Phone Donations Break Records for Haiti Earthquake Relief," *America.gov*, 2010. america.gov/st/develop-english/2010/February/201002041707471ejrehsiF0.8422663.html&distid=ucs

Gartner, Inc., "Gartner Says Worldwide Mobile Phone Sales Grew 17 Per Cent in First Quarter 2010," May 19, 2010. gartner.com/it/page.jsp?id=1372013

Global Industry Analysts, "Global Mobile Banking Customer Base to Reach 1.1 Billion by 2015, According to New Report by Global Industry Analysts, Inc," February 2010. prWeb.com/releases/2010/02/prWeb3553494.htm

Green, C., "Inside Scoop on Mobile Donations—Part Two,"*Beyondnines.com*, 2010. beyondnines.com/blog/fundraising/mobile-donations-part-two/

Heatwole, A., "Radio and Text Donations: *This American Life's* Experience with Mobile Giving," MobileActive.org, 2010. mobileactive.org/american-life-joins-mobile-giving-revolution

Howard, N., "Is It Safe to Bank by Cell Phone?" *MSN Money*, July 2009. articles.moneycentral.msn.com/Banking/FinancialPrivacy/is-it-safe-to-bank-by-cell-phone.aspx?page=2

Joia, L., and C. Magalhães, "Implementation of an Electronic Prescription System in a Brazilian General Hospital: Understanding Sources of Resistance," *The Electronic Journal of Information Systems in Developing Countries*, Vol. 39, 2009. ejisdc.org/ojs2/index.php/ejisdc/article/view/607

Kellogg, D., "iPhone vs. Android," *NeilsonWire.com*, June 4, 2010. blog.nielsen.com/nielsenwire/online_mobile/iphone-vs-android/

Kohn, L., J. Corrigan, and M. Donaldson. "To Err Is Human," Institute of Medicine, National Academy Press, 2000. nap.edu/catalog.php?record_id=9728

Krizner, K., "DEA Proposes Rule to Allow Electronic Prescriptions for Controlled Substances," *Drug Topics*, August 11, 2008. drugtopics.modernmedicine.com/drugtopics/Business+and+Management/DEA-proposes-rule-to-allow-electronic-prescription/ArticleStandard/Article/detail/534506

McGee, B., "Mobile Banking Security—Phishing for Answers?" *Netbanker.com*, January 2008. netbanker.com/2008/01/mobile_banking_security_phishi_2.html

mGive.com, "Using Mobile Donations at In-Stadium College Events Case Study: Capital Area United Way," 2009. blog.mgive.com/wp-content/uploads/2009/11/Case-Study-Capital-Area-UWay-In-Stadium.pdf

MobiAdNews.com, "IKEA Uses Mobile Augmented Reality to Engage Shoppers' Imagination," August 2009.

Mobile Marketing Association, "Mobile Banking Overview (NA)," January 2009. mmaglobal.com/mbankingoverview.pdf

Mobile Marketing Association., "One in Five U.S. Adult Consumers Now Using Mobile Commerce," May 2010. mmaglobal.com/news/one-five-us-adult-consumers-now-using-mobile-commerce

Moore, G., "Foursquare Leads New Mobile Advertising Model," *Masshightech.com*, April 2010. masshightech.com/stories/2010/04/26/daily10-Foursquare-leads-new-mobile-advertising-model.html

Papshev, D., and A. Peterson, "Extent of Electronic Prescribing Implementation as Perceived by MCO Pharmacy Managers," *Journal of Managed Care Pharmacy JMCP* Vol. 8, No. 1, January/February 2002.

Roldan, C., "Starbucks Unveils National Foursquare Promotion; Local Mayors Pounce on Perks," *The Palm Beach Post.* May 17, 2010. blogs.palmbeachpost.com/techtonic/mobile/starbucks-unveils-national-foursquare-promotion-local-mayors-pounce-on-perks/

Schuman, E., "Starbucks Rules Out M-Commerce That Can't Really Buy Anything." *Storefronttalkback.com* October 1, 2009. storefrontbacktalk.com/e-commerce/starbucks-roll-out-an-m-commerce-app-that-cant-really-buy-anything/

Strom, S., "A Deluge of Donations via Text Messages," *The New York Times*. January 19, 2010. nytimes.com/2010/01/19/us/19charity.html

Swartz, N., "Mandatory M-Wallets," *Connected Planet*, June 2010, connectedplanetonline.com/wireless/mag/wireless_mandatory_mwallets/

"The Regulatory Plan," *Federal Register*, Vol. 66, No. 232, December 2001.

Tsirulnik, G. "Starbucks Rolls Out Largest Mobile Payments Effort Nationwide." Mobile Marketer, March 31, 2010a. mobilemarketer.com/cms/news/commerce/5818.html

Tsirulnik, G., "Starbucks Pushes Frappuccino Drink in MTV On-Air SMS Call to Action," *Mobile Commerce Daily*, June 11, 2010b. mobilecommercedaily.com/starbucks-pushes-frappuccino-drink-in-mtv-on-air-sms-call-to-action/

Van Grove, J., "Mayors of Starbucks Now Get Discounts Nationwide with Foursquare," *Mashable.com*, May 17, 2010. mashable.com/2010/05/17/starbucks-foursquare-mayor-specials/

Whitfield, T., "Augmented Reality for Mobile Advertising," *Econsultancy.com* February 2010. econsultancy.com/blog/5397-augmented-reality-for-mobile-advertising/

Capítulo 8

Web 2.0 e Mídia Social

Biblioteca de links

Breve introdução

"United Breaks Guitars" (A United quebra violões) - um fracasso épico de mídia social

8.1 Web 2.0 e mídias sociais

8.2 Comunidades virtuais e serviços de redes sociais

8.3 Ferramentas de Empresas 2.0

8.4 Métricas e objetivos de mídia social

8.5 O futuro das mídias sociais

Caso de negócio Crowdsourcing da Starbucks: envolvendo os clientes

Caso de empresa sem fins lucrativos TechSoup Global e NetSquared: ajudando quem ajuda os outros

Análise utilizando planilhas Estimativa de retorno sobre o investimento em mídias sociais

Referências

Objetivos de aprendizagem

❶ Compreender a natureza da Web 2.0 e suas aplicações aos negócios.

❷ Compreender as comunidades online e como os serviços de rede social estão evoluindo.

❸ Descrever como os negócios estão utilizando as aplicações da Web 2.0 para conduzir uma série de funções de negócio de maneira mais eficiente.

❹ Compreender como os negócios avaliam a eficiência de suas estratégias e táticas de mídia social.

❺ Descrever como a Internet está evoluindo e as mudanças significativas que acontecerão em um futuro próximo.

Integrando a *TI*

CON | FIN | MKT | GPO | GRH | SI

Biblioteca de links

Web 2.0... A máquina somos nós/está nos usando – Michael Wesch   youtube.com/user/mwesch#p/u/9/NLlGopyXT_g
A revolução das mídias sociais – uma moda passageira?   youtube.com/watch?v5lFZ0z5Fm-Ng
Guia de mídias sócias do Mashable   mashable.com/social-media/
Manifesto Cluetrain   cluetrain.com/
O'Reilly Media   oreilly.com/community/
World Wide Web Consórcio   w3.org/Consortium/
Blog de tecnologia Read, Write, Web   readwriteweb.com/

Breve introdução

Esta seção introduz as questões de negócio, os desafios e as soluções de TI deste capítulo. Tópicos e questões mencionados aqui são explicados ao longo do capítulo.

Em um vídeo popular de 2007, *Web 2.0... The Machine Is Us/ing Us*, o antropólogo cultural Michael Wesch afirma que as novidades da Internet conhecidas como **Web 2.0** farão com que questionemos muitas de nossas suposições sobre coisas muito diversas, como a ética, a privacidade, as formas de governo, a família e até mesmo o amor. Todos repensaremos essas suposições devido à natureza interativa da Internet moderna, que permite conexões sociais entre indivíduos, organizações, governos e outras entidades que anteriormente estavam fora de nosso alcance.

Neste capítulo, você aprenderá tecnologias e recursos conhecidos como Web 2.0. Você examinará como as **comunidades online** estão evoluindo e tornando-se **redes sociais**, e como as empresas estão respondendo a esse novo desenvolvimento. Você lerá sobre como as organizações estão se beneficiando com **redes sociais empresariais**. Evidentemente, a magnitude da mudança que está ocorrendo online criou algum desconforto para as empresas e os usuários individuais com uma mentalidade tradicional.

Exploramos o uso de **métricas de mídia social** que ajudam as empresas a determinar a eficácia de suas estratégias de comunicação nesse novo ambiente. Por fim, consultamos rapidamente nossa bola de cristal e especulamos sobre o que o futuro guarda para a evolução da Internet.

"United Breaks Guitars" (A United quebra violões) – um fracasso épico de mídia social

Em 31 de março de 2008, o músico Dave Carroll, líder da banda canadense Sons of Maxwell, juntamente com os outros integrantes, partiu para uma turnê de uma semana, voando com a United Airlines (UAL) de Halifax, Nova Escócia, no Canadá, para Omaha, Nebraska, usando o Aeroporto O'Hare, de Chicago. Enquanto esperavam para desembarcar no O'Hare, Carroll e sua banda observavam os carregadores jogando seus instrumentos caríssimos na esteira sem qualquer cuidado. Os pedidos desesperados de Carroll para diversos funcionários da UAL para que parassem com aquilo e resgatassem seus instrumentos das mãos dos carregadores descuidados não foram ouvidos. Em Omaha, Carroll descobriu que seu violão Taylor, avaliado em 3.500 dólares, havia sido esmagado e quebrado – e aquilo não fora um acidente (ver Figura 8.1).

De acordo com Carroll, ele tentou resolver o problema do violão quebrado com inúmeros representantes de atendimento ao cliente da UAL. Durante um ano, a empresa se recusou a assumir a responsabilidade. Por fim, disseram ao

Figura 8.1 A United Airlines estava despreparada para responder aos danos causados pela campanha de David Carroll na Internet contra o seu serviço ruim de atendimento ao cliente. (© Andrew Paterson/Alamy)

músico que a UAL não iria pagar pelos danos causados em seu instrumento. Convencido de que a UAL havia criado um sistema de reclamações somente para desgastar seus clientes, o músico decidiu compartilhar sua frustração com outras pessoas via mídias sociais, e fez isso de forma criativa.

Carroll roteirizou e produziu três vídeos musicais detalhando sua experiência com a UAL e os postou no YouTube. Seus vídeos criaram uma enorme base, com milhões de fãs.

Sua primeira canção, "United Breaks Guitars" ("a United quebra violões"), tornou-se um fenômeno viral na internet logo depois de ser postada no YouTube, em julho de 2009. Ele cantava:

> United, you broke my Taylor Guitar/United, some big help you are
>
> (United, vocês quebraram o meu violão Taylor/United, vocês foram de grande ajuda)
>
> You broke it, you should fix it/You're liable, just admit it/I should've flown with someone else/Or gone by car/'Cause United breaks guitars\
>
> (Vocês o quebraram, deviam consertá-lo/Vocês são responsáveis, admitam/Eu deveria ter voado com outra companhia/Ou ido de carro/Porque a United quebra violões)

Em poucos dias, o vídeo tinha mais de 2,5 milhões de visualizações. A história foi vista e recebeu cobertura de grandes jornais nos Estados Unidos, Canadá e Reino Unido. Um ano após ser postado, o vídeo da música "United Breaks Guitars" já tinha mais de 8,5 milhões visualizações. Carroll lançou mais duas músicas sobre os processos e tribulações com a UAL; sua história foi recontada e compartilhada inúmeras vezes por blogs, páginas no Facebook, tweets e neste livro.

A habilidade de Carroll em usar as mídias sociais para prejudicar a reputação de uma grande corporação fascinou e ao mesmo tempo apavorou muitos no mundo dos negócios. O caso de negócio "United Breaks Guitars" de 2010, descrito pelo professor John Deighton e pela pesquisadora associada Leora Kornfeld, da Harvard Business School, detalha o prejuízo que um viral pode causar a uma marca, sua reputação e seu relacionamento com o cliente. Os autores discutem as complexidades existentes em lidar com vídeos virais, as limitadas opções que as empresas têm para contra-atacar a publicidade negativa e as dificuldades que empresas despreparadas enfrentam ao responder a campanhas virais.

Enfrentando ameaças virais

Vídeos virais negativos, postados por clientes, são uma ameaça em potencial que não pode ser ignorada. As empresas e seus executivos não podem mais se dar ao luxo de se esconder atrás de campanhas publicitárias e press releases habilidosos para proteger sua imagem pública. Também não podem se isolar de clientes insatisfeitos com funcionários de call centers que não conseguem resolver os problemas que surgem. Consumidores motivados, utilizando ferramentas de mídia social, têm o poder de espalhar mensagens virais que podem prejudicar muito a imagem da marca de uma empresa e expô-la ao ridículo e a consequências financeiras significativas. Novas estratégias de comunicação que utilizam mídias sociais envolvem ouvir os clientes, responder a suas preocupações, envolvê-los em conversas e mobilizá-los com objetivos que sejam benéficos para ambos os lados.

Em um relato interessante após a história do violão, o The New York Times publicou que Dave Carroll voou com a UAL muitos meses depois de o vídeo se tornar um viral. E naquele voo, a UAL perdeu sua bagagem.

Tirando proveito de virais

Muitas empresas tiraram proveito da situação. Bob Taylor, por exemplo, usou a popularidade do vídeo de Carroll para promover a sua empresa, a Taylor Quality Guitars (taylorguitars.com), bem como seu centro de assistência, que oferece reparos de qualidade a violões estragados de qualquer fabricante. Em 10 de julho de 2009, Taylor lançou um vídeo no YouTube para "dar seu apoio a Dave Carroll e a violonistas de todo o mundo". No vídeo de dois minutos, ele se dirige aos usuários do site da Taylor Guitars e dá dicas de como viajar levando violões. Seu vídeo teve quase 500 mil visualizações.

United faz as pazes com a banda

A UAL e a banda fizeram as pazes, de acordo com um depoimento de Carroll postado no YouTube. Em sua declaração, "United Breaks Guitars – A Statement from Dave Carroll" (A United quebra violões, um depoimento de Dave Carroll), Carroll fala que a UAL lhe ofereceu um ressarcimento generoso, apesar de tardio.

Questões para discussão e debate em sala de aula

1. Cenário para brainstorming e discussão: Existe um velho ditado que diz "Ninguém é perfeito". Mesmo quando as empresas têm boas intenções e fazem de tudo para agradar ao consumidor, algo irá dar errado em algum momento.

Para ver a história de Dave Carroll em primeira mão e assistir aos seus vídeos, visite o site davecarrollmusic.com ou o YouTube.com. Assista a esses vídeos e faça um brainstorming de respostas para as seguintes questões:

  a. Discuta a noção de mídia social como uma mídia insurgente, ou seja, em que é melhor atacar do que se defender.

  b. Quando você envolve os clientes em uma conversa, eles podem lhe dizer (e dizer aos outros) coisas que você não quer ouvir. Eles podem criticar seu produto, serviço, administração e/ou funcionários. Você diria que é mais inteligente que as empresas limitem sua exposição online a sites que projetam uma mensagem bem planejada e em vez de encorajar ou permitir respostas dos clientes?

  c. Depois que Carroll postou seus vídeos no YouTube, que passos a UAL poderia ter dado para minimizar os danos e talvez dar a volta na situação, de modo a manter uma imagem positiva da marca no mercado? (Dica: Os principais temas em comunicação de mídia social são "conversa" e "relacionamento". O que você faz quando magoa alguém?)

d. Além dessa situação, quais são algumas atitudes que a gestão da UAL deveria ter considerado ao usar mídia social para construir relacionamentos com seus clientes atuais e em potencial?

e. Bob Taylor expôs sua empresa, a Taylor Guitars, a algum risco? Explique.

2. Debate: As mídias sociais podem ser arriscadas para a marca ou a imagem de uma empresa. Um exemplo é a reclamação de Dave Carroll, propagada pelas mídias sociais e que recebeu muita atenção. Entretanto, muitas reclamações via mídias sociais não chamam tanta atenção. Se a questão não é nova, interessante ou não é apresentada de forma divertida, é muito improvável que se torne um viral.

a. Assuma a posição de que a empresa precisa de uma estratégia de controle de danos para mídias sociais negativas ou a posição de que tal estratégia é desnecessária e que o investimento não vale a pena. Defenda sua posição com argumentos convincentes.

b. Durante o debate, considere a probabilidade do risco ocorrer e quão viável é para a empresa evitar que situações como essa ocorram.

c. Discuta questões éticas, incluindo o uso de mídias sociais por concorrentes para causar danos. Aborde esta questão: o que impede alguém com sede de vingança de utilizar mídias sociais com o intuito de arruinar a reputação de empresas bem administradas e orientadas para o cliente?

Fontes: Compilado de Erickson (2009), Reynolds (2009), Negroni (2009) e Harvard Business School Working Knowledge (HBSWK, 2010).

8.1 Web 2.0 e mídias sociais

Durante sua vida, houve mudanças radicais na forma como as pessoas utilizam a Internet. No início dos anos 1990, muitas pessoas não tinham acesso à Internet com regularidade, e aqueles que tinham normalmente se conectavam a partir do telefone de casa ou do escritório. O acesso discado exigia longas esperas enquanto o conteúdo das páginas era "carregado" na tela. Alguns usuários brincavam que as letras "www" em um endereço Web significavam "world wide wait" (espera em rede mundial). O e-mail era o principal mecanismo de interação social. Comunidades online funcionavam muitas vezes como painéis informativos nos quais todos os membros podiam ler as mensagens que outros haviam postado. Os sites eram estáticos – tratavam-se de grandes cartazes online para as empresas que os criavam. As compras online (comércio eletrônico) eram raras e arriscadas, porque havia pouca proteção às informações de cartão de crédito. Mas tudo mudou.

NOVOS MODELOS DIRECIONADOS PELA WEB 2.0

Atualmente, a maioria de nós tem acesso à Internet utilizando tecnologia de banda larga, com ou sem fio, aumentando a largura de banda a níveis inexistentes alguns anos atrás. Esperamos poder carregar arquivos de áudio e vídeo, além de assistir filmes longa-metragem por conexões sem fio ou em smartphones. Navegamos nas páginas da Web, que mudam constantemente sua aparência em resposta a como interagimos com elas. Apesar de o e-mail ainda ser uma forma padrão de comunicação nos negócios, jovens tendem a vê-lo com desdém, preferindo tweets, mensagens de texto ou sites de redes sociais como o Facebook. Buscamos informação acerca de nosso mundo, interesses e hobbies lendo blogs e jornais online, compartilhando o que achamos interessante com amigos e familiares por meio de postagens em nossos perfis.

Algumas pessoas criam os próprios blogs, postam vídeos no YouTube ou compartilham imagens utilizando sites como o Flickr ou o Photobucket. O comércio eletrônico continua crescendo, enquanto compramos livros na Amazon, vendemos no eBay, baixamos música e vídeos pelo iTunes, agendamos viagens no Travelocity.com e compramos ingressos para shows no Ticketmaster.

A transformação aconteceu de forma tão suave que muitas vezes não reconhecemos muitas das implicações que essas mudanças têm para os negócios, agências e indivíduos. Como aponta Michael Wesch, podemos ter de repensar uma série de coisas.

TRANSMISSÃO *VERSUS* MODELOS DE CONVERSA

A interatividade da Internet permite conexões sociais robustas entre indivíduos, organizações, governos e outras entidades. No passado, as organizações se comunicavam com o público utilizando o modelo de transmissão, em que mensagens saíam do emissor e chegavam ao destinatário. Agora, as organizações precisam aprender a usar um modelo de conversa em que a conversa vai e volta entre o emissor e o destinatário. Esse modelo se tornou viável por causa da TI e da mudança nas expectativas e no comportamento dos usuários na Internet (Li and Bernoff, 2008).

TABELA 8.1 Web 1.0 *versus* Web 2.0	
Web 1.0	**Web 2.0 – Web Social**
Páginas estáticas, HTML	Páginas dinâmicas em XML e Java
Conteúdo controlado pelo autor	Conteúdo controlado pelo usuário
Computadores	Computadores, celulares, televisões, PDAs, sistemas de jogos, painéis de automóveis
Usuários visualizam o conteúdo	Usuários criam o conteúdo
Usuários individuais	Comunidades de usuários
Objetivo de marketing: influenciar	Objetivo de marketing: relacionamento
Do topo para a base	Da base para o topo
Dados: fonte única	Dados: fontes múltiplas, p. ex., mashups

Fonte: Barefoot (2006), O'Reilly (2005)

Nesta seção, você lerá sobre os aspectos tecnológicos da Web 2.0. É importante relembrar que, enquanto a TI fornece a plataforma para esse fenômeno, é a mudança de comportamento dos usuários que representa o maior desafio e oportunidade para negócios.

Em função da Web 2.0, as pessoas têm uma postura diferente sobre como querem que as empresas interajam com elas. Elas têm expectativas mais altas com relação ao caráter da empresa, seu comportamento ético, sua capacidade de resposta e de atender a suas necessidades individuais. Os consumidores esperam que as empresas usem os recursos da Web 2.0 para satisfazer suas necessidades. Aquelas empresas que não respondem a essas necessidades se enfraquecem cada vez mais.

A Web 2.0 também traz oportunidades para aqueles que compreendem e dominam a nova forma de fazer as coisas. Gerentes que se dedicam a compreender e se especializar nas novas abordagens a fim de identificar, comunicar-se e construir relacionamentos online com clientes terão uma vantagem enorme sobre os gerentes que se limitam aos métodos tradicionais.

O QUE É A WEB 2.0?

Os especialistas nem sempre concordam sobre uma definição única de **Web 2.0**. Muitos autores identificaram características que diferenciam a nova Web do que chamamos de Web 1.0 (ver Tabela 8.1). Outros defendem que o termo Web 2.0 é simplesmente um avanço inevitável e diferencial dos recursos originais da Web. Em uma entrevista dada em 2006, Tim Berners-Lee, o criador da World Wide Web, sugere que o termo Web 2.0 é simplesmente "um jargão, ninguém sequer sabe o que isso quer dizer". Berners-Lee afirma que a Internet conecta pessoas em um espaço interativo desde o princípio.

Ainda que as aplicações rotuladas como Web 2.0 possam simplesmente ser uma extensão de avanços anteriores, a mudança no comportamento do usuário é o que mais importa às empresas ao redor do mundo. As novas tecnologias aumentaram radicalmente a capacidade das pessoas de interagir com empresas e entre si, de compartilhar e encontrar informações e de construir relacionamentos. Essa perspectiva explica por que a Web 2.0 é chamada, muitas vezes, de Web Social (ver Figura 8.2).

Figura 8.2 A Web 2.0 também é chamada de Web Social. (© Kheng Ho Toh/Alamy)

Figura 8.3 A WordPress é uma das plataformas líderes de blogs online.
(© digitallife/Alamy)

APLICAÇÕES DA WEB 2.0

As seguintes tecnologias e ferramentas são recursos de grande valor que normalmente estão associados à Web 2.0:

Blogs. **Blog** é uma abreviação de "Web log"; é um site onde usuários postam informações com regularidade para que os outros leiam. Blogs permitem que os leitores comentem cada postagem. Os autores de blogs, ou blogueiros, utilizam essa abordagem para compartilhar opiniões, comentários, notícias, dar consultoria técnica, contar histórias pessoais, entre outras coisas. Os blogs são relativamente fáceis de criar e são utilizados por indivíduos e empresas como uma forma de comunicação. O Wordpress, o Typepad e o Blogger oferecem softwares fáceis de usar (ver Figura 8.3). Por ser uma prática comum entre os blogueiros utilizar um tipo especial de hyperlink chamado de **referência externa** (trackback) para fazer referência a outros blogs em seus textos, os blogs são chamados coletivamente de **blogosfera**. De certa forma, os blogueiros e aqueles que os seguem formam uma rede social online.

Os blogs são uma ferramenta-chave para as organizações que fazem **marketing de conteúdo**, onde informações valiosas são compartilhadas com os consumidores atuais ou prospectivos. Os blogueiros podem trazer muita credibilidade para si mesmos ou para suas organizações ao oferecer informações úteis a pessoas que fazem parte de seu público-alvo. Os políticos adotam uma estratégia parecida ao utilizarem blogs para se comunicarem com seus eleitores. Presidentes de empresas e outros gerentes utilizam os blogs para motivar, inspirar e dar informações aos seus funcionários sobre os objetivos da empresa.

Wikis. **Wiki** é um site que permite que muitas pessoas acrescentem ou atualizem suas informações. As wikis são resultado de um trabalho colaborativo que se beneficia de esforços de muitos participantes. A Wikipédia é uma enciclopédia online que é a fonte de referência geral mais popular na Internet (Alexa Topsites, 2010). As empresas podem criar wikis para produtos específicos e permitir que funcionários e clientes contribuam com informações que formarão uma base de conhecimento que servirá de recurso para aqueles que precisam de informações sobre o produto.

Serviços de redes sociais. Um **serviço de rede social** é um site em que indivíduos, por meio de um *perfil*, podem interagir uns com os outros. Essa interação pode ser em forma de mensagens postadas, compartilhamento de fotografias ou vídeos, compartilhamento de links para materiais online, mensagens instantâneas, entre outras formas. Os sites de redes sociais são diferentes da categoria mais ampla de *comunidades online*, pois normalmente permitem que os indivíduos controlem quem pode ter acesso às informações postadas por eles. No Facebook, por exemplo, as pessoas "adicionam" umas às outras para ter acesso a informações. Uma rede social de indivíduos consiste em todos os amigos aceitos ou *adicionados* em um site. O LinkedIn utiliza um recurso semelhante, permitindo que usuários adicionem *contatos* e aprovem ou rejeitem pedidos de amizade para estabelecer conexões com outras pessoas.

Sites de compartilhamento. Alguns sites se dedicam ao compartilhamento de diversos tipos de mídia, incluindo vídeo, áudio e imagem. O YouTube é o site de compartilhamento de

Figura 8.4 O YouTube, um site de compartilhamento de vídeos, é o terceiro site mais popular na Internet.
(© David J. Green-lifestyle themes/Alamy)

vídeos mais conhecido (ver Figura 8.4). No entanto, o YouTube também é um formato de rede social no qual os usuários interagem uns com os outros deixando comentários sobre vídeos, postando vídeos de resposta, criando e compartilhando playlists de vídeos ou mesmo criando canais para seus vídeos.

Alguns sites permitem que usuários carreguem **podcasts** ou arquivos de áudio/vídeo que pessoas baixam em seus dispositivos, como computadores e MP3 players. Sites de compartilhamento de fotografias, como o Flickr e o Photobucket, foram além do compartilhamento de fotos e agora possuem recursos de vídeo, bem como ferramentas de edição e de organização; eles também permitem que as pessoas vendam fotos e encomendem produtos com suas imagens (p. ex., calendários, canecas e camisetas). Assim como o YouTube, esses sites contêm elementos de redes sociais ao permitirem que usuários interajam e comentem sobre coisas que são postadas.

Widgets e Mashups. Os widgets são programas autônomos que podem ser embutidos em páginas da Web, blogs, perfis em sites de redes sociais e mesmo em desktops. Os widgets mais comuns incluem relógios, contadores de visitantes, previsão do tempo e janelas de conversa. Empresas muitas vezes patrocinam o desenvolvimento e a distribuição de widgets como forma de promoverem a si mesmas. A ESPN.com, por exemplo, oferece aos usuários uma série de widgets que podem receber e exibir informações sobre esportes como placares e notícias ou a programação das transmissões. Veja mais em *TI em ação 8.1*.

RSS (Really Simple Syndication). Os feeds RSS permitem que os usuários acompanhem dados modificados regularmente – como postagens em um blog, notícias, arquivos de áudio e vídeo – em um único lugar, chamado de agregador de notícias ou **leitor de RSS** (ver Figura 8.5). O RSS leva o conteúdo até os usuários de modo que eles possam evitar o trans-

TI em ação 8.1

O valor dos mashups

O termo **mashup** se refere a uma aplicação ou a uma página da Web que puxa informações de diversas fontes, criando uma nova funcionalidade. Imagine, por exemplo, que você encontrou uma página na Web com uma lista de restaurantes populares na sua comunidade. Colocando o cursor em cima do nome de um restaurante específico, uma pequena janela se abre com um mapa mostrando a localização do restaurante, bem como resenhas com informações de pessoas que já comeram lá. Quando você tira o cursor de cima do nome do restaurante, a janela desaparece.

Figura 8.5 Usuários podem assinar o conteúdo online usando tecnologia RSS. (©AKP Photos/Alamy)

torno de ter de visitar uma série de sites diferentes para obter as informações nas quais têm interesse. Leitores de RSS comuns são o FeedDemon, o GoogleReader e o NewzCrawler. Os RSSs permitem o gerenciamento de conteúdo, dando aos usuários o poder de filtrar e mostrar as informações do modo que acharem mais útil. Os leitores de RSS são um tipo especial de aplicação de mashup.

Marcadores sociais e nuvem de tags. Tradicionalmente, as pessoas seguem os sites de que desejam lembrar utilizando o recurso de marcador ou lista de favoritos em seu navegador. Esses métodos permitiam que os usuários armazenassem e organizassem endereços de sites da Web em pastas. Entretanto, à medida que as listas se tornam mais longas, o sistema de pastas se torna pesado e desorganizado. Utilizando **tags** definidas pelo próprio usuário, como "parceiros de negócio", "viagem" e "fornecedores de TI", os usuários podem classificar os sites, permitindo que sejam pesquisados utilizando essas tags. O conteúdo online postado em sites como o Flickr ou o YouTube também pode ser tagueado, o que ajuda outras pessoas a encontrarem aquele conteúdo.

As **nuvens de tags** são representações gráficas de todas as tags que as pessoas anexaram a uma página específica. A Figura 8.6 mostra três exemplos de nuvens de tags. Os variação dos tamanhos de fonte das palavras que aparecem na nuvem daquelas palavras-chave no site. O Delicious.com talvez seja a rede social de favoritos mais popular. Ele permite que usuários vejam as páginas da Web que outros usuários taguearam com determinados rótulos e façam buscas por sites que tenham uma determinada combinação de tags.

Apesar de o Delicious.com ser classificado como uma rede social de favoritos, ele também mantém uma wiki, um blog e utiliza feeds RSS. Isso mostra que muitos sites populares da Web não podem ser categorizados facilmente por uma única tecnologia.

Tecnologias AJAX. A **AJAX**, ou **Asynchronous JavaScript** and **XML** (Javascript e XML assíncronos), refere-se a um grupo de tecnologias utilizadas para criar páginas na Web que respondem às ações dos usuários sem que seja preciso que a página inteira seja recarregada. As linguagens AJAX são JavaScript, XML, HTML e CSS, definidas na Tabela 8.2. A AJAX possibilita que desenvolvedores Web criem pequenos aplicativos capazes de ser executados em uma página, em vez de serem executados em um servidor. Esse recurso faz com que o conteúdo seja executado de forma muito mais rápida e aumente a funcionalidade de sites. Por quê? Porque sem as tecnologias AJAX, toda vez que você clicasse em um hiperlink, precisaria esperar que a página carregasse. Os aplicativos AJAX são executados mais rapidamente porque não esperam que a página inteira seja recarregada no navegador.

Mídias sociais. Coletivamente, essas aplicações da Web 2.0 são em geral chamadas de **mídias sociais**, porque mudaram o foco do controle das comunicações de massa das grandes organizações para os usuários individuais. Em outras palavras, as pessoas, assim como as organizações, controlam tanto a mensagem quanto o meio. As organizações e os usuários individuais podem facilmente compartilhar suas ideias, opiniões e experiências interativamente uns com os outros. Em vez de uma grande organização transmitir uma única mensagem para o público de massa, ocorre um número enorme de conversas.

Figura 8.6 Exemplos de nuvens de tags. (a) Nuvens de tags mostram o conteúdo e a frequência de palavras específicas em uma página na Web. (b) Nuvem de tags ilustrando termos financeiros. (c) Nuvem de tags ilustrando termos para a gestão da cadeia de suprimentos. (© Equinox Imagery/Alamy)

Ninguém tem controle total da mensagem ou do meio e, ainda assim, todos podem fazer parte disso, se desejarem. Hoje, o desafio posto para as empresas é o de desenvolver estratégias que tirem vantagem das mídias sociais. Uma nova mentalidade é necessária. Empresas

TABELA 8.2	Linguagens AJAX para a Web 2.0

HTML: Hypertext Markup Language é a linguagem predominante em páginas da Web. Ela oferece uma forma de criar documentos estruturados denotando semântica estrutural do texto, como títulos, parágrafos e listas, assim como links, citações e outros itens.

XML: Extendable Markup Language é um conjunto de regras e guias para descrever dados que podem ser utilizados por outras linguagens de programação. É o que torna possível que dados (informação) sejam compartilhados na Web.

CSS: Cascading Style Sheets é um estilo de linguagem que enriquece a aparência das páginas da Web escritas em linguagens de markup.

JavaScript: JavaScript é uma linguagem orientada por objetos utilizada para criar aplicativos e funcionalidade em sites. Alguns exemplos de aplicação de JavaScript incluem janelas de popup, validação de entradas em formulários na Web e imagens que mudam quando um cursor passa por cima delas.

(Fonte: Wikipedia.com, 2010)

TABELA 8.3	Excertos do Manifesto Cluetrain

- Mercados são compostos por conversas.
- Mercados são feitos de pessoas, não de setores demográficos.
- Essas conversas em rede estão possibilitando o surgimento de poderosas novas formas de organização social e troca de conhecimento.
- Como resultado disso, os mercados estão ficando mais espertos, mais informados, mais organizados. A participação em um mercado em rede muda profundamente as pessoas.
- As pessoas nos mercados em rede descobriram que conseguem informações e suporte de muito maior qualidade uns dos outros do que dos vendedores. Tendo isso em vista, a retórica corporativa de agregar valor aos produtos foi por água abaixo.
- As corporações não falam a mesma língua que se fala nessas novas conversas em rede. Para o seu público-alvo, as empresas parecem secas, rasas, inumanas.
- As empresas precisam perceber que seus mercados muitas vezes estão rindo. Delas.
- A maioria dos programas de marketing é baseada no medo de que o mercado possa ver o que realmente está acontecendo dentro da empresa.
- Os mercados em rede podem trocar de fornecedores do dia para a noite. Trabalhadores com conhecimento de rede podem mudar de emprego durante o horário do almoço. Suas próprias "iniciativas de downsizing" nos ensinaram a perguntar: "Lealdade? Que é isso?".

(Fonte: Levine et al, 2000)

que costumavam dedicar grande parte do seu tempo a desenvolver formas sofisticadas de fazer com que sua mensagem fosse ouvida devem agora desenvolver estratégias sofisticadas para escutar e responder ao que seus consumidores estão dizendo.

ATITUDE WEB 2.0

Como você já leu, a disponibilidade de aplicações da Web 2.0 está mudando não apenas a forma como as pessoas se comportam, mas também a forma como elas pensam sobre as coisas. Essa nova forma de pensar é capturada em uma lista instigante de 95 afirmações chamada de Manifesto Cluetrain (cluetrain.com – Manifesto Trem da Dica). Talvez o princípio fundamental desse manifesto seja descrito em sua primeira asserção: *os mercados são compostos por conversas*. Outros excertos do Manifesto estão listados na Tabela 8.3. Com o tempo, empresas bem-sucedidas irão aprender a envolver seus clientes em conversas como uma alternativa ao método de comunicação unidirecional ou de transmissão. Apesar de o Manifesto Cluetrain parecer idealista, impraticável e revolucionário ao ser publicado pela primeira vez, em 2000, estamos começando a ver mais exemplos de empresas descobrindo maneiras de transformar esses princípios em ações.

A maioria das empresas ainda luta com o conceito de *conversa*. Os pesquisadores da Forrester, Charlene Li e Josh Bernoff (2008), descrevem uma série de empresas que reconhecem o poder do que eles chamam de **groundswell**, "um movimento espontâneo de pessoas usando ferramentas online para se conectar, assumir o controle da sua própria experiência e obter o que precisam – informação, suporte, ideias, produtos e poder de barganha – uns dos outros".

As empresas estão aprendendo a participar do groundswell utilizando ferramentas da Web 2.0 para implementar estratégias de **mídias sociais integradas** (**ISM** – *Integrated Social Media*). As organizações que falham em participar efetivamente do groundswell correm o risco de serem esquecidas.

Por causa do custo relativamente baixo e por serem fáceis de usar, as mídias sociais são uma força poderosa de democratização; a estrutura de rede permite uma comunicação e uma colaboração em grande escala. A Figura 8.7 mostra a emergência e o crescimento da mídia social em massa. A figura compara as mídias tradicionais e sociais e traz exemplos das novas ferramentas de mídia social, como os blogs e vídeo blogs (vlogs), que estão sob o controle do consumidor. O conteúdo é produzido e consumido por pessoas nas mídias sociais, em vez de ser empurrado ou observado por pessoas nas mídias tradicionais.

Observe que o conteúdo das mídias tradicionais vai da tecnologia para as pessoas, enquanto em mídias sociais, as pessoas criam e controlam o conteúdo.

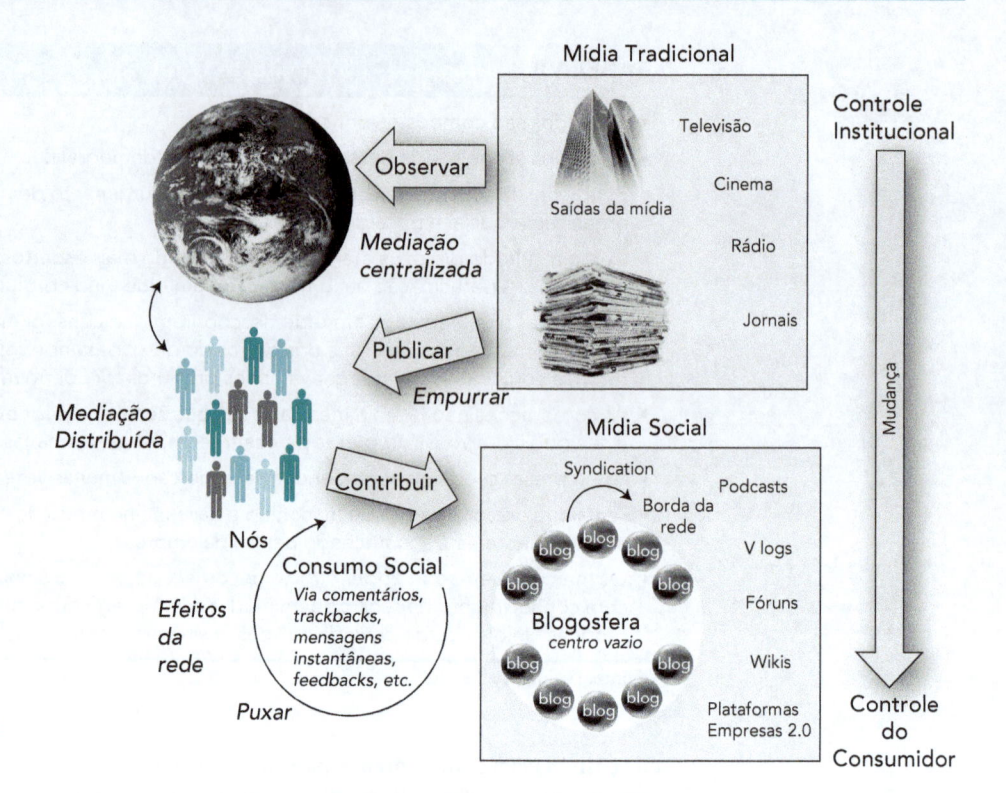

Figura 8.7 A emergência e o crescimento da mídia social em massa.
(Fonte: Hinchcliffe, Web 2.0 Blog, web2.wsj2.com)

Questões para revisão

1. Como a Web 2.0 mudou o comportamento dos usuários na Internet?
2. Quais as ferramentas ou aplicações básicas que caracterizam a Web 2.0?
3. Por que a Web 2.0 é chamada de Web social?
4. Quais são alguns dos benefícios ou vantagens que os desenvolvedores Web obtêm com o uso de tecnologias AJAX?
5. Quais são algumas das mensagens mais importantes para as organizações de negócios contidas no Manifesto Cluetrain?

8.2 Comunidades virtuais e serviços de redes sociais

Comunidades online ou **virtuais** são semelhantes às comunidades físicas, como vizinhanças, clubes e associações, exceto que elas não estão ligadas por limites políticos ou geográficos. Essas comunidades oferecem muitas formas para seus membros interagirem, colaborarem e fazerem negócios. As comunidades virtuais ou online existem há muito tempo e são anteriores à World Wide Web. A **Usenet** (usenet.com) servia de plataforma inicial para as comunidades online, tornando possível que usuários trocassem mensagens em diversos tópicos em **grupos de notícias** públicos, que se parecem muito com sistemas de boletins online. Ainda que a Usenet não faça parte, tecnicamente, da Internet, muito do seu conteúdo pode ser acessado a partir de sites na Internet, como o Google Groups.

Algumas das primeiras e principais comunidades online da Internet foram a The Well (1985), o GeoCities (1994), a The Globe (1994) e a Tripod (1995). Dessas, apenas a The Well continua funcionando como uma comunidade online. As outras mudaram seu modelo de negócios para a hospedagem Web ou saíram do mercado completamente. A Tabela 8.4 lista diversos tipos de comunidades online.

As comunidades online podem ter muitos formatos. A blogosfera, por exemplo, é vista por algumas pessoas como uma comunidade. O YouTube é uma comunidade de pessoas que postam, assistem e comentam vídeos. A Epinions (epinions.com) é uma comunidade de pessoas que compartilham suas experiências e opiniões sobre produtos e empresas. O Flickr, o Photobucket, o Webshots e outros sites parecidos são comunidades de compartilhamento de fotos. A Wikipédia é uma comunidade de pessoas que criam, editam e man-

TABELA 8.4 Tipos de comunidades online

Associações. Muitas associações estão presentes na Web. Elas vão desde Associações de Pais e Alunos até associações profissionais. Um exemplo desse tipo de comunidade é a Australian Record Industry Association (aria.com.au).

Comunidades étnicas. Muitas comunidades são específicas de um país ou uma língua. Um exemplo desse tipo de site é o elsitio.com, que fornece conteúdo para falantes de espanhol – e de português – especialmente na América Latina e nos Estados Unidos. Uma série de sites, incluindo o china.com, o mymailhk.com, o sina.com e o sohu.com, atendem à grande comunidade falante de Mandarim.

Comunidades de gêneros. A ivillage.com é uma grande comunidade que tem por foco os interesses das mulheres, enquanto a askmen.com é uma comunidade online que atende aos homens.

Portais de afinidade. Essas comunidades são organizadas por interesses, como *hobbies*, vocação, partidos políticos, uniões (p. ex., o edmunds.com [carros], democraticunderground.org [política]), entre outras. Muitas comunidades são organizadas em torno de um tópico técnico (p. ex., um banco de dados) ou de um produto (p. ex., smartphones BlackBerry). Uma subcategoria importante aqui é a categoria médica – e a de sites relacionados à saúde como o webmd.com. De acordo com Johnson e Ambrose, quase 30% dos 90 milhões de membros que participaram de comunidades em 2005 estavam nessa categoria.

Pessoas jovens – adolescentes e pessoas com vinte e poucos anos. Muitas empresas veem oportunidades incomuns aqui. A Alloy Digital criou uma série de sites neste espaço – incluindo o alloy.com, o gurl.com, o teen.com, o takkle.com e o channelone.com – e afirma que eles atingem mais de 30 milhões de jovens todos os meses.

Comunidades online de empresa para empresa (B2B). Comunidades B2B oferecem programas de suporte à comunidade como fóruns de discussão técnicos, blogs, webcasts interativos, resenhas de produtos criadas por usuários, conferências virtuais e reuniões, seminários de especialistas e páginas de perfil administradas pelo usuário. Classificados podem ajudar os membros a encontrarem empregos ou empresas a encontrarem funcionários. Muitos também incluem notícias sobre o setor, diretório, links para associações governamentais e profissionais, e muito mais.

Sites de redes sociais. Essas megacomunidades, como MySpace, Facebook, LinkedIn e Bebo, nas quais milhões de membros não relacionados podem se expressar, encontrar amigos, encontrar empregos, trocar fotos, assistir a vídeos, e mais.

---

têm uma base de conhecimento online. Evidentemente, sites de redes sociais como o Facebook e o MySpace são comunidades online e cresceram muito nos últimos anos. A adoção em massa de sites de rede social aponta para uma evolução na interação social humana (Weaver and Morrison, 2008).

A **análise de redes sociais** (SNA – *Social Networks Analysis*) é o mapeamento e mensuração de relações e fluxos entre pessoas, grupos, organizações, computadores ou outras entidades de processamento de informações – ou de conhecimento. Os nós dessa rede são as pessoas e os grupos, enquanto os links mostram as relações ou fluxos entre esses nós (ver Figura 8.8). A análise de redes sociais fornece tanto uma análise visual quanto matemática das relações. Em suas comunicações corporativas, o Facebook começou a utilizar o termo **gráfico social** para se referir à rede social global, refletindo como estamos todos conectados uns aos outros por meio de relações. Os usuários do Facebook podem acessar o aplicativo de gráfico social, que representa visualmente as conexões entre todas as pessoas em sua rede. Berners-Lee (2007) estendeu esse conceito ainda mais quando cunhou o termo "**gráfico global gigante**". Esse conceito tem o intuito de ilustrar as conexões entre pessoas e/ou documentos e páginas online. Conectar todos os pontos no gráfico global gigante é o principal objetivo dos criadores da **Web Semântica**, sobre a qual você lerá na Seção 8.5.

As comunidades online têm recebido cada vez mais atenção da comunidade empresarial. Elas podem ser usadas como plataforma para as seguintes atividades:

- Venda de produtos e serviços
- Promoção de produtos para clientes em potencial; ou seja, publicidade

Figura 8.8 Um gráfico social usa nós e faz relações para ilustrar os relacionamentos entre indivíduos e grupos de pessoas. (Alex Slobodkin/iStockphoto)

- Prospecção de clientes
- Construção de relacionamento com clientes e com clientes em potencial
- Identificação das percepções dos clientes, "ouvindo" conversas
- Solicitação de ideias para novos produtos e serviços
- Fornecimento de serviços de suporte para clientes por meio de respostas a questões, fornecimento de informações, entre outros
- Encorajamento de clientes a compartilhar suas percepções positivas com os outros; ou seja, a fazer o boca a boca
- Coleta de informações sobre concorrentes e percepções do mercado dos concorrentes
- Identificação e interação com fornecedores, parceiros e colaboradores prospectivos (ver Empresas 2.0, na próxima seção)

Nos últimos anos, muitas empresas criaram comunidades online com o propósito de identificar oportunidades de negócio utilizando o crowdsourcing. O **crowdsourcing** é um modelo de solução de problemas e de geração de ideias que organiza talentos coletivos de um grande grupo. Usando as ferramentas da Web 2.0, as empresas solicitam, refinam e avaliam ideias para novos produtos e serviços baseadas nas contribuições dos clientes. Empresas que implementaram essa abordagem incluem a Fiat, a Sara Lee, a BMW, a Kraft, a Proctor & Gamble e a Starbucks. O site Openinnovators.net lista outros exemplos.

SERVIÇOS DE REDES SOCIAIS (SNS – *SOCIAL NETWORKING SERVICE*)

Sites de redes sociais representam um tipo especial de comunidade virtual e agora são a forma dominante de comunidade online. Com as redes sociais, os usuários individuais mantêm sua identidade por meio de seus perfis e podem ser seletivos sobre quais membros da comunidade maior eles escolhem para interagir. Com o tempo, os usuários constroem sua rede adicionando contatos ou amigos. Em algumas plataformas de rede social, as organizações criam uma identidade estabelecendo fóruns de discussão, grupos ou algum outro tipo de presença. As redes sociais cresceram consideravelmente nos últimos anos. Em março de 2010, a Nielsen Company (2010) informou que usuários passam mais de seis horas em média nas redes sociais, crescimento de mais de 100% com relação ao ano anterior. A Figura 8.9 mostra a taxa de crescimento do tempo gasto em sites de redes sociais.

O número de serviços de redes sociais aumentou de forma espantosa nos últimos anos. Espera-se que esses serviços irão se segmentar e se consolidar no futuro, assim como outros setores. Entre os propósitos gerais das plataformas de serviços de redes sociais, o MySpace, com 113 milhões de usuários (myspace.com), costumava ser o líder, mas foi ultrapassado pelo Facebook, com mais de 500 milhões de usuários. O Facebook é o segundo site mais visitado na Internet, ficando apenas atrás do Google, de acordo com o site Alexa.com (2010), e já afirmou publicamente que deseja ser o primeiro (Harvey, 2010; Vogelstein, 2009). Muitos já apontaram que se o Facebook fosse um país, seria o terceiro maior país do mundo. Outros grandes serviços de redes sociais gerais são listados na Tabela 8.5.

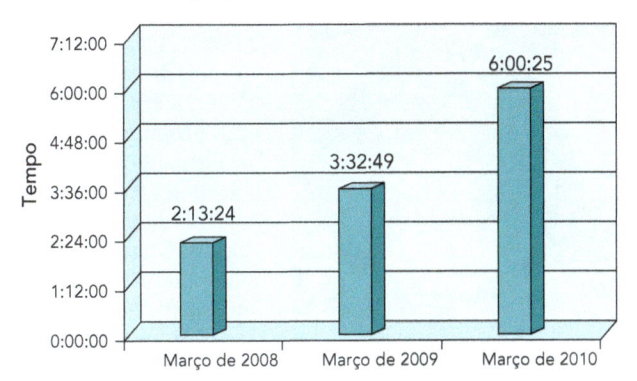

Figura 8.9 Tempo gasto em serviços de redes sociais aumentou radicalmente em 2010. (Fonte: The Nielsen Company, 2010)

Tempo gasto em sites de redes sociais (HH:MM:SS)
- Março de 2008: 2:13:24
- Março de 2009: 3:32:49
- Março de 2010: 6:00:25

TABELA 8.5	Grandes serviços de redes sociais	
Qzone	Atende aos usuários na China	200 milhões de usuários
Habbo	Atende a adolescentes em 31 países	162 milhões de usuários
Orkut	Popular no Brasil e na Índia	100 milhões de usuários
Friendster	Popular no sudeste asiático	90 milhões de usuários
Hi5	Popular na Índia, em Portugal, na Mongólia, na Tailândia, na Romênia, na Jamaica, na África Central e na América Latina	80 milhões de usuários

Os serviços de redes sociais líderes nos Estados Unidos de 2008 até 2010 são comparados na Figura 8.10. O panorama dos serviços de redes sociais está mudando com rapidez. Felizmente, uma lista atualizada constantemente é mantida pela Wikipédia. Veja a "Lista de redes sociais" em Wikipedia.com.

Ainda que os serviços de redes sociais tenham algumas características em comum, eles não são completamente idênticos. Na medida em que a categoria amadurece, os sites vão se diferenciando uns dos outros de diversas formas. Os serviços de redes sociais listados na Wikipédia, por exemplo, diferem-se em termos de:

- Faixa etária do público-alvo
- Localização geográfica dos usuários
- Idioma
- Área de interesse; por exemplo, música, fotografia, jogos, viagens
- Redes sociais *versus* profissionais
- Interface; por exemplo, perfil, microblog, mundo virtual

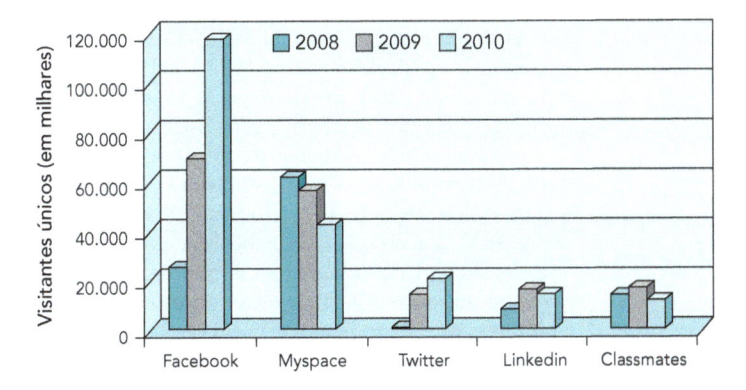

Figura 8.10 Visitantes únicos nas redes sociais dos Estados Unidos, 2008–2010. (Fonte: The Nielsen Company, 2010)

Figura 8.11 O Facebook tem uma interface simples que pessoas de todas as idades acham fácil de usar.
(© PSL Images/Alamy)

O Facebook se torna líder em serviços de redes sociais. O Facebook é o maior serviço de redes sociais do mundo, com mais de 500 milhões de usuários ativos. O Facebook foi lançado em 2004 por um ex-aluno de Harvard, Mark Zuckerberg. As fotos, os grupos, os eventos, o mercado, os itens postados e os comentários são recursos básicos já instalados nessa rede. Além desses recursos básicos, os usuários podem desenvolver seus próprios aplicativos ou adicionar qualquer um dos milhares de aplicativos disponíveis para o Facebook que foram desenvolvidos por outros usuários. Além disso, o Facebook tem dois recursos especiais chamados de "feed de notícias" e "mini-feed", que permitem que usuários acompanhem a movimentação de amigos em seus círculos sociais. Quando uma pessoa altera o perfil, por exemplo, as atualizações são transmitidas a outros que assinaram o feed daquela pessoa. O Facebook também lançou um aplicativo chamado de "Pessoas que você talvez conheça", que ajuda novos usuários a se conectarem com velhos amigos presentes na rede (Vander Veer, 2008).

Quando Zuckerberg criou o Facebook, teve ambições sociais muito altas e queria ajudar as pessoas a se conectarem a outras via Web. O Facebook era inicialmente um espaço online social para estudantes universitários. O site começou conectando estudantes a todos os outros estudantes da mesma faculdade. Em 2006, o Facebook expandiu-se para qualquer pessoa com mais de 13 anos que tivesse um endereço de e-mail válido (ver Figura 8.11). A falta de controle de privacidade (p. ex., ferramentas que restringissem quem veria o perfil do usuário) foi a principal razão pela qual muitas pessoas de negócios resistiram ao Facebook.

Em 2008, o Facebook introduziu novos controles que permitiam que usuários ativassem diferentes níveis de acesso a suas informações pessoais para cada um de seus grupos, como grupo de familiares, de amigos da faculdade e de colegas de trabalho. Amigos próximos, por exemplo, podem ver seu número de telefone, músicas favoritas, endereço de e-mail e assim por diante, enquanto outros amigos podem ver apenas informações básicas do seu currículo (Abram and Pearlman, 2008). Recentemente, entretanto, o Facebook fez alterações em suas políticas de privacidade, muitas vezes desencadeando uma onda de reclamações dos usuários. Isso reforça a tensão latente entre os objetivos corporativos do Facebook, que dependem do alto nível de acesso aos dados dos usuários, e o desejo dos usuários de controlarem o acesso aos seus dados pessoais.

O Facebook se expandiu para o resto do mundo com a ajuda de membros que falavam uma língua estrangeira: os engenheiros primeiro coletaram milhares de palavras em inglês e frases utilizadas no site e convidaram membros da rede a traduzirem aqueles pedaços de texto para outra língua. Os membros, então, davam notas para as traduções até que se chegasse a um consenso. A versão espanhola foi feita por cerca de 1.500 voluntários em menos de um mês. A versão alemã foi feita por 2 mil voluntários em menos de duas semanas. No começo de março de 2008, o Facebook convidou membros franceses para ajudarem. Eles fizeram as traduções em poucos dias. Hoje, o Facebook existe em mais de 70 línguas diferentes, e cerca de 70% de seus membros estão fora dos Estados Unidos (Facebook, 2010).

A principal razão para o Facebook querer se expandir é o *efeito da rede*: mais usuários significa maior valor. Em abril de 2010, Mark Zuckerberg anunciou que o Facebook começaria uma nova iniciativa chamada de **gráfico aberto**. O Facebook quer se conectar a todas as relações diferentes que existem na Internet. Ele se propõe a fazer isso ligando outros sites ao Facebook. Programadores em sites externos estão sendo estimulados a incluir o botão de "curtir" do Facebook em seus sites. Dessa forma, quando os membros do Facebook visitarem o site, eles poderão clicar no botão de "curtir" e seu relacionamento com o site será refletido na página do Facebook para que seus amigos vejam.

O Facebook também irá incentivar outros sites que permitam que pessoas utilizem seus nomes de usuário e senhas do Facebook para entrar ou criar contas. Se você é um membro do Facebook, por exemplo, e visita o site Pandora.com (um serviço de música) ou o Yelp.com (um serviço de diretório local), você pode entrar no site utilizando suas informações de acesso do Facebook. O Facebook, então, irá compartilhar as informações do seu perfil com esses sites. A nova iniciativa é empolgante em função do potencial que tem de intensificar a riqueza social e facilitar o uso da Internet. Por outro lado, existem preocupações bastante sérias sobre segurança e privacidade.

E agora, algo diferente: o Second Life. O Second Life é um serviço de rede social diferente da maioria dos outros. O que o torna único é a utilização da interface de um mundo virtual 3D,

Figura 8.12 Residentes do Second Life utilizam avatares para navegar no mundo virtual. Apesar de a maioria dos avatares ter a forma de humanoides, eles podem na verdade ter qualquer formato.
(© Friedrich Stark/Alamy)

no qual usuários, chamados de *residentes*, são representados por **avatares**, ou corpos cibernéticos, criados por eles mesmos (ver Figura 8.12).

Residentes no Second Life, desenvolvido pela Linden Research em 2003, comunicam-se com os outros no mundo virtual por meio de chat ou de voz. Eles podem criar e trocar coisas que fizeram no Second Life, incluindo roupas, arte, veículos, casas e outras estruturas arquitetônicas digitais. Os residentes também ganham dinheiro prestando serviços como ensinar uma língua estrangeira ou ser DJ em um clube virtual. Isso levou ao surgimento de uma economia no Second Life, com sua própria moeda, o Linden dólar (L$). Enquanto muitas das atividades econômicas ficam dentro do mundo do Second Life, existem relatos de alguns empreendedores que obtiveram quantias consideráveis de dinheiro real. Os residentes que ganham muitos Linden dólares podem trocá-los a uma taxa de cerca de L$ 250,00 para cada dólar americano.

Os negócios do mundo real também usam o mundo virtual. A IBM, por exemplo, utiliza um local no Second Life para fazer reuniões, dar treinamento e recrutar pessoas. A American Apparel foi a primeira grande varejista a abrir uma loja no Second Life. A Starwood Hotels utilizou o Second Life como experimento de baixo custo para fazer pesquisa de mercado, no qual avatares visitaram o hotel Starwood's virtual Aloft. O empreendimento gerou publicidade para a empresa e feedback sobre o design do hotel foi solicitado aos avatares dos visitantes. Essa informação foi usada na criação do primeiro hotel no mundo real da Aloft, que abriu em 2008 (Carr, 2007). Depois disso, a Starwood doou sua propriedade no Second Life a uma organização educacional sem fins lucrativos.

O Second Life irá substituir o Facebook e outras plataformas de serviços de rede social 2D? Provavelmente não, apesar de sua interface impressionante. Ainda que o Second Life seja visualmente atraente, ele requer que seus usuários conheçam uma série muito maior de controles e de tecnologia para que se tornem totalmente funcionais no ambiente. Sua estética é semelhante à dos videogames, o que pode fazer com que algumas pessoas subestimem seu potencial para aplicações mais sérias. Além disso, os avatares interagem em tempo real, de modo que os usuários precisam estar online ao mesmo tempo que seus amigos e conhecidos para que possam interagir. Dito isso, existem algumas aplicações específicas que se mostram promissoras. Utilizando fones e microfones, grupos de pessoas podem fazer reuniões no Second Life; professores podem interagir com seus estudantes. O que você acharia se o seu professor passasse suas horas de trabalho em uma praia virtual? O Linden Labs renovou o navegador especial que os residentes utilizam para participar do mundo virtual e está ativamente promovendo seu uso para aplicações de negócios interessantes, mas é improvável que atinja o mesmo nível de atenção que o Facebook tem. Acreditamos, entretanto, que o Second Life irá continuar oferecendo benefícios como um nicho fascinante no mercado geral de serviços de redes sociais.

Twitter: Microblog. O Twitter é um site de rede social em que os usuários enviam mensagens curtas de 140 caracteres ou menos, chamadas de tweets, a sua rede de seguidores (ver Figura 8.13). Lançado em 2006, o Twitter está agora entre os 15 sites de

Figura 8.13 O Twitter é um serviço de rede social de microblog que limita os usuários a enviarem mensagens de 140 caracteres ou menos.
(© 2020WEB/Alamy)

destaque em termos de tráfego. Assim como o Facebook, o site passou por um enorme crescimento nos últimos anos conforme empresas e usuários individuais descobriam formas de usar esse **microblog** para suprir suas necessidades. O Twitter é utilizado por atletas e outras celebridades como forma de manter um contato constante com seus fãs, e por empresas e blogueiros como uma forma de direcionar o tráfego às atualizações em seus sites.

Furos de notícias são distribuídos no Twitter pelas principais organizações de notícias e pelos cidadãos que testemunham eventos e os divulgam em primeira mão. O Twitter se tornou uma parte integral de muitas campanhas de mídias sociais direcionadas aos clientes. Embora enviar e receber tweets seja como enviar e receber mensagens instantâneas, o site também permite que os usuários transmitam mensagens a grandes grupos de seguidores. Por sua vez, os seguidores podem responder a esses tweets ou interagir uns com os outros, o que acrescenta um elemento fortemente social ao serviço.

O serviço básico prestado pelo Twitter é simples e eficiente, mas aplicativos de terceiros têm sido desenvolvidos para melhorar esse serviço, e alguns são considerados ferramentas essenciais na vida do poderoso usuário do Twitter:

- O TweetDeck é uma interface avançada, de tela fracionada que permite que os usuários visualizem mensagens de seus seguidores, de pessoas que são seguidas e de pessoas que o usuário possa querer seguir. O aplicativo também torna mais fácil a resposta rápida aos tweets que chegam, aumentando a frequência das conversas no Twitter.
- O Twitpic permite que os usuários acrescentem fotos aos seus tweets.
- O Twitterfeed tuíta automaticamente posts publicados em um blog que faz uso de tecnologia RSS.
- O Twitterholic é um serviço que ordena usuários por número de seguidores, amigos e atualizações.

Serviços privados de redes sociais. Muitas organizações profissionais e de negócios acharam interessante criar seus próprios serviços focados nas redes sociais. Muitas empresas oferecem plataformas com esse propósito. Uma das mais populares é a Ning.com. Até pouco tempo atrás, você poderia criar um serviço de rede social privada na Ning sem custo. Entretanto, em maio de 2010, a Ning anunciou que estava retirando o serviço gratuito do mercado para converter sua rede em um serviço premium (pago) ou simplesmente tirá-lo do ar. Existem, no entanto, diversas alternativas gratuitas, premium e de código aberto, à Ning.

Há muitas razões para as organizações criarem redes sociais privadas. Empresas que desejam compreender melhor seus clientes podem criar redes sociais que irão atrair indivíduos do seu mercado alvo. Isso permite que elas monitorem ou escutem os clientes e identifiquem problemas importantes que estão sendo discutidos por seus clientes. Empresas também podem desenvolver redes sociais para uso interno, limitando o acesso aos seus funcionários.

Organizações sem fins lucrativos podem criar comunidades para doadores ou usuários interessados em causas específicas. Li e Bernoff avisam, no entanto, que construir uma rede social de serviço privada não é uma tarefa fácil e requer recursos consideráveis, mesmo quando a plataforma do serviço de rede social é "gratuita". As organizações são aconselhadas a não entrar em um projeto levianamente e a planejar com cuidado sua estratégia de alocação de recursos antes de se lançarem no mercado. Construir uma comunidade com todas as implicações sociais e de relacionamento, apenas para que acabe de forma abrupta por causa de limitações de recursos, tem tudo para ser um desastre de relações públicas. Para empresas que executam essa abordagem de forma adequada, no entanto, a rede social privada pode produzir muitos benefícios em termos de informação de marketing e de relacionamento proveitoso com o cliente.

Os serviços de rede social são, talvez, as aplicações mais sociais da Web 2.0. Espera-se que o crescimento e a inovação nesse setor continuem na medida em que os usuários individuais e as organizações descubram seu poder para construção de redes e relacionamentos. Esperamos que o Facebook continue dominando esse campo, mas que serviços de rede social menores assumam posições fortes no mercado de nichos utilizando estratégias tradicionais de segmentação de mercado – focando nas necessidades específicas de segmentos geográficos, culturais, etários ou que tenham um interesse específico.

TI em ação 8.2

Lidando com preocupações com relação à privacidade nas mídias sociais

Direitos de privacidade são facilmente violados. Associações governamentais e da indústria estão tentando controlar essas violações por meio de leis e de normas profissionais, mas muitas vezes falham ao tentar oferecer uma proteção apropriada. Um dos meios de intimidação mais eficientes é o medo da reação causada pelas violações que se tornam públicas e resultam em difamação e revolta. Então, é importante identificar as questões de privacidade que existem nas mídias sociais e, especialmente, nos serviços de redes sociais. Exemplos de violação de privacidade são:

- Postar imagens de pessoas em sites de redes sociais sem sua permissão
- Enganar pessoas de modo que as faça revelar informações bancárias ou de cartões de crédito ou investir em esquemas de fraudes do tipo "trabalhe em casa"
- Compartilhar informações sobre membros com anunciantes sem a permissão ou o consentimento destes
- Revelar informações de propriedade de seu empregador ou segredos empresariais nas redes sociais
- Postar informações em redes sociais que possam comprometer a segurança das pessoas ou torná-las alvo de chantagem

Tomando controle de sua privacidade. A coisa mais importante que os usuários podem fazer para se proteger é compreender que eles mesmos são responsáveis por proteger suas informações. A solução básica é o bom senso. Infelizmente, a maioria das redes sociais cria a ilusão de controle e de privacidade. Isso pode, algumas vezes, levar mesmo os usuários mais cuidadosos a cometerem erros. Sites como o Facebook, o MySpace e outros fazem-nos sentir como se nossas informações fossem ser vistas apenas por aqueles que permitimos fazer parte de nossa rede. Errado. Abaixo listamos algumas regras de bom senso:

- Não poste dados privados. Nada, absolutamente nada que você coloca em uma rede social é privado. Você deve evitar postar informações pessoais, incluindo sua data de nascimento completa, seu endereço, seu número de telefone, entre outros dados. Essas informações são usada para o roubo de identidade.
- Cuide quem você aceita para fazer parte de sua rede. Não é raro que adolescentes fiquem "amigos" de centenas de indivíduos em suas contas do Facebook. Com tantos contatos, não há como proteger seu perfil ou outras informações.
- Não confie em políticas de privacidade. Sites de redes sociais mudam suas políticas de privacidade regularmente. Muitos acusaram o Facebook de fazer isso com o propósito de baixar a guarda do usuário a fim de manter configurações desejadas de privacidade. Verifique regularmente as políticas de privacidade do site de rede social que você usa. Coloque suas configurações de privacidade em um nível que ofereça o máximo de proteção – que funcione como se você não tivesse qualquer privacidade.
- Minimize o uso de aplicativos, jogos e programas de terceiros em redes sociais até que você os tenha investigado com cuidado. Eles podem expô-lo a programas maliciosos ou a vírus. Não clique automaticamente em links que parecem ter sido enviados por membros de sua rede.

Questões para discussão: Qual dessas orientações é a mais fácil de seguir? Qual é a mais difícil? Explique por que isso ocorre.

Questões para revisão

1. Quais são as principais diferenças entre os serviços de rede social e outras comunidades online?
2. Qual é a diferença básica entre o gráfico social e o conceito de Berners-Lee de gráfico global gigante?
3. Explique a iniciativa de gráfico aberto do Facebook e como o site planeja expandir sua influência na World Wide Web.
4. Quais são algumas formas potenciais com as quais as empresas podem obter vantagens na interface única do mundo virtual Second Life?
5. Por que um negócio iria querer criar um serviço de rede social privada? Quais são alguns dos desafios associados a isso?

8.3 Ferramentas de Empresas 2.0

O termo **Empresas 2.0** está sendo usado cada vez mais para se referir às tecnologias da Web 2.0 utilizadas para alguns fins organizacionais e empresariais. De acordo com o professor de Harvard, Andrew McAffee (2008), as aplicações de Empresas 2.0 são valiosas porque não impõem nada aos usuários, mas dão a eles ambientes livres para trabalhar e deixam a estrutura emergir com o tempo. O objetivo é promover o aumento da colaboração e da troca de conhecimento entre os funcionários, consultores e parceiros da empresa. McAffee está entre um número crescente de especialistas de TI que defendem o uso de aplicações da Web 2.0 para complementar ou substituir as plataformas de intranet fechadas que atualmente são muito utilizadas pelas organizações em geral.

De acordo com Cecil Dijoux (2009), as ferramentas Empresas 2.0 tendem a ocasionar mudanças na cultura organizacional da mesma forma com que a Web 2.0 está causando mudanças fundamentais na cultura em geral. Dijoux defende que as organizações precisarão se comunicar com seus funcionários utilizando conversas em vez do modelo de transmissão. A probabilidade de ideias importantes virem de baixo para cima (partindo da força de trabalho) é maior do que de partirem dos gerentes, que estão no topo da hierarquia. Gerentes não poderão mais depender tanto de sua posição hierárquica para manter o respeito. Eles terão de conquistar o respeito dentro da rede social da empresa. Outros benefícios incluem maior transparência na organização, aumento na agilidade e na simplicidade, criação de uma cultura de compartilhamento e o surgimento de estruturas organizacionais mais eficientes e efetivas.

USO DAS TECNOLOGIAS DE WEB 2.0 PARA OS NEGÓCIOS

Como as empresas estão fazendo uso dessas novas tecnologias? De acordo com um relatório recente (Network Solutions, 2010), o uso das mídias sociais no setor de pequenas empresas dobrou de 12 para 24% em 2009. Outro estudo mostra que aproximadamente 18% das empresas presentes na Fortune 500 têm blogs públicos (Barnes and Mattson, 2009).

Redes de recrutamento e profissionais. Segundo a Econsultancy, uma empresa que compila estatísticas sobre mídias sociais, mais de 80% das empresas já usaram o LinkedIn como ferramenta principal de recrutamento (Hird, 2009). O uso de redes sociais por profissionais explodiu nos últimos anos. Com seu início em 2003, o LinkedIn é o maior serviço de rede profissional, com mais de 65 milhões de usuários pelo mundo em 2010 (ver Figura 8.14). A maioria dos usuários entra no LinkedIn gratuitamente, mas muitos que querem utilizar todos os benefícios e ferramentas do site fazem o upgrade para uma conta premium, pagando uma taxa de inscrição. O LinkedIn permite que usuários criem perfis que incluem seus currículos, associações profissionais, histórico escolar, entre outros documentos. Os membros também podem atualizar seu status para que outras pessoas em sua rede saibam o que estão fazendo. O LinkedIn permite que pessoas postem indicações sobre outras pessoas, o que se torna uma forma de compartilhar depoimentos. Os usuários expandem suas redes pedindo diretamente para se conectarem com outras pessoas ou via indicações e mediações de pessoas que já estão em sua rede. A Savvy Recruiters utiliza essa rede profissional popular de diversas formas, como descrito em *TI em ação 8.3*.

TI em ação 8.3

Recrutadores utilizam sites de redes sociais profissionais

Susan Heathfield, especialista em recursos humanos na About.com, afirma que não é mais suficiente postar a abertura de vagas no monster.com, no Careerbuilder.com e na Craiglist.com. Ofertas de emprego nesses grandes sites geralmente geram centenas de inscrições de candidatos não qualificados. Isso pode sobrecarregar os recrutadores e ser muito ineficiente. Em vez disso, muitos se voltaram para sites de redes profissionais como o LinkedIn. Em uma postagem de blog, Heathfield identificou uma série de formas específicas de utilização do LinkedIn por empresas que podem aumentar a eficiência no recrutamento:

- Identifique candidatos em potencial entre os profissionais já presentes em sua rede.
- Peça à sua rede que identifique ou recomende candidatos para uma posição.
- Avalie os candidatos em potencial baseando-se nas referências e nas indicações da sua rede.
- Busque ativamente por candidatos entre os usuários do LinkedIn usando palavras-chave ou qualificações de seus perfis.
- Peça que os funcionários atuais busquem em suas redes no LinkedIn por candidatos em potencial.
- Mediante o pagamento de uma taxa, você pode anunciar a abertura de uma vaga no LinkedIn.
- Peça que candidatos em potencial se apresentem por meio da rede existente de profissionais.
- Use o Inmail (sistema interno de e-mails do LinkedIn) para contatar indivíduos que tenham potencial.

Fica claro que os recrutadores adotaram o LinkedIn como uma maneira eficiente e rentável de obter candidatos qualificados. Conforme a presença global do LinkedIn aumenta, empresas que precisam preencher posições internacionais terão um benefício importante.

Fontes: Compilado de humanresources.about.com/od/recruiting/a/recruit_linked.htm e Linkedin.com.

Questões para discussão: Por que redes como a monster.com, a Careerbuilder.com e a Craigslist.com perderam sua eficiência? Por que os departamentos de RH se voltaram para as redes sociais profissionais, como o LinkedIn? Que outros recursos online podem ajudar empresas a encontrar profissionais?

Figura 8.14 O LinkedIn é utilizado como principal ferramenta de recrutamento por 80% das empresas.
(© Alex Segre/Alamy)

Assim como as estratégias de recrutamento estão mudando, as estratégias de busca por empregos também mudarão. Quem busca um emprego precisa dominar diversas ferramentas de mídia social para fazer contato e estabelecer relação com seus potenciais empregadores. O LinkedIn é uma forma de candidatos obterem visibilidade com a expansão de suas redes, entrando em grupos do LinkedIn, construindo sua reputação participando de discussões na forma de perguntas e respostas, gerando depoimentos (chamados de "recomendações" no LinkedIn) e integrando essas atividades com outras ferramentas de mídia social. Outras redes profissionais também podem ser usadas para recrutamento, como por exemplo o Plaxo, o Ecademy, o Jobfox e o Jobster.

Marketing, promoção e vendas. Muitas empresas acreditam que as mídias sociais têm o potencial de fortalecer os esforços de marketing e vendas. Eles veem a mídias sociais como uma nova forma de se comunicar com clientes atuais e potenciais. Neste capítulo, citamos diversos exemplos de como as empresas usam tecnologias de mídias sociais para construir e melhorar o relacionamento com os clientes. As empresas usam blogs para disseminar informações sobre seus produtos e trabalham muito para influenciar as atitudes e opiniões daqueles que estão escrevendo sobre elas em seus blogs. As organizações empresariais estão descobrindo formas de marcarem presença em sites de serviço de redes sociais como o Facebook e o MySpace, de modo que possam envolver os seus clientes.

O YouTube se tornou uma forma popular para empresas se promoverem utilizando vídeos virais. O vídeo da BlendTec no YouTube é um exemplo excelente disso, e é discutido em *TI em ação 8.4*. A empresa monitora blogs e painéis de discussão para ouvir seus clientes e mesmo participar das discussões para construir relacionamentos significativos. As empresas descobriram que a promoção nas mídias sociais é mais eficiente e muitas vezes é mais barata do que os esforços de publicidade tradicionais. Entretanto, essa área é tão nova que as empresas estão aprendendo a aplicar estratégias de mídias sociais integradas por meio de tentativa e erro, e às vezes sofrem para medir a efetividade de seus esforços.

Colaboração e comunicação interna. A maioria das empresas de grande e médio porte utiliza uma intranet para a colaboração e comunicação interna. Uma **intranet** é uma rede que usa tecnologias Web, mas seu acesso é restrito a usuários autorizados, normalmente os funcionários da empresa. Esses funcionários acessam a intranet usando nomes de usuário e senha. As empresas exercem um certo controle sobre como e o que acontece em suas intranets e, de acordo com Toby Ward (2010), a maioria das intranets tem por base tecnologia de Web 1.0 e parecem "rasas" quando comparadas aos modernos recursos da Web 2.0. Outro recurso que falta em muitas intranets é o elemento social.

Russell Pearson (2010) e James Bennett (2009) acreditam que as intranets precisarão se envolver com o comportamento "social" dos funcionários que entram na empresa e esperam poder se comunicar com profissionais da mesma forma como se comunicavam antes de entrar para a força de trabalho. Isso significa que as intranets podem precisar evoluir a fim de permitir o compartilhamento de arquivos, blogs, tags e marcadores sociais, wikis, entre outros. Além disso, os administradores precisarão equilibrar seu desejo inato de controlar as interações em prol de um objetivo mais importante, que é o de enriquecer a comunicação com e entre os funcionários. Como consequência disso, um novo conjunto de habilidades de gestão precisará ser desenvolvido.

A TI em ação 8.4

Blenders atinge popularidade online com um estratégia de mídias sociais integradas

Digamos que você tem um produto que custa substancialmente mais do que qualquer produto da concorrência, mas seu orçamento de publicidade é apertado. Parece uma receita de fracasso nos negócios? Não se você for o criador da BlendTec, uma marca de liquidificadores de alta qualidade. Essa empresa potencializou seu orçamento de marketing limitado usando uma estratégia de mídias sociais integradas e, durante o processo, gerou uma base enorme de fãs.

A BlendTec atingiu grande sucesso com uma séries de vídeos no YouTube que mostram o CEO Tom Dickson usando seus liquidificadores duráveis para destruir qualquer coisa, desde mármore e discos de hóquei até um iPhone da Apple. Os vídeos são curtos e engraçados, mas ilustram com eficiência a durabilidade e a força dos produtos da BlendTec. O que começou como uma piada interna na empresa se tornou uma sensação na Internet. A BlendTec possui seu próprio canal no YouTube, com mais de 50 segmentos diferentes da série "Will it Blend?" (algo como "Será que vai bater?").

A Blendtec se torna um viral. A empresa não tinha praticamente qualquer reconhecimento de nome antes de sua campanha com virais, mas agora tem uma das coletâneas de vídeos mais assistidas no YouTube. A maioria dos vídeos no canal da BlendTec foram visualizados centenas de milhares de vezes, e diversos foram assistidos milhões de vezes. O vídeo mais popular, com mais de 8 milhões de visualizações, mostra a destruição de um iPhone da Apple. Uma entrada mais recente mostra a demolição de iPad e foi visualizada mais de 6 milhões de vezes em apenas um mês.

Estratégia de mídias sociais integradas. Ainda que os vídeos do YouTube sejam a parte mais visível dos esforços em mídias sociais da BlendTec, a empresa utiliza uma estratégia de mídias sociais integradas com uma série de táticas. Os vídeos mais populares também são mostrados na página Web da empresa. Os visitantes do site ajudam a espalhar a "notícia" ao compartilhar vídeos em suas redes sociais clicando em botões que direcionam para o Facebook ou para o Twitter. Eles podem até assinar o site utilizando a tecnologia RSS. O "Will it Blog" é usado para dar informações sobre os produtos e sobre os próximos vídeos. A BlendTec atualiza com regularidade seus seguidores com novos vídeos e postagens no blog usando o Twitter. A página no Facebook da empresa tem mais de 34 mil fãs que comentam os vídeos e fazem pedido, às vezes súplicas para que alguns objetos sejam liquidificados nos próximos vídeos. De acordo com Dickenson, as vendas da empresa quintuplicaram desde que a campanha viral foi lançada. É muito entusiasmo para algo tão simples quanto um liquidificador!

Fontes: Compilado de Helm (2006), Dilworth (2007).

Questão para discussão: Leia as dicas de Dan Ackerman Greenberg sobre como fazer com que um vídeo se torne um viral (techcrunch.com/2007/11/22/the-secret-strategies-behind-many--viral-videos/) e então visite o site da BlendTec. Quantas das estratégias de Greenberg são implementadas pela companhia de liquidificadores?

Como você leu anteriormente, gerentes precisarão aprender a utilizar tecnologias sociais para se engajar em conversas com funcionários, ouvir suas ideias e motivá-los em direção a metas mutuamente benéficas. Enviar um memorando ou mesmo um e-mail em massa a partir da sede da empresa e esperar uma resposta adequada dos funcionários da empresa será cada vez mais ineficiente.

Gestão da cadeia de suprimentos 2.0. A gestão da cadeia de suprimentos (SCM) se refere ao conjunto de atividades que dão apoio à produção e distribuição de produtos e serviços aos usuários finais. As atividades que estão normalmente associadas à gestão da cadeia de suprimentos incluem a aquisição de matéria-prima, processos e agendamento de produção, controle de estoque, logística e coordenação dos membros do canal – atacadistas, distribuidores e varejistas. As cadeias de suprimento são, por natureza, entidades sociais. Elas envolvem muitas pessoas e organizações que precisam trabalhar juntas para criar e entregar produtos e serviços aos consumidores.

A **gestão da cadeia de suprimentos 2.0** simplesmente envolve o uso de ferramentas de mídias sociais para aumentar a efetividade de sua comunicação e enriquecer a aquisição de informações necessárias para a tomada de decisões adequada. Considere como os sistemas de redes sociais empresariais poderiam ajudar na identificação de novos fornecedores ou compradores. Os membros do canal podem utilizar blogs para compartilhar ideias sobre as melhores práticas e aplicativos mashup para coordenar os níveis de estoque pelo canal e ajudar nas decisões de transporte e envio. Qualquer ferramenta que aumente a capacidade de comunicação, coordenação e solidificação de relacionamentos entre os parceiros do canal tornará o negócio mais competitivo.

Assim como as mídias sociais estão mudando as coisas no mundo social em que vivemos, também está mudando a forma como as empresas se comportam e funcionam.

Questões para revisão

1. Como um serviço de rede social como o LinkedIn se diferencia fundamentalmente do Facebook ou do MySpace?
2. Identifique algumas formas específicas de como gerentes e líderes de organizações precisarão mudar em resposta às oportunidades e desafios apresentados pelas mídias sociais.
3. Explique por que as ferramentas de mídias sociais poderão tornar as cadeias de suprimento mais eficientes e produtivas.
4. De que formas específicas os trabalhadores poderão utilizar ferramentas de mídias sociais para se tornarem mais produtivos em suas profissões?

8.4 Métricas e objetivos de mídia social

A administração depende de mensurações focadas em dados, ou métricas. As empresas constantemente avaliam a eficácia e a efetividade de suas atividades. Como parte de um processo de planejamento estratégico, as empresas identificam metas, objetivos, estratégias e táticas. Dessa forma, elas identificam e se focam naquelas atividades que levam aos ganhos e rendimentos e reduzem sua ênfase em atividades que não ajudam os objetivos da empresa.

POR QUE MENSURAR MÍDIAS SOCIAIS?

Apesar de **métricas** padrão existirem para muitas atividades tradicionais de uma empresa, o campo de mídias sociais e as questões de **métricas de mídias sociais** relacionadas a esse campo são tão novas que existem poucas formas padrão para avaliar suas atividades. Identificamos métodos fundamentais para mensurar a efetividade dos esforços em mídias sociais, mas reconhecemos que existem muitas variações no que descrevemos.

DASHBOARDS E SCORECARDS

Como você vem lendo desde o Capítulo 1, gerentes se mantêm informados utilizando painéis de desempenho representados pelos **dashboards** ou **balanced scorecards** que resumem a efetividade das atividades e o progresso em relação às metas estabelecidas. Essas representações gráficas mostram como vai a empresa em relação às métricas chave. Em muitos casos, a TI é utilizada para alimentar com dados os dashboards ou scorecards de modo que os gerentes tenham acesso a informações em tempo real. Isso representa uma vantagem significativa com relação ao uso de relatórios mensais ou trimestrais para avaliar o progresso e ajuda a aumentar a resposta organizacional em uma série de situações. Quando automatizados, os balanced scorecards ou dashboards são um exemplo de mashup, uma aplicação da Web 2.0 que tira dados de diversos recursos e os mostra em um único local.

Mas o que uma equipe de gerentes deveria acompanhar em termos de mídias sociais em seu dashboard ou scorecard? Na próxima seção, discutimos métricas que as organizações consideram significativas e efetivas.

TIPOS DE OBJETIVOS DE MÍDIAS SOCIAIS

Existem literalmente centenas de métricas para verificar como as pessoas respondem às mídias sociais. Na lista da Tabela 8.6, há apenas uma amostra dos diversos fatores que podem ser observados. Novas empresas surgem todos os dias, oferecendo ferramentas para acompanhar as atividades de mídias sociais. Empresas são atraídas para esse mercado (pense no modelo de cinco forças de Porter) porque precisam descobrir se seus esforços em mídias sociais são efetivos e se valem a pena. Existem muitos tipos diferentes de métricas, porque as mídias sociais podem ser utilizadas para fazer muitas coisas diferentes. Assim, a questão sobre qual tipo de informação uma empresa deve observar depende do que está tentando atingir com seus esforços em mídias sociais. Se a empresa quer, por exemplo, aumentar o tráfego para a sua página na Web, então deve começar verificando o número de visitantes que chegam ao site a partir de um tweet, da página da empresa no Facebook e todas as outras fontes.

Por outro lado, se a empresa quer descobrir como os clientes se sentem com relação aos seus produtos, precisará verificar o número de postagens positivas e negativas em blogs e vídeos sobre a empresa, seus produtos, serviços, administração ou práticas de negócio.

Tradicionalmente, as organizações desenvolveram objetivos de mídia em torno de diversos modelos, chamado de **hierarquias de respostas**. Uma hierarquia de resposta comum inclui os seguintes níveis: reconhecimento, conhecimento, apreciação, preferência e compra. Utili-

TABELA 8.6	Exemplos de métricas de mídias sociais

Métricas de atividades
- Visualizações de página
- Número único de visitantes
- Postagens
- Comentários e trackbacks
- Tempo gasto no site
- Contribuidores
- Frequência: de visitas, de postagens, de comentários

Métricas de pesquisa
- Satisfação
- Qualidade e velocidade da resolução de problemas
- Relevância de conteúdo

Mensuração de retorno sobre o investimento
- Marketing e vendas
  - custo por número de prospectos
  - número de prospecções por período
  - custo de prospecção
  - conversão de prospecções em clientes
  - valor de longevidade do cliente
- Desenvolvimento de produto
  - número de ideias para novos produtos
  - ideia para o início do ciclo de tempo de desenvolvimento
- RH
  - custos de contratação e treinamento
  - atrito com os funcionário
  - tempo para contratar

Métricas individuais (para novos membros)
- Número de amigos conhecidos online que os usuários conheceram offline
- Número de amigos conhecidos online com quem os membros colaboraram

Rastreamento geral na Internet (fora de comunidades mantidas pela empresa)
- Escore do Net promoter (netpromoter.com)
- Número de menções (rastreado via Web ou ferramentas de buscas em blogs)

Fonte: Adaptado de Happe (2008).

zando esse modelo, os profissionais de publicidade estabelecem objetivos mensuráveis para cada nível. Uma empresa, por exemplo, deve estabelecer objetivos. Exemplos disso são:

- Atingir 45% de reconhecimento da marca no mercado principal no primeiro trimestre.
- Aumentar a taxa de conversão de preferência para compra em 2% nos próximos seis meses.

Uma vez que esses objetivos forem estabelecidos, os profissionais de publicidade utilizam a pesquisa de marketing para verificar o progresso com relação aos objetivos e podem avaliar o sucesso de suas atividades promocionais.

As empresas também podem aplicar modelos de hierarquia de respostas à área de mídias sociais. Entretanto, esses modelos se baseiam em uma abordagem de publicidade ou transmissão da comunicação e falham em capturar o potencial total dos ambientes de mídias sociais. O potencial verdadeiro das mídias sociais vai muito além do envio de mensagens que influenciam pessoas. As mídias sociais interativas podem ser usadas para coletar informações, assim como para enviá-las. Elas podem ser utilizadas para reduzir os custos associados aos serviços de atendimento ao consumidor. Podem ser utilizadas para reunir informações sobre a concorrência, e muito mais. Por existirem tantas aplicações, as empresas precisam ser muito claras sobre o que desejam atingir com seus esforços; isso, por sua vez, determinará quais informações devem ser observadas para avaliar a efetividade de suas ações.

Nesse ponto, parece que existem basicamente quatro abordagens principais às métricas de mídias sociais: *métricas baseadas em ferramentas, métricas táticas, métricas estratégicas* e *métricas de retorno sobre o investimento.* As quatro abordagens não se excluem mutuamente. É comum que algumas métricas específicas sejam utilizadas em todas as quatro abordagens. A diferença entre cada abordagem está em como a empresa define seus objetivos, ou o que ele está tentando atingir, como explicamos a seguir.

Métricas baseadas em ferramentas. As métricas são estabelecidas a partir de objetivos. As métricas que uma empresa usa são determinadas pelo que a empresa pretende atingir. Em alguns casos, a empresa irá definir seus objetivos com base em uma ferramenta específica da Web 2.0. As **métricas baseadas em ferramentas** são desenvolvidas para identificar informações sobre aplicações específicas. Uma empresa pode querer, por exemplo, determinar se deveria anunciar em um blog popular ou patrocinar a criação e a distribuição de um widget. As empresas que usam o Twitter podem verificar seu número de seguidores; a quantidade de vezes que outras pessoas mencionam a empresa em tweets; a quantidade de vezes que as pessoas encaminham mensagens, os chamados retweets. Um relatório de 2009 feito pelo Interactive Advertising Bureau (IAB) especificou definições para as três ferramentas mais utilizadas da Web 2.0: métricas de blogs, métricas de redes sociais e métricas de widgets. Publicitários veem essas ferramentas como canais para atingir o consumidor e estão, portanto, interessados tanto no volume de tráfego relatado para uma determinada ferramenta como na natureza da interação ou das "conversas" ocorridas em função da ferramenta. Exemplos de métricas específicas identificadas pela IAB para essas ferramentas estão listados na Tabela 8.7.

Métricas táticas. Outra forma que as organizações utilizam para definir seus objetivos nas mídias sociais é pelo estabelecimento de objetivos táticos. Uma empresa pode expressar, por exemplo, seus objetivos táticos da seguinte forma:

- Aumentar em 10% o tráfego ao site
- Aumentar em 15% os pedidos de informações de produtos pelo site
- Aumentar em 12% o número de pessoas que criam uma conta de usuário no site
- Aumentar em 25% o número de pessoas que fazem download do panfleto informativo no site

TABELA 8.7 Métricas específicas de ferramentas

Métricas de blog	Métricas de serviços de redes sociais	Métricas de widgets

• Número de postagens relevantes para conversas no site
• Número de links para postagens relevantes para conversas no site
• Data mais antiga de postagens relevantes para conversas
• Data mais recente de postagens relevantes para conversas
• Tempo entre a data mais antiga e a data mais recente de postagens relevantes para conversas
• Tempo médio entre postagens relevantes para conversas
	• Visitantes únicos
	• Custo por visitante único
	• Visualizações da página
	• Visitas de retorno
	• Proporção de visitantes que interagem com um anúncio ou aplicação.
	• Tempo gasto no site
	• Métricas de atividades relacionadas a:
	  • Entradas de concursos/sorteios
	  • Cupons baixados/resgatados
	  • Uploads (p. ex., de imagens, de vídeos)
	  • Mensagens enviadas (p. ex., boletins, atualizações, e-mails, alertas)
	  • Convites enviados
	  • Feeds postados
	  • Comentários postados
		• Número de instalações do aplicativo
		• Número de usuários ativos
		• Perfil do público – demografia dos usuários a partir de informações dadas por eles mesmos no perfil
		• Alcance de usuário único
		• Porcentagem de usuários que instalaram aplicativos entre todo o público de mídias sociais
		• Crescimento do número de usuários em um período específico
		• Influência – média do número de amigos entre os usuários que instalaram o aplicativo

Fonte: Adaptado de Social Media Ad Metrics Definitions, Interactive Advertising Bureau (2009).

Com base nesses objetivos táticos, as empresas podem desenvolver ações específicas que dão suporte aos seus objetivos e que monitoram o progresso. Para aumentar o tráfego no site, por exemplo, uma empresa pode começar seu próprio blog, identificar e se comunicar com pessoas que postam sobre a empresa ou sobre o setor, ou começar uma campanha no Twitter.

TI em ação 8.5

Haley Marketing Group reforça a otimização do mecanismo de busca por meio de mídias sociais

A Haley Marketing Group é uma empresa que oferece serviços de marketing localizada no oeste de Nova York e que começou suas atividades 1996. Sua missão é ajudar empresas do setor de terceirizadas a desenvolver relacionamentos de longo prazo e lucrativos com seus clientes. De acordo com o presidente da Haley, David Searns, "No início, a mala direta era nosso principal veículo de comunicação para cultivar relacionamentos. Isso evoluiu para o marketing de e-mail. Mas hoje as mídias sociais permitem que nós e nossos clientes criemos, mantenhamos e enriqueçamos os relacionamentos de formas que não eram possíveis antes".

O grupo faz uso estratégico de mídias sociais. Tudo que a empresa faz online é parte de um planejamento integrado para atingir objetivos específicos de negócio. A COO (*chief operating officer* – diretora de operações), Victoria Kenward, observa que "apesar de sermos uma empresa de marketing, não temos um orçamento de marketing ilimitado. Assim como nossos clientes, precisamos maximizar o impacto de cada dólar que gastamos para promover a empresa. Por isso, não fazemos nada a não ser que tenhamos um objetivo muito claro, e verificamos tudo a fim de ter certeza de que estamos obtendo o retorno de que precisamos dos nossos esforços".

Mídias sociais e otimização de mecanismos de busca. Assim como muitas outras empresas, a Haley Marketing quer ter certeza de que a empresa estará entre as primeiras quando clientes prospectivos usarem ferramentas de busca como o Google para identificar empresas do setor. A **otimização de mecanismos de busca** envolve uma série de estratégias que influenciam as ferramentas a categorizar, classificar e listar páginas na Web quando pessoas fazem suas buscas. O Google, entre outros, é influenciado especialmente pela quantidade de tráfego que flui para um determinado site. Mais tráfego significa ter um posicionamento mais alto nas pesquisas.

Aumentando o tráfego na Web pela otimização de mecanismos de busca e das mídias sociais. O Haley Marketing Group conta com técnicas de marketing de aproximação para prospecção de vendas. Historicamente, mala direta e marketing por e-mail forneciam uma quantidade suficiente de prospecção de vendas bem qualificadas, mas nos últimos anos, as respostas destas táticas decaíram. O volume de prospeção de vendas produzido era insuficiente para atingir os objetivos corporativos.

A solução: mídias sociais integradas. O âmago da estratégia da Haley Marketing é a criação e a distribuição de conteúdo. O site da empresa foi reprojetado em 2008 para ser uma plataforma de recursos educacionais e informações sobre os serviços da Haley Marketing. Em 2009, o site foi aumentado com páginas que oferecem webinars, download gratuitos de livros e outros recursos sem custo. Além disso, a empresa produz um boletim mensal por e-mail, chamado de The Idea Club, e Searns e todos os outros funcionários precisam contribuir um com um mínimo de duas postagens por mês no blog Ask Haley, que oferece dicas de marketing e conselhos para profissionais do setor de mão de obra terceirizada.

De acordo com Searns, "o maior desafio que encontramos é fazer com que o nosso público-alvo esteja ciente do conteúdo que oferecemos e se engaje com ele". Para gerar tráfego, a empresa usa uma série de canais, incluindo cinco e-mails mensais para uma lista de profissionais terceirizados assinantes, promoção consistente via redes sociais, otimização de mecanismos de buscas e relações públicas online.

Em termos de mídias sociais integradas, Searns, Kenward e a maioria dos funcionários da empresa mantêm uma presença ativa no LinkedIn, um serviço de rede social profissional que se tornou ferramenta fundamental de recrutamento para muitas empresas. Quando conteúdos novos são criados ou eventos são agendados, os funcionários da empresa usam seus status no LinkedIn, o calendário de eventos do LinkedIn e grupos do LinkedIn para notificar os associados.

A empresa também mantém uma página no Facebook. Sempre que um novo conteúdo é incluído no blog Ask Haley, a página corporativa do Facebook é automaticamente atualizada, e aqueles indivíduos que "curtiram" a Haley Marketing são notificados sobre esse novo conteúdo.

A Haley Marketing também usa múltiplas contas do Twitter como outro meio de direcionar o tráfego para seu site. As atualizações do blog Ask Haley são automaticamente relacionadas nas contas do Twitter de diversos funcionários, e o Twitter os repercute no LinkedIn.

Os membros da rede da Haley Marketing que querem assinar o blog podem fazer isso usando um botão de RSS posicionado junto a cada post. Os leitores também ajudam a promover o blog Ask Haley compartilhando links no Facebook, LinkedIn ou Twitter simplesmente clicando em um pequeno botão próximo à postagem.

Melhorias de desempenho. O tráfego ao site do Haley Marketing Group aumentou 344% no período de 18 meses em que a empresa implementou suas estratégias de mídias sociais integradas. O número de visitantes únicos ao site aumentou 504%, e as visualizações de página aumentaram 105%. Mais importante do que isso, o volume de tráfego vindo das ferramentas de pesquisa aumentou constantemente, de 300 por mês para mais de 1.500.

Fonte: Entrevistas pessoais de Gregory R. Wood com David Searns e Victoria Kenward, 2010.

Questões para discussão: Pesquise a questão da otimização de mecanismos de busca online. Que passos adicionais uma empresa como a Haley Marketing Group pode dar para melhorar sua classificação em ferramentas de busca populares?

A empresa pode, então, rastrear o tráfego no site, observar mudanças no volume total, bem como identificar de onde o tráfego está vindo. Utilizando **métricas táticas** desse tipo, a empresa pode determinar o impacto relativo que cada uma dessas atividades específicas de mídias sociais está tendo nos objetivos.

Métricas estratégicas.
Diversos autores tentaram identificar objetivos de nível mais alto, que capturassem de forma mais global o potencial das mídias sociais do que o que foi descrito com foco em uma ferramenta específica de Web 2.0 ou em objetivos táticos. Em seu importante livro sobre estratégias de mídia social, Li e Bernoff (2008) identificam cinco objetivos estratégicos que as empresas podem perseguir utilizando mídias sociais.

- **Escutar:** Aprender sobre seus clientes prestando atenção ao que eles estão dizendo online uns aos outros ou diretamente a você.
- **Conversar:** Comunicar-se com seus clientes envolvendo-os em conversas.
- **Motivar:** Encorajar clientes atuais e fãs a espalharem notícias, resenhas e outras mensagens positivas.
- **Dar suporte:** Ajudar os clientes a resolverem problemas fornecendo informações e recursos online, como fóruns de usuários, bases de conhecimento e outras ferramentas.
- **Incluir:** Convidar clientes a gerarem ideias para novos produtos e serviços.

As organizações que buscam otimizar seu desempenho em cada uma dessas áreas irão identificar e implementar táticas de mídias sociais, assim como rastrear métricas relacionadas à avaliação do progresso em direção aos objetivos. As empresas que fazem uso de *crowdsourcing* para obter novas ideias de produtos, por exemplo, podem contar o número de ideias submetidas, o número de pessoas que votam nessas ideias, o número de comentários positivos *versus* comentários negativos feitos sobre cada ideia, e assim por diante. As empresas que querem "escutar" estrategicamente seus mercados podem avaliar o número de "conversas", identificar quem está "falando", identificar o que as pessoas estão dizendo, entre outros fatores.

Uma série de **serviços de monitoramento de mídias sociais** surgiu nos últimos anos para fornecer esse tipo de dado sobre as empresas, incluindo o Radian 6, o Visible Technologies, o Buzzlogic e o Cymfony. A maioria desses serviços usam TI para rastrear conteúdos online e então alimentar estatísticas, que são resumidas em dashboards que podem ser usados pelos clientes. No entanto, empresas menores podem utilizar uma série de abordagens sem custo para fazer esse acompanhamento. O Moreover.com e o Yahoo rastreiam notícias relacionadas a empresas e setores. O Technorati rastreia, especificamente, sites de mídias sociais. Serviços como o Google Blog Search, o Comments e o Blogpulse oferecem formas de acompanhar as atividades na blogosfera. Uma vez que a empresa tenha decidido as estratégias que pretende seguir, ela deve identificar as informações relacionadas a essas estratégias e então utilizar um serviço de monitoramento para rastrear as métricas.

Métricas de retorno sobre o investimento (ROI).
Por fim, muitos especialistas no campo de métricas de mídias sociais enfatizam a importância daquilo que chamam de **retorno sobre investimentos nas mídias sociais**. Essa abordagem pretende monetizar o retorno dos custos oriundos da implementação de estratégias de mídias sociais. Esse conceito tem um apelo inerente, porque fala sobre a necessidade da organização de se engajar em atividades que irão contribuir com seus objetivos financeiros. Entretanto, o conceito de retorno sobre o investimento inspira debates consideráveis. Alguns defendem que as contribuições qualitativas das mídias sociais (p. ex., relacionamentos, conversas, confiança, etc.) não podem ser expressas de forma significativa em cifras ou em termos quantitativos. Porém, apesar da potencial dificuldade associada à captura de todas as contribuições das mídias sociais para os resultados da empresa, a tentativa deve ser realizada. A menos que uma relação razoável possa ser estabelecida entre o custo associado às mídias sociais e o desempenho financeiro da empresa, é pouco provável que alguns executivos apoiem as iniciativas de mídias sociais, especialmente em uma economia em depressão.

Às vezes o cálculo do retorno sobre o investimento em mídias sociais é simples. Se um vendedor online, por exemplo, pode aumentar o tráfego para o seu site por meio da publicação em um blog, então a empresa pode verificar quantos desses clientes fizeram a compra depois de ler o blog. Esse dado pode ser utilizado para determinar a contribuição de um blog à receita de vendas. Se a empresa notar que houve uma queda de 18% nas ligações aos serviços de atendimento ao consumidor após a implementação de um fórum de suporte online, a economia com a redução de despesas com o call center pode ser prontamente calculada. As empresas que veem suas vendas aumentarem por causa da presença em redes sociais podem estimar o volume de vendas resultante aplicando sua taxa de rendimento a esse novo conjunto de pesquisas (p. ex., mil novos potenciais vezes 7% de taxa de rendimento é igual a 70 novos clientes). Se uma empresa sabe quanto cada novo cliente vale, ela é capaz de estimar o rendimento total produzido por sua presença nas redes sociais. Cada um desses elementos é um exemplo de **métrica de retorno sobre o investimento**.

Outras vezes, a relação entre atividades importantes em mídias sociais e o desempenho financeiro da empresa é menos direto. Por exemplo, qual é a relação existente entre o aumento no número de postagens positivas em blogs sobre um produto da empresa e as vendas desse produto? Qual é a relação entre o número de usuários que fazem download de um widget patrocinado por uma empresa e o desempenho de vendas dessa empresa? Para responder a perguntas como essas, é necessário fazer suposições sobre o comportamento do cliente ou fazer suposições sobre a taxa de conversão de clientes na medida em que eles passam pelos estágios – semelhante aos modelos de hierarquia de respostas discutidos no início desta seção. Uma empresa que quer aumentar o reconhecimento de sua marca ou produto, por exemplo, pode patrocinar a distribuição de um widget popular ou criar um vídeo viral para o YouTube. Ainda que a empresa possa acompanhar o número de pessoas que usam o widget ou visualizam o vídeo, ela precisará fazer algumas suposições sobre a taxa de conversão, ou o número de pessoas que, no fim das contas, compra algo da empresa como resultado dessas iniciativas.

Muito trabalho ainda precisa ser feito na área de métricas de retorno sobre o investimento. Apesar disso, acreditamos que as empresas estarão mais propensas a adotar estratégias de mídias sociais quando isso tiver uma relação clara com seu desempenho financeiro. À medida que gerentes ficarem mais confortáveis com seus recursos e tiverem experiências de sucesso nessa área, irão se tornar menos resistentes aos riscos de se engajar em atividades de mídias sociais para realizar os objetivos estratégicos da empresa, mesmo quando a relação com a rentabilidade ou os custos é difícil de ser estabelecida.

Questões para revisão

1. Por que as empresas deveriam usar métricas para acompanhar as atividades de mídia social?
2. Liste exemplos de métricas baseadas em ferramentas. Que questões uma organização pode responder com esse tipo de informação?
3. Liste estratégias de mídia social que as empresas poderiam buscar. Que tipo de informações elas poderiam coletar para verificar se estão sendo efetivas com as mídias sociais?
4. Por que as empresas consideram a métrica de retorno sobre o investimento tão atraente?
5. Por que as métricas de retorno sobre o investimento para as mídias sociais às vezes são difíceis de usar ou mesmo de identificar?

8.5 O futuro das mídias sociais

Se há alguma coisa que a história nos ensinou é que o futuro é difícil de prever. Pode parecer bobo tentar prever como será o futuro da Internet quando está claro que muitas pessoas estão tendo problemas para compreender todas as implicações dela hoje. Entretanto, empresas e indivíduos focados no futuro estão começando a planejar a próxima evolução, que está sendo chamada de **Web 3.0**. Em uma tentativa de prever como será o futuro da Web, Sramana Mitra (2007) abordou a questão de maneira diferente dos outros, que deram foco a aplicativos específicos ou tecnologias que podem emergir como parte da Internet do futuro. Em vez disso, ela propõe um modelo que descreve as características da Web 3.0 a partir da perspectiva do usuário. De acordo com Mitra (2007), a Web do futuro será definida como:

$$\text{Web 3.0 (4C + P + BV)}$$

onde
 3C = Conteúdo, Comércio, Comunidade
4º C = Contexto
  P = Personalização
 BV = Busca Vertical

A Web atual é fragmentada e requer que visitemos diferentes sites para obter conteúdo, nos engajarmos em comércio e interagirmos com nossa rede de relacionamentos (comunidade). A Web no futuro irá utilizar contexto, personalização e busca vertical para tornar os 3Cs – conteúdo, comércio e comunidade – mais relevantes.

- O **contexto** define a intenção do usuário; por exemplo, tentar comprar música, encontrar um emprego ou compartilhar lembranças com amigos e família.
- A **personalização** se refere às características pessoais do usuário que determinam a relevância dos 3Cs para o indivíduo.
- A **busca vertical** se refere à estratégia de pesquisa que tem como foco encontrar informações em uma área de conteúdo específico, como viagens, finanças, leis e área médica.

Os sites da Web no futuro, portanto, irão maximizar a experiência do usuário aumentando o desempenho em fatores delimitados nesse modelo.

WEB SEMÂNTICA

Tim Berners-Lee, criador da tecnologia que tornou a World Wide Web possível, é o diretor do **World Wide Web Consortium (W3C)**. Esse grupo está trabalhando em padrões de programação projetados para tornar possível que dados, informações e conhecimento sejam compartilhados ainda mais amplamente na Internet. Na verdade, espera-se que a Internet se transforme em um grande banco de dados (ou melhor, uma coleção de bancos de dados) que possamos acessar para diversos fins. A W3C está desenvolvendo padrões para uma linguagem de **metadados**, ou formas de descrever os dados de modo que possam ser utilizados por uma gama variada de aplicações. Muitos dos dados do mundo estão armazenados em arquivos estruturados que podem apenas ser lidos pelos programas que os geraram. Com os metadados, as informações contidas nesses arquivos podem ser marcadas com informações que descrevem a natureza dos dados, de onde eles vêm ou como estão organizados. Dessa forma, elas podem ser lidas e utilizadas por uma grande variedade de aplicações.

Contrastar a **Web Semântica** com as primeiras funções que a Internet tinha no passado ajuda a entendê-la. De acordo com Jim Hendler e Tim Berners-Lee (2010), líderes de desenvolvimento da Web Semântica:

"A Internet permitia que programadores criassem programas que poderiam comunicar-se sem precisarem se preocupar com a rede de cabos pela qual a comunicação precisaria passar. A Web permite que programadores e usuários trabalhem com uma série de documentos interconectados sem se preocuparem com detalhes sobre os computadores que armazenam e trocam esses documentos. A Web Semântica leva isso a um novo nível, permitindo que programadores e usuários façam referência a objetos do mundo real – sejam eles pessoas, elementos químicos, contratos, estrelas ou qualquer outra coisa – sem se preocuparem com os documentos subjacentes nos quais essas coisas, abstratas e concretas, são descritas."

AS LINGUAGENS DA WEB 3.0

A Web inicial foi construída usando como base a linguagem **HTML (Hypertext Markup Language)**. Como salientamos antes, a Web 2.0 se tornou viável, parcialmente, com o desenvolvimento de linguagens como a XML e a JavaScript. A Web Semântica utiliza linguagens adicionais que foram desenvolvidas pela W3C. Isso inclui a **RDF (Resource Description Framework)**, **OWL** e **SPARQL**. A linguagem RDF é utilizada para representar as informações sobre recursos na Internet. Ela irá descrever essas informações utilizando metadados **URIs** (*uniform resource identifiers* – identificadores de recursos uniformes) como "título", "autor", "informações de licença e direitos autorais". Esse é um dos recursos que permitem que os dados sejam utilizados por múltiplos aplicativos.

A linguagem SPARQL é uma linguagem de protocolo e de consulta de dados RDF. Como o nome implica, ela é usada para escrever programas capazes de recuperar e manipular dados armazenados no formato RDF. A OWL é uma linguagem de ontologias Web da W3C, utilizada para categorizar e identificar precisamente a natureza das coisas encontradas na Internet. Essas três linguagens, utilizadas em conjunto, irão enriquecer o elemento de contexto da Web, produzindo buscas por informações mais produtivas e precisas. A W3C continua trabalhando com informações fornecidas por programadores e pela comunidade da Internet, a fim de aumentar o poder e a funcionalidade dessas linguagens.

Além dessas linguagens de programação, esperamos ver um crescimento no uso de Interfaces de Programação de Aplicativos (**Application Programming Interfaces – APIs**). Um API é essencialmente uma ferramenta que permite que os programas conversem ou interajam uns com os outros. Isso possibilita que um programa obtenha informações de outro. Um API popular que é utilizado atualmente é o API do Google Maps (code.google.com/apis/maps/), por exemplo, que permite que programadores carreguem o Google Maps em seus aplicativos dentro de sites. Ainda que muitos sites usem APIs atualmente, espera-se que essa tendência aumente na medida em que mais e mais dados são estruturados pelo uso de RDF e outras ferramentas de programação de Web Semântica (Iskold, 2007).

INTELIGÊNCIA ARTIFICIAL

Algumas pessoas acreditam que a Internet do futuro será uma Web inteligente. A aplicação da **inteligência artificial (IA)** à nossa experiência com a Internet poderia tornar as coisas ainda mais eficientes e eficazes. Com o tempo, nossos computadores poderiam aprender mais sobre nós, nossos interesses, sobre as informações de que precisamos, sobre nossos amigos, entre outras coisas. Isso criaria buscas que produziriam informações mais relevantes e ferramentas que melhorariam a tomada de decisões e a resolução de problemas. De maneira simples, a Web Semântica irá aumentar muito a quantidade de informações disponíveis – tanto que usuários humanos provavelmente ficarão sobrecarregados e serão incapazes de encontrar informações relevantes que atendam as suas necessidades específicas. A IA oferece uma solução em potencial, utilizando sistemas baseados em regras para especificar o contexto de uma busca por informação. O desenvolvimento de tecnologias de IA irão ser elementos significativos para o sucesso em potencial da Web Semântica (Hendler and Berners-Lee, 2010).

A IA pode até mesmo mudar a forma como nos relacionamos com a Internet. Imagine um navegador que possa se engajar em uma conversa e perguntar coisas para esclarecer as tarefas que são solicitadas a ele. O palco está sendo montado exatamente para esse tipo de experiência. Visite o site alicebot.org/logo-info.html e clique em "Chat with A.L.I.C.E." (converse com A.L.I.C.E.) para ver um exemplo.

MOBILIDADE

Já presenciamos uma grande expansão dos tipos de equipamentos usados para acessar a Internet. Espera-se que esse fenômeno continue, visto que navegadores são projetados para smartphones, PDAs, e-readers e outros dispositivos sem fio. Muitos esperam que a demanda de estar sempre conectado aos serviços de redes sociais por meio de dispositivos sem fio irá aumentar. Conforme smartphones, e-readers e tablets se tornam mais populares, os programadores da Web serão compelidos, cada vez mais, a criar sites que sejam visualizados de maneira confortável em telas pequenas (ver Figura 8.15). Uma série de serviços de redes sociais está surgindo, como o foursquare.com e gowalla.com. Você leu sobre muitas dessas tendências no Capítulo 7.

Figura 8.15 Especialistas preveem que a demanda por acesso a serviços de redes sociais irá desencadear o desenvolvimento de novas tecnologias para smartphones e outros dispositivos sem fio.
(© TheProductGuy/Alamy)

BARREIRAS A SEREM SUPERADAS

Fontes de dados fechadas. Sem dúvida, a chave para uma Web rica em informação é a informação. Entretanto, nem todo mundo está muito interessado em ter seus dados revelados a qualquer pessoa que os queira ver. Provavelmente você poderá pensar em muitas situações nas quais dados deveriam ser protegidos para evitar invasões de privacidade, para manter a segurança pública e para proteger a segurança nacional. Para muitos negócios, a informação é uma chave para o seu posicionamento competitivo no mercado. A última coisa que desejam é dar algo valioso e não obter nada em troca.

Então, que informações deveriam ser públicas? O que deveria ser mantido em sigilo? A verdade é que a tecnologia será utilizada para determinar quem tem acesso a diferentes tipos de informação. A W3C está trabalhando para desenvolver esses padrões. Uma vez que as empresas estiverem convencidas de que podem restringir de forma confiável o acesso aos seus dados a um público determinado por elas, estarão mais propensas a etiquetarem os dados de modo que possam ser acessados utilizando tecnologias de Web 3.0 por usuários autorizados.

Estruturas e formatos de dados incompatíveis. Enquanto a W3C trabalha para desenvolver padrões para etiquetar informações com rótulos de metadados, precisamos lembrar que na Web os dados existem em muitos formatos e estruturas diferentes. É um esforço descomunal estratificar todos os arquivos de dados com informações que possibilitem que sejam lidos por qualquer um. Resta saber quanto tempo levará até que a informação mais comumente utilizada seja etiquetada de maneira adequada para ser utilizada por aplicações da Web 3.0. Enquanto algumas vezes falamos da Web 3.0 como sendo uma evolução do futuro, na verdade, a nova Web já está aqui – ela só não foi ainda tão longe.

Desenvolvedores Web já estão trabalhando duro para aplicar as tecnologias da Web 3.0. Empresas como a Evri, a Kngine e a Lexxe já criaram mecanismos de busca tendo como base as tecnologias da Web 3.0. Entretanto, somente depois que muito mais dados forem etiquetados e categorizados é que poderemos começar a experimentar o poder dessas novas capacidades dos mecanismos de busca.

Interoperabilidade entre equipamentos móveis, sites e softwares. Conforme o número de dispositivos utilizados para acessar conteúdos online se prolifera, fica muito difícil para os programadores Web manterem múltiplas versões de seus sites que funcionam bem em cada formato. Isso cria o que alguns chamam de Web fragmentada, onde cada dispositivo pode acessar apenas uma parte do conteúdo disponível online por questões de incompatibilidade.

Falta de neutralidade na rede Atualmente, a maioria do conteúdo da Internet flui livremente pelas redes mantidas por grandes empresas telefônicas. Enquanto essas empresas nos cobram pelo acesso à Internet, elas não podem controlar o conteúdo que flui pelas redes. Isso mantém um nível de condições equitativas, garantindo que todo o conteúdo da Web seja acessado de forma igual. Se grandes empresas de telefonia conseguirem o que querem, no entanto, no futuro elas poderão cobrar as organizações pelo acesso à "faixa rápida" da Internet. Isso significa que empresas maiores como o Facebook, a Microsoft e o Google poderão pagar para ter suas informações entregues mais rapidamente em seu navegador, enquanto empresas menores e indivíduos com blogs e sites serão deixados para trás, em um fluxo mais lento de dados.

Esse fator pode diminuir o poder dos indivíduos e de empresas menores e inovadoras, alterando a natureza democrática e social da Internet. Opositores da **neutralidade na rede** defendem que gastaram bilhões criando uma infraestrutura para a Internet de alta velocidade e que deveriam ser capazes de administrá-la sem a interferência do governo. Eles dizem que as preocupações das empresas menores, de que seriam deixadas de lado, são irreais e alarmistas. Alguns até mesmo sugerem que uma regulamentação do governo muito rígida diminuiria o ritmo das inovações em serviços online novos e interessantes. Para ver uma discussão online sobre este tópico, veja o site com as visões dos opositores: opposingviews.com/questions/should-the-government-regulate-net-neutrality.

Questões para revisão

1. Independentemente de qualquer tecnologia específica, quais são os três recursos que Sramana Mitra prevê que serão melhorados na Web 3.0?
2. Qual é o propósito de rótulos de metadados utilizados para etiquetar arquivos de dados?
3. O que é a Web Semântica? Qual é a diferença entre ela e a Web 2.0?
4. Como a inteligência artificial pode desempenhar um papel na evolução da Web do futuro?
5. Quais são algumas barreiras ou desafios a serem vencidos na criação da Web 3.0?

Termos-chave

AJAX (Asynchronous JavaScript and XML)   225
análise de redes sociais   229
avatar   233
balanced scorecard   239
blog   223
blogosfera   223
busca vertical   245
comunidades online   228
comunidades virtuais   228
contexto   245
crowdsourcing   230
CSS   226
dashboard   239
Empresas 2.0   235
gestão da cadeia de suprimentos 2.0   238
gráfico aberto   232
gráfico global gigante   229
gráfico social   229
groundswell   227
grupos de notícias   228
hierarquia de respostas   239
inteligência artificial   246
Interfaces de Programação de Aplicativos (Application Programming Interfaces – API)   246
intranet   237
JavaScript   226
leitor de RSS   224
linguagem HTML   226
linguagem OWL   245
marcadores sociais   225
marketing de conteúdo   223
mashup   224
metadados   245
métrica de retorno sobre o investimento   244
métricas   239
métricas baseadas em ferramentas   241
métricas de mídias sociais   219
métricas táticas   243
microblog   234
mídias sociais   225
mídias sociais integradas (ISM)   227
neutralidade na rede   247
nuvem de tags   225
otimização de mecanismos de busca   242
personalização   245
podcast   224
Really Simple Syndication (RSS)   224
redes sociais   219
redes sociais empresariais   219
referência externa   223
Resource Description Framework (RDF)   245
retorno sobre investimento (ROI) nas mídias sociais   243
serviço de rede social   223
serviços de monitoramento de mídias sociais   243
site de compartilhamento   223
SPARQL   245
tags   225
URI (*uniform resource identifier*)   245
Usenet   228
Web 2.0   222
Web Semântica   229
widget   224
wiki   223
World Wide Web Consortium (W3C)   245
XML   225

Destaques do capítulo

(Os números estão relacionados aos Objetivos de aprendizagem)

❶ A Web 2.0 é constituída de diversas ferramentas que permitem uma interação social enriquecida na Web.

❶ A nova Web social está mudando a forma como as pessoas se comunicam, seu comportamento e suas expectativas sobre como as organizações empresariais irão interagir com elas.

❶ Aplicações típicas da Web 2.0 incluem blogs, wikis, serviços de redes sociais, sites de compartilhamento, RSS, widgets, mashups e redes sociais de favoritos.

❷ Comunidades online são anteriores à WWW e podem ter formatos variados.

❷ O gráfico social descreve como estamos todos conectados uns aos outros por meio de relações. O gráfico global gigante descreve as conexões entre as pessoas e/ou documentos e páginas online.

❷ Os serviços de redes sociais são o formato dominante de comunidades online hoje e incluem empresas como o Facebook, o Qzone, o Orkut e o Habbo.

❸ O termo Empresas 2.0 está relacionado ao uso das tecnologias Web 2.0 para fins de negócios.

❸ O uso de ferramentas de mídias sociais por empresas pode mudar o comportamento de funcionários e a forma como gerentes comandam suas organizações.

❸ As empresas estão usando ferramentas de mídias sociais em recursos humanos, vendas, marketing, gestão da cadeia de suprimentos, colaboração e comunicação interna e outras áreas.

❹ As empresas utilizam métricas para avaliar a eficiência e a efetividade de seus esforços nas mídias sociais.

❹ As métricas de mídias sociais dividem-se em quatro categorias: métricas de ferramentas, métricas táticas, métricas estratégicas e métricas de retorno sobre o investimento (ROI).

❺ Está sendo criada tecnologia para tornar a pesquisa por informações na Web mais efetiva. A Internet do futuro muitas vezes é chamada de Web Semântica.

❺ A Web Semântica fará uso de novas linguagens como a RDF, a OWL e a SPARQL. Além disso, espera-se que o uso de APIs aumente.

❺ Existe uma série de obstáculos à evolução da Web, incluindo fontes de dados fechadas, estruturas de dados incompatíveis, interoperabilidade entre equipamento e softwares, entre outros problemas.

Questões para discussão

1. Explique algumas das diferenças fundamentais entre a Web 1.0 e a Web 2.0.

2. Compare os métodos utilizados pelas empresas para se comunicar com seus clientes utilizando o modelo de transmissão *versus* formas que as empresas podem estabelecer conversas com seus clientes utilizando ferramentas da Web 2.0.

3. Descreva por que é cada vez mais difícil categorizar com precisão os sites como blogs, serviços de redes sociais, sites de compartilhamento, wikis, entre outros.
4. Existe mesmo alguma diferença significativa entre a Web 2.0 e o Empresas 2.0?
5. Como as expectativas da Web Social e do usuário individual irão moldar a comunicação no ambiente de trabalho do futuro? De que formas específicas gerentes ou líderes empresariais terão de se adaptar a esse novo ambiente?
6. Descreva as mudanças fundamentais que precisam ser feitas antes que o conceito de Web Semântica se espalhe.
7. Que papel a inteligência artificial pode desempenhar na Web Semântica? Como as ferramentas de IA ajudarão no futuro?
8. Como a preocupação com a privacidade individual afetará o crescimento e a expansão de serviços de redes sociais e outras aplicações da Web social?

Exercícios e projetos

1. Utilizando fontes online, pesquise a iniciativa de gráfico aberto do Facebook. Faça uma lista de prós e contras considerando essas mudanças do ponto de vista do usuário do Facebook.
2. Visite o youtube.com/user/SearchStories e assista a algumas histórias do Google Search feitas por outras pessoas. Depois, usando ferramentas do site, faça sua própria história. Divirta-se e seja criativo. Compartilhe sua experiência com a turma.
3. Se você é usuário do Facebook e tem mais de 100 "amigos", utilize a aplicação de gráfico social para mapear sua rede do Facebook. Veja se você consegue identificar padrões ou agrupamentos ocorridos.
4. Utilizando a ferramenta de busca em blog do Google, identifique alguns blogs ativos que tenham algum tópico de seu interesse. Deixe comentários na seção de respostas (se estiver disponível). Veja se o autor do blog ou outros leitores responderam.
5. Crie uma conta em dois leitores RSS diferentes e os utilize para assinar alguns blogs que são de seu interesse. Prepare um relatório ou uma apresentação comparando os pontos fortes e fracos de cada aplicativo.
6. Prepare um relatório sobre a atividade econômica que acontece no Second Life. Descreva como as pessoas ganham dinheiro no mundo virtual e identifique as oportunidades e desafios associados a ganhar a vida no Second Life.

Tarefas em grupo e projetos

1. Parece que todos estão no Facebook, mas existem outros serviços populares de rede social. Divida a turma em grupos de quatro a cinco alunos. Peça que cada grupo crie contas em um serviço de rede social menos conhecido. Durante uma semana, os membros do grupo devem interagir em uma rede social e preparar uma rápida apresentação sobre a experiência. Discuta de que formas a rede social alternativa é melhor ou pior do que o Facebook.
2. Forme um grupo de quatro ou cinco pessoas dispostas a criar contas no Second Life, a rede social do mundo virtual. Passe uma semana aprendendo a controlar seu avatar e a interagir com os membros do seu grupo no mundo virtual. Prepare um relatório ou uma apresentação sobre suas experiências.
3. Peça a cada grupo que identifique um tópico na Wikipédia que ache que possa ser atualizado ou melhorado com informações adicionais. Faça uma pesquisa utilizando fontes seguras e edite cuidadosamente a página da Wikipédia. Relate para a turma sua experiência.
4. Usando fontes online, peça que dois grupos pesquisem um dos dois lados do debate sobre a neutralidade da rede. Em aula, cada grupo deve fazer uma apresentação de 5 a 10 minutos para defender sua posição. No final das apresentações, dê tempo para que a turma faça perguntas. Faça uma votação para ver qual grupo fez a argumentação mais convincente.
5. Peça que cada membro do grupo identifique um serviço de monitoramento de mídias sociais e explore o tipo de informação que empresas como essa podem coletar. Trabalhando juntos, preparem um relatório apontando o tipo de dado que está disponível para as empresas que querem saber se suas atividades nas mídias sociais são efetivas.

Exercícios na Internet

1. Faça uma conta no Twitter.com. Além disso, faça download do Tweetdeck, uma interface útil para o Twitter. Identifique e "siga" pessoas que aparentemente estejam mandando mensagens que são do seu interesse. Prepare um relatório sobre suas experiências. Avalie o Twitter como uma ferramenta de rede social.
2. Visite a página do LinkedIn para estudantes universitários: grads.linkedin.com/. Usando as informações dessa página, crie uma conta no LinkedIn e comece a construir sua rede profissional. Procure por dicas adicionais na Internet sobre como usar o LinkedIn para encontrar empregos e prepare um breve relatório sobre suas descobertas.
3. Usando uma ferramenta de busca, encontre quatro exemplos de aplicações mashup. Prepare um relatório descrevendo cada uma delas. Se for possível, identifique de qual site(s) os dados foram retirados para criar a aplicação.
4. Crie uma conta no delicious.com, uma rede social de favoritos. Utilize-a ativamente para etiquetar e categorizar páginas na Web que você quer lembrar para ver no futuro. Use uma ferramenta de busca no delicious para encontrar páginas que outros etiquetaram. Compare a efetividade de suas pesquisas a pesquisas feitas usando o Google e o Yahoo.
5. Usando uma ferramenta de busca, identifique uma lista de empresas Web 3.0. Prepare um breve relatório que descreva três ou quatro dessas empresas e identifique especificamente as características ou recursos que as associam à nova Web Semântica descrita nesse capítulo.

CASO DE NEGÓCIO

Crowdsourcing da Starbucks: envolvendo os clientes

Desde que a primeira Starbucks abriu, em 1971, a empresa com base em Seattle cresceu e se tornou uma referência internacional, com 15 mil lojas em 50 países. Uma loja da Starbucks típica serve café passado, espresso e outras bebidas quentes e geladas. As lojas também oferecem uma variedade de sanduíches, saladas e doces. A empresa se orgulha de ter criado lojas com ambientes não apenas descolados, mas também convidativos, que estimulam as pessoas a se encontrarem lá para reuniões, bate-papos, para trabalhar ou relaxar (ver Figura 8.16).

Figura 8.16 A Starbucks é popular por seus cafés *gourmet* e pelo ambiente social que cria nas lojas. (Niall McDiarmid/Alamy)

Em 2008, a empresa lançou o mystarbucksidea.com, um site de mídia social projetado para solicitar ideias e feedback dos seus clientes. O site foi construído em torno de quatro temas chave:

• **Compartilhamento:** Membros da comunidade podem postar suas ideias para produtos, serviços, contribuições para a comunidade, ou mudanças nas operações da Starbucks.

• **Votação:** Qualquer um pode criar uma caixa de sugestões eletrônica. Uma das coisas que tornam o mystarbucksidea.com especial é que os membros podem votar em ideias. Isso ajuda a empresa a dar prioridade a ideias que têm a maior probabilidade de atrair seus clientes.

• **Discussão:** Além de votar, os membros podem dar feedback comentando as ideias de outros usuários. "Parceiros de ideias" (funcionários da empresa) designados participam dessas discussões, respondem perguntas e dão insights.

• **Visualização:** Os membros da comunidade podem acompanhar o progresso da ideia até sua implementação. A contagem de votos (positivos e negativos) é mostrada junto a cada entrada. Depois, ideias são etiquetadas pela empresa com um de quatro ícones indicando seu status: "em revisão", "revisada", "em desenvolvimento" e "lançada". Esse feedback ajuda a demonstrar a capacidade de resposta.

Mais de 85 mil ideias foram enviadas à empresa pelo site de crowdsourcing desde o seu lançamento. A iniciativa de mídia social da empresa foi premiada em 2008 pela Forrester Research com o Groundswell Award, que a reconheceu como um excelente exemplo de uso de mídias sociais para envolver os clientes.

Entretanto, a abordagem da empresa de tomar conhecimento dos desejos e necessidades dos clientes não impressionou a todos. John Moore (2010) questiona quantas das ideias que a empresa diz que seus clientes criaram realmente vieram da comunidade, sugerindo que a maioria das ideias implementadas já estavam sendo pensadas pela própria empresa. A grande preocupação parece ser a credibilidade. Alguns críticos dizem que o tom positivo demais das mensagens postadas e a relativa falta de negatividade sugerem uma possibilidade de censura. Isso vai de encontro às normas culturais da Web social. Outros sugerem que se a Starbucks estivesse realmente interessada em envolver as pessoas, ela teria sido levada mais a sério se tivesse participado de conversas em sites existentes em que pessoas falam sobre a empresa (visite starbucksgossip.typepad.com/).

Fonte: Compilado de Board of Innovation (2009), Foley (2010), Suesz (2008), Moore (2010), Forrester Research (2008), Carroll (2008).

Questões

1. Visite o mystarbucksidea.com e navegue no site. Qual é a sua impressão geral? Você pensa que a empresa é sincera na sua abordagem para identificar novos produtos e serviços?
2. Quais são os elementos chave do site de crowdsourcing da Starbucks? De que forma eles se diferenciam de uma caixa de sugestões eletrônica?
3. Quais são as principais preocupações levantadas por críticos ao mystarbucksidea.com? Você as considera válidas?
4. Considerando tudo o que foi dito, você pensa que a Starbucks utilizou a abordagem certa ao usar as mídias sociais para envolver seus clientes?

CASO DE EMPRESA SEM FINS LUCRATIVOS

TechSoup Global e NetSquared: ajudando quem ajuda os outros

Se você olhar para as organizações de caridade e sem fins lucrativos, algo que você irá notar é que quase todas elas tentam, de alguma forma, fazer uma contribuição positiva para a comunidade local, nacional ou global. A palavra-chave aqui é *comunidade*. Isso significa que elas são entidades sociais e que têm grande chance de se beneficiar com as últimas tendências de mídia social que estão surgindo na Internet. Infelizmente, muitas pessoas dispostas a se voluntariar ou a trabalhar com essas entidades não têm conhecimento sobre as últimas tecnologias.

Utilizando a natureza social da Web

É aí que entram a NetSquared e sua matriz, a TechSoup Global. Fundada sob o nome de "CompuMentor", em 1987, essas organizações ajudaram entidades beneficentes e organizações não governamentais a utilizar a natureza social da Web para aumentar seu impacto e promover mudanças sociais positivas. Seus objetivos são treinar e dar assistência a organizações sem fins lucrativos e organizações não governamentais a usar mídias sociais para:

- Melhorar/aumentar seus esforços de apoio
- Encontrar novos apoiadores (ao redor do mundo)
- Motivar os atuais apoiadores
- Ter uma influência maior nas políticas nacional e global
- Obter melhor e maior cobertura de imprensa
- Aumentar o valor dos apoiadores de organizações sem fins lucrativos (oportunidades de ser criativo/de se engajar/de fazer coisas)
- Reinventar as possibilidades de colaboração em escala global
- Construir mais e melhores parcerias
- Ajudar milhões de participantes de organizações sem fins lucrativos e organizações não governamentais a se tornarem mais ativos e a fazerem mais por meio de suas comunidades na Internet.

Antes de mais nada, eles demonstram a outras organizações como usar mídias sociais usando ativamente ferramentas de Web 2.0 eles mesmos. Seus sites são comunidades e oferecem oportunidades para os representantes dessas organizações se comunicarem, colaborarem e interagirem acerca de tópicos de TI e de uso de mídias sociais. Eles mantêm blogs ativos e encorajam o diálogo e a troca. Ambas organizações mantêm páginas no Facebook com uma audiência que soma mais de 3 mil fãs. As organizações usam serviços de redes sociais para promover suas novas postagens em blogs, eventos e informações de terceiros. O Twitter também é uma ferramenta chave, utilizada para promover webinars e novo conteúdo do site, bem como para estabelecer conversas com os seguidores.

Talvez uma das coisas mais inovadoras que eles fizeram foi criar uma comunidade virtual no Second Life chamada de "Nonprofit Commons". Essa comunidade é na verdade uma coleção de quatro localizações virtuais dentro do serviço de redes sociais 3D. Um dos objetivos básicos dessa iniciativa é simplesmente ajudar a comunidade de membros de organizações sem fins lucrativos a aprender coisas básicas, como se familiarizar e explorar as formas de uso do mundo virtual para que as organizações atinjam seus objetivos. Reuniões, sessões de treinamento, networking e discussão informal acontecem na Nonprofit Commons.

A NetSquared é focada especificamente no uso de mídias sociais e encoraja a ampla colaboração entre seus 20 mil usuários inscritos. Em 2004, a NetSquared organizou um programa de desafio projetado para identificar, definir e acelerar projetos inovadores. Utilizando ferramentas de mídia social para implementar uma estratégia de crowdsourcing, a comunidade propõe projetos que valem a pena, seleciona os que têm maior potencial, dá feedback para as equipes do projeto e fornece apoio contínuo até que os projetos sejam finalizados. Essa abordagem colaborativa, baseada na comunidade, agora está sendo usada por outras organizações que reconhecem o valor da resposta coletiva aos problemas da comunidade.

Implementar essas práticas de mídia social tem levado a TechSoup Global e a NetSquared a resultados expressivos. As organizações interagem com mais de 400 mil pessoas ao redor do mundo, que estão comprometidas a melhorar suas comunidades em retorno. Sua comunidade atinge pessoas em mais de 190 países, e eles colaboram com mais de 35 grandes fornecedores de tecnologia como a Microsoft, a Adobe, a Cisco Systems e a Intuit para fazer doações de produtos e dar apoio a organizações de caridade e comunitárias em todo o mundo. Estima-se que suas contribuições combinadas ao setor de organizações sem fins lucrativos e não governamentais economizaram a essas organizações cerca de 1,5 bilhões de dólares em 2010.

Fontes: TechSoup Global Annual Report (2010), Guthrie (2009).

Questões

1. Por que as mídias sociais são uma alternativa interessante aos métodos de comunicação tradicional das organizações sem fins lucrativos?
2. Descreva os diferentes "públicos" com os quais as organizações sem fins lucrativos podem tentar atingir usando as mídias sociais.
3. Muitas organizações sem fins lucrativos, organizações não governamentais e agências estatais ajudam os pobres e os menos favorecidos, e muitos deles têm acesso limitado à Internet. Identifique como as mídias sociais podem ser importantes para esses grupos apesar disso.
4. Como a NetSquared tirou proveito das características únicas do Second Life? Que benefícios essa abordagem oferece em comparação às formas tradicionais de se conseguir a mesma coisa?
5. Como essas organizações podem utilizar métricas de mídias sociais para avaliar a efetividade de seus esforços?

ANÁLISE UTILIZANDO PLANILHAS

Estimativa de retorno sobre o investimento em mídias sociais

Notas

Para realizar esta análise, vá até o site www.bookman.com.br e faça o download do arquivo. Uma imagem desse arquivo é utilizada para explicar o cenário e a análise solicitada.

Consulte a Análise utilizando planilhas do Capítulo 1. O exercício de análise do Capítulo 1 mostrou que os resultados da análise serão combinados com os custos de campanha (quando esses custos forem conhecidos) para determinar o valor dessas estratégias de TI. Agora esses custos são conhecidos. Nesta análise, solicitamos que você inclua os custos de campanha em mídias sociais para calcular a estimativa de retorno sobre o investimento (ROI).

Lembre-se de que a taxa de desgaste do cliente é a taxa que faz a empresa perder clientes. A taxa de retenção é a percentagem de clientes que permanecem com a empresa. Matematicamente, a taxa de desgaste do cliente = 100% – taxa de retenção do cliente.

Cenário

A empresa InterMobile-2020 pediu que você preparasse uma análise adicional em planilha a fim de estimar o retorno sobre o investimento em quatro mídias sociais.

O custo de cada campanha é mostrado na Figura 8.17. O lucro médio estimado por cliente retido é de US$ 10,00. O valor total das campanhas está representado como:

MELHORA = aumento no número de clientes retidos *US$ 10,00

O custo do investimento é a soma do custo das quatro campanhas.

CUSTO DO INVESTIMENTO = US$ 2.000,000 (ver Figura 8.17)

A fórmula geral para calcular o retorno sobre o investimento (ROI) é:

ROI = (MELHORA – CUSTO DO INVESTIMENTO)/ CUSTO DO INVESTIMENTO *100%

Um retorno positivo sobre o investimento nas campanhas traz uma contribuição positiva aos lucros.

Análise

Você pode utilizar a planilha do Capítulo 1 ou começar a análise usando a planilha no site da Bookman Editora (recurso disponível somente em inglês). Faça os cálculos para estimar o retorno sobre o investimento. A Figura 8.17 mostra aquela planilha e as células destacadas requerem fórmulas para calcular o retorno sobre o investimento.

Com base nos resultados de sua análise de retorno sobre o investimento, o que você recomenda?

Cálculo do ROI

Empresas InterMobile - 2020

N° de clientes, janeiro 2011	1.500.000
Taxa de atrito controlável do cliente (taxa média no semestre) (CCAR)	6%

Estratégias baseadas em TI para reduzir a *taxa de atrito controlável do cliente (CCAR)*	% de redução CCAR		Custo estimado de campanha ou aplicações
#1 - Tags 2D usadas em lançamento de campanhas	1,25%	$	700.000
#2 - Facebook na criação de campanha	0,50%	$	425.000
#3 - Marketing viral no lançamento de campanha	0,75%	$	525.000
#4 - Desenvolvimento aplicações p/ iPhone	1,50%	$	350.000
Total de redução CCAR	4,00%	Total de investimento $	2.000.000

Lucro médio por cliente	$	10

	2012			
	T1	T2	T3	T4
Perda esperada de clientes sem estratégia (6% CCAR)	90.000	84.600	79.524	74.753
N° de clientes que permaneceram até o final do trimestre	1.410.000	1.325.400	1.245.876	1.171.123

Perda esperada de clientes usando todos os tipos de campanha de marketing (2% CCAR)	30.000			
N° de clientes que permaneceram no final do trimestre	1.470.000			

Melhoria devido a campanhas baseadas em TI — aumento do n° de clientes retidos

Melhoria no n° de clientes retidos devido às campanhas (diferença entre o n° do 4° Trimestre)	
Lucro médio por cliente	$ 10
VALOR TOTAL DAS CAMPANHAS [melhora • $10]	$ –

ROI = (Valor Total das Campanhas – Total de Investimento) / Total de Investimento * 100%=

Figura 8.17 Planilha de retorno sobre o investimento (ROI) para o Capítulo 8.

Recursos online

Você encontrará os guias de tecnologia (em português), bem como outros recursos e ferramentas de estudo (em inglês), no site da Bookman Editora (www.bookman.com.br).

Casos do Capítulo 8

8.1 ZOPA, Prosper, and P2P Lending: Will They Disrupt Banking?
8.2 Friendster, Will It Survive?
8.3 YouTube and Company—A Whole New World

Referências

Abram, C., and L. Pearlman, *Facebook for Dummies.* Hoboken, NJ: John Wiley & Sons, 2008.

Alexa Topsites, May 2010. alexa.com/topsites

Barefoot,D.,"Web 1.0 vs Web 2.0,"DarrenBarefoot.May 2006. darrenbarefoot.com/archives/2006/05/web-10-vs-web-20.html

Barnes, N, and E. Mattson, "The Fortune 500 and Social Media: A Longitudinal Study of Blogging and Twitter Usage by America's Largest Companies," 2009. umassd.edu/cmr/studiesresearch/2009f500.cfm

Bennett, J., "Will Social Media Kill Off the Intranet in Years to Come?" *Internalcommshub.com,* 2009. internalcommshub.com/open/channels/ whatsworking/intranetend.shtml

Berners-Lee, T. "Giant Global Graph", Timbl's blog, Decentralized Information Group, Nov. 2007. Dig.csail.mit.edu/breadcrumbs/blog/4

Board of Innovation, "My Starbucks Idea, Free Crowdsourcing of Product Ideas," July 2009. boardofinnovation.com/2009/07/11/my-startbucks-ideafree-crowdsourcing-of-product-ideas/

Carr, D. "Is Business Ready for Second Life?," *Baseline Magazine,* March, 2007. Baselinemag.com

Carroll, B., "Re-Experiencing Starbucks: Update 5 – MyStarbucksIdea," Customers Rock, March 2008. customersrock.wordpress.com/2008/03/28/ re-experiencing-starbucks-update-5-mystarbucksidea/

Dijoux, C. "Enterprise 2.0 Explained to Our Managers in 10 Principles," Hypertextual, November 2009. ceciiil.wordpress.com/2009/11/08/ enterprise-2-0-managers-in-10-principles/

Dilworth, D. "Blendtec Mixes Online Video to Raise Brand Awareness." DMNews. June 06, 2007. dmnews.com/blendtec-mixes-online-video-toraise-brand-awareness/article/95826/

Erickson, D. "Revenge of the Customer: United Breaks Guitars," eStrategy Internet Blog, July 2009. e-strategyblog.com/2009/07/revenge-of-thecustomer-united-airlines-breaks-guitars/

Facebook Statistics, 2010. facebook.com/press/info.php?statistics

Foley, M., "MyStarbucksIdea.com—The Truth Behind the Hype," PluggedIn.com, March 2010. pluggedinco.com/blog/bid/31075/MyStarbucksIdea-com-the-truth-behind-the-hype

Forrester Research, 2008. "Forrester Groundswell Awards Winners." forrester.com/Groundswell/embracing/mystarbucksidea.html

Guthrie, J., "TechSoup Sees Upside for Nonprofits in Downturn," *San Francisco Chronicle,* March 22, 2009. articles.sfgate.com/2009-03-22/business/17214653_1_increase-donations-charities-grant-makers

Happe, R. "Social Media Metrics," *The Social Organization,* 2008. http://www.thesocialorganization.com/social-media-metrics.html

Harvard Business School Working Knowledge (HBSWK) First Look, May 4, 2010. hbswk.hbs.edu/item/6418.html

Harvey, M., "Facebook Sets Up Google-War with Vast Expansion Through Open Graph," *Times Online,* 2010. technology.timesonline.co.uk/tol/news/ tech_and_web/the_web/article7104354.ece

Helm, B. "As Seen on YouTube. Order Now!" *Newsweek.* December, 2006. nybw.businessweek.com/the_thread/brandnewday/archives/2006/12/as_ seen_on_youtube_order_now-html

Hendler, J., and T. Berners-Lee, "From the Semantic Web to Social Machines: A Research Challenge for AI on the World Wide Web," *Artificial Intelligence,* 174, 2010.

Hird,J.,"20+More Mind Blowing Social Media Statistics,"Digital Marketing Blog.August 2009. econsultancy.com/blog/4402-20+-more-mind-blowingsocial-media-statistics.

Hof, R. D., "My Virtual Life," *BusinessWeek,* May 1, 2008.

Johnson, G. J., and P. J. Ambrose, "Neo-Tribes: The Power and Potential of Online Communities in Health Care," *Communications of the ACM,* January 2006.

Iskold, A., "The Structured Web—A Primer," Read Write Web, October 2007. readwriteweb.com/archives/structured_web_primer.php

Levine, R., C. Locke, D. Searls, and D. Weinberger, D., *The Cluetrain Manifesto:The End of Business as Usual,* Perseus Books, Cambridge, MA, 2000.

Li, C. and J. Bernoff, *"Groundswell: Winning in a World Transformed by Social Technologies,"* Boston: Harvard Business Press, 2008.

McAfee, A., "Interview: Andrew McAfee—What Is Web/Enterprise 2.0?" 2008. [Video File] youtube.com/watch?v=6xKSJfQh89k

Mitra, S., "Web 3.0•(4C + P + VS)," Sramanamitra.com, 2007. sramanamitra.com/2007/02/14/web-30-4c-p-vs

Moore, J.,"Tough Love for Starbucks,"*BrandAutopsy.com,* 2010. brandautopsy. typepad.com/brandautopsy/2010/01/tough-love-for-starbucks.html

Negroni, C., "With Video, a Traveler Fights Back." *The New York Times,* October 2009. nytimes.com/2009/10/29/business/29air.html

Network Solutions and The Robert H. Smith School of Business, University of Maryland,"The State of Small Business Report:December 2009 Survey of Small Business Success," *Grow Smart Business,* 2010. growsmartbusiness.com/sbsi-wave-iii/introduction/

O'Reilly,T.,"What Is Web 2.0:Design Patterns and Business Models for the Next Generation of Software," September 2005. oreilly.com/web2/ archive/what-is-web-20.html

Pearson,R.,"Imagineering a Windows (Social) Media Player," *The Parallax View.* 2010. theparallaxview.com/2010/04/windows-social-media-player/

Reynolds, C., "Smashed Guitar, YouTube Song—United Is Listening Now," *L.A. Times Daily Travel and Deal Blog,* July 2009. travel.latimes.com/dailydeal-blog/index.php/smashed-guitar-youtu-4850/

Social Media Ad Metric Definitions, Interactive Advertising Bureau. 2009. iab.net/ugc_metrics_definitions

Suesz,E.,"MyStarbucksIdea.com:A Half-Full Idea,"Get Satisfaction Blog, March 2008. blog.getsatisfaction.com/2008/03/30/mystarbucksideacom-ahalf-full-idea/

TechSoup Global Annual Report, "Our Currency Is Contribution: New Equations for Social Change," 2010. techsoupglobal.org/

The Nielsen Company "Facebook and Twitter Post Large Year over Year Gains in Unique Users", May, 2010. blog.nielsen.com/nielsenwire/global/facebook-and-twitter-post-large-year-over-year-gains-in-unique-users/

Vander Veer, E., *Facebook: The Missing Manual*. Cambridge, MA: Pogue Press, 2008.

Vogelstein, F., "Great Wall of Facebook: The Social Network's Plan to Dominate the Internet—And Keep Google Out," *Wired Magazine*. June 2009. wired.com/techbiz/it/magazine/17-07/ff_facebookwall

Ward, T., "The Social Intranet," *IntranetBlog.com*, 2010. intranetblog.blogware.com/blog/_archives/2010/4/19/4509510.html

Weaver, A., and B. Morrison, "Social Networking," *Computer*, February 2008.

Wesch, M., "Web 2.0...The Machine Is Us/ing Us,"[video file] March 2007. youtube.com/watch?v¥NLlGopyXT_g

Wikipedia, "Ajax (Programming)," 2010. en.wikipedia.org/wiki/Ajax_programming

Parte IV | **Sistemas e Processos Operacionais e Empresariais**

Capítulo 9 — Sistemas de Planejamento e Controle Operacionais

Biblioteca de links

Breve introdução

Varejista escandinavo de alimentos Axfood integra as operações

- 9.1 Níveis de administração, funções e sistemas operacionais
- 9.2 Sistemas de manufatura e produção
- 9.3 Sistemas de vendas e de marketing
- 9.4 Sistemas de contabilidade e finanças
- 9.5 Sistemas de recursos humanos

Caso de negócio SunWest Foods combina silos de dados com conhecimento de negócios em tempo real

Caso de empresa sem fins lucrativos Gestão de estoque sem fio no Dartmouth-Hitchcock Medical Center

Análise utilizando planilhas Cálculo de economia de mão de obra na SunWest Foods

Referências

Objetivos de aprendizagem

1. Descrever como sistemas funcionais dão suporte aos gestores e trabalhadores no nível operacional.

2. Compreender o suporte dado pelos sistemas de manufatura e produção/operações.

3. Compreender o suporte dado pelos sistemas de marketing e vendas.

4. Compreender o suporte dado pelos sistemas de contabilidade e finanças.

5. Compreender o suporte dado pelos sistemas de recursos humanos.

Integrando a *TI*

CON | FIN | MKT | GPO | GRH | SI

Biblioteca de links

Conjuntos de dados, incluindo margens de lucro   data360.org
Associação de Análise da Web   webanalyticsassociation.org/
Piwik, ferramenta de código aberto para fazer análise da Web, uma alternativa ao Google Analytics   piwik.org/
Google Analytics   google.com/analytics
Yahoo! Análise da Web do Yahoo   web.analytics.yahoo.com/
Oracle   oracle.com
Tutorial EOQ   scm.ncsu.edu/public/inventory/6eoq.html
Project Management Institute (PMI)   pmi.org
WebEx   webex.com
Salesforce software   salesforce.com

Breve introdução

Esta seção introduz as questões de negócio, os desafios e as soluções de TI deste capítulo. Tópicos e questões mencionados aqui são explicados ao longo do capítulo.

Sistemas de informação de nível operacional (ou simplesmente **SIs operacionais**) capturam e registram todos os dados de uma empresa a partir das operações e transações de rotina necessárias para conduzir os negócios. Esses sistemas são os sistemas de planejamento e controle. Em seu melhor funcionamento, os SIs operacionais colocam as informações adequadas nas mãos certas e no momento exato, dando aos que estão na linha de frente da empresa a capacidade de responder aos clientes e aos fornecedores, resolver problemas de produção e reagir para mudar situações o mais rápido possível. O apoio dado aos SIs operacionais podem ser divididos em dois componentes:

- **Consciência operacional:** a capacidade de perceber em determinado momento o que está acontecendo no departamento ou na área funcional. As funções do negócio são manufatura e produção, contabilidade, finanças, vendas e marketing e recursos humanos (RH).
- **Eficiência operacional:** a capacidade de responder a mudanças inesperadas nas condições e nas demandas do cliente conforme elas ocorrem, permitindo que unidades de negócio tirem vantagem de oportunidades, protejam-se de ameaças e/ou melhorem sua eficiência.

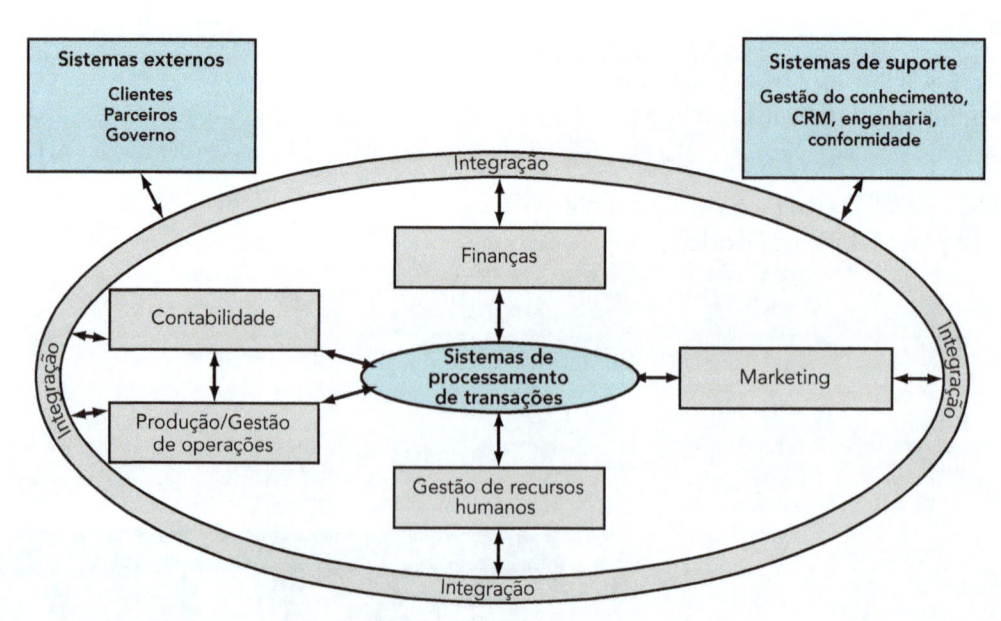

Figura 9.1   As áreas funcionais, o SPT e sua integração. Observe o fluxo de informação do SPT para os sistemas funcionais. O fluxo de informações entre sistemas funcionais é feito por meio de um componente de integração.

Neste capítulo, você aprenderá mais sobre sistemas de informação funcionais que dão suporte ao nível operacional da organização. Os SIs funcionais obtêm muitos de seus dados a partir de sistemas de processamento de transações, os SPTs, sobre os quais você leu no Capítulo 1 e 2. A maioria dos aplicativos em business intelligence, comércio eletrônico e gestão de relacionamento com o cliente (CRM) utiliza dados de diversos SIs funcionais. Assim, para ter uma visão completa do que está de fato acontecendo, é necessário integrar os sistemas funcionais com os SPTs e com aplicativos externos aos negócios e sistemas de suporte, como diagramado na Figura 9.1.

O foco deste capítulo são os sistemas de informação que dão suporte ao nível operacional, ou às operações, e os benefícios e questões que a integração funcional dos SIs apresentam, conforme mostrado na Figura 9.1. Esses sistemas são essenciais para a capacidade da organização em conduzir os negócios e para seu desempenho.

Varejista escandinavo de alimentos Axfood integra as operações

Em 1999, mais de 1.300 varejistas escandinavos de alimentos (Suécia e Finlândia) fizeram uma fusão, formando a Axfood AB. Os varejistas de alimentos fizeram a fusão para construir o reconhecimento da marca, responder melhor às demandas crescentes dos clientes, melhorar a eficiência e atingir efeitos sinérgicos. Em 2006, a empresa consolidou suas vendas em 28,8 bilhões de coroas suecas; aproximadamente 3 bilhões de euros ou 3,7 bilhões de dólares, e mais de 7.000 funcionários. O Axfood Group possui 224 lojas na Suécia e mais de 500 lojas independentes, ligadas à empresa por contratos de franquia. Na Suécia, sua fatia de mercado é maior do que 15%.

Axfood reuniu diversas TI para integrar operações

A Axfood AB é um dos maiores varejistas de alimentos da Escandinávia a integrar diferentes infraestruturas de TI e oferecer fundamentação estratégica para unir parceiros na cadeia de distribuição. Mats Munkhammar, chefe de arquitetura de TI da Axfood, explicou: "Como uma consequência direta dessa consolidação, fomos deixados com uma infraestrutura de TI muito variada, com muitas soluções diferentes. Então tivemos de seguir e procurar por uma ferramenta de integração central, uma plataforma que nos permitisse manter as soluções existentes enquanto acrescentássemos novos componentes e removêssemos os antigos quando chegasse o momento". A Axfood investiu aproximadamente 200 milhões de coroas suecas (20,4 milhões de euros ou 25,6 milhões de dólares) em uma plataforma de TI única para os negócios centrais do grupo a fim de integrar totalmente as operações de atacado e varejo.

Arquitetura flexível, integrada e escalonável

A Axfood selecionou dois softwares da Progress (progress.com): o Progress SonicMQ e o Progress Sonic ESB (*enterprise service bus*). A Progress Software Corporation é uma empresa global de software que permite que as empresas se tornem operacionalmente responsáveis pela mudança de condições e pelas interações com os clientes conforme ocorrem.

Esses dois aplicativos oferecem um sistema de mensagem pronto para a Internet que integra aplicativos de sistemas diferentes. O Sonic ESB combina mensagem, serviços na Web, transformação baseada em XML e itinerário inteligente – todos com a finalidade de permitir que gestores e trabalhadores se conectem de forma confiável e coordenem a interação dos aplicativos por toda a empresa.

Figura 9.2 Terminal de ponto de venda (PDV)* de um supermercado coletando dados operacionais. (Joshua Hodge Photography/iStockphoto)

Os sistemas operacionais integrados da Axfood permitem o controle de dados volumosos oriundos dos pontos de venda (veja Figura 9.2). De modo mais específico, os sistemas operacionais integrados desempenham as seguintes ações:

- Coordenam a segurança e a confiabilidade da transmissão de dados dos pontos de venda (PDV) a partir das lojas para o data warehouse central, permitindo o gerenciamento mais eficiente de estoque e o monitoramento das atividades de negócio.
- Conectam a rede de atacadistas e fornecedores da empresa e as operações de logística, o que diminui o tempo de espera entre o pedido e a entrega em 33% – de três dias para dois dias. Isso quer dizer que o processo de pedido não envolve apenas cada um dos departamentos da empresa, mas também membros de fora da empresa, como empresas de transporte e fornecedores.
- Permitem o acréscimo de novas soluções para processos de negócios futuros, com investimento adicional mínimo.
- Ajudam a manter as prateleiras cheias com os produtos que os clientes desejam, o que resulta em aumento de vendas, satisfação do cliente e, por fim, mais lojas.

* N. de R. T.: POS é a sigla em inglês, e PDV é a sigla em português.

Questões para discussão e debate em sala de aula

1. Cenário para brainstorming e discussão: Supermercados, varejistas de alimentos e outros no setor de alimentos operam com margens de lucro apertadas (baixas). Para manter os lucros, essas empresas tentam compensar as margens apertadas com volume. Visite o site data360.org para comparar as margens de lucro (mostradas em gráficos) dos setores selecionados. O gráfico mostra que a margem de lucro das vendas no setor de alimentos em 2005 no quarto trimestre foi de 0,90% (menos de 1%). Em comparação a esse resultado, as margens de lucro das empresas na Internet foram de 21,30%; para aqueles com softwares de segurança, foram de 17,90%. Você pode ver dados mais detalhados clicando em "Generate CSV", o que gera uma planilha.

  a. Discuta por que faz sentido a Axfood investir cerca de 200 milhões de coroas suecas (20,4 milhões de euros ou 25,6 milhões de dólares) para integrar operações apesar de sua apertada margem de lucro.

  b. Era necessário que os varejistas de alimento fizessem uma fusão antes de investir em TI para integrar as operações? Explique.

2. Debate: Considere as cinco forças competitivas de Porter, sobre as quais você leu no Capítulo 1, que dão formato ao modelo estratégico. Você também poderá ver Porter discutindo esse modelo no YouTube (youtube.com/).

  a. Discuta como e por que o uso cada vez mais recorrente de TI para gerenciar operações no setor de alimentos e a conexão com os fornecedores, conforme o que a Axfood fez, causa impacto em cada uma das cinco forças.

  b. Dois resultados possíveis são que o nível de competição no setor de alimentos cresce em função dos investimentos requeridos em TI ou diminui por causa desses mesmos investimentos. Escolha uma dessas duas posições e explique-a. Você poderá precisar elaborar argumentos plausíveis para embasar sua posição.

9.1 Níveis de administração, funções e sistemas operacionais

Os três níveis de administração e as tomadas de decisão são modeladas em formato de pirâmide para mostrar a hierarquia existente entre elas. Começando pela parte de baixo da pirâmide, mostrada na Figura 9.3, os níveis são operacional, de gestão ou administrativo e estratégico. Cada nível de administração possui suas próprias necessidades de dados, responsabilidades nas tomadas de decisão e horizontes temporais diferentes.

- No **nível estratégico**, o plano de gestão sênior ou superior e a tomada de decisões organizam ou causam impacto em longo prazo em toda a organização. Essas decisões são visionárias e pensadas para o futuro, definindo a missão, os objetivos e a estratégia. Os dados externos sobre economia, concorrência e tendências de negócio são fundamentais para a gestão da análise SWOT, do planejamento e das decisões.
- No **nível administrativo ou de gestão**, gestores de nível médio tomam decisões táticas que focam em questões intermediárias a fim de cumprir com a missão, os objetivos e as estratégias da empresa. O controle encontra-se nesse nível. Gestores de nível médio estabelecem objetivos para seus departamentos ou unidades de negócio que são consistentes com os objetivos organizacionais da empresa estabelecidos pelo gestor sênior. Dados externos e internos são importantes para as tomadas de decisão, que muitas vezes duram de um a três anos.
- No **nível operacional**, gestores de nível baixo, supervisores e trabalhadores precisam de dados detalhados, em tempo real ou quase em tempo real, e precisam ter a capacidade de responder a partir do que aprenderam do SI funcional. A tomada de decisões é imediata

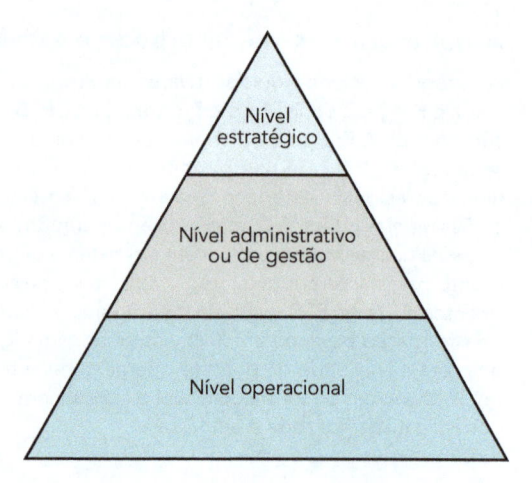

Figura 9.3 Modelo de Robert Anthony para os níveis organizacionais, tomada de decisão, planejamento e controle.

ou rápida, porque as decisões são feitas com a finalidade de controlar as atividades ou operações diárias da empresa. O propósito de controlar é identificar desvios dos objetivos e planos assim que possível para que medidas corretivas possam ser tomadas. Acompanhar vendas, níveis de estoque, pedidos e atendimento ao cliente são exemplos de atividades de controle. Os dados internos são os mais importantes elementos desse nível.

PROJETOS TRADICIONAIS E FUNCIONAIS DE SI

Tradicionalmente, os SIs eram projetados dentro de cada área funcional para dar apoio e aumentar suas efetividade e eficiência. Entretanto, a estrutura funcional tradicional pode não ser a melhor estrutura para algumas organizações, porque determinados processos de negócio envolvem atividades que são realizadas em diversas áreas funcionais. Imagine, por exemplo, que um cliente deseja comprar um produto específico. Quando o pedido do cliente chega ao departamento de marketing, o crédito do cliente precisa ser aprovado pelo departamento financeiro. Alguém na área de produção/operações (veja a Figura 9.4) determina se o produto se encontra no almoxarifado. Caso se encontre, os departamentos de coleta e de expedição embalam o produto, imprimem a etiqueta de envio e preparam o pacote para a entrega. O setor de contabilidade prepara a fatura para o cliente e o setor de finanças providencia o seguro. O fluxo de trabalho e informação entre os diferentes departamentos pode não funcionar bem e a coordenação pode ser difícil, criando atrasos ou gerando serviços de baixa qualidade ao cliente.

Uma solução é integrar os departamentos funcionais por meio de SIs que facilitem a comunicação, a coordenação e o controle.

SISTEMAS OPERACIONAIS E QUALIDADE DE DADOS

As diversas funções operacionais interagem, passando dados de uma para outra. Quando os produtos são fabricados e enviados, por exemplo, os departamentos de produção e de expedição informam o departamento de contabilidade a fim de processar e efetuar a cobrança no cartão de crédito do cliente ou em uma conta corrente (CC). No processo, são gerados arquivos para registrar os detalhes da atividade. Os dados requeridos das unidades de nível operacional são extensivos e de rotina, mudando raramente, porque dependem de fontes fixas de insumo e de **procedimentos de operação padrão** (**POP**). Um procedimento de operação padrão é um procedimento obrigatório e claramente definido a ser seguido sem desvios para completar um processo ou função, como o processo ou função de controle de qualidade. Os POP documentam passo a passo os caminhos pelos quais as atividades são desenvolvidas.

Os dados em um STP têm diferentes significados para outros sistemas. Caso os dados sejam perdidos, haverá consequências financeiras. É fundamental, então, que os negócios tenham procedimentos para garantir que dados estejam seguros e sejam acurados, e que a integridade desses dados seja mantida.

- **Segurança de dados:** Os dados precisam ser protegidos para que não sejam corrompidos de forma não intencional, modificados sem autorização, roubados ou destruídos por catástrofes naturais, como incêndios. Falamos de infosec detalhadamente no Capítulo 5.
- **Acurácia de dados:** Todos os esforços são necessários para garantir que os dados sejam precisos e estejam em formato padrão. A validação de dados é utilizada para detectar e corrigir erros inseridos na entrada dos dados, bem como para padronizar dados de endereço, nome e outros tipos de dados.

Figura 9.4 Preparação de encomendas à fábrica para remessa. (© API/Alamy)

TABELA 9.1	Características-chave de um SPT

- Grandes volumes de dados são processados.
- A maioria das fontes de dados são internas e a saída é direcionada principalmente para usuários internos e parceiros comerciais.
- Os dados são processados regularmente: de hora em hora, diariamente, semanalmente, a cada duas semanas e assim por diante.
- O processamento é feito em alta velocidade por causa do grande volume de dados.
- Dados atuais ou antigos são monitorados e coletados.
- Os dados de entrada e de saída são estruturados. Como os dados processados são relativamente estáveis, eles são formatados de modo padrão.
- Existe um alto nível de dados brutos detalhados.
- A complexidade de computação é baixa, como cálculos matemáticos e estatísticos básicos.
- A acurácia, integridade e segurança dos dados são fundamentais. A privacidade de dados pessoais está fortemente relacionada aos SPTs.
- Alta confiabilidade é requerida. O SPT é a força vital da organização. Interrupções no fluxo de dados do SPT podem interromper as operações e prejudicar a organização.
- Recursos de busca rápida e processamento de pedidos são obrigatórios, frequentemente em tempo real.

- **Integridade de dados:** A confiabilidade geral dos dados deve ser garantida. A integridade de dados em sistemas em tempo real envolve o teste ACID, abreviação de atomicidade, consistência, isolamento e durabilidade:
  - *Atomicidade*: Se todos os passos de uma transação não forem completados, a transação inteira será cancelada.
  - *Consistência*: Apenas operações que cumprem com os padrões de validação de dados são permitidas. Por exemplo, os sistemas que registram a verificação de contas permitem apenas a checagem de certos números em cada transação. Qualquer operação que repita a checagem de um número irá falhar ao garantir que os dados presentes no banco de dados estejam corretos e precisos. As falhas de rede também podem causar problemas de consistência de dados.
  - *Isolamento*: As transações precisam ser isoladas umas das outras. Por exemplo, os depósitos bancários precisam ser isolados de transações correntes que envolvam retirar dinheiro da mesma conta. Apenas quando a transação de retirada de dinheiro é completada com sucesso o novo extrato da conta é produzido.
  - *Durabilidade*: Apenas os backups não fornecem durabilidade. Uma falha do sistema ou qualquer outra falha pode ou não causar perda de dados no banco de dados. A durabilidade é atingida por meio de transações separadas que podem ser utilizadas para recriar todas as transações a partir de um ponto de controle conhecido. Outras formas incluem espelhos do banco de dados que replicam o banco de dados em outro servidor.

Outras características chave de SPTs estão resumidas na Tabela 9.1.

SUBSISTEMAS OPERACIONAIS

Sistemas funcionais são compostos por subsistemas, ou módulos, que dão suporte a atividades específicas desempenhadas na área funcional. Exemplos de subsistemas das principais áreas funcionais são:

- **Manufatura e produção:** aquisição, controle de qualidade, agendamento, envio e recepção
- **Contabilidade:** contas a receber, contas a pagar, livro razão, orçamento
- **Finanças:** gestão monetária, gestão de ativos, gestão de crédito, relatórios
- **Vendas e marketing:** acompanhamento de pedidos, preços, comissões de venda, pesquisa de mercado
- **RH:** folha de pagamento, benefícios de funcionários, treinamento, compensação, relações com funcionários, alocação de pessoal, desempenho

SISTEMAS DE PROCESSAMENTO DE TRANSAÇÕES E OPERAÇÕES FUNDAMENTAIS

As operações fundamentais recebem apoio de SPTs que monitoram, coletam, armazenam, processam e disseminam informação para todas as transações financeiras e não financeiras (por exemplo, contratações). As transações ocorrem quando uma empresa fabrica um produto ou presta um serviço. Para fabricar telefones celulares, por exemplo, o fabricante precisa encomendar materiais e peças, pagar pela mão de obra e pela eletricidade, criar um pedido

Figura 9.5 Atendente em um café utiliza escâner móvel para processar os pagamentos de cartão de crédito dos clientes. (© Chris Cooper-Smith/Alamy)

de entrega e cobrar dos seus clientes. O banco que mantém a conta da empresa de telefones celulares mantém o extrato da conta atualizado, paga cheques emitidos, aceita depósitos e faz as declarações de seu cliente.

Cada transação desencadeia transações adicionais. A compra de materiais altera o nível de estoque; o pagamento dos funcionários reduz o dinheiro disponível em caixa. Os cálculos envolvidos na maioria das transações são simples e o volume de transações é grande e repetitivo; por isso, as transações são facilmente realizadas por computador.

Atividades e métodos do SPT. Independentemente dos dados específicos processados por um SPT, ocorre um processo relativamente padrão, seja em uma empresa fabril, em uma empresa de prestação de serviços ou em uma organização governamental. Primeiro, os dados brutos são coletados por pessoas ou por sensores, e então são inseridos no computador via um dispositivo de entrada qualquer, conforme mostramos na Figura 9.5. De modo geral, as organizações tentam automatizar a entrada de dados no SPT o máximo possível para minimizar os erros e o tempo de entrada dos dados.

Em seguida, o sistema processa os dados de uma destas duas formas básicas: *processamento online* ou *em lote*. No **processamento em lote**, a empresa coleta os dados das transações conforme eles ocorrem e os armazena. O sistema, então, prepara e processa os dados coletados periodicamente (como no final de um dia de trabalho, por exemplo). O processamento em lote é útil para operações que requerem processamento durante um longo período de tempo. Uma vez que uma tarefa em lote começa, ela continua até ser concluída. Exemplos desse tipo de processamento são a folha de pagamento e faturamento.

No **processamento online**, os dados são processados assim que a transação ocorre, em *tempo real*.

Exemplos. Quando uma peça é utilizada, o pedido por uma nova é feito. Quando se faz um pedido online, a autorização de pagamento via cartão de crédito é dada instantaneamente.

Para implementar o processamento de transação online, arquivos mestres das transações, contendo dados sobre as entidades de negócio, são armazenados em bancos de dados operacionais (ver Figura 9.6). No **processamento de transações em tempo real** (*online transaction processing* – **OLTP**), as transações são processadas assim que ocorrem. Os dados podem ser acessados diretamente a partir de um banco de dados operacional. Os arquivos da transação contendo dados sobre as atividades de negócio, como os itens encomendados, também são armazenados em arquivos online até que não sejam mais necessários. Essa série de processos garante que os dados da transação estejam disponíveis para todos os aplicativos e que os dados

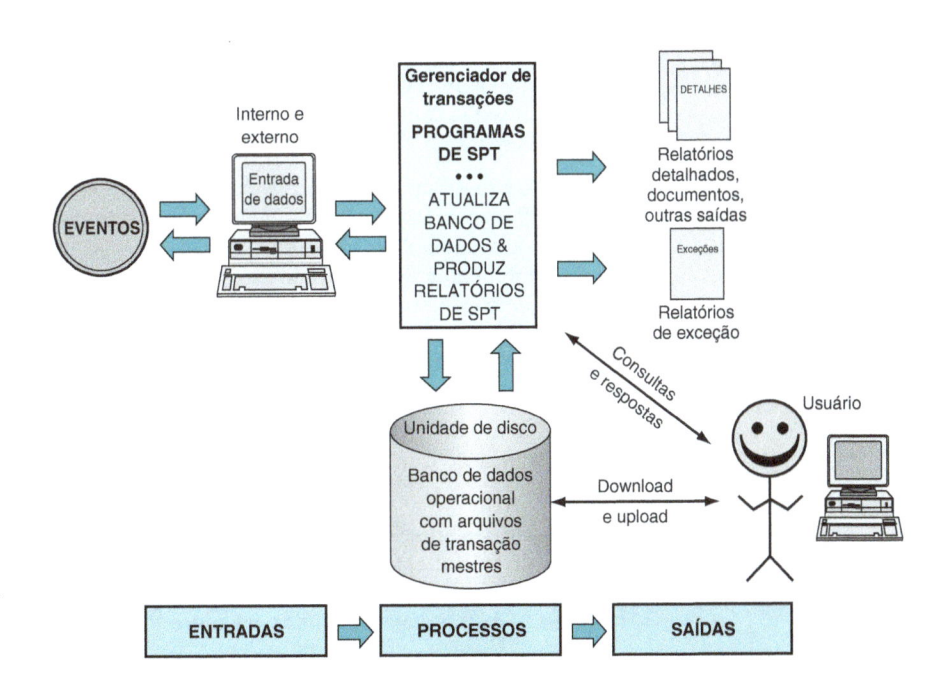

Figura 9.6 O fluxo de informações no processamento de transações.

TI em ação 9.1
O SPT reduz o tempo de entrega e economiza recursos financeiros

Eis alguns exemplos de como o SPT reduz o tempo de entrega e/ou dinheiro.

Domino's Pizza. A Domino's utiliza o serviço Tellme da Microsoft para desviar milhares de ligações para os restaurantes mais próximos da origem da ligação. O sistema está sendo experimentado com ordem de serviço automática. Quando o cliente liga e diz "telentrega", o sistema verifica se o cliente ligou antes e relê o endereço onde a entrega deverá ser feita. As tecnologias de voz são populares em outros aplicativos para serviço de atendimento ao cliente, incluindo os sem fio.

FedEx-Kinko's. Toda vez que uma pessoa faz uma cópia na Kinko's, tanto uma transação de cópia quanto uma transação de pagamento ocorrem. No passado, recebia-se um dispositivo (um cartão, do tamanho de um cartão de crédito) que deveria ser inserido em um dispositivo de controle acoplado a uma máquina copiadora, que registrava o número de cópias feitas. Depois, aguardava-se na fila para pagar: o caixa colocava o dispositivo em um leitor para ver quantas cópias foram feitas. A conta era feita, com os impostos adicionados. O custo da Kinko's era alto com esse sistema e alguns clientes estavam insatisfeitos por terem de esperar na fila para pagar por apenas algumas cópias. Com o novo sistema da Kinko's, insere-se o cartão de crédito no dispositivo de controle, faz-se as cópias, imprime-se o recibo e pronto.

Carnival Line. A Carnival Line, uma operadora de transatlânticos, precisa processar rapidamente mais de 2.500 pessoas que deixam o navio nos portos e que retornam mais tarde. A empresa costumava utilizar listas impressas com os nomes dos passageiros para checagens manuais. Hoje, os passageiros colocam um cartão inteligente no leitor. Dessa maneira, a empresa sabe quem deixou o navio, quando deixou e quem retornou. Cada leitor de cartão inteligente é capaz de processar mais de 1.000 pessoas em 30 minutos. No passado, eram necessários de 10 a 15 funcionários para processar passageiros que deixavam e retornavam ao navio, o que levava quase uma hora. Agora, apenas uma pessoa supervisiona dois leitores de cartão.

UPS Store. Segundos após digitar um endereço ou CEP em um terminal nas agências de correio da UPS, uma etiqueta de remessa e um comprovante são gerados. O registro de remessa permanece no banco de dados, de modo que, caso se envie outro pacote para a mesma pessoa, não é necessário repetir o endereço.

Sprint Inc. A Sprint Inc. melhorou seu processamento de pedidos por novos celulares. No passado, levava alguns dias até que o cliente obtivesse uma nova linha de telefone. Com seu novo sistema, a Sprint é capaz de processar um pedido em poucas horas. O processamento do pedido leva menos de 10 minutos, apresenta menos erros e pode ser feito em formulários eletrônicos no desktop do vendedor ou em um laptop.

Questões para discussão: A Kinko's poderia operar completamente sem funcionários em suas lojas? Que efeitos o leitor de cartão inteligente da Carnival tem sobre a segurança? De quem é o tempo que está sendo economizado na UPS e na Sprint?

---

se mantenham atualizados. Os dados dos SPT podem ser processados e armazenados posteriormente em data warehouse.

O fluxo de dados em um SPT é mostrado na Figura 9.6. Um evento, como uma compra por um cliente, é registrado pelo programa de SPT por meio de um leitor de código de barras na caixa registradora. Os dados processados (saída) podem estar no formato de relatório. Os usuários podem pesquisar no SPT informações como "Quantas unidades do item A foram vendidas em cada mês de 20XX?". O sistema fornecerá a resposta adequada acessando um banco de dados que contém os dados das transações, conforme mostrado com as flechas bidirecionais na Figura 9.6.

Sistemas de processamento de transações online e baseados na Web. Com o OLTP e tecnologias Web como portais e extranets, os fornecedores podem verificar o nível de estoque da empresa ou agendar a produção em *tempo real*. Os próprios fornecedores podem, então, assumir a responsabilidade pela gestão de estoque e pelo recebimento de pedidos naquilo que é conhecido como **estoque gerenciado pelo fornecedor** (*vendor-managed inventory* – VMI). Os clientes também podem inserir dados no SPT para acompanhar pedidos diretamente. Outros aplicativos com base na Web são descritos em *TI em ação 9.1*.

TAREFAS NO PROCESSAMENTO DE TRANSAÇÕES

O processamento de transações existe em todas as áreas funcionais. Aqui é descrita em detalhe uma aplicação que está presente em diversas áreas funcionais – o processamento de pedidos.

Processamento de pedidos. Pedidos de mercadorias e/ou serviços podem fluir dos clientes à empresa via telefone, papel ou eletronicamente, via site, por exemplo. O processamento rápido e eficiente do pedido é a chave para a satisfação do cliente. Pedidos também podem ser internos – de um departamento para outro. Quando os pedidos chegam, um sistema de

TI em ação 9.2

Yahoo! Análise da Web ajuda a First Choice Ski a triplicar suas vendas

A First Choice Ski (firstchoice-ski.co.uk/) possui 14% do mercado online de esquis no Reino Unido. A TUI Travel, sua empresa mãe, é um grupo internacional de viagens de lazer que opera em 180 países e atende mais de 30 milhões de clientes.

No setor altamente competitivo do turismo, as margens são apertadas. Como resultado disso, relatórios em tempo real são fundamentais para manter os negócios lucrativos. Utilizando o Yahoo! Web Analytics (web.analytics.yahoo.com/), a First Choice Ski foi capaz de obter insight suficiente sobre os clientes para responder em tempo real aos seus comportamentos online – renovando seu site de viagens.

A First Choice Ski acompanha os comportamentos de seus clientes. Na First Choice Ski, os clientes levam bastante tempo pesquisando e selecionado roteiros para suas férias. Simon Rigglesworth, gerente de comércio eletrônico, explica: "Vemos os usuários retornando muitas vezes muitos recursos como pesquisas pagas, e-mail e até mesmo mídias sociais conforme tentam encontrar férias que correspondam mais às suas expectativas. Obter o máximo de informações possível nos permite identificar a melhor forma de completar as vendas e otimizá-las".

Depois de experimentar pacotes de análise baseados em taxas, a First Choice Ski escolheu o Yahoo! Web Analytics (YWA), que é gratuito. A analista Web Penelope Bellegarde utilizou o recurso Search Phrases Report no YWA para elencar fatores que levavam visitantes ao First Choice Ski. Ela diz: "Se notarmos que um destino específico está direcionando muitas visitas ao site, então é muito provável que promoveremos esse destino na página". O Internal Campaign Report está disponível por causa das numerosas promoções de viagem na First Choice Ski. Bellegarde monitora o número de cliques e o número de vendas geradas pelas campanhas; quando uma relação baixa entre cliques e vendas é percebida, ela ajusta a campanha de acordo com esses resultados.

Melhora de desempenho. Utilizando esses conjuntos diferentes de dados e ferramentas do YWA, o TUI redesenhou e modificou o conteúdo de sua homepage na First Choice Ski. Como resultado disso, a homepage passou por uma diminuição de 18% na taxa de devolução e uma diminuição de 13% na taxa de saída – com mais de dois terços de melhoria diretamente atribuídos às mudanças realizadas. Mais importante ainda, o número de vendas impulsionadas pela homepage aumentou 266%.

"Agora estamos gerando processos quantificáveis, acionáveis e direcionados pelos dados para priorizar e revisar os desenvolvimentos do site", diz Rigglesworth.

Fontes: Compilado de firstchoice-ski.co.uk/ e Yahoo.com/.

Questões para discussão: Como ser capaz de responder rapidamente às sequências de cliques do visitante está relacionado à margem de lucro da empresa? Relembre o princípio: Se você não consegue mensurar, não consegue gerir. Explique como o caso ilustra esse princípio. A análise da Web causa impacto nas barreiras de entrada e na rivalidade entre os operadores nesse setor?

---

processamento de pedidos precisa receber, documentar, encaminhar, resumir e armazenar os pedidos.

Algumas empresas gastam milhões de dólares na reengenharia do seu processamento de pedidos como parte de sua transformação em e-business. A IBM, por exemplo, reestruturou seu sistema de compras e licitações de modo que seus próprios pedidos de compra fossem gerados rapidamente e de forma não onerosa em seu sistema de licitação eletrônica (e-procurement).

Análise da Web. A **análise da Web** é a análise dos dados gerados pelo comportamento do visitante no site de uma determinada empresa. Esses dados são conhecidos como **dados de sequências de cliques** (*clickstream data*). A análise da Web começa pela identificação de dados que podem ser utilizados para avaliar a eficiência dos objetivos e metas do site. Por exemplo, visitas frequentes ao mapa do site podem indicar problemas de navegação. O abandono repetido de carrinhos de compra no momento em que os custos de envio são acrescentados indica outro problema.

Em seguida, a análise de dados é coletada, como, por exemplo, de onde vêm os visitantes, quais páginas eles acessam, por quanto tempo permanecem nelas e como eles interagem com as informações do site. Os dados podem revelar, por exemplo, o impacto de uma campanha publicitária online, a eficiência do design e da navegação do site e, o mais importante, o comportamento de compra do visitante. Tendo em vista que o objetivo dos sites de comércio eletrônico (e-commerce) é vender um produto ou serviço, a análise de maior valia da Web é aquela relacionada à conversão, passo a passo, do visitante em cliente.

Outras atividades típicas de SPT desempenhadas por gestores em diversas áreas funcionais estão resumidas na Tabela 9.2.

TABELA 9.2 — Atividades típicas do SPT

Atividades	Descrição
O livro razão	Contabilidade financeira de uma organização. Contém todos os ativos e passivos, e a participação dos acionistas.
Contas a pagar e a receber (CPR)	Registros de todas as contas a pagar e a receber. Um sistema automatizado pode enviar notas de lembrete sobre contas vencidas.
Registros de recebimento e remessa	Registros das transações de todos os itens enviados ou recebidos, incluindo devoluções.
Registros de estoque de fácil acesso	Registros dos níveis de estoque como exigido para o controle de estoque e tributação. O uso de códigos de barra aprimora a capacidade de contar o estoque periodicamente.
Gestão de ativos fixos	Registros do valor dos ativos fixos de uma organização (por exemplo, imóveis, veículos, máquinas), incluindo taxa de depreciação e principais melhorias feitas nos ativos, para fins de tributação.
Folha de pagamento	Todos os registros brutos e resumidos da folha de pagamento.
Arquivos de pessoal e inventário das habilidades	Arquivos de histórico, avaliações e registro de treinamentos e desempenho dos funcionários.
Relatórios para o governo	Relatórios sobre a conformidade com regulamentos governamentais, impostos, etc.
Outros relatórios e prestações de contas periódicos	Relatórios financeiros e tributários, relatórios de produção e vendas, e outros relatórios rotineiros.

E SE OS SPT FALHAREM?

Falhas em SPTs podem causar um desastre. Nos Estados Unidos, a Social Security Administration passou por uma das maiores falhas de SPT, assim como companhias de seguro, hospitais e bancos. Tende-se a pensar que uma grande instituição financeira deveria ser imune à falha de TI, mas esse não foi o caso da TIAA-CREF, como ilustrado em *TI em ação 9.3*.

TI em ação 9.3

Falha de relatório do TIAA-CREF

O TIAA-CREF (tiaa-cref.org/) é um enorme fundo de pensão que oferece planos de aposentadorias, seguros e outras necessidades de professores, e uma das maiores instituições financeiras do tipo.

Em setembro de 2005, milhares de membros do TIAA-CREF não puderam retirar fundos de suas pensões. A empresa garantiu aos clientes que se tratava apenas de um pequeno atraso causado pela atualização da plataforma de TI. No entanto, os problemas continuaram por meses e se expandiram, interferindo também nos depósitos. A causa do problema foi a introdução de uma nova e poderosa plataforma de TI, a Open Plan Solutions, cujo objetivo era agrupar as plataformas das anuidades fixas, das anuidades variáveis, dos fundos mútuos e plataformas locais em apenas uma plataforma, conectada e contendo:

- Registro de informações flexível e de última geração
- Processo de filiação facilitado
- Serviços abrangentes de transferência de fundos
- Informes institucionais aprimorados baseados na Web sobre acumulações, transações e acordos de redução de salários
- Extratos trimestrais novos e melhorados para os participantes

A plataforma integrada não sincronizava o software de acesso à Web da empresa e o sistema de registros de informação da empresa durante o processamento de transações em lote. Em outras palavras, o novo sistema não estava em sincronia com o antigo. Em abril de 2006, o problema tornou-se caótico devido à incapacidade de resolver em tempo hábil todos os problemas de integração de TI. Naquela época, a empresa montou um novo time interdepartamental para ver problemas antes que eles se alastrassem.

Fontes: Compilado de Boucher-Ferguson (2006a, 2006b) e TIAA-CREF (2007).

Questões para discussão: Que fatores – técnicos e de gestão – contribuíram para os problemas de dados do TIAA-CREF? Como cada um desses fatores pode ser minimizado? Que lições este caso ensina para outras empresas?

Questões para revisão

1. Explique a hierarquia de gestão da Robert Anthony (ver Figura 9.3).
2. Liste as principais características dos SPTs.
3. Descreva a importância da entrada de dados de alta qualidade (livres de erros).
4. Liste cinco atividades típicas dos SPTs.
5. Descreva a importância da análise da Web e mostre algumas de suas aplicações.

9.2 Sistemas de manufatura e produção

GPO

A função da *gestão de produção e de operações* – GPO (*production and operations management* – POM) – em uma organização é responsável pelos processos que transformam entradas em saídas úteis, como mostrado na Figura 9.7. Comparada a outras áreas funcionais, a GPO cobre diversas atividades. Ela também difere consideravelmente entre as organizações. Indústrias, por exemplo, utilizam processos completamente diferentes daqueles de empresas de serviço, e um hospital opera de forma bem diferente de uma agência do governo.

A seguir, são apresentados dois tópicos suportados pela TI e pela GPO: gestão interna de logística e de materiais e fabricação integrada por computador (*computer-integrated manufacturing* – CIM).

GESTÃO INTERNA DE LOGÍSTICA E CONTROLE DE MATERIAIS

A gestão de logística lida com atividades de recebimento de pedidos, compras, logística interna (recebimento de insumos) e logística externa (remessa). As atividades de logística interna são um bom exemplo dos processos que passam por diversos departamentos funcionais. Tanto compras convencionais quanto licitações eletrônicas resultam na entrada de materiais e de peças, que constituem inventário ou estoque. Os materiais são acompanhados desde o momento em que são recebidos até serem distribuídos – ou descartados, quando se tornam obsoletos ou sua qualidade se torna inaceitável.

Scanners, RFID e tecnologia de voz dão apoio à inspeção; robôs podem realizar e o gerenciamento de materiais. **Robôs** são máquinas programadas usadas por grandes armazéns para buscar materiais e peças no estoque quando necessário. As peças são armazenadas em caixas, que são empilhadas uma sobre a outra, organizadas como cofres de bancos. Quando uma peça é solicitada, o estoquista digita o número dessa peça e um robô móvel vai até o local em que a peça está, retira a caixa contendo a peça utilizando força magnética e a traz até o estoquista. Após a peça ser retirada da caixa, o robô é instruído a devolvê-la ao seu local de origem.

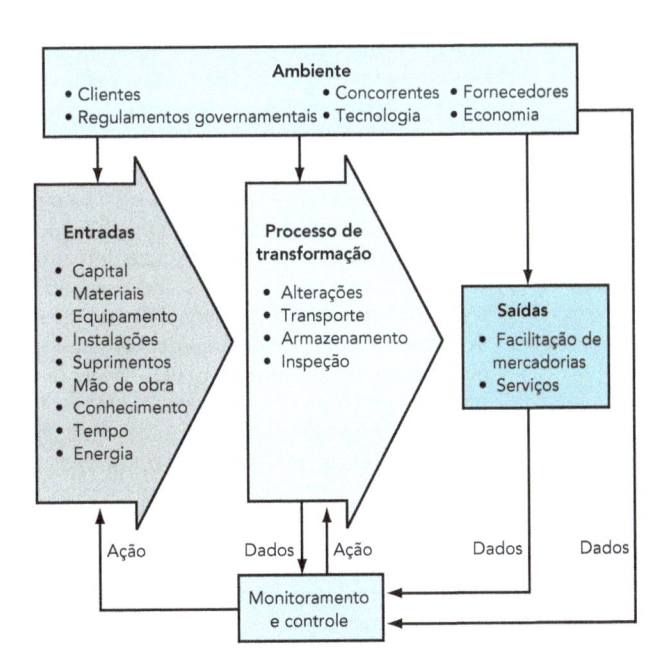

Figura 9.7 As funções da gestão de produção e de operações (GPO) transformam entrada em saídas úteis.

Figura 9.8 Robô industrial manipula caixas de açúcar. (© David J. Green-industry/Alamy)

Na Figura 9.8 pode-se ver um robô industrial utilizado para manusear e transportar os materiais no estoque. Em edifícios inteligentes no Japão, robôs levam arquivos aos funcionários e os devolvem ao depósito. Em alguns hospitais, robôs são responsáveis até pela administração de medicamentos.

Controle de estoque. A função do **controle de estoque** (também chamado de controle de inventário ou de gestão de estoque) é minimizar o custo total dos estoques. O objetivo é manter os níveis de estoque ótimos por meio de pedidos de quantidades corretas no momento certo. Os departamentos de GPO podem manter um **estoque de segurança** como uma forma de evitar que o estoque termine. O estoque de segurança é um estoque extra mantido em caso de eventos inesperados, como picos de demanda ou prazos de entrega mais longos. Muitas vezes esse tipo de estoque é chamado de **reserva**. A escassez de estoque é chamada de **falta de estoque**.

A gestão de inventário é importante para os lucros, porque existem muitos custos associados ao estoque. Os sistemas de controle de estoque são capazes de minimizar os custos de três categorias:

1. Custo de manutenção de estoque: custos de armazenamento, custos de segurança, custos com seguros, perdas por roubo ou obsolescência, custos de financiamento de estoque baseados na taxa de juros
2. Custo de pedidos e envio: tempo de pedido e de recebimento pelos funcionários, taxas de remessa
3. Custo da falta de estoque: atrasos na produção e perda de rendimentos por causa da falta de produtos

Em função desses custos, os departamentos de GPO tem duas decisões a tomar:

- Quando pedir
- Quanto pedir

Um modelo de estoque utilizado para responder a essas perguntas é o modelo da **quantidade econômica de pedidos** (*economic order quantity* – EOQ). O modelo EOQ considera todos os custos listados anteriormente. Um tutorial sobre o modelo EOQ, incluindo seus pressupostos e equações, está disponível em scm.ncsu.edu/public/inventory/6eoq.html.

Existem dezenas de outros modelos de controle de estoque, já que os cenários podem ser complexos e muito diversos. Há muitos pacotes comerciais de software para automatizar a aplicação desses modelos disponíveis a um baixo custo. Minimizar os custos com o estoque é um dos principais objetivos da gestão da cadeia de suprimentos.

O modelo de gestão de estoque JIT e a produção enxuta. O modelo **JIT** (**just-in-time**) é um método alternativo cujo objetivo é minimizar os custos de manutenção preservando o estoque até que os itens sejam necessários no processo de produção. O modelo JIT foi desenvolvido pela Toyota e é utilizado amplamente no setor automobilístico. Se materiais e peças, por exemplo, chegam à estação de trabalho exatamente quando são necessários, não há necessidade de estoque. Não há atrasos na produção nem inatividade nas instalações de produção porque os trabalhadores não ficam parados, tudo isso devido à chegada de materiais e peças em tempo e em condições de uso. Muitos modelos JIT são suportados por softwares de fornecedores como a HP, a IBM, a CA e a Cincom Systems.

A Oracle, a Siemens e outros fornecedores oferecem uma **produção enxuta** (*lean manufactering*) voltada à demanda, que é derivada do modelo JIT. O objetivo da produção enxuta é acabar com qualquer tipo de desperdício oriundo da produção. O desperdício pode ser o trabalho desnecessário, espaço físico, energia ou o processo de refazer um trabalho por causa de falhas no controle de qualidade. Como qualquer SI, o modelo JIT precisa ser justificado por uma análise de custo-benefício. Além disso, todos os pressupostos nos quais o modelo JIT se baseia precisam existir. O modelo JITestá baseado, por exemplo, no pressuposto de que os carregamentos chegarão no horário agendado. Para aquelas empresas que estão sujeitas ao mau tempo e a greves, esse pressuposto não é válido.

Controle de qualidade. Sistemas de controle de qualidade (CQ) da produção podem ser sistemas independentes ou fazer parte do esforço de uma gestão de qualidade total (*total quality management* – TQM) por toda a empresa. Eles fornecem dados sobre a qualidade de materiais e peças recebidos, bem como da qualidade de produtos acabados e semiacabados no processo. Esses sistemas registram os resultados de todas as inspeções e comparam os resultados reais aos resultados esperados.

Os dados de CQ podem ser coletados por sensores baseados na Web e interpretados em tempo real ou podem ser armazenados em um banco de dados para análises futuras. Além disso, os sistemas RFID também coletam dados. Relatórios periódicos são gerados (como a porcentagem de defeitos ou a porcentagem de retrabalho necessário) e a gerência pode comparar o desempenho entre departamentos regularmente ou conforme necessário. A KIA Motors, por exemplo, introduziu um sistema de CQ inteligente para analisar as reclamações dos clientes a fim de investigar rapidamente os problemas e fazer as correções necessárias. As análises eram feitas com ferramentas de mineração de dados.

Gestão de projeto. Um **projeto** é uma coletânea de tarefas para atingir um resultado, como implementar um novo sistema de gestão de estoque utilizando o modelo JIT. Os projetos têm um tempo definido de início e de término, assim como um objetivo, recursos e um orçamento. Os projetos são aprovados antes de os recursos serem direcionados. Os *projetos* diferem das *operações*, ou dos *negócios*, por causa de sua singularidade.

Os projetos têm estas características:

- São empreendimentos singulares
- Têm um alto índice de incerteza no que diz respeito aos custos e aos prazos de cumprimento, porque geralmente o tempo para sua conclusão é relativamente longo
- Envolvem a participação de membros de fora da organização, o que é difícil de controlar
- Demandam interação extensa entre os participantes
- Podem competir e impor conflitos a outras atividades de negócio, tornando mais difíceis as alterações de planejamento e de agendamento
- Envolvem alto risco de atraso, fracasso e alterações de custo, mas também têm alto potencial para obtenção de lucros ou benefícios

A gestão de projetos é aprimorada por ferramentas computadorizadas de gestão de projeto como a técnica de avaliação e revisão de programas (*program evaluation and review technique* – PERT) e o método do caminho crítico (*critical path method* – CPM). Por exemplo, desenvolver uma campanha de mídia social pode ser um projeto importante, e diversas ferramentas de TI estão disponíveis para dar apoio e ajudar a administrar as tarefas.

Outras áreas de GPO. Muitas outras áreas de gestão de produção e de operação são aprimoradas pela TI. Ferramentas de otimização de planejamento baseadas na Web, sistemas de rastreamento e de itinerário do produto, gestão de encomendas, planejamento de layout e design e outras tarefas podem obter apoio de subsistemas de gestão de produção e de operações. Um sistema baseado na Web na Office Depot, por exemplo, relaciona os horários dos funcionários com padrões de tráfego da loja a fim de aumentar a satisfação do cliente e de reduzir custos. A Schurman Fine Papers, fabricante e vendedora de cartões comemorativos e de produtos especializados, utiliza um software específico de gestão de depósitos para melhorar a previsão de demanda e os processos de estoque. Seus dois depósitos distribuem os produtos eficientemente para mais de 30.000 lojas de varejo.

PRODUÇÃO INTEGRADA POR COMPUTADOR

A **produção integrada por computador** (*computer-integrated manufacturing* – **CIM**) é um conceito que promove a integração de diversos sistemas de fábrica computadorizados. A CIM tem três objetivos básicos: (1) a *simplificação* de todas as tecnologias e técnicas de produção, (2) a *automação* do maior número possível de processos de produção e (3) a *integração e coordenação* de todos os aspectos do design, produção e funções relacionadas via hardware e software de computador.

As principais vantagens da CIM são sua abrangência e flexibilidade, especialmente importantes nos processos de negócio que estão sendo completamente reestruturados ou eliminados. Sem a CIM, talvez sejam necessários grandes investimentos para modificar os SIs existentes a fim de ajustá-los aos novos processos.

Questões para revisão

1. Qual é a função da GPO em uma organização? Como ela pode ser melhorada utilizando a TI?
2. O que é um robô? O que o difere de uma máquina?
3. Quais são as três categorias de custos de estoque?
4. Explique a diferença entre o modelo da quantidade econômica de pedidos e o modelo JIT.
5. Explique a diferença entre um projeto e operações.
6. O que é a CIM?

9.3 Sistemas de vendas e de marketing

Nos Capítulos 1, 7 e 8, você leu sobre canais de marketing, interoperabilidade, comércio eletrônico e mídias sociais – todos tipos de SIs de vendas e de marketing. Nesta seção, são descritos os sistemas de marketing para um melhor desempenho no mercado.

Geralmente, os sistemas de vendas e de marketing são o apoio da pesquisa de marketing, obtendo produtos e serviços para os clientes e respondendo às suas necessidades. Muitos desses sistemas e subsistemas são mostrados na Figura 9.9. Como você pode observar, os SIs de marketing têm muitos componentes – vendas, pesquisa, inteligência, relatórios, licitações, logística e entrega. A interoperabilidade aumenta o poder e a presença de mercado.

Os Capítulos 7, 8 e 10 dão conta de sistemas e estratégias de vendas e de marketing, incluindo o comércio eletrônico (e-commerce) e a gestão de relacionamento com o cliente (*customer relationship management* – CRM). Esta seção tem como foco o marketing baseado em dados e componentes dos SIs de marketing.

MARKETING BASEADO EM DADOS

Os SIs de marketing são mais do que um sistema de coleta de dados ou um conjunto de tecnologias de informação. Eles consistem em pessoas, equipamentos e procedimentos para reunir, misturar, analisar, avaliar e distribuir dados relevantes, atuais, completos e precisos para serem utilizados por tomadores de decisão de marketing, a fim de melhorar seu planejamento, implementação e controle de marketing. O foco está no marketing baseado em dados e em fatos. A mineração de dados, discutida no Capítulo 10, é o método principal para o marketing baseado em dados.

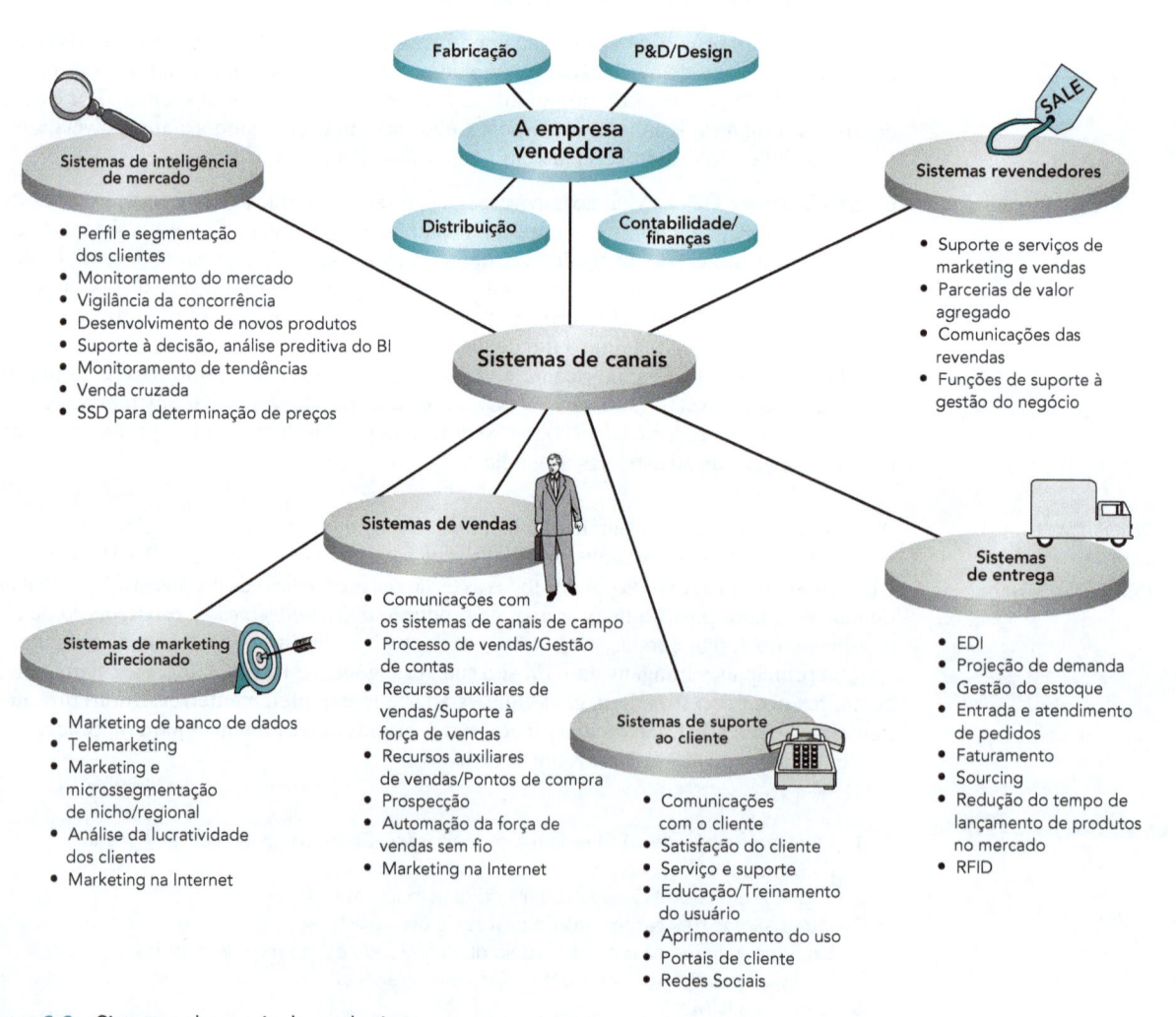

Figura 9.9 Sistemas de canais de marketing.

- **A empresa vendedora**: Fabricação, P&D/Design, Distribuição, Contabilidade/finanças

- **Sistemas de inteligência de mercado**
  - Perfil e segmentação dos clientes
  - Monitoramento do mercado
  - Vigilância da concorrência
  - Desenvolvimento de novos produtos
  - Suporte à decisão, análise preditiva do BI
  - Monitoramento de tendências
  - Venda cruzada
  - SSD para determinação de preços

- **Sistemas revendedores**
  - Suporte e serviços de marketing e vendas
  - Parcerias de valor agregado
  - Comunicações das revendas
  - Funções de suporte à gestão do negócio

- **Sistemas de canais**

- **Sistemas de marketing direcionado**
  - Marketing de banco de dados
  - Telemarketing
  - Marketing e microssegmentação de nicho/regional
  - Análise da lucratividade dos clientes
  - Marketing na Internet

- **Sistemas de vendas**
  - Comunicações com os sistemas de canais de campo
  - Processo de vendas/Gestão de contas
  - Recursos auxiliares de vendas/Suporte à força de vendas
  - Recursos auxiliares de vendas/Pontos de compra
  - Prospecção
  - Automação da força de vendas sem fio
  - Marketing na Internet

- **Sistemas de suporte ao cliente**
  - Comunicações com o cliente
  - Satisfação do cliente
  - Serviço e suporte
  - Educação/Treinamento do usuário
  - Aprimoramento do uso
  - Portais de cliente
  - Redes Sociais

- **Sistemas de entrega**
  - EDI
  - Projeção de demanda
  - Gestão do estoque
  - Entrada e atendimento de pedidos
  - Faturamento
  - Sourcing
  - Redução do tempo de lançamento de produtos no mercado
  - RFID

Não faltam dados sobre clientes e vendas, mas há falta de dados confiáveis e de alta qualidade, bem como de ideias sobre como usá-los para tomar decisões mais qualificadas e melhorar o desempenho. Em um estudo de referência realizado em agosto de 2008, o "Customer Analytics: Segmentation Beyond Demographics", todos os respondentes identificaram que seus principais desafios relacionados aos dados foram a baixa qualidade dos dados (62%) e a inabilidade para coletar ou acessar os dados necessários para calcular as métricas básicas de desempenho (31%) (Aberdeen Group, 2008).

CANAIS DE DISTRIBUIÇÃO

As organizações distribuem seus produtos e serviços por meio de uma combinação de canais eletrônicos, móveis e físicos. A seguir estão alguns tópicos representativos relacionados aos canais de distribuição.

- Quiosques das lojas 7-Eleven em alguns países podem ser usados para fazer pedidos na Internet. Na Macy's, você pode verificar os preços atuais de produtos em telas computadorizadas com leitores de código de barras.
- Algumas lojas com muitos clientes que pagam com cheques instalaram máquinas de preencher cheques. Tudo o que você precisa fazer é entregar o cheque em branco ao caixa, que o coloca na máquina de preencher cheques conectada à caixa registradora. A máquina preenche o cheque com o nome da loja e com o valor, você assina o cheque e, em segundos, ele é validado, o valor é debitado da sua conta bancária e você pode sair da loja com a mercadoria que adquiriu.
- O Exxon Mobil Speedpass permite que os clientes encham o tanque do carro passando um cartão com um dispositivo RFID sob o sensor na bomba de gasolina. Em seguida, o RFID inicia um processo de autorização e a compra é debitada do cartão de débito ou de crédito do cliente. Os clientes não precisam mais carregar seus cartões de crédito da Mobil.
- Um número cada vez maior de lojas de varejo está instalando máquinas de autoatendimento. A Home Depot, por exemplo, tem essas máquinas em suas lojas. O revendedor economiza com os salários de seus funcionários e ainda deixa os clientes mais felizes, já que o processo de autoatendimento economiza tempo. Um dos grandes fornecedores desse sistema é o U-Scan (ver Figura 9.10), utilizado em vários supermercados. Os RFIDs têm melhorado ainda mais o processo.

GESTÃO DE MARKETING

Veja alguns exemplos representativos de como a gestão de marketing vem sendo feita.

Preço de produtos ou serviços. Os volumes de vendas são amplamente determinados pelos preços de produtos e serviços. O preço também é um determinante fundamental dos lucros. Determinar o preço é uma decisão difícil, e os preços podem ser modificados com frequência, como no caso da First Choice Ski, discutido em *TI em ação 9.2*. Em respostas às alterações de preço realizadas pelos concorrentes, por exemplo, uma empresa talvez precise ajustar seus preços rapidamente ou tomar outras atitudes. Verificar os preços dos concorrentes é uma tarefa realizada corriqueiramente pelos varejistas, que muitas vezes utilizam dispositivos de verificação de preço sem fio, como o PriceMaster Plus, do SoftwarePlus. Esses dispositivos facilitam a coleta de dados.

Figura 9.10 Quiosque U-Scan. (Sonda Dawes/The Image Works)

Produtividade dos vendedores. Vendedores diferem uns dos outros; alguns são bons para vender determinados produtos, enquanto outros são bons para vender a um tipo específico de cliente ou em certa zona geográfica. Essas informações, normalmente coletadas nas vendas e no marketing do SPT, podem ser analisadas por meio de um sistema de desempenho comparativo em que os dados de vendas categorizados por vendedor, produto, região e até período do dia são avaliados. As vendas atuais podem ser comparadas com dados históricos e com padrões. Softwares de planilhas multidimensionais facilitam esse tipo de análise. Designar vendedores a regiões e/ou produtos e calcular o bônus também podem ser suportados por esse sistema. Os sistemas sem fio são muito utilizados pelos vendedores.

Além disso, a produtividade de vendas pode ser reforçada por centros de chamadas (call centers) baseados na Web. Quando um cliente entra em contato com um representante de vendas, esse representante pode examinar o histórico de compras desse cliente, aspectos demográficos, serviços disponíveis onde esse cliente mora e muito mais. Essa informação permite que representantes trabalhem mais rapidamente, fornecendo um melhor serviço de atendimento ao cliente.

Softwares de automação de vendas são muito úteis para empresas de pequeno porte, possibilitando que elas aumentem rapidamente as vendas e o crescimento. Um software líder neste segmento é o salesforce.com, um aplicativo de gestão de relacionamento com o cliente que é oferecido como software como um serviço (*software-as-a-service* – SaaS). Você lerá mais sobre o Salesforce.com na seção sobre gestão de relacionamento com o cliente, no Capítulo 10.

Análise de lucratividade. Ao decidir sobre esforços em publicidade e outros esforços de marketing, os gerentes precisam conhecer a taxa de lucro de certos produtos e serviços. Informações sobre a lucratividade de produtos e serviços podem ser obtidas do sistema contábil de custos. Softwares de análise de desempenho de lucro, por exemplo, disponibilizados pela IBM, pela Oracle, pela SAS e pela Microstrategy, são projetados para ajudar os gerentes a avaliar e aprimorar a taxa de lucro de sua linha de negócios, produtos, canais de distribuição, regiões de vendas e outros aspectos fundamentais na administração da empresa. Muitas companhias aéreas, por exemplo, utilizam sistemas de decisão automatizados para estabelecer preços com base na lucratividade.

Novos produtos, serviços e planejamento de mercado. A introdução de produtos e de serviços novos ou aprimorados pode ser uma decisão cara e arriscada. Uma pergunta importante a ser feita sobre um novo produto ou serviço é "Isso vai vender?". Uma resposta adequada exige análise, planejamento e previsão cuidadosos. Estes podem ser mais bem realizados com a ajuda de TI devido ao grande número de fatores determinantes e às incertezas que podem estar envolvidas; veja a discussão sobre o uso da análise preditiva no Capítulo 10. A pesquisa de mercado também pode ser conduzida na Internet.

Atividades de marketing encerram as atividades primárias da cadeia de valor. A seguir são examinados os sistemas funcionais que são as *atividades de suporte* (também chamadas de *atividades secundárias*) na cadeia de valor: gestão de contabilidade/finanças e de recursos humanos.

Questões para revisão

1. Defina serviços baseados em marketing.
2. Liste alguns canais de distribuição.
3. Como a TI suporta o marketing e as vendas?
4. Quais estratégias de marketing podem ser aprimoradas pela Web?

9.4 Sistemas de contabilidade e finanças

A contabilidade e as finanças controlam e administram o fluxo de caixa, os ativos, os passivos e o rendimento líquido ou lucro, assim como demonstrações contábeis às agências regulamentadoras. Outra responsabilidade fundamental é a prevenção, detecção e investigação de fraudes.

Em empresas com sistemas de contabilidade mais flexíveis, é muito fácil para funcionários desviarem pedidos de compra e pagamentos, subornarem um fornecedor ou manipularem os dados contábeis. Se gerentes sênior estão envolvidos na fraude, evitar fraudes é uma tarefa extremamente difícil. Pense em Bernie Madoff, que cometeu fraude alterando registros por muitos anos até mesmo depois da lei Sarbanes-Oxley Act ter passado a evitar fraudes financeiras.

TI em ação 9.4
Sistemas de contabilidade do Lax permitem fraude de funcionários

Chris era uma jogadora compulsiva e escondia isso bem. Seu problema começou inocentemente no trabalho quando um site de cassino apareceu em seu computador enquanto usava a Internet durante o almoço. Ela fez algumas apostas usando créditos gratuitos oferecidos pelo site para atrair jogadores de primeira viagem. Ela ganhou e isso lhe deu uma sensação eletrizante, que mais tarde explicou aos investigadores da fraude.

Dois anos depois, como gerente de pagamentos de uma empresa de manufatura de porte médio, Chris enganou seus funcionários em mais de 750.000 dólares. Por que ela fez isso? Para pagar suas perdas com jogos, uma média de 7.000 dólares por semana. Como ela fez isso? Tirando vantagem da falta de controles apropriados em sua folha de pagamento e dos sistemas de informação de contabilidade e controles.

História e fraude do emprego de Chris. Chris trabalhou pesado na empresa durante uma década. Os relatórios de supervisão sobre seu desempenho a descrevem como trabalhadora, confiável e leal, mas não mencionam que ela se sentia mal remunerada. Chris era amarga e pensava que seu empregador não a tratava com justiça. Quando suas apostas começaram a ficar fora de controle, ela se voltou para a fraude. "Para mim, eles me deviam", ela disse aos contabilistas forenses.

O gerente e o controlador de RH da empresa deveriam supervisionar o trabalho de Chris. Mas o gerente de RH estava preocupado em dar a ela dados corretos sobre salários e benefícios dos funcionários. O controller parecia não ter exercido controle sobre o processamento da folha de pagamento, e Chris sabia disso.

A principal fraude de Chris foram dois funcionários falsos que ela colocou na folha de pagamento da empresa como um novo e separado centro de custos. Conforme ela processava e recebia os registros enviados e recebidos do serviço externo de folha de pagamento sem supervisão efetiva, ela era capaz de controlar o esquema sem que este fosse detectado. Os pagamentos dos funcionários-fantasma eram produzidos manualmente pelo serviço externo de folha de pagamento, enviados à Chris e depositados em uma conta que ela tinha em um banco próximo a sua casa. Perto do final do ano, ela também fez alguns ajustes no serviço externo de folha de pagamento para o registro de folhas de pagamento a fim de eliminar as quantidades pagas aos funcionários falsos. Quando ela saiu de férias, tirou os dois nomes de funcionários falsos da folha de pagamento.

Esquema de fraude. Chris começou a pagar a si mesma por horas extras não autorizadas. No começo, esse plano foi bem-sucedido – ela pagou a si mesma 1.500 horas extras durante dois anos, bem mais do que suas 50 horas de trabalho oficiais. Chris falsificou registros e aumentou o tamanho do seu roubo até que o gerente de RH finalmente percebesse o problema. Quando ela foi confrontada com as evidências, confessou que havia gasto todo o dinheiro em jogos e que não poderia devolvê-lo.

Questões para discussão: Que papel a confiança desempenhou na capacidade de Chris de cometer uma fraude por tanto tempo (ou seja, a confiança dos funcionários em Chris)? Que papel os SIs de contabilidade fracos desempenharam na sua capacidade de cometer a fraude? Em sua opinião, se Chris soubesse que SIs de contabilidade fortes estavam sendo utilizados pela empresa, isso a teria feito desistir de tentar roubar da empresa?

SISTEMAS DE INFORMAÇÃO PARA AUDITORIAS

Fraudes são fáceis de serem cometidas e difíceis de serem detectadas. Pergunte a qualquer auditor. Existem inúmeras maneiras de esconder irregularidades fiscais. O problema pode ser pior no governo e em entidades sem fins lucrativos, que raramente apresentam sistemas de controle interno e de contabilidade adequados. O problema é tão sério em nível federal que os auditores são incapazes de manifestar uma opinião sobre a probidade de demonstrações contábeis dos Estados Unidos. A NASA (a agência espacial), por exemplo, foi incapaz de explicar 565 bilhões de dólares em seus ajustes de final de ano. Isso pode ter sido resultado de contabilidade mal feita, fraude, desperdício ou abuso. Sem registros adequados, ninguém pode descobrir o que aconteceu. Essa quantidade é absurda, principalmente quando consideramos que o custo combinado da fraude nos escândalos da Enron e da WorldCom foi menor do que 100 bilhões de dólares em capital social.

Estar de posse das propriedades roubadas não é mais uma obrigação para configurar um crime e é tão fácil programar um computador para desviar 100.000 dólares quanto 1.000. Por isso, o tamanho e o número das fraudes aumentaram assustadoramente. Veja *TI em ação 9.4*, que descreve um caso real relacionado a isso.

PLANEJAMENTO FINANCEIRO E ORÇAMENTÁRIO

A gestão de ativos financeiros é a principal tarefa do planejamento financeiro e orçamentário. Gerentes precisam estabelecer planos tanto para a obtenção de recursos financeiros como para sua aplicação. O planejamento financeiro, como qualquer outro planejamento funcional, está amarrado ao planejamento organizacional geral e a outras áreas funcionais. Costuma-se dividi-lo em horizontes de curto, médio e longo prazo, quase da mesma maneira como se faz no planejamento de atividades.

Previsões e orçamentos econômicos e financeiros. Conhecimento sobre a disponibilidade e o custo do dinheiro é um ingrediente chave para o planejamento financeiro bem-sucedido.

Particularmente importante é a projeção do fluxo de caixa, que informa às organizações de quais fundos elas precisam, quando e como adquiri-los. Nas atuais condições restritas da economia, com créditos apertados e fundos com disponibilidade limitada, essa função se tornou fundamental para a sobrevivência da empresa.

Projeções imprecisas do fluxo de caixa são a principal razão da falência de muitas empresas de pequeno porte. A impossibilidade de acesso ao crédito levou o banco de investimentos Lehman Brothers ao fim em setembro de 2008.

A parte mais bem conhecida do planejamento financeiro é o orçamento anual, que aloca os recursos financeiros de uma organização entre seus participantes, atividades e projetos. O orçamento é a expressão financeira dos planos de uma organização. Ele permite que a gerência aloque recursos da maneira que melhor suporte a missão e os objetivos da organização. A TI possibilita a introdução da lógica e da eficiência financeiras no processo orçamentário.

Diversos pacotes de software, muitos dos quais baseados na Web, estão disponíveis para dar suporte à preparação e ao controle do orçamento. Exemplos são modelos de orçamento da Oracle (oracle.com) e da Capterra.com, que facilitam a comunicação entre os participantes na preparação do orçamento. Software de suporte ao orçamento e às previsões é fornecido pela Prophix (prophix.com). Os principais benefícios do pacote são a interface parecida com a do Windows Explorer, a flexibilidade personalizável que dá suporte a uma série de modelos de planejamento orçamentário, um banco de dados controlado que mantém os dados seguros e permite acessibilidade a múltiplos usuários, e ferramentas de manipulação de dados para planejamentos orçamentários complexos.

Os principais benefícios do uso de software para planejamentos orçamentários são que ele pode reduzir o tempo e os esforços envolvidos no processo orçamentário, explorar e analisar as implicações de mudanças organizacionais e ambientais, facilitar a integração de objetivos estratégicos corporativos aos planos operacionais, tornar o planejamento um processo contínuo e permanente, e monitorar automaticamente as exceções aos padrões e tendências.

Orçamento do capital. O orçamento do capital é o processo de identificar os ativos financeiros, incluindo software, que precisem ser adquiridos ou desenvolvidos. Isso inclui comparar alternativas ou avaliar opções de compra *versus* locação.

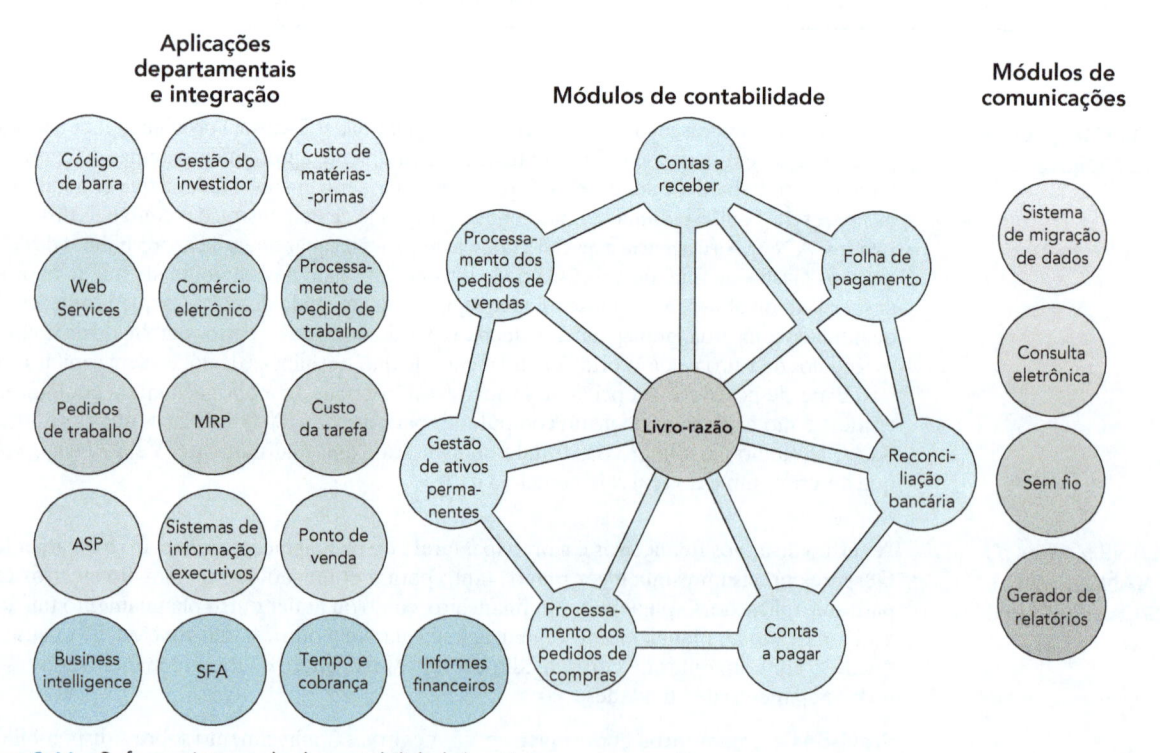

Figura 9.11 Software integrado de contabilidade/negócios.

A análise de orçamento do capital utiliza modelos financeiros padrão, como valor presente líquido (VPL), taxa interna de retorno (TIR) e período de retorno financeiro para avaliar decisões alternativas de investimento. O Excel e outros pacotes de planilha incluem funções predefinidas desses modelos.

SIs de contabilidade/finanças também são responsáveis por coletar os dados brutos necessários para o SPT de contabilidade/finanças. Eles convertem esses dados em informações e disponibilizam-nas aos usuários, seja como informações agregadas sobre folha de pagamento, como relatórios internos da organização ou como relatórios externos para os acionistas ou agências governamentais (ver Figura 9.11).

O SPT de contabilidade/finanças também dá pistas de auditoria confiáveis e completas sobre toda a rotina de transações transmitidas pela rede. Esse recurso é vital para contadores e auditores.

XBRL: eXtensible Business Reporting Language. Como você leu no Capítulo 8, a **XBRL** é uma linguagem de programação e um padrão internacional para a transmissão eletrônica de informações financeiras e comerciais. Desde setembro de 2005, pode ser utilizada para submeter eletronicamente relatórios financeiros a SEC (Securities and Exchange Commission*) e a FDIC (Federal Deposit Insurance Corporation). Com a XBRL, todos os dados financeiros da empresa são coletados, consolidados, publicados e consumidos sem a necessidade de planilhas do Excel. A Figura 9.12 ilustra como a XBRL funciona. Esse padrão permite que analistas do governo validem as informações submetidas em horas em vez de em duas ou três semanas. A XBRL auxilia instituições financeiras a:

---

* N. de R. T.: O equivalente no Brasil à Comissão de Valores Mobiliários (CVM) e ao Banco Central (BC).

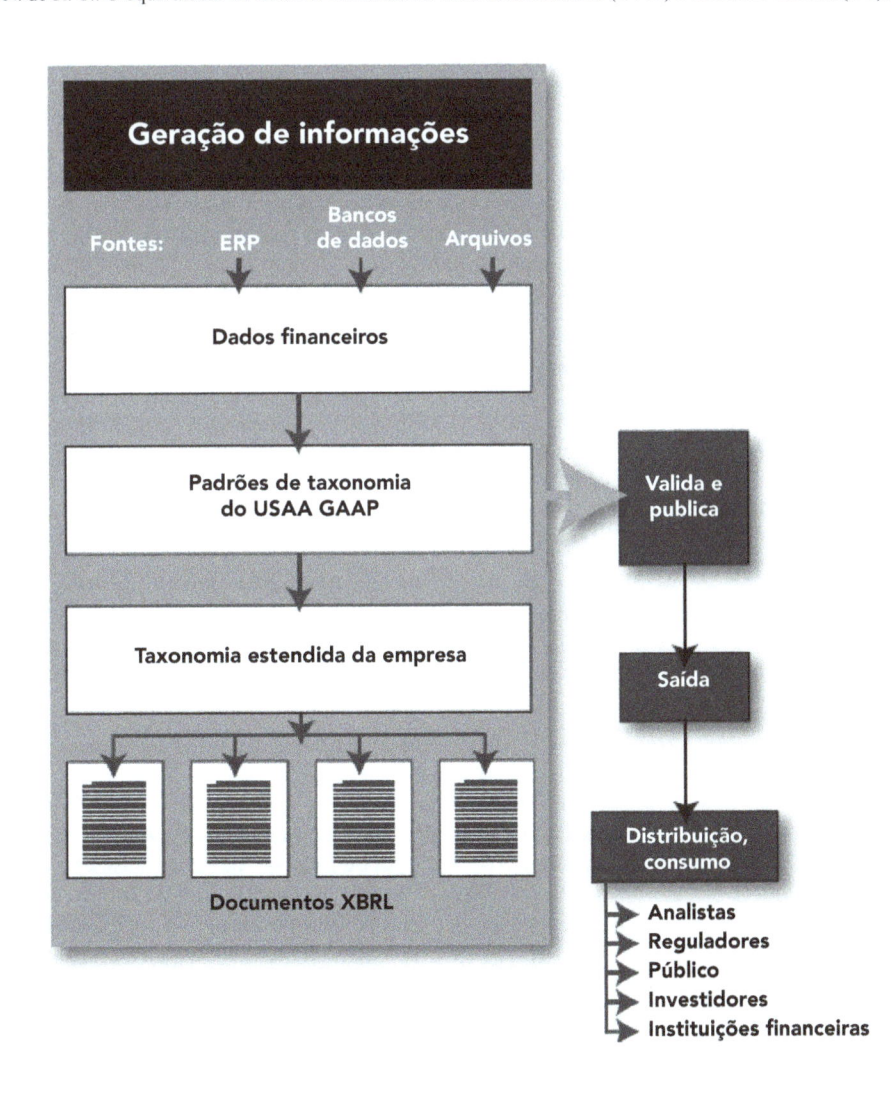

Figura 9.12 Como a linguagem XBRL funciona.

- Gerar dados mais transparentes, incluindo explicações por escrito e notas de sustentação.
- Produzir dados mais acurados, com menos erros e que requerem acompanhamento dos reguladores.
- Transmitir dados mais rapidamente aos reguladores para cumprir prazos.
- Aumentar o número de casos e a quantidade de informação que funcionários podem manipular.
- Disponibilizar informações mais rapidamente aos órgãos regulamentadores e ao público.
- Resolver questões e preocupações no processo de arquivamento e não depois, na verificação.
- Reduzir o tempo de emissão do relatório.
- Levar a um mercado de capital mais eficiente.

CONTROLE E AUDITORIA

Conforme você leu, a principal razão pela qual as organizações fracassam é sua incapacidade de prever e/ou assegurar *fluxo de caixa* suficiente. Despesas subestimadas, excesso de gastos, má gestão financeira e fraude podem levar ao desastre. Um bom planejamento é necessário, mas não é suficiente e precisa ser complementado por um controle hábil. As atividades de controle nas organizações assumem diversas formas, incluindo controle e auditoria dos próprios sistemas de informação. Os sistemas de informação desempenham um papel extremamente importante ao dar suporte ao controle organizacional, como mostramos neste livro. Formas específicas de controle financeiro são apresentadas a seguir.

Análise de risco e controle orçamentário. As empresas precisam analisar o risco de fazer negócios com parceiros ou em outros países. Dar crédito a clientes pode ser arriscado, portanto uma empresa pode utilizar produtos como FICO, da fairisaac.com, para calcular esse risco. Os reguladores aprovam a gestão de risco.

Depois que o orçamento anual foi decidido, ele é dividido em alocações mensais. Gerentes em vários níveis monitoram, então, gastos departamentais, e os comparam com o orçamento e progresso dos planos operacionais da empresa. Sistemas de relatório simples resumem os gastos e fornecem *relatórios de exceção* assinalando qualquer gasto que ultrapasse o orçamento de acordo com uma porcentagem prevista ou que esteja significativamente abaixo do orçamento. Softwares mais sofisticados tentam relacionar os gastos com a realização do programa orçamentário. Muitos softwares podem ser utilizados para dar suporte ao controle orçamentário; a maioria deles é combinada com pacotes de preparação de orçamento de fornecedores como claritysystems.com e capterra.com.

Auditorias. O principal objetivo de uma **auditoria** é assegurar a acurácia e a condição da saúde financeira de uma organização. A auditoria interna é feita pelo pessoal de contabilidade/finanças da organização, que também organiza auditorias externas realizadas para empresas de auditoria. A TI facilita as auditorias. Os sistemas especialistas, por exemplo, podem revelar fraudes localizando transações financeiras que se desviaram significativamente dos perfis de pagamento anteriores. Além disso, a TI fornece dados em tempo real a qualquer momento.

Análise de índices financeiros. A principal tarefa dos departamentos de contabilidade/finanças é cuidar da saúde financeira da empresa, monitorando e avaliando um conjunto de índices financeiros. Esses índices também são utilizados por grupos externos quando estes estão decidindo se vale a pena investir em uma organização, concedendo crédito a ela, ou comprá-la.

A coleta de dados feita para a análise contábil é feita pelo SPT e o cálculo de índices é realizado por modelos de análise financeira. A interpretação desses índices, especialmente a previsão de seus comportamentos futuros, exige perícia e, algumas vezes, é suportada por sistemas especialistas.

Análise de resultados e controle de custo. Muitas empresas estão preocupadas com a lucratividade de produtos individuais ou serviços e também com a saúde financeira de toda a organização. Softwares DSS de análise de lucratividade permitem o cálculo acurado da lucratividade e da alocação de recursos das despesas gerais. Uma forma de controlar os custos é estimá-los adequadamente, o que é feito pelo uso de um software especial. A Profitability Management da Hyperion, uma empresa da Oracle, fornece uma análise multidimensional e preditiva poderosa, bem como funcionalidades de consulta, geração de relatórios e representação gráfica das informações, na forma de dashboards, tudo isso aliado a uma grande facilidade de uso e de implantação. Essa solução oferece uma análise de custo poderosa e criteriosa, baseada em atividades, e também capacidades de usar modelos hipotéticos para ajudar a criar e a testar novas estratégias de negócio. Regras de negócio sofisticadas são armazenadas em um único lugar, permitindo que análises e estratégias sejam facilmente compartilhadas por toda a empresa.

Questões para revisão

1. Como o planejamento financeiro e orçamentário é facilitado pela TI?
2. Explique como os SIs de contabilidade ajudam a deter fraudes.
3. Defina *orçamento do capital*.
4. Por que a XBRL é importante?
5. Qual é o objetivo da auditoria?

9.5 Sistemas de recursos humanos

A área de recursos humanos (RH) lida com políticas, procedimentos, requisitos de conformidade e melhores práticas. Os desenvolvimentos em sistemas online aumentaram o uso de sistemas de informação para recursos humanos no final dos anos 1990. Esses sistemas de informação foram movidos para intranets e para a nuvem, onde aplicativos de RH são alocados na forma de software como um serviço (SaaS). Isso traz benefícios às empresas, liberando os funcionários do RH de tarefas rotineiras e repassando-as aos demais funcionários (registrar uma mudança de endereço), de modo que eles possam se focar em responsabilidades legais e de conformidade, desenvolvimento de pessoal, contratações e planejamento de substituições. Nas seções a seguir, é descrito com mais detalhes como a TI facilita a gestão de recursos humanos (GRH).

Para compreender isso melhor, observe a Figura 9.13. Essa figura resume o papel que o RH desempenha em captar e manter pessoas nas organizações. Veja que as atividades são cíclicas por natureza.

Recrutamento. Recrutar é encontrar, testar e decidir quais funcionários contratar. Algumas empresas recebem muitos candidatos viáveis, enquanto outras têm dificuldade em encontrar as pessoas certas. Com milhões de currículos online, não é de surpreender que as empresas estejam tentando encontrar candidatos adequados na Web, normalmente com a ajuda de ferramentas de busca específicas. O recrutamento online é capaz de "lançar uma grande rede" a fim de atingir mais candidatos, o que pode trazer para o processo seletivo mais candidatos qualificados a um custo menor.

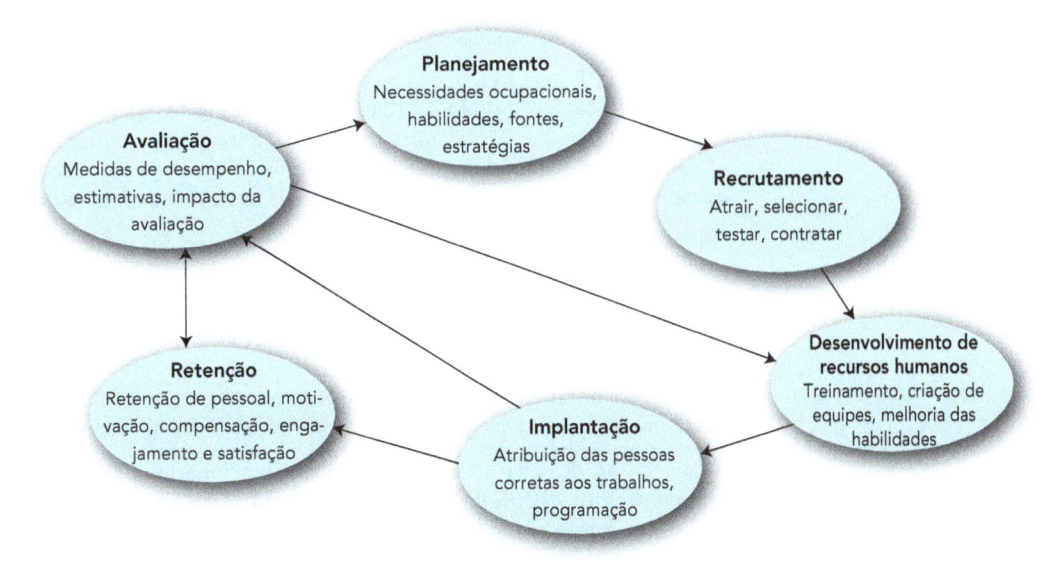

Figura 9.13 Atividades de gestão de RH.

TI em ação 9.5

Utilizando software inteligente e redes sociais para melhorar os processos de recrutamento

Um desafio para as empresas é gerenciar de maneira eficiente o processo de recrutamento online, porque propagandas online estão atraindo um grande número de candidatos. Por exemplo, a Infosys agora recebe 1 milhão de candidatos a empregos excedentes a cada ano para preencher cerca de 9.000 vagas. Ter candidatos demais pode parecer um problema, mas as empresas estão descobrindo que existe baixa compatibilidade entre as habilidades e atributos que requerem e os milhares de candidatos recebidos. Assim, apesar de atraírem muitos candidatos, muitas vezes as empresas sofrem com a falta de bons candidatos. Além disso, como uma empresa pode estar certa de que está acessando e atraindo os melhores talentos em um campo específico? Alguns interessantes e novos desenvolvimentos estão mudando a maneira como empresas abordam essas questões.

A Trovix oferece um serviço baseado em seu software de RH, que utiliza inteligência incorporada para ajudar a administrar todo o processo de recrutamento. A Trovix diz que suas ferramentas, a Trovix Recruit e a Trovix Intelligent Search, podem emular a tomada de decisão humana e avaliar quantidade, profundidade e relevância da experiência de trabalho de um candidato, sua educação e assim por diante. O software apresenta em ordem de classificação os melhores candidatos que se encaixam no cargo oferecido. Outros recursos permitem acompanhar as candidaturas, os relatórios e as comunicações. Uma série de instituições está usando esse serviço, incluindo a Stanford University, que precisa preencher milhares de cargos todos os anos. A Trend Micro adotou a Trovix e foi capaz de examinar 700 candidaturas e listar os 10 melhores candidatos em cerca de 20 minutos. A acurácia provavelmente não é melhor do que a obtida no processamento manual, mas o software é capaz de examinar os candidatos mais rapidamente.

Uma abordagem um pouco mais pessoal está disponível em algumas redes sociais, que oferecem apoio a empresas para que localizem os melhores talentos em determinado segmento. O LinkedIn (linkedin.com) utiliza mais uma abordagem de redes. As pessoas que fazem parte da rede social são estimuladas a recomendar outras pessoas que considerem adequadas a um cargo específico, independentemente de elas estarem procurando por novos empregos. Dessa forma, a empresa que está procurando obter o melhor talento tem sua oferta propagandeada de forma muito mais abrangente e pode se beneficiar das indicações e referências do boca a boca. O LinkedIn, por exemplo, oferece funcionários prospectivos na rede de mais de 8 milhões de pessoas em 130 setores, o que significa uma exposição muito maior das vagas de emprego e uma quantidade de talentos muito maior para buscar por referências.

Outra aplicação do software inteligente é a avaliação pré-emprego. Teste, consulta de antecedentes, entre outros, podem economizar tempo e aumentar a acurácia.

Fontes: Compilado de Ere.net (2006), trovix.com, jobster.com e LinkedIn.com.

O recrutamento online é benéfico também para os candidatos. Eles estão expostos a um grande número de ofertas de emprego, podem obter detalhes sobre os cargos disponíveis rapidamente e começar a avaliar seu futuro empregador. Para verificar a competitividade das ofertas de salário ou quanto podem ganhar em outro lugar em diversos países, os candidatos visitam o site monster.com.

Exemplo. A Finish Line Corp. teve de processar mais de 330.000 pessoas que se candidataram, durante um período de 12 meses, a um emprego na empresa. Mais de 75% deles se candidataram online. Utilizando o software de triagem da Unicru, 112.154 candidatos foram eliminados imediatamente. Mais de 60.000 horas do tempo de gerentes de lojas foram economizadas em virtude da redução no número de entrevistas conduzidas.

Utilizando as mídias sociais e softwares inteligentes. O recrutamento no mundo virtual e nos sites de redes sociais é muito popular. Ele é realizado na maioria dos sites importantes – LinkedIn, MySpace, Facebook, Craigslist e Second Life. O recrutamento online muitas vezes é suportado por agentes de software inteligente. Para um exemplo de como isso é feito, veja *TI em ação 9.5*.

MANUTENÇÃO E DESENVOLVIMENTO DE RECURSOS HUMANOS

Depois de contratados, os funcionários tornam-se parte do conjunto corporativo de recursos humanos, que precisa ser mantido e desenvolvido. Veja algumas atividades suportadas pela TI.

Avaliação de desempenho. A maioria dos funcionários é avaliada periodicamente por seus supervisores imediatos. Profissionais ou subordinados também podem avaliar outros. As avaliações em geral são registradas em papel ou em formulários eletrônicos. Utilizar essas informações manualmente é um trabalho entediante e propenso a erros. Depois de digitalizadas, as avaliações podem ser utilizadas para dar apoio a muitas decisões, desde gratificações e transferências até suspensões. A Cisco Systems, por exemplo, é reconhecida por desenvolver uma estratégia de capital humano baseada em TI. Muitas universidades avaliam seus professores online. O formulário de avaliação aparece na tela e o estudante o preenche. Os resultados podem ser tabulados em questão de minutos. Gerentes corporativos podem analisar o desempenho dos funcionários com a ajuda de sistemas especialistas, que fornecem interpretações sistemáticas sobre o desempenho ao longo do tempo. Muitas empresas oferecem software de avaliação de desempenho; algumas delas são a people_trak.com e a talco.com.

A revisão salarial está relacionada à avaliação de desempenho. O grupo U.S Field Services Operations (USFO), da Hewlett-Packard, localizado em Atlanta, por exemplo, desenvolveu um sistema de revisão salarial sem papel (*paperless wage review* – PWR). Esse sistema baseado na Web utiliza agentes inteligentes para lidar com as revisões trimestrais de 15.000 funcionários da HP. (Um sistema semelhante é utilizado pela maioria dos outros grupos, abrangendo um total de 150.000 funcionários.) O agente de software permite que gestores e o corpo de funcionários da UFSO acessem os dados dos funcionários a partir dos bancos de dados pessoais e funcionais. O sistema PWR acompanha as datas de revisão salarial do funcionário e inicia automaticamente o processo de revisão salarial. Ele envia formulários de revisão salarial aos gerentes de primeiro nível por e-mail, a cada semestre.

Treinamento e desenvolvimento de recursos humanos.

O treinamento e a reciclagem de funcionários é uma atividade importante do departamento de recursos humanos. As principais questões são o planejamento de aulas e a adaptação a programas de treinamento específicos a fim de atender as necessidades da organização e de seus funcionários. Departamentos de recursos humanos sofisticados constroem um plano de desenvolvimento de carreira para cada funcionário. A TI pode dar suporte ao planejamento, ao monitoramento e ao controle dessas atividades utilizando aplicações de fluxo de trabalho.

Alguns dos desenvolvimentos mais inovadores estão presentes nas áreas de treinamento online ao vivo, utilizando o WebEx (webex.com) ou outro software online de reuniões. O YouTube, a Teradata University Network (TUN) e a CNN.com oferecem excelentes vídeos educativos. Animações em Flash e simulações estão facilmente disponíveis. A mídia social, como o Second Life, discutida no Capítulo 8, oferece o que há de mais atual em opções de treinamento. A indústria aeromobilística vem usando simuladores de voo por décadas para treinar seus pilotos. O Second Life possui um fórum especial para treinamento e aprendizagem usando mundos virtuais. Um exemplo de como as simulações interativas são utilizadas no treinamento para o uso de equipamentos complexos é dado em *TI em ação 9.6*.

PLANEJAMENTO, CONTROLE E GESTÃO DE RH

Em algumas indústrias, a negociação de direitos trabalhistas é um aspecto particularmente importante do planejamento de RH e pode ser facilitado pela TI. Para a maioria das empresas, administrar os benefícios do funcionário também é parte significativa da função de recursos humanos. Alguns exemplos de como a TI pode ajudar são apresentados a seguir.

Planejamento de pessoal e estratégias de RH.

O departamento de RH faz a previsão dos requisitos de pessoal e de suas qualificações. Em algumas áreas geográficas e em alguns postos de trabalho no exterior, pode ser difícil encontrar determinados tipos de funcionários. Nesses casos, o departamento de RH planeja como encontrar ou desenvolver recursos humanos suficientes.

A administração de benefícios.

As contribuições dos funcionários às suas organizações são recompensadas pelo salário, bônus e outros benefícios. Os benefícios incluem aqueles relacionados à assistência médica e odontológica, bem como contribuições para pensões. Gerenciar o sistema de benefícios pode ser uma tarefa complexa devido aos componentes numerosos e à tendência das organizações de permitir que funcionários escolham e negociem benefícios. Em grandes empresas, o uso de computadores para a seleção de autobenefícios pode economizar uma grande quantidade de mão de obra e tempo do pessoal do RH.

A oferta de flexibilidade na seleção de benefícios é vista como uma vantagem competitiva dentro das grandes organizações. Isso pode ser implementado de forma bem-sucedida quando há suporte computacional. Algumas empresas automatizaram o cadastramento de benefícios. Funcionários podem se cadastrar automaticamente para receber benefícios específicos utilizando o portal corporativo ou tecnologia de voz. Eles mesmos selecionam os benefícios desejados a partir de um menu. Cartões de pagamento de salário estão sendo utilizados em várias empresas, como a Payless Shoes, que tem mais de 30.000 funcionários em 5.000 lojas.

TI em ação 9.6
Utilizando simulação interativa para treinamento

Uma tecnologia efetiva para treinamento e aprendizagem digital é a simulação visual interativa, que utiliza exibição gráfica computadorizada para apresentar os impactos sobre as decisões.

Essa tecnologia difere de gráficos normais nos quais o usuário pode ajustar o processo de tomada de decisões e ver resultados da intervenção. Alguns estagiários respondem melhor a gráficos, e esse tipo de interação pode ajudar estudantes e gestores a aprenderem sobre situações de tomada de decisão. A simulação visual interativa, por exemplo, foi aplicada para analisar as operações ocorrendo em um ambiente médico dentro de uma rede de médicos para dar alta qualidade cuidados de saúde eficiente em uma prática familiar. O sistema de simulação identificou os fatores de entrada mais importantes que significativamente afetam o desempenho. Essas entradas, quando gerenciadas de maneira adequada, levam a custos mais baixos e níveis mais altos de serviços.

A simulação visual representa um sistema estático ou dinâmico. Os modelos estáticos mostram uma imagem visual do resultado de uma decisão alternativa tomada em certo momento. Os modelos dinâmicos mostram sistemas que evoluíram no tempo e a evolução pode ser representada por animações.

O estagiário pode interagir com um modelo simulado, assistir aos resultados se desenvolvendo ao longo do tempo e tentar diferentes estratégias de tomada de decisão online. A aprendizagem enriquecida, tanto sobre o problema como sobre o impacto das alternativas testadas, pode ocorrer – e de fato ocorre.

Os principais potenciais benefícios de tais sistemas são:

- Diminuir o tempo de aprendizagem do estagiário.
- Facilitar o aprendizado de equipamentos operacionais complexos.
- Permitir o autoaprendizado, a qualquer tempo e em qualquer lugar.
- Obter melhor memorização.
- Diminuir o custo geral de treinamento.
- Registrar o progresso de aprendizagem dos indivíduos e melhorar a aprendizagem.

Diversas empresas oferecem o software e o procedimento de aprendizagem necessários. Um produto é o SimMAGIC, da Hannastar Technology Co., Ltd., em Taiwan. A Figura 9.14a mostra a aplicação em uma empresa farmacêutica; a Figura 9.14b mostra gráficos com o progresso do estagiário.

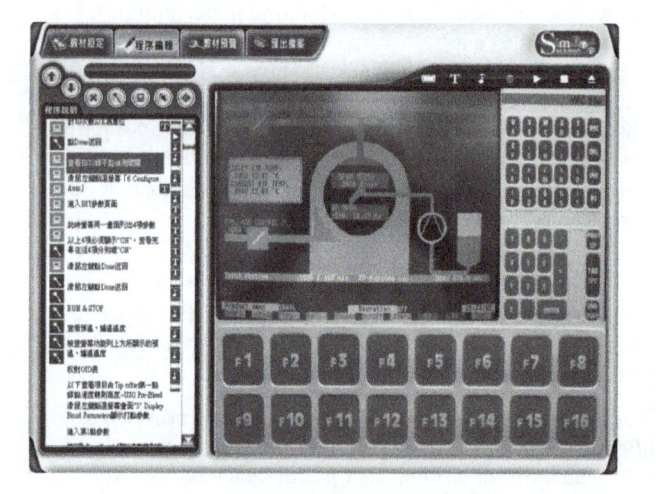

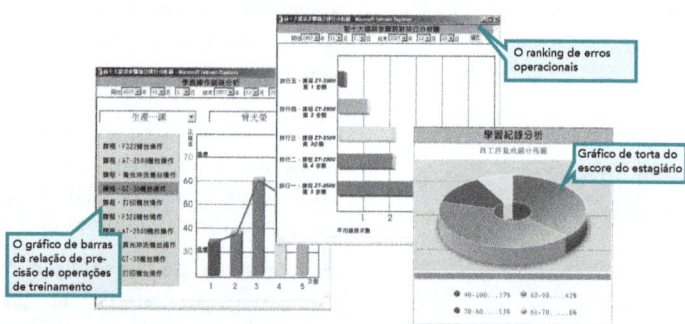

Figura 9.14 Aplicativo SimMagic e gráficos de progresso. (a) Aplicativo de treinamento SimMagic na indústria farmacêutica. (b) Apresentação de dados no SimMagic sobre o processo de treinamento. (Cortesia de HamStar Technology Ltd.)

O sistema especifica o valor de cada benefício e o saldo de benefícios disponível de cada funcionário. Algumas empresas utilizam agentes inteligentes para dar assistência a funcionários e monitorar suas ações.

Gestão de relacionamento com o funcionário. Em um esforço para gerenciar melhor funcionários, as empresas estão desenvolvendo a gestão de capital humano, facilitada pela Web, a fim de simplificar o processo de RH. Essas aplicações Web são normalmente chamadas de gestão de relacionamento com o funcionário (*employee relationship management* – ERM). Por exemplo, autosserviços como rastreamento de informações pessoais e treinamento online são muito populares na ERM. Um relacionamento de qualidade com os funcionários resulta em melhor retenção e em produtividade mais alta.

TI em ação 9.7

Software ajuda o Cirque du Soleil

O Cirque du Soleil é um circo itinerante com base no Canadá. Utilizando a TI, o circo é capaz de entreter mais pessoas a cada ano do que o Red Sox e o Yankees juntos (mais de 10 milhões de pessoas em 2007, em quatro continentes). Como o Cirque faz isso? Em primeiro lugar, ele não é um circo comum. Tem atrações incríveis como acrobacia e musicais e danças do calibre dos da Broadway em 18 shows diferentes (além do circo tradicional e da ópera). Tudo isso é realizado por 20.000 artistas e 4.000 funcionários administrativos, que estão frequentemente em trânsito utilizando suas 250 carretas. Vinte mil artistas estão no programa e são transportados com todos os equipamentos de palco e fantasias, que mudam constantemente. A empresa cresceu com muita rapidez entre 2000 e 2008, e diversos problemas surgiram por causa desse crescimento rápido.

A logística de pessoas, transportes, acomodação, alimentação, suprimentos, entre outros, em centenas de cidades diferentes a cada ano, para diversos grupos viajantes, é bastante difícil. E existem 200 aplicações diferentes em todas as áreas funcionais, desde finanças até GPO, contabilidade, marketing e gestão de recursos humanos. Essas aplicações não eram capazes de compartilhar dados, ameaçando a produtividade das pessoas e causando atrasos, problemas e gastos desnecessários. Se um funcionário ficasse doente, por exemplo, com que rapidez ele poderia ser substituído? E se os equipamentos fossem extraviados ou uma carreta atrasasse?

O problema foi agravado pelo rápido crescimento da empresa para incluir cinco shows permanentes em Las Vegas e pelas mudanças frequentes nas programações e nos planos.

Em função da natureza única dessa empresa, a maioria dos aplicativos era feita internamente. Um software especial, por exemplo, era necessário para fazer ou comprar trajes e para designar artistas para cada traje que precisava ser feito. Além disso, a empresa instalou o ERP para a gestão de recursos humanos, agendamento de produção, logística e finanças. Mesmo os registros médicos dos artistas performáticos eram rastreados. Para que essas diversas aplicações se comunicassem, a empresa implementou o software IBM WebSphere Business Integration para conectar todos os sistemas e aplicações. Esse sistema integrado substituiu o trabalho manual dos gerentes de produção, que fazem um inventário sempre que um grupo chega a um destino. Se algo estivesse faltando, diversas pessoas se envolviam na busca por um substituto. Hoje, devido ao compartilhamento de dados, existem pouquíssimos casos de itens perdidos. Além disso, o IBM WebSphere ajudou a diminuir o tempo de desenvolvimento de novas aplicações, bem como o tempo de modificação de aplicações existentes, em torno de 25%. Também o tempo para conectar um novo software de negócios à intranet foi reduzido em 20%. Tudo isso ajudou a aumentar a produtividade. Em 2001, a empresa vendia em média 65 ingressos por funcionário, mas em 2005 o total foi de 200.

Fontes: Compilado de Barrett (2005), IBM.com e cirquedusoleil.com.

Questões para discussão: Por que foi necessário integrar as aplicações funcionais? A empresa poderia crescer de maneira tão rápida de outra forma? Explique como.

ÉTICA — As aplicações da gestão de recursos humanos são propensas a considerações legais e éticas. Atividades de treinamento, por exemplo, que fazem parte da gestão de recursos humanos, podem envolver questões éticas no recrutamento e seleção de funcionários e na avaliação de desempenho. De forma similar, o processamento e armazenamento de dados do SPT lidam com informações particulares sobre as pessoas, seu desempenho e assim por diante. Deve-se tomar cuidado para proteger essas informações e a privacidade dos funcionários e clientes.

Questões para revisão

1. Liste as atividades de recrutamento que recebem suporte da TI.
2. Como o treinamento pode ser feito online?
3. Explique os sistemas de informação de RH.
4. Descreva o suporte dado pela TI na seleção, promoção e desenvolvimento de funcionários.

Termos-chave

- análise da Web 263
- auditoria 274
- consciência operacional 256
- controle de estoque 266
- dados de sequências de cliques 263
- eficiência operacional 256
- estoque de segurança 266
- estoque gerenciado pelo fornecedor 262
- estoque reserva 266
- falta de estoque 266
- just-in-time (JIT) 266
- procedimentos de operação padrão (POP) 259
- processamento de transações em tempo real (OLTP) 261
- processamento em lote 261
- processamento online 261
- produção enxuta 266
- produção integrada por computador (CIM) 267
- projeto 267
- quantidade econômica de pedidos 266
- robô 265
- sistema de informação de nível operacional 256
- XBRL 273

Destaques do capítulo

(Os números estão relacionados aos Objetivos de aprendizagem)

❶ Aplicações dos sistemas de informação suportam muitas atividades funcionais. Os principais negócios em áreas funcionais são a gestão de produção/operações, marketing, contabilidade/finanças e gestão de recursos humanos.

❶ A espinha dorsal da maioria dos sistemas de informação são os SPTs, que acompanham as operações rotineiras fundamentais à missão da organização.

❷ A principal área de suporte de TI para a gestão de produção/operações é a gestão da logística e do estoque: JIT, customização em massa e CIM.

❸ Os sistemas de informação de marketing e vendas lidam com todas as atividades relacionadas aos pedidos do cliente, vendas, campanhas publicitárias e promoções, pesquisa de mercado, serviços de atendimento ao consumidor e definição de preço de serviços e produtos. Utilizar a TI pode aumentar as vendas, a satisfação do cliente e a lucratividade.

❹ Sistemas de informação financeiros lidam com tópicos como gestão de investimentos, operações financeiras, aumento de capital, análise de risco e aprovação de crédito.

❹ Sistemas de informação contábeis também cobrem muitas aplicações não SPT em áreas como controle de custo, tributação e auditoria.

❺ A maioria das tarefas relacionadas ao desenvolvimento de RH pode ser apoiadas por sistemas de informação de recursos humanos. Essas tarefas incluem recrutamento e seleção de pessoal, contratações, avaliação de desempenho, gerenciamento de salários e de benefícios, treinamento e desenvolvimento, negociações trabalhistas e planejamento de trabalho.

❺ Sistemas de RH online são extremamente úteis para recrutamento e treinamento de pessoal.

Questões para discussão

1. Explique a hierarquia de gestão de Robert Anthony.
2. Quais áreas funcionais estão relacionadas à folha de pagamento e como isso é relevante para o fluxo de informações?
3. Descreva como a XBRL pode ajudar instituições financeiras.
4. Discuta como a TI facilita o processo de orçamento do capital.
5. Discuta o papel que a TI desempenha em auditorias.
6. Qual é o valor da produção enxuta?
7. Qual é o objetivo do modelo de quantidade econômica de pedidos?
8. Descreva o desperdício e dê três exemplos disso.
9. Quais são os riscos da JIT?
10. Estude o papel da Web na gestão de RH.
11. Discuta a necessidade de compartilhamento de dados entre as áreas funcionais.

Exercícios e projetos

1. Reveja o caso do Dartmouth-Hitchcock Medical Center, que se encontra ao final deste capítulo. Imagine que etiquetas RFID custam 5 centavos cada uma. Como as etiquetas RFID podem alterar a gestão da cadeia de suprimentos? Ainda seria necessário um novo sistema para o centro médico? Explique sua análise. Escreva um relatório sobre suas conclusões.
2. Entre no secondlife.com e encontre uma ilha de seu interesse. Para os contadores, sugerimos procurar por "CPA Island". Liste as 10 principais atividades conduzidas no site.

Tarefas em grupo e projetos

1. Cada grupo deve visitar (ou investigar) uma grande empresa em setores diferentes e identificar seus sistemas de canais. Depois, descubra como a TI dá suporte a cada um desses componentes. Por fim, sugira melhorias nos canais existentes que possam ser suportadas pelas tecnologias de TI e que não estão em uso atualmente dentro da empresa. Cada grupo deve apresentar suas descobertas.
2. A turma é dividida em grupos de quatro. Cada membro do grupo representa uma área funcional: gestão de produção/operações, vendas/marketing, contabilidade/finanças ou recursos humanos. Encontre e descreva diversos exemplos de processos que requerem a integração de sistemas de informação departamentais na empresa de sua escolha. Cada grupo também deve mostrar as interfaces que existem com as outras áreas funcionais. Os estudantes de contabilidade, por exemplo, podem visitar o accountantsworld.com apenas para se surpreenderem com o que há lá, e o 1040.com pode ser útil para as áreas de finanças e contabilidade.
3. Cada grupo deve investigar um fornecedor de software de RH (Oracle, SAP, Lawson Software). O grupo deve preparar uma lista de todas as funcionalidade de RH suportadas pelo software. Depois, cada grupo deve fazer uma apresentação a fim de convencer a turma de que o seu fornecedor é o melhor.
4. Analise a crise financeira de 2008. Em sua opinião, que papéis a TI desempenhou para acelerar a crise? Além disso, como a TI ajudou a solucionar alguns problemas? Seja específico.

Exercícios na Internet

1. Encontre softwares de contabilidade gratuitos online. Faça o download e experimente. Escreva um relatório sobre suas descobertas.
2. Procure uma explicação para o modelo de quantidade econômica de pedidos. Explique a fórmula.
3. Encontrar um emprego na Internet é um desafio; existem lugares demais onde procurar. Visite os seguintes sites: careerbuilder.com, craigslist.org, LinkedIn.com, careermag.com, hotjobs.yahoo.com, jobcentral.com e monster.com. O que esses sites têm a oferecer a quem procura um emprego?
4. Visite o sas.com e acesse a otimização de faturamento. Explique como o software ajuda a otimizar preços.
5. Entre em sas.com/solutions/profitmgmt/brief.pdf e faça download do documento sobre gestão de lucratividade. Prepare um resumo.
6. Visite o techsmith.com/camtasia/features.asp e faça um "product tour" (tour pelo produto). Você acha que essa é uma ferramenta de valor?
7. Analise os recursos dos seguintes pacotes de software financeiros: TekPortal (da teknowledge.com), Financial Analyzer (da oracle.com) e Financial Management (da sas.com). Prepare um relatório comparando os recursos dos pacotes de software.
8. Veja novamente o salesforce.com. Que apoio funcional esse software oferece?

CASO DE NEGÓCIO

SunWest Foods combina silos de dados com conhecimento de negócios em tempo real

A SunWest Foods é a segunda maior produtora de arroz selvagem da Califórnia, produzindo mais de 80 toneladas por hora em picos sazonais. Em 2010, a SunWest contratou uma base de 100 funcionários em três armazéns em Biggs, Califórnia, e em um escritório de marketing em Davis, Califórnia. Sua maior instalação tem 11.610 m², 30.000 toneladas de armazenamento. Ela possui sua própria linha férrea, 23.230 m² de asfalto e equipamento de controle de poluição de 6.800 m² de ar por minuto. Em picos sazonais, o processamento chega a 80 toneladas por hora, e os 200 melhores trabalham em turnos, 24 horas por dia, 7 dias por semana.

A SunWest compra de 350 fazendas, empacota, distribui e vende no mercado interno e internacional. Mas o mosaico de SIs e os silos de dados requerem múltiplas entradas manuais de cada um – alguns mais de 10 vezes – desperdiçando tempo e criando erros.

A equipe trabalhou semanas compilando relatórios de negócios fundamentais a partir da colcha de retalhos de SIs e formatos diferentes. Algumas decisões não poderiam aguardar por informações adequadas. O estoque era mantido em níveis elevados para assegurar que pedidos fossem completados. Depois de extensa pesquisa, a SunWest selecionou a Beck Consulting para instalar o Microsoft Dynamics NAV.

Transparência financeira

A SunWest melhorou os controles financeiros, o planejamento e os relatórios no âmbito da empresa. Jim Errecarte, Diretor Executivo e Presidente da SunWest, explicou: "Tínhamos um balanço para cada empresa. Agora estamos cientes das perdas e dos ganhos de todos os centros de lucro dentro de cada empresa, além de todas as seis linhas de produtos. De 10 a 15 horas de trabalho por mês levadas para aprontar os relatórios necessários, hoje utilizamos apenas alguns minutos".

Errecarte diz que "Claramente os impactos da nossa colcha de retalhos de sistemas foram muitos passos extras e decisões de negócio apressadas que se basearam em relatórios incompletos pelos quais não tínhamos tempo de esperar – especialmente em nossas posições de commodity. Éramos vencidos por não termos uma solução coesiva, com fim em si mesma que englobasse compras, vendas, produção, distribuição, finanças e previsão de tendências".

A SunWest generalizou anteriormente uma lista de preços para cada setor do mercado. Agora é capaz de oferecer preços específicos para cada cliente, administrá-los facilmente e acompanhar os benefícios. Isso ajuda os tomadores de decisão a posicionarem a empresa de modo sensato no mercado e a conduzir melhorias constantes.

Errecarte agora cria a maioria dos relatórios de que precisa no Microsoft Dynamics NAV sem tirar os outros de suas tarefas. Ele obtém dados quatro semanas mais rápido e em formatos que ele pode utilizar com facilidade. Ter uma dinâmica de negócio de commodity e alimentos em funcionamento é essencial.

Resumo dos benefícios

Atualmente, um tempo de trabalho enorme dos funcionários voltou às funções de negócio, executivos produzem seus próprios relatórios em minutos, dinheiro novo está entrando de decisões bem pensadas de compra e venda de commodity e os clientes quase nunca reclamam de um pedido com imperfeições.

Segue um resumo dos benefícios atingidos pela integração de silos de dados:

- O tempo de entrada de dados caiu 80%, fazendo dos pedidos perfeitos uma regra e liberando mais de 30 horas de trabalho dos funcionários por semana.
- Relatórios de commodity que levavam semanas para serem processados são agora instantâneos e economizam 15 horas de trabalho mensais.
- Relatórios de marketing do arroz selvagem, que demoravam três meses, agora são produzidos em tempo real.
- Ligações de clientes em pânico por causa de pedidos incompletos caíram de uma frequência mensal para a frequência trimestral.

Fontes: Compilado de Microsoft (2010) e SunWest (2010).

Questões

1. Por que as entradas múltiplas de dados de um mesmo dado eram necessárias?
2. Antes da integração, por que a SunWest tinha seus SIs fragmentados?
3. Explique o desperdício na SunWest ocorrido antes da integração. Por que havia tanto desperdício?
4. Que áreas funcionais se beneficiaram com a solução de SI integrada?
5. Por que relatórios em tempo real e dados confiáveis são fundamentais para a SunWest?

CASO DE EMPRESA SEM FINS LUCRATIVOS

Gestão de estoque sem fio no Dartmouth-Hitchcock Medical Center

O Dartmouth-Hitchcock Medical Center (DHMC) é um grande complexo médico em New Hampshire com hospitais, faculdade de medicina e mais de 600 médicos em suas diversas clínicas. O DHMC estava crescendo com rapidez e encontrando grandes problemas na distribuição de suprimentos médicos. Esses suprimentos costumavam ser requeridos por enfermeiras. Mas as enfermeiras normalmente são poucas, então tê-las perdendo tempo valioso fazendo pedidos de suprimentos as deixa com menos tempo para suas atividades principais. Além disso, ter enfermeiras lidando com pedidos de suprimentos leva a problemas de gestão de estoque. As enfermeiras geralmente estavam tão ocupadas que não viam a gestão de estoque como sua principal preocupação. Como resultado, elas frequentemente encomendavam quantidades altas em um esforço para economizar tempo de gestão de estoque. No outro extremo, algumas vezes esperavam até o último minuto para fazer o pedido, o que levava a pedidos urgentes e caros.

Uma solução seria transferir a tarefa de pedido e gestão de estoque para outros funcionários, mas fazer isso requereria contratar mais funcionários, e o DHMC possuía um orçamento apertado. Além disso, a coordenação com as enfermeiras para descobrir o que era necessário e quando, como manter o estoque, seria muito complexa.

O que o centro médico precisava era de uma solução que reduzisse os encargos das enfermeiras e que também reduzisse os níveis de estoque e os pedidos de última hora, geralmente caros. Tendo em vista o tamanho do centro médico e o fato de que mais de 30.000 itens de estoque diferentes existiam, essa não era uma tarefa simples.

Solução para os problemas na cadeia de suprimentos

O DHMC percebeu que seu problema estava relacionado à cadeia de suprimentos, então procurou por soluções de TI. A ideia que o DHMC escolheu era a de conectar, sem fio, os dispositivos de mão ao sistema de informação para gestão de estoque e de pedidos. O novo sistema funciona da seguinte forma: o centro médico possui uma LAN sem fio (Wi-Fi). As informações sobre suprimentos podem ser enviadas ou baixadas de dispositivos para a/da rede a partir de qualquer lugar dentro do perímetro da Wi-Fi. Em clínicas distantes, sem Wi-Fi, os dispositivos de mão estão ancorados em redes de PC com fio.

Para cada item no estoque, um nível foi estabelecido (o nível no qual os suprimentos precisam ser encomendados), baseado nos relatórios de uso atuais e na colaboração entre enfermeiras e equipe de gestão de materiais. Agora as enfermeiras podem simplesmente escanear um item toda vez que este for consumido e o software ajusta automaticamente o nível de estoque registrado. Quando o nível é atingido para qualquer item no estoque, um pedido ao fornecedor é gerado automaticamente. De forma semelhante, quando o nível de estoque em cada estação de enfermagem fica abaixo do nível estabelecido para as encomendas, o envio é organizado a partir da sala central de suprimentos para a estação de enfermagem. O sistema também permite que as enfermeiras façam pedidos de reposição, que podem ser desencadeados pelo escaneamento de um item. O sistema funciona com os suprimentos de todos os departamentos, não só o de enfermagem, como RH e contabilidade.

O sistema é integrado com outros aplicativos do mesmo fornecedor, PeopleSoft Inc., uma empresa da Oracle. Um desses aplicativos é o Express PO, que permite que gestores de pedidos revejam e ajam em pedidos já feitos, licitação eletrônica e gestão de contrato.

Melhoria de desempenho

Os níveis de estoque foram reduzidos em 50%, pagos pelo sistema dentro de poucos meses. A compra e gestão de materiais agora são consistentes em toda a empresa; os pedidos de última hora, algumas vezes muito caros, foram eliminados; o tempo gasto pelas enfermeiras em pedidos e verificação de materiais foi reduzido drasticamente e o acesso às informações atuais foi melhorado. Tudo isso contribuiu para a redução de custos e para a melhoria do cuidado ao paciente.

O novo sistema ajudou na modernização e na reciclagem de alguns processos no centro de negócio (por exemplo, distribuição, licitação) e foi capaz de dar suporte a diversos processos de negócio (como operações, finanças e contabilidade), não apenas a um. Embora a principal aplicação do sistema seja a gestão de estoque, o mesmo fornecedor ofereceu modelos de compras prontos e modelo de gestão de contrato, que foram integrados ao módulo de estoque. A integração também inclui a conexão com os fornecedores, utilizando a Internet.

Essa solução de TI se mostrou útil para uma empresa cujos processos de negócio cruzam todas as linhas tradicionais de departamentos funcionais. Nesse caso, a enfermagem é considerada uma operação/produção e assim também é entendido o controle de estoque; a gestão de compras e de contrato está na área de finanças/contabilidade.

Fontes: Compilado de Grimes (2003), Supply Chain Management and Logistics (2004), Oracle.com.

Questões

1. Quais eram os problemas de distribuição de suprimentos do DHMC?
2. Que fatores ou práticas contribuíam para esses problemas?
3. Por que a gestão de estoque importava para o DHMC?
4. Como a gestão de estoque do DHMC teve seus problemas resolvidos?

ANÁLISE UTILIZANDO PLANILHAS

Cálculo de economia de mão de obra na SunWest Foods

Veja o Caso de negócio anterior (SunWest Foods combina silos de dados com conhecimento de negócios em tempo real). Faça uma planilha para calcular a economia com custos de mão de obra. Utilize dados do caso apresentado para estimar a redução de tempo desperdiçado. Imagine que o custo de hora de trabalho para os funcionários seja de 15,00 dólares e que o custo para os gestores e executivos seja de 100,00 dólares por hora.

Recursos online

Você encontrará os guias de tecnologia (em português), bem como outros recursos e ferramentas de estudo (em inglês), no site da Bookman Editora (www.bookman.com.br). Dentre eles:

Casos do Capítulo 9

9.1 Dollar General Uses Integrated Software
9.2 Regent Inns: Successful Implementation of E-Procurement
9.3 Musco Food Uses IT to Improve Sales and Operations

Referências

Aberdeen Group, "Customer Analytics: Segmentation Beyond Demographics," August 31, 2008. aberdeen.com.

Barrett, L. "Juggling Act," Baseline, June 2005.

Boucher-Ferguson, R., "Playing Tough with TIAA-CREF," eWeek, January 2006a.

Boucher-Ferguson, R., "TIAA-CREF Dissects the Disaster," eWeek, April 2006b.

Ere.net, "Trovix Makes Good at Stanford University: Premier Educational Institution Turns to Intelligent Search Provider for Recruiting Top Talent," March 8, 2006.

Grimes, S. "Declaration Support: The BPM Drumbeat," Intelligent Enterprise, April 23, 2003.

Salesforce.com, 2010.

Supply Chain Management and Logistics, "Health Care: Safety and Security in the Spotlight," June 1, 2004.

SunWest Foods, Microsoft Case Study, April 30, 2010.

TIAA-CREF, Annual Report 2006, July 2007.

Capítulo 10
Sistemas de Informação Corporativos

Biblioteca de links

Breve introdução

SIGE coloca a Under Armour em posição de vantagem com relação à Nike

- 10.1 Sistemas corporativos
- 10.2 Sistemas integrados de gestão empresarial
- 10.3 Sistemas de gestão da cadeia de suprimentos
- 10.4 Sistemas de planejamento, previsão e reabastecimento colaborativos
- 10.5 Sistemas de gestão de relacionamento com o cliente
- 10.6 Sistemas de gestão de conhecimento

Caso de negócio SIGE melhora a produtividade da Northern Digital Inc.

Caso de empresa sem fins lucrativos A Arbor Day Foundation implementa sistema de gestão de relacionamento com os contribuintes

Análise utilizando planilhas Avaliando o valor da gestão eletrônica de relacionamento com o cliente (e-CRM)

Referências

Objetivos de aprendizagem

1. Compreender como sistemas empresariais dão apoio a operações multifuncionais e multinacionais.

2. Compreender por que empresas precisam de sistemas integrados de gestão empresarial.

3. Descrever as redes e soluções para a gestão da cadeia de suprimentos.

4. Compreender o planejamento colaborativo de vendas e abastecimento.

5. Descrever sistemas de gestão de relacionamento com o cliente.

6. Discutir os benefícios dos sistemas de gestão do conhecimento.

Integrando a *TI*: CON | FIN | MKT | GPO | GRH | SI

Biblioteca de links

Comparação dos 10 principais fornecedores de SIGE   top10erp.org/
Fornecedor de SIGE Shootout   erpshootout.com/
Oracle   oracle.com
SAP   sap.com
SSA Global   ssaglobal.com/solutions/erp/ln.aspx
Microsoft Dynamics   microsoft.com/dynamics/en/us/default.aspx
Teradata   Teradata.com

Breve introdução

Esta seção introduz as questões de negócio, os desafios e as soluções de TI deste capítulo. Tópicos e questões mencionados aqui são explicados ao longo do capítulo.

Empresas possuem muitos bancos de dados e aplicações nos quais investiram nas últimas décadas. Esses sistemas de informação (SI) antigos, chamados de **sistemas legados**, foram construídos com diversas tecnologias hoje ultrapassadas. Visto que as estratégias e tecnologias empresariais mudaram ao longo dos anos, os sistemas legados também foram sendo modificados repetidamente e chegaram a um ponto em que já não podem mais sofrer alterações. Em geral, sistemas legados são inflexíveis e caros de se manter por duas razões:

1. Não podem ser atualizados ou não podem ser atualizados sem um esforço considerável.
2. Não conseguem fazer interface (ou se conectar com) e trocar dados com tecnologias de informação (TI) mais novas ou não podem fazer interface sem um esforço considerável.

Independentemente de suas limitações e de sua idade, os sistemas legados das empresas podem ser de **missão crítica**. Isso significa que se um desses sistemas falhar ou parar de funcionar, uma ou mais operações empresariais podem ser bloqueadas. Pense no caos que você enfrentaria se estivesse em um aeroporto quando o sistema de reservas de passagem entrasse em colapso. Os passageiros poderiam perder conexões e suas bagagens não poderiam ser despachadas. Você pode imaginar (ou mesmo ter experimentado) consequências mais graves.

As novas TIs pode também ser de missão crítica. Nossa dependência em novas infraestruturas de TI tornou-se óbvia em 6 de agosto de 2009, quando um ataque hacker derrubou o Twitter. Em algumas empresas e em determinados países, o Twitter transformou-se em uma infraestrutura fundamental. Mais de 45 milhões de usuários do Twitter ao redor do mundo ficaram sem palavras (por assim dizer) em virtude do ataque, incluindo empresas que dependiam do microblog para fazer marketing e se comunicar com os clientes.

Dada a situação em que se encontram de organizações de todos os tipos devido a seus sistemas legados, quando elas precisam fazer um upgrade de seus SIs de missão crítica ou implementar sistemas globais, elas buscam softwares de sistemas de informação corporativos. Os **sistemas de informação corporativos**, ou simplesmente **sistemas corporativos**, são SIs integrados que dão suporte a processos e funções empresariais essenciais. Esses processos e funções empresariais incluem marketing, contabilidade, finanças, segurança de informação, recursos humanos (RH), conformidade com leis, produção, compras e logística. A integração é atingida por meio da ligação de bancos de dados e data warehouses, de modo que possam compartilhar dados de:

- Funções internas: funções que ocorrem dentro da empresa, chamadas em conjunto de **cadeia de suprimentos interna**
- Parceiros externos: parceiros de negócios ou da cadeia de suprimentos, como clientes ou fornecedores, que são chamados de **cadeia de suprimentos externa**

Como você lerá em maiores detalhes neste capítulo, os sistemas empresariais chave são:

- SIGE: Sistemas integrados de gestão empresarial[*]
- SCM: Gestão da cadeia de suprimentos
- CPFR: Planejamento colaborativo de vendas e abastecimento
- CRM: Gestão de relacionamento com o cliente
- GC: Gestão do conhecimento

O principal benefício dos sistemas corporativos é a integração de dados, que permite o compartilhamento e a troca de dados. Por exemplo, o SIGE da empresa está integrado ao SCM a fim de melhorar o desempenho da cadeia de suprimentos; já a GC está integrada ao CRM, com a finalidade de identificar clientes lucrativos e não lucrativos. Melhorias em processos empresariais são altamente dependentes da precisão, plenitude, contexto e acesso aos dados. Todos os SIs discutidos neste capítulo ajudam a atingir esse objetivo.

Os sistemas corporativos são uma questão fundamental em gestão de TI e estratégia corporativa por causa de seu potencial de aumentar tanto o crescimento nas receitas líquidas como o crescimento nos rendimentos líquidos. A **estratégia corporativa** é formada por um conjunto de atividades e ações nas quais uma empresa escolhe investir ou

---

[*] N. de R.T.: A sigla ERP (*Enterprise Resource Planning*) também é utilizada para identificar esse tipo de sistema.

que pretende desempenhar, assim como aquelas nas quais resolve não investir e não pretende desempenhar.

Os maiores desafios ao implementar sistemas corporativos não são os técnicos, mas a gestão de processos e de mudança. Empresas que têm processos empresariais inconsistentes ou ultrapassados ao longo de sua cadeia de suprimentos tendem a ter dados de baixa qualidade. Para melhorar a qualidade dos dados, as empresas reprojetam os processos e os consolidam em um sistema corporativo integrado.

SIGE coloca a Under Armour em posição de vantagem com relação à Nike

Entrar em um mercado dominado pela Nike, pela Adidas e pela Reebok é difícil. Competir com sucesso entre elas em um nível global é ainda mais difícil. Foi isso que o ex-jogador de futebol americano da University of Maryland e empreendedor, Kevin Plank, fez com a Under Armour Inc. (underarmour.com/) em 1996. A Under Armour foi a criadora de vestuário de alto desempenho, que é feito com um tecido que mantém os atletas arejados, secos e leves durante jogos e treinamentos. A empresa desenvolve, comercializa e distribui vestuário, calçados e acessórios. Os tecidos sintéticos da marca são feitos em diferentes designs e estilos, para serem usados em qualquer clima. Seus produtos são vendidos ao redor do mundo e usados por atletas de todas as idades e níveis, de jovens a profissionais. A sede mundial da Under Armour fica em Baltimore, Maryland, e sua sede europeia fica em Amsterdã, com escritórios em Denver, Toronto, Hong Kong e Guangzhou, na China.

Negócios e desafios de TI

A Under Armour enfrentou muitos desafios de negócio devido a sua grande linha de produtos, sua distribuição global e sua estratégia de crescimento ambiciosa, bem como por causa da concorrência acirrada existente no setor de vestuário e equipamentos. Os principais desafios e necessidades da empresa referentes a tecnologia e negócios eram os seguintes:

- Os SIs não ofereciam agilidade suficiente para ultrapassar a concorrência e permitir que a empresa se reinventasse a cada seis meses – uma meta importante estabelecida pela gestão.
- Eram necessários SIs com a capacidade de lidar com diferentes moedas e múltiplas empresas para dar suporte à expansão internacional.
- As aplicações existentes não tinham condições de dar suporte ao crescimento das linhas de produto ou à expansão da empresa em muitos países.

A empresa tinha grandes picos de pedidos durante lançamentos e promoções sazonais. Para melhorar a gestão da marca e dos canais de venda, ela precisava substituir processos manuais de alocação, que demandavam muito tempo, por um recurso ligado à **disponibilidade de estoque**, chamado de **ATP** (*available-to-promise*). ATP é uma função empresarial que fornece dados sobre recursos disponíveis e datas de entrega, a fim de manter os clientes informados sobre o status de seus pedidos. O método também dá suporte ao atendimento de pedidos, com a finalidade de administrar a demanda e sincronizá-la aos planos de produção. O software reduz bastante a carga de trabalho do atendimento de pedidos, e menos esforço significa custos mais baixos e menos erros.

Solução de SIGE

Depois de identificar os desafios, a gestão verificou os diversos softwares disponíveis a fim de encontrar o que melhor atendesse às necessidades da empresa. Ela escolheu uma solução de SIGE da SAP (sap.com), que possibilitaria à empresa acelerar o lançamento de novos produtos no mercado, melhorar o atendimento aos clientes e tirar proveito das oportunidades de crescimento. A Under Armour implementou o módulo de produtos ao consumidor da solução de SIGE para vestuário e calçados oferecida pela SAP. Juntamente com o componente de infraestrutura da SAP (o *NetWeaver Exchange*), a Under Armour conseguiu atingir seus planos ambiciosos de expansão.

A solução de SIGE teve amplo apoio e orientação executivos. Em oito meses, a equipe do projeto, que contava com 20 pessoas do setor de operações e de TI, juntamente com a empresa de consultoria Metamor, realizou a implementação. Para melhorar a visibilidade operacional e administrativa, a empresa também implementou o SAP NetWeaver Business Intelligence, com base na Web e cujos relatórios podem ser acessados de acordo com as necessidades e entregues dentro de um cronograma.

Figura 10.1 A Under Armour é a criadora do vestuário de alto desempenho e é bem-sucedida em um setor altamente competitivo. (©Under Armour, Inc., 2010)

Crescimento da receita e do rendimento líquidos da empresa

Com o software de SIGE da SAP, seu módulo de produtos e infraestrutura de trocas, a Under Armour aumentou a receita (aumento nas vendas) e o rendimento líquidos. Com processos de ATP automatizados, os dados se tornaram confiáveis e a gestão de estoque eficiente, reduzindo os custos. Diferentes moedas e empresas são suportadas pelo sistema e os gerentes têm uma visão clara de dados oportunos para uma tomada de decisões mais eficiente e um melhor desempenho dos negócios.

Em 28 de julho de 2009, a Under Armour anunciou resultados financeiros positivos para o segundo trimestre do mesmo ano, período em que as vendas da maioria das empresas estavam sendo prejudicadas pela recessão. Os rendimentos líquidos consolidados no segundo trimestre aumentaram 5,1%, indo para 164,6 milhões de dólares, e a receita líquida aumentou 4,7%. O rendimento líquido na divisão de vestuário aumentou 16,5%, enquanto o rendimento líquido de vendas diretas ao consumidor aumentou impressionantes 36,6% durante o segundo trimestre. O CEO Kevin Plank comentou que, no segundo trimestre, "os resultados demonstraram nossa contínua capacidade de administrar com sucesso nosso negócio".

Tendo em vista os recursos presentes no SIGE, a empresa pôde fechar sua contabilidade mais rápido do que nunca e pôr novas operações em prática rapidamente, além de tomar decisões melhor embasadas e com grande visibilidade operacional. Com crescimento de rendimento líquido anual desde 1996 e receita líquida de mais de 810 milhões em 2009, a Under Armour é hoje uma das empresas de capital aberto de melhor desempenho e crescimento mais rápido.

Com objetivos claros para seu SIGE, usando o software da SAP e optando pela assistência de uma empresa de consultoria experiente, a Under Armour aumentou sua receita de vendas e lucros em um setor altamente competitivo durante uma época de recessão. O caso da Under Armour ilustra benefícios operacionais e estratégicos de sistemas corporativos no sentido de assegurar uma resposta rápida às mudanças de mercado e necessidades dos clientes. Fazer isso não é uma tarefa simples, como você verá neste capítulo.

Fontes: Compilado de Business Wire (2009), SAP (sap.com) e Under Armour (underarmour.com, 2010).

Questões para discussão e debate em sala de aula

1. Cenário para brainstorming e discussão: Muitos fatores contribuíram para o sucesso da Under Armour em um setor cuja concorrência é tão acirrada como o de vestuário esportivo.

   a. Identifique todos esses fatores, as razões e as condições que contribuíram para o sucesso da Under Armour.

   b. Discuta a importância de cada fator, razão e condição. Decida quais são os três fatores mais importantes para o sucesso e explique por que você os escolheu.

2. Debate: Tendo como base suas respostas aos itens 1(a) e (b), discuta como e de que forma uma empresa que desejasse entrar nesse mercado hoje, tendo em vista a economia e as condições de mercado atuais, poderia ter sucesso pelas mesmas razões e por causa dos mesmos fatores.

10.1 Sistemas corporativos

Sistemas de informação corporativos, ou **sistemas corporativos**, são sistemas que ajudam administradores e empresas a melhorar seu desempenho permitindo que compartilhem dados entre os departamentos e com seus parceiros de negócios. Os sistemas corporativos permitem que funcionários acessem e analisem informações e processos de transação que ocorrem em toda a empresa em tempo real. Esses sistemas fazem parte de sistemas funcionais sobre os quais você leu no Capítulo 9, tais como de contabilidade, de finanças, de marketing e de operações. Outra vantagem dos sistemas corporativos é que os processos tornam-se mais automatizados ou totalmente automatizados, o que aumenta a eficiência. Ao automatizar os processos financeiros, por exemplo, uma empresa pode passar a aceitar pedidos online e fazer transações com outras empresas (B2B) eletronicamente, em vez de por e-mail ou usando métodos offline, como telefone ou fax.

Antes de escolher e implementar um software de SIGE ou outro sistema corporativo, é fundamental que a empresa identifique os problemas a serem resolvidos, as metas a serem alcançadas e o tipo de suporte que se espera do SI. Por exemplo, a gestão da Under Armour queria dados em tempo real e agilidade suficiente para responder rapidamente às condições operacionais e de mercado. A **agilidade** é a capacidade de prosperar e ser bem-sucedido em um ambiente com mudanças constantes e imprevisíveis. Ela é resultado de ajustes nos processos do chão de fábrica para acelerar o atendimento a pedidos que, por sua vez, maximiza a capacidade de aumentar a produtividade.

TIPOS DE SISTEMAS CORPORATIVOS E SUAS FUNÇÕES

Há diversos exemplos de sistemas corporativos listados e descritos na Tabela 10.1. As empresas implementam a maioria desses sistemas ou todos eles, não apenas um.

TABELA 10.1	Descrições de sistemas corporativos	
Nome	Abreviatura	Descrição
Sistema integrado de gestão empresarial	SIGE (ou ERP)	SIGE é a infraestrutura de software que relaciona todos os aplicativos internos da empresa e dá suporte aos processos de negócio externos. Os SIGEs são pacotes de software comerciais que integram processos empresariais, incluindo a cadeia de suprimentos, a fabricação, as finanças, os recursos humanos, o orçamento, as vendas e o atendimento ao consumidor.
Gestão da cadeia de suprimentos	SCM	O software de SCM dá suporte às etapas da cadeia de suprimentos – fabricação, controle de estoque, agendamento e transporte. O SCM melhora o processo de tomada de decisão, previsões, otimização e análises.
Planejamento, previsão e reabastecimento colaborativo	CPFR	CPFR é um conjunto de processos empresariais orientados pelos dados e planejados para melhorar a capacidade de prever e de coordenar os parceiros da cadeia de suprimentos. Com o CPFR, os fornecedores e varejistas colaboram com o planejamento e a previsão de demanda para garantir que os membros da cadeia de suprimentos tenham a quantidade correta de matéria-prima e de produtos finais quando precisarem.
Gestão de relacionamento com o cliente	CRM	O CRM cria uma visão total dos clientes a fim de maximizar o compartilhamento da carteira de clientes e otimizar sua rentabilidade. Além disso, é uma estratégia de negócios que segmenta e administra os clientes para otimizar o seu valor em longo prazo.
Gestão de conhecimento	GC	O GC ajuda as organizações a identificarem, selecionarem, organizarem, disseminarem e compartilharem informações e experiências.

RAZÕES PARA EMPRESAS MIGRAREM PARA SISTEMAS CORPORATIVOS

As razões para que as empresas migrem para sistemas corporativos têm por base as limitações que elas enfrentam com seus sistemas legados. Algumas das razões para a migração de sistemas legados para sistemas corporativos são:

- **Alto custo de manutenção.** Manter e atualizar sistemas legados são alguns dos maiores desafios que CIOs (diretores de TI) e departamentos de TI enfrentam.
- **Deterioração do valor dos negócios.** Mudanças tecnológicas diminuem o valor de negócio dos sistemas legados implementados ao longo dos anos e a altos custos.
- **Inflexibilidade.** Arquiteturas monolíticas legadas são inflexíveis. Em outras palavras, esses sistemas enormes não podem ser facilmente reprojetados para compartilhar dados com sistemas mais novos, diferentemente de arquiteturas modernas.
- **Obstáculos de integração.** Sistemas legados executam processos de negócio interligados de forma rígida, com fluxos predefinidos. Esta rigidez torna a integração com outros sistemas, como o de gestão de relacionamento com cliente e aplicações com base na internet, difícil e às vezes até mesmo impossível.
- **Falta de pessoal.** É cada vez mais difícil para os departamentos de TI contratar funcionários qualificados para o trabalho com aplicações escritas em linguagens que não são mais utilizadas em tecnologias modernas.

DESAFIOS DE IMPLEMENTAÇÃO E MELHORES PRÁTICAS

Implementar um sistema corporativo é desafiador porque requer grandes mudanças nos processos, pessoas e sistemas existentes. Três mudanças necessárias são:

1. **Redesenhar os processos empresariais.** Os processos precisam ser simplificados e redesenhados de modo que possam ser automatizados, total ou parcialmente. As tarefas desnecessárias são removidas dos processos.
2. **Mudar a forma como as pessoas fazem seu trabalho.** O trabalho e a forma como ele é realizado serão modificados para acomodar novos processos. A implantação de sistemas corporativos exige que os usuários finais sejam treinados novamente, e sua produtividade irá diminuir no início, durante um período de adaptação à nova forma de trabalhar.
3. **Integrar os diversos tipos de sistemas de informação.** Integrar os sistemas de informação é necessário para que ocorra um fluxo ininterrupto de dados entre os departamentos e com parceiros de negócios. O fluxo automatizado de dados é essencial para melhorias de produtividade.

Uma boa prática é examinar as ineficiências em processos existentes para encontrar formas de melhorar ou simplificar significativamente o processo. Processos que envolvem intensiva manipulação de documentos (como entrada de pedidos e faturamento), por exemplo, são um grande problema para os funcionários. Esses processos exigem que usuários revisem manualmente os documentos para a aprovação, insiram dados desses documentos no sistema back-office e então tomem decisões. Sistemas automatizados de registro de pedidos acompanham os pedidos dos clientes desde a entrada do pedido inicial até que este seja finalizado; eles também desempenham o processamento, a análise, o envio de fatura e a cobrança do pedido.

Em função de sua complexidade, sistemas corporativos são concedidos ou licenciados por fornecedores e personalizados com o suporte da equipe de TI, que conhece os processos de sua empresa. A tendência do SIGE como um serviço continua aumentando. Na verdade, o termo SIGE com frequência se refere aos sistemas de software disponíveis comercialmente. Para exemplos de custos mensais e comparações de produtos de 10 diferentes fornecedores de SIGE, visite top10erp.org/. Para simplificar e reduzir os custos do processo de escolha de um software de SIGE (o processo de seleção por si só é complexo e decisivo), é realizado um evento anual chamado de ERP Vendor Shootout (erpshootout.com/ – Batalha dos fornecedores de SIGE), orientado para equipes de seleção de SIGE e tomadores de decisão de empresas com exigências de manufatura, distribuição ou requisições orientadas por projetos.

INSIGHTS DE SISTEMAS CORPORATIVOS

A seguir, apresentamos outros três insights relacionados aos sistemas corporativos para uma melhor compreensão de seu status atual e de seu potencial:

1. Um dos papéis mais importantes do departamento de TI é fornecer aplicações e dar suporte a elas para que os funcionários acessem, usem e compreendam os dados. Essas aplicações precisam estar precisamente alinhadas aos processos empresariais, que, por sua vez, precisam ser bem definidos e projetados (um padrão que poucas empresas conseguem obter).
2. A **fidelidade dos clientes** ajuda na obtenção de lucros, mas apenas para clientes que são lucrativos para a empresa. Muitas empresas não sabem como reconhecer o tipo de fidelidade de cliente que vale a pena ter. Com a utilização de dados sobre o comportamento de compra (por exemplo, valor gasto por mês, compra de produtos com alta margem de lucros, atividade de retorno e demanda de atendimento ao consumidor) uma empresa pode identificar melhor a fidelidade dos clientes e quais deles são lucrativos.
3. Atualmente, empresas em todo o mundo gastam bilhões de dólares no planejamento e na implementação de sistemas corporativos. Grandes investimentos são feitos em sistemas de SIGE, especialmente de fornecedores como a Oracle, a Peoplesoft (comprada pela Oracle), a JD Edwards (também comprada pela Oracle), a SAP, a Microsoft e a BAAN para criar uma cadeia de suprimentos global integrada. SIs interorganizacionais desempenham um papel importante para a melhoria da comunicação e a integração entre as empresas na cadeia de suprimentos global.

A seguir, você lerá sobre os sistemas SIGE que, diferentemente do que pode parecer, não são limitados às funções de planejamento. Apesar de a maioria das empresas ter hoje um SIGE, esses sistemas são uma evolução dos surgidos no setor industrial.

Questões para revisão

1. Explique os objetivos de um sistema corporativo.
2. Descreva cinco tipos de sistemas corporativos.
3. Quais são os dois desafios apresentados pelos sistemas legados?
4. Explique os três tipos de mudanças necessárias quando um sistema corporativo é implementado.

10.2 Sistemas integrados de gestão empresarial

O que é um **SIGE (sistema integrado de gestão empresarial)**? Do ponto de vista tecnológico, um SIGE é uma infraestrutura de software que liga as aplicações internas de uma empresa e dá suporte aos processos de negócio externos, como você leu no caso de abertura do capítulo sobre a Under Armour. As aplicações SIGE são modulares e os módulos são integrados uns aos outros, a fim de expandir seus recursos.

> **TABELA 10.2** Características das aplicações de SIGE
>
> - Agrupa silos de informações para permitir que gestores realmente compreendam o que está acontecendo
> - Dá acesso à informação, integrando processos empresariais e a plataforma de tecnologia moderna necessária para se tornar e permanecer competitivo
> - Dá suporte a todos, ou à grande maioria, dos processos e das funções da empresa
> - Expande o alcance da empresa para além de suas redes internas até os seus fornecedores, clientes e parceiros

Um SIGE ajuda administradores a tocarem os negócios da linha de frente até a retaguarda. Os departamentos se mantêm informados sobre o que acontece em outros departamentos que possam causar impactos em suas operações e no seu desempenho. Estar informado a respeito de possíveis problemas e poder contorná-los melhora o desempenho da empresa e sua relação com os clientes. Um SIGE permite que um fabricante compartilhe um banco de dados com peças, produtos, capacidade de produção, cronogramas, encomendas pendentes e pontos problemáticos, por exemplo. Responder de maneira rápida e adequada à falta de materiais, a um pico de demanda do cliente ou a outras contingências é fundamental, porque problemas inicialmente pequenos costumam ser amplificados com o tempo. A Tabela 10.2 lista as características de suítes e aplicações de um SIGE.

SIGE: UMA ARMA ESTRATÉGICA PARA A INDÚSTRIA DE ALIMENTOS

O setor de alimentos é altamente competitivo e regulamentado. Os principais desafios são as pressões marginais, a segurança e as regulamentações dos alimentos, e a mudança constante de preferências do cliente. Um sistema de software corporativo integrado é fundamental para o controle de custos, a gestão de estoque e o cumprimento das regulamentações governamentais. Outro desafio é saber como avaliar um novo sistema de software que envolva toda a empresa.

A Figura 10.2 mostra os subsistemas que precisam compartilhar dados e suportar operações da maioria dos fabricantes.

Regulamentações de segurança de alimentos e da agroindústria. Em uma pesquisa conduzida pela revista Food Engineering, a principal preocupação da agroindústria foi a segurança de alimentos, em grande parte porque os sistemas de distribuição mundial aumentaram o risco de entrada de alimentos contaminados e a variedade de contaminações na cadeia de suprimentos alimentícios. Em 2009, o *The New York Times* informou que um único hambúrguer poderia conter carne de diversos açougues em diferentes continentes (Moss, 2009). Cerca de 76 milhões de pessoas nos Estados Unidos apresentam a cada ano doenças relacionadas aos alimentos e 5 mil morrem, de acordo com o U.S. Centers for Disease Control and Prevention (CDC – Centro de Prevenção e Controle de Doenças).

As ameaças e os custos potenciais associados à segurança de alimentos são altos e crescentes. Espinafre, pasta de amendoim, carne, frutos do mar importados, rações de animais e muitos outros produtos alimentícios contaminados, somados a questões éticas e que oferecem risco à vida, resultam em litígio, má publicidade e custos de recolhimento de produtos, que prejudicam ou destroem a reputação das empresas.

A European Food Safety Authority (efsa.europa.eu/ – Autoridade Europeia para a Segurança Alimentar) adota uma abordagem integrada "da fazenda ao garfo", que se baseia em

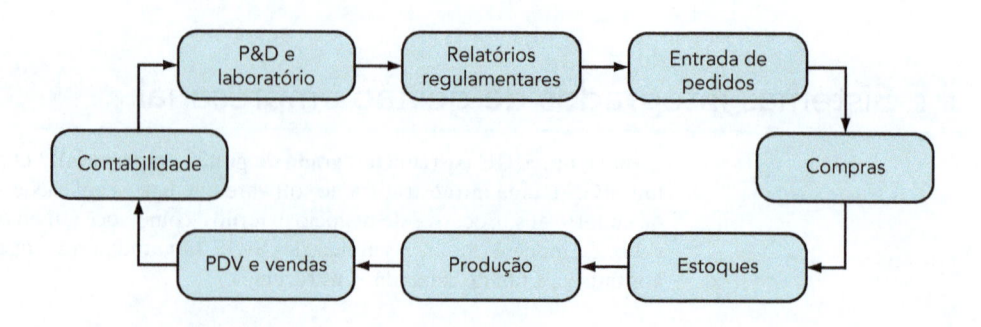

Figura 10.2 Um SIGE integra todas as funções dos SIs de um produtor de alimentos em torno de um único conjunto de dados.

transparência, análise e prevenção de riscos, e proteção do consumidor. O Congresso norte-americano respondeu ao terrorismo aprovando o Public Health Security and Bioterrorism Preparedness and Response Act (Bioterrorism Act – Lei do Bioterrorismo) em 2002. Em 2009, o Congresso aprovou a lei de segurança alimentar criando novas obrigações de rastreamento para as cadeias de suprimento de alimentos e dando poder maior à Food and Drug Administration (FDA) para inspeções em fábricas.

Usando TI para lidar com a complexidade. Todos esses desafios têm uma coisa em comum: acrescentam complexidade, o que aumenta os custos. O desafio para os fabricantes de alimentos é como cumprir com os requerimentos regulamentares, garantir o suprimento seguro de alimentos, melhorar constantemente os processos empresariais e obter lucros. A resposta tem sido investir em TI.

O primeiro software comprado é um pacote de contabilidade para lidar com aspectos financeiros da administração do negócio. Conforme a empresa cresce, investe em TI para administrar o estoque, processar as vendas e os pedidos, e para controlar produção. Essa progressão nos investimentos de TI atende às necessidades individuais dos departamentos e cargos. Como resultado, as empresas possuem SIs separados para contabilidade, compras e vendas, e gestão de estoque; com os mesmos dados mantidos em diferentes sistemas. Isso resulta na duplicação da entrada de dados e em diferentes versões da verdade.

Sistemas integrados. Um SIGE projetado adequadamente pode ajudar a integrar todos os aspectos de uma organização em um único conjunto de dados. Os principais benefícios de um SIGE para um fabricante de alimentos são um melhor desempenho operacional, um modelo para cumprir com as reivindicações regulatórias e as exigências de relatórios; além do controle de custo. Muitos fabricantes de alimentos estão substituindo aplicações de software múltiplos por um único SIGE para gerenciar negócios complexos a fim de maximizar a produtividade e a lucratividade. Mais especificamente, os SIGEs oferecem aos fabricantes um único ponto para controle de dados, e assim:

- Eliminam a necessidade de inserir dados em múltiplos sistemas
- Reduzem a ocorrência de erros e custos comuns na inserção de dados
- Permitem a postagem de dados transacionais em tempo real e o acesso instantâneo a informações atualizadas
- Possibilitam a resposta rápida em casos de recolhimento de produtos alimentícios
- Cumprem com exigências da Lei do Bioterrorismo ou outras regulamentações que demandam a manutenção precisa de registros para dar suporte à rápida descoberta e resposta a ameaças à cadeia de suprimentos de alimentícios

Como muitas outras empresas, fabricantes de alimentos estão sendo pressionados dos dois lados. Há uma pressão crescente pela segurança e regulamentação dos alimentos, o que representa custos adicionais para a cadeia de suprimentos do processamento de alimentos. Um aumento nas contas de energia e distribuição reduzem ainda mais as margens de lucro. Essas pressões estão levando a investimentos em sistemas corporativos para integrar silos de dados.

DE SILOS DE DADOS AUTÔNOMOS A SISTEMAS CORPORATIVOS INTEGRADOS

Quando as empresas precisam substituir seus sistemas legados diferentes (autônomos) ou de trabalho intensivo, muitas vezes elas investem em sistemas corporativos. Isso requer a migração de bancos de dados e aplicações de sistemas legados para sistemas corporativos. Como se poderia esperar, fornecedores de bancos de dados como a Oracle e a IBM são também fornecedores de sistemas corporativos. Esses fornecedores oferecem ferramentas que ajudam a automatizar a migração de bancos de dados e a migração de aplicações, que ocorrem separadamente.

Implementar um sistema corporativo pode ser uma necessidade competitiva para empresas com problemas de gestão de dados. Quanto maior o número de aplicações e bancos de dados, maior a complexidade da gestão de dados, porque muitas interfaces são necessárias para a troca de dados. Como você pode ver no diagrama do lado esquerdo da Figura 10.3, sistemas funcionais desiguais (RH, financeiro, operações) envolvem diversas interfaces. Essas interfaces aumentam os esforços e custos de manutenção, assim como o risco de haver dados sujos. Um SIGE integra as funções, incluindo uma suíte de módulos de TI que pode ser comprada conforme a demanda da empresa.

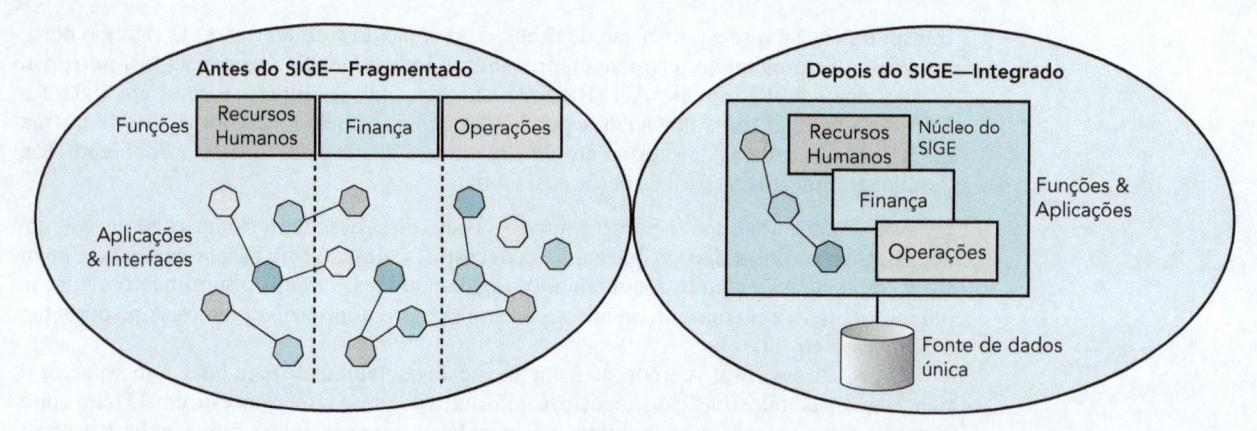

Figura 10.3 Comparação entre sistemas diferentes existentes em uma empresa e um SIGE integrado. (Cortesia do U.S. Army Business Transformation Knowledge Center (2009), army.mil/armyBTKC/.)

Camada de integração de aplicações corporativas. Na Figura 10.4, você pode ver como um SIGE se encaixa na infraestrutura de TI de uma empresa. As funções principais do SIGE estão integradas com outros sistemas ou módulos que são vinculados, incluindo SCM (gestão da cadeia de suprimentos), PLM (gestão do ciclo de vida de produtos), CRM (gestão de relacionamento com o cliente) e BI (business intelligence). No exemplo mostrado na Figura 10.4, o SIGE faz interface com aplicações legadas por meio de uma camada de **integração de aplicações corporativas** (EAI – *enterprise application integration*) e com parceiros externos por meio de um portal de empresa para empresa (explicado na seção seguinte). A EAI é um meio que conecta e age como um mediador para as aplicações e seus processos empresariais. Os benefícios dessa integração estão listados na Tabela 10.3.

Camada do portal de empresa para empresa (B2B). A integração de empresa para empresa é essencial para garantir um fluxo de dados eficiente, preciso e em tempo real por meio de SIs internos e parceiros de negócio externos. (Veja o lado esquerdo da Figura 10.4) As empresas que implementam integração B2B estão percebendo uma enorme vantagem competitiva na rapidez de comercialização, ciclos reduzidos e maior atendimento ao cliente. Por meio da integração de processos técnicos e de negócios, as empresas são capazes de fortalecer seus relacionamentos com parceiros e clientes, atingir a integração contínua dentro e fora da empresa, obter visualizações em tempo real das contas dos clientes, aumentar a eficiência operacional e reduzir custos.

As empresas precisam ter segurança e proteção para participar da integração B2B e para trocar dados de forma segura na Internet. Os **portais de empresa para empresa** oferecem esses serviços. Eles consistem em uma suíte de produtos de software que dão apoio à integração interna e externa e aos processos empresariais. Os portais de empresa para empresa são a espinha

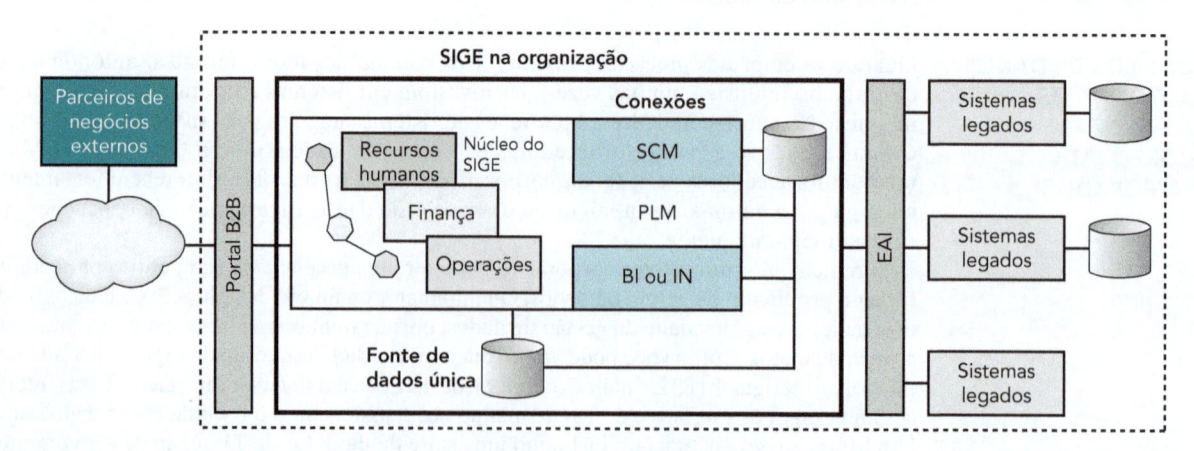

Figura 10.4 Como o SIGE faz interface com outros sistemas corporativos. (Cortesia do U.S. Army Business Transformation Knowledge Center (2009), army.mil/armyBTKC/.)

TABELA 10.3 Benefícios da integração de aplicativos empresariais no nível de middleware

- Custos reduzidos no desenvolvimento e manutenção de SI
- Desempenho e confiabilidade de SI aprimorados
- Ciclo de vida estendido dos sistemas legados
- Tempo de lançamento no mercado reduzido para os novos recursos e aplicações de SI

dorsal da troca segura de dados, arquivos e documentos (interna e externamente). Dessa forma, eles aumentam a visualização em tempo real das atividades e o desempenho de negócios.

JUSTIFICANDO UM SIGE

Por que os SIGEs valem o que custam? Porque as decisões tomadas são proporcionalmente melhores de acordo com a completude dos dados nos quais se baseiam e o momento em que estão disponíveis. Quanto mais completos forem os dados, menor será a incerteza e o risco envolvidos no processo de tomada de decisão. Um SIGE possibilita a integração e a automatização que tornam a existência de dados completos e atuais possível. Assim, não é surpresa que estabelecer um fluxo confiável de dados de funções internas e externas de parceiros de negócio seja uma prioridade para as empresas de todos os setores e tamanhos.

ADQUIRINDO UM SIGE

Normalmente, SIGEs são adquiridos pela compra ou leasing de um pacote de software. O SIGE adquirido é personalizado a fim de atender às necessidades da empresa por meio da adição de módulos. Os SIGEs incluem módulos para a fabricação, a entrada de pedidos, as contas a pagar e a receber, o livro caixa, as compras, o estoque, o transporte e o RH. Os SIGEs não são construídos dentro da empresa ou utilizando software exclusivo porque os custos e o tempo de desenvolvimento seriam enormes. Você lerá mais sobre a aquisição de SI no Capítulo 11.

Os principais fornecedores de SIGE atualmente estão listados abaixo. Note que as aquisições continuam consolidando o setor.

- Oracle, oracle.com, que comprou a PeopleSoft e a JD Edwards
- SAP, sap.com
- SSA Global, ssaglobal.com/, que comprou a BAAN
- Microsoft Dynamics, microsoft.com/dynamics/en/us/default.aspx

Fornecedores cobram taxas de licenciamento levando em conta o número de usuários e a receita anual, conforme mostrado na Tabela 10.4. A Tabela 10.4 lista os tipos de fornecedores de SIGE, cujos sistemas variam do Nível 1 ao Nível 5. SIGEs de Nível 1 são capazes de dar suporte a grandes corporações globais, aquelas com receitas anuais de mais de 200 milhões de dólares com 500 funcionários ou mais. Sistemas do Nível 5 dão suporte a empresas menores, com menos de 5 milhões de dólares de receita anual e menos de 10 funcionários. Os fornecedores do Nível 1 são a SAP, a Microsoft e a Oracle. Essas receitas e taxas de licenciamento para os cinco níveis

TABELA 10.4 Tipos de fornecedores de sistemas de planificação de recursos baseados no tamanho da empresa a que podem dar suporte

Nível	Rendimentos anuais	Número de funcionários	Taxas de licenciamento
1	Mais de US$ 200 milhões	500 e mais	> US$ 300.000
2	De US$ 50 milhões a US$ 200 milhões	100–499	> US$ 150.000
3	De US$ 10 milhões a US$ 50 milhões	50–99	> US$ 50.000
4	De US$ 5 milhões a US$ 10 milhões	10–49	> US$ 5.000
5	Menos de US$ 5 milhões	1–9	> US$ 100

TI em ação 10.1
SIGE desencadeia a agilidade, um ativo competitivo para fabricantes — GPO GLOBAL MKT

O primeiro passo para se tornar um fabricante ágil é desenvolver os meios para monitorar o mercado – por exemplo, as mudanças nas demandas dos clientes ou as ações da concorrência – e para responder às mudanças rapidamente. Um SIGE traz todas as áreas do processo de fabricação para um único banco de dados, que funciona em tempo real, onde todas as ações de um departamento não ocorrem em isolado, mas sim conhecidas por outros departamentos. Como resultado disso, todos os departamentos estão cientes do que está acontecendo dentro da empresa e são capazes de responder rapidamente às demandas dos clientes. Os fabricantes que investiram em SIGEs para se tornarem ágeis são capazes de implementar suas ideias de novos produtos e serviços para seus clientes e clientes prospectivos – e contra-atacar as tentativas da concorrência de roubar seus clientes.

Enquanto a fabricação ágil ainda não é comum, os que adotaram essa abordagem estão colhendo os benefícios. Um exemplo disso é o que ocorre com a Humanetics (humanetics.com), uma empresa que tem sua base no Texas e que trabalha com metal de precisão em quatro fábricas espalhadas geograficamente em diferentes plantas. O SIGE da Humanetics desempenha as seguintes funções:

- Dá suporte aos processos de estimativa e orçamento
- Dá suporte à fabricação, envio, faturamento e coleta de pagamentos
- Prepara demonstrações contábeis
- Administra as movimentações internacionais diárias das partes, o controle de qualidade e a entrega dentro do prazo

Na economia global, as janelas de oportunidades se abrem rapidamente e podem se fechar com a mesma velocidade. Quanto mais ágil e ciente for o fabricante, maior será a recompensa que terá ao ser o primeiro a responder às necessidades dos clientes.

Fontes: Compilado de Alexander (2009) e humanetics.com.

Questões para discussão: Que vantagens competitivas a agilidade oferece às empresas de manufatura? Essas vantagens competitivas são sustentáveis? Por quê?

---

são apenas números genéricos e os fornecedores podem usar seus próprios pontos de corte. Além das taxas de licenciamento, existem custos de implementação, treinamento e manutenção. O que se costuma fazer é comprar a licença de um software e então comprar a manutenção e o suporte separadamente, o que normalmente custa 20% do custo da licença original anualmente. Por uma licença de 1.000 dólares, a manutenção e o suporte custam um adicional de 200 dólares por ano.

Fornecedores de SIGE menos conhecidos tendem a cobrar menos e a fornecer mais recursos especializados (personalizados) do que as opções tradicionais. Fabricantes que fazem produtos complexos sob medida e em pequena quantidade, por exemplo, não irão querer um pacote que dê suporte à fabricação em grande escala para estoque. Em vez disso, eles precisam de uma solução que lide com seu tipo customizado de negócio muito bem em vez de uma que tente ser tudo para todos.

Como o caso de abertura da Under Armour e o caso da Humanetics em *TI em ação 10.1* ilustram, a maior agilidade pode criar uma vantagem competitiva. O SIGE fornece a infraestrutura necessária para se ter agilidade na correção e resposta, que podem ser exploradas para melhorar a lucratividade, a fatia de mercado ocupada ou o atendimento ao cliente.

COMPREENDENDO OS FATORES DE SUCESSO E FRACASSO DOS SIGES

Administradores e outros tomadores de decisão tendem a pensar que um sistema empresarial que funciona nas melhores empresas funcionará na deles também. Mas isso não é verdade. Na verdade, como você pode ver na Tabela 10.5, muitas das melhores empresas sofreram consequências devastadoras que as levaram a perdas multimilionárias, falência e processos. Na maioria dos casos, os SIGEs acabam sendo ajustados e se mantêm em uso, o que nos dá a falsa impressão de que o sistema foi bem-sucedido desde o princípio.

O sucesso de um SIGE depende de fatores organizacionais e tecnológicos que ocorrem antes, durante e depois de sua implementação. Saber o que fazer e não fazer é importante. Tanto o sucesso quanto o fracasso nos ensinam lições valiosas, como você lê nesta seção.

Esteja ciente de que ler os *white papers** do fornecedor e ver Webcasts ou demos pode trazer uma visão tendenciosa dos benefícios do software em questão. É preciso que você conduza a sua própria pesquisa a fim de descobrir os dois lados da implementação de um sistema corporativo. Os problemas podem ter sido deixados de lado ou ignorados. Enquanto postagens neutras em blogs e no YouTube podem ser boas fontes de dados objetivos, muitos fornecedores têm blogs e vídeos no YouTube que foram pensados para que parecessem neutros, quando na verdade não o são.

---

* N. de R. T.: *White papers* são artigos publicados internamente, não em revistas ou jornais especializados.

TABELA 10.5 — Fracassos de SIGEs

Empresa e setor	Descrição do fracasso do SIGE
Hershey Food, fabricante de chocolates, confeitos e bebidas	A Hershey passou três anos implementando um SIGE de 115 milhões de dólares com a SAP, a Siebel, estoque, e Manugistics. O SIGE deveria substituiur todos os sistemas legados e integrar o estoque, a produção, o processamento de pedidos, a folha de pagamento, a contabilidade e o financeiro. O erro devastador da Hershey foi tentar implementar todos os sistemas em todos os departamentos ao mesmo tempo e no período de maior movimento do ano. A Hershey sofreu perdas pesadas nos lucros e nas vendas, o que levou a uma queda de 8% no valor de suas ações, e a levou a processar seus fornecedores.
Nike, fabricante de calçados e vestuário esportivo	A Nike implementou o software de planejamento de oferta e demanda da i2 (i2.com), e queria que ele estivesse em funcionamento total antes de introduzir um SIGE da SAP para lidar com toda a cadeia de suprimentos e processos de pedidos e vendas. O sistema i2 criou pedidos duplicados, deletou pedidos de clientes e deletou pedidos de manufatura para fábricas asiáticas. Além desses problemas, o SIGE não foi planejado para lidar com o grande número de produtos da Nike. Muitos sistemas legados foram deixados em uso e não tinham a capacidade de se comunicar com o software da cadeia de suprimentos, causando grandes atrasos e falhas do sistema. Os 400 milhões de dólares gastos em upgrade pela Nike causaram 100 milhões de perdas em vendas, uma queda de 20% no valor de ações, e processos coletivos. A Nike apontou a causa da falha como sendo a subestimação dos recursos necessários para o sistema i2 e a adoção prematura do sistema da SAP.
FoxMeyer, falida; anteriormente fora a quarta maior distribuidora de produtos farmacêuticos	O SIGE da FoxMeyer não conseguiu processar as transações necessárias a fim de fornecer os pedidos aos seus clientes. A FoxMeyer processava 425 mil faturas por dia no software legado. Seu SIGE estava limitado a 10 mil por dia. Isso diminuiu a capacidade de processamento de pedidos, colocou rapidamente a empresa em estado de alerta e, por fim, acabou com o negócio.
Waste Management, a gigante em coleta de lixo	Na metade de 2009, a Waste Management se envolveu em uma batalha judicial de 100 milhões de dólares com a SAP por causa da instalação por um período de 18 meses de um software SIGE. No processo, com entrada em março de 2008, a Waste Management argumentava que os executivos da SAP haviam participado de um esquema de vendas fraudulentas que resultaram no fracasso generalizado. A SAP contestou a ação, alegando que a Waste Management havia violado o contrato.

Casos de fracasso de SIGEs. A implementação de um SIGE é complexa, então não é surpresa descobrir que há histórias terríveis sobre projetos que deram errado. A Dell cancelou um SIGE depois de dois anos e de ter gasto 200 milhões de dólares em sua implementação. A Hershey Food Corp. iniciou processos que foram muito noticiados contra fornecedores de software de SIGE devido a falhas na sua implementação. A Tabela 10.5 apresenta os casos da Hershey e outros casos de fracassos de SIGEs. Nos casos de fracasso extremo, as empresas processaram seus fornecedores ou empresas de consultoria porque as falhas dos softwares de SIGE impediram que seus produtos fossem enviados ou, em casos extremos, forçaram o encerramento do negócio por completo.

Fatores de sucesso de SIGEs. Quais fatores aumentam a probabilidade de sucesso e minimizam o risco de problemas com SIGEs? Muitos administradores presumem que o sucesso ou o fracasso dependem do software e, principalmente, que o fracasso é a falha do software que foi comprado ou licenciado. Na verdade, 95% do sucesso ou fracasso de um processo está nas mãos da empresa que implementa o software, não nas do fornecedor do software.

Os resultados de uma pesquisa feita em 2008 para identificar o que os especialistas em SIGE acreditavam ser os fatores mais importantes para o sucesso de projetos de SIGE são mostrados na Figura 10.5. Esses especialistas receberam uma lista com cinco fatores e tinham que marcar apenas um deles como o *mais importante*. A sexta alternativa era "todos os cinco fatores". Os resultados (cuja soma chega a 100%) são:

1. Forte gestão do projeto: 6%
2. Suporte e adesão dos executivos: 19%
3. Gestão de mudanças organizacionais e treinamento: 13%
4. Expectativas realistas: 8%
5. Foco nos processos empresariais: 5%
6. Interação dos cinco fatores: 49%

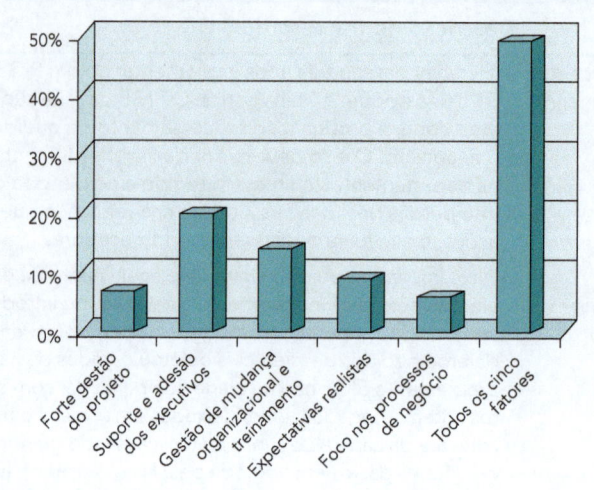

Figura 10.5 Especialistas identificam o que é mais importante para o sucesso de um SIGE.

Resultados da Survey para a questão:
O que é o mais importante para que projetos SIGE sejam bem-sucedidos?

Gráfico de barras com as categorias:
- Forte gestão do projeto
- Suporte e adesão dos executivos
- Gestão de mudança organizacional e treinamento
- Expectativas realistas
- Foco nos processos de negócio
- Todos os cinco fatores

Ou seja, 49% dos especialistas afirmaram que o sucesso dependia de todos os cinco fatores. Dito de outro modo, quase metade dos especialistas indicaram que o fracasso de qualquer um desses cinco fatores levaria ou poderia levar o sistema ao fracasso.

As seguintes recomendações explicam por que o sucesso dos sistemas de gestão empresariais requerem que tantos fatores chave sejam bem implementados.

1. **Foco nos processos e exigências do negócio.** Com muita frequência, as empresas se detêm nos recursos técnicos ou plataformas em que os SIGEs são executados. Mas comparado aos processos empresariais, nada disso realmente importa. O que importa é como os administradores querem que as operações de negócio aconteçam e quais as exigências chave dos negócios. Uma vez que a administração e a TI definem isso, um software que se adapte melhor às necessidades únicas da empresa pode ser efetivamente escolhido.

2. **Foco em atingir um retorno sobre o investimento (ROI) que seja mensurável.** O desenvolvimento de um caso de negócio para ser aprovado pela alta administração ou pelo conselho de diretores é importante, mas não é o suficiente. É necessário estabelecer medidas chave para o desempenho, determinar bases de referência e metas para essas medidas e então acompanhar o desempenho depois de ir ao ar. Os resultados do desempenho são prova do quão bem um SIGE se encaixa nas expectativas que foram listadas no caso de negócio.

3. **Aplicar uma abordagem consistente de gestão de projeto e assegurar o compromisso de recursos.** Um projeto de SIGE depende de como ele é administrado. A responsabilidade pela administração da implementação de um projeto de SIGE não pode ser transferida a fornecedores ou empresas de consultoria. Em função da interrupção de um negócio e dos custos envolvidos nele, os projetos de SIGE requerem atenção em tempo integral e precisam ser acompanhados por profissionais qualificados nas funções mais importantes por um longo período, que varia em média de 6 a 12 meses. Também se sabe que projetos de SIGE não podem ser administrados por pessoas que *podem ser substituídas*. Eles precisam ser administrados por pessoas que são *indispensáveis*. Sem grandes profissionais e o orçamento necessário (discutido a seguir), pode-se esperar que o SIGE seja um fracasso.

4. **Comprometimento consistente e contínuo dos executivos sênior.** Qualquer projeto que não receba apoio da alta administração irá fracassar. Não importa o quão bem executado o projeto for, haverá problemas, como necessidades conflitantes de negócios ou interrupções de negócios, que apenas poderão ser resolvidos por alguém com poder e autoridade para passar por cima de políticas e objetivos pessoais.

5. **Permita tempo suficiente para planejar e preparar de antemão.** O objetivo de fornecedores de SIGE é fechar o negócio o mais rápido possível. A empresa precisa ter certeza de que definiu corretamente suas necessidades e do que pode pagar para atingi-las para

que avalie de maneira inteligente e selecione o melhor fornecedor. Não se apresse para tomar uma decisão. Muitas vezes as empresas se atiram de cabeça em um projeto sem certificar-se de que o fornecedor compreende as necessidades do negócio ou os planos do projeto. O princípio "meça duas vezes, corte uma vez só"* se aplica à seleção do fornecedor. Quanto mais tempo a empresa passar garantindo que essas coisas são feitas de forma apropriada no começo, menor é o risco do fracasso e menos tempo será gasto para solucionar problemas no futuro. Entrar com um processo contra o fornecedor (ver Tabela 10.5) não é uma solução. Os processos são caros e arriscados, e não acrescentam nada ao desempenho da empresa.

6. **Proporcionar gestão de mudanças por meio de treinamento.** Outro princípio fundamental a se compreender é que quando você planeja um SIGE, replaneja toda a organização. Os SIGEs envolvem mudanças significativas para os trabalhadores. Um sistema desses perde valor se as pessoas não compreendem como utilizá-lo efetivamente. Investir em treinamento, gestão de mudança e planos de trabalho são passos fundamentais para o resultado de qualquer projeto de TI de larga escala.

Por que as empresas não investem em SIGE. Um dos papéis mais importantes dos departamentos de TI é fornecer e dar suporte a aplicações que garantam que funcionários possam acessar, usar e compreender os dados de que precisam para realizar seu trabalho de maneira eficiente. Um SIGE parece ser a solução perfeita. Apesar de seus benefícios potenciais, nem todas empresas investem nestes sistemas, normalmente porque são incapazes de atender ou superar os seguintes requisitos:

- As aplicações devem estar totalmente alinhadas aos processos empresariais bem definidos e bem projetados, um padrão que poucas empresas conseguem atingir.
- Selecionar um SIGE adequado demanda tempo, é complexo e caro.
- Processos empresariais precisam ser modificados para se ajustarem ao software.
- Os custos iniciais para compra ou leasing e instalação de um SIGE podem ser bastante altos.
- A complexidade das aplicações pode dificultar muito o seu uso correto pelos funcionários e sua máxima eficiência e melhor retorno sobre o investimento (ROI).
Além disso, justificar um SIGE torna-se mais difícil durante crises econômicas.

Questões para revisão

1. Defina SIGE e descreva seus objetivos.
2. Descreva brevemente os desafios gerados por sistemas legados que motivam a migração para um SIGE.
3. Descreva como um SIGE permite a agilidade.
4. Liste e descreva brevemente três fatores para a implementação bem-sucedida de um SIGE.
5. Descreva duas barreiras à implementação de um SIGE.

10.3 Sistemas de gestão da cadeia de suprimentos

A jornada que faz um produto, conforme mostra a Figura 10.6, começa com os fornecedores de matéria-prima, segue com os fabricantes ou montadores, depois é a vez dos distribuidores e das prateleiras do varejo e, por fim, chega aos consumidores. Isso é uma **cadeia de suprimentos**. A cadeia de suprimentos é como um sistema de encanamento, composto por múltiplas empresas que desempenham qualquer uma das seguintes funções:

- Compras de materiais
- Transformação de materiais em produtos intermediários ou finais
- Distribuição de produtos finais ao varejo ou aos consumidores
- Reciclagem ou descarte em aterro sanitário

As cadeias de suprimentos variam significativamente dependendo do tipo, da complexidade e de quão perecível é o produto. Por exemplo, de modo geral, a cadeia de suprimentos

---

* N. de T.: A expressão *measure twice, cut once* é comumente utilizada em carpintaria e, neste contexto, refere-se à necessidade de examinar cuidadosamente as opções para que a decisão seja tomada uma só vez e não precise de "remendos".

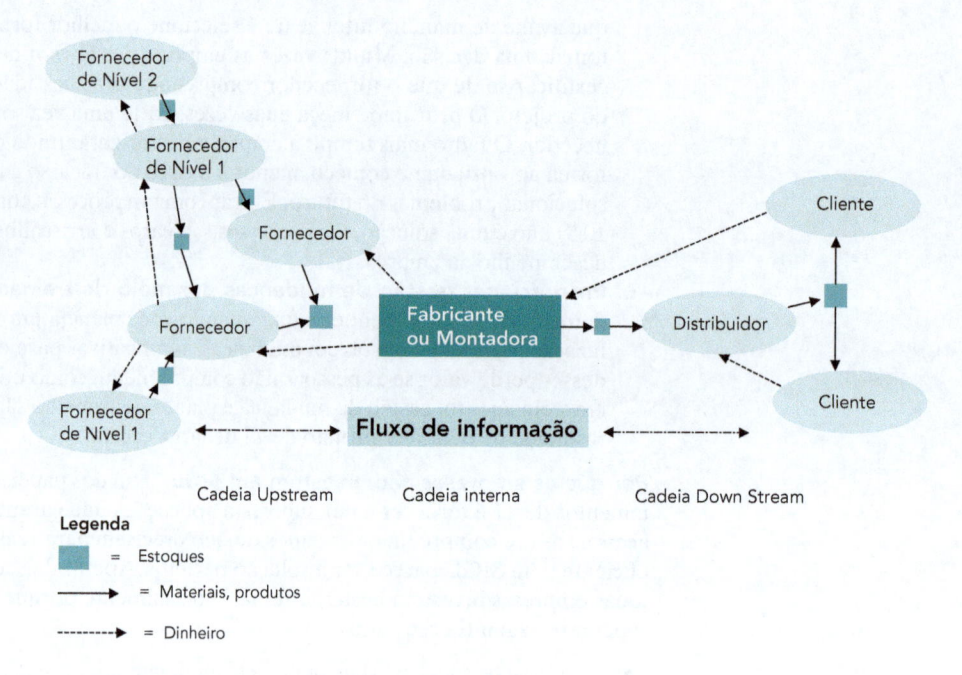

Figura 10.6 Estrutura de uma cadeia de suprimentos típica.

TI em ação 10.2

Tecnologias de acompanhamento e rastreamento resultam em alimentos mais seguros e custos mais baixos

Hambúrgueres, ração para animais, manteiga de amendoim, alface e espinafre são alguns dos alimentos que recentemente sofreram enorme recolhimento devido à contaminação. Clientes ao redor do mundo estão preocupados com a segurança e a origem de seus alimentos. Uma solução é implementar tecnologias de acompanhamento e rastreamento que sigam produtos alimentícios pela cadeia de suprimentos, principalmente com o uso de código de barras e identificação por radiofrequência (RFID). Os códigos de barras e tags RFID permitem o rastreamento de alimentos pela cadeia de suprimentos da "fazenda até a mesa". Sem a capacidade de identificar a fonte da contaminação e seu conteúdo, a devolução de alimentos é muito mais extensiva do que o necessário como uma medida de precaução. Por exemplo, quando foi encontrado *E.coli* no espinafre em 2007, usando código de barras em uma sacola de espinafre ruim, investigadores rastrearam sua origem, chegando ao Salinas Valley, na California. Mas então tiveram de fazer uma busca intensa e cara por produtores específicos na região. E, durante o período de busca, todos os espinafres estavam sendo retirados das lojas, centros de distribuição e de processamento, e sendo destruídos. Uma organização de produtores estima que os custos com recolhimento do espinafre chegaram a 74 milhões de dólares. Teria sido muito mais rápido rastrear os espinafres contaminados e seus produtores se os sacos do produto e suas caixas carregassem tags RFID com o histórico completo sobre a origem de seu conteúdo.

Com informações detalhadas, as empresas podem agilizar o fluxo na cadeia de distribuição e diminuir a deteriorização e os índices de contaminação. Reduzir esses índices é importante por razões relacionadas à segurança e aos custos.

Os clientes e o varejo perdem cerca de 40 milhões de dólares anualmente, ou 3,5% de suas vendas, por causa de ineficiências da cadeia de suprimentos.

Na província canadense de Manitoba, uma rede completa de rastreamento foi desenvolvida, conectando mais de 16 parceiros da cadeia de suprimentos, incluindo produtores de gado e suínos, produtores de alimentos de animais, fabricantes de alimentos, fazendeiros, fábricas de processamento, caminhões e cadeia de mercados. Usando o software Global Traceability Network (GTNet) da TraceTracker, parceira da IBM, o projeto de Manitoba mostra que é possível coletar e processar com segurança e precisão os dados sobre um pedaço de carne de diversas fontes e compartilhar essa informação em qualquer etapa do processo. Tecnologias de rastreamento e acompanhamento estão sendo utilizadas na Germany's METRO Future Store (future-store.org/), onde açougueiros não apenas cortam a carne como também colocam rótulos RFID inteligentes. Cada pacote é identificado com uma tag RFID e registrado quando colocado em local refrigerado. Todas as caixas são equipadas com leitores RFID e antenas para escanear o rótulo de cada produto que entra, conforme é colocado na prateleira e conforme sai com um consumidor. Os dados em tempo real ajudam a armazenar produtos frescos, a controlar o ambiente de armazenamento, e a administrar os níveis de estoque.

Fontes: Compilado de METRO Future Store (future-store.org, 2009), CDC.gov, IBM (ibm.com) e Weier (2007).

Questões para discussão: Onde começa a cadeia de suprimentos de alimentos e onde ela termina? Quais são os custos reduzidos durante o recolhimento no caso de os alimentos terem tags RFID? Como os códigos de barra e os RFIDs melhoram a cadeia de suprimentos? Como a lei do Bioterrorismo afeta a gestão da cadeia de suprimentos?

de alimentos começa na fazenda ou no rebanho, segue até um fabricante (ou processador) e então chega aos centros de distribuição e atacadistas, que entregam o produto para o varejo ou para o consumidor final. *TI em ação 10.2* trata de como as tecnologias de acompanhamento e rastreamento estão sendo utilizadas para melhorar a segurança dos alimentos e reduzir os custos.

ADMINISTRAÇÃO DO FLUXO DE MATERIAIS, DADOS E DINHEIRO

As cadeias de suprimento giram em torno do fluxo de materiais, de dados e de dinheiro. As descrições dos três principais fluxos da cadeia são:

1. **Fluxo do produtos ou materiais:** Esse é o movimento de materiais e produtos de um fornecedor ao seu consumidor. Por exemplo, o fabricante de chips da Intel fornece chips de computador a seu cliente, que é a Dell. A Dell fornece seus computadores ao usuário final. Os produtos que são devolvidos compõem o que é chamado de **cadeia de suprimentos reversa**, porque os produtos estão se movimentando na direção reversa. Para qualquer ponto da cadeia de suprimentos, a fonte imediatamente anterior é chamada de "**anterior**" e o recebedor imediatamente posterior é chamado de "**posterior**". Por exemplo, em uma cadeia de alimentos, cada fornecedor de alimentos é chamado de anterior e o recebedor (cliente) do produto alimentício é chamado de posterior. Para um fabricante, os fornecedores de matéria-prima são anteriores na cadeia de suprimentos, enquanto o varejo é posterior nessa mesma cadeia.
2. **Fluxo de informações:** Esse é o movimento de dados detalhados entre os membros de uma cadeia de suprimentos, por exemplo, informações sobre o pedido, sobre o cliente, sobre o atendimento ao pedido, sobre o status da entrega e o comprovante de entrega. A maior parte do fluxo de informações se dá eletronicamente, embora faturas ou recibos de papel ainda sejam comuns para clientes não comerciais.
3. **Fluxo financeiro:** É a transferência de pagamentos e de acordos financeiros; exemplos disso são o agendamento de pagamento de cobranças, as condições de crédito e o pagamento via **transferência eletrônica de fundos (TEF)**. A TEF permite pagamentos e coletas eletrônicas. É um método seguro, confiável, eficiente e mais barato do que pagamentos ou coletas em cheque.

As relações da cadeia de suprimentos são gerenciadas. Pense na cadeia em termos de relações, porque a cadeia inteira não é gerenciada como uma única unidade. Uma empresa pode apenas gerenciar as relações que realmente lhe competem. Ou seja, a empresa irá gerenciar apenas os parceiros que estão em posição anterior e posterior a ela, porque é até aí que ela pode ir.

ATENDIMENTO DE PEDIDOS E LOGÍSTICA

O **atendimento de pedidos** é o conjunto de processos complexos envolvidos na ação de entregar aos clientes o que eles pediram dentro do prazo e todos os serviços relacionados ao atendimento ao cliente. O atendimento de pedidos depende do tipo de produto/serviço e do método de compra (online, na loja, via catálogo, etc.). Por exemplo, um cliente que pede um novo aparelho pelo site Sears.com precisa recebê-lo conforme o agendamento, com instruções de montagem e de funcionamento, assim como informações de garantia e de devolução. O cliente pode receber um manual em papel com o produto ou baixar as instruções no site da Sears. Além disso, se o cliente não estiver satisfeito com o produto, uma troca ou devolução pode ser acertada pelo site.

O atendimento de pedidos é parte das **operações de back-office**, que são atividades que dão suporte ao atendimento dos pedidos, como contabilidade, gestão de estoque e transporte. Também está intimamente relacionado às **operações de front-office**, ou *atividades de contato direto com o cliente*, que são atividades como vendas e propaganda, visíveis aos clientes. Os aspectos chave do atendimento de pedidos são a entrega de materiais ou produtos no tempo certo, no lugar certo e com o custo adequado.

A **logística** é definida pelo Conselho de Gestão Logística (CLM – *Council of Logistics Management*) como "o processo de planejamento, implementação e controle do fluxo e armazenamento eficientes e eficazes de produtos, serviços e informações relacionadas desde o ponto de origem até o ponto de consumo, com o propósito de cumprir com as solicitações dos clientes" (logisticsworld.com). Note que essa definição inclui movimentos de entrada e de saída, internos e externos e a devolução de materiais e produtos. Ela também inclui o *atendimento de pedidos*. A distinção entre a logística e o atendimento de pedidos nem sempre é clara, e os termos são, às vezes, utilizados de forma intercambiável, já que a logística é uma grande parte do atendimento de pedidos.

| PASSOS NO PROCESSO DE ATENDIMENTO DE PEDIDO |

O processo de atendimento de pedidos consiste em fluxos de pedidos, pagamentos, informações, materiais e outras partes, todos os quais precisam ser coordenados com vários departamentos e parceiros externos. O processo de atendimento de pedidos começa quando um pedido é recebido e inclui as nove atividades a seguir, que são apoiadas por um software ou podem ser automatizadas:

Passo 1. Certifique-se de que o cliente irá pagar. Dependendo do método de pagamento e outras combinações com o cliente, certifique-se de que ele poderá e irá pagar e as condições de pagamento. Essa atividade é feita pelo departamento financeiro para vendas B2B ou por uma empresa externa, como o PayPal ou alguma operadora de cartão de crédito, como Visa para vendas B2C. Qualquer problema com o pagamento pode causar atrasos na entrega, resultando em perda da boa vontade ou do cliente. Em vendas B2C, os clientes normalmente fazem o pagamento adiantado, por meio de cartão de crédito, mas o comprador pode estar usando um cartão roubado, então a verificação de informações é fundamental.

Passo 2. Certifique-se da disponibilidade de estoque e refaça o pedido se necessário. Assim que o pedido é recebido, o estoque é verificado a fim de determinar a disponibilidade de um produto ou material. Se há estoque suficiente, o sistema de pedidos procede a compra, normalmente automaticamente usando troca eletrônica de dados (*electronic data interchange* – EDI). Para realizar essas operações, o sistema de pedidos precisa estar conectado ao sistema de estoque para verificar a disponibilidade, e ao sistema de pedidos ao fornecedor. Muitos cenários são possíveis e podem envolver o departamento de gestão de materiais e o de produção, assim como um fornecedor externo ou distribuidor. Na maioria das vezes, os compradores podem verificar a disponibilidade sozinhos, usando a Web.

Passo 3. Organize as entregas. Quando o produto está disponível, a entrega para o cliente é organizada (se não for este o caso, vá para o Passo 5). Os produtos podem ser digitais ou físicos. Se o item é físico e está prontamente disponível, acontece o empacotamento e o envio. Tanto o departamento de empacotamento quanto o de transporte e expedidores internos ou transportadoras externas podem estar envolvidos. Os itens digitais normalmente estão disponíveis porque seu estoque não se esgota. Entretanto, um produto digital, como um software, pode estar sendo revisado e então indisponível para entregas em determinados períodos. Em qualquer um desses casos, as informações precisam circular por diversos parceiros.

Passo 4. Seguro. Às vezes, os conteúdos das entregas precisam ter seguro. Tanto o departamento financeiro quanto uma corretora de seguros podem estar envolvidos nesse processo, e, novamente, as informações necessárias precisam circular não apenas dentro da empresa como também para e a partir do cliente e do agente de seguros.

Passo 5. Reabastecimento. Pedidos personalizados sempre irão disparar a necessidade de alguma operação de fabricação ou de montagem. De forma similar, se itens padrão estão em falta, eles precisam ser produzidos ou comprados. A produção pode ser feita dentro da empresa ou via terceirizados.

Passo 6. Produção interna. A produção interna precisa ser planejada, e a produção em si precisa ser agendada. O planejamento da produção envolve pessoal, máquinas, componentes, materiais, recursos financeiros e possivelmente fornecedores e subcontratados. No caso de montagem e/ou fabricação, muitos serviços de fábricas podem ser necessários, incluindo a colaboração com parceiros de negócio. O local de produção pode estar em um país diferente daquele da sede da empresa ou do varejista. Isso pode complicar ainda mais o fluxo de informações.

Passo 7. Use fornecedores. Um fabricante pode optar por comprar produtos ou pela montagem em fornecedores. De forma parecida, se o vendedor é um varejista, como no caso da Amazon.com ou Walmart.com, o varejista precisa comprar produtos de seus fabricantes. Nesse caso, o recebimento apropriado e a garantia de qualidade de materiais e produtos precisa estar presente.

Uma vez que a produção (Passo 6) ou a compra a partir dos fornecedores (Passo 7) é completada, o transporte aos clientes (Passo 3) é organizado.

Passo 8. Contatos com o cliente. Representantes de vendas precisam ficar em contato com os clientes, especialmente em negócios do tipo B2B, começando pela notificação de pedidos recebidos e terminando na notificação de envio ou mudança no dia de entrega. Esses contatos normalmente são feitos via e-mail e muitas vezes são gerados automaticamente.

Passo 9. Devoluções. Em alguns casos, os clientes desejam trocar ou devolver itens. O movimento de devolução dos produtos pelos clientes é chamado de *logística reversa*. Em geral, entre

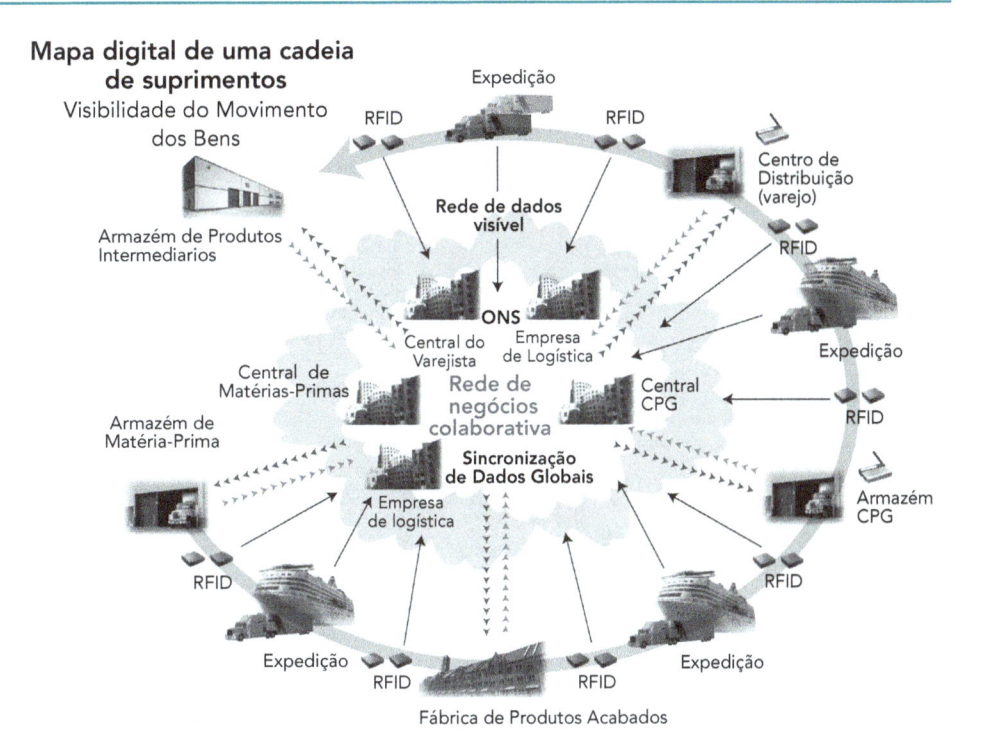

Mapa digital de uma cadeia de suprimentos
Visibilidade do Movimento dos Bens

Figura 10.7 Gerenciando uma cadeia de suprimentos usando RFID.

50 e 100 milhões de dólares em produtos são devolvidos nos Estados Unidos a cada ano. Essas devoluções podem ser um grande problema, especialmente quando ocorrem em grandes volumes.

Agora veremos em maiores detalhes os conceitos envolvidos na gestão da cadeia de suprimentos.

CONCEITOS DE GESTÃO DA CADEIA DE SUPRIMENTOS

A **gestão da cadeia de suprimentos** (*supply chain management* – **SCM**) é a gestão eficiente dos fluxos de materiais, dados e dinheiro na cadeia de suprimentos, conforme mostrado na Figura 10.7. **Softwares de SCM** dão suporte aos passos na cadeia de suprimentos – fabricação, controle de estoque, agendamento e transporte. Softwares de SCM se concentram em melhorar o processo de tomada, previsão, otimização e análise de decisões. Softwares de SCM são configurados para atingir os seguinte objetivos de negócio:

- Reduzir a incerteza e a variabilidade a fim de aumentar a precisão das previsões
- Aumentar o controle sobre os processos a fim de atingir níveis excelentes de estoque, tempo do ciclo e atendimento ao consumidor

Os benefícios de um SCM já foram reconhecidos pelas empresas, pelo governo e pelo exército. No ambiente de negócios competitivo atual, cadeias de suprimentos eficazes e efetivas são fundamentais para a sobrevivência e são totalmente dependentes de softwares de SCM, que dependem, por sua vez, de dados precisos e atualizados. Se a rede é interrompida ou os dados estão desatualizados, os responsáveis pela gestão da cadeia de suprimentos estão trabalhando cegamente.

O uso de RFID na cadeia de suprimentos representa uma boa oportunidade de redução de custo e aumento da eficiência operacional. A Figura 10.8 mostra como a tecnologia RFID pode melhorar a eficiência de uma cadeia de suprimentos por meio da melhora da qualidade dos dados.

ADMINISTRANDO ATIVIDADES SOB DEMANDA

O ambiente de negócios atual contém os elementos de uma empresa que produz sob demanda, com operações realizadas em *tempo real*. Vamos revisar esses conceitos:

- *Empresa sob demanda.* O conceito de uma empresa sob demanda está baseado na premissa de que a fabricação ou as operações de atendimento a um serviço irão começar apenas após o recebimento de um pedido. Também nos referimos a essa abordagem como *produção sob encomenda*. As empresas acrescentaram essa abordagem ao seu tradicional modo de **produção para estoque**. Como o termo indica, a *produção para estoque* é a fabricação de produtos para estocar de modo que a empresa esteja pronta para responder a demandas futuras. Um exemplo evidente de produção para estoque é a produção das concessionárias automotivas, que têm um estoque enorme de veículos em seus estacionamentos.

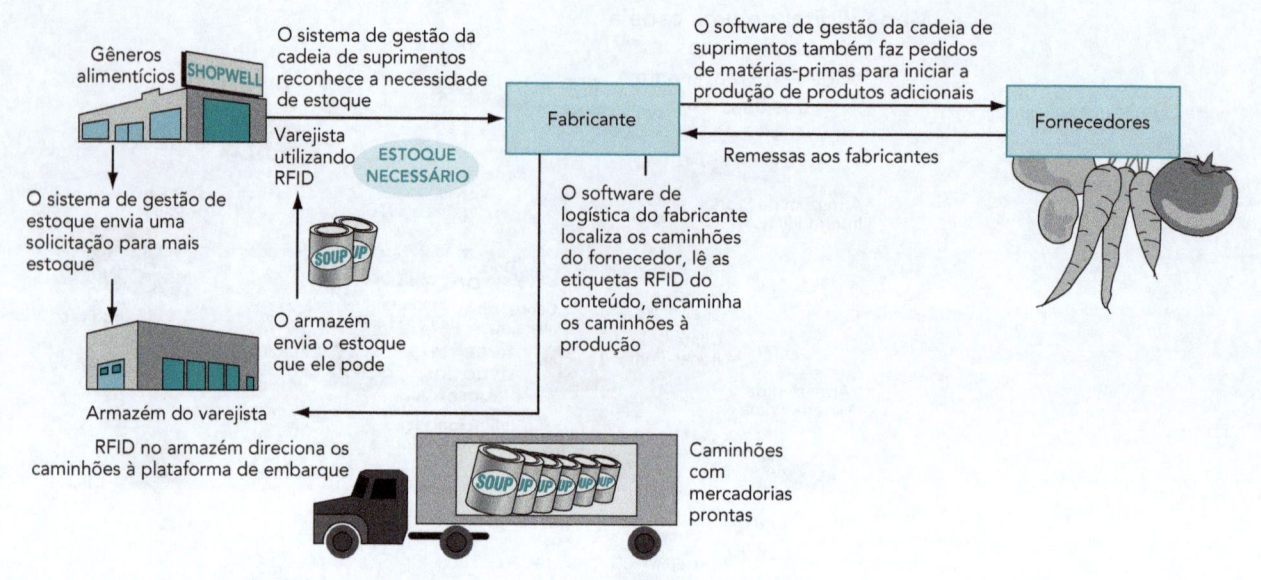

Figura 10.8 Como as tags RFID fornecem os dados necessários para a gestão da cadeia de suprimentos.

- ***Processos sob demanda e em tempo real.*** Um processo sob demanda no ciclo de atendimento é aquele que está pronto para responder em tempo real. Não haverá pedidos não atendidos, estoque de segurança, intervalo ou excesso de estoque. Esse princípio não é totalmente atingível, mas é a direção para a qual empresas de alta tecnologia escolheram ir. Fabricantes de laptops e netbooks produzem para os pedidos sempre que possível para reduzir seus custos com estoque, armazenagem e obsolescência. A manutenção de um estoque pode aumentar os custos de um produto e estreitar a margem de lucro.

Esses conceitos sob demanda revolucionaram o planejamento e a gestão das cadeias de suprimentos. Para realizar processos sob demanda e em tempo real, as empresas precisam reprojetar suas cadeias de suprimentos e acrescentar a elas recursos de SCM e SIGE.

O mercado de aplicações e serviços de software de SCM atingiu 6,68 bilhões de dólares em 2008, um aumento de 4% com relação a 2007, de acordo com a AMR Research (amrresearch.com). Fornecedores líderes de software de SCM como a SAP e a Oracle obtiveram ganhos percentuais significativos em 2008, com a SAP atingindo quase 12% e a Oracle crescendo quase 9%. Em 2009, o crescimento diminuiu por causa dos problemas na economia. Em uma recessão, as empresas não fazem grandes investimentos em softwares de cadeia de suprimentos a menos que sejam de missão crítica.

Questões para revisão

1. Defina uma *cadeia de suprimentos*.
2. Liste quatro funções desempenhadas pela cadeia de suprimentos.
3. Liste e descreva os três principais fluxos administrados na cadeia de suprimentos.
4. Descreva um SCM.
5. O que é atendimento ao pedido?
6. Defina *logística*.

10.4 Sistemas de planejamento, previsão e reabastecimento colaborativos

Há muitas incertezas na demanda de produtos. A solução mais comum para incertezas da cadeia de suprimentos é a criação de estoque (ou estoque de segurança) por segurança. Altos níveis de estoque de segurança aumentam os custos de manutenção de estoque. Grandes inventários em vários pontos da cadeia de suprimentos podem resultar no efeito chicote descrito abaixo. Baixos níveis de estoque aumentam os riscos de falta de estoque (suprimentos insuficientes) e perda de receita quando há alta demanda ou demora na entrega. Em qualquer caso, o custo total – incluindo os custos de manutenção de estoque, oportunidades de venda perdidas e má reputação

– poderá ser muito alto. Assim, as empresas se esforçam para controlar e otimizar os estoques. A Procter & Gamble (P&G) tem sido uma líder na gestão de estoque há várias décadas.

No final da década de 1980, a P&G convenceu a Walmart a implementar seu software de reposição contínua. Uma de suas primeiras colaborações foi com a Walmart. A P&G, por exemplo, reabastecia continuamente as lojas da Walmart com fraldas Pampers. A reposição contínua é uma relação de cadeia de suprimentos na qual um fornecedor monitora continuamente o inventário de um revendedor ou distribuidor, e recarrega automaticamente seu inventário quando os níveis atingem o ponto de reabastecimento. Nessa situação de inventário gerenciado pelo fornecedor (VMI), um fornecedor gerencia o inventário de seus clientes, eliminando a necessidade do envio de ordens de compra por parte destes. A vantagem para o fornecedor é obter aviso prévio de demanda por produto. A vantagem para o revendedor ou distribuidor é a redução dos custos de estoque. Ter o item correto em estoque quando o cliente final precisa dele beneficia todos os parceiros.

O EFEITO CHICOTE NA CADEIA DE SUPRIMENTOS

Os executivos de logística da P&G examinaram os padrões de pedido de um de seus produtos mais vendido: as fraldas Pampers. Em lojas de varejo, as vendas da Pampers eram flutuantes, mas a variabilidade não era excessiva. No entanto, enquanto os executivos examinavam as ordens dos distribuidores, eles se surpreenderam com o alto grau de variabilidade. Quando eles examinam seus pedidos de materiais – no nível de produção – aos seus fornecedores, tais como a 3M, descobriram que as oscilações (variabilidade) no tamanho dos pedidos eram ainda maiores. A Figura 10.9 mostra como as oscilações, que parecem com chicotes, intensificam-se dos varejistas até os distribuidores, e dos distribuidores até os fabricantes.

À primeira vista, a variabilidade não fazia sentido. Enquanto os consumidores (os bebês, nesse caso) consumiam fraldas a uma taxa constante, a variabilidade da demanda de pedidos na cadeia de suprimentos se ampliava no fabricante. Esse fenômeno é chamado de **efeito chicote**, o qual ocorre quando as empresas reduzem ou aumentam significativamente seus estoques. Os economistas o chamam de *chicote* porque até mesmo pequenos aumentos na demanda podem causar grande aumento na necessidade de peças e materiais mais abaixo na cadeia de suprimentos.

O efeito chicote tem amplas implicações atualmente, uma vez que as empresas correm para atender os pedidos enquanto repõem as prateleiras do armazém ao mesmo tempo. O efeito atinge a todos, desde os varejistas até as empresas de suprimentos industriais que abastecem com graxa, parafusos e carvão necessários para a produção em massa. A maneira pela qual as empresas – pequenas e grandes – respondem às mudanças de mercado determina quais delas emergirão primeiro da crise e voltarão a crescer.

Uma grande questão que se coloca quando a economia começa a se recuperar é quão bem os fornecedores estão posicionados para aumentar a produção. Gargalos podem ocorrer quando uma escassez localizada causa aumentos inesperados de preços e prejudica a habilidade das companhias de atender à demanda. É por isso que a fabricante de equipamentos pesados Caterpillar deu um passo incomum no final de 2009, visitando seus principais fornecedores para certificar-se de que eles tinham recursos suficientes para aumentar a produção rapidamente. Em casos extremos, a Caterpillar está ajudando seus fornecedores a obter financiamento.

Exemplo. A Caterpillar informou que mesmo que a demanda por seus equipamentos fosse plana em 2010 e 2011, ela ainda assim precisaria aumentar a produção em suas fábricas em 10% a 15%, apenas para reabastecer os inventários dos revendedores e atender à demanda em curso. A Mechanical Devices Co. já sentia o estalar do chicote. A pequena fábrica em Bloomington, Illinois, fornece peças de metal à Caterpillar. Ela lutou ao longo de 2009, dispensando cerca de 100 dos seus 275 funcionários e buscando outros clientes a fim de manter suas máquinas funcionando.

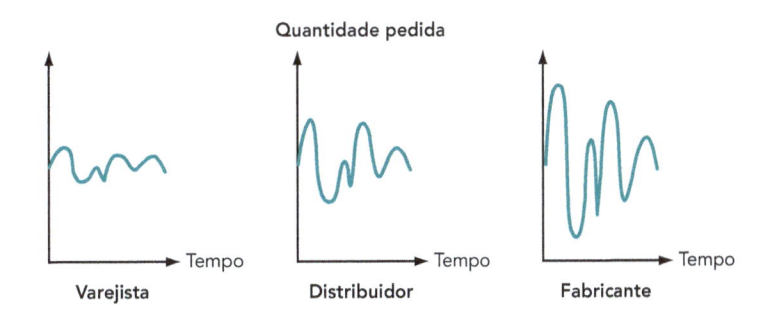

Figura 10.9 Efeito chicote.

Uma razão para a Caterpillar estar tão em sintonia com o ciclo de estoque é a sua história. A empresa passou por um surto de crescimento massivo na última década, impulsionada lado a lado pelas forças de um *boom* de commodities e um *boom* imobiliário. As vendas de suas icônicas máquinas amarelas cresceram de 20 bilhões em 2002 para 51 bilhões de dólares em 2008.

Como o efeito funciona. Os sistemas SCM geram previsões de demanda para um período de planejamento, como uma quinzena, um mês ou um trimestre. Representantes de vendas participantes geram as previsões de vendas. Com base nessas previsões, os sistemas SCM organizam, buscam fontes (fornecedores) e programam a produção e a distribuição para atender à demanda prevista. Infelizmente a força de vendas com frequência altera a quantidade de pedidos por um produto antes do encerramento do período planejado. Esses desvios de previsão são significativos o bastante para causar um descompasso entre o que a empresa planejou para a produção e o que realmente é necessário para atender aos pedidos alterados. Os desvios em relação aos pedidos previstos causam uma oscilação ao longo da cadeia de suprimentos, causando o efeito chicote.

Os pedidos de venda alterados aumentam os desvios na medida em que a informação sobe pela cadeia de suprimentos. Se eu sou um fornecedor de componentes um passo acima na cadeia, vou encomendar matéria-prima para construir componentes adicionais e adquirir algum material para o meu estoque de segurança. Em seguida, meu fornecedor irá incrementar seu próprio estoque de segurança para atender meus pedidos alterados. Essas mudanças continuarão ao longo da cadeia de suprimentos, ampliando o pequeno desvio original dos pedidos planejados. Essas oscilações fazem com que todas as empresas na cadeia de suprimentos revisem seus planos de fornecimento, produção e distribuição. As empresas agora correm para obter matéria-prima adicional, adicionar linhas de produção e reabastecer linhas de distribuição para atender às quantidades alteradas de pedidos de vendas.

Como resultado dessas oscilações do efeito chicote, as empresas por toda a cadeia de suprimentos são sobrecarregadas com excesso de estoque, custos de aquisição extrapolados, custos de transporte e, sobretudo, problemas de qualidade. As empresas do topo têm a opção de aceitar o prejuízo dos pedidos alterados ou repercutir os custos, reduzindo outros atributos do produto. A qualidade dos componentes é a maior vítima de pedidos urgentes. Distribuidores e revendedores muitas vezes devolvem os produtos fabricados para atender os sinais de demanda alterada, sobrecarregando ainda mais a cadeia de suprimentos.

MELHORANDO O COMÉRCIO ELETRÔNICO B2B

A mais promissora fonte de melhora de desempenho no comércio eletrônico de B2B é a colaboração na cadeia de suprimentos. A colaboração na cadeia de suprimentos pode aumentar as margens de lucro em até 3% para os parceiros da cadeia, o que é uma melhora significativa. Para o esforço de colaboração ter sucesso, os parceiros de negócio devem confiar uns nos outros e em seus sistemas de informação. Muitos problemas na cadeia de suprimentos foram resolvidos por meio do compartilhamento de informações ao longo dela. Tal compartilhamento de informações é frequentemente chamado de **cadeia de suprimentos colaborativa**. Ele pode ter vários formatos diferentes, conforme descrito a seguir.

PLANEJAMENTO, PREVISÃO E REABASTECIMENTO COLABORATIVOS

Os conceitos de reposição contínua, VMI, e a colaboração evoluíram para um modelo mais abrangente, conhecido como **planejamento, previsão e reabastecimento colaborativos (CPFR)**. O CPFR é um conjunto de processos empresariais orientado por dados, destinados a melhorar a capacidade de previsão e coordenação com os parceiros da cadeia de suprimentos. Com o CPFR, varejistas e fornecedores colaboram no planejamento e previsão de demanda a fim de garantir que os membros da cadeia de suprimentos tenham a quantidade certa de matérias-primas e produtos acabados quando precisarem. O CPFR agiliza o fluxo de produtos desde as fábricas até as casas dos clientes.

A Associação Voluntary Interindustry Commerce Solutions (VICS) (vics.org) descreve a estrutura de atividades de CPFR e as diretrizes para sua implementação. Desde 1986, a Associação VICS tem trabalhado para melhorar a eficiência e a eficácia das cadeias de suprimentos. O CPFR é composto por quatro atividades principais de colaboração:

- **Estratégia e planejamento:** definir as regras básicas para a relação de colaboração e especificar o mix de produtos.
- **Gestão de oferta e procura:** prever a demanda do consumidor e dos requisitos de encomenda e entrega ao longo do horizonte de planejamento
- **Execução:** desenvolver atividades tais como encomendas, transporte e entrega, recebimento, controle de transações de vendas e pagamentos

- **Análise:** acompanhar os resultados de planejamento e execução, avaliando resultados e métricas chave de desempenho, compartilhando conhecimento com os parceiros e ajustando os planos para melhorar os resultados

Grandes fabricantes de bens de consumo, como a Warner-Lambert (WL), têm cadeias de suprimentos magníficas, resultado da utilização de CPFR. Como parte de um projeto piloto, a WL compartilhou planos estratégicos, dados de desempenho e visão de mercado com a Walmart. A companhia percebeu que poderia se beneficiar do conhecimento de mercado da Walmart, assim como a Walmart poderia se beneficiar do conhecimento de produto da WL (veja a Figura 10.10). Veja *TI em ação 10.3* para mais detalhes.

TI em ação 10.3

Warner-Lambert colabora com o varejo

Em 2000, a Warner-Lambert (WL) foi comprada pela Pfizer (pfizer.com), criando a empresa que cresceu mais rapidamente no mundo farmacêutico. Um de seus principais produtos é o enxaguante bucal Listerine. Os materiais utilizados para fazer o Listerine vêm principalmente de eucaliptos plantados na Austrália, que são enviados para a fábrica da WL em Nova Jersey. Como todos os fabricantes, a WL desejava respostas sobre a grande questão que norteia muitas decisões: "O que venderemos nesta semana ou neste mês?". Sua principal preocupação é prever com precisão a demanda total para determinar quanto Listerine será produzido. Tendo determinado a demanda, a WL calcula quanta matéria-prima é necessária e quando. Uma previsão errada resulta em excesso de matéria-prima ou de produtos finais nos estoques, ou na falta deles. Os estoques são caros de se manter; a falta de produtos pode resultar em perdas de negócios para a concorrência.

A WL prevê demandas com a ajuda do JDA Demand Management System (jda.com). Utilizado com outro software de SCM, o sistema analisa dados de produção, distribuição e vendas e contrasta com as demandas e informações sobre clima. Seu objetivo é ajudar a WL a decidir quando quanto Listerine e outros produtos devem ser produzidos. O modelo pode antecipar, por exemplo, o impacto de promoções sazonais ou o encerramento de uma linha de produção. A excelência da cadeia de suprimentos da WL vem do programa colaborativo de planejamento, previsão e reabastecimento (*Collaborative Planning, Forecasting, and Replenishment* – CPFR).

O sistema de gestão de demanda da WL analisa dados sobre a fabricação, a distribuição e as vendas e os compara à demanda esperada e às informações sobre o clima de negócios para ajudar a WL a decidir quanto produto deve fabricar e distribuir. Porque a WL pôde suavizar a questão da sazonalidade na previsão, diminuiu drasticamente seus custos com produção e estoque de matéria-prima. A transferência de dados entre as empresas é feita utilizando a **troca eletrônica de dados** (*electronic data interchange* – **EDI**). O EDI é um padrão de comunicação que permite transferências eletrônicas de documentos rotineiros, como ordens de compra entre parceiros de negócio. O padrão formata esses documentos de acordo com acordos feitos entre as partes.

Fontes: Compilado de JDA.com e VICS.org.

Questões para discussão: Que outras soluções de gestão da cadeia de suprimentos são oferecidas pela JDA? Para quais setores, além do varejo, essa colaboração pode ser benéfica?

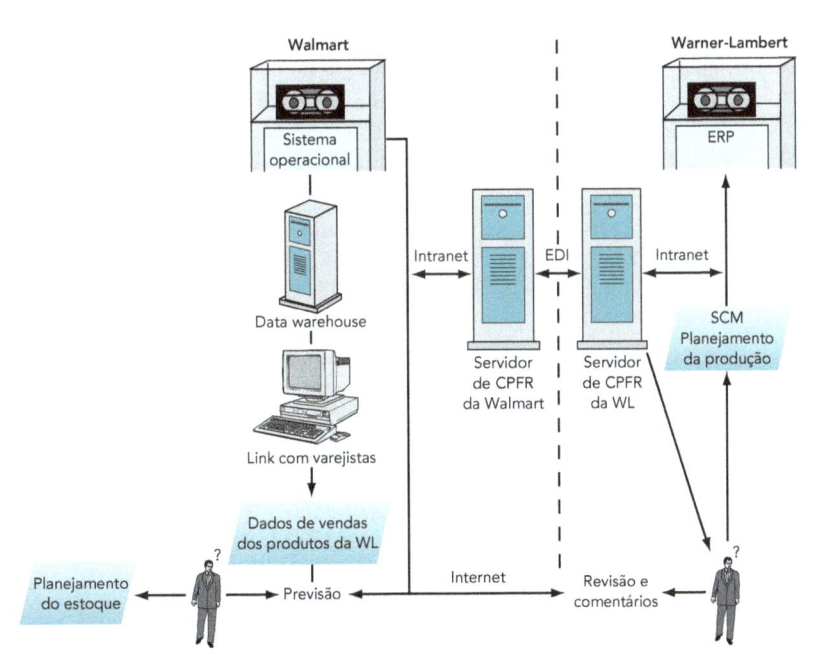

Figura 10.10 Modelo de CPFR.

> *Questões para revisão*
> 1. Como a incerteza de demanda afeta o estoque? Dê um exemplo.
> 2. Descreva uma cadeira de suprimentos colaborativa.
> 3. Defina o CPFR e descreva como ele funciona.
> 4. Descreva como funciona o estoque administrado pelo fornecedor.

10.5 Sistemas de gestão de relacionamento com o cliente

Toda empresa depende de clientes para obter receita e crescer. Os gerentes de marketing fazem campanhas, promoções, comerciais e propagandas para atrair novos clientes ou para aumentar as vendas com os clientes atuais (ou ambos). Atrair novos clientes custa caro: por exemplo, um banco gasta cerca de 100 dólares para adquirir um novo cliente. Os clientes recém-adquiridos não representam lucro até que tenham adquirido produtos ou serviços o suficiente para ultrapassar os gastos com sua obtenção e atendimento. Portanto, reter clientes que geram receitas superiores aos custos (p. ex., com atendimento ao cliente, devoluções, itens promocionais e assim por diante) é essencial, e é a razão fundamental para a **gestão de relacionamento com o cliente** (CRM). A **CRM*** refere-se a metodologias e ferramentas de software para obter informações do cliente a fim de:

- Construir maior fidelização e, portanto, maior rentabilidade por cliente
- Deter atritos com cliente (perda de clientes)
- Adquirir novos clientes que têm maior probabilidade de se tornarem lucrativos
- Up-sell (vender produtos/serviços mais lucrativos) ou cross-sell (vender produtos/serviços adicionais) para clientes não lucrativos a fim de torná-los lucrativos.
- Reduzir ineficiências que desperdiçam recursos de publicidade

O objetivo de programas de compra frequente oferecidos por companhias aéreas, supermercados, emissores de cartões de crédito, varejistas, cassinos e outras empresas é monitorar os clientes para fins de CRM e construir a fidelização, a fim melhorar o desempenho financeiro.

De acordo com Peter Drucker, guru da administração, "As empresas que conhecem seus clientes, suas necessidades, e se comunicam com eles de forma inteligente terão sempre uma vantagem competitiva em relação àquelas que não o fazem". Para a maioria dos tipos de empresa, a eficácia do marketing depende do quão bem eles conhecem seus clientes; mais especificamente: saber o que os clientes querem, como contatá-los da melhor maneira possível e que tipos de ofertas eles serão mais suscetíveis a responder positivamente. De acordo com o *efeito de fidelização*, uma redução de 5% no atrito com clientes pode melhorar os lucros em até 20%. As estratégias de negócios centradas no cliente visam oferecer produtos e serviços que os clientes querem comprar. Um dos melhores exemplos são os iPhones e iPads da Apple – dispositivos pelos quais os clientes estavam dispostos a acampar nas calçadas para garantir a compra no dia do seu lançamento. Em contraste, empresas que criam estratégias centradas no produto precisam criar demanda para ele, o que sai mais caro e pode falhar.

EXEMPLO DE CRM: TRAVELOCITY

A CRM é mais bem compreendida quando observamos a estratégia de CRM de uma empresa familiar. A Travelocity.com, por exemplo, é uma agência de viagens online. Em 2001, a empresa implementou o software de CRM da Teradata (teradata.com) para melhor compreender, atender e se comunicar com seus 40 milhões de clientes. O software de CRM permitiu à Travelocity:

- Analisar dados de sequência de cliques e descobrir como os clientes usam o site. Essa informação é usada para personalizar melhor as mensagens em tempo real (isto é, as mensagens que aparecem enquanto os clientes estão usando o site).
- Testar o valor de mensagens e ofertas específicas em diferentes segmentos de consumidores.
- Identificar os clientes que reservaram um voo – mas não hotel ou aluguel de carro – e então enviar-lhes uma proposta atraente. O ajuste de ofertas ou tomada de decisões com base no comportamento do cliente é conhecido como *marketing baseado em eventos*.

Construir recursos de CRM leva tempo e exige um depósito de dados para as análises.

---

* N. de R. T.: A sigla CRM é utilizada no feminino (a CRM) quando se referir à gestão de relacionamento com clientes e no masculino (o CRM) quando se referir aos sistemas CRM.

A Travelocity começou com os fundamentos de CRM para aprender sobre seus clientes e sobre as melhores formas de apresentar campanhas de marketing específicas a eles. Além disso, a Travelocity pode responder rapidamente às ofertas de seus fornecedores. Por exemplo, às 8h, uma grande companhia aérea ofereceu às agências de viagens uma tarifa especial de Los Angeles a San Juan, Porto Rico. A Travelocity filtrou rapidamente o comportamento de navegação de seus clientes, organizou uma lista de e-mails de 30 mil pessoas na área de Los Angeles que haviam pesquisado, mas não comprado, passagens para o Caribe, e gerou então uma mensagem de e-mail a eles. A taxa de resposta foi incrível: 25% dos destinatários da lista reservaram voos. Essa foi uma campanha eficaz medida pela taxa de resposta, ou índice de uso, bem como eficiente do ponto de vista de ROI pelo lucro sobre as vendas dessas passagens extras.

| CRM É MULTICANAL | A CRM é implementada por meio de múltiplos canais de vendas.

A Dell Computer usa mala direta, e-mail, propaganda na mídia e a Internet combinadas com contatos pessoais por parte de representantes de vendas e sites especiais de intranet para que as grandes contas da Dell se conectem aos seus clientes.

A estratégia multicanal da Barnes & Noble (BN.com) permite que os clientes vejam e comprem produtos em qualquer uma de suas lojas físicas ou virtuais. O programa de fidelidade "Readers Advantage" oferece aos clientes benefícios e descontos adicionais.

A 1-800-FLOWERS.com usa e-mails, sites, telefone, lojas de varejo e catálogos para implantar suas estratégias de marketing multicanal. O foco da empresa, centrado no cliente, permitiu-lhe alcançar até 35% de crescimento por vários anos.

| CRM É UMA INICIATIVA PARA TODA A EMPRESA | CRM é um esforço de toda a empresa para adquirir e manter clientes lucrativos. A CRM se concentra na construção de relacionamentos sustentáveis e de longo prazo com clientes, a fim de aumentar a rentabilidade da empresa. Um equívoco comum sobre a CRM é que se trata de prestação de serviços e regalias para agradar ou manter os clientes felizes. Como mostra o exemplo da Travelocity, a CRM é uma estratégia de negócios orientada por dados, baseada em fatos, para selecionar e gerenciar clientes a fim de otimizar as vendas e os lucros.

Os principais componentes de CRM são mostrados na Figura 10.11 e descritos abaixo:

- Clientes
- Call center
- Departamento de marketing
- Departamento de vendas
- Suporte ao cliente

A CRM é, basicamente, uma ideia simples: tratar diferentes clientes de formas diferentes, de acordo com o seu valor real (ou potencial) para a empresa. A CRM envolve muito mais do que apenas vendas e marketing, pois uma empresa deve ser capaz de mudar a forma como seus produtos são configurados ou como são prestados os seus serviços com base nas necessidades de clientes individuais ou segmentos de clientes. Empresas inteligentes incentivam a participação ativa de clientes no desenvolvimento de produtos, serviços e soluções.

| e-CRM | Há um avanço fundamental criado pela Web 2.0 que as organizações devem se obrigar a reconhecer: "Seus clientes têm tecnologia também, e se você não oferecer a eles uma experiência de valor, eles avisarão a comunidade".

A CRM vem sendo praticada manualmente por empresas há gerações. No entanto, desde meados de 1990, vários tipos de tecnologia da informação têm aprimorado a CRM. A tecnologia de CRM é uma resposta evolutiva às mudanças no ambiente de negócios, fazendo uso de novas ferramentas e dispositivos de TI. O termo **e-CRM** (CRM eletrônica) foi cunhado em meados dos anos 1990, quando as empresas começaram a usar a Internet, navegadores de Internet e outros meios de contato eletrônicos (e-mail, terminais de PDV, call centers e vendas diretas) para administrar seu relacionamento com os clientes. A e-CRM abrange uma ampla gama de tópicos, ferramentas e métodos, que vão desde o projeto adequado de produtos e serviços digitais até o estabelecimento de preços e programas de fidelidade.

Por meio de tecnologias de Internet, os dados gerados sobre os clientes podem alimentar facilmente, para fins de análise, os aplicativos de marketing, vendas e atendimento ao cliente. A CRM eletrônica também inclui aplicações online que levam à segmentação e personalização. O sucesso desses esforços pode ser medido e modificado em tempo real, elevando ainda

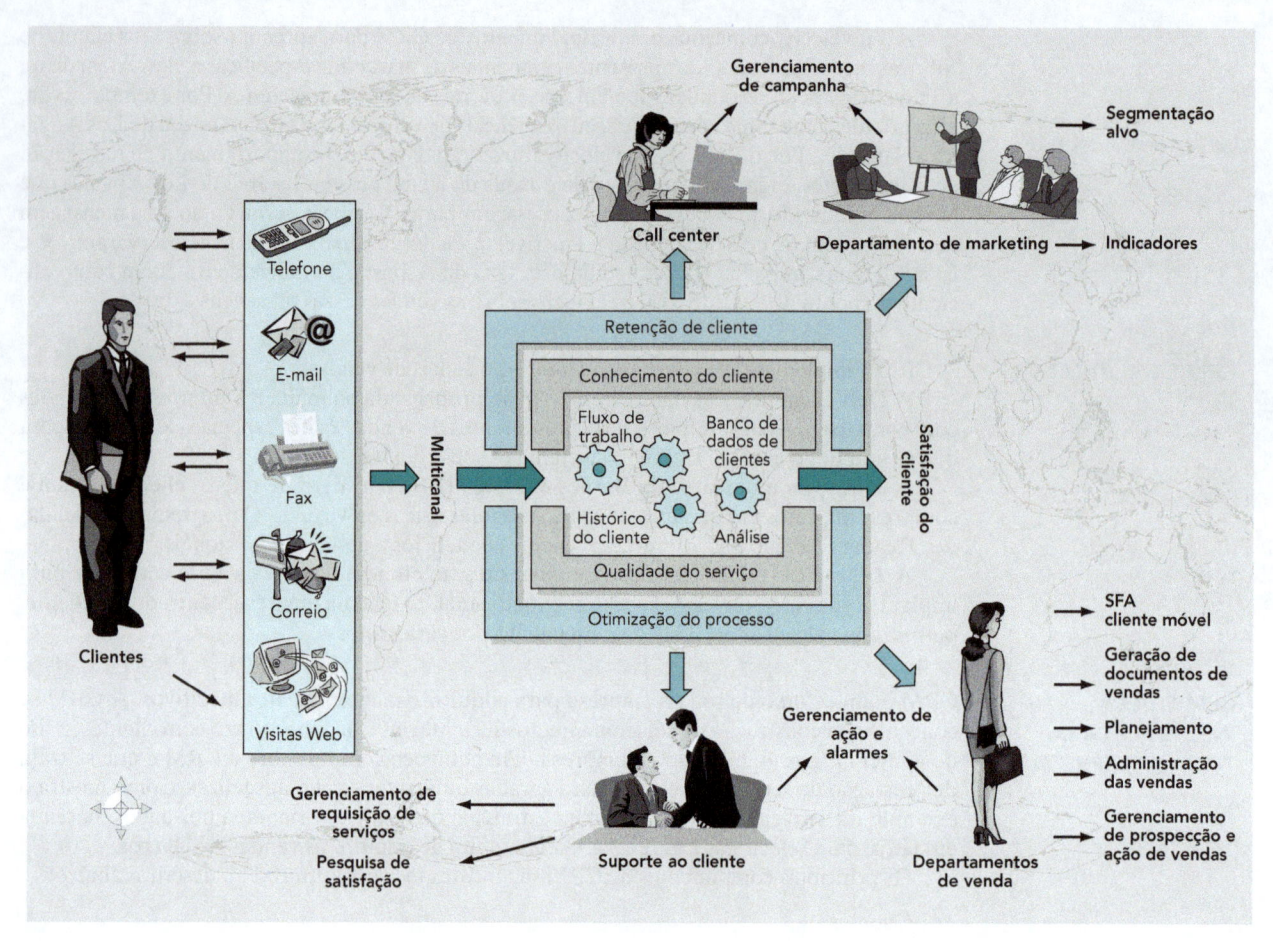

Figura 10.11 CRM.

mais as expectativas dos clientes. Em um mundo conectado pela Internet, a e-CRM tornou-se não só uma vantagem competitiva, mas um requisito de sobrevivência. Nesta seção, discutiremos várias questões relacionadas com a e-CRM e sua implementação.

Programas de fidelidade são programas que reconhecem os clientes que usam repetidamente os serviços (produtos) oferecidos por uma empresa. Um exemplo bem conhecido é o programa de milhagem das companhias aéreas. Os cassinos usam clubes de jogadores para recompensar seus jogadores mais frequentes. Muitos supermercados utilizam algum tipo de programa para recompensar seus clientes frequentes, assim como muitas outras empresas. Esses programas incluem algum tipo de banco de dados para gerenciar a contabilidade dos pontos coletados e das recompensas. Ferramentas analíticas, tais como mineração de dados, são usadas então para explorar os dados e se informar sobre o comportamento do consumidor.

Um programa de fidelidade é oferecido pela 1-800-FLOWER.com, conforme mostrado em *TI em ação 10.4*.

SUCESSOS E FRACASSOS DE CRM

Assim como acontece com muitas inovações de TI, houve inicialmente inúmeros fracassos de CRM que foram relatados pela mídia. Alguns dos principais problemas relacionados com os fracassos de CRM são:

- Dificuldade de medir e avaliar benefícios intangíveis. Há apenas alguns benefícios tangíveis para CRM.
- Falha em identificar e focar em problemas empresariais específicos que a CRM pode resolver.
- Falta de apoio ativo da gerência sênior (exceto gerência de TI)

TI em ação 10.4

1-800-FLOWERS.COM usa mineração de dados para CRM

A 1-800-FLOWERS.com é uma pioneira na Internet. Já estava presente na rede em 1992 e tinha recursos completos de uma loja eletrônica em 1995. As vendas online são o principal canal de marketing da empresa, além dos pedidos feitos via telefone e fax. A concorrência é muito forte nesse setor. O sucesso da empresa se baseou na eficiência operacional, conveniência (24 horas, 7 dias por semana) e confiabilidade. No entanto, todos os grandes concorrentes oferecem as mesmas vantagens hoje. Para manter a vantagem competitiva, a empresa se transformou em uma organização íntima de seus clientes, preocupando-se com mais de 15 milhões de clientes.

A empresa decidiu cultivar a fidelidade de marca com o relacionamento com o cliente baseando-se no conhecimento íntimo. Como isso foi feito? O software de SAS abrange todo o processo de suporte à tomada de decisão para a gestão do relacionamento com o cliente. Coletando dados de todos os pontos de contato com o cliente, a empresa transforma-os em conhecimento para compreender e antecipar o comportamento do cliente, atender as suas necessidades, construir relacionamentos mais lucrativos e obter uma visão holística do valor do cliente. Usando o SAS Enterprise Miner, a 1-800-FLOWERS.com peneira os dados (como o histórico de compras) para descobrir tendências, explicar e prever resultados, de modo que a empresa possa aumentar as taxas de retorno e identificar clientes lucrativos. A razão lógica para o esforço na construção de relacionamento profundo com o cliente é construir fidelidade. Além da gestão de vendas e de campanha, o principal objetivo é ter certeza de que quando o cliente quiser comprar, irá continuar comprando da 1-800-FLOWERS.com e não sera fisgado por um concorrente. Para construir esse tipo de lealdade, é necessário conhecer os clientes e construir um relacionamento sólido com cada um deles.

Os objetivos da empresa não são apenas fazer com que clientes comprem mais, mas também ter certeza de que, quando eles decidirem comprar um presente online ou por telefone, não pensem nos concorrentes. A fidelidade é ganha por meio da qualidade do relacionamento oferecido. A dificuldade é que nem todos os clientes desejam o mesmo relacionamento. Alguns querem que você esteja mais envolvido com eles do que com os outros; alguns dão a você diferentes níveis de permissão de contato. A mineração de dados ajuda a empresa a identificar os diferentes tipos de cliente e como cada um deles gosta de ser tratado. O resultado é o aumento de mais de 15% na retenção de clientes.

Fontes: Compilado de Reda (2006) e 1-800-flowers.com.

Questões para discussão: Por que ser o número um em eficiência operacional não é suficiente para que a 1-800-FLOWERS.com se mantenha no topo do seu setor? Qual é o papel da mineração de dados? Como o relacionamento um a um é atingido por meio de tal sistema?

- Baixa aceitação do usuário. Isso pode ocorrer por várias razões, tais como benefícios imprecisos (isto é, a CRM é uma ferramenta para gerenciamento, mas pode não ajudar um representante a vender melhor) e problemas de usabilidade.
- Uma tentativa de automatizar um processo empresarial mal definido na implementação da CRM.

Um exemplo de fracasso. A experiência do Citizen National Bank é um exemplo de fracasso, ao trocar os fornecedores de CRM, e em seguida também um exemplo de sucesso. As lições aprendidas, a um custo de 500 mil dólares foram:

- Ser absolutamente claro sobre como a aplicação de CRM agregará valor ao processo de vendas.
- Determinar se e por que o pessoal de vendas está evitando o CRM.
- Fornecer incentivos para que a equipe de vendas adote o CRM.
- Encontrar maneiras de simplificar o uso da aplicação de CRM.
- Ajustar o sistema de CRM quando os negócios precisam mudar.

Justificando a e-CRM Um dos maiores problemas na implementação de CRM é a dificuldade de definir e medir o sucesso. Além disso, muitas empresas dizem que, em relação à determinação de valor, os benefícios intangíveis são mais significativos do que a redução de custos tangíveis. No entanto, as empresas muitas vezes não conseguem estabelecer medidas quantitativas (ou mesmo qualitativas) para julgar tais benefícios intangíveis.

Um plano de negócios formal deve estar pronto antes que o projeto de e-CRM comece – um plano que quantifique os custos esperados, os benefícios financeiros tangíveis e os benefícios estratégicos intangíveis, bem como os riscos. O plano deve incluir uma avaliação sobre:

- **Benefícios líquidos tangíveis.** O plano deve incluir uma análise de custo-benefício clara e precisa, que liste todos os custos planejados do projeto e os benefícios tangíveis. Essa

TI em ação 10.5
Como as empresas usam e-CRM

Quase todas as grandes empresas possuem um programa de CRM. Listamos alguns exemplos de como as empresas implementaram CRM:

- A Continental Airlines monitora ligações telefônicas feitas ao seu centro de dados, usando software de inteligência da Witness Systems (witness.com) para analisar o registro das conversas. A análise mostra à Continental Airlines o que os clientes realmente querem. Isso também ajuda a empresa a modelar planos de marketing e estratégias de negócio. Os resultados são o melhor atendimento ao cliente e a resolução de problemas imediatamente, levando a uma economia anual de 1 milhão de dólares.
- A Micrel Inc., fabricante líder de soluções de circuitos integrados para empresas, consumidores, setor industrial, de mobilidade, automotivo, de telecomunicações e de computadores, tornou-se conhecida por ser "rápida no gatilho" ao responder às necessidades de seus clientes. Para melhorar o tempo de resposta e a relevância das informações entregues ao cliente online, a empresa utiliza um serviço de autobusca sofisticado e um mecanismo de busca que direciona os clientes à informação certa no tempo certo para ajudá-los a tomar suas decisões de compra. Como resultado, o tráfego no site aumentou em 300%, o índice de retenção de novos visitantes no site aumentou em 25%, a empresa economizou 40 mil dólares por ano e a satisfação do cliente aumentou significativamente.
- A região de Kassel, na Alemanha, usa uma plataforma de rede social baseada em CRM para atrair negócios, turistas e potenciais moradores. O site ganhou o prêmio Most Innovative CRM Deployment na CRM Expo, o maior evento europeu de CRM.
- A Boots the Chemists, varejista do Reino Unido com mais de 1.400 estabelecimentos de saúde e beleza, faz uso de e-CRM analytics para conhecer melhor os clientes em seus programas eletrônicos de fidelidade. A varejista usa mineração de dados para obter insights sobre o comportamento do cliente. Os agentes de serviço ao cliente podem analisar, predizer e maximizar o valor de cada relacionamento com o cliente.
- A Harrah's Entertainment Inc. trata seus clientes de forma diferenciada: quanto mais o cliente gasta no cassino, mais prêmios obtém. A empresa atribui um valor para cada cliente conforme determinado pelos resultados da mineração de dados.
- O sistema de CRM da FedEx permite que a empresa ofereça um serviço excelente a milhões de clientes utilizando 56 call centers. Cada um de seus 4 mil funcionários de call center tem acesso instantâneo ao perfil do cliente. O perfil informa ao funcionário o valor do cliente e detalhes da transação atual. Quanto mais o agente sabe sobre o cliente, melhor é o serviço prestado. Os clientes utilizam um número de telefone independente de onde a empresa esteja localizada ou do destino do pacote. O CRM reduziu as ligações pedindo ajuda, aumentou a satisfação do cliente e permitiu a elaboração de propagandas e estratégias de marketing melhores.

Questões para discussão: Quais são os elementos comuns de CRM nesses exemplos? Os sistemas de CRM trouxeram benefícios de gestão. Quais foram esses benefícios? Por que a mineração de dados se tornou tão importante em um CRM?

---

parte do plano deve conter também uma estratégia para avaliar os principais indicadores financeiros, como ROI, VPL e outros métodos de justificação.

- **Benefícios intangíveis.** O plano deve detalhar os benefícios intangíveis esperados, e deve listar os êxitos e carências medidos. Uma melhoria na satisfação do cliente é frequentemente o objetivo primário da solução de e-CRM, mas em muitos casos este valor chave não é medido.
- **Avaliação de riscos.** A avaliação de riscos é uma lista de todos os perigos potenciais relacionados às pessoas, aos processos e à tecnologia envolvidos no projeto de e-CRM.

Ter uma lista como essa ajuda a diminuir a probabilidade de ocorrência de problemas. E, caso ocorram, a empresa verá que devido à listagem e consideração dos problemas com antecedência, eles serão mais facilmente administrados do que seriam caso não tivessem sido considerados.

Ainda que uma abordagem especial seja recomendada para todos os sistemas corporativos, a abordagem de CRM é a mais desafiadora, como você verá na Análise utilizando Planilhas ao final do capítulo.

Benefícios tangíveis e intangíveis. Os benefícios normalmente incluem aumento na produtividade do pessoal (por exemplo, fechar mais negócios, evitar custos, aumentar receitas e aumentar margens) bem como reduções nos custos de estoque (p. ex., devido à eliminação de erros). Outros benefícios incluem o aumento da satisfação, fidelização e retenção dos clientes.

Potenciais armadilhas e riscos de e-CRM

- Assumir mais do que pode ser entregue. A solução de e-CRM deveria ser direcionada para funções específicas de vendas e serviços empresariais ou grupos de usuários especí-

ficos. Além disso, é essencial que se gerencie o escopo, as metas e os objetivos do projeto durante toda sua fase de implantação e desenvolvimento.
- Atrasos e estouro do orçamento.
- Fraca adoção de usuário. A facilidade de acesso e treinamento adequado são essenciais.
- Suporte e manutenção caros.
- Isolamento. A eficácia de um projeto pode ser afetada caso os dados de CRM não sejam usados por toda e empresa.
- *Garbage in–garbage out* (GIGO – o lixo que entra é o lixo que sai). Uma vez que os sistemas de e-CRM exigem tamanha entrada de dados, os usuários muitas vezes inserem caracteres aleatórios, estimativas equivocadas ou informações imprecisas, que levam a resultados de análise imprecisos e erros nas tomada de decisões.
- Falha ao medir o êxito. A medição do estado antes do projeto e das conquistas após a implementação do projeto é essencial para uma empresa mostrar o sucesso.

CRM sob demanda. Como vários outros sistemas corporativos, o CRM pode ser oferecido de duas maneiras: no local ou sob demanda (On-demand). A maneira mais tradicional de se entregar tais sistemas era localmente, isto é, os usuários compravam o sistema e o instalavam no local. Isso saía caro, com um grande pagamento antecipado. Muitas PMEs (pequenas e médias empresas) não podiam justificar esse custo, especialmente porque a maioria dos benefícios de CRM são intangíveis.

A solução para a situação é o leasing do software. A Salesforce.com foi pioneira nesse conceito para os seus variados produtos de CRM, incluindo vendedores de apoio, sob o nome de *CRM On-Demand*, oferecendo o software pela Internet. O conceito de *on--demand* é conhecido também como *utility computing* ou *software como serviço* (*software--as-a-service* – SaaS). CRM sob demanda é basicamente um CRM hospedado por um fornecedor em suas instalações, em contraste com a prática tradicional de comprar o software e usá-lo no local.

CRM sob demanda deve ser considerado levando em conta possíveis problemas de implementação:

- As prestadoras de serviços podem falir, deixando os clientes sem o serviço.
- É difícil, ou mesmo impossível, modificar o software hospedado.
- A atualização pode se tornar um problema.
- Ceder dados estratégicos para um fornecedor de hospedagem pode ser arriscado.
- A integração com os softwares existentes pode ser difícil.

Os benefícios são:

- Melhoria do fluxo de caixa devido à economia na compra antecipada.
- Não há necessidade de especialistas em software corporativo.
- Facilidade de uso com um treinamento mínimo.
- Rápido lançamento.
- Expertise dos fornecedores à disposição.

Questões para revisão

1. Defina *CRM*.
2. Liste os principais tipos de CRM.
3. O que é CRM eletrônico?
4. Liste algumas ferramentas de CRM voltadas ao cliente, que envolvem os clientes e que são inteligentes.
5. O que é CRM sob demanda?

10.6 Sistemas de gestão de conhecimento

A Forrester Research e a IBM estimam que até 85% do conhecimento de uma empresa não está armazenado em seus bancos de dados. O conhecimento é disperso em mídias sociais, e--mails, textos, intranets, drops (drop.io), em documentos de texto, em planilhas e em apresentações em computadores individuais e dispositivos móveis. O conhecimento é, normalmente, não estruturado e tem elementos fortemente reflexivos e de experiências que o diferencia de informações em um determinado contexto.

CONHECIMENTO

Ter conhecimento significa que ele pode ser utilizado para resolver problemas, enquanto ter informações não. A capacidade de agir é uma parte integrante de se ter conhecimento. Duas pessoas, por exemplo, que estão no mesmo contexto com a mesma informação podem não ter a mesma capacidade de usar essa informação com o mesmo grau de sucesso. Existe uma diferença na capacidade humana de agregar valor. As diferenças de capacidade podem ser resultado de experiências diferentes, treinamentos diferentes, perspectivas diferentes, entre outros fatores.

Enquanto dados, informação e conhecimento podem ser vistos como ativos de uma organização, o conhecimento fornece um nível mais alto de significado aos dados e às informações. Ele transmite significado e tende a ser muito mais valioso, ainda que muito mais efêmero.

No contexto de TI, o conhecimento se distingue muito dos dados e das informações. Veja a Figura 10.12. Enquanto os dados são uma coleção de fatos, medidas e estatísticas, a informação é um conjunto de dados organizados e processados precisa e oportunamente. O conhecimento é a informação contextualizada, relevante e acionável.

GESTÃO DE CONHECIMENTO (GC)

A **gestão de conhecimento (GC)** é um processo que ajuda as organizações a identificarem, selecionarem, organizarem, disseminarem e transferirem informações importantes e experiência que fazem parte da memória organizacional. O objetivo dos sistemas de GC é identificar, capturar, armazenar, manter e entregar conhecimento útil de forma significativa a qualquer um que precise dele, em qualquer lugar e a qualquer hora, dentro de uma organização. Os sistemas de GC dão suporte ao compartilhamento, à tomada de decisão e à colaboração no nível organizacional, independentemente da localização.

As iniciativas de GC têm como foco identificar o conhecimento, explicando-o de modo que possa ser compartilhado de forma sistemática ou formal, mostrando seu valor por meio da reutilização.

Com um clima organizacional de apoio e de TI, uma organização pode trazer toda a sua memória organizacional e conhecimento para lidar com qualquer problema em qualquer lugar do mundo e a qualquer momento. Para o sucesso organizacional, o conhecimento, como forma de capital, precisa ser compartilhado entre as pessoas, e precisa poder crescer. O conhecimento sobre como problemas podem ser resolvidos pode ser capturado, de modo que o GC possa promover aprendizagem organizacional, levando à criação de conhecimento mais profundo.

Um mapa dando instruções detalhadas, por exemplo, de um lugar a outro, pode ser considerado um dado. Um boletim de minuto a minuto sobre o tráfego em uma autoestrada que indica a lentidão no tráfego por causa de obras pode ser considerado uma informação. Saber sobre uma rota alternativa pode ser considerado conhecimento. Neste caso, o mapa é considerado dado porque não contém informações atuais relevantes que afetem o tempo de direção e as condições de um lugar a outro. Entretanto, ter as condições atuais como informação é útil apenas se um indivíduo tem conhecimento que permitirá a ele evitar a zona em obras. Ter conhecimento implica que ele possa ser usado para resolver um problema, enquanto ter uma informação não tem a mesma conotação.

Sistemas de GC. Os **sistemas de gestão de conhecimento (SGC)** se referem ao uso da Internet, de intranets, extranets, LotusNotes, filtros de software, agentes e data warehouses

Figura 10.12 Dados, informações e conhecimento

para sistematizar, enriquecer e expedir dados para fora e para dentro da gestão de conhecimento da empresa. Os SGC existem para ajudar uma organização a lidar com a rotatividade, mudanças rápidas e reduções de pessoal, tornando o conhecimento do capital humano da organização rapidamente acessível. Eles estão sendo construídos, em parte, devido a uma maior pressão para manter uma força de trabalho bem informada e produtiva. Esses sistemas também ajudam as organizações a reter conhecimento de funcionários que estão deixando seus cargos. Muitas organizações vêm construindo sistemas de GC para capitalizar o conhecimento e a experiência de funcionários ao redor do mundo. Veja o caso da Infosys, por exemplo, em *TI em ação 10.6*.

Ciclo de sistemas de GC. Um SGC em funcionamento segue seis passos em um ciclo, que é mostrado na Figura 10.13. O sistema é cíclico porque o conhecimento é adquirido e refinado com o tempo. O ciclo funciona da seguinte forma:

1. **Criação do conhecimento.** O conhecimento é criado conforme as pessoas determinam novas formas de fazer as coisas e desenvolvem um know-how. Às vezes, conhecimento externo é utilizado.

TI em ação 10.6
Gestão de conhecimento na Infosys Technologies

Empresa de serviços de software localizada na Índia, a Infosys Technologies é uma empresa líder mundial em terceirização. Com mais de 23 mil funcionários e operações distribuídas globalmente, a Infosys desenvolve soluções de TI para algumas das maiores empresas do mundo. Durante os últimos 10 anos, a empresa obteve taxas de crescimento anuais de 30%. A Infosys enfrentou o desafio de manter sua grande base de funcionários atualizada e à frente dos concorrentes e dos clientes, assim como de assegurar que as lições aprendidas em uma parte da organização estivessem disponíveis para as outras partes. Um membro do grupo de gestão de conhecimento disse: "Uma empresa de TI como a nossa não pode sobreviver se não tiver mecanismos para reutilizar o conhecimento criado... 'Aprender uma vez e usar isso em todos os lugares' é o nosso mote". A visão é que qualquer instância de aprendizagem dentro da Infosys deveria estar disponível para todos os funcionários. Mas como uma organização torna essa visão uma realidade?

Solução de GC. O esforço da Infosys Technologies para converter o conhecimento de cada funcionário em um recurso organizacional começou no início dos anos 1990 e se estendeu até primeira década do século XXI. No começo dos anos 1990, a Infosys lançou sua iniciativa de Corpos de Conhecimento (*bodies of knowledge* – BOK). Isso envolveu encorajar funcionários a dar relatos escritos de suas experiências em diversos tópicos, como tecnologias, desenvolvimento de software e vivência no exterior. Esses relatos eram compartilhados com todos os outros funcionários por meio de cópias. Esse esforço inicial ganhou muito peso e evoluiu em um esforço de GC com suporte de e-mail, boletins e outros repositórios de conhecimento. Em 1996, a intranet corporativa foi desenvolvida para fazer BOKs, em formato HTML, facilmente acessados por todos, e em 1999 a Infosys começou um programa em toda a organização para integrar as diversas iniciativas de conhecimento. Um portal central de conhecimento foi criado, chamado de KShop, e enquanto o grupo de gestão de conhecimento desenvolvia a infraestrutura da tecnologia, grupos locais eram encorajados a manter seu próprio conhecimento no KShop.

O conteúdo do KShop consistia em diferentes tipos de conteúdo – BOKs, estudos de caso, artefatos reutilizáveis e softwares para download – cada um com uma página própria. O conteúdo era cuidadosamente categorizado pelo grupo de gestão de conhecimento a fim de garantir que, conforme a quantidade de conteúdo aumentava, as pessoas ainda seriam capazes de encontrar rapidamente o que precisavam.

No começo dos anos 2000, a Infosys parecia ter um sistema de gestão de conhecimento bastante funcional, mas ainda assim a participação dos funcionários se mantinha baixa. O grupo de gestão de conhecimento, então, deu início a um esquema de compensação para aumentar a participação. O esquema dava aos funcionários que contribuíam com o KShop uma pontuação que valia para cada unidade, e que podia ser acumulada e trocada por dinheiro ou outros prêmios.

Este caso mostra que as iniciativas de gestão de conhecimento vão muito além da implementação de ferramentas tecnológicas que permitam que funcionários postem conhecimento. Essas iniciativas envolvem processos para organizar, para categorizar e para avaliar a utilidade do conhecimento, assim como processos para encorajar o compartilhamento e a reutilização de conhecimento.

Impactos no desempenho. Em um ano de introdução do esquema de pontuação, 2.400 novos ativos de conhecimento foram enviados ao KShop por cerca de 20% dos funcionários da Infosys. No entanto, assim como o volume de conteúdo aumentou, aumentaram também os problemas relacionados a encontrar conteúdo útil do ponto de vista dos usuários do conhecimento, e não dos revisores. E, para aumentar a credibilidade, o grupo de gestão de conhecimento pediu provas tangíveis para justificar classificações altas. Por fim, o grupo de gestão de conhecimento dificultou a distribuição de pontos para a troca por prêmios em dinheiro.

Fontes: Compilado de infosys.com e Garud and Kumaraswamy (2005).

Questões para discussão: Por que os tipos de consulta nas organizações interessam tanto à gestão de conhecimento? Como as organizações podem lidar com a sobrecarga de conhecimento? Um sistema de premiações é a melhor abordagem para se obter participação?

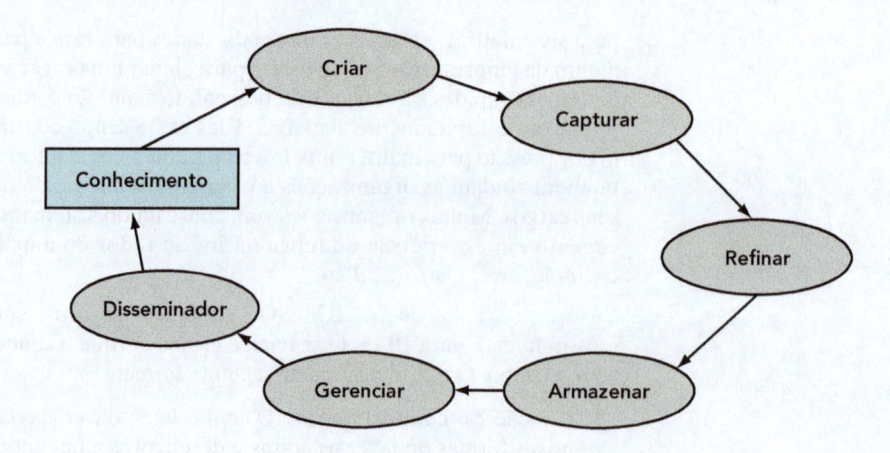

Figura 10.13 Ciclo do sistema de gestão de conhecimento.

2. **Captura de conhecimento.** Novos conhecimentos precisam ser identificados como válidos e ser apresentados de uma forma lógica.
3. **Refinamento de conhecimento.** Novos conhecimentos precisam ser colocados em contexto de modo que possam ser acionados. É aí que entram os insights humanos (qualidades implícitas), que precisam ser capturados junto com fatos explícitos.
4. **Armazenamento de conhecimento.** Conhecimento útil deve ser armazenado em um formato regular dentro de um repositório de conhecimento para que outras pessoas dentro da organização possam acessá-lo.
5. **Gestão de conhecimento.** Como em uma biblioteca, o conhecimento deve ser mantido atualizado. Ele deve ser revisado a fim de verificar se ainda é relevante e correto.
6. **Disseminação de conhecimento.** O conhecimento deve estar disponível em formato útil para qualquer pessoa da organização que precise dele, em qualquer lugar e a qualquer momento.

COMPONENTES DE SISTEMAS DE GC

Os sistemas de GC são desenvolvidos usando os seguintes conjuntos de tecnologia: comunicação e colaboração; e armazenamento e recuperação.

As *tecnologias de comunicação e de colaboração* permitem que os usuários acessem o conhecimento necessário e que se comuniquem uns com os outros e com os especialistas. A comunicação e a colaboração também permitem que conhecimento seja solicitado aos especialistas.

As *tecnologias de armazenamento e de recuperação* originalmente usavam sistemas de bancos de dados para armazenar e administrar conhecimento. Isso funcionava razoavelmente bem no começo, para o armazenamento e a gestão da maioria dos conhecimentos explícitos, e mesmo dos conhecimentos explícitos sobre o conhecimento implícito. Entretanto, capturar, armazenar e administrar conhecimento implícito normalmente requer ferramentas diferentes. Os sistemas de gestão de documentos eletrônicos e sistemas especializados de armazenamento que fazem parte de sistemas colaborativos computacionais atendem a essa necessidade. O mecanismo de pesquisa nos desktops é a principal ferramenta de recuperação de conhecimento.

IMPLEMENTAÇÃO DE SISTEMA DE GC

No começo dos anos 2000, a tecnologia dos SGC evoluiu para integrar a computação colaborativa, os bancos de dados e a tecnologia de redes (que anteriormente eram independentes uns dos outros) em um único pacote SGC. Hoje, estão incluídos os portais de conhecimento empresarial e suítes de gestão de conhecimento. Esses elementos são vendidos com outros pacotes de sistemas corporativos, especialmente os de CRM, e são disponibilizados de acordo com a demanda, então mesmo PMEs podem fazer uso deles. Além disso, existem algumas aplicações específicas que são inovadoras, como os sistemas de localização de especialistas.

Encontrando especialistas eletronicamente e usando sistemas de localização de especialistas. Pessoas que precisam de ajuda postam seus problemas na intranet corporativa, em blogs ou nas mídias sociais para pedir ajuda. De forma semelhante, as empresas pedem por conselhos sobre como aproveitar uma oportunidade. A IBM muitas vezes utiliza esse método. Às vezes, ela obtém centenas de ideias úteis em poucos dias. Esse método é uma forma de brainstorming. O problema com essa abordagem é que pode levar dias até que se obtenha uma resposta, e isso se essa resposta for dada; e ela pode não vir dos maiores especialistas.

Assim, as empresas usam sistemas de localização de especialistas. Os **sistemas de localização de especialistas (*expert location systems* – ELSs)** são interativos e ajudam funcionários a encontrarem e se conectarem com colegas (que podem estar do outro lado do mundo ou na sala ao lado) e que têm experiência necessária para a solução de problemas específicos e críticos dos negócios de maneira rápida. O processo inclui as seguintes etapas, que também são listadas na Figura 10.14:

Etapa 1. Um funcionário submete uma questão ao ELS.

Etapa 2. O software busca em seu banco de dados para ver se a resposta a essa questão já existe. Se ela já existe, as informações (relatórios de pesquisa, planilhas, etc.) são trazidas até o funcionário. Se a resposta não existe, o software busca em documentos e comunicações arquivadas por um especialista.

Etapa 3. Quando um candidato qualificado é encontrado, o sistema pergunta se ele pode dar a resposta a uma questão feita por um colega. Se ele puder, ele envia sua resposta. Se o candidato não puder responder (talvez porque esteja em uma reunião ou tenha outro compromisso), ele pode escolher passar a questão adiante. A questão é, então, enviada ao próximo candidato adequado, até que um deles a responda.

Etapa 4. Depois que a resposta é enviada, ela é revisada para verificar se é correta e então é enviada para o funcionário que a fez. Ao mesmo tempo, ela é acrescentada no banco de dados de conhecimento. Dessa forma, se a questão surgir novamente, não será necessário buscar assistência em tempo real.

TI em ação 10.7 mostra como um ELS funciona no governo dos Estados Unidos.

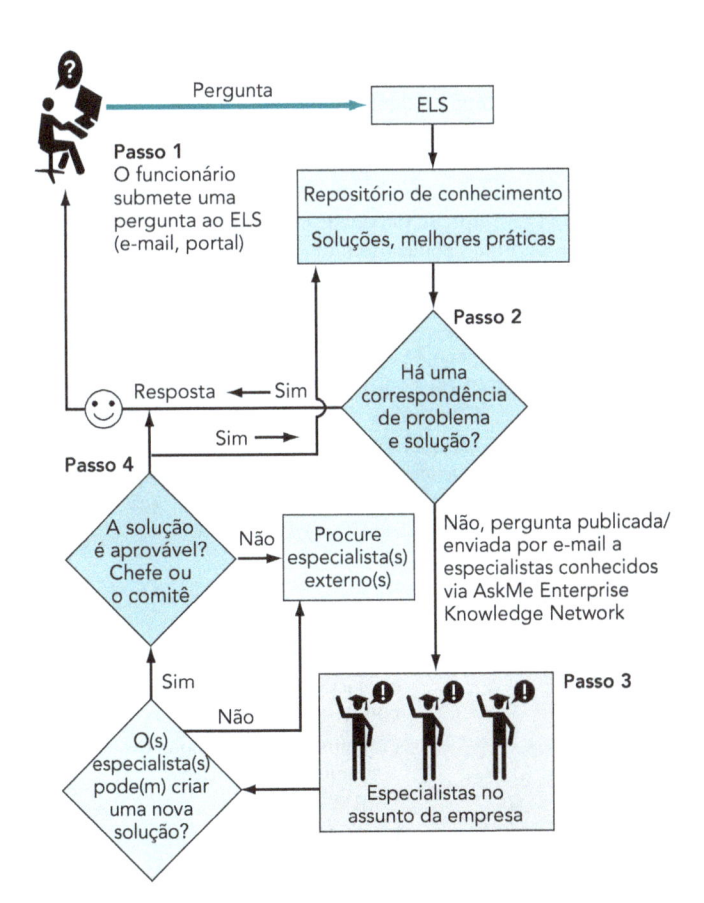

Figura 10.14 Sistema de localização de especialista da AskMe Corp.

TI em ação 10.7

Departamento de Comércio norte-americano usa um sistema de localização de especialista

A Divisão de Serviço Comercial do Departamento de Comércio norte-americano (*Department of Commerce* – DOC) conduziu mais de 200 mil sessões de aconselhamento por ano envolvendo 40 bilhões de dólares em negócios. A divisão emprega especialistas que frequentemente precisam fazer pesquisa ou ligar para outros especialistas a fim de responder questões feitas pela corporação norte-americana.

Em maio de 2004, por exemplo, uma empresa de software ligou para Brad Anderson, um especialista do DOC, pedindo orientações. A empresa queria fechar negócio com um cliente na Polônia, mas o comprador queria reter da empresa norte-americana 20% na fonte, uma taxa que eles diziam ter sido atribuída pela recente admissão do país na União Europeia (UE). A taxa era legítima?

Para descobrir isso, Anderson procurou o DOC Insider, um sistema de localização de especialista (*expert location systems* – ELS) da AskMe. Depois de digitar sua pergunta, Anderson encontrou, primeiro, alguns documentos que se relacionavam à pesquisa, mas que não explicavam completamente a taxa da UE. Anderson, então, pediu que o sistema procurasse na base de 1.700 especialistas do Serviço Comercial por um especialista que o atendesse ao vivo, e em poucos segundos recebeu uma lista de 80 pessoas no DOC que poderiam ajudá-lo. Dessas, ele escolheu seis que considerou mais qualificadas e então encaminhou sua questão.

Antes da existência do DOC Insider, diz Anderson, levaria cerca de três dias para que ele obtivesse uma resposta. "Você teria de fazer muitas ligações e lidar com fusos horários", explica. Graças ao ELS, ele obteve três respostas em minutos, uma resposta completa dentro de uma hora e a venda foi realizada na manhã seguinte. Anderson estima que usa o sistema para aproximadamente 40% do trabalho que faz.

O DOC Insider é uma ferramenta de valor inestimável. Anderson acredita que a ferramenta seja vital para fornecer informações a outras unidades da agência. Nos primeiros nove meses com o sistema em funcionamento, ele economizou mais de 1.000 horas de trabalho.

Fontes: Compilado de D'Agostino (2004) e Fox (2004).

Questões para discussão: Quais são os benefícios que um ELS oferece? O sistema irá causar impacto na privacidade? Ele pode ser integrado a dispositivos sem fio? Se pode, para que propósitos?

INTEGRAÇÃO DE SISTEMAS DE GC COM OUTROS SIS

Como um sistema de gestão de conhecimento é um sistema corporativo, ele normalmente é integrado ao sistema corporativo e a outros sistemas de informação da organização. Obviamente, quando um SGC é planejado e desenvolvido, ele não pode ser percebido como uma aplicação adicional. Ele deve estar verdadeiramente integrado aos demais sistemas. Por meio da ajuda da cultura organizacional, um sistema de gestão de conhecimento e suas atividades podem ser diretamente integrados aos processos empresariais de uma empresa. Um grupo está envolvido, por exemplo, com o suporte ao cliente, e pode capturar seu conhecimento para ajudar em problemas mais difíceis com os clientes. Nesse caso, um software de help-desk seria um tipo de pacote a ser integrado ao SGC, especialmente no repositório de conhecimento. O principal desafio é integrar dados que residem em uma diversidade de sistemas e localizações e em variados formatos.

Questões para revisão

1. Defina *GC* e relacione-a ao conhecimento e ao capital intelectual. Quais são os principais benefícios trazidos pela GC à empresa?
2. Diferencie conhecimento de dados e de informações.
3. Esquematize o ciclo de vida da GC e explique os principais passos desse ciclo.
4. Descreva os principais componentes de um sistema de GC.
5. Descreva um sistema de localização de especialistas.
6. Relacione GC e treinamento.

Termos-chave

agilidade 287
anterior 299
atendimento de pedidos 299
cadeia de suprimentos 297
cadeia de suprimentos externa 285
cadeia de suprimentos interna 285

cadeia de suprimentos reversa 299
CPFR 304
disponibilidade de estoque (*available-to-promise* – ATP) 286
e-CRM 307
efeito chicote 303

fluxo de informações 299
fluxo financeiro 299
gestão da cadeia de suprimentos (*supply chain management* – SCM) 301
gestão de conhecimento – GC 312

gestão de relacionamento com o cliente (CRM) 306
integração de aplicações corporativas 292
logística 299
missão crítica 285
operações de back office 299
operações de front office 299
planejamento, previsão e reabastecimento colaborativo (CPFR) 304
portal de empresa para empresa (B2B) 293
posterior 299
produção para estoque 301
programas de fidelidade 308
sistema de gestão de conhecimento – SGC 313
sistema de informação corporativo 287
sistema integrado de gestão empresarial – SIGE 289
sistema legado 285
software SCM 301
transferência eletrônica de fundos (TEF) 299
troca eletrônica de dados (EDI) 305

Destaques do capítulo

(Os números estão relacionados aos Objetivos de aprendizagem)

❶ Sistemas corporativos são sistemas de informação que dão suporte a diversos departamentos e/ou a uma organização inteira. Os sistemas de maior destaque são os SIGE, que dão apoio à cadeia de suprimentos, e o de CRM.

❶ As cadeias de suprimentos conectam fornecedores a fábricas, departamentos dentro de uma empresa uns aos outros e uma empresa aos seus clientes. A cadeia de suprimentos deve ser completamente administrada, desde a matéria-prima até o cliente final. As cadeias de suprimento típicas envolvem três segmentos: upstream, interna e downstream. A maioria das cadeias de suprimentos recebe suporte de uma série de aplicações de TI.

❷ É difícil administrar uma cadeia de suprimentos devido a incertezas na demanda e no fornecimento, e da necessidade de coordenar diversas (e algumas vezes muitas) atividades de parceiros de negócio. Um dos principais problemas é conhecido como efeito chicote, no qual a falta de coordenação e/ou de comunicação resulta em estoques grandes e desnecessários.

❷ Uma série de soluções aos problemas da cadeia de suprimentos é suportada pela TI, como uma gestão adequada de estoque, integração vertical, compartilhamento de informações, VMI, colaboração na cadeia de suprimentos, RFID, equipes de cadeia de suprimentos, fábricas virtuais e soluções sem fio.

❸ O próximo passo na gestão da cadeia de suprimentos era integrar transações de rotina, incluindo clientes/fornecedores internos e externos, por meio de SIGE e de um software estendido de SIGE. O último passo na evolução da integração de software da cadeia de suprimentos é o acréscimo de business intelligence e aplicações de CRM.

❹ A gestão de relacionamento com o cliente (CRM) é uma atividade que envolve toda a empresa, na qual a organização cuida do seu cliente e de suas necessidades. Ela está baseada na ideia de relacionamentos individualizados com os clientes. CRM é feito por meio do oferecimento de diversos serviços de comunicação e de colaboração, a maioria suportada por TI e muitos deles sendo realizados via Web.

❺ A gestão de conhecimento (GC) é um processo que ajuda as organizações a identificarem, selecionarem, organizarem, disseminarem e transferirem informações e experiências importantes, que tipicamente residem dentro da organização de forma não estruturada. A gestão de conhecimento envolve seguir etapas cíclicas: criação, captura, refinamento, armazenamento, gestão e disseminação de conhecimento.

❺ Uma série de tecnologias podem construir um sistema de gestão de conhecimento: a Internet, intranets, data warehousing, ferramentas de suporte à tomada de decisão, groupware, entre outras. As intranets são a principal forma de disponibilizar e distribuir conhecimento dentro das organizações.

❻ A GC tem muitos benefícios potenciais que resultam da reutilização de experiências. O problema é como coletar, armazenar, atualizar e reutilizar de maneira apropriada esse conhecimento. É difícil mensurar o sucesso de um sistema de GC. Métodos tradicionais de mensuração financeira são insuficientes, já que não consideram o capital intelectual como um ativo. Métricas não financeiras são usadas mais tipicamente para mensurar o sucesso de GC, ainda assim, algumas empresas foram capazes de determinar retornos financeiros.

Questões para discussão

1. Diferencie SIGE de SCM. De que forma eles se complementam? Por que eles deveriam ser integrados?
2. Discuta os benefícios da compra eletrônica.
3. Encontre exemplos de como duas das seguintes organizações melhoraram suas cadeias de suprimentos: indústria, hospitais, varejo, educação, construção, agronegócio e transporte. Discuta os benefícios às organizações.
4. Diz-se que uma cadeia de suprimentos é, em linhas gerais, "uma série de fornecedores e clientes que estão relacionados; cada cliente é um fornecedor para a organização na sequência, até o último usuário final". Explique a afirmação. Recomenda-se o uso de um diagrama.
5. Discuta por que é difícil justificar um CRM.
6. Uma cadeia de suprimentos é muito mais poderosa no mercado da Internet. Discuta como as tecnologias da Internet podem ser utilizadas para administrar a cadeia de suprimentos.
7. Explique como um estoque administrado pelo fornecedor pode economizar custos na cadeia de suprimentos.
8. Determine o valor de negócio de sistemas corporativos e como eles podem ser utilizados para administrar a cadeia de suprimentos de forma mais eficiente.
9. Discuta cada um dos passos no processo de seleção de um SIGE.
10. Quais são os problemas na implementação de um SIGE? Liste soluções para tornar a implementação mais bem-sucedida.
11. Descreva e relacione as diferentes características do conhecimento.
12. Explique por que é importante capturar e administrar o conhecimento.
13. Compare e contraste conhecimento implícito e explícito.
14. Como os funcionários podem ser motivados a contribuir e a usar sistemas de gestão de conhecimento?
15. Explique como a Internet e suas tecnologias relacionadas (navegadores, intranets, etc.) permitem a gestão de conhecimento.
16. Discuta o valor de sistemas de localização de especialistas usando somente a Internet.

Exercícios e projetos

1. Identifique a(s) cadeia(s) de suprimentos e o fluxo de informação descrito no caso de abertura do capítulo. Desenhe-a. Além disso, responda as seguintes questões.
   a. "O negócio da empresa não é fazer o produto, mas sim vendê-lo". Explique essa afirmação.
   b. Por que foi necessário usar a TI para dar suporte à mudança?
   c. Identifique todos os segmentos da cadeia de suprimentos.
   d. Identifique todos os sistemas de informação que dão suporte à empresa no caso.
2. Baseando-se em sua própria experiência ou nas informações de um fornecedor, liste os principais recursos de um produto específico de gestão do conhecimento e explique como ele pode ser usado na prática.
3. Visite o site SAP.com e identifique todos os módulos que estão relacionados à gestão financeira e todos os que estão relacionados à gestão de recursos humanos.

Tarefas em grupo e projetos

1. A cada grupo na turma será designado um fornecedor de SIGE/SCM como a SAP, a Oracle, a Microsoft, entre outros. Os membros dos grupos irão investigar tópicos como (a) conexões na Web, (b) uso de ferramentas de business intelligence, (c) relacionamento entre CRM e GC, (d) principais recursos e (e) disponibilidade de serviços ASP (fornecedor de serviços de aplicativos – *application services provider* – ASP) por um fornecedor específico.

   Cada grupo deverá preparar uma apresentação para o resto da turma, tentando convencer os colegas de por que o software do grupo é o melhor para uma empresa local conhecida pelos estudantes (por exemplo, um supermercado, uma rede de restaurantes).

2. Crie grupos para estudar os principais fornecedores de software de CRM, seus produtos e os recursos desses produtos nas seguintes categorias (cada grupo representa uma área temática de diversas empresas).

   - Automação da força de vendas (Oracle, Onyx, Salesforce, Saleslogix, Pivotal)
   - Call centers [Clarify, LivePerson, NetEffect, Inference, automação de marketing (Annuncio, MarketFirst)]
   - Atendimento ao consumidor [Brightware (da Oracle), Broadvision]
   - Configuração de vendas (Selectica, Cincom)

   Comece com o searchcrm.com e o crmguru.com (para fazer perguntas sobre soluções de CRM). Cada grupo deve apresentar argumentos para a turma a fim de convencê-los a usar o produto investigado pelo grupo.

3. Procure na Internet por produtos de gestão de conhecimento e sistemas e crie categorias para eles. Escolha um fornecedor para cada grupo. Descreva as categorias criadas por você e as justifique. Examine a Tolisma Knowledgebase (visite knowledgebase.net) e a base da Intactix Knowledge (da JDA Software, jda.com). O que os fornecedores atingiram com essas bases de conhecimento?

Exercícios na Internet

1. Visite o site ups.com. Examine alguns dos serviços ao consumidor que são suportados por TI e as ferramentas oferecidas pela empresa. Escreva um relatório sobre como a UPS contribui para as melhorias da cadeia de suprimentos.
2. Visite os sites supply-chain.org, cio.com, findarticles.com e google.com e procure por informações recentes sobre a integração da gestão da cadeia de suprimentos.
3. Visite o site mySap.com. Identifique seus principais componentes. Além disso, observe a ferramenta Advanced Planning and Optimization. Como cada componente pode beneficiar a gestão da cadeia de suprimentos?
4. Visite o site i2.com e observe seus produtos de SCM que vão além de um SIGE. Analise o OCN Network and Rhythm. Escreva um relatório.
5. Visite o site oracle.com. Encontre os módulos de SIGE oferecidos pela empresa e identifique sua conexão com o CRM e o atendimento ao consumidor.
6. Visite o site salesforce.com e faça um tour. A que sistema que se estende pela empresa a Sales Force dá suporte? Como?
7. Entre em 2020software.com. Encontre informações sobre as 10 melhores soluções de SIGE. Veja a demo; escreva um relatório sobre o que você encontrou.
8. Como a gestão de conhecimento dá suporte à tomada de decisão? Identifique produtos ou sistemas na Web que ajudem as organizações a atingirem a gestão de conhecimento. Comece pelos sites brint.com, decisionsupport.net e knowledge-management.ittoolbox.com. Experimente um e conte o que descobriu para a turma.
9. Visite o site internetdashboard.com. Veja seus produtos e os relacione a diferentes sistemas corporativos descritos neste capítulo.

CASO DE NEGÓCIO

SIGE melhora a produtividade da Northern Digital Inc.

A Northern Digital Inc. (ndigital.com) em Ontário, Canadá, é uma fornecedora de produtos eletrônicos para medição. A empresa, relativamente pequena, emprega 90 pessoas e gera uma receita de mais de 20 milhões de dólares anualmente.

Crescimento rápido e envelhecimento da TI

A Northern Digital Inc. (NDI) enfrentou um desafio quando cresceu rapidamente e viu sua tecnologia defasada ameaçar ficar no caminho das metas da empresa. Em vez de permitir melhorias operacionais, os sistemas existentes da NDI estavam impedindo o progresso. A tecnologia existente estava causando entregas não realizadas e gerando um número elevado de devoluções. O controle de estoque era precário e o planejamento não era preciso. Com alguns clientes esperando pela entrega por um prazo de até nove meses, e outros esperando a entrega por nove dias ou até mesmo menos, um planejamento mais preciso e sofisticado era fundamental. A satisfação do cliente estava em risco e a moral interna estava caindo. Depois de quase 20 anos de negócios, a reputação bem estabelecida da NDI de alta qualidade e produtos de alto desempenho estava em risco.

SIGE da Intuitive

A NDI escolheu um SIGE fornecido pela Intuitive Manufacturing Systems, baseada em fatores que dariam suporte direto aos objetivos da empresa. O sistema da Intuitive fornecia um nível de funcionalidade que podia imediatamente melhorar a gestão de estoque e uma expansividade e flexibilidade capazes de apoiar o crescimento da NDI. O software inclui um sistema completo de planejamento, gestão automatizada de estoque e infraestrutura enriquecida de tecnologia. Igualmente importante foi a facilidade do sistema de ser implementado e utilizado.

Melhor planejamento e controle

Depois de implementar o Intuitive, a Northern Digital continuou tendo sucesso na melhoria da gestão de estoque e aumento de sua receita. Antes da implementação, a empresa havia penado para atingir duas rotações de estoque por ano. Essas rotações mais que dobraram atualmente, e as expectativas são de que a empresa irá superar isso em um futuro próximo. Desde sua implementação, os rendimentos da Northern Digital passaram de 10 milhões para mais de 20 milhões de dólares, com pouco aumento do valor de estoque. Além disso, a empresa reduziu o tempo do ciclo de pedidos para seus carros-chefe de quatro meses para quatro semanas, uma melhora de quase 80%. Isso foi resultado da melhoria nos recursos de planejamento que se deu com a implementação do SIGE.

As melhorias no controle de produção e gestão de estoque tiveram um impacto direto na entrega ao cliente. O planejamento de materiais necessários e os recursos de previsão do SIGE da Intuitive permitiram que a Northern Digital atendesse melhor aos seus clientes. O acréscimo de melhores recursos de planejamento teve um impacto positivo imediato no trabalho e nos materiais. "Fomos capazes de entender melhor o que estava no estoque, o que estávamos comprando e o que era necessário", diz Tom Kane, gerente de produção. "Um melhor planejamento fez uma grande diferença na melhora das entregas."

A facilidade de uso e a escalabilidade do sistema foram importantes ao utilizar o SIGE da Intuitive para melhorar as operações. Logo que o sistema foi implementado, a NDI precisava de apenas cinco usuários (cinco licenças). Conforme a NDI foi crescendo, esse número cresceu para 25. O aumento significativo de usuários e a possibilidade de fazer isso sem necessidade de muito treinamento (por causa da facilidade no uso) permitiram que a empresa se expandisse sem se preocupar com limitações à infraestrutura do negócio, apoiando a estratégia de crescimento.

Para a Northern Digital, a melhora das operações é mais do que apenas uma forma de diminuir despesas. Com a implementação do SIGE da Intuitive, a NDI descobriu uma forma de aumentar o valor que fornece aos clientes enquanto também melhorava seu desempenho financeiro.

Fontes: Compilado de managingautomation.com e ndigital.com.

Questões

1. Para uma empresa pequena como a NDI, por que um SIGE é melhor do que aplicações SCM?
2. Identifique os segmentos da cadeia de suprimentos a que o SIGE dá suporte; seja específico.
3. Relacione este caso à cadeia de valores de Porter e ao seu modelo competitivo. Mostre a contribuição do SIGE.
4. Relacione este caso ao planejamento e à estratégia de negócio.

CASO DE EMPRESA SEM FINS LUCRATIVOS

A Arbor Day Foundation implementa sistema de gestão de relacionamento com os contribuintes

A Arbor Day Foundation (arborday.org/) é a maior organização de plantio de árvores do mundo. A fundação tem quase 1 milhão de membros e uma lista crescente de programas de conservação e de educação. Conforme a empresa se expandia, líderes reconheceram a necessidade de substituir seu sistema legado obsoleto por uma solução flexível que a equipe de TI pudesse customizar a fim de administrar interações com um grupo cada vez mais diversificado de organizações de apoio.

A Arbor Day Foundation escolheu o Microsoft Dynamics CRM para desenvolver e estabelecer rapidamente aplicações de gestão de relacionamento com os contribuintes para os seus diversos programas de conservação.

Sistemas legados com décadas de idade são substituídos

A aplicação de gestão de relacionamento da fundação que era customizada, e que permaneceu em funcionamento por quase duas décadas, foi planejada principalmente para lidar com interações com indivíduos em apenas alguns de seus programas de apoio. Conforme a Arbor Day Foundation crescia, foi adquirindo dezenas de novos parceiros e programas na última década, e sua necessidade por um sistema de gestão de relacionamento com os contribuintes mais sofisticado aumentou.

"Anteriormente, 75% ou mais de suas operações eram centradas em trabalhar diretamente com os membros", diz Mike Ashley, diretor de TI da Arbor Day Foundation. "Conforme conquistamos mais apoiadores, parceiros e patrocinadores em conjunto com os novos programas de educação e conservação, nossa necessidade de administrar interações com diversos grupos se intensificou."

A equipe de seis pessoas designada para o desenvolvimento da aplicação para a organização estendeu o sistema o máximo possível para lidar com as mudanças na comunicação com os parceiros corporativos e entidades governamentais e dar suporte a programas recentemente lançados. Com o tempo, entretanto, esse modelo legado se tornou inviável. O desenvolvimento de acréscimos e de aplicações para melhorar as funcionalidades existentes muitas vezes exigia recursos específicos, aumentando inevitavelmente os custos do projeto e atrasando a implementação. E cada novo aplicativo exigia que a equipe de TI criasse e mantivesse grandes quantidades de códigos customizados extras, que aumentavam o risco de falhas e diminuíam a eficiência de TI.

Melhorias de desempenho

Essa nova plataforma ajudou a organização a reduzir o tempo de desenvolvimento da aplicação em quase 300%, melhorou a agilidade e a escalabilidade dando poder à área de TI para comandar mudanças e inovações, e fortificou a produtividade em geral. Os três principais benefícios foram:

- Aumento de produtividade de funcionários: durante seis meses a fundação continuou acrescentando programas e expandindo relacionamentos com parceiros e apoiadores sem precisar aumentar o número de funcionários.

- Maior escalabilidade para as operações: a capacidade de implementar novas aplicações em tempo significativamente menor quer dizer que a Arbor Day Foundation pode atender às necessidades únicas de seus programas emergentes com um uso racional de recursos.

- Diminuição do tempo de desenvolvimento de aplicativos em 300%: Ashley estima que sua equipe completou o desenvolvimento da aplicação de apoio ao programa Tree Campus USA três vezes mais rápido do que seria possível com o antigo sistema da organização. "Estabelecemos um prazo de quatro semanas desde o começo até o fim da construção e do lançamento da aplicação, e atingimos essa meta com bastante tranquilidade", diz Ashley. "Estimamos que levaríamos três meses ou mais para estender nosso velho sistema da mesma forma."

- Hoje, a organização fornece um serviço melhorado a uma infinidade de grupos, agências e indivíduos com quem trabalha diariamente.

Fontes: Compilado de Microsoft.com e ArborDay.org.

Questões

1. Por que as mudanças nos SIs legados são necessárias? Por que a Arbour Day Foundation precisava de mudanças?
2. Por que as organizações finalmente decidem substituir seus sistemas legados?
3. Em sua opinião, que problemas a fundação estaria enfrentando hoje se não tivesse substituído seus sistemas legados por um software de CRM?
4. Compare e contraste o relacionamento com os contribuintes com a gestão de relacionamento com o cliente.

ANÁLISE UTILIZANDO PLANILHAS

Avaliando o valor da gestão eletrônica de relacionamento com o cliente (e-CRM)

Crie uma planilha para realizar a análise detalhada abaixo.

Gestores de uma grande empresa de processamento de alimentos gostariam de descobrir qual seria o custo/benefício de instalar uma aplicação de e-CRM. Os gestores criaram uma lista de custos e benefícios tangíveis e intangíveis ao projeto.

Sua tarefa é desenvolver uma planilha na qual você possa:

1. Calcular os custos e benefícios tangíveis em um ano.
2. Listar os custos (e riscos) intangíveis para esse ano.
3. Listar os benefícios tangíveis para esse ano.

Os dados a serem utilizados para a análise anual são:

- Licença de software de CRM: custo por usuário de US$ 1.200,00; 86 usuários (incluindo 50 funcionários de venda direta)
- Suporte técnico e manutenção: US$ 20.000,00
- Treinamento de 86 usuários por 5 dias: perda de produtividade de US$ 120,00 por dia
- Treinamento de 4 supervisores: perda de produtividade de US$ 200,00 por dia
- Pagamento aos instrutores: US$ 8.000,00
- Hardware adicional, redes, entre outros: US$ 27.000,00
- Custo operacional anual: 2 funcionários de TI custando US$ 72.000,00 cada; outros custos somam US$ 18.000,00
- Vendas mensais médias por funcionário de venda direta: US$ 50.000,00; lucro bruto com vendas: 8%
- Aumento de produtividade por funcionário usando o novo sistema de CRM: 12%
- Custos indiretos calculados em 10%

Recursos online

Você encontrará os guias de tecnologia (em português), bem como outros recursos e ferramentas de estudo (em inglês), no site da Bookman Editora (www.bookman.com.br). Dentre eles:

Casos do Capítulo 10
10.1 West Marine: A CPFR Success Story
10.2 Northrop Grumman Uses KM to Prevent Brain Drain

Referências

Alexander, D., "How Agile Are You?" *Manufacturing Automation*, May 2009. globalshopsolutions.com/assets/pdfs/press/MA_May_09v2.pdf

Bartholomew, D., "A Banker's $500,000 Lesson in CRM," *Baseline*, February 2007.

Boucher–Ferguson, R., "10 Cool CRM Developments," *eWeek.com*, March 24, 2008. eweek.com/c/a/CRM/10-Cool-CRM-Developments

Business Wire, "Research and Markets: Recent Overview of the Performance Apparel Markets," April 17, 2009.

Center for Disease Control (CDC), *CDC.gov/*

Chan, I., and C. K. Chao, "Knowledge Management in Small and Medium-Sized Enterprises," *Communications of the ACM*, April 2008.

D'Agostino, D. "Expertise Management: Who Knows About This？" *CIO Insight*, July 1, 2004.

EFSA.europa.eu/

Feldman, S., "What Are People Searching For, and Where Are They Looking？" *KMWorld*, February 29, 2008.

Fox, P. "Using IT to Tap Experts Know-How," *Computerworld*, March 15, 2004.

Garud, R., and A. Kumaraswamy, "Vicious and Virtuous Circles in the Management of Knowledge: The Case of Infosys Technologies," *MIS Quarterly*, (29)(1), March 2005.

House.gov/

Humanetics.com/

Intel, "Building the Digital Supply Chain: An Intel Perspective," *Intel Solutions White Paper*, January 2005.

Moss, M., "The Burger That Shattered Her Life," *New York Times*, October 2, 2009. nytimes.com/2009/10/04/health/04meat.html?_r=1

Reda, S., "1-800-FLOWERS.COM and AT&T Cultivate Relationship Rooted in Common Business Objectives," *Stores*, October 2006.

UnderArmour.com/

Weier, M. H., "Food Industry Looks to RFID to Avoid Next Catastrophe," *InformationWeek*, February 5, 2007.

Capítulo 11
Business Intelligence e Suporte à Decisão

Biblioteca de links

Breve introdução

DIRECTV alcança a Rave Reviews com BI operacional

- **11.1** Business Intelligence (BI) com e sem fins lucrativos
- **11.2** Arquitetura, analítica, relatório e visualização de dados de BI
- **11.3** Mineração de dados, texto e Web
- **11.4** Processos de tomada de decisão
- **11.5** Sistemas de suporte à decisão
- **11.6** Inteligência móvel: convergência da computação móvel e da BI

Caso de negócio Orçamento, planejamento e controle suportados por BI na McNICHOLS

Caso de empresa sem fins lucrativos EuResist aplica SSD baseado em modelo para pesquisa em HIV

Análise utilizando planilhas Fazendo caso de negócio para BI

Referências

Objetivos de aprendizagem

❶ Compreender a necessidade da business intelligence e de tecnologias de BI para as organização, e como criar um caso de negócio para investimentos em BI.

❷ Descrever a arquitetura de BI, a mineração de dados, a análise preditiva, os painéis de controle, os indicadores de desempenho e outras ferramentas de relatório e de visualização.

❸ Compreender o valor da mineração de dados, de texto e de Web.

❹ Compreender os processos gerenciais de tomada de decisão.

❺ Descrever os sistemas de suporte à decisão, seus benefícios e estrutura.

❻ Pensar no futuro da BI em forma de inteligência móvel.

Integrando a *TI*

CON | FIN | MKT | GPO | GRH | SI

Biblioteca de links

Business Intelligence Journal businessintel.org/
The Data Warehousing Institute (TDWI) tdwi.org/
Cloud9 Analytics, on-demand (SaaS) cloud9analytics.com/
Information Builders informationbuilders.com/
Plataforma WebFOCUS BI informationbuilders.com/products/webfocus/
IBM Cognos 8 BI www-01.ibm.com/software/data/cognos/
Oracle Oracle.com
SAS BI sas.com/technologies/bi/
SAP AG Sap.com
Microsoft BI microsoft.com/bi/default.aspx
Tableau Software tableausoftware.com/
QlikTech qlikview.com
iDashboards idashboards.com
Honoring Those Who Use IT to Benefit Society (ComputerWorld) cwhonors.org/

Breve introdução

Esta seção introduz as questões de negócio, os desafios e as soluções de TI deste capítulo. Tópicos e questões mencionados aqui são explicados ao longo do capítulo.

O empresário americano John Wanamaker, conhecido como o pai da propaganda moderna, disse, há cerca de 100 anos: "Metade do dinheiro que gasto com puplicidade é desperdiçado; o problema é que não sei qual metade". Business intelligence (BI), mineração de dados e sistemas de suporte à decisão: conceitos discutidos neste capítulo que são usados para minimizar a *incerteza* (que é o contrário da *inteligência*) e/ou fazer com que gestores se tornem capazes de tomar decisões mais inteligentes e mais rápidas – e, muitas vezes, em tempo real. Profissionais de marketing, por exemplo, utilizam BI para acompanhar, dia a dia, o efeito que as campanhas de marketing têm nas vendas. O serviço ao consumidor e os representantes de call center acessam relatórios de BI para ter acesso ao status mais recente disponível, a fim de solucionar um problema ou de programar chamadas de serviço.

Hoje, os fornecedores de BI oferecem pacotes de produtos ou de software como serviço para dar suporte a cada nível da gestão – estratégico, tático ou operacional. Os pacotes de BI estão disponíveis para empresas de todos os tamanhos, inclusive para as pequenas e médias empresas. De acordo com a empresa de análises Gartner, "a BI é realmente para todo mundo, porque não existe empresa ou ocupação em que informações não sejam necessárias e não possam ser descritas como BI" (2010). Quando gerentes e funcionários têm a inteligência de que precisam para responder *correta e rapidamente* às oportunidades, ameaças e erros, eles e suas empresas superam de forma significativa aqueles que não a tem.

Você já leu em capítulos anteriores que a capacidade de resposta maximiza a receita da empresa, que a eficiência minimiza custos e que não fazer a coisa errada minimiza o desperdício. Neste capítulo, introduzimos mais um fator: a alocação adequada de recursos. A **alocação adequada de recursos** é a distribuição adequada de recursos em um local específico, em um período específico a fim de atingir a um propósito específico. A alocação ineficiente de recursos – que tem como um dos sintomas os longos períodos de espera – pode impedir a entrega de produtos ou serviços quando necessário. Isso, por sua vez, frustra os clientes e afeta os lucros. A BI, quando aplicada apropriadamente, pode melhorar a alocação de recursos e o rendimento da empresa – e mostrar um retorno claro sobre o investimento.

Também introduzimos neste capítulo o último assunto em BI – a inteligência móvel desencadeada pela convergência da computação móvel e da BI. Observamos intrigantes transformações, como as mudanças nas funções de hardware. Os smartphones, por exemplo, estão se tornando PCs; os PCs, por sua vez, estão se tornando servidores, que estão se tornando nuvens, que são as novas fontes dos aplicativos.

Por que as empresas deveriam investir em outro conjunto de aplicativos de TI?

As inovações em TI e em mídia em tempo real, como o Twitter e o Foursquare, são acrescentadas aos ou influenciam os recursos de smartphones, otimizando o acesso em tempo real às informações. Muitas pessoas são informa-

Figura 11.1 iPhone mostrando tweets em um aplicativo do Twitter para celular. (© ICP-UK/Alamy)

das sobre notícias ao vivo por tweets ou alertas de celular (ver Figura 11.1). Esse tipo de avanço também se aplica à BI e aos aplicativos de suporte à decisão. A BI melhora os sistemas de relatório existentes por meio da entrega de informações em tempo real utilizando painéis de controle (dashboards), mashups e relatórios a funcionários, gerentes, parceiros e clientes.

Neste capítulo, você conhecerá ferramentas utilizadas para a inteligência, previsão, resposta operacional e alocação de recursos. Lerá sobre como é a BI e a coleta de dados vindos de várias fontes via SSD, conceitos com os quais você já está familiarizado – bancos de dados de SPT, CRM, SIGE e POS –, responsáveis por compilar e analisar dados usando mineração de dados e modelos preditivos. Já que as últimas ferramentas de BI oferecem um alto nível de autossuficiência, reduzindo a dependência que gerentes têm de analistas e de equipes técnicas, você se tornará um usuário real dessas ferramentas em sua carreira.

DIRECTV alcança a Rave Reviews com BI operacional

A DIRECTV (directv.com/) é líder em fornecimento de televisão digital e serviços de entretenimento. Por meio de subsidiárias presentes nos Estados Unidos, Brasil, México e em outros países da América Latina, a DIRECTV fornece serviços de TV digital via satélite, conforme mostrado na Figura 11.2, a 18,7 milhões de clientes nos Estados Unidos e a 7,1 milhões de clientes na América Latina. A empresa informou ganhos trimestrais de 5,61 bilhões de dólares no primeiro trimestre de 2010, e ganhos anuais de 21,6 bilhões em 2009. A DIRECTV é composta de duas unidades operacionais principais – a DIRECTV nos Estados Unidos e na América Latina, bem como as redes regionais de esporte.

Figura 11.2 Antena da DirecTV é colocada no telhado de um prédio de Nova York. (© Frances Roberts/Alamy)

Crescimento rápido do número de consumidores gera desafios de negócio

O modelo de negócio da DIRECTV baseia-se na excelência em prestação de serviços ao consumidor com preços competitivos de serviços de televisão. Conquistar e manter clientes são prioridades da empresa, mantidas agressivamente com propaganda e diversos incentivos, dependendo da situação do mercado. Informações acuradas em tempo real e a capacidade de tomar atitudes são vitais para esse modelo de negócio.

Ao conquistar clientes com sucesso e rapidamente, a empresa enfrentou o desafio de compilar enormes volumes de dados sobre transações gerados a cada dia por meio das ligações feitas pelos clientes e da disponibilização de relatórios em tempo real para os representantes de call center. Esses relatórios seriam utilizados para fornecer e avaliar serviços ao consumidor, atraindo novos clientes e evitando a **rotatividade de clientes**, que ocorre quando eles migram para a concorrência. Os gerentes também precisam ter acesso a relatórios que detalhem o motivo e o resultado das ligações dos clientes e outras métricas de atividade do call center.

A TI que poderia lidar com todos esses dados e relatórios seria a *BI operacional*. A BI operacional é um dos principais meios para permitir que trabalhadores de linha de frente e gerentes operacionais passem menos tempo lutando para localizar e acessar informações e mais tempo em atividades que tragam benefícios aos negócios, como melhorar a eficiência e o serviço ao consumidor.

Solução de BI operacional da DIRECTV

A DIRECTV implementou um software de mineração de dados da GoldenGate Software para a integração de dados em tempo real, juntamente com um data warehouse da Teradata para alcançar a BI operacional. O GoldenGate lê registros de dados quase em tempo real e, dentro de segundos de transação, envia os dados relevantes para o data warehouse por uma WAN. Essencialmente, o software junta dados de transações em tempo real, conforme são introduzidos, e então os entrega onde quer que sejam necessários dentro da infraestrutura de TI.

Seu sistema de BI lida com volume de dados de em média 45 milhões de transações por dia, 1.500 agentes de serviço ao cliente rodando 8.000 relatórios diariamente e o registro de um milhão de ligações por dia a sua aplicação de CRM. Os representantes de call center têm acesso a relatórios detalhados sobre os clientes, o que reduziu a rotatividade. Por exemplo, com dados recentes em mãos, eles podem listar clientes que pediram para ser desconectados momentos antes, contatar os representantes de vendas e fazer uma nova oferta em poucas horas.

Além disso, a empresa está usando mineração de dados em relatórios operacionais em tempo real para gestão de pedidos e detecção de fraudes. Com informações sobre pedido em tempo real sobre novos clientes, investigadores de fraude podem identificar e cancelar pedidos fraudulentos economizando o custo de um motorista/instalador e do transporte.

Melhoria de desempenho, 2009–2010

A empresa melhorou significativamente o desempenho de seu call center, do serviço de atendimento ao consumidor e do índice de retorno do cliente, que contribuem para o crescimento de vendas e lucro líquido. Nos Estados Unidos, apesar da indústria cada vez mais competitiva e da recessão econômica, a DIRECTV acrescentou a maioria dos assinantes em quatro anos.

Em 2009, a DIRECTV recebeu a nota mais alta de serviço ao consumidor dada pela *American Customer Satisfaction Index*, superando todas as principais empresas de TV a cabo pelo nono ano consecutivo. Na América Latina, o desempenho foi ainda mais impressionante. A DIRECTV estabeleceu novos recordes para a maioria de suas principais métricas, como a inclusão de novos clientes, a receita e o lucro operacional antes da depreciação e amortização.

Fontes: Compilado do relatório anual de 2009 da DIRECTV, investor.directv.com/ (2010) e Briggs (2009).

Questões para discussão e debate em sala de aula

1. Cenário para brainstorming e discussão: Relatórios altamente acurados e confiáveis muitas vezes são fortes argumentos em casos de negócio para investigação em BI operacional.

 a. O que quer dizer *informações precisas*?

 b. As informações precisas são diferentes dependendo do nível na organização – estratégica, gerencial ou operacional – ou do tipo de organização? Por exemplo, para que os dados sejam considerados "precisos", precisam ser renovados todos os dias, em tempo real ou em outros intervalos de tempo? Compare as empresas de cartão de crédito e as operações da cadeia de suprimentos.

2. Debate: Abordagens proativas e reativas para alocação de recursos.

Talvez você tenha estado em uma ou mais das seguintes situações:

- Esperar em uma longa fila para fazer um pagamento em uma loja e notar que existem outros cinco caixas que não estão sendo usados.
- Esperar para fazer o *check-in* de bagagem em um guichê de aeroporto sendo atendido apenas por um atendente, enquanto outros três estão falando no telefone ou fazendo outras coisas não relacionadas ao atendimento dos passageiros que tentam fazer *check-in*.
- Decidir ir a um restaurante que está promovendo um prato especial e descobrir que aquele prato está em falta.

Essas três situações não ocorrem por causa de funcionários preguiçosos ou de supervisores incompetentes. Elas são resultado de uma alocação de recursos malfeita, que pode ser remediada com a implementação de um sistema de BI operacional. Entretanto, as condições econômicas impactaram significativamente nos orçamentos. As empresas estão sendo conservadoras com relação a gastar, por temerem uma recessão mais grave e longa. Isso torna mais difícil o ganho de fundos para iniciativas de BI.

Existem duas abordagens para o problema de alocação de recursos:

1. *Abordagem proativa:* As empresas podem adotar uma abordagem proativa ou simplesmente estocar mais produtos e/ou contratar mais funcionários. Nessa abordagem, a empresa é preparada para o nível mais alto de demanda por serviços ou produtos para evitar a perda de vendas ou prestar serviços ruins ao consumidor.

2. *Abordagem reativa:* As empresas podem adotar uma abordagem reativa. Depois de os recursos serem reduzidos, os funcionários são redistribuídos ou mais produtos são encomendados. Recursos extras são aplicados apenas após serem necessários. Por exemplo, quando a fila em um supermercado fica muito longa, os trabalhadores são movidos de outros departamentos para os caixas. Ou um restaurante pode aumentar seus pedidos de alimentos para a próxima promoção – e restar estoque extra se houver pouca procura.

Selecione uma das abordagens (proativa ou reativa) como recurso para a alocação. No debate, apresente argumentos explicando por que sua abordagem é melhor do que a outra. No debate, considere todos os custos relevantes envolvidos com trabalho e manutenção de estoque, o estado da economia com crédito apertado e grandes índices de interesse em empréstimo e os benefícios da satisfação e da fidelidade do cliente.

Note que cada abordagem acarreta altos custos. A alocação de recursos inadequada que causa esses custos pode ser minimizada pela implementação de BI.

11.1 Business intelligence (BI) com e sem fins lucrativos

Muitas vezes as organizações estão sobrecarregadas de dados, mas ainda assim muitos deles de alguma forma não são suficientes. Os gerentes podem não ter os dados certos, podem não ter uma forma de interpretar tantos dados ou podem não ser capazes de compilar dados para obter relatórios em tempo. Para combater esses tipos de problema, muitas organizações usam aplicativos que pertencem ao conjunto da BI. *Business intelligence* refere-se à coleção de SIs e de tecnologias que dão suporte à tomada de decisão gerencial ou operacional – controle pelo fornecimento de informações nas operações internas e externas. Devido à complexidade de implementações de BI, a maioria dos fornecedores de BI oferece coleções de aplicativos altamente integrados – incluindo conexões com sistemas de SIGE (ERP) e CRM – que são acessados via Web.

É difícil compreender totalmente a BI, porque seus aplicativos não são sistemas autônomos, nem dão suporte a objetivos específicos, como fazem a gestão da cadeia de suprimentos (*supply chain management* – SCM) ou a gestão de relacionamento com o cliente (*customer relationship management* – CRM). Para ajudá-lo a entender o valor da BI, na próxima seção são apresentados três casos representando seus diversos usos em organizações com e sem fins lucrativos.

CASOS DE BI

O desempenho de empreendimentos com e sem fins lucrativos depende da qualidade e do tempo decorrido da informação. Os empreendimentos estão obtendo mais valor de BI por meio da extensão da informação a todos os níveis de gestão e aos funcionários, maximizando o uso de ativos de dados existentes. As ferramentas de visualização, incluindo painéis de controle (dashboards) e mashups, são as interfaces de usuário que ajudam pessoas a entenderem os números. Os painéis de controle são aplicativos que puxam dados de data warehouses ou de outros locais de armazenamento de dados e então representam graficamente os dados de forma significativa. O termo *mashup* surgiu no mundo da música, mas foi adotado pela TI para indicar um aplicativo que combina dados de diferentes fontes para uma nova aplicação. Os sistemas de BI são muito bons na filtragem e na agregação de grandes volumes de dados em informação. Combinando o mapeamento das capacidades de mashup com dados agregados, o resultado é um **mashup de dados** que pode melhorar a compreensão da informação.

Nos exemplos e casos mostrados neste capítulo, você aprende como ferramentas analíticas específicas da indústria dão suporte à análise e tomada de decisão informada desde o nível mais alto até o nível do usuário. A BI tira vantagem de tecnologias de TI existentes para ajudar as empresas a alavancarem seus investimentos em TI e usarem dados legados e dados em tempo real. Em muitas instâncias, a implementação da BI é uma necessidade competitiva e operacional. Eis três casos desse tipo.

WildTrack (wildtrack.org/) monitora e acompanha rinocerontes ameaçados na África. A WildTrack está usando técnicas de identificação de pegadas não invasivas e solução de análise de dados de BI da SAS (sas.com/) para acompanhar e monitorar suas mudanças constantes de inventário – os rinocerontes ameaçados da África. Como negócio com fins lucrativos, a organização utiliza BI como meio de cortar custos e tomar decisões mais bem informadas. Usando o software de BI da SAS, a WildTrack já ajudou a salvar a população de rinocerontes negros no Zimbábue e disponibilizou um censo de rinocerontes brancos na Namíbia (ver Figura 11.3). Além disso, o uso de soluções de BI gerou um retorno sobre investimentos em termos de oferecer emprego local para trabalhadores indígenas da Waterberg Plateau da Namíbia.

"Cada vez mais os governos e as autoridades requerem evidências concretas sobre a existência de animais ameaçados antes de ouvirem aos pedidos para proteção de seu hábitat. Ao avançar no assunto, esperamos incorporar tecnologia de biometria e outras tecnologias em nossos projetos para ajudar a acelerar a identificação de animais", diz Zoe Jewell, cofundador da WildTrack.

United Way (unitedway.org/) monitora campanhas de levantamento de fundos e gera relatórios confiáveis. A United Way dedica-se a levantar fundos para grupos locais que tratem de problemas da comunidade. O levantamento de fundos é um componente muito importante. A United Way tem a missão de monitorar e acompanhar os lucros das campanhas de levantamento de fundos e tornar essa informação disponível ao público. Problemas com suas plataformas anteriores de gestão de dados incluíam práticas de relatório inflexíveis e incapacidade de realizar análises importantes para os resultados da campanha. A equipe manipularia planilhas enormes e isso demandaria muitos meses para que os relatórios ficassem prontos depois que a campanha anual fosse encerrada. Cada escritório conduzia seu próprio relatório, mas não havia processo padrão e os relatórios demandavam esforços significativos para serem produzidos.

Figura 11.3 Rinocerontes negros em perigo são rastreados usando BI. (© *Photoshot Holdings Ltd/Alamy*)

Figura 11.4 Gestores de loja da Jamba Juice dependem da BI para fazer marketing e contabilidade. (© David Zanzinger/Alamy)

Depois que a United Way implementou uma solução de BI integrada, tornou-se capaz de garantir mensurações consistentes dos resultados do levantamento de fundos pela organização. Os trabalhadores podiam facilmente acompanhar e monitorar dados do doador e compreender melhor a análise de dados. Com uma visão de 360 graus sobre os processos, a equipe podia acompanhar melhor tendências e oportunidades, permitindo planejamentos e iniciativas melhores para levantamentos de fundos futuros.

Jamba Juice (jambajuice.com/) monitora as preferências dos clientes e captura dados para relatórios financeiros rápidos e mensuração de perdas e ganhos confiável. A Jamba Juice (ver Figura 11.4) é uma fornecedora de bebidas saudáveis e de alimentos para viagem. Quando a recessão econômica parou de crescer, os gestores decidiram implementar TI mais nova nas lojas da Jamba Juice como forma de dar suporte ao aumento de produtividade e, por fim, à lucratividade.

Os gerentes de loja enfrentaram problemas para encontrar informações necessárias para colocar suas lojas efetivamente em funcionamento. A empresa manteve o que chamou de pasta de "originais" na unidade de rede compartilhada, que continha mais de 1.000 documentos. Tudo – manuais de equipamentos, diretórios de lojas, formulários de impostos e guias de marketing – estava na pasta de *originais*. A cada uma ou duas semanas, os funcionários corporativos da Jamba Juice alcançariam informações necessárias aos seus pares (no caso, gerentes de lojas) colocando isso nas pastas originais. Esse processo era complicado e não confiável, porque não havia versão de controle dos documentos. Era necessário gastar pelo menos duas horas a cada semana reunindo e digitando dados que a Jamba Juice queria para fins de análise. Gerentes de loja também se esforçavam para atualizar manualmente as perdas e ganhos das lojas e outros dados de contabilidade que gerentes de distrito ou regionais precisavam.

Mesmo quando a informação estava no sistema da Jamba Juice, os funcionários ficavam em dúvida sobre a integridade dos dados reunidos devido aos conjuntos de métricas conflituosos entre a loja e os recursos corporativos. Dados de baixa qualidade são prejudiciais ao lucro, então a BI tradicional foi aplicada no nível corporativo e a BI operacional foi aplicada no nível das lojas.

- Empregando ferramentas de TI no nível corporativo, os dados sobre tudo, desde a popularidade de cada sabor de *smoothie* até as tendências regionais de vendas, são acompanhados e analisados para identificar tendências e determinar como tirar o máximo proveito dos padrões de comportamento do consumidor.
- Empregar a BI no nível das lojas para informar decisões de marketing, como promover certos itens do menu em determinados mercados e/ou durante um período específico, permitiu que gerentes de loja fossem mais estratégicos em seus esforços de marketing.

Essas três organizações, bem como a DIRECTV (no caso de abertura), o exército e centros de pesquisas sobre doenças, sobre os quais você lê neste capítulo, reconheceram a necessidade de BI e puderam justificar seus investimentos nisso. Estavam sob pressão para obter informações, para tomar decisões frequentes, rápidas e/ou complexas, e para compilar dados confiáveis a fim de relatar rápida e frequentemente às entidades internas e externas.

TIPOS DE BI

A tecnologia de BI progrediu e chegou ao ponto em que empresas a estão implementando para tipos variados de usuários, conforme mostrado na Tabela 11.1 e explicado a seguir.

BI tradicional e BI operacional. A BI estratégica e a BI tática referem-se à **BI tradicional**. A maioria das empresas usa BI para tomadas de decisões estratégicas e táticas, em que o ciclo de tomada de decisão dura semanas ou meses. As pressões competitivas, no entanto, estão forçando as empresas a reagirem diariamente ou em tempo real para mudar as condições de negócio e as demandas do cliente – e para estender os sistemas de BI a seus funcionários operacionais.

A **BI operacional** é relativamente nova e pode ser implementada de diversas maneiras. Um delas é melhorar a resposta de data warehouses tradicionais e o processamento de BI. Outra é acoplar a BI diretamente aos processos operacionais. Essas abordagens são muitas vezes usadas juntas.

TABELA 11.1 — BI estratégica, tática e operacional: foco do negócio e usuários

	BI estratégica	BI tática	BI operacional
Foco principal do negócio	Atingir as metas empresariais em longo prazo	Analisar dados; entregar relatórios	Administrar operações do dia a dia com relação a atingir as metas
Principais usuários	Executivos, analistas	Executivos, analistas, gerentes de setor	Gerentes de setor
Métricas	Métricas são um mecanismo de feedback para acompanhar e entender como a estratégia está progredindo e quais ajustes precisam ser planejados.	Métricas são um mecanismo de feedback para acompanhar e entender como a estratégia está progredindo e quais ajustes precisam ser planejados.	Métricas são individualizadas para que o gestor de cada linha possa obter insight sobre o desempenho de seus processos de negócio.
Prazo	Mensal, trimestral, anual	Diário, semanal, mensal	Imediatamente, dentro do dia
Tipos de dados ou usos	Histórico, preditivo	Histórico, preditivo	Em tempo real ou quase em tempo real

Fontes: Adaptado de Oracle (2007) e Imhoff (2006).

COMO RECONHECER A NECESSIDADE DE TER BI

Você pode compreender melhor a BI aprendendo como reconhecer o quanto é necessária. A lista a seguir representa sete situações difíceis – comuns em empresas, agências governamentais, exército, saúde, pesquisa e organizações sem fins lucrativos – que poderiam se beneficiar com a melhoria da inteligência.

- **Versões competitivas e conflituosas da verdade:** Reuniões interdepartamentais se tornam controversas conforme os participantes discutem qual planilha tem os itens corretos e culpam os outros por não fornecerem os dados mais recentes.
- **Relatórios atrasados:** A TI não consegue preencher os requerimentos dos gerentes para relatórios customizados quando os solicitam. Ou a contabilidade não pode fazer as reconciliações com relatórios financeiros porque o setor de vendas não consegue descobrir seus números. Ou, como no caso da Jamba Juice, os gerentes de loja não têm acesso aos dados dos quais precisam para os relatórios.
- **Incapacidade de desempenhar análise aprofundada:** A gestão sabe quais de suas lojas tiveram o maior volume de vendas, mas não consegue identificar quais produtos foram os mais vendidos.
- **Dificuldade de encontrar dados importantes:** Os gerentes recentemente ouviram que o relatório mostrando crescimento ano a ano para cada cliente foi postado na intranet, mas não têm ideia de como encontrá-lo.
- **Precisa-se de tecnologia para produção de relatório fácil de usar:** Gestores compilam relatórios financeiros usando planilhas de dados que eles adquirem por meio de inúmeros e-mails e mensagens de texto.
- **Atraso e dificuldade de consolidação de dados:** Relatórios que requerem dados de múltiplos sistemas operacionais envolvem gerar relatórios separados de cada um e então combiná-los na planilha.
- **Incapacidade de entrar em conformidade com obrigatoriedades do governo e das leis:** Sarbanes-Oxley, Basel III, a legislação de privacidade ou outro órgão regulador exigem trilhas de auditorias confiáveis e adequadas para atestar a exatidão financeira.

Quando as empresas chegam ao ponto em que não podem mais executar suas análises com planilhas, tendem a migrar para ferramentas de BI mais poderosas. A seguir, são discutidos os componentes da BI.

O CASO DE NEGÓCIO PARA BI

Em uma economia apertada com alto interesse e taxas de desemprego, qualquer projeto que requeira grande investimento precisa ser justificado economicamente. Justificar um investimento em TI também é chamado de *criar um caso de negócio*. Um **caso de negócio** é solicitado para documentar uma iniciativa e encaminhá-la para a aprovação e processo de financiamento.

Um caso de negócio de sucesso precisa ser bem escrito, ser convincente e capaz de suportar questionamentos de pessoas que não darão apoio ou se oporão ao seu projeto. Convencer os outros de que o seu projeto de TI – ou qualquer projeto – deve receber fundos é um desafio. Normalmente, muitos projetos competem pelos limitados recursos da organização. Outro desafio em justificar a BI é que a implementação pode começar pequena e depois se expandir. Em uma grande agência governamental, a BI foi primeiro instalada para que os recursos humanos (RH) pudessem acompanhar militares, mas depois evoluiu e tornou-se um esforço da organização inteira, incluindo a construção de uma data warehouse da Teradata e a instalação da plataforma de BI do Business Objects da SAP. Tentar justificar a BI em todo o empreendimento ficou mais fácil depois do sucesso do sistema de BI implementado no RH.

Três objetivos chave de negócio. Construir um caso de negócio para BI é a chave para obtenção de patrocínio, comprometimento e envolvimento com o negócio. Os três objetivos chave de negócio usados para vender um programa de consolidação de BI são:

1. Reduzir o custo total da propriedade (*total cost of ownership* – TCO)
2. Permitir que empresários analisem as informações em vez de reunirem e reconciliarem dados
3. Melhorar a consistência das e a confiabilidade nas informações e na analítica

Cada um dos objetivos de negócio acima tem custos associados que precisam ser estimados na preparação da análise de custo-benefício. Seria ótimo se você pudesse apenas utilizar um conjunto de fórmulas para calcular o retorno sobre o investimento do negócio, mas não é tão simples assim. Você precisa quantificar alguns benefícios. Para obter um custo-benefício verdadeiramente válido e o cálculo de retorno sobre o investimento, a TI precisa trabalhar muito de perto com os tomadores de decisão do negócio.

Eliminando pontos cegos. Justificar um projeto de BI envolve identificar as principais decisões estratégicas, táticas e operacionais e processos de negócio que afetem o desempenho e que se beneficiariam de dados mais abrangentes e capacidades de relatório melhores. Por exemplo, é difícil identificar custos que são economizados usando métricas em tempo real em vez de métricas que são aferidas posteriormente. A justificativa tem como foco melhorar processos específicos de negócio que são prejudicados com a falta de dados, ou pontos cegos. Os **pontos cegos** são áreas nas quais os gerentes não conseguem perceber ou entender informações importantes – e, como resultado, tomam más decisões ou não fazem nada quando a ação é necessária.

Integrando silos de dados. Antes da introdução da BI, em 1980, os gerentes frequentemente reclamavam que não conseguiam obter a informação de que necessitavam, com alto nível de detalhamento ou precisão, ou no momento necessário. Muitos investimentos em TI não se traduziram em vendas. Quando passaram a compreender os clientes e suas decisões de compra, houve muito mais dados do que respostas. Como resultado, ao tentar desenvolver uma visão completa de cada cliente em todas as linhas de produtos, os gerentes davam de cara com uma parede. Para muitas empresas, anos de dados estavam, na verdade, *presos* em silos de dados transacionais. Os silos de dados, dados não padronizados e sistemas de informação diferentes tornaram impossível o processo de obtenção de uma visão unificada de clientes individualmente.

Os silos de dados limitam o que as empresas podem fazer, como a experiência da AT&T mostra. A AT&T quer que os representantes do serviço de atendimento ao consumidor agreguem mais valor à venda (ou *up-sell*, isto é, vender aos clientes produtos e/ou serviços mais caros) oferecendo níveis mais altos de serviço, como o upgrade de um plano, ou façam uma venda cruzada (*cross-sell*) oferecendo algum serviço complementar, toda vez que um cliente ligar para solicitar um serviço ou fazer uma reclamação. Mas as vendas de maior valor agregado ou cruzadas não podem ser feitas a menos que o representante possa ter acesso a relatórios online que mostrem todos os serviços e planos que o cliente já tem, e então saiba o que tentar vender. Os clientes não vão ficar esperando que o representante leia uma lista enorme de produtos extras que quer vender. Normalmente, os representantes têm uma chance de fazer uma oferta, então ela precisa ser a certa.

VISÃO GERAL DE COMPONENTES DE BI E SUAS FUNÇÕES PRINCIPAIS

Quando você examina os componentes da BI, percebe que não se trata de um conjunto totalmente novo de TIs. As capacidades da BI dependem da integração de diversas TIs, sobre as quais você leu nos capítulos anteriores. A BI incorpora data warehousing, mineração de dados, processamento analítico online, painéis de controle (dashboards), uso da Web e, cada vez mais, das mídias sociais. Outros requerimentos são redes de banda larga com e sem fio.

As três principais funções da BI são consultar, relatar e analisar. Os queries são uma forma de acessar uma visão particular dos dados ou de analisar o que está acontecendo ou o que aconteceu. Para a BI operacional, os dados são normalmente acessados ou distribuídos por meio de relatórios. A mineração de dados e as ferramentas de análise preditiva são utilizadas para encontrar relações que estão escondidas ou que não sejam óbvias, ou para predizer o que irá acontecer. Por exemplo, a mineração de dados é capaz de identificar correlações, como quais fatores – perspectivas de rendimento, grau de instrução, idade, quantidade da última compra e assim por diante – estavam mais relacionados à resposta bem-sucedida em uma campanha de marketing. Minerações de dados, análise preditiva e outras ferramentas analíticas podem ser utilizadas diretamente pelos usuários, mas algumas são complexas demais para que eles possam compreender e usar. Saber como interpretar e agir sobre resultados de questionários, relatórios ou análises depende da perícia humana.

A capacidade de acessar fácil e rapidamente dados em que você não pode confiar é um desperdício. Assim, a BI também inclui processos e ferramentas que consolidem os dados de forma acurada e consistente a partir de fontes diferentes para garantir a qualidade dos dados.

Outros componentes da BI são:

- **Busca** é um conceito familiar. Mecanismos de busca robustos e de indexação são necessários para localizar dados, relatórios, esquemas, mensagens e outros registros eletrônicos.
- **Ferramentas de visualização de dados**, como painéis de controle e mashups, mostram os dados de forma resumida, em formatos fáceis de compreender. Os **painéis de controle (dashboards)** são interfaces de usuário que permitem que gerentes e outros trabalhadores mensurem, monitorem e administrem o desempenho do negócio de forma efetiva. A importância da visualização de dados não pode ser subestimada.
- Os **scorecards** e a **gestão do desempenho** ajudam a monitorar as métricas do negócio e os indicadores-chave de desempenho (*key performance indicators* – KPIs). Exemplos disso são a satisfação do cliente, a lucratividade e as vendas por funcionário.

O **scorecard** (**indicadores de desempenho**) é um método para medir o desempenho de uma organização. Assim, um painel de controle (dashboard) poderia ser usado para apresentar um scorecard. Os dois conceitos são complementares, mas não competem entre si. Visite o site iDashboards.com para visualizar painéis de controle dinâmicos por setor ou por função. Você lerá mais sobre esses componentes ao longo deste capítulo.

INTEGRANDO ARMAZÉM DE DADOS DIFERENTES

Com ambientes de negócio mudando constantemente, as empresas querem responder às ações da concorrência, aos requerimentos legais, às fusões e aquisições e à introdução de novos canais para o negócio. Conforme você leu, a capacidade de resposta requer inteligência, que por sua vez requer ter dados confiáveis e sistemas de relatório. Como muitas empresas, as empresas globais de imóveis J.P. Morgan Chase sofreram com a colcha de retalhos herdada de sistemas que não poderiam ser facilmente integrados por causa da falta de padrão. Quando os dados não são integrados em um sistema unificado de relatórios, não há visão em tempo real que possa ser confiável.

Os dados do produto para vendedores internacionais são um problema à parte. Os países usam códigos de barras diferentes, mas precisam estar conectados de modo que os vendedores possam otimizar a disponibilidade dos produtos e as receitas. Outras deficiências que têm frustrado os tomadores de decisão devido a SIs diferentes são:

- Obter a informação tarde demais
- Obter dados no nível errado de detalhamento – muito detalhado ou resumido demais
- Obter dados demais sem direção
- Não ser capaz de coordenar-se com outros departamentos na empresa
- Não ser capaz de compartilhar dados em tempo hábil

O PODER DA ANÁLISE PREDITIVA, ALERTAS E SUPORTE À DECISÃO

Frente a essas deficiências, os tomadores de decisão dependem do departamento de TI para extrair dados a fim de criarem relatório, o que normalmente leva muito tempo. Ou eles extraem dados e criam sua própria planilha de tomada de decisão, sujeita a erros de dados e de cálculos. Para agravar a situação, se as planilhas não forem compartilhadas ou atualizadas, então as decisões estariam sendo feitas com base em dados velhos ou incompletos. A BI foi a solução para muitos problemas de dados.

A tecnologia de BI deixou de ser apenas um sistema de relatório quando os seguintes recursos foram acrescentados: análise preditiva sofisticada, alertas direcionados por eventos (em tempo real) e suporte à tomada de decisão. Usando um sistema de BI só para relatar era como dirigir um carro olhando pelo retrovisor. A visão era sempre do passado. A maior força da tecnologia de análise preditiva da empresa é que permite que a empresa reaja conforme as coisas acontecem e seja proativa com relação ao próprio futuro.

Análise preditiva. **Análise preditiva** é o ramo da mineração de dados que ajuda a prever as tendências (por exemplo, análise de regressão) e a estimar as probabilidades de eventos ocorrerem. As cinco principais pressões de negócio direcionando a adoção da análise preditiva são mostradas na Figura 11.5. A **analítica de negócio**, como também é chamada, fornece os modelos, que são fórmulas ou algoritmos, e procedimentos para a BI. Um **algoritmo** é um conjunto de regras ou instruções elaboradas para resolver um problema em um número finito de etapas. Os algoritmos podem ser representados em um fluxograma, como na Figura 11.6. Existem ferramentas de análise preditiva projetadas para o uso na prática por gerentes que queiram fazer sua própria previsão ou predição. A demanda por essa capacidade de predizer nasceu da frustração com BI, que ajudou apenas gerentes a entender o que aconteceu.

Embora existissem muitas ferramentas de questionários, relatórios e análises para ver o que aconteceu, os gerentes queriam ferramentas que predissessem o que iria acontecer e para onde seus negócios estavam indo. O valor da análise preditiva na eHarmony é discutido em *TI em ação 11.1*.

Construir capacidades de análise preditiva requer especialistas em software e em modelagem humana. Os especialistas em modelagem matemática avançada constroem e verificam a integridade dos modelos e interpretam os resultados. Esse trabalho é feito em duas fases. A primeira fase envolve a identificação e compreensão de métricas de negócio que a empresa quer predizer, como a compatibilidade, o abandono de clientes ou as melhores oportunida-

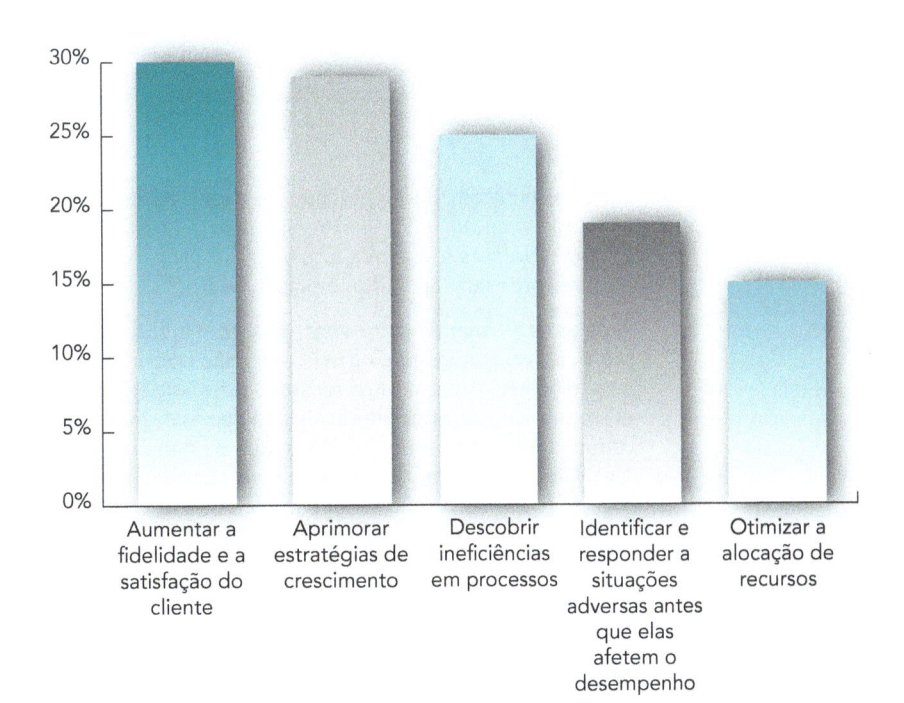

Figura 11.5 Cinco principais pressões de negócio que levam à adoção da análise preditiva. (*Dados do Aberdeen Group.*)

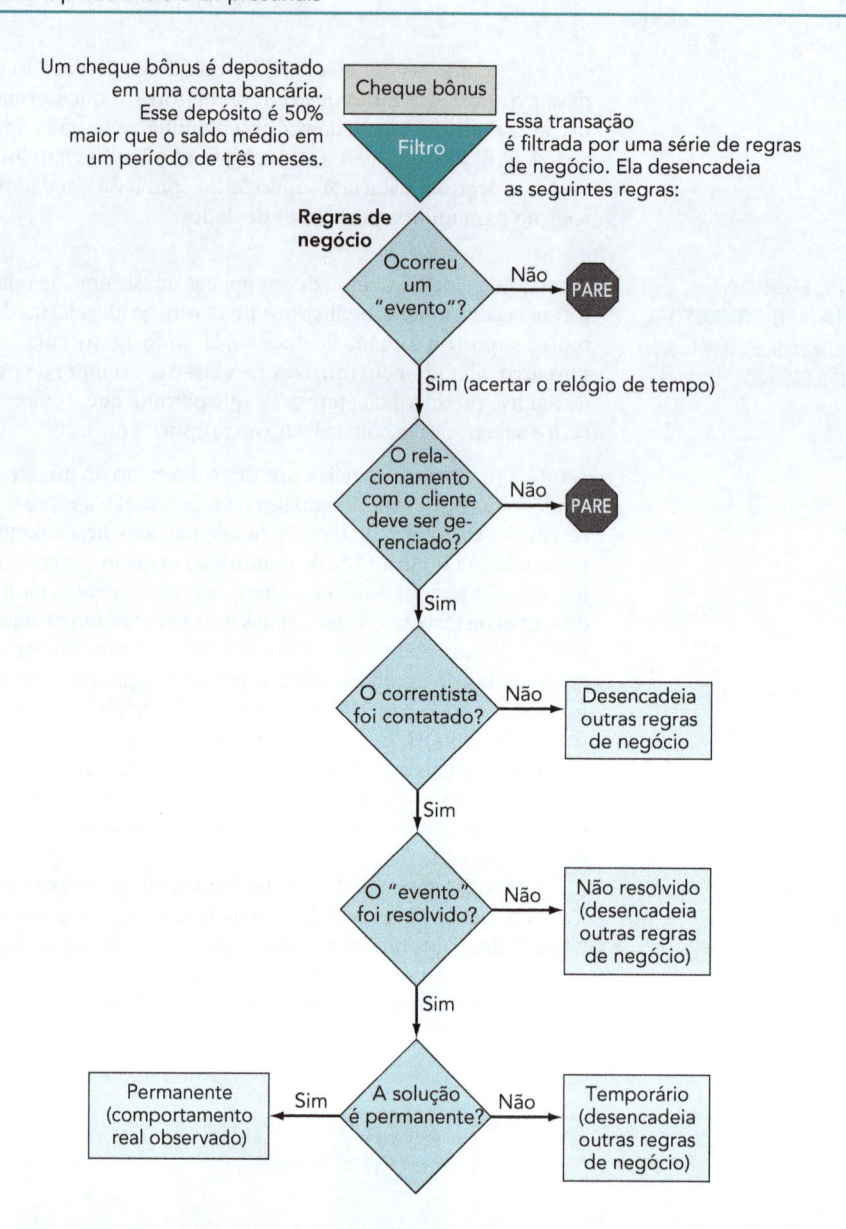

Figura 11.6 Alertas em tempo real desencadeados por eventos ocasionados por clientes.

[Fluxograma:

Um cheque bônus é depositado em uma conta bancária. Esse depósito é 50% maior que o saldo médio em um período de três meses.

Cheque bônus → Filtro

Essa transação é filtrada por uma série de regras de negócio. Ela desencadeia as seguintes regras:

Regras de negócio

- Ocorreu um "evento"? Não → PARE. Sim (acertar o relógio de tempo) ↓
- O relacionamento com o cliente deve ser gerenciado? Não → PARE. Sim ↓
- O correntista foi contatado? Não → Desencadeia outras regras de negócio. Sim ↓
- O "evento" foi resolvido? Não → Não resolvido (desencadeia outras regras de negócio). Sim ↓
- A solução é permanente? Sim → Permanente (comportamento real observado). Não → Temporário (desencadeia outras regras de negócio).]

des de venda com valor agregado ou venda cruzada por segmento de clientes. Embora uma formação avançada não seja necessária para identificar métricas, um especialista de alto nível é necessário para a segunda fase – definir prognósticos (variáveis) e modelos analíticos para predizer precisamente o desempenho futuro.

Alertas ocasionados por eventos. Como indica o nome, os **alertas ocasionados por eventos** são alertas em tempo real ou avisos que são transmitidos quando um evento predefinido ou estranho ocorre. A Figura 11.6 mostra o processamento quando um evento predefinido ocorre – nesse caso, um depósito muito alto. Já que os eventos precisam ser quantificados, um depósito estranhamente alto seria um 50% maior do que a média de movimentação de três meses. Note que o depósito é um evento que inicia a análise do evento. A análise é feita de acordo com regras predefinidas de negócio para determinar que tipo de ação aumentaria a rentabilidade.

É claro que alertas requerem monitoramento em tempo real para sabermos quando um evento de interesse aconteceu e regras de negócio para saber o que monitorar e fazer. Na Figura 11.6, as regras de negócio estão nos losangos. Nesse cenário, quando um depósito maior do que o dobro da média de depósitos dos últimos três meses é efetuado, ele desencadeia uma série de regras de negócio. O banco pode entrar em contato com o cliente e fazer ofertas de certificados de depósito por um ano, planos de investimentos, produtos de seguros

TI em ação 11.1

eHarmony usa análise preditiva para estabelecer a compatibilidade de usuários — SRV MKT

Fundado em 2000, a eHarmony foi o primeiro Web service de relacionamentos a utilizar uma abordagem científica para combinar solteiros compatíveis. A eHarmony se coloca no mercado baseada em sua capacidade de prever a compatibilidade entre duas pessoas. Em 2006, com 11 milhões de membros registrados, a eHarmony trouxe análises mais avançadas e algoritmos patenteados para melhorar sua capacidade de combinar casais.

A empresa comprou um software de análise preditiva da SPSS (spss.com) para construir modelos que avaliariam com maior precisão as variáveis de compatibilidade. Além disso, o software dá suporte à pesquisa científica, ao desenvolvimento de marca e à satisfação e retenção de clientes. Um objetivo de pesquisa é começar a acompanhar casais desde antes de se casarem para monitorar os relacionamentos que duraram e aqueles que não duraram – e para usar dados a fim de desenvolver modelos que prevejam resultados de sucesso. A eHarmony afirma que sua abordagem analítica é bem-sucedida, sendo responsável por mais de 90 casamentos por dia.

Fontes: Compilado de Hatch (2008), spss.com (2008) e aberdeen.com.

Questões para discussão: Explique o propósito e o valor da análise preditiva da eHarmony. Quais são as fontes dos dados usados para a construção do modelo? O algoritmo patenteado da eHarmony é uma vantagem competitiva? Explique sua resposta.

---

e assim por diante. Baseado nas respostas às regras de negócio, a continuação do processamento pode parar ou outras regras que levam a um alerta para tomar uma atitude podem ser desencadeadas.

Para uma administradora de cartão de crédito, o pagamento repentino de toda a fatura pode desencadear uma regra de negócio para alertar que o pagamento poderia ser um sinal de que o cliente está planejando cancelar o cartão. Pode haver uma intervenção, como a oferta especial de taxas mais baixas para reduzir o risco de perder o cliente.

Os alertas ocasionados por eventos também podem ser construídos dentro de um processo ou de uma aplicação. O processo de armazenar itens, por exemplo, poderia ser programado para prever o impacto de eventos como vendas, pedidos, negociações, envios e itens que estão fora de estoque no desempenho da empresa. Normalmente, os resultados seriam apresentados em um portal ou em um painel de controle baseado na Web. A Figura 11.7 exibe uma amostra do painel de controle de desempenho (*performance dashboard*), que inclui indicadores-chave de desempenho (*key performance indicators* – KPIs). Note que o painel de controle é configurado utilizando uma lista de controle de acesso, a fim de selecionar o período e o produto, e abas no topo do painel. Os painéis são discutidos a seguir neste capítulo. O software pode ser configurado para alertar os funcionários sobre eventos estranhos e para automaticamente desencadear ações corretivas definidas.

Os alertas ocasionados por eventos são uma alternativa aos sistemas de BI mais tradicionais (os quais não funcionam em tempo real), que extraem dados de aplicações, depois os carregam em bancos de dados ou em data warehouses e então analisam os dados armazenados. A demanda por informações em tempo real sempre existiu nos departamentos que lidam com clientes – como o marketing –, e os custos e a complexidade de carregar sistemas de BI tradicionais com dados muitas vezes por dia limitavam o acesso aos dados. A maior parte dessas limitações tecnológicas da BI foi resolvida.

A Figura 11.8 mostra como os componentes se agrupam em uma aplicação de BI. Considere uma cadeia de varejo nacional que venda tudo, desde torradeiras até móveis para o quintal e produtos de papelaria. As lojas dessa empresa armazenam dados sobre estoque, clientes, promoções anteriores e números de vendas em vários bancos de dados. Embora esses dados sejam espalhados por múltiplos sistemas – e possam não ter relação entre si – as ferramentas de extração, transformação e carregamento (*extraction, transformation, and load* – ETL) podem reunir os dados em um data warehouse. As ferramentas de **ETL** processam os dados. No data warehouse, as tabelas podem ser relacionadas, e os *cubos de dados* – outro termo usado para bancos de dados multidimensionais – são formados. Por exemplo, os dados de estoque estão ligados aos números de vendas e aos bancos de dados de clientes, permitindo uma análise extensiva das informações. Alguns data warehouses têm relações dinâmicas com os bancos de dados; outros são estáticos.

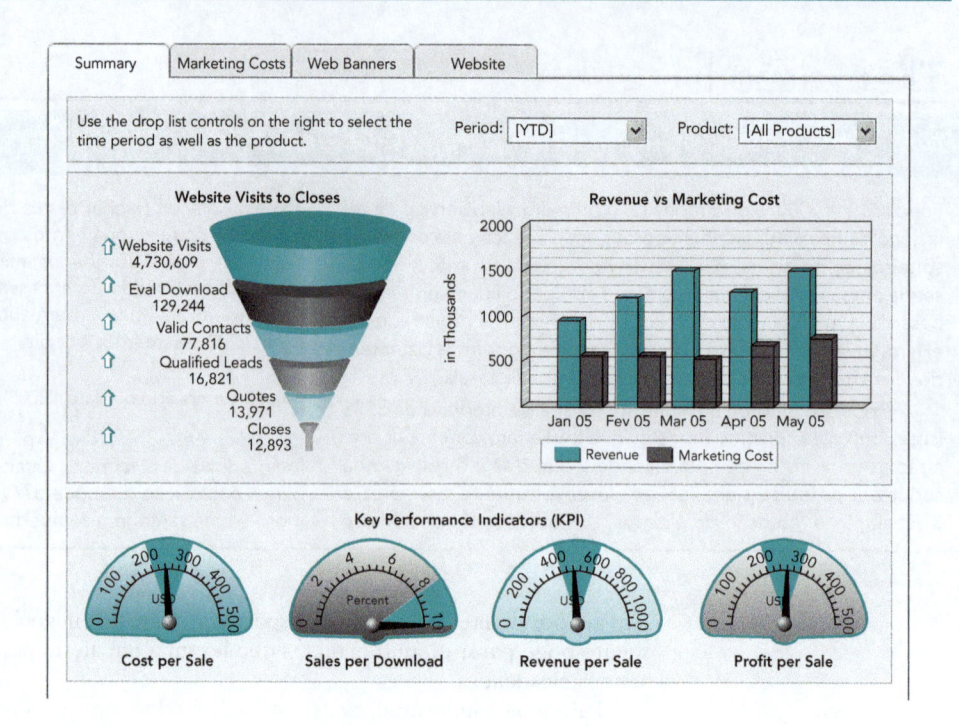

Figura 11.7 Exemplo de painel de controle (dashboard).

Do ponto de vista da TI, a BI é uma coleção de softwares e ferramentas, conforme acabamos de descrever. A seguir, discutimos as falhas de BI, a maioria vinda da perspectiva de negócios.

> **FALHAS DE BI QUE CONTRIBUEM PARA FRACASSOS DE BI**

A empresa de pesquisa Gartner afirma que a maioria dos fracassos em esforços de BI sofre com uma ou mais falhas, geralmente envolvendo pessoas e processos mais do que tecnologia.

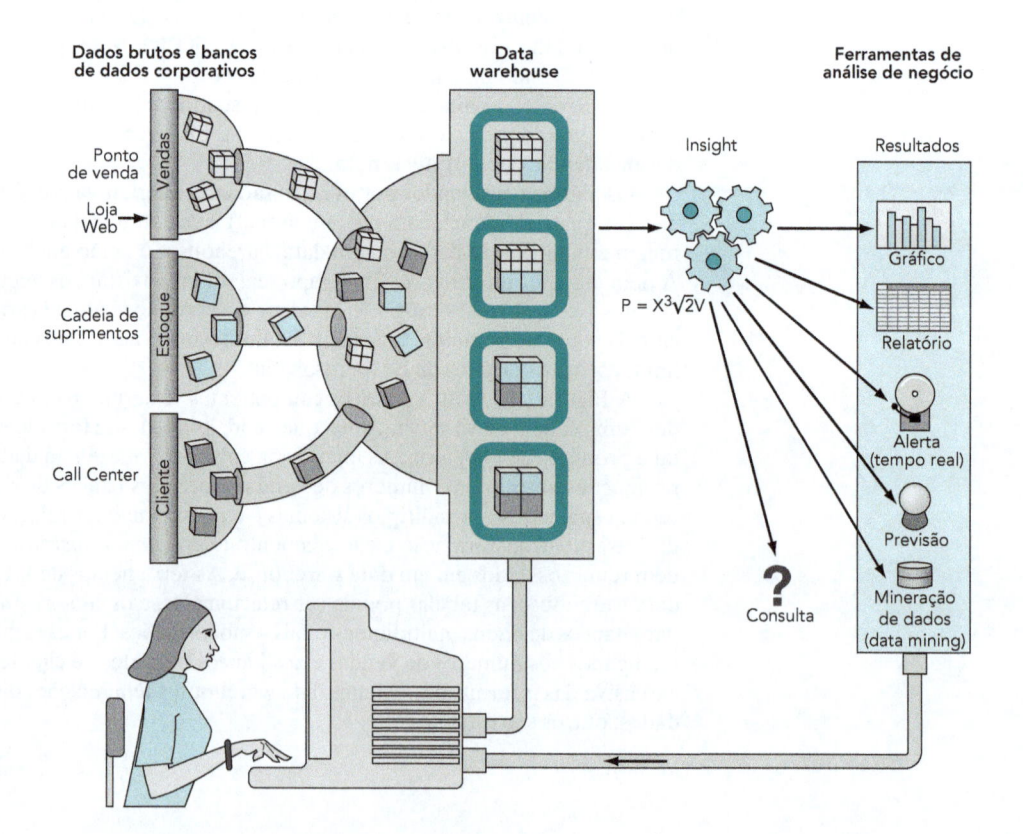

Figura 11.8 Como o sistema de BI funciona.

As sete falhas a seguir se aplicam não somente a BI, mas também a outras implementações de TI.

Falha nº1. Acreditar que "se você implementou, eles vão utilizar". Muitas vezes as implementações de TI, incluindo a BI, são tratadas como projetos técnicos. O perigo em uma abordagem como essa é que o valor da BI para o negócio não é óbvio, então todo o trabalho pesado não resulta em uma adoção massiva dos usuários do negócio. A Gartner recomenda que a equipe de projeto da BI inclua representação significativa do lado do negócio. Além disso, a TI e as habilidades de comunicação são requeridas para iniciativas bem-sucedidas de BI.

Falha nº2. Estar preso à "cultura do Excel". O Microsoft Excel é o software mais utilizado para análise de dados e relatórios. Os usuários extraem dados de sistemas internos, carregam esses dados em planilhas e fazem seus cálculos sem compartilhá-los com toda a empresa. O resultado desses múltiplos pontos de referência é uma confusão e falta de segurança, já que são armazenados pelos indivíduos apenas em seus PCs. Essa *cultura do Excel* irá interferir no sucesso da BI. Suporte executivo é necessário para motivar e levar usuários a acreditarem em uma abordagem transparente, baseada em fatos para administrar e ter a força para passar por barreiras políticas e mudar a cultura. A Tabela 11.2 lista outros fatores culturais organizacionais relevantes à BI.

Falha nº3. Ignorar a qualidade de dados e questões de relevância. As pessoas não usariam aplicativos de BI com dados irrelevantes, incompletos ou questionáveis. Para evitar isso, as empresas deveriam estabelecer um processo ou organizar controles automatizados para identificar pontos de qualidade de dados de entrada e bloquear essa entrada de dados de baixa qualidade no data warehouse ou na plataforma de BI. Não importa o quão espetacular a interface de painel de controle seja; o que importa é que esteja sendo alimentada com dados confiáveis.

Falha nº4. Tratar a BI como um sistema estático. Muitas organizações tratam a BI como uma série de projetos departamentais, focados em entregar um conjunto fixo de requisitos. Entretanto, a BI é um alvo em movimento. Durante o primeiro ano de qualquer implementação de BI, conforme as pessoas vão usando o sistema, pensam em mudanças para atingir melhor suas necessidades ou para melhorar os processos de negócio subjacentes. Essas mudanças podem afetar de 35% até 50% das funções de uma aplicação. As organizações deveriam esperar e estimular mudanças no portfólio da BI.

Falha nº5. Pressionar desenvolvedores de BI a comprar ou construir painéis de controle rapidamente, com um orçamento pequeno. Gerentes não querem financiar ferramentas caras de BI que acreditam ser arriscadas. Muitos dos painéis de controle entregues possuem valor muito pequeno, porque são específicos para aquele silo e não são considerados conectados com os objetivos corporativos. A Gartner recomenda que os departamentos de TI façam relatórios mais descritivos possíveis.

Falha nº6. Tentar criar uma "versão única da verdade" quando ela não existe. Essa falha parece contraditória, porque uma *versão única da verdade* é um dos benefícios mencionados com

---

TABELA 11.2 Fatores organizacionais culturais que contribuem para o sucesso da BI

Estes elementos de cultura organizacional causam impacto no nível de sucesso da BI:
- A organização está confortável com a análise baseada em fatos.
- Existem métricas operacionais de transparência.
- Análises e fatos fluem livremente pela empresa.
- A organização não é limitada por estruturas hierárquicas tradicionais.
- A tomada de decisão baseada em fatos é um processo integrado que maximiza o retorno sobre os investimentos.
- Profissionais que usam dados quantitativos são considerados por seus líderes e parceiros fontes de novos insights.

TABELA 11.3	Definindo indicadores-chave de desempenho (KPIs)

Para fazer um relatório sobre os indicadores-chave de desempenho, eles devem ser identificados e aceitos. Por exemplo, gerentes normalmente precisam de respostas às seguintes questões. No entanto, as respostas a essas questões dependem de como as métricas são medidas e definidas.

1. Quais de nossos clientes são mais lucrativos e quais são menos lucrativos?
2. Quais produtos ou serviços podem ser vendidos de forma cruzada para quais clientes mais lucrativos?
3. Quais canais de vendas e distribuição são os mais efetivos e os menos efetivos para quais produtos?
4. Quais são os índices de resposta e as contribuições para os lucros trazidos pelas campanhas atuais de marketing?
5. Como melhoramos a fidelidade do cliente?
6. Qual é o custo total de manter um cliente satisfeito?

Algumas concordâncias sobre como definir e medir a lucratividade do cliente, os custos em manter um cliente e assim por diante são necessárias para definir as métricas ou referências.

mais frequência. O conceito de "versão única" é uma falha para as organizações que não concordaram com definições sobre coisas fundamentais, como gastos e rendimentos. Chegar a uma versão da verdade requer concordância entre departamentos sobre como as entidades de negócio – clientes, produtos, indicadores de desempenho, métricas, entre outros – são definidas. Muitas organizações acabam criando implementações de BI em silos que perpetuam definições diferentes de seus sistemas atuais. Veja a Tabela 11.3 para desafios em definir *uma única verdade*.

Falha nº7. Falta de estratégia de BI. A maior falha é a falta de documentação de estratégia de BI ou o uso de uma estratégia que seja mal desenvolvida ou implementada. A Gartner recomenda a criação de uma equipe encarregada de escrever ou de revisar um documento de estratégia de BI, com membros de TI, outras funções e/ou equipe de projeto de BI (Ver Falha nº1).

Fornecedores de BI. Até 2007, o mercado de BI foi dominado pela Cognos e pela Business Objects. Em 2008, três aquisições multibilionárias ajudaram a consolidar fornecedores de BI no mercado e intensificaram a competição entre megafornecedores. A SAP comprou a Business Objects por 7 bilhões de dólares, a IBM comprou a Cognos por 4,9 bilhões e a Oracle comprou a Hyperion por 3,3 bilhões. Essas aquisições chamaram a atenção para duas tendências importantes nos negócios modernos: (1) a BI se tornou um dos segmentos mais procurados no mercado de software, e (2) as principais corporações de software estão integrando as capacidades de BI em seu mix de produtos.

Embora eles não sejam apenas fornecedores de BI, em 2010, a IBM, a Microsoft, a Oracle Corp. e a SAP AG dominavam dois terços do mercado de BI de 6 bilhões de dólares. Elas capturaram uma fatia enorme do mercado porque otimizaram suas plataformas de BI para que funcionassem melhor com as aplicações de gestão de informação e gestão empresarial. Essa abordagem integrada, aliada ao fato de que muitas empresas já tinham o SIGE (ERP) e aplicativos de gestão de informação desses fornecedores instalados, motiva os clientes a padronizarem uma de suas plataformas de BI.

No entanto, de acordo com a Gartner, esses quatro fornecedores inovaram lentamente e estão enfrentando competição maior de empresas mais novas, como a Tableau Software Inc. e a QlikTech International AB, e de fornecedores de BI, como a Information Builders e a Microstrategy. Competem com as Big4* os fornecedores que disponibilizam apenas BI e os fornecedores em geral, oferecendo um mix melhor de produtos e recursos (Torode, 2010). Eles oferecem novas interfaces com ferramentas interativas de visualização, modelagem de cenários e mashups de dados, que estão mudando a forma de coletar informações e de analisá-las. O que ajuda esses fornecedores a aumentarem suas fatias de mercado é o fato de que as empresas normalmente introduzem mais de uma plataforma de BI para atender às suas diferentes necessidades de negócio.

---

* N. de R. T.: As quatro maiores empresas de software mundiais: IBM, Microsoft, Oracle e SAP.

Questões para revisão

1. Explique como reconhecer a necessidade de BI.
2. Descreva os componentes da BI.
3. Explique o que causa pontos cegos.
4. O que significa visão confiável dos dados? Por que os dados não seriam confiáveis?
5. Diferencie BI tradicional e BI operacional.
6. Explique a análise preditiva. Liste três pressões de negócio que levam à adoção da análise preditiva.
7. Explique como o sistema de alerta ocasionado por evento funciona.
8. Explique quatro falhas de BI que contribuem para o fracasso da BI.
9. Por que a cultura organizacional é importante para o sucesso da BI?

11.2 Arquitetura, analítica, relatório e visualização de dados de BI

A definição que o Data Warehousing Institute (TDWI) dá sobre BI é *obter um insight a partir de dados com o objetivo de iniciar uma ação*. A capacidade de iniciar uma ação está intimamente relacionada aos tópicos presentes nesta seção: análise, relatório, alerta, painéis de controle, scorecards e outras ferramentas de visualização. A visualização de dados é muitas vezes fundamental para transmitir o status e outras informações rapidamente, de modo que usuários saibam que ação tomar. A UPS, por exemplo, usa a visualização e a análise de dados como parte de seu processo de planejamento estratégico e tático. Em um setor em que o tempo de entrega é essencial, a UPS usa ferramentas de BI que tornam possível tomar decisões *a tempo* e se ajustar rapidamente às operações conforme novas informações são recebidas.

Todos os tipos de organizações estão usando análise, relatório e visualização de BI. Não é surpresa que lojas, fabricantes e empresas financeiras e de serviços líderes, como a Sears, a Walmart, a Whirlpool, a Ford Motors, a Dow Chemical, a UPS e o Citi dependam dessas ferramentas. As ferramentas de BI também são utilizadas em situações bem menos conhecidas, como o transporte de soldados feridos para instalações de tratamento ao redor do mundo, conforme discutido em *TI em ação 11.2*, e pesquisas em terapia contra o HIV, discutidas no Caso de empresa sem fins lucrativos sobre a EuResist, ao final deste capítulo.

OLHANDO DE PERTO A ARQUITETURA DE BI

A arquitetura de TI necessária para a BI depende do número e dos tipos de fontes de dados ou do SI, do volume de dados, de quantos dados e de quanta transformação precisa ser feita e da linha de tempo de relatórios necessária. Por exemplo, relatórios quase em tempo real que devem capturar dados POS (PDVs) e integrar dados de diversos data marts, como na Jamba Juice, precisarão de uma arquitetura complexa.

Esta seção trata sobre arquitetura de BI de forma mais detalhada. Descreve extração e integração de dados, relatórios e interface de usuário, questionários, mineração de dados e ferramentas de análise e, por fim, gestão do desempenho do negócios (*business performance management* – BPM). A Tabela 11.4 lista os elementos de um planejamento de projeto estratégico de BI.

Extração e integração de dados. Para começar, as ferramentas extraem dados interessantes de diversas fontes de dados, como SIGE (ERP), CRM, SCM, sistemas legados, data marts ou warehouses, ou da Web. Os dados extraídos, especialmente quando retirados de múltiplas fontes, não estão em um formato que possa ser utilizado. Outro problema é que cada sistema utiliza nomes diferentes nos campos: por exemplo, NÚMERO_CLIENTE *versus* NÚM_CLI. As ferramentas de extração de dados precisam mapear os nomes dos campos dos mesmos tipos de dados e então formatar os próprios dados em uma forma padrão. É impossível integrar dados até que o processo de transformação de dados esteja concluído. O terceiro processo é carregar os dados padronizados em um data warehouse, ou em outra forma de armazenamento, onde podem ser analisados ou usados como fonte de dados para relatórios.

Em resumo, os três processos de integração de dados, **extração, transformação e carregamento** (*extraction, transformantion, and load* – **ETL**), movem os dados a partir de múltiplas fontes, reformatam esses dados e os armazenam em um banco de dados. Os dados padronizados podem ser analisados, carregados em outro sistema operacional, utilizados para relatar ou em outros processos de negócio. O repositório central de dados, a segurança de dados e as ferramentas administrativas formam a **infraestrutura de informação**.

TI em ação 11.2

BI salva vidas de soldados feridos

Quando soldados são feridos na batalha, o exército precisa ser capaz de diagnosticar rapidamente suas condições e de fornecer transporte médico eficiente, o que requer informação em tempo real, identificação precisa e visualizações que sejam fáceis de usar e entender. O United States Transportation Command (U.S. TRANSCOM), parte do Departmento de Defesa, usa o software de BI Information Builders' WebFocus para otimizar os planos de deslocamento de pacientes com base em fatores essenciais como necessidades médicas urgentes e instalações disponíveis – e para medir os custos corporativos e de desempenho. Esses aplicativos fazem parte do TRAC2ES, um sistema de relatório e análise completo de BI que ajuda pessoas doentes ou feridas a atingir seu destino por meio de um método de transporte mais conveniente. O TRAC2ES (TRANSCOM Regulating and Command and Control Evacuation System) dá suporte ao deslocamento de pacientes desde o campo de batalha até a instalação de tratamento e, quando necessário, para reabilitação em hospitais, como o Walter Reed Hospital em Washington, D.C.

TRAC2ES: Inteligência para coordenar o cuidado com o paciente. O TRAC2ES acompanha e coordena as informações sobre o paciente por meio da rede mundial de instalações de saúde do exército dos Estados Unidos. A Figura 11.9 apresenta um panorama do TRAC2ES. O suporte à decisão do TRAC2ES deu suporte às operações das tropas durante as operações Enduring Freedom e Iraqi Freedom, fornecendo 100% de visibilidade dos pacientes em deslocamento para mais de 73.000 pacientes.

Antes do TRAC2ES, o transporte de soldados doentes e feridos quase sempre os levava para lugares errados ou atrasava. Erros durante a operação Desert Storm mostraram a necessidade da melhoria de coordenação de cuidados médicos para soldados feridos. Em alguns casos, os soldados eram levados a hospitais errados ou a instalações que não tinham o atendimento necessário. A necessidade de processos de movimentação de pacientes mais eficientes levou à implementação do TRAC2ES.

Relatórios distribuídos ao presidente e ao Congresso dos Estados Unidos. Os relatórios da TRANSCOM, criados pelos comandantes, foram enviados para o presidente e para o Congresso; eles incluíam dados sobre o número de pacientes e deslocamentos, o número de missões e os custos relacionados. Usuários autorizados podem gerar relatórios detalhados para monitorar o status de pacientes desde o começo do transporte até o resultado do tratamento.

Métricas de desempenho. O TRAC2ES também fornece métricas fundamentais para a segurança do paciente. Por exemplo, ele garante que uma pessoa ferida não será afetada por um voo longo. Quando um reservista de 21 anos ficou ferido por causa de uma explosão em um carro bombardeado no campo de batalha no Iraque, o sistema ajudou a garantir que ele fosse rapidamente evacuado. Usando o TRAC2ES, a equipe transmite informações vitais do paciente do 31st Combat Support Hospital em Bagdá para cirurgiões no Landstuhl Regional Medical Center na Alemanha, e então para o USAISR Burn Center em San Antonio, no Texas. A comunicação bem orquestrada e a evacuação permitem que o paciente receba cuidados fundamentais em cada uma das etapas do processo. As capacidades da BI integram dados, fornecendo aos tomadores de decisão uma visão clara de todos os caminhos que levam a resolver os desafios de alocação de recursos.

Fontes: Compilado de cs.amedd.army.mil/, trac2es.transcom.mil/ e Information Builders (2009).

Questões para discussão: Explique a inteligência fornecida pelo TRAC2ES. Explique o processo de alocação de recursos – tendo em vista que muitos dos recursos não se movem, mas que as tropas vão até os recursos. Descreva as métricas de desempenho. Quais ineficiências o TRAC2ES precisa minimizar ou eliminar? Em sua opinião, qual é a importância das ferramentas de visualização de dados nesse caso? Explique sua resposta.

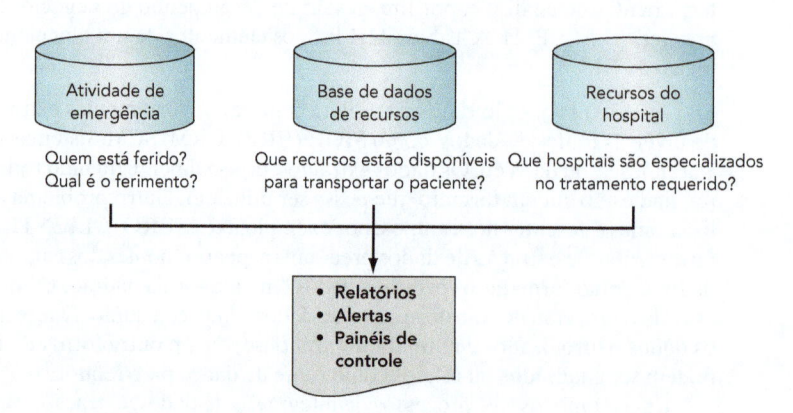

Figura 11.9 Visão geral da arquitetura de BI do TRAC2ES para calcular o melhor método de transporte aos centros médicos mais apropriados para tratamento.

TABELA 11.4 — Elementos de um plano de BI

Planejar a implementação de BI é um projeto complexo e inclui passos de gestão de projeto. Aqui apresentamos um panorama dos passos de planejamento de um projeto de BI. Os conceitos mencionados, como, por exemplo, *fazer um caso de negócio para BI*, são descritos no capítulo. Seria interessante ter em mente as sete falhas mencionadas na Seção 11.1 enquanto você lê os passos.

1. Definir o escopo da implementação da BI. Especificar o que está incluído no escopo e o que não está. As questões chave são:
   a. A BI se resume a relatórios, análises e painéis de controle?
   b. Ou a BI também requer ETL, data warehousing, portais na Web, redes de banda larga sem fio e outra TI avançada?

   Os projetos de BI variam de relativamente simples, se apenas a resposta de (a) for *sim*, para projetos enormes, se as respostas de (a) e (b) forem *sim*.

2. Obter comprometimento do gerente sênior e um exemplo campeão. Nenhum projeto de TI pode ser bem-sucedido sem suporte financeiro da alta administração. Obter compromisso e um exemplo campeão pode requerer fazer um caso de negócio para BI ou mostrar o retorno sobre o investimento alcançado por outras empresas.

3. Organizar uma equipe de projeto de BI.

4. Documentar o status atual e os problemas encontrados com relatórios, análise, qualidade de dados e outras questões relacionadas a dados.

5. Definir os requerimentos de BI, incluindo quem será afetado e quem receberá suporte, tolerância de latência de dados, até que ponto a BI será tradicional ou operacional, relatório e entrega (desktop, móvel, portal, extranet) e necessidades de treinamento.

6. Criar uma lista de fornecedores e consultores que possam alcançar os requerimentos de BI. Reveja os demos e os casos de estudo, e use versões de avaliação e downloads.

7. Selecione fornecedores de BI e de data warehousing, consultores e sistemas integradores, conforme o necessário.

Fontes: Adaptado de Evelson (2010) e Teradata.com.

Relatório. Os sistemas de relatório empresariais oferecem relatórios padronizados, *ad hoc* ou customizados, povoados por dados vindos de fontes confiáveis. Quase todas as empresas que implementam BI têm instalado o autosserviço de entrega e relatório de dados. Os usuários acessam a informação e os relatórios de que precisam diretamente. A abordagem de autoatendimento reduz custos, melhora o controle e reduz a **latência dos dados**. Tecnicamente, a velocidade com a qual os dados são capturados é chamada de latência de dados.

Relatórios de rotina são gerados de forma automática e distribuídos periodicamente para assinantes internos e externos de listas de e-mail ou de distribuição. Exemplos disso são as vendas semanais, o que as unidades produziram a cada dia e a cada semana e horas de trabalho mensais – e transporte de soldados feridos, conforme descrevemos em *TI em ação 11.2*.

Este é um exemplo de relatório de BI: Um gerente de loja recebe relatórios de desempenho gerados semanalmente pelo software de BI. Depois de revisar o relatório semanal com as vendas das lojas, o gerente percebe que as vendas de periféricos para computadores caíram significativamente em comparação com as vendas das semanas anteriores. O gerente clica no relatório e imediatamente analisa em detalhes outro relatório empresarial, que mostra que os três HDs mais vendidos estão sendo pouco vendidos. Agora o gerente precisa entender o porquê. Observar com mais cuidado cada dia pode revelar que o mau tempo em dois dias causou a queda de vendas da semana.

Interface com o usuário: painéis de controle e indicadores de desempenho. Os painéis de controle (dashboards) e os indicadores de desempenho (scorecards) são interfaces interativas com o usuário e ferramentas de relatório. Os painéis de controle, como o painel de um carro, organizam e apresentam dados de uma maneira fácil de entender. Os usuários de negócio gostam dessas ferramentas para monitorar e analisar informações relevantes e métricas. As informações são apresentadas em gráficos, quadros e tabelas que mostram o desempenho real *versus* as métricas desejadas para exames rápidos da saúde da organização. A Tabela 11.5 lista as capacidades dos painéis de controle.

TABELA 11.5	Capacidades de painéis de controle digitais
Capacidade	**Descrição**
Drill-down (níveis de detalhe)	Capacidade de ver detalhes em diversos níveis; pode ser feito por meio de uma série de menus ou questionários.
Fatores críticos de sucesso (FCSs)	Os fatores mais importantes para o sucesso do negócio. Esses fatores podem ser organizacionais, do setor, departamentais, etc.
Indicadores-chave de desempenho (KPIs)	As medidas específicas de FCSs.
Status de acesso	Os últimos dados disponíveis sobre indicadores-chave de desempenho ou outro tipo de métrica, preferencialmente em tempo real.
Análise de tendência	Métricas ou indicadores de desempenho de curto, médio e longo prazo, que são projetadas usando métodos de previsão.
Análise *ad hoc*	Análises feitas a qualquer momento, sob demanda e com qualquer fator e relacionamento desejados.
Relatório de exceção	Relatórios que apontam desvios maiores do que determinados limiares. Os relatórios podem incluir apenas os desvios.

Os painéis de controle mais avançados apresentam indicadores-chave de desempenho, tendências e exceções usando animações em Flash. Com o Microstrategy Dynamic Enterprise Dashboards (microstrategy.com/dashboards/), os criadores de painéis de controle podem integrar dados de diversas fontes para fornecer feedback sobre o desempenho em múltiplas dimensões e otimizar a tomada de decisão em um modo interativo de Flash. A Figura 11.10 é um exemplo de uma visão multidimensional de dados sobre rendimentos com vendas.

Os painéis de controle são projetados para dar suporte a uma função específica. Os painéis de controle de marketing, por exemplo, relatam as métricas tradicionais – custos de aquisição de clientes, índices de retenção de clientes, volume de vendas, margens dos canais e retorno sobre o investimento de campanhas de marketing. Os painéis de controle de contabilidade mostram o fluxo de caixa, as contas a pagar e a receber e métricas de rentabilidade.

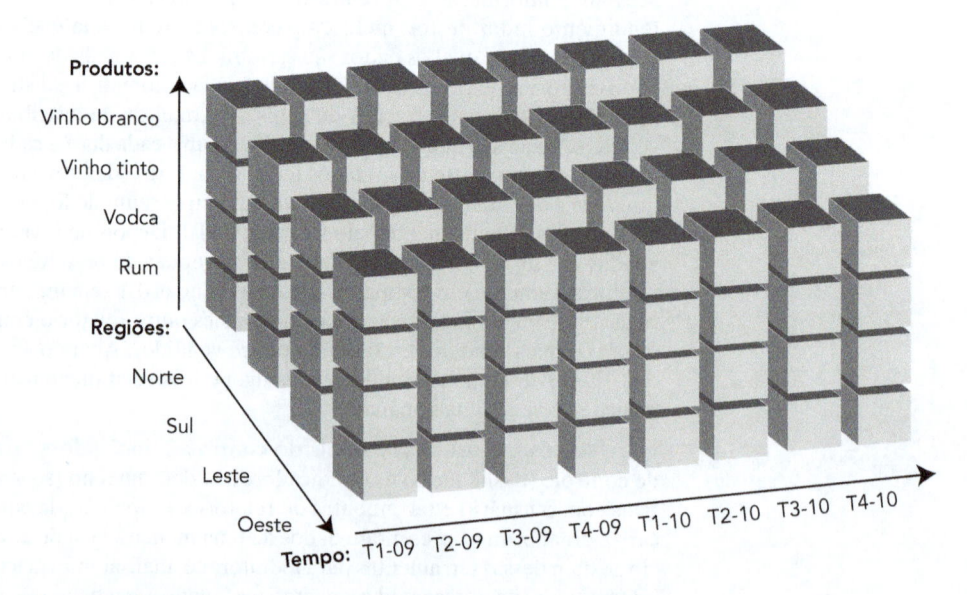

Figura 11.10 Visão multidimensional (3D) dos dados sobre rendimentos com vendas.*

* N. de R. T.: T1-09 significa o primeiro trimestre de 2009 e assim por diante.

Os painéis de controle também fazem parte de iniciativas verdes de TI. Devido a demandas vindas de clientes, funcionários, acionistas e políticos para práticas de negócio ecologicamente amigáveis, as empresas usam painéis de controle em vez de papel.

A **metodologia de um indicador de desempenho balanceado** (balanced scorecard) é uma estrutura para definir, implementar e gerenciar a estratégia de negócios de uma empresa vinculando os objetivos a medidas eficazes. Em outras palavras, é uma maneira de vincular métricas de alto nível, como as informações financeiras criadas pelo diretor financeiro (*chief financial officer* – CFO), com o desempenho real.

| MINERAÇÃO DE DADOS (DATA MINING), QUERY E ANÁLISE |

A mineração de dados, queries *ad hoc* ou planejados e a análise de ferramentas ajuda as pessoas a "entenderem os números". Essas ferramentas convertem dados em informação e conhecimento. A tendência de autossuficiência se aplica também a essas ferramentas. A BI prepara e fornece os dados para relatório em tempo real, suporte à decisão e análise detalhada por usuários finais. Os usuários são capazes de explorar os dados a fim de aprender com eles.

Para evitar confusão, esta é a diferença básica entre análise e analítica: *análise* é o termo mais geral usado para referir um processo; *analítica* é o método pelo qual se usa dados para aprender alguma coisa. A analítica sempre envolve dados históricos e atuais.

Exemplo de query. Um exemplo de query multidimensional de negócio é: *Para cada quatro regiões de vendas, qual é a mudança de porcentagem de vendas para os quatro produtos por trimestre comparados com os mesmos trimestres dos três anos anteriores?*

Uma query de negócio identifica os dados – *receita de vendas* – que o usuário quer examinar. Os dados podem ser vistos em três dimensões: *regiões de vendas*, *produtos* e *tempo* em trimestres. Os resultados desta query seriam modelados em um cubo multidimensional, conforme o mostrado na Figura 11.10.

Qualquer query que não é predefinida é *ad hoc*. As queries *ad hoc* permitem que usuários solicitem informações que não estão disponíveis em relatórios periódicos, gerem novas queries ou modifiquem as antigas com flexibilidade significativa sobre conteúdo, layout e cálculos. Essas respostas aceleram a tomada de decisão. Sistemas de queries *ad hoc* simples são muitas vezes baseados em menus de autoatendimento.

| GESTÃO DO DESEMPENHO DO NEGÓCIO |

A **gestão do desempenho do negócio (*business performance management* – BPM)** requer que gerentes tenham métodos para determinar de maneira fácil e rápida como a empresa está atingindo seus objetivos e metas, e se a organização está ou não alinhada com a direção estratégica. A BPM depende dos relatórios de análise da BI, dos questionários, dos painéis de controle e dos indicadores de desempenho. A relação entre a BPM e outros componentes é mostrada na Figura 11.11.

O objetivo da BPM é estratégico – otimizar o desempenho geral de uma empresa. Relacionando o desempenho aos objetivos corporativos, os tomadores de decisão podem utilizar dados gerados no dia a dia em sua organização para monitorar os índices de desempenho e tomar decisões que façam a diferença.

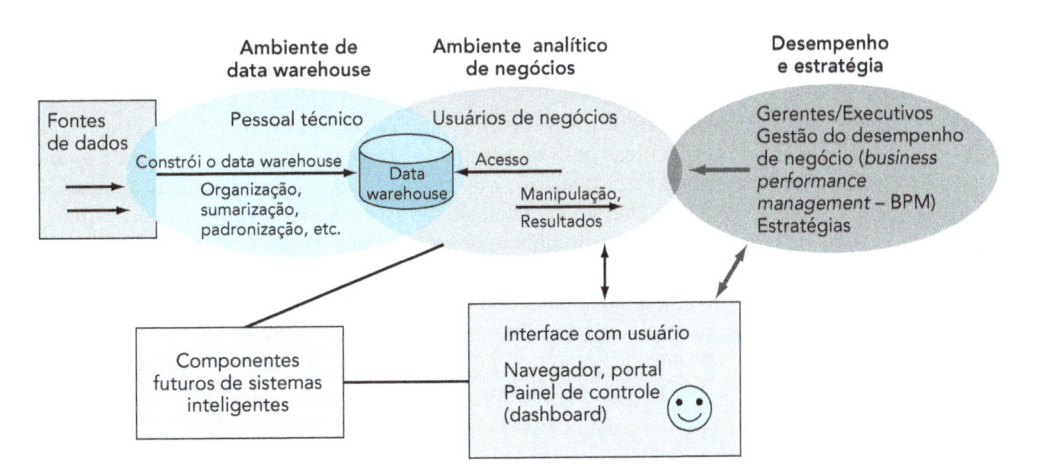

Figura 11.11 BPM para monitorar e avaliar o desempenho.

TI em ação 11.3

Cadeia fashion do Reino Unido usa BI e SSD para fazer previsão e reabastecer de forma inteligente

A cadeia fashion Bank, com sede no Reino Unido, dobrou o número de suas sucursais e acredita que esse crescimento ocorreu devido à melhor disponibilidade de estoque, rápido reabastecimento, previsão mais acurada, merchandising e custos de compra mínimos e uso de ferramentas de BI e SSD sofisticados.

A eficiência do sistema de varejo melhorou a venda em 5% e aumentou a eficiência dos funcionários. Apenas sete merchandising e funcionários de compras foram necessários para lidar com o volume extra de trabalho. Além disso, a equipe do depósito foi reduzida em 15% apesar de terem sido instaladas mais 15 lojas.

Sistema inteligente de pedido de produtos. Uma razão fundamental citada pela Bank para sua expansão é a **visibilidade em tempo real** – a capacidade de ter de forma consistente os tamanhos certos dos clientes em estoque. Os compradores da Bank usaram ferramentas de BI para analisar quais tendências estão decolando e tirar vantagem total desse conhecimento para ter certeza de que existem produtos em estoque.

O sistema prevê padrões de compras futuras com base em dados históricos. Os compradores utilizam a análise *what-if* para compreender os efeitos dos diferentes padrões de compra. Por exemplo, quando a Bank analisou os perfis de seus clientes, descobriu que estava comprando muitos tamanhos grandes. O varejista alterou a proporção dos tamanhos para proporções mais apropriadas e essa estimativa aumentou a venda em 5%.

Compradores e gestores veem rapidamente os níveis atuais de estoque, o desempenho do produto e a lucratividade em tempo real nos painéis e, igualmente importante, o que os clientes não estão comprando. Comparando as vendas com os anos anteriores, os compradores podem estabelecer quando os padrões de vendas são diferentes a fim de determinar a elasticidade de preço do produto, de modo que os itens estocados possam receber valores corretamente e que promoções de meia estação possam ser mudadas do dia para a noite quando necessário.

Reabastecimento inteligente. Os níveis mínimos de estoque são predefinidos para cada cada loja. Quando um novo estoque chega ao depósito, é armazenado rapidamente e despachado em uma operação sutil. Esse método de alocação/reabastecimento é extremamente eficiente.

Outros benefícios. A gestão usa a ferramenta analítica e de gestão de desempenho Futura (futurauk.com/) para modelar vendas, custos, dinheiro e estoques futuros, que são definidos no orçamento de nível superior.

Fontes: Compilado de Futurauk.com, Goulden (2006) e Perry (2007).

Questões para discussão: Qual é o impacto da visibilidade em tempo real no desempenho dos gerentes da Bank? Quais eficiências a BI e o SSD ofereceram à Bank? Como essas eficiências criam uma vantagem competitiva? Por que a Bank foi capaz de aumentar seu número de lojas e de reduzir o número de funcionários?

RECOMPENSAS E APLICAÇÕES DA BI

A BI pagou grandes dividendos para empresas que estavam em ambientes de mercado competitivos, como ilustrado em *TI em ação 11.3*.

A BI está próxima do topo nos planos de compras de muitas empresas de TI apresentados em 2010 e 2011. Uma razão para esse interesse é que as empresas não podem permitir erros ou desperdício. Quando a inflação e os preços da energia estão interferindo nas margens de lucro e na renda disponível do cliente, os gerentes precisam tomar decisões mais informadas e inteligentes. A Exxon/Mobil e a Cigna Insurance creditam sua lucratividade e seu crescimento explosivo à BI. Usando indicadores de desempenho balanceados (balanced scorecards), eles avaliam com precisão as oportunidades de mercado e posicionam suas empresas para se tornarem líderes financeiras e de desempenho em seus nichos de mercado. Exemplos de outras aplicações comuns de BI estão listados na Tabela 11.6.

SETOR ESPECÍFICO DE BI

Como a BI precisa variar entre os setores de negócio, muitas ferramentas de BI são altamente específicas para determinados setores. Usando software de analítica de negócios, o usuário pode fazer queries, pedir relatórios *ad hoc* ou conduzir análises. Por exemplo, todos os bancos de dados estão relacionados, então você pode procurar quais produtos estão em excesso no estoque em uma determinada loja. É possível, portanto, determinar, com base em vendas anteriores, quais desses produtos são mais comumente vendidos com itens populares. Depois de planejar uma promoção para mover o excesso de estoque entre produtos populares (por exemplo, agrupando-os), você pode fazer buscas mais profundas dos dados para ver onde essa promoção seria mais popular e rentável. Os resultados de suas solicitações podem ser relatórios, predições, alertas e/ou apresentações em gráfico.

TABELA 11.6	Valor de negócio das aplicações analíticas de BI	
Aplicação analítica	Pergunta do negócio	Valor de negócio
Segmentação de clientes	Em que segmentos de mercado meus clientes entram e quais são suas características?	Personaliza relacionamentos com clientes para maior satisfação e retenção de clientes.
Propensão a comprar	Quais clientes têm maior probabilidade de responder à minha promoção?	Seleciona clientes com base nas suas necessidades para aumentar a lealdade à sua linha de produto. Além disso, aumenta a lucratividade da campanha focalizando aqueles com mais probabilidades de comprar.
Lucratividade do cliente	Qual é a lucratividade de longo prazo dos meus clientes?	Toma decisões de interação de negócios com base na lucratividade total dos clientes ou de segmentos de clientes.
Detecção de fraudes	Como posso detectar quais transações têm maior probabilidade de serem fraudulentas?	Detecta rapidamente fraudes e toma ação imediata para minimizar o custo.
Atritos com clientes	Quais clientes têm maiores probabilidades de deixá-lo?	Evita a perda de clientes de alto valor e não se preocupa com os clientes de valor mais baixo.
Otimização de canal	Qual é o melhor canal para alcançar meus clientes em cada segmento?	Interaje com os clientes com base nas suas preferências e na necessidade de gerenciar custos.

Fonte: Ziama e Kasher (2004). Cortesia da Teradata, divisão da NCR Corp.

Questões para revisão

1. Defina *extração de dados* e *integração de dados* e explique por que são necessárias.
2. O que é latência de dados? Como dar aos usuários a capacidade de criar seus próprios relatórios pode reduzir a latência de dados? Qual é a idade que dados recentes devem ter?
3. Explique as capacidades dos painéis e dos scorecards. Por que eles são importantes para ferramentas de BI?
4. Qual é o benefício que os usuários finais têm com a capacidade de fazer queries *ad hoc*?
5. O que é visão multidimensional de dados? Esquematize essa visão em 3D e categorize as múltiplas dimensões para uma empresa prestadora de serviços.
6. Defina *gestão do desempenho do negócio* (*business performance management* – BPM). Qual é o objetivo da BPM?

11.3 Mineração de dados, de texto e Web

Os dados não são o único tipo de conteúdo que pode ser minerado para obtenção de insights, embora seja com certeza o mais fácil de manipular. A informação textual, ou *texto*, de documentos, comunicações eletrônicas e atividades de comércio eletrônico podem ser minerados. O conteúdo que é minerado inclui dados não estruturados de documentos, textos não estruturados de e-mail e de blogs. As organizações reconhecem que a principal fonte de vantagem competitiva é o conhecimento não estruturado. O texto precisa ser codificado, normalmente com XML (eXtensible Markup Language – XML), e extraído de forma que ferramentas de mineração de dado preditivas possam ser usadas para gerar um valor real. Tendo em vista que talvez 80% de todas as informações coletadas/armazenadas estejam em texto (ao menos informações *não numéricas*), o formato, a mineração de texto e a mineração Web são as principais áreas de crescimento. A **mineração Web (Web mining)**, ou *mineração de conteúdo na Web*, é utilizada para entender o comportamento do cliente, avaliar a efetividade de sites e quantificar o sucesso de uma campanha de marketing. A mineração de texto não é a mesma coisa que um sistema de pesquisa e busca. Em uma pesquisa, você está tentando encontrar o que os outros já prepararam. Com a mineração de texto, você está tentando descobrir novos padrões que podem não ser óbvios ou conhecidos.

Documentos que contêm dados não estruturados podem contribuir para a tomada de decisão da BI, mas não podem ser usados diretamente em relatórios direcionados por dados e análises, a não ser que os fatos descobertos em dados não estruturados sejam extraídos e transformados em dados estruturados que sejam condutivos para relatar e analisar. As ferramentas para cumprir essa tarefa são as **analíticas de texto**. A analítica de texto transforma textos não estruturados em "dados de texto" estruturados. Esses dados de texto podem ser buscados, minerados ou descobertos. A busca, a mineração e a descoberta textual lidam com dois dos problemas de gestão de dados mais importantes atualmente: a gestão de dados do produto e do cliente.

BENEFÍCIOS DA MINERAÇÃO DE DADOS

A **mineração de dados** (**data mining**) é um processo que usa inteligência estatística, matemática e artificial e técnicas de aprendizagem baseadas em computador para extrair e identificar informações úteis e o conhecimento subsequente de grandes bancos de dados, incluindo data warehouses. Essas informações incluem padrões normalmente extraídos de grandes conjuntos de dados. Esses padrões podem ser regras, afinidades, correlações, tendências ou modelos preditivos. A seguir estão os principais objetivos e características da mineração de dados:

- Os dados muitas vezes estão entranhados dentro de enormes bancos de dados, que algumas vezes contêm dados de muitos anos. Em muitos casos, os dados são limpos e consolidados em um data warehouse.
- Novas ferramentas sofisticadas, incluindo as de visualização avançada, ajudam a remover as informações entranhadas nos arquivos corporativos ou arquivadas nos registros públicos. Encontrá-las envolve manipular e sincronizar esses dados para obter os resultados corretos.
- O minerador de dados é muitas vezes um usuário final munido de ferramentas de extração de dados e de outras ferramentas avançadas de consulta para fazer perguntas *ad hoc* e obter respostas rapidamente com pouca ou nenhuma habilidade de programação.
- Enriquecê-lo muitas vezes envolve descobrir um resultado inesperado e requer que usuários finais pensem de forma criativa.
- Ferramentas de mineração de dados são imediatamente combinadas com planilhas e com outras ferramentas de desenvolvimento de software. Assim, os dados minerados podem ser analisados e processados de maneira rápida e fácil.
- Devido aos grandes volumes de dados e aos esforços massivos de pesquisa, muitas vezes é necessário usar um processamento paralelo ou supercomputadores para executar a mineração de dados.
- O ambiente de mineração de dados é normalmente uma arquitetura cliente/servidor ou um arquitetura baseada na Web.

USUÁRIOS AVANÇADOS DE FERRAMENTAS DE MINERAÇÃO DE DADOS

As seções de negócio que mais usam a mineração de dados são as finanças, o varejo e a saúde. Por exemplo, no setor financeiro, a mineração de dados é usada por bancos, fundos de investimento, fundos de retorno e companhias de seguro, bem como por investidores privados e negociantes sofisticados. Os dados financeiros são estruturados e muitas vezes estão organizados cronologicamente, como preços do estoque, preços de commodity, preços utilitários ou taxas de câmbio observados ao longo do tempo. As técnicas de mineração de dados são boas para analisar esse tipo de dado financeiro a fim de encontrar padrões, detectar anomalias e coisas fora do normal, reconhecer situações para oportunidade e risco e prever demandas, preços e taxas futuros.

Por isso, a mineração de dados dá suporte a analistas, investidores e negociantes em suas decisões quando estão negociando ações, opções, commodities, utilitários ou moedas. A mineração de dados também é importante para detectar comportamento fraudulento, especialmente em reclamações de apólice de seguros e uso de cartões de crédito, identificar padrões de compra dos clientes, recuperar clientes lucrativos, identificar regras de negociação a partir de dados históricos e ajudar na análise do carrinho de compras.

APLICAÇÕES DE MINERAÇÃO DE DADOS

Os exemplos abaixo de aplicações de mineração de dados podem identificar oportunidades para criar uma vantagem competitiva:

- **Varejo e vendas.** Prever vendas, determinar níveis corretos de estoque e agendar a distribuição entre outlets e evitar perdas
- **Banco.** Transmitir níveis de empréstimos duvidosos e uso fraudulento do cartão de crédito, gastos com cartão de crédito feitos por clientes novos e que tipos de clientes responderão melhor e qualificarão novas ofertas de empréstimo
- **Manufatura e produção.** Prever falhas no maquinário; descobrir fatores chave para controlar a otimização da capacidade de manufatura
- **Saúde.** Correlacionar demografia de pacientes com doenças críticas; desenvolver melhores insights sobre sintomas e suas causas e como providenciar tratamentos adequados
- **Transmissão.** Prever quais são os melhores programas para transmitir estreias e como maximizar os retornos inserindo propagandas

- **Marketing.** Classificar clientes demograficamente, de modo que isso possa ser usado para prever quais clientes irão responder aos e-mails ou a banners na Internet, ou comprar certo produto, bem como para prever outros comportamentos do cliente

MINERAÇÃO DE TEXTO E MINERAÇÃO WEB

Mineração de texto (text mining). Os documentos raramente estão estruturados, exceto por formas como faturas e templates. A **mineração de texto** ajuda as organizações a fazer as seguintes tarefas:

1. Encontrar importantes conteúdos de documentos, incluindo relacionamentos úteis adicionais.
2. Relacionar documentos em setores ainda não analisados; por exemplo, descobrir se clientes de dois setores diferentes têm as mesmas características.
3. Agrupar documentos usando temas em comum; por exemplo, encontrar todos os clientes de uma companhia de seguros que têm reclamações parecidas.

Na pesquisa biomédica, a analítica e a mineração de texto têm o potencial de reduzir o tempo que o pesquisador leva para descobrir documentos relevantes e conteúdos específicos dentro dos documentos que podem ajudá-lo a interpretar dados experimentais, informações em prontuários e dados de BI contidos em patentes.

Mineração Web e análise preditiva.

Cada visitante em um site, cada busca feita em um sistema de pesquisa, cada clique em um link e cada transação em um site de comércio eletrônico gera dados. A análise desses dados pode nos ajudar a fazer melhor uso de sites, estabelecer um relacionamento melhor e agregar valor aos visitantes de nossos sites. A mineração Web é a aplicação das técnicas de mineração de dados para descobrir padrões significativos e acionáveis, perfis e tendências a partir de recursos na Web. O termo mineração Web é usado tanto para designar a mineração do conteúdo Web como a mineração do uso da Web. A *mineração de conteúdo Web* é o processo de minerar sites na busca por informação. A *mineração do uso da Web* envolve analisar os registros de acesso e outras informações ligadas à navegação do usuário e aos padrões de acesso em uma ou mais localidades Web.

A **mineração Web (Web mining)** é usada nas seguintes áreas: filtragem de informações em e-mails, revistas, jornais, mídias sociais; vigilância de concorrentes, de patentes, de desenvolvimento tecnológico; mineração de logs de acesso à Web para análise de uso (análise da sequência de cliques – *clickstream*); navegação assistida e serviços de combate ao crime na Internet.

No comércio eletrônico, a mineração do conteúdo Web é fundamental. Por exemplo, quando você pesquisa um determinado livro na Amazon.com, o site usa ferramentas de mineração para também apresentar a você uma lista de livros comprados por clientes que compraram o livro que você está procurando. A Amazon tem tido muito sucesso com vendas cruzadas porque sabe o que sugerir aos clientes no momento certo durante o processo de compra.

A **análise preditiva** é um componente da mineração Web que peneira os dados a fim de identificar padrões de comportamento que sugiram, por exemplo, a que ofertas os clientes podem responder no futuro ou quais clientes a empresa corre o risco de perder. Por exemplo, ao filtrar um data warehouse de um banco, a análise preditiva poderia *reconhecer* que clientes que cancelam o pagamento automático de uma conta ou um depósito automático frequentemente migram para outro banco em um determinado período de tempo. A análise preditiva aparece em diferentes formatos, como ilustrado no exemplo a seguir em *TI em ação 11.4*.

Exemplo: reconhecer o que os clientes querem mesmo antes de eles entrarem em um restaurante. A HyperActive Technologies (HyperActiveTechnologies.com) desenvolveu um sistema no qual câmeras instaladas no telhado de uma lanchonete rastreiam os veículos que entram no estacionamento ou passam pelo *drive-through*. Outras câmeras acompanham o progresso dos clientes esperando na fila para fazer o pedido. Usando a análise preditiva, o sistema prevê o que os clientes que chegam podem pedir. Um banco de dados inclui dados históricos de pedidos vindos dos carros, como "20% dos carros que entram no estacionamento irão normalmente pedir pelo menos um cheeseburguer no almoço". Com base na entrada em tempo real das câmeras e nos bancos de dados, o sistema prevê o que os clientes irão pedir 1,5 a 5 minutos antes de realmente fazerem o pedido. Isso dá aos cozinheiros uma vantagem em termos de tempo para a preparação das refeições a fim de minimizar o tempo de espera dos clientes.

O *elemento central* da análise preditiva é o *indicador* (de predição ou *predictur*), uma variável que pode ser medida por um indivíduo ou entidade para prever um comportamento futuro. Por exemplo, uma empresa de cartão de crédito poderia considerar a idade, a renda, o histórico de crédito e outros fatores demográficos como indicadores para determinar um fator de risco de um candidato.

TI em ação 11.4
Análise preditiva sustentável ajuda a economizar gasolina e proteger o verde   SRV   GPO

Os congestionamentos nos Estados Unidos continuam aumentando. As consequências dos congestionamentos pesados atingem seriamente os americanos em termos de preços da gasolina, de engarrafamentos e de poluição. A análise preditiva e muitas outras tecnologias discutidas neste capítulo estão sendo aplicadas pela INRIX (inrix.com) com a finalidade de reduzir o uso de gasolina, a frustração e os poluentes. A INRIX é a empresa líder em fornecimento de informações sobre tráfego.

A INRIX National Traffic Scorecard avalia os problemas de congestionamento nos Estados Unidos por meio de informações de trânsito em tempo real em cada estrada principal metropolitana. O Smart Dust Network da INRIX coleta dados de 1 milhão de veículos comerciais anônimos equipados com GPS, que informam sua velocidade e localização continuamente. A INRIX então processa e classifica outros dados relevantes com relação ao tráfego, como sensores de estrada, pedágios, dados sobre acidentes e outros recursos, a fim de fornecer as informações sobre o trânsito de forma mais completa e acurada.

A INRIX ajuda os motoristas a tomarem melhores decisões com dados em tempo real, históricos e preditivos, gerados por uma gama ampla de recursos. A INRIX pode responder a questões como:

- Em que horário o tráfego vai diminuir no trecho pelo qual vou passar?
- Como estará o trânsito às 18h de hoje? Quanto tempo vou levar para chegar em casa?
- Quanto tempo levará para o congestionamento sobre a ponte se desfazer?
- Em que horário devo sair para o trabalho para evitar o horário de pico?
- Quanto tempo levarei para chegar ao aeroporto amanhã de manhã?
- Quando meu voo pousar em tal cidade, daqui a duas semanas, quanto tempo levarei para chegar ao hotel?

Em julho de 2008, motoristas da I-95, na Costa Leste de Manhattan, começaram a se beneficiar com essas informações. Em parceria com 16 estados representado o I-95 Corridor Coalition, a INRIX identifica onde o trânsito está pior, permitindo que motoristas tenham acesso a informações em tempo real sobre o fluxo do tráfego, acidentes e tempo de viagem para ajudá-los a se antecipar e a evitar atrasos. A arquitetura do sistema é mostrada na Figura 11.12.

Fontes: Compilado de INRIX.com e PRNewswire (2008).

Questões para discussão: Que fatores aumentaram a demanda por serviços de informação? Que indivíduos podem usar esse serviço? Quais são os benefícios imediatos e de longo prazo para as empresas de transporte e serviços de emergência? Quais são os benefícios verdes? Quais são os três benefícios pessoais aos motoristas?

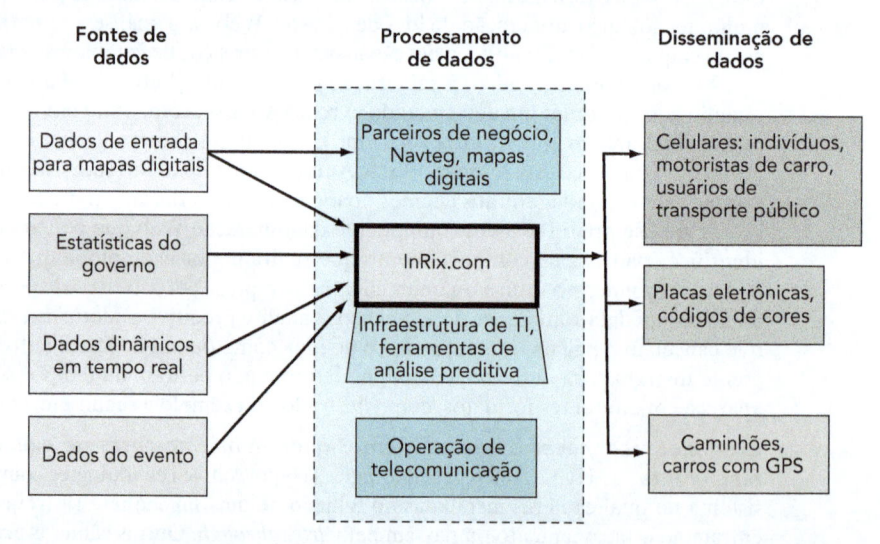

Figura 11.12 Arquitetura do sistema INRIX para uma cidade. (Compilado de INRIX.com e PRNewswire (2008).)

Questões para revisão

1. O que é mineração de texto? Dê três exemplos de textos que poderiam ser minerados para fins de business intelligence.
2. Como a mineração de texto difere da pesquisa?
3. O que é mineração Web? Dê três exemplos de conteúdos Web que seriam minerados para fins de business intelligence.
4. Descreva uma vantagem e uma desvantagem de ferramentas de mineração de dados.
5. Liste três aplicações da mineração de dados para identificar oportunidades de negócio.

11.4 Processos de tomada de decisão

Para saber como e por que SIs foram projetados para dar suporte aos gerentes, é preciso entender o que os gerentes fazem. Os papéis dos gerentes podem ser classificados em três categorias, de acordo com Mintzberg (1973):

1. *Papel interpessoal:* Líder, figura de proa, agente de ligação ou treinador
2. *Papel informacional:* Monitor, disseminador ou porta-voz
3. *Papel decisional:* Empreendedor, solucionador de problemas, alocador de recursos ou negociador

Os primeiros SIs davam suporte, principalmente, aos papéis informacionais, porque eram os papéis mais fáceis de ajudar. Com a introdução de SIs em organizações, os gerentes receberiam uma avalanche de dados sobre questões e problemas, que levaram à sobrecarga de informações. A situação criada é o que chamamos de *problema de entrada*, uma metáfora para o crescimento de entrada de problemas que gerentes descobriram, mas que se mantiveram na entrada porque faltaram ferramentas para lidar com os problemas e comunicação de resultados. Muitas TIs novas emergem ou são enriquecidas para resolver problemas de TIs existentes. Você pode ver essa tendência em BI conforme novos recursos são acrescentados.

Os SIs cresceram para suportar todos os papéis de gestão. Nesta seção, estamos interessados principalmente na TI que dá suporte aos papéis decisionais. Dividimos o trabalho dos gerentes, já que se relacionam a papéis decisórios, em duas fases. A fase I é a identificação dos problemas e/ou das oportunidades. A fase II é a decisão do que fazer com eles. A Figura 11.13 mostra um fluxograma desse processo e o fluxo de informação existente nele.

PROCESSO DE DECISÃO E SISTEMAS DE SUPORTE À DECISÃO

Os tomadores de decisão passam por quatro fases sistemáticas: *inteligência*, *design*, *escolha* e *implementação*, conforme está diagramado na Figura 11.14. Note que existe um fluxo contínuo de informação partindo da inteligência e indo até a escolha do design (linhas em negrito), mas a qualquer momento pode haver o retorno para a fase anterior (linhas pontilhadas).

O processo de tomada de decisão começa pela *fase de inteligência*, na qual gerentes examinam uma situação e então identificam e definem o problema. Na *fase de design*, os tomadores

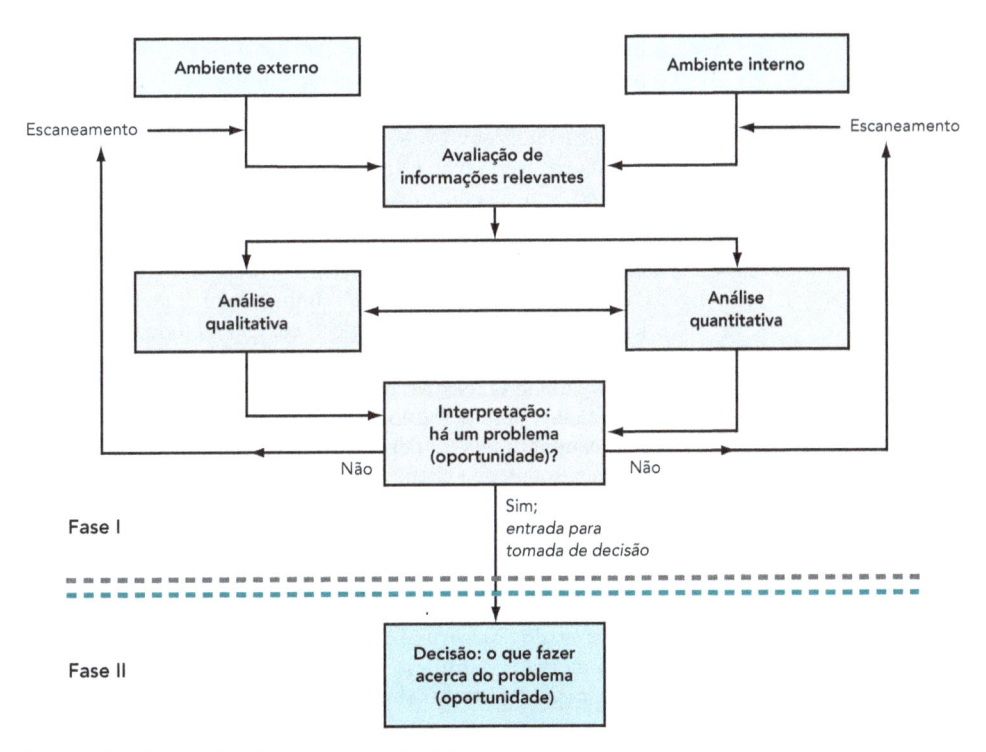

Figura 11.13 Papéis do gerente na decisão.

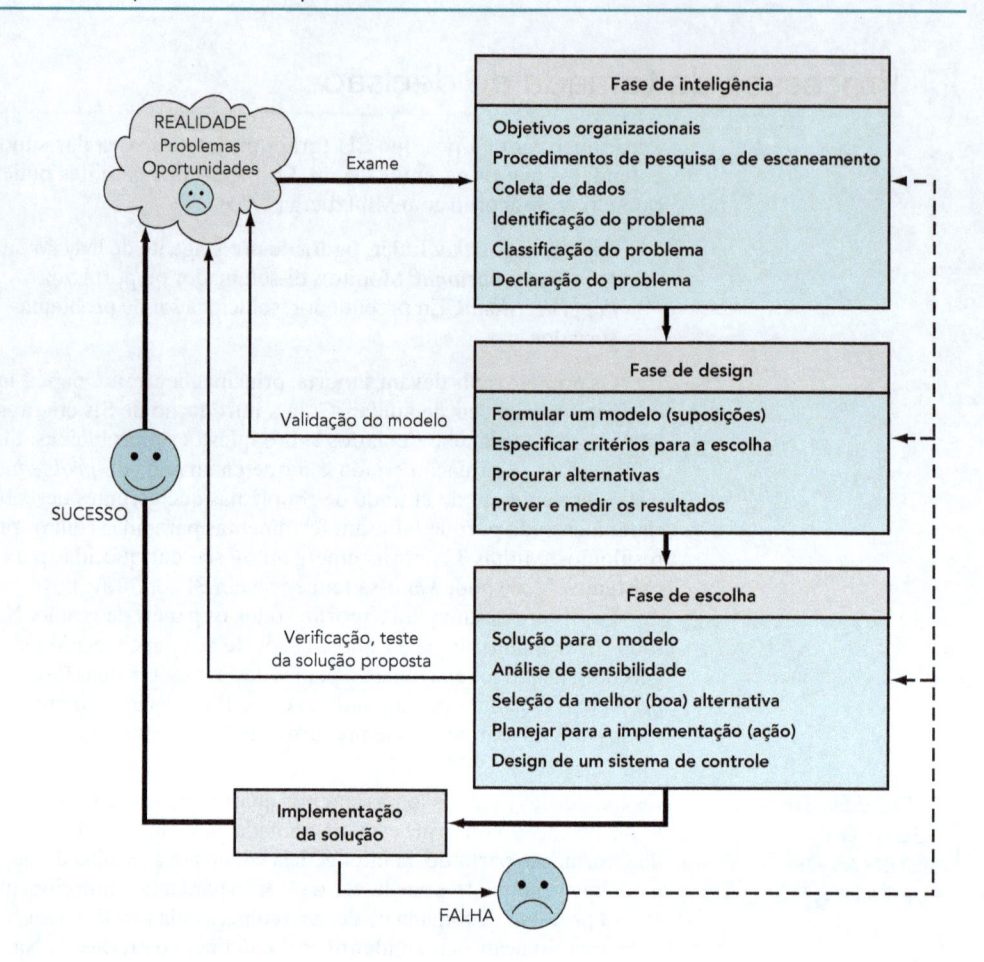

Figura 11.14 Fases do processo de tomada de decisão.

de decisão constroem um modelo que representa e simplifica o problema ou a oportunidade. Isso é feito fazendo suposições e expressando as relações entre todas as variáveis. O modelo é, então, validado, e os tomadores de decisão estabelecem critérios para a avaliação de potenciais soluções alternativas que são identificadas. O processo é repetido para cada subdecisão em situações complexas. O resultado de cada subdecisão é a entrada para a decisão principal. A *fase de escolha* envolve selecionar uma solução, que é testada "no papel". Quando a solução proposta parece viável, estamos prontos para a última fase – a implementação. Uma *implementação* bem-sucedida resulta na solução de um problema ou de uma oportunidade. A falha leva ao retorno para as fases anteriores. Um SSD automatiza diversas tarefas nesse processo.

Modelagem e modelos de decisão. Um modelo de decisão é uma representação simplificada, ou abstração da realidade. A simplicidade ajuda porque muita complexidade pode ser irrelevante para um problema específico. Um método de simplificação é fazer suposições, como assumir que o crescimento na demanda de clientes nos próximos trimestres será o mesmo do trimestre atual. O risco ao usar suposições é que, se elas estiverem erradas, então a fundação para a análise será defeituosa. Por exemplo, em julho de 2008, as vendas de utilitários, minivans e caminhões da General Motors (GM) sofreram uma queda por causa dos preços muito altos da gasolina que clientes sabiam que não iriam descer. A GM tinha selecionado seus modelos três anos antes, em 2005, e os gerentes da GM presumiram que a demanda por grandes veículos iria se manter nos níveis de 2005. Essa suposição altamente equivocada teve uma influência devastadora nas vendas e nos lucros da empresa.

Os benefícios de modelagem na tomada de decisões são:

- O custo do teste virtual é muito menor do que o custo do teste conduzido em um sistema real.
- Os modelos permitem uma simulação em um período de tempo bem menor. Anos de operação podem ser simulados em segundos no computador.

- Manipular o modelo mudando as variáveis é muito mais fácil do que manipular o sistema real. O teste é, portanto, mais fácil de ser conduzido e não interfere nas operações diárias da organização.
- O ambiente atual está repleto de incertezas. A modelagem permite que o gerente lide melhor com a incerteza introduzindo muitos cenários hipotéticos (*what-ifs*) e calculando os riscos associados a várias alternativas.

UMA ESTRUTURA PARA A ANÁLISE DE DECISÃO

As atividades de tomada de decisão recaem sobre um *continuum* variando entre altamente estruturadas e altamente desestruturadas, conforme você leu em capítulos anteriores. Aqui descrevemos essas atividades com maiores detalhes.

1. Decisões estruturadas envolvem problemas de rotina e repetitivos para os quais existem soluções padronizadas. Os exemplos são procedimentos formais de negócio, minimização de custos, maximização de lucros e algoritmos (como aqueles usados pela eHarmony para combinar usuários). Quer a solução signifique encontrar um nível adequado de estoque ou decidir sobre uma estratégia ótima de investimento, os critérios da solução são claramente definidos.

2. Decisões não estruturadas envolvem muita incerteza, o que significa que não existem soluções definitivas ou claramente delineadas. Com decisões não estruturadas, por exemplo, cada tomador de decisão pode usar dados diferentes, pressuposições e processos para chegar a uma conclusão. As decisões não estruturadas dependem de intuição, julgamento e experiência. Problemas típicos de não estruturados incluem o planejamento de novos serviços a serem oferecidos, contratação de um executivo, previsão de mercados ou escolha de um conjunto de projetos de pesquisa e desenvolvimento para o ano seguinte.

3. Decisões semiestruturadas ficam entre os outros dois tipos de soluções extremas. A maioria é considerada como verdadeiros sistemas de suporte à decisão e está focada em decisões semiestruturadas. Os problemas semiestruturados, nos quais apenas algumas das fases são estruturadas, requerem uma combinação de procedimentos padrão de solução e julgamento individual. Exemplos de problemas semiestruturados são negociações de obrigação, especificação de orçamentos de marketing para produtos e análise de desempenho de aquisição de capital. Aqui, um SSD é mais produtivo. Ele pode dar não apenas uma solução, mas também apresentar uma série de cenários hipotéticos (*what-ifs*).

Questões para revisão

1. Quais são os três papéis da gestão?
2. O que significa problema de entrada?
3. Identifique e explique as três fases da tomada de decisão.
4. Por que os modelos são usados na tomada de decisão? O que é um risco inerente ao uso de modelos de tomada de decisão?
5. Dê um exemplo de decisão estruturada, de não estruturada e de semiestruturada. Qual desses tipos de decisão pode ser otimizado? Por quê?

11.5 Sistemas de suporte à decisão

Os **sistemas de suporte à decisão – SSD** (*decision support systems* – DSS) são uma classe de sistemas de informação que combina modelos e dados para solucionar problemas semiestruturados e não estruturados com envolvimento intensivo do usuário. Um SSD é interativo, flexível e adaptável – e dá suporte à solução de problemas semiestruturados ou não estruturados. Os SSDs têm interface fácil de usar e permitem que tomadores de decisão tenham seus próprios insights.

As decisões estruturadas são tão bem definidas que podem ser automatizadas ou se tornar procedimentos padrão de operação, que não requerem um SSD para a solução de problemas.

Um SSD com design adequado é uma aplicação interativa feita para ajudar os tomadores de decisão a compilarem dados e então os analisarem usando modelos de negócio. O ponto central é que o SSD deveria resultar em uma decisão melhor do que a que surgiria sem ele. O software mais popular usado para desenvolver SSD é o Microsoft Excel.

As informações típicas que uma aplicação que dá suporte à decisão precisa reunir e apresentar são:

- Comparar as vendas de um produto específico entre uma semana e outra ou entre um mês e outro
- Projetar os rendimentos com base em pressuposições sobre as vendas de novos produtos
- Projetar consequências de diferentes decisões alternativas, tendo em vista experiências anteriores e condições previstas.

ANÁLISE DE SENSIBILIDADE: CENÁRIOS HIPOTÉTICOS E BUSCA POR OBJETIVOS

Os modelos matemáticos usados em SSDs permitem a *análise de sensibilidade*. A **análise de sensibilidade** é o estudo do impacto que as mudanças em uma ou mais partes de um modelo têm em outras partes ou no resultado. Normalmente, verificamos o impacto que as alterações na entrada (*variáveis independentes*) têm no resultado (*variáveis dependentes*). Por exemplo, a quantidade demandada é uma variável dependente, enquanto o preço, a propaganda, a renda disponível e o preço do concorrente são exemplos de variáveis independentes no modelo econômico clássico. As variáveis dependentes mudam em resposta às variáveis independentes. Veja uma forma fácil de lembrar a relação entre variáveis dependentes e independentes: o número de guarda-chuvas vendidos (variável dependente) é determinado pela quantidade de chuva que cai (variável independente). É óbvio que o inverso não é verdadeiro.

Considere o exemplo da demanda deste produto: o valor de cada variável independente controlável é variado – preço e publicidade – para determinar o quão sensível é a quantidade demandada frente àqueles ajustes. Um *modelo sensível* é aquele em que pequenas mudanças nas condições (variáveis) sugerem uma solução diferente. Em um *modelo não sensível*, as mudanças nas condições não mudam significativamente a solução recomendada.

A análise de sensibilidade é extremamente valiosa no SSD, porque torna o sistema flexível e adaptável a mudanças nas condições e a variações nos requisitos de diferentes situações de tomada de decisão. Ela permite que os usuários insiram seus próprios dados, incluindo os dados mais pessimistas (pior cenário), e visualizem a maneira como os sistemas irão se comportar sob diferentes circunstâncias. Ela fornece um melhor entendimento do modelo e do problema que tem por objetivo descrever. Isso pode aumentar a confiança do usuário no modelo, especialmente quando este não é muito sensível a mudanças.

ESTRUTURA E COMPONENTES DE SSD

Os componentes básicos de um SSD são o banco de dados, a interface com o usuário e os usuários. Além disso, uma base de conhecimento também é um componente.

Banco de dados. Um SSD é um sistema de banco de dados, como qualquer banco de dados, que contém dados vindos de múltiplas fontes. Alguns SSDs não têm um banco de dados separado; os dados são colocados em um modelo de SSD conforme o necessário (por exemplo, assim que eles são coletados por sensores).

Modelo de base. Um modelo de base contém modelos completos e conjuntos de regras, que são os pilares do desenvolvimento de aplicações de SSD. Tipos de modelos incluem o financeiro, o estatístico, de ciência gerencial ou econômico. O software para construção do modelo, como o Excel, tem funções matemáticas e estatísticas inseridas. Esses modelos fornecem ao sistema capacidades analíticas.

Interface com o usuário. A interface com o usuário abrange todos os aspectos da comunicação entre um usuário e o SSD. Uma interface com o usuário bem planejada pode melhorar muito a produtividade do usuário e reduzir erros.

Usuários. Um SSD é uma ferramenta para o usuário, o tomador de decisão. O usuário é considerado parte do sistema altamente interativo do SSD. Um SSD tem duas amplas classes de usuários: gerentes e especialistas (como analistas financeiros, planejadores de produção e pesquisadores de mercado).

Base de conhecimento. Muitos problemas não estruturados e semiestruturados são tão complexos que requerem perícia para suas soluções. Essa perícia pode ser fornecida por sistemas baseados em conhecimento, como um sistema especialista. Assim, os SSDs mais avançados são equipados com um componente chamado de base de conhecimento. Uma base de conhecimento dá ao sistema a perícia necessária para resolver parte do problema. Essa base, por exemplo, pode estimar o custo de uma tarefa massiva de construção com base nas dimen-

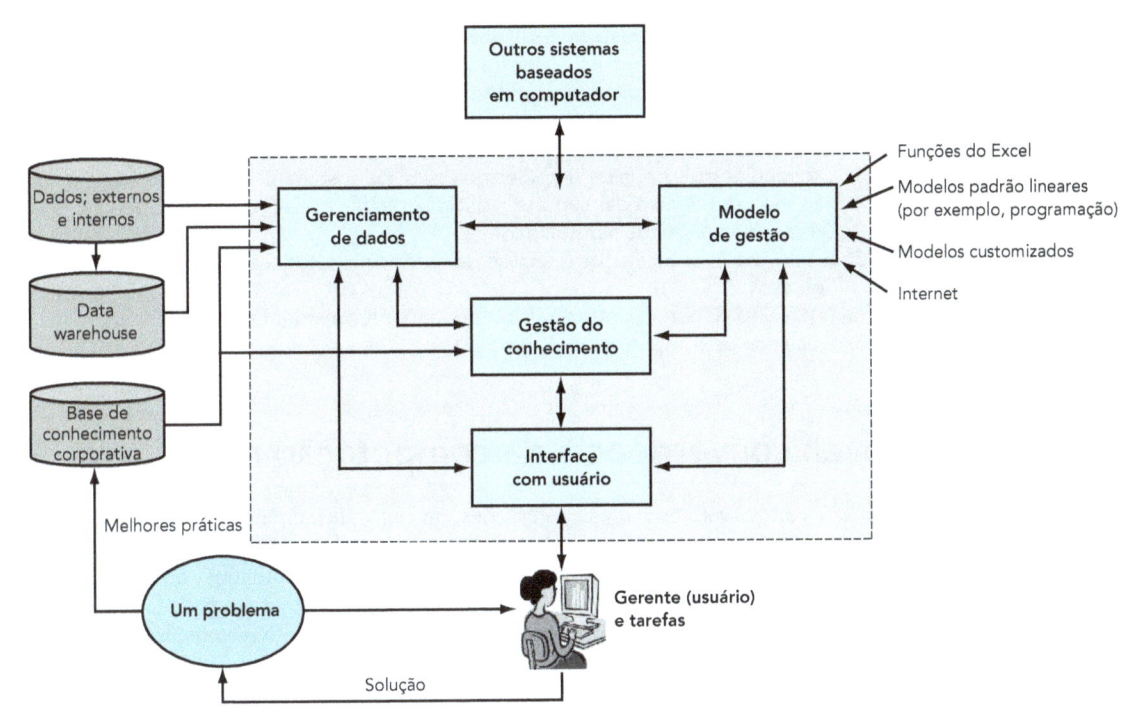

Figura 11.15 Modelo conceitual de SSD e seus componentes.

sões, materiais, custos com mão de obra, atrasos por causa do tempo e inúmeros outros fatores de custo. Esse é um processo complexo que requer modelos, um banco de dados e julgamento. A Figura 11.15 mostra como os componentes de um SSD interagem.

APLICAÇÕES DE SSD

Um número grande de aplicações SSD pode ser encontrado em qualquer setor, incluindo o setor de manufatura e serviços, como mostrado nos exemplos a seguir.

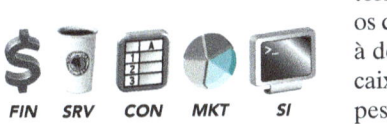

Exemplo 1: A Wells Fargo tem como alvo os clientes. A Wells Fargo (wellsfargo.com) tornou-se tão boa em prever o comportamento dos consumidores que praticamente sabe o que os clientes querem antes deles mesmos saberem. O banco desenvolveu um sistema de suporte à decisão internamente. O SSD coleta os dados em todas as transações – sejam via telefone, caixa de autoatendimento, agência bancária ou online – e combina esses dados com os dados pessoais do cliente. O programa de SSD da Wells Fargo analisa, então, os dados e faz um modelo do comportamento do cliente para apresentar automaticamente ofertas prospectivas, como um financiamento imobiliário, no tempo certo para aquele cliente.

Exemplo 2: Reduzindo custos na área de assistência médica. A Owens & Minor (owens-minor.com/), empresa presente na Fortune 500, é uma distribuidora líder em suprimentos cirúrgicos e médicos no mercado de cuidados intensivos e é uma empresa de gestão de cadeia de suprimentos de saúde. A empresa foi vencedora do prêmio Distributor of the Year Service Excellence Award de 2010, concedido pela University Health System Consortium (UHC). A UHC é uma aliança que representa 90% dos centros médicos acadêmicos e sem fins lucrativos nacionais. O prêmio é dado ao distribuidor que fornece suporte excelente e se compromete a ajudar membros dos hospitais a atingirem os objetivos de sua cadeia de suprimentos.

Um dos objetivos é diminuir o preço de milhares de suprimentos hospitalares. A Owens & Minor usa seu SSD para ajudar os clientes a procurarem por ofertas entre as centenas de fornecedores concorrentes de suprimentos médicos. O SSD aponta preços baixos de itens semelhantes, ajudando os clientes a tirarem vantagem de descontos que já foram negociados. Os hospitais acompanham melhor suas contas e cortam os gastos em 2 a 3% em média. Para a Owens & Minor, o SSD atrai novos clientes, e quando clientes existentes descobrem preços mais baixos, tendem a fazer mais pedidos.

352 Parte IV Sistemas e Processos Operacionais e Empresariais

Esses exemplos demonstram a diversidade de decisões que os SSDs podem suportar. Muitos outros exemplos podem ser encontrados em sas.com e microstrategy.com, onde centenas de aplicações e de histórias de sucesso são listadas por setor.

Questões para revisão

1. Explique os dois tipos de decisões que os SSDs costumam resolver. Por que os SSDs não são usados para dar suporte a decisões estruturadas?
2. Descreva a análise de sensibilidade.
3. Explique a diferença entre a análise de cenários hipotéticos (what-ifs) e a busca por objetivos.
4. Explique a diferença entre variáveis dependentes e independentes.
5. Quais são os componentes de um SSD?

11.6 Inteligência móvel: convergência da computação móvel e da BI

Desde os anos 1960, houve cinco gerações, ou ciclos, principais na computação: os mainframes, os miniframes, os PCs, a computação de Internet nos desktops e a computação de Internet móvel (ou simplesmente computação móvel), conforme mostrado na Figura 11.16. A computação móvel, a quinta geração da computação, já teve um grande impacto e taxa de adoção, conforme você leu nos Capítulos 1, 7 e 8. Os dispositivos móveis estão se tornando a plataforma computacional dominante.

A computação móvel não é um fenômeno que atinge somente os Estados Unidos. O Japão está liderando o mundo nessa geração, mas os Estados Unidos têm a maior base de assinantes de 3G. A China e outros países têm uma penetração de conexão de banda larga e 3G igual ou até maior do que a dos Estados Unidos, mas esses países estão estimulando, deliberadamente, a distribuição de novos aplicativos e serviços. No mundo todo, a cobertura de celular e as tecnologias sem fio 3G e 4G estão expandindo a conectividade da Internet.

INFRAESTRUTURA DE INTELIGÊNCIA MÓVEL (IM)

A velocidade com que o iPhone e o iTouch da Apple foram vendidos – quase 57 milhões foram vendidos em 28 meses – é um indicativo de que os aplicativos de IM serão muito demandados. De acordo com o *Global Mobile Internet Report* (2009) de Morgan Stanley, a computação móvel poderá ser a tecnologia de crescimento mais rápido e a mais disruptiva lançada de que já ouvimos falar por causa dos seguintes fatores:

- Escala de adoção – a adoção sem fio global foi de 4,1 bilhões de assinantes, comparados a 1,6 bilhões de usuários da Internet.
- Aceleração da taxa de adoção.
- Confluência de novas tecnologias poderosas.
- Novos modelos de uso que clientes e empresas estão adotando com muito entusiasmo.

Redefinindo funções de hardware. As funções de hardware estão sendo redefinidas. Por exemplo, smartphones estão se tornando PCs, e PCs estão se tornando servidores; já os servidores estão se tornando nuvens, e a nuvem é uma nova fonte de aplicativos. Seu smartphone pode estar adotando funções que você costumava usar no desktop ou no laptop, e você pode estar fazendo backup de conteúdo dos smartphones para seu laptop ou para a nuvem. A nuvem é a infraestrutura para novas gerações da Web e de aplicativos móveis.

Incentivos de fornecedores. Os fornecedores recebem grandes incentivos para desenvolver aplicativos de negócio móveis. O ecossistema da Apple, composto pelos dispositivos de iPhone e de iTouch, o sistema fácil de usar para pagamento/distribuição do iTunes e a App Store

Figura 11.16 Cinco gerações de computação dos anos 1960 a 2010.

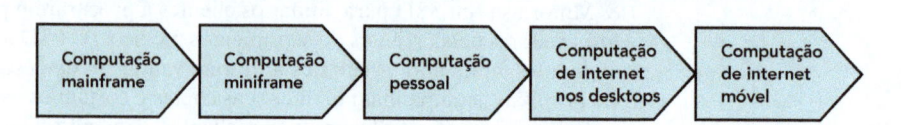

Computação mainframe → Computação miniframe → Computação pessoal → Computação de internet nos desktops → Computação de internet móvel

– um ambiente amigável para a compra e download de novos aplicativos – cria um ciclo de incentivos para o uso mais intensivo e melhorado de Internet móvel. Espere ver mudanças em tudo o que é móvel – redes sociais, música, vídeo, games, livros, comércio, troca de mensagens e aplicativos GPS baseados em localização.

Unificando comunicações na nuvem. A topologia da Internet está mudando. Dispositivos poderosos que usam infraestrutura baseada em IP, como as redes 4G, combinados com software fácil de usar, estão unificando as comunicações. A conectividade contínua está aumentando a demanda por computação baseada em nuvem.

Os smartphones e outros dispositivos móveis capazes de acessar a Internet mudaram a forma como as pessoas se informam, se comunicam e administram suas vidas pessoais e profissionais. Acessar a informação a qualquer hora e de qualquer lugar regularmente, em um dispositivo de mão, mudou a forma como gerentes e outros trabalhadores esperam tomar decisões. Os aplicativos de negócio que eram muito famosos quando usados em um desktop se tornaram ainda mais bem-sucedidos e valiosos a partir do momento em que puderam ser usados em todos os lugares, onde quer que o negócio esteja sendo conduzido e a qualquer momento. O acesso a informações via celulares pode ultrapassar o acesso à informação via laptops e desktops em um futuro breve, criando a era da **inteligência móvel** (**IM**). A funcionalidade da IM é fundamental para empresas que têm equipes de campo ou força de trabalho móveis representativas.

INTELIGÊNCIA MÓVEL

Lembre-se da discussão sobre interatividade do Capítulo 1. Esses aplicativos interativos presentes em dispositivos móveis estão revolucionando a disseminação e o consumo de informações. E o alinhamento de dados de negócio, analítica e computação móvel de negócios está transformando os processos de negócio.

A IM está posicionada para mudar a forma como as organizações entregam, consomem e agem na informação. Sem um acesso conveniente 24 horas, 7 dias por semana a informações de negócios, as decisões e ações são adiadas, criando gargalos e atrasos. Essas restrições e atrasos são evitados com a IM, que permite uma análise heurística e tomada de decisão sempre que uma decisão é necessária.

Veja dois conceitos relacionados à IM:

- **Pontos ideais de decisão:** Esses pontos são locais, como um trem, uma ilha em uma loja, uma linha de produção em uma fábrica ou um andar na loja de varejo. Os empresários precisam ser capazes de tomar decisões baseadas em dados no ponto ideal, em vez de atrasar essas decisões devido a falta de informações ou de capacidade de análise.
- **Janelas para a decisão:** Essa janela existe quando uma escolha ou ação pode ser tomada para maximizar um impacto. Quanto mais tempo alguém levar para obter a informação e avaliar completamente a situação, maiores serão as chances de perder uma oportunidade. E os atrasos podem causar a perda de vendas e de clientes.

A tecnologia móvel torna possível que pessoas tomem decisões imediatas. Usuários podem peneirar volumes enormes de dados em seus dispositivos de mão e converter esses dados em insights. Dentro de alguns minutos, a informação já está acessível sem a necessidade de encontrar um lugar para ligar o laptop. A tomada rápida de decisão é a chave para acelerar a lucratividade do negócio. Nas rápidas mudanças atuais, o ambiente competitivo de negócios, é fundamental fornecer respostas imediatas aos clientes internos e externos. Com a IM, os tomadores de decisão têm o poder de tomar decisões imediatamente. Na área de inteligência móvel, os negócios que ainda não existem podem evoluir para líderes do setor. Aplicativos moderadamente valiosos que são executados em desktops poderão se tornar muito bem-sucedidos quando forem utilizados na Internet móvel.

O próximo Facebook, YouTube ou Twitter ainda não foi inventado, mas será planejado como um aplicativo móvel. As organizações que mantiverem os modelos atuais de distribuição de informação, baseados no desktop, podem se tornar obsoletas e ser ultrapassadas por aquelas organizações que escolheram o caminho da Internet móvel. As organizações que abraçarem o uso da IM se tornarão mais racionais, rápidas e serão capazes de tomar decisões mais sábias, que resultarão em mais negócios, mais renda e mais vantagem competitiva.

Questões para revisão

1. Quais são as cinco gerações da computação?
2. Como os dispositivos de hardware estão sendo redefinidos?
3. Explique os incentivos aos fornecedores para que desenvolvam mais aplicativos móveis.
4. Explique a importância das pessoas serem capazes de tomar decisões imediatamente.
5. Qual pode ser o impacto nas organizações que exploram inteligência móvel?

Termos-chave

alerta ocasionado por evento *332*
algoritmo *331*
alocação adequada de recursos *323*
análise de sensibilidade *350*
análise preditiva *331*
analítica de texto *344*
BI operacional *327*
BI tradicional *327*
caso de negócio *329*
ETL *334*

ferramentas de visualização de dados *330*
gestão do desempenho *330*
gestão do desempenho do negócio (*business performance management –* BPM) *341*
infraestrutura de informação *337*
inteligência móvel (IM) *353*
latência dos dados *339*
metodologia de um indicador de desempenho balanceado (balanced scorecard) *341*

mineração de dados (data mining) *344*
mineração de texto (text mining) *345*
mineração Web (Web mining) *343*
painel de controle (dashboard) *330*
ponto cego *329*
rotatividade de cliente *324*
sistemas de suporte à decisão – SSD *349*
visibilidade em tempo real *342*

Destaques do capítulo

(Os números estão relacionados aos Objetivos de aprendizagem)

❶ A business intelligence é guiada pela necessidade de obter informações acuradas e oportunas de uma maneira fácil, e de analisá-las, às vezes em minutos, possivelmente pelos usuários finais.

❶ O BPM é um termo guarda-chuva que recobre metodologias, métricas, processos e sistemas usados para guiar o desempenho da empresa. Ele abrange um ciclo fechado de processos como estratégias, planos, monitoramento, análise e ação (ajuste).

❷ Os principais componentes da BI são os data warehouses e/ou data marts, a análise preditiva, a mineração de dados, o software de visualização de dados e o sistema de gestão do desempenho do negócio.

❸ A análise preditiva usa diferentes algoritmos para prever resultados e relações entre as variáveis, bem como para identificar padrões de dados. A mineração de dados é uma de suas ferramentas.

❸ Os indicadores de desempenho (scorecards) e os painéis de controle (dashboard) são componentes comuns à maioria dos, se não a todos, sistemas de gestão de desempenho, sistemas de avaliação de desempenho e suítes de BPM.

❸ O principal desafio do projeto do painel de controle é mostrar todas as informações solicitadas em uma única tela, claramente e sem distrações, de uma forma que possam ser assimiladas rapidamente.

❸ A tomada de decisão envolve quatro fases principais: inteligência, design, escolha e implementação.

❹ Os modelos permitem experimentações virtuais rápidas e baratas com sistemas novos e modificados.

❺ A SSD é uma abordagem que pode melhorar a efetividade da tomada de decisão, diminuir a necessidade de treinamento, melhorar a gestão de controle, facilitar a comunicação, reduzir os custos e permitir uma tomada de decisão mais objetiva. A abordagem SSD lida com a maioria dos problemas não estruturados. As decisões estruturadas são resolvidas com modelos científicos de gestão.

❺ Os principais componentes de um SSD são o banco de dados e sua gestão, o modelo de base e sua gestão e a interface amigável.

❻ A inteligência móvel (IM) resulta da convergência da computação móvel, de dispositivos móveis poderosos e inteligentes e de capacidades de BI que são acessíveis na Web. Espera-se que a IM e a analítica *na nuvem* definam o futuro da BI.

Questões para discussão

1. Discuta o que John Wanamaker quis dizer com a frase: "Metade do dinheiro que gasto com publicidade é desperdiçado; o problema é que não sei qual metade".
2. Discuta os significados de inteligência e de incerteza.
3. Discuta como suas experiências com o serviço de atendimento ao consumidor poderiam ter sido melhores ou mais produtivas.
4. Quais são os retornos em termos de custo e de serviço envolvidos na decisão de alocação de recursos?
5. Diferencie os três tipos de BI.
6. Quais são os principais tipos de suporte oferecido pela BI?
7. Diferencie a análise preditiva da mineração de dados. O que elas têm em comum?
8. Descreva os conceitos que tangenciam a mineração Web e a analítica Web.
9. Quando a BI em tempo real é crucial?
10. Quais poderiam ser as maiores vantagens de um modelo matemático que desse suporte a uma grande decisão de investimento?
11. Como o termo *modelo* é usado neste capítulo? Quais são os pontos fortes e fracos da modelagem?
12. Com o que as TIs contribuíram para a emergência de mashups de dados para BI?
13. Com o que as TIs contribuíram para a emersão de inteligência móvel?

Exercícios e projetos

1. A West 88 (nome fictício) é uma cadeia de sorvetes e iogurtes feitos para levar ou para comer no local. Existem 12 West 88 localizadas em áreas turísticas movimentadas. Jen K, o CEO da empresa, pediu que você fizesse uma pesquisa e recomendasse uma ferramenta de visualização e de relatório de BI.
   a. Prepare uma lista de ferramentas de visualização e de relatório de BI de três fornecedores.
   b. Prepare uma tabela que mostre a comparação das principais vantagens e custos de cada ferramenta que se relacione a esse caso específico.
   c. Recomende uma ferramenta com base nas informações disponíveis.
2. Considere esta perspectiva sobre BI e BPM. Conceitualmente, a BI é simples: os dados produzidos por processamento transacional da organização e por sistemas de TI operacionais podem ser coletados e resumidos em relatórios que dão aos gerentes uma visão imediata de como as coisas vão indo. A gestão do desempenho do negócio é sobre pessoas e cultura, e deveria envolver todos os trabalhadores de conhecimento em uma organização, mas existem alguns entraves que ainda precisam ser superados.

   Responda aos seguintes pontos:
   a. Prepare uma tabela que lista as tecnologias de BI envolvidas em cada passo do processo, da produção de dados aos relatórios que dão aos gerentes uma visão imediata de como eles estão indo. Liste os processos (por exemplo, extração de SPT) na primeira coluna e na tecnologia de BI na segunda coluna.
   b. Usando a tabela produzida em (a), procure dois fornecedores que forneçam uma ferramenta de BI para cada processo. Coloque os resultados de sua pesquisa em uma terceira coluna. Inclua o nome da marca da ferramenta de BI, o nome do fornecedor e a URL da ferramenta.
   c. Encontre um fornecedor, um white paper ou um artigo que aborde problemas comportamentais associados à BI ou a BPM. Como eles responde ou abordam esses obstáculos? (intelligententerprise.com/ pode ser um bom lugar para pesquisar). Relate o que você aprendeu.
3. Procure e visite um blog que tenha como foco BI ou análise preditiva. Verifique se o blog tem conteúdo atualizado. Quais são os tópicos relacionados à BI discutidos em cinco dos posts?

Tarefas e projetos de grupo

1. As ferramentas de visualização de dados são oferecidas pelos principais fornecedores de BI e por fornecedores que comercializam apenas essas ferramentas. Esses fornecedores estão listados na Biblioteca de links do Capítulo 11 e mencionados durante o capítulo. Cada grupo deve se responsabilizar por pesquisar um ou dois fornecedores sobre produtos de visualização de dados. Cada grupo resume esses produtos e suas capacidades.
2. Pesquise os fornecedores de BI listados na Biblioteca de links do Capítulo 11. Cada grupo deve procurar um demo relacionado ao BI. Veja o demo e relate o que você aprendeu.
3. Visite o site sas.com e procure histórias de sucesso relacionadas à BI. Encontre cinco que incluam um vídeo da SAS e prepare um resumo de cada um para apresentação em sala de aula.
4. Procure fornecedores em Web analítica e prepare um relatório sobre seus produtos e capacidades. Cada grupo deve apresentar as capacidades de duas empresas.

Exercícios na Internet

1. Visite o site microstrategy.com/dashboards/ para ver melhores tipos de insight de negócio, na seção Real-life Dashboards em Microstrategy Customers. Explique como os painéis de controle podem levar a melhores insights de negócio. Quais são as limitações dos painéis de controle?
2. Visite o site microstrategy.com/dashboards/ para ver como sua organização pode melhorar suas operações de negócio, na seção Cutting-Edge Industry e Role-Based Dashboards. Explique como os painéis de controle podem melhorar as operações de negócio.
3. Encontre um estudo de caso sobre os benefícios da implementação de SSD em uma agência sem fins lucrativos ou governamental. Descreva brevemente as organizações, as razões para SSD e os benefícios.
4. Visite os sites spss.com, informatica.com ou accure.com e identifique suas soluções de Internet analítica. Compare e comente. Relacione o que você descobriu com a avaliação de desempenho de negócio.
5. Acesse a Web e jornais online para encontrar pelo menos três artigos ou white papers sobre o uso da análise preditiva. Identifique o fornecedor ou a empresa, o produto de análise preditiva e os benefícios obtidos.
6. Encontre dois casos de aplicações bem-sucedidas de analítica de negócio publicados depois de janeiro de 2011. Experimente fornecedores de BI e procure casos ou histórias de sucesso. O que as histórias têm em comum? No que elas diferem?

CASO DE NEGÓCIO

Orçamento, planejamento e controle suportados por BI na McNICHOLS

A McNICHOLS (mcnichols.com/) é líder na fabricação customizada de uma grande variedade de produtos de metal perfurado e malhas metálicas (visite o site da empresa para compreender melhor o negócio). Seus clientes são universidades, agências governamentais, prefeituras, construção comercial, fábricas, atacadistas e varejistas. Dino DePaolis, diretor financeiro da McNICHOLS, descreveu as pressões da empresa dizendo que "Os clientes querem tudo na hora ou para ontem, então temos que garantir que temos o estoque adequado no momento certo". Métricas em tempo real mostrando a lucratividade, o sucesso de vendas e a disponibilidade em estoque são fundamentais para o sucesso porque a McNICHOLS garante tempo de entrega de 24 horas.

Processo de planejamento complexo

O processo manual de orçamento trimestral da McNICHOLS se tornou incontrolável. O método manual envolvia bancos de dados no Access para diferentes partes do orçamento e planilhas Excel espalhadas por toda a organização. DePaolis comparou o ciclo de vida do orçamento anterior a um polvo com tentáculos enormes. O corpo era o banco de dados do Access e os tentáculos eram planilhas do Excel que alcançavam os distritos da organização que tinham a tarefa de contribuir diariamente com os dados sobre as vendas. O ciclo de vida do orçamento levava semanas, e por causa dos recursos limitados para lidar com ele, a empresa estava sempre correndo no final de cada trimestre. Coletar dados de vendas e modelos para planilhas que alimentam o Access era muito complicado e requeria revisão constante para garantir a acurácia dos dados.

A McNICHOLS precisava de uma solução que pudesse dar visibilidade e previsões confiáveis para os gestores sênior, permitindo que tomassem decisões efetivas. DePaolis identificou seus requerimentos para uma solução de planejamento financeiro: acurácia de dados, integridade das finanças, ferramenta para responder a cenários financeiros complexos, fáceis de usar, velocidade e desempenho.

Benefícios da BI

Em 2008, McNICHOLS implementou a BI da IBM Cognos 8 para substituir seu sistema mais antigo, que era composto pelo Microsoft Access, Excel e outros aplicativos. O Cognos 8 integra e consolida dados transacionais em painéis de controle executivos para entregar informações aos gerentes distritais, ao CFO, ao CEO e aos vice-presidentes. A BI os ajuda a avaliar rapidamente todos os indicadores-chave de desempenho, incluindo vendas, lucro bruto, margens, perguntas dos clientes e faturas. No final de 2009, as capacidades de relatório da BI se estenderam ao departamento financeiro.

O processo de orçamento que levava de 7 a 20 dias no final do trimestre agora é feito em segundos. O CFO economiza quase duas semanas a cada semestre, usando-as em horas de trabalho. Os principais benefícios da implementação de BI são:

- Analítica de vendas está relacionada aos módulos de orçamento, tornando mais fácil para os gestores o monitoramento de indicadores de desempenho.
- Visualizações integradas de todos os dados de negócio e financeiros em um único portal com base na Web.
- A acurácia e a qualidade de dados foram melhoradas.
- Marketing, produção e outros painéis de controle capazes de acompanhar em tempo real a lucratividade de todos os aspectos do negócio.
- Gerentes podem manusear bem as transações atuais, previsões e metas.

Todos os dias os gerentes são desafiados a fazer mais e a fazer mais com menos. Com BI, eles podem fornecer um nível mais alto de serviço aos clientes externa e internamente, e podem fazer isso com grande funcionalidade e com menor alocação de recursos para a analítica e relatórios.

Fontes: Compilado de mcnichols.com/ e IBM Cognos BI 8 (2010).

Questões

1. Descreva os dados da McNICHOLS e problemas de relatório.
2. Por que você acha que a empresa estava usando Access e Excel para seus requisitos de relatório e inteligência?
3. Descreva a estratégia de negócios da McNICHOLS ou como ela define sua vantagem competitiva. Qual é a importância da fidelidade do cliente?
4. Recursos eram alocados de forma inadequada no sistema manual? Como o sistema de BI realocou os recursos?
5. Qual poderia ter sido o caso de negócio para BI na McNICHOLS?

CASO DE EMPRESA SEM FINS LUCRATIVOS

EuResist aplica SSD baseado em modelo para pesquisa em HIV

O desenvolvimento da resistência a medicamentos antirretrovirais é a principal causa de falha no tratamento de pacientes infectados com HIV. Quando a EuResist (euresist.org/), uma rede europeia dedicada a melhorar o índice de sucesso nos tratamentos de HIV, quis desenvolver uma forma mais inteligente para prever as combinações de medicamentos mais efetivos para os pacientes, trabalhou com a IBM para criar uma solução de analítica de dados integrada.

Necessidade do negócio

A rede EuResist GEIE queria ajudar médicos a determinar a melhor combinação de medicamentos para o tratamento de HIV que ajudaria pacientes enquanto limitava a resistência à droga. Anteriormente, os médicos baseavam suas tomadas de decisão em experiência pessoal com casos de HIV e em ferramentas de predição. Mas a EuResist esperava introduzir uma melhor solução de modelagem que refletisse melhor as reações do paciente.

Soluções e benefícios

Trabalhando com a IBM Research, a EuResist desenvolveu uma ferramenta com um modelo de interação com os medicamentos que permitia aos usuários preverem em um portal online o índice de sucesso e o impacto da evolução do vírus com diversas combinações de medicamentos. O mecanismo de previsão, funcionando dentro de um ambiente IBM WebSphere Application Server, alavanca dados médicos (por exemplo, sequências genéticas de vírus, históricos de pacientes) de sete fontes hospedadas dentro de um servidor de dados IBM DB2.

Com base no IBM DB2 e no WebSphere, a solução processou e correlacionou dados clínicos e genômicos de muitas fontes, consolidando mais de 39.000 prontuários de pacientes, 109.000 tratamentos e 449.000 avaliações de carga viral – prevendo as respostas dos pacientes à terapia com mais de 75% de precisão. Além disso, em uma competição direta com especialistas clínicos humanos, a EuResist superou os profissionais 9 em 10 vezes. Outros benefícios incluem:

- Comparar características de pacientes com 33.000 casos anteriores e tratamento de dados para ajudar a escolher a terapia com a maior probabilidade de sucesso
- Reduzir incidentes com toxicidade relacionada ao tratamento trazendo dados de sete fontes para criar modelos mais precisos dos pacientes

Mecanismo de previsão combinada da EuResist

O projeto da EuResist recebeu auxílio da Comissão Europeia para desenvolver um sistema europeu integrado para gestão clínica de resistência a medicamentos retrovirais baseada em computador. O sistema resultante, o *EuResist prediction engine* (engine.euresist.org/), fornece aos médicos a previsão da resposta clínica ao tratamento antirretroviral de pacientes com HIV com base na Internet. Essa ferramenta ajuda especialistas a escolherem os melhores medicamentos e combinações de medicamentos para qualquer variação genética do HIV. Para isso, um grande conjunto de dados integrados foi criado, unindo diversos dos maiores bancos de dados existentes sobre resistência. O acesso ao banco de dados e à ferramenta de previsão é garantido sem custo algum.

Fontes: Compilado de euresist.org/, engine.euresist.org/, IBM (2010) e IBM Cognos BI 8 (2010).

Questões

1. A análise preditiva pode melhorar o diagnóstico e o tratamento em saúde. Explique a necessidade de haver uma forma mais inteligente de prever as combinações de medicamentos mais eficientes.
2. Como um SSD e a análise preditiva reduzem os custos de tratamentos de saúde?
3. Quais foram os benefícios que o SSD trouxe para o projeto da EuResist?
4. Quais podem ser alguns tipos de resistência ao uso do EuResist? Dos especialistas? Dos pacientes?
5. Em sua opinião, você acha que as companhias de seguro que pagam por tratamentos com drogas seriam a favor ou contra o sistema? Explique sua resposta.

ANÁLISE UTILIZANDO PLANILHAS

Fazendo caso de negócio para BI

Lembre-se do Caso de negócio da McNICHOLS, apresentado ao final deste capítulo. Você deve calcular o custo de um ano de economias de BI. Esse cálculo será usado em um caso de negócio para estender as capacidades de BI e investir em inteligência móvel (IM). Você precisa calcular mensalmente as economias de custo de janeiro até dezembro de 201X e então mostrar a economia total de um ano por categoria.

Questões de custo:

- Como o caso apresenta, as métricas em tempo real mostrando lucratividade, sucesso de vendas e disponibilidade em estoque são fundamentais para o sucesso, já que a McNICHOLS garante tempo de entrega 24 horas, 7 dias por semana. Isso custa à empresa uma média de 1.000,00 dólares para cada garantia que não consegue cumprir.
- Para os gerentes, a média de hora salarial é de US$ 110,00 por hora.
- O custo de cada cliente perdido é estimado em US$ 500,00 por mês.
- O custo de perder um prazo de entrega no relatório financeiro trimestral é de US$ 2.000,00 por trimestre.
- A redução no desperdício de operações e erros por causa da melhora de qualidade de dados é de US$ 1.800,00 por mês.

Baseie sua análise nas seguintes reduções de custo em cada uma das categorias.

1. Custos de trabalho. Reveja o caso para horas economizadas por BI. Explique como você estimou o número de horas em uma nota ou comentário na planilha.
2. Custos garantidos.
3. Atrito com o cliente.
4. Relatórios finais trimestrais.
5. Ruídos e erros nas operações.

Formate a planilha de modo que fique fácil de compreender. Não use casas decimais. Inclua seu nome e a data em que a análise foi feita.

Recursos online

Você encontrará os guias de tecnologia (em português), bem como outros recursos e ferramentas de estudo (em inglês), no site da Bookman Editora (www.bookman.com.br). Dentre eles:

Casos do Capítulo 11

11.1 BudNet BI
11.2 Lexmark International Improves Operations with BI
11.3 Cigna Uses Business Rules to Support Treatment Request Approval

Referências

aberdeen.com/
Briggs, L., "BI Case Study: DIRECTV Connects with Data Integration Solution," *Business Intelligence Journal,* Vol. 14, No. 1, March 2009.
DIRECTV, *investor.directv.com/overview.cfm*, 2010
Evelson, B., "10 Components of a Successful BI Strategy Plan," *Information Management Blogs,* June 4, 2010.
Gartner, "Gartner Indentifies Four Information Management Roles IT Departments Need to Remain Effective," January 18, 2010.
Gartner Research, "BI Failure? Technology Is Not the Culprit," *CXOtoday.com,* October 13, 2008, cxotoday.com/
Goulden, B., "Fashion Chain Store on the Way," *Coventry,* July 14, 2006.
Hatch, D., "Predictive Analytics: The BI Crystal Ball," *Aberdeen Group,* May 2008.
IBM, "Why EuResist Uses IBM," 2010. www-03.ibm.com/systems/smarter/questions/information-analytics.html
IBM Cognos BI 8, "Leading Metal Supplier and Fabricator Introduces Efficiency, Ease of Use to Financial Planning with IBM Cognos 8 BI and TM1," May 26, 2010.

Imhoff, C, "Enterprise Business Intelligence," *Intelligent Solutions, Inc.,* May 2006.
Information Builders, "U.S. Transportation Command Saves Lives with BI Technology from Information Builders," April 13, 2009. informationbuilders.com/news/press/release/8365
Mintzberg, H., *The Nature of the Managerial Work.* New York: Harper & Row, 1973.
Morgan Stanley, "Global Mobile Internet Report," December 2009. Morganstanley.com
Oracle, "Business Interest in Business Intelligence Solutions for JD Edwards EnterpriseOne," an Oracle White Paper, April 2007.
Perry, J., "All the Right Answers," *Retail Week,* June 1, 2007.
PRNewswire, "INRIX and WSI Partner to Make Commutes Easier with Traffic Forecasts for Broadcast and Cable Television Stations Across North America," *BNet,* April 14, 2008.
Torode, C., "Gartner Rates the Big Four Business Intelligence Vendors," *SearchCIO.com,* April 27, 2010.

Parte V | Gestão de TI, Processo de Negócio e Responsabilidade Social e Ecológica

Capítulo 12
Planejamento Estratégico de TI

Biblioteca de links

Breve introdução ao Capítulo 12

AstraZeneca terceiriza pesquisa e desenvolvimento (P&D), produção e TI

- 12.1 Estratégias de TI
- 12.2 Governança corporativa e governança de TI
- 12.3 Alinhando a TI à estratégia de negócios
- 12.4 Processo de planejamento estratégico de TI
- 12.5 Estratégias de terceirização de TI

Caso de negócio A Kimberly-Clark mapeia TI para seu plano de negócios global

Caso de empresa sem fins lucrativos Troca de informação em saúde no Memorial UMass

Análise utilizando planilhas Custo total da propriedade: Comparação de offshoring de terceirizadas com offshoring de empresas privadas

Referências

Objetivos de aprendizagem

❶ Explicar o valor de alinhar a TI com estratégias de negócio e como esse alinhamento pode ser alcançado.

❷ Reconhecer a importância, as funções e os desafios da governança de TI.

❸ Descrever as razões e benefícios de alinhar estratégias de TI com estratégias de negócio.

❹ Descrever o processo de planejamento estratégico de TI.

❺ Compreender os principais tipos de terceirização, as razões para terceirização e seus riscos e benefícios.

Integrando a *TI*

CON | FIN | MKT | GPO | GRH | SI

Biblioteca de links

Balanced Scorecard Institute balancedscorecard.org/
International Association of Outsourcing Professionals' melhor provedor de serviços de outsourcing, The Global Outsourcing 100 outsourcingprofessional.org/content/23/152/1197/
Visual Ark virtualark.com/
Windows Azure microsoft.com/windowsazure/
Rackspace Hosting rackspace.com/
CIO Insights and Strategy IBM.com/CIO/
Debate sobre Offshore Outsourcing quality-web-solutions.com/offshore-outsourcing-debate.php
Outsource Blog theoutsourceblog.com/
Bloomberg Real-Time Information Services bloomberg.com/
IT Governance Institute itgi.org/
Vídeo com entrevista sobre SaaS e gestão de relacionamento com terceirizados janeeva.com/blog/

Breve introdução

Esta seção introduz as questões de negócio, os desafio e as soluções de TI deste capítulo. Tópicos e questões mencionados aqui são explicados ao longo do capítulo.

Ao longo deste livro, você lerá casos sobre as organizações que investiram em aplicativos operacionais e de relatório em tempo real, redes, computação móvel, mídias sociais, sistemas e infraestruturas corporativas e outras TIs para resolver problemas, realizar trabalhos, obter vantagens e para outros fins comerciais. Cada investimento foi, muito provavelmente, justificado e aprovado por meio de algum processo orçamentário. Fazer investimentos em TI baseado sobre uma necessidade ou ameaça imediata às vezes é necessário, mas essas abordagens reativas não maximizarão o ROI (retorno sobre o investimento) – e podem resultar em sistemas incompatíveis, redundantes ou falhos.

Dois dos maiores riscos e preocupações da alta administração são: (1) fracassar ao alinhar a TI às necessidades reais de negócios e, como resultado, (2) fracassar ao agregar valor ao negócio. Uma vez que a TI pode ter um efeito drástico sobre o desempenho e a competitividade empresariais, o fracasso em gerenciar a TI de maneira efetiva representa um sério impacto no negócio como um todo. Por outro lado, os retornos de TI bem-sucedidos incluem reduções substanciais nos custos operacionais e melhorias na agilidade. Esse ajuste estratégico é inerentemente dinâmico, pois o alinhamento estratégico de TI não é um evento, mas um processo contínuo que está resumido pelo seguinte princípio: *SIs nunca estão prontos – mas sempre em construção.*

Neste capítulo, discutiremos os problemas, os riscos e as recompensas associados com alinhamento de negócios e estratégias de TI. Os dois tipos básicos de estratégias de TI são o *desenvolvimento interno* – muitas vezes com a ajuda de uma empresa de consultoria e/ou fornecedora – e a *terceirização* para uma empresa que reside no mesmo país ou em outro. Duas outras formas de terceirização são a computação em nuvem e o software como um serviço (*software-as-a-service* – SaaS). A terceirização cria seu próprio conjunto de desafios. Por exemplo, as empresas que têm múltiplas terceirizadas enfrentam os desafios de gerenciar todas essas relações à medida que suas operações crescem em complexidade. E à medida que as companhias aumentam atividades terceirizadas, uma lacuna é aberta em suas estruturas organizacionais, em seus métodos de gestão e em suas ferramentas de software. Nesse ponto, as empresas precisam contratar uma empresa de **gestão de relacionamento com terceirizadas** (*outsource relationship management* – ORM). As ORMs podem fornecer ferramentas automatizadas para monitorar e gerenciar relacionamentos com terceirizadas, levando a contratos de nível de serviço (*service-level agreements* – SLAs), melhor alinhamento dos objetivos de negócios e comunicação simplificada.

AstraZeneca terceiriza pesquisa e desenvolvimento (P&D), produção e TI

A empresa sueco-britânica AstraZeneca (astrazeneca.com/) é uma das líderes mundiais no setor farmacêutico, com receitas anuais de 21 bilhões de dólares em 2010 e 62.700 funcionários ao redor do mundo. A empresa concentra-se na descoberta, desenvolvimento e comercialização de medicamentos para seis áreas da saúde. Em 2010, o medicamento Crestor, da AstraZeneca, amplamente usado para redução do colesterol, foi aprovado pelos órgãos reguladores dos Estados Unidos para prevenir ataques cardíacos e derrames em um grande e crescente grupo de pacientes (veja a Figura 12.1). O Crestor foi o terceiro medicamento da AstraZeneca mais vendido em 2009, com vendas de 4,5 bilhões de dólares segundo dados compilados pela Bloomberg (Bloomberg.com/), e essas vendas aumentaram significativamente após a aprovação das entidades reguladores norte-americanas em 2010.

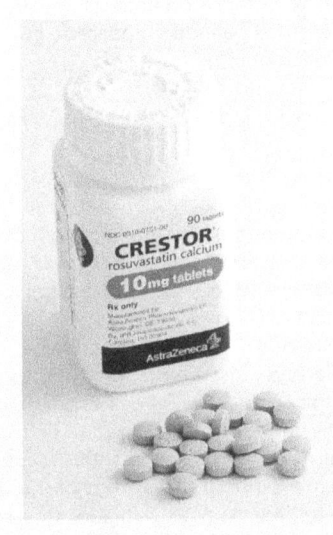

Figura 12.1 O medicamento Crestor, da AstraZeneca, registrou vendas de US$ 4,5 bilhões em 2009. (© Martin Shields/Alamy)

A AstraZeneca explica sua prospectiva estratégia de negócios da seguinte forma:

A cada ano, no início de nosso ciclo de planejamento de negócios, avaliamos os desafios e oportunidades apresentados pelo mercado, colocamos nossas hipóteses de planejamento em curto e longo prazo sob testes de estresse e avaliamos criticamente nossos pontos fortes e fracos como uma organização. Fazemos isso para nos assegurarmos de que, quaisquer que sejam nossos sucessos passados, o caminho estratégico que seguimos seja o certo para o futuro.

Prevendo uma ameaça aos negócios

Em 2007, a administração previu que a empresa iria perder 38% de suas receitas ao longo dos próximos cinco anos porque as patentes de seus principais medicamentos estavam expirando. Uma vez que as patentes expirassem, os concorrentes poderiam produzir e vender legalmente os medicamentos que a AstraZeneca havia desenvolvido, reduzindo suas vendas e lucros. Para combater essa ameaça, a administração lançou uma estratégia radicalmente nova de negócios e começou uma grande reestruturação. David Smith, vice-presidente executivo de operações, foi responsável pela reestruturação para cortar custos e melhorar a rentabilidade antes que as patentes expirassem.

Reestruturação de fortemente acoplado para fracamente acoplado

Smith, que trabalhou anteriormente para o grupo de cosméticos Estée Lauder e para o grupo de vestuário Timberland, queria seguir o modelo de reestruturação estabelecido há anos nas indústrias automobilística, de moda e de eletrônicos. Essas indústrias tinham se afastado do tradicional modelo fortemente acoplado de uma empresa verticalmente integrada. As **empresas verticalmente integradas** controlam cada parte de seus negócios, desde a pesquisa e desenvolvimento (P&D) até a fabricação e logística. Smith transformou a AstraZeneca, de uma empresa farmacêutica verticalmente integrada, em um modelo organizacional fracamente acoplado conectado por contratos e relacionamentos terceirizados.

Observando a nova estratégia da AstraZeneca, Smith explicou:

Nós possuiríamos a PI [propriedade intelectual], a pesquisa e as questões de qualidade e segurança... Mas todo o resto seria terceirizado. A ideia é remover o máximo de etapas possíveis.

Devido a sua nova estratégia de negócio, estima-se que a AstraZeneca complete em 2014 sua mudança rumo à terceirização da P&D, da produção de ingredientes farmacêuticos ativos e das funções de TI. As relações de terceirização levariam vários anos para serem concluídas, em grande parte devido aos complexos obstáculos regulamentares.

Terceirização de P&D e produção – mudanças radicais

A função de P&D é o coração de qualquer empresa farmacêutica. A P&D leva à descoberta de medicamentos inovadores que podem gerar enormes lucros. Assim, quando a AstraZeneca cortou 7.600 postos de trabalho em P&D ao redor do mundo em 2010, desencadeou um dos maiores abalos da história da indústria. Empregos foram cortados por causa do plano de gestão para terceirizar as atividades de produção de medicamentos em 10 anos. A maioria dos trabalhos de P&D da AstraZeneca foi transferido (*offshored*) para mercados farmacêuticos emergentes, como a China. De acordo com Smith:

A produção não é uma atividade central para a AstraZeneca. A empresa é voltada à inovação e à construção da marca... Há muitas pessoas e organizações capazes de produzir melhor do que nós. Seguiremos um modelo de terceirização do back-end... Não vemos a produção como um núcleo central.

Mais tarde, a empresa decidiu eliminar e terceirizar produções mais sofisticadas e operações da cadeia de suprimentos, bem como atividades de logística. Essas transformações são especialmente radicais, porque a indústria farmacêutica estava entre os setores globais mais conservadores em relação a sua atitude frente à produção e à cadeia de suprimentos.

Acordos de terceirização de TI com múltiplos fornecedores

A AstraZeneca depende de suas capacidades de TI tanto quanto de suas capacidades de P&D – ambas são cruciais. Terceirizar também se tornou uma grande estratégia de TI, o que foi conseguido pela criação de relações de terceirização com vários fornecedores. A Infosys (infosys.com/) gerencia a fabricação, a cadeia de suprimentos, as finanças e as aplicações de recursos humanos da AstraZeneca; a Cognizant (cognizant.com/) executa o armazenamento de dados centralizado; e a IBM (ibm.com/) hospeda a infraestrutura de escritório e e-mail. Em 2007, a AstraZeneca havia assinado um contrato de terceirização global de sete anos com a IBM. Pelos termos do acordo, a IBM fornece uma infraestrutura técnica global única para a AstraZeneca, cobrindo 60 países. O contrato inclui a hospedagem de servidores e armazenamento para operações científicas, comerciais, de rede e comunicação, e de cadeia de suprimentos. A antiga infraestrutura estava limitada a grandes operações nos Estados Unidos, Reino Unido e Suécia. A AstraZeneca mantém o controle de sua estratégia geral de TI e o desenvolvimento e suporte de seus sistemas de aplicação.

A AstraZeneca tem, com esses relacionamentos de terceirização, uma infraestrutura única ligando todas as funções, regiões e mercados. Richard Williams, diretor de tecnologia (*chief-information officer* – CIO) da AstraZeneca, disse que o acordo de terceirização permite à empresa agregar maior valor aos negócios, fornecendo uma infraestrutura consistente em todos os seus sites globais. A infraestrutura consistente permite à empresa lançar novas tecnologias, sistemas de informação e aplicativos de maneira mais rápida e eficiente. Williams acrescentou ainda que "ao permitir maior autonomia à IBM sobre os métodos de entrega, o contrato resultará em eficiência de custo quando comparado com sistemas internos em funcionamento".

Fontes: compilado de Boyle (2010), Lomas (2007) e Pagnamenta (2007).

Questões para discussão e debate em sala de aula

1. Cenário para brainstorming e discussão: Como será a AstraZeneca em 2014 depois que sua reestruturação e terceirização de estratégias estiverem completas? Isto é, quais funções serão executadas pela empresa e quais não serão? Que novos tipos de habilidades de gestão serão necessários? Você acha que esse modelo organizacional é o modelo do futuro?

2. Debate: O offshore de TI é uma questão muito controversa, porque transfere empregos para outros países. Ao mesmo tempo, tem o potencial de diminuir significativamente os custos da empresa. Se o offshoring é bom ou ruim para as pessoas dos países afetados é uma controvérsia. Você pode rever ao menos um site que discute a questão do offshoring. Leia, por exemplo, o *debate sobre Offshore Outsourcing* em quality-web-solutions.com/offshore-outsourcing-debate.php.

Assuma um lado da discussão. Um grupo toma a posição da alta administração da AstraZeneca e debate os benefícios do uso do offshoring como parte de sua estratégia de TI e de negócio. Certifique-se de considerar as ameaças que a empresa está enfrentando e suas razões para a terceirização. O outro grupo toma a posição daqueles que se opõem ao offshoring sobre bases econômicas, éticas e/ou sociais. Cada grupo deve discutir sua posição com fatos, não apenas com emoções.

12.1 Estratégias de TI

Organizações desenvolvem planos e estratégias de TI que suportam a estratégia e os objetivos de negócios. Os quatro pontos principais do **planejamento estratégico de TI** são:

- Melhorar o entendimento da administração em relação a oportunidades e limitações de TI
- Avaliar o desempenho atual
- Identificar capacidade e requerimentos de recursos humanos
- Esclarecer o nível de investimento necessário

Planos estratégicos de TI devem ser feitos dentro do contexto da estratégia de negócio que eles precisam apoiar. No entanto, nem sempre o planejamento de TI é feito assim. Como você aprendeu com o caso da AstraZeneca, estratégias de produção, P&D e TI requerem uma análise prospectiva de SWOT (*strengths, weaknesses, opportunities, threats* – forças, fraquezas, oportunidades e ameaças) para se preparar para o futuro em vez de reagir às crises. E as implementações de TI que requerem uma nova infraestrutura de TI ou a fusão de SIs díspares podem levar anos. Longos prazos de espera e a falta de especialização levaram as empresas a explorar uma série de estratégias de TI que são discutidas a seguir.

ESTRATÉGIAS DE TI: INTERNAS E TERCEIRIZADAS

A estratégia de TI guia decisões de investimento e decisões sobre como SIs serão desenvolvidos, adquiridos e/ou implementados. As estratégias de TI podem ser divididas em duas grandes categorias:

1. O **desenvolvimento interno** ocorre quando os sistemas são desenvolvidos – ou quando outro trabalho de TI é feito – internamente, às vezes com a ajuda de empresas de consultoria ou fornecedores. Em geral, TIs que proporcionam vantagens competitivas ou que contêm dados confidenciais ou proprietários são desenvolvidos e mantidos pela próprio departamento de TI da organização.

2. O **desenvolvimento terceirizado** (ou **terceirização**) ocorre quando os sistemas são desenvolvidos – ou quando outro trabalho de TI é feito – por terceiros. Existem muitos tipos de terceirização. Trabalho ou desenvolvimento pode ser terceirizado para empresas de consultoria ou fornecedores que estão no mesmo país, o que é conhecido como **terceirização onshore**. Ou o trabalho pode ser terceirizado offshore para outros países. A terceirização que é feita offshore também é chamada de **offshoring**. As outras opções incluem locar ou comprar TI como serviços. A computação em nuvem e o software como um serviço (SaaS) têm expandido as opções de terceirização.

As organizações usam combinações dessas estratégias de TI – internalização, terceirização onshore, offshoring, computação em nuvem e SaaS. Você pode ler mais sobre terceirização na Seção 12.5.

TI E ESTRATÉGIA DE NEGÓCIOS SE DESCONECTAM

Segundo uma pesquisa sobre líderes empresariais feita pela Diamond Management & Technology Consultants (diamondconsultants.com/), 87% dos entrevistados acreditam que a TI é fundamental para o sucesso estratégico de suas empresas, mas relativamente poucos líderes empresariais trabalham com TI para alcançar esse sucesso. Outras conclusões importantes do estudo feito pela Diamond são:

- Apenas 33% dos líderes empresariais relataram que a divisão de TI está muito envolvida no processo de desenvolvimento de estratégia de negócio.
- Apenas 30% dos entrevistados relataram que o executivo de negócios responsável pela estratégia trabalha em estreita colaboração com a divisão de TI.
- Quando a estratégia de TI não está alinhada com as estratégias de negócios, há um risco alto de que o projeto de TI seja abandonado antes da conclusão. Cerca de 75% das empresas abandonaram pelo menos um projeto de TI, e 30% abandonaram mais de 10% dos projetos de TI por esse motivo.

Há vários motivos possíveis pelos quais uma alta porcentagem de projetos de TI é abandonada – a estratégia de negócio mudou, a tecnologia mudou, o projeto não ia ser concluído a tempo ou dentro do orçamento, os patrocinadores responsáveis pelo projeto não trabalharam bem juntos ou a estratégia de TI foi mudada para computação em nuvem ou para SaaS.

CASOS DE SUCESSO DE ESTRATÉGIA DE NEGÓCIOS E TI

As empresas que alinham sua estratégia de negócios com sua estratégia de TI aumentam suas receitas. Veja dois casos como exemplos.

1. Na Travelers Companies Inc., uma companhia de seguros de vida e de bens, alcançou-se um aumento de 75% nas vendas para novos clientes com o uso de um novo SI (software) por seus agentes independentes. O sucesso da implantação do software foi atribuído ao amplo envolvimento do CIO no desenvolvimento estratégico e à estreita relação de trabalho entre a divisão de TI e a unidade de negócios responsável.

2. A Kraft Foods Inc. lançou um projeto de gerenciamento de dados mestre (*master data managment* – MDM) para simplificar e harmonizar seus processos de negócios globais, habilitando recursos de informações empresariais estratégicas. A Kraft havia crescido por meio de aquisições, resultando em SIs que não poderiam compartilhar dados devido a diferenças na maneira como os dados foram definidos – como dados mestres. Por exemplo, a maioria dos SIs tem listas de dados que são compartilhadas e utilizadas por várias das aplicações que compõem o sistema. Um sistema integrado de gestão empresarial (SIGE, ou *enterprise resource planning* – ERP) típico tem um Cliente Mestre, um Item Mestre e uma Conta Mestre. Essas listas de dados mestres permitem o compartilhamento de dados por meio de aplicativos. Como elas são usadas por vários aplicativos, qualquer erro ou inconsistência nos dados mestres causa erros e falhas nos aplicativos por onde navegam.

A avaliação da Kraft sobre a situação de seus dados mestres revelou problemas que estavam causando impacto negativo em suas estratégias de negócios. De acordo com o diretor de TI, Marcelo De Santis: "Nosso programa de gerenciamento de dados mestres é um elemento estratégico chave. Ele é visto como fundamental – dados são cruciais para os negócios. Temos patrocínio executivo do diretor financeiro e do vice-presidente executivo de operações e serviços empresariais". O projeto de MDM foi realizado por várias razões de negócios, como para reduzir a complexidade de seu portfólio de produtos e, assim, levar a reduções de inventário. Iniciativas de business intelligence também estão sendo facilitadas por esse projeto – a capacidade de obter uma visão integrada de vendas por cliente e por produto, maior confiabilidade na medição e classificação de parceiros, avaliações aprimoradas de desempenho do produto durante seu lançamento, facilidade na identificação de oportunidades de negócios por categoria/posição geográfica, análises e relatórios robustos e a capacidade de responder mais rapidamente às mudanças de negócios, como aquisições, mudanças regulamentares e exigências dos clientes.

O princípio fundamental a ser aprendido é que, quando estratégias organizacionais mudam, as estratégias de TI precisam mudar com elas. Ambas são dinâmicas. E quando as pessoas são resistentes a mudanças, elas criam riscos, pois o sucesso do SI depende das habilidades e cooperação das pessoas, bem como do projeto de processos de negócio e dos recursos de TI.

ESTRATÉGIAS DE NEGÓCIO E DE TI DEFINIDAS

É importante conhecer os termos próprios da estratégia de negócios. Esses termos-chave são definidos na Tabela 12.1 e discutidos a seguir.

A **estratégia de negócio** define a direção geral do negócio. A **estratégia de TI** define *quais* informações, sistemas de informação e arquitetura de TI são necessários para suportar os negócios e *como* a infraestrutura e os serviços devem ser entregues.

O **alinhamento TI – negócios** refere-se ao grau em que a divisão de TI entende as prioridades dos negócios e gasta seus recursos, prossegue com projetos e fornece informação de acordo com essas prioridades. O alinhamento TI – negócios tem duas facetas.

1. Uma faceta é alinhar a estratégia, a estrutura, a tecnologia e os processos do departamento de TI àqueles das unidades de negócios para que a TI e as unidades de negócios, unidos, trabalhem visando os mesmos objetivos. Essa faceta é chamada de **alinhamento de TI**.
2. Outro tipo de alinhamento, chamado de **alinhamento estratégico de TI**, envolve alinhar a estratégia de TI à estratégia organizacional. O objetivo do alinhamento estratégico de TI é garantir que as prioridades, as decisões e os projetos de SI estejam em consonância com as necessidades de toda a empresa. Fracassar ao alinhar adequadamente a TI com a estratégia organizacional pode resultar em altos investimentos em sistemas que têm um baixo retorno ou no não investimento em sistemas que têm, potencialmente, um alto retorno.

TABELA 12.1 Definições de estratégia de negócios

Definições de termos-chave relacionados à estratégia organizacional.

1. A **estratégia** é como uma organização pretende cumprir sua perspectiva. É o plano geral do jogo.
2. Os **objetivos** são os alicerces da estratégia. Os objetivos definem o que a empresa está tentando alcançar. Elas são declarações orientadas a ações (por exemplo, atingir um ROI de pelo menos 10% em 201X) que definem atividades de melhoria contínua que devem ser executadas para se obter sucesso. Os objetivos têm os seguintes critérios:
   - *Específico:* define o que pode ser alcançado
   - *Mensurável:* é expresso em termos mensuráveis
   - *Realizável:* é realista frente aos recursos e condições disponíveis
   - *Relevante:* é relevante para as pessoas que são responsáveis por alcançá-lo
   - *Prazo:* inclui uma dimensão de tempo
3. As **metas** são os níveis desejados de desempenho.
4. A **declaração de visão** é a imagem de onde a organização quer estar no futuro.
5. A **declaração de missão** define por que uma organização existe.

Figura 12.2 Ativistas protestam contra o vazamento de óleo da BP em frente a um posto de gasolina da empresa localizado no bairro de SoHo, Nova York, derramando "óleo" sobre si mesmos. 28 de maio de 2010.
(© Luay Bahoora / Alamy)

Estratégias de negócios e de TI dependem de participação e governança de TI compartilhadas entre todos os gerentes seniores (Shpilberg et al., 2007). Quando uma TI ou qualquer tipo de falha causa danos aos clientes, parceiros de negócios, funcionários ou ao meio ambiente, as agências reguladoras – bem como o público – culparão o CEO (veja a Figura 12.2). Um ótimo exemplo é o CEO da BP, Tony Hayward, que foi responsabilizado perante o Congresso pelo papel da BP na explosão e derramamento de óleo na *Deepwater Horizon*, a explosão da plataforma que matou 11 trabalhadores e provocou o vazamento de petróleo submarino que lançou mais de 60 mil barris de petróleo bruto por dia no Golfo do México por aproximadamente três meses. As tentativas de Hayward em alegar desconhecimento dos riscos e o uso da defesa SODDI ("*some other dude did it*", algo como "foi outro cara que fez isso") não livraram a cara dele e dos outros CEOs. *Uma empresa pode terceirizar o trabalho, mas não a responsabilidade por ele.*

Devido ao inter-relacionamento entre as estratégias de TI e de negócio, os gerentes de TI e de outros negócios compartilham a responsabilidade no desenvolvimento de planos estratégicos de TI. Portanto, uma estrutura de governança precisa estar em um lugar que atravesse as linhas organizacionais e torne a gerência sênior responsável pelo sucesso de importantes iniciativas de TI, o que é discutido na próxima seção.

Questões para revisão

1. Quais são os quatro pontos principais dos planos estratégicos de TI?
2. Explique a diferença entre as estratégias de TI internas e terceirizadas.
3. Quais são os principais tipos de terceirização?
4. Quais são as possíveis razões para a alta porcentagem de projetos de TI abandonados?
5. Defina *estratégia de negócio* e *estratégia de TI*.
6. Qual é o objetivo do alinhamento TI – negócios?

12.2 Governança corporativa e governança de TI

A **governança de TI** está preocupada com a garantia de que os investimentos organizacionais em TI agreguem total valor. Como tal, a **gestão de desempenho de TI** – sendo capaz de prever e antecipar falhas antes que seja tarde demais – é uma grande parte de governança de TI. As funções da gestão de desempenho de TI incluem o seguinte: verificar se os objetivos estratégicos de TI estão sendo alcançados, revisar o desempenho de TI e avaliar a contribuição da TI aos negócios. Por exemplo, a gestão de desempenho de TI avalia os resultados para responder à pergunta: o investimento em TI entrega o valor de negócio prometido?

Para que a TI agregue total valor, três objetivos devem ser cumpridos (com o primeiro objetivo você já está familiarizado).

1. A TI deve estar totalmente alinhada à direção e às estratégias de negócios.
2. Os riscos principais têm de ser identificados e controlados.
3. O cumprimento das leis, das regras da indústria e das agências reguladoras deve ser demonstrado.

À luz de muitos fracassos e escândalos corporativos, as governanças corporativa e de TI atualmente têm um perfil mais alto do que nunca. A gestão de riscos, fiscalização e comunicação clara são peças integrantes de governança.

GOVERNANÇA DE TI

A governança de TI é parte de uma atividade de governança corporativa mais ampla, mas tem seu foco próprio e específico. Os benefícios da governança de TI eficaz são a redução de custos e de danos causados por falhas de TI, bem como mais confiança, mais trabalho em equipe e mais confiança no uso de TI e nas pessoas que fornecem serviços de TI.

Questões que levam à necessidade de governança de TI. O IT Governance Institute publica em seu site (itgi.org/) as constatações do Programa *IT Governance Specialist Development Group* (SDG), da IMPACT. O SDG descobriu que as seguintes questões levam à necessidade de governança de TI (IMPACT, 2005):

1. Há uma carência geral de prestação de contas, bem como de participação comum e clareza de responsabilidade suficientes para serviços e projetos de TI. A comunicação entre clientes (isto é, usuários de TI) e fornecedores tem de melhorar e basear-se na responsabilidade conjunta por iniciativas de TI.
2. Há, potencialmente, uma crescente lacuna entre o que os departamentos de TI pensam que os negócios precisam e aquilo que os negócios pensam que o departamento de TI deveria ser capaz de entregar.
3. As organizações precisam obter uma melhor compreensão do valor entregue pela TI, tanto no nível interno quanto no nível de fornecedores externos. Medidas são necessárias em termos de negócios (dos clientes) para alcançar esse fim.
4. A alta administração quer entender "como vai a TI de minha organização em relação a outros grupos semelhantes?".
5. A gestão tem de entender se a infraestrutura subjacente de TI de hoje e de amanhã (tecnologia, pessoas e processos) é capaz de suportar as necessidades de negócios esperadas.
6. Já que as organizações estão dependendo cada vez mais de TI, a gestão precisa ser mais ciente dos riscos críticos de TI e se eles estão sendo administrados.

Indivíduos preocupados com a governança de TI. Os indivíduos que se preocupam com a governança de TI são:

- Líderes empresariais de alto nível: membros do conselho, executivos e gerentes de operações, de TI e, especialmente, de finanças.
- Gerentes de relações públicas e de relações com investidores.
- Auditores e reguladores, internos e externos.
- Gestão de negócios intermediários e de TI.
- Cadeia de suprimentos e parceiros de negócios.
- Acionistas e clientes.

Conforme indicam as listas de questões e de indivíduos preocupados, a governança de TI não é apenas um problema de TI ou interesse apenas da função de TI. Ela é uma parte integrante da governança corporativa focada em melhorar a gestão e o controle de TI. Em última análise, é dever do conselho de administração garantir que a TI e outras atividades cruciais sejam efetivamente governadas.

A TI desempenha um papel fundamental na melhoria das práticas de governança corporativa, porque a maioria dos processos de negócios é automatizada: os gerentes dependem das informações fornecidas por esses processos para suas tomadas de decisão.

A estrutura de governança dentro de uma organização pode tanto facilitar quanto impedir o alinhamento TI – negócios. O diretor de tecnologia de informação (*chief information officer* – CIO) supervisiona a divisão de TI e é responsável pela direção de tecnologia da empresa. O CIO é um membro da C-suite de "diretores" da empresa, que compartilham autoridade com os representantes de suas respectivas áreas de responsabilidade, como diretor executivo (*chief executive officer* – CEO), diretor financeiro (*chief financial officer* – CFO), diretor de marketing (*chief marketing officer* – CMO) ou diretor de conformidade (*chief compliance officer* – CCO). Para quem o CIO se reporta revela como a TI é vista dentro da empresa. Por exemplo, se a TI é vista como uma arma estratégica para aumentar as receitas

TABELA 12.2 — Conjunto de habilidades importantes do CIO

Habilidade de CIOs que demonstraram melhorar a governança de TI e o alinhamento TI – negócios incluem:

- *Entendimento político.* Compreender efetivamente outros trabalhadores e usar esse conhecimento para influenciar os outros a suportar os objetivos organizacionais.
- *Poder, liderança e influência.* Ser capaz de inspirar uma visão compartilhada e influenciar subordinados e superiores.
- *Gestão de relacionamento.* Construir e manter relações de trabalho com colegas e com trabalhadores externos à organização. Negociar soluções de problemas sem alienar os impactados. Compreender os outros e obter sua cooperação nas relações de não autoridade.
- *Desenvoltura.* Pensar estrategicamente e tomar boas decisões sob pressão. Poder configurar complexos sistemas de trabalho e se envolver na resolução flexível de problemas.
- *Planejamento estratégico.* Ser capaz de desenvolver objetivos e estratégias de longo prazo e traduzir a visão em estratégias realistas de negócios.
- *Fazer o que for preciso.* Perseverar frente aos obstáculos.
- *Conduzir empregados.* Delegar trabalho para funcionários de maneira eficiente, ampliando as oportunidades dos funcionários e interagindo de maneira justa com os empregados.

e a eficácia operacional, o CIO provavelmente se reporta ao CEO. Se a TI é vista como um centro de corte de custos, o CIO provavelmente se reporta ao CFO. A Tabela 12.2 lista as habilidades importantes dos CIOs.

O QUE A GOVERNANÇA DE TI COBRE

A governança de TI abrange a gestão de TI e controla cinco áreas fundamentais:

1. **Suporta a estratégia:** fornece a direção estratégica de TI e o alinhamento de TI aos negócios.
2. **Agrega valor:** assegura que a organização de TI/negócios seja projetada para obter máximo valor de negócio da TI. Supervisiona a entrega de valor pela TI aos negócios e avalia o ROI.
3. **Gestão de riscos:** assegura que os processos estejam em conformidade para garantir que os riscos foram adequadamente geridos. Inclui a avaliação do risco de investimentos em TI.
4. **Gestão de recursos:** fornece alto nível de direção para fornecimento e utilização de recursos de TI. Supervisiona o investimento de TI em nível corporativo. Garante que haja capacidades e infraestrutura de TI adequados para suportar os requisitos de negócios atuais e futuros.
5. **Gestão de desempenho de TI:** (consulte também o início da Seção 12.2) verifica o cumprimento estratégico ou a realização de objetivos estratégicos de TI. Mede o desempenho da TI e a contribuição da TI aos negócios, incluindo a entrega do valor prometido ao negocio (IMPACT, 2005).

A governança de TI, bem como a segurança, não é um exercício para ser feito uma vez só, ou algo alcançado por um mandato ou pelo estabelecimento de regras. Ela requer um compromisso a partir do topo da organização para incutir uma maneira melhor de lidar com a gestão e o controle de TI. A governança de TI é uma atividade contínua que requer uma mentalidade de melhoria e resposta às rápidas mudanças do ambiente de TI. Quando as empresas entram em desafios legais ou regulamentares, a governança de TI é o que as salva ou as condena.

Questões para revisão

1. Qual é a preocupação da governança de TI?
2. Por que a gestão de desempenho de TI é um elemento chave da governança de TI?
3. Quais são os três objetivos que devem ser atendidos para que a TI entregue valor total?
4. Identifique quatro questões que levam à necessidade de governança de TI.
5. Quem se preocupa com a governança de TI?
6. O que abrange a governança de TI?

12.3 Alinhando a TI à estratégia de negócios

O alinhamento é uma complexa atividade de gestão, e sua complexidade aumenta com a crescente complexidade das organizações, conforme o ritmo de competição global e as mudanças de tecnologias aumentam. O alinhamento TI – negócio pode ser melhorado ao se concentrar sobre as seguintes atividades:

1. **Entender de planejamento de negócio e de TI.** Um pré-requisito para o alinhamento TI – negócio eficaz é que o CIO entenda de planejamento de negócios e que o CEO e os planejadores de negócios entendam do planejamento de TI de sua empresa.
2. **O CIO é um membro da gerência sênior.** A chave para a realização do alinhamento TI – negócio é que o CIO alcance influência estrágia. Em vez de serem tecnólogos tacanhos, os CIOs devem ter tino tanto para tecnologia quanto para negócios.
3. **Cultura compartilhada e boa comunicação.** O CIO deve entender e aderir à cultura corporativa de modo que o planejamento de TI não ocorra isoladamente. A comunicação aberta, frequente e eficaz é essencial para assegurar uma cultura compartilhada e para manter todos cientes das atividades de planejamento e das dinâmicas de negócios.
4. **Compromisso da alta administração com o planejamento de TI.** O compromisso da alta administração com o planejamento de TI é essencial para o sucesso.
5. **Elos multiníveis.** Elos entre os planos de negócios e os planos de TI devem ser feitos nos níveis estratégico, tático e operacional.

O PAPEL ESTRATÉGICO DA TI

As empresas devem determinar o uso, o valor e o impacto de TI para identificar oportunidades que criem valor e suportem a visão estratégica. Isso requer que o CIO e outra equipe sênior de TI interajam de perto com o CEO e com a gestão sênior em áreas funcionais ou em unidades de negócios. E o CIO deve estar em posição de influenciar como a TI pode desempenhar um papel estratégico na empresa.

Por exemplo, na Toyota Motor Sales USA, com sede na Califórnia, a nova CIO, Barbra Cooper, chegou a pensar que seis projetos de TI que abrangiam a empresa inteira haviam sobrecarregado tanto a carga de trabalho do grupo de SI que havia pouquíssimo tempo para comunicação com outras unidades de negócios (Wailgum, 2008). O SI era visto como o autor do pedido em vez de um parceiro com o qual se pudesse construir soluções. Em seis meses, a CIO Cooper mudou radicalmente a estrutura do departamento de SI da Toyota para construir uma estreita comunicação com as operações de negócios. Um ano depois, o SI e as unidades de negócios estavam trabalhando em estreita colaboração ao planejar e implementar projetos de TI.

VANTAGEM COMPETITIVA POR MEIO DE TI

A vantagem competitiva é obtida por uma empresa ao fornecer valor real ou valor percebido aos clientes. Para determinar como a TI pode proporcionar uma vantagem competitiva, a empresa deve conhecer seus produtos e serviços, seus clientes e concorrentes, seu setor, indústrias relacionadas e forças ambientais – e ter ainda uma visão sobre como a TI pode agregar valor para cada uma dessas áreas. Para entender a relação de TI em fornecer vantagem competitiva, consideraremos em seguida o potencial dos recursos de TI de uma empresa para agregar valor ao negócio.

Três características de recursos dão às empresas o potencial para criar uma vantagem competitiva:

- **Valor.** Os recursos são uma fonte de vantagem competitiva somente quando são valiosos. Um recurso tem valor até o ponto em que permite que uma empresa implemente estratégias que melhorem a eficiência e a eficácia. No entanto, mesmo valiosos, os recursos que são equitativamente distribuídos por todas as organizações são apenas commodities.
- **Raridade.** Os recursos também devem ser raros para que confiram vantagens competitivas.
- **Apropriabilidade.** Esse termo refere-se à capacidade da empresa de gerar lucros a partir dos recursos. Mesmo se um recurso for raro e valioso, se a empresa gastar mais (dinheiro e/ou esforço) para obtê-lo do que faturar com ele, não haverá vantagem competitiva.

Muitas empresas, tentando contratar pessoal com conhecimento de SIGE (ERP) em 1999 – 2000, descobriram que elas eram incapazes de realizar um ROI devido aos altos salários. A Tabela

TABELA 12.3 Principais atributos de recursos que criam vantagem competitiva

Atributos do recurso	Descrição
Valor	O grau em que um recurso pode ajudar uma empresa a melhorar sua eficiência ou eficácia
Raridade	O grau em que um recurso é distribuído não heterogeneamente entre as empresas de um determinado setor
Apropriabilidade	O grau em que uma empresa pode utilizar um recurso sem incorrer em despesas que excedam o valor do recurso
Imitabilidade	O grau em que um recurso pode ser facilmente imitado
Mobilidade	O grau em que um recurso é fácil de transportar
Substitutabilidade	O grau em que outro recurso pode ser usado em lugar do recurso original para gerar valor

12.3 lista as três características necessárias para alcançar uma vantagem competitiva e três fatores adicionais necessários para sustentá-la.

As três primeiras características descritas na Tabela 12.3 são utilizadas para caracterizar os recursos que podem criar uma vantagem competitiva inicial. No entanto, para que a vantagem competitiva seja sustentável, os recursos devem ser imitáveis, imperfeitamente móveis e ter baixa substitutabilidade. A **imitabilidade** é a característica que determina se um concorrente pode imitar ou copiar o recurso. A **mobilidade** (ou *negociabilidade*) refere-se à facilidade com que uma empresa pode adquirir os recursos necessários para imitar a vantagem competitiva de um rival. Alguns recursos, como hardware e software, são fáceis de adquirir, sendo, portanto, altamente móveis e em geral não conseguem gerar vantagem competitiva sustentada. Mesmo se um recurso for raro, quando é possível comprá-lo ou alugá-lo, ele passa a ser móvel e incapaz de contribuir para uma vantagem sustentável. A **substitutabilidade**, por fim, refere-se à capacidade de empresas concorrentes de utilizar um recurso alternativo.

Os sistemas de informação podem contribuir com três tipos de recursos para uma empresa: recursos tecnológicos, capacidades técnicas e recursos gerenciais de TI (como listados na Tabela 12.4).

Os *recursos tecnológicos* incluem a infraestrutura de TI, tecnologia proprietária, hardware e software. A criação de uma infraestrutura bem-sucedida pode levar vários anos para ser alcançada. Assim, mesmo que os concorrentes possam facilmente comprar os mesmos hardware e software, a combinação desses recursos para desenvolver uma infraestrutura flexível é uma tarefa complexa. Algumas empresas podem levar vários anos para alcançar as mesmas capacidades de infraestrutura de suas concorrentes.

TABELA 12.4 Recursos e capacidades de SI

Recurso/Capacidade de SI	Descrição	Relacionamento com atributos de recursos
Recursos tecnológicos	Incluem a infraestrutura, a tecnologia proprietária, o hardware e o software.	Não necessariamente raros ou valiosos, mas difíceis de serem apropriados e imitados. Baixa mobilidade, mas com um grau razoável de substitutabilidade.
Habilidades de TI	Incluem conhecimento técnico, conhecimento de desenvolvimento e habilidades operacionais.	Altamente móvel, mas menos imitável ou substituível. Não necessariamente raro, mas altamente valioso.
Recursos gerenciais de TI	Incluem habilidades de relacionamento entre fornecedor e terceirizado, resposta de mercado, parcerias entre negócio e SI, planejamento e habilidades de gestão.	Um pouco mais raro do que recursos tecnológicos e de habilidades de TI. Também de valor mais alto. Alta mobilidade dado o curto mandato de CIOs. Não substituível.

As *capacidades técnicas* incluem conhecimento técnico de TI (como habilidades de desenvolvimento de aplicativos), conhecimento de desenvolvimento de SI (como experiência com mídias sociais ou plataformas de desenvolvimento) e operações de TI. As habilidades técnicas de TI incluem a perícia necessária para construir e utilizar aplicações de TI.

Os *recursos gerenciais* incluem recursos gerenciais de SI (como relacionamento com fornecedores, gestão de relacionamento com terceirizadas, resposta de mercado, parcerias entre negócios e SI e planejamento e gestão de mudança de SI.

MATRIZ DE OPORTUNIDADE DE MELHORIA DE NEGÓCIOS

A TI pode melhorar muitos domínios de atividades de negócios, conforme apresentado na matriz de oportunidade mostrada na Tabela 12.5.

Para garantir que os executivos de negócios e de TI tenham acesso a um entendimento comum de potenciais melhorias de negócios atingíveis pelo uso de TI, cada um desses benefícios deve ser avaliado em termos do valor a ser fornecido para o negócio. Uma ou mais melhorias podem ser alcançadas por meio da TI. Por exemplo, se o serviço de atendimento ao cliente (número 8 na Tabela 12.5) está previsto para ser melhorado por meio da utilização de TI em um serviço de entrega de pacotes, tal melhoria pode ser considerada um fornecimento de valor de alto impacto. A descrição do valor de negócio da experiência melhorada de atendimento ao cliente afirmaria:

> *O volume elevado atual de reclamações de clientes a respeito da entrega atrasada de pacotes será tratado com uma mensagem de e-mail personalizada, gerada automaticamente para cada cliente que experimentar atraso na entrega, que fornecerá notificações sobre as datas de entregas revisadas. Esse comunicado por e-mail também é uma oportunidade para cada cliente expressar qualquer preocupação restante. O foco externo em melhorar o serviço ao cliente contribuirá para uma imagem positiva da empresa.*

Esse processo de mudança para melhorar o serviço de atendimento ao cliente pode melhorar também a eficiência nos processos (número 1 na tabela), proporcionando valor de baixo impacto aos negócios. A descrição do valor comercial desse processo de melhoria seria:

> *Agentes de atendimento ao cliente não atenderão pessoalmente a todas as reclamações dos clientes, o que lhes permitirá focar na resolução de reclamações mais graves. Espera-se melhorar as eficiências operacionais e de custos com esse melhor uso do tempo dos agentes de atendimento ao cliente.*

TABELA 12.5 Matriz de oportunidade de melhoria de negócios

Melhoria de negócio com TI	Valor de alto impacto	Valor de baixo impacto	Sem valor	Descrição do valor de negócio da melhoria
1. Melhora as eficiências do processo				
2. Aumenta a quota de mercado e o alcance global				
3. Alcança novos canais, audiências e mercado				
4. Melhora as capacidades de parceria externa				
5. Permite a colaboração interna				
6. Lança ofertas inovadoras de produtos e serviços				
7. Melhora o tempo de comercialização				
8. Aprimora a experiência de atendimento ao cliente				
9. Melhora o acesso à informação e a eficácia nos processos de tomada de decisão				
10. Traz novos modelos de negócios				
11. Permite a um negócio ganhar, ou simplesmente manter, uma vantagem competitiva				
12. Outro				

Fontes: Compilado de Kesner (2003) e Center for CIO Leadership (2007).

A matriz da Tabela 12.5 facilita o entendimento de como a TI agrega valor de negócio. Essa matriz serve como uma ferramenta para discutir e esclarecer as expectativas sobre o impacto potencial das melhorias para o negócio. A comunicação clara, frequente e eficaz é fundamental para atingir esse potencial.

PARCERIA ENTRE GESTÃO EMPRESARIAL E DIVISÃO DE TI

Incluir o CIO na equipe de alta administração do CEO promove uma parceria entre eles. Por exemplo, na Walgreen Co., uma rede líder de drogarias, o CIO tem estado na alta administração desde o final dos anos 1990 (Worthen, 2007). Esse acordo facilitou a entrega de um único SI para conectar todas as farmácias Walgreen, com contínuas melhorias com base no feedback e sugestões tanto de clientes quanto de funcionários. O CEO reconhece que incluir o CIO em reuniões de estratégia incentiva o trabalho em equipe. Para manter esse relacionamento mutuamente benéfico, o CIO deve educar e atualizar continuamente os outros executivos da equipe C-suite (time de executivos) sobre avanços tecnológicos e capacidades relevantes para as necessidades dos negócios.

A parceria entre a divisão de TI e a gestão empresarial pode se estender para fundir-se com o negócio, como você lê em *TI em ação 12.1*. Tal fusão poderia ser alcançada com uma nova estrutura organizacional, em que o CIO se torne responsável por gerenciar algumas funções essenciais de negócios. Por exemplo, o CIO da Hess Corporation, uma empresa líder em energia com sede em Nova York, é parte de uma nova estrutura organizacional (Hoffman e Stedman, 2008). O CIO começou a gerenciar funções essenciais do negócio. Além disso, a Hess Corporation está criando um comitê de TI e negócios em conjunto para desenvolver novos processos operacionais e tecnologias avançadas. Composta por profissionais de TI, geólogos, cientistas e outros funcionários, essa unidade se reportará ao vice-presidente sênior de exploração e produção de petróleo.

O CIO também pode trabalhar diretamente com outros altos executivos para influenciar direções estratégicas, sugerir mudanças nos processos internos de negócios e levar uma diversidade de iniciativas que abranjam mais do que apenas os projetos de tecnologia. Por exemplo, o vice-presidente de TI da PHH Mortgage, em Mount Laurel, Nova Jersey, trabalha em conjunto com os gerentes de vendas (Stedman, 2008). Essa relação de trabalho tem promovido um relacionamento entre o CIO e os executivos de vendas. Em discussões com a equipe de vendas sobre possíveis mudanças em alguns dos processos de aplicação de hipoteca, o CIO é

TI em ação 12.1

O CIO estratégico

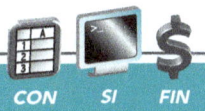

Não é comum que um CIO trabalhe rotineiramente com líderes empresarias sobre suas estratégias, traduza-as em ação e então seja convidado pelo CEO a gerenciar a estratégia de negócios mundialmente. Também não é comum que um CEO peça ao CIO para executar uma linha de negócios para além da função de TI. Não se esperaria que um CIO gerenciasse o processo de abertura de 10.000 locais em época de preparação de impostos, mas foi isso que aconteceu na H&R Block, uma companhia de prestação de serviços financeiros e de impostos. Essas responsabilidades são comuns para CIOs que são responsáveis pela governança de TI e por dar suporte à estratégia de negócios. Para maior clareza, iremos nos referir a eles como "CIOs estratégicos".

O CIO estratégico é um líder empresarial que utiliza a TI para agregar valor e ganhar uma vantagem competitiva. O foco do estrategista está em como uma empresa serve seus clientes e cria valor acionário. Mais do que estar focado principalmente em operações internas, o CIO estratégico observa a empresa de fora, perguntando-se como a companhia é vista pelos clientes e como os concorrentes usam TI para competir. O papel do CIO estratégico está focado em estratégia de negócios e inovação. Esse enfoque mais amplo, orientado a negócios, e o foco estratégico são a direção que o CIO deve tomar.

Marc West, o vice-presidente sênior e CIO da H&R Block, começou como um "CIO tradicional", concentrando 95% de seus esforços sobre a fundação de tecnologia. Durante a preparação para a época do imposto, o CIO West se comprometeu a entregar um software de preparação de imposto para os locais de preparação de imposto da empresa. Essa atividade o ajudou a adquirir ideias sobre negócios e operações fundamentais, e também sobre como os clientes são atendidos. Isso o levou ainda a comparar o que a H&R Block estava fazendo em relação à competição, obtendo assim uma perspectiva maior do setor. Ele compartilhou suas visões estratégicas com o CEO e com a equipe de gestão. Estimulado pelo CEO, o CIO West continuou com sua avaliação estratégica "de fora pra dentro", obtendo uma mentalidade estratégica orientada a negócios do setor como um todo. O CEO, então, pediu ao CIO West que conduzisse uma nova linha de negócios, impulsionando o crescimento nos mercados comerciais.

Fontes: Compilado de Ehrlich e West (2007) e hrblock.com.

Questões para discussão: Por que o papel do CIO se ampliou? Quais são os benefícios desse papel do CIO estratégico para a companhia?

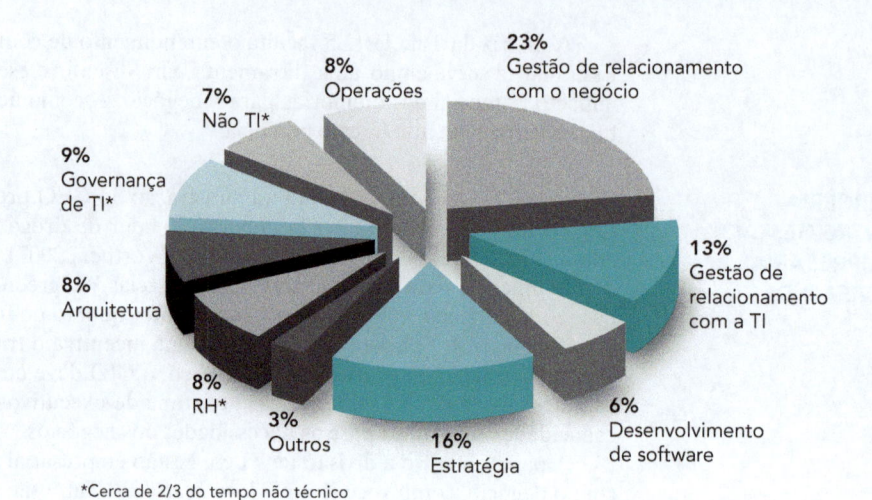

Figura 12.3 Como os CIOs gastam seu tempo.
(Fonte: Luftman, 2007.)

*Cerca de 2/3 do tempo não técnico

- 23% Gestão de relacionamento com o negócio
- 8% Operações
- 7% Não TI*
- 9% Governança de TI*
- 8% Arquitetura
- 8% RH*
- 3% Outros
- 16% Estratégia
- 6% Desenvolvimento de software
- 13% Gestão de relacionamento com a TI

capaz de assumir a liderança sobre oportunidades de melhoria de negócios, compartilhando seu entendimento acerca das preocupações e oferecendo suas recomendações perspicazes.

O foco do CIO sobre as atividades de gestão de negócios se revela pela observação de como os CIOs aproveitam seu tempo. Conforme mostrado na Figura 12.3, cerca de dois terços do tempo de um CIO são gastos em tarefas não técnicas, incluindo a gestão de relacionamento com os negócios, atividades relacionadas à estratégia, atividades não relacionadas com TI, etc. O maior percentual entre os deveres não técnicos (23%) é gasto na gestão de relacionamentos com as áreas funcionais de negócios e com unidades de negócios (Luftman, 2007).

Para realizar o maior potencial de TI, a estratégia de negócios deve incluir a estratégia de TI, e a utilização de TI deve suportar a estratégia de negócios. A próxima fatia maior do tempo do CIO (16%) é gasta em negócios e em estratégia de TI. O alinhamento de negócios e estratégias de TI é fundamental para se tratar de estratégia. Para efetuar esse alinhamento, uma empresa deve planejar cuidadosamente seus investimentos em TI. Por isso voltamos agora ao tópico do processo de planejamento de TI.

Questões para revisão

1. Como o alinhamento TI – negócio pode ser melhorado?
2. Quais são as três características dos recursos que dão às empresas a possibilidade de criar uma vantagem competitiva?
3. Descreva os três tipos de recursos que os sistemas de informação podem oferecer a uma empresa.
4. Por que é importante para o CIO ser incluído como membro da equipe da alta administração de CEOs?

12.4 Processo de planejamento estratégico de TI

Os CIOs realizam o planejamento estratégico de TI anual, trimestral ou semestralmente. Um bom processo de planejamento de TI pode ajudar a garantir que a TI se alinhe – e permaneça alinhada – dentro de uma organização. Uma vez que os objetivos organizacionais mudam com o tempo, não é suficiente desenvolver uma estratégia de TI em longo prazo e não reexaminar a estratégia regularmente. Por essa razão, o planejamento de TI é um processo contínuo.

O processo de planejamento de TI resulta em uma estratégia formal ou em uma reavaliação do portfólio de recursos de TI existente a cada ano ou trimestre.

PROCESSO DE PLANEJAMENTO ESTRATÉGICO DE TI

Lembre-se de que o foco da estratégia de TI é como a TI cria valor de negócio. Normalmente, os ciclos de planejamento anuais são estabelecidos para identificar serviços de TI potencialmente benéficos, para realizar análises de custo-benefício e para submeter a lista de projetos

TI em ação 12.2

Comitês diretivos de TI

O comitê diretivo corporativo é um grupo de gerentes e funcionários representando várias unidades organizacionais que está configurado para estabelecer prioridades de TI e para garantir que o departamento de SI esteja atendendo às necessidades da empresa. As principais tarefas do comitê são:

- **Definição de direção.** Ao ligar a estratégia corporativa com a estratégia de TI, o planejamento é a principal atividade.
- **Racionamento.** O comitê aprova a alocação de recursos para e por dentro da organização de sistemas de informação. Isso inclui a política de terceirização.
- **Estruturação.** A comissão lida com a forma como o departamento de SI está posicionado na organização. A questão de centralização-descentralização de recursos de TI é resolvida pelo comitê.
- **Pessoal.** As principais decisões de pessoal de TI envolvem um processo de consulta e aprovação feito pelo comitê, incluindo decisões de terceirização.
- **Comunicação.** Informações sobre atividades de TI devem fluir livremente.
- **Avaliação.** O comitê deve estabelecer medidas de desempenho para o departamento de SI e observar se elas são cumpridas. Isso inclui a abertura de contratos de nível de serviço (*service-level agreements* – SLAs).

O sucesso dos comitês diretivos depende muito do estabelecimento de governança de TI, de declarações formalmente estabelecidas que direcionem as políticas referentes ao alinhamento de TI com os objetivos organizacionais e da alocação de recursos.

---

potenciais para análise de alocação de recursos. Muitas vezes, o processo inteiro é conduzido por um *comitê diretivo* de TI. Veja as funções de um comitê diretivo de TI em *TI em ação 12.2*.

A Figura 12.4 apresenta o processo de planejamento estratégico de TI. O processo inteiro de planejamento começa com a criação de um plano estratégico de negócios. O *plano de longo alcance de TI* (algumas vezes chamado de plano estratégico de TI) é, então, baseado no plano estratégico de negócios. O plano estratégico de TI começa com a visão e estratégia de TI, que definem o conceito futuro sobre o que a TI deve fazer para atingir as metas, os objetivos e a posição estratégica da empresa – e como tudo isso será alcançado. A direção geral, os requisitos e **sourcing** (*outsourcing* ou *insourcing*) – como infraestrutura, serviços de aplicações, serviços de dados, serviços de segurança, governança de TI, gerenciamento da arquitetura, orçamento, atividades e prazos – são definidos de três a cinco anos. O processo de planejamento continua, dirigindo as atividades de nível inferior em um curto período de tempo.

Plano de negócios estratégico
Direção geral da organização
- Metas
- Objetivos
- Posição estratégica

Plano (de longo alcance) estratégico de TI
Visões e estratégias de TI
Direções gerais para:
- Sourcing e requerimento de recursos
- Orçamento
- Atividades
- Prazos

Plano de médio prazo de TI
- Planos de projeto gerais
- Determinação de recursos
- Portfólio do projeto

Plano tático de TI
- Planos de projeto para o ano vigente
- Orçamento detalhado
- Programação específica de atividades

Figura 12.4 Processo de planejamento estratégico de TI.

O próximo nível é um *plano de TI de médio prazo*, que identifica planos de projetos gerais em termos de requisitos específicos e abastecimento de recursos, bem como o **portfólio de projetos**. O portfólio de projetos lista importantes recursos dos projetos, incluindo infraestrutura, serviços de aplicações, serviços de dados e serviços de segurança que são coerentes com o plano de longo alcance. Algumas empresas podem definir seus portfólios em termos de aplicações. O **portfólio de aplicações** é uma lista de importantes projetos de TI aprovados que também são coerentes com o plano de longo alcance. As expectativas para o abastecimento de recursos no projeto ou no portfólio de aplicações devem ser impulsionadas pela estratégia de negócios. Já que alguns desses projetos levarão mais de um ano para serem concluídos – e outros nem começarão naquele ano – esse plano se estende por vários anos.

O terceiro nível é um *plano tático*, que detalha orçamentos e cronogramas para os projetos e atividades do ano. Na realidade, devido ao ritmo acelerado das mudanças em tecnologia e no meio ambiente, os planos de curto prazo podem incluir itens importantes não previstos em outros planos.

O processo de planejamento que acabamos de descrever é praticado atualmente por muitas organizações. Especificidades do processo de planejamento de TI, é claro, variam entre elas. Por exemplo, nem todas as organizações têm um comitê diretivo de TI de alto nível. As prioridades do projeto podem ser determinadas pelo diretor de TI, por seu superior, pelas políticas da empresa ou até mesmo sobre uma base "primeiro a chegar, primeiro a ser servido".

Os resultados a serem fornecidos pelo processo de planejamento de TI devem incluir o seguinte: uma avaliação dos objetivos estratégicos e rumos da organização e de como a TI está alinhada; uma declaração sobre as estratégias, objetivos e políticas para a divisão de TI; e a direção geral, requisitos e abastecimento de recursos.

FERRAMENTAS E METODOLOGIAS DE PLANEJAMENTO ESTRATÉGICO DE TI

Várias ferramentas e metodologias são utilizadas para facilitar o planejamento estratégico de TI. A maioria dessas metodologias começa com alguma investigação de estratégia que verifica o setor, a concorrência e a competitividade, relacionando-as à tecnologia (*alinhamento*). Outras ajudam a criar e justificar novos usos de TI (*impacto*). Na próxima seção, vamos examinar brevemente algumas dessas metodologias.

Gerenciamento de serviços de negócios. O gerenciamento de serviços de negócios é uma abordagem para ligar indicadores-chave de desempenho (*key performance indicators* – KPIs) de TI com objetivos de negócio para determinar o impacto sobre os negócios. Os indicadores chave de desempenho são métricas que medem o desempenho real dos aspectos críticos de TI, como projetos e aplicações essenciais, servidores, a rede e assim sucessivamente, contra os objetivos de negócio predefinidos, como o crescimento da receita, a redução de custos e o menor risco. Para um projeto crítico, por exemplo, as métricas de desempenho incluem o status do projeto, a capacidade de controlar etapas do orçamento e uma visão de como a equipe de TI aproveita o seu tempo (Biddick, 2008).

Os KPIs podem ser classificados em dois tipos. O primeiro inclui aqueles que medem o *desempenho em tempo real* ou *preveem resultados futuros*. Esses KPIs ajudam em respostas proativas, em vez de em reativas, para potenciais problemas de usuários e clientes. Por exemplo, 80% da equipe de TI pode ser necessária para trabalhar em projetos ativos. Uma avaliação de KPIs pode prever que, no mês seguinte, uma desaceleração projetada de atividade de um projeto reduzirá a taxa de utilização para 70%, dando tempo para ajustar pessoal e adicionar mais projetos. O segundo tipo de KPI mede resultados de atividades passadas. Uma organização de TI, por exemplo, pode ter se comprometido com uma taxa de disponibilidade de aplicação de 99% para certas aplicações, como um sistema de entrada de pedidos de clientes baseado na Web (Biddick, 2008).

Conforme mostrado na Figura 12.5, ferramentas de software para gestão de serviços de negócios proporcionam visualizações em tempo real do painel de desempenho de rastreamento de KPIs nas áreas executivas, funcionais, nos serviços e nos níveis de operações do negócio. Painéis de controle tornam mais fácil compreender e prever como a TI causa impactos ao negócio e como o negócio causa impactos à arquitetura de TI.

Modelo de planejamento de sistemas de negócio. O modelo de planejamento de sistemas de negócios (*business systems planning* – BSP) foi desenvolvido pela IBM e tem

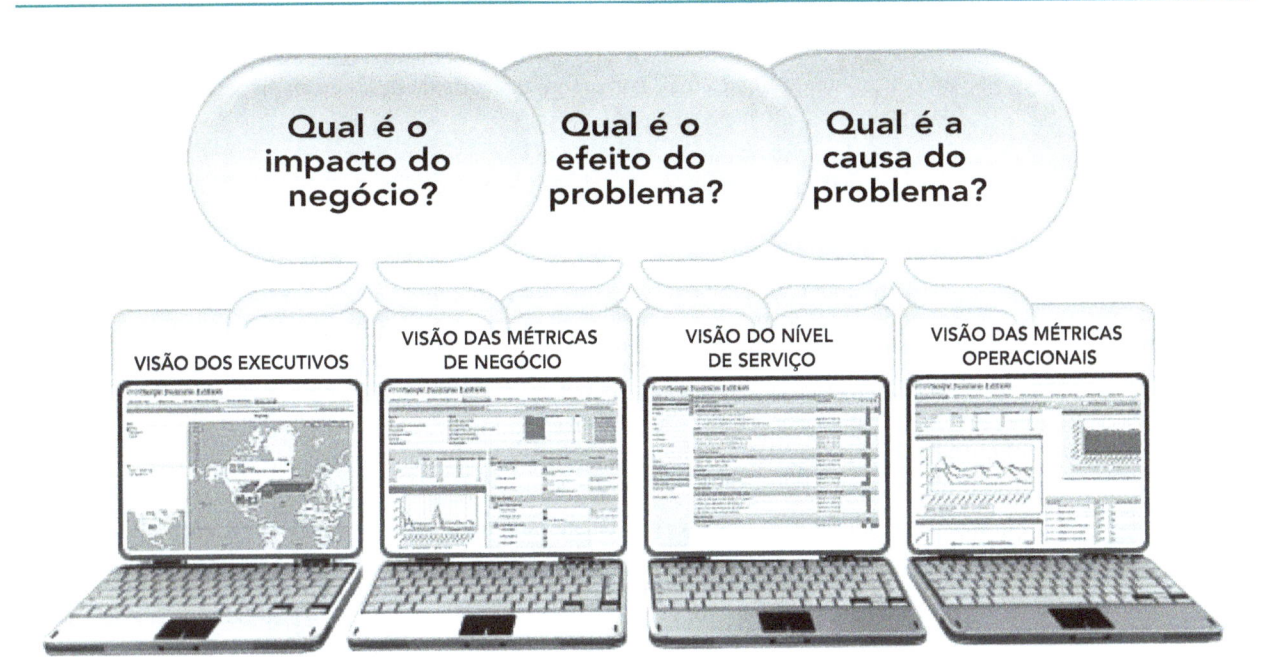

Figura 12.5 Gestão de serviços de negócios (da FireScope). A FireScope oferece uma visão única do impacto comercial das operações de TI ao agregar todas as métricas de negócios e de TI em painéis de controle em tempo real, customizáveis de acordo com as necessidades de cada membro de TI. (Usada com permissão.)

influenciado outras iniciativas de planejamento, como o *method/1* da Accenture. O BSP é uma abordagem descendente que começa com estratégias de negócios. Ele lida com dois alicerces principais – processos de negócio e classes de dados – que se tornam a base de uma arquitetura de informação. A partir dessa arquitetura, os planejadores podem definir bancos de dados organizacionais e identificar aplicações que dão suporte às estratégias de negócio, conforme mostrado na Figura 12.6. O BSP depende fortemente do uso de métricas de análises de processos e dados, com o objetivo central de desenvolver a arquitetura de informação.

Indicadores de desempenho balanceados. Descrito por Robert Kaplan e David Norton em uma série de artigos publicados na *Harvard Business Review* entre 1992 e 1996, o **indicador de desempenho balanceado** (balanced scorecard) é um conceito de gestão de negócios que transforma os dados, tanto financeiros quanto não financeiros, em um roteiro detalhado que ajuda a medir o desempenho da empresa. Kaplan e Norton introduziram o balanced scorecard como uma forma de medir o desempenho nas empresas. A principal diferença do scorecard

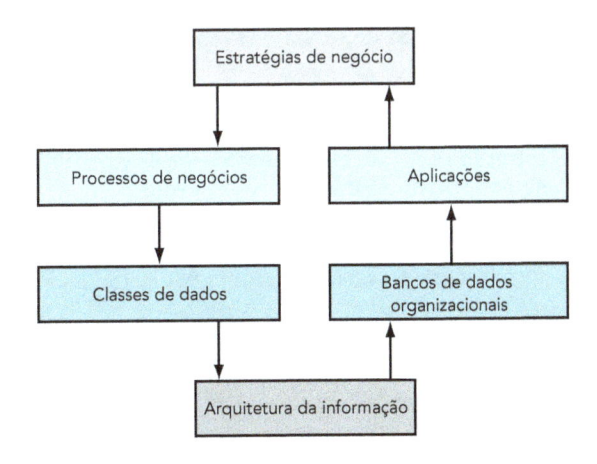

Figura 12.6 Abordagem do planejamento de sistemas de negócio. (BSP)

de Kaplan e Norton foi que ele mediu um desempenho das empresas em outros termos que os não estritamente financeiros. Por exemplo, ele mede desempenho a partir de qualquer uma das perspectivas abaixo:

- Perspectiva do cliente
- Perspectiva dos processos de negócios internos
- Perspectiva do aprendizado e crescimento
- Perspectiva financeira

A metodologia do balanced scorecard complementa medidas tradicionais tangíveis com critérios que medem quatro perspectivas intangíveis e aborda questões importantes, incluindo as seguintes (Kaplan e Norton, 2007):

1. Como os clientes veem a empresa?
2. Pelo que uma empresa deve primar?
3. A empresa pode continuar a melhorar e a criar valor?
4. Como a empresa aparece para os acionistas?

O indicador de desempenho balanceado pode ser aplicado para vincular KPIs de TI aos objetivos de negócios a fim de determinar o impacto do negócio. O foco para a avaliação poderia ser, por exemplo, o portfólio de projetos ou o portfólio de aplicações. Conforme mostrado na Tabela 12.6, o indicador de desempenho balanceado pode ser utilizado para avaliar o portfólio de projetos de TI de uma cadeia de lojas de varejo. Os projetos são listados ao longo da dimensão vertical, e as medidas específicas – essenciais para o que a organização precisa rastrear – são apresentadas horizontalmente. O indicador de desempenho balanceado ajuda os gestores a clarificar e atualizar a estratégia, alinhar a estratégia de TI com a estratégia de negócios, vincular objetivos estratégicos a metas de longo prazo e orçamentos anuais, identificar e alinhar iniciativas estratégicas e realizar análises periódicas de desempenho para melhorar a estratégia (Kaplan e Norton, 2007).

Modelo de fatores críticos de sucesso. **Fatores críticos de sucesso – FCSs** (*critical success factors* – CSFs) são as coisas (fatores) mais essenciais que devem dar certo ou ser rastreadas de perto a fim de garantir a sobrevivência e o sucesso do negócio. Para as empresas dependentes do preço do petróleo, os preços do petróleo seriam uma FCSs. A *abordagem FCS* para o planejamento de TI foi desenvolvida para ajudar a identificar as necessidades de informação dos gerentes. O pressuposto fundamental é que, em toda organização, existem de três a seis fatores chave que, se bem feitos, resultarão no sucesso da empresa. O inverso também é verdadeiro. O fracasso desses fatores resultará em algum grau de insuficiência. Portanto, as organizações medem continuamente seu desempenho nessas áreas, tomando ações corretivas sempre que necessário. Os FCSs também existem em unidades de negócios, departamentos e outras unidades organizacionais.

Os FCSs variam por setor – fabricação, serviço ou governo – e por indústrias específicas dentro dessas categorias. Para as organizações na mesma indústria, os FCSs variam depen-

TABELA 12.6 Indicadores de desempenho balanceados de projetos de TI

Projetos de TI	Papel do projeto no plano estratégico de negócios	Evolução do projeto *versus* conhecimento estável	Grau de alteração necessário no projeto	De onde o projeto obtém recursos	Natureza pública ou proprietária dos dados	Orçamento do projeto
Infraestrutura	Eficiência	Estável	Baixo	Terceirizado	Proprietário	Pequeno
Serviços de aplicações	Foco no cliente	Evoluindo	Alto	Software SIGE (ERP)	Proprietário	Grande
Serviços de dados	Inovação	Evoluindo	Alto	Software de business intelligence (BI)	Proprietário	Grande
Serviços de segurança	Conformidade requerida	Evoluindo	Baixo	Terceirizado	Proprietário	Pequeno

dendo se as empresas são líderes de mercado ou concorrentes mais fracos, de onde elas estão localizadas e de quais estratégias competitivas elas seguem. As questões ambientais, como o grau de regulamentação ou a quantidade de tecnologia utilizada, influenciam os FCSs. Além disso, os FCSs mudam com o passar do tempo, com base em condições temporárias, como altas taxas de juros ou tendências de longo prazo.

Desenvolvedores de TI identificam os FCSs entrevistando gerentes em uma sessão inicial e depois refinam as FCSs em uma ou duas sessões adicionais. Exemplos de perguntas feitas na abordagem FCS incluem:

- Quais são os objetivos centrais para sua empresa?
- Quais são os fatores críticos centrais para a concretização desses objetivos?
- Quais ações ou decisões são fundamentais para esses fatores críticos?
- Que variáveis são a base dessas decisões e como elas são medidas?
- Quais sistemas de informação podem fornecer essas medidas?

O primeiro passo após as entrevistas é determinar os objetivos organizacionais pelos quais o gerente é responsável e os fatores que são fundamentais para alcançar esses objetivos. O segundo passo é selecionar um pequeno número de FCSs. O passo final é determinar os requisitos de informação para os FCSs e medir para averiguar se eles são cumpridos. Se forem cumpridos, será necessário construir aplicações apropriadas. Observe a Figura 12.7.

A abordagem dos fatores críticos de sucesso estimula os gerentes a identificar o que é mais importante para seu desempenho e, então, a desenvolver bons indicadores de desempenho nessas áreas.

Planejamento de cenário. O **planejamento de cenário** é uma metodologia na qual os planejadores criam, primeiramente, vários cenários e então uma equipe compila o maior número possível de eventos futuros que poderiam influenciar o resultado de cada cenário. Essa abordagem é utilizada em situações de planejamento que envolvem muita incerteza, como aquela da TI em geral e no comércio eletrônico, especificamente. Cinco razões para se fazer o planejamento de cenário são:

1. Assegurar que você não está focalizando a catástrofe e excluindo oportunidades
2. Ajudá-lo a alocar recursos de uma maneira mais prudente
3. Preservar suas opções
4. Garantir que você não está lutando "a última batalha"
5. Dar-lhe a oportunidade de ensaiar o testes e o treinamento das pessoas para que elas passem pelo processo

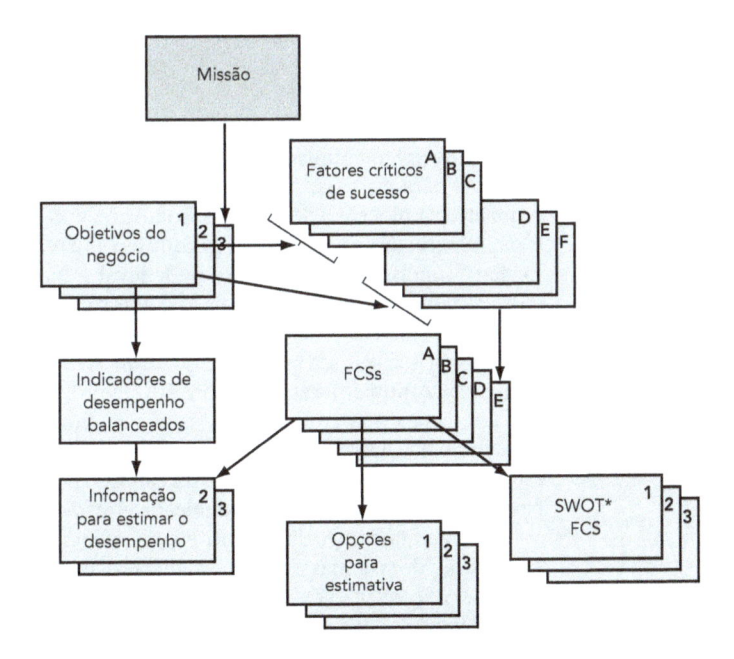

Figura 12.7 Fatores críticos de sucesso – processos básicos.

* N. de T.: *Strengths, Weaknesses, Opportunities and Threats* (Forças, Fraquezas, Oportunidades e Ameaças).

> **TABELA 12.7 Passos essenciais do planejamento de cenário**
>
> - Determinar o escopo e os prazos do cenário que você está detalhando.
> - Identificar as suposições atuais e os modelos mentais dos indivíduos que influenciam essas decisões.
> - Criar um número gerenciável de cenários divergentes, mas plausíveis. Explicitar as suposições subjacentes de como cada um desses futuros imaginados poderia evoluir.
> - Testar o impacto de variáveis chave em cada cenário.
> - Desenvolver planos de ação com base nas (1) soluções com um desempenho melhor entre os cenários ou no (2) resultado mais desejável para o qual uma empresa pode direcionar seus esforços.
> - Monitorar os eventos à medida que eles se desdobram para testar a direção corporativa; estar preparado para modificá-los conforme necessário.
>
> A experiência educacional que resulta desse processo inclui:
>
> - Expandir sua mente além do pensamento em grupo, que lenta e imperceptivelmente pode produzir uma mesmice de mentes entre os principais membros da equipe em qualquer organização.
> - Aprender como potencias desenvolvimentos, aparentemente remotos, poderiam ter repercussões que podem atingir a organização.
> - Aprender como você e seus colegas poderiam reagir tanto sob circunstâncias favoráveis quanto adversas.

O planejamento de cenário segue um processo rigoroso; seus passos essenciais estão resumidos na Tabela 12.7.

O planejamento de cenário tem sido amplamente utilizado pelas principais corporações para facilitar o planejamento de TI (por exemplo, http://gbn.com e http://ncri.com). Também foi especialmente importante para o planejamento do comércio eletrônico. Por exemplo, criar cenários de clientes ajuda a empresa a ajustar melhor os produtos e serviços na vida real dos clientes, resultando em expansão de vendas e fidelização do cliente. As empresas National Semiconductor, Tesco e Buzzsaw.com, por exemplo, usaram cenários de clientes para fortalecer os relacionamentos com os clientes, orientar a estratégia de negócio e agregar valor ao negócio.

Um aspecto importante do planejamento de TI é alocar corretamente os recursos de TI ao conjunto certo de projetos. As organizações simplesmente não podem arcar com o desenvolvimento, aquisição de cada aplicação ou assegurar cada aprimoramento de uma aplicação que as unidades de negócios ou os usuários finais talvez queiram. O comitê diretivo da TI tem a importante responsabilidade de decidir como os recursos de TI serão alocados.

Alocação de recursos. A **alocação de recursos** consiste em desenvolver os planos para hardware, software, comunicação de dados e redes, instalações, pessoal e recursos financeiros necessários para executar o plano mestre de desenvolvimento conforme definido na análise de requisitos. A alocação de recursos, conforme você leu no Capítulo 6, é um processo contencioso na maioria das organizações, porque as oportunidades e os pedidos para gastar superam de longe os fundos disponíveis. Isso pode levar a uma concorrência intensa e altamente política entre as unidades organizacionais, o que torna difícil identificar objetivamente os investimentos mais desejáveis.

As solicitações para aprovação de recursos financeiros do comitê diretivo dividem-se em duas categorias. A primeira categoria consiste em projetos e infraestrutura que são fundamentais para que a organização permaneça nos negócios. Por exemplo, poderia ser imperativo comprar ou atualizar o hardware caso a rede, unidades de disco ou o processador no computador principal estejam se aproximando do limite da capacidade. Obter a aprovação para esse tipo de gasto é basicamente uma questão de comunicar a gravidade dos problemas aos tomadores de decisão.

A segunda categoria inclui itens menos críticos, como novos projetos, manutenção ou atualização de sistemas existentes e infraestrutura para suportar esses sistemas e necessidades futuras. A aprovação de projetos nessa categoria podem se tornar mais difíceis de obter porque o departamento de SI já recebe financiamento para os projetos críticos. De modo geral, as organizações reservam fundos para a primeira categoria de projetos e então usam o restante do orçamento de TI para a segunda categoria.

Questões para revisão

1. Por que o planejamento estratégico de TI deve ser revisitado regularmente?
2. Descreva o comitê que geralmente conduz o processo de planejamento estratégico de TI. Quem está incluído nesse comitê? Quais as principais tarefas desse comitê? Do que depende o sucesso desse comitê?
3. Qual é o foco da estratégia de TI?
4. Descreva o processo de planejamento estratégico de TI.
5. Descreva o portfólio de projeto. Descreva as aplicações do portfólio. Quando esses portfólios são desenvolvidos?
6. Quais ferramentas e metodologias estão disponíveis para auxiliar no processo de planejamento estratégico de TI? Como esses métodos são usados para ajudar as organizações?
7. O que é alocação de recursos? Quais são os dois tipos de pedidos de financiamento?

12.5 Estratégias de terceirização de TI

As principais competências de muitas organizações – as coisas que elas fazem melhor e que representam suas vantagens competitivas – estão no varejo, nos serviços, na produção ou em alguma outra função. A TI é uma *possibilitadora* apenas, e é complexa, cara e muda constantemente. A TI é difícil de administrar, até para organizações com habilidades de gestão de TI acima da média. Por isso, muitas organizações têm implementado a terceirização como uma estratégia de TI. A terceirização pode ser feita internamente ou offshore, ou por computação em nuvem ou por SaaS. Esses tópicos são abordados em outros capítulos, mas são mencionados aqui porque são exemplos de estratégias de terceirização de TI.

A computação em nuvem não diz respeito simplesmente à terceirização das rotineiras tarefas de computação. Ela diz respeito à prestação de serviços de negócios reais, possibilitados pelas aplicações necessárias para suportá-los, alimentados por computação e infraestrutura para hospedá-los e disponibilizá-los.

O SaaS (*software-as-a-service* – software como um serviço) oferece uma capacidade de estender facilmente os processos internos para fora do limite organizacional a fim de dar suporte aos arranjos da **terceirização de processos de negócios** (*business processing outsourcing* – **BPO**) e pode se tornar uma forte vantagem competitiva para uma organização hoje ou no futuro. A BPO é o processo de contratação de outra empresa para lidar com atividades de negócios para você.

A BPO E O ITES

A BPO é distinta da terceirização de TI, que se concentra na contratação de uma empresa de terceiros ou de uma prestadora de serviços para fazer atividades relacionadas à TI, como desenvolvimento de aplicações, gestão de aplicações, operações de data center ou testes e garantia de qualidade.

Originalmente a BPO consistia em processos padrão de terceirização, como folha de pagamento, por exemplo, e depois se expandiu para a gestão de benefícios do empregado. Atualmente, a BPO inclui muitas funções que são consideradas como não centrais para a estratégia principal de negócios, como processos financeiros e de administração, funções de recursos humanos, contabilidade, atividades de call center e de atendimento ao cliente.

Esses acordos de terceirização são contratos plurianuais que podem movimentar centenas de milhões de dólares. Muitas vezes, as pessoas que realizam o trabalho internamente para a empresa do cliente são transferidas e tornam-se funcionários da prestadora de serviços. As dominantes prestadoras de serviços de terceirização nas áreas de BPO – algumas das quais também dominam o negócio de terceirização de TI – são a IBM, a Accenture e a Hewitt Associates nos Estados Unidos, e as empresas europeias e asiáticas Capgemini, Genpact, TCS, Wipro e Infosys. Muitas dessas iniciativas de BPO envolvem offshoring, e a Índia é um dos locais mais populares para atividades de BPO.

A BPO é também conhecida como **ITES**, ou **serviços de informação habilitados pela tecnologia** (*information technology-enabled services*). A maioria dos processos de negócios inclui algum tipo de automação, então a TI "habilita" esses serviços a serem realizados.

Andrew Pery, diretor de marketing da empresa de gerenciamento de documentos Kofax (kofax.com/), prevê que o mercado de BPO "provavelmente superará todos os segmentos da indústria de TI. Há aumento de concorrência e de opções de escolha".

TI em ação 12.3
A desafiadora transição do eBay para BPO

Desde sua IPO (*initial public offering*) em 1998, o eBay deixou de ser um experimento online de comércio eletrônico C2C para se tornar uma das empresas Fortune 500 com vendas no valor de 60 bilhões de dólares ao ano. Ela suporta 88 milhões de compradores e vendedores individuais, além de uma lista crescente de pequenas empresas. Essa metamorfose não ocorreu sem suas dores de crescimento. Em 2004, as receitas anuais do eBay ultrapassaram 3 bilhões. Até então, sua função de contas a pagar vinha sendo capaz de acompanhar a carga de trabalho em crescimento exponencial. A função de contas a pagar era um sistema crítico, porque os vendedores esperavam ser pagos instantaneamente. Era previsível que uma capacidade muito maior de transação contábil seria necessária, em lugar do que a atual estrutura de TI poderia oferecer. As aquisições do eBay de várias empresas com processos diferentes de contas a pagar criaram desafios adicionais de integração.

Desafios da terceirização e lições aprendidas. O eBay voltou-se para a terceirização em busca de uma solução que pudesse facilitar o processamento de transação de contas. No início de 2005, o eBay migrou todas suas operações de contas a pagar (CP) para a Genpact. A Genpact (genpact.com/) é uma líder global em gestão tecnológica e processos de negócios. A migração de contas a pagar não ocorreu sem seus desafios, mas acabou sendo um sucesso. As seis lições seguintes foram aprendidas pelo eBay e pela Genpact com a implementação da BPO:

1. Administrar a mudança, assegurando o compromisso dos líderes de forma aberta e reconhecendo sutis diferenças culturais que podem minar os esforços iniciais de transição.

2. Avaliar a prontidão organizacional para uma transição de BPO dos pontos de vista mental e técnico, estabelecendo expectativas realistas e gerenciando-as ativamente.

3. Antecipar riscos e formular um plano para mitigá-los, começando com uma estratégia para lidar com ameaças de "perda de controle" reais e imaginárias.

4. Construir uma infraestrutura de gestão de projeto que reconheça que o "processo de transição" tem de ser gerenciado com cuidado, conforme os processos são transferidos. Mapear como o processo de CP deve parecer após a transição, como ele será gerenciado de ponta a ponta, e por quem, são detalhes importantes.

5. Criar um mecanismo de governança que possa coletar feedback discretamente do gerente do projeto de transição e fornecer supervisão e orientação executiva formal. Formar um comitê executivo que inclua dois gerentes seniores de cada organização e representação de todas as unidades de negócios afetadas pela BPO.

6. Definir apropriadamente como o sucesso será medido, tanto qualitativa como quantitativamente. Identificar os pontos de referências certos para o sucesso e medir esforços vigilantemente contra eles ao longo do tempo é fundamental.

Melhorias de desempenho. A transição estava longe da perfeição inicialmente, mas as duras lições cedo aprendidas ajudaram a alcançar resultados impressionantes a tempo. No final de 2009, as receitas triplicaram em comparação às receitas de 2004, e o número de funcionários e o volume de transações de CP duplicaram, mas a um custo muito baixo por volume. Pagamentos dentro do vencimento cresceram 30%. Em outras palavras, mais volume está sendo tratado, e sendo tratado de maneira mais eficaz por contas a pagar/pessoa. Esse sucesso abriu caminho para a migração de outros processos de transação contábeis do eBay. De 2006 ao início de 2008, o eBay terceirizou suas atividades de manutenção global de vendedores/fornecedores e de razão geral.

Questões para discussão: Por que a capacidade de CP é um fator crítico de sucesso para o eBay? Por que o eBay escolheu a terceirização em sua estratégia de TI em vez do desenvolvimento interno? Por que o eBay dependeu da Genpact para sua transição para a BPO? Uma vez que a Genpact é uma líder global em gestão de tecnologia e processos de negócios, por que o eBay encontrou desafios?

Fontes: compilado de Genpact (2007) e OutsourcingPapers.com (2010).

Por que a indústria de BPO está mudando? Don Schulman, gerente geral de finanças e administração da IBM, dá duas razões (Rosenthal, 2010):

- A economia levou um grande grupo de empresas a considerar a BPO uma opção viável. Em uma época em que as empresas são desafiadas a fazer mais com menos, as empresas compradoras estão buscando parcerias estratégicas que lhes permitam acelerar as transformações.
- A indústria amadureceu. Não se trata mais de preço, de custo e de arbitragem de trabalho. O foco no futuro será em resultados de negócios da empresa, otimização de processos e computação em nuvem.

O eBay baseia-se em BPO, conforme *TI em ação 12.3*.

FATORES DIRECIONADORES DO CRESCIMENTO EM TERCEIRIZAÇÃO COMO UMA ESTRATÉGIA DE TI

Desde o final de 1980, muitas organizações têm terceirizado *a maioria de suas funções de TI* em vez de terceirizar apenas algumas partes. A tendência se tornou clássica em 1989, quando a Eastman Kodak transferiu seus data centers para a IBM sob um contrato de dez anos no valor de 500 milhões de dólares. Esse exemplo, vindo de uma empresa em destaque e multibilionária, mostrou que a terceirização era uma estratégia de TI legítima. Desde então, muitos meganegócios de terceirização foram anunciados, alguns valendo vários bilhões de dólares.

A tendência, no entanto, se afastou do meganegócio em favor da *abordagem de multifornecedores*, incorporando os serviços de vários fornecedores de primeira categoria para atender às demandas de TI.

As principais razões pelas quais as organizações estão terceirizando cada vez mais são:

- A terceirização permite focar a competência central, como você leu no caso de abertura da AstraZeneca.
- É uma maneira mais barata e/ou mais rápida de se obter ou melhorar capacidades de TI.
- Reduz os custos operacionais.
- O offshoring vem tendo maior aceitação como estratégia de TI.
- A computação em nuvem e o SaaS provaram ser estratégias de TI eficazes.

Cada vez mais as organizações estão alavancando as atuais infraestruturas globais em nuvem a partir de empresas como a Amazon, a Google, a Rackspace e a Windows Azure. Empresas estabelecidas estão mais dispostas a terceirizar funções críticas da empresa para reduzir custos. E novas empresas normalmente terceirizam e confiam em SaaS para evitar custos iniciais de TI. A S3, por exemplo, um dos Web services da Amazon, permite que as empresas armazenem seus dados em nuvem, evitando a necessidade de operarem seus próprios servidores. A S3 faz parte da mesma infraestrutura online que a Amazon usa para operar seu próprio negócio. O Twitter usa a S3, bem como o *The New York Times*, que usa a S3 para armazenar e distribuir artigos de seus arquivos históricos. As empresas de terceirização começaram a oferecer novos e interessantes modelos de negócios e serviços em torno da computação em nuvem. Esses modelos inovadores de TI vêm se somando ao número de opções a serem consideradas no planejamento estratégico de TI.

Os CIOs estão se concentrando mais em terceirização para agregar valor ao negócio – além das áreas tradicionais de redução de custos e eficiências operacionais – em resposta a um ambiente cada vez mais dinâmico (IBM, 2008). O ambiente é caracterizado pela rápida evolução de TI, pelas empresas que estão sendo transformadas por expansão global, fusões e aquisições, e pelos novos modelos de negócios disruptivos e capacidades móveis. Os benefícios da terceirização estão listados na Tabela 12.8.

PREOCUPAÇÕES COM RISCOS E CUSTOS ESCONDIDOS

À medida que as empresas acham que suas estratégias de negócios estão cada vez mais ligadas às soluções de TI, aumentam suas preocupações com os riscos da terceirização. Os riscos associados com a terceirização são:

- *Shirking*: o fornecedor apresenta, deliberadamente, baixo desempenho, mas reivindica por pagamento integral. Exemplo: cobrar por mais horas do que foram trabalhadas e/ou apresentar uma excelente equipe inicialmente e depois substituí-la por pessoas menos qualificadas.
- *Poaching*: o fornecedor desenvolve uma aplicação estratégica para um cliente e depois a usa para outros clientes.
- *Remarcação oportunista*: quando um cliente fecha um contrato de longo prazo com um fornecedor e o fornecedor altera termos financeiros em algum ponto ou exagera na cobrança por melhorias imprevistas e por prorrogações de contrato.

Outros riscos incluem quebra de contrato pelo fornecedor ou sua incapacidade de fornecimento, aprisionamento do terceirizado; perda de controle sobre dados e desânimo dos funcionários.

Dependendo do que é terceirizado e para quem, uma organização pode acabar gastando 10% a mais do valor orçado para configurar e gerenciar a relação no longo do tempo. O valor orçado poderá aumentar entre 15% e 65% quando a terceirização for offshore, somando os custos com viagens e diferenças culturais.

OFFSHORING

O offshoring (ou terceirização no exterior – *offshore outsourcing*) de desenvolvimento de software tem se tornado uma prática comum devido aos mercados globais, custos baixos e maior acesso à mão de obra qualificada. Cerca de um terço das empresas listadas na Fortune 500 terceirizam o desenvolvimento de software para companhias especializadas na Índia.

Não são apenas o custo e as capacidades técnicas que importam. Outros fatores que devem ser considerados são os climas político e de negócios no país selecionado, a qualidade da

TABELA 12.8 Benefícios da terceirização

Financeiros
- Prevenção de investimento pesado de capital, liberando, assim, recursos para outros usos
- Melhoria do fluxo de caixa e da prestação de contas
- Melhoria da relação custo-benefício de economias de escala e da partilha de pessoal, software e hardware
- Menor necessidade de espaços de escritório caros

Técnicos
- Acesso a novas tecnologias de informação
- Capacidade de obter melhorias tecnológicas com mais facilidade
- Desenvolvimento de aplicações e implementação de aplicativos de TI de maneira mais rápida

De gestão
- Concentração no desenvolvimento e execução de atividades centrais de negócios; melhoria do foco da empresa
- Delegação do desenvolvimento de TI (projeto, produção e aquisição) e responsabilidade operacional para fornecedores
- Eliminação da necessidade de recrutar e manter pessoal competente de TI
- Redução de risco de software ruim

Recursos humanos
- Oportunidade para projetar sobre conhecimentos especializados disponíveis a partir de uma "fonte de especialistas", quando necessário
- Desenvolvimento de carreiras e oportunidades para o pessoal restante enriquecidos

De qualidade
- *Níveis de serviço* claramente definidos
- Maior responsabilidade de desempenho

De flexibilidade
- Resposta rápida às demandas do negócio (agilidade)
- Habilidade para lidar de forma mais eficaz com os altos e baixos da TI (flexibilidade)

---

infraestrutura e os riscos envolvendo coisas como competência em TI, capital humano, economia, ambiental legal e diferenças culturais.

O Center for International Business Education and Research (Centro para Educação e Pesquisa em Negócios Internacionais) da Duke University estudou os resultados reais do offshoring. Segundo esse estudo, as companhias da Fortune 500 reduziram custos por meio do offshoring – 63% das companhias atingiram mais de 30% em economias anuais, e 14% dessas empresas atingiram economias de mais de 50%. A maioria dos entrevistados estava satisfeita com suas operações offshore. Três quartos deles (72%) disseram que suas implementações offshore atenderam ou excederam suas economias de custo esperadas. Quase um terço dos entrevistados (31%) alcançou suas metas de nível de serviço nos primeiros cinco meses de seus contratos, e 75% deles fizeram o mesmo em 12 meses. O estudo concluiu que "o offshoring oferece resultados mais rápidos do que os esforços de melhoria da média nacional". Mesmo que esses sejam resultados muito gerais, as histórias de sucesso do offshoring aliviam os temores sobre os riscos dessa prática.

De acordo com um relatório de meados de 2009, realizado pela AMR Research Inc. sobre o estado de terceirização de TI, cerca de 80% das empresas planejavam aumentar sua parcela de offshoring de TI ou mantê-la no mesmo nível.

Baseado em estudos de casos, os tipos de trabalho que não são facilmente offshored incluem os seguintes:

- Trabalho que não tenha sido rotinizado.

- Trabalho que, caso offshored, resulte em perda excessiva de controle sobre operações críticas por parte da empresa cliente.
- Situações nas quais o offshoring coloque a empresa cliente em um risco grande demais para sua segurança de dados, privacidade de dados, propriedade intelectual ou informação proprietária.
- Atividades de negócios que dependam de uma combinação incomum de conhecimento específico de aplicação de domínio e conhecimento de TI para se realizar o trabalho apropriadamente.

A *TI em ação 12.4* dá um exemplo no qual o *insourcing* torna-se preferível em relação ao *outsourcing*.

O CICLO DE VIDA DA TERCEIRIZAÇÃO

A International Association of Outsourcing Professionals (IAOP) definiu nove estágios críticos no ciclo de vida da terceirização que os gerentes precisam entender antes de praticá-la (IAOP, 2009).

1. **Estratégia:** A terceirização é uma decisão estratégica que geralmente é desenvolvida em níveis mais altos da empresa. Ela pode ser parte de uma estratégia maior para mover a empresa para um modelo de negócios alavancado e se concentrar nas competências essenciais, pode ser feita para economizar custos líquidos ou até mesmo decorrer da falta de recursos internos. A terceirização pode agir como um diferenciador chave que dará a uma empresa uma vantagem competitiva sobre seus concorrentes. Poucas empresas consideram uma assessoria jurídica nessa fase, mas deveriam. Por exemplo, as dificuldades quanto às licenças, direitos de propriedade intelectual, um acordo contratual preexistente ou de leasing requerem conhecimento jurídico.

TI em ação 12.4

A JP Morgan Chase migra da terceirização para a internalização

A JP Morgan Chase é uma das maiores instituições financeiras mundiais, com mais de 1,2 trilhão de dólares de ativos. Em setembro de 2004, a Chase desfez um contrato de terceirização de TI de sete anos com a IBM após a aquisição do Bank One por 58 bilhões. A fusão anulou automaticamente o contrato de terceirização. Como resultado, a empresa avaliou cuidadosamente suas opções de fornecimento durante dois ou três meses e decidiu trazer a TI de volta para casa, uma estratégia conhecida como **internalização**. A aquisição criou enormes economias de escala, e uma grande organização como essa é capaz de atrair e manter talentos profissionais de TI. Além disso, o CIO Austin Adams obteve sucesso no início de carreira, construindo sobre sua habilidade de integrar rapidamente fusões de bancos e tornar mais competitiva a entidade resultante pelo uso da tecnologia.

As pessoas que se opõem à terceirização, especialmente ao offshoring, declararam o "fim da terceirização". Na realidade, o próprio Adams – quem forçou o cancelamento do contrato – disse que sua decisão foi muito mal interpretada pela mídia, que o pintou como um patriota tentando manter empregos de TI nos Estados Unidos: "Eu sou, claramente, um defensor do offshoring", disse ele. Enquanto havia um motivo para a internalização no caso do grande banco, principalmente para se obter vantagem competitiva de TI, Adams acredita que em organizações menores a terceirização em larga escala é lógica. Além disso, Adams gerencia mais de 3.000 funcionários offshore na Índia, que trabalham no call center do banco executando operações básicas e funções de contabilidade. Espera-se que esse offshoring cresça rapidamente.

Austin Adams foi fundamental na decisão de internalização de TI da JP Morgan Chase. Veja algumas observações feitas por ele:

- O cancelamento foi motivado principalmente pela fusão com o Bank One, o que tornou muito grande o banco combinado.
- A terceirização de grandes partes de tecnologias críticas para missão não é a melhor solução para uma grande empresa. O desenvolvimento tecnológico deve ocorrer dentro da empresa; serviços de suporte podem ser terceirizados.
- Quatro critérios foram utilizados para determinar o que e quanto terceirizar: (1) o tamanho da empresa (deve ser grande o bastante para atrair bons profissionais de SI); (2) o custo de terceirização *versus* o custo de internalização; (3) o nível de interesse da alta administração para ter e gerenciar adequadamente os ativos de TI e (4) acertos financeiros de terceirização.
- Pode ser difícil alinhar os objetivos corporativos e tecnológicos quando há uma terceirização em larga escala.
- A internalização inclui data centers, help desks, redes de processamento de dados e desenvolvimento de sistemas.
- Comprar tecnologia diretamente de fornecedores fez o banco economizar uma quantia considerável de dinheiro (de 10% a 15%).

Fontes: Compilado de Adams (2006) e Barrett (2006).

Questões para discussão: Como se pode determinar quando uma empresa é grande o bastante para a internalização? Qual é a importância da consideração financeira? Qual é a precisão dela?

2. **Reavaliação:** Em geral, não se dá a esse estágio a atenção que ele merece. No entanto, as organizações devem voltar os olhos para seus processos de negócios, capacidades de TI, abastecimento interno ou outros problemas para ver se eles poderiam ser reprojetados a fim de atender aos requisitos para que a terceirização não seja necessária.
3. **Seleção:** Esse estágio envolve a identificação e definição do trabalho a ser terceirizado, bem como a seleção dos fornecedores a partir dos processos de pedido de informação (*request for information* – RFI) ou pedido de proposta (*request for proposals* – RFP). A terceirizadora com melhor custo-benefício é selecionada.
4. **Negociação:** Nesse estágio, os contratos, os cronogramas e os acordos são negociados por alguém com experiência nesses assuntos. Em seguida, o contrato final é devidamente revisado antes da assinatura. Esse processo de negociação deve envolver recursos adequados e executivos seniores de ambos os lados – as principais questões em um relacionamento de longo prazo, como a terceirização, são muito importantes para não justificar o engajamento executivo de fornecedores e clientes.
5. **Implementação:** Esse estágio envolve as atividades iniciais (*start-up*) de planejamento da transição e da implementação do acordo de terceirização, bem como o estabelecimento detalhado de orçamento e de funções administrativas necessárias para sua gestão e para o lançamento oficial do programa.
6. **Controle de gestão:** Esse estágio engloba todas as atividades em curso necessárias para gerir o programa e alcançar os resultados contratados. Isso inclui, especificamente, a ligação entre os clientes e fornecedores, monitoramento de desempenho, administração de contratos, gestão de fornecedor/parceria, integração de entrega e transição de fornecedores. As tensões irão, inevitavelmente, se desenvolver em um contrato, e é importante para ambos os lados assumir uma abordagem madura à interpretação do contrato. Lembre-se de que esses são relacionamentos de longo prazo que precisam se adaptar com o tempo.
7. **Conclusão da construção:** Esse estágio abrange todas as atividades de conclusão da fase de construção, incluindo qualquer programa de desenvolvimento, e então a aceitação e a introdução de novos serviços.
8. **Mudança:** Todos os contratos complexos de terceirização estarão sujeitos a alterações e mudanças. Essas são executadas tanto como pequenas alterações no contrato de terceirização quanto como alterações importantes que podem envolver um processo de relicitação. O contrato será – ou deveria ser – incorporado em um processo de mudança de contrato para lidar com as mudanças que estão no escopo do contrato original.
9. **Saída:** Todos os relacionamentos de terceirização acabam ou porque o contrato expirou, por mútuo acordo, ou porque o relacionamento de terceirização fracassou. Os termos do contrato se tornam muito importantes nesse momento.

Questões para revisão

1. O que é terceirização (outsourcing)?
2. Quais são algumas das principais razões para a terceirização?
3. Que funções de TI são terceirizadas?
4. Diferencie megaterceirização de abordagem de multifornecedores.
5. Quais são os benefícios da terceirização?
6. Discuta as estratégias que as organizações devem considerar na gestão dos riscos associados com contratos de terceirização.
7. Diferencie terceirização de terceirização offshore.
8. Quais são os tipos de trabalho que não são facilmente terceirizados por offshore?
9. Descreva uma ferramenta útil para a medição do valor de negócio das relações de terceirização.

Termos-chave

alinhamento TI – negócios 364
alocação de recursos 378
declaração de missão 364
declaração de visão 364
desenvolvimento interno 363

empresa verticalmente integrada 361
estratégia 364
estratégia de negócio 364
estratégia de TI 364
fatores críticos de sucesso (FCS) 376

gestão de desempenho de TI 365
gestão de relacionamento com terceirizadas 360
governança de TI 365
indicador de desempenho balanceado 375

ITES (serviços de informação habilitados pela tecnologia) 379
meta 364
objetivos 364
offshoring 363
planejamento de cenário 377
planejamento estratégico de TI 362
portfólio de aplicações 374
portfólio de projetos 374
sourcing 374
terceirizadas 360
terceirização 363
terceirização de processos de negócios (BPO) 379
terceirização onshore 363

Destaques do capítulo

(Os números estão relacionados aos Objetivos de aprendizagem)

① Devido ao estreito alinhamento entre a TI e as estratégias de negócios, gerentes de TI e de negócios precisam compartilhar a responsabilidade no desenvolvimento de planos estratégicos de TI.

① O alinhamento estratégico de TI garante que as prioridades, decisões e projetos de SI sejam consistentes com as necessidades do negócio como um todo.

① As estratégias de negócios e de TI devem ser alinhadas, com propriedade e governança compartilhadas de TI entre todos os membros da equipe executiva sênior.

② Os benefícios da governança eficaz de TI são a redução de custos e danos (causados por falhas de TI), e aumento de confiança, de trabalho em equipe e de confiabilidade no uso de TI e nas pessoas que fornecem serviços de TI.

③ A TI pode agregar valor a uma empresa de uma destas duas maneiras: *diretamente, reduzindo custos;* ou *indiretamente, aumentando receitas.*

④ O foco da estratégia de TI está sobre como a TI agrega valor de negócio.

④ O processo inteiro de planejamento começa com a criação de um plano estratégico de negócios. O *plano de TI de longo alcance*, ou *plano estratégico de TI*, é, então, fundamentado sobre o plano estratégico de negócios. O plano estratégico de TI começa com a visão e estratégia de TI.

④ O processo de planejamento também aborda atividades de nível inferior com um curto período de tempo. Um *plano de TI de médio prazo* identifica os planos gerais do projeto em termos de requisitos específicos e fornecimento de recursos, bem como o portfólio de projetos. Algumas empresas podem definir, também, seu portfólio de aplicações.

④ Várias ferramentas e metodologias facilitam o planejamento estratégico de TI, incluindo a gestão de serviços de negócios, o modelo de planejamento de sistemas de negócios (BSP), o indicador de desempenho balanceado (balanced scorecard), os fatores críticos de sucesso (FCS) e o planejamento de cenários.

⑤ As principais razões para a terceirização incluem desejo de focar em competência central; redução de custos; melhoria de qualidade; aumento da velocidade e inovações mais rápidas.

⑤ A terceirização pode reduzir custos de TI e pode tornar possível para as organizações focar em suas competências centrais. A terceirização, no entanto, pode reduzir a flexibilidade da empresa para encontrar o melhor posicionamento de TI para o negócio e também pode representar um risco de segurança. Os executivos devem considerar as principais áreas de risco ao decidirem pela terceirização.

⑤ A terceirização é uma opção viável para muitas organizações, fornecendo serviços a um custo menor, transferindo riscos para terceiros e aliviando o fardo da prestação de serviços de rotina. A terceirização, porém, pode exigir mais esforço antecipado durante as negociações iniciais de contratação para desenvolver acordos de nível de serviço (SLAs) que garantam que o contratante irá aderir às exigências do setor público e das regulamentações governamentais.

Questões para discussão

1. Vinay Gupta, presidente e CEO da Janeeva, que comercializa software para ajudar as empresas a gerenciarem relacionamentos com terceirizadas, deu o seguinte conselho: "Eu gostaria de recomendar aos empresários que visitem as instalações do fornecedor. Há um monte de operadores obscuros por aí, então você precisa se certificar de ter visto e visitado as instalações antes de entregar seu negócio nas mãos deles. E eu faria um teste de pelo menos 30 dias com a fornecedora. Você precisa ver se ela se ajustará bem e descobrir com quem você estará interagindo diariamente". Nem todas as empresas seguem esse conselho. Discuta por que as empresas teriam ou não de tomar essas precauções ao criar um relacionamento com terceirizadas.
2. Quais seriam algumas das razões para as empresas considerarem a terceirização?
3. Quais são as vantagens e as desvantagens da terceirização de empregos/trabalho para outras companhias dentro do país?
4. Quais são as vantagens e desvantagens de terceirizar empregos/trabalho para outros países como, por exemplo, a China e a Índia? Compare suas respostas sobre terceirização e offshoring com as respostas dadas nas questões 1 e 2.
5. Quais problemas a governança de TI cobre?
6. Por que a governança de TI é de responsabilidade do conselho de administração?
7. O que resulta em fracasso ao alinhar corretamente a TI com a estratégia organizacional?
8. Por que o alinhamento TI – negócios continua a ser uma questão importante para os CIOs?
9. O que exige um alinhamento TI – negócio bem-sucedido?
10. Discuta como um CIO pode interagir com a gerência executiva à medida que a tecnologia se torna cada vez mais central para um negócio.
11. Três características de recursos dão às empresas o potencial de criar uma vantagem competitiva. Discuta o potencial dos recursos de TI de uma empresa para agregar valor à ela.
12. Discuta como a parceria entre a divisão de TI e a gestão de negócios pode se estender a uma fusão com o negócio.
13. Descreva o processo de planejamento estratégico de TI.
14. Que ferramentas facilitam o planejamento de TI?
15. Descreva estratégias de terceirização.
16. Descreva como uma companhia pode avaliar o valor de negócio entregue por um relacionamento terceirizado.

Exercícios e projetos

1. Leia o Caso de negócio a seguir. Aplique o método balanced scorecard para abordar as quatro questões importantes da estrutura do balanced scorecard.
2. Visite o site Amazon.com. Clique em "Careers at Amazon" e leia o "About Amazon". Comece aplicando a abordagem de planejamento de sistemas de negócios (BSP), identificando as estratégias de negócios da Amazon e quais aplicativos dão suporte a essas estratégias.
3. Considere a indústria aérea. Identifique como a TI agrega valor aos negócios nesse setor. Certifique-se de verificar o valor agregado pela TI tanto direta como indiretamente.
4. Selecione duas companhias com as quais você está familiarizado. Encontre suas declarações de missão e de metas atuais (planos). Explique como a TI agrega valor ao alcançar cada uma dessas metas.
5. Identifique as razões pelas quais o alinhamento das estratégias de negócios e de TI pode não dar certo.

Trabalho e projetos em grupo

1. O uso inovador da TI tem se tornado cada vez mais importante na economia global. Escolha vários setores e selecione uma empresa como exemplo para cada setor no qual a TI desempenha um papel estratégico, agregando valor e proporcionando uma vantagem competitiva pela aplicação inovadora de TI. Agora identifique empresas competitivas congêneres nas quais a TI não desempenha um papel estratégico. Fale sobre os sucessos/fracassos de cada par de empresas.
2. Consideráveis discussões e desacordos ocorrem entre os profissionais de TI sobre a terceirização. Divida o grupo em duas partes: uma irá defender a estratégia de terceirização em larga escala. A outra irá opor-se a essa estratégia. Comece coletando material recente em google.com e cio.com. Considere a questão da terceirização offshore.
3. Cada grupo deverá procurar em blogs e sites (exceto de fornecedores) opiniões, riscos, sucessos e fracassos sobre terceirização. Compare os resultados.

Exercícios na Internet

1. Visite cio.com para encontrar artigos tratando da mudança de papel do CIO. Leia esses artigos e escreva um relatório destacando tais mudanças.
2. Visite o IBM CIO Interaction Channel em http://www-935.ibm.com/services/ie/cio. Esse site apresenta ideias e perspectivas sobre as mais importantes questões para CIOs, incluindo a mais importante de todas elas: alinhar a TI com os objetivos de negócios em geral. Selecione um tema que interessa a você, leia um relatório sobre o assunto e resuma os principais pontos do relatório.
3. Visite a Amazon.com. Discuta como a TI agrega valor à experiência de compra do cliente na Amazon.com.
4. Visite a Cognos em cognos.com e faça uma pesquisa sobre o software de balanced scorecard. Identifique e descreva o software de balanced scorecard produzido por eles.
5. Visite a FireScope em firescope.com. Discuta como as ferramentas de software para gestão de serviços de negócios oferecem visualizações em tempo real no painel de controle para rastrear indicadores-chave de desempenho em áreas executivas e funcionais da empresa, em níveis de serviços e de operações.
6. Visite a accenture.com e faça uma pesquisa sobre terceirização. Prepare um relatório que dê uma visão geral dos serviços de terceirização de TI oferecidos pela Accenture. Faça o mesmo com algumas outras grandes firmas internacionais de contabilidade e serviços profissionais, como a Deloitte em deloitte.com, a Ernst & Young em ey.com, a KPMG em kpmg.com ou a PricewaterhouseCoopers em pwc.com.
7. Visite o site da Association for Computing Machinery (ACM) e acesse seu relatório sobre "Globalization and Offshoring of Software" em acm.org/globalizationreport. Selecione dois dos estudos de caso apresentados na Seção 4.2. Escreva um relatório comparando e contrastando as duas empresas.

CASO DE NEGÓCIO

A Kimberly-Clark mapeia TI para seu plano de negócios global

ÉTICA   FIN   GOV   CON   GRH   SI   GPO

A Kimberly-Clark (K-C) Corporation (kimberly-clark.com), uma fabricante multinacional de produtos de consumo sediada em Dallas, Texas, está empenhada em utilizar a inovação para se tornar uma parceira de negócios indispensável. Como uma empresa líder de saúde e higiene, as marcas da Kimberly-Clark, como a Kleenex e a Huggies, são vendidas em mais de 150 países. A K-C opera em mais de 37 países e emprega mais de 55 mil pessoas em todo o mundo. A K-C anunciou os seguintes resultados para 2009-2010:

- As vendas líquidas no 4º trimestre de 2009 aumentaram 8%, para US$ 5 bilhões.

- O caixa gerado por operações no 4º trimestre de 2009 aumentou 40%, para US$ 1 bilhão.
- A empresa reafirmou seus objetivos de crescimento até 2015.

O plano global de negócios da K-C

Um dos objetivos do plano global de negócios da K-C era construir sobre suas principais capacidades de desenvolvimento de cliente, inovação e marketing para manter sua taxa de crescimento. (As outras opções de crescimento são fusões e aquisições.) Para atingir esse objetivo, a K-C criou uma parceria com seus grandes clientes de varejo, como a Kroger Safeway, a Target e a Walmart. A K-C estabelece relações mutuamente benéficas com suas clientes de varejo, compartilha informação e as melhores práticas, e colabora no desenvolvimento de novos produtos. Fortalecer as relações com os principais clientes de varejo é essencial para os planos de crescimento da empresa.

Alinhando a TI com o plano estratégico

O CIO Ramon Baez reconhece que a melhor maneira de construir relacionamentos é por meio dos departamentos funcionais, como P&D e marketing. Os parceiros de negócios em TI trabalham em áreas funcionais, mas reportam-se diretamente ao CIO e recomendam oportunidades de investimento em TI para Baez. Ele usa uma abordagem de portfólio de projetos para avaliar oportunidades e obter o apoio do CEO para investimentos que valem a pena. A TI tornou-se mais estrategicamente alinhada como resultado de três características:

1. A P&D é uma importante área funcional que trabalha com TI para a inovação contínua.
2. Alterar a estrutura organizacional da empresa para colocar funcionários seniores de TI em áreas funcionais envolve a TI na criação de ideias de negócios.
3. A abordagem de portfólio de projetos, gerenciada pelo CIO, permite que oportunidades interfuncionais sejam avaliadas, com ideias que valem a pena sendo encaminhadas para o CEO a fim de obter aprovação de financiamento.

A K-C reconhece que a TI pode melhorar o relacionamento com os varejistas ajudando-os a vender mais produtos. A TI pode, especificamente, melhorar a eficiência, a eficácia e a coleta e análise de dados. Fornecer boas informações para os tomadores de decisão mais rapidamente impulsiona novas ideias para melhorar a experiência de compras e desenvolve conceitos de novos produtos e inovações. Abordagens inovadoras para avaliar o comportamento de compra dos consumidores trazem ideias a fim de melhorar o merchandising e os projetos internos da loja para estimular as compras.

O Innovation Design Studio

Na metade de 2007, a Kimberly-Clark abriu seu Innovation Design Studio em Neenah, Wisconsin, que inclui um sistema 3D de realidade virtual em tamanho real. Os visitantes, incluindo gerentes e consumidores, ficam cercados por projeções de telas de longa-metragem, que criam uma loja virtual alimentada por aplicativos executados em PCs da Hewlett-Packard. Nessa experiência de compra simulada, uma loja virtual assume a aparência de uma determinada loja de varejo. Por exemplo, a simulação da Target, uma cadeia de varejo com descontos, tem o mesmo logotipo de olho de boi vermelho, piso, iluminação avermelhada, corredores largos e rebaixos como uma loja Target real.

Os consumidores "andam pelos corredores" e "compram" utilizando um painel touch-screen. Dependendo de como os consumidores reagem a diferentes ambientes de compra ou embalagens de produtos, sensores com tecnologia eye-tracking embutidos nos pisos, paredes e tetos medem o nível de envolvimento para avaliar fatores influenciadores nas decisões de compra. A K-C e seus clientes testam e exploram vários conceitos de merchandising e projetos internos da loja sem o tempo e o custo da construção física de alternativas de layouts, displays e prateleiras simuladas (mock-up). A K-C usa também as novas ferramentas de simulação para obter feedback imediato dos clientes sobre novas iniciativas de produtos.

O impacto

O Innovation Design Studio ajuda a K-C a desenvolver iniciativas de novos produtos com base no feedback imediato dos consumidores, reduzindo em 50% o tempo de lançamento do produto no mercado (*time-to-market*) para a introdução de novos produtos. Os clientes de varejo são capazes de criar os projetos de visualização mais eficazes e que mais vendem produtos da K-C. Por exemplo, a Safeway, uma varejista de supermercados líder, juntou-se com a K-C para projetar um novo corredor de produtos de cuidados para bebês baseado no feedback do ambiente da loja virtual. As lojas de teste, incorporando o recém-criado corredor para cuidados de bebê, notaram um aumento de vendas de fraldas, de fraldas de treinamento, de lenços umedecidos e de produtos de toalete. A K-C, por sua vez, também se beneficiou. A introdução de uma nova linha K-C de produtos de proteção solar, a Huggies® Little Swimmers®, foi impulsionada pelo feedback para tornar o corredor de produtos de cuidados para bebês em uma loja one-stop para mamães.

Essa tecnologia de realidade virtual, no entanto, está oferecendo ainda mais ideias aos varejistas sobre como vender melhor outras mercadorias não oferecidas pela K-C, como vestuário. O benefício para a K-C está na construção de uma imagem de empresa inovadora tecnológica. As varejistas procuram a K-C para colaborar nas iniciativas intensivas de TI, como o uso de identificação por radiofrequência (*radio frequency identification* – RFID) para logística. A cadeia de supermercados Kroger buscou ideias melhores para suas prateleiras, o que a levou a se juntar com a K-C para explorar o uso de RFID a fim de melhorar o processo de movimentação de produtos desde os caminhões de entrega até as prateleiras das lojas.

O plano de compromisso com o marketing, inovação e desenvolvimento de cliente da K-C está funcionando. O Innovation Design Studio não está apenas impulsionando a inovação, mas também ajudando a K-C a se tornar um parceiro melhor para consumidores e varejistas. O foco do cliente – comprador, usuário – está impulsionando o crescimento de primeira linha (faturamento bruto) e resultados finais (lucro líquido).

Fontes: Compilado de Jusko (2007), McGee (2007), Wailgum (2008) e kimberly-clark.com.

Questões

1. Explique como a K-C está gerenciando seus produtos em nível de varejo – em lojas das quais ela não é proprietária.
2. Como colaborar com seus clientes – as lojas de varejo – melhora seu desempenho financeiro? Compare essa abordagem colaborativa com uma em que a K-C procura maximizar seus lucros à custa dos varejistas.
3. Por que os varejistas querem fazer negócios com a K-C?
4. Considere o modelo das cinco forças de Porter, o qual inclui o poder de barganha de clientes e fornecedores. Em sua opinião, a K-C ignora esse modelo competitivo em prol da colaboração?

CASO DE EMPRESA SEM FINS LUCRATIVOS

Troca de informação em saúde no Memorial UMass

Para esse caso, você deve assistir ao vídeo "Connected HIE with UMass Memorial Health Care", disponível no canal *IBM Healthcare* em youtube.com/watch?v=tUwm4zZxNy0. Nesse vídeo, Richard Cramer – CIO adjunto de operações na UMass Memorial Health Care – discute a necessidade de ajudar os pacientes e profissionais da área da saúde a compartilhar e gerenciar informações de forma fácil e adequada.

UMass Memorial Health Care Hospital System

O UMass Memorial Health Care (umassmemorial.org/) é um centro médico acadêmico e também o maior sistema de saúde hospitalar das regiões central e oeste de Massachusetts. O UMass Memorial está usando a *troca de informações sobre saúde* (*health information exchange* – HIE) para facilitar os cuidados ao paciente. Ou seja, ele alinhou sua TI com sua estratégia de negócio para responder às necessidades de compartilhamento de informações.

Um dos componentes críticos do HIE é a capacidade de gerenciar e responder a perguntas sobre a identidade do paciente e descobrir quais informações são compartilháveis sobre os pacientes, não importa onde elas estejam armazenadas. A legislação de privacidade médica, como a *Health Information Portability and Accountability Act* (HIPAA), dispõe sobre a capacidade de controlar o acesso e, ao mesmo tempo, tornar as informações médicas compartilháveis por legítimas razões de saúde.

Tudo isso é muito bom, mas, se os pacientes, os médicos ou qualquer pessoa envolvida com o sistema de saúde não confiarem no sistema ou não estiverem certos de que os dados são protegidos, ele não será usado e nenhum dos potenciais benefícios do HIE será notado.

A segurança não diz respeito apenas à proteção de informações pessoais de um indivíduo contra hackers e fraudadores, nem diz respeito apenas ao cumprimento de novos regulamentos. A segurança diz respeito a garantir a adequada privacidade dos dados dos pacientes e, ao mesmo tempo, melhorar a precisão e qualidade do atendimento.

Isso significa, na realidade, que não só os dados dos pacientes devem estar disponíveis a tempo para os profissionais ou sistema de saúde, mas também que o sistema deve ser confiável e construir, continuamente, a confiança entre as partes envolvidas.

Obstáculos ao compartilhamento de informação

Contando com sete hospitais e mais de 1.100 camas, 13.500 empregados e 1,4 bilhão de dólares em receita anual, o UMass Memorial enfrentou muitos dos problemas que afligem outros setores. A incapacidade de compartilhar informações impactou negativamente a qualidade, os custos e a eficiência – sem contar a segurança do paciente. O UMass Memorial voltou-se para o gerenciamento de dados mestres (*master data management* – MDM) com uma série de objetivos, incluindo:

- Fornecer informações sobre pacientes onde quer que seja dentro do sistema
- Permitir a interoperabilidade com serviços comunitários de saúde
- Fazer uso significativo das diretrizes definidas pelo *American Reinvestment & Recovery Act* (ARRA, conhecido também como Stimulus Bill)
- Ser capaz de resistir a pressões competitivas de outros sistemas de saúde

Compartilhamento de informação e governança de dados melhoram a qualidade da assistência médica

A arquitetura HIE tinha de permitir o compartilhamento de informações entre os numerosos sistemas legados, garantindo, ao mesmo tempo, a privacidade e a segurança dos dados. Com a correta abordagem arquitetônica e uma visão compartilhada, o UMass Memorial está superando desafios de governança de dados, sendo visto por outros como um inovador.

Ao modernizar sua infraestrutura de TI, o UMass Memorial melhorou a qualidade e a segurança do paciente, aumentou sua eficiência e aprimorou a satisfação do cliente – tudo que é essencial para o sucesso no atual mercado competitivo de assistência médica. Com sua nova arquitetura de informação orientada ao paciente, o UMass Memorial oferece uma visão abrangente de todo o histórico clínico do paciente aos médicos e profissionais da saúde espalhados por toda a comunidade médica, independentemente do estabelecimento de saúde ou da aplicação clínica em uso.

Questões

1. Que papel desempenha a informação na reputação do UMass Memorial?
2. No caso da assistência médica, quais são as consequências de não possuir dados confiáveis?
3. Como o UMass Memorial alinhou sua TI com suas estratégias de negócios?
4. Compare a importância do MDM no UMass Memorial e na Kraft Foods Inc., discutida na Seção 12.1. Por que sistemas legados (ou diferentes) criam a necessidade de gerenciamento de dados mestres?

ANÁLISE UTILIZANDO PLANILHAS

Custo total da propriedade: Comparação de offshoring de terceirizadas com offshoring de empresas privadas

Grandes companhias, como o Citigroup, detinham integralmente o controle sobre centros de serviço offshore. Esses tipos de centros offshore, das próprias empresas, são chamados de modelos cativos. Modelos cativos offshoring reduzem o risco da prática de offshoring. Um estudo recente do Everest Research Institute estimou os custos de offshoring para terceiros e de offshoring cativos. As estimativas são mostradas na tabela a seguir.

Crie uma planilha que totalize o custo médio de cada modelo para cada item de custo. Por exemplo, a média salarial com base no alcance para terceiros e também para cativos. Em seguida, calcule o custo total de propriedade de cada modelo. A diferença é o custo de risco.

Equivalentes de tempo integral (*full-time equivalents* – FTEs) são usados para padronizar os custos trabalhistas já que os trabalhadores podem estar trabalhando em meio turno ou em tempo integral. Por exemplo, dois trabalhadores em meio turno são iguais a um FTE. As estimativas são dadas em termos de FTE, então a conversão já está feita.

Baseado em seus resultados, quanto risco permite o modelo de offshoring cativo? A resposta é a diferença entre os TCO dos dois modelos.

	Modelo de terceirização offshoring	Modelo de terceirização cativo
Espaço de escritório: custo anual do aluguel por m² (suponha que sejam 929.030 m²)	US$ 11 a US$ 14	US$ 14 a US$ 16
Base de custos salariais de trabalhadores	US$ 7.700 a US$ 8.200	US$ 9.500 a US$ 10.300
Equipe de gerência geral para cada 1.000 FTEs (suponha que sejam 1.000 FTEs)	12 a 14	16 a 18
Salário da gerência geral	US$ 50.000 a US$ 65.000	US$ 70.000 a US$ 90.000
Custos de viagem e alojamento por FTE	US$ 280 a US$ 320	US$ 900 a US$ 1.060

Recursos online

Você encontrará os guias de tecnologia (em português), bem como outros recursos e ferramentas de estudos (em inglês), no site da Bookman Editora (www.bookman.com.br). Dentre eles:

Caso do Capítulo 12

12.1 Second Life Strategy of American Apparel

Referências

Adams, A. "Mistaken Identity," CIO Insight, March 2006.
Barrett, L. "A Return Home," Baseline January 2006.
Biddick, M., "Hunting the Elusive CIO Dashboard," InformationWeek, March 3, 2008.
Boyle, C., "AstraZeneca to Axe 8,000 Jobs in Global Cull," Times Online, January 28, 2010. business.timesonline.co.uk/tol/business/industry_sectors/health/article7006615.ece
Center for CIO Leadership, "The CIO Profession: Driving Innovation and Competitive Advantage," October 2007.
Ehrlich, L., and M. West, "The Strategic CIO: Using Leadership Skills and IT to Create Competitive Advantage,"CIO.com, May 1, 2007.
Genpact White Paper, "Six Keys to a Successful BPO Transition," 2010.
Hoffman, T., and C. Stedman, "Forget IT – Business Alignment – It's All About Fusion Now, CIOs Say," Computerworld, March 12, 2008.
IAOP, "The Outsourcing Life-Cycle – 9 Stages," 2009. outsourcingprofessional.org/firmbuilder/articles/34/200/945/
IBM, "The Outsourcing Decision for a Globally Integrated Enterprise: From Commodity Outsourcing to Value Creation," January 2008.
IMPACT Programme, IT Governance: Developing a Successful Governance Strategy, Published by the U.K. National Computing Centre, 2005.
Jusko, J., "Kimberly-Clark Embraces Virtual Reality," IndustryWeek.com, December 1, 2007.

Kaplan, R. S., and D. P. Norton, "Using the Balanced Scorecard as a Strategic Management System," Harvard Business Review, 85(7, 8), July/August 2007.
Kesner, R. M., "Running Information Services as a Business," IS Management Handbook, 8th ed., C. V. Brown and H. Topi (eds.), CRC Press, 2003.
Lomas, N., "AstraZeneca Signs IBM Outsourcing Deal," ZDNet UK, July 18, 2007.
Luftman, J., "SIM 2007 Survey Findings," SIMposium 07, October 7 – 12, 2007, simposium.simnet.org.
McGee, M. K., "Kimberly-Clark – Virtual Product Center Yields Real Ideas," InformationWeek, September 17, 2007.
OutsourcingPapers.com, 2010.
Pagnamenta, R, "AstraZeneca to Outsource Manufacturing," Times Online, September 17, 2007. business.timesonline.co.uk/tol/business/industry_sectors/health/article2468741.ece
Rosenthal, B. E., "Changes in BPO: How Technology Is Changing the Landscape," Outsourcing Center, January 2010. outsourcing-bpo.com/jan2010-bpo.html
Wailgum, T., "How to Stay Close to the Business," January 10, 2008. cio.com/article/171150/How_to_Stay_Close_to_the_Business
Worthen, B., "Business Technology: The IT Factor: Tech Staff's Bigger Role; Increased Input Helps Products Debut Faster, Deals Become Successful," Wall Street Journal, December 4, 2007.

Capítulo 13
Gestão de Processos de Negócio e Desenvolvimento de Sistemas

Biblioteca de links

Breve introdução

Equipe de RH da Microsoft International otimiza processos de negócios

- 13.1 Gestão de processos de negócio e arquitetura orientada a serviços
- 13.2 Arquitetura de software e projeto de SI
- 13.3 Gestão de projetos de TI
- 13.4 Desenvolvimento de sistemas

Caso de negócio Pep Boys acelera seu processo de planejamento

Caso do setor público Projeto de SOA da Financial Industry Regulatory Authority (FINRA)

Modelagem utilizando ARIS Express e Blueprint Modelando um processo de negócio e brainstorming de uma estratégia de negócio

Referências

Objetivos de aprendizagem

❶ Compreender a gestão de processos de negócio, suas ferramentas, a arquitetura orientada a serviços e seus papéis na agilidade e no processo de otimização dos negócios.

❷ Compreender a importância do projeto de arquitetura de software para a agilidade e a manutenção de processos de negócio.

❸ Descrever a identificação, a justificativa e o planejamento de projeto de TI; compreender a tripla restrição.

❹ Descrever o ciclo de vida de desenvolvimento de sistemas.

Integrando a *TI*

CON | FIN | MKT | GPO | GRH | SI

Biblioteca de links

ARIS Express: software gratuito de modelagem de processos de negócio ariscommunity.com/aris-express
Oracle BPM Suite 11g oracle.com/us/technologies/bpm/
Oracle SOA Suite 11g oracle.com/us/technologies/soa/
Project Management Institute pmi.org/
Fastforward BPM blog fastforwardblog.com/2010/06/26/social-bpm-business-process-management-enters-the-21st-century/
BPM e fluxo de trabalho de código aberto processmaker.com/
BPM/SOA Community Insights blog.soa-consortium.org/
Demonstração da Adaptive Planning para orçamento, planejamento, relatório e análise adaptiveplanning.com/
IBM BPM www-01.ibm.com/software/info/bpm/
IBM BPM Blueprint demo (faça download do demo) www-01.ibm.com/software/integration/bpm-blueprint/
ITBusinessEdge BPM itbusinessedge.com/topics/show.aspx?t=482
Oracle Business Activity Monitoring (BAM), parte integrante da BPM suite oracle.com/appserver/business-activity-monitoring.html
InfoSys Pesquisa BPM, SOA e arquitetura corporativa; Centros de Excelência infosys.com/research/ infosys.com/research/centers-of-excellence/

Breve introdução

Esta seção introduz as questões de negócios, os desafios e as soluções de TI deste capítulo. Tópicos e questões mencionados aqui são explicados ao longo do capítulo.

TIs em constante mudança, fusões de empresas, consolidações de indústrias, requisitos regulatórios, condições financeiras, expectativas dos clientes e concorrência global. O que essas forças estão fazendo com as organizações e com o ambiente de negócios? A resposta, simples e óbvia, é que elas estão causando mudanças rápidas. Ser capaz de reformular processos de negócios para responder a essas mudanças pode ser extremamente complexo, como você verá neste capítulo.

Os líderes empresariais sabem que cada tipo de mudança – seja ela uma oportunidade ou uma ameaça – exige uma resposta inteligente (esclarecida). Essas demandas escorrem para o nível de processos de negócios – os alicerces de cada área funcional. Um **processo de negócio** é qualquer sistema ou procedimento que uma organização utiliza para alcançar um objetivo de negócio maior. Exemplos de processos de negócio são:

- Processos de negócios de contabilidade
    - Contas a receber e contas a pagar
    - Reconciliações de conta bancária
    - Recebimento de caixa
- Processos de negócios de finanças
    - Previsão de negócios
    - Relatórios de fluxo de caixa financeiros
    - Aprovação de crédito e termos
- Processos de negócios de recursos humanos (RH)
    - Seleção, contratação e treinamento de pessoal
    - Saúde e segurança no trabalho
    - Folha de pagamento
- Processos de negócios de marketing
    - Previsão de vendas
    - Campanhas na mídia
    - Atendimento ao cliente
- Processos de negócios de sistema de informação para gestão (SIG)
    - Projeto e implementação de rede
    - Gerenciamento de dados
    - Segurança da informação e resposta a incidentes
- Processos de negócios de produção e gestão de operações
    - Projeto e desenvolvimento de produto
    - Controle de qualidade e garantia
    - Envio, recebimento e gerenciamento de inventário

Comum a todos os processos de negócios é o fato de que eles *mudam* – e a gestão dessas mudanças é o tema central deste capítulo: gestão de processos de negócio (*business process management* – BPM). Para gerenciar e reformular com sucesso esses processos, as companhias precisam de uma estratégia sólida de BPM e do conjunto certo de ferramentas.

A **arquitetura orientada a serviços** (*service-oriented architecture* – **SOA**) está intimamente relacionada com a BPM, embora sejam coisas diferentes. A BPM diz respeito à modelagem, implementação e monitoramento de processos de negócio, e a maioria dos processos de negócio acarreta várias funções e/ou serviços. A SOA é uma abordagem da tecnologia para a implementação de um processo de negócio, mas é apenas uma parte da tecnologia necessária para essa implementação. Ainda neste capítulo, discutimos a gestão de projeto de TI – uma abordagem disciplinada para o desenvolvimento de sistemas que atendam às especificações e sejam concluídos a tempo e dentro do orçamento. Em seguida você aprenderá sobre o processo de desenvolvimento de sistemas.

Equipe de RH da Microsoft International otimiza processos de negócios

A Microsoft Internacional fornece vendas, marketing e serviços para subsidiárias da Microsoft Corporation fora da América do Norte. A equipe de recursos humanos (RH) dentro da Microsoft International é composta por aproximadamente 600 empregados e fornece suporte para gestão de RH em mais de 100 países. O RH realiza muitas funções legais e pessoais, sendo peças chave entre eles o recrutamento, o treinamento e o desenvolvimento do funcionário, bem como a conformidade com os regulamentos e leis de saúde e segurança, como o U. K. Employment Law, o U.K. Health and Safety Regulations (direct.gov.uk/) e o OSHA (Occupational Safety and Health Administration, osha.gov/), nos Estados Unidos. As funções de RH incluem também gestão de benefícios dos empregados, compensação, registro de empregados e políticas de pessoal. As políticas são geralmente definidas em manuais do funcionário, que são postados nas intranets das empresas.

Processos de negócios do RH da Microsoft

A equipe de RH utiliza muitas ferramentas e sistemas globais em cada uma das subsidiárias internacionais da Microsoft. Um dos principais objetivos do RH era padronizar processos comuns de negócios em todas as subsidiárias. Como cada subsidiária desenvolvia seus próprios processos de negócio específicos – como treinamento de novos funcionários –, não havia maneira padronizada para comparar, gerenciar ou avaliar a eficiência ou eficácia dos processos de negócio (lembre-se: *não se consegue gerenciar aquilo que não se pode medir*). O RH acreditava que os custos e o tempo necessários para realizar suas atividades comuns e treinar novos funcionários eram muito maiores do que deveriam ser. Jean O' Connor, gerente do projeto de RH para a Microsoft International, explicou:

As experiências com diferentes processos de negócios de RH variariam significativamente de uma subsidiária para outra. Sem documentação, cada novo empregado de RH teria de ser treinado por alguém que poderia ou não conhecer o processo. Ensinar um processo ineficiente a novos funcionários poderia introduzir erros repetitivos e diminuir nossa eficácia global.

As ineficiências de RH

A falta de processos de negócios padronizados e de documentação de processo teve uma série de impactos negativos sobre a equipe de RH:

- Aumento do tempo e do custo para treinar novos funcionários devido ao fato de não haver uma maneira mais simples de descrever os processos fundamentais de RH.
- Capacidade limitada para rever seus processos de negócios e tomar decisões esclarecidas sobre o sequenciamento de passos, papéis e responsabilidades envolvidas.
- Diminuição da eficiência de processos de negócios, com amplas faixas de tempo para completar tarefas junto a subsidiárias.

Aumentando a eficiência dos processos de RH

A equipe queria encontrar formas de melhorar a eficiência e a eficácia do processo em todas subsidiárias da Microsoft. Para começar, a equipe de RH precisou compreender os processos de negócios atuais em cada filial e ser capaz de discuti-los, o que eles conseguiram ao diagramar tais processos com o software de modelagem Visio (*visiotoolbox.com/2010/home.aspx*). Um exemplo de um diagrama de um processo comercial é mostrado na Figura 13.1 (visite o site da Microsoft Visio em *visiotoolbox.com/2010/home.aspx* para mais exemplos de modelagem).

Depois que os fluxos de trabalho e processamento de informação envolvidos em um processo de negócios são mapeados com precisão usando notação padrão, esse processo está pronto para ser analisado de modo que se possa identificar como melhorá-lo. Igualmente importantes, esses mapas (ou modelos) fornecem o ponto de partida para padronizar a linguagem usada para descrever suas tarefas.

Benefícios da modelagem de processos de negócios

A equipe de RH usou o Microsoft Visio Premium 2010 – uma ferramenta de modelagem de processos de negócio – para projetar templates (também chamados de modelos) que definem e descrevem as etapas de cada processo. Os templates

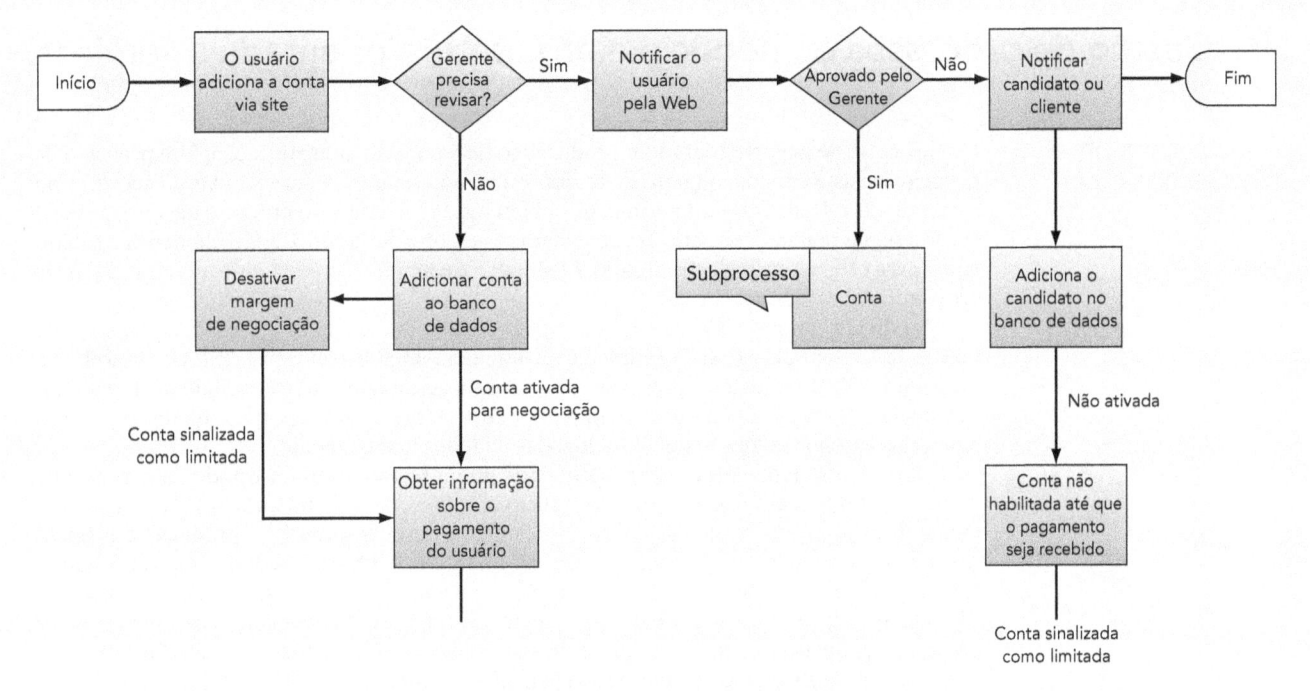

Figura 13.1   Modelo de atividades essenciais para a criação da conta de um cliente.

ajudam o pessoal de RH a entender os processos padronizados da Microsoft e são usados em treinamento de pessoal. Os benefícios que as equipes de RH alcançaram são:

- **Economias significativas em horas de trabalho por meio de aumento da eficiência de processo.** Os modelos reduziram significativamente o tempo necessário para executar processos de RH em todas as subsidiárias. De acordo com O'Connor, "o principal benefício para a organização do RH é o aumento da produtividade pela criação de documentação de processos padronizados em todos os nossos processos de venda, marketing e serviços". A crescente padronização ajuda a esclarecer os papéis e as responsabilidades de cada funcionário de RH e reduz o tempo gasto pelas equipes de RH em tarefas administrativas. Como resultado, "as pessoas certas estão fazendo o trabalho certo na hora certa em nossos processos de negócios", afirma O'Connor.
- **Diminuição do tempo de treinamento de funcionários recém-contratados.** Como os processos de RH são padronizados a partir de uma subsidiária para outra, é mais fácil para um membro do RH de um país se mudar para outro, pois as funções, as responsabilidades e as etapas de processo são semelhantes em todos os locais. Isso reduz ainda mais o tempo e os custos associados ao treinamento.
- **Aperfeiçoamento da tomada de decisões pela análise de processo visual.** Displays visuais tornam a compreensão e a comunicação sobre os processos mais fáceis se comparados com textos.

Fontes: Elaborado a partir de Microsoft.com (2010), Visio 2010 e visimation.com/.

Questões para discussão e debate em sala de aula

1. Cenário para brainstorming e discussão: Por que a Microsoft International tinha processos de negócios de RH ineficientes até que a iniciativa de RH fosse concluída em 2010? Não parece estranho que uma megaempresa multinacional de serviços e softwares de computador não tenha sido capaz de garantir que as pessoas certas estivessem fazendo o trabalho certo na hora certa em seus processos de negócios até 2010? O que pode ter motivado, ou pressionado, a Microsoft Internacional a padronizar seus processos de RH?

2. Debate: Selecione um processo com o qual você está familiarizado, como sacar dinheiro de um caixa eletrônico, matricular-se em cadeiras da faculdade a cada semestre ou submeter currículos na busca por um novo emprego. Selecionar um processo de negócio que todo mundo entenda seria o melhor. Trabalhe individualmente ou em pequenos grupos de dois ou três, diagramando todas as tarefas necessárias para executar o processo e certificando-se de que você mostra os fluxos físicos e os fluxos de informação no seu modelo. Depois que todos (ou que cada grupo) concluírem seus diagramas de modelo, devem debater as tarefas e fluxos até chegarem a um acordo sobre qual deve ser o modelo padrão para representar o processo. (Você verá o quanto é difícil as pessoas chegarem a um acordo sobre como um processo complexo deve ser realizado e sobre como melhorá-lo. Você aprenderá que modelar um processo de negócio representa uma série de debates sobre divergências, até se chegar a um acordo.)

13.1 Gestão de processos de negócio e arquitetura orientada a serviços

PROCESSOS DE NEGÓCIOS E TAREFAS

Um **processo de negócio** realiza ou produz algo de valor para a organização. Um processo de negócio consiste em um conjunto de tarefas ou atividades que são executadas de acordo com certas regras relacionadas a determinados objetivos. Por exemplo: o processo de aprovação de crédito segue regras que levam em consideração escores de crédito, endividamento e salário anual para estimar o risco do mutuário. O objetivo é estender o crédito para aqueles que estão abaixo do nível de risco.

Ao dividir um processo de negócio, você percebe que ele é, na realidade, uma série de tarefas individuais, e que cada tarefa é executada em uma ordem específica. Uma **tarefa** é a menor unidade de trabalho e prestação de contas da gestão que não é dividida em etapas mais detalhadas. A ordem das tarefas/atividades pode ser vaga ou totalmente definida. As tarefas podem ser automatizadas, semiautomatizadas ou feitas manualmente.

Um processo tem entradas e saídas que são *mensuráveis* e, portanto, pode ser gerenciado. A maioria dos processos atravessa áreas funcionais. Por exemplo, um processo de desenvolvimento de produto atravessa o marketing, a pesquisa e desenvolvimento, a produção e as finanças (o desenvolvimento de produto precisa ser financiado). Os processos de negócios estão se tornando cada vez mais complexos – compostos por interações entre sistemas e dependentes de atividades colaborativas entre usuários de negócios e TI. Processos complexos muitas vezes precisam ser quebrados em um número de subprocessos para facilitar a gestão. Os processos projetados para a máxima eficiência são chamados de *otimizados*.

Ciclo de vida do processo de negócio. Os processos de negócio integram SIs e pessoas. O processamento de pedidos de compra, recrutamento de pessoal, faturamento de um paciente, atendimento de pedidos e tudo mais em uma organização consistem em processos que são executados por funcionários por meio de SIs. A gestão de processos de negócio se resume à gestão de seus ciclos de vida, como mostrado na Figura 13.2. Os processos de negócio são introduzidos, modificados na medida do possível e substituídos – o formato padrão de um *ciclo de vida*. As mudanças podem exigir apenas ajustes simples para as tarefas ou regras do processo, como alterar o percentual de comissão, ou implicar uma reestruturação, como alterar a função do RH, por exemplo, conforme se pode ver no caso de abertura da Microsoft International.

Fase de Projeto. O ciclo começa com o desenho do processo. O desenho (ou diagramação) do processo normalmente é mapeado e documentado utilizando uma ferramenta de modelagem como a IBM BPM Blueprint ou a Microsoft Visio. Esse modelo desempenha um papel chave e, uma vez concluído, serve como documentação de todo o processo.

Durante a fase de desenho, a equipe de analistas de negócio e de especialistas em tecnologia faz um brainstorming em busca de possíveis soluções ou oportunidades em áreas que estejam apresentando problemas. As especificações funcionais e do projeto são concluídas nessa fase. A *especificação do processo*, também chamada de *especificação técnica*, identifica, com o maior detalhamento possível, como o processo de negócio será implementado. Essa especificação identifica, ainda, quais sistemas estão envolvidos no processo, como eles se complementam e os detalhes técnicos da implementação. Especificações técnicas e funcionais podem

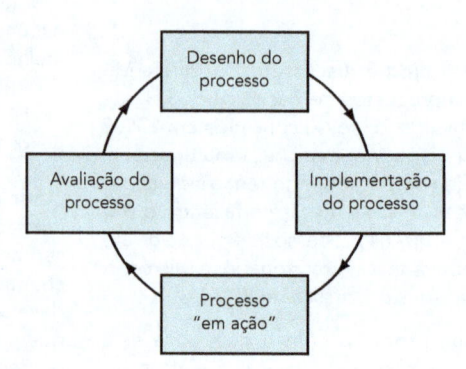

Figura 13.2 Ciclo de vida de processos de negócios.

ter centenas de páginas, o que explica por que ferramentas de modelagem especializadas são essenciais. Os resultados da fase de desenho não são todos técnicos. A especificação de projeto também identifica como os usuários do processo interagem e completam as tarefas.

Fase de Implementação. O processo de negócio acordado na fase de desenho é entregue. A implementação inclui integrar o processo com outros processos que compartilham entradas ou saídas, testar e verificar que funcionam corretamente e que são confiáveis. Problemas podem obrigar a retornar à fase de desenho do processo.

O desenvolvimento do processo não é a única parte importante: o teste do processo é tão fundamental quanto seu desenvolvimento. Os três testes são:

- **Aceitação pelo usuário:** usuários testam se o processo está bem desenhado a partir de suas perspectivas.
- **Aceitação funcional:** analistas de processo testam se o processo desempenha suas funções.
- **Aceitação do sistema:** peritos técnicos atestam que o processo está integrado corretamente com todas as entradas e saídas de outros processos, fontes de dados e data stores.

Depois de completar os testes e aperfeiçoamentos, o processo está pronto para a *ação*. O processo é considerado "em produção" depois de ser posto em ação.

Processo "em produção" e fases de avaliação. À medida que novos processos são adicionados (redesenhados ou removidos), os processos que estão em produção podem se tornar instáveis ou problemáticos. Portanto, durante essa fase, os processos são monitorados. Muitos fornecedores de software que implementam processos de negócios, como Oracle, Microsoft, Cordys e IBM, incluem ferramentas com a funcionalidade de **monitoramento de atividades de negócios** (*business activity monitoring* – BAM). Por exemplo, o BAM da Oracle é uma parte integrante da suíte BPM (oracle.com/appserver/business-activity-monitoring.html). O BAM da Oracle é uma ferramenta que se baseia em mensagens e que é direcionada por eventos. Ela permite aos usuários empresariais vincular indicadores-chave de desempenho (*key performance indicators* – KIPs) associados ao processo monitorado em tempo real e fornecer informações relevantes via painéis de controle (dashboards).

GESTÃO DE PROCESSOS DE NEGÓCIO

A **gestão de processos de negócios** (*business process management* – **BPM**) é uma técnica fundamental de gestão que inclui métodos e ferramentas para suportar as fases do ciclo de vida de processos de negócios. No curto prazo, a BPM ajuda as companhias a melhorar a rentabilidade, reduzir desperdícios e custos, e, no longo prazo, a BPM ajuda a manter as companhias sensíveis às mudanças de negócios.

A abordagem da BPM tem suas raízes na **reengenharia de processos de negócios** (*business process reengineering* – **BPR**). A BPR é o replanejamento radical dos processos de negócio de uma organização. Em primeiro lugar, a BPR tenta *eliminar* processos que não têm mais qualquer propósito, muitas vezes por causa dos novos aplicativos de celular, de Web services e de outras TIs. Os processos que permanecem são replanejados e automatizados na medida do possível.

A BPR rapidamente se tornou um modismo de gestão, semelhante à gestão de inventário just-in-time (JIT). Ambas foram baseadas em suposições. E se essas suposições não fossem concretizadas, elas teriam falhado em alcançar os grandes resultados esperados. Ou seja, a BPR não foi compreendida o suficiente e foi aplicada de maneira incorreta, o que gerou resultados terríveis. Muitas implementações JIT aumentaram os custos de inventário, porque a JIT foi baseada na suposição de que os custos de armazenagem eram extremamente elevados, como eram no Japão, onde a JIT foi criada – pela Toyota. Por quê? Porque a JIT aumenta os custos de transporte e de encomenda. O aumento dos custos deve ser compensado por uma queda ainda maior nos custos de armazenagem. Do contrário, a JIT fica mais cara. Com a BPR, as empresas primeiramente têm de analisar e compreender as ineficiências em seus processos de negócios. Depois têm de descobrir como acabar com o desperdício e racionalizar os processos para minimizar o risco de erros que levaram ao replanejamento. Só então os processos restantes podem ser replanejados e automatizados. Muitas empresas ignoraram as etapas de início e pularam direto para o downsizing – a demissão de funcionários. Um gerente de uma grande empresa de telecomunicações, durante uma discussão com um dos autores, lamentou que "amputamos antes de diagnosticar". Além de interrupções nos negócios, os custos trabalhistas aumentaram acentuadamente à medida que empresas recontratavam funcionários.

Assim, na década de 1990, a maioria das organizações não conseguiu alcançar melhorias de processos fundamentais porque participaram de um seminário BPR e, em seguida, cometeram erros na fase de implementação.

Apesar de décadas de tentativas de reengenharia, as empresas ainda têm problemas com suas operações de negócios. Elas duplicam processos, executam centenas de tarefas não essenciais que deveriam ser terceirizadas, e gastam uma fortuna com softwares de gestão de processos proprietários, difíceis de atualizar. Para lidar com esses problemas, a BPM evoluiu como uma técnica que une as pessoas, os processos e a tecnologia para atingir objetivos estratégicos de melhoria de desempenho. Para tratar adequadamente de melhoria de processo, as organizações devem desenvolver uma estratégia de BPM cuidadosamente elaborada.

Considerações sobre a BPM estratégica. Uma estratégia de BPM bem implementada permite que uma organização possa, especificamente:

- Obter mais visibilidade nos processos
- Identificar as causas de gargalos nos processos
- Apontar o tempo e as condições de quando os dados de um processo são entregues (transferidos) a outros processos

Feita corretamente, a BPM ajuda uma organização a cortar custos, a melhorar o serviço, a alcançar o crescimento esperado ou a cumprir com regulamentos. Por exemplo, um fabricante com o objetivo estratégico de melhorar a qualidade e a confiabilidade do produto deve olhar para seus processos de fabricação e ver como eles estão ligados a esse objetivo de negócio. Se as organizações se concentraram exclusivamente em automação e redução de custos, elas podem alcançar eficiência operacional significativa, mas também perder sua vantagem competitiva e não alcançar suas metas de desempenho, como a British Telecom (BT) e a United Airlines fizeram quando fracassaram em vincular metas estratégicas com suas iniciativas de BPM.

Uma vez que a avaliação for concluída, é necessário desenvolver um plano de desempenho de processo que documente as formas como os processos operacionais identificados contribuem para os objetivos estratégicos. Se um objetivo estratégico é a satisfação do cliente, por exemplo, benchmarks de processo apropriados devem ser estabelecidos de forma precisa e consistente para analisar o progresso de uma iniciativa em BPM. Na melhoria de um processo de preenchimento de pedido, apesar da importância da realização do pedido e da entrega no prazo, outras medidas podem ter um impacto direto na satisfação do cliente, como a precisão no atendimento de pedidos.

Por fim, os processos devem ser priorizados, dando máxima prioridade aos processos que estão determinados a ter o maior impacto potencial sobre os objetivos estratégicos.

ARQUITETURA ORIENTADA A SERVIÇOS (SOA)

A arquitetura orientada a serviços (*service-oriented architecture* – SOA) é um conceito confuso, mesmo para os profissionais da área, devido a um destes motivos: ou porque a SOA é erroneamente descrita como BPM ou porque a definição da SOA em si é incompreensível. Para ilustrar este último motivo, é assim que a IBM define a SOA em seu site (http://www-01.ibm.com/software/solutions/soa):

> *A SOA é uma abordagem arquitetônica de TI centrada em negócios que suporta a integração de seu negócio como um conjunto de tarefas ou serviços que podem ser repetidos e interligados. Com a abordagem Smart SOA você poderá encontrar valor em todas as fases do continuum da SOA, desde projetos departamentais até iniciativas empresariais.*

É como se alguém do departamento jurídico tivesse escrito essa definição de TI usando uma linguagem que poucos conseguiriam entender. Outra definição dada foi: "a SOA é essencialmente uma coleção de serviços". Essa definição também não ajuda em nada, é claro.

Os *serviços* são como programas de software reutilizáveis, ou módulos. Você pode até compará-los com uma macro de Excel. Pode usá-los e reutilizá-los em vez de escrever códigos para executar funções comuns.

A Oracle oferece uma explicação técnica da SOA, a qual você encontra na Tabela 13.1. O Caso do setor público ao final deste capítulo mostra o valor da SOA.

BPM e SOA: Otimização de Negócios. A BPM e a SOA são duas das mais comentadas iniciativas de negócios. Ambas prometem ajudar as empresas a criar novos valores a partir

TABELA 13.1 Definindo a SOA

A SOA é um estilo de arquitetura para a construção de aplicações de software que utilizam os serviços disponíveis em uma rede como a Web. Ela promove o acoplamento amplo entre os componentes de software para que possam ser reusados. As aplicações em SOA são construídas baseadas em serviços. Um serviço é uma implementação de uma funcionalidade de negócio bem definida, e tais serviços podem ser usados por clientes em diferentes aplicações ou processos de negócios.

A SOA permite a reutilização dos ativos existentes onde novos serviços podem ser criados a partir de uma infraestrutura de sistemas de TI já existente. Em outras palavras, ela possibilita que as empresas aproveitem investimentos existentes ao permitir a reutilização de aplicações existentes e promete a interoperabilidade entre aplicações e tecnologias heterogêneas. A SOA fornece um grau de flexibilidade antes impossível na medida em que:

- Os serviços são componentes de software independentes de implementação com interfaces bem definidas. Um aspecto importante da SOA é a separação da interface de serviço (o "o que") de sua implementação (o "como"). Tais serviços são consumidos por clientes que não estão preocupados com a forma como esses serviços executarão seus pedidos.
- Os serviços são autossuficientes (executam tarefas predeterminadas) e livremente acoplados (visando à independência).
- Os serviços podem ser descobertos dinamicamente.
- Os serviços compostos podem ser construídos a partir de agregados de outros serviços.

Visite java.sun.com/developer/technicalArticles/WebServices/soa/

---

de investimentos em TI existentes. Elas reutilizam esforços de programação de TI (pense em macros ou módulos) ao longo de muitos outros processos e prometem possibilitar a agilização por meio de uma maior flexibilidade e de menores estruturas de custos.

As duas são frequentemente confundidas por conferir muitos dos mesmos benefícios. A SOA concentra-se na criação de uma arquitetura de TI mais flexível, enquanto a BPM tem como foco a otimização de como o trabalho é realmente feito. A SOA agregou valor de negócio a grandes corporações, mas quase todas as SOAs em prática são utilizadas apenas para Web services, integração de aplicativos como middleware e soluções B2B.

Mashups de BPM pelos Web Services. Os processos de negócios não são autossuficientes. Eles precisam de informações de pessoas e de SIs (*data stores*) existentes por meio de departamentos e áreas de negócios. Muitos processos de negócio requerem até mesmo que informações sejam compartilhadas com parceiros externos, clientes e fornecedores. Os Web services podem expandir a funcionalidade do sistema de BPM. Um **Web service** é um conjunto de tecnologias usadas para a troca de dados entre aplicações. Web services podem conectar processos com outros sistemas por toda a organização e com parceiros de negócios. Os sistemas integrados BPM resultantes desse processo são chamados de **mashups de BPM**.

Mashups são integrações prontas, pré-configuradas, entre diferentes pacotes de software de negócios. Eles fazem fluir o compartilhamento de informações entre sistemas. Por exemplo, um sistema de BPM pode alavancar Web services para compartilhar dados de clientes com CRM (*customer relationship management* – gestão do relacionamento com o cliente). O orçamento e o custo de dados de um sistema integrado de gestão empresarial (*enterprise resource planning* – ERP) podem ser compartilhados com o BPM, seja para aprovar ou para negar um relatório de despesas apresentado ao usar a gestão de processos de negócio e, posteriormente, para atualizar o ERP uma vez que o relatório de despesas esteja completo. Os Web services podem ser usados para compartilhar informações com qualquer outro sistema que os utilize. Os mashups tornam o processo de compartilhamento mais fácil ao providenciar a integração de sistemas e fluidez na maneira como os dois sistemas trabalham juntos.

Questões para revisão

1. O que é um processo de negócio? Dê três exemplos.
2. Quais são as etapas no ciclo de vida de processos de negócios?
3. Defina a *gestão de processo de negócio*.
4. Por que a BPM é importante?
5. O que é um mashup de BPM?

13.2 Arquitetura de software e projeto de SI

Uma arquitetura de software de uma organização se refere à estrutura de suas aplicações. Assim como acontece com estradas e pontes, a arquitetura determina o que é possível e a facilidade com que mudanças nos sistemas e processos podem ser feitas.

UMA VISÃO GERAL DO ACOPLAMENTO EM APLICATIVOS DE SOFTWARE

Há muito tempo, os aplicativos de negócios eram escritos em COBOL (software). Esses aplicativos eram como um grande pedaço de programas fortemente acoplados que realizavam muitas funções. *Fortemente acoplados* porque os programas e os dados processados por estes, bem como os relatórios gerados, eram proprietários. Alterações nesses aplicativos eram demoradas e tediosas, como demonstrado pelo problema Y2K. Para mais informações sobre o Y2K (ou bug do milênio), acesse cybergeo.com/y2k/fulldetails.html ou procure artigos online.

O projeto de software preferido é aquele fracamente acoplado e executa uma única ou muito poucas funções. O que significa *acoplamento fraco*?

Acoplamento fraco. O acoplamento fraco refere-se à maneira como os componentes são conectados em uma rede ou sistema. Componentes fracamente conectados têm dependência mínima um do outro. Isso simplifica testes, manutenção e procedimentos de resolução de problemas, pois os problemas são fáceis de isolar e improváveis de se difundir ou propagar. A extensão, ou "força" pela qual os componentes são acoplados em um sistema é um termo relativo. Um sistema fracamente acoplado pode ser quebrado com facilidade em elementos definíveis.

O objetivo do acoplamento fraco é reduzir a dependência entre sistemas. Os benefícios do acoplamento fraco incluem agilidade e flexibilidade. Uma abordagem fracamente acoplada oferece uma flexibilidade incomparável para adaptações de cenários em constante mudança. Como não há suposições sobre o cenário contra o qual sua aplicação está executando, você pode adaptar facilmente a aplicação composta conforme necessário.

Outro aspecto a se considerar é a probabilidade de mudanças no cenário durante o tempo de vida da aplicação. Devido a fusões, aquisições e consolidações de sistema, o cenário por baixo das aplicações está em constante mudança. Sem acoplamento fraco, as organizações são forçadas a se adaptar ou a reescrever seus aplicativos repetidamente.

Maximizando a flexibilidade da arquitetura. Uma arquitetura de software de uma organização também pode ser projetada para uma maior flexibilidade por meio de um modelo em camadas. Um exemplo de um modelo de arquitetura em três camadas é mostrado na Figura 13.3.

Observe a arquitetura modular. A arquitetura em três camadas é planejada para permitir que qualquer das três camadas possa ser atualizada ou substituída de forma independente à medida que mudam também os requisitos de negócios ou tecnologias. Por exemplo, uma mudança de SO (sistema operacional) na camada de apresentação afetaria apenas o código da interface de usuário.

Normalmente a interface de usuário é executada em um PC, laptop ou dispositivo de mão e exibe uma interface gráfica de usuário (*graphical use interface* – GUI) padrão. A camada intermediária efetua o processamento e a coordenação dos dados. A camada intermediária, por sua vez, pode ser multicamadas, e por isso é chamada de n camadas (*n-tier*). A arquitetura em três camadas tem as seguintes camadas:

1. **Camada de apresentação (ou camada do cliente ou interface do cliente).** Esse é o nível mais alto da aplicação, do qual seu navegador é um exemplo. A camada de apresentação exibe informações relacionadas a serviços como navegação por mercadorias, aquisição e apresentação do conteúdo no carrinho de compras. Ela se comunica com outras camadas ao emitir resultados para a camada do navegador/cliente e para todas as outras camadas da rede.

2. **Camada lógica de aplicação (ou camada de regras de negócio).** O processamento detalhado é realizado nesta camada, que consiste em **middleware**. Middleware refere-se a uma ampla gama de softwares ou serviços que permitem a comunicação ou troca de dados entre aplicações via redes. O middleware permite, especificamente, a troca de dados traduzindo solicitações e respostas de dados entre PCs clientes e computadores servidores. Esse tipo de software é muitas vezes descrito como "cola", pois conecta ou integra aplicações de software crítico para negócios com outras aplicações. Ao realizar algumas das tarefas que uma aplica-

Capítulo 13 Gestão de Processos de Negócio e Desenvolvimento de Sistemas

Camada de apresentação ou interface

O nível mais alto de aplicações é a interface com o usuário. A principal função da interface é traduzir tarefas e resultados para algo que o usuário possa compreender.

Camada de regras

Esta camada coordena a aplicação, comanda processos, toma decisões lógicas e avaliações, e executa cálculos. Ela também move processos e dados entre duas outras camadas (interface e de dados).

Camada de dados

Aqui a informação é armazenada e recuperada a partir de um sistema de banco de dados ou de arquivos. A informação é, então, passada de volta para a camada de regras para o seu processamento e, no final, retorna para o usuário.

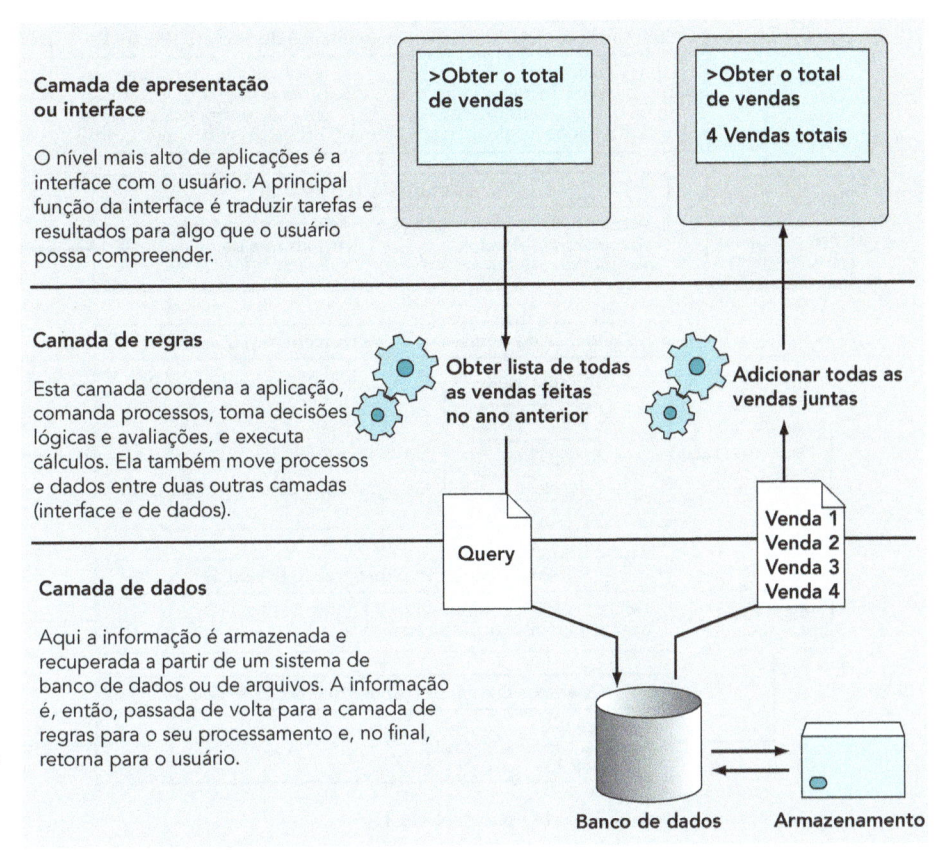

Figura 13.3 Visão geral de um projeto de arquitetura de software em três camadas. (Cortesia de Bartledan [Wikipedia, 2009].)

ção teria realizado, o middleware elimina a necessidade de que uma aplicação compartilhada por vários clientes funcione diferentemente para cada tipo distinto de cliente.

Com as atuais aplicações baseadas em rede– especialmente o comércio eletrônico ERP, SCM, CRM, B2B e B2C – as operações de negócios dependem de middlewares para proporcionar transferências de dados seguras entre essas aplicações.

3. **Camada de dados.** Essa camada é constituída de fontes de dados, como o banco de dados e os servidores de armazenamento de dados. Aqui a informação é armazenada e recuperada. Essa camada mantém os dados neutros e independentes de servidores de aplicação ou da lógica de negócios. Ao fornecer dados, sua própria camada também melhora a escalabilidade e o desempenho.

Conceitualmente a arquitetura em três camadas é linear. Uma regra fundamental em uma arquitetura de três camadas é que a camada de apresentação nunca deve se comunicar diretamente com a camada de dados. Toda a comunicação deve passar pela camada de middleware.

Com esse entendimento da arquitetura em camadas, podemos discutir agora o processo de aquisição de TI. Lembre-se do Capítulo 12, o qual focou estratégias de terceirização, que o desenvolvimento interno de SIs foi a opção. Examinaremos essa opção para o desenvolvimento de processos de negócio a seguir.

O PROCESSO DE AQUISIÇÃO DE TI

O processo de aquisição de um aplicativo de TI tem cinco passos importantes, que são mostrados na Figura 13.4 e discutidos a seguir.

Passo 1: Planejando, identificando e justificando sistemas baseados em TI. Sistemas baseados em TI são geralmente construídos como *viabilizadores* de alguns processos de negócios. Portanto, o planejamento desses sistemas deve ser alinhado com o planejamento do negócio geral da organização e com as tarefas específicas que pretendem suportar. Muitas vezes tais processos podem precisar ser redesenhados ou reestruturados para tirar o máximo proveito dos benefícios dos aplicativos de TI. Além disso, os sistemas podem precisar ser justificados

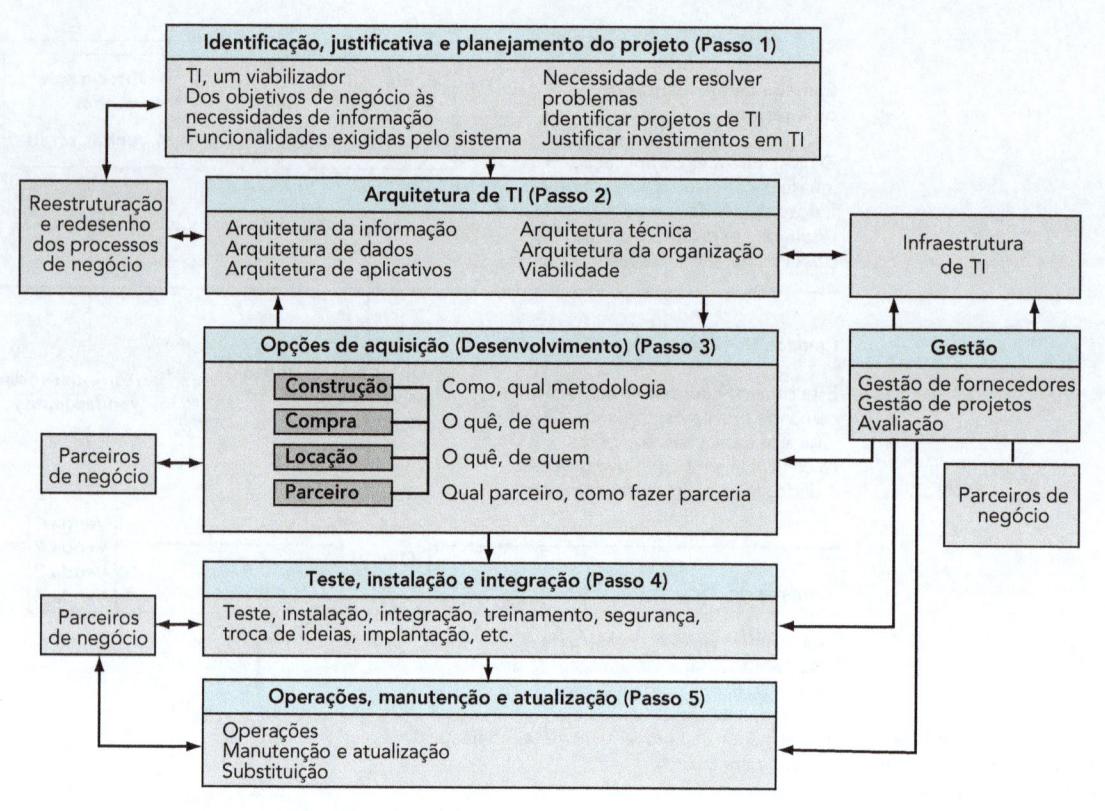

Figura 13.4 O processo de aquisição de aplicativo de TI.

Identificação, justificativa e planejamento do projeto (Passo 1)
- TI, um viabilizador
- Dos objetivos de negócio às necessidades de informação
- Funcionalidades exigidas pelo sistema
- Necessidade de resolver problemas
- Identificar projetos de TI
- Justificar investimentos em TI

Reestruturação e redesenho dos processos de negócio

Arquitetura de TI (Passo 2)
- Arquitetura da informação
- Arquitetura de dados
- Arquitetura de aplicativos
- Arquitetura técnica
- Arquitetura da organização
- Viabilidade

Infraestrutura de TI

Opções de aquisição (Desenvolvimento) (Passo 3)
- Construção — Como, qual metodologia
- Compra — O quê, de quem
- Locação — O quê, de quem
- Parceiro — Qual parceiro, como fazer parceria

Parceiros de negócio

Gestão
- Gestão de fornecedores
- Gestão de projetos
- Avaliação

Parceiros de negócio

Teste, instalação e integração (Passo 4)
Teste, instalação, integração, treinamento, segurança, troca de ideias, implantação, etc.

Parceiros de negócio

Operações, manutenção e atualização (Passo 5)
- Operações
- Manutenção e atualização
- Substituição

(por exemplo, por uma análise de custo-benefício). Essas atividades podem ser complexas, especialmente para sistemas que requerem um investimento significado para adquirir, operar e manter (ou para manter sistemas considerados "de ponta").

A saída desse passo é a decisão de investir ou não em um aplicativo específico e em um cronograma, orçamento e responsabilidade devidamente atribuída. Esse passo é geralmente feito internamente, com consultores se necessário. Todos os outros passos podem ser feitos internamente ou terceirizados.

A importância de uma avaliação realista não pode ser superestimada. Muitos projetos passam por essa etapa por razões políticas ou pelo medo de assumir uma posição impopular. Os gerentes podem ter esperança de que o sistema funcionará. *Esperança não é um plano* – é um risco. *TI em ação 13.1* descreve o fracasso de bilhões de dólares do plano do U.S. Censos para coletar dados por meio de dispositivos portáteis.

Passo 2: Criando uma arquitetura de TI. A **arquitetura de TI** é um plano para organizar a infraestrutura subjacente e os aplicativos do projeto de TI. O plano de arquitetura inclui o seguinte:

- Os dados necessários para cumprir os objetivos e a visão do negócio
- Os módulos do aplicativo que irão fornecer e gerenciar as informações e os dados
- Hardware e software específicos nos quais os módulos do aplicativo serão executados
- Segurança, escalabilidade e confiabilidade exigidas pelos aplicativos
- Recursos humanos e procedimentos para a implementação do projeto de TI.

Várias ferramentas e metodologias de TI são utilizadas para suportar a criação de uma arquitetura de aplicações de TI. Os resultados obtidos no Passo 2 são roteados para o nível de planejamento estratégico (por exemplo, para um comitê gestor). Com base nos resultados do Passo 2, o portfólio de aplicativo (um portfólio é uma *mistura de aplicativos*) ou um projeto especifico podem ser alterados. Por exemplo, o comitê gestor pode reduzir um projeto específico por considerá-lo muito arriscado em dado momento. Depois que a arquitetura é compilada e que o projeto obtém a aprovação final, deve-se decidir *como* adquirir o aplicativo de TI específico.

TI em ação 13.1

Projeto High-Tech do Census fracassa – uma análise

O Secretário de Comércio dos Estados Unidos, Carlos M. Gutierrez, emitiu o seguinte comunicado oficial explicando (de uma forma obscura) por que o *Census Bureau* estava desmantelando seu projeto de 600 milhões de dólares (o qual visava coletar dados utilizando 500 mil dispositivos portáteis). O departamento havia fechado contrato para utilizar dispositivos portáteis da Harris Corp., mas a má gestão, o excesso de custos e a falta de planejamento ajudaram a descarrilar o plano.

> Mais ou menos ao longo do último mês, uma noção clara surgiu: para obter pleno êxito com o Censo 2010, devemos renovar imediatamente alguns programas, reorientar prioridades e superar o desafio.

De acordo com um comunicado da imprensa (census.gov/):

> Várias avaliações internas e externas têm identificado contínuos desafios de Censo em certo número de áreas, incluindo planejamento adequado sobre requisitos de sistema fundamentais, requisitos tecnológicos essenciais, especificação de características e funções de sistema de controle operacional e infraestrutura tecnológica regional... Gutierrez disse que o Censo vai precisar de um financiamento adicional de 2,2 a 3 bilhões de dólares ao longo dos próximos cinco anos para atender às necessidades do replanejamento... O custo do ciclo de vida para o Censo Reestruturado de 2010 foi estimado em 11,8 bilhões no Pedido de Orçamento do ano fiscal de 2009, incluindo 1,8 bilhão para a American Community Survey, que substituiu o longo formulário. O novo custo estimado do ciclo de vida para o Censo de 2010 é de 13,7 a 14,5 bilhões de dólares.

Resumindo, o *Census Bureau* havia planejado entregar mais de 500 mil dispositivos portáteis a funcionários temporários para que estes coletassem dados pessoais de cidadãos norte-americanos que não respondiam os formulários do censo por correspondência. Os dispositivos portáteis vinham sendo desenvolvidos sob um contrato de 600 milhões de dólares fechado com a Harris Corp. em 2006. Tropeçando sobre esse plano multibilionário para um censo de alta tecnologia, o governo voltou a contar os 300 milhões de pessoas à maneira antiga: com lápis e papel. A má gestão – e não a tecnologia – levou o governo a gastar mais 3 bilhões para o próximo censo.

O fracasso foi uma surpresa? A Senadora Susan Collins, membro do Comitê em Segurança Nacional e Assuntos Governamentais (Committee on Homeland Security and Governmental Affairs), não ficou surpresa com o fracasso. "Este comitê infelizmente está acostumado com histórias sobre projetos e contratos governamentais que se transformaram em problemas, onerando fortemente os fundos dos contribuintes", disse ela. Collins listou os motivos habituais de insucesso:

- Requisitos iniciais mal definidos.
- Incapacidade ou falta de vontade de gerenciar para controlar "deformidades de requisitos" e excesso de custos.

Algo maior do que má gestão de projetos estava por trás disso. Foi a falha da alta administração no departamento para avaliar e mitigar os riscos inerentes a um projeto tão importante. "Deve-se notar que os problemas com esse contrato pareciam evidentes para todos, exceto para o *Census Bureau*", disse o senador Tom Coburn (D-Okla.).

Análise do fracasso do projeto *Handheld* (dispositivo portátil). O Censo 2010 deveria ter sido a verdadeira primeira contagem em alta tecnologia na história dos Estados Unidos. O *Census Bureau* havia fechado um contrato para comprar 500 mil computadores portáteis, mais o sistema operacional, a um custo de mais de 600 milhões de dólares. O contrato disparou para 1,3 bilhão, apesar de o departamento ter reduzido a compra para apenas 151 mil computadores portáteis. A maior despesa foi devido ao excesso de custos e novos recursos para os computadores e seu sistema operacional, solicitados pelo *Census Bureau*. Gutierrez culpou "a falta de comunicação eficaz com um de nossos principais fornecedores" por muitos dos problemas.

Funcionários do Censo estavam sendo culpados por repassar de maneira ineficaz os requisitos técnicos para o contratado (Harris Corp.). Além disso, os dispositivos portáteis mostraram-se muito complexos para alguns dos trabalhadores temporários, que tentaram usá-los em um teste na Carolina do Norte, e foram inicialmente programados para transmitir as grandes quantidades de dados necessárias.

O porta-voz da Harris, Marc Raimondi, disse que o custo do contrato aumentou na medida em que os requisitos do projeto aumentaram. "O aumento do financiamento é necessário para cobrir sites, equipamentos, softwares e funções adicionais acrescentadas ao programa pelo *Bureau*".

O deputado Alan Mollohan, presidente do subcomitê orçamentário, disse que o *Census Bureau* e a Harris "contribuíram para a crise de hoje". O fracasso do *Census Bureau* para tratar de seus problemas com os computadores a tempo "transformou a crise em uma situação de emergência que agora enfrentamos".

Fontes: Elaborado a partir de U.S. Census Bureau (2008), Hogue (2008) e Holmes (2008).

Questões para discussão: O que deu errado? Faça uma lista de coisas que deram errado e classifique-as como problemas relacionados com tecnologia, com gestão e/ou com projeto (devido a mudanças no escopo do projeto). Considere a seguinte afirmação: "A esperança não é um plano". Essa afirmação se aplica ao fracasso do projeto? Explique.

Passo 3: Selecionando uma opção de aquisição. Aplicativos de TI podem ser:

- Construídos internamente. O desenvolvimento interno usando a abordagem de ciclo de vida de desenvolvimento de sistemas (CVDS) é tratado na Seção 13.4.
- Customizados por um fornecedor.
- Comprados e customizados, internamente ou por um fornecedor. Veja a Tabela 13.2 para uma lista das vantagens e limitações da *opção de compra*.

TABELA 13.2 Vantagens e limitações da opção de compra	
Vantagens da opção de compra	Desvantagens da opção de compra
• Muitos tipos diferentes de "software de prateleira" estão disponíveis.	• O software pode não atender exatamente às necessidades da empresa.
• Muito tempo pode ser salvo ao comprar em vez de programar.	• O software pode ser difícil ou impossível de ser modificado, ou pode exigir enormes mudanças nos processos de negócios para ser implementado.
• A empresa pode saber o que está levando antes de investir no software.	• A empresa não terá controle sobre as melhorias do software e suas novas versões (normalmente, pode-se apenas fazer recomendações).
• A empresa não é a primeira e única usuária.	• Os softwares comprados podem ser difíceis de integrar com sistemas existentes.
• O software adquirido pode evitar a necessidade de contratar pessoal especificamente para um projeto.	• Os fornecedores podem deixar um produto de lado ou abandonar o negócio.
• O fornecedor atualiza o software com frequência.	
• O preço é, geralmente, muito menor.	

- Locado de um provedor de serviços de aplicativo (*application service provider* – ASP) ou por meio de um arranjo tipo software como serviço (*software-as-a-service* – SaaS), como você leu no Capítulo 12.
- Adquirido via uma parceria ou aliança que permita que a empresa utilize o aplicativo de outra.

Depois que uma opção é escolhida, o sistema pode ser adquirido. No final desse passo, um aplicativo estará pronto para ser instalado e implantado. Independentemente da opção escolhida, você provavelmente terá de selecionar um ou mais fornecedores e empresas de consultoria.

Passo 4: Teste, instalação, integração e implantação de aplicativos de TI. Assim que uma opção de aquisição for selecionada, o próximo passo envolve colocar o aplicativo para funcionar no ambiente selecionado de hardware e rede. Um dos passos na instalação de um aplicativo é conectá-lo a bancos de dados de back-end, a outros aplicativos e, em geral, a sistemas de informações dos parceiros. Esse passo pode ser feito internamente ou terceirizado. Durante esse passo, os módulos que foram instalados precisam ser testados. É preciso fazer uma série de testes:

- *Teste de unidade*: testar os módulos, um de cada vez
- *Teste de integração*: testar a combinação de módulos interagindo com outros aplicativos
- *Teste de usabilidade*: testar a qualidade da experiência do usuário ao interagir com o portal ou site
- *Teste de aceitação*: determinar se o aplicativo atende aos objetivos e às perspectivas originais do negócio.

Depois que os aplicativos passarem em todos os testes, eles podem ser lançados para os usuários finais. Aqui desenvolvedores têm de lidar com questões como estratégias de conversão (do antigo sistema para o novo), treinamento, mudanças nas prioridades que afetam a aceitação do aplicativo e resistência à mudança de processos para maximizar o benefício do aplicativo.

Passo 5: Operações, manutenção e atualização. Normalmente leva tempo, esforço e dinheiro para fazer a operação e a manutenção de um aplicativo, assim como para adquiri-lo e instalá-lo. Para usufruir do uso ininterrupto, um aplicativo precisa ser continuamente atualizado. A manutenção de software pode ser um grande problema, devido às rápidas mudanças na área de TI. A operação e a manutenção podem ser terceirizadas e/ou feitas internamente.

Gerenciando o processo de aquisição de TI. O processo de aquisição de TI provavelmente será um projeto complexo que precisa ser gerenciado corretamente. Exceto para pequenos aplicativos, uma equipe de projeto de TI é geralmente criada para gerenciar o processo, o orçamento, os custos e os fornecedores. Os projetos podem ser gerenciados com o software de *gestão de projetos*, como o Microsoft Project (office.microsoft.com/project). Os três critérios utilizados para avaliar a eficácia da gestão de projetos de TI são desempenho, tempo e custo. Isto é, o projeto de TI foi bem feito, dentro do prazo e do orçamento?

Ferramentas e técnicas padrão de gestão de projetos são usadas por gerentes de projetos para gerenciar recursos dos projetos a fim de mantê-los no prazo, dentro do orçamento e dentro das especificações de desempenho. Por fim, a implementação de um projeto de TI pode exigir a reestruturação de um ou de mais processos de negócios.

DESENVOLVIMENTO INTERNO: *INSOURCING*

Uma terceira estratégia de desenvolvimento é desenvolver ("construir") aplicativos internamente. Embora o desenvolvimento interno – a *internalização* ou *insourcing* – possa ser demorado e caro, ele pode resultar em aplicativos de TI que melhor se adaptam à estratégia e à visão de uma organização e a diferenciam da concorrência. O desenvolvimento de aplicativos de TI dentro da empresa, porém, é uma tarefa desafiadora, pois a maioria dos aplicativos é singular e pode envolver diversas organizações.

Opções para o desenvolvimento interno. Há três importantes opções para o desenvolvimento interno:

- **Construir a partir do zero.** Essa opção deve ser considerada apenas para aplicativos de TI especializados para os quais não haja componentes disponíveis. Essa opção é mais cara e lenta, mas fornecerá o melhor ajuste às necessidades da organização.
- **Construir a partir de componentes.** Os aplicativos necessários são muitas vezes construídos a partir de componentes padrão (por exemplo, geradores de números aleatórios ou servidores Web como o IIS da Microsoft). Os componentes desenvolvidos internamente e os componentes comerciais devem se integrar de maneira correta e confiável ou o sistema falhará. Isso é fundamental para aplicativos de tempo real e para sistemas de e-business. O escopo de integração de reutilização de componente e código também está se ampliando.
- **Integrar aplicativos.** A opção de integrar aplicativos é semelhante à de criar componentes, mas em vez de utilizar componentes, aplicativos inteiros são empregados. Essa é uma opção especialmente atraente quando aplicativos de TI de vários parceiros de negócios precisam ser integrados. Métodos de integração como utilizar Web services ou enterprise application integration (EAI) podem ser empregados. A internalização é uma tarefa desafiadora que requer procedimentos e recursos de TI especializados. Por essa razão, a maioria das organizações geralmente conta com pacotes de aplicativos ou terceiriza o desenvolvimento e a manutenção para manter seus aplicativos de TI.

Métodos utilizados no desenvolvimento interno. Vários métodos podem ser utilizados no desenvolvimento interno de aplicativos de TI. Três importantes métodos são:

- **Ciclo de vida de desenvolvimento de sistemas (CVDS).** Grandes projetos de TI, especialmente aqueles que envolvem infraestrutura, são desenvolvidos de acordo com a metodologia CVDS utilizando várias ferramentas. Detalhes sobre essa abordagem estão disponíveis na Seção 13.4.
- **Metodologia de prototipagem.** Com uma metodologia de prototipagem, uma lista inicial de requisitos básicos de sistema é definida e utilizada para construir um protótipo. O protótipo é então aprimorado em várias iterações, com base no feedback de usuários. A abordagem de prototipagem tem, no entanto, seus inconvenientes. Há um risco de se entrar em um círculo vicioso de revisões de protótipo, já que os usuários podem nunca estar totalmente satisfeitos. Esse risco deve ser planejado por causa das mudanças rápidas em TI e nos modelos de negócio.
- **Web 2.0 ou metodologia de aplicativo 2.0.** Essa abordagem de desenvolvimento envolve atualizações rápidas e incrementais com a participação de usuários. Para o desenvolvimento de novos aplicativos, uma versão beta (protótipo) é desenvolvida e então refinada – também em colaboração muito próxima com os usuários.

Desenvolvimento pelo usuário final. O **desenvolvimento pelo usuário final** (também conhecido como **computação de usuário final**) é o desenvolvimento e a utilização de sistemas de informação por pessoas de fora do departamento de SI. Isso inclui usuários de todas as áreas funcionais em todos os níveis de habilidades e organizacionais: gestores, executivos, funcionários, secretárias e outros. O desenvolvimento pelo usuário final tem riscos e limitações. Os usuários finais podem não ser hábeis o suficiente com computadores, então a qualidade e os custos podem ficar comprometidos, a menos que controles adequados sejam instalados. Além disso, muitos usuários finais não reservam tempo para documentar com calma seus trabalhos e podem negligenciar medidas de segurança apropriadas.

Questões para revisão

1. Qual é a vantagem do projeto de software de fraco acoplamento?
2. Explique o projeto de arquitetura de software em três camadas.
3. Explique as funções do middleware.
4. O que é arquitetura de TI?
5. Que testes precisam ser feitos em um aplicativo?
6. Liste as grandes estratégias de aquisição e desenvolvimento.
7. Compare a opção de compra com a opção de locação.
8. Liste as abordagens de desenvolvimento interno.
9. Quais são os riscos e limitações do desenvolvimento pelo usuário final?

13.3 Gestão de projetos de TI

Organizações bem-sucedidas realizam projetos que produzam resultados desejados dentro de prazos e recursos preestabelecidos. Os projetos não são limitados à TI: podem ser aplicados à maioria das funções da organização. Os princípios e práticas da gestão de projetos discutidos nesta seção aplicam-se a qualquer tipo de projeto. Os projetos são gerenciados por meio da gestão de três restrições, que são:

1. **Escopo:** O escopo do projeto é a definição do que se espera que o projeto cumpra – seus resultados ou produtos. O escopo é medido em termos dos objetivos, requisitos e tamanho do projeto.
2. **Tempo:** Um projeto é constituído por *tarefas*. As definições das tarefas devem começar com verbos ativos, como *comprar* servidores, *solicitar* autorizações e *entrevistar* fornecedores. A cada tarefa é atribuída uma duração, que é a diferença entre as datas de início e término da tarefa. O tempo do projeto é determinado pela duração das tarefas e por suas dependências. Algumas tarefas dependem de outras para começar. Na construção, por exemplo, um buraco deve ser escavado antes que cimento comece a ser despejado. A duração das tarefas e suas dependências determinam o tempo necessário para completar o projeto.
3. **Orçamento:** A aprovação dos projetos está sujeita à aprovação de seus custos.

Essas restrições são inter-relacionadas, portanto precisam ser geridas em conjunto para que o projeto seja concluído a tempo, dentro do orçamento e conforme a especificação.

Depois que o escopo do projeto for definido, ele será usado para estimar um cronograma realista e um orçamento baseado na disponibilidade de recursos necessários. Os recursos incluem pessoas, equipamentos e materiais necessários para completar o projeto. O resultado é um plano de projeto que está especificado em uma **Estrutura Analítica de Projetos – EAP** (*Work Breakdown Structure* – WBS). A Figura 13.5 mostra uma captura de tela do Microsoft Project, com uma EAP no lado esquerdo e um gráfico Gantt no lado direito. Um **gráfico Gantt** é um tipo de gráfico de barras que ilustra um cronograma do projeto. Gráficos Gantt ilustram as datas de início e término dos elementos terminais e de síntese de um projeto. Elementos terminais e de síntese compõem a Estrutura Analítica de Projeto. Os recursos do projeto devem ser gerenciados de acordo com a EAP.

Deformação de escopo. É determinante que qualquer alteração no escopo do projeto inclua mudanças compensatórias no orçamento, no prazo e/ou nos recursos. A **deformação de escopo**, que se refere ao crescimento do projeto depois da definição de seu escopo, é um sério problema. A deformação de escopo é a acumulação de pequenas mudanças que por si só são suportáveis, mas que, quando em conjunto, tornam-se extremamente significativas. Projetos de TI, especialmente um tão complexo quanto a implementação de um ERP ou CRM, podem levar um bom tempo para serem concluídos.

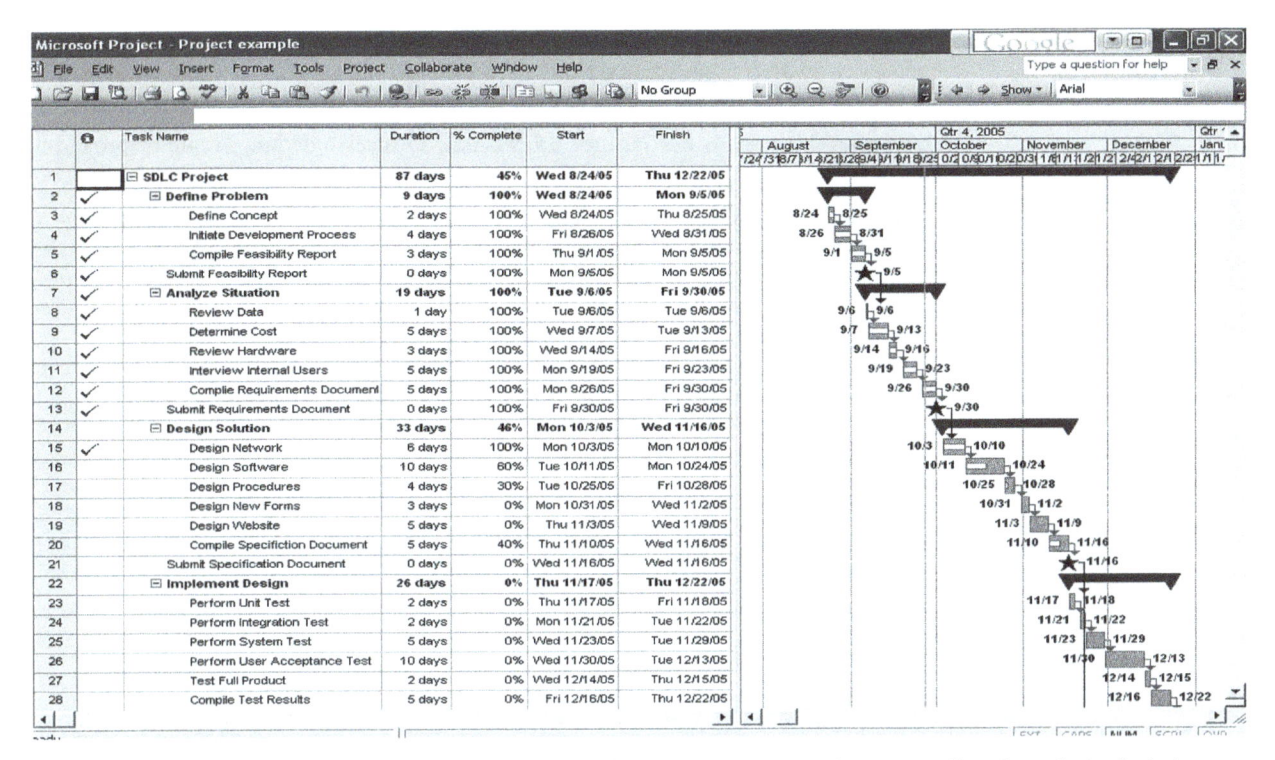

Figura 13.5 Captura de tela da EAP (ou WBS) no Microsoft Project (lado esquerdo) e um gráfico Gantt (lado direito).

Durante o projeto, é quase certo que pedidos que alterem o escopo serão feitos. Se o escopo do projeto é construir um aplicativo de contabilidade para o processamento de relatórios de despesas, com um orçamento de 100 mil dólares e quatro meses de duração, espera-se que o gestor do projeto faça isso. No entanto, se o escopo é alterado para incluir também o processamento de comissões de vendas, o gestor do projeto deve providenciar as alterações adequadas no tempo e nos recursos orçados. Se o orçamento não for ajustado, um gestor inteligente de projeto não irá concordar com a mudança no escopo. Certifique-se de que toda alteração solicitada, não importa quão pequena, seja acompanhada pela aprovação de uma mudança no orçamento, no cronograma ou em ambos.

| O QUE FAZEM OS GERENTES DE PROJETO? |

A gestão de projetos é o processo de guiar um projeto desde o seu início, passando por seu desempenho, até seu encerramento. A gestão de projetos inclui três operações básicas:

1. **Planejamento:** especificar os resultados desejados, determinar os cronogramas e estimar os recursos.
2. **Organização:** definir os papéis e as responsabilidades das pessoas.
3. **Controle:** acompanhar o desempenho e o orçamento planejados em relação ao desempenho real; gerenciar o desempenho das pessoas, resolver problemas e manter as prioridades bem conhecidas.

Gerenciando o caminho crítico. As tarefas devem ser concluídas em uma ordem específica para que o trabalho seja feito. Algumas tarefas compõem o que é chamado de caminho crítico, o que é um princípio importante da gestão de projetos. Os gerentes de projetos devem gerenciar o caminho crítico. O **caminho crítico** consistente em atividades ou tarefas que devem começar e terminar conforme planejado ou então a conclusão do projeto será adiada – a menos que medidas sejam tomadas para adiantar uma ou mais tarefas críticas. O caminho crítico é o comprimento do projeto. Cada tarefa no caminho crítico é uma **tarefa crítica**.

Há caminhos não críticos compostos por tarefas que não são críticas, mas já que esse status de não crítico pode mudar facilmente para crítico, é preciso monitorar e gerenciar tanto os caminhos críticos quanto os não críticos.

O objetivo do **método do caminho crítico** (*critical path method* – **CPM**) é reconhecer quais atividades estão no caminho crítico para que você saiba onde concentrar seus esforços. Você pode usar tarefas críticas para identificar ou priorizar trade-offs.

Habilidades de sucesso do gerente de projeto. O sucesso de um gerente de projeto depende de:

- **Comunicação:** é necessário o compartilhamento claro, aberto e em tempo de informações com os todos os indivíduos e grupos. Já que as pessoas tendem a receber más notícias, um esforço extra é necessário para assegurar que as notícias sobre qualquer coisa que possa atrasar ou comprometer o projeto sejam relatadas prontamente. O projeto será um fracasso sem a comunicação completa e verdadeira durante sua execução.
- **Informação:** não deve haver surpresas. São necessários dados completos, precisos e a tempo para o planejamento, monitoramento de desempenho e avaliação final.
- **Comprometimento:** os membros da equipe devem se comprometer pessoalmente a produzir os resultados acordados a tempo e dentro do orçamento.

Questões para revisão

1. Defina a restrição tripla.
2. O que é o escopo do projeto?
3. O que é deformação de escopo? Por que ela suscita tanto risco para o projeto e seu gerente?
4. O que é o caminho crítico?
5. O que fazem os gerentes de projeto?

13.4 Desenvolvimento de sistemas

O **ciclo de vida de desenvolvimento de sistemas** (**CVDS**) é o método tradicional de desenvolvimento de sistemas utilizado pelas organizações para grandes projetos de TI como os de infraestrutura de TI. O CVDS é um framework estruturado que consiste em processos sequenciais pelos quais os sistemas de informação são desenvolvidos. Conforme mostrado na Figura 13.6, esses processos são investigação, análise, projeto, programação, testes, implementação, operação e manutenção. Os processos, por sua vez, são constituídos por tarefas bem definidas. Grandes projetos normalmente requerem todas as tarefas, enquanto projetos de desenvolvimento menores podem exigir apenas um subconjunto de tarefas.

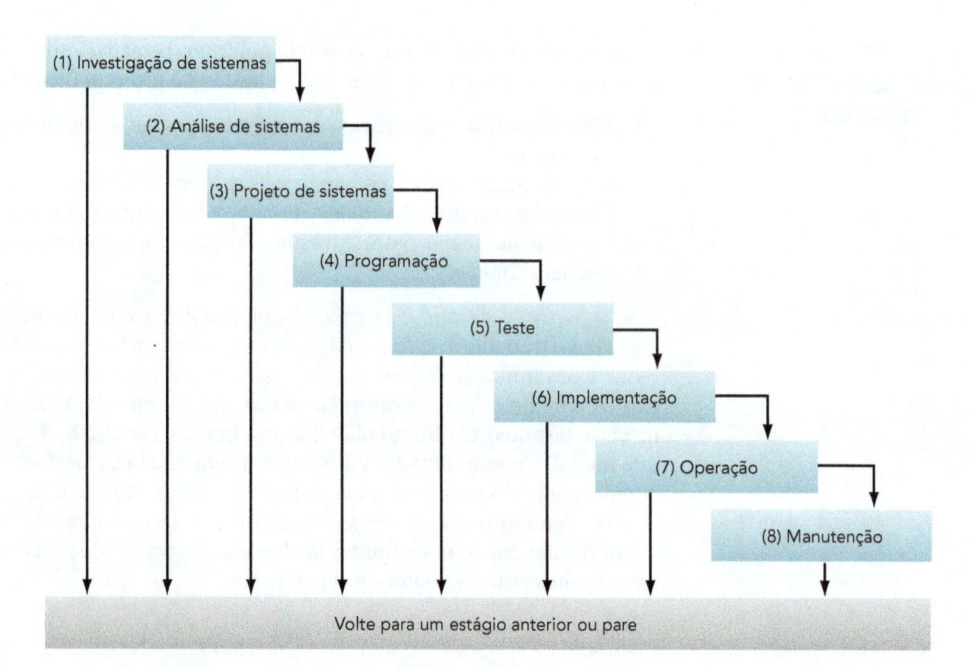

Figura 13.6 Os oito estágios de um ciclo de vida de desenvolvimento de sistemas (CVDS).

(1) Investigação de sistemas
(2) Análise de sistemas
(3) Projeto de sistemas
(4) Programação
(5) Teste
(6) Implementação
(7) Operação
(8) Manutenção

Volte para um estágio anterior ou pare

Dentro do CVDS há uma característica iterativa. *Iteração* é a revisão dos resultados de qualquer processo de desenvolvimento quando uma nova informação surge, fazendo com que essa revisão torne-se a coisa mais inteligente a se fazer. A iteração não significa que a evolução deva ser submetida a infinitas revisões, mas que os desenvolvedores devem ajustar-se às novas informações relevantes. Lembre-se da tendência de ocorrer deformação de escopo durante o projeto. O projeto de SI é altamente suscetível a deformações de escopo, pois os usuários pedem por recursos adicionais ou tentam se manter atualizados com as últimas tecnologias móveis. Isso é especialmente importante para mídias sociais, marketing viral e desenvolvimento de e-commerce, pois esses sistemas precisam evoluir constantemente.

Projetos de desenvolvimento de sistemas produzem resultados desejados por meio do esforço das equipes. As equipes de desenvolvimento normalmente incluem usuários, analistas de sistemas, programadores e especialistas técnicos. Os *usuários* são funcionários de todas as áreas funcionais e de todos os níveis da organização que vão interagir direta ou indiretamente com o sistema. Os **analistas de sistemas** são profissionais de sistemas de informação que se especializaram em análise e projeto de sistemas de informação. Os programadores são profissionais de sistemas de informação que modificam programas de computador existentes ou criam novos programas para satisfazer as necessidades do usuário. Especialistas técnicos são peritos em determinado tipo de tecnologia, como bancos de dados ou telecomunicações. Todas as pessoas afetadas por mudanças nos sistemas de informação (usuários e gerentes, por exemplo) são conhecidas como partes interessadas (*stakeholders*) de sistemas e estão geralmente envolvidas em vários graus e momentos diferentes no desenvolvimento de sistemas.

ESTÁGIO 1 DO CVDS: INVESTIGAÇÃO DE SISTEMAS

Praticantes do desenvolvimento de sistemas concordam que quanto mais tempo investido na compreensão do problema ou oportunidade de negócio, na compreensão das opções técnicas para sistemas e na compreensão de problemas que são mais suscetíveis de ocorrer durante o desenvolvimento, maior será a probabilidade de o SI ser um sucesso. Por essas razões, a investigação de sistemas começa com o *problema* ou *oportunidade de negócio*.

Problemas e oportunidades muitas vezes exigem não apenas que os compreendamos do ponto de vista interno, mas também que os vejamos como os parceiros organizacionais – fornecedores ou clientes – os veriam. Outra perspectiva útil é a dos concorrentes. Como eles reagiram a situações semelhantes, e que resultados e oportunidades adicionais eles concretizariam? Ter criatividade e tentar pensar a partir do ponto de vista do outro podem ser muito úteis quando problemas isolados podem ser reconhecidos como falhas sistêmicas cujas causas atravessam as fronteiras organizacionais. Uma vez que essas perspectivas possam ser obtidas, os envolvidos também podem começar a ver melhor o verdadeiro escopo do projeto e a propor soluções possíveis. Depois de uma avaliação inicial dessas soluções de sistema, novas propostas podem surgir.

Estudos de viabilidade. A próxima tarefa da etapa de investigação de sistemas é o estudo de viabilidade. O estudo de viabilidade determina a probabilidade de sucesso do projeto proposto e fornece uma avaliação aproximada das viabilidades técnica, econômica, organizacional e comportamental do projeto. O estudo de viabilidade é fundamentalmente importante para o processo de desenvolvimento de sistemas porque, quando feito corretamente, pode impedir que as organizações cometam erros onerosos, como a criação de sistemas que não funcionariam, que não funcionaram de forma eficiente ou de sistemas que as pessoas não conseguiriam ou desejariam usar. Um bom exemplo é o fracasso do Censo descrito em *TI em ação 13.1*. As várias análises de viabilidade também conferem às partes interessadas (*stakeholders*) uma oportunidade de decidir que métricas usar para medir o quanto um sistema proposto atende a seus vários objetivos.

- *Viabilidade técnica.* A viabilidade técnica determina se o hardware, o software e os componentes de comunicação podem ser desenvolvidos e/ou adquiridos para resolver o problema de negócio. A viabilidade técnica também determina se a tecnologia existente na organização pode ser usada para alcançar os objetivos de desempenho do projeto.
- *Viabilidade econômica.* A viabilidade econômica determina se o projeto representa um risco financeiro aceitável e se a organização pode arcar com o custo e o tempo necessários para completar o projeto. A viabilidade econômica aborda duas questões principais: se os benefícios superam os custos do projeto e se o projeto pode ser concluído no tempo previsto.

Três métodos comumente utilizados para determinar a viabilidade econômica são o retorno sobre o investimento (*return on investment* – ROI), o valor presente líquido – VPL (*net present value* – NPV) e a análise do ponto de equilíbrio. O retorno sobre o investimento é a relação entre o lucro líquido atribuível a um projeto dividido pelos ativos médios investidos no projeto. O valor líquido presente é o valor líquido pelo qual os benefícios do projeto excedem os custos do projeto depois de calcular o custo de capital e o valor temporal do dinheiro. A análise do ponto de equilíbrio determina o ponto em que o fluxo de caixa acumulado de um projeto é igual ao investimento feito no projeto.

Determinar a viabilidade econômica em projetos de TI raramente é simples, mas em geral é essencial. Parte da dificuldade resulta do fato de que os benefícios são muitas vezes intangíveis. Outra dificuldade em potencial é que o sistema ou tecnologia proposta possa ser "de ponta", podendo não haver evidência de que tipo de retorno financeiro esperar.

- *Viabilidade organizacional.* A viabilidade organizacional tem a ver com a capacidade da organização para aceitar o projeto proposto. Por exemplo, às vezes as organizações não podem aceitar um projeto financeiramente aceitável devido a restrições legais ou a outros impedimentos. Na verificação da viabilidade organizacional, deve-se considerar as políticas da organização, incluindo os impactos sobre a distribuição de poder, relações comerciais e disponibilidade de recursos internos.
- *Viabilidade comportamental.* A viabilidade comportamental trata das questões humanas do projeto. Todos os projetos de desenvolvimento de sistemas introduzem mudanças na organização, e as pessoas geralmente têm medo de mudanças. A resistência patente dos funcionários pode assumir uma forma de sabotagem contra o novo sistema (por exemplo, inserção incorreta de dados) ou de ridicularização do novo sistema para qualquer pessoa disposta a ouvir. A resistência latente ocorre quando os funcionários simplesmente fazem seu trabalho usando seus antigos métodos.

A viabilidade comportamental se preocupa com a avaliação das habilidades e com o treinamento necessário para o uso do novo SI. Em algumas organizações, um sistema proposto pode exigir habilidades matemáticas ou linguísticas superiores àquelas que os funcionários possuem naquele momento. Em outras, os funcionários podem simplesmente ter de melhorar suas habilidades. A viabilidade comportamental diz respeito tanto ao que "eles podem usar" quanto ao que "eles vão usar".

Após a análise de viabilidade, uma decisão "vai/não vai" é tomada. O gerente da área funcional para quem o sistema está sendo desenvolvido e o gerente do projeto assinam a decisão. Se a decisão for "não vai", o projeto é engavetado até que as condições sejam mais favoráveis ou é descartado. Se a decisão for "vai", então o projeto de desenvolvimento de sistema prossegue e a fase de análise de sistemas começa.

ESTÁGIO 2 DO CVDS: ANÁLISE DE SISTEMAS

O estágio de análise de sistemas produz as seguintes informações: (1) pontos fortes e fracos do sistema existente, (2) funções que o novo sistema deve ter para resolver o problema de negócio e (3) requisitos do usuário para o novo sistema. Armados com essas informações, os desenvolvedores de sistemas podem avançar para a fase de concepção de sistemas.

Existem duas abordagens principais na análise de sistemas: a abordagem tradicional (estruturada) e a abordagem orientada a objetos. A abordagem tradicional enfatiza *como*, enquanto a abordagem orientada a objetos enfatiza *o quê*.

ESTÁGIO 3 DO CVDS: PROJETO DE SISTEMAS

A análise de sistemas descreve o que um sistema deve fazer para resolver o problema de negócio, e o *projeto de sistemas* descreve *como* o sistema cumprirá essa tarefa. O resultado esperado do estágio de projeto de sistemas é o desenho técnico que especifica o seguinte:

- Interfaces de usuário e entradas e saídas de sistema
- Hardware, software, bases de dados, telecomunicações, pessoal e procedimentos
- Como esses componentes são integrados

Essa saída representa o conjunto de *especificações do sistema*. O projeto de sistemas abrange dois aspectos principais do novo sistema: o **projeto de sistema lógico** determina, por meio de especificações abstratas, o que o sistema fará, enquanto o **projeto de sistema físico** determina, com especificações físicas reais, como o sistema irá desempenhar suas funções. As especificações de projeto lógico incluem o projeto de saídas, entradas, processamento, bases de dados, telecomunicações, controles, segurança e tarefas do SI. As especificações físicas incluem o projeto de hardware, software, banco de dados, telecomunicações e procedimentos. Por exemplo, o projeto lógico de telecomunicações pode pedir por uma ampla área de rede conectando as instalações da empresa. Já o projeto físico de telecomunicações especificará os tipos de hardware de comunicação (computadores e roteadores), software (sistema operacional de rede), os meios de comunicação (fibra óptica e satélite) e bandwidth (largura de banda, por exemplo, 100Mbps). Quando ambos os aspectos de especificações de sistema são aprovados por todos os participantes, eles são "congelados". Isto é, uma vez que as especificações são acordadas, elas não devem mais ser alteradas. No entanto, os usuários normalmente pedem por funcionalidades adicionais no sistema (o que é chamado de *deformação de escopo*). Isso ocorre por várias razões: primeiro, à medida que os usuários compreendem mais claramente como o sistema vai funcionar e quais são suas necessidades de informação e processamento, mais eles veem funções adicionais que gostariam que o sistema tivesse. Além disso, as condições de negócios mudam frequentemente enquanto as especificações do projeto estão congeladas, e os usuários pedem por funcionalidades adicionais. Por fim, como a deformação de escopo é cara, os gerentes de projeto colocam controles sobre as alterações solicitadas pelos usuários.

Esses controles ajudam a prevenir *projetos descontrolados* – projetos de desenvolvimento de sistemas que estão tão acima do orçamento e tão atrasados que precisam ser abandonados, geralmente com grandes perdas monetárias.

ESTÁGIO 4 DO CVDS: PROGRAMAÇÃO

Os desenvolvedores de sistemas utilizam as especificações de projeto para adquirir o software necessário para que o sistema atenda seus objetivos funcionais e resolva o problema de negócio. As organizações podem comprar o software ou construí-lo internamente.

Embora muitas organizações tendam a comprar pacotes de software, muitas outras empresas continuam a desenvolver softwares costumizados internamente. Por exemplo, a Walmart e a Eli Lilly constroem praticamente todos os seus softwares internamente. O principal benefício do desenvolvimento customizado, em comparação com pacotes de aplicativos, é produzir sistemas que se adaptam melhor aos processos de negócios já existentes e aos processos de negócios novos de uma organização. Para muitas organizações, softwares customizados são mais caros do que pacotes de aplicativos. Entretanto, se um pacote não está adequado às necessidades da empresa, a economia muitas vezes se dilui quando o pessoal de SI ou os consultores precisam estender a funcionalidade dos pacotes comprados.

Se a organização decide construir o software internamente, começa então a programação. A **programação** envolve a tradução das especificações do projeto em código de computador. Esse processo pode ser longo e demorado, porque escrever códigos de computador continua sendo tanto uma arte quanto uma ciência. Grandes projetos de desenvolvimento de sistemas podem exigir centenas de milhares de linhas de código e centenas de programadores. Nesses projetos, as equipes de programação são usadas. Essas equipes incluem muitas vezes usuários da área funcional para ajudar os programadores a se concentrarem no problema de negócio em questão.

Os programadores, na tentativa de acrescentar rigor (e alguma uniformidade) ao processo de programação, utilizam técnicas de programação estruturadas. Essas técnicas melhoram o fluxo lógico do programa pela decomposição dos códigos em *módulos*, que são seções de código (subconjuntos de todo o programa). Essa estrutura modular permite testes mais eficientes e eficazes, pois cada módulo pode ser testado individualmente. As técnicas de programação estruturada incluem as seguintes restrições:

- Cada módulo tem apenas uma função.
- Cada módulo tem apenas uma entrada e uma saída. Ou seja, a lógica do programa entra em um módulo por apenas um lugar e sai por apenas um lugar também.
- Comandos GO TO (IR PARA) não são permitidos.

Por exemplo, um fluxograma para um simples aplicativo de folha de pagamento pode ser semelhante ao mostrado na Figura 13.7. A figura mostra os únicos três tipos de estrutura que são utilizados na programação estruturada: sequência, decisão e loop. Na estrutura de *sequência*, os comandos do programa são executados um a um até que todos os comandos na sequência tenham sido executados. A estrutura de *decisão* permite que o fluxo de lógica se ramifique, desde que certas condições sejam conhecidas. A estrutura em *loop* permite ao software executar o mesmo programa – ou partes de um mesmo programa – até que certas condições sejam satisfeitas (por exemplo, até que o final do arquivo seja alcançado ou até que todos os registros tenham sido salvos).

Como observado, a programação estruturada impõe alguns padrões sobre como o código do programa é escrito. Essa abordagem e algumas outras foram desenvolvidas não apenas para melhorar a programação, mas também para padronizar a maneira como vários programadores de uma empresa fazem seu trabalho. Essa abordagem uniforme ajuda a assegurar que todos os códigos desenvolvidos por diferentes programadores irão trabalhar em conjunto. Mesmo com esses avanços, no entanto, a programação pode ser difícil de gerenciar.

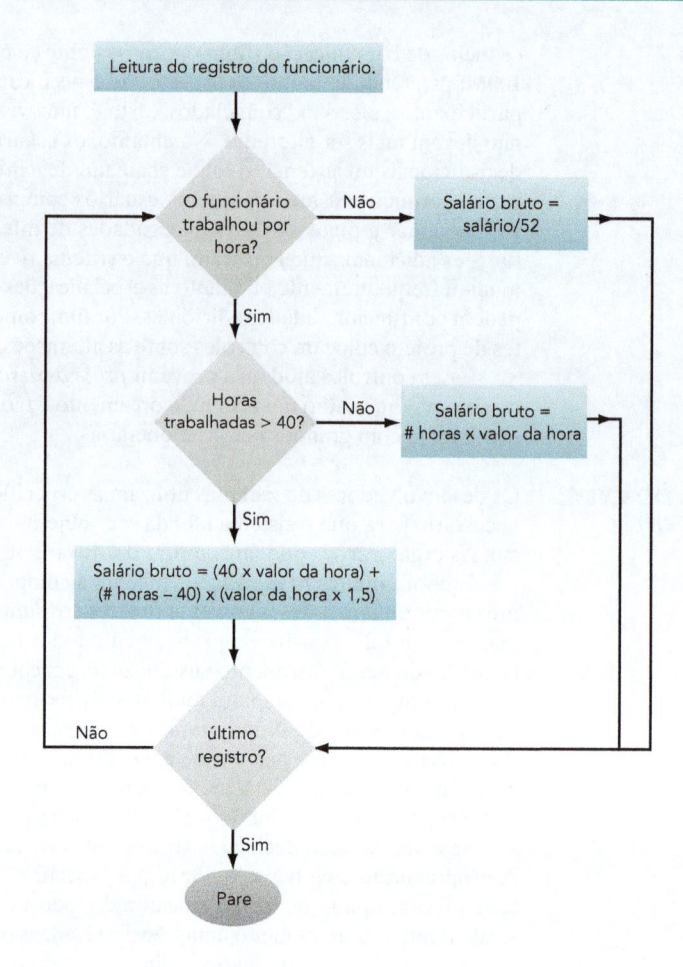

Figura 13.7 Fluxograma de um aplicativo de folha de pagamento.

ESTÁGIO 5 DO CVDS: TESTE

Testes contínuos e minuciosos ocorrem durante toda a etapa de programação. Os testes verificam se o código de computador funciona corretamente sob várias condições. Testar adequadamente requer muito tempo, esforço e dinheiro. No entanto, os custos dos testes inadequados, que poderiam levar a um sistema que não atenda seus objetivos, são enormes.

Testes são projetados para detectar erros (*bugs*) no código de computador. Esses erros são de dois tipos: erros de sintaxe (*syntax errors*) e erros de lógica (*logic errors*).

- *Erros de sintaxe* (por exemplo, uma palavra escrita incorretamente ou uma vírgula mal colocada) são mais fáceis de encontrar e não permitirão que o programa seja executado.
- *Erros de lógica* permitem a execução do programa, mas isso resultará em saídas erradas. Erros de lógica são mais difíceis de detectar, porque a causa não é óbvia. O programador precisa seguir o fluxo de lógica no programa para determinar a fonte do erro de saída.

Para executar um teste sistemático no sistema, precisamos começar com um *plano de testes* abrangente. Há vários tipos de testes: em *testes de unidade*, cada módulo é testado individualmente na tentativa de descobrir qualquer erro em seu código. *Testes de conexão* reúnem vários módulos para verificar a conexão lógica entre eles. O próximo passo, o *teste de integração*, reúne vários programas para fins de teste. O *teste de sistema* reúne todos os programas que compõem o sistema.

À medida que os softwares crescem em complexidade, cresce também o número de erros, tornando quase impossível encontrar todos os erros. Essa situação levou a expressão *software "bom o bastante"*, softwares que os desenvolvedores liberam sabendo que permanecem erros em seu código, mas acreditam que mesmo assim o software continuará a cumprir seus objetivos funcionais. Ou seja, eles descobriram todos os bugs "que dão *tilt*", erros que farão o sistema desligar ou causar uma catastrófica perda de dados.

ESTÁGIO 6 DO CVDS: IMPLEMENTAÇÃO

A **implementação** (ou desenvolvimento) é o processo de conversão do sistema antigo para o novo. As organizações usam quatro estratégias principais de conversão: paralela, direta, piloto e por fases.

Em uma **conversão paralela**, os sistemas antigo e novo operam simultaneamente durante certo período de tempo. Isto é, ambos processam os mesmos dados ao mesmo tempo, comparando suas saídas. Esse tipo de conversão é o mais caro, mas também o menos arriscado. A maioria dos sistemas de grande porte tem um processo de conversão paralela para reduzir riscos.

Em uma **conversão direta**, o sistema antigo é cortado e o novo sistema é ligado em dado momento. Esse tipo de conversão é o menos caro, mas também o mais arriscado se o novo sistema não funcionar como planejado. Poucos sistemas são implementados usando esse tipo de conversão devido ao risco envolvido.

Uma **conversão piloto** introduz o novo sistema em uma parte da organização, em uma fábrica ou área funcional, por exemplo. O novo sistema é executado por certo período de tempo e é então avaliado. Depois que o novo sistema funciona corretamente, ele é introduzido em outras partes da organização.

Uma **conversão por fases** introduz componentes do novo sistema, como módulos individuais, em etapas. Cada módulo é avaliado e, caso funcione corretamente, outros módulos são introduzidos até que todo o novo sistema se torne completamente operacional.

A *Enterprise Application Integration* (EAI) é muitas vezes chamada de *middleware* (ver Seção 13.2). Interfaces foram desenvolvidas para mapear os principais pacotes para um único framework conceitual que oriente o que fazem todos esses pacotes e os tipos de informação que eles compartilham normalmente. Esse framework conceitual pode ser usado para traduzir os dados e processos de cada pacote do fornecedor para uma linguagem comum. É a única forma de implementar uma cadeia colaborativa de compartilhamento de informação.

A XML é a tecnologia que está sendo usada por muitos fornecedores de EAI em seu desenvolvimento de aplicações entre empresas. Isso pode ser visto como uma forma de fornecer variados formatos de mensagens que podem ser compartilhadas entre dois sistemas de computador, desde que ambos compreendam o formato (as *tags*) que está (estão) sendo usado (usadas).

ESTÁGIOS 7 E 8 DO CVDS: OPERAÇÃO E MANUTENÇÃO

Após a conversão, o novo sistema irá operar por certo período de tempo, até que não atinja mais seus objetivos. Uma vez que as operações do novo sistema estejam estabilizadas, *auditorias* são realizadas durante a operação para avaliar as capacidades do sistema e determinar se ele está sendo usado corretamente.

Os sistemas precisam de vários tipos de manutenção. O primeiro tipo é a *depuração (debugging)* do programa, um processo que continua ao longo da vida do sistema. O segundo tipo é a *atualização* do sistema para acomodar as mudanças nas condições de negócios. Um exemplo seria a adaptação a novas regulamentações governamentais (como alterações na taxa de imposto). Essas correções e atualizações geralmente não adicionam qualquer nova funcionalidade; elas são necessárias apenas para que o sistema continue a atingir seus objetivos. O terceiro tipo de manutenção *acrescenta nova funcionalidade* ao sistema – adicionando novos recursos ao sistema existente sem perturbar sua operação.

Questões para revisão

1. Defina os oito estágios do CVDS.
2. Qual é a diferença entre projeto lógico e projeto físico?
3. Explique o erro de lógica e o erro de sintaxe.
4. Explique os testes de viabilidade e sua importância.
5. Discuta os quatro métodos de conversão.

Termos-chave

arquitetura de TI   400
arquitetura orientada a serviços (SOA)   392
caminho crítico   405
ciclo de vida de desenvolvimento de sistemas (CVDS)   406
desenvolvimento pelo usuário final (computação)   403
estrutura analítica de projetos (EAP)   404
gestão de processos de negócios (*business process management* – BPM)   395
gráfico Gantt   404
mashup de BPM   397
método do caminho crítico (CPM)   406
monitoramento de atividades de negócios   395
processo de negócio   391
projeto de sistema físico   408
projeto de sistema lógico   408
prototipagem   403
reengenharia de processos de negócios (BPR)   395
tarefa crítica   405
Web service   397

Destaques do capítulo

(Os números estão relacionados aos Objetivos de aprendizagem)

❶ Dentro da organização, as novas aplicações precisam estar conectadas a bancos de dados, a outros sistemas empresariais e assim por diante. Elas também podem ser conectadas a sistemas de informação de parceiros. Os Web services e a arquitetura orientada a serviços (SOA) fornecem uma maneira de reutilizar os ativos de TI de uma organização. Introduzir uma nova tecnologia pode exigir reestruturar ou redesenhar os processos. Além disso, os processos podem precisar ser reprojetados para se adaptarem a um software padrão. Há várias metodologias para se reprojetar processos, destacando-se a BPR e a BPM. A TI pode ajudar a analisar, a combinar, a melhorar e a simplificar processos de negócios.

❷ A arquitetura em três camadas simplifica o desenvolvimento de aplicações e a BPM. O software de arquitetura de uma organização também pode ser projetado para uma maior flexibilidade usando um modelo em camadas.

❸ Os projetos são gerenciados por meio da gestão de três restrições. O escopo do projeto é a definição do que se espera que o projeto realize – seus resultados ou produtos finais. Um projeto é feito de *tarefas*. A cada tarefa é atribuída uma duração, que é a diferença entre suas as datas de início e término. A duração das tarefas e suas dependências determinam o tempo necessário para completar o projeto. Algumas tarefas dependem da conclusão de outras tarefas para que possam começar. Na construção, por exemplo, um buraco deve ser escavado antes que o cimento comece a ser despejado. Os projetos têm orçamentos que normalmente são excedidos devido à deformação de escopo.

❹ A construção interna de SIs pode ser feita usando o CVDS ou protótipos, bem como outras metodologias, e também pode ser feita por terceiros, por funcionários do departamento de SI ou por usuários finais.

Questões para discussão

1. O que é um processo de negócio e como ele se difere de um sistema de informação?
2. Por que é importante que todos os gerentes de negócios entendam os processos de negócio?
3. Revise o caso de abertura da Microsoft International. Por que foi necessário padronizar processos comuns de negócios em RH?
4. Por que muitos esforços anteriores de BPR falharam?
5. Explique o relacionamento entre a BPM e a SOA.
6. Por que há confusão entre os profissionais de TI sobre o que é a SOA?
7. Por que a BPM começa pela compreensão de processos atuais?
8. Discuta as razões pelas quais sistemas de TI desenvolvidos por usuários finais podem ser de má qualidade. O que pode ser feito para melhorar a situação?
9. Explique a arquitetura de TI em três camadas.
10. Explique por que a TI é um importante facilitador no redesenho de processos de negócios.
11. O que é o caminho crítico?
12. Explique a tripla restrição.
13. Explique as etapas do CVDS.
14. Por que são feitos os testes de viabilidade?

Exercícios e projetos

1. Visite www-01.IBM.com/software/info/bpm e faça o download do eKit IBM BPM. Depois de analisar o eKit, explique como a BPM e a arquitetura empresarial melhoram os resultados empresariais.
2. Pesquise sobre fornecedores de softwares de código aberto (software livre) voltados para a BPM. Crie uma tabela e liste cinco desses fornecedores, as aplicações de software que eles fornecem e seus recursos.
3. Refaça a pesquisa do exercício anterior, mas agora sobre fornecedores de software proprietário (não livre, comercial) voltados para a BPM. Liste na tabela as opções de preço dos produtos (caso estejam disponíveis).
4. Examine alguns processos de negócios em sua universidade ou empresa. Identifique um processo que precisa ser redesenhado para eliminar o desperdício ou a ineficiência. Crie um diagrama com as tarefas/atividades no processo e, depois de finalizado, procure melhorá-lo. Use as ferramentas de modelagem do Microsoft Word ou uma das ferramentas gratuitas de BPM (ou ferramentas de um software de fluxo de trabalho).
5. Explore os softwares de gestão de projetos disponíveis em sites de fornecedores. Selecione um único pacote de gestão de projeto, baixe a demo e teste-a. Faça uma lista dos recursos importantes do pacote. Certifique-se de investigar seus recursos de Web, repositório e colaboração. Relate suas descobertas à turma.

Tarefas e projetos em grupo

1. Projete um sistema de informação, em grupo, para um negócio recém-estabelecido de sua escolha. Descreva sua estratégia de aquisição de recursos de TI e justifique suas escolhas de hardware, software, suporte de telecomunicações e outros aspectos do sistema proposto.

2. Gerenciar um projeto com o Microsoft Project é, muitas vezes, a abordagem escolhida para a gestão de projetos de TI. Mas muitos usuários preferem usar o Microsoft Excel. Os principais motivos são que o Microsoft Project é muito caro, gasta muito tempo com configuração e atualizações e é difícil de usar. O debate entre o Excel e o Project tem argumentos válidos de ambos os lados. Cada um dos dois grupos deve adotar uma ferramenta de software – Excel ou Project – e debater sobre as vantagens de sua ferramenta.

Exercícios na Internet

1. Visite a Gartner em gartner.com/technology/research/content/business_process_improvement.jsp. Ouça o podcast *"Tying BPM to Other IT Disciplines"*. O podcast tem onze minutos e meio de duração. Por que é importante ligar a BPM a outras disciplinas de TI?
2. Acesse o link http://www.ehow.com/how_4460942_use-excel-project-management.html e leia os quatro passos sobre *"How to Use Excel for Project Management"*. Você também pode entrar direto no ehow.com e procurar o artigo pelo título. Depois, acesse o link ehow.com/video_2324033_plan-large-project.html, leia o artigo *"How to Plan a Large Project"* e assista ao vídeo. Analise os recursos do MS-Project para a gestão de grandes projetos. Prepare um relatório comparando as vantagens e desvantagens do uso do Excel e do MS-Project para gerenciar um grande projeto de TI. Suponha, em sua comparação, que a equipe de gestão do projeto de TI será composta por dez usuários; cada um deles terá o Excel 2007 ou 2010 a seu dispor, bem como acesso à Internet, e nenhum deles terá acesso ao MS-Project.
3. Busque na Internet material recente sobre o papel que o software de BPM desempenha no suporte de BPM. Selecione os produtos (softwares) de dois fornecedores faça o download e assista a suas demos. Em sua opinião, quão úteis são esses produtos? Eles seriam úteis, por exemplo, tanto para processos simples quanto para processos complexos? Qual nível de habilidade é necessário para se usar as ferramentas? É fácil de aprender *como usá-las*?

CASO DE NEGÓCIO

Pep Boys acelera seu processo de planejamento

A Pep Boys (pepboys.com/) é uma empresa de capital aberto de 2 bilhões de dólares, e a única cadeia de serviços e varejista de mercado secundário (*after market*) nos Estados Unidos capaz de servir todos os quatro segmentos do mercado secundário automotivo: *do-it-yourself, do-it-for-me, buy-for-resale* e reposição de pneus. A companhia opera 582 lojas em 35 estados (incluindo Porto Rico), com sede na Filadélfia, tendo aproximadamente 18.000 funcionários.

Processo orçamentário apoiado por software da Adaptive Planning

A Pep Boys utilizou a Adaptive Planning (adaptiveplanning.com/) para preparar os orçamentos de suas mais de 580 lojas de serviços automotivos entre os anos de 2009 e 2010. A empresa antes tinha suas informações orçamentárias em planilhas do Excel, que foram enviadas para os proprietários das lojas para mudanças, encaminhadas em seguida para os diretores da área para revisão e entregues, finalmente, à sede, para novas mudanças e, por fim, consolidação. "Foi um pesadelo administrativo criar todos os arquivos, mandá-los para fora daqui, acompanhar seu estado e recolhê-los", disse Phil McAllister, diretor de orçamento e relatórios internos. Com todos os usuários internos acessando um único sistema rodando sobre um banco de dados relacional e, portanto, capaz de visualizar as informações em tempo real, a Pep Boys está salvando cerca de 600 horas/pessoa de esforço por ciclo orçamentário em relação ao seu pesado processo anterior.

Critérios de seleção

A Pep Boys selecionou o Adaptive Planning porque não precisava dos sofisticados softwares dos grandes fornecedores para calcular o orçamento de suas lojas individuais. McAllister observava que a Pep Boys não chegou nem perto de usar todos os recursos do software.

Um prazo mais curto de execução foi igualmente atraente, uma vez que a decisão de buscar por um processo orçamentário mais colaborativo foi tomada tarde demais em 2008 para acomodar uma instalação prolongada de um sistema *"em promessas"*. A Adaptive Planning levou cerca de seis meses para criar modelos que incorporassem todas as informações orçamentárias das lojas e para colocar o serviço em funcionamento.

A lista de preços de serviços da Adaptive Planning varia entre 600,00 e 800,00 dólares por usuário ao ano. A Pep Boys tem cerca de 650 usuários, incluindo as lojas, diretores de área, vice-presidentes de divisão e administradores.

Fontes: Elaborado a partir de adaptiveplanning.com/index.php/ (2010) e pepboys.com/about_pep_boys/ (2010).

Questões

1. Crie um diagrama do processo pelo qual a Pep Boys coletou dados durante seu processo de planejamento orçamentário.
2. Assista à *demo* da Adaptive Planning em: adaptiveplanning.com/demo_recorded.php/. Essa demonstração cobre o planejamento de despesas, o planejamento de pessoal, o planejamento de vendas, os relatórios e a administração. Como esse software melhora os diferentes processos de planejamento?
3. Avalie o processo de seleção de fornecedor de software da Pep Boys. O resultado foi bem-sucedido, mas, dado o processo de seleção, quais riscos a empresa assumiu?
4. Em sua opinião, por que a Adaptive Planning fornece à Pep Boys excelentes serviço e suporte?

CASO DO SETOR PÚBLICO

Projeto de SOA da Financial Industry Regulatory Authority (FINRA)

A Financial Industry Regulatory Authority (FINRA: finra.org/ – Autoridade de Regulamentação Financeira Industrial) é a maior reguladora independente de todas as empresas seguradoras que fazem negócios nos Estados Unidos. A FINRA supervisiona cerca de 4.700 corretoras, cerca de 167.000 filiais e cerca de 635.000 representantes registrados de seguradoras. A FINRA foi criada em julho de 2007 por meio da consolidação entre a NASD (National Association of Securities Dealers) e as funções de regulamentação e controle da New York Stock Exchange (NYSE). A FINRA protege os investidores e a integridade do mercado pela regulamentação efetiva e eficiente, pelos cumprimentos complementares e serviços baseados em tecnologia (finra.org/AboutFINRA/).

O projeto SOA da FINRA

O projeto SOA da FINRA consolidou os sistemas de regulamentação de membros da NYSE com os sistemas de informação de regulamentação de membros da NASD. Os principais desafios foram:

- Os portfólios de aplicações das duas organizações, as quais suportam os negócios de regulamentação de membros, tiveram de ser consolidados. Cada portfólio de aplicação era considerável e heterogêneo. No início, a FINRA possuía 160 aplicações, enquanto a regulamentação de membros da NYSE possuía 86 aplicações.
- Os dois conjuntos de processos de negócios herdados tiveram de ser reconciliados em um processo de negócio final.
- Os processos de negócios finais tiveram de integrar perfeitamente novos sistemas com sistemas existentes de ambas as organizações. Os sistemas existentes precisaram de aprimoramentos.
- As equipes de negócios foram distribuídas em escritórios distritais por todo o país. A equipe de desenvolvimento ficou situada na cidade de Nova York e na área da capital de Washington.

Os três principais objetivos eram:

- Os processos de negócios finais das companhias fundidas requeriam uma operação ininterrupta, sólida.
- A equipe precisava assegurar a continuidade das operações de negócios durante a transição entre fases até os novos processos de negócios finais.
- O desempenho e a confiabilidade dos sistemas era um requisito fundamental para manter o sucesso da missão principal.

Os critérios de seleção de SOA foram:

- O tamanho e a complexidade do projeto exigiam várias equipes em diferentes locais, trabalhando efetiva e paralelamente a fim de cumprir o cronograma agressivo.
- Uma abordagem SOA que reduzisse os riscos apresentados pelo avantajado tamanho da equipe.
- Os sistemas em seus estados finais tinham de ser flexíveis e fornecer a capacidade de implementar rapidamente novos e alterados processos de negócios sem quebrar a arquitetura.
- Previa-se que a abordagem traria uma economia significativa tanto em termos de custo quanto em termos de tempo quando comparada com abordagens concorrentes.

O retorno sobre o investimento da abordagem SOA

A função de regulamentação de membros da FINRA beneficiou-se muito com o novo sistema. Tarefas de regulamentação de corretagem foram simplificadas e aceleradas, trazendo economia de custos para os negócios. Os principais valores de negócios alcançados foram:

1. Time-to-market: a entrega do projeto foi muito acelerada ao permitir que as equipes de desenvolvimento conduzissem em paralelo o desenvolvimento de 10 grandes serviços com o mínimo de dependências e interação. A abordagem orientada a serviços e a visão geral detalhada permitiram que cada equipe entregasse rapidamente serviços individuais que foram perfeitamente integrados e testados pela equipe do sistema.
2. Risco reduzido: a abordagem da SOA mitigou muitos dos riscos associados com grandes equipes e pessoal de desenvolvimento (equipes com mais de 100 pessoas) ao facilitar o desenvolvimento paralelo enquanto minimiza as interdependências de equipes e define responsabilidades claras para as equipes. A chave para a redução do risco é a definição antecipada de interfaces de serviços e responsabilidades de negócios.
3. Redução de custos: a arquitetura SOA modular do novo sistema consolidou funções de negócios em um conjunto comum de serviços de negócios que são aproveitados em muitos processos de negócios, resultando em economia de custos para a construção, implantação e manutenção do sistema.
4. Maior agilidade: a concepção de serviço centrado em negócios e a modularidade da abordagem da SOA fornecem uma implementação flexível para dar suporte aos processos de negócios atuais e para se adaptar rapidamente a fim de apoiar processos de negócios futuros. Os serviços centrados em negócios incluem atualmente data sourcing, vigilância analítica e gestão de casos.
5. Resiliência: a continuidade de negócios tolerante a falhas é alcançada pelo uso da entrega de mensagem garantida (*Guaranteed Message Delivery* – GMD) conforme serviços de negócios individuais são movidos offline para manutenção e restaurados.
6. Otimização de processos: a duplicação de tecnologia é eliminada pela consolidação de funcionalidade em discretos serviços de negócios padronizados. Isso também fornece uma abordagem uniforme e resultados consistentes por todos os processos de negócios.

Lições de SOA

1. A lição mais importante desse projeto de SOA é que aplicações urgentes e extremamente grandes podem utilizar uma abordagem SOA para separar e compartimentar serviços comuns, permitindo o trabalho paralelo em equipes independentes. Essa abordagem não só aumenta a produtividade organizacional, mas também atenua alguns dos riscos apresentados por um grande projeto.

2. A abordagem SOA deu às equipes uma medida de isolamento, ajudando a garantir que decisões importantes sobre um componente não impactassem negativamente em outros componentes ou no projeto. A dissociação permitiu às equipes fornecer componentes bem definidos no agressivo prazo necessário para o sucesso do projeto.
3. Compreender os problemas e os processos de negócios subjacentes é crucial para a criação de serviços bem definidos que sejam reutilizáveis e apresentem o nível correto de granularidade. A recompensa para isso é um processo de negócio flexível que pode mudar e crescer sem alterar a arquitetura.
4. Uma visão arquitetônica concisa compartilhada entre arquitetos de sistemas e arquitetos de aplicativos é fundamental em grandes projetos. A administração eficaz, juntamente com serviços bem definidos com funções e interfaces claras, é essencial. Uma vez que as interfaces mudarão ao longo do tempo, é importante desenvolver um plano para lidar com isso mais cedo.

Fontes: Elaborado a partir de FINRA (2010), SOA Consortium (2010) e *CIO Magazine* (2009).

Questões

1. Em sua opinião, o quão tolerante a erros e interrupções nos negócios a FINRA seria? Explique sua resposta.
2. Quantos sistemas legados precisaram ser integrados após a fusão? Por que esses sistemas seriam considerados ativos valiosos?
3. Por que a FINRA selecionou a SOA?
4. Com base nesse caso, como você explicaria a SOA a alguém que nunca ouviu falar dela?
5. Por que essa implementação foi um sucesso? Você acha que o custo foi uma das mais importantes preocupações? Por quê? Presumindo que o custo não fosse uma delas, qual critério você acha que foi o mais importante durante a implementação?

MODELAGEM UTILIZANDO ARIS EXPRESS E BLUEPRINT

Modelando um processo de negócio e brainstorming de uma estratégia de negócio

O ARIS Express é uma ferramenta de modelagem BPM com base em padrões da indústria. Uma versão gratuita e rica em funcionalidades está disponível para download em http://www.ariscommunity.com/aris-express/how-to-start. Os recursos de suporte no site incluem instruções de instalação, referências rápidas e tutoriais em vídeo.

1. Para começar, baixe e instale o ARIS Express.
2. Assista ao tutorial em vídeo "How to Model Business Processes" para aprender como modelar etapas de processo no ARIS Express e entender o significado dos símbolos utilizados no tipo de modelo intitulado "business process". Veja outros tutoriais, se necessário.
3. Crie um novo tipo de modelo e selecione "business process" como modelo.
4. Projete e desenvolva um modelo de um processo de negócio. Revise o seu modelo, buscando por passos perdidos ou outras omissões. Edite conforme necessário.
5. Faça o download da demo do BPM Blueprint (versão de testes por 30 dias) em http://www-01.ibm.com/software/integration/bpm-blueprint/. Modele o processo que você completou no item 4 com essa ferramenta de software.
6. Qual ferramenta de modelagem BPM você preferiu? Por quê?
7. Assista ao tutorial em vídeo do ARIS Express intitulado "How to Model a Whiteboard" para aprender a estruturar ideias e tarefas com um modelo Whiteboard (quadro branco). Em seguida, use o Whiteboard para modelar uma sessão de brainstorming relacionada com um plano de negócios. Por exemplo, um brainstorming sobre como gerenciar um novo projeto que use as mídias sociais e tags 2D para comercializar um novo produto ou serviço. Até que ponto a ferramenta Whiteboard torna o planejamento do projeto mais fácil? Explique.

Recursos online

Você encontrará os guias de tecnologia (em português), bem como outros recursos e ferramentas de estudo (em inglês), no site da Bookman Editora (www.bookman.com.br). Dentre eles:

Casos para o Capítulo 13

13.1 NCBJ Achieves a 500 Percent ROI by Rebuilding Its IT Infrastructure
13.2 Con-way, Inc. Implements Innovative Technology and Wins Nationwide Recognition
13.3 Flickr's Application Development 2.0 Model

Referências

ARIS Express, ariscommunity.com/aris-express/how-to-start/

CIO Magazine, "SOA Consortium and CIO Magazine Announce Winners of SOA Case Study Competition," 2009. soa-consortium.org/

Financial Industry Regulatory Authority (FINRA), 2010. finra.org/About FINRA

Hogue, F., "Handling the Census Handheld Debacle," Baseline.com, April 15, 2008.

Holmes, A., "Census Program to Use Handheld Computers Said to Be in 'Serious Trouble,'" GovernmentExecutive.com, January 2, 2008. govexec.com/dailyfed/0108/010208h1.htm/

Microsoft.com, 2010.

Oracle BAM, 2010. oracle.com/appserver/business-activity-monitoring.html

SOA Consortium, 2010. blog.soa-consortium.org/

U.S Census Bureau, Press Release 2008. census.gov/

Visio 2010, microsoft.com

Capítulo 14
Ecologia Global, Ética e Responsabilidade Social

Biblioteca de links

Breve introdução

Hotspots de carbono em TI

- 14.1 O papel da TI na redução da pegada de carbono global
- 14.2 Problemas éticos e responsabilidade em TI
- 14.3 Sobrecarga de conectividade e a cultura da distração
- 14.4 O futuro da TI nos negócios

Caso de negócio Gestão do desempenho de energia pelos fabricantes de automóveis

Caso do setor público Computação verde no centro de Argonne para materiais em nanoescala

Simulação utilizando planilhas Calculadora de aquecimento global

Referências

Objetivos de aprendizagem

❶ Compreender como a TI e seus usuários podem reduzir as emissões de carbono e, portanto, o aquecimento global que prejudica o planeta por meio de práticas de negócios verdes e projetos de data centers que conservem recursos naturais.

❷ Compreender os trade-offs associados com as conveniências e vantagens competitivas que a TI oferece.

❸ Reconhecer os impactos da conectividade constante e das distrações sobre a qualidade de vida, negócios, segurança e relações interpessoais.

❹ Compreender as principais tendências e previsões para TI.

Integrando a *TI*

CON | FIN | MKT | GPO | GRH | SI

Biblioteca de links

Internet World Stats   internetworldstats.com/stats.htm
TI Verde (Green IT)   greenit.net/
Nicholas Institute for Environmental Policy Solutions da Duke University, Relatório de Junho de 2010   nicholas.duke.edu/institute/about.html
SMART 2020, possibilitando a economia de baixo carbono na era de informação   smart2020.org/
Estatísticas, tendências e demografia de Internet   isoc.org/internet/stats/
Green Student U   greenstudentu.com/
National Research Council   americasclimatechoices.org/
Energia verde para celulares (GPM) da GSMA   gsmworld.com/our-work/mobile_planet/green_power_for_mobile/index.htm
Visão 3D do poder verde da mobilidade   deployments/solutions wirelessintelligence.com/green-power/
Plug-in do Google Earth   earth.google.com/plugin/
Classificações ENERGY STAR   energystar.gov/
Information Commissioner's Office, United Kingdom   ico.gov.uk/
Stop Climate Change, European Free Alliance   stopclimatechange.net/
U.S. Global Change Research Program   globalchange.gov/

Breve introdução

Esta seção introduz as questões de negócios, os desafios e as soluções em TI deste capítulo. Tópicos e questões mencionados aqui são explicados ao longo do capítulo.

Combater o aquecimento global, reduzindo as emissões de dióxido de carbono (CO_2) e de outros gases de efeito estufa (GEE), está no topo da lista de desafios globais. As **pegadas de carbono** se referem à quantidade de CO_2 e outros GEE emitidos por uma determinada atividade (dirigir carros, por exemplo), indústria (por exemplo, a fabricação de automóveis) ou cadeia de valor (por exemplo, a cadeia de valor de telecomunicações). Cerca de 72% dos GEE são feitos de CO_2. A pegada de carbono é normalmente medida em **MtCO2e**, que significa **tonelada métrica de dióxido de carbono equivalente**. Emissões anuais são geralmente medidas em gigatoneladas (bilhões de toneladas) de dióxido de carbono equivalente por ano (GtCO2e/y).

A pegada de carbono é uma forma de medir o impacto das atividades de produção de carbono de um indivíduo, organização ou setor industrial sobre o meio ambiente via mudanças climáticas e aquecimento global. Todas as emissões de carbono, em todo o mundo, compõem a *pegada de carbono global*.

O setor de TI, incluindo a computação e as telecomunicações, é responsável por um número estimado de 2 a 3% da pegada de carbono global como resultado das emissões da energia usada para executar servidores, computadores e outros hardwares. Esses 2 ou 3% podem ser cortados pela metade, optando por data centers de baixa emissão, colocando-os em climas frios para reduzir a energia necessária para resfriar o hardware gerador de calor e comprando HDs ecologicamente corretos, com consumo de energia consideravelmente inferior, como mostrado na Figura 14.1.

A TI pode desempenhar um papel maior, ajudando a reduzir os 97 ou 98% restantes dos GtCO2e/y de outras indústrias. Um exemplo é a substituição de comutação e viagens de longa distância, quando possível, com a colaboração e as ferramentas de teletrabalho, reuniões com base na Web e outras aplicações de TI para reduzir significativamente as

Figura 14.1 Computação ecologicamente correta. Disco rígido de computador com considerável redução no consumo de energia desenvolvido pela Western Digital. (© Olaf Kowalzik-editorial collection/Alamy)

emissões de carbono do transporte. Soluções inovadoras de TI podem tanto proporcionar uma melhor qualidade de vida quanto reduzir drasticamente as emissões. Ou seja, a qualidade de vida e a redução de emissões não envolvem um trade-off.

Governos e associações industriais introduziram uma série de programas sobre TI e meio ambiente para enfrentar o aquecimento global e o uso de energia. Associações empresariais continuam a desenvolver iniciativas para reduzir o consumo de energia e para demonstrar responsabilidade social corporativa.

Neste capítulo, examinamos a "ecologização" da computação e o papel da TI na redução do aquecimento global. Olharemos de perto as responsabilidades éticas da TI e seus impactos na vida das pessoas. A mídia social tem consequências negativas, na medida em que "reportagens" de atividades e mensagens de texto pessoais se tornam cada vez mais invasivas, abusivas, engenhosas (falsificadas) e sensacionalistas. A Internet, a análise de dados em tempo real, as comunicações móveis, a decisão automatizada e as mídias sociais criam capacidades que carregam responsabilidades éticas.

Hotspots de carbono em TI

O **aquecimento global** é a tendência de subida da temperatura média global e um dos problemas mais complicados enfrentado pelos líderes mundiais. Avisos da comunidade científica apontam para perigos do acúmulo contínuo de CO_2 e de gases de efeito estufa, principalmente a partir da queima de florestas e combustíveis fósseis (U.S. Global Change Research Program, globalchange.gov/). O aquecimento global é a teoria de que a atmosfera da Terra está se aquecendo devido à liberação de gases de efeito estufa (GEE) da queima de gás, petróleo, carvão, madeira e outros recursos que, então, mantêm o calor de forma semelhante às paredes de uma estufa. O **efeito estufa** se refere à retenção de calor dentro da atmosfera terrestre por certos GEEs – como o CO_2, o metano (CH_4) e o óxido nitroso (N_2O) – que absorvem a radiação infravermelha (RI), conforme mostrado na Figura 14.2. Os cientistas preveem que o aumento da temperatura e a subida do nível do mar decorrentes do aquecimento global afetarão negativamente a biodiversidade da Terra.

A curva de Keeling

O aumento de gás CO_2 em nossa atmosfera tem sido medido continuamente desde 1958 e segue uma oscilante linha (rabisco) ascendente, conhecida como a **curva de Keeling**, em homenagem ao Dr. Charles David Keeling, professor da Scripps Institution of Oceanography. Especialista em como o carbono se move pelo ecossistema, Keeling foi o primeiro a medir o CO_2 na atmosfera em tempo integral em vez de fazer medições mensais ou anuais. A Figura 14.3 mostra o movimento ascendente da curva de Keeling de aumento da concentração de CO_2. As medições são feitas em um posto no topo de Mauna Loa, no Havaí. Observe atentamente a magnitude do aumento entre 1958 e 2010. Os dados mais recentes podem ser encontrados em scrippsco2.ucsd.edu. A curva de Keeling se tornou o símbolo da química em constante mudança da atmosfera da Terra e do aquecimento associado do planeta.

Figura 14.2 O efeito estufa da Terra. Gases de efeito estufa absorvem a radiação infravermelha (RI) emitida a partir da terra e a irradiam de volta, contribuindo assim para o efeito estufa.

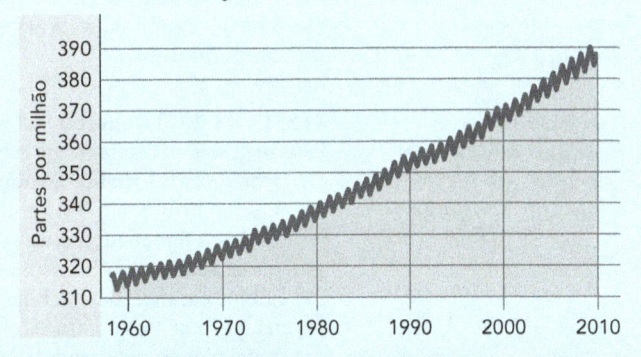

Figura 14.3 A curva de Keeling rastreia mudanças na concentração de CO_2 na atmosfera da Terra em uma estação de pesquisa em Mauna Loa. (*Cortesia de Scripps CO_2 Program, 2010, e National Oceanic and Atmospheric Administration – NOAA.gov/.*)

Os cientistas determinaram que devemos buscar estabilizar a concentração de GEEs na atmosfera na faixa de 450-550 partes por milhão (ppm). Isso é maior que o nível presente de aproximadamente 400 ppm, que é superior ao nível de apenas 228 ppm antes da Revolução Industrial. Para estabilizar, as emissões por ano devem atingir um pico entre os próximos 10 ou 20 anos e então cair a uma taxa de 2% ao ano. Em 2050, as emissões de GEE deverão baixar em um quarto do total atual. E mais: como é esperado que a economia mundial se expanda, a taxa por unidade de PIB (produto interno bruto) terá de ser muito menor, talvez apenas um quarto do nível atual.

Questões para discussão e debate em sala de aula

1. Cenário para brainstorming e discussão: Os investimentos em data centers com conservação de energia ou outras instalações de computação podem reduzir os custos de longo prazo da propriedade e da manutenção. Mas as organizações precisam pagar adiantado aos fornecedores para investir em computadores verdes que sejam tanto energicamente eficientes quanto ambientalmente responsáveis. Organizações que investiram em hardware verde acham que a economia de energia, o ciclo de vida estendido dos produtos, a imagem pública positiva e outros benefícios superaram os custos adicionais desses hardwares, melhorando o lucro líquido.

  a. Dada essa situação, em sua opinião, por que as empresas não investiriam em práticas de negócios e de TI que economizem energia?

  b. Na sua opinião, por que os gerentes não são mais preocupados com o aquecimento global e com o efeito estufa? Isto é, por que todos os níveis de gestão não estão preocupados o bastante tanto com a saúde das gerações atual e futura quanto com o planeta a ponto de fazer investimentos para reduzir os GEEs?

  c. O que você pode fazer para reduzir sua pegada de carbono e ainda assim atender às suas responsabilidades? (Faltar às aulas para reduzir a poluição ao dirigir não atenderia a ambos os critérios.) O que motivaria você a tomar essas atitudes? Por que reduzir a pegada de carbono é tão difícil?

2. Debate: Para aumentar o retorno de suas iniciativas verdes, os clientes teriam de aprender que a empresa é verde e precisariam estar preocupados com os perigos do aquecimento global. Faça um debate sobre as formas mais eficientes e rentáveis para as empresas promoverem sua imagem pública verde e para convencer seus clientes sobre o esforço de suas ações ecológicas.

14.1 O papel da TI na redução da pegada de carbono global

O setor da indústria de TI (chamado de *tecnologia de informação e comunicação*, ou TIC, nos relatórios de emissões de gases) tem apoiado o crescimento econômico nos países desenvolvidos e naqueles em desenvolvimento. Mas que impacto nossa expansiva dependência de TI tem sobre o aquecimento global? E como os processos de negócios podem ser alterados para usar TI a fim de reduzir os gases de efeito estufa? E quais fontes alternativas de energia podem ser utilizadas para alimentar a crescente demanda das telecomunicações (telecom)? Examinamos vários relatórios e iniciativas para ajudar a responder a essas importantes questões.

A GLOBAL E-SUSTAINABILITY INITIATIVE E O SMART 2020 REPORT

O **SMART 2020 Report** do Climate Group (theclimategroup.org/programs/ict/) é o primeiro estudo global abrangente da crescente importância do setor de TI para o clima do mundo.

Em 2008, o **Climate Group**, em nome da **Global e-Sustainability Initiative** (GeSI, gesi.org/), descobriu que a TIC é um setor chave na luta para reduzir o aquecimento climático. Transformar a maneira como as pessoas e as empresas usam a TI poderia reduzir as emissões globais causadas pelo homem em 15% até 2020 e fornecer economia de energia para empresas globais em mais de 500 bilhões de euros, ou 800 bilhões de dólares. E utilizando as mídias sociais, por exemplo, para informar consumidores sobre as emissões de carbono em gramas (g) associadas com os produtos que eles compram, seria possível mudar o comportamento dos consumidores e, finalmente, ter um efeito ambiental positivo. Assim como itens alimentares apresentam calorias e gramas de gordura para ajudar os consumidores a fazerem escolhas alimentares mais saudáveis, os rótulos dos produtos informam os gramas de emissão de CO_2, conforme mostrado na Figura 14.4.

Figura 14.4 Etiqueta mostrando a quantidade de emissões de CO_2 produzidas na confecção de um saco de batatinhas fritas Walkers no Reino Unido. (© Alex Segre/Alamy)

De acordo com a análise realizada por consultores internacionais de gestão da McKinsey & Company, listadas no SMART 2020 Report:

- A própria pegada do setor da TI de 2% das emissões globais poderia dobrar até 2020 por causa do aumento da demanda de smartphones e outros hardwares, softwares e serviços. Para ajudar na luta contra as alterações climáticas, em vez de piorar, o setor de TI deve gerenciar seu próprio impacto crescente e continuar a reduzir as emissões a partir de data centers e de redes de telecomunicações, bem como a partir da fabricação e uso de seus produtos.
- A TI tem a capacidade única de monitorar e maximizar a eficiência energética dentro e fora de seu próprio setor industrial, e cortar as emissões de CO_2 por 7,8 GtCO2e/y até 2020, o que é maior do que as emissões anuais da China ou dos Estados Unidos em 2010.

RUMO A UMA ECONOMIA DE BAIXO CARBONO NA ERA DA INFORMAÇÃO

Pelo menos 4 bilhões de pessoas são usuárias de telefone móvel. Em 2020, o número de usuários deve dobrar para 8 bilhões. Não apenas mais pessoas estarão conectadas, mas as coisas também: poderá haver 50 bilhões de conexões entre máquinas em 2020. A boa notícia é que as informações dessas máquinas poderão ajudar a monitorar os impactos ambientais e emissões em geral.

De medidas inteligentes para redes inteligentes, o Climate Group está trabalhando com membros e parceiros, como Google e Cisco, para aproveitar o enorme potencial e as oportunidades econômicas da TI na economia de baixo carbono. Felizmente, a indústria de TI tem o potencial para reduzir as emissões globais de GEE em até 30%. Muitas indústrias podem utilizar os recentes desenvolvimentos em TI para entrarem nos mercados de baixo carbono de alta eficiência. Mas o melhor uso da TI para se afastar dos atuais hábitos de trabalho e estilos de vida baseados intensamente em energia dependerá de inovações políticas governamentais, de incentivos para as empresas e da participação ativa dos consumidores.

O SMART 2020 Report dá uma imagem clara do papel fundamental que a indústria de TI desempenha no combate às alterações climáticas em nível global, facilitando o desenvolvimento eficiente e de baixo carbono. O papel da TI inclui a redução de emissões e economia de energia não só no setor de TI em si, mas também na transformação de como e onde as pessoas trabalham. As formas mais óbvias são substituir formatos digitais – teletrabalho, videoconferência, e-paper, celulares e comércio eletrônico – para formatos físicos. Pesquisadores estimam que a substituição de produtos/serviços digitais por seus equivalentes físicos daria cerca de 6% dos benefícios que o setor de TI pode proporcionar. Mas se a TI for aplicada para outras indústrias, então os benefícios em termos de diminuição das emissões de GEE poderiam ser ainda maiores. Exemplos dessas indústrias incluem o projeto e uso de construções inteligentes, logística inteligente, redes elétricas inteligentes e sistemas de motores industriais inteligentes. "Inteligente" significa que o desperdício de energia e materiais é minimizado e que os contratos, fabricação, distribuição, serviço e reciclagem são feitos de forma ecologicamente correta.

TI VERDE E SOLUÇÕES MÓVEIS NOS PAÍSES DESENVOLVIDOS E EM DESENVOLVIMENTO

Nesta seção, você tomará conhecimento de várias impressionantes iniciativas voltadas à energia verde e aos esforços em prol da sustentabilidade. **Sustentabilidade**, seja aplicada à energia, tecnologia ou consumo de recursos em geral, refere-se ao conceito de usar as coisas a uma taxa que não esgote sua disponibilidade para gerações futuras. Em termos ambientais, um processo ou indústria é insustentável quando usa recursos naturais de maneira mais rápida do que a capacidade de regeneração dessas fontes.

Os exemplos a seguir dão uma perspectiva mais ampla sobre como iniciativas móveis e mudanças no comportamento e nos processos de negócios estão reduzindo os GEEs e a emissão de fuligem ao redor do mundo, incluindo Vanuatu, um arquipélago vulcânico de 82 ilhas no Pacífico Sul.

- O sistema de gerenciamento de frota Isotrak (isotrak.com/) é projetado para ajudar as empresas do Reino Unido a cortar custos de combustível, reduzir as emissões de CO_2, reduzir o tamanho da frota e poupar tempo dos funcionários. O sistema de gerenciamento de frota Isotrak combina rastreamento por satélite e dados de telemática a bordo enviados via rede móvel Vodafone utilizando cartões SIM padrão. Esse SI permite às empresas monitorar remotamente suas frotas e planejar com mais eficiência sua logística, baseada em onde trafegam os veículos, no que eles carregam e em como eles são conduzidos. A Isotrak estima que, ao alterar os estilos de condução, por exemplo, a eficiência de combustível é melhorada em até 15%.

- Utilizando o sistema Isotrak, a frota da cadeia de supermercados Asda, do Reino Unido, poupou 29 milhões de quilômetros percorridos de estrada (ou 28 KtCO2e) e cortou 23% dos gastos com combustível em três anos. Os motoristas da Asda mudaram seu comportamento para melhorar a eficiência de combustível em 6,6%, e o sistema também está permitindo que a Asda transporte mais resíduos e materiais recicláveis entre lojas e centros de distribuição, minimizando o número de caminhões rodando sem carga completa.

- O **programa** *Green Power for Mobile* **(GPM) da GSMA** (wirelessintelligence.com/green-powergreen-power/) foi lançado em setembro de 2008 para promover o uso de fontes renováveis de energia pela indústria de celulares para alimentar 118.000 novas e existentes estações *off-grid* em países em desenvolvimento até 2012 (*off-grid* significa que as estações de base não estão conectadas à rede elétrica). Alcançando essa meta, os gastos com combustível diesel serão cortados em 2,5 bilhões de dólares, as emissões de carbono serão reduzidas em até 6,8 milhões de toneladas por ano e 118 milhões de pessoas nos países em desenvolvimento serão conectadas a redes móveis movidas a energia verde. Usando o plugin Google Earth (earth.google.com/plugin/), você pode pesquisar e ver, em 3D, as implantações móveis globais em wirelessintelligence.com/green-power/.

O *Fundo de Desenvolvimento da GSMA* (gsmworld.com/) entregou projetos verdes para celular na Namíbia (África) e em Vanuatu, por meio de seu programa GPM, que foi criado para promover o uso de energia verde a fim de alcançar dois objetivos comerciais:

1. Expandir as redes móveis em regiões atualmente sem cobertura. O programa GPM da GSMA tem o objetivo de ajudar a indústria de celulares a utilizar fontes renováveis de energia, como a energia solar, a energia eólica e os combustíveis sustentáveis, para alimentar 118.000 novas e existentes estações off-grid em países em desenvolvimento até 2012. A Figura 14.5 mostra uma estação base da GSM.

2. Reduzir o consumo de combustível diesel por operadores telecom (telecomunicações). Energia solar, energia eólica e **biocombustíveis sustentáveis** substituiriam o combustível diesel. Embora o diesel emita menos dióxido de carbono do que a gasolina, ele pode emitir de 25 a 400 vezes mais massa de partículas de carbono preto e matéria orgânica associada (fuligem) por quilômetro ou milha. *TI em ação 14.1* explica os biocombustíveis.

A importância ecológica do programa fornecedor neutro da GPM não fica evidente até que você entenda que muitas regiões do mundo não têm acesso a redes de eletricidade. Uma vez que a eletricidade é necessária para alimentar redes de telefonia móvel, as estações base off-grid são construídas para gerar sua própria energia. Na Nigéria, por exemplo, apenas 25% das estações base de telefonia móvel estão conectadas à rede elétrica, o que significa que as

Figura 14.5 Estação base de celular da GSM. (© *Tomislav Stajduhar/ iStockphoto*)

TI em ação 14.1

Biocombustível de soja utilizado para fazer funcionar estações base de celular

O MTN Group (mtn.com/) da África do Sul é a empresa líder no segmento de telecomunicações móveis na África e no Oriente Médio. Como parte de seu lançamento de rede, o MTN instalou mais estações base de energia eficiente. A rede de nova geração também utiliza entre 40% e 60% menos de energia do que seu antecessor, ajudando a reduzir os custos de abastecimento, enquanto aumenta a capacidade da rede. Além desses benefícios financeiros, as redes estão reduzindo as emissões de GEEs.

Na Nigéria, o MTN realizou uma pesquisa sobre geradores movidos a biocombustível. Os testes foram concluídos utilizando biocombustíveis produzidos localmente até o final do primeiro trimestre de 2007. Desde então, três estações base na região de Badagry vêm funcionando à base de biodiesel produzido a partir da soja cultivada na região. O projeto estabeleceu muitas parcerias locais, em preparação para o crescimento local e para o processamento das colheitas em longo prazo. O uso de biocombustível de soja tem, por sua vez, gerado vagas de emprego na região.

Karel Pienaar, CIO e CTO do MTN Group, comentou sobre o valor do programa para a companhia, para a comunidade local e para o meio ambiente:

> O MTN considera de grande importância o Programa de Biocombustíveis. Estamos trabalhando com nossos parceiros, a GSMA e a Ericsson, para desenvolver uma solução ambientalmente amigável, autossustentável e rentável para estender a cobertura até partes rurais e remotas da Nigéria e, potencialmente, para o resto da África, onde o MTN está operando. Estou muito entusiasmado com as dezenas de milhares de empregos que poderemos gerar para trabalhadores agrícolas, cujo trabalho trará as comunicações para seus vilarejos pela primeira vez, colocando o setor de telefonia móvel na vanguarda do desenvolvimento social.

Fontes: Elaborado a partir do MTN Group (2010), Biofuels Programme (2007), e GSMWorld.com.

Questões para discussão: Quais fatores contribuíram para o sucesso do programa de biocombustíveis na Nigéria? Que retorno o MTN esperou e alcançou com esse programa?

A INDÚSTRIA MUNDIAL DE TELECOMUNICAÇÕES PODE LIDERAR A REVOLUÇÃO DE BAIXO CARBONO

operadoras de telecomunicações geram energia utilizando óleo diesel ecologicamente prejudicial para operar as outras 75% de estações base. A África sozinha consome mais de 30 milhões de litros de óleo diesel por ano para alimentar estações base off-grid. Isso é uma média de 18.000 mil litros de diesel por estação base ao ano. Assim, o uso de fontes alternativas de energia (solar, eólica e biocombustíveis sustentáveis) conseguiu reduzir com sucesso as emissões nocivas e o aquecimento global. Observe que esses são empreendimentos comerciais de telecomunicações, que melhoraram a rentabilidade das telecomunicações em longo prazo. Há também iniciativas verdes que as empresas podem realizar, bem como parcerias patrocinadas pelos governos municipal, estadual e federal, que serão discutidas a seguir.

Em 2010, a indústria mundial de telecomunicações foi responsável por 183 milhões de MtCO2e/y, ou 0,7%, uma quantidade razoável considerando que isso representa apenas 2% do PIB internacional. Os usuários europeus da telefonia móvel são responsáveis por cerca de 17kg de emissões de CO_2 por ano. O usuário comum e os usuários de Internet emitem 44kg juntos. Essas estatísticas de desempenho são ligeiramente influenciadas pelo desejo de se tornar "verde", pois muitos telefones celulares já são muito eficientes em termos de energia a fim de prolongar a vida útil da bateria, e a economia de energia em redes fixas é impulsionada pelo desejo de controlar custos. Tendo em conta esses níveis de emissões de CO_2, a indústria de telecomunicações é relativamente *ecofriendly* (ecologicamente correta).

Cada parte da cadeia de valor das telecomunicações, mostrada na Figura 14.6, é responsável por importantes emissões de CO_2, e as reduções são possíveis em cada parte dessa cadeia de valor. Assim como o mercado de telecomunicações cresce, crescem também suas emissões, a menos que medidas específicas sejam implementadas por todos os intervenientes na cadeia de carbono.

Há quatro hotspots de carbono onde reduções significativas de CO_2 podem ser efetuadas. Os dois primeiros estão sob o controle de operadoras e fornecedoras de telecomunicações. Os outros dois estão sob o controle dos usuários – e esperamos que possam motivar você a reduzir suas emissões de carbono. Os usuários finais são responsáveis por substanciais 16% da pegada de carbono das telecomunicações (ver Figura 14.6).

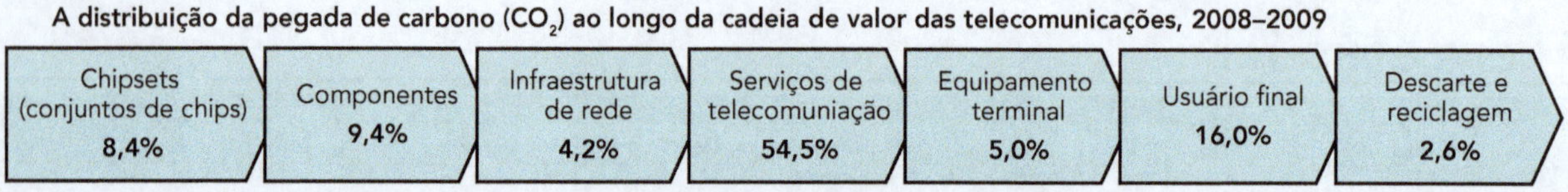

A distribuição da pegada de carbono (CO_2) ao longo da cadeia de valor das telecomunicações, 2008–2009

| Chipsets (conjuntos de chips) 8,4% | Componentes 9,4% | Infraestrutura de rede 4,2% | Serviços de telecomuniação 54,5% | Equipamento terminal 5,0% | Usuário final 16,0% | Descarte e reciclagem 2,6% |

Figura 14.6 Pegada de carbono ao longo da cadeia de valor das telecomunicações.

1. **Data centers.** As numerosas peças de equipamento de TI necessárias para rodar redes de forma eficaz e gerenciar suas bases de clientes simplesmente "sugam" energia. Fornecedores de equipamentos de TI já oferecem equipamentos muito mais verdes em geral: gerenciamento do centro de dados, refrigeração e reciclagem podem reduzir significativamente os custos e as emissões de CO_2. Centros de dados serão discutidos mais adiante neste capítulo.
2. **Estações base de rádio.** Milhões de estações base de rádio têm de trabalhar na potência máxima 24 horas, sete dias por semana, 365 dias em todo o mundo. Fornecedores de equipamentos estão desenvolvendo soluções inteligentes para reduzir o consumo de energia. Enquanto você lê, soluções off-grid estão utilizando combustíveis alternativos.
3. **Equipamentos de acesso à rede fixa.** Roteadores, switches e modems operados por usuários finais são máquinas ineficientes que poderiam ser significativamente mais verdes. Modems domésticos de banda larga, construídos com o menor custo possível, são "sugadores" de energia. Usuários podem investir em equipamentos ecologicamente corretos e tomar para si a responsabilidade de desligar o aparelho manualmente quando não estiver em uso.
4. **Telefones celulares.** Celulares consomem pouquíssima energia elétrica, mas representam uma ameaça ao ambiente pela produção e descarte de milhões de unidades. Práticas de reciclagem são muito pobres, já que apenas 5% dos aparelhos são descartados adequadamente. Esse hotspot de carbono poderia ser reduzido caso os usuários diminuíssem suas taxas de renovação (resistindo aos novos iPhones e telefones 4G) ou garantissem que seus velhos aparelhos fossem descartados apropriadamente.

BENEFÍCIOS FINANCEIROS DA REDUÇÃO DO CONSUMO DE ENERGIA

A Internet é composta por um número enorme de *servidores* consumidores de energia, geradores de calor, operando por 24 horas todos os dias da semana por 365 dias em todo o mundo e *roteadores* que direcionam pacotes de dados via *redes* para seu IP (Internet Protocol) endereçados às *máquinas de clientes* – computador e celulares. A maioria dos servidores está alojada em data centers que devem ser resfriados continuamente. O físico Alex Wissner-Gross da Harvard University (CO2stats.com) estudou a Web em geral e relatou em 2009 que cerca de 20 miligramas de CO_2 por segundo são liberados ao visitar um site na Internet. Os imponentes data centers da Google ao redor do mundo lidam com mais de 200 milhões de buscas diárias, o que definitivamente representa um impacto ambiental. E enquanto você lê, a indústria internacional de TI gera cerca de 2 a 3% das emissões globais de CO_2, praticamente a mesma quantidade de gases de efeito estufa liberada pelas companhias aéreas de todo o mundo.

Os resultados finais da computação verde. Os altos custos de energia, juntamente com o consumo crescente de energia das tecnologias de computação e comunicações, estão tendo um impacto negativo direto nos resultados finais de muitas empresas. Há também um desejo crescente entre os consumidores de diminuir seu consumo de carbono (como mudar para veículos que façam mais milhas por galão ou quilômetros por litro) e aumentar a utilização de materiais reciclados ou recicláveis. Mas o caso de negócios para a computação verde nem sempre é suficientemente atraente – ou suficientemente convincente – para que as companhias invistam nela e façam as mudanças de projeto necessárias. *TI em ação 14.2* discute os três maiores mitos sobre TI verde.

Embora muitas vezes não sejam reconhecidos, há benefícios financeiros associados a se tornar uma empresa sustentável. Os três benefícios principais são:

- Redução de custos ao limitar o desperdício e o consumo de recursos naturais
- Novas oportunidades de negócios por meio de inovações de produtos ecologicamente corretos

TI em ação 14.2

Três mitos sobre TI verde

Todos os fabricantes de hardware oferecem sistemas que atendem aos rigorosos padrões de eficiência e de produção sustentável. Chumbo e materiais tóxicos são eliminados (ou minimizados) e data centers consomem menos energia. Embora possa parecer que se tornar verde é um objetivo comum, é a execução real o que importa. Eis três mitos verdes de TI que os gestores precisam conhecer.

Mito n°1: O caso de negócio para TI verde é claro. Tentar quantificar as reduções de custo de TI verde pode ser impossível ou não aplicável se a computação em nuvem é usada. O beneficiário de servidores energeticamente eficiente não é a empresa, mas seu contratante. Para servidores internos e outros hardwares, os custos de energia não podem ser discriminados o bastante a ponto de qualquer um saber o quanto pouparia. Assim, a questão de quem percebe os benefícios de custo não é clara, e isso torna complicado identificar os verdadeiros direcionadores de retorno para dado projeto verde. Uma vez que uma empresa pode rastrear o uso de energia de equipamento específico e dividi-la por unidades de negócios, torna-se possível incentivar e reconhecer esses departamentos (como o departamento de TI) que conduzem melhorias.

Mito n°2: A TI verde é um resultado realizável. A TI verde é um processo contínuo e inclui políticas que definem um modo de operar em longo prazo. As empresas não se tornam verde e desistem. A eficiência energética e a produção ambientalmente responsável precisam fazer parte da política de aquisição de hardware. Padrões industriais como a EPEAT e a ENERGY STAR (discutida neste capítulo) mudam. Estamos agora na ENERGY STAR 5.0, o que significa que os padrões continuam saltando e irão saltar novamente. À medida que a tecnologia verde evolui, evoluem também os padrões, tornando a TI verde um processo de melhoria contínuo.

Mito n°3: Todo mundo se preocupa com TI verde. A Society for Information Management (SIM) entrevistou CIOs e líderes executivos sobre suas prioridades para 2010, com base em uma lista de 20 preocupações em TI e negócios. A TI verde não era uma delas. As duas principais prioridades foram a *redução de custos* devido à recessão e o alinhamento da TI e dos negócios. As companhias estão preocupadas com os custos – bem como os setores públicos e os sem fins lucrativos. Para atrair a atenção da administração, as iniciativas de TI verde devem ser descritas em termos de redução de desperdício e de ineficiência. Mas até mesmo essa tática pode ser difícil de ser vendida, caso investimentos anteriores em TI, alardeados como redutores de desperdício e de ineficiência, não tenham atingido seus objetivos.

Fontes: Elaborado a partir de Alvares (2010) e Chickowski (2009).

Questões para discussão: Discuta as implicações desses três mitos. Se você não vender a TI verde como um conceito de gestão, identifique formas de "embalar" e apresentar o conceito. Assistir à apresentação de slides sobre as prioridades dos CIOs para 2010 na Baseline.com em baselinemag.com/c/a/IT-Management/CIO-Priorities-for-2010-706071/ pode ajudar.

- Aprimoramento do valor de marca e da reputação com clientes, parceiros e outros.

Computação verde – o estudo e a prática de recursos de computação ecologicamente correta – pode ser do maior interesse financeiro das empresas, conforme você lê a seguir.

VIRTUALIZAÇÃO DE DATA CENTERS

A capacidade de oferecer e dar suporte a aplicações de TI seguras por meio da **virtualização** está no coração da estratégia "Next Generation Data Center". A virtualização trata do uso eficiente de recursos disponíveis. Já que os custos de potência e energia aumentam com o crescimento do tamanho de infraestruturas de TI, manter as despesas o mais baixo possível é uma prioridade para muitos CIOs. A virtualização do data center significa que os servidores são consolidados (integrados) para que possam ser compartilhados. A maioria dos servidores autônomos é altamente subutilizada. A tecnologia de virtualização otimiza a capacidade e o poder de processamento de servidores, de modo que menos servidores sejam necessários para fornecer o poder de processamento de que se precisa. Aqui são dados dois exemplos:

1. O compromisso da Microsoft com a tecnologia verde aproveita fortemente a virtualização por causa de seus data centers imponentes. Os data centers são onde a virtualização pode ter o maior impacto, e é neles que as principais empresas do mercado de virtualização estão investindo seus recursos. Data centers dinâmicos e virtualizados diminuem o consumo de energia, reduzem o número de servidores necessários e prolongam a vida útil dos servidores. Os benefícios de uma maior vida útil dos servidores implicam em menos fabricação e menos materiais tóxicos em aterros sanitários.

2. Consolidando e mudando para data centers mais eficientes, a Sun aumentou seu poder de processamento em mais de 450% com cerca de metade dos servidores e conseguiu um aumento na capacidade de armazenamento de mais de 240% com cerca de um terço dos dispositivos de armazenamento.

REGULAMENTAÇÕES VERDES GLOBAIS

Regulamentações globais também estão influenciando práticas de negócios verdes. Regulamentos de sustentabilidade como a RoHS (rohs.eu e rohs.gov.uk) na União Europeia terão cada vez mais impacto em como as cadeias de abastecimento funcionam, independentemente da localização. A diretiva RoHS significa "a restrição do uso de determinadas substâncias perigosas em equipamentos eletrônicos e elétricos". Por exemplo, países membros da União Europeia asseguram que, desde de julho de 2006, os equipamentos elétricos e eletrônicos colocados no mercado não conteriam qualquer uma das seis substâncias proibidas – chumbo, mercúrio, cádmio, crômio hexavalente, bifenilos polibromados (PBB) e éteres difenílicos polibromados (PBDE) – em quantidades que excedam os valores de concentração máxima. Além disso, a China aprovou sua própria legislação RoHS.

Legislação semelhante está se desenvolvendo em outros lugares. Por exemplo, a Electronic Califórnia Waste Recycling Act (EWRA) proíbe a venda de dispositivos eletrônicos banidos pela RoHS da União Europeia, incluindo CRTs, LCDs e outros produtos que contêm os quatro metais pesados restritos pela RoHS. Além disso, muitos estados promulgaram a proibição de mercúrio e PBDE, e muitos estão considerando projetos similares para a EWRA. Seattle, por exemplo, publicou muitos regulamentos relativos à eliminação de manuais à base de papel e à reciclagem obrigatória.

Práticas ecologicamente corretas (*ecofriendly*) reduzem custos e melhoram as relações públicas em longo prazo. Não surpreende que a demanda por computadores verdes esteja em alta. Uma ferramenta para ajudar as empresas a achar tais hardwares é a Eletronic Product Environmental Assessment Tool, ou EPEAT.

A EPEAT e a ENERGY STAR. Mantida pelo Green Electronics Council (GEC), a **Electronic Product Environmental Assessment Tool (EPEAT)** é um banco de dados pesquisável de hardware de computadores que está de acordo com um rigoroso conjunto de critérios ambientais. Entre outros critérios, os produtos registrados com EPEAT obedecem à classificação ENERGY STAR 5.0 do governo norte-americano (ver energystar.gov); reduziram os níveis de cádmio, chumbo e mercúrio e são mais fáceis de atualizar e reciclar. Os produtos ENERGY STAR consomem menos energia. Dependendo de quantos critérios atendam, os produtos recebem uma certificação de classificação de ouro, prata ou bronze.

A EPEAT classifica computadores e monitores em um conjunto de critérios ambientais, incluindo a eficiência energética, materiais utilizados, a longevidade do produto, programas de devolução e embalagem.

Data centers e construções autônomos que abrigam grandes data centers podem agora ganhar o selo ENERGY STAR (ver Figura 14.7). Para ganhar o selo, os data centers devem estar no Top 25% entre seus pares em eficiência energética de acordo com a escala de desempenho do EPA. Ao melhorar a eficiência, os data centers podem economizar energia e dinheiro, além de ajudar a combater as alterações climáticas.

Vai viajar neste verão? Hospede-se em um hotel com selo ENERGY STAR. Em maio de 2010, a EPA começou essa campanha para incentivar os viajantes a trazerem seus dispositivos eletrônicos verdes para a estrada e a escolherem hotéis que tenham obtido o ENERGY STAR da EPA. Hotéis que ganharam o ENERGY STAR figuram no top 25% de todos os hotéis do mundo, usam pelo menos 35% de energia a menos e liberam pelo menos 35% a menos de emissões de GEEs em comparação com seus concorrentes, o que os torna, em um piscar de olhos, uma opção de hospedagem ecologicamente correta para os planos de férias de verão.

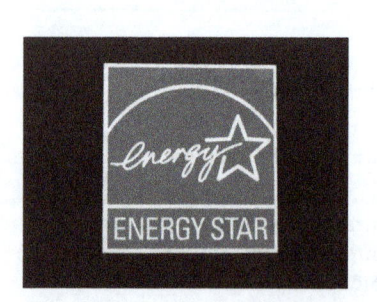

Figura 14.7 O selo da ENERGY STAR. (© Art Directors & TRIP/Alamy)

TELETRABALHO

O teletrabalho pode minimizar os danos ao meio ambiente ou o esgotamento de recursos naturais ao reduzir a poluição. Também chamado de telecomutação ou de trabalho virtual, ele oferece muitos benefícios verdes, incluindo a redução de tráfego na hora de pico, melhoria da qualidade do ar, melhoria da segurança das estradas e até mesmo melhoria da saúde. Para uma lista de benefícios em potencial, veja a Tabela 14.1.

TABELA 14.1	Benefícios do teletrabalho	
Indivíduos	Organizações	Comunidade e sociedade
• Reduz ou elimina tempo e despesas com viagens • Melhora a saúde ao reduzir o estresse relacionado a compromissos e responsabilidades entre a família e o trabalho • Permite maior proximidade e envolvimento com a família • Permite desenvolver laços mais estreitos com a família e com a comunidade • Diminui o envolvimento na política de escritório • Aumenta a produtividade, apesar das distrações	• Economiza o espaço físico necessário do escritório • Aumenta a força de trabalho e a vantagem competitiva no recrutamento • Cumpre com o Americans with Disabilities Act • Diminui a rotatividade, absentismo e uso da licença por doença • Melhora a satisfação com o trabalho e a produtividade	• Economiza energia e diminui a dependência de petróleo estrangeiro • Preserva o meio ambiente reduzindo o congestionamento e a poluição relacionados com o tráfego • Reduz os acidentes de trânsito e ferimentos ou mortes resultantes • Reduz a incidência de perturbações familiares, visto que as pessoas não precisam abandonar seus empregos caso precisem se mudar por causa de um novo emprego do cônjuge ou por obrigações familiares • Aumenta as oportunidades de emprego para as pessoas que não podem sair de casa por motivos de saúde • Promove o movimento de oportunidades de trabalho para áreas de elevado desemprego

Questões para revisão

1. O que é a computação verde?
2. Explique o aquecimento global e o efeito estufa.
3. O que a curva de Keeling rastreia?
4. O que são algumas alternativas de baixo carbono para combustíveis fósseis, como o diesel?
5. Qual é o papel da virtualização em data centers verdes?
6. Como o RoHS, na União Europeia, ajuda a proteger o meio ambiente?
7. O que são a EPEAT e a ENERGY STAR?
8. Quais são os benefícios do teletrabalho?

14.2 Problemas éticos e responsabilidade em TI

A disponibilidade de informação justifica seu uso? Os consumidores podem manter seus hábitos de compra, jogos online e outras atividades legais privados? Será que a mídia tem o direito de publicar ou postar mensagens de texto altamente privadas de políticos, celebridades e outros?

Perguntas sobre acesso a dados e captura, rastreamento, monitoramento, privacidade e geração de perfis são exemplos de recursos de TI que inspiram considerações éticas. E não há uma resposta fácil ou consensual para esses dilemas. Observamos algumas das mais controversas questões éticas e qual seria a responsabilidade associada com o uso da informação (se é que há alguma).

MONITORAMENTO DE MÍDIA SOCIAL

O **monitoramento de mídia social** pode ser considerado um componente integrante das estratégias de mídia social por proporcionar aos profissionais de marketing a possibilidade de descobrir conversas públicas sobre suas marcas e, se necessário, de responder diretamente aos que postam ou às suas postagens. Os opositores do monitoramento o definem como espionagem e como uma invasão de privacidade intolerável.

Em meados de 2010, o uso de monitoramento de mídia social foi duramente criticado pelo jornal nacional do Reino Unido *Daily Mail*, com revelações de que certas grande marcas, incluindo a rede varejista BT, a companhia aérea easyJet, a revendedora de celulares Carphone Warehouse e o banco Lloyds TSB estavam usando software especializado para espionar clientes. Essas empresas utilizaram softwares desenvolvidos especialmente para varrer as mídias sociais como Twitter, Facebook e Youtube em busca de comentários negativos sobre suas marcas. As empresas então contataram alguns autores desses comentários na tentativa de resolver seus problemas. Ainda que alguns clientes e outros autores tenham se indignado, nem todos os contatados sentiram-se ofendidos. As empresas defenderam o uso de software de monitoramento explicando que não havia nada de ameaçador nessa prática.

Por que as empresas se arriscaram a irritar seus clientes ao informá-los sobre o monitoramento? Porque pesquisas indicaram que comentários negativos publicados por clientes frustrados em mídias sociais podem fazer uma empresa perder cerca de 30 outros clientes. Dada essa situação, você pode ver que o risco de não contatar o cliente frustrado para resolver o problema pode ser muito maior. A General Motors, por exemplo, dobrou sua equipe de agentes de mídia social em março de 2010 para se tornar mais proativa na resposta às reclamações online dos clientes e para reparar sua imagem manchada pós-falência. Os defensores da privacidade se irritaram com a "espionagem aberta", enquanto juristas afirmaram que as empresas que abordam seus clientes sem solicitação poderiam estar violando as leis de proteção de dados do Reino Unido. Há temores também de que o software seja usado futuramente para enviar spam com campanhas de venda e propaganda ou ainda seja usado por partidos políticos para exercer pressão ou controle.

Sensibilidade de privacidade. Devido aos escândalos de privacidade envolvendo o **Facebook** e o **Google** em 2010, o público em geral está extremamente sensível em relação a sua privacidade. O *Daily Mail* tem um histórico de ataques contra meios de comunicação social, e também uma reputação de incitar a indignação moral, por exemplo, ao publicar um artigo intitulado "How Using Facebook Could Raise Your Risk of Cancer" (Como a utilização do Facebook poderia aumentar o seu risco de câncer), em fevereiro de 2009. Campanhas contra o monitoramento das mídias sociais que inspiram preocupações sobre privacidade podem trazer grandes consequências para estratégias de mídia social.

Responsabilidades concorrentes. Há interesses e trade-offs conflitantes no trabalho quando o assunto é privacidade. E não há uma estrutura clara para se definir o que é eticamente correto e o que não é. O debate privacidade pessoal *versus* segurança pública é um excelente exemplo. Normalmente uma invasão de privacidade é considerada uma prática antiética. Uma atitude corporativa eticamente consciente soa politicamente correta, mas os gestores também têm responsabilidade para com as partes interessadas. Monitorar pode ser algo responsável a se fazer. E com a intensa concorrência, é natural que os profissionais de marketing queiram utilizar cada ferramenta ou técnica para obter uma vantagem ou anular um risco.

A globalização, a Internet e a conectividade têm o poder de minar a responsabilidade moral, pois se torna relativamente fácil de ignorar o dano que poderia ser causado aos outros. Apesar dos desafios e da falta de respostas claras, a ética é importante porque se tornou claro que contar apenas com a lei em si para proteger a comunidade é insuficiente. A lei tem seus limites, em grande parte por mudar lentamente.

PLANEJAMENTO URBANO COM REDES DE SENSORES WIRELESS

A TI deveria ser aplicada para situações sociais quando se tem a capacidade de proporcionar benefícios? Se a resposta for sim, a próxima pergunta é: quem paga por isso? A resposta à segunda pergunta é mais difícil. Nesta seção, apontaremos mais desafios do que recomendaremos soluções.

Os engarrafamentos e os problemas de estacionamento em cidades congestionadas podem causar poluição atmosférica e sonora, desperdício de combustível, estresse, atrasos e perda de rendimentos. Estudos de congestionamento em Nova York e Los Angeles apontaram que motoristas dirigindo em busca de vaga para estacionar são uma grande fonte de engarrafamento. Resultados perturbadores de estudos conduzidos em nome dos esforços de planejamento urbano incluem o seguinte:

- Um estudo divulgado em junho de 2008 pela Transportation Alternatives (transalt.org), um grupo de defesa do trânsito público, reportou que de 28 a 45% do tráfego em algumas ruas de Nova York é gerado por pessoas circulando pela quadra à procura de vagas para estacionar. Motoristas que buscam por uma vaga dentro de uma área de 15 quadras na Upper West Side de Manhattan dirigiram 366.000 milhas por ano. O congestionamento no tráfego custa 13 bilhões de dólares em perda de receita e 50.000 empregos na cidade, anualmente, para trabalhadores que chegam atrasados no trabalho com muita frequência.
- Uma análise realizada em Los Angeles por Donald Shoup, professor de planejamento urbano da UCLA, revelou que, no decorrer de um ano, a procura por vagas nas ruas em

um distrito de negócios de 15 quadras resultou em um excedente de 950.000 milhas em viagem. Essas milhas desperdiçadas são equivalentes a 38 viagens ao redor da Terra, e consomem 47.000 litros de gasolina, além de produzir 730 toneladas de gás de efeito estufa dióxido de carbono (CO_2) (Markoff, 2008).

Esses efeitos adversos podem ser reduzidos por meio de sensores de execução e de redes sem fio – pagos por contribuintes que não podem dirigir. No final de 2008, a cidade de São Francisco iniciou o teste mais ambicioso até então de uma rede de sensores wireless que anunciavam, a qualquer momento, quais vagas estavam desocupadas. O teste envolveu 6.000 das 24.000 vagas com parquímetros (as quais no Brasil conhecemos como áreas azuis). O sistema alerta os condutores sobre vagas tanto por displays em sinais de trânsitos quanto por meio de mapas via smartphone. Além disso, o sistema pode ser ampliado para que os motoristas possam até ser capazes de pagar pelo estacionamento pelo celular, adicionando crédito aos parquímetros sem ter de ir efetivamente até eles. Resolver a crise do estacionamento toma outra proporção quando se leva em conta que um jovem de 19 anos foi morto a facadas durante uma briga por uma vaga para estacionar – e quando se calcula as emissões de GEEs resultantes do excesso de deslocamento em busca de uma vaga.

A Streetline (streetlinenetworks.com) é uma empresa que fornece tecnologias de infraestrutura para cidades a fim de melhorar as operações urbanas por meio de informações confiáveis. Ao longo dos anos, as operações de estacionamento tornaram-se cada vez mais complexas, e a gestão de estacionamento assumiu um papel central na saúde econômica das cidades. Mas a qualidade de informações para reduzir seu impacto não acompanhou esse avanço.

Os produtos da linha Streetline incluem *sistemas de gestão de congestionamentos*, que consistem em sensores de estacionamento e parquímetros wireless. Os sensores, projetados a partir dos mesmos princípios que fazem uma bússola funcionar, criam uma assinatura única para cada veículo; eles podem determinar, com base nas variações de tamanho e ângulos de estacionamento de veículos, quando uma vaga está ocupada, quando um veículo deixa a vaga e quando um novo veículo ocupa a vaga. Parquímetros wireless em rede permitem que os funcionários responsáveis (agentes de trânsito) identifiquem imediatamente quem pagou ou não, bem como o total de receita gerado por parquímetro e por rua, baseado em horas por dia ou dias por semana.

Presença, localização e privacidade. O Facebook permite aos usuários saber quando seus amigos estão online. A IBM Lotus também suporta recursos de presença vinculados a "conexões", enquanto a Microsoft oferece capacidades semelhantes pelo SharePoint. O iPhone tem recursos internos de reconhecimento local.

O que acontece quando o LinkedIn, o Facebook ou o MySpace possibilitam que um dispositivo móvel com GPS ou um iPhone compartilhe dinamicamente seu status de localização com os outros? As empresas poderão – ou como elas poderão – começar a tirar proveito dessas mesmas capacidades para construir aplicações que permitam o rastreamento de campos de venda e pessoal de apoio, aproveitando os recursos de status de localização presentes em seus dispositivos móveis? Com registros de presença e localização haverá uma trilha de auditoria rastreando, literalmente, os movimentos das pessoas. Quais serão as implicações sobre a privacidade, se é que haverá ainda privacidade? Quem será responsabilizado, legalmente ou não, por danos imprevistos resultantes de tanta conectividade e onisciência?

Liberdade de expressão via Wikis e redes sociais. A liberdade de expressão e os direitos de privacidade colidem em um mundo habitado por críticos anônimos, pessoas vingativas, indivíduos com interesses pessoais e pessoas descontentes em geral. Mas os ataques não são sempre de concorrentes ou pessoas de fora da empresa. A natureza da Internet garante que nós, às vezes, possamos nos tornar nossos próprios arqui-inimigos, pessoal ou profissionalmente, com base no conteúdo ou imagens que postamos em blogs ou com base nos amigos que mantemos em nossos perfis em redes sociais. *TI em ação 14.3* descreve o que foi ilegal e irresponsável nas táticas do CEO da Whole Foods. A lição a ser aprendida com esse caso é que as empresas precisam ter certeza de que, quando seus funcionários postam algo na blogosfera, eles saibam o que eles podem ou não dizer sobre informações de negócios.

As empresas vítimas de fofocas e boatos virtuais possuem recursos legais, mas contra quem? E se a identidade do remetente ou dos que postam for desconhecida? Quem é responsável por restringir conteúdos problemáticos? Além disso, as empresas enfrentam ações legais caso sejam consideradas negligentes por não restringir conteúdos nocivos.

TI em ação 14.3
CEO blogando é um crime federal

O CEO da Whole Foods Market, John Mackey, estava blogando anonimamente como "Rahodeb" nos fóruns do Yahoo! Finance (messages.yahoo.com). A Whole Foods Market (wholefoodsmarket.com) é a maior varejista de alimentos orgânicos e naturais do mundo, com lojas espalhadas pela América do Norte e pelo Reino Unido. Logado como "Rahodeb", o CEO contou ao mundo que "A Whole Foods é quente, e ações no Wild Oats NÃO". Ele não revelou que estava esperando para comprar ações no Wild Oats Market.

A Whole Foods, enfim, concluiu a controversa compra da Wild Oats por 565 milhões de dólares em agosto de 2007, após uma batalha de seis meses com a Federal Trade Commission (FTC). Quando a FTC auditou a Whole Foods, descobriu as postagens enganosas do CEO. Seus comentários causaram problemas significativos para a aquisição. Manipular ou influenciar mercados financeiros é um crime federal. Portanto, blogar para influenciar os mercados financeiros pode ser considerado um crime federal pela FTC ou pela Securities and Exchange Commission (SEC), principalmente quando feito por um CEO que se passou por outra pessoa. A aquisição também levou a uma investigação da SEC após a revelação de que "Rahodeb" vinha promovendo suas ações da empresa e depreciando a gestão de seu time rival em postagens anônimas na bolsa de ações no Yahoo!. A investigação levou à suspensão dos privilégios de Mackey para blogar até que a SEC e o conselho da Whole Foods concluíssem suas investigações sobre os irrefletidos ataques virtuais de Mackey.

Ainda que a aquisição tenha sido finalmente aprovada, tanto o CEO quanto a Whole Foods tiveram sua reputação manchada, bem como enormes multas e despesas legais.

Questões para revisão

1. Por que uma empresa se envolveria com monitoramento de mídia social? Quais são as objeções ao monitoramento?
2. Como os sensores wireless podem melhorar as iniciativas de planejamento urbano?
3. Diferencie presença e localização. Dê um exemplo de cada.
4. Onde e por que a liberdade de expressão e os diretos à privacidade colidem?

14.3 Sobrecarga de conectividade e a cultura da distração

Considere suas fontes diárias de informação e o que você acessa pelo seu celular ou pela Internet: tweets, feeds, textos, posts, mensagens de voz, Facebook, LinkeIn, sites de esportes, webcams, Skype e dezenas de aplicativos. Você provavelmente não notou o aumento da quantidade de informações que você recebe ou acessa habitualmente. Quantas coisas você checa por dia hoje em comparação com um ano atrás? Quanto tempo você fica sem checar seu celular ou computador sem se sentir ansioso? Quantas abas do navegador estão abertas agora, enquanto lê? Quando você coloca seu celular de lado e se concentra em apenas uma coisa de cada vez? Suas respostas indicam sobrecarga de conectividade (ou de informação) e sua tolerância para distrações, mesmo que você não esteja ciente disso.

As pessoas se adaptam a novas TIs, muitas das quais se tornam indispensáveis (*must have*) e *não podem funcionar sem* dispositivos consideravelmente rápidos. Essa situação não se limita a gerações mais novas ou à Geração Y – aqueles que nasceram depois de 1982. Estudos indicam que adultos mais velhos são tão distraídos quanto adolescentes e jovens de vinte e poucos anos, o que pode ser confirmado por uma observação casual em escritórios, aeroportos, café e assim por diante.

SOBRECARGAS E DISTRAÇÕES

A capacidade da TI de introduzir quantidades crescentes de dados em nossas vidas pode exceder nossa capacidade de acompanhá-los, levando a uma **sobrecarga de informação**. Os usuários empresariais são mais propensos a sofrer com excesso de dados do que com sua escassez. Encontrar a informação de que necessitam em imensas coleções de documentos pode ser complicado, demorado, frustrante e caro.

Maggie Jackson, autora de *Distracted: The Erosion of Attention and the Coming Dark* (2009), sugeriu que: "Nós estamos realmente enfrentando o limite da capacidade humana de lidar com estímulos em nosso ambiente". Pesquisadores da University of California, San Diego, descobriram que, em média, os norte-americanos escutam, veem ou leem 34 gigabytes de informação por dia – cerca de 100.000 palavras da TV, da Internet, de livros, de rádios, de jornais e de outras fontes. A *Bloomberg BusinessWeek* (2008) relatou que os trabalhadores do conhecimento são distraídos a cada três minutos no trabalho – atendendo telefonemas, checando e-mails, respondendo um SMS ou checando o Youtube ou o Facebook. A consequência é que as pessoas estão continuamente prestando *atenção parcial* a tudo – dando apenas uma olhadinha em vez de estarem plenamente envolvidos. Mas há também prejuízos financeiros. De acordo com a Basex, uma empresa de pesquisa de negócios da cidade de Nova York, as distrações tomam até 28% do dia trabalhado nos Estados Unidos, incluindo o tempo de recuperação, e drenam a produtividade a um custo de 650 bilhões de dólares por ano.

Para serem eficazes na resolução do problema de sobrecarga de informação, sistemas de informação devem diferenciar entre os dados que podem ser facilmente resumidos dos dados que devem ser vistos em sua forma original. Esse é um problema difícil de ser resolvido.

| QUALIDADE DE INFORMAÇÃO

À medida que organizações e sociedades continuam a gerar, processar e depender de crescente quantidade de informação, começam a perceber a importância da qualidade da informação. A **qualidade da informação** é uma medida um tanto subjetiva da utilidade, da objetividade e da integridade da informação acumulada. Para serem valiosos, tanto os dados quanto as informações devem ter uma série de características essenciais: devem ser integrais, precisos, atualizados e coerentes com a finalidade para a qual são utilizados. O valor e a utilidade de dados e informações que não satisfazem esses requisitos são severamente limitados.

A qualidade de informação é obrigatória por diversas leis. O Data Quality Act de 2001 e o Sarbanes-Oxley Act de 2002 impõem requisitos rigorosos de qualidade de informação sobre as agências governamentais e empresas. Por exemplo, uma das disposições do Sarbanes-Oxley Act torna CEOs e CFOs pessoalmente responsáveis – incluindo legalmente – pela qualidade das informações financeiras que as firmas liberam para seus acionistas ou que arquivam na Security and Exchange Comission (Comissão de Câmbio e Seguros). Essa disposição enfatiza a importância de controlar e medir a qualidade de dados e de informação em business intelligence, desempenho de gestão empresarial e sistemas de gestão de registros.

Problemas com a qualidade da informação não são limitados a dados corporativos. Milhões de pessoas enfrentam problemas de qualidade de informação diariamente, quando tentam encontrar informações online, seja em páginas disponíveis publicamente na Web, seja em bancos de dados especializados, como wikis, blogs e feeds de notícias.

Entre os problemas mais comuns que afligem as fontes de informação online está a omissão de materiais. Uma quantidade considerável de periódicos "*full-text*" de bases de dados podem omitir certos itens que aparecem nas versões impressas de suas publicações. Além disso, fontes online de informação deixam de fora os documentos antigos, que não estão disponíveis em formato digital. Assim, não se pode ter certeza de que se tem acesso a um conjunto completo de materiais relevantes. Mesmo materiais que estão disponíveis em fontes aparentemente respeitáveis inspiram preocupações com a qualidade de informação. A informação pode ter sido relatada de maneira incorreta, intencionalmente ou não, ou pode ter se tornado obsoleta. Esses e outros problemas de qualidade de informação estão contribuindo para a frustração e para a ansiedade que, para algumas pessoas, tornaram-se um efeito colateral da era da informação.

| IMPACTOS NOS INDIVÍDUOS

A TI penetrante tem provocado mudanças na estrutura, na autoridade, no poder e no conteúdo de trabalho, bem como na gestão de pessoal e de recursos humanos. Os pormenores dessas alterações são mostrados na Tabela 14.2. Juntos, as quantidades crescentes de informação e o uso de TI causam impactos como insatisfação no trabalho, desumanização e ansiedade por informação, bem como em saúde e segurança. Apesar de muitos empregos poderem tornar-se substancialmente mais enriquecidos com TI, outros empregos podem se tornar cada vez mais rotineiros e menos satisfatórios.

Questões para revisão

1. O que é sobrecarga de informação?
2. Quais são as consequências da sobrecarga de informação (ou de conectividade)?
3. Quais são as consequências das distrações constantes?
4. O que é qualidade de informação? Cite uma lei que obrigue empresas a garantirem sua qualidade de informação.
5. Quais são os impactos de uma TI penetrante?

TABELA 14.2	Impactos da TI sobre estrutura, autoridade, poder e conteúdo do trabalho
Impacto	Efeito da TI
Planificar hierarquias organizacionais	A TI aumenta a *amplitude de controle* (mais empregados por supervisor), aumenta a produtividade e reduz a necessidade de especialistas técnicos (devido ao uso de sistemas especialistas). O resultado disso são menos níveis gerenciais, com menos funcionários e gerentes de linha. A planificação das hierarquias organizacionais resulta na redução do número total de empregados, na reengenharia de processos de negócios e na capacidade de empregados de nível inferior executarem trabalhos de alto nível.
Mudança da relação pessoal entre colarinhos brancos e azuis	A relação entre funcionários de colarinhos branco e azul aumenta à medida que computadores substituem postos de trabalho de escritório devido ao aumento da necessidade de especialistas em sistemas de informação. No entanto, o número de profissionais e especialistas pode diminuir em relação ao número total de funcionários em algumas empresas à medida que sistemas inteligentes e baseados em conhecimento crescem.
Crescimento do número de unidades especiais	A TI torna possíveis centros de tecnologia, centros de comércio eletrônico, departamentos de sistemas de suporte à decisão e/ou departamentos de sistemas inteligentes. Essas unidades podem ter um grande impacto sobre a estrutura organizacional, especialmente quando são apoiados ou se reportam diretamente à alta administração.
Centralização de autoridade	A centralização pode se tornar mais popular devido à tendência de organizações menores e mais planas, e pelo uso de sistemas especialistas. Por outro lado, a Web possibilita um maior fortalecimento, permitindo maior descentralização. Se o uso da TI resultará em mais centralização ou em mais descentralização dependerá da filosofia de gestão da alta administração.
Mudanças no poder e no status	Conhecimento é poder, e aqueles que controlam a informação e o conhecimento estão mais suscetíveis a conquistar o poder. A luta sobre quem controla os recursos de informação tornou-se um conflito entre muitas organizações. Em alguns países, a luta pode ser entre empresas, que buscam usar a informação para obter vantagem competitiva, e o governo (a Microsoft *versus* o Departamento de Justiça, por exemplo). Em outros lugares, os governos podem procurar agarrar as rédeas do poder ao não permitir que os cidadãos tenham acesso a algumas informações.
Mudanças no conteúdo do trabalho e conjuntos de habilidades	O *conteúdo do trabalho* se inter-relaciona com a satisfação, com a remuneração, com o status e com a produtividade do empregado. A resistência às mudanças de habilidades de trabalho é comum, e pode levar a confrontos desagradáveis entre os funcionários e a gerência.

14.4 O futuro da TI nos negócios

A apresentação de slides "Microsoft's Home of the Future" (cio.com/article/597693/Microsoft_s_Home_of_the_Future_A_Visual_Tour) mostra, em larga escala, um modelo de casa do futuro. A casa Microsoft parece ficção científica devido a seus quartos interativos, pratos que carregam celulares, sensores que avisam quando as plantas precisam de água e balcões de cozinha que leem receitas em voz alta. Nenhuma parede ou mesa da casa está a salvo de ser um dispositivo digital ou de informações. Essa é uma visão excitante de como as casas podem vir a ser.

O futuro da TI na organização também pode trazer mudanças interessantes. Veja sete tendências de TI que ajudam a definir como a organização e o mundo dos negócios estão se desenvolvendo, conforme descrito no relatório *Everything Elastic* da Accenture Technology Labs (Swaminathan, 2010).

1. **Previsão do tempo computacional: nas nuvens.** *Um modelo mais flexível que se alinha melhor aos objetivos de negócios.* A computação em nuvem permite que qualquer parte da TI esteja armazenada e disponível na Internet, oferecendo, em última análise, um modelo mais flexível que se alinha melhor aos objetivos de negócios. Essa nova estrutura de TI adaptável pode tornar muito mais fácil gerir questões de custos, escala e agilidade.

2. **A nova Web:** *A Web como um ponto de virada.* A Web está passando por sua reformulação mais significativa desde o surgimento de navegadores, e vai emergir como uma plataforma empresarial cada vez mais atraente. Devido ao alcance da Web (1,6 bilhão de dispositivos conectados, sendo a expectativa de 2,7 bilhões até 2013), mesmo pequenas mudanças em suas capacidades básicas podem ter enorme potencial – mudando a forma como as pessoas socializam, como as sociedades se conectam e como as empresas operam. Agora mesmo a Web está no meio de sua revisão mais significativa desde o surgimento dos primeiros navegadores, há 15 anos. Trabalho de engenharia de baixo nível – desde protocolos de rede até otimização de navegadores – está tornando a Web mais rápida e robusta. Novas capacidades, como reconhecimento de localização, modos online/offline e conectividade social – estão pavimentando o caminho para novas classes de aplicativos de Internet. E um conjunto crescente de produtividade, comunicação e recursos de integração está tornando a Web cada vez mais atraente como uma plataforma empresarial. É um mundo que apresenta um novo conjunto de desafios – de privacidade, de segurança, de controle de padrões, de interoperabilidade – e exige um novo conjunto de habilidades técnicas e estratégicas.

3. **Dispositivos como portas de entrada.** *A experiência de usuário se integra com dispositivos.* Com mais dados residindo na Web (em nuvem), os usuários irão acessar e manipular cada vez mais esses dados usando os dispositivos mais adequados às suas necessidades. A TI corporativa vai se afastar do suporte de hardware para proporcionar a camada segura de transporte para trabalhadores acessarem às informações de que precisam, utilizando seus próprios dispositivos. Estamos, hoje, entrando em um mundo onde qualquer dispositivo pode disponibilizar qualquer conteúdo.

4. **Colaboração fluída.** *Buscando tecnologia de colaboração que agilize o trabalho.* A colaboração entre geografias e fusos horários é a nova norma de negócios. Levando em conta as realidades das forças de trabalho globais, os esforços pela redução de carbono e a busca por mais produtividade, esses números estão crescendo. A colaboração global – e, portanto, virtual – se tornará cada vez mais o novo caminho de se fazer negócios. Aguarde uma onda de inovação para oferecer as tecnologias que permitem a colaboração entre diferentes fusos horários e geografias.

5. **A economia de conversação.** *A computação social cria descontinuidades na forma como nós comunicamos e consumimos informação.* A ascensão das redes sociais está criando novas maneiras de se conectar com clientes. A computação social trouxe uma mudança na forma como as pessoas se conectam, como elas conversam e como compartilham informações. A rede social em si está rapidamente se tornando um canal de informação primária para muitas pessoas. Qualquer objeto de atenção – rumores, novelas, receitas, petições, etc. – pode explodir em importância e visibilidade se atingir os canais sociais corretos no momento certo. Mas a informação também pode viajar na direção oposta: as redes sociais estão emergindo como uma fonte rica de informação sobre sentimentos, preferências e desejos de consumidores.

6. **Desenvolvimento de sistema de quarta geração.** *Novas arquiteturas e abordagens.* Forças tecnológicas e econômicas estão incitando novas abordagens para o desenvolvimento de sistemas, e, como sempre, a vantagem competitiva irá para aqueles que têm tanto a capacidade de detectar hotspots de tecnologia quanto as habilidades para explorá-los.

7. **Dados + decisões = diferenciação.** Na medida em que a analítica se torna uma commodity, os verdadeiros diferenciais são a qualidade dos dados e a habilidade de usá-los para tomar decisões produtivas. Análises criteriosas podem ajudar as organizações a descobrir padrões, detectar anomalias, melhorar a qualidade de dados e, finalmente, tomar medidas eficazes. Mas como as ferramentas de análise foram incorporadas em ofertas padrão de fornecedores de software, está se tornando cada vez mais claro que a real vantagem em analítica é adquirida antes do início das análises (durante a coleta de dados) e após seu término (na tomada de decisões).

Com a TI criando organizações que tenham características de elasticidade, infinitamente flexíveis e adaptáveis, as empresas e seu trabalho serão definidos pela própria TI.

Questões para revisão

1. Descreva a casa do futuro da Microsoft.
2. Descreva as tendências de TI que mais influenciam as organizações.
3. Quais são as características de elasticidade que se aplicam às organizações?

Termos-chave

aglomerado de computador (cluster) 436
aquecimento global 419
biocombustíveis sustentáveis 422
computação verde 425
curva de Keeling 419
efeito estufa 419
Electronic Product Environmental Assessment Tool (EPEAT) 426
monitoramento de mídias sociais 427
MtCO2e, tonelada métrica de dióxido de carbono equivalente 418
qualidade de informação 431
SMART 2020 Report 420
sobrecarga de informação 430
sustentabilidade 422
virtualização 425

Destaques do capítulo

(Os números estão relacionados aos Objetivos de aprendizagem)

❶ O aquecimento global é a tendência de subida da temperatura média global e é um dos problemas mais complicados enfrentados pelos líderes mundiais.

❶ O papel da TI inclui a redução de emissões e economia de energia não só no setor de TI em si, mas também na transformação de como e onde as pessoas trabalham. As formas mais óbvias são substituir formatos digitais – teletrabalho, videoconferência, e-paper, celulares e comércio eletrônico – por formatos físicos.

❶ As organizações estão pagando prêmios para investir em computadores verdes que sejam tanto energicamente eficientes quanto ambientalmente responsáveis. Organizações que investem em hardware verde acham que a economia de energia, o ciclo de vida estendido dos produtos, a imagem pública positiva e outros benefícios superaram os custos adicionais com esses hardwares.

❶ A computação verde é o estudo e a prática de recursos de computação ecologicamente correta (*ecofriendly*) que é agora uma das principais preocupações de negócios em todas as indústrias e organizações. Agora as empresas se preocupam com seu consumo de energia, bem como com a demanda de espaço físico.

❷ O monitoramento de mídia social pode ser considerado um componente integrante das estratégias de mídia social por proporcionar aos profissionais de marketing a possibilidade de descobrir conversas públicas sobre suas marcas e de, se necessário, responder diretamente aos que postam ou às suas postagens. Os opositores do monitoramento o definem como espionagem e como uma invasão de privacidade intolerável.

❷ A globalização, a Internet e a conectividade têm o poder de minar a responsabilidade moral, pois torna-se relativamente fácil ignorar o dano que poderia ser causado aos outros. Apesar dos desafios e da falta de respostas claras, a ética é importante porque ficou claro que contar apenas com a lei em si para proteger a comunidade é insuficiente. A lei tem seus limites, em grande parte por mudar lentamente.

❸ A capacidade da TI de introduzir quantidades crescentes de dados em nossas vidas pode exceder nossa capacidade de acompanhar os dados, levando a uma sobrecarga de informação. Os usuários empresariais são mais propensos a sofrer com excesso de dados do que com sua escassez. Encontrar a informação de que necessitam em imensas coleções de documentos pode ser complicado, demorado, frustrante e caro.

❹ Executivos e CIOs deveriam considerar reformular seu pensamento, em sintonia com este conceito. A ideia de elasticidade – escalável, infinitamente flexível, adaptável – pode ser integrada na própria estrutura dos negócios. Só então o alto desempenho será viável nesse novo mercado.

Questões para discussão

1. Qual é a relação entre as emissões de gases de efeito (GHC) e o aquecimento global?
2. Como as pegadas de carbono podem ser reduzidas pelos usuários e pelas organizações?
3. Em sua opinião, os celulares, a Internet e a mídia social mudaram as formas como nos comunicamos uns com os outros e como obtemos novidades sobre nossos amigos e familiares?
4. Como a TI mudou sua maneira de se comunicar?
5. Quais mudanças você prevê na forma como nos comunicaremos uns com os outros futuramente?
6. Quais são algumas das vítimas de comunicação de TI?
7. Se você fosse um funcionário de uma empresa que oferece opções de teletrabalho, você preferiria trabalhar em casa, no escritório ou em alguma combinação de ambos? Explique sua resposta.
8. Os balconistas da 7-Eleven armazenam dados sobre os clientes, como gênero, idade aproximada e assim por diante em um sistema de computador. Os nomes, no entanto, não são introduzidos. Esses dados são então agregados e analisados para melhorar a tomada de decisão corporativa. Os clientes não são informados sobre isso e a empresa não pede a permissão deles. Quais problemas você vê nessa prática?
9. Discuta se a sobrecarga de informação é um problema em seu trabalho ou sala de aula. Com base em suas experiências, quais soluções pessoais e organizacionais você poderia recomendar para esse problema?
10. Discuta o que se espera em relação a como a TI influenciará as organizações no futuro.

Exercícios e projetos

1. Liste cinco oportunidades de trabalho que estão disponíveis em seu local de trabalho ou instituição de ensino. Se você fosse tirar proveito dessas oportunidades de trabalho, descreva quais seriam os potenciais impactos delas sobre sua vida.
2. Liste três aplicativos de negócios ou de apoio a atividades empresariais disponíveis no iPhone 3G ou no Sprint 4G.
3. Visite wirelessintelligence.com/green-power/ e baixe o plugin Google Earth em earth.google.com/plugin/. Observe em 3D

as soluções e implantações de energia verde para celulares. Relate o que você aprendeu.

4. Leia *TI em ação 14.1*. Responda as questões do final.

Tarefas e projetos em grupo

1. A notícia de que o Departamento de Justiça dos EUA (DOJ) tem buscado por dados de pesquisa da Google, Yahoo, MSN e America Online para rastrear atividades de "pessoas ou grupos de interesse" aterrorizou internautas. Muitos usuários estão preocupados, não porque tenham feito algo de errado, mas porque se perguntam sobre a quantidade de informações pessoais que podem ser adquiridas a partir de suas buscas online. Com a classe dividida em grupos, discuta problemas relacionados com essa notícia.

2. O estado da Califórnia mantém um banco de dados de pessoas que supostamente abusam de crianças (o banco de dados também inclui os nomes das supostas vítimas). A lista é disponibilizada para dezenas de órgãos públicos e é consultada em casos de adoção de crianças e decisões de emprego. Por muitas pessoas terem acesso à lista, seu conteúdo é facilmente revelado a estranhos. Uma suposta abusadora e sua filha, cujo caso foi arquivado, mas cujos nomes haviam permanecido na lista, processaram o estado da Califórnia por invasão de privacidade. Com a classe dividida em grupos, discuta problemas relacionados com essa notícia. Especificamente:
   a. Quem deveria tomar a decisão ou quais critérios deveriam orientar a decisão sobre nomes que devem ser incluídos no banco de dados e quais seriam esses critérios?
   b. Qual é o dano em potencial para os abusadores (se houver)?
   c. O estado da Califórnia deveria abolir a lista? Por quê?

Exercícios de Internet

1. Visite o U.S. Green Building Council em usgbc.org/. Na barra de menu, clique em Quick Link for *Case for Green Building (Power Point)*. Baixe o arquivo sobre LEEDS e veja os slides. Identifique três construções e suas características ecofriendly.

2. Suponha que você leu sobre a descoberta de um novo medicamento, que não precisa de receita médica, chamado de "Gabarite-a-Prova". Essa droga extraordinária, comercializada para estudantes por 19,00 dólares mais frete, manteria a pessoa acordada e com uma memória perfeita do que leu em seu material antes da prova. Como você verificaria a verdade sobre essa droga – ou sobre qualquer outro tratamento novo – antes de encomendá-lo ou ingeri-lo? Identifique cinco fontes confiáveis sobre saúde, médicos ou medicamentos.

CASO DE NEGÓCIO

Gestão do desempenho de energia pelos fabricantes de automóveis

O programa ENERGY STAR da U. S. Environmental Protections Agency tem ajudado a indústria automobilística a aumentar sua eficiência energética. Em meados de 2010, a indústria automobilística havia cortado o uso de combustíveis fósseis em 12% e reduzido a emissão de GEEs em mais de 700 mil MtCO2e/y, de acordo com o relatório de junho de 2010, publicado pelo Nicholas Institute for Environmental Policy Solutions da Duke University (Boyd, 2010). Você pode ler o relatório em nicholas.duke.edu/institute/Duke_EE_WP_10-01.pdf.

As reduções de emissões, que ajudam a combater a mudança climática, igualam-se às emissões provenientes do uso de eletricidade em mais de 80.000 casas durante um ano.

O relatório, chamado de *Assessing Improvement in the Energy Efficiency of U.S. Auto Assembly Plants*, ratifica a estratégia de gestão de energia da EPA, especialmente a importância da medição de desempenho e reconhecimento para um desempenho superior. O relatório também demonstra que a diferença entre usinas de desempenho superior e outras desapareceu, e que o desempenho da indústria como um todo melhorou.

É fundamental para esse tipo de abordagem de gestão de energia o ENERGY STAR Energy Performance Indicator (EPI)* para fábricas de montagem de autopeças, o qual permite à indústria fazer benchmark de desempenho de usina de energia contra seus rivais, ao longo do tempo. Os EPIs ENERGY STAR existem (ou estão em desenvolvimento) em mais de 20 outras indústrias. Por meio dessas indústrias, a EPA certificou cerca de 60 fábricas com o selo ENERGY STAR, representando uma economia de mais de 500 milhões de dólares e mais de 6 milhões de MtCO2e/y (toneladas métricas de dióxido de carbono equivalente por ano).

O setor industrial norte-americano responde por mais de 30% do consumo de energia nos Estados Unidos. Se a eficiência energética das instalações industriais melhorasse, a EPA estima que os norte-americanos poupariam cerca de 20 bilhões de dólares e reduziriam as emissões de GEEs equivalentes às emissões provenientes do uso de eletricidade por mais de 22 milhões de casas durante um ano.

Centenas de companhias industriais em mais de uma dezena de diferentes indústrias manufatureiras estão trabalhando com o programa ENERGY STAR da EPA para desenvolver programas fortes de gestão de energia, obter o selo ENERGY STAR para suas unidades fabris e alcançar melhorias radicais em eficiência energética.

Fontes: Elaborado a partir de Boyd (2010), EPA ENERGY STAR (2010), e Nicholas Institute for Environmental Policy Solutions da Duke Univesity.

---

* N. de R. T.: Indicador de Desempenho de Energia da ENERGY STAR.

Questões

1. Explique os EPIs da ENERGY STAR.
2. Qual é a importância de reduzir as emissões de carbono?
3. Por que as empresas de diversos setores estão motivadas a obter o selo ENERGY STAR?
4. O que é gestão de energia?
5. O aquecimento global tem sido um problema conhecido há mais de uma década. Por que os fabricantes de automóveis não empreenderam o programa ENERGY STAR anos atrás?

CASO DO SETOR PÚBLICO

Computação verde no centro de Argonne para materiais em nanoescala

O Laboratório Nacional de Argonne, do Departamento de Energia dos EUA, é conhecido por seus centros de pesquisa em energia, ciência ambiental, computação, ciências biológicas e segurança nacional. O centro de Argonne para materiais em nanoescala (CNM) estuda o comportamento de materiais em nanoescala (nano.anl.gov). Materiais nanométricos são ligeiramente maiores do que átomos, e precisam ser estudados por meio do microscópio da CNM, o mais poderoso microscópio de raios X do mundo (mostrado na Figura 14.8). A missão da CNM é encontrar novas tecnologias energéticas e entender e mitigar os impactos ambientais do uso de energia. Os pesquisadores estudam materiais e dispositivos nanométricos para aprender a coletar energia solar de maneira mais eficiente e para possibilitar uma nova geração da computação.

Minimizando a pegada de carbono

Para cumprir sua missão, a CNM precisou de instalações laboratoriais e de computação que pudessem oferecer e acomodar extenso poder de processamento, o que normalmente ocupa muito espaço – em outras palavras, produzem uma grande **pegada de carbono** – consome enorme quantidade de energia e gera calor extremo que precisa ser controlado por ar-condicionado. A CNM teve de ser projetada para conservar energia, espaço e o meio ambiente, apoiando assim futuras missões de pesquisa.

Assim, quando a pesquisa estava apenas começando na CNM, o Departamento de Energia queria ter certeza de que a infraestrutura do centro poderia acomodar não apenas as necessidades atuais, mas também as futuras. Seu planejamento ecofriendly visava proporcionar o desempenho de processamento necessário para dar suporte à pesquisa científica de primeiro mundo sobre materiais em nanoescala de forma a reduzir a pegada física de hardware, minimizando, ao mesmo tempo, o consumo de energia, os custos de refrigeração e os custos imobiliários.

A solução da computação em cluster

A equipe CNM construiu um cluster de alto desempenho com processadores Intel que fornecem extremo desempenho com baixo consumo de energia e baixo uso de espaço físico. Um **cluster**, ou aglomerado de computadores, é um grupo de computadores interligados via LAN (*local area network*) que trabalham juntos como um único computador. Pelo uso de ferramentas de software da Intel, os desenvolvedores de aplicativos da CNM melhoraram a eficiência de seus aplicativos de pesquisa de 20 a 30%.

Construída a partir do zero, a nova instalação da CNM permite que cientistas e engenheiros conduzam uma grande variedade de projetos em um único local. A infraestrutura computacional oferece poder de computação e taxas de transferência de dados necessárias para capturar e analisar grandes quantidades de dados em tempo real. Alguns experimentos produzem enormes quantidades de dados. Os pesquisadores são capazes de analisar esses dados em tempo real para que possam reposicionar amostras, ajustar instrumentos e afinar seus experimentos. Pesquisas realizadas na unidade estão contribuindo para avanços em medicina, eletrônica, produção e fontes alternativas de energia.

Figura 14.8 O nanoscópio do centro para materiais em nanoescala (CNM), o mais poderoso microscópio de raios X do mundo. (*Cortesia do Laboratório Nacional de Argonne, do Departamento de Energia dos EUA.*)

Ao fornecer uma maneira de atingir resultados rápidos em um único local, a CNM pode acomodar mais pesquisadores em menos tempo. No geral, ela cumpriu sua missão de proporcionar uma poderosa infraestrutura computacional que permita aos pesquisadores produzir melhor a ciência protegendo, ao mesmo tempo, o meio ambiente.

Fontes: Elaborado a partir do Laboratório Nacional de Argonne (2008), Centro de Materiais em Nanoescala (2010) e Desempenho da Intel Multi-Care Acelera Pesquisa em Nanociência (2008).

Questões

1. Explique a importância da pesquisa em nanoescala.
2. Por que a pesquisa em nanoescala exige tanta energia?
3. Qual é a vantagem de um aglomerado de computadores sobre um único computador de similar poder computacional?
4. Neste capítulo, você leu muitos exemplos de empresas, grupos industriais e agências governamentais que investem em infraestrutura de TI e que, em última análise, reduziram as emissões de GEEs e CO_2. Compare e diferencie as iniciativas verdes da CNM da Argonne com a iniciativa de biocombustíveis da Nigéria, discutida em *TI em ação 14.1*.

SIMULAÇÃO UTILIZANDO PLANILHAS

Calculadora de aquecimento global

Visite http://timeforchange.org/mitigation-global-warming-calculator para baixar o arquivo de Excel em anexo intitulado *Global-warming-calculator-Excel.xls*. A calculadora de aquecimento global é uma simulação interativa baseada em Excel. Insira dados para três cenários diferentes na seção: *o que aconteceria se todos fossem como você?* Explique o que você aprendeu.

Recursos online

Você encontrará os guias de tecnologia (em português), bem como outros recursos e ferramentas de estudo (em inglês), no site da Bookman Editora (www.bookman.com.br).

Referências

Alvares, M., "The Three Biggest Myths About Green IT," Greenbiz. blog, June 22, 2010. greenbiz.com/blog/2010/06/22/three-biggest-myths-about-green-it

Argonne National Laboratory, 2008. anl.gov

Biofuels Programme, GSMA Development Fund, January 2007, businessaction for africa.org

Boyd, G., "Assessing Improvement in the Energy Efficiency of U.S. Auto Assembly Plants," Duke University Environmental Economics Working Paper Series, Working Paper EE 10-01, June 2010. nicholas.duke.edu/institute/Duke_EE_WP_10-01.pdf

Center for Nanoscale Materials 2010, nano.anl.gov/index.html

Chickowski, E., "CIO Priorities for 2010," Baseline, September 28, 2009. baselinemag.com/c/a/IT-Management/CIO-Priorities-for-2010-706071/

EPA, epa.gov

ENERGY STAR, energystar.gov

GSM World.com

"Intel® Multi-Core Performance Accelerates Nanoscience Research," April 9, 2008. communities.intel.com/servlet/JiveServlet/previewBody/1489-102-1-1705/Intel_ESS_Argonne_LR.pdf

Jackson, M., Distracted: The Erosion of Attention and the Coming Dark Age, Prometheus Books, 2009.

Markoff, J., "Can't Find a Parking Spot? Check Smartphone," The New York Times, July 12, 2008.

MTN Group, 2010. mtn.com/

Nicholas Institute for Environmental Policy Solutions, nicholasinstitute.duke.edu

Swaminathan, K. S., "Everything Elastic," 2010. accenture.com

U.S. Global Change Research Program, globalchange.gov/

Glossário

2G Segunda geração de padrões de redes móveis.

3G Terceira geração de padrões de redes móveis.

3GSM Terceira geração do Global System for Mobile Communications Services.

4G Quarta geração de padrões de redes móveis.

Abordagem de desligamento Sistema de implementação em que o sistema antigo é desligado no final do negócio no Dia 0 e o novo sistema é posto em operação no Dia 01.

Abordagem paralela Abordagem de implementação em que os sistemas antigo e novo operam simultaneamente por um período determinado.

Abordagem piloto Abordagem de implementação que tem um teste piloto primeiro em um site, usando abordagem paralela, e mais tarde é enviada a outros sites, na abordagem de desligamento.

Abordagem por etapas Abordagem de implementação baseada no módulo ou no conceito de versão, em que cada módulo ou versão do sistema é implementado conforme é desenvolvido e testado.

Aceitação de usuário Forma como um novo sistema é percebido pelos usuários. A aceitação de um sistema será maior se os usuários estiverem envolvidos no design desse sistema.

Adaptabilidade Capacidade de ajustar o design da cadeia de suprimentos para atender às mudanças estruturais nos mercados e modificar as estratégias da rede de suprimentos, produtos e tecnologias.

Advergame Prática que usa jogos de computador para anunciar um produto, uma organização ou uma perspectiva.

Adware Software que automaticamente mostra anúncios enquanto um programa é executado.

Agentes inteligentes Aplicações que têm algum grau de reatividade, autonomia e adaptabilidade para reagir a situações de ataque imprevisíveis. Também chamados de softbots ou knowbots.

Agilidade Capacidade de uma empresa de comércio eletrônico de capturar, informar e responder rapidamente às mudanças acontecendo no mercado.

AJAX (Asynchronous JavaScript) Conjunto de tecnologias que criam páginas na Web que respondem às ações dos usuários sem exigir que a página inteira seja recarregada.

Alcance e riqueza Um impacto econômico do CE a compensação entre o número de clientes que uma empresa pode alcançar (chamada alcance) e a quantidade de interações e serviços de informação que ela pode fornecer para eles (riqueza).

Alertas desencadeados por eventos Alertas em tempo real ou avisos que são transmitidos quando um evento predefinido, ou estranho, acontece.

Algoritmo Regra matemática para resolver um problema; conjunto de regras predeterminadas utilizadas para resolver um problema usando um número de passos finito.

Alinhamento Capacidade criar incentivos compartilhados que alinhem interesses de negócios por meio da cadeia de suprimentos.

Alinhamento entre TI e Negócio Grau com o qual o grupo de TI compreende as prioridades do negócio e gastos com recursos, compra de projetos e fornecimento de informação consistente com essas prioridades.

Alocação adequada de recursos Distribuição excelente de recursos a um local específico em um tempo específico para atingir um fim específico.

Alocação de recursos Desenvolver o hardware, o software, as comunicações de dados, as instalações, o pessoal e os planos financeiros necessários para executar o plano mestre de desenvolvimento; etapa três do modelo de planejamento de quatro etapas.

Alvo Nível desejado de desempenho.

Ambiente de controle interno A atmosfera do trabalho que uma empresa define para seus funcionários.

Ameaças internas Ameaças daqueles que estão dentro da organização, como funcionários, empreiteiros e funcionários temporários.

Análise de custo-benefício Estudo que auxilia as decisões dos investimentos em TI determinando se os benefícios (possivelmente incluindo aqueles intangíveis) excedem os custos.

Análise de impacto de negócios Método ou exercício para determinar o impacto de perder o suporte ou a disponibilidade de um recurso.

Análise de redes sociais Mapeamento e avaliação de relacionamentos e fluxos entre pessoas, grupos, organizações, animais, computadores e outras informações ou conhecimento. Os nós da rede são as pessoas e os grupos, e os links mostram relações ou fluxos entre os nós. Esse sistema fornece análise matemática e visual das relações.

Análise de sensibilidade Estudo do efeito de uma mudança em uma ou mais variáveis de entrada sobre uma solução proposta.

Análise SWOT Envolve a avaliação de pontos fortes e fracos, que são fatores internos, e de oportunidades e ameaças, que são externas.

Analítica Ciência da análise.

Analítica de negócios Fornece modelos, que são fórmulas ou algoritmos e precede a BI.

Analítica de texto Transforma texto sem estrutura em dados de texto estruturado que podem ser pesquisados, minerados ou descobertos.

Analítica preditiva Ferramenta que ajuda a determinar o provável resultado futuro de um evento ou a probabilidade de uma situação ocorrer. Ela também identifica relacionamentos e padrões.

Analítica preditiva Ramo da mineração de dados que foca na previsão de tendências (por exemplo, análise de regressão) e na estimativa de probabilidade de eventos futuros. A analítica de negócio, como também é chamada a analítica preditiva, fornece modelos, que são fórmulas ou algoritmos, e procedimentos para a BI.

Analítica Web Análise dos dados obtidos da sequência de cliques a fim de compreender o comportamento do visitante em um site.

Android Sistema operacional da Google.

Aplicação de interatividade Aplicações conectam, comunicam, colaboram e fazem comércio sob demanda, em tempo real e à distância.

Aplicações de TI Sistemas específicos e programas para atingir determinados objetivos.

Aplicativos de controle Seguranças que protegem aplicativos específicos.

Aquecimento global Tendência de aumento na temperatura média global.

Armazenamento como serviço Capacidade de armazenamento oferecida conforme o uso, semelhante ao SaaS.

Armazenamento de dados operacionais Banco de dados para sistemas de processamento de transações que usa conceitos de data warehouse para fornecer dados limpos.

Arquitetura da tecnologia da informação Mapa ou plano de alto nível dos ativos da informação em uma organização; na Web, ele inclui o conteúdo e a arquitetura do site.

Arquitetura de negócio Planos organizacionais, visões, objetivos e problemas, e a informação necessária para dar suporte a eles.

Arquitetura orientada a serviços (*service-oriented architecture – SOA*) Conceito arquitetônico que define o uso de serviços para suportar diferentes necessidades de negócio. No SOA, ativos de TI existentes (chamados serviços) são reutilizados e reconectados em vez da recriação mais demorada e onerosa de novos sistemas.

Arquivo de referência mestre Arquivo que armazena dados consolidados de várias fontes de dados, que então retroalimentam as aplicações a fim de criar dados acurados e consistentes em toda a empresa.

Assinatura Controle biométrico que combina o usuário à sua assinatura.

Assistente pessoal digital (*personal digital assistant* – **PDA**) Pequeno computador de mão sem fio.

Ataque de negação de serviço Ocorre quando um servidor ou site recebe um tráfego muito intenso ou solicitações de serviço com as quais não pode lidar, causando sua falha.

Ataque massivo na Web Sites atacados por códigos maliciosos.

Ataques de programação Ataque que envolve técnicas de programação para modificar programas de outro computador, tais como vírus ou worm.

Atendimento de pedido (*order fulfillment*) Todas as atividades necessárias para fornecer aos clientes mercadorias e serviços requisitados, incluindo serviços relacionados ao cliente.

Atividades críticas de resposta Principais atividades utilizadas pelas organizações para contrapor as pressões do negócio.

Atividades de suporte Atividades de negócio que não agregam valor diretamente ao produto ou serviço de uma empresa sob consideração, mas dão suporte às atividades primárias que agregam valor.

Atividades primárias No modelo de cadeia de valores de Porter, aquelas atividades em que matérias-primas são compradas e transformadas em produtos, que são então entregues aos clientes. Atividades secundárias, como contabilidade, suportam as primárias.

Ativo Recurso com valor reconhecido que está sob o controle de um indivíduo ou organização.

Atributo Característica que descreve uma entidade (também conhecido como campo).

Auditoria Investigação que é parte importante de qualquer sistema de controle.

Autenticação de dois fatores Sistema criado para verificar a identidade de um usuário com base em duas informações diferentes, como senha e smart card.

Automação da gestão de custos (*expense management automation* – **EMA**) Sistemas que automatizam a entrada e o processamento de dados das despesas de viagem e entretenimento.

Avatar Corpo virtual que o usuário cria quando está em um mundo virtual online 3D.

Balanced scorecard Abordagem de medida de desempenho que relaciona objetivos de negócios e métricas de desempenho.

Banco de dados Repositório de dados empresariais gerados por aplicações de negócio, tais como vendas, contabilidade e dados de funcionários. Agrupamento organizado lógico de arquivos relacionados.

Banco de dados multidimensional Armazenamento de dados especializado que organiza fatos por dimensões como região geográfica, tempo, linha de produto ou vendedor.

Banda larga Abreviação de largura de banda. Medida da capacidade ou produtividade da rede.

Banda larga fixa Conexão com a Internet via cabo ou DSL.

Banda larga móvel Vários tipos de acesso à Internet sem fio de banda larga por meio de um modem portátil, de um telefone ou de outros dispositivos.

Barreiras de entrada Facilidade ou dificuldade de entrar em um setor.

Benchmarks Medidas objetivas de desempenho que costumam ser disponibilizadas pelas associações da indústria.

Benefícios intangíveis Benefícios aos quais é difícil agregar um valor monetário (por exemplo, melhor flexibilidade de um projeto).

Benefícios totais de propriedade (*total benefits of ownership* – **TBO**) Uma abordagem para calcular a recompensa de um investimento em TI calculando tanto os benefícios tangíveis como os intangíveis e subtraindo os custos de posse: TBO – TCO = Ganho.

BI operacional Operação relativamente nova. Usada para administrar operações rotineiras.

BI tradicional BI estratégica e tática.

Biocombustíveis sustentáveis Fonte de energia que não acabará em gerações futuras.

Bit Menor unidade de dados que um computador pode processar. Pode ser um 0 ou um 1.

BitTorrent tracker Servidor utilizado na comunicação entre computadores que utiliza o protocolo BitTorrent.

Blog Site no qual os usuários postam informações para que outras pessoas possam lê-las.

Blogging viral Marketing viral feito por bloggers.

Blogosfera Blogs que existem juntos com interesses semelhantes, formando uma comunidade.

Bluetooth Tecnologia de chip que permite comunicações de voz e dados entre muitos dispositivos sem fio por meio de frequência digital de rádio de duas vias de baixo consumo de energia e curto alcance.

Bolsa pública (*exchange*) Mercado eletrônico em que há muitos vendedores e muitos compradores, e a entrada é livre; frequentemente pertencente e operado por terceiros.

Botnet Coleção de computadores infectados por softwares robôs, ou bots.

Busca corporativa/Busca empresarial (*enterprise search*) Tecnologia que oferece o potencial de cortar boa parte da complexidade acumulada nos aplicativos e sites de intranet por toda uma organização.

Busca vertical Estratégia de busca que está focada em encontrar informações em uma área específica de conteúdo como viagens, finanças, leis ou medicina.

Business intelligence (BI) Categoria de aplicações para reunir, armazenar, analisar e fornecer acesso aos dados a funcionários da empresa, para que eles tenham melhores condições de resolver tarefas.

Byte Conjunto de oito bits. Representa um caractere.

Cadeia de suprimento externa Parceiros de negócio ou de cadeia de suprimentos, como clientes ou fornecedores.

Cadeia de suprimento interna Funções internas que acontecem dentro da empresa.

Cadeia de suprimentos Fluxo composto de múltiplas empresas que desempenham qualquer uma das seguintes funções compra de materiais, transformações de materiais em produtos finais ou intermediários, distribuição de produtos finais ao varejo ou ao cliente, reciclagem ou disposição em aterro sanitário.

Cadeia de suprimentos eletrônica (*e-supply chain*) Cadeia de suprimentos administrada eletronicamente, na maioria das vezes com um software baseado na Web.

Cadeia de suprimentos reversa Produtos que são devolvidos.

Caminho crítico Atividades ou tarefas que precisam começar e terminar de acordo com uma agenda, caso contrário a conclusão do projeto será atrasada, a menos que uma atitude seja tomada para iniciar uma ou mais tarefas críticas.

Campeão Pessoa que promove os benefícios de um novo sistema em diferentes níveis da organização de forma permanente.

Campo Característica descritora de uma entidade. Também conhecido como atributo.

Capital intelectual (ativos intelectuais) Conhecimento valioso dos funcionários.

Cartão de crédito virtual Mecanismo de pagamento que permite a um consumidor pagar com cartão de crédito utilizando um número de ID e uma senha em vez do número do cartão de crédito.

Carteira móvel (*m-wallet*) Tecnologia que permite que detentores de cartões façam compras com um único clique a partir de seus dispositivos móveis; também conhecido como carteira sem fio (*wireless wallet*).

Carteiras digitais (*e-wallets*) Componentes de software em que um usuário armazena de uma maneira segura informações pessoais e de cartão de crédito para reúso de um clique.

Caso de negócio Documento escrito usado por gerentes para justificar fundos em um investimento específico e também para estabelecer a ponte entre o plano inicial e sua execução.

Cavalo de Troia Código malicioso que cria portas de entrada, dando ao atacante acesso ilegal a uma rede ou conta por meio da porta de rede.

CE de consumidor para consumidor (*consumer-to-consumer – C2C*) Comércio eletrônico em que uma pessoa vende produtos ou serviços para outras pessoas (não para empresas).

CE de consumidor para empresa (*consumer-to-business – C2B*) Comércio eletrônico em que consumidores apontam uma necessidade específica de um produto ou serviço e os fornecedores competem para fornecer o produto ou serviço aos consumidores; a Priceline.com é um exemplo de C2B.

CE de governo para cidadãos (*government-to-citizens – G2C*) Comércio eletrônico em que um governo fornece serviços aos seus cidadãos via tecnologias de CE.

CE de governo para empresa (*government-to-business – G2B*) Comércio eletrônico em que um governo faz negócios com outros governos e também com empresas.

CE de governo para governo (*government-to-government – G2G*) Comércio eletrônico em que unidades do governo fazem negócios com outras unidades do governo.

Chave estrangeira Campo cujo propósito é relacionar duas ou mais tabelas juntas.

Chave primária Campo ou atributo que identifica apenas um registro em um banco de dados.

Chave secundária Campo não único que possui alguma informação de identificação (por exemplo, país de fabricação).

Cibercriminosos Pessoas que cometem crimes usando a Internet.

Ciclo de vida de adoção de tecnologia Técnica desenvolvida em 1957 no Iowa State College para rastrear os padrões de compra de sementes híbridas de milho por fazendeiros, e atualmente é utilizada para explicar como as inovações são adotadas nas organizações.

Ciclo de vida de desenvolvimento de sistemas Grandes projetos de TI, especialmente aqueles que envolvem infraestrutura, são desenvolvidos de acordo com essa metodologia.

Cluster Grupo de computadores relacionados por meio de uma LAN, que trabalham juntos para formar o que seria equivalente a um único computador.

COBIT (*Control Objectives for Information and Related Technologies*) Framework de governança e controle de TI aceito internacionalmente, usado para alinhar os objetivos de negócios com os objetivos de TI, entrega de valor da TI ao negócio e gestão de riscos associados.

Código curto Código com apenas cinco ou seis caracteres.

Comércio baseado em localização (l-commerce) Transações de comércio móvel voltadas a pessoas em localizações específicas, em tempos específicos.

Comércio colaborativo (c-commerce) Comércio eletrônico no qual parceiros de negócio colaboram eletronicamente.

Comércio eletrônico Processo de compra, venda, transferência ou troca de produtos ou serviços ou informações via Internet pública ou redes corporativas privadas.

Comércio eletrônico de empresa para cliente Comércio eletrônico no qual vendedores são organizações e compradores são indivíduos; também conhecido como e-tailing.

Comércio eletrônico de empresa para empresa Comércio eletrônico no qual vendedores e compradores são organizações de negócio.

Comércio eletrônico de empresa para empresa para consumidor Comércio eletrônico em que uma empresa vende a outra empresa, mas entrega o produto ou serviço a um consumidor individual.

Comércio eletrônico de empresa para funcionário Tipo especial de comércio eletrônico dentro de uma empresa no qual a organização entrega o produto ou serviço aos seus funcionários.

Comércio intraorganizacional Comércio eletrônico em que uma organização utiliza o CE internamente para aprimorar suas operações.

Comércio móvel (m-commerce, m-business) Qualquer comércio eletrônico feito em um ambiente sem fio, especialmente via Internet.

Comércio por voz (*v-commerce*) Termo guarda-chuva para o uso de reconhecimento de fala que permita que serviços sejam ativados por voz, incluindo navegação na Internet e recuperação de e-mail.

Commodity Coisas básicas que empresas precisam para funcionar, como eletricidade e instalações.

Compatibilidade Grau de percepção de um novo sistema quanto a sua adequação a valores existentes, experiências passadas e necessidades dos usuários.

Complexidade Forma como o sistema é visto quanto a sua dificuldade de uso e compreensão, mensurada em um *continuum* que vai do fácil ao difícil.

Compra coletiva Agregação de pedidos de compra a partir de vários compradores para que um bom desconto possa ser obtido.

Compra corporativa Compra de produtos e serviços para por necessidades operacionais e funcionais. Também chamada de compra empresarial.

Compra direta Compra de materiais para produzir produtos finais.

Compra indireta Compra de materiais e produtos para necessidades operacionais diárias.

Compras não planejadas Compras feitas fora do sistema estabelecido.

Computação contextual Aprimoramento do ambiente computacional para cada usuário, em cada ponto de computação.

Computação em grade Uso de redes para atrelar os ciclos de processamento não utilizados de todos os computadores em uma dada rede para criar capacidades poderosas de computação.

Computação em nuvem Tecnologia alugada ou arrendada regularmente ou conforme a demanda.

Computação em rede Infraestrutura de informação corporativa que fornece as redes necessárias para realizar uma computação distribuída. Os usuários podem facilmente contatar uns aos outros ou os bancos de dados e se comunicar com entidades externas.

Computação móvel sem fio (computação móvel) Computação que conecta um dispositivo móvel a uma rede ou outro dispositivo computacional, a qualquer momento e em qualquer lugar.

Computação onipresente Computação invisível presente em todas as partes e incorporada aos objetos à nossa volta.

Computação por demanda (*utility computing*) Capacidade ilimitada de computação e de armazenamento que, como os serviços de eletricidade, água e telefone, pode ser obtida por demanda, utilizada e realocada a qualquer aplicativo e cobrada de acordo com o uso individual.

Computação social Abordagem cujo objetivo é fazer com que a interface humana do computador fique mais natural.

Computação verde Estudo e prática de recursos computacionais que são verdes (ecológicos, *eco-friendly*); atualmente é uma preocupação chave dos negócios em todos os setores, não apenas em organizações envolvidas com o meio ambiente.

Computação verde Iniciativa para preservar recursos naturais valiosos por meio da redução dos efeitos que o uso de computadores tem sobre o meio ambiente.

Comunidade eletrônica Cidadãos, audiências e parceiros de negócios.

Comunidade virtual Grupo de pessoas com interesses semelhantes e que interagem umas com as outras usando a Internet.

Comunidades online Redes sociais de indivíduos que interagem por meio de uma mídia específica.

Comutação de circuitos Tecnologia antiga que era utilizada para ligações telefônicas. O circuito não pode ser utilizado por qualquer outra ligação até que a conexão tenha sido finalizada.

Comutação de pacotes O caminho do sinal é digital e não é nem dedicado nem exclusivo.

Confiabilidade Grau com o qual o novo sistema é percebido como melhor do que o sistema que ele substitui, expresso muitas vezes em termos econômicos ou de status social que resultam dessa adoção.

Conflito de canal Conflito possível entre um canal de venda online e um canal tradicional (pode ser interno, por exemplo, como preço e propaganda), ou entre uma empresa que quer vender diretamente aos clientes e seus distribuidores existentes.

Conhecimento   Dados e/ou informação organizados e processados para transmitir entendimento, experiência, aprendizado acumulado e conhecimento.

Conhecimento explícito   Conhecimento que lida com conhecimento objetivo, técnico e racional (dados, diretivas, procedimentos, software, documentos, etc.).

Conhecimento tácito   Conhecimento que normalmente está no domínio da aprendizagem subjetiva, cognitiva e experimental; é altamente pessoal e difícil de formalizar.

Consciência operacional   Capacidade de ver a qualquer momento o que está acontecendo em um departamento ou em uma área funcional do negócio.

Conteúdo eletrônico   Fornecido por fornecedores de conteúdo.

Controle biométrico   Método automatizado de verificação da identidade de uma pessoa, baseado em características fisiológicas ou comportamentais.

Controle de acesso   Administração de quem tem ou não permissão de acesso às redes, arquivos de dados, aplicações e outros recursos digitais.

Controle de estoque   Manter níveis excelentes de estoque reorganizando a quantidade de correta no momento certo.

Controle interno   Processo projetado para fornecer garantia razoável para operações efetivas e relatórios financeiros confiáveis.

Controles administrativos   Controles que lidam com diretrizes e monitoram a conformidade com diretrizes, políticas e procedimentos.

Controles de aplicativo   Controles de segurança projetados para proteger aplicativos específicos.

Controles físicos   Proteção de recursos físicos e instalações computacionais.

Controles gerais   Protege o sistema independentemente da aplicação específica.

Cracker   Hacker malicioso que pode representar um problema sério para a corporação.

CRM sob demanda   CRM hospedada por um ASP ou outro fornecedor de acordo com a premissa do fornecedor; contrasta com a prática tradicional de comprar o software ou usá-lo localmente.

Crowdsourcing   Modelo de resolução de problema e de geração de ideias que reúne talentos coletivamente a partir de um grande grupo de pessoas.

CSS (Cascading Style Sheets)   Linguagem em estilo de planilha utilizada para melhorar a aparência de páginas na Web escritas em linguagem de markup.

Curva de Keeling   Oscilação e linha ascendente em um gráfico indicando a medida de CO_2 na atmosfera.

Custo total de propriedade (*total cost of ownership* – **TCO**)   Fórmula para calcular o custo de propriedade e operacionalização de um sistema de TI; inclui o custo de aquisição, o custo das operações e custo do controle.

Customização   Criação de um produto ou serviço de acordo com as especificações do cliente.

Custos de transação   Custos associados à distribuição (venda) e/ ou troca de produtos e serviços incluindo o custo da pesquisa de compradores e vendedores, coleta de informações, negociação, tomada de decisão, monitoramento da troca de mercadorias e impostos.

Cyberbanking   Várias atividades bancárias realizadas eletronicamente a partir de uma residência, empresa ou em trânsito em vez de na localização física de um banco.

Dados   Material bruto a partir do qual informações são produzidas.

Dados de sequências de cliques   Dados gerados pelo comportamento do visitante no site de uma empresa.

Dados sujos   Dados de baixa qualidade.

Dashboards, ou painéis de controle   Ferramenta de BPM que fornece uma visão abrangente e resumida do desempenho corporativo com apresentações gráficas que parecem o painel de um carro. Essas apresentações gráficas mostram medidas de desempenho, tendências e exceções e integram informações a partir de múltiplas áreas de negócio.

Data centers   Instalações contendo SIs de missão crítica e componentes que entregam dados e serviços de TI para a empresa.

Data mart   Subconjunto do data warehouse, normalmente originado para um propósito específico ou assunto importante de dados.

Data warehouse   Tipo especializado de banco de dados usado para agregar dados de bancos de dados de transações para fins de análise, por exemplo, identificar e examinar tendências de negócio, dar suporte ao planejamento e à tomada de decisão. *Ver* data warehouse empresarial.

Data warehouse empresarial   Repositório de dados organizacionais que são analisados, organizados e usados para possibilitar planejamento e tomadas de decisão melhor informadas. *Ver* data warehouse.

Decisões estratégicas   Decisões para manter o sucesso da empresa e o crescimento do negócio.

Decisões estruturadas   Decisões que vêm de problemas de rotina ou repetitivos para os quais há soluções padronizadas.

Decisões não estruturadas   Decisões que envolvem muita incerteza e para as quais não há soluções definitivas ou claras.

Decisões operacionais   Garantir que as operações de rotina estejam funcionando corretamente e de forma eficiente.

Decisões semiestruturadas   Decisões nas quais apenas algumas fases são estruturadas; exigem uma combinação de procedimentos de solução padrão e julgamento individual.

Decisões táticas   Decisões que garantem que operações e processos existentes estejam alinhados com os objetivos e as estratégias de negócio.

Declaração da missão   Define o porquê de uma organização existir.

Declaração visual   Imagem de uma organização de onde ela deseja estar no futuro.

Definição por contexto   Intenção do usuário; por exemplo, tentar comprar uma música, encontrar um emprego ou compartilhar memórias com amigos e família.

Descoberta   Processo de agrupar informações para preparar uma triagem, uma investigação legal ou regulatória, ou ação administrativa, conforme solicitado pela lei.

Desenvolvimento de aplicativos 2.0   Novo processo de desenvolvimento de aplicativos que envolve a interação constante entre usuários e que dê aos desenvolvedores notificações quase que imediatas sobre bugs.

Desenvolvimento do usuário final (também conhecido como usuário final de computação)   Desenvolvimento e uso de SIs por pessoas que estão fora do departamento de SI.

Desenvolvimento interno   Quando sistemas são desenvolvidos ou outro trabalho de TI é feito dentro da empresa.

Desintermediação   Eliminação de intermediários no CE; removendo os níveis dos intermediários entre vendedores e compradores. Eficaz para projeção tecnológica e para projeção que envolve questões confidenciais.

Desktop purchasing   Método de compras e licitações eletrônicas (*e-procurement*) em que os catálogos dos fornecedores são agregados a um catálogo mestre interno no servidor do comprador para uso pelos agentes de compras da empresa.

Desumanização   Sentimento de perda de identidade causada pela computação.

Diretor de tecnologia (*chief technology officer* – **CTO**)   Diretor que avalia as tecnologias mais novas e inovadoras e determina como estas podem ser aplicadas para a obtenção de uma vantagem competitiva.

Disponibilidade de estoque (*available-to-promise* – **ATP**)   Função de negócio que fornece dados sobre os recursos disponíveis e as datas de entrega para manter os clientes informados sobre o status de seus pedidos.

Dispositivos vestíveis   Dispositivos de computação móvel sem fio para funcionário que trabalham em edifícios e outros locais altos de difícil acesso.

Disruptores   Empresas que introduzem uma mudança significativa em seus setores, causando a disrupção nas operações de negócio.

DWY (*Driving While Yakking* – algo como dirigir enquanto fala ao celular)   Uso arriscado do celular enquanto dirige.

e-CRM (CRM eletrônico)   Uso de navegadores Web e outros pontos de toque eletrônico para gerir relacionamentos com clientes. O e-CRM abrange uma ampla gama de tópicos, ferramentas e métodos, indo desde o design adequado dos produtos e serviços digitais, até a determinação de preços e programas de fidelidade.

E-market Mercado online onde compradores e vendedores se encontram para trocar produtos, serviços, dinheiro ou informações.

E-reader Dispositivo que se parece com Tablet PC, mas que é usado principalmente como forma de os usuários lerem livros eletrônicos.

Economia digital Outro nome dado para a economia baseada na Web, ou na Internet atual.

EDGE (*Enhanced Data for Global Evolution*) Tipo de padrão de rede (3G). Desenvolvido pelo Third Generation Partnership Project (3GPP). (coloquei neste aqui o que tem no outro termo mais abaixo e retirei o termo mais abaixo)

Efeito chicote Fenômeno que ocorre quando as empresas cortam ou acrescentam estoques de forma significativa.

Efeito estufa Manutenção do calor na atmosfera terrestre por determinados gases como CO_2, metano e óxido nitroso que absorvem radiação infravermelha.

Eficiência operacional Capacidade de responder às mudanças inesperadas nas condições e nas demandas do cliente conforme elas ocorrem.

Empreendimento adaptativo Organização que responde adequadamente e em tempo às mudanças no ambiente de negócio.

Empresa ágil Empresa capaz de identificar e capturar oportunidades mais rapidamente do que seus rivais.

Empresa digital Novo modelo de negócios que utiliza a TI de uma maneira fundamental para alcançar um ou mais de três objetivos básicos alcançar e envolver os clientes mais eficazmente, impulsionar a produtividade dos funcionários e aprimorar a eficiência operacional. Ele utiliza comunicação convergente e tecnologia de computação de uma maneira que aprimora os processos de negócio.

Empresa móvel Empresa que tem a capacidade de conectar e controlar fornecedores, parceiros, funcionários, produtos e clientes a partir de qualquer local.

Empresa Web 2.0 Aplicação das tecnologias Web 2.0 na empresa.

Empresas 2.0 Integração estratégica de ferramentas de computação social (por exemplo, blogs, wikis) dentro de processos de negócio da empresa.

Empresas 2.0 Tecnologias e práticas de negócio que liberam a força de trabalho das obrigações de comunicação e de ferramentas legadas, como o e-mail. Ela fornece aos gestores acesso às informações corretas no momento certo por meio de uma rede de aplicações interconectadas, de serviços e de dispositivos.

Empresas integradas verticalmente Empresas que controlam cada parte de seus negócios a partir de pesquisa e desenvolvimento para manufatura e logística.

Engenharia social Coleção de táticas usadas para manipular pessoas em realização de ações ou divulgação de informações confidenciais.

Enhanced Messaging Service (EMS) Extensão do SMS capaz de fornecer animação simples, pequenas figuras e tons curtos.

Entidade de dados Qualquer dado real ou abstrato que a empresa deseja coletar e armazenar, como dados dos clientes, fornecedores, produtos ou funcionários.

Entidade de dados mestre Principais entidades de uma empresa, como clientes, produtos, fornecedores, funcionários e ativos.

Entrada única Necessidade de apenas uma senha, digitada apenas uma vez, para entrar em um site.

Equipe da cadeia de suprimentos Grupo de funcionários bem coordenados que trabalha em conjunto para atender o cliente; cada tarefa é feita pelo membro da equipe que é o mais capaz de fazer essa tarefa.

Equipes de processo de melhoria Elimina etapas que não valem a pena e resolve problemas de qualidade em pedidos a fim de reduzir o tempo necessário para a conclusão do processo acrescentando novos processos e/ou excluindo outros, separando, combinando, expandindo ou reduzindo processos existentes.

Equipes virtuais Grupos de pessoas que trabalham independentemente com um propósito compartilhado no espaço, no tempo e nos limites da organização utilizando tecnologia para se comunicar e colaborar.

Era ponto.com (bolha) Período de 1995 a 2005 quando o número de usuários da Internet aumentou rapidamente e durante o qual incontáveis empresas na Internet criaram uma onda enorme de entusiasmo.

Ergonomia Ciência de adaptar máquinas e ambientes de trabalho às pessoas.

Erros humanos Erros causados por usuários não treinados ou desavisados.

Escalabilidade Ser capaz de acrescentar capacidades adicionais rapidamente e conforme o necessário.

Estoque de segurança Estoque extra mantido em caso de eventos inesperados:

Estoque gerenciado pelo fornecedor (*vendor-managed inventory – VMI*) Estratégia utilizada por revendedores de permitir que fornecedores monitorem os níveis de estoque e reposição de estoque quando necessário, eliminando a necessidade de pedidos de compra.

Estorno Sistema que ameaça a função da TI como um *bureau* de serviço ou utilitário, cobrando de subunidades organizacionais por serviços de TI com o objetivo de recuperar gastos com TI.

Estratégia Fórmula ampla por meio da qual um negócio cumpre sua missão, definindo metas, planos e políticas que precisam ser mantidas para que os objetivos sejam cumpridos.

Estratégia de negócio Define os objetivos do negócio e a direção em longo prazo de uma organização.

Estratégia de recurso técnico Define como a TI será usada internamente para melhorar as eficiências operacionais, com resultados associados à economia de custos.

Estratégia de sistemas de informação Define quais informações, sistemas de informação e arquitetura de TI são necessárias para dar suporte ao negócio.

Estratégia de suprimento Estratégia para reduzir o custo de produtos, aumentar a velocidade do mercado e melhorar a qualidade dos produtos.

Estratégia de TI Define a visão de TI, *como* a infraestrutura e os serviços serão entregues.

Ética Área da filosofia que lida com o que é considerado certo e errado.

EV-DO (*Evolution, Data Only*) Tipo de padrão de rede (3G). Terceiro upgrade para CDMA.

EV-DV (*Evolution, Data and Voice*) Tipo de padrão de rede (3G). Upgrade mais avançado de CDMA.

Extração, transformação e carregamento (*Extract, Transform, and Load – ETL*) Extração, transformação e carregamento de dados de um banco de dados em uma data warehouse.

Extrair, transformar e carregar Processo que move dados de diversos recursos, reformata, limpa e carrega-os em outro data warehouse ou data mart para análise ou outros sistemas operacionais para dar suporte ao processo de negócio.

Extranet Rede privada, pertencente à empresa, que usa tecnologia de IP para compartilhar com segurança parte das informações ou operações de negócio com fornecedores, vendedores, parceiros, clientes ou outros negócios.

Fábrica virtual Aplicativo corporativo colaborativo que fornece um modelo computadorizado de uma fábrica.

Falhas em sistemas de computador Falhas causadas por fabricação fraca, defeitos ou redes desatualizadas ou mantidas com baixa qualidade.

Fatores críticos de sucesso (FCSs) Fatores principais que precisam dar certo a fim de assegurar a sobrevivência e o sucesso da organização.

Ferramenta de avaliação ambiental de produto eletrônico Banco de dados pesquisável de hardware de computador que segue uma série de critérios ambientais restritos.

Ferramentas de desenho Forma de ajudar a demonstrar o processo de um negócio usando diagramas ou quadros, que funcionam melhor em conjunto com ferramentas baseadas em texto.

Ferramentas ETL Ferramentas que extraem dados relevantes sobre o cliente de diversos silos de dados, transformam os dados em formatos padronizados e então carregam e integram os dados em um armazenamento de dados operacional.

Ferramentas Pure Play BPM Ferramentas que combinam texto e gráficos e oferecem recursos mais avançados como um repositório que permite a reutilização de recursos e simulações. Usando esses recursos, o processo pode ser capturado em maiores detalhes, com um grau mais alto de precisão.

Fidelidade sem fio (Wi-Fi) Padrão em que a maioria das WLANs de hoje é executada, desenvolvido pelo IEEE (Institute of Electrical and Electronic Engineers). Também conhecido como 802.11b.

Firewall Sistema ou grupo de sistemas que reforçam uma política de controle de acesso entre duas redes.

Fluxo de informação Movimento de dados detalhados entre os membros da cadeia de suprimentos, por exemplo, informação de pedidos, informação do cliente, atendimento ao pedido, status de entrega e confirmação de entrega.

Fluxo financeiro Transferência de pagamentos e arranjos financeiros, por exemplo, agendamento de pagamento de contas, condições de crédito e pagamento via transferência eletrônica de fundos.

Fornecimento global Ocorre quando uma empresa compra produtos ou serviços de vendedores localizados em qualquer lugar do mundo.

Fraude ocupacional Fraude que ocorre quando uma pessoa utiliza sua ocupação para ganho pessoal por meio de abuso deliberado dos recursos ou ativos da organização.

Funcionalidade Conjunto completo de capacidades de um SI ou aplicação.

Ganhos líquidos Renda líquida, lucros líquidos ou "resultado final", calculado somando todas as entradas e subtraindo as despesas.

Gateway Ponto de entrada que permite que usuários se conectem de uma rede a outra.

Geocodificação Processo de encontrar coordenadas geográficas a partir de outros dados, tais como códigos postais ou endereços.

Gestão da cadeia de suprimentos (*supply chain management* – SCM) Gestão de todas as atividades ao longo da cadeia de suprimentos, dos fornecedores, logística interna dentro de uma empresa, distribuição, até os clientes. Isso inclui atendimento de pedidos, monitoramento e cobrança.

Gestão de conhecimento (*knowledge management* – KM) Processo que ajuda as organizações a identificarem, selecionarem, organizarem, disseminarem e transferirem informações importantes e conhecimento que fazem parte da memória da organização e que podem estar em formato não estruturado dentro da organização.

Gestão de conteúdo empresarial Abordagem abrangente para administrar documentos eletrônicos, conteúdo na Web, ativos digitais e gestão de registros eletrônicos.

Gestão de dados Abordagem estruturada para captura, armazenamento, processamento, integração, distribuição, segurança e arquivamento de dados de forma eficaz durante seu ciclo de vida.

Gestão de dados mestre Integração de dados de diversas fontes ou aplicações empresariais para fornecer uma visão de dados mais unificada.

Gestão de demanda Processo de saber ou prever o que comprar, quando comprar e quanto comprar.

Gestão de desempenho Ajuda a monitorar as métricas de negócio e os indicadores de desempenho.

Gestão de desempenho de negócio (*business performance management* – BPM) Metodologia para mensurar o desempenho organizacional, analisando-o por meio de uma comparação com os padrões e planejando como aprimorá-lo.

Gestão de desempenho em TI Capacidade de prever e antecipar falhas antes que seja tarde demais.

Gestão de despesas Forma pela qual empresas controlam e otimizam o dinheiro que gastam. Envolve cortar operações e outros custos associados aos negócios. Esses custos normalmente aparecem como custos operacionais, mas podem ser encontrados em outras áreas e em outros membros da cadeia de suprimentos.

Gestão de documentos Controle automatizado dos documentos eletrônicos, imagens de página, planilhas, documentos de processadores de texto e de voz, e outros documentos complexos por todo o ciclo de vida dentro de uma organização, da criação inicial ao arquivamento final.

Gestão de fluxo Técnica em que documentos, informações e atividades fluem entre participantes de acordo com modelos de processos e regras existentes; refere-se às atividades desempenhadas pelos negócios para otimizar e adaptar seus processos.

Gestão de informações pessoais (*personal information management* – PIM) Sistema que suporta atividades realizadas por indivíduos no trabalho ou em suas vidas por meio de aquisição, organização, manutenção, recuperação e compartilhamento de informações.

Gestão de processo de negócio (*business process management* – BPM) Técnica de gestão popular que inclui métodos e ferramentas que dão suporte ao design, à análise, à implementação, à gestão e à otimização de processos operacionais de negócios.

Gestão de qualidade total (*total quality management* – TQM) Estratégia de gestão que tem como objetivo embutir percepção de qualidade em todos os processos organizacionais.

Gestão de registros eletrônicos Infraestrutura que ajuda a reduzir processos automatizados e manuais dispendiosos, e que consolida múltiplos sites em uma única plataforma.

Gestão de relacionamento com o cliente (*customer relationship management* – CRM) Todo o processo da maximização da proposta de valor ao cliente por todas as interações, online e tradicionais. O CRM eficaz defende relacionamentos de um para um e participação dos clientes nas decisões relacionadas ao negócio.

Gestão de relacionamento de fornecedor (*supplier relationship management* – SRM) Abordagem abrangente para administrar as interações de uma empresa com as organizações que fornecem mercadorias e serviços que ela utiliza.

Gestão de relacionamento de funcionário (*employee relationship management* – ERM) Uso de aplicativos baseados na Web para simplificar o processo de recursos humanos e para gerir melhor os funcionários.

Gestão de relacionamento externo Fornece ferramentas automatizadas para monitorar e administrar relacionamentos externos.

Gestão de risco empresarial Modelo de governança em TI que se baseia no controle de risco interno, no Sarbanes-Oxley Act e no planejamento estratégico.

Gestão de serviços de negócio Estratégia e abordagem para relacionar componentes de TI importantes aos objetivos do negócio. Isso permite entender e prever que impactos a tecnologia terá nos negócios e como os impactos de negócio influenciam a infraestrutura de TI.

Gestão financeira da cadeia de valor (*financial value chain management* – FVCM) Combinação da análise financeira com análise das operações, que analisa todas as funções financeiras para fornecer melhor controle financeiro.

Gestão móvel da cadeia de suprimentos Tecnologia que monitora as redes de fornecimento observando eventos específicos, disrupções e exceções em alertas dados em tempo real caso ocorram problemas, oferecendo soluções.

Google Wave Novo tipo de plataforma que consiste em e-mail, mensagem instantânea e documentos.

Governança corporativa Regras e processos que garantam que a empresa irá aderir aos padrões éticos correntes, às melhores práticas e às leis.

Governança de TI (frameworks) Declarações formalmente estabelecidas que direcionam as políticas relativas ao alinhamento da TI com objetivos organizacionais e alocação de recursos.

Governança de TI (processos) Monitoramento de supervisão e controle de ativos de TI de uma organização.Infraestrutura de TI Fornece as fundações para as aplicações de TI em uma empresa. É compartilhada por muitas aplicações na empresa e é feita para existir por muito tempo.

Governo eletrônico Uso de comércio eletrônico para entregar informações e serviços públicos aos cidadãos, parceiros de negócio e fornecedores de entidades governamentais e aquelas que estão atuando no setor público.

Governo móvel (m-government) Implementação sem fio de aplicações de governo eletrônico majoritariamente para cidadãos, mas também para negócios.

Gráfico aberto Iniciativa proposta pelo Facebook que relacionará outros sites ao Facebook.

Gráfico de Gantt Tipo de gráfico em barras que ilustra o cronograma de um projeto.

Gráfico global gigante Conceito que ilustra as conexões entre pessoas e/ou documentos e páginas online.

Gráfico social Rede social global que reflete como estamos todos conectados uns aos outros por meio de relações.

Grupo de trabalho Qualquer trabalho realizado por mais de uma pessoa.

Grupos de notícia Área da computação em rede dedicada à discussão de um tópico específico.

GSM (*Global System for Mobile Communications*) Tipo de padrão de rede (3G). Seus upgrades incluem GPRS, EDGE, UMTS, HSDPA.

Hacker Pessoa que penetra, ilegalmente ou de maneira antiética, em um sistema de computador. Um criminoso.

Hierarquia de resposta Modelo usado pelo negócio com objetivos de mensuração. As etapas incluem percepção, conhecimento, relacionamento, preferência e compra.

Hotspot Localização geográfica específica onde um ponto de acesso fornece serviço público sem fio para usuários móveis.

HSDPA Pacote de acesso com link de alta velocidade (ou dados) que permite velocidade de dados de até 10 Mbps (megabits por segundo).

HTML (*Hypertext Markup Language*) Linguagem predominante em páginas na Web. Meio de criar documentos estruturados denotando semântica estrutural para o texto, tais como cabeçalhos, parágrafos e listas, assim como links, citações e outros itens.

Hype-cycle Ferramenta útil desenvolvida pela Gartner Inc. em 1995 que é amplamente utilizada por organizações a fim de identificar e avaliar tecnologias emergentes produtivas e ajudar a decidir quando devem ser adotadas. A ferramenta avalia a maturidade, o impacto e a velocidade de adoção de centenas de tecnologias numa variada gama de tecnologias, aplicações e setores.

Identificação de radiofrequência (*radio frequency identification – RFID*) Termo genérico para tecnologias que utilizam ondas de rádio para identificar automaticamente itens individuais.

Imediatamente anterior Qualquer local na cadeia de suprimentos que está imediatamente antes da fonte.

Imediatamente posterior Qualquer local na cadeia de suprimentos que está imediatamente depois do receptor.

Implementação Todas as atividades organizacionais envolvidas na introdução, administração e aceitação de tecnologia para dar suporte a um ou mais processos organizacionais.

Implementar Instalar, testar e implementar um SI ou aplicação.

Impressão digital Controle biométrico que associa a impressão digital ao usuário.

Indexação de conteúdo Índice pesquisável de todo o conteúdo.

Indicadores-chave de desempenho Expressão quantitativa de métricas criticamente importantes.

Indicadores-chave de desempenho Métricas que avaliam o desempenho atual de aspectos críticos da TI, como projetos e aplicações, servidores, rede, entre outros, que são fundamentais, comparados aos objetivos e metas predefinidos.

Informação Dados organizados de modo que tenham valor e significado ao receptor.

Infraestrutura da informação Arranjo físico de hardware, software, bancos de dados, redes e o pessoal da gestão de informação.

Infraestrutura de dados Estrutura fundamental de um sistema que determina como ele funciona e o grau de flexibilidade que possui para atender futuros requisitos.

Infraestrutura eletrônica Consultores técnicos, desenvolvedores de sistema, integradores, hospedeiros, segurança, acesso sem fio e rede.

Insourcing Desenvolvimento terceirizado ou gestão de serviços de TI dentro da empresa.

Integração de aplicações corporativas Programa mediador que conecta e age entre aplicações e seus processos de negócio.

Inteligência artificial (IA) Subcampo da ciência da computação preocupado em fazer com que computadores se comportem e pensem como seres humanos.

Inteligência móvel (IM) Acesso à informação via dispositivos móveis que excedem o desktop ou o laptop.

Interfaces de programação de aplicativos (*Application Programming Interfaces – APIs*) Ferramenta que permite que programas conversem ou interajam uns com os outros.

Interferência nos dados Ataque no qual alguém insere dados falsos, fabricados ou fraudulentos em um computador, ou modifica ou apaga dados existentes.

Internet protocol suite Padrão utilizado com quase qualquer serviço de rede, consistindo em Internet Protocol (IP) e em Transport Control Protocol (TCP) ou TCP/IP.

Interoperabilidade Conectividade entre dispositivos. Refere-se à habilidade de fornecer serviços para e aceitar serviços de outros sistemas ou dispositivos.

Intranet Rede projetada para servir às necessidades de informação de uma empresa, usando ferramentas da Internet.

iOS Sistema operacional móvel da Apple.

iPhone 3G Versão 3G da Apple para o iPhone.

ISO 9000 Desenvolvida como padrão para sistemas de qualidade de negócios pela International Organization for Standardization (ISO). Um elemento chave da ISO 9000 é a identificação de processos de não conformidade e o desenvolvimento de um plano para prevenir processos de não conformidade de se repetirem.

Item de dados Descrição elementar das coisas, eventos, atividades e transações que são registrados, classificados e armazenados, mas organizados para comunicar qualquer significado específico; pode ser numérico, alfanumérico, figuras, sons ou imagens.

ITES (*information technology-enabled services*) Ver Terceirização de processos de negócio.

JavaScript Linguagem orientada pelo objeto usada para criar aplicativos e funcionalidades em sites.

Just-in-time (JIT) Um sistema de agendamento de estoque em que matérias-primas e peças chegam a um local de trabalho quando necessário, minimizando o estoque, desperdícios e interrupções.

Largura de banda Medida da velocidade com a qual os dados são transmitidos.

Latência de dados Tecnicamente, a velocidade com a qual os dados são capturados está relacionada à latência dos dados. Ela é medida por meio dos dados mais recentes, especialmente aqueles que existem a menos de 24 horas.

Leilão Processo competitivo em que um vendedor solicita lances consecutivos de compradores, ou um comprador solicita lances de vendedores, e os preços são determinados dinamicamente por meio da competição dos lances.

Leilão reverso Leilão no qual o comprador coloca um item à venda em um sistema RFQ, fornecedores potenciais fazem uma proposta, com a redução sequencial do preço, e o menor lance vence; em princípio, é um mecanismo de B2B ou G2B.

Leilão tradicional (*forward auction*) Leilão que vendedores utilizam como um canal de vendas para vários potenciais compradores; o licitante com o lance mais alto arremata os itens.

Licitação eletrônica Compra usando suporte eletrônico.

Lições aprendidas Passo importante na conclusão de qualquer implementação, essa etapa documenta sucessos e fracassos em cada fase do desenvolvimento do sistema, assim como do projeto como um todo.

Logística Operações envolvidas no fluxo eficiente e eficaz e no armazenamento de mercadorias, serviços e das informações relacionadas do ponto de origem ao ponto de consumo.

Logística de saída Produtos são preparados para entrega (empacotamento, armazenamento e transporte).

Logística interna Materiais que estão chegando são processados nessa atividade.

Logística reversa Fluxo de material ou de mercadorias acabadas de volta à fonte; por exemplo, o retorno de produtos defeituosos pelos clientes.

Lojas físicas Organizações nas quais os produtos, os processos e a entrega são físicos.

Malvertisement Propagandas que, ao serem clicadas, redirecionam o usuário a um site malicioso.

Malware Qualquer software indesejado que explora falha em outro software para obter acesso ilegal.

Manufatura integrada por computador (*computer-integrated manufacturing – CIM*) Integra diversos sistemas computadorizados, como CAD, CAM, MRP e JIT em uma fábrica.

Marcadores sociais (social bookmarking) Método para que usuários da Internet compartilhem, organizem, busquem e gerenciem favoritos de páginas na Web.

Marketing de conteúdo Tipo de marketing em que as informações de valor são compartilhadas com clientes atuais ou em potencial. Blogs são uma ferramenta chave do marketing de conteúdo.

Marketing de filial Arranjo no qual um parceiro de marketing (um negócio, uma organização ou mesmo um indivíduo) indica os clientes para o site de vendas de uma empresa.

Marketing interativo Marketing online, facilitado pela Internet e por meio do qual profissionais de propaganda e anunciantes podem interagir diretamente com os clientes, e os clientes podem interagir com os anunciantes/vendedores.

Marketing viral Marketing boca a boca no qual clientes promovem um produto ou serviço contando aos outros sobre isso.

Mashup Aplicação ou página na Web que usa informações de múltiplas fontes, criando uma nova funcionalidade.

Mashup de BPM Integrações pré-configuradas, prontas para uso entre diferentes pacotes de negócio.

Matriz prioritária Técnica simples de diagramação que avalia o impacto potencial de tecnologias – de transformacional para baixo – contra o número de anos que levará antes que atinja a adoção principal.

Mecanismo de comparação de compra Ferramenta de busca que compara preços e encontra as melhores ofertas para determinadas marcas e produtos.

Mensagem unificada Reunião de todas as mídias de mensagem como e-mail, voz, texto móvel, SMS e fax em meios de comunicação combinada.

Mercado do lado vendedor Modelo de B2B em que organizações vendem para outras organizações a partir de um mercado eletrônico próprio privado e/ou a partir de um site de terceiros.

Mercado eletrônico (*e-market*) Rede de interações e relacionamentos sobre a qual produtos, serviços, informações e pagamentos são trocados.

Mercado eletrônico comprador Modelo de negócio para negócio no qual as organizações compram produtos ou serviços necessários de outras organizações eletronicamente, muitas vezes em um leilão reverso.

Mercado social Termo que vem da combinação de redes sociais e mercados; o mercado social atua como uma comunidade online, aumentando o poder de redes sociais para introduzir, comprar e vender produtos, serviços e recursos, incluindo as criações das próprias pessoas. Um mercado social também pode ser uma estrutura que lembra uma rede social, mas que tem foco em seus membros individuais.

Meta-tags Informações que influenciam a descrição de uma página Web nos crawlers.

Metadados Forma de descrever dados de modo que possam ser usados por uma ampla gama de aplicações.

Método de acesso direto de arquivo Método usado para manter registros que utiliza o campo chave para localizar o endereço físico de um registro. É o método mais apropriado de acesso quando registros individuais precisam ser localizados direta e rapidamente para processamento imediato, quando alguns registros no arquivo precisam ser recuperados de uma só vez e quando os registros requeridos não são encontrados em nenhum pedido específico.

Método de acesso sequencial indexado (*sequential access method – ISAM*) Método que utiliza um índice de campos chave para localizar registros específicos.

Método do caminho crítico Método cujo propósito é reconhecer quais atividades estão no caminho crítico de modo que se possa saber onde focar os esforços.

Metodologia balanced scorecard Estrutura para definir, implementar e administrar a estratégia de negócio de uma empresa relacionando objetivos com medidas concretas.

Metodologia de reengenharia do processo de negócio (*business process reengineering – BPR*) Metodologia na qual uma organização modifica fundamental e radicalmente seus processos de negócio para alcançar melhorias significativas.

Métrica Padrão mensurável que é usado como medida de comparação para o desempenho atual da empresa.

Métrica de ROI Método para avaliar o retorno dos negócios sobre um investimento por meio da análise de diversos dados.

Métricas de mídia social Medidas direcionadas pelos dados que avaliam a efetividade de esforços em mídias sociais.

Métricas táticas Forma de uma organização definir e avaliar seus objetivos.

Microblog Envio de mensagens de até 140 caracteres.

Micropagamentos Pagamento de pequenas somas usando serviços móveis.

Mídia social Plataformas online e ferramentas que pessoas usam para compartilhar opiniões e experiências, incluindo fotos, vídeos, música, insights e percepções, umas com as outras.

Mídias sociais integradas Serviços de mídias sociais que são integradas a redes sociais.

Mineração de dados Processo de análise de dados a partir de diferentes perspectivas e resumo desses dados em informações úteis (por exemplo, informações que possam ser usadas para melhorar as rendas, para cortes de custos, ou para ambos).

Mineração Web Aplicação das técnicas de mineração de dados para descobrir padrões significativos e acionáveis a partir dos recursos da Web.

Missão crítica Quando um negócio irá se partir ao meio caso os sistemas legados da empresa entrem em colapso ou parem de funcionar.

Modelagem de processo de negócio Atividade semelhante a fazer o rascunho da planta de uma casa; inclui técnicas e atividades usadas como parte da gestão de processo de negócio.

Modelo Representação simplificada ou abstração da realidade. Modelos, muitas vezes, são fórmulas.

Modelo da cadeia de valor Modelo desenvolvido por Michael Porter que mostra as atividades primárias que agregam sequencialmente valor à margem de lucro; também mostra as atividades de suporte.

Modelo de aceitação de tecnologia Modelo robusto, poderoso e simples que avalia a intenção de indivíduos ao usar uma tecnologia medindo dois conceitos básicos: uso facilitado percebido e utilidade percebida. O modelo é um bom indicador de sucesso ou de fracasso da implementação de um sistema. Foi desenvolvido por Fred Davis em 1989.

Modelo de forças competitivas Estrutura de negócios criada por Michael Porter que descreve cinco forças em um mercado (por exemplo, o poder de barganha dos clientes), usadas para analisar a competitividade.

Modelo de mudança em três etapas de Lewin Modelo de processo de mudança simples que consiste em três etapas de mudança descongelamento, mudança, (re)congelamento.

Modelo de negócio Método pelo qual a empresa gera receitas para se sustentar.

Modelo de transformação organizacional de Kotter Processo de oito etapas que as organizações deveriam seguir para passarem por transformações bem-sucedidas.

Monitoramento de mídia social Dá aos profissionais de marketing a capacidade de descobrir conversas públicas sobre suas marcas e permitir que respondam diretamente a essas postagens.

MRO Produtos usados para manutenção, reparo e operações.

MtCO2e Equivalência em dióxido de carbono.

Mudança de gestão Abordagem estruturada para a transição de indivíduos, equipes e organizações de um estado atual a um estado futuro, o que inclui administrar a mudança como parte do desenvolvimento de sistemas para evitar a resistência do usuário ao negócio e às mudanças do sistema.

Multicanal Integração online e offline de canais para máximo alcance e eficácia.

Mundo virtual Ambiente simulado em computador para que os usuários habitem espaços virtuais e interajam, brinquem ou façam negócios com a ajuda de seus avatares.

MySpace Rede social que começou como um site para fãs de rock independente em Los Angeles.

Neutralidade da rede Ausência de restrições ou prioridades impostas sobre o tipo de conteúdo carregado na Internet pelos portais.

Notificação automática de acidente (NAC) Dispositivo ainda experimental que notificaria automaticamente a polícia sobre a localização de um veículo equipado com NAC que se envolvesse em um acidente.

Nuvem privada Nuvem de uma grande empresa ou agência governamental com localizações múltiplas quando dados de confidencialidade são solicitados.

Nuvens de tags Representações gráficas de todas as tags que pessoas colocaram em uma página específica.

Objetivo Blocos de construção da estratégia. Eles estabelecem o que o negócio está tentando atingir. São declarações orientadas para a ação que definem as atividades de melhoria contínua que devem ser feitas para a obtenção do sucesso.

Offshoring *Ver* Terceirização offshore.

Onda Movimento espontâneo de pessoas usando ferramentas online para se conectar, encarregar-se de suas próprias experiências e obter o que precisam umas das outras.

Operações de back office Atividades que dão suporte ao atendimento de vendas, como contabilidade e logística.

Operações de linha de frente Processos de negócio, como vendas e publicidade, que são visíveis aos clientes.

Organização direta de arquivos Registros podem ser acessados de maneira direta independentemente de sua localização no meio de armazenamento.

Organização randômica de arquivos Registros podem ser acessados de forma direta independentemente de sua localização no meio de armazenamento. Também chamada de pasta de dados.

Organização sequencial de arquivos Método de organização de arquivos em que os registros de dados devem ser recuperados na mesma sequência física em que eles são armazenados.

Organizações físicas e virtuais Organizações que fazem negócios em dimensões física e digital.

Organizações virtuais Organizações em que o produto, o processo e o agente de entrega são digitais; também chamadas organizações pure-play (que operam exclusivamente na Web).

Otimização Encontrar a melhor solução possível.

Otimização da ferramenta de busca Processo de melhorar o volume ou a qualidade de tráfego a um site a partir de ferramentas de busca usando resultados de busca não pagos.

OWL (*Web Ontology Language*) Tipo de linguagem que foi desenvolvida pela W3C para categorizar e identificar de forma precisa a natureza das coisas encontradas na Internet.

Pacote Uma pequena unidade de dados.

Pacotes de serviço Updates e pacotes lançados pela Microsoft para seus sistemas operacionais ou outros softwares.

Palm OS SO móvel da Palm, Inc.

Paradoxo da produtividade Discrepância aparente entre investimentos extremamente altos em TI na economia e medidas relativamente baixas do resultado da produtividade.

Parceria de gestão de relacionamento (*partner relationship management* – PRM) Estratégia de negócio que focaliza o fornecimento de serviço de qualidade abrangente a parceiros de negócio.

Pasta Coleção de registros relacionados. Também chamada de pasta de dados.

Payment Card Industry Security Standards Council (PCI SSC) Organização fundada pela American Express, Discover Financial Services, JCB International, MasterCard Worldwide e Visa, Inc.

PCI Data Security Standard Padrão de segurança de dados criado pela Visa, MasterCard, American Express e Discover, exigido para todos os membros, comerciantes ou provedores de serviço que armazenam, processam ou transmitem dados de detentores de cartão.

Pedido de quantidade econômica Modelo de estoque usado para determinar quando e quanto se deve pedir para estocar.

Percepção de contexto Captura de um amplo intervalo de atributos contextuais para melhor entender o que consumidor necessita e em quais produtos ou serviços ele possivelmente está interessado.

Perigo ambiental Riscos como vulcões, terremotos, tempestades, inundações, quedas ou oscilações elevadas de energia, incêndios, condições de ar inadequadas, explosões, radioatividade ou falhas na refrigeração de água.

Permuta eletrônica Troca de mercadorias ou serviços suportada eletronicamente sem uma transação monetária.

Personalização Características pessoais do usuário que causam impacto na relevância dos 3Cs – conteúdo, comércio e comunidade – para o indivíduo.

Phishing Tentativa de enganar para roubar as informações confidenciais de uma pessoa fingindo ser uma organização legítima.

Planejamento de cenário Metodologia na qual padrões são criados primeiro para diversos cenários; quando a equipe compila o maior número de eventos futuros possível que podem influenciar o resultado de cada cenário.

Planejamento de sistema físico Define como o sistema irá desempenhar suas funções, com especificações físicas.

Planejamento de sistema logístico Define o que o sistema fará, usando especificações abstratas.

Planejamento estratégico de TI Define o plano estratégico de TI (longo alcance), o plano de médio prazo de TI e o plano tático de TI.

Planejamento estratégico de TI Planos e estratégias que dão suporte aos objetivos e estratégia de negócio.

Planejamento estratégico Série de processos nos quais a organização seleciona e organiza seus negócios ou serviços para manter-se viável mesmo quando eventos inesperados interrompem um ou mais de seus mercados, produtos ou serviços.

Planejamento, previsão e reabastecimento colaborativo (*collaborative planning, forecasting, and replenishment* – CPFR) Projeto no qual fornecedores e varejistas colaboram em seu planejamento e previsão de demanda a fim de prever e otimizar o fluxo de materiais na cadeia de suprimentos.

Planners Lab Software para construção de DVD. É gratuito para instituições acadêmicas.

Plano de continuidade de negócios Plano que delineia como os negócios deverão se recuperar de um desastre. Também conhecido como plano de recuperação de desastres.

Plano de estrutura do projeto Plano em que o escopo do projeto é definido e usado para estimar o tempo e o orçamento de forma realista de acordo com a disponibilidade de recursos necessários.

Pod ou Podcast Arquivos de áudio ou vídeo enviados pela Internet.

Podcaster Autor de um podcast.

Podcasting Maneira de distribuir ou receber arquivos de áudio e, mais recentemente, arquivos de vídeo (pods ou podcasts) pela Internet.

Política de aceitação de uso (*acceptable use policy* – **AUP**) Política que informa usuários sobre suas responsabilidades, aceitáveis e inaceitáveis, e consequências do descumprimento dessas responsabilidades.

Ponto cego Áreas nas quais os gerentes não conseguem perceber ou compreender informações importantes.

Porta de rede Interface física para a comunicação entre um computador e outros dispositivos na rede.

Portal Portais baseados na Web que dão acesso à informação, arquivos e conhecimento em uma rede.

Portal B2B Produtos de uma suíte de software que dão suporte interno e externo à integração e aos processos de negócio.

Portal de tecnologia móvel Porta de entrada para a Internet acessível a partir de dispositivos móveis; agrega conteúdo e serviços para usuários móveis.

Portal de voz Site com interface de áudio, acessado por um telefone convencional ou por um celular.

Portal empresarial Conjunto de softwares aplicativos que consolidam, administram, analisam e transmitem informações aos usuários por meio de uma interface padronizada baseada na Web.

Portfólio de aplicativos Principais aplicações de sistemas de informação, como processamento de pedidos do cliente, gestão de recursos humanos ou processo de compras que foram desenvolvidas ou estão em desenvolvimento.

Portfólio do projeto Recursos de TI, como infraestrutura, serviços de aplicação, serviços de dados, serviços de segurança, a serem desenvolvidos.

Prevenção de desastres Abordagem direcionada para evitar um problema ou uma crise.

Processador de palavras Processador de documentos baseado em texto; uma das formas mais simples de documentar um processo.

Processamento analítico online (*online analytical processing* – **OLAP**) Sistemas que contêm dados apenas para leitura que podem ser pesquisados e analisados de forma muito mais eficiente do que aplicações do tipo OLTP em bancos de dados.

Processamento de transações online (*online transaction processing* – **OLTP**) Sistema de processamento de transações em que as transações são executadas assim que ocorrem.

Processamento em lote Sistema que processa as entradas em intervalos fixos em formato de arquivo e opera sobre ele de uma só vez; contrasta com o processamento online (ou interativo).

Processamento online Sistema de processamento que opera sobre uma transação assim que ela ocorre, possivelmente até mesmo em tempo real.

Processo de adoção Processo que ocorre com o tempo e passa por cinco estágios: (1) adquirir conhecimento, (2) persuadir, (3) decidir, (4) implementar e (5) confirmar.

Processo de mudança Técnica estruturada para efetivar a transição de grupos ou organizações por meio da mudança.

Processo de negócio Conjunto de atividades realizadas para cumprir com um objetivo bem definido.

Processo eletrônico Pagamentos e logística.

Produção otimizada Produção direcionada pela demanda cujo objetivo é eliminar qualquer tipo de desperdício da produção.

Produzir para armazenar Fabricação de produtos para armazenar no estoque de modo que a empresa esteja pronta para responder a demandas futuras.

Programa aplicativo Conjunto de instruções de computador escritas em linguagem de programação, cujo propósito é dar suporte a tarefas específicas ou processos de negócios ou outros aplicativos.

Programas de fidelidade Programas que reconhecem os clientes que usam repetidamente os serviços (produtos) oferecidos por uma empresa (por exemplo, viajantes frequentes).

Proposição de valor Análise dos benefícios de usar um modelo específico (tangível ou intangível), incluindo a proposição de valor do cliente.

Protocolo Padrão ou conjunto de regras que governam como os dispositivos em uma rede fazem trocas e como precisam funcionar para se comunicar uns com os outros.

Qualidade de informação Medida subjetiva da utilidade, objetividade e integridade de informações reunidas baseada em sua completude, acurácia, atualização e adequação ao propósito para o qual está sendo usada.

Qualidade dos dados (QD) Medida da precisão, acessibilidade, relevância, senso de oportunidade e completude.

Quatro Ps para implementação Quatro abordagens amplamente aceitas que normalmente são usadas para implementar um sistema baseado em TI; *plunge*, *parallel*, *phased* e *pilot* (mergulho, paralelo, fase, piloto).

Rateio baseado no comportamento Sistema contábil que especifica os custos do serviço de TI de uma maneira que encoraja um uso consistente com os objetivos organizacionais, mesmo que os custos não correspondam aos custos reais.

Realidade aumentada Aplicativo que sobrepõe imagens de gráficos gerados por computador e fotos de coisas reais.

Reconhecimento de fala Capacidade de um computador de reconhecer palavras faladas.

Reconhecimento de voz Controle biométrico que associa o usuário ao seu padrão de voz.

Rede convergente Arquitetura de rede poderosa que permite a integração de voz, dados, vídeo e outras aplicações de comunicação em toda a empresa.

Rede de negócio Grupo de pessoas que têm algum tipo de relação comercial. Relações entre vendedores e compradores, entre compradores, de compradores e fornecedores e de colegas e outros colegas.

Rede de servidor/cliente Consiste em usuários de PCs, chamados de clientes, ligados a computadores de alto desempenho, chamados de servidores, que fornecem software, dados ou serviços computacionais via uma rede.

Rede IP Rede baseada em IP que forma a espinha dorsal que está direcionando a fusão de voz, dados, vídeos e ondas de rádio digitalizando conteúdos em pacotes que podem ser enviados via redes digitais.

Rede local (*local area network* – **LAN**) Conecta dispositivos de rede em uma distância relativamente pequena. Capaz de transmitir dados muito rapidamente, mas opera em uma área limitada, como em um escritório, *campus* ou casa.

Rede local sem fio (*Wireless LAN* – **WLAN**) Rede local sem cabos; utilizada para transmitir e receber dados por radiofrequência, mas apenas a partir de distâncias curtas.

Rede mesh Tipo de rede de sensores sem fio composta de motes (um tipo de nó inteligente de rede), em que cada mote "acorda" ou ativa por uma fração de segundo quando ele tem dados para transmitir e então retransmite esses dados ao seu vizinho mais próximo. Portanto, em vez de cada mote transmitir as informações a um computador remoto em uma estação de base, uma "brigada de baldes eletrônica" move os dados mote por mote até alcançar um computador central onde esses dados podem ser armazenados e analisados.

Rede social empresarial Rede social dentro de uma empresa que permite que seus funcionários se comuniquem, colaborem e ajustem mundos virtuais nos quais possam encontrar colegas dentro da empresa e trocar ideias com eles a fim de melhorar a produtividade.

Redes de sensores sem fio (*wireless sensor networks* – **WSNs**) Redes de sensores sem fio, alimentados por bateria e interconectados chamados *motes* (análogos a nós) que são colocados em ambientes físicos específicos. Cada mote coleta dados, realiza processamento e armazenamento e contém sensores de radiofrequência e antenas. Os motes fornecem as informações que permitem a um computador central produzir relatórios da mesma atividade de ângulos diferentes dentro da rede. Portanto, a rede pode determinar informações como a direção em que uma pessoa está se movendo, o peso de um veículo ou a quantidade de chuva sobre uma plantação com ótima exatidão.

Redes de suprimentos determinadas pela demanda (*demand-driven supply networks* – DDSNs) Redes guiadas pela demanda de cliente. Em vez de produtos serem empurrados ao mercado, eles são trazidos ao mercado pelos clientes.

Redes sociais Sites que conectam pessoas com interesses específicos dando a elas serviços livres como compartilhamento de foto e vídeo, mensagens instantâneas, blogging e wikis.

Redes sociais móveis Redes sociais em que um ou mais indivíduos com interesses semelhantes ou em comum, conversando e se conectando uns com os outros, usam dispositivos móveis, normalmente celulares, e em comunidades virtuais.

Reengenharia do processo de negócio Mudança radical dos negócios de uma organização, em que o processo atual é modificado para aumentar sua eficiência e criar novos processos.

Registro Caracteres relacionados e combinados em um campo ou em campos relacionados, como o nome do fornecedor, endereço e dados financeiros.

Registro de negócio Documento que registra transações, como contratos, pesquisa e desenvolvimento, documentos de contabilidade, memorandos, comunicações com clientes/consumidor e atas de reuniões.

Registros de negócio Registros de negociações, como contratos, pesquisa e desenvolvimento, documentos de contabilidade, memorandos, comunicações com cliente/consumidores e atas de reuniões.

Registros eletrônicos Documentos eletrônicos arquivados que não estão sujeitos a alteração.

Reintermediação Ocorre quando intermediários, como corretores, fornecem perícia e serviços de valor agregado que não podem ser eliminados quando o CE é utilizado.

Relação preço-desempenho Custo relativo, normalmente calculado em mips (milhões de instruções por segundo), da capacidade de processamento de um computador.

Relatório ad hoc Relatórios não planejados gerados conforme a demanda para fornecer mais informações sobre a situação, o problema ou a oportunidade.

Relatório de exceção Relatório gerado apenas quando algum desvio ou evento estranho acontece.

Relatório periódico Relatório criado ou executado de acordo com uma agenda preestabelecida (diária, semanal ou trimestral).

Relatório SMART 2020 Primeiro estudo global do crescimento significativo de TI para o clima mundial.

Remote Administration Trojan (RAT) Código malicioso que é digitado na porta de trás usado para permitir o controle remoto a partir de uma máquina infectada.

Requests for quotes (RFQ) Listagem de um item ou serviço em um site de leilões.

Responsabilidade fiduciária Obrigações éticas e legais.

Retorno sobre o investimento em mídias sociais Abordagem que procuram monetizar o retorno sobre o custo de implementação de estratégias em mídias sociais.

Risco operacional Risco de perda devido a processos internos inadequados ou que não funcionaram, pessoas e sistemas ou eventos externos.

Robô Máquinas programáveis.

Rootkit Conjunto de ferramentas administrativas que tomam conta da rede.

Rotatividade de clientes Troca do cliente para o serviço prestado pela concorrência.

RSS (*Really Simple Syndication*) Padrão de formatos de feed Web, normalmente Really Simple Syndication, que automatizam a entrega de conteúdo de Internet.

RSS reader Lugar que permite que usuários agreguem regularmente dados que estão mudando, como entradas em blogs, notícias, áudio e vídeo.

SAP R/3 Software de ERP (da SAP AG Corp.); um pacote altamente integrado contendo mais de 70 módulos de atividades de negócio.

SAR (*specific absorption rate*) Forma de mensurar a quantidade de radiofrequência absorvida pelo corpo.

SCM (*supply chain management*), software Programas aplicativos especificamente projetados para aprimorar a tomada de decisão em segmentos da cadeia de suprimentos.

SCM 2.0 Uso de ferramentas de mídia social para aumentar a efetividade de comunicação, melhorando a aquisição de informação necessária para tomar decisões excelentes.

Segurança de estoque Estoque extra em caso de eventos inesperados. Também chamado de estoque reserva.

Segurança em TI Proteção da informação, das redes de comunicação e das operações tradicionais e eletrônicas de comércio, a fim de garantir sua confidencialidade, integridade, disponibilidade e uso autorizado.

Service-level agreement (SLA) Contrato legal escrito entre um fornecedor de serviço e um cliente no qual o fornecedor garante um nível mínimo do serviço.

Serviço de mensagens curtas (*short messaging service* – SMS) Tecnologia que permite o envio de mensagens curtas de texto em alguns celulares.

Serviço de mensagens multimídia (*multimedia messaging service* – MMS) Próxima geração do sistema de mensagens sem fio, que será capaz de transmitir mídia rica.

Serviço de redes sociais Serviço baseado, principalmente, na Web, e que usa software para construir redes online para grupos de pessoas que compartilham interesses e atividades ou para aqueles que estão interessados em explorar interesses e atividades de outras pessoas. Esses serviços fornecem uma coletânea de várias formas de interação, como chat, mensagens, e-mail, vídeo, conversa por voz, compartilhamento de arquivo, blogging, grupos de discussão, entre outros.

Serviços bancários móveis Efetuar transações bancárias usando dispositivos móveis.

Serviços de monitoramento de mídia social Serviços que usam TI para rastrear conteúdo online e então alimentar estatísticas em painéis que podem ser usados por clientes.

Serviços de redes sociais Sites que permitem que pessoas construam suas páginas de graça e fornecem comunicação básica e outras ferramentas de suporte para a condução de diferentes atividades em redes sociais.

Serviços eletrônicos CRM, PRM e serviços de diretório.

Servidor criminoso Servidor usado para armazenar dados roubados a fim de cometer crimes.

Servidores de acesso remoto (*remote access server* – RAS) Servidores que fornecem comunicação direta à rede local de uma empresa.

Session Initiation Protocol (SIP) Padroniza o sinal de chamadas ou comunicações entre dois tipos de dispositivos/pontos finais de diferentes fornecedores como telefones IP, clientes de mensagem instantânea, softphones e smartphones.

SharePoint Suíte integrada de capacidades que fornecem gestão de conteúdo e busca empresarial a fim de dar suporte à colaboração.

Shopping eletrônico Coletânea de lojas individuais em um único endereço na Internet.

Silo de dados SI incapaz de trocar informações com outros sistemas relacionados dentro de uma organização.

Sincronização de dados Integração, combinação e relação de dados a partir de recursos diferentes.

Sistema baseado na Web Aplicativo fornecido via Internet ou intranet utilizando ferramentas Web, como um sistema de pesquisa.

Sistema de detecção de invasão Ferramenta que faz a varredura buscando por tráfego suspeito ou incomum.

Sistema de gestão de conhecimento (*knowledge management system* – KMS) Sistema que organiza, enriquece e agiliza a gestão de conhecimento dentro e fora da empresa; concentra-se na base de conhecimento ou depósito de conhecimento corporativo.

Sistema de gestão de warehouse Sistema que ajuda a administrar warehouses.

Sistema de informação (SI) Processo físico que dá suporte a uma organização coletando, processando, armazenando e analisando dados e disseminando informações para atingir os objetivos organizacionais.

Sistema de informação baseado em computador (*computer-based information system* – CBIS) Sistema de informação que inclui um computador para alguma ou para todas as suas operações.

Sistema de informações geográficas (*geographical information system* – GIS) Sistema baseado em computador que integra dados GSP a exibições de mapas digitalizados.

Sistema de monitoramento de atividades de negócio (*business activity monitoring* – BAM) Ferramenta baseada em mensagens e eventos que permite aos usuários do negócio relacionar KPIs (*key performance indicators* – indicadores chave de desempenho) associados a processos que estão sendo monitorados em tempo real e fornece informações relevantes por meio de painéis.

Sistema de pagamento eletrônico móvel Diversos sistemas que dispositivos móveis usam esse sistema para fazerem compras de produtos ou serviços.

Sistema de pesquisa/sistema de busca Sites projetados para ajudar pessoas a localizar informações armazenadas em outros sites.

Sistema de processamento de transações (SPT) Sistema de informação que processa as transações básicas do negócio de uma organização como compras, cobranças e folha de pagamento.

Sistema de suporte à decisão (*decision support system* – DSS) Sistema de informação baseado em computador que combina modelos e dados em uma tentativa de resolver problemas semiestruturados com extenso envolvimento do usuário.

Sistema de suporte à decisão em grupo (SSDG) Sistema interativo baseado em computador que ajuda a encontrar soluções a problemas semiestruturados e não estruturados quando utilizado por um grupo de tomadores de decisão concentrados no *processo* e nos procedimentos durante reuniões.

Sistema de tempo real Sistema de informação que fornece acesso em tempo real a informações ou dados.

Sistema integrado de gestão empresarial (SIGE, ou *enterprise resource planning* – ERP) Software que integra o planejamento, gerenciamento e uso de todos os recursos na empresa inteira; também chamado sistemas corporativos, ou sistemas empresariais.

Sistema legado Aplicação que foi usada por muito tempo e que foi enriquecida com linguagens, plataformas e técnicas usadas em tecnologias mais antigas.

Sistema operacional BlackBerry Construído pela Research in Motion. Atualmente, é o SO para smartphones que domina o mercado dos Estados Unidos.

Sistemas de canal (no marketing) Rede de materiais e produtos que envolvem o processo de obter o produto ou serviço para os clientes.

Sistemas de gestão de banco de dados Programas usados para criar, administrar e acessar bancos de dados.

Sistemas de gestão de documento Hardware e software para administrar e arquivar documentos eletrônicos e converter documentos em papel em documentos eletrônicos, e então indexá-los e armazená-los de forma organizada.

Sistemas de gestão de informação Sistemas projetados para fornecer informações de rotina do passado, do presente e do futuro que sejam apropriadas para planejamento, organização e controle de operações de áreas funcionais de uma organização.

Sistemas de informação de nível operacional Sistema que captura e registra todos os dados da empresa vindos de operações e transações de rotina, necessários para conduzir o negócio diariamente.

Sistemas de informação globais Sistemas interorganizacionais que conectam empresas localizadas em dois ou mais países.

Sistemas de informação interorganizacionais (SII) Sistema de comunicação que permite processamento de transações rotineiro e fluxo de informações entre duas ou mais organizações.

Sistemas de localização de especialistas Sistemas computadorizados interativos que ajudam os funcionários a localizar e conectar-se a colegas que têm a perícia exigida para problemas específicos – estejam eles em trânsito ou na sala ao lado – para resolver em segundos problemas críticos específicos ao negócio.

Sistemas de posicionamento global (*global positioning systems* – GPS) Dispositivos sem fio que usam satélites para permitir que usuários detectem a posição na Terra de itens (por exemplo, carros ou pessoas) aos quais os dispositivos estão anexados, com precisão razoável.

Sistemas de prevenção de invasão Ferramenta projetada para tomar uma atitude imediata, como bloquear um endereço de IP específico, sempre que uma anomalia no fluxo do tráfego for detectada.

Sistemas de relatório empresarial Fornecem relatórios padronizados, ad hoc ou customizados que são preenchidos com dados advindos de uma fonte única e confiável para obter *uma única versão da verdade*.

Sistemas operacionais Sistemas projetados para armazenar dados requeridos pela organização (por exemplo, pedidos de vendas, depósitos de clientes) e são otimizados para capturar e lidar com grandes volumes de transações.

Site de compartilhamento Site que permite que usuários compartilhem fotos, vídeos ou outras ideias/mídias.

Six sigma Metodologia para administrar variações no processo que podem causar defeitos, definidas como desvios inaceitáveis da média ou do alvo, e que sistematicamente trabalham para administrar a variação e evitar esses defeitos.

Smartphone Celulares compatíveis com a Internet que podem suportar aplicativos móveis.

SO Linux SO móvel do Linux.

Sobrecarga de informação Incapacidade de lidar com ou de processar quantidades de dados que estão sempre aumentando em nossas vidas.

Softphone Computador que funciona como telefone via VoIP.

Software como um serviço (*software-as-a-service* – SaaS) Também conhecido como *computação por demanda* ou *serviços hospedados*. Em vez de comprar e instalar aplicativos corporativos empacotados caros, os usuários acessam aplicativos por uma rede, sendo um navegador Web o único requisito obrigatório.

Software de automação de vendas Software de produtividade utilizado para automatizar o trabalha do pessoal de vendas.

Software de código aberto Software cujo código (como o software foi escrito) está aberto e disponível para qualquer um sem custo.

Software verde Produtos de software que ajudam a cortar contas de combustíveis, economizar energia ou ajudar a cumprir os requisitos da EPA.

Spam Uso de e-mail para enviar mensagens não solicitadas.

SPRQL Linguagem desenvolvida pela W3C e que é um Protocolo e uma RDF Query Language. É usada para escrever programas que podem ser recuperados e manipulados no formato RDF.

Spyware Software que obtém informações do computador do usuário sem o conhecimento ou consentimento deste.

Standard Operating Procedure (SOP) Procedimento claramente definido e obrigatório a ser seguido sem desvios com a finalidade de completar um processo ou função.

Suítes de gestão de processo de negócio Softwares para a gestão de processo de negócio em que se pode gerar graficamente um modelo de processo, otimizá-lo por meio de simulação e análise e executá-lo em um mecanismo embutido de processamento.

Suporte à decisão automatizado (SDA) Sistemas baseados em regras que fornecem automaticamente soluções a problemas administrativos repetitivos.

Suprimento Arranjo organizacional instituído para obter produtos de TI e serviços, e para gerir os recursos e atividades necessárias para a produção desses serviços. Esses arranjos incluem produção de dentro e de fora da empresa, e terceirizada.

Suprimento eletrônico   Compra eletrônica de produtos.

Suprimento local   Compra indireta de materiais conforme a necessidade.

Suprimento sistemático   Materiais diretos que são negociados em grandes quantidades em um ambiente de relacionamento de longo prazo.

Sustentabilidade   Refere-se ao conceito de usar as coisas de modo que não faltem para as gerações futuras.

Tag 2D   Tecnologia que torna possível a interação com os indivíduos via dispositivos que estejam próximos a eles e quando estiverem mais interessados ou responsivos.

Tarefa crítica   Cada tarefa presente no caminho crítico.

TCP/IP (*Transmission Control Protocol/Internet Protocol*)   Protocolos de Internet criados pelo Departamento de Defesa dos Estados Unidos para garantir e preservar a integridade de dados e manter as comunicações durante um evento catastrófico como a guerra.

Tecnologia antimalware   Ferramenta que detecta códigos maliciosos e evita que usuários façam download desses códigos.

Tecnologia da informação (TI)   Tecnologia componente de um sistema de informação (uma definição limitada); ou a coleção dos sistemas de computação em uma organização (a definição ampla utilizada neste livro).

Telefones IP   Comunicação em voz em uma rede usando IP. Também chamado de VoIP.

Telemática   Integração de computadores e comunicações sem fio para aprimorar o fluxo de informações utilizando os princípios da telemetria.

Tempo para exploração   Tempo transcorrido entre o momento em que uma vulnerabilidade é descoberta e o momento em que ela é explorada.

Teoria das mudanças aceleradas   Teoria que sugere que o intervalo de tempo entre eventos é mais curto conforme o tempo passa porque a mudança tecnológica é exponencial, e não linear.

Terceirização   Contratar um fornecedor que está fora da organização para desenvolver e administrar serviços de TI.

Terceirização dos processos de negócio (*business process outsourcing – BPO*)   Processo de contratar outra empresa para lidar com as atividades de negócio.

Terceirização offshore   Contratar um fornecedor que está localizado fora do país da organização a fim de desenvolver e administrar serviços de TI.

Terceirização onshore   Usar fornecedores que estão no mesmo país da organização.

Texto   Dados sem estrutura que podem ser administrados.

TI verde   Desenvolvimento de programas eficazes para a TI ecológica e a ecoinovação da TI, que direcionam resultados financeiros melhorados e informações mensuráveis sobre sustentabilidade e sistemas tecnológicos de comunicação.

Trabalhadores de dados   Trabalhadores administrativos que utilizam, manipulam ou disseminam informações, em geral utilizando a gestão de documentos, o fluxo de trabalho, e-mail e software de coordenação para fazer isso.

Trabalhadores do conhecimento   Pessoas que criam e usam o conhecimento como parte significativa de suas responsabilidades de trabalho.

Trackback   Tipo de hiperlink que é inserido no blog de alguém.

Transferência de dados transnacionais   Fluxo de dados corporativos para além das fronteiras dos países.

Transferência eletrônica de fundos   Pagamentos e coletas eletrônicas.

Transformação organizacional   Grande mudança na forma com que a organização faz negócios, muitas vezes possibilitada pela aplicação de tecnologia da informação.

Transmission Control Protocol (TCP)   Protocolo que fornece um método confiável orientado para conexão da entrega de pacotes pela Internet.

Troca de dados eletrônica   Transferência eletrônica de documentos de negócio especialmente formatados, como contas, pedidos e confirmações, enviados aos parceiros de negócio.

Tweets   Textos postados no Twitter usando a Web, o telefone ou mensagem instantânea. Os tweets são postados imediatamente para aqueles que optaram por recebê-los pelos mesmos meios.

URI (*uniform resource identifier*)   Uma das características que permitem que os dados sejam utilizados por múltiplas aplicações.

Usenet   Rede que fornece a plataforma inicial para as comunidades online a fim de possibilitar a troca de mensagens entre usuários sobre vários assuntos.

User Datagram Protocol (UDP)   Padrão de rede que não verifica erros e que, como resultado, tem menos interrupções e uma conexão mais rápida do que usando um protocolo do tipo TCP. Com o padrão UDP, a qualidade da transmissão é sacrificada pela velocidade.

Utilidades de processos de negócio   Serviços de processos de negócio terceirizados para processos padronizados.

Valor esperado (VE)   Média ponderada, computada multiplicando-se o tamanho de um possível benefício futuro pela probabilidade da sua ocorrência.

Vantagem competitiva   Vantagem que uma empresa tem sobre seus concorrentes, que é conquistada com o oferecimento de valores maiores aos clientes por meio de produtos ou serviços ofertados.

Vantagem relativa   Grau com o qual o sistema é percebido como sendo melhor do que o sistema que ele substitui, frequentemente expresso em termos de *status* econômico ou social que resulta dessa adoção.

Varredura retinal   Controle biométrico que associa o usuário a um padrão sanguíneo presente na retina.

Velocidade de download   Rapidez com que os dados podem ser recebidos da Internet ou de outra rede, ou a velocidade com que a conexão pode entregar dados a um computador ou dispositivo móvel.

Velocidade de upload   Velocidade com que os dados podem ser enviados a uma rede ou velocidade de transferência de dados de uma conexão de um computador fonte ou dispositivo móvel.

Venda eletrônica direta (*e-tailing*)   Venda direta de produtos e serviços por meio de vitrines eletrônicas ou shoppings eletrônicos, normalmente projetados em torno de um formato de catálogo eletrônico e/ou de leilões eletrônicos.

Virtual private network (VPN)   Conecta sites remotos ou usuários de maneira privada usando conexões virtuais via Internet a partir de redes privadas de empresas até sites remotos ou funcionários.

Virtualização   Separação entre aplicativos/dados do negócio e recursos de hardware para permitir às empresas compartilhar recursos de hardware – em vez de dedicar servidores para aplicativos – e atribuir esses recursos aos aplicativos conforme necessário.

Vírus   Código malicioso que se prende a outros programas no computador e os infecta sem que o dono saiba dessa infecção.

Visão de TI   Direção de longo alcance para TI; define o conceito futuro do que a TI deveria atingir referente a metas, objetivos e posição estratégica da empresa.

Visibilidade em tempo real   Capacidade de ter consistentemente os tamanhos certos dos clientes em estoque.

Visualização de dados   Formas de mostrar os dados para que os usuários os compreendam melhor.

Vitrine eletrônica   Site de uma empresa em seu próprio endereço de Internet no qual podem ser feitos pedidos.

VoIP   Comunicação em voz em uma rede usando IP. Também chamada de telefones IP.

WAN (*wide area network*)   Rede que recobre uma grande área geográfica, como um estado, região ou município.

War driving   Busca por redes sem fio na cidade ou em outro lugar.

Web (ou WWW)   Aplicação que funciona na Internet, como e-mail, mensagens instantâneas e VoIP. Um sistema com padrões aceitos universalmente ou protocolos para armazenamento, recuperação, formatação e visualização de informações por meio de arquitetura cliente/servidor.

Web 2.0 Segunda geração de serviços baseados na Internet que permite que pessoas colaborem e criem informação online em uma forma nova perceptível – como em sites de redes sociais, wikis e blogs.

Web 3.0. Termo usado para descrever o futuro da WWW. Consiste na criação de conteúdo de alta qualidade produzido por pessoas com talento usando tecnologia da Web 2.0 como uma plataforma.

Web semântica Extensão em evolução da Web na qual o conteúdo pode ser expresso não apenas em língua natural, mas também de forma que possa ser compreendido, interpretado e usado por agentes inteligentes de software, permitindo que encontrem, compartilhem e integrem informações de forma mais fácil.

Web Services Aplicativos modulares, disponibilizados pela Internet, que os usuários utilizam com praticamente qualquer dispositivo, permitindo que diferentes sistemas compartilhem dados e serviços. Estes são sistemas de software planejados para dar suporte às interações entre máquinas em uma rede.

Wi-Fi Tecnologia que permite que computadores compartilhem uma rede ou conexão de Internet sem fio e sem precisar de conexão a uma rede comercial.

Widget Pequeno aplicativo que pode ser instalado e executado dentro de uma página na Web por um usuário final.

Wiki Software, ferramenta de busca, site colaborativo e rede social.

WiMax Padrão sem fio (IEEE 802.16) para criar conexões de rede de banda larga sobre uma grande área.

Wired equivalent privacy (WEP) Técnica fraca de criptografia usada para codificação.

Wireless Application Protocol (WAP) Conjunto de protocolos de comunicação projetado para permitir que diferentes tipos de dispositivos sem fio conversem com um servidor instalado em uma rede móvel para que os usuários possam acessar a Internet.

Wireless Encryption Protocol (WEP) Sistema de segurança predefinido nos dispositivos sem fio, que encripta comunicações entre o dispositivo e um ponto de acesso sem fio.

WLAN (*Wireless Local Area Network*) Tipo de rede local que usa ondas de rádio de alta frequência em vez de fios para pôr computadores ou dispositivos em comunicação, tais como impressoras, que são referidas como nós de rede.

World Wide Web Consortium (W3C) Grupo que trabalha em padrões de programação para tornar possível que dados, informações e conhecimento sejam compartilhados de forma mais ampla na Internet.

Worm Código malicioso que utiliza redes para propagar e infectar o que a ele for anexado, incluindo computadores, dispositivos móveis, sites e servidores.

WWWANs (*wireless wide area networks*) WAN para computação móvel.

XBRL (*eXtensible Business Reporting Language*) Versão de XML para capturar informações financeiras por meio de processos de informação de negócio.

XML (*eXtensible Markup Language*) Metalinguagem usada para descrever linguagens de markup para documentos contendo informações estruturadas. Os sistemas baseados em XML facilitam a troca de dados entre os diferentes sistemas e sistemas conectados via Internet.

Zumbis Computadores infectados.

Índice de Empresas

1-800-CONTACTS, 11
1-800-FLOWERS.com, 309

A

Accenture, 53, 54, 126, 432
Adaptive Planning, 413
Adidas, 286
Agata, 67
Airbus, 53
Alvarion, 93
Amazon.com
  atendimento de pedido, 182, 300
  como fornecedor de computação em nuvem, 48, 49, 50, 381
  como site conhecido de negócio para consumidor, 167, 168
  e marketing de filial, 177
  e mineração de dados, 345, 381
  Kindle, 168, 194, 201
AMD, 14
American Apparel, 233
American Express, 69, 172–173
AMR Research, 382
Apple, 5, 6, 194, 306, 352, 353, TG2-7
Arbor Day Foundation, 319–320
Argonne National Laboratory, 436
Argos, 44
Army, U.S., 39
Arthur Andersen, 146
Asda Corporation, 110
AstraZeneca, 361
AT&T, 96
Axfood AB, 257–258

B

Bank (fashion chain), U.K., 342
Bank of America, 84, 198
Barnes and Noble, 194
Basex, 431
Black & Decker, 184
BlackBerry
  dados do usuário, 113
  navegar na Internet através de, 2
  oportunidades de mercado, 5–6
  questões de segurança, 142
  sistema operacional, 194
Blendtec, 238
Blogpulse, 243
Blue Cross & Blue Shield of Rhode Island, 153
BMW, 230
BNP Paribas, 146
Boots the Chemists, 310
Boston Red Sox, 21
BP, 26, 215, 365
British Telecom, 396
Brookline Software, 102
Buy.com, 201
Buzzlogic, 243

C

California Pizza Kitchen, 40
Canadian Food for the Hungry International (CFHI), 187
Capital One, 76–77
Capterra.com, 272
Carlsbad, California, as e-government example, 174–175
Carnival Line, 262
Caterpillar, Inc., 110, 303–304
Census Bureau, U.S., 22, 401
Chase Bank, 198
ChemConnect.com, 173
Christus Health Medical Center, 81–82
Cigna Insurance, 342
Cincinnati, University of, 69
Cirque du Soleil, 279
Cisco Systems, 48, 82, 93, 104, 277, 421
CitiFinancial, 138
Clarabridge, 57
Clearwire, 96
Climate Group, 420, 421
CNN.com, 23
Coca-Cola, 4
COMCAST, 96
Comments.com, 243
Commerce Department, U.S., 316
Committee of Sponsoring Organizations of the Treadway Commission (COSO), 130–131
CompTIA (Computing Technology Industry Association), 129
CompuMentor, 251
Consultative Committee for International Telegraph and Telephone (CCITT), TG4-10
Continental Airlines, 4, 310
Cordys, 395
Customs and Border Protection (CBP) Agency, U.S., 102
Cymfony, 243

D

Dallas Mavericks, 38–39
Dartmouth University, 61–62, 72
Dartmouth-Hitchcock Medical Center, 282
Defense Department, U.S.
  Defense Supply Center Philadelphia (DSCP), 60
  papel de serviços privados em nuvem, 49
  programa para transporte de soldados feridos, 338
Defense Information Systems Agency (DISA), U.S., 49
Defense Supply Center Philadelphia (DSCP), 60
Delicious.com, 225
Dell, 295, 299, 307
Diamond Management & Technology Consultants, 363
Directgov Web site, 158

DIRECTV, 324–325
DOE (Department of Energy), U.S., 15
Domino's Pizza, 262
Dragonwave, 93
Duke University, 382

E

Eastman Kodak, 380
EBay, 157, 201, 380
Ecademy, 237
EHarmony, 333
Electronic Industries Association (EIA), TG4-10
Employease.com, 173
Energy Department (DOE), U.S., 15
Enron, 146, 271
Environmental Protection Agency (EPA), U.S., 13, 14
Epinions.com, 228
Ericsson, 202, 423
ESPN.com, 224
EuResist Network, 357
European Court of Human Rights, 69
European Food Safety Authority, 290–291
EV-DO (Evolution, Data Only) standard, 97
EV-DV (Evolution, Data and Voice) standard, 97
Exxon/Mobil, 269, 342

F

Facebook
  como comunidade online, 229
  como extensões de negócios, 5
  compartilhando status de localização, 429
  concorrência com o Google, 6, 20
  e gráficos sociais, 229
  e hackers, 126, 127
  em resposta a catástrofes naturais, 7
  estatísticas, 230
  monitoramento, 427–428
  nos Jogos Olímpicos de Inverno de Vancouver, 6
  papel no futuro, 234
  perfil, 232
  questões de privacidade, 232, 235
  vai de rede social a canal online, 6
FAI Insurance Group, 42
FatWire, 159, 163
Federal Communications Commission (FCC), U.S., 114
Federal Deposit Insurance Corporation (FDIC), 273
Federal Trade Commission (FTC), U.S., 126, 128, 430
FedEx, 310
FedEx-Kinko's, 262
Fiat, 230
Fickr, 221, 224
Financial Industry Regulatory Authority (FINRA), 414–415

Financial Services Authority (FSA), 124, 146
Finish Line Corp., 276
First Choice Ski, 263
Flickr, 228
FLO-TV, 201
Food and Drug Administration (FDA), U.S., 114, 291
Food Network, 202
Ford Motor Company, 184
Forrester Research, 100–101, 108, 227, 250, 312
Foursquare.com, 246
FoxMeyer, 295

G

Gartner, 126, 149, 174, 193, 195, 323, 335, 336
General Motors, 348
Genpact, 380
GeoCities, 228
Gerry Weber International, 45
Global e-Sustainability Initiative, 420
The Globe, 228
Godiva Chocolate, 202
GoldenGate Software, 324
Google
   busca em blog, 243
   como fornecedor de computação em nuvem, 48, 49, 50, 381
   concorrência com o Facebook, 6, 20
   e otimização de motores de busca, 242
   e privacidade, 428
   respondendo ao sistema de busca diretamenteo, 158
   sistema operacional Android, 3, 194
   sistema operacional Chrome, 126
   telefone Android, 193
Government Accountability Office (GAO), 22
Gowalla.com, 246
Green Electronics Council (GEC), 426
Green House Office, Australia, 15
Grooveshark.com, 202

H

Haley Marketing Group, 242
Harrah's Entertainment Inc., 310
Harris Corp., 401
Hashmail, 124
Hershey Food, 295
Hess Corporation, 371
Home Depot, 184
H&R Block, 371
HSBC (Hong Kong and Shanghai Bank), 121–122, 124, 169
Hulu.com, 201
Humanetics, 294
HyperActive Technologies, 21–22, 345

I

IBM
   como fornecedor de BI, 336, 356, 357
   DB2 Universal Database, TG3-7
   e a arquitetura orientada para o serviço (service-oriented architecture - SOA), 396
   e AstraZeneca, 362
   e negócios terceirizados de TI, 362, 379, 380–381
   Lotus, 429
   modelo de planejamento de sistemas de negócio, 375
   sistemas de localização de especialista, 315
   Software WebSphere Business Integration, 279
   uso de licitação eletrônica, 263
   uso do Second Life, 233
IETF (Internet Engineering Task Force), TG4-10
Information Builders, 336, 338
Information Security Forum, 127
Infosys Technologies, 313, 362
ING Direct, 169
INRIX, 346
Intel, 14, 299
International Association of Outsourcing Professionals (IAOP), 383
International Standards Organization (ISO), TG4-10
Internet Engineering Task Force (IETF), TG4-10
IronKey Inc., 142
Isotrak, 422
IStrategyLabs, 175
IT Governance Institute, 366

J

Jamba Juice, 327
JDA Software, 305
Jobfox, 237
Jobster, 237
J.P. Morgan Chase, 330, 383

K

Kaiser Permanente, 117–118
Kassel region, Germany, 310
KIA Motors, 267
Kimberly-Clark, 386–387
Kofax, 379
Kraft Foods Inc., 230, 363–364
Kroger, 387

L

Labatt Brewing Company, 106
Lavasoft, 136
Lehman Brothers, 272
Li & Fung, 43
Linden Research, 233
LinkedIn, 5, 126, 223, 236, 429
Los Angeles Airport (LAX), 102

M

Macy's, 269
Marks and Spencer, 4
Marriott International, 110, 138
Massachusetts Bankers Association, 126
Mavericks (basketball team), 38–39
McKinsey & Company, 421
McNICHOLS, 356, 358
Merita Bank, 198
Micrel Inc., 310
Microsoft
   Active Directory, TG4-11
   Active Server Pages, TG2-16–TG2-17
   ActiveX, TG2-16
   como fornecedor de computação em nuvem, 48, 49, 50
   compromisso com tecnologia verde, 425
   e mercado de business intelligence (BI), 336
   e tags 2D, 3
   equipe internacional de RH, 392
   Home of the Future apresentação de slides, 432
   pacotes de serviço de software, 127
   resposta à mudança, 20
   serviços e software para Carlsbad, governo da Califórnia, 175
   SharePoint, 105–106, 429
   sistemas operacionais Windows, TG2-6
   software de computação móvel, 194
   SQL Server database, TG3-7
   Visio, 392–393
   Visual Basic, TG2-12
Microstrategy, 336, 340
Monsanto, 14
Moreover.com, 243
Motorola, 202
MTN Group, 423
MySpace, 229, 230, 429
MySQL AB, TG3-7

N

NASA, 271
NASDAQ, 48, 152, 161, 162
National Australia Bank, 42
National Basketball Association (NBA), 38–39
National Commercial Bank Jamaica (NCBJ), TG2-8
National Policing Improvement Agency (NPIA), U.K., 88–89
National Security Agency (NSA), U.S., 124
NEC, 152
Netscape Communications, TG2-16
NetSquared, 251
NetSuite Inc., 187
New Mexico Department of Transportation, 93
New York Times, 48
Nextel. *See* Sprint Nextel
Nicholas Institute for Environmental Policy Solutions, 435
Nike, 4, 286, 295
Ning, 234
Nokia, 3, 202
NOMIS (National Offender Management Information System), U.K., 22, 27
Northern Digital Inc., 319

O

Oracle, 272, 275, 293, 302, 336, 395, 396, TG3-6–TG3-7
Owens & Minor, 351–352

P

Palm Pre
   navegar na internet, 2
   oportunidades de mercado, 5–6
   sistema operacional, 194

Pandora.com, 202
PayPal, 178, 201
Pep Boys, 413
Pfizer, 305
PHH Mortgage, 372
Phillip Morris, 84
Photobucket, 221, 224, 228
Plastic Logic, 5
Plaxo, 237
Procter & Gamble, 110, 230, 303
Progress Software Corporation, 257
Prophix, 272
Public Technology Institute (PIT), 174

Q

QlikTech International, 336

R

Rackspace, 47–48, 381
Radian 6, 243
Rail Europe, 158–160, 161, 163
RailRunner, 93
Rebok, 286
Red Cross, 215
RE/MAX, 110
Research in Motion (RIM), 194
Royal Bank of Scotland, 198
Royal Shakespeare Company, 53–54

S

Sabre, Inc., 112
Safeway, 387
Salesforce.com, 48, 49, 50
SAP
 como fornecedor de BI, 336
 como fornecedor de ERP (sistema de planificação de recursos), 293
 como fornecedor de SCM (gestão da cadeia de suprimentos), 302
 exemplo da Under Armour, 286–287
Sara Lee, 230
SAS, 67, 165, 309, 326
Second Life, 232–233, 251, 277
Securities and Exchange Commission (SEC), U.S., 136, 137, 146, 152, 273, 430, 431
7-Eleven Stores, 269
Siemens, 202
Skype, 7, 203
SMART 2020 Report, 421
Solutions Research Group, 113
Sons of Maxwell (band), 219–220
Sprint Inc., 262
Sprint Nextel, 32–33, 96
SSA Global, 293
Standards Association (CSA) GHG Registries, Canada, 15
Starbucks, 214–215, 230, 250
Starwood Hotels, 233
State Department, U.S., 128
State of Texas, 37–38

Stormhoek Vineyards, 186
StormPay, 130
Streetline, 429
Sun Microsystems, TG2-16
SunWest Foods, 281, 283
Surgery Center of Baltimore, 69
Symantec, 123

T

Tableau Software, 336
Tall Eye Web site, 224
Target, 201, 387
Taylor Guitars, 220
Technology Leaders, 159
Technorati, 243
TechSoup Global, 251
Teradata Corp., 79, 80
Texas state government, 37–38
Thrifty Car Rental, 104
TIAA-CREF, 264
Time-Warner Cable, 96
TJX Companies, 126
T-Mobile, 96
Toronto Department of Works and Emergency Services, 69
Toyota, 266, 368
TransAlta, 60
Transdata, 306
Travelers Companies Inc., 363
Travelocity, 80
Tripod, 228
Trovix, 276
TUI Travel, 263
Twitter
 antecedentes, 233–234
 como extensões de negócios, 5
 e hackers, 126, 127
 em resposta a desastres naturais, 7
 monitoramento, 427–428
 no Jogos Olímpicos de Inverno de Vancouver, 6
Typepad, 223

U

UMass Memorial Health Care, 388
Under Armour, Inc., 286–287
Unilever, 110
United Airlines, 219–220, 396
United Rentals, 107, 108
United Way, 215–216, 326–327
University Health System Consortium (UHC), 351
UPS Store, 262
U.S. Army, 39
U.S. Census Bureau, 22, 401
U.S. Customs and Border Protection (CBP) Agency, 102
U.S. Defense Information Systems Agency (DISA), 49
U.S. Department of Commerce, 316
U.S. Department of Defense
 Defense Supply Center Philadelphia (DSCP), 60

 papel dos serviços privados em nuvem, 49
 programa para transporte de soldados feridos, 338
U.S. Department of Energy (DOE), 15
U.S. Department of State, 128
U.S. Environmental Protection Agency (EPA), 13, 14
U.S. Federal Communications Commission (FCC), 114
U.S. Federal Trade Commission (FTC), 126, 128, 430
U.S. Food and Drug Administration (FDA), 114, 291
U.S. Securities and Exchange Commission (SEC), 136, 137, 146, 152, 273, 430, 431
USB Warburg, 84

V

VanDerLande Industries, 44
VCA (Vehicle Certification Agency), U.K., 14
Verizon, 96, 130
Veterans Affairs (VA) Department, U.S., 126
Visible Technologies, 243

W

Walgreen Company, 371
Walmart
 compartilhamento de informações com a P&G, 110, 303
 estratégia global de fornecedores, 43
 mandatos RFID, 14
 questão do intermediário, 184
Warner-Lambert, 305
Washington, D.C. government, 175
Waste Management, 295
WebEx, 118, 277
Webshots, 229
The Well, 228
Wells Fargo, 14, 80, 198, 351
Wendy's International, 57–58
Western Petroleum Company, 39
Whole Foods Market, 7, 430
WildTrack, 326
Winter Olympics, Vancouver, 2010, 6
WordCom, 271
WordPress, 223
World Wide Web Consortium (W3C), 245

Y

Yahoo!, 243, 263
YouTube
 bloqueio acidental, 22
 como comunidade online, 228
 como ferramenta de negócios, 5, 237
 como site de compartilhamento, 224
 monitoramento, 427–428
 vídeo United Breaks Guitars, 220
 vídeos da Blendtec, 238

Índice de Nomes

A

Abram, C., 232
Adams, Austin, 383
Aftergood, S., 124
Alaranta, M., 33
Alexander, D., 294
Altman, H., 128
Alvares, M., 425
Ambrose, P.J., 229
Anderson, Brad, 316
Antilla, S., 137
Appelbaum, B., 137

B

Baez, Ramon, 387
Barefoot, D., 222
Barlow, R. D., 60
Barnes, N., 236
Barrett, L., 122, 279
Bennett, E., 186
Bennett, James, 237
Berners-Lee, Tim, 222, 229, 245, 246
Bernoff, Josh, 221, 227, 234, 243
Bezos, Jeff, 168
Biddick, M., 374
Boucher-Ferguson, R., 264
Boyd, G., 437
Boyle, C., 362
Briggs, L., 325
Buering, S., 27
Buhr, Frederick, 159
Butcher, D., 215

C

Carr, D., 233
Carroll, B., 250
Carroll, Dave, 219–220
Castro-Wright, Eduardo, 43
Chew, R., 137
Chickowski, E., 425
Chisholm, P., 60
Coburn, Tom, 401
Cochran, Chris, 175
Collins, Susan, 401
Cooper, Barbra, 368
Corrigan, J., 192
Cramer, Richard, 388

D

D'Agostino, D., 316
Darwin, Charles, 20
De Santis, Marcelo, 364
Deasy, Dana, 26
Deighton, John, 220
Dejoux, Cecil, 236
DePaolis, Dino, 356
Dickson, Tom, 238
Dilworth, D., 238
Donaldson, M., 192

Drake, Thomas A., 124
Drucker, Peter, 306
Duval, M., 39
Duvall, M., 14, 21

E

Eaton, K., 6
Edwards, J., 135
Ehrlich, L., 371
Ensor, B., 169
Erickson, D., 221
Errecarte, Jim, 283
Evans, B., 26
Evelson, B., 339

F

Fagg, S., 147
Falciani, Herve, 121–122
Fisher-Thompson, J., 216
Foley, M., 250
Fox, P., 316

G

Garing, John, 49
Garud, R., 313
Gates, Bill, 20
Gold, L., 137
Gonsalves, A., 168
Gonsalves, C., 39
Goulden, B., 342
Green, C., 216
Greenberg, Dan Ackerman, 238
Grimes, S., 282
Guthrie, J., 251
Guttierrez, Carlos M., 401

H

Happe, R., 220
Harrison, C., 49
Harvey, M., 230
Hasson, J., 32
Hatch, D., 333
Hayes-Weier, M., 53
Hayward, Tony, 26, 365
Heathfield, Susan, 236
Heatwole, A., 216
Helm, B., 238
Hendler, J., 246
Henningsson, S., 33
Henschen, D., 58
Higgins, K.J., 133
Hill, J., 11
Hilzenrath, D.S., 137
Hird, J., 236
Hoffman, T., 371, 372
Hogue, F., 401
Holmes, A., 401
Howard, N., 199

I

Imhoff, C., 328
Iskold, A., 246

J

Jackson, Maggie, 430
Jewell, Zoe, 326
Johnson, G.J., 229
Joia, L., 192
Jusko, J., 387

K

Kable, B., 89
Kaplan, R.S., 375–376
Keefe, P., 33
Kellogg, D., 193
Kenward, Victoria, 242
Kesner, R.M., 370
Kirkman, B., 112
Kish, L., 83
Kohn, L., 192
Kornfield, Leora, 220
Krigsman, M., 27, 102
Krizner, K., 192
Kumaraswamy, A., 313

L

Leonard, Joseph J., 147
Levine, L., 60
LeVine, Rick, 126
Leyden, J., 122
Li, Charlene, 221, 227, 234, 243
Lomas, N., 362
Loshin, D., 66
Luftman, J., 372

M

Mackey, John, 430
Macleod, Hugh, 186
Madoff, Bernie, 137, 270
Magalhães, C., 192
Markoff, J., 429
Marshall, P., 7
Mattson, E., 236
McAfee, Andrew, 235
McAllister, Phil, 413
McGee, M.K., 387
McGlasson, L., 133
McKay, J., 7
McKay, L., 160
McKiernan, P., 33
McNichol, T., 186
Merali, Y., 33
Mintzberg, H., 347
Mitnick, Kevin, 133
Mitra, Sramana, 244
Mollohan, Alan, 401

Moore, G., 204
Moore, John, 250
Morrison, B., 229
Moss, M., 290
Munkhammar, Mats, 257

N

Nakamoto, M., 152
Negroni, C., 221
Nicholson, Jim, 126
Norton, D.P., 375–376

O

O'Reilly, T., 222

P

Pagnamenta, R., 362
Papshev, D., 192
Pearlman, L., 232
Pearson, Russell, 237
Perelman, D., 113
Perry, J., 342
Pery, Andrew, 379
Peterson, A., 192
Petzold, Mark, 187
Pienaar, Karel, 423
Plank, Kevin, 286, 287
Poeter, D., 102
Porter, Michael
    forças que influenciam a vantagem competitiva, 18–19
    modelo da cadeia de valor, 19–20
    modelo das cinco forças, 17–18

Q

Quinn, J., 137

R

Raimond, Marc, 401
Rappa, M., 168
Reda, S., 309
Reynolds, C., 221
Roldan, C., 215
Rosenthal, B.E., 380

S

Schulman, Don, 380
Schuman, E., 215
Searns, David, 242
Shoup, Donald, 428–429
Silva, V., 57
Smith, David, 361
Snow, C., 60
Spangler, T., 126
Stedman, C., 371
Stone, A., 169
Strom, S., 216
Suesz, E., 250
Swaminathan, K.S., 432
Swartz, N., 200

T

Taylor, Bob, 220
Taylor, C., 152
Taylor, Perry P., 39
Thurston, T., 89

Torode, C., 336
Torvalds, Linus, TG2-7
Tröger, Ralph, 45
Tsirulnik, G., 215

V

Van Grove, J., 215
Vander Veer, E., 232
Versel, N., 118
Vogelstein, F., 230
Volonino, L., 66

W

Wailgum, T., 60, 368, 387
Wanamaker, John, 323
Ward, Toby, 237
Watson, B., 14
Watson, H.J., 11
Weaver, A., 229
Weier, M. H., 298
Wesch, Michael, 219, 221
Wessel, R., 45
West, M., 371
West, Marc, 371
Whitfield, T., 204
Wilkinson, K., 175
Williams, Richard, 362
Wissmer-Gross, Alex, 424
Wolfe, D., 128
Worthen, B., 66, 371

Z

Zeller, Alexandre, 122
Zuckerberg, Mark, 232

Índice de Assuntos

2D, tags, 3–4
3G, redes, 96, 195, 196
4G, redes
    comparadas com as primeiras tecnologias de dados sem fio, 96, 196
    definição, 96
    em trens, 92, 93
    tecnologia da próxima geração, GT4-8–GT4-9
90/90 uso de dados, 61
802.11a, padrão, 100
802.11b, padrão, 99
802.11g, padrão, 100
802.11n, padrão, 100

A

autenticação única, 175
Active Directory, GT4-11
Active Server Pages (ASP), GT2-16–GT2-17
ActiveX, GT2-16
adware, 135
agências de inteligência. *Ver* segurança nacional
agentes inteligentes, 141, 142, 276
agilidade, 287, 294
AJAX (Asynchronous JavaScript), 225
alertas ocasionados por evento, 332–333
algoritmos, 331
alinhamento de negócio de TI, 364, 368–372, 387
alocação adequada de recursos, 323
alocação de recursos, 323, 378
Al-Queda, 66, 128
alteração de dados, 133
alvos, definição, 364
ambiente de controle interno, 145
ambiente de negócio, 13–14, 15
ameaças
    definição, 125
    subestimar, 132
ameaças intencionais à segurança em TI, 132–136
ameaças internas, 124, 126
ameaças não intencionais à segurança de TI, 132
ameaças persistentes avançadas (*advanced persistent threats* – APTs), 134–135
ameaças persistentes avançadas (*advanced persistent threats* – APTs), 134–135
American Express. *Ver* cartões de crédito
American Idol (programa de TV), 198
análise de custo-benefício como questão de segurança em TI, 148–149
análise de impacto de negócio (*business impact analysis* – BIA), 131–132
análise de links, 66
análise de lucratividade, 270, 274
análise de redes sociais, 229
análise de risco, 274
análise de sensibilidade, 350
análise estratégica, 16
análise preditiva
    como componente da mineração Web, 345
    construindo capacidade, 332
    exemplo de restaurante, 345
    exemplo do eHarmony, 333
    exemplos de congestionamento no trânsito, 346
    ferramentas para, 331–332
análise SWOT (*strengths, weaknesses, opportunities, and threats* – forças, fraquezas, oportunidades e ameaças), 16
analista de sistemas, 407
analítica de negócio. *Ver* análise preditiva
analítica de texto, 67, 343
analítica em comparação com análise, 341
antivírus, 135, 143
aplicação de comunicações, GT4-2
aplicações de apresentações, GT2-3

aplicações de bancos de dados, GT2-3
aplicações de gráficos, GT2-3
aplicações de interatividade, 2
aplicações de planilhas, GT2-3
aplicações de processamento do Word, GT2-3
aplicações de software de negócio, 33
aplicações empresariais, GT2-4
aplicações multimídia, GT2-3
aplicativo 2.0, 403
aplicativo de software, definição, GT2-2, GT2-3–GT2-4. *Ver também* software
aplicativo Taxi Magic, 175–176
aplicativos de gestão de atividade, GT2-3
aplicativos para consolidar contas, 179
Apps for Democracy, 175
aquecimento global, 419, 437
área de redes de armazenamento (*storage area networks* – SANs), GT3-12
áreas funcionais
    exemplos de subsistemas, 260
    integrando SI com TPS, 256, 257, 259
    sistemas de informação para, 37–39, 259
armazenamento
    baseado em IP, GT3-12
    dispositivos ópticos, GT1-14
    dispositivos portáteis, 141–142
    em rede (NAS), GT3-12
    principal, GT1-2, GT1-11–GT1-13
    questões de segurança, 141–142
    secundário, GT1-2, GT1-13–GT1-15
armazenamento de dados
    integrativo, 330–331
    operacional, 81
armazenamento de rede (*network attached storage* – NAS), GT3-12
arquitetura de dados, GT5-2
arquitetura de TI, 400, GT5-2–GT5-3
arquitetura do computador, definição, GT1-11
arquitetura orientada a serviços (*service-oriented architecture* – SOA)
    definição, 392, 396–397
    exemplo Financial Industry Regulatory Authority, 414–415
arquivos
    acessando registros, 71
    definição, 70
    limitações, 71–72
arquivos de referência mestres, 63
ASCII (American National Standard Code for Information Interchange), GT1-2, GT1-3
ASP (Active Server Pages), GT2-16–GT2-17
assinaturas para identificação, 141
assistentes de dados pessoais (*personal data assistants* – PDAs), 193–194
assistentes digitais pessoais (*personal digital assistants* – PDAs), GT1-6, GT4-9
Asynchronous JavaScript (AJAX), 225
atalhos, 266
ataques de 11 de setembro, 66, 130
ataques de negação de serviço (*denial of service* – DoS), 125, 134, 135
ataques de programação, 134
ataques em massa na Web, 158
ataques multi-link, 128
atividades básicas, 19
ativos, dados, texto e documentos como, 59–60
ato bioterrorista, 291
atomicidade, papel no teste ACID, 260
atributos, 70
auditorias, 125, 148, 271, 274
Aurora APT, 135
autenticação, 125, 143–144, 179
autenticação de dois fatores, 143
automatização de dados de origem, GT1-17
automóveis, aplicações de tecnologias sem fio a, 98

autorização, 143, 144
avaliação de desempenho, 276–277
avatares, 233

B

B2B. *Ver* empresa para empresa (*business-to-business* – B2B)
B2C. *Ver* empresa para cliente (*business-to-consumer* – B2C)
B2E. *Ver* empresa para funcionário (*business-to-employee* – B2E)
backups, 125
balanced scorecards, 239, 341, 375–376
banco de dados de identidade nacional, 149
bancos de dados
    administrando, GT3-11
    centralizados, 73–74
    comerciais, GT3-6–GT3-7
    como componente de DSS, 350
    como funcionam, 69–72
    comparados com data warehouses, 76
    comparando modelos, GT3-5, GT3-6
    dedutivos, GT3-10
    definição, 34, 59
    design e implementação, GT3-11
    dimensão reduzida, GT3-10–GT3-11
    distribuídos, 73, 74
    modelo de rede, GT3-3, GT3-5, GT3-6
    modelo hierárquico, GT3-2–GT3-3, GT3-5, GT3-6
    modelo relacional, 63, GT3-3–GT3-5, GT3-6
    modelos especializados de dados, GT3-10–GT3-11
    multidimensionais, GT3-10
    multimídia, GT3-10
    normalização, GT3-9–GT3-10
    particionados, 74
    questionários, GT3-7–GT3-9
    replicados, 74
    volatilidade, 76
    XML, GT3-5
banda larga
    definição, 96
    em comparação à banda base, GT4-5–GT4-6
    fixa, 96
    móvel, 92, 93, 96
    mudança no uso da Internet, 221
    serviço completo, 105
barreiras de entrada, 18
base de conhecimento como componente de um DSS, 350–351
beisebol, aplicação da business intelligence (BI), 21
benefícios dos funcionários, 277–278
biocombustíveis, 422–423
biocombustíveis sustentáveis, 422–423
biometria, definição, 125
bits, definição, 69
blocos (memória), GT1-12
blogosfera, 223
blogs
    como extensões de negócios, 5
    como ferramentas de negócios, 237
    declaração incorreta do CEO da Whole Foods Market, 430
    definição, 223
bluetooth, GT4-9
Bot herders, 135
botnets, 125, 135–136
Bots, 134
busca empresarial, 108–109
buscas verticais, 245
buses
    em tipologia de redes, GT4-12

largura da capacidade, GT1-10, GT1-12
papel de, GT1-11–GT1-12
business intelligence
　análise comparada com analítica, 341
　arquitetura, 337–341
　background, 323
　caso de negócio para, 329–330
　convergência com computação móvel, 352–353
　definição, 21, 41, 42, 325
　elementos de planejamento, 339
　estratégica, 327, 328
　exemplo da DIRECTV, 324–325
　exemplo da McNICHOLS, 356, 358
　exemplos, 42, 324–327, 356, 358
　exemplos lucrativos, 324–325, 327
　exemplos sem fins lucrativos, 326–327
　fatores para o fracasso, 335–336
　fornecedores, 336–337
　ilustração de sistema, 334
　indústria específica, 342–343
　no beisebol, 323
　operacional, 328
　principais componentes, 41–42, 330
　principais funções, 330
　programa para transporte de soldados feridos do Departamento de Defesa dos Estados Unidos, 338
　reconhecida por, 328–329
　sistemas de relatório, 339
　suportado por funcionários, 42
　tática, 327, 328
　tipos, 327–328
　tradicional, 327

C

C2B. *Ver* clientes para empresa (*consumers-to-business* – C2B)
cabeamento por par trançado, GT4-5
cable modems, GT4-4
cabo coaxial, GT4-5
cabos de fibra óptica, GT4-5, GT4-6
CAD/CAM, 42
cadeia de suprimentos
　criação de empreendimentos estendidos, 44–45
　definição, 297
　descrita em modelos de negócio, 8
　efeito chicote, 303
　estrutura típica, 298
　exemplo da Argos, 44
　exemplo da Walmart, 43
　externa, 43, 44, 285
　fluxo de dados, 299
　fluxo de dinheiro, 299
　fluxo de materiais ou produtos, 299
　interna, 43, 44, 285
　papel da tecnologia RFID, 44–45
　passos para o processo de pedido de produto, 299–301
　planejamento, previsão e reabastecimento colaborativo, 302–305
　reversa, 299
　tecnologias de acompanhamento e rastreamento, 298
call centers, exemplo da 1-800-CONTACTS, 11
camada de dados em três camadas de arquitetura de software, 399
caminho crítico, definição, 405
campos, definição, 69–70
canais
　background, GT4-4
　comparação de tipos de, GT4-5
　online comparados aos canais offline, 157
　vantagens e desvantagens, GT4-5
canais de distribuição, 269
caridade móvel, 215–216
carreiras
　em tecnologia da informação, 23–24
　mercado de empregos online, 169–170, 236
　papel das mídias sociais, 236–237

carteiras digitais, 200
carteiras sem fio, 200
cartões de crédito
　e segurança em site, 164
　eletrônicos, 178
　segurança de dados da indústria de pagamento de cartões (*Payment Card Industry Data Security Standard* – PCI DSS), 129, 164
cartões de memória como questão de segurança, 141
cartões de memória para PC, GT1-15
CASE (*computer-aided software engineering* – engenharia de software assistida por computador), GT2-17–GT2-18, GT5-6
casos de negócio, 329
cavalos de Troia (computador), 134
CD-ROM (*compact disk read-only memory*), GT1-14
CD-RW (*compact disk*, regravável), GT1-14
celular e radiocomunicação, GT4-5, GT4-8
celulares. *Ver também* iPhone
　como smartphones, 193
　dirigir falando no celular (DWY – *driving while yakking*), 114
　doações móveis para a caridade, 215
　emissões RF e SAR, 114
　perda ou roubo de, 199
　rede 3G *versus* 4G, 96
　riscos à saúde, 114
cenário de planejamento, 377–378
chaves estrangeiras, definição, 70
chaves secundárias, 70
cheque, pagamento com, 269
Chile, resposta de SI logo após um terremoto, 7, 215
cibercriminosos, 121, 127, 130
ciclo de vida de sistemas de desenvolvimento (*systems development life cycle* – SDLC)
　comparado com outras metodologias de sistemas de aquisição, GT5-8
　definição, 403, 406–407
　etapa 1, sistemas de investigações, 407–408
　etapa 2, sistema de design, 408–409
　etapa 3, análise de sistemas, 408
　etapa 4, programação, 409
　etapa 5, testagem, 409–410
　etapa 6, implementação, 410–411
　etapa 7, operação, 411
　etapa 8, manutenção, 411
　métodos e ferramentas alternativas, GT5-3–GT5-9
　vantagens e desvantagens, GT5-8
ciclos da máquina, GT1-12
ciclos de execução da máquina, CPU, GT1-12
ciclos de instrução da máquina, CPU, GT1-9, GT1-12
circuitos de escala muito grande integrados (*very-large-scale integrated* – VLSI), GT1-4
circuitos de grande escala integrados (*grand-scale integrated* – GSI), GT1-4
circuitos integrados, GT1-4, GT1-11
clientes para empresa (*consumers-to-business* – C2B), 162–163
clocks, CPU, GT1-9–GT1-10
clonagem, definição, 199
Cluetrain Manifesto, 227
clusters de computador, 436
CN/RD (continuidade de negócio/recuperação de catástrofe), 147–148
COBIT (*Control Objectives for Information and Related Technology* – objetivos de controle para informação e tecnologias relacionadas), 128, 129
COBOL, GT2-12
codificação, GT2-2
código de barras comparado com tags 2D, 3
códigos de acesso
　definição, 197
　em serviços bancários, 197
　uso não bancário, 198
colaboração
　background, 109–110
　Microsoft software para, 175
　no futuro, 433

papel das mídias sociais, 237–238
tecnologias suportadas, 113
virtual, 110
comércio eletrônico
　benefícios, 162
　com integração com sistemas empresariais, 164–165
　definição, 158
　desenvolvimento de aplicação baseada em componentes, GT5-10
　encomendas recebidas, 180–182
　era ponto.com, 161–162
　exemplo da Rail Europe, 158–160
　internacional, 165
　pagamentos eletrônicos, 178–180
　perda de empregos, 183
　pesquisa de mercado, 177
　propaganda na Web, 177
　questões legais, 184
　serviços de suporte, 176–182
comércio móvel
　compras, entretenimento e propaganda, 200–205
　definição, 163, 198
　exemplo da Starbucks, 214–215
　inovações recentes, 199–200
comitês diretivos de TI, 373
commodities, 7
compartilhamento de informação, 110, 304, 388, 397. *Ver também* colaboração
compartilhando sites, 224
compiladores, linguagem de programação, GT2-12
compra corporativa, 171
compras. *Ver* licitação eletrônica
compras não planejadas, 172
computação em nuvem
　alavancagem, 381
　background, 47
　benefícios, 48
　Carlsbad, exemplo da Califórnia, 174–175
　definição, 32, 48
　e serviços móveis, 352, 353
　exemplo do Departamento de Defesa dos Estados Unidos, 49
　infraestruturas globais, 381
　no futuro, 432
　nuvens privadas, 47
　papel na terceirização, 381
　questões de implementação, 50
　risco de segurança em TI, 126–127
　SaaS (*software-as-a-service* – software como um serviço), 49
　serviços disponíveis, 49–50
computação móvel, definição, 352
computação sob demanda. *Ver* software como um serviço (*software-as-a-service* – SaaS)
computação utilitária. *Ver* software como um serviço (*software-as-a-service* – SaaS)
computação verde, 14–15, 68, 424–426
computador com um conjunto reduzido de instruções (*reduced instruction set computers* – RISCs), GT1-11
computador de porte médio, GT1-5–GT1-6
computadores, tipos de, GT1-4–GT1-8. *Ver também* dispositivos móveis
computadores pessoais (PCs), definição, GT1-6
comunicações de dados, GT4-2
comunidades online
　como sites de redes sociais, 230–234
　comparadas com sites de redes sociais, 223
　definição, 228
　história, 228
　tipos, 228–229
　usos nos negócios, 229–230
comutação de circuito, 94–95
comutação de pacote, 95
concorrentes como uma força no modelo de cinco forças de Porter, 17–18
conferência Web, calculando custos, 118
conflito de canal, 170
congestionamento de tráfego, 428–429

Índice de Assuntos

conhecimento
    comparado com dados, 34, 312
    comparado com informações, 34, 312
    definição, 34
    transformação de dados em, 64–65
conhecimento operacional, 256
conjunto redundante de discos econômicos (*redundant arrays of inexpensive disks* – RAID), GT1-14
conjuntos de instruções, GT1-11
conselho administrativo, 366
consistência, papel no teste ACID, 260
consultas *ad hoc*, 341
consumidores. *Ver também* gestão de relacionamento com o consumidor (*customer relationship management* – CRM)
    analisando o feedback do consumidor, 57–58
    descritos em modelos de negócio, 7
    poder de barganha como força no modelo de cinco forças de Porter, 18
    taxa de atrito, 27–28
    taxa de retenção, 27–28
conteúdo de marketing, 223
conteúdo de memória de leitura (*read-only memory* – ROM), GT1-13
contexto de site, 245
contramedidas, 125
contrato de serviços, 50, 160
controle de acesso, 125, 140, 142–143
controle de aplicações, 139, 141
controle de estoque, 266
controle de qualidade, 266–267
controles em segurança em TI
    acesso, 140
    administrativos, 141
    aplicação, 139, 141
    biométricos, 140–141, 149
    físicos, 139–140
    gerais, 139–140
controles internos (CIs), 131, 145–146, 152
convergência, GT4-10
conversão de sistema piloto, 411
cookies, 183
CPU, GT1-2
crime organizado, 128
crises financeiras, posicionando a TI para otimizar o desempenho, 4–8
CRM sob demanda, 311
crowdsourcing, 230, 250
CSS (Cascading Style Sheets), 225, 226
curva de Keeling, 419–420

D

dados. *Ver também* gestão de dados
    ciclo de vida, 61
    como ativo, 59
    como componentes do sistema de informação, 9, 34, 312
    comparados com conhecimento, 34, 312
    comparados com informação, 34, 312
    definição, 34
    questões de privacidade, 66, 149
    questões de segurança, 66
    questões éticas, 66, 149
    redes, protocolos e métodos de transferência, 103
    sujos, 60
    transformando em conhecimento, 64–65
dados de sequências de cliques, 263
data centers, 81–82
data marts, 65, 80–81
data mashups, 326
Data Quality Act, 431
data warehouses
    adequação, 79–80
    arquiteturas, 79
    benefícios, 77–78
    características, 78
    como infraestrutura de investimentos, 77
    comparado com bancos de dados, 76

construção e implementação, 78–80
data marts como alternativa, 80–81
definição, 59, 76
modelo, 64
moldura estrutural, 77–78
motivos para falha, 81
na Internet, 79, 80
papel do armazenamento de dados, 81
papel na transformação de dados em conhecimento, 64–65
processos ETL, 333–334
suporte em tempo real de, 76–77
usos estratégicos por setor, 80
DB2 Universal Database (UDB), GT3-7
decisões
    comparação entre estruturadas e não estruturadas, 349
    impacto da inteligência móvel, 353
decisões estruturadas, 40, 349
decisões não estruturadas, 40, 349
decisões semiestruturadas, 349
declaração de missão, 364
declarações visuais, 364
defesa em profundidade, 130–131
defesa SODDI ("*some other dude did it*", algo como "foi outro cara que fez isso"), 365
DEFRA (Department for Environment, Food and Rural Affairs), Reino Unido, 14
desastres naturais, resposta de SI, 7
descoberta (legal), 83–84
descoberta de dados. *Ver* mineração de dados
desenvolvimento baseado no componente (*component-based development* – CBD), GT5-9–GT5-10
desenvolvimento de SI dentro da empresa, 363
desenvolvimento do usuário final, 403–404
desenvolvimento orientado a objetivo, GT5-6–GT5-7, GT5-8
desenvolvimento rápido de aplicativos (*rapid application development* – RAD), GT5-5–GT5-6
desenvolvimento terceirizado. *Ver* terceirização
design de rede Mesh, GT4-12–GT4-13
design de sistema físico, 408
design de sistema lógico, 408
desintermediação, 183
desmodulação, GT4-3
diretor de tecnologia (*Chief technology officer* – CTO), 23, 26
diretor executivo de informação (*Chief information officer* – CIO), 366–367, 368, 371–372
dirigem alcoolizadas, aplicativo do iPhone para diminuir o número de pessoas que, 175
dirigir falando no celular (*driving while yakking* – DWY), 114
discos de blu-ray, GT1-14
discos de vídeo digital (*digital video disks* – DVDs), GT1-14
discos magnéticos, GT1-13
disponível para atendimento (*available-to-promise* – ATP), 286, 287
dispositivos de armazenamento ópticos, GT1-14
dispositivos de armazenamento portáteis, questões de segurança, 141–142
dispositivos de comunicação, GT1-2
dispositivos de input, GT1-2, GT1-13, GT1-15–GT1-18
dispositivos de input/output (I/O), GT1-13
dispositivos de output, GT1-2, GT1-13
dispositivos móveis. *Ver também* smartphones; indústria de telecomunicações e a revolução com a baixa produção de carbono
    3G comparada com 4G, 96
    acessando sites, 195
    aplicativos relacionados a esportes, 201
    assistir a clipes, filmes e programas de TV em, 201
    background, 192–193
    como um tipo de computador, GT1-6–GT1-8
    comprar a partir de, 201
    convergência com business intelligence, 352–353
    entretenimento em, 201–202
    futuro, 246
    impacto da migração em massa dos PCs, 3, 5

infraestrutura de computação, 352–353
mudanças desde 2008, 190
navegar na Internet em, 3
oportunidades de mercado, 5–6, 7
papel das redes na comunicação entre eles, 97–98
portáteis, 194
relacionados ao trabalho 24 horas, 7 dias, 113
sistemas eletrônicos de pagamento para, 198–200
sistemas operacionais para, 194–195
tags 2D e leitores de, 3–4
terminologia, 96
tipos de, 193–194
usos no setor de saúde, 190–192
dispositivos portáteis, 194
DMS. *Ver* sistemas de gestão de documentos (*document management systems* – DMS)
doações móveis para a caridade, 215–216
documentação, GT2-2
documentos. *Ver também* gestão de registros eletrônicos (*electronic records management* – ERM); gestão de conteúdo empresarial (*enterprise content management* – ECM); informação; conhecimento
    obtendo insight de, 67–68, 69
    para e-readers, 5
    redes, protocolos e métodos de transferência, 103
download (velocidade), 96
durabilidade, papel no teste ACID, 260
DVDs (discos de vídeo digitais), GT1-14

E

EBCDIC (*Extended Binary Coded Decimal Interchange Code*), GT1-2, GT1-3
e-CRM (*electronic customer relationship management* – gestão eletrônica de relacionamento com o consumidor), 307–308, 310, 311
EDW (*enterprise data warehouse* – data warehouse empresarial), definição, 87
efeito chicote, 303, 304
efeito da fidelidade, 306
efeito estufa, 419
EIDE (*Enhanced Integrated Drive Electronics*), GT1-14
Electronic Waste Recycling Act (Califórnia), 426
e-mail
    comparação com mídias sociais, 221
    melhorias de segurança, 127
    worm *ILoveYou*, 133
emissões de radiofrequência e SAR, 114
empreendimento sob demanda, 22, 301–302
empresa para cliente (*business-to-consumer* – B2C), 162, 167–171
empresa para empresa (*business-to-business* – B2B), 162, 171–173, 304
empresa para funcionário (*business-to-employee* – B2E), 187
empresas 2.0
    definição, 235–236
    papel na colaboração e comunicação interna, 237–238
    papel na gestão da cadeia de suprimentos, 238
    papel na promoção, 237
    papel na rede profissional, 237
    papel no marketing e nas vendas, 237
    papel no recrutamento, 236
empresas ágeis, 5
empresas integradas verticalmente, 361
empresas online e offline, 170, 180
encapsulação, GT5-9
encomenda de pedido
    definição, 180–181, 299
    etapa no processo, 299–301
    no comércio eletrônico, 180–182
    papel da logística, 299
    papel na cadeia de suprimento, 299
encriptação, 125
endereço de IP (Internet Protocol), 125
ENERGY STAR, 425, 426, 435–436

engenharia de software assistida por computador (*computer-aided software engineering* – CASE), GT2-17–GT2-18, GT5-6
engenharia social 133, 137
entidades de dados, 63, 64
entidades de dados mestres, 64
equipes virtuais, 112
era ponto.com, 161–162
e-reader Kindle, 168, 194, 201
e-readers, 5, 126, 168, 194, GT1-8
ERP. *Ver* planejamento de recursos empresariais (*enterprise resource planning* – ERP)
erros de sintaxe, 410
erros humanos, definição, 132
erros lógicos, 410
escalabilidade, 163
escâneres de código de barras, GT1-17
escondendo dados, GT5-9–GT5-10
escopo, 404–405
estações de trabalho, GT1-6
estoque administrado pelo fornecedor (*vendor-managed inventory* – VMI), 262, 303
estoque de segurança, 266
estratégia, definição, 7, 364
estratégia de negócio, 364–365
estratégias corporativas, 2, 286
estratégias de fornecimento, 43, 44
estratégias de TI, importância do alinhamento com a estratégia de negócio, 363, 364, 365, 368–372, 387
estudos de caso do setor público e de empresas sem fins lucrativos
    Arbor Day Foundation, 319–320
    Argonne National Laboratory, 436–437
    Canadian Food for the Hungry International, 187
    Dartmouth-Hitchcock Medical Center, 282
    doações móveis para caridade, 215–216
    erro da Blue Cross, 153
    EuResist Network, 357
    Financial Industry Regulatory Authority, 414–415
    Kaiser HealthConnect Network, 117–118
    National Offender Management Information System, 27
    National Policing Improvement Agency, 88–89
    NetSquared, 251
    Royal Shakespeare Company, 53–54
    TechSoup Global, 251
    troca de informações de saúde em UMass Memorial, 388
estudos de viabilidade, 407–408
ética
    capacidades de presença, 429
    como questão de negócio eletrônico, 183–184
    como questão de privacidade de dados, 66
    como questão de segurança em TI, 149
    definição, 15
    monitoramento de mídias sociais, 427–428
ética das informação, definição, 15
exabytes, GT1-3
explorar, 125
exposição, 125
extensão, CPU, GT1-10
extração, transformação e carregamento (*extract, transform, and load* – ETL), 65, 334, 337–338
extranets
    definição, 106
    exemplo de United Rentals, 107, 108
    papel de redes privadas virtuais, 106–107

F

fabricação integrada com computador (*computer-integrated manufacturing* – CIM), 267
falhas em sistemas de computador, 132
fator principal, 70
fatores críticos para o sucesso (*critical success factors* – CSFs), 20, 376–377
favoritos, 225
Federal Information Security Management Act (FISMA), 128
Federal Privacy Act, Austrália, 128

feedback, definição, 8
ferramenta de avaliação ambiental de produtos eletrônicos (*Electronic Product Environmental Assessment Tool* – EPEAT), 425, 426
ferramenta expressa ARIS, 415
ferramentas de busca
    manipulação, 128
    respondendo questões diretamente, 158
ferramentas de CASE integradas (ICASE), GT5-6
ferramentas de comparação para compras, 157, 166
ferramentas de controle de acesso à rede (NAC), 142–145
ferramentas de gestão de conteúdo, 113
fibra escura, GT4-6
finanças como um subsistema de área funcional, 260
finanças e contabilidade
    aplicativos, GT2-3
    atividades de controle, 274–275
    como subsistemas de áreas funcionais, 260
    planejamento financeiro e orçamento, 271–274
    suporte ao sistema de informação, 270–275
financiamento do terrorismo, 128
firewalls, 123, 125, 143
fita magnética, GT1-13
flash drive como questão de segurança, 141
fontes imediatamente anteriores, 299
fontes imediatamente posteriores, 299
Foreign Corrupt Practices Act (FCPA), 13
forma de interação, GT1-17
formação de funcionários, 277, 278
formulários eletrônicos, GT1-17
fornecedor de lentes de contato (exemplo), 11
fornecimento
    como elemento do planejamento estratégico de TI, 374
    definição, 43, 374
    exemplo Argos, 44
    exemplo da Walmart, 43
    global, 43, 44
fornecimento eletrônico, definição, 171–172
fornecimento local, 172
fornecimento sistemático, 172
FORTRAN, GT2-12
fraude
    bandeiras vermelhas, 137, 146
    caso de exemplo da Madoff, 137
    funcionário, exemplo de jogador compulsivo, 271
    interna, detecção, 138
    interna, prevenção, 138
    ocupacional, 136, 137
    papel do Sarbanes-Oxley Act no combate à, 145–146
    regulamentação mundial, 146
    roubo de identidade, 138
    sintomas detectáveis por controles internos, 146
    tipos, 136
freeware, GT2-20
funcionários como ameaça interna à segurança de TI, 124, 126
funções de banda, GT4-5
furacões, 147, 215

G

G2B. *Ver* governo para empresa (*government-to-business* – G2B)
G2C. *Ver* governo para cidadãos (*government-to-citizens* – G2C)
G2G. *Ver* governo para governo (*government-to-government* – G2G)
gestão da cadeia de suprimentos (*supply chain management* – SCM)
    background, 297
    como tipo de sistema de informação empresarial, 288
    definição, 43, 288, 301
    ilustração de produtos em movimento, 301
    mercado para aplicativos e serviços, 302
    papel da Web 2.0, 238
    software para, 301

gestão de conhecimento
    como tipo de sistema de informação empresarial, 288
    componentes de sistema, 314
    definição, 288
    exemplo de Tecnologias Infosys, 313
    exemplo do U.S. Department of Commerce, 316
    integrando sistemas com outros SIs, 316
    sistema de ciclo, 314
    sistemas de implementação, 314–315
    sistemas de localização de especialista, 315–316
gestão de conteúdo empresarial (*enterprise content management* – ECM), 82, 84
gestão de dados
    consequências da falha, 59–60
    definição, 59, 61
    importância, 59–60
    objetivos, 59
    papel dos bancos de dados relacionais, 63
    problemas e desafios, 62–63
gestão de dados mestres (*master data management* – MDM)
    definição, 63
    papel das entidades de dados, 64
    projeto da Kraft Foods, 363–364
gestão de demanda, 173
gestão de desempenho, 12–13
gestão de desempenho de negócio (*business performance management* – BPM), 341–342
gestão de desempenho de TI, 365, 367
gestão de documento, definição, 68
gestão de estoque em tempo real (*just-in-time* [JIT] *inventory management*), 266
gestão de processo de negócio (*business process management* – BPM), 392, 395–396, 397, 415
gestão de produção e de operações (*production and operations management* – POM)
    definição, 265
    logística interna, 265–267
    manufatura integrada à computação, 267
gestão de projeto
    administrando pressões inter-relacionadas, 404
    background, 267
    necessidade de habilidade de administração, 406
    operações gerenciais básicas, 405–406
    problemas com o não cumprimento dos objetivos, 404–405
gestão de qualidade total (*total quality management* – TQM), 266
gestão de registros eletrônicos (*electronic records management* – ERM)
    como uma área em crescimento, 84
    definição, 42, 82
    necessidade de políticas de gestão, 83
    uso de dispositivos móveis na saúde, 191–192
    valor do negócio, 83–84
gestão de relacionamento com o consumidor (*customer relationship management* – CRM)
    analisando o valor da gestão e-CRM, 320
    armadilhas e riscos da gestão e-CRM, 311
    atividade em toda a corporação, 307
    background, 306
    benefícios da gestão e-CRM, 311
    como tipo de sistema de informação empresarial, 288
    definição, 288, 306
    exemplo da Arbor Day Foundation, 319–320
    exemplo da Travelocity, 306–307
    exemplos de implementação, 310
    fator de falha, 309
    justificando a gestão e-CRM, 310
    papel da Web 2.0, 307–308
    programas de fidelidade, 308–309
    sob demanda, 311
    uso de múltiplos canais de venda, 307
gestão de relacionamento com o funcionários, 278–279
gestão de relacionamento com os contribuintes, 319–320
gestão de relacionamento com terceirizadas (*outsource relationship management* – ORM), 360
gestão de risco, 125

Índice de Assuntos

gestão de risco em TI, 121
gestão de risco empresarial (*enterprise risk management* – ERM), 128
gigabytes, GT1-3
globalização, 24, 428
Google Maps, 246
Google Wave, 113
governo de TI, 129, 365, 366–367
governo eletrônico
    benefícios, 174
    Carlsbad, exemplo da Califórnia, 174–175
    definição, 174
    na nuvem, 174, 175
governo para cidadãos (*government-to-citizens* – G2C), 163
governo para empresa (*government-to-business* – G2B), 163
governo para governo (*government-to-government* – G2G), 163
GPS. *Ver* sistemas de posicionamento global (*Global Positioning Systems* – GPS)
gráfico aberto, 232
gráfico global gigante, 229
gráficos da Gantt, 404
gráficos sociais
    definição, 229
    ilustrado, 230
Gramm-Leach-Billey (GLB) Act, 13, 128
grupos de notícias, 228

H

hackers, 133
Haiti, resposta de SI frente ao terremoto, 7, 215
hard disks, GT1-13–GT1-14
hardlink, 4
hardware
    como componente do sistema de informação, 9
    como defesa de segurança, 132
    dispositivos de computação móvel, 192–193
    evolução do, GT1-3–GT1-4
    para telecomunicações, GT4-2
    virtualização, 47
Health Information Portability and Accountability Act (HIPAA), 13
hierarquias de respostas, 240
hotéis, acesso sem fio, 203
hotspots com acesso sem fio, 190, 196
hotspots de carbono, 424
HRISs (*human resources information systems* – sistemas de informação de recursos humanos), 34
HSDPA (High-Speed Data Packet Access), 97, 98
HTML (*Hypertext Markup Language*), 226
HTML dinâmicos, GT2-15–GT2-16
Hydraq Trojan APT, 135
Hypertext Markup Language (HTML), GT2-15–GT2-16

I

imitabilidade, 369
imitação, 125
impressão digital como identificação, 141
inconsistência de dados, 72
indexação de conteúdo, 108–109
indicadores-chave de desempenho (*key performance indicators* – KPIs), 336, 374–375
índice Dow Jones, 61, 62
índices financeiros, 274
indústria de telecomunicações e a revolução com a baixa produção de carbono, 423, 424
informação
    comparada com conhecimento, 34, 312
    comparada com dados, 34, 312
    definição, 34
infosec. *Ver* segurança em TI
infraestrutura de TI
    benefícios da computação em nuvem, 48

características necessárias, 46
ciclo de vida do desenvolvimento de sistemas, 406–411
definição, 32
exemplo da Axfood AB, 257–258
papel do ERP, 292
principais componentes, 46
infraestrutura de informação, 339
inicialização, GT2-2
inovação, condições para crescimento do negócio, 7
input, definição, 8
insourcing, 383, 403–404
instrução complexa para computadores (CISCs), GT1-11
integração de aplicações corporativas (*enterprise application integration* – EAI), 292, 293
integridade de dados, 260
integridade em pagamentos eletrônicos, 179
inteligência artificial (IA), 246
inteligência móvel (IM), 353
interface de programação de aplicativos (*Application Programming Interfaces* – APIs), 246
interfaces, GT4-11
intermediação, 183–184
Internet. *Ver também* Web 2.0; sites
    aplicações de busca ou descoberta, 105
    aplicações de colaboração, 105
    aplicações de comunicação, 105
    categorias de aplicação, 105
    comparação com a World Wide Web, 105
    mudança desde os anos 1990, 221
    mudanças causadas pela, 115
    Web 1.0 comparada com Web 2.0, 222
interoperabilidade, 103, 247, GT2-19
intérpretes, linguagem de programação, GT2-12
intranets, 105–106, 235, 237
iPad, 5–6, 47–48, 194, 201
iPhone
    aplicativo da Whole Foods Market para, 7
    aplicativo do eBay para, 167
    aplicativo do Twitter para, 324
    aplicativos da Starbucks para, 214
    aplicativos para diminuir o número de pessoas que dirigem embriagadas, 175
    Apps for Democracy, 175
    demanda por aplicativos de inteligência móvel, 352
    e tags 2D, 3
    efeito da fidelidade, 306
    mercado de smartphone, 5–6, 193
    navegar na Internet no, 2
    sistema operacional, 194
    sucesso de vendas do, 5, 98
    vídeo de destruição da Blendtec, 238
IReport (CNN), 23
ISM. *Ver* mídias sociais integradas (*Integrated Social Media* – ISM)
isolação, papel no teste ACID, 260
isolamento de dados, 72
iteração, 406
ITES (*information technology-enabled services*), 379
iTunes, 47, 201, 202

J

Java, GT2-16
JavaBeans, GT2-16
JavaScript, 225, 226, GT2-16
Job control languages (JCLs), GT2-6
jogos móveis, 202
Joint application design (JAD), GT5-5
jornais, declínio e rendimento extra, 6
joysticks, GT1-17

K

Katrina, furacão, 147, 215
kilobytes, GT1-3

L

lado de vendas do mercado, 171
LANs (redes locais – *local area networks*), 103, GT4-13–GT4-14
laptops, definição, 193
largura de banda, 95
largura de banda infravermelha, GT4-5
largura de banda larga. *Ver* banda larga
latência de dados, 339
lavagem de dinheiro, 128, 146
Leadership in Energy and Environmental Design (LEED), 14
leilões como modelo de negócio eletrônico, 166, 167, 201
leilões reversos, 166, 167
leilões tradicionais, 166, 167
leitores de mão, GT1-17
leitores de sinais ópticos, GT1-18
leitores RSS (*really simple syndication*), 224–225
liberdade de expressão, 429
licenças, software, GT2-18
licitação eletrônica, 171–172
linguagem de controle de dados (*Data Control Language* – DCL), GT3-9
linguagem de definição de dados (*Data Definition Language* – DDL), GT3-9
linguagem de manipulação de dados (*Data Manipulation Language* – DML), GT3-8–GT3-9
linguagem de máquina, GT2-10–GT2-11
linguagem de programação Visual Basic, GT2-12
linguagens de consulta, GT3-7–GT3-9
linguagens de montagem, GT2-11
linguagens de programação
    de alto nível, GT2-11–GT2-15
    definição, GT2-2
    evolução, GT2-10–GT2-11
    gerações, GT2-10–GT2-13
    para programação Web, GT2-15–GT2-17
    tradutores para, GT2-11, GT2-12
linguagens de programação em língua natural (*natural language programming* – NLP), GT2-12–GT2-13
linguagens de programação orientado a objetivo, GT2-13–GT2-15
linguagens de programação procedurais, GT2-12
linguagens de programação visual, GT2-15
linha de assinante digital (*digital subscriber line* – DSL), GT4-4
logística, 43, 265, 299
logística de saída, 19
logística dentro da empresa, 265–266
logística interna 19
logística reversa, 170
lucro, definição, 17
luz infravermelha (LI), GT4-8

M

mainframes, GT1-5
malvertisements, 158
malware, 124, 125, 127, 128, 133, 135–136
Mantech Crowbar, 142
manufatura e produção
    como subsistema de área funcional, 260
    sistema de suporte à informação, 265–267
manufatura para armazenar, 301–302
máquinas de auto-checkout, 269
margem de lucro, definição, 17
marketing de filial, 177
marketing direcionado por dados, 268–269
marketing e vendas
    benefícios de data warehouses, 77
    como principal atividade no modelo da cadeia de valores de Porter, 19
    como subsistema de área funcional, 260
    novos canais de distribuição, 269
    suporte ao sistema de informação, 268–270
marketing interativo, 177

marketing viral, 166, 177
mashups, 224, 326, 397
MasterCard. *Ver* cartões de crédito
matriz de dados com códigos de tags 2D, 3, 4
mediador, 398, GT2-4
megabytes, GT1-3
memória, categorias, GT1-12–GT1-13
memória cache, GT1-12
memória de leitura programável (*programmable read-only memory* – PROM), GT1-13
memória interna, GT1-12
memória principal, GT1-11
memória RAM (*random-access memory* – RAM), GT1-12
memória virtual, GT2-9
memórias de acesso dinâmico aleatório (*dynamic random-access memories* – DRAMs), GT1-13
mensagens de texto, SMS, 197, 199
mercado de ações, retirada da NEC da NASDAQ, 152
mercado de trabalho
    online, 169–170
    papel das mídias sociais, 236, 237
    recrutamento de funcionários, 236, 275–276
mercados. *Ver* carreiras
metadados, 245
método CPM (*critical path method* – CPM), 267, 405
método de indexação sequencial (*indexed sequential access method* – ISAM), 71
método do caminho crítico (*critical path method* – CPM), 267, 405
métricas
    baseadas em ferramentas, 241
    definição, 239
    estratégicas, 243
    táticas, 241–243
métricas de mídias sociais, 239
métricas de retorno sobre o investimento, 243-244
    análise de planilhas, 252–253
    definição, 243–244
    estimativa, 252–253
métricas de retorno sobre o investimento em mídias sociais, 243–244
microblog, 233–234
microdoações, 215
micropagamentos, 200, 215
microprocessadores, GT1-9–GT1-11
Microsoft Dynamics, 281, 293, 319–320
Microsoft Tag Reader, 3
microssegundos, GT1-3
Microwave, GT4-5, GT4-7
mídia a cabo, GT4-4
mídia sem fio, GT4-4, GT4-6–GT4-9. *Ver também* dispositivos móveis
mídias de comunicação, GT4-2, GT4-4–GT4-9
mídias sociais. *Ver também* serviços de rede social (*social networking services* – SNS)
    acesso sem fio, 203
    aspecto da mobilidade, 246
    como canal de negócio eletrônico, 157, 164
    definição, 225–227
    e liberdade de expressão, 429
    efetividade de mensuração, 239–242
    exemplo da Haley Marketing Group, 242
    exemplo da Starbucks, 250
    exemplos de métricos, 240
    ferramentas, 223–225
    futuro, 244–247
    objetivos para métricas, 239–241
    papel na comunicação empresarial, 237–238
    papel na resposta aos desastres naturais, 7
    papel nos Jogos Olímpicos de Inverno em Vancouver, 6
    riscos de segurança em TI, 126–127
    vídeo United Breaks Guitars, 220
mídias sociais integradas (*Integrated Social Media* – ISM)
    definição, 227
    exemplo da Blendtec, 238
    exemplo da Haley Marketing Group, 242
milissegundos, GT1-3

mineração de dados. *Ver também* analítica de texto
    benefícios, 344
    características, 65, 344
    como ferramenta de sistema de suporte à informação, 42
    definição, 42, 344
    exemplo da 1-800-FLOWERS, 309
    exemplo da DIRECTV, 324
    exemplos de aplicações, 344
    para fins de inteligência, 66
    usuários poderosos, 344
mineração de texto, 57–58, 67, 345
mineração Web, 343, 345
minicomputadores, GT1-5
mobilidade, 369
modelagem de decisão, 348–349
modelo das cinco forças, 17–18
modelo de cadeia de valor, 19–20
modelo de exposição ao risco para ativos digitais, 131
modelo de forças competitivas, definição, 17
modelo de planejamento de sistema de negócio (*business systems planning* – BSP), 375
modelo de quantidade econômica de encomenda (*economic order quantity* – EOQ), 266
modelo de referência de interconexão de sistemas abertos (Open Systems Interconnection – OSI)
    Nível 1: nível físico, GT4-10
    Nível 2: nível de link de dados, GT4-10
    Nível 3: nível de rede, GT4-11
    Nível 4: nível de transporte, GT4-11
    Nível 5: nível de seção, GT4-11
    Nível 6: nível de apresentação, GT4-11
    Nível 7: nível de aplicação, GT4-11
modelos, definição, 31
modelos de negócio
    definição, 7, 158–159
    elementos básicos, 7–8
    simples *versus* complexo, 7
modems, GT4-3, GT4-4
modulação, GT4-3
monitoramento de atividade de negócio (*business activity monitoring* – BAM), 395
monitoramento de mídias sociais, 243, 427–428
monitores, GT1-18
mouse, computador, GT1-16
mouse óptico, GT1-16
MRO (*maintenance, repair, and operation* – manutenção, reparo e operação), 172
MtCO2e (toneladas métricas equivalentes de dióxido de carbono), 418, 423
multicanais, 157
multiprocessamento, GT2-9
multiprogramação, GT2-9
MySQL, GT3-7

N

NAC. *Ver* ferramentas de controle de acesso à rede (NAC)
nanossegundos, GT1-3
não rejeição em pagamento eletrônicos, 180
negação de serviço distribuída (*distributed denial of service* – DDoS), 125
negócio eletrônico
    benefícios, 162
    definição, 157
    desafios e requisitos de site, 163–165
    era ponto.com, 161–162
    exemplo da Rail Europe, 158–160
    modelos, 165–166
    planejamento de marketing, 170–171
    questões éticas, 183–184
    tipos de transações, 162–163
netbooks, 126, 193, GT1-6
neutralidade da rede, 247
nível B2Bi (integração de empresa para empresa – *business-to-business integration*), 292–293
nível de apresentação na arquitetura de software de três níveis, 398, 399
nível estratégico, gestão e tomada de decisão, 258

nível gerencial ou administrativo, gestão e tomada de decisão, 258
nível lógico em arquitetura de software de três níveis, 398–399
nível operacional, gestão e tomada de decisão, 258–259
Nook (e-reader da Barnes and Noble), 194
normalizando bancos de dados, GT3-9–GT3-10
notebooks, 193, GT1-6
nova economia. *Ver* era ponto.com
nuvens de tags, 225, 226
nuvens privadas, 47, 49

O

objetivos, 364, 365–366
offshoring, 363, 381–383, 388–389
OLTP. *Ver* processamento de transação online (*online transaction processing* – OLTP)
onda, 227, 250
operações de front office, 299
operações de produção, 299
orçamento anual, 272
orçamento de capital, 272–273
organização aleatória de arquivos, 71
organização direta de arquivos, 71
organização sequencial de arquivos, 71
organizações de manufatura
    atividades básicas, 19
    atividades de suporte, 19–20
    benefícios de data warehousing, 77–78
    manufatura para armazenar comparada com empreendimentos sob demanda, 301–302
    modelo da cadeia de valor, 19–22
    necessidade de agilidade, 294
    transações de negócio rotineiras, 36
otimização de ferramenta de busca (*search engine optimization* – SEO), 242
output, definição, 8
OWL (W3C Web Ontology Language), 245

P

pacotes, 95, 103, 125
pacotes de serviço, 127
padrão CDMA (Code Division Multiple Access – Acesso múltiplo por divisão de código), 97
padrão EDGE (*Enhanced Data for Global Evolution*), 97
padrão GSM (*Global System for Mobile Communication*), 97
padrão LTE (*long-term evolution*), 96, 97
padrão SNA (Systems Network Architecture – sistemas de arquitetura de rede), GT4-11
padrão WiBro (Wireless Broadband), 97
padrão WiMAX (Worldwide Interoperability for Microwave Access), 92, 93, 96, 97, 100–101
padrões de comunicação, GT4-10
padrões de rede, GT4-10–GT4-11
pagamentos eletrônicos
    cartões de crédito, 178
    lista de métodos, 178
    para pagamento de contas, 179
    PayPal, 178
    questões de segurança, 179–180
painéis, 11, 239, 326, 330, 333, 334, 339–341
Patriot Act, 128
Payment Card Industry Data Security Standard (PCI DSS), 129, 164
PCS (*personal communication service* – serviço de comunicação pessoal), GT4-8
PDAs (*personal data assistants* – assistentes de dados pessoais), 193–194
pedaços, 127
pedido corporativo, 171, 172
pegada de carbono, 14, 418, 420–427, 436
periféricos para input, GT1-15–GT1-18
Personal Information Protection Act, Japão, 128

Índice de Assuntos 465

Personal Information Protection and Electronic Document Act (PIPEDA), Canadá, 128
personalização, site, 245
PERT (*program evaluation and review technique* – avaliação de programa e resenha técnica), 267
petabytes, GT1-3
phishing, 127, 135, 199
picossegundos, GT1-3
pixels, GT1-3
plaintext, 125
planejamento colaborativo, previsão e reabastecimento (*collaborative planning, forecasting, and replenishment* – CPFR), 288, 302–305
planejamento de catástrofe, 147–148
planejamento de recursos empresariais (*enterprise resource planning* – ERP)
    aquisição, 293–294
    barreiras para investimento, 297
    camada de integração B2B, 292–293
    camada de integração de aplicações empresariais, 292
    características das aplicações, 290
    como ferramenta para a gestão da cadeia de suprimentos, 44
    como tipo de sistema de informação empresarial, 288
    como um serviço, 289
    definição, 288, 289–290
    em produção de alimentos, 290–291
    exemplo da Humanetics, 294
    exemplo da Northern Digital, 319
    exemplo da Under Armour, 286–287
    fatores de sucesso, 294, 295–297
    fatores para falha, 294, 295
    fornecedores de sistema, 293–294
    justificativa, 293
planners Lab (software), 40–41
planos de continuidade de negócio, 147–148
planos estratégicos de TI
    como um processo em andamento, 372–374
    definição, 362
    ferramentas e metodologias para, 374–378
    papel do comitê diretivo de TI, 373
plug-ins. *Ver* software
podcasts, 224
poder de barganha como força no modelo das cinco forças de Porter, 18
polimorfismo, GT2-14
políticas de uso aceitáveis (*acceptable use policies* – AUPs), 131
pontos cegos, 11, 21, 329
portais de informação, 109
portais empresariais, 63
portfólios de aplicação, 374
portfólios de projetos, 374
precisão de dados, 259
preços, 77, 269
Presence software, GT2-4
principal estrutura pública (*public key infrastructure* – PKI), 125
privacidade
    considerações futuras, 247
    em sistemas de pagamentos eletrônicos, 180, 183
    monitoramento de mídias sociais, 427–428
    versus segurança em TI, 66, 149
procedimentos, como componente do sistema de informação, 9
procedimentos de operação padrão (*standard operating procedures* – SOPs), 259
processadores de comunicação, GT4-2, GT4-3–GT4-4
processamento, definição, 8
processamento de transação online (*online transaction processing* – OLTP), 35, 76, 261
processamento em lote, 35, 261, 264
processamento online, 261–262
processamento paralelo, GT1-5, GT1-11
processamento paralelo massivo, GT1-4
processo de reengenharia de negócio (*business process reengineering* – BPR), 395–396
processo de terceirização de negócio (*business process outsourcing* – BPO), 379–381

processos de decisão em grupo, 111, 112
processos de negócio
    ciclo de vida, 394–395
    definição, 391, 394
    descritos em modelos de negócio, 7
    estágio "em produção", 395
    estágio de avaliação, 395
    estágio de design, 394–395
    estágio de implementação, 395
    exemplo da Microsoft International, 392–393
    exemplo de recursos humanos, 392–393
produção de alimentos, papel do ERP, 290–291
produção otimizada, 266
produtividade, vendedor, 270
produtos
    descritos em modelos de negócio, 7
    substitutos como força no modelo de cinco forças de Porter, 18
produzido para a entrega, 301–302
programa de suporte ao sistema, GT2-10
programa GSMA *Green Power for Mobile* (GPM), 422–423
programação, 409, GT2-2
programas de computador. *Ver* software
programas de comunicação, GT2-3
programas de fidelidade, 308–309
programas utilitários, GT2-3
projeto ZXing, 3
projetos, 267
protocolo de início de sessão (*session initiation protocol* – SIP), GT4-10
protocolos
    definição, 95
    para comunicações e redes, GT4-9–GT4-10
    para Web services, GT5-11–GT5-12
protocolos de comunicação, GT4-2
protocolos de rede e comunicação, GT4-9–GT4-10
protocolos de segurança, GT5-12
prototipagem, 403, GT5-3–GT5-4, GT5-8
Public Health Security and Bioterrorism Preparedness and Response Act, 291
publicidade online, 177

Q

QR (resposta rápida) códigos de tag 2D, 3, 4, 201
quadros brancos, GT1-17
qualidade de dados, 65–66, 75
qualidade de informação, 431
Que (dispositivo móvel), 5–6
questionários *ad hoc*, 341

R

rádio como tipo de comunicação sem fio, GT4-8
rastreamento Web, 183
RDF (W3C Resource Description Framework), 245
realidade aumentada (*augmented reality* – AR), 204
recessão econômica, posicionando TI para otimizar o desempenho, 4–8
reconhecimento de voz como identidade, 141
recrutamento, emprego, 236, 237, 275–276
recursos humanos (RH)
    como subsistema de área funcional, 260
    exemplo de processos de negócio, 392–393
    manutenção e desenvolvimento, 276–277
    melhorando eficiência, 276
    planejamento, controle e gestão, 277–279
    recrutando funcionários, 236, 275–276
    sistemas de informação, 34
    suporte a sistemas de informação, 275–279
    treinamento e treinamento de funcionários, 277
rede em estrela, GT4-12
redes
    3G comparada com 4G, 96, 196, GT4-8
    arquitetura, GT4-13–GT4-14
    background, 94–95
    como componente do sistema de informação, 9
    controle de acesso, 142–145

    de alta capacidade, crescimento de, 97
    de área, 100, 103–104, GT4-14
    domésticas, GT4-14
    falha da LAX Customs and Border Protection Agency, 102
    fatores de colaboração, 101–102
    fatores de desempenho, 101–102
    metropolitanas, GT4-14
    negócio, funções básicas, 95
    papel na comunicação entre dispositivos, 97–98
    questões de segurança, 123–128, 142–145
    terminologia, 95–96
    topologias, GT4-11–GT4-13
    verde, 117
    virtualização, 47
redes 3G, 96, 195, 196
redes 4G
    comparadas com tecnologias de dados sem fio anteriores, 96, 196
    definição, 96
    em trens, 92, 93
    tecnologia da próxima geração, GT4-8–GT4-9
redes cliente/servidor, 63
redes de comunicação, GT4-2
redes IP, 96
redes locais (LANs), 103, GT4-13–GT4-14
redes móveis verdes, 117
redes privadas virtuais (*virtual private networks* – VPNs), 106–107
redes sem fio
    comércio móvel, 163
    crescimento, 195–197
    futuro, 196–197
    questões de segurança, 145
    wide area, 100–101
redes sociais empresariais. *Ver* empresas 2.0
redundância de dados, 72
registros, definição, 70. *Ver também* gestão de registros eletrônicos (*electronic records management* – ERM)
registros, GT1-11
registros de negócio, 67
reintermediação, 183–184
relatórios *ad hoc*, 37
relatórios de exceção, 37
relatórios periódicos, 37
representantes do serviço ao cliente, 77
responsabilidade fiduciária, 121
responsividade operacional, 256
reuniões
    conduzidas no Second Life, 233
    melhorando os processos, 112
    software online, 277
RFID (identificação por radiofrequência)
    aplicação logística da Kimberly-Clark, 387
    caso de negócio da Airbus, 53
    como funciona, 302
    como tecnologia de input, GT1-17–GT1-18
    exemplo da Exxon-Mobil Speedpass, 269
    na produção de alimentos na cadeia de suprimentos, 298
    no setor de saúde, 60
    obrigatório na Walmart, 14
    papel na cadeia de suprimentos, 44–45, 301, 302
riscos, 125. *Ver também* segurança em TI
riscos ambientais, 132
robôs, 265
rogueware, 125
rotatividade de cliente, 324
roteadores, 95, 125
roubo de identidade, 138

S

Sabermetrics, 21
Sarbanes-Oxley Act (SOX), 13, 128, 129, 145–146, 270, 431
satélites, GT4-5, GT4-7
scareware, 125

SCM. *Ver* gestão da cadeia de suprimentos (*supply chain management* – SCM)
SCM 2.0, 238
scorecards, definição, 330. *Ver também* balanced scorecards
SCSI (Small Computer Systems Interface – sistemas de interface de computadores pequenos), GT1-14
segurança. *Ver* segurança em TI
segurança de dados, 72, 259
segurança de estoque, 266, 302
segurança de perímetro, 125, 143
segurança de terminais, 125, 141
segurança em TI
    abordagem de defesa profunda, 130–131
    ameaças intencionais, 132–136
    ameaças internas, 124, 126
    ameaças internas comparadas com ameaças externas, 124
    análise de custo-benefício, 148–149
    ataques à, 133–136
    avaliação de risco, 131–132
    definição, 123
    e pagamentos eletrônicos, 179–180
    e regulamentação governamental, 128
    estratégias de defesa, 139–142
    exemplo de vazamento de dados da Blue Cross, 153
    fracassos para além do controle da empresa, 130
    papel da gestão sênior, 130–131
    questões éticas, 66, 149
    riscos, 124–129
    terminologia, 125
    versus privacidade, 66, 149
segurança nacional, 66
sensores, GT1-18
SEO. *Ver* otimização de ferramenta de busca (*search engine optimization* – SEO)
serviço bancário internacional, 169
serviço completo de banda larga, 105
serviço de comunicação pessoal (*personal communication service* – PCS), GT4-8
serviço de pós-venda, 19
serviços bancários em múltiplas moedas, 169
serviços bancários móveis, 197, 198, 199
serviços bancários online, 168, 169, 179
serviços de aplicativos. *Ver* Web Services
serviços de redes sociais
    background, 230
    definição, 223
    estatística, 230–231
    Facebook, 6, 232
    lista da Wikipédia, 231
    preocupações com privacidade, 235, 427–428
    privados, 234
    Second Life, 232–233
    Twitter, 233–234
serviços financeiros móveis (mobile financial services – MFS), 197
serviços hospedados. *Ver* software como um serviço (*software-as-a-service* – SaaS)
serviços permitidos com a tecnologia da informação (*information technology-enabled services* – ITES), 379
serviços privados de rede social, 234
servidores, definição, GT1-5
servidores blade, GT1-5
servidores criminosos, 133
servidores virtuais, GT1-6
setor de saúde
    custo de erros de dados, 60
    erros como causa de morte de pacientes, 190–192
    exemplo de rede da Kaiser HealthConnect, 117–118
    reduzindo custos do hospital, 351–352
    troca de informação do UMass Memorial Health Care, 388
    uso de dispositivos móveis, 190–192
SGML (Standard Generalized Markup Language), GT5-11
shareware, GT2-20
silos de dados, 329

simulação interativa visual (*visual interactive simulation* – VIS), 278
sinais analógicos, GT4-3
sinais de vídeo, 103
sinais digitais, GT4-3
sinais eletrônicos, analógico *versus* digital, GT4-2, GT4-3
sincronização de dados, 75
sistema de controle de programas, GT2-5–GT2-10
sistema de conversão direta, 411
sistema de conversão em fases, 411
sistema de conversão paralelo, 411
sistema de desenvolvimento de programas, GT2-10
sistema de monitoramento de desempenho, GT2-10
sistema de monitoramento de segurança, GT2-10
sistema operacional Android, 3, 194
sistema operacional iOS, 194
sistema operacional Linux, 194, GT2-7, GT2-20
sistema operacional Macintosh, GT2-7
sistema operacional Symbian, 3, 194–195
sistemas abertos, GT2-19
sistemas de consolidação de informação, 32–33
sistemas de detecção de intrusão (*intrusion detection systems* – IDS), 125, 135
sistemas de gestão de bancos de dados
    capacidades, 74
    definição, 74
    principais funções dos dados, 75
    vantagens, 74
    visão física dos dados, 75
    visão lógica dos dados, 75–76, GT3-2–GT3-6
sistemas de gestão de conhecimento, definição, 42, 313
sistemas de gestão de documento (*document management systems* – DMS), 68, 69
sistemas de gestão de informação (*management information systems* – MISs)
    como sistemas de relatório, 37–39
    definição, 31, 42
    papel em SI, 32, 37–39
    trabalhadores quer recebem suporte, 42
sistemas de informação (SIs). *Ver também* infraestrutura de TI
    como sistema de suporte à decisão, 31, 40–42
    como sistemas de processamento de transação, 31, 35–36
    comparados com tecnologia da informação, 8
    componentes básicos, 9–11
    definição, 8
    funções básicas, 8
    gestão de sistemas de informação como, 31, 32, 37–39, 42
    integrando áreas funcionais por meio de, 37–39, 256, 257, 259, 260
    na cultura organizacional, 9–10
    principais capacidades, 10
    recursos e capacidades, 369–370
    sistemas legados, 32, 285, 288, 291–293
    suporte a vendas e marketing, 268–270
    suporte administrativo, 35, 37–41, 347
    suporte operacional, 35–36, 256–279
    suporte para contabilidade e finanças, 270–275
    suporte para produção e manufatura, 265–267
    suporte para recursos humanos, 275–279
    tipos de suporte, 31–32, 35
sistemas de informação de missão crítica, 285
sistemas de informação empresarial
    background, 285–286
    definição, 285, 287
    desafios de implementação, 288–289
    melhores práticas, 289
    migração de sistemas legados, 288, 291–293
    tipos, 287–288
sistemas de informação legados, 32, 285, 288, 291–293
sistemas de informação no nível operacional, 256
sistemas de localização de especialistas (*expert location systems* – ELSs), 315, 316
sistemas de posicionamento global (*Global Positioning Systems* – GPS), GT4-7

sistemas de prevenção de intrusão (*intrusion prevention systems* – IPS), 136
sistemas de processamento analítico online (*online analytical processing* – OLAP), 76
sistemas de processamento de transação (*transaction processing systems* – TPSs)
    atividades comuns, 262–263, 264
    atividades e métodos, 261
    características-chave, 260
    definição, 31
    exemplo de relatório TIAA-CREF, 264
    exemplos de economia de tempo ou dinheiro, 262
    falha, 264
    integrando áreas funcionais com, 256, 257, 259
    mantendo a segurança e a integridade dos dados, 259–260
    melhorando a qualidade de dados, 35–36
    papel no SI, 31, 35–36
    processamento em lotes *versus* em tempo real, 35
    suporte para as operações principais, 260–262
    tarefa de processamento de pedido, 262–263
    transações de rotina de negócio, 36
    transações internas *versus* externas, 35
sistemas de suporte à decisão (*decision support systems* – DSSs)
    aplicações de construção, 40–41
    características, 40
    decisões estruturadas *versus* não estruturadas, 40
    definição, 31, 40, 42, 349
    e processos de tomada de decisão, 347–348
    estrutura e componentes, 350–351
    exemplo da EuResist, 357
    exemplos de aplicações, 351–352
    na análise sensível, 350
    papel no SI, 32
    trabalhadores que recebem suporte, 42
sistemas de telecomunicações, GT4-2–GT4-3
sistemas de valor, 20
sistemas em tempo real, 21–22
sistemas operacionais (OSs)
    background, GT2-5
    características, GT2-5
    definição, GT2-5
    funções, GT2-6
    para desktop e notebook, GT2-6–GT2-7
    para GUIs, GT2-9
    para mainframes, GT2-7
    para netbooks, GT2-7
    para serviços de computação móvel, 194–195, GT2-8
    para servidores empresariais, GT2-7, GT2-9
    para smartphones, GT2-8
    para supercomputadores, GT2-9
    processamento de tarefas, GT2-9–GT2-10
sistemas operacionais Windows, GT2-6
sites
    acesso via navegadores móveis, 195
    analítica de desenvolvimento, 159–160
    aplicações Web 2.0, 223–227
    ataques multi-link, 128
    blogs, 5, 223, 237, 430
    estrutura "sempre ativa", 163
    favoritos, 225
    para compartilhamento de mídia, 224
    requisitos e desafios de negócio eletrônico, 163–165
    serviços de redes sociais, 223
    software de inteligência e analítica, 165
    wikis, 223
    World Wide Web comparada com a Internet, 105
sites de comparação de preços, 201
smalltalk, GT2-15
SMART 2020 Report, 420
smartphones. *Ver também* dispositivos móveis
    como parâmetro, 141
    como questão de segurança, 141
    como tipo de computador, GT1-6
    definição, 193
    jogos móveis, 202
    oportunidades de mercado, 5–6, 7

sistemas operacionais para, GT1-7, GT2-8
tags 2D e leitores, 3–4
smishing, 199
SO em máquinas virtuais, GT2-10
SOA. *Ver* arquitetura orientada para serviço (*service-oriented architecture* – SOA)
SOAP (Simple Object Access Protocol), GT5-12
sobrecarga de informação, 430–431
social bookmarking, 225
software. *Ver também* sistemas de informação (SIs)
    aplicações comparadas a sistemas, GT2-2
    aplicativos de negócio, 33–34
    background, GT2-2
    código aberto, GT2-18, GT2-19–GT2-20
    como componente do sistema de informação, 9
    como defesa para segurança, 132
    comparado com arquitetura de baixo acoplamento, 398
    de prateleira, GT2-3–GT2-4
    defeitos em, GT2-19
    definição, GT2-2
    desenvolvimento interno, 403–404
    gestão de rede, GT4-11
    licença, GT2-18–GT2-19
    maximizando a flexibilidade da arquitetura, 398–399
    opção de compra, 401, 402
    para telecomunicações, GT4-2
    processo de aquisição, 399–403
    questões e tendências, GT2-18–GT2-20
    reutilização, GT5-10
    tipos, GT2-2–GT2-10
    upgrades para, GT2-19
software baseado na Web, definição, GT2-17
software como um serviço (*software-as-a-service* – SaaS), 49
software de produtividade, GT2-3
software de SCM, 301
software de sistema, GT2-4–GT2-10
softwares de comunicação, GT4-2
solicitações de cotação (*requests for quotes* – RFQs), 166, 167
SOs de computadores desktop, GT2-6–GT2-7
SOs de netbook, GT2-7
SOs de notebook, GT2-6–GT2-7
spam, 135, 153–154
SPARQL (W3C Protocol and RDF Query Language), 245
spyware, 125, 135, 183
SQL (Structured Query Language), GT3-7–GT3-9
sticks de memória, GT1-15
storm worm, 135
Stylus, GT1-17
substitutabilidade, 369
supercomputadores, GT1-4–GT1-5, GT2-9
suporte à decisão automatizado (*automated decision support* – ADS), 42
suprimento direto, 171
suprimento onshore, 363
sustentabilidade, 422, 426

T

Tablet PCs, 193, GT1-8
tags 2D, 3–4
tags para classificar sites, 225
tarefa de processamento de pedido (*order processing task* – TPS), 262–263
tarefas, 394
tarefas críticas, 403
taxa de absorção de energia (*specific absorption rate* – SAR), 114
TCP/IP
    arquitetura, 103–104
    definição, 95–96, 103
teclados, GT1-16
tecnologia da informação (TI). *Ver também* segurança em TI
    comitê diretivo, 373
    como carreira, 23–24
    comparada com sistemas de informação, 8
    definição, 8
    e histórias de estratégia de negócio bem-sucedida, 363–364
    evolução desde a metade de 1970, 2, 11
    exemplos de fracasso, 22
    futuro nas organizações, 432–433
    impacto em indivíduos, 432, 433
    importância do alinhamento com estratégias de negócio, 363, 364, 368–372, 387
    oportunidades para melhoria de negócio, 370–371
    papel na redução da pegada global de carbono, 420–427
    verde, 14
telecomunicações, GT4-2
telefonia IP, 103, 104, GT4-10
tempo compartilhado, GT2-9
tempo para exploração, 127
terabytes, GT1-3
terceirização. *Ver também* processo de terceirização de negócio (*business process outsourcing* – BPO)
    benefícios, 382
    ciclo de vida, 383–384
    definição, 363
    distinção entre tarefas de TI e processos de negócio, 379–381
    P&D, 361–362
    papel das infraestruturas em nuvem, 381
    pela AstraZeneca, 361–362
    por offshoring, 363
    recurso onshore, 363
    retorno para o insourcing, 383
    riscos e custos escondidos, 381
terminais de ponto de vendas, GT1-17
terremotos, 7, 147, 215
terrorismo e segurança de alimentos, 291
testagem, 410
teste ACID, 260
teste de strings, 410
texto. *Ver também* gestão de dados
    como ativo, 59
    definição, 57
    obtendo insight de, 66–67
texto criptografado, 125
texto limpo, 125
TI verde, definição, 14–15
tolerância a falhas, 125
tom, gerente sênior e infosec, 130–131
tomada de decisão, 347–348
toneladas métricas equivalentes de dióxido de carbono, 418, 423
topologia de rede, GT4-12
topologia híbrida, GT4-13
topologia hierárquica, GT4-13
topologias, rede, GT4-11–GT4-12
touch screens, GT1-17
TPS. *Ver* sistemas de processamento de transação (*transaction processing systems* – TPSs)
trabalho em grupo, 111
trabalho remoto, 426–427
TRAC2ES (TRANSCOM Regulating and Command and Control Evacuation System), 338
trackbacks, 223
trackballs, GT1-16
transação bancária
    internacional, 169
    múltiplas moedas, 169
    online, 168, 169, 179
transações de negócio de rotina, 36
transações externas *versus* internas, 35
transferência de dados em série, GT4-11
transferência eletrônica de fundos (*electronic funds transfer* – EFT), 299
transferência paralela de dados, GT4-11
transistores, GT1-4
Transmission Control Protocol/Internet Protocol (TCP/IP), GT4-10
Transport Control Protocol (TCP), 103
tríade confidencialidade, integridade e disponibilidade (*confidentiality, integrity and availability* – CIA), 125
troca eletrônica de dados (*electronic data interchange* – EDI), 110, 305
trocas, 172–173
trocas funcionais, 173
trocas horizontais, 172–173
trocas verticais, 172
troianos de administração remota (*remote administration Trojans* – RATs), 134

U

U.S. National Security Agency (NSA), 124
UDDI (Universal Description, Discovery, and Integration), GT5-12
UDP (*User Datagram Protocol*), 104
Ultra-large-scale integration (ULSI), GT1-4
Unicode, GT1-2
unidade central de processamento (*central processing unit* – CPU). *Ver* microprocessadores
unidade de testagem, 410
unidades aritméticas lógicas (*arithmetic-logic units* – ALUs), GT1-11
unidades de controle, GT1-12
Unified messaging (UM), 104
Unified Modeling Language (UML), GT2-15
UNIX, GT2-6–GT2-7, GT2-19
upload (velocidade), 96
URIs (*uniform resource identifiers*), 245
URLs (*uniform resource locators*), GT2-15
USA Patriot Act, 128
USB (Universal Serial Bus), GT1-18
Usenet, 228
User Datagram Protocol (UDP), 104
uso de dados 90/90, 61

V

vantagem competitiva
    características necessárias para atingir uma, 368, 369
    estratégias, 18
    fatores necessários para manter uma, 369
    papel da TI, 368–370
varejo. *Ver* venda eletrônica direta; máquinas de auto-checkout
varredura retinal para identificação, 141
venda eletrônica direta, 170
viagens de avião
    acesso sem fio em voos, 203
    história sobre a guitarra quebrada pela United Airlines, 219–220
    Los Angeles Airport (LAX), 102
vídeo *United Breaks Guitars*, 220
vídeos virais, 220, 237, 238
vigilância eletrônica de mercadorias (*electronic article surveillance* – EAS), 45
violões quebrados, 219–220
vírus, 134, 143
Visa, Inc. *Ver* cartões de crédito
vishing, 199
visibilidade em tempo real, 342
visualização
    definição, 47, 425
    em data centers, 425–426
visualização de dados, 61–62, 188, 326, 330, 337
Voice over IP (VoIP), 103, 104, GT4-10
Voluntary Interindustry Commerce Solutions (VICS), 304–305
voz, redes, protocolos e métodos de transferência, 103
vulnerabilidade, definição, 125

W

WANs (*wide area networks* – rede de área), 103–104
WAP (*wireless access points* – pontos de acesso sem fio), 95

WAP (*wireless application protocol* – protocolo de aplicação sem fio), GT4-9
Web 2.0
　aplicações, 223–227
　como forma de pensar, 227
　comparada com a Web 1.0, 222
　definição, 219, 222
　e a gestão de relacionamento com o consumidor, 307–308
　exemplo da Stormhoek Vineyards, 186
　usos nos negócios, 235–238
Web 3.0, 244, 245–246, 247
Web analítica, 263
Web Semântica, 229, 245
Web Services, 397
WEP (*wired equivalent privacy*), 145
Wide area networks (WANs), 100, 103–104, GT4-14. *Ver também* redes sem fio (WWANs)
Widgets, 224
Wi-Fi
　como funciona, 99
　crescimento, 195, 196
　definição, 99, GT1-8
　e WiMAX, 92, 93
　padrões de rede, 99–100
Wi-Fi Protected Access (WPA), 145
Wikipédia, 223, 229, 231
Wikis, 223, 429
Windows Azure, 381
Windows Mobile, 3, 194
WLAN (*wireless local area networks*), 100, 196
Work Breakdown Structure (WBS), 404
World Resource Institute (WRI) Greenhouse Gas (GHG) Protocol, 14
World Wide Web. *Ver* sites
worms (computador), 134
WPA (Wi-Fi Protected Access), 145
WSDL (Web Services Description Language), GT5-12

X

XBRL (eXtensible Business Reporting Language), 273–274
XML (eXtensible Markup Language), 225, 226, GT2-16, GT3-5, GT5-11–GT5-12
XQuery (XML linguagem estruturada), GT2-16

Z

zettabytes, GT1-3
Zeus (malware), 123–124
zumbis, 125, 134, 135